Fundamentos Matemáticos
para a Ciência da Computação

gen
Grupo
Editorial
Nacional

Fundamentos Matemáticos para a Ciência da Computação

Edição

MATEMÁTICA DISCRETA E SUAS APLICAÇÕES

Judith L. Gersting

Indiana University-Purdue University at Indianapolis

TRADUÇÃO E REVISÃO TÉCNICA

Valéria de Magalhães Iorio

Ph.D., Universidade da Califórnia em Berkeley
Professora titular do UNIFESO, Teresópolis

- **Atendimento ao cliente: (11) 5080-0751 | faleconosco@grupogen.com.br**

- MATHEMATICAL STRUCTURES FOR COMPUTER SCIENCE, SEVENTH EDITION

- Designer de capa: Victoria Tomaselli

- Editoração Eletrônica: IO Design

CIP-BRASIL. CATALOGAÇÃO NA PUBLICAÇÃO
SINDICATO NACIONAL DOS EDITORES DE LIVROS, RJ

G328f
7. ed.

Gersting, Judith L., 1940-
Fundamentos matemáticos para a ciência da computação : matemática discreta e suas aplicações / Judith L. Gersting ; tradução Valéria de Magalhães Iorio. - 7. ed. – [Reimpr.]. – Rio de Janeiro : LTC, 2022.
il. ; 28 cm.

Tradução de: Mathematical structures for computer science
Apêndice
Inclui bibliografia e índice
ISBN 978-85-216-3259-7

1. Matemática. 2. Modelos matemáticos. 3. Computação - Matemática. I. Título.

16-35249 CDD: 004.0151
CDU: 004:51-7

Para as minhas 0110_2

estruturas discretas favoritas:

(Adam $\wedge$ Francine),

(Jason $\wedge$ Cathryn) $\rightarrow$

(Sammie $\wedge$ Johnny)

Sumário Resumido

Sumário

Prefácio

Uma disciplina em estruturas discretas (matemática discreta) teve um papel importante no Currículo 68, o primeiro guia curricular para a Ciência da Computação da ACM (Association for Computing Machinery): "Essa disciplina introduz o estudante nos conceitos fundamentais algébricos, lógicos e combinatórios da matemática, necessários nas disciplinas subsequentes em um curso de ciência da computação, e mostra a aplicação desses conceitos em diversas áreas da ciência da computação."[1] Agora, passe rapidamente por esses 45 anos (com computação móvel, redes sem fio, robótica, realidade virtual, imagens 3D, a Internet...) até a proposta de currículo em conjunto da ACM com o IEEE-CS (Institute of Electrical and Electronics Engineers — Computer Society) de 2013, na qual — ainda — as estruturas discretas são consideradas fundamentais. "O material sobre estruturas discretas permeia as áreas de estrutura de dados e de algoritmos, mas aparece também em outras áreas da ciência da computação. Por exemplo, a habilidade de criar e de compreender uma demonstração — quer seja uma demonstração simbólica formal ou uma demonstração menos formal, mas ainda um argumento rigoroso matematicamente — é importante em praticamente todas as áreas de computação, incluindo (para citar apenas algumas) especificação formal, verificação, bancos de dados e criptografia. Conceitos de teoria dos grafos são usados em redes, sistemas operacionais e compiladores. Conceitos de teoria dos conjuntos são usados em engenharia de software e bancos de dados. Teoria da probabilidade é usada em sistemas inteligentes, redes e diversas aplicações computacionais."[2]

Esta sétima edição foi guiada pelo Currículo 2013, e praticamente todos os núcleos dos tópicos dos níveis 1 e 2 para as estruturas discretas que constam desse documento estão incluídos aqui. Todos esses tópicos podem preencher uma disciplina de um semestre, mas certamente há nesta edição material suficiente para uma boa disciplina de dois semestres.

Apesar de nós, professores, compreendermos o valor dessa disciplina fundamental, é uma experiência difícil para muitos estudantes, que a consideram, com frequência, uma série de tópicos desconexos, com pouca ou nenhuma aplicação em seu campo de escolha. Do ponto de vista macro, esses tópicos estão ligados por temas como

- a importância do raciocínio lógico;
- o poder da notação matemática;
- a utilidade das abstrações.

Mas tais temas são compreendidos melhor mais tarde. Dizer para os alunos: "Vocês precisarão das ideias dessa disciplina em muitas das disciplinas futuras em ciência da computação" também não os motiva muito. Por isso, é importante conseguir separar, em seu planejamento (seja uma disciplina de um semestre ou de dois), alguns tempos para aplicações desse material. Eis alguns tópicos nesta edição que você pode escolher, dependendo de seu interesse e do interesse de seus alunos. Os estudantes verão, provavelmente, a maioria desses tópicos com mais detalhes mais tarde em outras disciplinas do curso de ciência da computação, mas uma introdução rápida agora pode tornar sua disciplina mais interessante e mais crível a afirmação de que são tópicos relevantes.

[1] *Communications of the ACM*, Vol. 11, Issue 3 (Mars 1968), pp. 151-197.

[2] Computer Science Curricula 2013, pre-release version, http://cs2013.com

Seção 1.5	Programação lógica
Seções 1.6 e 2.3	Demonstração de correção
Seção 3.3	Análise de algoritmos
Seção 5.3	Relações e bancos de dados
Seção 5.6	A poderosa função mod
Seção 6.4	Códigos de Huffman
Seção 8.2	Circuitos lógicos
Seção 9.2	Teoria da codificação

Além disso, há uma Página de Variedades em cada capítulo que mostra alguma aplicação interessante retirada do "mundo real".

NOVIDADES NA SÉTIMA EDIÇÃO

- Os antigos Capítulos 2 e 3 foram reorganizados como Capítulos 2, 3 e 4 para maior clareza e um sequenciamento melhor.
- Foram adicionadas seções e subseções novas:

  Probabilidade
  - Teorema de Bayes
  - Distribuição Binomial

  Ordem de Grandeza (seção nova)
  - O Teorema Principal
  - Demonstração do Teorema Principal

  Matrizes
  - O Método de Gauss

  Teoria da Codificação (seção nova)
  - Introdução
  - Pano de Fundo: Homomorfismos e Classes Laterais
  - Gerando Códigos Usando Grupos
  - Decodificando Códigos Usando Grupos
- Foram introduzidas "páginas de variedades" — uma por capítulo — para mostrar a relevância do material apresentado e aumentar o interesse dos alunos.
- No final do livro são dadas as respostas de todos os exercícios ímpares, em vez de apenas as respostas de alguns exercícios selecionados. Quando o exercício pede uma demonstração, é dada a demonstração completa. Em outros casos, é dada apenas uma resposta, não necessariamente a solução.
- Foram adicionados muitos exercícios novos, especialmente com o objetivo de ter exercícios ímpares semelhantes aos pares.
- É claro que permanecem os auxílios para a aprendizagem, como os objetivos dos capítulos, os problemas práticos, os lembretes, as revisões das seções e as revisões dos capítulos.

NO *SITE* DA LTC EDITORA

Guia de Estudos *Online*

O arquivo em .pdf do material suplementar contém novos exemplos de problemas representativos (que não estão no livro) para muitas das Técnicas nos finais das seções. Cada Técnica tem um exemplo correspondente no texto marcado com o símbolo ●.

Cada exemplo no texto começa com o enunciado do problema. As páginas seguintes desenvolvem a solução, de maneira semelhante ao que se esperava que o estudante fizesse. À medida que o aluno prossegue na leitura, a solução aparece passo a passo.

AGRADECIMENTOS

Agradeço aos revisores desta edição, assim como aos revisores das edições anteriores. Sou muito grata a todos.

Elizabeth Adams, *James Madison University*
Kemal Akkaya, *Southern Illinois University*
Charles Ashbacher, *Mount Mercy College*
Barnabas Bede, *DigiPen Institute of Technology*
Terry J. Bridgeman, *Colorado School of Mines*
David Casperson, *University of Northern British Columbia*
Adrienne Decker, *SUNY Buffalo*
Steve Donaldson, *Samford University*
Mordechai S. Goodman, *Dominican University*
Michael A. Gray, *American University*
Jerrold R. Griggs, *University of South Carolina*
Joseph Hobart, *Okanagan College*
Mark Jacobson, *University of Northern Iowa*
Lisa A. Jamba, *University of Northern Florida*
Tim Lin, *Cal Poly*
David Lugenbuhl, *Western Carolina University*
Damian Lyons, *Fordham University*
Mariana Maris, *Arizona State University*
Mikel D. Petty, *University of Alabama in Huntsville*
Amar Raheja, *Cal Poly*
J. Ben Schafer, *University of Northern Iowa*
Ali Shaykhian, *Florida Institute of Technology*
Shunichi Toida, *Old Dominion University*
William J. Weber, *Southeast Missouri State University*
Eric Westlund, *Luther University*
Hua Yan, *Borough of Manhattan Community College*
Yu Zhang, *Texas A&M Corpus Christi*

O pessoal da W. H. Freeman ajudou muito a completar esta edição, especialmente Penny Hull (veterana de muitas edições anteriores), Terri Ward, Roland Cheyney, Liam Ferguson, Georgia Lee Hadler e Vicki Tomaselli.

Meus agradecimentos mais profundos a meu marido, John, meu baluarte e meu amigo mais querido.

NOTA AO ESTUDANTE

À medida que for estudando neste livro, você encontrará muitos conceitos e ideias novos. Tente ler com lápis e papel à mão e fazer os Problemas Práticos quando os encontrar. O objetivo deles é reforçar ou esclarecer alguma terminologia ou método novo que acabou de ser dado; no final do livro, são dadas as respostas. Preste atenção também aos Lembretes, que apontam erros comuns ou fornecem sugestões úteis.

Visite o *site* da LTC Editora para encontrar soluções detalhadas de problemas associados às Técnicas em cada seção.

Você pode achar, no início, que os processos mentais necessários para resolver os exercícios no livro são novos e difíceis. O maior atributo para seu sucesso é a perseverança. Digo para meus alunos o seguinte: "Se você não vê logo como resolver um problema, não desista, pense um pouco mais; certifique-se de que compreende toda a terminologia usada no problema, brinque com algumas ideias. Se não conseguir pensar em nenhuma abordagem possível, deixe o problema de lado e pense sobre ele mais tarde. Repita esse processo durante dias, se necessário. Quando finalmente acordar no meio da noite com uma ideia, saberá que está colocando a quantidade necessária de esforço nessa disciplina." Resultados matemáticos não brotam completamente formados da cabeça de gênios matemáticos; bom, talvez de gênios matemáticos, mas para o resto de nós é preciso trabalho, paciência, passos errados e **perseverança**.

Divirta-se com a experiência!

Material Suplementar

Este livro conta com os seguintes materiais suplementares:

- Ilustrações da obra em formato de apresentações em (.pdf) (acesso livre);
- Guia de Estudos *Online*: arquivo em (.pdf) (acesso livre).

  - O acesso ao material suplementar é gratuito. Basta que o leitor se cadastre e faça seu *login* em nosso *site* (www.grupogen.com.br), clicando em GEN-IO, no *menu* superior do lado direito.
  - *O acesso ao material suplementar online fica disponível até seis meses após a edição do livro ser retirada do mercado.*
  - Caso haja alguma mudança no sistema ou dificuldade de acesso, entre em contato conosco (gendigital@grupogen.com.br).

GEN-IO (GEN | Informação Online) é o ambiente virtual de aprendizagem do GEN | Grupo Editorial Nacional

Fundamentos Matemáticos para a Ciência da Computação

Capítulo

Lógica Formal

OBJETIVOS DO CAPÍTULO

Após o estudo deste capítulo, você será capaz de:

- Usar os símbolos formais da lógica proposicional.
- Encontrar o valor lógico de uma expressão em lógica proposicional.
- Construir demonstrações formais em lógica proposicional e utilizá-las para determinar a validade de argumentos em língua portuguesa.
- Usar os símbolos formais da lógica de predicados.
- Encontrar o valor lógico em alguma interpretação de uma expressão na lógica de predicados.
- Usar a lógica de predicados para representar sentenças em língua portuguesa.
- Construir demonstrações formais na lógica de predicados e utilizá-las para determinar a validade de argumentos em língua portuguesa.
- Entender como a linguagem de programação Prolog é constituída em função da lógica de predicados.
- Demonstrar matematicamente que os programas utilizando proposições de atribuição e condicionais estão corretos.

Você foi convocado a participar do júri em um processo criminal. O advogado de defesa argumenta o seguinte:

> Se meu cliente fosse culpado, a faca estaria na gaveta. Ou a faca não estava na gaveta ou Jason Pritchard viu a faca. Se a faca não estava lá no dia 10 de outubro, segue que Jason Pritchard não viu a faca. Além disso, se a faca estava lá no dia 10 de outubro, então a faca estava na gaveta e o martelo estava no celeiro. Mas todos nós sabemos que o martelo não estava no celeiro. Portanto, senhoras e senhores do júri, meu cliente é inocente.

Pergunta: **O argumento do advogado está correto? Como você deveria votar?**

É mais fácil responder a essa pergunta reescrevendo o argumento com a notação da lógica formal. A lógica formal retira o palavrório que causa confusão e permite que nos concentremos na argumentação subjacente. Na verdade, a lógica formal — o tema deste capítulo — fornece as bases para o método de pensar organizado e cuidadoso que caracteriza qualquer atividade racional — como uma investigação criminal, uma experiência científica, um estudo sociológico. Além disso, a lógica formal tem aplicações diretas em ciência da computação. As duas últimas seções deste capítulo exploram uma linguagem de programação baseada em lógica e no uso da lógica formal para verificar se os programas de computador estão, ou não, corretos. Mais ainda, a lógica associada a circuitos (a lógica que governa os circuitos de um computador) é inteiramente análoga à lógica de proposições apresentada neste capítulo. Vamos estudar a lógica associada a circuitos no Capítulo 8.

SEÇÃO 1.1 PROPOSIÇÕES, REPRESENTAÇÕES SIMBÓLICAS E TAUTOLOGIAS

A lógica formal pode representar as afirmações que fazemos em linguagem cotidiana para apresentar fatos ou transmitir informações. Uma **proposição** (ou **declaração**) é uma sentença que é falsa ou verdadeira.

EXEMPLO 1 Considere as seguintes sentenças:

a. Dez é menor do que sete.
b. Cheyenne é a capital do estado americano de Wyoming.
c. Ela é muito talentosa.
d. Existem outras formas de vida em outros planetas no universo.

A sentença (a) é uma proposição, já que é falsa. A sentença (b) é uma proposição, já que é verdadeira. A sentença (c) não é falsa nem verdadeira, pois "ela" não está especificada; por isso, (c) não é uma proposição. A sentença (d) é uma proposição, já que é ou falsa ou verdadeira; nós não precisamos ser capazes de decidir qual das alternativas é válida. ●

Conectivos e Valores Lógicos

Ao falar ou escrever, combinamos frases simples por meio de conectivos, como *e*, para formar sentenças compostas mais interessantes. O valor lógico de uma proposição composta depende dos valores lógicos de seus componentes e dos conectivos usados. Se combinarmos duas afirmações verdadeiras, "Elefantes são grandes" e "Bolas de futebol são redondas", consideraríamos a proposição resultante, "Elefantes são grandes e bolas de futebol são redondas", como verdadeira. Neste livro, assim como em muitos livros de lógica, letras maiúsculas do início do alfabeto, como A, B e C, são usadas para representar proposições e, por isso, são chamadas **letras de proposição**; o símbolo $\wedge$ é um **conectivo lógico** que representa *e*. Concordamos, então, que, se A e B forem proposições verdadeiras, a proposição $A \wedge B$ (leia-se "A e B") deverá ser considerada verdadeira.

PROBLEMA PRÁTICO 1[1]

a. Se A fosse verdadeira e B fosse falsa, que valor lógico você atribuiria a $A \wedge B$?
b. Se A fosse falsa e B fosse verdadeira, que valor lógico você atribuiria a $A \wedge B$?
c. Se A e B fossem falsas, que valor lógico você atribuiria a $A \wedge B$? ■

A expressão $A \wedge B$ é chamada a **conjunção** de A e B; A e B são denominados os **elementos**, ou **fatores**, dessa expressão. A Tabela 1.1 apresenta os valores lógicos de $A \wedge B$ para todos os valores lógicos possíveis dos elementos A e B. Cada linha da tabela representa uma atribuição específica de valor lógico a cada uma das letras de proposição e o valor lógico resultante da expressão composta.

TABELA 1.1

A	B	$A \wedge B$
V	V	V
V	F	F
F	V	F
F	F	F

TABELA 1.2

A	B	$A \vee B$
V	V	V
V	F	
F	V	
F	F	

Outro conectivo é a palavra *ou*, denotada pelo símbolo $\vee$. A expressão $A \vee B$ (leia "A ou B") é a **disjunção** de A e B; A e B são os **elementos**, ou **fatores**, da disjunção. Se A e B forem ambas verdadeiras, então $A \vee B$ deverá ser considerada verdadeira, fornecendo a primeira linha da tabela-verdade para a disjunção (veja a Tabela 1.2).

[1]As respostas dos Problemas Práticos estão no final do livro.

PROBLEMA PRÁTICO 2 Use sua compreensão da palavra *ou* para completar a tabela-verdade para a disjunção, Tabela 1.2. ■

Proposições podem ser combinadas na forma "se proposição 1, então proposição 2". Se A denotar a proposição 1 e B a 2, a proposição composta é denotada por $A \rightarrow B$ (leia "A condiciona B"). O conectivo lógico aqui é o **condicional** e significa que a verdade de A implica, ou leva a, a verdade de B. No condicional $A \rightarrow B$, A é a proposição **antecedente** e B, a **consequente**.

A tabela-verdade para o condicional não é tão óbvia quanto as tabelas para a conjunção ou a disjunção. Para compreender sua definição, suponhamos que um amigo observe que "Se passar no teste de economia, então eu vou ao cinema sexta-feira". Se seu amigo passar no teste e for ao cinema, o que ele disse é verdade. Se seu amigo passar no teste e não for ao cinema, o que ele disse é falso. Se seu amigo não passar no teste, então — independentemente de se ele vai ou não ao cinema — você não pode afirmar que o que ele disse é falso. Você, provavelmente, em dúvida, diria que a afirmação é verdadeira. Por convenção, $A \rightarrow B$ será considerada verdadeira se A for falsa, independentemente do valor lógico de B.

PROBLEMA PRÁTICO 3 Resuma essa discussão escrevendo a tabela-verdade para $A \rightarrow B$. ■

O conectivo **bicondicional** é simbolizado por $\leftrightarrow$. Ao contrário da conjunção, da disjunção e do condicional, o conectivo bicondicional não é, de fato, um conectivo fundamental, é um atalho conveniente. A expressão $A \leftrightarrow B$ é uma abreviatura de $(A \rightarrow B) \wedge (B \rightarrow A)$. Podemos escrever a tabela-verdade para o bicondicional construindo, passo a passo, a tabela para $(A \rightarrow B) \wedge (B \rightarrow A)$, como na Tabela 1.3. Da tabela, vemos que $A \leftrightarrow B$ é verdadeira exatamente quando A e B têm os mesmos valores lógicos.

TABELA 1.3

A	B	$A \rightarrow B$	$B \rightarrow A$	$(A \rightarrow B) \wedge (B \rightarrow A)$
V	V	V	V	V
V	F	F	V	F
F	V	V	F	F
F	F	V	V	V

Os conectivos lógicos que vimos até agora são **conectivos binários**, pois juntam duas expressões, através de um conectivo lógico, produzindo uma terceira expressão. Vamos considerar, agora, um **conectivo unário**,* ou seja, um conectivo agindo em uma expressão para produzir uma segunda expressão. A **negação** é um conectivo lógico unário. A negação de A — simbolizada por A' — é lida como "não A".

PROBLEMA PRÁTICO 4 Escreva a tabela-verdade para A'. (São necessárias apenas duas linhas.) ■

*A expressão "conectivo unário" pode parecer contraditória, já que tal conectivo não conecta coisa alguma, mas é comum em textos de computação. Em livros de lógica matemática, no entanto, é mais comum a expressão "operação unária". (N.T.)

A Tabela 1.4 resume os valores lógicos para todos os conectivos lógicos. Essa informação é essencial para a compreensão do raciocínio lógico.

TABELA 1.4

A	B	$A \wedge B$	$A \vee B$	$A \rightarrow B$	$A \leftrightarrow B$	A'
V	V	V	V	V	V	F
V	F	F	V	F	F	
F	V	F	V	V	F	V
F	F	F	F	V	V	

Devido à riqueza da língua portuguesa, palavras com significados ligeiramente diferentes são representadas pelo mesmo conectivo lógico. A Tabela 1.5 mostra expressões comuns em português associadas a diversos conectivos lógicos.

TABELA 1.5

Expressão em português	Conectivo lógico	Expressão lógica
e; mas; também; além disso	Conjunção	$A \wedge B$
ou	Disjunção	$A \vee B$
Se *A*, então *B*. *A* condicional *B*. *A*, logo *B*. *A* só se *B*; *A* somente se *B*. *B* segue de *A*. *A* é uma condição suficiente para *B*; basta *A* para *B*. *B* é uma condição necessária para *A*.	Condicional	$A \rightarrow B$
A se, e somente se, *B*. *A* é condição necessária e suficiente para *B*.	Bicondicional	$A \leftrightarrow B$
não *A* É falso que *A* ... Não é verdade que *A* ...	Negação	A'

LEMBRETE

A só se *B* significa $A \rightarrow B$.

Suponha que a proposição $A \rightarrow B$ seja verdadeira. Então, de acordo com a tabela-verdade para o condicional, a proposição consequente, *B*, pode ser verdadeira mesmo que a antecedente, *A*, seja falsa. Logo, embora o fato de *A* ser verdadeira leve a (implique) *B* ser verdadeira, o fato de *B* ser verdadeira não implica que *A* seja verdadeira. A frase "*B* é uma condição necessária para *A*", que descreve $A \rightarrow B$, significa que, se *A* for verdadeira, *B* também terá, necessariamente, que ser verdadeira. "*A* somente se *B*" descreve a mesma coisa, que *A* implica *B*.

EXEMPLO 2 A declaração "O fogo é uma condição necessária para a fumaça" pode ser dita de outra forma, como "Se houver fumaça, então haverá fogo". O antecedente é "há fumaça" e o consequente é "há fogo". ●

PROBLEMA PRÁTICO 5 Escreva o antecedente e o consequente de cada uma das proposições a seguir. (*Sugestão*: coloque cada proposição na forma se/então.)

a. Se a chuva continuar, então o rio irá transbordar.
b. Uma condição suficiente para a falha de uma rede elétrica é que a chave central desligue.
c. Os abacates só estão maduros quando estão escuros e macios.
d. Uma boa dieta é uma condição necessária para um gato ser saudável. ▪

EXEMPLO 3 A negação de uma proposição deve ser feita com cuidado, especialmente no caso de uma proposição composta. A Tabela 1.6 dá alguns exemplos. ●

TABELA 1.6

Proposição	Negação Correta	Negação Incorreta
Vai chover amanhã.	É falso que vá chover amanhã. Não vai chover amanhã.	
Pedro é alto e magro.	É falso que Pedro seja alto e magro. Pedro não é alto ou não é magro. Pedro é baixo ou gordo.	Pedro é baixo e gordo. Esta é uma proposição muito forte. Pedro não tem ambas as propriedades (ser alto e ser magro), mas ainda pode ter uma delas.
O rio é raso ou está poluído.	É falso que o rio seja raso ou esteja poluído. O rio não é raso nem está poluído. O rio é fundo e não está poluído.	O rio não é raso ou não está poluído. Esta é uma proposição muito fraca. O rio não tem nenhuma das duas propriedades, não deixa de ter apenas uma delas.

PROBLEMA PRÁTICO 6 Qual das proposições a seguir representa A' se A é a proposição "Júlia gosta de manteiga mas detesta creme"?

a. Júlia detesta manteiga e creme.
b. Júlia não gosta de manteiga nem de creme.
c. Júlia não gosta de manteiga, mas adora creme.
d. Júlia odeia manteiga ou gosta de creme. ▪

Podemos encadear letras de proposição, conectivos e parênteses (ou colchetes) para formar novas expressões, como

$$(A \rightarrow B) \wedge (B \rightarrow A)$$

É claro que, como em uma linguagem de programação, certas *regras de sintaxe* (regras que dizem quais as cadeias que formam expressões válidas) têm que ser obedecidas; por exemplo, a cadeia

$$A\,)) \wedge\wedge \rightarrow BC$$

não seria considerada válida. Uma cadeia que forma uma expressão válida é denominada uma **fórmula bem-formulada** ou **fbf**. Para reduzir o número de parênteses necessários em uma fbf, vamos estipular uma ordem de aplicação dos conectivos lógicos. A *ordem de precedência* é a seguinte:

1. para conectivos dentro de vários parênteses, efetuam-se primeiro as expressões dentro dos parênteses mais internos
2. $'$
3. $\wedge, \vee$
4. $\rightarrow$
5. $\leftrightarrow$

Isso quer dizer que a expressão $A \vee B'$ significa $A \vee (B')$ e não $(A \vee B)'$. Analogamente, $A \vee B \rightarrow C$ é o mesmo que $(A \vee B) \rightarrow C$ e não $A \vee (B \rightarrow C)$. No entanto, muitas vezes usaremos parênteses de qualquer forma, só para ter certeza de que não há possibilidade de confusão.

Em uma fbf com diversos conectivos, o último a ser aplicado é o **conectivo principal**. Em

$$A \wedge (B \rightarrow C)'$$

o conectivo principal é $\wedge$. Em

$$((A \vee B) \wedge C) \rightarrow (B \vee C')$$

o conectivo principal é $\rightarrow$. Letras maiúsculas perto do final do alfabeto, como P, Q, R e S, são usadas para representar fbfs. Assim, P poderia representar uma única letra de proposição, que é o tipo mais simples de uma fbf, ou uma fbf mais complexa. Poderíamos representar

$$((A \vee B) \wedge C) \rightarrow (B \vee C')$$

como

$$P \rightarrow Q$$

se quiséssemos esconder alguns detalhes no momento e nos concentrarmos apenas no conectivo principal.

Fbfs compostas de letras de proposições e conectivos lógicos têm valores lógicos que dependem dos valores lógicos associados às suas letras de proposições. Escrevemos a tabela-verdade para qualquer fbf a partir de seus componentes, da mesma forma como fizemos para a expressão $(A \rightarrow B) \wedge (B \rightarrow A)$. O conectivo principal aparece na última coluna da tabela.

EXEMPLO 4 A Tabela 1.7 mostra a tabela-verdade para a fbf $A \vee B' \rightarrow (A \vee B)'$. O conectivo principal, de acordo com as regras de precedência, é o condicional. ●

TABELA 1.7

A	B	B'	$A \vee B'$	$A \vee B$	$(A \vee B)'$	$A \vee B' \rightarrow (A \vee B)'$
V	V	F	V	V	F	F
V	F	V	V	V	F	F
F	V	F	F	V	F	V
F	F	V	V	F	V	V

Se estivermos elaborando uma tabela-verdade para uma fbf com n letras diferentes de proposição, quantas linhas deverá ter essa tabela? Pelas tabelas-verdade que vimos até agora, sabemos que uma fbf com apenas uma letra de proposição tem duas linhas e que uma fbf com duas letras de proposição tem quatro linhas. O número de linhas é igual ao número de combinações verdadeiro/falso possíveis entre as letras de proposição. A primeira letra de proposição tem duas possibilidades, V e F. Para cada uma dessas possibilidades, a segunda letra de proposição tem dois valores possíveis. A Figura 1.1(a) ilustra isso por meio de uma "árvore" em dois níveis com quatro ramificações mostrando as quatro combinações possíveis de V e F para duas letras de proposição. Para n letras de proposição, estendemos a árvore para n níveis, como na Figura 1.1(b). O número total de ramos no último nível é, então, igual a 2^n. O número total de linhas em uma tabela-verdade contendo n letras de proposição também é 2^n.

TABELA 1.8

A	*B*	*C*
V	V	V
V	V	F
V	F	V
V	F	F
F	V	V
F	V	F
F	F	V
F	F	F

Essa estrutura de árvore também nos diz como ordenar todas as combinações V/F entre as n letras de proposição ao montar uma tabela-verdade. Se lermos cada nível da árvore de baixo para cima, veremos que os valores V/F se alternam para a letra de proposição n (que comporá a última coluna da tabela), os valores para a letra $n - 1$ se alternam de dois em dois, os valores para a letra $n - 2$, de quatro em quatro e assim por diante. Portanto, uma tabela-verdade para três letras de proposição começaria como na Tabela 1.8. Os valores para a letra C se alternam, os para a letra B se alternam em grupos de dois e os para a letra A se alternam em grupos de quatro, resultando em algo como uma versão de lado da árvore. (Lendo as linhas de baixo para cima e usando 1 no lugar de V e 0 no lugar de F, vemos que estamos simplesmente contando, em representação binária, a partir de zero.)

PROBLEMA PRÁTICO 7 Construa tabelas-verdade para as fbfs a seguir.

a. $(A \rightarrow B) \leftrightarrow (B \rightarrow A)$ (Lembre-se de que $C \leftrightarrow D$ é verdadeira precisamente quando C e D têm os mesmos valores lógicos.)
b. $(A \vee A') \rightarrow (B \wedge B')$
c. $[(A \wedge B') \rightarrow C']'$
d. $(A \rightarrow B) \leftrightarrow (B' \rightarrow A')$ ■

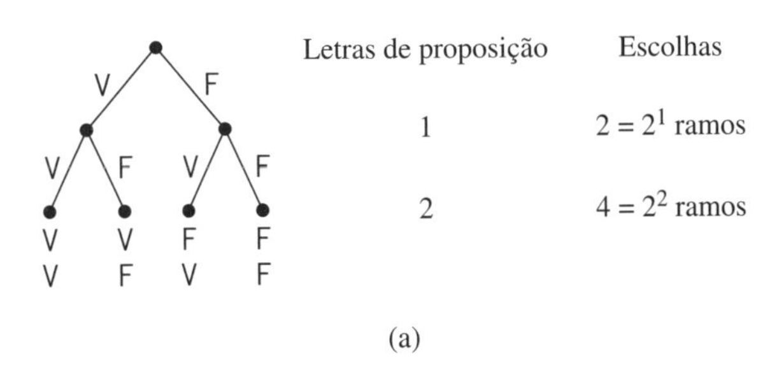

(a)

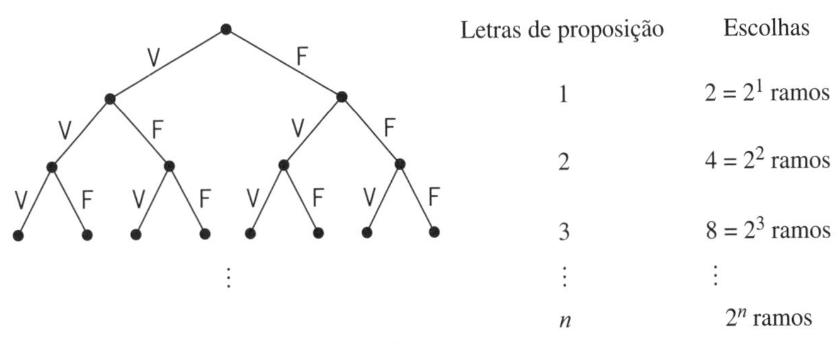

Figura 1.1 (b)

Tautologias

Uma fbf como a do item (d) do Problema Prático 7, que assume apenas o valor V, é denominada uma **tautologia**. Uma tautologia é "intrinsecamente verdadeira" pela sua própria estrutura; ela é verdadeira independentemente dos valores lógicos atribuídos às suas letras de proposição. Um exemplo mais simples de uma tautologia é $A \vee A'$: por exemplo, a proposição "Hoje vai ter sol ou hoje não vai ter sol" tem que ser sempre verdadeira, já que uma ou outra das duas coisas tem que acontecer. Uma fbf como a do item (b) do Problema Prático 7, cujo valor lógico é sempre falso, é denominada uma **contradição**. Uma contradição é "intrinsecamente falsa" pela sua própria estrutura. Um exemplo mais simples de uma contradição é $A \wedge A'$: considere "Hoje é terça-feira e hoje não é terça-feira", que é falsa qualquer que seja o dia da semana hoje.

LEMBRETE
A, B e C são letras de proposições simples; P, Q, R e S são fbfs.

Suponha que P e Q representem duas fbfs e suponha que a fbf $P \leftrightarrow Q$ seja uma tautologia. Se fizermos uma tabela-verdade usando as letras de proposição P e Q, então os valores lógicos de P e de Q seriam sempre iguais em todas as linhas da tabela. Nesse caso, dizemos que P e Q são **fbfs equivalentes**; denotamos essa propriedade por $P \Leftrightarrow$ Q. Assim, $P \Leftrightarrow Q$ enuncia um fato, a saber, que a fbf particular $P \leftrightarrow Q$ é uma tautologia. O Problema Prático 7(d) tem a forma $P \leftrightarrow Q$, em que P é a fbf $(A \rightarrow B)$ e Q é a fbf $(B' \rightarrow A')$; vimos que $P \leftrightarrow$ Q é uma tautologia, logo $(A \rightarrow B) \Leftrightarrow (B' \rightarrow A')$.

Listaremos algumas equivalências básicas, demonstraremos uma ou duas delas por meio de tabelas-verdade e deixaremos as restantes como exercícios. Representamos qualquer contradição por 0 e qualquer tautologia por 1.

Algumas Equivalências Tautológicas

1a. $A \vee B \Leftrightarrow B \vee A$	1b. $A \wedge B \Leftrightarrow B \wedge A$	(comutatividade)
2a. $(A \vee B) \vee C \Leftrightarrow A \vee (B \vee C)$	2b. $(A \wedge B) \wedge C \Leftrightarrow A \wedge (B \wedge C)$	(associatividade)
3a. $A \vee (B \wedge C) \Leftrightarrow (A \vee B) \wedge (A \vee C)$	3b. $A \wedge (B \vee C) \Leftrightarrow (A \wedge B) \vee (A \wedge C)$	(distributividade)
4a. $A \vee 0 \Leftrightarrow A$	4b. $A \wedge 1 \Leftrightarrow A$	(propriedades dos elementos neutros)
5a. $A \vee A' \Leftrightarrow 1$	5b. $A \wedge A' \Leftrightarrow 0$	(propriedades dos complementares)

Note que 2a nos permite escrever $A \vee B \vee$ C sem necessidade de parênteses, já que o agrupamento é irrelevante; analogamente, 2b nos permite escrever $A \wedge B \wedge C$.

EXEMPLO 5 A tabela-verdade na Tabela 1.9(a) mostra a equivalência 1a, a comutatividade para a disjunção, e a na Tabela 1.9(b) mostra 4b, o elemento neutro para a conjunção. Note que são necessárias apenas duas linhas para a Tabela 1.9(b), pois 1 (uma tautologia) não pode assumir o valor lógico F. ●

TABELA 1.9

(a)

A	B	$A \vee B$	$B \vee A$	$A \vee B \leftrightarrow B \vee A$
V	V	V	V	V
V	F	V	V	V
F	V	V	V	V
F	F	F	F	V

(b)

A	1	$A \wedge 1$	$A \wedge 1 \leftrightarrow A$
V	V	V	V
F	V	F	V

PROBLEMA PRÁTICO 8 Verifique a equivalência 5a. ■

As equivalências na lista estão agrupadas em cinco pares. Em cada par, uma equivalência pode ser obtida da outra pela substituição de $\wedge$ por $\vee$, $\vee$ por $\wedge$, 0 por 1 ou 1 por 0. Cada equivalência em um dos pares é a **dual** da outra. Assim, 1a e 1b (comutatividade da disjunção e da conjunção) são duais uma da outra. Essa lista de equivalências aparece em um contexto mais geral no Capítulo 8.

Duas equivalências adicionais muito úteis são as **leis de De Morgan**, assim nomeadas em honra ao matemático inglês do século XIX Augustus De Morgan, o primeiro a enunciá-las. A demonstração desse teorema é fácil (veja os Exercícios 26(e) e 26(f)).

TEOREMA LEIS DE DE MORGAN

$$(A \vee B)' \Leftrightarrow A' \wedge B' \quad \text{e} \quad (A \wedge B)' \Leftrightarrow A' \vee B'$$

Cada uma é a dual da outra. As leis de De Morgan auxiliam na negação de uma proposição composta, como no Problema Prático 6.

Podemos considerar essas equivalências como padrões; para usar uma delas, é preciso que a proposição corresponda exatamente ao padrão. Por exemplo, você não pode dizer que $(A \wedge B) \vee C \Leftrightarrow A \wedge (B \vee C)$, já que nenhuma das duas propriedades de associatividade usa ao mesmo tempo a conjunção e a disjunção.

Suponha que P e Q são fbfs equivalentes. Então, P pode ser substituída por Q em qualquer fbf que contenha P, sem nenhuma mudança nos valores lógicos globais. É como substituir uma nota de R$20,00 em sua carteira por duas notas de R$10,00 — o valor total de seu dinheiro não será modificado.

EXEMPLO 6 Pelo Problema Prático 7(d), $A \to B$ é equivalente a $B' \to A'$. Portanto, a fbf $(A \to B) \to B$ é equivalente a $(B' \to A') \to B$. As Tabelas 1.10(a) e 1.10(b) mostram essa equivalência. ●

TABELA 1.10

(a)

A	B	$A \to B$	$(A \to B) \to B$
V	V	V	V
V	F	F	V
F	V	V	V
F	F	V	F

(b)

A	B	A'	B'	$B' \to A'$	$(B' \to A') \to B$
V	V	F	F	V	V
V	F	F	V	F	V
F	V	V	F	V	V
F	F	V	V	V	F

Conectivos Lógicos no Mundo Real

Os programas de busca na Internet permitem a exploração de recursos imensos disponíveis, mas um pouco de cuidado na sua pesquisa pode ajudar a chegar ao resultado desejado mais rapidamente. Por exemplo, se pesquisar

carros usados

em um programa de busca, você pode obter de volta referências na rede de qualquer página contendo a palavra *carros* ou a palavra *usados*; isso poderia incluir antiquários e páginas contendo os últimos resultados das corridas. Se você escrever

"carros usados"

entre aspas, na maior parte dos programas de busca, isso restringiria a busca às páginas contendo exatamente essa frase. A maior parte dos programas de busca permite que você coloque uma expressão usando conectivos lógicos em sua pesquisa, o que ajuda a tornar a pesquisa ainda mais específica. Para diminuir ainda mais sua pesquisa sobre carros usados, você poderia colocar, por exemplo,

"carros usados" E (Ford OU Gurgel)

Isso tenderia a limitar sua pesquisa a lugares que mencionam marcas particulares de carros usados, embora, ainda assim, você possa terminar com um link para a Agência Pirata de Empréstimos Jaime Gurgel, que empresta dinheiro para comprar carros usados. A pesquisa

"carros usados" E (Ford OU Gurgel) E NÃO caminhões

eliminaria os lugares que mencionam caminhões. Muitos programas de busca usam + (um sinal de mais) no lugar de E (ou AND) e – (um sinal de menos) no lugar de E NÃO (ou AND NOT).

Os conectivos lógicos E (AND), OU (OR) e NÃO (NOT) também estão disponíveis em muitas linguagens de programação, assim como em calculadoras gráficas programáveis. Esses conectivos, de acordo com as tabelas-verdade que definimos, agem em combinações de expressões verdadeiras ou falsas para produzir um valor lógico final. Tais valores lógicos fornecem a capacidade de decisão fundamental ao fluxo de controle em programas de computadores. Assim, em uma ramificação condicional de um programa, se o valor lógico da expressão condicional for verdadeiro, o programa executará a seguir um trecho de seu código; se o valor for falso, ele executará um trecho diferente de seu código. Se a expressão condicional for substituída por outra expressão equivalente mais simples, o valor lógico da expressão, e, portanto, o fluxo de controle do programa, não será afetado, mas o novo código será mais fácil de ser entendido e poderá ser executado mais rapidamente.

EXEMPLO 7 Considere uma proposição em um programa de computador da forma

se ((FluxoDeSaída > FluxoDeEntrada) **e não** ((FluxoDeSaída > FluxoDeEntrada) **e**
    (Pressão < 1000)))
    faça AlgumaCoisa;
senão
    faça OutraCoisa;

Aqui a expressão condicional tem a forma

$$A \wedge (A \wedge B)'$$

em que A é "FluxoDeSaída > FluxoDeEntrada" e B é "Pressão < 1000". Essa expressão pode ser simplificada substituindo-se uma fbf por outra equivalente.

$$\begin{aligned}
A \wedge (A \wedge B)' &\Leftrightarrow A \wedge (A' \vee B') && \text{(leis de De Morgan)} \\
&\Leftrightarrow (A \wedge A') \vee (A \wedge B') && \text{(tautologia 3b)} \\
&\Leftrightarrow 0 \vee (A \wedge B') && \text{(tautologia 5b)} \\
&\Leftrightarrow (A \wedge B') \vee 0 && \text{(tautologia 1a)} \\
&\Leftrightarrow A \wedge B' && \text{(tautologia 4a)}
\end{aligned}$$

A proposição pode, então, ser escrita na forma

se ((FluxoDeSaída > FluxoDeEntrada) **e não** (Pressão < 1000)
    faça AlgumaCoisa;
senão
    faça OutraCoisa; ●

Finalmente, as tabelas-verdade para a conjunção, a disjunção e a negação são implementadas por dispositivos eletrônicos chamados "portas lógicas" (porta lógica E ou AND, porta lógica OU ou OR, inversor, respectivamente), que são os módulos fundamentais na construção dos circuitos nos computadores. Veremos no Capítulo 8 como combinar essas portas lógicas em redes lógicas mais complexas para a execução de tarefas específicas.

Um Algoritmo

Para testar se uma fbf é uma tautologia, sempre podemos construir sua tabela-verdade. Para n letras de proposição, precisaremos de 2^n linhas para a tabela-verdade. Suponha, entretanto, que o conectivo principal é um condicional, ou seja, que a fbf tem a forma $P \rightarrow Q$, em que P e Q são fbfs. Então, podemos usar um procedimento mais rápido do que construir uma tabela-verdade para decidir se $P \rightarrow Q$ é, ou não, uma tautologia. Vamos supor que $P \rightarrow Q$ *não* é uma tautologia e ver se isso nos leva a uma situação impossível. Se esse for o caso, então a hipótese de que $P \rightarrow Q$ não é uma tautologia também é impossível, e $P \rightarrow Q$ vai ter que ser mesmo uma tautologia.

Supor que $P \rightarrow Q$ não é uma tautologia é o mesmo que dizer que pode assumir o valor falso, e, pela tabela-verdade para o condicional, $P \rightarrow Q$ só é falsa quando P é verdadeira e Q é falsa. Designando os valores lógicos verdadeiro para P e falso para Q, determinamos os possíveis valores lógicos para as fbfs que constituem P e Q. Continuamos a atribuição de valores lógicos dessa forma até que todas as letras de proposição tenham um valor lógico. Se, por esse processo, forem atribuídos a alguma letra de proposição os valores lógicos verdadeiro e falso ao mesmo tempo, teremos uma situação impossível, logo a fbf $P \rightarrow Q$ terá que ser uma tautologia. Caso contrário, encontraremos uma maneira de tornar a proposição atribuída falsa, e, portanto, ela não é uma tautologia.

O que descrevemos é um conjunto de instruções — um procedimento — para executar a tarefa de determinar se $P \rightarrow Q$ é, ou não, uma tautologia. Esse procedimento pode ser executado mecanicamente seguindo-se as instruções; em um tempo finito, teremos uma resposta. Em ciência da computação, tal procedimento é chamado um *algoritmo*.

DEFINIÇÃO ALGORITMO

Um **algoritmo** é um conjunto de instruções que podem ser executadas mecanicamente em um tempo finito de modo a resolver algum problema.

Algoritmos constituem o cerne da ciência da computação, e teremos mais a dizer sobre eles ao longo deste livro. Você, provavelmente, já sabe que a tarefa principal ao escrever um programa de computador para resolver um problema consiste em desenvolver um algoritmo (um procedimento) para produzir a solução do problema.

Os algoritmos são, muitas vezes, descritos de maneira intermediária entre uma descrição puramente verbal em um parágrafo (como fizemos anteriormente para decidir se $P \rightarrow Q$ era uma tautologia) e um programa de computador (que, se fosse executado, realizaria, de fato, os passos do algoritmo) escrito em uma linguagem de programação. Essa forma intermediária de escrever algoritmos é chamada de **pseudocódigo**. Um algoritmo escrito em pseudocódigo não deve ser difícil de entender, mesmo se você não souber nada sobre programação de computadores. A única coisa a observar sobre o pseudocódigo utilizado neste livro é que linhas que começam com duas barras inclinadas (//) são comentários, não fazendo parte do algoritmo propriamente dito.

A seguir colocamos em pseudocódigo o algoritmo para determinar se $P \rightarrow Q$ é, ou não, uma tautologia.

ALGORITMO *TESTATAUTOLOGIA*

TestaTautologia (fbf P; fbf Q)

//Dadas duas fbfs P e Q, decide se a fbf $P \rightarrow Q$ é, ou não, uma tautologia.

```
  //Suponha que P → Q não é uma tautologia
  P = verdadeira        //atribui V a P
  Q = falsa             //atribui F a Q

  repita
     para cada fbf composta à qual já tenha sido atribuída um valor lógico, atribua
        os valores lógicos determinados para cada uma de suas componentes
  até todas as letras de proposição terem valores lógicos

  se alguma letra de proposição tiver dois valores lógicos
  então //contradição, a hipótese é falsa
     escreva ("P → Q é uma tautologia.")
  senão //existe uma maneira de tornar P → Q falsa
     escreva ("P → Q não é uma tautologia.")
  fim do se
fim de TestaTautologia
```

O algoritmo atribui primeiro os valores lógicos "verdadeiro" a P e "falso" a Q, de acordo com a hipótese de que $P \rightarrow Q$ não é uma tautologia. O algoritmo, então, entra em um *laço* (ou *ciclo*), em que uma sequência de passos é repetida até que determinada condição seja satisfeita. Dentro do laço, atribuem-se valores lógicos às componentes cada vez menores das proposições originais P e Q até que todas as letras de proposição tenham valores lógicos associados. Então o algoritmo testa se ocorreu alguma contradição e escreve a informação sobre se $P \rightarrow Q$ é, ou não, uma tautologia.

EXEMPLO 8 Considere a fbf $(A \rightarrow B) \rightarrow (B' \rightarrow A')$. Essa proposição tem a forma necessária para se usar o algoritmo TestaTautologia, ou seja, é da forma $P \rightarrow Q$, em que P é $A \rightarrow B$ e Q é $B' \rightarrow A'$. Seguindo o algoritmo, atribuímos primeiro os valores lógicos

$$A \rightarrow B \text{ verdadeira e } B' \rightarrow A' \text{ falsa}$$

Entrando no laço, a atribuição de falsa à proposição composta $B' \rightarrow A'$ determina outras atribuições, a saber,

$$B' \text{ verdadeira e } A' \text{ falsa}$$

ou

$$B \text{ falsa e } A \text{ verdadeira}$$

Trabalhando agora com P, A verdadeira e $A \rightarrow B$ verdadeira determina a atribuição

$$B \text{ verdadeira}$$

Agora todas as letras de proposição têm valor lógico, ou seja:

$$\underbrace{\overset{A\text{–V}\ B\text{–V}}{(A \to B)}}_{\text{V}} \quad \to \quad \underbrace{\overset{B\text{–F}\ A\text{–V}}{(B' \to A')}}_{\text{F}}$$

Isso encerra o laço. No último passo do algoritmo, B tem, ao mesmo tempo, os valores lógicos V e F, logo o algoritmo decide que $(A \to B) \to (B' \to A')$ é uma tautologia. De fato, já obtivemos anteriormente esse resultado (no Problema Prático 7(d)) construindo uma tabela-verdade. ●

LEMBRETE

O algoritmo *TestaTautologia* só poderá ser aplicado quando o conectivo principal for $\to$.

O algoritmo *TestaTautologia* decide se uma fbf de determinada forma, ou seja, cujo conectivo principal é $\to$, é uma tautologia. No entanto, o processo de construção de uma tabela-verdade, seguido do exame dos valores lógicos na última coluna, também constitui um algoritmo para decidir se uma fbf arbitrária é uma tautologia. Esse segundo algoritmo é mais poderoso, já que resolve um problema mais geral, mas o algoritmo *TestaTautologia* é, geralmente, mais rápido para aquelas fbfs a que se aplica.

Pode "e" Alguma Vez Ser "ou"?

Em 2003, a OfficeMax processou o governo dos Estados Unidos (o Internal Revenue Service, o setor de Imposto de Renda do governo) para receber de volta o que havia pago de imposto sobre o serviço telefônico. Isso não era uma questão financeira pequena — a OfficeMax havia pago mais do que 380.000 dólares de imposto sobre o uso de telefone. Para compreender a natureza do argumento, precisamos contar, resumidamente, a história do imposto federal sobre o serviço telefônico.

O primeiro imposto sobre o telefone foi promulgado pelo Congresso americano em 1898 (22 anos depois da invenção do telefone por Alexander Graham Bell). O objetivo desse imposto era ajudar a pagar as dívidas decorrentes da guerra entre a Espanha e os Estados Unidos e, como planejado, ele foi revogado em 1902. Ao longo dos anos subsequentes, o imposto foi promulgado e revogado com taxas flutuantes de acordo com as dívidas do governo americano. Ressuscitado novamente em 1932, o imposto ficou vigente, de uma forma ou de outra, desde então. Em 1965, o Congresso americano definiu serviço telefônico local e serviço telefônico de longa distância como duas categorias de serviços que pagariam impostos, com uma taxa de 3%. O que interessa nesta discussão é a definição dada pelo Congresso da época para o serviço telefônico de longa distância, que afirmava em uma parte que era "uma comunicação telefônica de qualidade cujo preço varia de acordo com a distância e com o tempo de transmissão ocorrido em cada comunicação individual". É preciso lembrar que, em 1965, os Estados Unidos tinham, essencialmente, um único provedor de serviços telefônicos, a AT&T, e que a cobrança da AT&T, naquela época, baseava-se tanto na duração quanto na distância de cada chamada telefônica. Na década de 1990, a AT&T foi desmembrada, e surgiram então diversas companhias telefônicas concorrentes. Além disso, as companhias telefônicas começaram a cobrar uma taxa fixa por minuto para ligações de longa distância no território americano. As companhias telefônicas recebiam o imposto de seus clientes e o repassavam ao governo federal.

A OfficeMax usou como provedor de serviços telefônicos a companhia MCI de 1999 a 2002, e a MCI recebeu os impostos da OfficeMax. Em 2003, a OfficeMax processou o governo federal pedindo ressarcimento dos impostos recebidos pela MCI com o argumento de que a MCI não estava fornecendo "serviço telefônico de longa distância" como definido pelo Congresso em 1965, já que a cobrança de MCI baseava-se apenas no tempo, e não no tempo e na distância. O ponto aqui é o seguinte: qual é exatamente o significado da palavra "e" na frase "varia de acordo com a distância *e* com o tempo de transmissão ocorrido em cada comunicação individual"?

O argumento da OfficeMax: "e" significa a conjunção "e", como a tabela-verdade para "e" define na lógica formal. Para que o imposto seja aplicado, a companhia telefônica teria que cobrar de seus clientes uma taxa baseada tanto no tempo quanto na distância.

O argumento do IRS (setor de Imposto de Renda): em outro lugar na mesma legislação, o Congresso usou "e" como uma disjunção ao definir "serviços de comunicação" como "serviço telefônico local, serviço telefônico de longa distância e serviços de telex". Como esses três são mutuamente excludentes, o "e" aqui não poderia ter o significado de conjunção.

A opinião majoritária da Corte de Apelação dos Estados Unidos para a Sexta Circunscrição em 2005 concordava com a OfficeMax. Os argumentos usados foram: (1) a definição do dicionário, os manuais legais de uso e a jurisprudência afirmam que a palavra "e" tem, em geral, um sentido de conjunção; (2) o uso como conjunção é condizente com o sistema de preço usado pela única companhia telefônica na época em que a lei foi escrita; (3) a interpretação como disjunção permitiria a possibilidade de o preço do serviço telefônico estar baseado somente na distância, uma ideia ridícula, que certamente não era a intenção do Congresso; (4) os tribunais de instâncias inferiores já decidiram a favor da OfficeMax. Resumindo, o IRS perdeu essa causa e diversas outras semelhantes, e anunciou, em 2006, que os serviços telefônicos cujo preço se baseia apenas no tempo e não na distância não precisam pagar imposto. (O imposto de 3% sobre o serviço telefônico local ainda está valendo.)

É preciso, no entanto, apreciar o humor da opinião dissidente no caso da OfficeMax: "Um anfitrião perguntou a dois possíveis convidados, separadamente, o que gostariam de beber. Um disse: 'Eu gosto de uísque e água.' O outro disse: 'Eu gosto de cerveja e vinho.' Quando o segundo convidado chegou ao evento, o anfitrião serviu uma mistura de cerveja com vinho. 'Que bebida horrível é esta?', ele perguntou. 'Você disse que gosta de cerveja e vinho', respondeu o anfitrião." Aparentemente, algumas vezes usamos "e" com um sentido de disjunção. Eis aqui um caso legal — e financeiro — que dependeu da tabela-verdade para o conectivo lógico E. Não é legal?

OFFICEMAX, INC. Autor-Apelado versus ESTADOS UNIDOS DA AMÉRICA, Réu-Recorrente, No. 04-4009, Corte de Apelação dos Estados Unidos para a Sexta Circunscrição. Argumentado: 29 de julho de 2005. Decidido e Arquivado: 2 de novembro de 2005. 428 F.3d 583. Em http://law.justia.com/cases/federal/appellate-courts/F3/428/583/565375

SEÇÃO 1.1 REVISÃO

TÉCNICAS

- Construção de tabelas-verdade para fbfs compostas.
- Reconhecimento de tautologias e contradições.

CONCEITOS PRINCIPAIS

- Fbfs são representações simbólicas de proposições.
- Os valores lógicos de fbfs compostas dependem dos valores lógicos de seus componentes e dos tipos de conectivos usados.
- Tautologias são fbfs "intrinsecamente verdadeiras" — são verdadeiras para quaisquer valores lógicos de suas componentes.

EXERCÍCIOS 1.1

1. Quais das frases a seguir são proposições?
   a. A lua é feita de queijo verde.
   b. Ele é, certamente, um homem alto.
   c. Dois é um número primo.
   d. O jogo vai acabar às 16 horas.
   e. Os juros vão subir ano que vem.
   f. Os juros vão cair ano que vem.
   g. $x^2 - 4 = 0$.
2. Qual é o valor lógico de cada uma das proposições a seguir?
   a. 8 é par ou 6 é ímpar.
   b. 8 é par e 6 é ímpar.
   c. 8 é ímpar ou 6 é ímpar.
   d. 8 é ímpar e 6 é ímpar.
   e. Se 8 for ímpar, então 6 será ímpar.
   f. Se 8 for par, então 6 será ímpar.
   g. Se 8 for ímpar, então 6 será par.
   h. Se 8 for ímpar e 6 for par, então $8 < 6$.
3. Dados os valores lógicos A verdadeira, B falsa e C verdadeira, qual é o valor lógico de cada uma das fbfs a seguir?
   a. $A \wedge (B \vee C)$
   b. $(A \wedge B) \vee C$
   c. $(A \wedge B)' \vee C$
   d. $A' \vee (B' \wedge C)'$
4. Dados os valores lógicos A falsa, B verdadeira e C verdadeira, qual é o valor lógico de cada uma das fbfs a seguir?
   a. $A \rightarrow (B \vee C)$
   b. $(A \vee B) \rightarrow C$
   c. $C \rightarrow (A' \wedge B')$
   d. $A \vee (B' \rightarrow C)$
5. Escreva cada uma das afirmações a seguir na forma "se A, então B".
   a. O crescimento sadio de plantas é consequência de quantidade suficiente de água.
   b. O aumento da disponibilidade de informação é uma condição necessária para um maior desenvolvimento tecnológico.
   c. Só serão introduzidos erros se forem feitas modificações no programa.
   d. A economia de energia para aquecimento implica bom isolamento ou vedação de todas as janelas.
6. Escreva cada uma das afirmações a seguir na forma "se A, então B".
   a. A vitória do candidato Lu na eleição será uma condição suficiente para aumentar o IPTU.
   b. O usuário só clicará em Pausa se mudar o nível do jogo.
   c. As componentes estão em falta, logo o preço aumenta.
   d. Cabelo sadio é uma condição necessária para um xampu bom.

7. A língua portuguesa tem muitas maneiras de descrever conectivos lógicos. Escreva uma fbf para cada uma das sentenças a seguir.
   a. Ou A, ou B.
   b. Nem A, nem B.
8. A língua portuguesa tem muitas maneiras de descrever conectivos lógicos. Escreva uma fbf para cada uma das sentenças a seguir.
   a. B sempre que A.
   b. A pode ser deduzida de B.
   c. A mostra B.
   d. A exatamente quando B.
9. São dadas diversas formas de negação para cada uma das proposições a seguir. Quais estão corretas?
   a. A resposta é ou 2, ou 3.
      1. Nem 2 nem 3 é a resposta.
      2. A resposta não é 2 ou não é 3.
      3. A resposta não é 2 e não é 3.
   b. Pepinos são verdes e têm sementes.
      1. Pepinos não são verdes e não têm sementes.
      2. Pepinos não são verdes ou não têm sementes.
      3. Pepinos são verdes e não têm sementes.
   c. $2 < 7$ e 3 é ímpar.
      1. $2 > 7$ e 3 é par.
      2. $2 \geq 7$ e 3 é par.
      3. $2 \geq 7$ ou 3 é ímpar.
      4. $2 \geq 7$ ou 3 é par.
10. São dadas diversas formas de negação para cada uma das proposições a seguir. Quais estão corretas?
    a. A caixa está selada ou o leite está azedo.
       1. O leite não está azedo ou a caixa não está selada.
       2. A caixa não está selada e também o leite não está azedo.
       3. Se a caixa não estiver selada, então o leite estará azedo.
    b. As flores só irão desabrochar se chover.
       1. As flores irão desabrochar, mas não choverá.
       2. As flores não irão desabrochar e não choverá.
       3. As flores não irão desabrochar, ou senão não choverá.
    c. Se você construir isso, eles virão.
       1. Se você construir isso, eles não virão.
       2. Você não vai construir isso, mas eles virão.
       3. Você vai construir isso, mas eles não virão.
11. Escreva a negação de cada fbf a seguir.
    a. Se a comida for boa, então o serviço será excelente.
    b. Ou a comida é boa, ou o serviço é excelente.
    c. Ou a comida é boa e o serviço é excelente, ou então está caro.
    d. Nem a comida é boa, nem o serviço é excelente.
    e. Se for caro, então a comida será boa e o serviço será excelente.
12. Escreva a negação de cada uma das afirmações a seguir.
    a. O processador é rápido, mas a impressora é lenta.
    b. O processador é rápido ou a impressora é lenta.
    c. Se o processador for rápido, então a impressora será lenta.
    d. Ou o processador é rápido e a impressora é lenta, ou então o arquivo está danificado.
    e. Se o arquivo não estiver danificado e o processador for rápido, então a impressora será lenta.
    f. A impressora só é lenta se o arquivo estiver danificado.
13. Usando as letras indicadas para as proposições componentes, escreva as afirmações compostas a seguir em notação simbólica.

a. A: preços subirem; B: haverá muitas casas disponíveis; C: as casas estarão caras.

Se os preços subirem, então haverá muitas casas disponíveis e caras; mas se as casas não estiverem caras, ainda assim haverá muitas disponíveis.

b. A: ir para a cama; B: ir nadar; C: trocar de roupa.

Ir para a cama ou ir nadar é uma condição suficiente para trocar de roupa; no entanto, mudar de roupa não significa que você vai nadar.

c. A: irá chover; B: irá nevar.

Irá chover ou irá nevar, mas não os dois ao mesmo tempo.

d. A: Janete vence; B: Janete perde; C: Janete ficará cansada.

Se Janete vencer ou se perder, ela ficará cansada.

e. A: Janete vence; B: Janete perde; C: Janete ficará cansada.

Janete vai vencer ou, se perder, ficará cansada.

14. Usando as letras indicadas para as proposições componentes, escreva as afirmações compostas a seguir em notação simbólica.

a. A: o trator vence; B: o caminhão vence; C: a corrida será excitante.

Se o trator ou o caminhão vencer, a corrida será excitante.

b. A: nevou; B: choveu; C: ontem estava nublado.

Ontem estava nublado, mas não nevou nem choveu.

c. A: os coalas serão salvos; B: mudanças climáticas forem discutidas; C: os níveis dos oceanos subirão.

Os coalas só serão salvos se as mudanças climáticas forem discutidas; além disso, não discutir as mudanças climáticas fará com que os níveis dos oceanos subam.

d. A: a economia da cidade irá melhorar; B: um bom sistema escolar.

A economia da cidade irá melhorar desde que haja um bom sistema escolar.

e. A: a economia da cidade irá melhorar; B: um bom sistema escolar.

Um bom sistema escolar é uma condição necessária para que a economia da cidade melhore.

15. Sejam A, B e C as seguintes proposições:

A Rosas são vermelhas.

B Violetas são azuis.

C Açúcar é doce.

Escreva as proposições compostas a seguir em notação simbólica.

a. Rosas são vermelhas e violetas são azuis.

b. Rosas são vermelhas, e/ou violetas são azuis ou açúcar é doce.

c. Sempre que violetas forem azuis, rosas serão vermelhas e açúcar será doce.

d. Rosas só serão vermelhas se violetas não forem azuis ou se açúcar for amargo.

e. Rosas são vermelhas, e, se açúcar for amargo, então ou violetas não são azuis ou açúcar é doce.

16. Sejam A, B, C e D as seguintes proposições:

A O bandido é francês.

B O herói é americano.

C A heroína é inglesa.

D O filme é bom.

Escreva em notação simbólica as proposições compostas a seguir.

a. O herói é americano e o filme é bom.

b. Embora o bandido seja francês, o filme é bom.

c. Se o filme for bom, então o herói é americano ou a heroína é inglesa.

d. O herói não é americano, mas o bandido é francês.

e. Uma heroína inglesa é uma condição necessária para o filme ser bom.

17. Use A, B e C como no Exercício 15 para escrever as seguintes proposições compostas em português.
    a. $B \vee C'$
    b. $B' \vee (A \to C)$
    c. $(C \wedge A') \to B$
    d. $C \wedge (A' \to B)$
    e. $(B \wedge C')' \to A$
    f. $A \vee (B \wedge C')$
    g. $(A \vee B) \wedge C'$
18. Use A, B e C como no Exercício 16 para escrever as seguintes proposições compostas em português.
    a. $B \to A'$
    b. $B \wedge C \wedge D'$
    c. $B \to (C \vee A)$
    d. $(A \vee C) \to B'$
    e. $A \leftrightarrow (B \vee C)$
    f. $D' \to (A \vee C)'$
    g. $(C \to D) \wedge (A \to B')$
19. Escreva cada uma das proposições compostas a seguir em notação simbólica usando as letras de proposição D, C, A para denotar as componentes.
    a. Se o cavalo estiver descansado, o cavaleiro vencerá.
    b. O cavaleiro só vencerá se o cavalo estiver descansado e a armadura for forte.
    c. Um cavalo descansado é uma condição necessária para o cavaleiro vencer.
    d. O cavaleiro vencerá se e somente se a armadura for forte.
    e. Uma condição suficiente para o cavaleiro vencer é que a armadura seja forte ou o cavalo esteja descansado.
20. Escreva cada uma das proposições compostas a seguir em notação simbólica usando as letras de proposição A, I, E para denotar as componentes.
    a. Se Anita vencer as eleições, os impostos serão reduzidos.
    b. Os impostos só serão reduzidos se Anita vencer as eleições e a economia permanecer forte.
    c. Os impostos serão reduzidos se a economia permanecer forte.
    d. Uma economia forte será a consequência de Anita ganhar a eleição.
    e. A economia permanecerá forte se e somente se Anita vencer as eleições ou se os impostos forem reduzidos.
21. Escreva cada uma das proposições compostas a seguir em notação simbólica usando as letras de proposição P, U, N para denotar as componentes.
    a. Ter muitos peixes disponíveis é uma condição suficiente para ursos ficarem felizes.
    b. Ursos só ficarão felizes se tiverem muitos peixes disponíveis.
    c. Os ursos estarem infelizes significa que não há muitos peixes disponíveis e também que há muita neve.
    d. Os ursos estarem infelizes é uma condição necessária para muita neve.
    e. Há muita neve se e somente se não há muitos peixes disponíveis.
22. Escreva cada uma das proposições compostas a seguir em notação simbólica usando as letras de proposição P, C, N, L para denotar as componentes.
    a. Se o projeto terminar logo, o cliente ficará feliz e as notas serão pagas.
    b. Se as notas não forem pagas, então a luz será desligada.
    c. O projeto só terminará logo se a luz não for desligada.
    d. Se as notas não forem pagas e a luz for desligada, o cliente não ficará feliz.
    e. As notas serão pagas se e somente se o projeto terminar logo, ou então a luz será desligada.
    f. As notas serão pagas se e somente se o projeto terminar logo ou a luz for desligada.
23. Construa tabelas-verdade para as fbfs a seguir. Note quaisquer tautologias ou contradições.
    a. $(A \to B) \leftrightarrow A' \vee B$
    b. $(A \wedge B) \vee C \to A \wedge (B \vee C)$
    c. $A \wedge (A' \vee B')'$
    d. $A \wedge B \to A'$
    e. $(A \to B) \to [(A \vee C) \to (B \vee C)]$
24. Construa tabelas-verdade para as fbfs a seguir. Note quaisquer tautologias ou contradições.
    a. $A \to (B \to A)$
    b. $A \wedge B \leftrightarrow B' \vee A'$
    c. $(A \vee B') \wedge (A \wedge B)'$
    d. $[(A \vee B) \wedge C'] \to A' \vee C$
    e. $A' \to (B \vee C')$

25. Verifique as equivalências na lista antes do Exemplo 5 desta seção construindo tabelas-verdade. (Já verificamos 1a, 4b e 5a.)
26. Construa tabelas-verdade para verificar que as fbfs a seguir são tautologias. Note que as tautologias nos itens b, e, f e g produzem equivalências do tipo $(A')' \Leftrightarrow A$.
    a. $A \vee A'$
    b. $(A')' \leftrightarrow A$
    c. $A \wedge B \rightarrow B$
    d. $A \rightarrow A \vee B$
    e. $(A \vee B)' \leftrightarrow A' \wedge B'$ (lei de De Morgan)
    f. $(A \wedge B)' \leftrightarrow A' \vee B'$ (lei de De Morgan)
    g. $A \vee A \leftrightarrow A$
27. Prove as tautologias a seguir, começando com a expressão à esquerda do símbolo do bicondicional e encontrando uma série de fbfs equivalentes que convertem a expressão à esquerda na expressão à direita. Você pode usar qualquer das equivalências na lista antes do Exemplo 5 desta seção ou no Exercício 26.
    a. $(A \wedge B') \wedge C \leftrightarrow (A \wedge C) \wedge B'$
    b. $(A \vee B) \wedge (A \vee B') \leftrightarrow A$
    c. $A \vee (B \wedge A') \leftrightarrow A \vee B$
28. Prove as tautologias a seguir, começando com a expressão à esquerda do símbolo do bicondicional e encontrando uma série de fbfs equivalentes que convertem a expressão à esquerda na expressão à direita. Você pode usar qualquer das equivalências na lista antes do Exemplo 5 desta seção ou no Exercício 26.
    a. $(A \wedge B')' \vee B \leftrightarrow A' \vee B$
    b. $A \wedge (A \wedge B')' \leftrightarrow A \wedge B$
    c. $(A \wedge B)' \wedge (A \vee B') \leftrightarrow B'$
29. Mencionamos que não é possível provar que $(A \wedge B) \vee C$ é equivalente a $A \wedge (B \vee C)$ usando a associatividade, mas talvez essa equivalência possa ser provada de outra maneira. Essas duas fbfs são equivalentes? Prove que sim ou prove que não.
30. Seja P a proposição $A \rightarrow B$. Para cada uma das fbfs relacionadas a seguir, prove que P é equivalente a ela ou prove que P não é equivalente a ela.
    a. A *recíproca* de P, $B \rightarrow A$.
    b. A *inversa* de P, $A' \rightarrow B'$.
    c. A *contrapositiva* de P, $B' \rightarrow A'$.
31. Escreva uma expressão lógica para que um programa de busca na rede encontre todas as páginas sobre cachorros que não são de caça.
32. Escreva uma expressão lógica para que um programa de busca na rede encontre todas as páginas que falam sobre pinturas a óleo de Van Gogh ou de Rembrandt, mas não de Vermeer.
33. Escreva uma expressão lógica para que um programa de busca na rede encontre todas as páginas contendo informações relativas a romances ou peças sobre Aids.
34. Escreva uma expressão lógica para que um programa de busca na rede encontre todas as páginas contendo informações sobre as zonas úmidas costeiras na Louisiana, mas não no Alabama.
35. Considere o seguinte pseudocódigo:*

    repita

    $i = 1$

    leia o valor de x

    se (($x < 5{,}0$) **e** ($2x < 10{,}7$)) **ou** ($\sqrt{5x} > 5{,}1$) **então**

    escreva o valor de x

    fim do se

    aumente i de 1

    até $i > 5$

    Os valores de entrada são 1,0; 5,1; 2,4; 7,2 e 5,3. Quais são os valores de saída?

*Como o pseudocódigo está em português, os números também estão; por exemplo, 5,0 é o número 5 de tipo real. (N.T.)

36. Suponha que A, B e C representam condições que serão verdadeiras ou falsas quando determinado programa for executado. Suponha, ainda, que você quer que o programa realize determinada tarefa somente quando A ou B for verdadeira (mas não ambas) e C for falsa. Usando A, B e C e os conectivos E, OU e NÃO, escreva uma proposição que será verdadeira apenas nessas condições.

37. Reescreva o pseudocódigo a seguir com uma expressão condicional mais simples, em que a função *ímpar*(n) tem o valor lógico verdadeiro se n for ímpar.

    se não ((Valor1 < Valor2) **ou** ímpar(Número))
    ou (**não**(Valor1 < Valor2) **e** ímpar(Número)) **então**
        proposição1
    caso contrário
        proposição2
    fim do se

38. Você quer que seu programa execute a proposição1 quando A for falsa, B for falsa e C for verdadeira e que execute a proposição 2 nos outros casos. Você escreveu:

    se não (A **e** B) **e** C **então**
        proposição1
    caso contrário
        proposição2
    fim do se

    Isso faz o que você quer?

39. Verifique que $A \to B$ é equivalente a $A' \vee B$.

40. a. Usando o Exercício 39 e outras equivalências, prove que a negação de $A \to B$ é equivalente a $A \wedge B'$.
    b. Escreva a negação da declaração "Se Samuel passar no exame da OAB, então ele vai conseguir o emprego".

41. Use o algoritmo *TestaTautologia* para provar que as expressões a seguir são tautologias.
    a. $[B' \wedge (A \to B)] \to A'$
    b. $[(A \to B) \wedge A] \to B$
    c. $(A \vee B) \wedge A' \to B$

42. Use o algoritmo *TestaTautologia* para provar que as expressões a seguir são tautologias.
    a. $(A \wedge B) \wedge B' \to A$
    b. $(A \wedge B') \to (A \to B)'$
    c. $(A \wedge B)' \vee B' \to A' \vee B'$

43. Um chip de memória de uma câmera digital tem 2^5 elementos de memória com dois estados (ligado/desligado). Qual o número total de configurações ligado/desligado possíveis?

44. Em cada caso, construa fbfs compostas P e Q de modo que a proposição dada seja uma tautologia.
    a. $P \wedge Q$
    b. $P \to P'$
    c. $P \wedge (Q \to P')$

45. A tabela-verdade para $A \vee B$ mostra que o valor lógico de $A \vee B$ é verdadeiro se A for verdadeira, se B for verdadeira ou se ambas forem verdadeiras. Essa utilização da palavra "ou", em que o resultado é verdadeiro se ambas as componentes forem verdadeiras, é chamado de *ou inclusivo*. É esse ou inclusivo que se subentende na frase "Teremos chuva ou garoa amanhã", que também pode ser expresso como "Teremos chuva, ou garoa, ou ambos amanhã". Outro uso da palavra "ou" na língua portuguesa é o *ou exclusivo*, algumas vezes denotado por **XOU** (ou **XOR**, em inglês), em que o resultado é falso quando ambas as componentes forem verdadeiras. Esse ou exclusivo está subentendido na frase "Na interseção, devemos seguir para o norte ou para o sul" (mas é claro que não para ambos). Esse ou exclusivo é simbolizado por $A \oplus B$. Construa a tabela-verdade para o ou exclusivo.

46. Prove que $A \oplus B \leftrightarrow (A \leftrightarrow B)'$ é uma tautologia.

Os Exercícios 47 a 50 mostram que definir quatro conectivos lógicos básicos (conjunção, disjunção, condicional e negação) é conveniente, mas não é necessário, já que determinados pares de conectivos são suficientes para expressar qualquer fbf. Os Exercícios 51 e 52 mostram que basta um conectivo definido convenientemente.

47. Toda proposição composta é equivalente a uma que usa apenas os conectivos de conjunção e negação. Para verificar isso, precisamos encontrar fbfs equivalentes a $A \vee B$ e a $A \rightarrow B$ usando apenas $\wedge$ e $'$. Essas novas proposições podem substituir, respectivamente, quaisquer ocorrências de $A \vee B$ e de $A \rightarrow B$. (O conectivo $\leftrightarrow$ foi definido em termos de outros conectivos, logo já sabemos que pode ser substituído por uma proposição usando esses outros conectivos.)
    a. Mostre que $A \vee B$ é equivalente a $(A' \wedge B')'$.
    b. Mostre que $A \rightarrow B$ é equivalente a $(A \wedge B')'$.
48. Mostre que qualquer fbf composta é equivalente a uma fbf usando apenas os conectivos $\vee$ e $'$. (*Sugestão*: Veja o Exercício 47.)
49. Mostre que qualquer fbf composta é equivalente a uma fbf usando apenas os conectivos $\rightarrow$ e $'$. (*Sugestão*: Veja o Exercício 47.)
50. Prove que existem proposições compostas que não são equivalentes a nenhuma proposição usando apenas os conectivos $\rightarrow$ e $\vee$.
51. O conectivo binário | é chamado de *barra de Sheffer*, em honra ao professor americano de lógica Henry Sheffer, que demonstrou, em 1913, que esse é o único conectivo necessário. A tabela-verdade para | é dada aqui. Sheffer também é responsável pelo termo "álgebra de Boole", o tópico do Capítulo 8, onde veremos que essa tabela-verdade representa a porta lógica NE (ou NAND).

A	**B**	**A | B**
V	V	F
V	F	V
F	V	V
F	F	V

Mostre que toda fbf composta é equivalente a uma fbf usando apenas o conectivo |. (*Sugestão*: Use o Exercício 47 e encontre proposições equivalentes a $A \wedge B$ e a A' em termos de |.)

52. O conectivo binário $\downarrow$ é chamado de *seta de Peirce*, em honra ao filósofo americano Charles Peirce (não é homenagem ao automóvel antigo). A tabela-verdade para $\downarrow$ é dada aqui. No Capítulo 8 veremos que essa tabela-verdade representa a porta lógica NOU (ou NOR).

A	**B**	**A ↓ B**
V	V	F
V	F	F
F	V	F
F	F	V

Mostre que toda fbf composta é equivalente a uma fbf usando apenas o conectivo $\downarrow$. (*Sugestão*: Veja o Exercício 51.)

53. Fbfs proposicionais e tabelas-verdade pertencem a um sistema de *lógica binária*, já que tudo tem apenas um entre dois valores, Falso ou Verdadeiro. A *lógica ternária* permite um terceiro valor, Nulo ou "desconhecido". (A Seção 5.3 discute as implicações de lógica ternária em bancos de dados.) As tabelas-verdade para esse sistema ternário são as seguintes:

A	**B**	**A ∧ B**
V	V	V
V	F	F
V	N	N
F	V	F
F	F	F
F	N	F
N	V	N
N	F	F
N	N	N

A	**B**	**A ∨ B**
V	V	V
V	F	V
V	N	V
F	V	V
F	F	F
F	N	N
N	V	V
N	F	N
N	N	N

A	**A′**
V	F
F	V
N	N

a. Considerando N "desconhecido", explique por que é razoável definir $V \wedge N = N$, $F \vee N = N$ e $N' = N$.

Suponha que a proposição "O voo 237 está na hora" é verdadeira, que a proposição "Tem gelo na pista" é falsa e que o valor lógico da proposição "O voo 51 está na hora" é desconhecido. Encontre os valores lógicos das seguintes proposições:

b. Não tem gelo na pista e o voo 51 está na hora.

c. O voo 51 está na hora, mas o voo 237 não.

d. O voo 51 não está na hora ou não tem gelo na pista.

54. Fbfs proposicionais e tabelas-verdade pertencem a um sistema de *lógica binária*, já que tudo tem apenas um entre dois valores, F ou V, que podemos pensar como 0 ou 1. Em *lógica nebulosa*,* ou *lógica com muitos valores*, são atribuídos valores entre 0 e 1 a cada letra de proposição que refletem uma "probabilidade" de a letra ser falsa ou verdadeira. Uma letra de proposição com valor 0,9 "tem alta probabilidade de ser verdadeira", enquanto uma proposição com valor 0,05 "tem probabilidade muito alta de ser falsa". A lógica nebulosa é usada para gerenciar decisões em muitas situações imprecisas, como em robótica, manufatura ou controle de instrumentos. Valores lógicos para proposições compostas são definidos por:

A' tem valor $1 - A$.

$A \wedge B$ tem como valor o mínimo entre os valores de A e de B.

$A \vee B$ tem como valor o máximo entre os valores de A e de B.

a. Explique por que essas atribuições de valores para A', $A \wedge B$ e $A \vee B$ são razoáveis.

Suponha que a proposição "O voo 237 está na hora" tem valor estimado de 0,84 e que a proposição "Tem gelo na pista" tem valor estimado de 0,12. Encontre os valores das proposições a seguir.

b. Não tem gelo na pista.

c. Tem gelo na pista e o voo 237 está na hora.

d. Tem gelo na pista e o voo 237 não está na hora.

55. No sistema lógico ternário discutido no Exercício 53, quantas linhas são necessárias para uma tabela-verdade com n letras de proposição?

56. Em 2003, o secretário de Defesa dos EUA, Donald Rumsfeld, ganhou um "prêmio" na Inglaterra (*Plain English Campaign 2003 Golden Bull Award***) por esta afirmação: "Relatórios que dizem que alguma coisa não aconteceu sempre me interessam, porque, como sabemos, há 'conhecimentos conhecidos', ou seja, coisas que sabemos que sabemos. Também sabemos que há 'conhecimentos desconhecidos', ou seja, sabemos que existem coisas que não sabemos. Mas há também os 'desconhecimentos desconhecidos' — as coisas que não sabemos que não sabemos."

Que possibilidade foi omitida pelo Secretário Rumsfeld?

57. Quatro máquinas A, B, C e D estão conectadas em uma rede de computadores. Receia-se que um vírus de computador possa ter infectado a rede. Seu grupo de segurança de rede faz as seguintes afirmações:

a. Se D estiver infectado, C também está.

b. Se C estiver infectado, A também está.

c. Se D estiver limpo, então B está limpo, mas C está infectado.

d. Se A estiver infectado, então B está infectado ou C está limpo.

Supondo todas essas proposições verdadeiras, o que você pode concluir? Explique seu raciocínio.

58. A família Dillie tem cinco adolescentes, dois meninos chamados Ollie e Rollie, e três meninas chamadas Mellie, Nellie e Pollie. Cada um tem uma idade diferente, entre 13 e 17 anos. Na casa da família Dillie, há três quartos para os adolescentes, de modo que dois dividem o quarto amarelo, dois dividem o quarto branco e um tem o quarto verde menor só para si. Você pode dizer o nome e a idade de cada um e o quarto em que dorme?

a. Nenhum divide um quarto com uma pessoa do sexo oposto.

b. Pollie é exatamente um ano mais velha do que Mellie.

c. Os dois adolescentes que dividem o quarto amarelo têm dois anos de diferença.

d. Os dois adolescentes que dividem o quarto branco têm três anos de diferença.

e. Rollie é um pouco mais velho do que Ollie, mas é um pouco mais novo do que a irmã que dorme no quarto verde.[2]

Determine quem dorme em cada quarto e quais as suas idades. Explique seu raciocínio.

---

*Muitos autores usam a nomenclatura em inglês, *fuzzy*. (N.T.)

**O prêmio é dado para o "pior exemplo de bobagens escritas". (N.T.)

[2]Scott Marley, *Dell Logic Puzzles*, abril, 1998.

59. Um anúncio de um restaurante em um clube exclusivo em Honolulu diz "Apenas sócios e não sócios". Dê duas interpretações possíveis para essa afirmação.
60. A seguinte manchete de jornal apareceu durante um julgamento de homicídio:

    "Eu sou um mentiroso", diz o acusado de homicídio!

    O júri pode chegar a alguma conclusão com base nessa afirmação?

Nos Exercícios 61 a 64, você está viajando em um país onde todo habitante ou fala sempre a verdade ou é um mentiroso que sempre mente.[3]

61. Você encontra dois habitantes desse país, Parcival e Levelim. Parcival diz: "Pelo menos um de nós é mentiroso." Parcival é mentiroso ou está dizendo a verdade? E Levelim? Explique sua resposta.
62. Continuando sua viagem, você encontra Merlim e Meredite. Merlim diz: "Se sempre digo a verdade, então Meredite sempre diz a verdade." Merlim é mentiroso ou está dizendo a verdade? E Meredite? Explique sua resposta.
63. A seguir, você encontra Rotvalde e Gremilim. Rotvalde diz: "Ou sou mentiroso ou Gremilim sempre diz a verdade." Rotvalde é um mentiroso ou está dizendo a verdade? E Gremilim? Explique sua resposta.
64. Finalmente, você encontra Guendolino e Felizardo. Guendolino diz "Eu sou um mentiroso, mas Felizardo não é." Guendolino é mentiroso ou está dizendo a verdade? E Felizardo?

SEÇÃO 1.2 LÓGICA PROPOSICIONAL

A alegação do advogado de defesa no início deste capítulo consistiu em um número de declarações (supostamente verdadeiras), seguida de um pedido ao júri para chegar a uma conclusão específica com base nessas declarações. Na Seção 1.1, usamos a notação da lógica formal para representar proposições em forma simbólica como fbfs; essas fbfs são também chamadas de **fbfs proposicionais**. Queremos, agora, usar ferramentas da lógica formal para ver como chegar a conclusões a partir de proposições dadas. O sistema formal que usa fbfs proposicionais é chamado de **lógica proposicional**, **lógica declarativa** ou **cálculo proposicional**. (A palavra *cálculo* é usada aqui no sentido mais geral de "avaliação" ou "raciocínio", e não no sentido de "diferenciação" ou "integração".)

Argumentos Válidos

Um argumento pode ser representado em forma simbólica como

$$P_1 \wedge P_2 \wedge P_3 \wedge \ldots \wedge P_n \rightarrow Q$$

em que $P_1, P_2, \ldots, P_n$ são proposições dadas, chamadas de **hipóteses** do argumento, e Q é a **conclusão** do argumento. Como de hábito, P_i e Q representam fbfs, não apenas letras de proposição. Quando esse deve ser considerado um *argumento válido*? Essa questão pode ser colocada de várias maneiras equivalentes:

- Quando Q pode ser *deduzido logicamente* de $P_1, \ldots, P_n$?
- Quando Q é uma *conclusão lógica de* $P_1, \ldots, P_n$?
- Quando $P_1, \ldots, P_n$ *implica logicamente* Q?
- Quando Q *segue logicamente de* $P_1, \ldots, P_n$?

assim por diante.

Uma resposta informal é que Q é uma conclusão lógica de $P_1, \ldots, P_n$ sempre que a verdade das proposições $P_1, \ldots, P_n$ implicar a verdade de Q. Em outras palavras, quando o condicional

[3]Para mais quebra-cabeças sobre "cavaleiros" e "velhacos", veja *What Is the name of this book?* escrito pelo lógico — e mágico — Raymond Smullyan (Prentice-Hall, 1978).

$$P_1 \wedge P_2 \wedge P_3 \wedge \ldots \wedge P_n \rightarrow Q$$

for verdadeiro. (É claro que o condicional será verdadeiro quando qualquer uma das hipóteses for falsa, mas, em geral, em um argumento, preocupamo-nos com o que acontece quando todas as hipóteses são verdadeiras.) Além disso, esse condicional deveria ser verdadeiro com base na relação entre a conclusão e as hipóteses, e não em conhecimento incidental algum que porventura tivermos sobre Q.

EXEMPLO 9 Considere o seguinte argumento:

> George Washington foi o primeiro presidente dos Estados Unidos. Thomas Jefferson escreveu a Declaração de Independência. Portanto, todo dia tem 24 horas.

Esse argumento tem duas hipóteses:

1. George Washington foi o primeiro presidente dos Estados Unidos.
2. Thomas Jefferson escreveu a Declaração de Independência.

e a conclusão é que

> Todo dia tem 24 horas.

Embora cada hipótese individual, assim como a conclusão, seja uma proposição verdadeira, *não* deveríamos considerar esse argumento válido. A conclusão é meramente um fato verdadeiro isolado, que não está relacionado, nem "segue de", com as hipóteses. ●

Um argumento válido deveria, portanto, ser verdadeiro com base inteiramente em sua estrutura interna; ele deveria ser "intrinsecamente verdadeiro". Fazemos, então, a seguinte definição formal.

DEFINIÇÃO ARGUMENTO VÁLIDO

A fbf proposicional

$$P_1 \wedge P_2 \wedge P_3 \wedge \ldots \wedge P_n \rightarrow Q$$

é um **argumento válido** quando for uma tautologia.

O argumento no Exemplo 9 poderia ser simbolizado como

$$A \wedge B \rightarrow C$$

o que, evidentemente, não é uma tautologia.

EXEMPLO 10 Considere o argumento a seguir. Se George Washington foi o primeiro presidente dos Estados Unidos, então John Adams foi o primeiro vice-presidente. George Washington foi o primeiro presidente dos Estados Unidos. Portanto, John Adams foi o primeiro vice-presidente.

Este argumento tem duas hipóteses

1. Se George Washington foi o primeiro presidente dos Estados Unidos, então John Adams foi o primeiro vice-presidente.
2. George Washington foi o primeiro presidente dos Estados Unidos.

e a conclusão

John Adams foi o primeiro vice-presidente.

Uma representação simbólica desse argumento tem a forma

$$(A \to B) \wedge A \to B$$

Uma tabela-verdade ou o algoritmo *TestaTautologia* mostra que esse argumento é uma tautologia. O argumento é válido; sua forma é tal que a conclusão segue, inevitavelmente, das hipóteses. De fato, essa forma de argumento, conhecida pelo nome em latim *modus ponens* ("método de afirmação"), é uma das regras de raciocínio que usaremos para construir a lógica proposicional. ●

Para testar se $P_1 \wedge P_2 \wedge P_3 \wedge \ldots \wedge P_n \to Q$ é uma tautologia, poderíamos construir uma tabela-verdade ou usar o algoritmo *TestaTautologia*. Em vez disso, vamos utilizar a lógica formal, que usa um sistema de **regras de dedução** para manipular fbfs preservando os valores lógicos. Você começa com as hipóteses $P_1, \ldots, P_n$ (supostas verdadeiras) e tenta aplicar as regras de dedução de maneira a terminar com a conclusão Q (que, então, tem que ser verdadeira, já que os valores lógicos são preservados sob as regras).

DEFINIÇÃO SEQUÊNCIA DE DEMONSTRAÇÃO

Uma **sequência de demonstração** é uma sequência de fbfs nas quais cada fbf é uma hipótese ou o resultado de se aplicar uma das regras de dedução do sistema formal a fbfs anteriores na sequência.

Para usar a lógica formal a fim de provar que Q é uma conclusão válida de $P_1, \ldots, P_n$, é preciso produzir uma sequência de demonstração da forma

P_1 (hipótese)
P_2 (hipótese)

P_n (hipótese)
fbfs_1 (obtida aplicando-se uma regra de dedução a fbfs anteriores)
fbfs_2 (obtida aplicando-se uma regra de dedução a fbfs anteriores)

Q (obtida aplicando-se uma regra de dedução a fbfs anteriores)

As regras de dedução para um sistema formal têm que ser escolhidas cuidadosamente. Se forem fortes demais, não preservarão os valores lógicos e seremos capazes de deduzir qualquer coisa de um dado conjunto de hipóteses. Se forem fracas demais, existirão conclusões lógicas que não seremos capazes de provar a partir de um conjunto dado de hipóteses. Queremos um sistema lógico formal que seja **correto** (*apenas* argumentos válidos deveriam ser demonstráveis) e **completo** (*todos* os argumentos válidos deveriam ser demonstráveis). Além disso, as regras de dedução deveriam ser mantidas mínimas de modo a tornar o sistema formal tratável. Gostaríamos que o sistema tivesse o menor número possível de regras de dedução que o torne completo.

Regras de Dedução para a Lógica Proposicional

As regras de dedução para a lógica proposicional são basicamente de dois tipos, regras de equivalência e regras de inferência. As regras de equivalência permitem que fbfs individuais sejam reescritas, enquanto as regras de inferência permitem a dedução de novas fbfs a partir de fbfs anteriores na sequência de demonstração.

As **regras de equivalência** dizem que determinados pares de fbfs R e S são equivalentes. Lembre-se da Seção 1.1 que $R \Leftrightarrow S$ significa que $R \leftrightarrow S$ é uma tautologia e que S pode ser substituída por R em qualquer fbf sem mudança em seu valor lógico. As regras de equivalência, portanto, preservam os valores lógicos; uma fbf verdadeira continua verdadeira se for feita uma dessas substituições em um de seus componentes.

A Tabela 1.11 lista as regras de equivalências que usaremos em nosso sistema formal de lógica proposicional. (Regras adicionais poderiam ser formuladas com base em outras tautologias, mas estamos tentando manter nosso conjunto de regras mínimo.) É dado um nome para cada regra para facilitar sua identificação em uma sequência de demonstração. Vimos a comutatividade, a associatividade e as leis de De Morgan na Seção 1.1. Essas regras foram dadas apenas para letras de proposição; são dadas aqui para fbfs arbitrárias P, Q, R, mas continuam sendo tautologias.

TABELA 1.11

Regras de Equivalência		
Expressão	**Equivalente a**	**Nome/Abreviatura para a Regra**
$P \vee Q$ $P \wedge Q$	$Q \vee P$ $Q \wedge P$	Comutatividade/com
$(P \vee Q) \vee R$ $(P \wedge Q) \wedge R$	$P \vee (Q \vee R)$ $P \wedge (Q \wedge R)$	Associatividade/ass
$(P \vee Q)'$ $(P \wedge Q)'$	$P' \wedge Q'$ $P' \vee Q'$	Leis de De Morgan/De Morgan
$P \rightarrow Q$	$P' \vee Q$	Condicional/cond
P	$(P')'$	Dupla negação/dn
$P \leftrightarrow Q$	$(P \rightarrow Q) \wedge (Q \rightarrow P)$	Definição de equivalência/que

PROBLEMA PRÁTICO 9 Prove a regra do condicional.

Ou seja, prove que

$$(P \rightarrow Q) \leftrightarrow (P' \vee Q)$$

é uma tautologia. ■

EXEMPLO 11 Suponha que uma hipótese de um argumento proposicional pode ser simbolizada como

$$(A' \vee B') \vee C$$

Então uma sequência de demonstração para o argumento poderia começar com os seguintes passos:

1. $(A' \vee B') \vee C$ hip (hipótese)
2. $(A \wedge B)' \vee C$ 1, De Morgan
3. $(A \wedge B) \rightarrow C$ 2, cond

A justificativa dada em cada passo não é uma parte necessária da sequência de demonstração, mas confirma que o passo é legítimo. O passo 1 é uma hipótese. O passo 2 é deduzido do passo 1 usando-se uma das leis de De Morgan. O passo 3 é deduzido do passo 2 usando a regra do condicional, que diz que $P \rightarrow Q$ é equivalente a $P' \vee Q$, em que P é a fbf $A \wedge B$ e Q é a fbf C. ●

As regras de equivalência permitem substituição em qualquer direção. Por exemplo, no Exemplo 11 substituímos $A' \vee B'$ por $(A \wedge B)'$, mas, em outra sequência de demonstração usando a mesma regra, poderíamos substituir $(A \wedge B)'$ por $A' \vee B'$.

As **regras de inferência** dizem que, se uma ou mais fbfs contidas na primeira coluna das regras de inferência fizerem parte de uma sequência de demonstração, então poderemos adicionar uma nova fbf na sequência substituindo a(s) anterior(es) pela(s) fbf(s) correspondente(s) na segunda coluna das regras. A Tabela 1.12 mostra as regras de inferência proposicionais que usaremos, junto com seus nomes identificadores.

TABELA 1.12

Regras de Inferência		
De	**Podemos Deduzir**	**Nome/Abreviatura para a Regra**
$P, P \rightarrow Q$	Q	*Modus ponens*/ P
$P \rightarrow Q, Q'$	P'	*Modus tollens*/mt
P, Q	$P \wedge Q$	Conjunção/conj
$P \wedge Q$	P, Q	Simplificação/simp
P	$P \vee Q$	Adição/ad

Ao contrário das regras de equivalência, as regras de inferência não funcionam em ambas as direções. Não podemos "inverter" a regra de adição na Tabela 1.13; de $P \vee Q$ não podemos inferir nem P nem Q.

EXEMPLO 12

Suponha que $A \rightarrow (B \wedge C)$ e A são duas hipóteses em um argumento. Uma sequência de demonstração para o argumento poderia começar com os seguintes passos:

1. $A \rightarrow (B \wedge C)$ hip
2. A hip
3. $B \wedge C$ 1, 2, mp

A justificativa no passo 3 é que os passos 1 e 2 têm exatamente a forma necessária para o *modus ponens*, em que P é A e Q é $B \wedge C$. *Modus ponens* diz que Q pode ser inferido de P e de $P \rightarrow Q$. ●

PROBLEMA PRÁTICO 10 Dê um próximo passo e uma justificativa para uma sequência de demonstração que começa.

1. $(A \wedge B') \rightarrow C$ hip
2. C' hip ■

As regras de inferência também preservam os valores lógicos. Por exemplo, suponha que P e $P \rightarrow Q$ são ambas fbfs verdadeiras em uma sequência de demonstração. Então Q é dedutível dessas duas fbfs pelo *modus ponens*. Se P e $P \rightarrow Q$ são ambas verdadeiras, então — pela tabela-verdade para o condicional — Q também é verdadeira.

LEMBRETE

Para usar uma regra de dedução, as fbfs têm que ter exatamente a mesma forma que na regra.

As regras de dedução, como as tautologias na Seção 1.1, representam receitas ou padrões para transformar fbfs. Uma regra só pode ser aplicada quando a fbf tiver exatamente a forma descrita na regra.

EXEMPLO 13

Suponha que $(A \to B) \vee C$ e A são duas hipóteses de um argumento. Uma sequência de demonstração para o argumento poderia começar com os seguintes passos:

1. $(A \to B) \vee C$ hip
2. A hip

Ao contrário do Exemplo 12, no entanto, nada mais pode ser feito. *Modus ponens* necessita da presença de duas fbfs da forma P e $P \to Q$. Em $P \to Q$, o condicional é o conectivo principal. A fbf $(A \to B) \vee C$ tem como conectivo principal a disjunção e não o condicional. *Modus ponens* não se aplica nesse caso, nem outra regra qualquer. ●

Estamos prontos, agora, para uma demonstração completa de um argumento.

EXEMPLO 14

Usando lógica proposicional, prove que o argumento

$$A \wedge (B \to C) \wedge [(A \wedge B) \to (D \vee C')] \wedge B \to D$$

é válido.

Precisamos produzir uma sequência de demonstração que comece com as hipóteses e termine com a conclusão. Existem quatro hipóteses, o que nos dá bastante "munição" para usar na demonstração. O início da demonstração é bem fácil, basta listar as quatro hipóteses:

1. A hip
2. $B \to C$ hip
3. $(A \wedge B) \to (D \vee C')$ hip
4. B hip

Nosso objetivo final é chegar a D, a conclusão. Mas, sem pensar muito adiante, podemos fazer alguns passos bastante óbvios que podem, ou não, ser úteis mais tarde.

5. C 2, 4, mp
6. $A \wedge B$ 1, 4, conj
7. $D \vee C'$ 3, 6, mp

Pelo menos agora conseguimos D, embora não esteja sozinha. Observe do passo 5 que conseguimos C, que ainda não foi usado. Se tivéssemos $C \to D$, terminaríamos. Mas olhe a forma de 7: é uma disjunção, e a regra do condicional diz que podemos transformar uma disjunção em certo tipo de condicional. A disjunção tem que ter uma negação na fbf da esquerda. Podemos conseguir isso:

8. $C' \vee D$ 7, com
9. $C \to D$ 8, mp

logo

10. D 5, 9, mp ●

Como no Exemplo 14, sequências de demonstração envolvem certa quantidade de fbfs que são escritas só porque isso pode ser feito e certa consciência de qual é o objetivo e como atingi-lo. Embora não tão mecânico como a construção de uma tabela-verdade, as regras estritas do jogo, no entanto, fornecem um modo mais ou menos mecânico de construir a sequência de demonstração. Existe apenas determinado número de passos legítimos que podem ser feitos em qualquer ponto dado da sequência. Se alguma escolha parece que leva a um beco sem saída, volte e pegue outra. Pode existir, também, mais de uma sequência de demonstração correta; como um exemplo relativamente simples, note que os passos 6 e 7 poderiam ter sido feitos antes do passo 5 no Exemplo 14.

Uma analogia com programação, se não for levada muito literalmente, pode ajudar. Em programação tradicional, você tem uma entrada e uma saída desejável, e quer escrever um código para transformar a entrada dada na saída desejável. Você descobre a sequência de proposições que farão essa transformação, e cada linha de programa na sequência tem que satisfazer, exatamente, as regras de sintaxe da linguagem de programação que está sendo usada, seja C++, Java, Python ou qualquer outra. Na lógica proposicional, você tem uma "entrada" (as hipóteses) conhecida e uma "saída" (a conclusão) desejada, e tem que escrever as "linhas de código" (uma sequência de fbfs) que transformam as hipóteses na conclusão. A sequência de linhas de código, ou pelo menos sua justificativa, tem que ter exatamente a mesma sintaxe que as regras de dedução para a lógica proposicional.

PROBLEMA PRÁTICO 11 Usando lógica proposicional, prove a validade do argumento.

$$[(A \lor B') \to C] \land (C \to D) \land A \to D$$

■

TABELA 1.13
Sugestões de Dedução
1. *Modus ponens* é, provavelmente, a regra de inferência mais intuitiva. Tente usá-la muitas vezes.
2. Fbfs da forma $(P \land Q)'$ou $(P \lor Q)'$ dificilmente são úteis em uma sequência de demonstração. Tente usar as leis de De Morgan para convertê-las em $P' \lor Q'$ e $P' \land Q'$, respectivamente, separando as componentes individuais.
3. Fbfs da forma $P \lor Q$ também dificilmente são úteis em uma sequência de demonstração, já que não implicam P nem Q. Tente usar a dupla negação para converter $P \lor Q$ em $(P')' \lor Q$ e depois usar a regra do condicional para obter $P' \to Q$.

Métodos Dedutivos e Outras Regras

LEMBRETE

Use o método dedutivo quando a conclusão do que você quer provar é um condicional.

Suponha que o argumento que queremos provar tenha a forma

$$P_1 \land P_2 \land P_3 \land \ldots \land P_n \to (R \to S)$$

em que a conclusão é uma implicação. Em vez de usar $P_1, \ldots, P_n$ como hipóteses e inferir $R \to S$, o *método dedutivo* nos permite adicionar R como uma hipótese adicional e depois inferir S. Em outras palavras, podemos provar

$$P_1 \land P_2 \land P_3 \land \ldots \land P_n \land R \to S$$

Isso é uma vantagem, pois nos dá mais uma hipótese, ou seja, munição adicional para nossa demonstração, e simplifica a conclusão desejada.

O método dedutivo está de acordo com nossa compreensão do condicional, mas o Exercício 55 ao final desta seção fornece uma justificação formal.

EXEMPLO 15 Use lógica proposicional para provar

$$[A \rightarrow (A \rightarrow B)] \rightarrow (A \rightarrow B)$$

Usando o método dedutivo, temos duas hipóteses em vez de uma e queremos obter B.

1. $A \rightarrow (A \rightarrow B)$ hip
2. A hip
3. $A \rightarrow B$ 1, 2, mp
4. B 2, 3, mp

PROBLEMA PRÁTICO 12 Use lógica proposicional para provar.

$$(A \rightarrow B) \wedge (B \rightarrow C) \rightarrow (A \rightarrow C)$$

O sistema formal que descrevemos é correto e completo. Todo argumento que podemos provar é uma tautologia (o sistema é correto), e todo condicional que é uma tautologia é demonstrável (o sistema é completo). É fácil estabelecer o fato de o sistema ser correto, já que cada uma das regras de dedução preserva o valor lógico. Mostrar que o sistema é completo é mais difícil, e não faremos isso.

O sistema ser correto e completo significa que o conjunto de regras de dedução que usamos está na medida certa — nem forte demais, nem fraco demais. Ainda assim, muitos sistemas formais para a lógica proposicional usam regras de inferência adicionais, sempre preservando os valores lógicos. Podemos provar essas regras adicionais usando o nosso conjunto original de regras de dedução. Uma vez demonstrada tal regra adicional, podemos usá-la como justificativa em uma sequência de demonstração, já que, se necessário, esse passo poderia ser substituído pela sequência de demonstração da regra. Não podemos provar nenhuma propriedade a mais acrescentando ao nosso conjunto básico essas regras, mas nossas sequências de demonstração podem se tornar mais curtas. (Veja os Exercícios 1.2 para uma lista de regras adicionais.)

EXEMPLO 16 A regra para o silogismo hipotético (sh) é

de $P \rightarrow Q$ e $Q \rightarrow R$, pode-se deduzir $P \rightarrow R$.

O que essa regra diz é que

$$(P \rightarrow Q) \wedge (Q \rightarrow R) \rightarrow (P \rightarrow R)$$

é um argumento válido. A sequência de demonstração para esse argumento é inteiramente análoga à sequência do Problema Prático 12. Por ser uma regra de dedução legítima, o silogismo hipotético pode ser usado para justificar um passo em uma sequência de demonstração.

EXEMPLO 17 Use lógica proposicional para demonstrar

$$(A' \vee B) \wedge (B \rightarrow C) \rightarrow (A \rightarrow C)$$

A sequência de demonstração a seguir prova o resultado.

1. $A' \vee B$ hip
2. $B \rightarrow C$ hip

3. $A \to B$ 1, cond
4. $A \to C$ 2, 3, sh

Sem usar a nova regra, poderíamos ainda ter obtido uma sequência de demonstração, essencialmente demonstrando a nova regra como parte de nossa demonstração:

1. $A' \vee B$ hip
2. $B \to C$ hip
3. $A \to B$ 1, cond
4. A hip
5. B 3, 4, mp
6. C 2, 5, mp

Regras adicionais podem encurtar as demonstrações, mas, em compensação, temos que lembrar as regras adicionais! ●

PROBLEMA PRÁTICO 13 Prove.

$$(A \to B) \wedge (C' \vee A) \wedge C \to B$$ ■

Argumentos Verbais

Um argumento em português (o resumo de um advogado em um tribunal, uma propaganda ou um discurso político) formado por declarações simples pode ser testado logicamente por um processo em duas etapas.

1. Simbolize cada declaração usando fbfs proposicionais.
2. Prove a validade do argumento construindo uma sequência de demonstração através das regras de dedução para a lógica proposicional.

O primeiro passo, colocar um argumento em forma simbólica, muitas vezes é o mais difícil. Busque padrões na representação verbal do argumento. "Se ..., então" e "ou" indicam condicional e disjunção, respectivamente. Um ponto (ou um ponto e vírgula, algumas vezes) pode significar o final de uma hipótese. As hipóteses separadas são ligadas por conjunções. "Portanto" é uma palavra-chave; indica o final das hipóteses e anuncia que a conclusão será anunciada agora.

EXEMPLO 18 Considere o argumento "Se as taxas de juros caírem, o mercado imobiliário vai melhorar. A taxa federal de descontos vai cair, ou o mercado imobiliário não vai melhorar. As taxas de juros vão cair. Portanto, a taxa federal de descontos vai cair". Usando a notação

J A taxa de juros vai cair.
I O mercado imobiliário vai melhorar.
F A taxa federal de descontos vai cair.

o argumento fica

$$(J \to I) \wedge (F \vee I') \wedge J \to F$$

Uma sequência de demonstração para estabelecer a validade desse argumento é

1. $J \to I$ hip
2. $F \vee I'$ hip
3. J hip
4. $I' \vee F$ 2, com
5. $I \to F$ 4, cond
6. $J \to F$ 1, 5, sh
7. F 3, 6, mp

EXEMPLO 19 O argumento a seguir é válido? "Meu cliente é canhoto, mas, se o diário não tivesse sumido, então meu cliente não seria canhoto; portanto, o diário sumiu." Essa frase envolve apenas duas proposições simples, que denotaremos da seguinte maneira:

C Meu cliente é canhoto.

D O diário sumiu.

O argumento é, então,

$$C \wedge (D' \to C') \to D$$

A validade do argumento é estabelecida pela seguinte sequência de demonstração:

1. C hip
2. $D' \to C'$ hip
3. $(D')' \vee C'$ 2, cond
4. $D \vee C'$ 3, dn
5. $C' \vee D$ 4, com
6. $C \to D$ 5, cond
7. D 1, 6, mp

O argumento diz que, se as hipóteses forem verdadeiras, então a conclusão será verdadeira. A validade do argumento é uma função apenas de seu formato lógico e não tem nada a ver com a verdade fatual de nenhum de seus componentes. Continuamos sem saber se o diário sumiu ou não. Além disso, o argumento "Descosos são cor-de-rosa, mas, se Gingoso não gostasse de pereques, então descosos não seriam cor-de-rosa; portanto, Gingoso não gosta de pereques", que tem o mesmo formato lógico, também é válido, embora não faça nenhum sentido.

PROBLEMA PRÁTICO 14 Use lógica proposicional para provar a validade do argumento a seguir. Use as letras de proposição S, C e N:

"Se segurança é um problema, então o controle será aumentado. Se segurança não for um problema, então os negócios na Internet irão aumentar. Portanto, se o controle não for aumentado, os negócios na Internet crescerão."

A lógica formal não é necessária para provar a validade de argumentos proposicionais. Um argumento válido é representado por uma tautologia, e tabelas-verdade fornecem um teste mecânico para verificar se um fbf é uma tautologia. Então, qual é o objetivo disso tudo? Veremos, na próxima seção, que fbfs proposicionais não são suficientes para representar tudo que gostaríamos de dizer, e inventaremos fbfs novas chamadas *fbfs predicadas*. Não existe teste mecânico para as fbfs predicadas análogo ao que existe para as tautologias, e, na ausência de tais testes, teremos que nos basear na lógica formal para justificar argumentos.

Desenvolvemos a lógica formal para argumentos proposicionais como uma espécie de treino para o caso predicado.

Além disso, o tipo de raciocínio que usamos na lógica proposicional pode ser aplicado no nosso dia a dia. Ele forma a base para o raciocínio lógico em computação, em matemática, no foro, no mercado, no laboratório. Embora tenhamos abordado a lógica como um sistema mecânico de aplicação de regras, essa maneira de pensar torna-se arraigada depois de bastante prática, fazendo com que você não sinta mais necessidade de consultar tabelas de regras e possa chegar a conclusões lógicas e reconhecer argumentos inválidos por conta própria.

SEÇÃO 1.2 REVISÃO

TÉCNICAS

- Aplicação das regras de dedução para a lógica proposicional.
- Utilização de lógica proposicional para provar a validade de um argumento verbal.

IDEIAS PRINCIPAIS

- Um argumento válido pode ser representado por uma fbf da forma $P_1 \wedge P_2 \wedge P_3 \wedge \ldots \wedge P_n \rightarrow Q$ que é uma tautologia.
- Uma sequência de demonstração em um sistema de lógica formal é uma sequência de fbfs que são hipóteses ou que podem ser deduzidas de fbfs anteriores na sequência pelas regras de dedução do sistema.
- O sistema de lógica proposicional é completo e correto; argumentos válidos, e apenas esses, são demonstráveis.

EXERCÍCIOS 1.2

Para os Exercícios 1 a 4, que regra de inferência é ilustrada pelo argumento dado?

1. Se Marina for a autora, então o livro será de ficção. Mas o livro não é de ficção. Portanto, Marina não é a autora.
2. Se a firma falir, todos os seus ativos terão que ser confiscados. A firma faliu. Segue que todos os seus ativos têm que ser confiscados.
3. O cachorro tem um pelo sedoso e adora latir. Portanto, o cachorro adora latir.
4. Se Paulo for um bom nadador, então ele será um bom corredor. Se Paulo for um bom corredor, então ele será um bom ciclista. Portanto, se Paulo for um bom nadador, então ele será um bom ciclista.

Para os Exercícios 5 a 8, decida que conclusão, se é que alguma, pode ser inferida das hipóteses dadas e justifique sua resposta.

5. Se o carro tivesse sido envolvido em um acidente no qual o motorista tivesse fugido, então a pintura deveria ter descascado. Mas a pintura não está descascada.
6. O tempo vai ficar ruim, ou sairemos na hora. Se o tempo ficar ruim, então o voo será cancelado.
7. Se a conta for mandada hoje, você será pago amanhã. Você será pago amanhã.
8. A grama precisa ser cortada e as árvores precisam ser podadas. Se a grama precisar ser cortada, então precisaremos varrer as folhas.
9. Justifique cada passo na sequência de demonstração de

$$A \wedge (B \rightarrow C) \rightarrow (B \rightarrow (A \wedge C))$$

1. A
2. $B \rightarrow C$
3. B
4. C
5. $A \wedge C$

10. Justifique cada passo na sequência de demonstração de

$$B \wedge [(B \wedge C) \rightarrow A'] \wedge (B \rightarrow C) \rightarrow A'$$

1. B
2. $(B \wedge C) \rightarrow A'$
3. $B \rightarrow C$
4. C
5. $B \wedge C$
6. A'

11. Justifique cada passo na sequência de demonstração de

$$[A \rightarrow (B \vee C)] \wedge B' \wedge C' \rightarrow A'$$

1. $A \rightarrow (B \vee C)$
2. B'
3. C'
4. $B' \wedge C'$
5. $(B \vee C)'$
6. A'

12. Justifique cada passo na sequência de demonstração de

$$A' \wedge B \wedge [B \rightarrow (A \vee C)] \rightarrow C$$

1. A'
2. B
3. $B \rightarrow (A \vee C)$
4. $A \vee C$
5. $(A')' \vee C$
6. $A' \rightarrow C$
7. C

Nos Exercícios 13 a 24, use lógica proposicional para provar que o argumento é válido.

13. $(A \vee B')' \wedge (B \rightarrow C) \rightarrow (A' \wedge C)$
14. $A' \wedge (B \rightarrow A) \rightarrow B'$
15. $(A \rightarrow B) \wedge [A \rightarrow (B \rightarrow C)] \rightarrow (A \rightarrow C)$
16. $[(C \rightarrow D) \rightarrow C] \rightarrow [(C \rightarrow D) \rightarrow D]$
17. $A' \wedge (A \vee B) \rightarrow B$
18. $[A \rightarrow (B \rightarrow C)] \wedge (A \vee D') \wedge B \rightarrow (D \rightarrow C)$
19. $(A' \rightarrow B') \wedge B \wedge (A \rightarrow C) \rightarrow C$
20. $(A \rightarrow B) \wedge [B \rightarrow (C \rightarrow D)] \wedge [A \rightarrow (B \rightarrow C)] \rightarrow (A \rightarrow D)$
21. $[A \rightarrow (B \rightarrow C)] \rightarrow [B \rightarrow (A \rightarrow C)]$
22. $(A \wedge B) \rightarrow (A \wedge B')'$
23. $(A \rightarrow C) \wedge (C \rightarrow B') \wedge B \rightarrow A'$
24. $[A \rightarrow (B \vee C)] \wedge C' \rightarrow (A \rightarrow B)$

Use lógica proposicional para provar a validade dos argumentos nos Exercícios 25 a 33. Esses argumentos tornar-se-ão regras de dedução adicionais para a lógica proposicional, resumidas na Tabela 1.14.

25. $(P \vee Q) \wedge P' \rightarrow Q$
26. $(P \rightarrow Q) \rightarrow (Q' \rightarrow P')$
27. $(Q' \rightarrow P') \rightarrow (P \rightarrow Q)$
28. $P \rightarrow P \wedge P$
29. $P \vee P \rightarrow P$ (*Sugestão*: Em vez de começar pela hipótese, comece por uma versão do Exercício 28; use, também, o Exercício 27.)
30. $[(P \wedge Q) \rightarrow R] \rightarrow [P \rightarrow (Q \rightarrow R)]$
31. $P \wedge P' \rightarrow Q$
32. $P \wedge (Q \vee R) \rightarrow (P \wedge Q) \vee (P \wedge R)$ (*Sugestão*: Primeiro reescreva a conclusão.)
33. $P \vee (Q \wedge R) \rightarrow (P \vee Q) \wedge (P \vee R)$ (*Sugestão*: Prove ambas as proposições $P \vee (Q \wedge R) \rightarrow (P \vee Q)$ e $P \vee (Q \wedge R) \rightarrow (P \vee R)$; para cada demonstração, reescreva primeiro a conclusão.)

TABELA 1.14

Regras de Inferência Adicionais		
De	**Podemos Deduzir**	**Nome/Abreviatura da Regra**
$P \to Q, Q \to R$	$P \to R$ [Exemplo 16]	Silogismo hipotético/sh
$P \vee Q, P'$	Q [Exercício 25]	Silogismo disjuntivo/sd
$P \to Q$	$Q' \to P'$ [Exercício 26]	Contraposição/cont
$Q' \to P'$	$P \to Q$ [Exercício 27]	Contraposição/cont
P	$P \wedge P$ [Exercício 28]	Autorreferência/auto
$P \vee P$	P [Exercício 29]	Autorreferência/auto-self
$(P \wedge Q) \to R$	$P \to (Q \to R)$ [Exercício 30]	Exportação/exp
P, P'	Q [Exercício 31]	Inconsistência/inc
$P \wedge (Q \vee R)$	$(P \wedge Q) \vee (P \wedge R)$ [Exercício 32]	Distributividade/dist
$P \vee (Q \wedge R)$	$(P \vee Q) \wedge (P \vee R)$ [Exercício 33]	Distributividade/dist

Nos Exercícios 34 a 42, use lógica proposicional para provar que os argumentos são válidos; você pode usar qualquer das regras na Tabela 1.14 ou qualquer exercício demonstrado anteriormente.

34. $A' \to (A \to B)$
35. $(P \to Q) \wedge (P' \to Q) \to Q$
36. $(A' \to B') \wedge (A \to C) \to (B \to C)$
37. $(A' \to B) \wedge (B \to C) \wedge (C \to D) \to (A' \to D)$
38. $(A \vee B) \wedge (A \to C) \wedge (B \to C) \to C$
39. $(Y \to Z') \wedge (X' \to Y) \wedge [Y \to (X \to W)] \wedge (Y \to Z) \to (Y \to W)$
40. $(A \wedge B) \wedge (B \to A') \to (C \wedge B')$
41. $(A \wedge B)' \wedge (C' \wedge A)' \wedge (C \wedge B')' \to A'$
42. $(P \vee (Q \wedge R)) \wedge (R' \vee S) \wedge (S \to T') \to (T \to P)$

Nos Exercícios 43 a 54, escreva o argumento usando fbfs proposicionais (use as letras de proposição dadas). Depois, utilizando lógica proposicional, incluindo as regras na Tabela 1.14, prove que o argumento é válido.

43. Se o programa for eficiente, executará rapidamente. O programa é eficiente ou tem algum *bug*.* No entanto, o programa não executa rapidamente. Logo, ele tem um *bug*. *E*, *R*, *B*
44. Se Jane for mais popular, ela será eleita. Se Jane for mais popular, então Carlos renunciará. Portanto, se Jane for mais popular, ela será eleita e Carlos renunciará. *J*, *E*, *C*
45. Se houver galinha no cardápio, não peça peixe, mas você deve pedir peixe ou salada. Logo, se houver galinha no cardápio, peça salada.** *C* (galinha), *F* (peixe), *S*
46. A colheita é boa, mas não há água suficiente. Se houver muita chuva ou se não houver muito sol, então haverá água suficiente. Portanto, a colheita é boa e há muito sol. *C*, *A*, *V* (chuva), *S*
47. Se o anúncio for bom, o volume de vendas aumentará. O anúncio é bom ou a loja vai fechar. O volume de vendas não vai aumentar. Portanto, a loja vai fechar. *A*, *S* (vendas), *C* (loja)
48. Se Diego não for alto, então João não será irmão de Diego. Se Diego for alto, então Tiago será irmão de Diego. Portanto, se João for irmão de Diego, então Tiago será irmão de Diego. *D*, *J*, *T*
49. A Rússia era uma potência superior, e a França não era suficientemente poderosa ou Napoleão fez um erro. Napoleão não fez um erro, mas, se o exército não perdeu, então a França era poderosa. Portanto, o exército perdeu e a Rússia era uma potência superior. *R*, *F*, *N*, *A* (exército)

*Conforme prática usual, usarei essa terminologia para denominar erros em programas de computador. (N.T.)

**Usarei as letras do original em inglês nos exercícios ímpares para não ter que modificar as respostas. (N.T.)

50. Não é verdade que, se as tarifas de energia elétrica subirem, então o uso diminuirá, nem é verdade que, ou novas usinas elétricas serão construídas, ou as contas não serão pagas com atraso. Portanto, o uso não vai diminuir e as contas serão pagas com atraso. T, U, E, C

51. Se José tivesse levado as joias ou se a Sra. Krasov tivesse mentido, então um crime teria sido cometido. O Sr. Krasov não estava na cidade. Se um crime tivesse sido cometido, então o Sr. Krasov estaria na cidade. Portanto, José não levou as joias. J, L (mentir), C, T (cidade)

52. Se os pássaros estivessem migrando para o sul e as folhas estivessem mudando de cor, então estaríamos no outono. O outono traz tempo frio. As folhas estão mudando de cor, mas o tempo não está frio. Logo os pássaros não estão migrando para o sul. P, F, O, T

53. Se for eleito um democrata, então os impostos subirão. Será eleito um conservador ou o projeto de lei será aprovado. Portanto, se os impostos não subirem, o projeto de lei será aprovado. D, T (impostos), B (projeto de lei)

54. Emília não estava em casa ou, se Patrícia não tivesse entregado os tomates, então Sofia estaria doente. Além disso, se Emília não estivesse em casa, então Olívia teria entregado as pimentas. Mas não é verdade que Sofia estivesse doente ou que Olívia tivesse entregado as pimentas. Portanto, Patrícia deixou os tomates e Olívia não entregou as pimentas. E, P, S, O

55. a. Use uma tabela-verdade para verificar que $A \rightarrow (B \rightarrow C) \leftrightarrow (A \wedge B) \rightarrow C$ é uma tautologia.
    b. Prove que $A \rightarrow (B \rightarrow C) \Leftrightarrow (A \wedge B) \rightarrow C$ usando uma série de equivalências.
    c. Explique como essas equivalências justificam o método de dedução que diz que, para provar $P_1 \wedge P_2 \wedge \ldots \wedge P_n \rightarrow (R \rightarrow S)$, deduza S de $P_1, P_2, \ldots, P_n$ e R.

56. O argumento do advogado de defesa no início deste capítulo era:

    Se meu cliente fosse culpado, a faca estaria na gaveta. Ou a faca não estava na gaveta ou Jason Pritchard viu a faca. Se a faca não estava lá no dia 10 de outubro, segue que Jason Pritchard não viu a faca. Além disso, se a faca estava lá no dia 10 de outubro, então a faca estava na gaveta e o martelo estava no celeiro. Mas todos nós sabemos que o martelo não estava no celeiro. Portanto, senhoras e senhores do júri, meu cliente é inocente.

    Use lógica proposicional para provar que esse é um argumento válido.

SEÇÃO 1.3 QUANTIFICADORES, PREDICADOS E VALIDADE

Quantificadores e Predicados

Fbfs proposicionais têm uma possibilidade limitada de expressão. Por exemplo, poderíamos considerar a sentença "Para todo x, $x > 0$" como uma proposição verdadeira sobre os inteiros positivos, mas ela não pode ser simbolizada adequadamente usando-se apenas letras de proposição, parênteses e conectivos lógicos. Ela contém dois conceitos novos, o de *quantificador* e o de *predicado*. Quantificadores são frases do tipo "para todo", ou "para cada", ou "para algum" que dizem *quantos objetos*, em algum sentido, têm determinada propriedade. O **quantificador universal** é simbolizado por um A de cabeça para baixo, $\forall$, e se lê "para todo", "para cada" ou "para qualquer". Então, a sentença dada como exemplo anteriormente pode ser simbolizada por

$$(\forall x)(x > 0)$$

Um quantificador e sua variável declarada são colocados sempre entre parênteses. O segundo par de parênteses significa que o quantificador age sobre a expressão dentro dos parênteses, "$x > 0$" neste caso.

A frase "$x > 0$" descreve uma propriedade da variável x, a de ser positiva. Uma propriedade também é denominada um **predicado**; a notação $P(x)$ é usada para representar alguma propriedade, ou predicado, não explicitada que a variável x possa ter. Assim, nossa sentença original é um exemplo da forma mais geral

$$(\forall x)P(x)$$

O valor lógico da expressão $(\forall x)(x > 0)$ depende do domínio dos objetos sobre os quais estamos nos referindo (ou "interpretando" a expressão), ou seja, depende da coleção de objetos dentre os quais x pode ser escolhido. Essa coleção de objetos é chamada de *domínio de interpretação* ou *conjunto universo*. Já concordamos que, se o conjunto universo é o conjunto dos inteiros positivos, então a expressão tem valor lógico verdadeiro, uma vez que todos os valores possíveis para a variável x têm a propriedade de ser maior do que zero. Se o domínio de interpretação consistisse em todos os inteiros, a expressão teria o valor lógico falso, pois nem todo x teria a propriedade necessária. Impomos a condição de que o conjunto universo tenha pelo menos um elemento, de modo que não estamos falando sobre um caso trivial.

Uma interpretação da expressão $(\forall x)P(x)$ consistiria não apenas na coleção de objetos em que x pode tomar valores, mas, também, na propriedade particular que $P(x)$ representa nesse conjunto. Por exemplo, uma interpretação possível para $(\forall x)P(x)$ poderia ser: o conjunto universo consiste em todos os livros na biblioteca municipal mais próxima, e $P(x)$ é a propriedade de x ter a capa vermelha. Com essa interpretação, $(\forall x)P(x)$ diz que todos os livros na biblioteca municipal têm capa vermelha. É claro que o valor lógico dessa expressão, com essa interpretação, deve ser falso.

PROBLEMA PRÁTICO 15 Qual é o valor lógico da expressão $(\forall x)P(x)$ em cada uma das interpretações a seguir?

a. $P(x)$ é a propriedade de que x é amarelo e o conjunto universo é o conjunto de todos os botões-de-ouro.
b. $P(x)$ é a propriedade de que x é amarelo e o conjunto universo é o conjunto de todas as flores.
c. $P(x)$ é a propriedade de que x é uma planta e o conjunto universo é o conjunto de todas as flores.
d. $P(x)$ é a propriedade de que x é positivo ou negativo e o conjunto universo é o conjunto de todos os inteiros. ■

O **quantificador existencial** é simbolizado por um E ao contrário, ∃, e se lê "existe", "há pelo menos um", "existe algum" ou "para algum". Assim, a expressão

$$(\exists x)(x > 0)$$

pode ser lida como "existe um x tal que x é maior do que zero".

Novamente, o valor lógico dessa expressão depende da interpretação. Se o domínio de interpretação contiver um número positivo, a expressão é verdadeira; caso contrário, ela é falsa. O valor lógico da expressão $(\exists x)P(x)$, no caso em que o conjunto universo consiste em todos os livros de sua biblioteca municipal e $P(x)$ é a propriedade de x ter capa vermelha, é verdadeiro se a biblioteca tiver pelo menos um livro de capa vermelha.

LEMBRETE

todo, para todo, cada, qualquer — use ∀
algum, existe um, pelo menos um — use ∃

PROBLEMA PRÁTICO 16

a. Dê uma interpretação (ou seja, diga quais são o conjunto universo e o significado de $P(x)$) para a qual $(\forall x)$ $P(x)$ tem o valor verdadeiro.
b. Dê uma interpretação para a qual $(\forall x)P(x)$ tem o valor falso.
c. É possível encontrar uma interpretação na qual, ao mesmo tempo, $(\forall x)P(x)$ seja verdadeiro e $(\exists x)P(x)$ seja falso?
d. É possível encontrar uma interpretação na qual, ao mesmo tempo, $(\forall x)P(x)$ seja falso e $(\exists x)P(x)$ seja verdadeiro? ■

Os predicados que vimos até agora, envolvendo propriedades de uma única variável, são **predicados unários**. Os predicados podem ser **binários**, envolvendo propriedades de duas variáveis, **ternários**, envolvendo propriedades de três variáveis, ou, mais geralmente, ***n*-ários**, envolvendo propriedades de n variáveis.

EXEMPLO 20 A expressão $(\forall x)(\exists y)Q(x, y)$ é lida como "para todo x existe um y tal que $Q(x, y)$". Observe que há dois quantificadores para as duas variáveis da propriedade binária. Em uma interpretação em que o conjunto universo consiste nos inteiros e $Q(x, y)$ é a propriedade $x < y$, isso diz, simplesmente, que para qualquer inteiro existe um inteiro maior. O valor lógico da expressão é verdadeiro. Com a mesma interpretação, a expressão $(\exists y)(\forall x)Q(x, y)$ diz que existe um inteiro y que é maior do que qualquer outro inteiro x. O valor lógico neste caso é falso.

O Exemplo 20 ilustra o fato de que a ordem dos quantificadores é importante.

Em expressões do tipo $(\forall x)P(x)$ ou $(\exists x)P(x)$, x é uma *variável muda*, ou seja, o valor lógico das expressões permanece o mesmo, em uma dada interpretação, se as expressões forem escritas, respectivamente, como $(\forall y)P(y)$ ou $(\exists z)P(z)$. Analogamente, o valor lógico de $(\forall x)(\exists y)Q(x, y)$ é o mesmo que o de $(\forall z)(\exists w)Q(z, w)$ para qualquer interpretação. No entanto, $(\forall x)(\exists x)Q(x, x)$ diz algo bem diferente. Por exemplo, com a interpretação do Exemplo 20, $(\forall x)(\exists x)Q(x, x)$ diz que para todo inteiro x existe um inteiro x tal que $x < x$. Essa proposição é falsa, embora $(\forall x)(\exists y)Q(x, y)$ seja verdadeira com essa interpretação. Não podemos igualar duas variáveis sem mudar a natureza da expressão dada.

Podemos ter constantes nas expressões. Um símbolo constante (como a, b, c, 0, 1, 2 etc.) é interpretado como um objeto específico no domínio. Essa especificação é parte da interpretação. Por exemplo, a expressão $(\forall x)Q(x, a)$ é falsa no caso em que o universo é o conjunto dos inteiros, $Q(x, y)$ é a propriedade $x < y$ e a tem o valor 7; não é verdade que todo inteiro seja menor do que 7.

Vamos agora resumir o que é necessário para uma interpretação.

DEFINIÇÃO INTERPRETAÇÃO

Uma **interpretação** para uma expressão envolvendo predicados consiste em:

a. Uma coleção de objetos, chamada de conjunto universo ou domínio da interpretação, que precisa incluir pelo menos um objeto.

b. A especificação de uma propriedade dos objetos no domínio para cada predicado na expressão.

c. A atribuição de um objeto particular no conjunto universo para cada símbolo constante na expressão.

Expressões podem ser construídas combinando-se predicados com quantificadores, símbolos de agrupamento (parênteses ou colchetes) e os conectivos lógicos da Seção 1.1. Como anteriormente, é necessário satisfazer regras de sintaxe para que uma expressão seja considerada uma fórmula bem-formulada. Fórmulas bem-formuladas contendo predicados e quantificadores são chamadas de **fbfs predicadas**, para distingui-las de fbfs proposicionais, que contêm apenas letras de proposições e conectivos lógicos.

A expressão $P(x)(\forall x \wedge)\exists y$ não é uma fórmula bem-formulada. Exemplos de fbfs predicadas são

$$P(x) \vee Q(y) \quad (1)$$
$$(\forall x)[P(x) \rightarrow Q(x)] \quad (2)$$
$$(\forall x)((\exists y)[P(x, y) \wedge Q(x, y)] \rightarrow R(x)) \quad (3)$$

e

$$(\exists x)S(x) \vee (\forall y)T(y) \quad (4)$$

"Símbolos de agrupamento", como parênteses ou colchetes, identificam o **escopo** de um quantificador, a parte da fbf à qual o quantificador se aplica. (Isso é análogo ao escopo de um identificador em um programa como a parte do programa na qual o identificador tem sentido.) A fbf (1) não tem quantificadores. Em (2), o escopo do quantificador $(\forall x)$ é $P(x) \to Q(x)$. Na fbf (3), o escopo de $(\exists y)$ é $P(x, y) \wedge Q(x, y)$, enquanto o escopo de $(\forall x)$ é a expressão inteira entre parênteses que o segue. Em (4), o escopo de $(\exists x)$ é $S(x)$, e o escopo de $(\forall y)$ é $T(y)$; parênteses e colchetes poderão ser eliminados quando o escopo for claro.

Se alguma variável ocorrer em uma fbf sem fazer parte de um quantificador nem estar no escopo de um quantificador envolvendo a variável, ela é dita uma **variável livre**. Por exemplo, y é uma variável livre em

$$(\forall x)[Q(x, y) \to (\exists y)R(x, y)]$$

pois a primeira ocorrência de y não é a variável de um quantificador nem está no escopo de um quantificador envolvendo y. Uma fbf com variáveis livres pode não ter um valor lógico em determinada interpretação. Por exemplo, com a interpretação em que o universo é o conjunto de inteiros, o predicado $P(x)$ significa "$x > 0$" e 5 significa (é claro) o inteiro 5, a fbf

$$P(y) \wedge P(5)$$

não tem valor lógico, pois não sabemos a que elemento do domínio y se refere. Alguns elementos do universo são positivos, outros não. A fbf

$$P(y) \vee P(5)$$

é verdadeira com essa interpretação, embora não saibamos a que elemento y se refere, pois $P(5)$ é verdadeira. Em ambas as fbfs, y é uma variável livre.

EXEMPLO 21 Na fbf

$$(\forall x)(\exists y)[S(x, y) \wedge L(y, a)]$$

o escopo de $(\exists y)$ é toda a expressão $S(x, y) \wedge L(y, a)$. O escopo de $(\forall x)$ é $(\exists y)[S(x, y) \wedge L(y, a)]$. Considere a interpretação em que o conjunto universo consiste em todas as cidades dos Estados Unidos, $S(x, y)$ é a propriedade "x e y estão no mesmo estado", $L(y, z)$ é a propriedade "o nome da cidade y começa com a mesma letra que o da cidade z" e é atribuído o valor Albuquerque à letra a. Então a interpretação da fbf inteira é que para qualquer cidade x existe uma cidade y no mesmo estado cujo nome começa com a letra A. Com essa interpretação, a fbf é verdadeira (pelo menos se todos os estados tiverem uma cidade cujo nome começa com a letra "A"). ●

PROBLEMA PRÁTICO 17 Encontre o valor lógico da fbf.

$$(\forall x)(A(x) \wedge (\exists y)[B(x, y) \to C(y)])$$

com a interpretação de que o conjunto universo é o conjunto dos inteiros, $A(x)$ significa que "$x > 0$", $B(x)$ significa que "$x > y$" e $C(x)$ é "$y \leq 0$". Dê outra interpretação com o mesmo conjunto universo de modo que a proposição tenha valor lógico oposto. ■

Simbolização

Muitas declarações em português podem ser expressas como fbfs predicadas. Por exemplo, "Todo papagaio é feio" significa, de fato, que "Dada uma coisa, se é um papagaio, então é feio". Denotando por $P(x)$ a frase "x é um papagaio" e por $F(x)$ "x é feio", a proposição pode ser simbolizada como

$$(\forall x)[P(x) \rightarrow F(x)]$$

Outras variações em português que têm a mesma forma simbólica são "Todos os papagaios são feios" e "Cada papagaio é feio". Note que o quantificador é o universal e o conectivo lógico é o condicional; $\forall$ e $\rightarrow$ estão quase sempre juntos. A fbf $(\forall x)[P(x) \wedge F(x)]$ é uma simbolização incorreta, pois diz que todos no conjunto universo — subentendido como todo o mundo — é um papagaio feio. Isso é uma declaração muito mais forte do que a afirmação original em português.

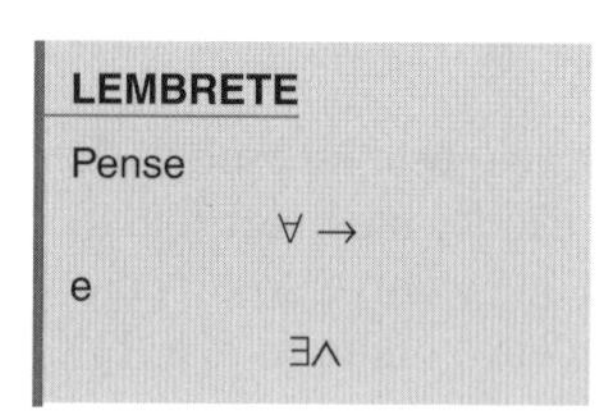

Analogamente, "Existe um papagaio feio" significa que "Existe alguma coisa que é, ao mesmo tempo, papagaio e feio". Simbolicamente,

$$(\forall x)[P(x) \wedge F(x)]$$

Variações possíveis são "Alguns papagaios são feios" e "Existem papagaios feios". Aqui o quantificador é o existencial e o conectivo lógico é a conjunção; $\exists$ e $\wedge$ estão quase sempre juntos. A fbf $(\exists x)[P(x) \rightarrow F(x)]$ é uma simbolização incorreta. Essa fbf é verdadeira se existir alguma coisa, que chamaremos de x, no conjunto universo (o mundo inteiro) que não seja um papagaio, porque aí $P(x)$ é falsa e o condicional é verdadeiro. De fato, essa fbf seria verdadeira se não existissem papagaios no mundo!

Para simbolizar uma declaração em português como uma fbf, pode ser útil escrever primeiro alguma proposição intermediária em português e depois simbolizar essa proposição. Foi o que fizemos com os exemplos dos papagaios anteriormente.

Os advérbios "só", "somente" e "apenas" são particularmente problemáticos, pois sua colocação em uma sentença pode alterar completamente o significado. Por exemplo, as declarações em português

1. João ama só Maria.
2. Só João ama Maria.
3. João só ama Maria.

dizem três coisas diferentes. Usando os símbolos predicados $J(x)$ para "x é John", $M(x)$ para "x é Mary" e "$L(x, y)$ para "x ama y", eles podem ser reescritos como

1. Se João ama alguma coisa, então essa coisa é Maria.

ou

1. Dada alguma coisa, se for João, então, se ele amar alguma coisa, essa coisa será Maria.

$$(\forall x)(J(x) \rightarrow (\forall y)(L(x, y) \rightarrow M(y))$$

2. Se alguma coisa ama Maria, então essa coisa é João.

ou

2. Dada alguma coisa, se for Maria, então, se alguma coisa a amar, essa coisa será João.

$$(\forall x)(M(x) \rightarrow (\forall y)(L(y, x) \rightarrow J(y))$$

3. Se João tem alguma relação com Maria, essa relação é amor.

ou

3. Dada uma coisa, se for João, então, dada outra coisa, se for Maria, então João a ama.

$$(\forall x)(J(x) \rightarrow (\forall y)(M(y) \rightarrow L(x, y))$$

Em cada caso, o consequente do condicional é a palavra que vem depois do "só" na declaração original em português.

EXEMPLO 22 Considere os símbolos predicados

$A(x)$ é "x é um cachorro",
$B(x)$ é "x é um coelho",
$C(x)$ é "x persegue y".

A Tabela 1.15 mostra exemplos de declarações em português, proposições intermediárias em português e suas simbolizações como fbfs. Note que, na fbf 2, o conectivo associado a $\exists$ é $\forall$ e o conectivo associado a $\forall$ é $\rightarrow$. Na fbf 3, a primeira versão mostra dois condicionais associados a dois quantificadores $\forall$. A segunda versão é equivalente por causa da tautologia $[A \wedge B \rightarrow C] \leftrightarrow [A \rightarrow (B \rightarrow C)]$. Pode parecer que essa versão viola a regra de que quantificadores universais devem ser usados com condicionais e não com conjunções, mas essa tautologia fornece outra maneira de escrever dois condicionais. A segunda versão também mostra claramente que "cachorros", a palavra que vem após "só", é a conclusão.

TABELA 1.15

Declaração em Português	Proposição Intermediária	Fbf
1. Todos os cachorros perseguem todos os coelhos.	Dada uma coisa qualquer, se for um cachorro, então, para qualquer outra coisa, se essa outra coisa for um coelho, então o cachorro vai persegui-lo.	$(\forall x)[A(x) \rightarrow (\forall y)(B(y) \rightarrow C(x,y))]$
2. Alguns cachorros perseguem todos os coelhos.	Existe uma coisa que é um cachorro, e, para qualquer outra coisa, se essa outra coisa for um coelho, então o cachorro o persegue.	$(\exists x)[A(x) \wedge (\forall y)(B(y) \rightarrow C(x,y))]$
3. Só cachorros perseguem coelhos.	Para qualquer coisa, se for um coelho, então, se alguma coisa o persegue, essa coisa é um cachorro.	$(\forall y)[B(y) \rightarrow (\forall x)(C(x,y) \rightarrow A(x))]$
	Dadas duas coisas, se uma for um coelho e a outra o perseguir, então essa outra é um cachorro.	$(\forall y)(\forall x)[B(y) \wedge C(x,y) \rightarrow A(x)]$

Existe, muitas vezes, mais de uma interpretação correta para afirmações em português, como vimos com a proposição (3) na Tabela 1.15. Podemos ver, também, que a fbf (2) é equivalente a

$$(\exists x)[A(x) \wedge (\forall y)([B(y)]' \vee C(x, y))]$$

pois a regra de equivalência para o condicional diz que $(B \rightarrow C) \leftrightarrow (B' \vee C)$, embora B e C sejam predicados aqui, em vez de simples letras de proposição.

Além disso, é perfeitamente legítimo trocar a ordem de um quantificador com um predicado no qual não aparece a variável do quantificador. Como y não aparece em $A(x)$, podemos trocar a ordem do quantificador universal na fbf (2), colocando-o na frente (mas não na frente do quantificador existencial), obtendo a fbf equivalente

$$(\exists x)(\forall y)[A(x) \wedge (B(y) \rightarrow C(x, y))] \quad \text{(a)}$$

Na fbf (a), ainda temos símbolos de agrupamento em torno de $B \rightarrow C(x, y)$. Sem esses símbolos de agrupamento, essa fbf ficaria

$$(\exists x)(\forall y)[A(x) \wedge B(y) \rightarrow C(x, y)] \quad \text{(b)}$$

o que, de acordo com a ordem de precedência dos conectivos, é equivalente a

$$(\exists x)(\forall y)[(A(x) \wedge B(y)) \rightarrow C(x, y)]$$

Um exercício rápido, montando uma tabela-verdade, mostra que $A \wedge (B \rightarrow C)$ não é equivalente a $(A \wedge B) \rightarrow C$, de modo que a fbf (b) não é equivalente à fbf (a) e, portanto, não representa a afirmação (2) na tabela.

A simbolização de uma afirmação em português como uma fbf predicada é um pouco mais difícil do que a simbolização como uma fbf proposicional, em parte devido à maior expressividade da forma verbal, em parte porque podem existir diversas fbfs predicadas corretas. Eis um resumo de algumas dicas para a simbolização:

- Procure palavras-chave que indiquem o tipo de quantificador:
  para todos, para todo, para qualquer, para cada — use um quantificador universal;
  para algum, existe — use um quantificador existencial.
- Algumas vezes, em português, há um quantificador universal "subentendido". Por exemplo, interpretamos "Cachorros caçam coelhos" como o mesmo que "Todos os cachorros caçam coelhos".
- Se você usar um quantificador universal, quase sempre o conectivo que irá com ele será um condicional.
- Se você usar um quantificador existencial, quase sempre o conectivo que irá com ele será uma conjunção.
- Qualquer coisa que venha depois de "só", "somente" ou "apenas" será a conclusão de um condicional; ou seja, a conclusão vem depois de um "então" em uma afirmação do tipo "se ... então".
- Você provavelmente chegará a uma simbolização correta se seguir a ordem das palavras em português.

EXEMPLO 23 Vamos fazer dois exemplos detalhadamente. O primeiro é

Todas as girafas são altas.

A propriedade de ser uma girafa e a propriedade de ser alta são predicados unários. Usaremos $G(x)$ para "x é uma girafa" e $A(x)$ para "x é alto(a)". Seguindo a estrutura da frase, a primeira palavra é "Todas", o que nos diz que temos um quantificador universal, de modo que a fbf começa com

$$(\forall x)(\ \dots\ )$$

Todas quem ou o quê? Todas as girafas, de modo que temos

$$(\forall x)(G(x)\ \dots\ )$$

Como temos um quantificador universal, esperamos um condicional, logo

$$(\forall x)(G(x) \rightarrow \dots\ )$$

Pensando no condicional como uma frase do tipo "se... então", temos "se for uma girafa, então ...". Então o quê? Então é alta. Portanto, a fbf final é

$$(\forall x)(G(x) \rightarrow A(x))$$

O segundo exemplo é

Apenas girafas são mais altas do que elefantes.

A propriedade de ser uma girafa e a propriedade de ser um elefante são predicados unários, e usaremos $G(x)$ e $E(x)$ para representá-los. Mas "mais alta do que" é uma propriedade que compara duas coisas, logo é um predicado binário; vamos usar $A(x, y)$ para simbolizar "x é mais alto(a) do que y". Não existem palavras-chave óbvias para o quantificador, então entendemos que estamos falando sobre todas as girafas e todos os elefantes (quantificadores universais). A palavra "girafa" vem logo depois da palavra "apenas", de modo que a propriedade de ser uma girafa será a conclusão de um condicional e a forma geral será "se *xxx*, então será uma girafa". De fato, se alguma coisa for mais alta do que um elefante, então será uma girafa. Colocando os quantificadores universais, "se qualquer coisa for maior do que todos os elefantes, então essa coisa será uma girafa", ou (em português ainda mais torturado), "dada qualquer coisa, se for um elefante, então, dada qualquer outra coisa, se for mais alta do que o elefante, então será uma girafa". Agora podemos simbolizar praticamente direto como uma fbf predicada. "Dada qualquer coisa, se for um elefante, então" fica

$$(\forall x)(E(x) \to \dots)$$

e "dada qualquer outra coisa, se for mais alta do que o elefante, então" adiciona um segundo condicional à fbf:

$$(\forall x)(E(x) \to (\forall y)(A(y, x) \to \dots))$$

Note que introduzimos uma segunda variável y aqui, já que x corresponde à propriedade de ser elefante. Além disso, escrevemos $A(y, x)$ em vez de $A(x, y)$ porque queremos que essa coisa nova seja mais alta do que o elefante, e nossa definição do predicado mais alto foi que a primeira variável era mais alta do que a segunda. Estamos prontos para a conclusão final — essa coisa nova é uma girafa.

$$(\forall x)(E(x) \to (\forall y)(A(y, x) \to G(y)))$$

Como na Tabela 1.15(3), uma tautologia permite escrever a fbf como

$$(\forall x)(\forall y)(E(x) \wedge A(y, x) \to G(y))$$

"Dadas duas coisas quaisquer, se uma for um elefante e a outra for mais alta do que o elefante, então a outra terá que ser uma girafa."

Depois de um pouco de prática, você não precisará ir tão devagar! ●

PROBLEMA PRÁTICO 18 Usando os símbolos predicados $E(x)$ para "x é um estudante", $I(x)$ para "x é inteligente" e $M(x)$ para "x gosta de música", escreva fbfs que expressem as frases a seguir. (O domínio consiste em todas as pessoas.)

a. Todos os estudantes são inteligentes.
b. Alguns estudantes inteligentes gostam de música.
c. Todo mundo que gosta de música é um estudante burro.
d. Apenas estudantes inteligentes gostam de música. ■

PROBLEMA PRÁTICO 19 Usando os símbolos predicados $F(x)$ para "x é uma fruta", $L(x)$ para "x é um legume" e $D(x, y)$ para "x é mais doce do que y", escreva fbfs que expressem as frases a seguir. (O domínio é o mundo inteiro.)

a. Alguns legumes são mais doces do que todas as frutas.
b. Toda fruta é mais doce do que todos os legumes.
c. Toda fruta é mais doce do que algum legume.
d. Apenas frutas são mais doces do que legumes. ■

Como no caso de proposições compostas, é preciso ter cuidado ao negar proposições contendo quantificadores. A negação da proposição "Tudo é lindo" é "É falso que tudo seja lindo" ou "Alguma coisa não é linda". Simbolicamente,

$$[(\forall x)A(x)]' \text{ é equivalente a } (\exists x)[A(x)]'$$

Note que "Tudo é horroroso" (considerando horroroso = não lindo), ou $(\forall x)[A(x)]'$, diz algo *mais forte* do que a negação da proposição original.

A negação de "Alguma coisa é bonita" é "Nada é bonito" ou "Tudo é horroroso". Simbolicamente,

$$[(\exists x)A(x)]' \text{ é equivalente a } (\forall x)[A(x)]'$$

Em português, a negação poderia ser escrita como "Tudo não é lindo", o que poderia ser interpretado erroneamente como "Nem tudo é lindo" ou "Existe algo que não é lindo". No entanto, essa interpretação errônea, simbolizada por $(\exists x)[A(x)]'$, *não é tão forte* quanto a negação da proposição original.

PROBLEMA PRÁTICO 20 Qual das sentenças a seguir expressa a negação de "Todo mundo ama alguém alguma vez"?

a. Todo mundo odeia alguém alguma vez.
b. Alguém ama todo mundo todo o tempo.
c. Todo mundo odeia todo mundo todo o tempo.
d. Alguém odeia todo mundo todo o tempo. ■

Validade

O valor lógico de uma fbf proposicional depende dos valores lógicos atribuídos às letras de proposição. O valor lógico de uma fbf predicada depende da interpretação. Portanto, escolher uma interpretação para uma fbf predicada é análogo a escolher valores lógicos para uma fbf proposicional. No entanto, existem uma infinidade de interpretações possíveis para uma fbf predicada e apenas 2^n linhas possíveis em uma tabela-verdade para uma fbf proposicional com n letras de proposição.

Uma tautologia é uma fbf proposicional que assume o valor verdadeiro em todas as linhas da tabela-verdade. O análogo de uma tautologia para uma fbf predicada é *validade* — uma fbf predicada será dita **válida** se for verdadeira para todas as interpretações possíveis. A validade de uma fbf predicada deve ser deduzida de sua forma, já que a validade é independente de qualquer interpretação particular; uma fbf válida é "intrinsecamente verdadeira".

Existe um algoritmo para decidir se uma fbf proposicional é uma tautologia — basta construir a tabela-verdade e examinar todas as atribuições possíveis de valores lógicos. Como podemos decidir sobre a validade de fbfs predicadas? É claro que não podemos examinar todas as interpretações possíveis, já que há uma infinidade delas. Acontece que não existe nenhum algoritmo para decidir a validade. (Isso não significa, simplesmente, que ainda não se encontrou um algoritmo — significa que já foi demonstrado que não existe tal algoritmo.) Precisamos, simplesmente, raciocinar para determinar se a forma de uma fbf torna-a verdadeira em todas as interpretações. É claro que, se pudermos encontrar uma única interpretação de modo que a fbf tenha o valor falso ou não tenha valor lógico, então a fbf não poderá ser válida.

A Tabela 1.16 compara fbfs proposicionais e fbfs predicadas.

TABELA 1.16

	Fbfs proposicionais	Fbfs predicadas
Valores lógicos	Verdadeiro ou falso, dependendo dos valores lógicos atribuídos às letras de proposição	Verdadeiro, falso ou talvez (se a fbf tiver uma variável livre) sem valor lógico, dependendo da interpretação
"Intrinsecamente verdadeiro"	Tautologia — verdadeiro para todas as atribuições de valores lógicos	Fbf válida — verdadeira para todas as interpretações
Metodologia	Algoritmo (tabela-verdade) para determinar se a fbf é uma tautologia	Não existe algoritmo para determinar se a fbf é válida

Vamos agora tentar determinar a validade de algumas fbfs específicas.

EXEMPLO 24

a. A fbf

$$(\forall x)P(x) \rightarrow (\exists x)P(x)$$

é válida. Em qualquer interpretação, se todo elemento do conjunto universo tem determinada propriedade, então existe um elemento do conjunto que tem essa propriedade. (Lembre-se de que o conjunto universo de qualquer interpretação tem que ter, pelo menos, um elemento.) Logo, sempre que o antecedente for verdadeiro, o consequente também o é, e, portanto, o condicional é verdadeiro.

b. A fbf

$$(\forall x)P(x) \rightarrow P(a)$$

é válida porque, em qualquer interpretação, a é um elemento particular do domínio e, portanto, tem a propriedade que todos os elementos do domínio têm.

c. A fbf

$$(\forall x)[P(x) \wedge Q(x)] \leftrightarrow (\forall x)P(x) \wedge (\forall x)Q(x)$$

é válida. Se tanto P quanto Q forem verdadeiras para todos os elementos do domínio, então P será verdadeira para todos os elementos e Q será verdadeira para todos os elementos, e vice-versa.

d. A fbf

$$P(x) \rightarrow [Q(x) \rightarrow P(x)]$$

é válida, embora contenha uma variável livre. Para ver isso, considere uma interpretação qualquer e seja x um elemento qualquer do conjunto universo. Então x tem ou não a propriedade P. Se x não tiver a propriedade P, então $P(x)$ é falsa; como $P(x)$ é o antecedente do condicional principal, esse condicional é verdadeiro. Se x tiver a propriedade P, então $P(x)$ é verdadeira; independentemente do valor lógico de $Q(x)$, o condicional $Q(x) \rightarrow P(x)$ é verdadeiro, e, portanto, o condicional principal também é verdadeiro.

e. A fbf

$$(\exists x)P(x) \rightarrow (\forall x)P(x)$$

não é válida. Na interpretação em que o domínio é o conjunto dos inteiros e $P(x)$ significa que x é par, é verdade que existe um inteiro que é par, mas é falso que todos os inteiros são pares. O antecedente do condicional é verdadeiro e o consequente é falso, logo o condicional é falso. ●

Não precisamos, necessariamente, estar em um contexto matemático para obter uma interpretação na qual uma fbf é falsa, mas, muitas vezes, é mais fácil porque as relações entre os objetos são relativamente claras.

PROBLEMA PRÁTICO 21 A fbf a seguir é válida ou não? Explique.

$$(\forall x)[P(x) \lor Q(x)] \to (\forall x)P(x) \lor (\forall x)Q(x)$$ ■

SEÇÃO 1.3 REVISÃO

TÉCNICAS

- Determinar o valor lógico de uma fbf predicada com determinada interpretação.
- Simbolizar declarações em português como fbf predicadas e vice-versa.
- Reconhecer uma fbf válida e explicar por que ela é válida.
- Reconhecer uma fbf não válida e obter uma interpretação em relação à qual ela é falsa ou não tem valor lógico.

IDEIAS PRINCIPAIS

- O valor lógico de uma fbf predicada depende da interpretação considerada.
- Fbfs predicadas válidas são "intrinsecamente verdadeiras" — verdadeiras para todas as interpretações.

EXERCÍCIOS 1.3

1. Determine o valor lógico de cada uma das fbfs a seguir com a interpretação de que o conjunto universo consiste em todos os inteiros, $I(x)$ é "x é ímpar", $L(x)$ é "$x < 0$" e $G(x)$ é "$x > 9$".
   a. $(\exists x)I(x)$
   b. $(\forall x)[L(x) \to I(x)]$
   c. $(\exists x)[L(x) \land G(x)]$
   d. $(\forall x)[L(x) \lor G(x)]$
2. Determine o valor lógico de cada uma das fbfs a seguir com a interpretação de que o conjunto universo é o conjunto dos inteiros, $A(x)$ é "$x < 5$" e $B(x)$ é "$x < 7$".
   a. $(\exists x)A(x)$
   b. $(\exists x)[A(x) \land B(x)]$
   c. $(\forall x)[A(x) \to B(x)]$
   d. $(\forall x)[B(x) \to A(x)]$
3. Determine o valor lógico de cada uma das fbfs a seguir com a interpretação de que o conjunto universo é o conjunto dos inteiros.
   a. $(\forall x)(\exists y)(x + y = x)$
   b. $(\exists y)(\forall x)(x + y = x)$
   c. $(\forall x)(\exists y)(x + y = 0)$
   d. $(\exists y)(\forall x)(x + y = 0)$
   e. $(\forall x)(\forall y)(x < y \lor y < x)$
   f. $(\forall x)[x < 0 \to (\exists y)(y > 0 \land x + y = 0)]$
   g. $(\exists x)(\exists y)(x^2 = y)$
   h. $(\forall x)(x^2 > 0)$
4. Determine o valor lógico de cada uma das fbfs a seguir com a interpretação de que o conjunto universo é o conjunto dos números reais.
   a. $(\forall x)(\exists y)(x = y^2)$
   b. $(\forall x)(\forall y)(x = y^2)$
   c. $(\exists x)(\forall y)(x = y^2)$
   d. $(\exists x)(\exists y)(x = y^2)$
5. Determine o valor lógico de cada uma das fbfs a seguir com a interpretação de que o conjunto universo consiste em todos os estados do Brasil, $Q(x, y)$ significa que "x está a norte de y", $P(x)$ que "x começa com a letra M" e a simboliza "Mato Grosso do Sul".
   a. $(\forall x)P(x)$
   b. $(\forall x)(\forall y)(\forall z)[Q(x, y) \land Q(y, z) \to Q(x, z)]$

c. $(\exists y)(\exists x)Q(y, x)$
d. $(\forall x)(\exists y)[P(y) \wedge Q(x, y)]$
e. $(\exists y)Q(a, y)$
f. $(\exists x)[P(x) \wedge Q(x, a)]$

6. Forneça o valor lógico de cada uma das fbfs com a interpretação de que o domínio é o conjunto de todas as pessoas, $M(x, y)$ é "x é mãe de y", $F(x)$ é "x é do sexo feminino" e $M(x)$ é "x é do sexo masculino".
   a. $(\forall x)(\exists y)(M(y, x))$
   b. $(\exists x)(\forall y)(M(x, y))$
   c. $(\forall x)(\forall y)(M(x, y) \to M(y))$
   d. $(\exists x)(\exists y)(M(x, y) \wedge M(y))$
   e. $(\exists x)(\forall y)(M(x, y) \to F(y))$
7. Para cada fbf, encontre uma interpretação em relação à qual ela é verdadeira e outra em relação à qual ela é falsa.
   a. $(\forall x)([A(x) \vee B(x)] \wedge [A(x) \wedge B(x)]')$
   b. $(\forall x)(\forall y)[P(x, y) \to P(y, x)]$
   c. $(\forall x)[P(x) \to (\exists y)Q(x, y)]$
8. Para cada fbf, encontre uma interpretação em relação à qual ela é verdadeira e outra em relação à qual ela é falsa.
   a. $(\exists x)[A(x) \wedge (\forall y)B(x, y)]$
   b. $[(\forall x)A(x) \to (\forall x)B(x)] \to (\forall x)[A(x) \to B(x)]$
   c. $(\exists x)[P(x) \vee Q(x)] \wedge (\forall x)[P(x) \to Q(x)]$
9. Identifique o escopo de cada um dos quantificadores nas fbfs a seguir e indique as variáveis livres (se existirem).
   a. $(\forall x)[P(x) \to Q(y)]$
   b. $(\exists x)[A(x) \wedge (\forall y)B(y)]$
   c. $(\exists x)[(\forall y)P(x, y) \wedge Q(x, y)]$
   d. $(\exists x)(\exists y)[A(x, y) \wedge B(y, z) \to A(a, z)]$
10. Explique por que cada uma das expressões a seguir está escrita de forma incorreta.
   a. $(\exists\,)(Q(x) \wedge P(x)$
   b. $(\forall y)(Q(y)\; P(y))$
   c. $(\forall x)(\forall y)Q(x) \to P(y)$
11. Diga quais das sentenças a seguir são equivalentes à frase

    Todos os círculos são redondos.

   a. Se for redondo, será um círculo.
   b. Ser redondo é uma propriedade necessária de círculos.
   c. Uma coisa que não é redonda não pode ser um círculo.
   d. Algumas coisas redondas são círculos.
12. Diga quais das sentenças a seguir são equivalentes à frase

    Gatos são mais espertos do que cachorros.

   a. Alguns gatos são mais espertos que alguns cachorros.
   b. Existe um gato que é mais esperto do que todos os cachorros.
   c. Todos os gatos são mais espertos do que todos os cachorros.
   d. Só gatos são mais espertos do que cachorros.
   e. Todos os gatos são mais espertos do que qualquer cachorro.
13. Usando os símbolos predicados indicados e quantificadores apropriados, escreva cada frase em português como uma fbf predicada. (O conjunto universo é o mundo inteiro.)

   $D(x)$: x é um dia.
   $S(x)$: x é ensolarado.
   $R(x)$: x é chuvoso.
   M: segunda-feira.
   T: terça-feira.

a. Todos os dias são ensolarados.
b. Alguns dias não são chuvosos.
c. Todo dia ensolarado não é chuvoso.
d. Alguns dias são ensolarados e chuvosos.
e. Nenhum dia é, ao mesmo tempo, ensolarado e chuvoso.
f. É sempre um dia ensolarado só se for um dia chuvoso.
g. Nenhum dia é ensolarado.
h. A segunda-feira foi ensolarada; portanto, todos os dias serão ensolarados.
i. Choveu na segunda e na terça-feira.
j. Se algum dia for ensolarado, então todos os dias serão ensolarados.

14. Usando os símbolos predicados indicados e quantificadores apropriados, escreva cada frase em português como uma fbf predicada. (O conjunto universo é o mundo inteiro.)

$B(x)$: x é uma bola.
$R(x)$: x é redondo(a).
$S(x)$: x é uma bola de futebol.

a. Todas as bolas são redondas.
b. Nem todas as bolas são bolas de futebol.
c. Todas as bolas de futebol são redondas.
d. Algumas bolas não são redondas.
e. Algumas bolas são redondas, mas as bolas de futebol não são.
f. Toda bola redonda é uma bola de futebol.
g. Só bolas de futebol são bolas redondas.
h. Se as bolas de futebol forem redondas, então todas as bolas serão redondas.

15. Usando os símbolos predicados indicados e quantificadores apropriados, escreva cada frase em português como uma fbf predicada. (O conjunto universo é o mundo inteiro.)

$M(x)$: x é um homem
$W(x)$: x é uma mulher
$T(x)$: x é alto(a)

a. Todos os homens são altos.
b. Algumas mulheres são altas.
c. Todos os homens são altos, mas nenhuma mulher é alta.
d. Apenas mulheres são altas.
e. Nenhum homem é alto.
f. Se todo homem for alto, toda mulher será alta.
g. Alguma mulher não é alta.
h. Se nenhum homem for alto, então alguma mulher não será alta.

16. Usando os símbolos predicados indicados e quantificadores apropriados, escreva cada frase em português como uma fbf predicada. (O conjunto universo é o mundo inteiro.)

$A(x)$: x é um animal
$U(x)$: x é um urso
$F(x)$: x está faminto
$L(x)$: x é um lobo

a. Ursos são animais.
b. Nenhum lobo é um urso.
c. Só ursos estão famintos.

d. Se os lobos estiverem famintos, os ursos também estarão.

e. Alguns animais são ursos famintos.

f. Os ursos estão famintos, mas alguns lobos não estão.

g. Se os lobos e os ursos estiverem famintos, então todos os animais também estarão.

h. Alguns lobos estão famintos, mas nem todos os animais estão famintos.

17. Usando os símbolos predicados indicados e quantificadores apropriados, escreva cada frase em português como uma fbf predicada. (O conjunto universo é o mundo inteiro.)

$P(x)$: x é uma pessoa.

$T(x)$: x é um período de tempo.

$F(x, y)$: x é enganado por y.

a. Você pode enganar algumas pessoas todo o tempo.

b. Você pode enganar todas as pessoas durante algum tempo.

c. Você não pode enganar todas as pessoas todo o tempo.

18. Usando os símbolos predicados indicados e quantificadores apropriados, escreva cada frase em português como uma fbf predicada. (O conjunto universo é o mundo inteiro.)

$L(x)$: x é um leão

$R(x)$: x ruge

$P(x)$: x é um predador

$Z(x)$: x é uma zebra

$C(x, y)$: x come y

a. Todos os leões são predadores.

b. Alguns leões rugem.

c. Só leões rugem.

d. Alguns leões comem todas as zebras.

e. Todos os leões comem todas as zebras.

19. Usando os símbolos predicados indicados e quantificadores apropriados, escreva cada frase em português como uma fbf predicada. (O conjunto universo é o mundo inteiro.)

$G(x)$: x é um jogo

$M(x)$: x é um filme

$F(x, y)$: x é mais divertido do que y

a. Qualquer filme é mais divertido do que qualquer jogo.

b. Nenhum jogo é mais divertido do que todos os filmes.

c. Só jogos são mais divertidos do que filmes.

d. Todos os jogos são mais divertidos do que algum filme.

20. Usando os símbolos predicados indicados e quantificadores apropriados, escreva cada frase em português como uma fbf predicada. (O conjunto universo é o mundo inteiro.)

$C(x)$: x é uma criança

$B(x)$: x é um brinquedo

$L(x)$: x é um legume

$Q(x, y)$: x quer y

a. Toda criança quer brinquedos.

b. Só crianças querem brinquedos.

c. Alguma criança quer só brinquedos.

d. Nenhuma criança quer legumes.

21. Usando os símbolos predicados indicados e quantificadores apropriados, escreva cada frase em português como uma fbf predicada. (O conjunto universo é o mundo inteiro.)

$J(x)$: x é um juiz

$L(x)$: x é um advogado

$W(x)$: x é uma mulher

$C(x)$: x é um químico

$A(x, y)$: x admira y

a. Existem algumas mulheres advogadas que são químicas.
b. Nenhuma mulher é, ao mesmo tempo, advogada e química.
c. Alguns advogados admiram apenas juízes.
d. Todos os juízes admiram apenas juízes.
e. Só juízes admiram juízes.
f. Todas as mulheres advogadas admiram algum juiz.
g. Algumas mulheres não admiram nenhum advogado.

22. Usando os símbolos predicados indicados e quantificadores apropriados, escreva cada frase em português como uma fbf predicada. (O conjunto universo é o mundo inteiro.)

$C(x)$: x é um Corvette

$F(x)$: x é uma Ferrari

$P(x)$: x é um Porsche

$D(x, y)$: x anda mais devagar do que y

a. Nada é ao mesmo tempo um Corvette e uma Ferrari.
b. Alguns Porsches andam mais devagar apenas do que Ferraris.
c. Apenas Corvettes andam mais devagar do que Porsches.
d. Todas as Ferraris andam mais devagar do que algum Corvette.
e. Alguns Porsches não andam mais devagar do que algum Corvette.
f. Se existir algum Corvette que ande mais devagar do que uma Ferrari, então todos os Corvettes andarão mais devagar do que todas as Ferraris.

23. Usando os símbolos predicados indicados e quantificadores apropriados, escreva cada frase em português como uma fbf predicada. (O conjunto universo é o mundo inteiro.)

$B(x)$: x é uma abelha

$F(x)$: x é uma flor

$L(x, y)$: x adora y

a. Todas as abelhas adoram todas as flores.
b. Algumas abelhas adoram todas as flores.
c. Todas as abelhas adoram algumas flores.
d. Todas as abelhas detestam apenas flores.
e. Só abelhas adoram flores.
f. Todas as abelhas adoram apenas flores.
g. Nenhuma abelha adora apenas flores.
h. Algumas abelhas adoram algumas flores.
i. Algumas abelhas adoram apenas flores.
j. Toda abelha detesta algumas flores.
k. Toda abelha detesta todas as flores.
l. Nenhuma abelha detesta todas as flores.

24. Usando os símbolos predicados indicados e quantificadores apropriados, escreva cada frase em português como uma fbf predicada. (O conjunto universo é o mundo inteiro.)

$E(x)$: x é um romance de espionagem

$L(x)$: x é longo

$P(x)$: x é um romance policial

$M(x, y)$: x é melhor do que y

a. Todos os romances de espionagem são longos.

b. Nem todo romance policial é de espionagem.

c. Apenas romances policiais são longos.

d. Alguns romances de espionagem são policiais.

e. Romances de espionagem são melhores do que romances policiais.

f. Alguns romances policiais são melhores do que todos os de espionagem.

g. Apenas romances de espionagem são melhores do que romances policiais.

25. Dê versões em português para as fbfs a seguir, em que:

$L(x, y)$: x ama y

$H(x)$: x é vistoso

$M(x)$: x é um homem

$P(x)$: x é bonita

$W(x)$: x é uma mulher

j: João

k: Kátia

a. $H(j) \wedge L(k, j)$

b. $(\forall x)[M(x) \rightarrow H(x)]$

c. $(\forall x)(W(x) \rightarrow (\forall y)[L(x, y) \rightarrow M(y) \wedge H(y)])$

d. $(\exists x)[M(x) \wedge H(x) \wedge L(x, k)]$

e. $(\exists x)(W(x) \wedge P(x) \wedge (\forall y)[L(x, y) \rightarrow H(y) \wedge M(y)])$

f. $(\forall x)[W(x) \wedge P(x) \rightarrow L(j, x)]$

26. Dê versões em português para as fbfs a seguir, em que:

$M(x)$: x é um homem

$W(x)$: x é uma mulher

i: Ivan

p: Pedro

$W(x, y)$: x trabalha para y

a. $(\exists x)(W(x) \wedge (\forall y)(M(y) \rightarrow [W(x, y)]'))$

b. $(\forall x)[M(x) \rightarrow (\exists y)(W(y) \wedge W(x, y))]$

c. $(\forall x)[M(x) \rightarrow (\forall y)(W(x, y) \rightarrow W(y))]$

d. $(\forall x)(\forall y)(M(x) \wedge W(y, x) \rightarrow W(y))$

e. $W(i, p) \wedge (\forall x)[W(p, x) \rightarrow (W(x))']$

f. $(\forall x)[W(x, i) \rightarrow (W(x))']$

27. São dadas três formas de negação para cada uma das proposições a seguir. Qual delas está correta?

a. Algumas pessoas gostam de matemática.

1. Algumas pessoas não gostam de matemática.
2. Todo mundo não gosta de matemática.
3. Todo mundo gosta de matemática.

b. Todo mundo gosta de sorvete.

1. Ninguém gosta de sorvete.
2. Todo mundo não gosta de sorvete.
3. Alguma pessoa não gosta de sorvete.

c. Todas as pessoas são altas e magras.
1. Alguma pessoa é baixa e gorda.
2. Ninguém é alto e magro.
3. Alguma pessoa é baixa ou gorda.
d. Algumas fotos são velhas ou estão apagadas.
1. Todas as fotos nem são velhas nem estão apagadas.
2. Algumas fotos não são velhas ou não estão apagadas.
3. Todas as fotos não são velhas ou não estão apagadas.

28. São dadas três formas de negação para cada uma das proposições a seguir. Qual delas está correta?
a. Ninguém é perfeito.
1. Todo mundo é imperfeito.
2. Todo mundo é perfeito.
3. Alguém é perfeito.
b. Todos os nadadores são altos.
1. Algum nadador não é alto.
2. Não existem nadadores altos.
3. Todo nadador é baixo.
c. Todo planeta é frio e sem vida.
1. Nenhum planeta é frio e sem vida.
2. Algum planeta não é frio e não é sem vida.
3. Algum planeta não é frio ou não é sem vida.
d. Nenhum urso está faminto.
1. Só ursos estão famintos.
2. Todos os ursos estão famintos.
3. Existe um urso faminto.

29. Negue cada uma das proposições a seguir.
a. Algumas páginas na Internet têm som.
b. Todas as páginas na Internet têm som e vídeo.
c. Todas as páginas na Internet têm som ou vídeo.
d. Algumas páginas na Internet não têm som nem vídeo.
e. Toda página na Internet tem texto, ou então tem som e vídeo.

30. Negue cada uma das proposições a seguir.
a. Só estudantes comem pizza.
b. Todo estudante come pizza.
c. Alguns estudantes comem apenas pizza.

31. Negue cada uma das proposições a seguir.
a. Alguns fazendeiros produzem apenas milho.
b. Todos os fazendeiros produzem milho.
c. Milho é produzido apenas por fazendeiros.

32. Negue cada uma das proposições a seguir.
a. Alguma criança tem medo de todos os palhaços.
b. Algumas crianças têm medo apenas de palhaços.
c. Nenhum palhaço tem medo de qualquer criança.

33. Explique por que cada fbf a seguir é válida.
a. $(\forall x)(\forall y)A(x, y) \leftrightarrow (\forall y)(\forall x)A(x, y)$

b. $(\exists x)(\exists y)A(x, y) \leftrightarrow (\exists y)(\exists x)A(x, y)$

c. $(\exists x)(\forall y)P(x, y) \rightarrow (\forall y)(\exists x)P(x, y)$

d. $A(a) \rightarrow (\exists x)A(x)$

e. $(\forall x)[A(x) \rightarrow B(x)] \rightarrow [(\forall x)A(x) \rightarrow (\forall x)B(x)]$

34. Dê interpretações que mostram que cada uma das fbfs a seguir não é válida:

a. $(\exists x)A(x) \wedge (\exists x)B(x) \rightarrow (\exists x)[A(x) \wedge B(x)]$

b. $(\forall x)(\exists y)P(x, y) \rightarrow (\exists x)(\forall y)P(x, y)$

c. $(\forall x)[P(x) \rightarrow Q(x)] \rightarrow [(\exists x)P(x) \rightarrow (\forall x)Q(x)]$

d. $(\forall x)[A(x)]' \leftrightarrow [(\forall x)A(x)]'$

35. Para cada fbf a seguir, decida se ela é válida ou não. Justifique sua resposta.

a. $(\exists x)A(x) \leftrightarrow ((\forall x)[A(x)]')'$

b. $(\forall x)P(x) \vee (\exists x)Q(x) \rightarrow (\forall x)[P(x) \vee Q(x)]$

36. Para cada fbf a seguir, decida se ela é válida ou não. Justifique sua resposta.

a. $(\forall x)A(x) \rightarrow ((\exists x)[A(x)]')'$

b. $(\forall x)[P(x) \rightarrow Q(x)] \wedge (\exists x)[P(x) \vee Q(x)] \rightarrow (\exists x)[P(x) \wedge Q(x)]$

c. $(\forall x)[P(x) \vee Q(x)] \rightarrow (\forall x)P(x) \vee (\exists y)Q(y)$

37. Do Exemplo 24c, sabemos que $(\forall x)[P(x) \wedge Q(x)] \leftrightarrow (\forall x)P(x) \wedge (\forall x)Q(x)$ é válida. Do Problema Prático 21, sabemos que $(\forall x)[P(x) \vee Q(x)] \leftrightarrow (\forall x)P(x) \vee (\forall x)Q(x)$ é válida. Do Exercício 34a, sabemos que $(\exists x)[P(x) \wedge Q(x)] \leftrightarrow (\exists x)P(x) \wedge (\exists x)Q(x)$ não é válida. Explique por que $(\exists x)[P(x) \vee Q(x)] \leftrightarrow (\exists x)P(x) \vee (\exists x)Q(x)$ é válida.

38. Uma fbf predicada está em *forma normal prenex* quando todos os quantificadores aparecem na frente da fbf. Escreva cada uma das expressões a seguir como uma fbf em forma normal prenex equivalente.

a. $(\forall x)P(x) \wedge (\forall y)Q(y)$

b. $(\forall x)(P(x) \rightarrow (\forall y)[Q(y) \rightarrow W(x, y)])$

c. $(\exists x)P(x) \wedge (\exists x)Q(x)$

SEÇÃO 1.4 LÓGICA DE PREDICADOS

Podemos imaginar argumentos da forma

$$P_1 \wedge P_2 \wedge P_3 \wedge \ldots \wedge P_n \rightarrow Q$$

em que as fbfs são construídas a partir de predicados e quantificadores, assim como de conectivos lógicos e símbolos de agrupamento. Para um **argumento válido**, Q tem que ser uma consequência lógica de $P_1, \ldots, P_n$ baseada apenas na estrutura interna do argumento, e não na veracidade ou falsidade de Q em qualquer interpretação particular. Em outras palavras, a fbf

$$P_1 \wedge P_2 \wedge P_3 \wedge \ldots \wedge P_n \rightarrow Q$$

tem que ser válida — verdadeira em todas as interpretações possíveis. Não existe nada equivalente à tabela-verdade para provar a validade facilmente, de modo que vamos nos basear em um sistema lógico formal chamado **lógica de predicados**. Usamos, novamente, um sistema de regras de dedução para construir uma sequência de demonstração que parta das hipóteses e chegue à conclusão. Mais uma vez, as regras devem preservar os valores lógicos, de modo que, se todas as hipóteses forem verdadeiras em alguma interpretação, então a conclusão também será verdadeira com aquela interpretação. O sistema, então, será correto (*apenas* argumentos válidos serão demonstráveis). Queremos, também, que o sistema seja completo (*todo* argumento válido deve ser demonstrável) e, ao mesmo tempo, queremos manter o conjunto de regras mínimo.

Regras de Dedução para a Lógica de Predicados[4]

As regras de equivalência e as regras de inferência para a lógica proposicional ainda fazem parte da lógica de predicados. Um argumento da forma

$$P \wedge (P \to Q) \to Q$$

ainda é válido por *modus ponens*, mesmo que as fbfs envolvidas sejam predicadas.

EXEMPLO 25 Use a lógica de predicados para provar a validade do argumento

$$(\forall x)R(x) \wedge [(\forall x)R(x) \to (\forall x)S(x)] \to (\forall x)S(x)$$

Uma sequência de demonstração é

1. $(\forall x)R(x)$ hip
2. $(\forall x)R(x) \to (\forall x)S(x)$ hip
3. $(\forall x)S(x)$ 1, 2, mp

No entanto, existem muitos argumentos com fbfs predicadas que não são tautologias, mas que ainda são válidos devido à sua estrutura e ao significado dos quantificadores universal e existencial (veja o Exemplo 24). A abordagem geral para provar esses argumentos é retirar os quantificadores, manipular as fbfs sem os quantificadores e depois colocá-los no lugar. As regras novas de inferência nos fornecem mecanismos para a retirada e a inserção de quantificadores. Temos, então, quatro regras novas — uma para a retirada de cada um dos quantificadores, o universal e o existencial, respectivamente, e uma para a inserção de cada um desses quantificadores, o universal e o existencial, respectivamente. As quatro regras são dadas na Tabela 1.17; seus detalhes serão explicados em breve. Na Tabela 1.17, a notação $P(x)$ *não* implica que P é um predicado unário tendo x como sua única variável; significa, simplesmente, que x é uma das variáveis no predicado P. Portanto, $P(x)$ pode ser uma expressão como $(\exists y)(\forall z)Q(x, y, z)$.

TABELA 1.17

Regras de Inferência

De	Podemos Deduzir	Nome/Abreviatura da Regra	Restrições sobre o Uso
$(\forall x)P(x)$	$P(t)$, em que t é uma variável ou um símbolo constante	Particularização universal/pu	Se t for uma variável, não deve estar dentro do escopo de um quantificador para t.
$(\exists x)P(x)$	$P(a)$, em que a é um símbolo constante não utilizado anteriormente na sequência de demonstração	Particularização existencial/pe	É necessário que seja a primeira regra a usar a.
$P(x)$	$(\forall x)P(x)$	Generalização universal/gu	$P(x)$ não pode ter sido deduzida de nenhuma hipótese na qual x é uma variável livre, nem pode ter sido deduzida, através de pe, de uma fbf na qual x é uma variável livre.
$P(x)$ ou $P(a)$, em que a é um símbolo constante	$(\exists x)P(x)$	Generalização existencial/ge	Para ir de $P(a)$ a $(\exists x)P(x)$, x não pode aparecer em $P(a)$.

[4]O Apêndice A contém uma lista completa de regras de dedução para as lógicas proposicional e predicada.

Vamos agora examinar essas regras mais de perto, especialmente a necessidade para suas restrições.

Particularização Universal

A regra de **particularização universal** diz que podemos deduzir $P(x)$, $P(y)$, $P(z)$, $P(a)$ etc. de $(\forall x)P(x)$, retirando, assim, um quantificador universal. A justificativa é que, se P é verdadeira para todos os elementos do conjunto universo, podemos nomear um desses elementos por um nome arbitrário de variável, como x, y ou z, ou podemos especificar uma constante particular no domínio, e P ainda é verdadeira para todas essas coisas.

EXEMPLO 26 A particularização universal pode ser usada para provar um dos "silogismos" clássicos do filósofo e cientista grego Aristóteles, que viveu de 384 a 322 a.C. e foi o primeiro a desenvolver um sistema de lógica formal.

O argumento tem a forma "Todos os homens são mortais. Sócrates é humano. Portanto, Sócrates é mortal". Usando a notação

$H(x)$ para denotar "x é humano",
s para um símbolo constante (Sócrates),
$M(x)$ para "x é mortal",

o argumento fica

$$(\forall x)[H(x) \rightarrow M(x)] \wedge H(s) \rightarrow M(s)$$

e uma sequência de demonstração é

1. $(\forall x)(H(x) \rightarrow M(x))$	hip
2. $H(s)$	hip
3. $H(s) \rightarrow M(s)$	1, pu
4. $M(s)$	2, 3, mp

No passo 3, x foi substituído por um símbolo constante em todo o escopo do quantificador universal, como permitido pela particularização universal. ●

Sem a restrição sobre a particularização universal, uma hipótese da forma $(\forall x)(\exists y)P(x, y)$ poderia levar à fbf $(\exists y)P(y, y)$; aqui x foi substituído por y no escopo de um quantificador para y. Isso não seria válido. Por exemplo, se o universo é o conjunto dos inteiros e se $P(x, y)$ significa "$x < y$", então $(\forall x)(\exists y)P(x, y)$ é verdade (para todo inteiro existe um inteiro maior) mas $(\exists y)P(y, y)$ é falso (nenhum inteiro tem a propriedade de ser maior do que ele mesmo).

PROBLEMA PRÁTICO 22 Demonstre o argumento.

$$(\forall x)[P(x) \rightarrow R(x)] \wedge [R(y)]' \rightarrow [P(y)]'$$ ■

Particularização Existencial

A regra de **particularização existencial** nos permite retirar um quantificador existencial. Ela diz que, a partir de $(\exists x)P(x)$, podemos deduzir $P(a)$, $P(b)$ ou $P(c)$, desde que esses sejam símbolos constantes novos. A justificativa é que, se P for verdadeira para algum elemento do conjunto universo, podemos dar um nome específico a esse elemento, mas não podemos supor mais nada sobre ele.

EXEMPLO 27 Os seguintes passos seriam legítimos em uma sequência de demonstração:

1. $(\forall x)[P(x) \to Q(x)]$ hip
2. $(\exists y)P(y)$ hip
3. $P(a)$ 2, pe
4. $P(a) \to Q(a)$ 1, pu
5. $Q(a)$ 3, 4, mp

No passo 3, foi dado o nome a ao elemento específico que tem a propriedade P. No passo 4, pu foi usada para dizer que um condicional que é universalmente verdadeiro no domínio certamente é verdadeiro para esse a. A ordem dos passos 3 e 4 *não pode ser invertida*. Se pu tivesse sido utilizada primeiro na hipótese 1 para se nomear a constante a, não existiria nenhuma razão para supor que esse a particular é o que tem a propriedade P, como na hipótese 2. ●

LEMBRETE

Use a particularização existencial logo no início em uma sequência de demonstração.

O efeito da restrição sobre a particularização existencial é que você deve primeiro olhar todas as suas hipóteses e, se quiser usar pe em alguma delas, faça-o primeiro.

Generalização Universal

A **generalização universal** permite a inserção de um quantificador universal. No entanto, isso precisa ser feito muito cuidadosamente. Se soubermos que $P(x)$ é verdadeiro e que x é um elemento absolutamente arbitrário, ou seja, que x pode ser qualquer elemento no conjunto universo, então podemos concluir que $(\forall x)P(x)$. Mas se x for suposto de representar algum elemento específico no domínio que tem a propriedade P, então não podemos generalizar que todo elemento no conjunto universo tem a propriedade P.

EXEMPLO 28 Use a lógica de predicados para provar

$$(\forall x)[P(x) \to Q(x)] \wedge (\forall x)P(x) \to (\forall x)Q(x)$$

Aqui está uma sequência de demonstração:

1. $(\forall x)[P(x) \to Q(x)]$ hip
2. $(\forall x)P(x)$ hip
3. $P(x) \to Q(x)$ 1, pu
4. $P(x)$ 2, pu. Note que não há restrição em pu sobre a reutilização de um nome.
5 $Q(x)$ 3, 4, mp
6. $(\forall x)Q(x)$ 5, gu

A utilização da generalização universal no passo 6 é legítima, já que x não era uma variável livre em nenhuma hipótese, nem pe foi usada em nenhum lugar da demonstração. A variável x nos passos 3 e 4 é simplesmente um nome arbitrário, representando qualquer elemento no conjunto universo. ●

Existem duas restrições à generalização universal. Sem a primeira, a sequência

1. $P(x)$ hip
2. $(\forall x)P(x)$ 1, uso incorreto de gu; x era uma variável livre na hipótese.

seria uma demonstração da fbf $P(x) \to (\forall x)P(x)$, mas essa não é uma fbf válida. O elemento x do conjunto universo pode ter a propriedade P, mas isso não significa que todos os elementos do domínio têm a propriedade P. Na hipótese, x é o nome de um elemento fixo não especificado do conjunto universo. Por exemplo, com a interpretação em que o conjunto universo consiste em todos os carros e $P(x)$ significa que "x é amarelo", algum carro particular pode ser amarelo, mas certamente não é verdade que todos os carros são amarelos.

Sem a segunda restrição, a sequência

1. $(\forall x)(\exists y)Q(x, y)$ hip
2. $(\exists y)Q(x, y)$ 1, pu
3. $Q(x, a)$ 2, pe
4. $(\forall x)Q(x, a)$ 3, uso incorreto de gu; $Q(x, a)$ foi obtida, através de pe, da fbf no passo 2, em que x era uma variável livre.

seria uma demonstração da fbf $(\forall x)(\exists y)Q(x, y) \to (\forall x)Q(x, a)$. Essa também não é uma fbf válida. Por exemplo, se o domínio for o conjunto dos inteiros e $Q(x, y)$ significar que $x + y = 0$, então, para qualquer inteiro x, existe um inteiro y (o negativo de x) tal que $x + y = 0$. No entanto, se a for um inteiro particular, fixo, não é verdade que somando qualquer inteiro x a a obteremos zero.

PROBLEMA PRÁTICO 23 Demonstre o argumento.

$$(\forall x)[P(x) \wedge Q(x)] \to (\forall x)[Q(x) \wedge P(x)].$$

■

Generalização Existencial

A última regra permite a inserção de um quantificador existencial. De $P(x)$ ou $P(a)$ podemos deduzir $(\exists x)P(x)$; alguma coisa foi nomeada como tendo a propriedade P, logo, podemos dizer que existe alguma coisa que tem a propriedade P.

EXEMPLO 29 Prove o argumento $(\forall x)P(x) \to (\exists x)P(x)$.

Aqui está uma sequência de demonstração:

1. $(\forall x)P(x)$ hip
2. $P(x)$ 1, pu
3. $(\exists x)P(x)$ 2, ge

●

Sem a restrição sobre a generalização existencial, de $P(a, y)$ poderíamos deduzir $(\exists y)$ $P(y,y)$; a variável quantificada aqui, y, que foi colocada no lugar do símbolo constante a, já havia aparecido na fbf à qual se aplicou a generalização existencial. Mas o argumento $P(a, y) \to (\exists y)P(y, y)$ não é válido. No domínio dos inteiros, se $P(x, y)$ significa "$y > x$" e a representa o número 0, então, se $y > 0$, isso não significa que existe um inteiro y que é maior do que ele mesmo.

Mais Exemplos com as Regras

Como no caso das regras para a lógica proposicional, as regras para a lógica de predicados só podem ser aplicadas quando a fbf tem exatamente a mesma forma especificada na regra (e, é claro, quando nenhuma das restrições sobre a regra for violada). Observe, em particular, que uma regra de particularização retira um quantificador da frente de uma fbf inteira que está no escopo desse quantificador. Ambos os exemplos a seguir seriam usos ilegais da particularização existencial:

1. $(\exists x)P(x) \vee (\exists x)Q(x)$ hip
2. $P(a) \vee Q(a)$ 1, uso incorreto de pe. O escopo do primeiro quantificador existencial no passo 1 não pode ser estendido ao resto da fbf.

1. $(\forall x)(\exists y)Q(x, y)$ hip
2. $(\forall x)Q(x, a)$ 1, uso incorreto de pe. O quantificador existencial no passo 1 não está na frente.

Analogamente, as regras para inserir um quantificador colocam um quantificador na frente de uma fbf, que fica, então, inteiramente em seu escopo.

Todas as regras novas de dedução têm restrições, mas, na prática, a regra mais provável de ser usada incorretamente é a pe. Preste muita atenção à restrição para essa regra e certifique-se de que, ao usar uma constante com a regra pe, essa constante não foi usada anteriormente.

Embora tenhamos adicionado apenas quatro regras de dedução novas, o conjunto de regras é completo e correto. Podemos provar todos os argumentos válidos, e apenas esses, usando essas regras. A aplicação dessas regras, como no caso da lógica proposicional, é um tanto mecânica, já que existe apenas um número limitado de opções em cada passo. Novamente, o plano geral de ataque é o seguinte:

- Retirar os quantificadores.
- Manipular as fbfs separadas.
- Inserir quantificadores quando necessário.

EXEMPLO 30 Use a lógica de predicados para provar o argumento

$$(\forall x)[P(x) \wedge Q(x)] \rightarrow (\forall x)P(x) \wedge (\forall x)Q(x)$$

No Exemplo 24(c), observamos que essa fbf é válida, de modo que, se todos os argumentos válidos são demonstráveis, devemos ser capazes de encontrar uma sequência de demonstração. Como de hábito, a hipótese nos dá o ponto de partida.

1. $(\forall x)[P(x) \wedge Q(x)]$ hip

Retirando o quantificador universal que aparece no passo 1, teremos acesso a $P(x) \wedge Q(x)$, que podem, então ser separadas. O quantificador universal pode ser inserido, então, em cada uma dessas fbfs através da generalização universal. Obtém-se, dessa forma, a conclusão $(\forall x)P(x) \wedge (\forall x)Q(x)$. Uma sequência de demonstração é

1. $(\forall x)[P(x) \wedge Q(x)]$ hip
2. $P(x) \wedge Q(x)$ 1, pu
3. $P(x)$ 2, simp
4. $Q(x)$ 2, simp
5. $(\forall x)P(x)$ 3, gu
6. $(\forall x)Q(x)$ 4, gu
7. $(\forall x)P(x) \wedge (\forall x)Q(x)$ 5, 6, conj

Nenhuma das restrições sobre a generalização universal foi violada, já que x não é uma variável livre na hipótese e não se usou a particularização existencial. ●

PROBLEMA PRÁTICO 24 Use a lógica de predicados para provar o argumento a seguir. (*Sugestão*: Ainda é possível aplicar o método dedutivo.)

$$(\forall y)[P(x) \rightarrow Q(x, y)] \rightarrow [P(x) \rightarrow (\forall y)Q(x, y)]$$ ■

Como uma extensão do método dedutivo, podemos inserir uma hipótese "temporária" em uma demonstração. Se alguma fbf T for inserida em uma sequência de demonstração como uma hipótese temporária e, finalmente, uma fbf W for deduzida de T e de outras hipóteses, então a fbf $T \rightarrow W$ foi deduzida das outras hipóteses e pode ser inserida na sequência de demonstração.

EXEMPLO 31 O argumento

$$[P(x) \to (\forall y)Q(x, y)] \to (\forall y)[P(x) \to Q(x, y)]$$

é válido. Na sequência de demonstração a seguir, $P(x)$ é inserida no passo 2 como uma hipótese temporária, o que nos permite deduzir $Q(x, y)$ no passo 4. Os passos com um espaço maior na frente mostram que essas fbfs dependem da hipótese temporária. No passo 5, a hipótese temporária é retirada, quando a dependência de $Q(x, y)$ na hipótese temporária é explicitada na forma de um condicional. É claro que a fbf inteira no passo 5, $P(x) \to Q(x, y)$, ainda depende da hipótese no passo 1. No passo 6, nenhuma restrição sobre a generalização universal foi violada, já que y não é uma variável livre no passo 1 (a única hipótese a essa altura) e a particularização existencial não foi utilizada na demonstração.

1. $P(x) \to (\forall y)Q(x, y)$	hip
2. $P(x)$	hip temporária
3. $\quad (\forall y)Q(x, y)$	1, 2, mp
4. $\quad Q(x, y)$	3, pu
5. $P(x) \to Q(x, y)$	retirada de hip temp.
6. $(\forall y)[P(x) \to Q(x, y)]$	5, gu

Observe como a hipótese temporária nos deu munição suficiente para fazer algo acontecer. Sem essa técnica, seria difícil saber o que fazer depois do passo 1. ●

A técnica de introdução de uma hipótese temporária raramente é necessária. Mais uma vez, pense nisso como uma extensão do método dedutivo. Quando a conclusão desejada é da forma $P \to Q$, o método dedutivo nos diz que podemos supor P como hipótese e deduzir Q como conclusão. Se a conclusão desejada for da forma $(\forall x)(P(x) \to Q(x))$ ou $(\exists x)(P(x) \to Q(x))$, o método dedutivo não poderá ser aplicado, mas $P(x)$ poderá ser usado como uma hipótese temporária.

O Problema Prático 24 e o Exemplo 31 mostram que a fbf

$$(\forall y)[P(x) \to Q(x, y)] \leftrightarrow [P(x) \to (\forall y)Q(x, y)]$$

é válida. Ela diz que o quantificador universal pode "pular por cima" de uma subfbf que não contém a variável quantificada; nesse caso, $(\forall y)$ pulou por cima de $P(x)$. Um resultado análogo existe para o quantificador existencial. Observamos essa propriedade no Exemplo 22, e temos aqui a justificativa formal. Essa é uma das razões de por que podem existir duas ou mais maneiras equivalentes de se expressar uma sentença em português como uma fbf predicada, como nos Exercícios 13 a 24 da Seção 1.3.

PROBLEMA PRÁTICO 25 Prove o argumento.

$$(\forall x)[(B(x) \vee C(x)) \to A(x)] \to (\forall x)[B(x) \to A(x)]$$ ■

Na Seção 1.3 observamos, com base em nossa compreensão da negação e do significado dos quantificadores, que $[(\exists x)A(x)]'$ é equivalente a $(\forall x)[A(x)]'$. Deveríamos ser capazes de provar formalmente que

$$[(\exists x)A(x)]' \leftrightarrow (\forall x)[A(x)]'$$

é uma fbf válida.

EXEMPLO 32 Prove que

$$[(\exists x)A(x)]' \leftrightarrow (\forall x)[A(x)]'$$

é válida. Precisamos demonstrar o condicional em cada direção.

a. $[(\exists x)A(x)]' \rightarrow (\forall x)[A(x)]'$

Só a hipótese nos dá pouco para manipular, de modo que inserimos uma hipótese temporária (um tanto quanto surpreendente). Uma sequência de demonstração é

1. $[(\exists x)A(x)]'$	hip
2. $A(x)$	hip temporária
3. $(\exists x)A(x)$	2, ge
4. $A(x) \rightarrow (\exists x)A(x)$	retirada da hip temporária
5. $[A(x)]'$	1, 4, mt
6. $(\forall x)[A(x)]'$	5, gu

b. $(\forall x)[A(x)]' \rightarrow [(\exists x)A(x)]'$

Essa demonstração também necessita de uma hipótese temporária. Ela é até mais surpreendente do que a do caso (a), porque supomos exatamente o oposto do que queremos demonstrar.

1. $(\forall x)[A(x)]'$	hip
2. $(\exists x)A(x)$	hip temporária
3. $A(a)$	2, pe
4. $[A(a)]'$	1, pu
5. $[(\forall x)[A(x)]']'$	3, 4, inc
6. $(\exists x)A(x) \rightarrow [(\forall x)[A(x)]']'$	retirada da hip temporária
7. $[((\forall x)[A(x)]')']'$	1, dn
8. $[(\exists x)A(x)]'$	6, 7, mt

As demonstrações no Exemplo 32 são um tanto difíceis, pois necessitam de bem mais imaginação do que a maioria e a utilização de uma hipótese temporária inesperada. Como consequência, entretanto, temos a equivalência a seguir, à qual vamos dar um nome:

$$[(\exists x)A(x)]' \leftrightarrow (\forall x)[A(x)]' \quad \text{(Negação—neg)}$$

Ela pode ser útil em alguma sequência de demonstração. Como uma extensão das regras de equivalência, podemos substituir Q por P em uma sequência de demonstração sempre que $P \leftrightarrow Q$ for válida.

EXEMPLO 33 A fbf

$$(\forall x)[P(x) \vee Q(x)] \rightarrow (\exists x)P(x) \vee (\forall x)Q(x)$$

é um argumento válido? Prove que sim ou que não.

Vamos considerar primeiro se a fbf parece válida. Se for esse o caso, deveríamos tentar encontrar uma sequência de demonstração para ela; caso contrário, deveríamos tentar encontrar uma interpretação de modo a ela ser falsa. Essa fbf diz que se todo elemento no conjunto universo tem a propriedade P ou a propriedade Q, então pelo menos um elemento tem que ter a propriedade P, ou então todos os elementos têm a propriedade Q. Isso parece razoável, de modo que tentaremos encontrar uma demonstração.

Vamos, primeiro, usar uma equivalência para reescrever a conclusão em uma forma mais útil. Transformar $\vee$ em um condicional vai nos permitir utilizar o método dedutivo. Queremos, então, provar

$$(\forall x)[P(x) \vee Q(x)] \rightarrow [\,[(\exists x)P(x)]' \rightarrow (\forall x)Q(x)]$$

Uma sequência de demonstração é

1. $(\forall x)[P(x) \vee Q(x)]$	hip
2. $[(\exists x)P(x)]'$	hip
3. $(\forall x)[P(x)]'$	2, neg
4. $[P(x)]'$	3, pu
5. $P(x) \vee Q(x)$	1, pu
6. $Q(x)$	4, 5, sd
7. $(\forall x)Q(x)$	6, gu

EXEMPLO 34 A fbf

$$(\exists x)P(x) \wedge (\exists x)Q(x) \rightarrow (\exists x)[P(x) \wedge Q(x)]$$

é um argumento válido? Prove que sim ou que não.

Se algum elemento no conjunto universo tem a propriedade P e algum elemento tem a propriedade Q isso não significa que algum elemento tenha ambas as propriedades P e Q. Por exemplo, no domínio dos inteiros, se $P(x)$ significa "x é par" e $Q(x)$ significa "x é ímpar", então as hipóteses são verdadeiras, mas a conclusão é falsa, pois não existe nenhum inteiro que seja ao mesmo tempo par e ímpar. Uma interpretação que torne a fbf falsa é suficiente para provar que ela não é válida.

É útil, no entanto, ver onde uma sequência de demonstração em potencial falharia. Começamos com as duas hipóteses e removemos, então, um dos quantificadores existenciais.

1. $(\exists x)P(x)$	hip
2. $(\exists x)Q(x)$	hip
3. $P(a)$	1, pe

Aqui está o problema. O próximo passo seria remover o quantificador existencial da fbf no passo 2, mas, de acordo com as regras para a pe, temos que nomear o objeto que tem a propriedade Q com uma letra diferente, não com a. Poderíamos, então, chegar a uma fbf na sequência de demonstração da forma

$$P(a) \wedge Q(b)$$

mas isso não adianta. A generalização existencial não pode ser usada para se trocar os dois símbolos constantes pela mesma variável. A melhor coisa que podemos fazer é concluir que

$$(\exists y)(\exists x)[P(x) \wedge Q(y)]$$

que não é o que queremos.

PROBLEMA PRÁTICO 26 A fbf a seguir é um argumento válido? Prove que sim ou que não.

$$(\exists x)R(x) \wedge [(\exists x)[R(x) \wedge S(x)]\,]' \rightarrow (\exists x)[S(x)]'$$

Argumentos Verbais

Para provar a validade de um argumento verbal, procedemos como anteriormente. Escrevemos o argumento em forma simbólica e mostramos que a conclusão pode ser deduzida das hipóteses. Se o argumento envolver fbfs predicadas, então podemos usar as regras de dedução para a lógica de predicados.

EXEMPLO 35 Mostre que o seguinte argumento é válido: "Todo laptop tem um disco interno. Alguns laptops têm entrada para DVD. Portanto, alguns laptops têm um disco interno e entrada para DVD." Usando a notação

$L(x)$ para "x é um laptop",

$I(x)$ para "x tem um disco interno",

$D(x)$ para "x tem entrada para DVD",

o argumento é

$$(\forall x)[L(x) \to I(x)] \wedge (\exists x)[L(x) \wedge D(x)] \to (\exists x)[L(x) \wedge I(x) \wedge D(x)]$$

Note que, se tentarmos simbolizar esse argumento em lógica proposicional, obteremos $A \wedge B \to C$, que não é um argumento válido. A lógica proposicional não é suficientemente expressiva para capturar as inter-relações das partes desse argumento que o tornam válido.

Uma sequência de demonstração é

1.	$(\forall x)[L(x) \to I(x)]$	hip
2.	$(\exists x)[L(x) \wedge D(x)]$	hip
3.	$L(a)$ ` $D(a)$	2, pe
4.	$L(a) \to I(a)$	1, pu
5.	$L(a)$	3, simp
6.	$I(a)$	4, 5, mp
7.	$L(a) \wedge D(a) \wedge I(a)$	3, 6, conj
8.	$L(a) \wedge I(a) \wedge D(a)$	7, com
9.	$(\exists x)[L(x) \wedge I(x) \wedge D(x)]$	8, ge

Mais uma vez, é a forma do argumento que interessa, não o conteúdo. ●

PROBLEMA PRÁTICO 27 Mostre que o seguinte argumento é válido: "Todas as músicas de rock são altas. Existem algumas músicas de rock; portanto, existem músicas altas." Use os predicados $R(x)$ e $A(x)$. ■

Conclusão

Terminamos nosso estudo de lógica formal. O que conseguimos? O objetivo da lógica formal, muitas vezes chamada de *lógica simbólica*, é tornar os argumentos o mais sem sentido possível! A notação simbólica para as lógicas proposicional e de predicados nos permite simbolizar argumentos. Um argumento colocado em notação simbólica remove qualquer possibilidade de nos deixarmos levar por nossas opiniões ou por nosso conhecimento externo sobre o tópico de um argumento, deixando-nos concentrar somente em sua estrutura para determinar sua validade lógica. Além disso, as regras de dedução nos permitem produzir a demonstração da validade de um argumento por manipulação simbólica. Não há necessidade de nenhum conhecimento externo, apenas uma concordância cuidadosa com as formas e restrições das regras. Em teoria, portanto, produzir uma sequência de demonstração deveria ser quase mecânica. Mais uma vez, um objetivo da prática com esse processo mecânico de aplicar regras é que ele acaba se transformando em um hábito de pensar logicamente no dia a dia.

Mesmo assim, você pode sentir, ainda, que é difícil produzir uma sequência de demonstração. A prática torna o processo mais fácil porque, depois de algum tempo, você se torna familiarizado com as várias formas que um argumento pode tomar e reconhece quais as regras que deve tentar aplicar. De qualquer jeito, pelo menos você deveria achar fácil, nesse estágio, *verificar* que uma sequência de demonstração *proposta* está logicamente correta.

Os filósofos sempre acreditaram que o pensamento lógico é uma das realizações mais importantes da humanidade. Um exemplo adicional, no entanto, vai mostrar como mesmo a aplicação mais cuidadosa de lógica pode ser frustrada.

EXEMPLO 36 O acesso às terras de um rei medieval era proibido para o povo, e qualquer pessoa pega caçando os cervos reais estava sujeita à pena de morte. O invasor podia, no entanto, escolher a maneira de morrer. Permitia-se que ele (ou ela) fizesse uma última declaração. Se a declaração fosse considerada verdadeira, o invasor (ou invasora) teria sua cabeça cortada com uma espada; se fosse considerada falsa, a morte seria por uma flecha lançada pelo melhor arqueiro do rei. Um dia, um caçador bem esperto foi pego, e permitiram que ele fizesse sua última declaração. Ele disse: "Serei morto por uma flecha."

A corte do rei ficou sem saber o que fazer. Se o caçador fosse morto por uma flecha, a declaração teria sido verdadeira, e ele deveria ter tido sua cabeça cortada por uma espada. Mas se ele tivesse sua cabeça cortada por uma espada, a declaração seria falsa e ele deveria ter sido morto por uma flecha. Incapazes de decidir de que maneira ele deveria morrer, a corte nomeou-o secretário de imprensa do rei, cargo que ocupou com sucesso por muitos anos.

Esse tipo de *paradoxo* — um desafio sem solução — tem que ser construído com cuidado, e não gastaremos mais tempo refletindo sobre as dificuldades potenciais dos sistemas lógicos clássicos que revelam. ●

Além do raciocínio lógico propriamente dito, as noções de regras formais de inferência têm duas aplicações diretas à ciência da computação. Um sistema inteiro de programação, e algumas linguagens de programação, baseia-se na aplicação de regras de inferência. Veremos uma dessas linguagens na Seção 1.5. Analogamente, as regras de inferência podem ser aplicadas para se provar formalmente a correção de programas, levando-nos a aumentar a nossa confiança em que o código esteja sem erros. Olharemos algumas das regras de inferência para a correção de programas na Seção 1.6.

SEÇÃO 1.4 REVISÃO

TÉCNICAS

- Aplicação das regras de dedução para a lógica de predicados.
- Utilização da lógica de predicados para demonstrar a validade de argumentos verbais.

IDEIA PRINCIPAL

- O sistema lógico de predicados é correto e completo; todos os argumentos válidos, e apenas esses, são demonstráveis.

EXERCÍCIOS 1.4

Para os Exercícios 1 a 6, decida se é possível chegar a alguma conclusão (e, neste caso, qual) a partir das hipóteses dadas. Justifique sua resposta.

1. Todas as flores são plantas. Amores-perfeitos são flores.
2. Todas as flores são plantas. Amores-perfeitos são plantas.

3. Todas as flores são vermelhas ou roxas. Amores-perfeitos são flores. Amores-perfeitos não são roxos.
4. Algumas flores são roxas. Todas as flores roxas são pequenas.
5. Algumas flores são vermelhas. Algumas flores são roxas. Amores-perfeitos são flores.
6. Algumas flores são rosas e têm espinhos. Todas as flores com espinho cheiram mal. Toda flor que cheira mal é uma erva daninha.
7. Justifique cada passo na sequência de demonstração a seguir para a fbf

$$(\exists x)[P(x) \to Q(x)] \to [(\forall x)P(x) \to (\exists x)Q(x)]$$

   1. $(\exists x)[P(x) \to Q(x)]$
   2. $P(a) \to Q(a)$
   3. $(\forall x)P(x)$
   4. $P(a)$
   5. $Q(a)$
   6. $(\exists x)Q(x)$

8. Justifique cada passo na sequência de demonstração a seguir para a fbf

$$(\exists x)P(x) \wedge (\forall x)(P(x) \to Q(x)) \to (\exists x)Q(x)$$

   1. $(\exists x)P(x)$
   2. $(\forall x)(P(x) \to Q(x))$
   3. $P(a)$
   4. $P(a) \to Q(a)$
   5. $Q(a)$
   6. $(\exists x)Q(x)$

9. Considere a fbf

$$(\forall x)[(\exists y)P(x, y) \wedge (\exists y)Q(x, y)] \to (\forall x)(\exists y)[P(x, y) \wedge Q(x, y)]$$

   a. Encontre uma interpretação que mostra que essa fbf não é válida.
   b. Encontre o erro na seguinte "demonstração" dessa fbf:

1. $(\forall x)[(\exists y)P(x, y) \wedge (\exists y)Q(x, y)]$	hip
2. $(\forall x)[P(x, a) \wedge Q(x, a)]$	1, pe
3. $(\forall x)(\exists y)[P(x, y) \wedge Q(x, y)]$	2, ge

10. Considere a fbf

$$(\forall y)(\exists x)Q(x, y) \to (\exists x)(\forall y)Q(x, y)$$

   a. Encontre uma interpretação que mostra que essa fbf não é válida.
   b. Encontre o erro na seguinte "demonstração" dessa fbf:

1. $(\forall y)(\exists x)Q(x, y)$	hip
2. $(\exists x)Q(x, y)$	1, pu
3. $Q(a, y)$	2, pe
4. $(\forall y)Q(a, y)$	3, gu
5. $(\exists x)(\forall y)Q(x, y)$	4, ge

Nos Exercícios 11 a 16, prove que cada fbf é um argumento válido.

11. $(\forall x)P(x) \to (\forall x)[P(x) \vee Q(x)]$
12. $(\forall x)P(x) \wedge (\exists x)Q(x) \to (\exists x)[P(x) \wedge Q(x)]$
13. $(\exists x)(\exists y)P(x, y) \to (\exists y)(\exists x)P(x, y)$
14. $(\forall x)(\forall y)Q(x, y) \to (\forall y)(\forall x)Q(x, y)$
15. $(\forall x)P(x) \wedge (\exists x)[P(x)]' \to (\exists x)Q(x)$
16. $(\forall x)[S(x) \to (\exists y)(P(x,y) \wedge T(y))] \wedge (\exists x)(C(x) \wedge S(x)) \to (\exists x)(\exists y)(C(x) \wedge T(y) \wedge P(x, y))$

Nos Exercícios 17 a 30, prove que a fbf é válida ou encontre uma interpretação na qual ela é falsa.

17. $(\exists x)[A(x) \wedge B(x)] \to (\exists x)A(x) \wedge (\exists x)B(x)$
18. $(\exists x)[R(x) \vee S(x)] \to (\exists x)R(x) \vee (\exists x)S(x)$
19. $(\exists x)P(x) \wedge (\exists x)(\exists y)Q(x, y) \to (\exists x)(\exists y)[P(x) \wedge Q(x, y)]$
20. $(\forall x)[P(x) \to Q(x)] \to [(\forall x)P(x) \to (\forall x)Q(x)]$
21. $(\forall x)(P(x))' \to (\forall x)(P(x) \to Q(x))$
22. $[(\forall x)P(x) \to (\forall x)Q(x)] \to (\forall x)[P(x) \to Q(x)]$
23. $(\exists x)(\forall y)Q(x, y) \to (\forall y)(\exists x)Q(x, y)$
24. $(\forall x)P(x) \vee (\exists x)Q(x) \to (\forall x)[P(x) \vee Q(x)]$
25. $(\forall x)[A(x) \to B(x)] \to [(\exists x)A(x) \to (\exists x)B(x)]$
26. $(\forall y)[Q(x, y) \to P(x)] \to [(\exists y)Q(x, y) \to P(x)]$
27. $[P(x) \to (\exists y)Q(x, y)] \to (\exists y)[P(x) \to Q(x, y)]$
28. $(\forall x)(P(x) \vee Q(x)) \wedge (\exists x)Q(x) \to (\exists x)P(x)$
29. $(\exists x)[P(x) \wedge Q(x)] \wedge (\forall y)[\mathrm{Q}(y) \to R(y)] \to (\exists x)[P(x) \wedge R(x)]$
30. $(\forall x)(\forall y)[(P(x) \wedge S(x, y)) \to Q(y)] \wedge (\exists x)B(x) \wedge (\forall x)(B(x) \to P(x)) \wedge (\forall x)(\exists y)S(x, y) \to (\exists x)Q(x)$
31. O filósofo grego Aristóteles (384-322 a.C.) foi discípulo de Platão e tutor de Alexandre o Grande. Seus estudos de lógica influenciaram filósofos por centenas de anos. Seus quatro silogismos "perfeitos" são conhecidos pelos nomes dados por doutos medievais. Para cada um deles, formule o argumento na notação da lógica de predicados e forneça uma demonstração.

    a. "Barbara"

       Todos os *M* são *P*.

       Todos os *S* são *M*.

       Portanto, todos os *S* são *P*.

    b. "Celarent"

       Nenhum *M* é *P*.

       Todos os *S* são *M*.

       Portanto, nenhum *S* é *P*.

    c. "Darii"

       Todos os *M* são *P*.

       Alguns *S* são *M*.

       Portanto, alguns *S* são *P*.

    d. "Ferio"

       Nenhum *M* é *P*.

       Alguns *S* são *M*.

       Portanto, alguns *S* não são *P*.

Usando a lógica de predicados, prove que cada argumento nos Exercícios 32 a 42 é válido. Use os símbolos predicados dados.

32. Algumas plantas são flores. Todas as flores têm um cheiro doce. Portanto, algumas plantas têm um cheiro doce. $P(x)$, $F(x)$, $D(x)$.
33. Todo crocodilo é maior do que qualquer jacaré. Samuca é um crocodilo. Mas existe uma serpente, e Samuca não é maior do que essa serpente. Portanto, alguma coisa não é um jacaré. $C(x)$, $A(x)$: x é jacaré, $B(x, y)$: x é maior do que y, s, $S(x)$.
34. Existe um astrônomo que não é míope. Todo mundo que usa óculos é míope. Além disso, todo mundo ou usa óculos ou usa lentes de contato. Portanto, existe um astrônomo que usa lentes de contato. $A(x)$, $M(x)$, $O(x)$, $L(x)$
35. Todos os membros do conselho vêm da indústria ou do governo. Todos os que vêm do governo e são advogados são a favor da moção. João não vem da indústria, mas é advogado. Portanto, se João é um membro do conselho, ele é a favor da moção. $M(x)$, $I(x)$, $G(x)$, $L(x)$: x é advogado, $F(x)$, j
36. Existe um ator de cinema que é mais rico que todo mundo. Qualquer pessoa que é mais rica do que todo mundo paga mais imposto do que todo mundo. Portanto, existe um ator de cinema que paga mais imposto do que todo mundo. $A(x)$, $R(x, y)$, $I(x, y)$
37. Todo mundo que tem cabelo vermelho tem sardas. Alguém tem cabelo vermelho e pés grandes. Todo mundo que não tem olhos verdes não tem pés grandes. Portanto, alguém tem olhos verdes e sardas. $R(x)$: x tem cabelo vermelho, $F(x)$: x tem sardas, $B(x)$: x tem pé grande, $G(x)$: x tem olhos verdes.
38. Gatos comem apenas animais. Existe algo felpudo. Tudo que é felpudo é um gato. E todos comem alguma coisa. Então existem animais. $G(x)$, $C(x, y)$, $A(x)$, $F(x)$
39. Todo estudante de ciência da computação trabalha mais do que alguém e todo mundo que trabalha mais do que uma pessoa dorme menos do que essa pessoa. Maria é uma estudante de ciência da computação. Portanto, Maria dorme menos do que alguém. $C(x)$, $W(x, y)$: x trabalha mais do que y, $S(x, y)$: x dorme menos do que y, m
40. Todo embaixador conversa apenas com diplomatas, e alguns embaixadores conversam com alguém. Portanto, existe algum diplomata. $E(x)$, $C(x, y)$, $D(x)$
41. Alguns elefantes têm medo de todos os ratos. Alguns ratos são pequenos. Portanto, existe um elefante que tem medo de algo pequeno. $E(x)$, $M(x)$: x é um rato. $A(x, y)$: x tem medo de y, $S(x)$: x é pequeno.
42. Todo fazendeiro é proprietário de uma vaca. Nenhum dentista é proprietário de uma vaca. Portanto, nenhum dentista é fazendeiro. $F(x)$, $V(x)$, $P(x, y)$, $D(x)$
43. Prove que

$$[(\forall x)A(x)]' \leftrightarrow (\exists x)[A(x)]'$$

é válida. (*Sugestão*: Em vez de uma sequência de demonstração, use o Exemplo 32 e substitua expressões equivalentes.)

44. A equivalência no Exercício 43 diz que, se for falso que todo elemento do conjunto universo tem a propriedade A, então algum elemento do conjunto universo não terá a propriedade A, e vice-versa. O elemento que não tem a propriedade A é chamado de um contraexemplo para a afirmação de que todo elemento tem a propriedade A. Portanto, um contraexemplo para a afirmação

$$(\forall x)(x \text{ é ímpar})$$

no domínio dos inteiros é o número 10, um inteiro par. (É claro que existem montes de contraexemplos para esta afirmação.) Encontre contraexemplos no domínio dos inteiros para as afirmações a seguir. (Um inteiro $x > 1$ é primo se seus únicos fatores positivos são 1 e x.)

a. $(\forall x)(x$ é negativo$)$
b. $(\forall x)(x$ é uma soma de inteiros pares$)$
c. $(\forall x)(x$ é primo $\to x$ é ímpar$)$
d. $(\forall x)(x$ é primo $\to (-1)^x = -1)$
e. $(\forall x)(x$ é primo $\to 2^x - 1$ é primo$)$

SEÇÃO 1.5 PROGRAMAÇÃO LÓGICA

As linguagens de programação com as quais você, provavelmente, está familiarizado, tais como C++ e Java, são conhecidas como **linguagens procedimentais**. A maior parte do conteúdo de um programa escrito em uma linguagem procedimental consiste em instruções para executar o algoritmo que o programador acredita que resolverá o problema em consideração. O programador, portanto, está dizendo para o computador como resolver o problema passo a passo.

Algumas linguagens de programação, em vez de procedimentais, são **linguagens declarativas** ou **linguagens descritivas**. Uma linguagem declarativa baseia-se na lógica de predicados; tal linguagem já vem equipada com suas próprias regras de inferência. Um programa escrito em uma linguagem declarativa contém apenas proposições — de fato, fbfs predicadas — que são declaradas como hipóteses. A execução de um programa declarativo permite ao usuário colocar perguntas, procurando informação sobre conclusões possíveis dedutíveis das hipóteses. Após obter a pergunta do usuário, o programa liga sua "máquina de inferência" e aplica suas regras de inferência às hipóteses para ver quais das conclusões respondem à pergunta do usuário. Lembre-se de que o programa contém apenas as hipóteses e não alguma instrução explícita sobre que passos fazer e em que ordem. Podemos dizer que o mecanismo de inferência age por trás do pano para construir uma sequência de demonstração. É a natureza mecânica de aplicação das regras de inferência que torna possíveis essas "demonstrações automáticas de teoremas".

Prolog

A linguagem de programação Prolog, abreviatura de PROgramming in LOGic (Programando em Lógica), é uma linguagem de programação declarativa. O conjunto de declarações que constituem um programa em Prolog é também conhecido como um **banco de dados Prolog**. Os itens em um banco de dados Prolog têm uma de duas formas, conhecidas em Prolog como *fatos* e *regras*. (Entretanto, as regras de Prolog são apenas outra espécie de fatos e não devem ser confundidas com regras de inferência.)

Os **fatos de Prolog** permitem a definição de predicados por meio da declaração de quais itens pertencentes a algum conjunto universo satisfazem os predicados. Como exemplo, suponha que queremos criar um programa em Prolog que descreva as cadeias alimentares em determinada região ecológica. Poderíamos começar com um predicado binário *come*. Descreveríamos, então, o predicado fornecendo os pares de elementos no domínio que tornam *come* verdadeiro. Poderíamos ter, então, os fatos

come(urso, peixe)
come(urso, raposa)
come(veado, grama)

no nosso banco de dados. (Os detalhes precisos de uma proposição em Prolog variam de uma implementação para outra, de modo que estamos dando apenas o espírito da linguagem, usando um pseudocódigo semelhante à linguagem Prolog.) Nesse exemplo, "urso", "peixe", "raposa", "veado" e "grama" são constantes, pois representam elementos específicos do conjunto universo. Como o domínio propriamente dito nunca é especificado exceto através dos predicados, neste ponto poderíamos considerar o conjunto universo como consistindo em "urso", "peixe", "raposa", "veado" e "grama". É responsabilidade do usuário manter a coerência em relação à compreensão e à utilização dos predicados em um programa em Prolog. Assim,

come(urso, peixe)

poderia ser usado para representar o fato de que os ursos comem peixes ou de que os peixes comem ursos!

Vamos impor a convenção de que *come*(*X*, *Y*) significa que "*X* come *Y*". Poderíamos adicionar ao banco de dados a descrição de dois predicados unários, *animal* e *planta*, colocando os fatos

animal(urso)
animal(peixe)
animal(raposa)
animal(veado)
planta(grama)

Com esse programa (banco de dados) em Prolog, podemos fazer algumas consultas simples.

EXEMPLO 37 A consulta

?*animal*(urso)

simplesmente questiona se o fato *animal*(urso) pertence ao banco de dados. Como esse fato está no banco de dados, o programa responderia à pergunta respondendo que sim. (Essa é uma sequência de demonstração de um passo — não há necessidade de nenhuma regra de inferência.) Outro diálogo com o programa poderia ser

?*come*(veado, grama)
sim
?*come*(urso, coelho)
não

Consultas podem incluir variáveis, como ilustrado no próximo exemplo.

EXEMPLO 38 A consulta

?*come*(urso, *X*)

gera a resposta

peixe
raposa

O programa em Prolog respondeu à consulta buscando no banco de dados todos os fatos da forma *come*(urso, *X*), em que *X* é uma variável. A primeira resposta é "peixe" porque a busca é feita ordenadamente, de cima para baixo.

As consultas podem conter os conectivos lógicos **e**, **ou** e **não**.

PROBLEMA PRÁTICO 28 Dado o banco de dados.

come(urso, peixe)
come(urso, raposa)
come(veado, grama)
animal(urso)

animal(peixe)
animal(raposa)
animal(veado)
planta(grama)

diga qual vai ser a resposta do programa à consulta

?*come*(*X*, *Y*) **e** *planta*(*Y*) ■

O segundo tipo de item em um programa em Prolog é uma **regra de Prolog**. Uma regra é uma descrição de um predicado por meio de um condicional (a seta do condicional na regra vai da direita para a esquerda). Por exemplo, poderíamos usar uma regra para definir um predicado para *presa*:

presa(*X*) <= *come*(*Y*, *X*) **e** *animal*(*X*)

Essa proposição diz que *X* será uma presa se *X* for um animal que é comido. Se adicionarmos essa regra ao nosso banco de dados, então a resposta à consulta

?*presa*(*X*)

será

peixe
raposa

Cláusulas de Horn e Resolução

Como os fatos e as regras do Prolog se relacionam com a lógica de predicados mais formal? Podemos descrever os fatos em nosso banco de dados pelas fbfs

$C(u, p)$
$C(u, r)$
$C(v, g)$
$A(u)$
$A(p)$
$A(r)$
$A(v)$
$P(g)$

e a regra pela fbf

$$C(y, x) \wedge A(x) \rightarrow Pr(x)$$

Quantificadores universais não fazem parte explícita da regra como ela aparece em um programa em Prolog, mas a linguagem trata a regra como se estivesse universalmente quantificada

$$(\forall y)(\forall x)[C(y, x) \wedge A(x) \rightarrow Pr(x)]$$

e usa, repetidamente, a particularização universal para retirar os quantificadores universais e permitir às variáveis assumir todos os valores do conjunto universo.

Tanto os fatos quanto as regras são exemplos de cláusulas de Horn. Uma **cláusula de Horn** é uma fbf composta de predicados ou de negação de predicados (tendo variáveis ou constantes como argumentos) conectada por disjunções, de tal forma que no máximo um predicado não esteja negado. Assim, o fato

$$C(v, g)$$

é um exemplo de uma cláusula de Horn, pois consiste em um único predicado não negado. A fbf

$$[C(y, x)]' \vee [A(x)]' \vee Pr(x)$$

é um exemplo de uma cláusula de Horn, já que consiste em três predicados conectados por disjunções com apenas $Pr(x)$ não negado. Pelas leis de De Morgan, ela é equivalente a

$$[C(y, x) \wedge A(x)]' \vee Pr(x)$$

que, por sua vez, é equivalente a

$$C(y, x) \wedge A(x) \rightarrow Pr(x)$$

LEMBRETE

A regra de resolução do Prolog busca um termo e sua negação para inferir uma cláusula de Horn de duas outras.

e, portanto, representa a regra em nosso programa em Prolog.

A única regra de inferência usada pelo Prolog é chamada de **resolução**. Duas cláusulas de Horn em um banco de dados Prolog são resolvidas em uma única cláusula nova de Horn se uma delas contiver um predicado não negado que corresponda a um predicado negado na outra. A cláusula nova elimina o termo correspondente e fica, então, disponível para uso em resposta às consultas. Por exemplo,

$$A(a)$$
$$[A(a)]' \vee B(b)$$

é resolvida para $B(b)$. Isso significa que, a partir de

$$A(a), [A(a)]' \vee B(b)$$

que é equivalente a

$$A(a), A(a) \rightarrow B(b)$$

o Prolog infere que

$$B(b)$$

o que é, simplesmente, uma aplicação do *modus ponens*. Portanto, a regra de inferência do Prolog inclui o *modus ponens* como um caso particular.

Ao se aplicar a regra de resolução, as variáveis são consideradas "correspondentes" a qualquer símbolo constante. (Essa é uma aplicação repetida da particularização universal.) Em qualquer cláusula nova resultante, as variáveis são substituídas pelas suas constantes associadas de maneira consistente. Assim, em resposta a uma consulta "?*presa*(X)", Prolog busca no banco de dados uma regra que tenha o predicado desejado $Pr(x)$ como consequente. Encontra

$$[C(y, x)]' \vee [A(x)]' \vee Pr(x)$$

Procura, então, no banco de dados por outras cláusulas que podem ser resolvidas com essa. A primeira delas é o fato $C(u, p)$. Essas duas cláusulas se resolvem em

$$[A(p)]' \vee Pr(p)$$

(Note que a constante p substituiu x em todos os lugares.) Usando essa cláusula nova, ela pode ser resolvida junto com o fato $A(p)$ para se obter $Pr(p)$. Tendo obtido todas as resoluções possíveis do fato $C(u, p)$, Prolog volta para trás, procurando uma nova cláusula que possa ser resolvida com a regra; dessa vez, encontraria $C(u, r)$.

Como um exemplo mais sofisticado de resolução, suponha que adicionamos ao banco de dados a regra

$$\textit{caçado}(X) <= \textit{presa}(X)$$

Essa regra em forma simbólica é

$$[Pr(x)] \to Ca(x)$$

ou, como uma cláusula de Horn,

$$[Pr(x)]' \vee Ca(x)$$

Ela se resolve com a regra que define presa

$$[C(y, x)]' \vee [A(x)]' \vee Pr(x)$$

para fornecer a nova regra

$$[C(y, x)]' \vee [A(x)]' \vee Ca(x)$$

A consulta

?*caçado*(*X*)

vai usar essa regra nova para concluir

peixe
raposa

EXEMPLO 39 Suponha que um banco de dados Prolog contém as seguintes informações:

come(urso, peixe)
come(peixe, peixinho)
come(peixinho, alga)
come(guaxinim, peixe)
come(urso, guaxinim)
come(urso, raposa)
come(raposa, coelho)
come(coelho, grama)
come(urso, veado)
come(veado, grama)
come(lince, veado)

animal(urso)
animal(peixe)
animal(peixinho)
animal(guaxinim)
animal(raposa)
animal(coelho)
animal(veado)
animal(lince)

planta(grama)
planta(alga)
presa(X) <= *come*(Y, X) e *animal*(X)

Poderíamos, então, ter o seguinte diálogo com o Prolog:

?*animal*(coelho)
Sim

?*come*(lince, grama)
não

?*come*(X, peixe)
urso
guaxinim

?*come*(X, Y) e *planta*(Y)

peixinho	alga
coelho	grama
veado	grama

?*presa*(X)
peixe
peixinho
peixe
guaxinim
raposa
coelho
veado
veado

Note que o peixe é listado duas vezes na resposta à última consulta, pois os peixes são comidos por ursos (fato 1) e por guaxinins (fato 3). Analogamente, veados são comidos por ursos e por linces. ●

PROBLEMA PRÁTICO 29

a. Formule uma regra de Prolog que define o predicado *predador*.
b. Adicione essa regra ao banco de dados do Exemplo 39 e diga qual seria a resposta à consulta.

?*predador*(X) ■

Recorrência

As regras de Prolog são condicionais. Os antecedentes (lembre-se de que eles aparecem do lado direito das regras) podem depender dos fatos, como em

presa(X) <= *come*(Y, X) e *animal*(X)

ou de outras regras, como em

caçado(X) <= *presa*(X)

O antecedente de uma regra pode, também, depender da própria regra; nesse caso, a regra é definida em termos dela mesma. Uma definição na qual o item que está sendo definido faz parte da definição é chamada de uma **definição recorrente** ou **recursiva**.

Como exemplo, suponha que queremos usar o banco de dados ecológicos do Exemplo 39 para estudar cadeias alimentares. Podemos, então, definir uma relação binária *nacadeiaalimentar*(X, Y), que significa "Y pertence à cadeia alimentar de X". Isso, por sua vez, significa uma de duas coisas:

1. X come Y diretamente

ou

2. X come alguma coisa que come alguma coisa que come alguma coisa ... que come Y.

O caso 2 pode ser reformulado da seguinte maneira:

2′. X come Z e Y pertence à cadeia alimentar de Z.

É fácil testar o caso 1 a partir dos fatos existentes, mas, sem (2′), *nacadeiaalimentar* não significaria nada diferente de *come*. Por outro lado, (2′) sem (1) nos remeteria a um caminho de comprimento infinito de alguma coisa comendo alguma coisa comendo alguma coisa e assim por diante, sem nada a nos dizer quando parar. Definições recorrentes precisam de informação específica de quando parar.

A regra de Prolog para *nacadeiaalimentar* incorpora (1) e (2′):

nacadeiaalimentar(X, Y) <= *come*(X, Y)
nacadeiaalimentar(X, Y) <= *come*(X, Z) e *nacadeiaalimentar*(Z, Y)

Essa é uma regra recorrente porque define o predicado *nacadeiaalimentar* em termos de *nacadeiaalimentar*.

Uma regra recorrente é necessária quando a propriedade que está sendo descrita pode passar de um objeto para o próximo. O predicado *nacadeiaalimentar* tem esta propriedade:

$$nacadeiaalimentar(X, Y) \wedge nacadeiaalimentar(Y, Z) \rightarrow nacadeiaalimentar(X, Z)$$

EXEMPLO 40

Após a inclusão no banco de dados do Exemplo 39 da regra *nacadeiaalimentar*, é feita a seguinte consulta:

?*nacadeiaalimentar*(urso, Y)

A resposta é a seguinte (os números foram colocados para referência):

1. peixe
2. guaxinim
3. raposa
4. veado
5. peixinho
6. alga
7. peixe
8. peixinho
9. alga
10. coelho
11. grama
12. grama

Prolog aplica primeiro o caso simples

nacadeiaalimentar(urso, Y) <= *come*(urso, Y)

obtendo as resposta de 1 a 4 diretamente dos fatos *come*(urso, peixe), *come*(urso, guaxinim) e assim por diante. Passando para o caso recorrente,

nacadeiaalimentar(urso, Y) <= *come*(urso, Z) e *nacadeiaalimentar*(Z, Y)

uma correspondência para *come*(urso, *Z*) ocorre com *Z* igual a "peixe". Prolog procura, então, todas as soluções para a relação *nacadeiaalimentar*(peixe, *Y*). Usando primeiro o fato simples de *nacadeiaalimentar*, ocorre uma correspondência com o fato *come*(peixe, peixinho). Isso resulta na resposta 5, peixinho. Como não existem outros fatos da forma *come*(peixe, *Y*), a próxima coisa a ser tentada é o caso recorrente de *nacadeiaalimentar*(peixe, *Y*):

nacadeiaalimentar(peixe, *Y*) <= *come*(peixe, *Z*) e *nacadeiaalimentar*(*Z*, *Y*)

Uma correspondência para *come*(peixe, *Z*) ocorre para *Z* igual a "peixinho". Prolog procura, então, todas as soluções para a relação *nacadeiaalimentar*(peixinho, *Y*). Usando primeiro o fato simples de *nacadeiaalimentar*, ocorre uma correspondência com o fato *come*(peixinho, alga). Isso resulta na resposta 6, alga. Como não existem outros fatos da forma *come*(peixinho, *Y*), a próxima coisa a ser tentada é o caso recorrente de *nacadeiaalimentar*(peixinho, *Y*):

nacadeiaalimentar(peixinho, *Y*) <= *come*(peixinho, *Z*) e *nacadeiaalimentar*(*Z*, *Y*)

Uma correspondência para *come*(peixinho, *Z*) ocorre com Z igual a "alga". Prolog procura, então, todas as soluções para a relação *nacadeiaalimentar*(alga, *Y*). Uma pesquisa em todo o banco de dados não revela nenhum fato da forma *come*(alga, *Y*) (ou *come*(alga, *Z*)), de modo que nem o caso simples nem o recorrente pode ser usado.

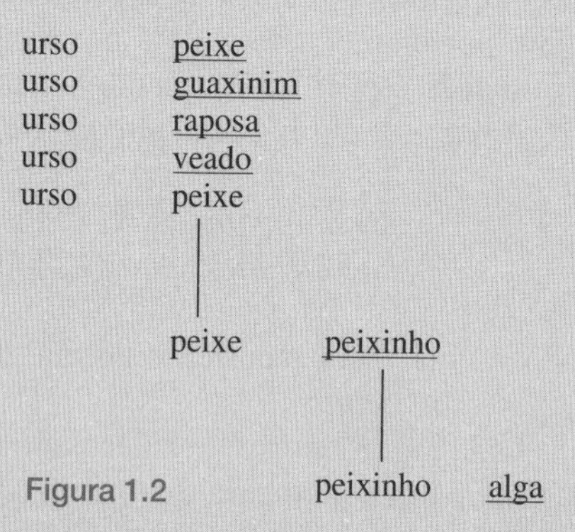

Figura 1.2

A Figura 1.2 ilustra a situação neste ponto. Prolog chegou a um beco sem saída com *nacadeiaalimentar*(alga, *Y*) e vai voltar para trás, subindo. Como não existe nenhum outro fato da forma *come*(peixinho, *Z*), a busca para soluções de *nacadeiaalimentar*(peixinho, *Y*) termina. Então, já que não há nenhum outro fato da forma *come*(peixe, *Z*), a procura de soluções para *nacadeiaalimentar*(peixe, *Y*) termina. Voltando ainda mais para trás, existe outra correspondência para *come*(urso, *Z*) com *Z* igual a "guaxinim" que vai gerar outro caminho de busca. ●

No Exemplo 40, uma vez que Prolog começa a investigação *nacadeiaalimentar*(peixe, *Y*), todas as respostas que puderem ser obtidas da exploração desse caminho (respostas 5 e 6) são geradas antes das outras (respostas de 7 a 12). Explorar o mais longe possível determinado caminho e depois voltar por esse mesmo caminho antes de explorar outros é uma estratégia conhecida como **busca em profundidade**.

PROBLEMA PRÁTICO 30 Faça o acompanhamento da execução do programa em Prolog do Exemplo 40 e explique por que as respostas de 7 a 12 ocorrem. ■

Sistemas Especialistas

Foram desenvolvidos muitos programas de aplicações interessantes, em Prolog e em linguagens de programação lógica semelhantes, que reúnem um banco de dados de fatos e regras sobre algum domínio e depois usam esse banco de dados para chegar a conclusões. Tais programas são conhecidos como **sistemas especialistas**, **sistemas baseados no conhecimento** ou **sistemas baseados em regras**. O banco de dados de um sistema especialista tenta retratar o conhecimento ("captar a experiência") de um especialista humano em um campo particular, incluindo tanto os fatos conhecidos pelo especialista como seus métodos de raciocínio para chegar a conclusões a partir desses fatos. O sistema especialista completo não apenas simula as ações de um especialista humano, mas também pode ser questionado a fim de indicar por que tomou certas decisões e não outras.

Foram construídos sistemas especialistas que simulam a diagnose de um médico especialista a partir dos sintomas de um paciente, as decisões de um gerente de fábrica sobre o controle de válvulas em uma instalação química com base nas leituras dos sensores, as decisões de um comprador de roupas para uma loja baseadas em pesquisa de mercado, as escolhas feitas por um consultor especificando uma configuração para um sistema computacional baseadas nas necessidades do consumidor e muitos outros. O desafio na construção de um sistema especialista reside em extrair todos os fatos e regras pertinentes do especialista humano.

SEÇÃO 1.5 REVISÃO

TÉCNICAS

- Formulação de fatos e regras do tipo Prolog.
- Formulação de perguntas para um programa em Prolog.
- Determinação da(s) resposta(s) a uma pergunta usando um banco de dados Prolog.

IDEIA PRINCIPAL

- Uma linguagem declarativa incorpora fbfs predicadas e regras de inferência para chegar a conclusões a partir de hipóteses. Os elementos de tal linguagem estão baseados na lógica de predicados, em vez de em instruções que executam um algoritmo.

EXERCÍCIOS 1.5

Os Exercícios 1 a 8 se referem ao banco de dados do Exemplo 39; encontre os resultados da consulta em cada caso.

1. ?*animal*(lince)
2. ?*planta*(guaxinim)
3. ?*come*(urso, peixinho)
4. ?*come*(raposa, coelho)
5. ?*come*(guaxinim, *X*)
6. ?*come*(*X*, grama)
7. ?*come*(urso, *X*) e *come*(*X*, coelho)
8. ?*presa*(*X*) e não *come*(raposa, *X*)
9. Formule uma regra de Prolog que defina "herbívoro" para adicionar ao banco de dados do Exemplo 39.
10. Se a regra do Exercício 9 for incluída no banco de dados do Exemplo 39, diga qual vai ser a resposta à consulta

    ?*herbívoro*(*X*)

11. Depois da inclusão de *nacadeiaalimentar* ao banco de dados do Exemplo 39, adicione os fatos *come*(lobo, raposa) e *come*(lobo, veado). Dê a resposta à consulta

    ?*come*(lobo, *X*) e não *come*(*X*, grama)

12. Depois das modificações no Exercício 11, dê a resposta à consulta

?*nacadeiaalimentar*(lobo, *X*)

13. Um banco de dados Prolog contém os dados a seguir, em que *patrão*(*X*, *Y*) significa que "*X* é patrão de *Y*" e *supervisor*(*X*, *Y*) significa que "*X* é supervisor de *Y*".

patrão(miguel, joana)
patrão(judite, miguel)
patrão(anita, judite)
patrão(judite, kim)
patrão(kim, henrique)
patrão(anita, samuel)
patrão(henrique, jeferson)
patrão(miguel, hamal)

supervisor(*X*, *Y*) <= *patrão*(*X*, *Y*)
supervisor(*X*, *Y*) <= *patrão*(*X*, *Z*) e *supervisor*(*Z*, *Y*)

Encontre as respostas às seguintes consultas:
a. ?*patrão*(*X*, samuel)
b. ?*patrão*(judite, *X*)
c. ?*supervisor*(anita, *X*)

14. Usando o banco de dados Prolog do Exercício 13, quais são as respostas às perguntas a seguir?
a. ?*patrão*(hamal, *X*)
b. ?*supervisor*(*X*, kim)

15. Suponha que existe um banco de dados Prolog que forneça informação sobre autores e os livros que escreveram. Os livros estão classificados como ficção, biografia ou referência.
a. Escreva uma consulta sobre se Mark Twain escreveu *O cão dos Baskervilles*.
b. Escreva uma consulta para encontrar todos os livros escritos por William Faulkner.
c. Formule uma regra para definir os autores de livros que não são de ficção.
d. Escreva uma consulta para encontrar todos os autores de livros que não são de ficção.

16. Construa um banco de dados Prolog que forneça informações sobre estados e suas capitais. Algumas cidades são grandes, outras são pequenas. Alguns estados estão mais ao sul (regiões Sudeste, Sul e Mato Grosso do Sul), outros estão mais ao norte (o restante da região Centro-Oeste e as regiões Norte e Nordeste).
a. Escreva uma consulta para encontrar todas as capitais pequenas.
b. Escreva uma consulta para encontrar todos os estados que têm capitais pequenas.
c. Escreva uma consulta para encontrar todos os estados mais ao norte com capitais grandes.
d. Formule uma regra para definir cidades cosmopolitas como capitais grandes dos estados mais ao sul.
e. Escreva uma consulta para encontrar todas as cidades cosmopolitas.

17. Suponha que exista um banco de dados Prolog que forneça informações sobre uma família. Os predicados *homem*, *mulher* e *genitorde* estão incluídos.
a. Formule uma regra para definir *paide*.
b. Formule uma regra para definir *filhade*.
c. Formule uma regra recorrente para definir *ancestralde*.

18. Suponha que exista um banco de dados Prolog que forneça informações sobre as peças em um motor de automóvel. Os predicados *grande*, *pequena* e *partede* estão incluídos.
a. Escreva uma consulta para encontrar todas as peças pequenas que fazem parte de outras peças.
b. Escreva uma consulta para encontrar todas as peças grandes que são formadas por peças pequenas.
c. Formule uma regra recorrente para definir *componentede*.

19. Suponha que exista um banco de dados Prolog que forneça informações sobre os ingredientes nos itens do cardápio de um restaurante. Estejam incluídos os predicados *seco*, *líquido*, *perecível* e *ingredientesde*.
    a. Escreva uma consulta para encontrar todos os ingredientes secos de outros ingredientes.
    b. Escreva uma consulta para encontrar todos os ingredientes perecíveis que contêm líquidos como ingredientes.
    c. Formule uma regra recursiva para definir *encontradoem*.
20. Suponha que exista um banco de dados Prolog que forneça informações sobre voos da linha aérea SV (Sempre Voando). Estejam incluídos os predicados *cidade* e *voo*. Aqui *voo*(X, Y) significa que SV tem um voo direto (sem parada) da cidade X para a cidade Y.
    a. Escreva uma consulta para encontrar todas as cidades a que você pode ir por um voo direto saindo de Belo Horizonte.
    b. Escreva uma consulta para encontrar todas as cidades que têm voo direto para o Rio de Janeiro.
    c. Formule uma regra recursiva para definir *rota*, em que *rota*(X, Y) significa que você pode ir da cidade X para a cidade Y usando a SV, mas pode não ser um voo direto.

Os Exercícios 21 e 22 se referem a um "interpretador Prolog de brinquedo" (Toy Prolog) que pode ser encontrado em http://www.csse.monash.edu.au/~lloyd/tildeLogic/Prolog.toy. A sintaxe utilizada nesta seção é igual a esta versão online, exceto que cada declaração e cada consulta têm que terminar com um ponto.* Eis uma versão curta do Exemplo 39 como colocado na janela de código, seguido da resposta à consulta.

```
come(urso, peixe).
come(peixe, peixinho).
come(peixinho, alga).
come(guaxinim, peixe).
come(urso, guaxinim).
come(urso, raposa).
animal(urso).
animal(peixe).
animal(peixinho).
animal(guaxinim).
animal(raposa).
presa(X) <= come(Y, X) e animal(X).
?presa(X).

--- running ---

presa(peixe) yes
presa(peixinho) yes
presa(peixe) yes
presa(guaxinim) yes
presa(raposa) yes
```

Além disso, você pode olhar e rodar uma amostra de programa online para certificar-se de que compreende as regras de sintaxe.

21. Usando o programa Toy Prolog online, coloque o banco de dados Prolog dos Exercícios 13 e 14 e compare os resultados com suas respostas anteriores.
22. Usando o programa Toy Prolog online, crie um banco de dados Prolog para o Exercício 20. Faça as consultas do Exercício 20. Faça também uma consulta usando o predicado *rota*.

SEÇÃO 1.6 DEMONSTRAÇÃO DE CORREÇÃO

À medida que nossa sociedade se torna mais dependente de computadores, é cada vez mais importante que os programas para computadores sejam confiáveis e sem erros. A **verificação do programa** tenta garantir que o programa de computador está correto. "Correção"

*Os conectivos lógicos têm que estar em inglês (*and* no lugar de *e*, *or* no lugar de *ou*) e a resposta vem em inglês (*yes* no lugar de *sim*, *no* no lugar de *não*). (N.T.)

neste contexto tem uma definição um pouco diferente da utilizada no nosso dia a dia. Um programa está **correto** se ele se comporta de acordo com suas especificações. No entanto, isso não significa, necessariamente, que o programa resolve o problema que era suposto de resolver; as especificações do programa podem não ser compatíveis ou não prever todos os aspectos das necessidades do cliente. A **validação do programa**, que não discutiremos, tenta garantir que o programa, de fato, atende às necessidades originais do cliente. Em um projeto grande de desenvolvimento de um programa, "programa V & V" ou "garantia de qualidade do programa" é considerado tão importante que, muitas vezes, um grupo de pessoas diferentes dos programadores fica encarregado dessas tarefas.

A verificação de um programa pode ser abordada por meio de testes ou pela *demonstração de correção*. Os **testes de programa** tentam mostrar que valores particulares de dados de entrada geram respostas aceitáveis. Os testes de programa formam uma parte importante de qualquer esforço de desenvolvimento, mas é um fato bem conhecido, parte do folclore, que "os testes podem provar a existência de erros, nunca sua ausência". Se um teste, executado sob determinado conjunto de condições e com determinado conjunto de dados de entrada, revelar um "*bug*" no código, esse erro pode ser corrigido. Mas, exceto para programas bem simples, testes múltiplos que não detectam erros não garantem que o código não tenha erros, que não exista algum *bug* escondidinho no meio do código esperando a hora certa para atacar.

Complementarmente aos testes, cientistas de computação desenvolveram uma abordagem mais matemática para "provar" que um programa está correto. A **demonstração de correção** usa as técnicas de um sistema de lógica formal para provar que, se as variáveis de entrada satisfazem certos predicados ou propriedades especificadas, então as variáveis de saída, produzidas pela execução do programa, satisfazem outras propriedades especificadas.

Para distinguir entre demonstração de correção e testes de programa, considere um programa para calcular o comprimento c da hipotenusa de um triângulo retângulo dados os valores positivos a e b para o comprimento dos lados. A demonstração da correção do programa estabeleceria que, sempre que a e b satisfizerem as propriedades $a > 0$ e $b > 0$, então, após a execução do programa, o predicado $a^2 + b^2 = c^2$ seria satisfeito. Testar tal programa corresponderia a escolher diversos valores particulares para a e b, calcular o resultado c e verificar a igualdade de $a^2 + b^2$ com c^2 em cada caso. No entanto, podem ser testados apenas valores representativos de a e b e não todos os valores possíveis.

Novamente, testes e demonstração de correção são aspectos complementares da verificação de um programa. Todos os programas passam por testes; eles podem, ou não, passar também por uma demonstração de correção. A demonstração de correção é muito trabalhosa, logo é cara; ela é usada, em geral, apenas em seções pequenas e críticas do código e não no programa inteiro.

Asserções

Para descrever a demonstração de correção mais formalmente, vamos denotar por X uma coleção arbitrária de valores de entrada para algum programa, ou segmento de programa, P. As ações de P transformam X em um grupo correspondente de valores de saída Y; a notação $Y = P(X)$ sugere que os valores de Y dependem de X através das ações do programa P.

Um predicado $Q(X)$ descreve as condições que os valores de entrada são supostos de satisfazer. Por exemplo, se um programa é suposto de encontrar a raiz quadrada de um número positivo, então X consiste em um valor de entrada, x, e $Q(x)$ pode ser "$x > 0$". Um predicado R descreve as condições que os valores de saída são supostos de satisfazer. Essas condições muitas vezes envolvem, também, os valores de entrada, de modo que R tem a forma $R(X, Y)$ ou $R[X, P(X)]$. No nosso caso da raiz quadrada, se y é o único valor de saída, então y é suposto de ser a raiz quadrada de x, de modo que $R(x, y)$ poderia ser "$y^2 = x$". O programa P está correto se o condicional

$$(\forall X)(Q(X) \rightarrow R[X, P(X)]) \qquad (1)$$

for válido. Em outras palavras, sempre que Q for verdadeiro com os valores de entrada, R é verdadeiro com os valores de entrada e saída. Para o caso da raiz quadrada, (1) é

$$(\forall x)(x > 0 \rightarrow [P(x)]^2 = x)$$

O condicional (1) está em notação de fbf predicada padrão, mas a notação tradicional para (1) utilizada na correção do programa é

$$\{Q\}P\{R\} \tag{2}$$

$\{Q\}P\{R\}$ é chamada de uma **tripla de Hoare**, em homenagem ao cientista de computação inglês Anthony Hoare. A condição Q é chamada a **precondição** para o programa P, e a condição R é a **pós-condição**. Na notação de Hoare, o quantificador universal não aparece explicitamente; fica subentendido.

Em vez de ter apenas um predicado inicial e um final, um programa, ou segmento de programa, é dividido em declarações individuais s_i, com predicados inseridos entre declarações, além do início e do fim. Esses predicados também são chamados de **asserções**, pois afirmam o que é suposto de ser verdadeiro sobre as variáveis do programa naquele ponto. Temos, então,

$$\begin{array}{l} \{Q\} \\ \quad s_0 \\ \{R_1\} \\ \quad s_1 \\ \{R_2\} \\ \quad \vdots \\ \quad s_{n-1} \\ \{R\} \end{array}$$

em que Q, R_1, R_2, ..., $R_n = R$ são asserções. As asserções intermediárias são obtidas, muitas vezes, de trás para a frente, a partir de R.

P é demonstravelmente correto se cada um dos condicionais a seguir é válido:

$$\begin{array}{l} \{Q\}s_0\{R_1\} \\ \{R_1\}s_1\{R_2\} \\ \{R_2\}s_2\{R_3\} \\ \quad \vdots \\ \{R_{n-1}\}s_{n-1}\ \{R\} \end{array}$$

Uma demonstração da correção de P consiste na produção dessa sequência de condicionais válidos, ou seja, na produção de uma sequência de demonstração de fbfs predicadas. Algumas regras de inferência novas podem ser usadas, baseadas na natureza da declaração s_i do programa.

Axioma de Atribuição

Suponha que uma proposição s_i seja uma declaração de atribuição da forma $x = e$, ou seja, a variável x assume o valor e, em que e é determinada expressão. A tripla de Hoare para demonstrar a correção dessa declaração tem a forma

$$\{R_i\}\ x = e\ \{R_{i+1}\}$$

Para que essa tripla seja válida, as asserções R_i e R_{i+1} têm que estar relacionadas de forma especial.

EXEMPLO 41 Considere as seguintes declarações de atribuição, junto com a precondição e a pós-condição dadas:

$$\{x - 1 > 0\}$$
$$x = x - 1$$
$$\{x > 0\}$$

Para todo x, se $x - 1 > 0$ antes da execução da declaração (note que isso significa que $x > 1$), então, após a redução do valor de x por 1, teremos $x > 0$. Portanto,

$$\{x - 1 > 0\}\ x = x - 1\ \{x > 0\}$$

é válida. ●

No Exemplo 41, raciocinamos até obter um caminho para verificar a validade de uma fbf representada por uma tripla de Hoare. O ponto da lógica de predicados é permitir a determinação da validade de um modo mais mecânico, por meio da aplicação de regras de inferência. (Afinal de contas, não queremos "raciocinar até obter um caminho" analisando um programa inteiro até nos convencermos de que está correto; o programador já fez isso ao escrever o programa!)

A regra de inferência apropriada para declarações de atribuição é o **axioma de atribuição**, dado na Tabela 1.18. Ele diz que, se a precondição e a pós-condição estão relacionadas de forma apropriada, então a tripla de Hoare pode ser inserida em qualquer lugar em uma sequência de demonstração sem que tenha que ser inferida de alguma proposição anterior na sequência de demonstração. Isso faz com que a tripla de Hoare para uma declaração de atribuição tenha um papel semelhante a uma hipótese nas nossas demonstrações anteriores. E qual é a relação? Na pós-condição, localize todos os lugares onde aparece a variável sobre a qual está sendo feita uma atribuição na declaração de atribuição logo acima da pós-condição. Em cada um desses lugares, faça a substituição da expressão que está sendo atribuída. O resultado será a precondição.

TABELA 1.18

De	Pode-se Deduzir	Nome da Regra	Restrições sobre o Uso
	$\{R_i\}s_i\{R_{i+1}\}$	atribuição	1. s_i tem a forma $x = e$. 2. R_i é R_{i+1} com e substituído em todos os lugares por x.

EXEMPLO 42 Para o caso do Exemplo 41,

$$\{x - 1 > 0\}$$
$$x = x - 1$$
$$\{x > 0\}$$

a tripla

$$\{x - 1 > 0\}\ x = x - 1\ \{x > 0\}$$

é válida pelo axioma de atribuição. A pós-condição é

$$x > 0$$

Substituindo x por $x - 1$ na pós-condição, obtemos

$$x - 1 > 0 \quad \text{ou} \quad x > 1$$

que é a precondição. Aqui, não tivemos que pensar; apenas verificamos que o axioma de atribuição foi seguido. ●

Certamente o Exemplo 42 parece mais simples do que o Exemplo 41, e, para um caso tão trivial, você pode ficar tentado a pular a regra de inferência para a atribuição e prosseguir com seu código. Resista a essa tentação. Em primeiro lugar, o que ocorre no mundo real não é tão simples assim. Mas, mais importante, como em nossos sistemas anteriores de lógica formal, você quer se basear nas regras de inferência, não em um processo mental que pode estar incorreto.

PROBLEMA PRÁTICO 31 De acordo com o axioma de atribuição, qual deveria ser a precondição no segmento de programa a seguir?

{precondição}
  $x = x - 2$
{$x = y$}

■

LEMBRETE

Para usar o axioma de atribuição, trabalhe de baixo para cima.

Como o axioma de atribuição nos diz que forma deve ter uma precondição baseado na forma da pós-condição, a demonstração de correção começa, muitas vezes, com a pós-condição desejada no final e trabalha de trás para a frente (ou de baixo para cima), considerando qual deve ser a forma das asserções anteriores de acordo com o axioma de atribuição. Uma vez determinada qual deve ser a primeira asserção, verifica-se, então, se essa é, realmente, uma asserção verdadeira.

EXEMPLO 43 Verifique a correção do segmento de programa a seguir, que troca os valores de x e y:

temp = x
$x = y$
y = temp

No início desse segmento de programa, x e y têm certos valores. Assim, podemos expressar essa precondição de fato como $x = a$ e $y = b$. A pós-condição desejada é, então, $x = b$ e $y = a$. Usando o axioma de atribuição, podemos começar nossa análise pela pós-condição para encontrar as asserções anteriores (leia o segmento a seguir de baixo para cima).

{$y = b, x = a$}
  temp = x
{$y = b$, temp = a}
  $x = y$
{$x = b$, temp = a}
  y = temp
{$x = b, y = a$}

A primeira asserção está de acordo com a precondição; o axioma de atribuição, aplicado repetidamente, nos garante que o segmento de programa está correto. ●

PROBLEMA PRÁTICO 32 Verifique a correção do segmento de programa a seguir, com a precondição e a pós-condição dadas:

$\{x = 3\}$
$y = 4$
$z = x + y$
$\{z = 7\}$

■

Algumas vezes a precondição necessária é trivialmente verdadeira, como no próximo exemplo.

EXEMPLO 44 Verifique a correção do segmento de programa a seguir, que calcula $y = x - 4$.

$y = x$
$y = y - 4$

Aqui a pós-condição desejada é $y = x - 4$. Usando o axioma de atribuição a partir da pós-condição, obtemos (novamente, leia de baixo para cima)

$\{x - 4 = x - 4\}$
$y = x$
$\{y - 4 = x - 4\}$
$y = y - 4$
$\{y = x - 4\}$

A precondição é sempre verdadeira; portanto, pelo axioma de atribuição, cada asserção sucessiva, incluindo a pós-condição, é verdadeira. ●

A Regra Condicional

Uma **proposição** ou **declaração condicional** é uma declaração, em um programa, da forma

se condição B **então**
P_1
caso contrário
P_2
fim do se

Quando essa proposição é executada, a condição B, que é verdadeira ou falsa, é calculada. Se B for verdadeira, o segmento P_1 é executado, mas, se B for falsa, o segmento P_2 é executado.

A **regra de inferência do condicional**, mostrada na Tabela 1.19, determina quando uma tripla de Hoare

$$\{Q\}s_i\{R\}$$

pode ser inserida em uma sequência de demonstração quando s_i for uma declaração condicional. A tripla de Hoare é inferida de duas outras triplas de Hoare. Uma delas diz que, se Q e B forem verdadeiras e o segmento de programa P_1 for executado, então R será válida; a outra diz que, se Q for verdadeira, B for falsa e P_2 for executado, então R será válida. Isso diz, simplesmente, que é preciso demonstrar a correção de cada ramificação da declaração condicional.

TABELA 1.19

De	Pode-se Deduzir	Nome da Regra	Restrições sobre o Uso
$\{Q \wedge B\}\ P_1\ \{R\}$, $\{Q \wedge B'\}\ P_2\ \{R\}$	$\{Q\}s_i\{R\}$	condicional	s_i é da forma **se** condição B **então** P_1 **caso contrário** P_2 **fim do se**

EXEMPLO 45 Verifique a correção do segmento de programa a seguir, com a precondição e a pós-condição dadas.

$\{n = 5\}$
se $n >= 10$ **então**
$y = 100$
caso contrário
$y = n + 1$
fim do se
$\{y = 6\}$

A precondição aqui é $n = 5$ e a condição B a ser avaliada é $n >= 10$. Para aplicar a regra do condicional, precisamos provar primeiro que

$$\{Q \wedge B\}\ P_1\ \{R\}$$

ou

$$\{n = 5 \text{ e } n \geq 10\}\ y = 100\ \{y = 6\}$$

é válida. Lembre-se de que isso é um condicional, que será verdadeiro, pois seu antecedente, $n = 5$ e $n \geq 10$, é falso. Também precisamos mostrar que

$$\{Q \wedge B'\}\ P_2\ \{R\}$$

ou

$$\{n = 5 \text{ e } n < 10\}\ y = n + 1\ \{y = 6\}$$

é válida. Partindo da pós-condição e usando o axioma de atribuição, obtemos

$$\{n + 1 = 6 \text{ ou } n = 5\}$$
$$y = n + 1$$
$$\{y = 6\}$$

Logo

$$\{n = 5\}\ y = n + 1\ \{y = 6\}$$

é verdadeira pelo axioma de atribuição e, portanto,

$$\{n = 5 \text{ e } n < 10\}\ y = n + 1\ \{y = 6\}$$

também é verdadeira, já que a condição $n < 10$ não adiciona nada de novo na asserção. A regra do condicional nos permite concluir que o segmento de programa está correto. ●

PROBLEMA PRÁTICO 33 Verifique a correção do segmento de programa a seguir com a precondição e a pós-condição dadas.

```
{x = 4}
  se x < 5 então
    y = x − 1
  caso contrário
    y = 7
  fim do se
{y = 3}
```

■

EXEMPLO 46 Verifique a correção do segmento de programa a seguir, que calcula o valor máximo, máx(x, y), entre dois valores distintos x e y.

```
{x ≠ y}
  se x >= y então
    máx = x
  caso contrário
    máx = y
  fim do se
```

A pós-condição desejada reflete a definição do máximo, ($x > y$ e máx = x) ou ($x < y$ e máx = y). Os dois condicionais a serem demonstrados são

$$\{x \neq y \text{ e } x \geq y\}\ \text{máx} = x\ \{(x > y \text{ e máx} = x) \text{ ou } (x < y \text{ e máx} = y)\}$$

e

$$\{x \neq y \text{ e } x < y\}\ \text{máx} = y\ \{(x > y \text{ e máx} = x) \text{ ou } (x < y \text{ e máx} = y)\}$$

Usar o axioma de atribuição no primeiro caso (substituindo máx na pós-condição por x) nos daria a precondição

$$(x > y \wedge x = x) \vee (x < y \wedge x = y)$$

Como a segunda disjunção é sempre falsa, isso é equivalente a

$$(x > y \wedge x = x)$$

que, por sua vez, é equivalente a

$$x > y \quad \text{ou} \quad x \neq y \text{ e } x \geq y$$

O segundo condicional é demonstrado de maneira análoga. ●

Veremos, no Capítulo 2, como verificar a correção de uma declaração em laço (*loop*), em que uma seção de código pode ser repetida muitas vezes.

Como vimos, a demonstração de correção envolve muitos detalhes. É uma ferramenta difícil de aplicar para programas grandes já existentes. Em geral, é mais fácil provar a correção enquanto o programa está sendo desenvolvido. De fato, a lista de asserções, do princípio ao fim, especifica o comportamento desejado do programa e pode ser usada cedo no projeto. Além disso, as asserções servem como documentação valiosa depois do programa completo.

SEÇÃO 1.6 REVISÃO

TÉCNICAS

- Verificação da correção de um segmento de programa que inclui declarações de atribuição.
- Verificação da correção de um segmento de programa que inclui declarações condicionais.

IDEIA PRINCIPAL

- Um sistema formal de regras de inferência pode ser usado para demonstrar a correção de segmentos de programas.

EXERCÍCIOS 1.6

Nos exercícios a seguir, * denota multiplicação.

1. De acordo com o axioma de atribuição, qual é a precondição para o segmento de programa a seguir?

   {precondição}
   $x = x + 1$
   $\{x = y - 1\}$

2. De acordo com o axioma de atribuição, qual é a precondição para o segmento de programa a seguir?

   {precondição}
   $x = 2 * x$
   $\{x > y\}$

3. De acordo com o axioma de atribuição, qual é a precondição para o segmento de programa a seguir?

   {precondição}
   $x = 3 * x - 1$
   $\{x = 2 * y - 1\}$

4. De acordo com o axioma de atribuição, qual é a precondição para o segmento de programa a seguir?

   {precondição}
   $y = 3x + 7$
   $\{y = x + 1\}$

5. Verifique a correção do segmento de programa a seguir com a precondição e a pós-condição indicadas.

   $\{x = 1\}$
   $y = x + 3$
   $y = 2 * y$
   $\{y = 8\}$

6. Verifique a correção do segmento de programa a seguir com a precondição e a pós-condição indicadas.

   $\{x > 0\}$
   $y = x + 2$
   $z = y + 1$
   $\{z > 3\}$

7. Verifique a correção do segmento de programa a seguir com a precondição e a pós-condição indicadas.

   $\{x = 0\}$
   $z = 2 * x + 1$
   $y = z - 1$
   $\{y = 0\}$

8. Verifique a correção do segmento de programa a seguir com a precondição e a pós-condição indicadas.

   $\{x < 8\}$
   $z = x - 1$
   $y = z - 5$
   $\{y < 2\}$

9. Verifique a correção do segmento de programa a seguir que calcula $y = x(x - 1)$.

   $y = x - 1$
   $y = x * y$

10. Verifique a correção do segmento de programa a seguir que calcula $y = 2x + 1$.

    $y = x$
    $y = y + y$
    $y = y + 1$

11. Verifique a correção do segmento de programa a seguir com a precondição e a pós-condição indicadas.

    $\{y = 0\}$
    se $y < 5$ **então**
    $y = y + 1$
    caso contrário
    $y = 5$
    fim do se
    $\{y = 1\}$

12. Verifique a correção do segmento de programa a seguir com a precondição e a pós-condição indicadas.

    $\{x = 7\}$
    se $x <= 0$ **então**
    $y = x$
    caso contrário
    $y = 2 * x$
    fim do se
    $\{y = 14\}$

13. Verifique a correção do segmento de programa a seguir com a precondição e a pós-condição indicadas.

    $\{x \neq 0\}$
    se $x > 0$ **então**
    $y = 2 * x$
    caso contrário
    $y = (-2) * x$
    fim do se
    $\{y > 0\}$

14. Verifique a correção do segmento de programa a seguir, que calcula o mínimo, mín(x, y), entre dois valores distintos x e y.

    $\{x \neq y\}$
    se $x <= y$ **então**
    mín $= x$
    caso contrário
    mín $= y$
    fim do se

15. Verifique a correção do segmento de programa a seguir, que calcula o valor absoluto de x, $|x|$, de um número não nulo x.

    $\{x \neq 0\}$
    se $x >= 0$ **então**
    abs $= x$
    caso contrário
    abs $= -x$
    fim do se

16. Verifique a correção do segmento de programa a seguir com as asserções dadas.

    $\{z = 3\}$
    $x = z + 1$
    $y = x + 2$
    $\{y = 6\}$
    se $y > 0$ **então**
    $z = y + 1$
    caso contrário
    $z = 2 * y$
    fim do se
    $\{z = 7\}$

CAPÍTULO 1 REVISÃO

TERMINOLOGIA

algoritmo
antecedente
argumento válido
asserção
axioma de atribuição
banco de dados Prolog
bicondicional
busca em profundidade
cálculo proposicional
cláusula de Horn
conclusão
condicional
conectivo binário
conectivo lógico
conectivo principal
conectivo unário
conjunção
consequente
contradição
declaração
definição recorrente
demonstração de correção
disjunção
domínio ou conjunto universo
dual de uma equivalência
elementos ou fatores de uma conjunção
elementos ou fatores de uma disjunção
escopo
fato de Prolog
fbf predicada
fbf predicada válida
fbf proposicional
fbfs equivalentes
fórmula bem-formulada (fbf)
generalização existencial
generalização universal
hipótese
interpretação
leis de De Morgan
letra de proposição
linguagem declarativa
linguagem descritiva
linguagem procedimental
lógica de predicados
lógica declarativa
lógica proposicional
negação
particularização existencial
particularização universal
pós-condição
precondição
predicado
predicado binário
predicado *n*-ário
predicado ternário
predicado unário
programa correto
proposição
proposição ou declaração condicional
pseudocódigo
quantificador existencial
quantificador universal
regra de inferência do condicional
regra de Prolog
regras de dedução
regras de equivalência
regras de inferência
resolução
sequência de demonstração
sistema baseado em conhecimento
sistema baseado em regras
sistema especialista
sistema lógico formal completo
sistema lógico formal correto
tautologia
testes de programa
tripla de Hoare
validação do programa
variável livre
verificação do programa

AUTOTESTE

Responda se as afirmações a seguir são verdadeiras ou falsas sem consultar o capítulo.

Seção 1.1

1. Uma contradição é qualquer fbf proposicional que não é uma tautologia.
2. A disjunção de qualquer fbf proposicional com uma tautologia tem valor lógico verdadeiro.
3. O algoritmo *TestaTautologia* determina se uma fbf proposicional qualquer é uma tautologia.
4. Fbfs proposicionais equivalentes têm os mesmos valores lógicos para qualquer atribuição de valores lógicos de suas componentes.
5. Uma das leis de De Morgan diz que a negação de uma disjunção é a disjunção das negações (dos fatores).

Seção 1.2

1. Uma regra de equivalência permite a substituição de uma fbf por outra em uma sequência de demonstração.
2. Se uma fbf proposicional pode ser deduzida usando-se *modus ponens*, então sua negação pode ser deduzida usando-se *modus tollens*.
3. A lógica proposicional é completa porque toda tautologia é demonstrável.
4. Um argumento válido é um argumento no qual a conclusão é sempre verdadeira.
5. O método dedutivo se aplica quando a conclusão é um condicional.

Seção 1.3

1. Uma fbf predicada que começa com um quantificador universal é sempre universalmente verdadeira, ou seja, verdadeira para todas as interpretações.
2. Na fbf predicada $(\forall x)P(x, y)$, y é uma variável livre.
3. Um quantificador existencial é encontrado, em geral, junto com a conjunção.
4. O domínio de interpretação consiste nos valores para os quais a fbf predicada é verdadeira com aquela interpretação.
5. Uma fbf predicada válida não tem nenhuma interpretação em relação à qual ela seja falsa.

Seção 1.4

1. As regras de inferência da lógica de predicados permitem que o quantificador existencial e o quantificador universal sejam incluídos ou removidos no meio de uma sequência de demonstração.
2. A particularização existencial só deve ser usada depois da particularização universal.
3. $P(x) \wedge (\exists x)Q(x)$ pode ser deduzida de $(\forall x)[P(x) \wedge (\exists y) Q(y)]$ usando-se a particularização universal.
4. Toda fbf demonstrável na lógica proposicional também é demonstrável na lógica de predicados.
5. Uma fbf predicada que não é válida não pode ser demonstrada usando-se a lógica de predicados.

Seção 1.5

1. Uma regra de Prolog descreve um predicado.
2. Cláusulas de Horn são fbfs que consistem apenas em predicados negados.
3. O *modus ponens* é um caso particular de uma resolução em Prolog.
4. Uma regra recursiva em Prolog é uma regra de inferência que é usada mais de uma vez.
5. Uma máquina de inferência Prolog aplica sua regra de inferência sem auxílio nem do programador nem do usuário.

Seção 1.6

1. Um programa que é possível demonstrar que está correto sempre dá a resposta correta a um problema dado.
2. Se uma asserção após uma declaração de atribuição é $y > 4$, então a precondição tem que ser $y \geq 4$.
3. A demonstração de correção envolve um desenvolvimento cuidadoso de conjuntos de dados para teste.
4. A utillização da regra de inferência do condicional na demonstração de correção envolve a demonstração de que duas triplas de Hoare diferentes são válidas.
5. As asserções utilizadas na demonstração de correção também podem ser usadas como auxiliares no projeto do programa antes de este ser escrito e como documentação do programa.

NO COMPUTADOR

Para os Exercícios 1 a 5, escreva um programa de computador que produza a resposta desejada a partir dos dados de entrada fornecidos.

1. *Dados de entrada*: Valores lógicos para duas letras de proposição A e B.
   Resposta: Valores lógicos correspondentes (marcados apropriadamente, é claro) para

   $$A \wedge B, A \vee B, A \rightarrow B, A \leftrightarrow B, A'$$

2. *Dados de entrada*: Valores lógicos para duas letras de proposição A e B.
   Resposta: Valores lógicos correspondentes para as fbfs

   $$A \rightarrow B' \text{ e } B' \wedge [A \vee (A \wedge B)]$$

3. *Dados de entrada*: Valores lógicos para três letras de proposição A, B e C.
   Resposta: Valores lógicos correspondentes para as fbfs

   $$A \vee (B \wedge C') \rightarrow B' \text{ e } A \vee C' \leftrightarrow (A \vee C)'$$

4. *Dados de entrada:* Valores lógicos para três letras de proposição A, B e C, e uma representação de uma fbf proposicional simples. Podem-se usar símbolos especiais para os conectivos lógicos e a notação pós-fixa; por exemplo,

   $$A\ B \wedge C \vee \text{ no lugar } (A \wedge B) \vee C$$

   ou

   $$A'\ B \wedge \text{ no lugar } A' \wedge B$$

   Resposta: Valores lógicos correspondentes para a fbf.
5. *Dados de entrada*: Representação de uma fbf proposicional simples como no exercício anterior.
   Resposta: Decisão sobre se a fbf é uma tautologia.
6. Usando o programa Toy Prolog online, disponível em http://www.csse.monash.edu.au/~lloyd/tildeLogic/Prolog.toy, alimente o banco de dados Prolog do Exemplo 39 e faça as consultas contidas lá. Note que cada fato, regra ou consulta tem que terminar com um ponto. Adicione, também, a regra recorrente para *nacadeiaalimentar* e faça a consulta

   ?*nacadeiaalimentar*(urso, Y)

Capítulo

2

Demonstrações, Indução e Teoria dos Números

OBJETIVOS DO CAPÍTULO

Após o estudo deste capítulo, você será capaz de:

- Demonstrar conjecturas usando as técnicas de demonstração direta, demonstração por contraposição e demonstração por absurdo.
- Reconhecer quando uma demonstração por indução é apropriada e desenvolver a demonstração usando o primeiro ou o segundo princípio de indução.
- Demonstrar matematicamente a correção de programas que usam proposições em laço.
- Testar se um inteiro positivo dado é primo; se não for, encontrar sua fatoração em números primos.
- Trabalhar com os conceitos de teoria dos números de fatoração em primos, máximo divisor comum e a função fi de Euler.

Você trabalha como voluntário em uma ONG que recebeu doações de 792 sabonetes e 400 frascos de xampus. Você quer fazer pacotes para distribuir em abrigos para pessoas sem teto de modo que todos os pacotes contenham o mesmo número de frascos de xampus e o mesmo número de sabonetes.

Pergunta: **Quantos pacotes você pode formar?**

É possível resolver este problema por tentativa e erro, mas é muito mais fácil usar um algoritmo bem antigo discutido neste capítulo.

Primeiro, no entanto, vamos ver como provar argumentos "do mundo real", em vez de argumentos formais como no Capítulo 1. Vai ser útil ter um arsenal de técnicas para desenvolver uma demonstração. Demonstração direta, demonstração por contraposição e demonstração por absurdo são examinadas na Seção 2.1. Muitas das demonstrações dadas nessa seção são sobre resultados simples de "teoria dos números", ou seja, resultados sobre números inteiros, como "O produto de dois inteiros pares é par".

A Seção 2.2 trata de indução matemática, uma técnica de demonstração com uma grande variedade de aplicações em ciência da computação. Na Seção 2.3, veremos como estender a demonstração de correção para proposições envolvendo laços usando indução. E, por fim, a Seção 2.4 explora outros resultados de teoria dos números, especialmente resultados relativos a números primos.

SEÇÃO 2.1 TÉCNICAS DE DEMONSTRAÇÃO

Teoremas e Demonstrações Informais

Os argumentos formais do Capítulo 1 têm a forma $P \rightarrow Q$, em que P e Q podem representar proposições compostas. Lá o ponto era demonstrar a validade de um argumento — verdadeiro para todas as interpretações possíveis devido à natureza interna de sua forma ou estrutura, e não por causa de seu conteúdo ou do significado de suas componentes. No entanto, muitas vezes, queremos provar argumentos que não são universalmente verdadeiros, mas são verdadeiros apenas em determinados contextos. O significado torna-se importante porque estamos discutindo um assunto particular — algoritmos de grafos, ou álgebras de Boole, ou compiladores, ou qualquer outra coisa — e queremos provar que, se P for verdadeiro nesse contexto, então Q também o será. Se pudermos fazer isso, então $P \rightarrow Q$ torna-se um *teorema* sobre aquele assunto. Para provar um teorema sobre o assunto XXX, podemos inserir fatos sobre XXX na demonstração; esses fatos agem como hipóteses adicionais. Note que, ao inserirmos hipóteses adicionais, o universo sobre o qual estamos falando diminui; não estamos mais considerando argumentos universalmente válidos, apenas argumentos verdadeiros dentro do contexto no qual as hipóteses são válidas.[1]

Pode não ser fácil reconhecer quais fatos específicos sobre o assunto serão relevantes, ou arrumar uma sequência de passos que nos levem logicamente de P a Q. Infelizmente, não existe fórmula para a construção de demonstrações e não existe algoritmo geral prático ou programa de computador para provar teoremas. A experiência ajuda, não apenas porque você vai melhorando com a prática, mas também porque uma demonstração que funciona para um teorema pode ser, algumas vezes, modificada para funcionar para outro teorema diferente, porém semelhante.

Os teoremas são, muitas vezes, enunciados e demonstrados de maneira menos formal do que usando argumentos da lógica proposicional e da lógica de predicados, como no Capítulo 1. Por exemplo, um teorema pode expressar o fato de que todos os objetos em um domínio de interpretação (o assunto em consideração) que tenham a propriedade P também têm a propriedade Q. A proposição formal desse teorema seria $(\forall x)[P(x) \rightarrow Q(x)]$. Mas o teorema poderia ser enunciado, informalmente, como $P(x) \rightarrow Q(x)$. Se pudermos provar $P(x) \rightarrow Q(x)$, em que x é considerado um elemento arbitrário do conjunto universo, a generalização universal implicará, então, $(\forall x)[P(x) \rightarrow Q(x)]$.

Como outro exemplo, poderíamos saber que todos os objetos no domínio têm alguma propriedade, ou seja, algo da forma $(\forall x)P(x)$ poderia ser considerado um fato específico sobre o assunto em questão. Uma demonstração informal poderia incluir, então, sentenças como "Seja x um elemento arbitrário do conjunto universo. Então x tem a propriedade P". (Formalmente, estamos usando a particularização universal para obter $P(x)$ de $(\forall x)P(x)$.)

Analogamente, demonstrações, em geral, não são escritas passo a passo, com justificativas formais a cada passo. Em vez disso, os passos principais e o raciocínio usado são esboçados em linguagem do dia a dia. Tal demonstração, no entanto, pode ser escrita como uma demonstração formal, caso seja necessário. De fato, o valor de uma demonstração formal é que ela funciona como uma espécie de seguro — se a demonstração informal *não puder* ser escrita como uma demonstração formal, deve ficar sob grande suspeita.

Provar ou Não Provar

Um livro-texto contém, muitas vezes, frases como "Prove o seguinte teorema", e o leitor sabe, então, que o teorema é verdade; além disso, provavelmente, ele está enunciado na sua forma mais sofisticada. Mas suponha que você está pesquisando determinado assunto. Você

[1]No mundo da "lógica de predicados pura", que é um sistema formal correto e completo, todo argumento verdadeiro (válido) é demonstrável. Mas nesses contextos mais restritos, nem tudo que é "verdade" é necessariamente demonstrável, não importa o quão espertos formos ao adicionar hipóteses ou "axiomas". Em outras palavras, esses sistemas podem não ser completos. O lógico alemão Kurt Gödel provou em 1931, aos 25 anos de idade, que, usando hipóteses razoáveis, até a aritmética elementar é um sistema incompleto. Isso chocou a comunidade matemática da época, que era dependente de sistemas axiomáticos desde o tempo de Euclides.

observa diversos casos em que, sempre que P é verdade, Q também o é. Com base nessas experiências, você pode formular uma conjectura: $P \rightarrow Q$. Quanto mais casos você encontra em que Q segue de P, mais confiante você se sente de que sua conjectura é verdadeira. Esse processo ilustra o **raciocínio indutivo**, concluir algo com base na experiência.

LEMBRETE

Basta um contraexemplo para mostrar que uma conjectura é falsa.

Independentemente do quão razoável pareça sua conjectura, no entanto, você não vai ficar satisfeito até aplicar, também, um **raciocínio dedutivo**. Nesse processo, você tenta verificar se sua conjectura é verdadeira ou falsa. Então você produz uma demonstração de que $P \rightarrow Q$ (transformando sua conjectura em teorema) ou encontra um **contraexemplo**, mostrando que a conjectura está errada, com um caso em que P é verdadeiro e Q é falso. (Estávamos usando um raciocínio dedutivo em lógica de predicados quando ou provávamos que uma fbf era válida ou encontrávamos uma interpretação para a qual ela era falsa.)

Se você for apresentado, simplesmente, a uma conjectura, pode ser difícil decidir qual das duas abordagens você deve tentar — prová-la ou procurar um contraexemplo! Um único contraexemplo é suficiente para provar a falsidade. É claro que, se a procura por um contraexemplo não tiver sucesso, isso não significa que a conjectura seja verdadeira.

EXEMPLO 1

Para um inteiro positivo n, ***n* fatorial** é definido como $n(n-1)(n-2)\cdots 1$, e denotado por $n!$. Prove ou encontre um contraexemplo para a conjectura "Para todo inteiro positivo n, $n! \leq n^2$."

Vamos começar testando alguns casos:

n	$n!$	n^2	$n! \leq n^2$
1	1	1	sim
2	2	4	sim
3	6	9	sim

Até agora, essa conjectura parece boa. Mas, para o próximo caso,

n	$n!$	n^2	$n! \leq n^2$
4	24	16	não

encontramos um contraexemplo. O fato de que a conjectura é verdadeira para $n = 1$, 2 e 3 não prova nada, mas o caso $n = 4$ é suficiente para provar sua falsidade. ●

PROBLEMA PRÁTICO 1 Dê contraexemplos para as seguintes conjecturas:

a. Todos os animais que vivem no oceano são peixes.
b. Todo inteiro menor do que 10 é maior do que 5. ■

Se for difícil encontrar um contraexemplo, talvez a conjectura seja verdadeira e devamos tentar demonstrá-la. Quais técnicas podem ser usadas para provar uma conjectura? No resto desta seção, vamos examinar diversos métodos para fazer uma demonstração.

Demonstração por Exaustão

Embora "provar a falsidade por um contraexemplo" sempre funcione, "provar por um exemplo" quase nunca funciona. Uma exceção ocorre quando a conjectura é uma asserção sobre uma coleção finita. Nesse caso, a conjectura pode ser provada verificando-se que ela é verdadeira para cada elemento da coleção. Uma **demonstração por exaustão** significa que foram esgotados todos os casos possíveis, embora, com frequência, signifique que a pessoa que está fazendo a demonstração também esteja exaurida!

EXEMPLO 2 Prove a conjectura "Se um inteiro entre 1 e 20 for divisível por 6, então também será divisível por 3". ("Divisibilidade por 6" significa "divisibilidade inteira por 6", ou seja, o número é um múltiplo inteiro de 6.)

Como existe apenas um número finito de casos, a conjectura pode ser provada simplesmente mostrando-se que é verdadeira para todos os inteiros entre 1 e 20. A demonstração é a Tabela 2.1.

TABELA 2.1

Número	Divisível por 6	Divisível por 3
1	não	
2	não	
3	não	
4	não	
5	não	
6	sim: $6 = 1 \times 6$	sim: $6 = 2 \times 3$
7	não	
8	não	
9	não	
10	não	
11	não	
12	sim: $12 = 2 \times 6$	sim: $12 = 4 \times 3$
13	não	
14	não	
15	não	
16	não	
17	não	
18	sim: $18 = 3 \times 6$	sim: $18 = 6 \times 3$
19	não	
20	não	

EXEMPLO 3 Prove a conjectura "Não é possível traçar todas as retas na Fig. 2.1 sem levantar o lápis do papel e sem redesenhar nenhuma reta".

Figura 2.1

Existe apenas um número finito de maneiras de traçar as retas na figura. Fazendo anotações cuidadosas, cada uma das possibilidades pode ser tentada, e cada uma delas vai falhar. No Capítulo 6, aprenderemos um método para resolver esse problema, que é bem menos tedioso do que o de exaustão.

PROBLEMA PRÁTICO 2

a. Prove a conjectura "Para qualquer inteiro positivo menor ou igual a 5, o quadrado do inteiro é menor ou igual à soma de 10 com 5 vezes o inteiro".
b. Dê um contraexemplo para a conjectura "Para qualquer inteiro positivo, o quadrado do inteiro é menor ou igual à soma de 10 com 5 vezes o inteiro".

Demonstração Direta

Em geral (quando a demonstração por exaustão não funciona), como você pode provar que $P \rightarrow Q$ é verdadeira? A abordagem óbvia é a **demonstração direta** — suponha a hipótese P e deduza a conclusão Q. Uma demonstração formal necessitaria de uma sequência de demonstração partindo de P e chegando a Q.

O Exemplo 4 mostra a demonstração formal de que, se dois números forem pares (esta é a hipótese P), então seu produto também será par (esta é a conclusão Q). Lembre-se de que um **número par** é um número que é um múltiplo inteiro de 2; por exemplo, 18 é par porque $18 = 2(9)$. Um **número ímpar** é um número que é 1 a mais do que um múltiplo inteiro de 2; por exemplo, 19 é ímpar porque $19 = 2(9) + 1$.

EXEMPLO 4 Considere a conjectura

x é um inteiro par $\wedge$ y é um inteiro par $\rightarrow$ o produto xy é um inteiro par

Uma sequência de demonstração formal completa poderia ser do seguinte tipo:

1. x é um inteiro par $\wedge$ y é um inteiro par hip	hip
2. $(\forall x)[x$ é um inteiro par $\rightarrow$ $(\exists k)(k$ é um inteiro $\wedge\, x = 2k)]$	fato sobre o número (definição de inteiro par)
3. x é um inteiro par $\rightarrow (\exists k)(k$ é um inteiro $\wedge\, x = 2k)$	2, pu
4. y é um inteiro par $\rightarrow (\exists k)(k$ é um inteiro $\wedge\, y = 2k)$	2, pu
5. x é um inteiro par	1, simp
6. $(\exists k)(k$ é um inteiro $\wedge\, x = 2k)$	3, 5, mp
7. m é um inteiro $\wedge\, x = 2m$	6, pe
8. y é um inteiro par	1, simp
9. $(\exists k)(k$ é um inteiro $\wedge\, y = 2k)$	4, 8, mp
10. n é um inteiro e $y = 2n$	9, pe
11. $x = 2m$	7, simp
12. $y = 2n$	10, simp
13. $xy = (2m)(2n)$	11, 12, substituição de iguais
14. $xy = 2(2mn)$	13, fato sobre a multiplicação
15. m é um inteiro	7, simp
16. n é um inteiro	10, simp
17. $2mn$ é um inteiro	15, 16, fatos sobre números
18. $xy = 2(2mn) \wedge 2mn$ é um inteiro	14, 17, conj
19. $(\exists k)(k$ é um inteiro $\wedge\, xy = 2k)$	18, ge
20. $(\forall x)((\exists k)(k$ é um inteiro $\wedge\, x = 2k) \rightarrow$ x é um inteiro par)	fato sobre os números (definição de inteiro par)
21. $(\exists k)(k$ é um inteiro $\wedge\, xy = 2k) \rightarrow$ xy é um inteiro par	20, pu
22. xy é um inteiro par	19, 21, mp

Está subentendido que x e y são arbitrários, mas isso poderia ser enunciado expressando a conjectura como

$(\forall x)(\forall y)(x$ é um inteiro par $\wedge$ y é um inteiro par $\rightarrow$ o produto xy é um inteiro par)

A generalização universal pode ser aplicada duas vezes ao resultado que já temos para colocar os dois quantificadores universais na frente. •

Nunca mais faremos uma demonstração como a no Exemplo 4, nem você vai precisar fazer isso! Uma demonstração muito mais informal seria perfeitamente aceitável na maior parte dos casos.

EXEMPLO 5 Segue uma prova informal direta de que o produto de dois inteiros pares é par.

Sejam $x = 2m$ e $y = 2n$, em que m e n são inteiros. Então $xy = (2m)(2n) = 2(2mn)$, em que $2mn$ é um inteiro. Logo, xy tem a forma $2k$, em que k é um inteiro e, portanto, é par.

Note que escrevemos $x = 2m$ para algum inteiro m (a definição de um número par), mas escrevemos $y = 2n$. Na demonstração formal do Exemplo 4, a restrição sobre o uso da particularização existencial requer a utilização, para y, de um múltiplo de 2 diferente do usado para x. Informalmente, se tivéssemos colocado $y = 2m$, estaríamos dizendo que x e y são inteiros iguais, o que é um caso muito particular. ●

A demonstração no Exemplo 5 não enuncia explicitamente a hipótese (de que x e y são pares) e usa, implicitamente, a definição de inteiro par. Mesmo em uma demonstração informal, no entanto, é importante identificar a hipótese e a conclusão, não apenas em palavras, mas o que elas realmente significam, aplicando as definições apropriadas. Se não compreendermos claramente o que temos (a hipótese) ou o que queremos (a conclusão), não poderemos esperar construir uma ponte de uma para outra. É por isso que é importante conhecer as definições.

PROBLEMA PRÁTICO 3 Dê uma demonstração direta (informal) do teorema "Se um inteiro for divisível por 6, então o dobro desse inteiro será divisível por 4". ■

Contraposição

Se você tentou, diligentemente, produzir uma demonstração direta da conjectura $P \to Q$ e não conseguiu, mas ainda acha que a conjectura é verdadeira, você pode tentar algumas variantes da técnica de demonstração direta. Se você puder provar o teorema $Q' \to P'$, pode concluir que $P \to Q$ usando a tautologia $(Q' \to P') \to (P \to Q)$. $Q' \to P'$ é a **contrapositiva** de $P \to Q$, e a técnica de provar $P \to Q$ por meio de uma demonstração direta de $Q' \to P'$ é chamada de uma **demonstração por contraposição**. (A regra de inferência da contraposição na lógica proposicional, Tabela 1.14, diz que $P \to Q$ pode ser deduzida de $Q' \to P'$.)

EXEMPLO 6 Prove que, se o quadrado de um inteiro for ímpar, então o inteiro terá que ser ímpar.

A conjectura é n^2 ímpar $\to$ n ímpar. Vamos fazer uma demonstração por contraposição e provar que n par $\to$ n^2 par. Seja n par. Então $n^2 = n(n)$ é par pelo Exemplo 5. ●

EXEMPLO 7 Prove que, se $n + 1$ senhas diferentes forem distribuídas para n alunos, então algum aluno receberá um número ≥ 2 de senhas.

Aqui a conclusão Q é da forma $(\exists x)R(x)$, de modo que Q' é $[(\exists x)R(x)]'$, que é equivalente a $(\forall x)[R(x)]'$. A contrapositiva $Q' \to P'$ é "Se todo aluno receber um número < 2 de senhas, então não foram distribuídas $n + 1$ senhas". Suponha que todo aluno recebe < 2 senhas; então cada um dos n alunos tem, no máximo, 1 senha. O número total de senhas distribuídas é, no máximo, n, não $n + 1$, de modo que é falsa a afirmação de que foram distribuídas $n + 1$ senhas. ●

O Exemplo 7 é uma ilustração do princípio das casas de pombo, que veremos no Capítulo 4.

PROBLEMA PRÁTICO 4 Escreva a contrapositiva de cada proposição no Problema Prático 5 do Capítulo 1. ■

O Problema Prático 7 no Capítulo 1 mostrou que as fbfs $A \to B$ e $B \to A$ não são equivalentes. $B \to A$ é a **recíproca** de $A \to B$. Se um condicional for verdadeiro, sua recíproca pode ser verdadeira ou falsa. Portanto, você não pode provar $P \to Q$ considerando $Q \to P$.

EXEMPLO 8 A implicação "se $a > 5$, então $a > 2$" é verdadeira, mas sua recíproca, "se $a > 2$, então $a > 5$", é falsa. ●

PROBLEMA PRÁTICO 5 Escreva a recíproca de cada proposição no Problema Prático 5 do Capítulo 1. ■

LEMBRETE

"Se e somente se" requer duas demonstrações, uma em cada direção.

Teoremas são enunciados, muitas vezes, na forma "P se e somente se Q", o que significa que P se Q e P só se Q, ou seja, $Q \to P$ e $P \to Q$. Para provar tal teorema, você precisa demonstrar um condicional e sua recíproca. Novamente, a verdade de um não implica a verdade do outro.

EXEMPLO 9 Prove que o produto xy será ímpar se e somente se tanto x quanto y forem inteiros ímpares.

Vamos provar primeiro que, se x e y forem ímpares, então xy também o será. Uma demonstração direta vai funcionar. Suponha que ambos, x e y, são ímpares. Então $x = 2n + 1$ e $y = 2m + 1$, em que m e n são inteiros. Logo, $xy = (2n + 1)(2m + 1) = 4nm + 2m + 2n + 1 = 2(2nm + m + n) + 1$. Isso tem a forma $2k + 1$, em que k é um inteiro, portanto xy é ímpar.

A seguir, vamos provar que, se xy for ímpar, então ambos, x e y, terão que ser ímpares, ou

$$xy \text{ ímpar} \to x \text{ ímpar e } y \text{ ímpar}$$

Uma demonstração direta começaria com a hipótese de que xy é ímpar, o que não nos dá muitas opções. Uma demonstração por contraposição vai funcionar melhor, pois teremos informações mais úteis como hipóteses. Vamos provar, então, que

$$(x \text{ ímpar e } y \text{ ímpar})' \to (xy \text{ ímpar})'$$

Pela lei de De Morgan, $(A \wedge B)' \Leftrightarrow A' \vee B'$, logo a expressão anterior pode ser escrita na forma

$$x \text{ par ou } y \text{ par} \to xy \text{ par} \qquad (1)$$

A hipótese "x par ou y par" pode ser quebrada em três casos. Vamos considerar cada um deles.

1. x par, y ímpar: então $x = 2m$ e $y = 2n + 1$, logo $xy = (2m)(2n + 1) = 2(2mn + m)$, que é par.
2. x ímpar, y par: funciona como no primeiro caso.
3. x par, y par: então xy é par pelo Exemplo 5.

Isso completa a demonstração de (1) e, portanto, do teorema. ●

A segunda parte da demonstração do Exemplo 9 usa uma **demonstração por casos**, uma forma de demonstração por exaustão. Ela envolve a identificação de todos os casos possíveis condizentes com a informação dada e a posterior demonstração de cada caso separadamente.

Por Absurdo

Além da demonstração direta e da demonstração por contraposição, você pode usar a técnica de **demonstração por absurdo**. (Uma demonstração por absurdo é chamada, algumas vezes, de *demonstração indireta*, mas esse termo é mais apropriado para qualquer argumento que não seja uma demonstração direta.) Como no Capítulo 1, denotaremos qualquer contradição por 0, ou seja, qualquer fbf cujo valor lógico é sempre falso. (Um exemplo de tal fbf é $A \wedge A'$.) Mais uma vez, suponha que você está tentando provar $P \to Q$. Construindo uma tabela-verdade, vemos que

$$(P \wedge Q' \to 0) \to (P \to Q)$$

é uma tautologia, logo, para provar o teorema $P \to Q$, basta provar que $P \wedge Q' \to 0$. Portanto, em uma demonstração por absurdo, supomos que a hipótese e a negação da conclusão são ambas verdadeiras e tentamos deduzir uma contradição dessas proposições.

EXEMPLO 10

Vamos demonstrar por absurdo a proposição "Se um número somado a ele mesmo for igual a ele mesmo, então esse número será 0". Vamos representar por x um número qualquer. A hipótese é que $x + x = x$ e a conclusão é que $x = 0$. Para demonstrar por absurdo, suponha que $x + x = x$ e $x \neq 0$. Então $2x = x$ e $x \neq 0$. Como $x \neq 0$, podemos dividir ambos os lados da equação $2x = x$ por x, obtendo $2 = 1$, uma contradição. Portanto, $(x + x = x) \to (x = 0)$. ●

LEMBRETE

Para provar que alguma coisa não é verdade, tente uma demonstração por absurdo.

Apesar do Exemplo 10, pensamos imediatamente em uma demonstração por absurdo quando queremos provar que alguma coisa *não* é verdade. É difícil provar que alguma coisa *não é verdade*; é muito mais fácil *supor que é verdade* e obter uma contradição.

EXEMPLO 11

Uma demonstração por absurdo que é bem conhecida é a de que $\sqrt{2}$ não é um número racional. Lembre-se de que um **número racional** é um número que pode ser colocado na forma p/q, em que p e q são inteiros, $q \neq 0$, e p e q não têm fatores comuns (exceto ± 1).

Vamos supor que $\sqrt{2}$ é racional. Então $\sqrt{2} = p/q$ e $2 = p^2/q^2$, ou seja, $2q^2 = p^2$. Logo, 2 divide p^2 e — como o próprio 2 é indivisível — 2 tem que dividir p. Isso significa que 2 é um fator de p, donde 4 é um fator de p^2 e a equação $2q^2 = p^2$ pode ser escrita como $2q^2 = 4x$ ou $q^2 = 2x$. Vemos dessa equação que 2 divide q^2, logo 2 divide q. Mas, então, 2 é um fator de q e de p, o que contradiz a declaração de que p e q não têm fatores comuns. Portanto, $\sqrt{2}$ não é racional. ●

A demonstração do Exemplo 11 envolve mais do que simples manipulações algébricas. Muitas vezes é necessário usar muitas palavras em uma demonstração.

PROBLEMA PRÁTICO 6

Demonstre por absurdo que o produto de inteiros ímpares não é par. (Fizemos uma demonstração direta de uma proposição equivalente no Exemplo 9.) ■

Demonstração por absurdo pode ser uma técnica muito útil, mas é fácil pensar que fizemos uma demonstração por absurdo quando, de fato, não fizemos. Por exemplo, suponha que admitimos $P \wedge Q'$ e somos capazes de deduzir Q sem usar a hipótese Q'. Dizemos, então, que $Q \wedge Q'$ é uma contradição. Mas o que realmente aconteceu aqui foi uma demonstração direta do fato $P \wedge Q$, e a demonstração deveria ser reescrita nessa forma. Assim, no Exemplo 10, poderíamos supor, como antes, que $x + x = x$ e que $x \neq 0$. Poderíamos argumentar, então, que de $x + x = x$ obtemos $2x = x$ e, subtraindo x de ambos os lados, $x = 0$. Temos, então, $x = 0$ e $x \neq 0$, uma contradição. No entanto, nunca utilizamos a hipótese $x \neq 0$ nesse argumento; de fato, provamos diretamente que $x + x = x$ implica $x = 0$.

Outra afirmação enganadora de demonstração por absurdo ocorre quando supomos $P \wedge Q'$ e deduzimos P' sem utilizar a hipótese P. Afirmamos, então, que $P \rightarrow P'$ é uma contradição. O que realmente aconteceu aqui foi uma demonstração direta da contrapositiva, $Q' \rightarrow P'$, e construímos uma demonstração por contraposição e não por absurdo. Tanto nesse caso como no anterior, não é que as demonstrações estejam erradas, é que simplesmente não são demonstrações por absurdo.

A Tabela 2.2 resume as técnicas de demonstração úteis que discutimos até agora.

TABELA 2.2

Técnica de Demonstração	Abordagem para Demonstrar $P \rightarrow Q$	Observações
Demonstração exaustiva	Demonstre $P \rightarrow Q$ para todos os casos possíveis.	Só pode ser usada para provar um número finito de casos.
Demonstração direta	Suponha P, deduza Q.	A abordagem padrão — o que deve ser tentado em geral.
Demonstração por contraposição	Suponha Q', deduza P'.	Use isso se a hipótese Q' parece dar mais "munição" do que P.
Demonstração por absurdo	Suponha $P \wedge Q'$, deduza uma contradição.	Use isso quando Q diz que alguma coisa não é verdade.

Acidentes felizes

Algumas vezes temos sorte e fazemos, acidentalmente, descobertas inesperadas. Embora essa não seja, de fato, uma técnica geral de demonstração, algumas das demonstrações mais interessantes são geradas por observações engenhosas que podemos admirar, mesmo que nunca fôssemos capazes de fazê-lo por conta própria. Vamos considerar duas dessas demonstrações, só para nos divertir.

EXEMPLO 12

Um torneio de tênis tem 342 jogadores. Uma única partida envolve dois jogadores. O vencedor de uma partida vai jogar com o vencedor de outra partida na próxima rodada, enquanto os perdedores são eliminados do torneio. Os 2 jogadores que venceram todas as partidas nas rodadas anteriores vão jogar na final, e o vencedor vence o torneio. Prove que o número total de partidas que serão jogadas é 341.

A maneira trabalhosa de provar esse resultado é calcular $342/2 = 171$ para obter o número de partidas na primeira rodada, resultando em 171 vencedores que vão para a próxima rodada. Para a segunda rodada, temos $171/2 = 85$ mais 1 que sobra; teremos 85 partidas e 85 vencedores, mais o que sobrou, para a terceira rodada. A terceira rodada tem $86/2 = 43$ partidas e assim por diante. O número total de partidas é a soma $171 + 85 + 43 + \ldots$.

A observação engenhosa é notar que cada partida resulta em exatamente 1 perdedor, de modo que o número de partidas é igual ao número de perdedores no torneio. Como existe apenas 1 ganhador, existem 341 perdedores e, portanto, são jogadas 341 partidas. ●

EXEMPLO 13 Um tabuleiro padrão de 64 quadrados tem esses quadrados distribuídos em 8 fileiras de 8 quadrados cada. Quadrados adjacentes têm cores alternadas, vermelho e preto. Um conjunto de 32 ladrilhos 1×2, cada um cobrindo 2 quadrados, cobre o tabuleiro completamente (4 ladrilhos por fileira, 8 fileiras). Prove que, se os quadrados nos cantos diagonalmente opostos do tabuleiro forem removidos, o que resta do tabuleiro não pode ser coberto com 31 ladrilhos.

A maneira trabalhosa de provar esse resultado é tentar todas as possibilidades com 31 ladrilhos e verificar que todas falham. A observação engenhosa é notar que os cantos opostos têm a mesma cor, de modo que o tabuleiro com os cantos removidos tem dois quadrados a menos da mesma cor. Cada ladrilho cobre um quadrado de cada cor, de modo que qualquer conjunto de ladrilhos tem que cobrir um número igual de quadrados de cada cor e não pode cobrir o tabuleiro com os cantos faltando. ●

Definições Úteis

Diversos exemplos nesta seção e muitos exercícios a seguir envolvem **teoria dos números** elementar, ou seja, resultados sobre inteiros. É bom trabalhar com teoria dos números no primeiro contato com a construção de demonstrações, já que muitas propriedades dos números inteiros são familiares, como, por exemplo, o que significa um número ser par. As definições a seguir podem ser úteis para alguns dos exercícios.

- Um **quadrado perfeito** é um inteiro n da forma $n = k^2$ para algum inteiro k.
- Um **número primo** é um inteiro $n > 1$ que não é divisível por nenhum inteiro positivo diferente de 1 e de n.
- Um **número composto** n é um inteiro que não é primo; ou seja, $n = ab$, em que a e b são inteiros tais que $1 < a < n$ e $1 < b < n$.
- Dados dois números x e y, $x < y$ significa $y - x > 0$.
- Dados dois inteiros n e m, n **divide** m, denotado por $n \mid m$, significa que m é divisível por n, ou seja, $m = kn$ para algum inteiro k.
- O **valor absoluto** ou **módulo** de um número x, $|x|$, é igual a x se $x \geq 0$ e é igual a $-x$ se $x < 0$.

SEÇÃO 2.1 REVISÃO

TÉCNICAS

- Busca por um contraexemplo.
- Construção de demonstrações diretas, demonstrações por contraposição e demonstrações por absurdo.

IDEIAS PRINCIPAIS

- O raciocínio indutivo é usado para formular uma conjectura baseada na experiência. O raciocínio dedutivo é usado para refutar uma conjectura, por meio de um contraexemplo ou para prová-la.
- Ao provar uma conjectura sobre algum assunto, podem-se usar fatos sobre o assunto.
- Em condições adequadas, uma demonstração por contraposição ou por absurdo pode funcionar melhor do que uma demonstração direta.

EXERCÍCIOS 2.1

1. Escreva a contrapositiva de cada proposição no Exercício 5 da Seção 1.1.
2. Escreva a recíproca de cada proposição no Exercício 5 da Seção 1.1.
3. Dê contraexemplos para as proposições a seguir.
   a. Toda figura geométrica com quatro ângulos retos é um quadrado.
   b. Se um número real não for positivo, terá que ser negativo.

c. Todas as pessoas com cabelo ruivo têm olhos verdes ou são altas.

d. Todas as pessoas com cabelo ruivo têm olhos verdes e são altas.

4. Dê contraexemplos para as proposições a seguir.

   a. Se a e b forem inteiros tais que $a \mid b$ e $b \mid a$, então $a = b$.

   b. Se $n^2 > 0$, então $n > 0$.

   c. Se n for um número par, então $n^2 + 1$ será um número primo.

   d. Se n for um número positivo, então $n^3 > n!$.

5. Dê um contraexemplo para a seguinte afirmação: O número inteiro n será ímpar se e somente se $3n + 5$ for um inteiro par.

6. Dê um contraexemplo para a seguinte afirmação: O número inteiro n será par se e somente se $3n + 2$ for um inteiro par.

7. a. Encontre dois inteiros pares cuja soma não é um múltiplo de 4.

   b. Encontre o erro na seguinte "demonstração" de que a soma de dois números pares é um múltiplo de 4.

   Sejam x e y dois números pares. Então $x = 2m$ e $y = 2m$, em que m é um número inteiro, logo $x + y = 2m + 2m = 4m$, que é um múltiplo inteiro de 4.

8. a. Encontre um exemplo de um número ímpar x e um número par y tais que $x - y = 7$.

   b. Encontre o erro na seguinte "demonstração" de que um número ímpar menos um número par é sempre igual a 1.

   Seja x um número ímpar e seja y um número par. Então $x = 2m + 1$ e $y = 2m$, em que m é um inteiro, logo $x - y = 2m + 1 - 2m = 1$.

Nos Exercícios 9 a 46, prove a proposição dada.

9. Se $n = 25$, 100 ou 169, então n é um quadrado perfeito e é uma soma de dois quadrados perfeitos.
10. Se n for um inteiro par tal que $4 \leq n \leq 12$, então n será uma soma de dois números primos.
11. Para qualquer inteiro positivo n menor ou igual a 3, $n! < 2^n$.
12. Para $2 \leq n \leq 4$, $n^2 \leq 2^n$.
13. A soma de dois inteiros pares é par (faça uma demonstração direta).
14. A soma de dois inteiros pares é par (faça uma demonstração por absurdo).
15. A soma de dois inteiros ímpares é par.
16. A soma de um inteiro par com um inteiro ímpar é ímpar.
17. Um inteiro ímpar menos um inteiro par é ímpar.
18. Se n for um inteiro par, então $n^2 - 1$ será ímpar.
19. O produto de dois inteiros consecutivos quaisquer é par.
20. A soma de um inteiro com seu quadrado é par.
21. O quadrado de um número par é divisível por 4.
22. Para todo inteiro n, o número $3(n^2 + 2n + 3) - 2n^2$ é um quadrado perfeito.
23. Se x for um número positivo, $x + 1$ também será (faça uma demonstração por contraposição).
24. Se n for um inteiro ímpar, então será igual à diferença de dois quadrados perfeitos.
25. O número n será um inteiro ímpar se e somente se $3n + 5 = 6k + 8$ para algum inteiro k.
26. O número n será um inteiro par se e somente se $3n + 2 = 6k + 2$ para algum inteiro k.
27. Para x e y números positivos, $x < y$ se e somente se $x^2 < y^2$.
28. Se $x^2 + 2x - 3 = 0$, então $x \neq 2$.
29. Se x for um número primo par, então $x = 2$.
30. A soma de três inteiros consecutivos é divisível por 3.
31. Se dois inteiros forem divisíveis por algum inteiro n, então sua soma será divisível por n.
32. Se o produto de dois inteiros não for divisível por um inteiro n, então nenhum dos inteiros será divisível por n.
33. Se n, m e p forem inteiros tais que $n \mid m$ e $m \mid p$, então $n \mid p$.
34. Se n, m, p e q forem inteiros tais que $n \mid p$ e $m \mid q$, então $nm \mid pq$.

35. O quadrado de um inteiro ímpar é igual a $8k + 1$ para algum inteiro k.
36. A soma dos quadrados de dois inteiros ímpares não pode ser um quadrado perfeito. (*Sugestão*: Use o Exercício 35.)
37. O produto dos quadrados de dois inteiros é um quadrado perfeito.
38. A diferença entre dois cubos consecutivos é ímpar.
39. Dados dois números quaisquer x e y, $|x + y| \leq |x| + |y|$.
40. Dados dois números quaisquer x e y, $|xy| = |x||y|$.
41. O valor A é a média dos n números $x_1, x_2, ..., x_n$. Prove que pelo menos um dos $x_1, x_2, ..., x_n$ é maior ou igual a A.
42. Suponha que você tentou usar os passos do Exemplo 11 para tentar provar que $\sqrt{4}$ não é um número racional. Em que lugar sua demonstração falharia?
43. Prove que $\sqrt{3}$ não é um número racional.
44. Prove que $\sqrt{5}$ não é um número racional.
45. Prove que $\sqrt[3]{2}$ não é um número racional.
46. Prove que $\log_2 5$ não é um número racional. ($\log_2 5 = x$ significa que $2^x = 5$.)

Nos Exercícios 47 a 72, prove a proposição dada ou prove que ela é falsa.

47. 0 é um número par.
48. 91 é um número composto.
49. 297 é um número composto.
50. 83 é um número composto.
51. A diferença entre dois inteiros ímpares é ímpar.
52. A diferença entre dois inteiros pares é par.
53. O produto de quaisquer três inteiros consecutivos é par.
54. A soma de quaisquer três inteiros consecutivos é par.
55. A soma de um inteiro e seu cubo é par.
56. O número n será um inteiro par se e somente se $n^3 + 13$ for ímpar.
57. O produto de um inteiro e seu quadrado é par.
58. Qualquer inteiro positivo pode ser escrito como a soma dos quadrados de dois inteiros.
59. A soma do quadrado de um inteiro ímpar com o quadrado de um inteiro par é ímpar.
60. Se n for um inteiro positivo que é um quadrado perfeito, então $n + 2$ não será um quadrado perfeito.
61. Para um inteiro positivo n, $n + \dfrac{1}{n} \geq 2$.
62. Se n, m e p forem inteiros tais que $n \mid mp$, então $n \mid m$ ou $n \mid p$.
63. Para todo número primo n, $n + 4$ é primo.
64. Para todo inteiro positivo n, $n^2 + n + 3$ não é primo.
65. Para um inteiro positivo n, $n > 2$, $n^2 - 1$ não é primo.
66. Para todo inteiro positivo n, $2^n + 1$ é primo.
67. Para todo inteiro positivo n, $n^2 + n + 1$ é primo.
68. Para um inteiro par n, $n > 2$, $2^n - 1$ não é primo.
69. A soma de dois números racionais é racional.
70. O produto de dois números racionais é racional.
71. O produto de dois números irracionais é irracional.
72. A soma de um número racional com um número irracional é irracional.

Para os Exercícios 73 a 75, use os fatos de geometria a seguir e a figura que os acompanha:

- A soma dos ângulos interiores de um triângulo é 180º.
- Ângulos opostos formados pela interseção de duas retas são iguais.

- Um ângulo em que as duas semirretas que o formam estão contidas na mesma reta, mas têm sentidos opostos, mede 180°.
- Um ângulo reto mede 90°.

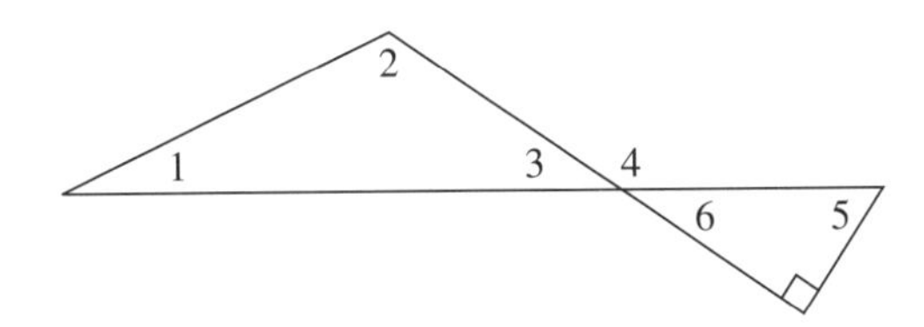

73. Prove que a medida do ângulo 5 mais a medida do ângulo 3 é 90°.
74. Prove que a medida do ângulo 4 é a soma das medidas dos ângulos 1 e 2.
75. Se os ângulos 1 e 5 forem iguais, então o ângulo 2 será reto.
76. Prove que a soma dos inteiros de 1 a 100 é 5050. (*Sugestão*: Em vez de somar todos esses números, tente fazer a mesma observação engenhosa que o matemático alemão Karl Frederick Gauss (1777-1855) fez quando criança na escola: agrupe os números em pares, usando 1 e 100, 2 e 99 etc.)

SEÇÃO 2.2 INDUÇÃO

Primeiro Princípio de Indução

Existe uma última técnica de demonstração particularmente útil em ciência da computação. Para ilustrar como ela funciona, imagine que você está subindo uma escada infinitamente alta. Como você sabe se será capaz de chegar a um degrau arbitrariamente alto? Suponha que você faça as seguintes hipóteses sobre sua capacidade de subir:

1. Você consegue alcançar o primeiro degrau.
2. Uma vez chegando a um degrau, você sempre é capaz de chegar ao próximo. (Note que esta asserção é um condicional.)

Se a proposição 1 e o condicional 2 forem ambos verdadeiros, então, pela proposição 1, você consegue chegar ao primeiro degrau e portanto, pela proposição 2, consegue chegar ao segundo; novamente pela proposição 2, você consegue chegar ao terceiro degrau; mais uma vez pela proposição 2, você consegue chegar ao quarto degrau; e assim por diante. Você pode subir tão alto quanto quiser. Ambas as hipóteses são necessárias. Se apenas a primeira proposição fosse verdadeira, você não teria nenhuma garantia de passar do primeiro degrau, e se apenas a segunda fosse verdadeira você poderia nunca ser capaz de começar. Vamos supor que os degraus da escada estejam numerados pelos inteiros positivos — 1, 2, 3 etc.

Agora pense sobre uma propriedade específica que um número possa ter. Em vez de "chegar a um degrau arbitrariamente alto", podemos falar sobre um inteiro positivo arbitrário tendo essa propriedade. Vamos usar a notação $P(n)$ para dizer que o inteiro positivo n tem a propriedade P. Como usar a mesma técnica que usamos para subir a escada para provar que, qualquer que seja o inteiro positivo n, temos $P(n)$? As duas proposições que precisamos provar são

1. $P(1)$ (1 tem a propriedade P.)
2. Para qualquer inteiro positivo k, $P(k) \rightarrow P(k + 1)$. (Se qualquer número tem a propriedade P, o próximo também tem.)

Se pudermos provar ambas as proposições 1 e 2, então $P(n)$ será válida para qualquer inteiro positivo n, da mesma forma que você poderia subir até um degrau arbitrário da escada.

O fundamento para argumentos desse tipo é o primeiro princípio de indução matemática.

PRINCÍPIO PRIMEIRO PRINCÍPIO DE INDUÇÃO MATEMÁTICA

1. $P(1)$ é verdade
2. $(\forall k)[P(k)$ verdade $\rightarrow P(k + 1)$ verdade$]$

$\} \rightarrow P(n)$ verdade para todos os inteiros postivos n

LEMBRETE

Para provar que alguma coisa é verdade para todos os inteiros $n \geq$ algum valor, pense em indução.

O primeiro princípio de indução matemática é um condicional. A conclusão é uma proposição da forma "$P(n)$ é verdade para todo inteiro positivo n". Portanto, sempre que quisermos provar que alguma coisa é verdade para todo inteiro positivo n, é bastante provável que a indução matemática seja uma técnica de demonstração apropriada para ser usada.

Para mostrar que a conclusão desse condicional é verdadeira, precisamos provar que as duas hipóteses, 1 e 2, são verdadeiras. Para provar a proposição 1, basta mostrar que o número 1 tem a propriedade P, geralmente uma tarefa trivial. A proposição 2 é um condicional que tem que ser válido para todo k. Para provar esse condicional, suponha que $P(k)$ é verdade para um inteiro positivo arbitrário k e mostre, com base nessa hipótese, que $P(k + 1)$ é verdade. Portanto, $P(k) \rightarrow P(k + 1)$, e, usando a generalização universal, $(\forall k)[P(k) \rightarrow P(k + 1)]$. Você deve se convencer de que supor que o número k tem a propriedade P não é a mesma coisa que supor o que queremos provar (essa é uma confusão comum na primeira vez que se encontra uma demonstração desse tipo). Essa é, simplesmente, a maneira de proceder para obter uma demonstração direta do condicional $P(k) \rightarrow P(k + 1)$.

Ao fazer uma demonstração por indução, o estabelecimento da veracidade da proposição 1 é chamado de **base da indução** ou **passo básico** da demonstração por indução. O estabelecimento da veracidade de $P(k) \rightarrow P(k + 1)$ é o **passo indutivo**. Quando supomos que $P(k)$ é verdade para provar o passo indutivo, $P(k)$ é chamada de **hipótese de indução**.

Todos os métodos de demonstração de que falamos neste capítulo são técnicas para o raciocínio dedutivo — maneiras de provar uma conjectura que talvez tenha sido formulada por um raciocínio indutivo. A indução matemática também é uma técnica *dedutiva*, e não um método de raciocínio indutivo (não se confunda com a terminologia usada). Nas outras técnicas de demonstração, podemos começar com uma hipótese e juntar diversos fatos até que "tropeçamos" na conclusão. De fato, mesmo que a nossa conjectura esteja ligeiramente incorreta, podemos ver qual deve ser a conclusão correta ao fazer a demonstração. Na indução matemática, no entanto, precisamos saber, desde o início, qual é a forma exata da propriedade $P(n)$ que queremos estabelecer. A indução matemática, portanto, não é uma técnica de demonstração exploratória — pode apenas confirmar uma conjectura correta.

Demonstrações por Indução Matemática

Suponha que um progenitor ancestral Silva casou e teve dois filhos. Vamos chamar esses dois filhos de geração 1. Suponha, agora, que cada um desses filhos teve dois filhos; então, a geração 2 contém quatro descendentes. Isso continua de geração em geração. A árvore genealógica da família Silva, portanto, tem a forma ilustrada na Figura 2.2. (Ela é exatamente igual à Figura 1.1b, onde obtivemos todos os valores lógicos possíveis V-F para n letras de proposição.)

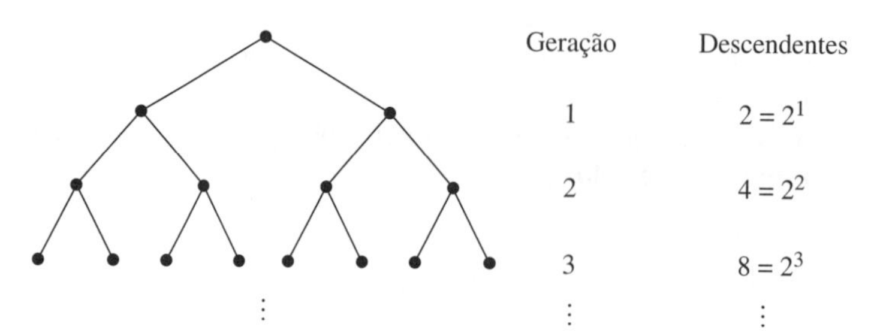

Figura 2.2

Parece que a geração n contém 2^n descendentes. Mais formalmente, se denotarmos por $P(n)$ o número de descendentes em cada geração, nossa conjectura é que

$$P(n) = 2^n$$

Podemos usar indução para *provar* que nossa conjectura para $P(n)$ está correta.

O passo básico é estabelecer $P(1)$, que é a equação

$$P(1) = 2^1 = 2$$

Isso é verdade, pois nos foi dito que Silva teve dois filhos. Vamos supor, agora, que nossa conjectura está correta para uma geração arbitrária k, $k \geq 1$, ou seja, vamos supor que

$$P(k) = 2^k$$

e tentar mostrar que

$$P(k + 1) = 2^{k+1}$$

Nessa família, cada descendente tem dois filhos, de modo que o número de descendentes na geração $k + 1$ será o dobro do número de descendentes na geração k, ou seja, $P(k + 1) = 2P(k)$. Pela hipótese de indução, $P(k) = 2^k$, logo

$$P(k + 1) = 2P(k) = 2(2^k) = 2^{k+1}$$

e, de fato,

$$P(k + 1) = 2^{k+1}$$

Isso completa nossa demonstração. Agora que estamos tranquilos sobre o clã dos Silva, podemos aplicar o método de demonstração por indução a problemas menos óbvios.

EXEMPLO 14 Prove que a equação

$$1 + 3 + 5 + \cdots + (2n - 1) = n^2 \tag{1}$$

é verdadeira para qualquer inteiro positivo n. A propriedade $P(n)$ aqui é que a equação (1) é válida. (Note que $P(n)$ é uma propriedade de n, ou — na linguagem do Capítulo 1 — um predicado unário. É uma afirmação sobre n, expressa aqui como uma equação. Logo, está errado escrever algo como $P(n) = 1 + 3 + 5 + \cdots + (2n - 1)$.)

O termo à esquerda do sinal de igualdade nessa equação é a soma de todos os inteiros ímpares de 1 até $2n - 1$. A expressão à direita do sinal de igualdade é uma fórmula para o valor dessa soma. Embora possamos verificar a veracidade dessa equação para qualquer valor particular de n substituindo esse valor na equação, não podemos substituir n por todos os inteiros positivos que existem. Assim, uma demonstração por exaustão não funciona. Uma demonstração por indução é apropriada.

O passo básico é estabelecer $P(1)$, que é a Equação (1) quando n tem o valor 1. Quando substituímos n por 1 na expressão à esquerda do sinal de igualdade na Equação (1), obtemos a soma de todos os inteiros ímpares começando em 1 em terminando em $2(1) - 1 = 1$. A soma de todos os inteiros ímpares de 1 até 1 é igual a 1. Quando substituímos n por 1 na fórmula à direita do sinal de igualdade na Equação (1), obtemos $(1)^2$. Logo,

$$P(1): \quad 1 = 1^2$$

Isso é certamente verdade. Para a hipótese de indução, vamos supor $P(k)$ para um inteiro positivo arbitrário k, que é a Equação (1) quando n tem o valor k, ou seja,

$$P(k): \quad 1 + 3 + 5 + \cdots + (2k - 1) = k^2 \tag{2}$$

(Note que $P(k)$ não é a equação $(2k - 1) = k^2$, que só é verdade para $k = 1$.) Usando a hipótese de indução, queremos mostrar $P(k + 1)$, que é a Equação (1) quando n assume o valor $k + 1$, ou seja,

$$P(k+1):\quad 1 + 3 + 5 + \cdots + [2(k+1) - 1] \stackrel{?}{=} (k+1)^2 \qquad (3)$$

(O ponto de interrogação em cima do sinal de igualdade é para nos lembrar que é isso que queremos provar, em vez de isso ser alguma coisa que já sabemos.)

A chave de uma demonstração por indução é encontrar um modo de relacionar o que queremos saber — $P(k + 1)$, Equação (3) — e o que supusemos — $P(k)$, Equação (2). A expressão à esquerda do sinal de igualdade em $P(k + 1)$ pode ser reescrita mostrando-se a penúltima parcela:

$$1 + 3 + 5 + \cdots + (2k - 1) + [2(k+1) - 1]$$

Essa expressão contém o termo à esquerda do sinal de igualdade na Equação (2). Como estamos supondo que $P(k)$ é válida, podemos substituir esse termo pelo termo à direita do sinal de igualdade na Equação (2). Obtemos, então,

$$\begin{aligned}
&1 + 3 + 5 + \cdots + [2(k+1) - 1] \\
&\quad = 1 + 3 + 5 + \cdots + (2k - 1) + [2(k+1) - 1] \\
&\quad = k^2 + [2(k+1) - 1] \\
&\quad = k^2 + [2k + 2 - 1] \\
&\quad = k^2 + 2k + 1 \\
&\quad = (k+1)^2
\end{aligned}$$

Portanto,

$$1 + 3 + 5 + \cdots + [2(k+1) - 1] = (k+1)^2$$

o que mostra a validade de $P(k + 1)$, provando, assim, que a Equação (1) é verdadeira para qualquer inteiro positivo n. ●

A Tabela 2.3 resume os três passos necessários para uma demonstração usando o primeiro princípio de indução.

TABELA 2.3	
Para Demonstrações com o Primeiro Princípio de Indução	
Passo 1	Prove o passo básico.
Passo 2	Suponha $P(k)$.
Passo 3	Prove $P(k + 1)$.

Qualquer problema de indução envolvendo uma "soma" funciona exatamente da mesma maneira. Escreva a soma incluindo o penúltimo termo; você encontrará a expressão à esquerda do sinal de igualdade na equação para $P(k)$ e poderá usar a hipótese de indução. Depois disso, é só manipulação algébrica.

EXEMPLO 15 Prove que

$$1 + 2 + 2^2 + \cdots + 2^n = 2^{n+1} - 1$$

para todo $n \geq 1$.

Novamente, indução é apropriada. $P(1)$ é a equação

$$1 + 2 = 2^{1+1} - 1 \text{ ou } 3 = 2^2 - 1$$

que é verdadeira. Vamos considerar $P(k)$

$$1 + 2 + 2^2 + \cdots + 2^k = 2^{k+1} - 1$$

a hipótese de indução e tentar estabelecer $P(k + 1)$:

$$1 + 2 + 2^2 + \cdots + 2^{k+1} \stackrel{?}{=} 2^{k+1+1} - 1$$

Novamente, reescrevendo a soma à esquerda do sinal de igualdade de $P(k + 1)$, vemos como a hipótese de indução pode ser usada:

$$\begin{aligned} &1 + 2 + 2^2 + \cdots + 2^{k+1} \\ &= 1 + 2 + 2^2 + \cdots + 2^k + 2^{k+1} \\ &= 2^{k+1} - 1 + 2^{k+1} && \text{(da hipótese de indução } P(k)) \\ &= 2(2^{k+1}) - 1 && \text{(juntando os termos semelhantes)} \\ &= 2^{k+1+1} - 1 \end{aligned}$$

Portanto,

$$1 + 2 + 2^2 + \cdots + 2^{k+1} = 2^{k+1+1} - 1$$

o que mostra $P(k + 1)$, concluindo a demonstração. ●

LEMBRETE

Para provar $P(k) \to P(k + 1)$, você tem que descobrir o caso $P(k)$ dentro de $P(k + 1)$.

A fórmula para a soma a seguir é a mais importante, pois ocorre com frequência em análise de algoritmos. Mesmo que não lembre mais nada, você deve se lembrar dessa fórmula para a soma dos n primeiros inteiros positivos.

PROBLEMA PRÁTICO 7 Prove que, para qualquer inteiro positivo n,

$$1 + 2 + 3 + \cdots + n = \frac{n(n+1)}{2}$$ ■

Nem todas as demonstrações por indução envolvem somas. Outras identidades algébricas sobre os inteiros positivos podem ser demonstradas por indução, assim como proposições não algébricas, como o número de descendentes na geração n da família Silva.

EXEMPLO 16 Prove que, para qualquer inteiro positivo n, $2^n > n$.

$P(1)$ é a proposição $2^1 > 1$, que certamente é verdade. Vamos supor, agora, $P(k)$, $2^k > k$, e tentar concluir $P(k + 1)$, $2^{k+1} > k + 1$. Mas onde está escondido o $P(k)$ aqui? Ah! — podemos escrever a expressão à esquerda do sinal de igualdade em $P(k + 1)$ como $2^{k+1} = 2^k \cdot 2$ e aí está a expressão à esquerda do sinal de igualdade em $P(k)$. Usando a hipótese de indução $2^k > k$ e multiplicando os dois membros dessa desigualdade por 2, obtemos $2^k \cdot 2 > k \cdot 2$. Completando o argumento,

$$2^{k+1} = 2^k \cdot 2 > k \cdot 2 = k + k \geq k + 1 \text{ (já que } k \geq 1)$$

ou seja,

$$2^{k+1} > k + 1$$

Para o primeiro passo no processo de indução, pode ser apropriado começar em 0 ou 2 ou 3, em vez de 1. O mesmo princípio pode ser aplicado, não importa em que degrau você começa na sua escada.

EXEMPLO 17 Prove que $n^2 > 3n$ para $n \geq 4$.

Aqui devemos usar indução e começar com o passo básico $P(4)$. (Se você testar os valores $n = 1, 2$, ou 3, verá que a desigualdade não é válida nesses casos.) $P(4)$ é a desigualdade $4^2 > 3(4)$, ou seja, $16 > 12$, que é verdadeira. A hipótese de indução é que $k^2 > 3k$ com $k \geq 4$, e queremos provar que $(k + 1)^2 > 3(k + 1)$.

$$\begin{aligned}
(k + 1)^2 &= k^2 + 2k + 1 \\
&> 3k + 2k + 1 && \text{(pela hipótese de indução)} \\
&\geq 3k + 8 + 1 && \text{(já que } k \geq 4) \\
&= 3k + 9 \\
&> 3k + 3 && \text{(já que } 9 > 3) \\
&= 3(k + 1)
\end{aligned}$$

Nessa demonstração usamos o fato de que $3k + 9 > 3k + 3$. É claro que $3k + 9$ é maior do que um monte de coisas, mas $3k + 3$ é o que dá o resultado de que precisamos. Em uma demonstração por indução, como sabemos exatamente o resultado que queremos, podemos deixar que isso nos guie ao manipular expressões algébricas.

PROBLEMA PRÁTICO 8 Prove que, para todo inteiro $n > 1$,

$$2^{n+1} < 3^n$$

EXEMPLO 18 Prove que, para qualquer inteiro positivo n, o número $2^{2n} - 1$ é divisível por 3.

O passo básico é mostrar $P(1)$, ou seja, mostrar que $2^{2(1)} - 1 = 4 - 1 = 3$ é divisível por 3. Isso é evidente.

Vamos supor que $2^{2k} - 1$ é divisível por 3, o que significa que $2^{2k} - 1 = 3m$ para algum inteiro m, ou seja, $2^{2k} = 3m + 1$ (esse pequeno truque de reescrever a hipótese é a chave para esses problemas de "divisibilidade"). Queremos mostrar que $2^{2(k+1)} - 1$ é divisível por 3.

$$\begin{aligned}
2^{2(k+1)} - 1 &= 2^{2k+2} - 1 \\
&= 2^2 \cdot 2^{2k} - 1 \\
&= 2^2(3m + 1) - 1 && \text{(pela hipótese de indução)} \\
&= 12m + 4 - 1 \\
&= 12m + 3 \\
&= 3(4m + 1) && \text{(no qual } 4m + 1 \text{ é um inteiro)}
\end{aligned}$$

Portanto, $2^{2(k+1)} - 1$ é divisível por 3.

Demonstrações supostamente por indução, mas que não o são de fato, também são possíveis. Quando demonstramos $P(k + 1)$ sem usar $P(k)$, fizemos uma demonstração direta de $P(k + 1)$, em que $k + 1$ é arbitrário. Não é que a demonstração esteja errada, é só que ela deve ser reescrita como uma demonstração direta de $P(n)$ para qualquer n, e não como uma demonstração por indução.

Pode ser conveniente uma demonstração por indução mesmo em aplicações não tão óbvias como nos exemplos anteriores. O enunciado do problema pode não dizer diretamente "prove alguma coisa sobre inteiros não negativos". Em vez disso, pode haver alguma quantidade na proposição a ser demonstrada que assume valores inteiros não negativos arbitrários.

EXEMPLO 19 Uma linguagem de programação pode ser projetada com as seguintes convenções em relação à multiplicação: um único fator não necessita de parênteses, mas o produto "a vezes b" precisa ser escrito na forma $(a)b$. Assim, o produto

$$a \cdot b \cdot c \cdot d \cdot e \cdot f \cdot g$$

poderia ser escrito nessa linguagem como

$$((((((a)b)c)d)e)f)g$$

ou como, por exemplo,

$$((a)b)(((c)d)(e)f)g$$

dependendo da ordem em que se vai executar o produto. O resultado é o mesmo em qualquer dos casos.

Queremos mostrar que qualquer produto pode ser escrito com um número par de parênteses. A demonstração é por indução no número de fatores (esse é o lugar onde entra um inteiro não negativo — ele representa o número de fatores em qualquer produto). Para um único fator, temos 0 parêntese, um número par. Suponha que, para qualquer produto com k fatores, temos um número par de parênteses. Agora considere um produto P com $k + 1$ fatores. P pode ser considerado um produto de r vezes s, em que r tem k fatores e s é um único fator. Pela hipótese de indução, r tem um número par de parênteses. Podemos, então, escrever r vezes s como $(r)s$. Isso adiciona mais 2 parênteses ao número par de parênteses em r, dando a P um número par de parênteses. ●

Uma observação importante sobre o Exemplo 19 é que não há expressões algébricas! A demonstração inteira é um argumento verbal. Para algumas demonstrações, não podemos depender apenas da muleta de manipulações matemáticas não verbais; temos que usar palavras.

EXEMPLO 20 Um problema de "revestimento por ladrilhos" fornece uma boa ilustração de indução em um contexto geométrico. Um *ângulo de ferro* é uma peça em forma de L cobrindo três quadrados em um tabuleiro quadriculado, como o de xadrez (veja a Figura 2.3a). O problema é mostrar que, para qualquer inteiro positivo n, se removermos um quadrado de um tabuleiro originalmente com $2^n \times 2^n$ quadrados, ele pode ser ladrilhado — completamente revestido — com ângulos de ferro.

A base da indução é $n = 1$, o que nos dá um tabuleiro com 2×2 quadrados. A Figura 2.3b mostra a solução nesse caso se for removido o canto direito superior. A remoção de qualquer dos outros três cantos funciona da mesma maneira. Suponha agora que qualquer tabuleiro $2^k \times 2^k$ com um quadrado removido pode ser ladrilhado usando-se ângulos de ferro. Vamos considerar um tabuleiro $2^{k+1} \times 2^{k+1}$. Precisamos mostrar que ele pode ser ladrilhado quando se remove um quadrado. Para relacionar o caso $k + 1$ com a hipótese de indução, divida o tabuleiro $2^{k+1} \times 2^{k+1}$ em quatro partes iguais. Cada parte é um tabuleiro $2^k \times 2^k$, e uma delas terá um quadrado faltando (Figura 2.3c). Pela hipótese de indução, esse tabuleiro pode ser ladrilhado. Remova um canto de cada uma das outras três partes como na Figura 2.3d. Pela hipótese de indução, essas três partes com os quadrados removidos podem ser ladrilhadas. Como um único ângulo de ferro pode ser usado para cobrir esses três quadrados retirados, temos que o tabuleiro original $2^{k+1} \times 2^{k+1}$ com um dos quadrados removidos pode ser ladrilhado.

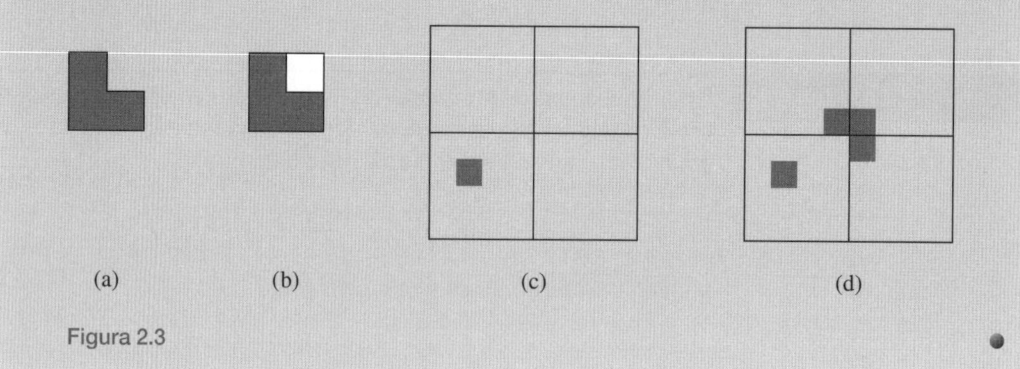

Figura 2.3

O Segundo Princípio de Indução

Além do primeiro princípio de indução, que temos usado,

1. $P(1)$ é verdade
2. $(\forall k)[P(k)$ verdade $\rightarrow P(k + 1)$ verdade$]$

$\Big\} \rightarrow P(n)$ é verdade para todos os inteiros positivos n

existe um segundo princípio de indução.

PRINCÍPIO SEGUNDO PRINCÍPIO DE INDUÇÃO MATEMÁTICA

1′. $P(1)$ é verdade
2′. $(\forall k)[P(r)$ verdade para todo r, $1 \leq r \leq k \rightarrow P(k + 1)$ verdade$]$

$\Big\} \rightarrow P(n)$ verdade para todos os inteiros postivos n

Esses dois princípios de indução diferem nas proposições 2 e 2′. Na proposição 2, precisamos ser capazes de provar, para um inteiro positivo arbitrário k, que $P(k + 1)$ é verdadeira com base apenas na hipótese de que $P(k)$ é verdadeira. Na proposição 2′, podemos supor que $P(r)$ é verdadeira para todos os inteiros r entre 1 e um inteiro positivo arbitrário k para provar $P(k + 1)$. Isso parece nos dar muito mais "munição", de modo que pode acontecer, algumas vezes, de sermos capazes de provar o condicional em 2′ quando não conseguirmos provar o condicional em 2.

O que nos permite deduzir $(\forall n)P(n)$ em cada caso? Veremos que os dois princípios, ou seja, os dois métodos de demonstração, são equivalentes. Em outras palavras, se aceitarmos como válido o primeiro princípio, então o segundo também será válido, e vice-versa. Para provar a equivalência entre os dois princípios, vamos considerar outro princípio, que parece tão óbvio que não necessita de discussão.

PRINCÍPIO PRINCÍPIO DA BOA ORDENAÇÃO

Toda coleção de inteiros positivos que contém algum elemento tem um menor elemento.

Veremos que os seguintes condicionais são verdadeiros:

segundo princípio de indução $\rightarrow$ primeiro princípio de indução
primeiro princípio de indução $\rightarrow$ princípio da boa ordenação
princípio da boa ordenação $\rightarrow$ segundo princípio de indução

Como consequência, todos os três princípios são equivalentes, e aceitar qualquer um deles como verdadeiro significa aceitar os outros dois também.

Para provar que o segundo princípio de indução implica o primeiro, suponha que aceitamos o segundo princípio como um argumento válido. Queremos mostrar, então, que o primeiro princípio é válido, isto é, que podemos concluir $P(n)$ para todo n das proposições 1 e 2. Se a proposição 1 for verdadeira, a proposição 1′ também o será. Se a proposição 2 for verdadeira, a proposição 2′ também o será, pois podemos dizer que concluímos $P(k + 1)$ de $P(r)$ para todo r entre 1 e k, embora tenhamos usado apenas a condição $P(k)$. (De maneira mais precisa, a proposição 2′ necessita que provemos que $P(1) \wedge P(2) \wedge \cdots \wedge P(k) \rightarrow P(k + 1)$; mas $P(1) \wedge P(2) \wedge \cdots \wedge P(k) \rightarrow P(k)$, e, pela proposição 2, $P(k) \rightarrow P(k + 1)$, logo $P(1) \wedge P(2) \wedge \cdots \wedge P(k) \rightarrow P(k + 1)$.) Pelo segundo princípio de indução, podemos concluir $P(n)$ para todo n. As demonstrações de que o primeiro princípio de indução implica o princípio da boa ordenação, que por sua vez implica o segundo princípio de indução, são deixadas como exercício na Seção 4.1.

Para distinguir entre uma demonstração por indução usando o primeiro ou o segundo princípio de indução, vamos considerar um exemplo um tanto pitoresco que pode ser provado das duas maneiras.

EXEMPLO 21 Prove que uma cerca reta com n esteios tem $n - 1$ seções para qualquer $n \geq 1$ (veja a Figura 2.4a).

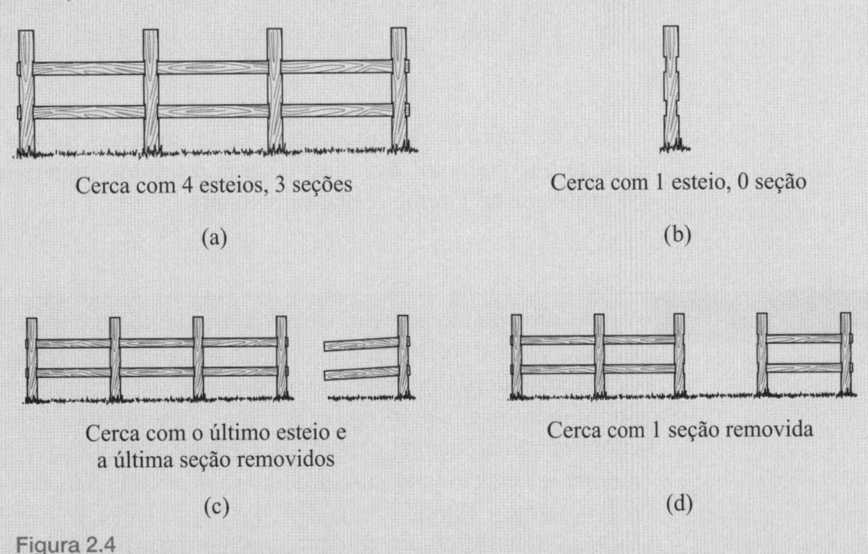

Figura 2.4

Seja $P(n)$ a proposição de que uma cerca com n esteios tem $n - 1$ seções; vamos provar que $P(n)$ é verdadeira para todo $n \geq 1$.

Vamos começar com o primeiro princípio de indução. Para o passo básico, $P(1)$ diz que uma cerca com apenas 1 esteio tem 0 seção, o que é claramente verdade (veja a Figura 2.4b). Suponha que $P(k)$ é verdadeira:

uma cerca com k esteios tem $k - 1$ seções

e tente provar $P(k + 1)$:

(?) uma cerca com $k + 1$ esteios tem k seções.

Dada uma cerca com $k + 1$ esteios, como podemos relacioná-la com uma cerca com k esteios de modo a usar a hipótese de indução? Podemos cortar fora o último esteio e a última seção (Figura 2.4c). A cerca resultante tem k esteios e, pela hipótese de indução, tem $k - 1$ seções. Portanto, a cerca original tinha k seções.

Vamos agora provar o mesmo resultado usando o segundo princípio de indução. O passo básico é igual ao do caso anterior. Para a hipótese de indução, supomos que,

para todo r, $1 \leq r \leq k$, uma cerca com r esteios tem $r - 1$ seções

e tentamos provar $P(k + 1)$:

(?) uma cerca com $k + 1$ esteios tem k seções

Para uma cerca com $k + 1$ esteios, divida a cerca em duas partes removendo uma seção (Figura 2.4d). As duas partes da cerca têm r_1 e r_2 esteios, em que $1 \leq r_1 \leq k$, $1 \leq r_2 \leq k$ e $r_1 + r_2 = k + 1$. Pela hipótese de indução, as duas partes têm, respectivamente, $r_1 - 1$ e $r_2 - 1$ seções, logo a cerca original tinha

$$(r_1 - 1) + (r_2 - 1) + 1 \text{ seções}$$

(O 1 extra é pela seção que foi removida.) Uma aritmética simples nos dá

$$r_1 + r_2 - 1 = (k + 1) - 1 = k \text{ seções}$$

Isso prova que uma cerca com $k + 1$ esteios tem k seções, o que verifica a veracidade de $P(k + 1)$, completando a demonstração pelo segundo princípio de indução. ●

O Exemplo 21 permite usar qualquer uma das formas de uma demonstração por indução, já que podemos diminuir a cerca retirando uma extremidade ou uma seção central. O problema no Exemplo 19 é semelhante.

EXEMPLO 22

Vamos mostrar, de novo, que qualquer produto de fatores pode ser escrito nessa linguagem de programação com um número par de parênteses, dessa vez usando o segundo princípio de indução. O passo básico é o mesmo que no Exemplo 19: um único fator tem 0 parêntese, um número par. Suponha que qualquer produto de r fatores, $1 \leq r \leq k$, pode ser escrito com um número par de parênteses. Considere agora um produto P com $k + 1$ fatores. Então P pode ser escrito como um produto $(S)T$ de dois fatores, S e T, em que S tem r_1 fatores e T tem r_2 fatores. Temos $1 \leq r_1 \leq k$, $1 \leq r_2 \leq k$ e $r_1 + r_2 = k + 1$. Pela hipótese de indução, cada um dos fatores S e T tem um número par de parênteses, e, portanto, $P = (S)T$ também tem um número par de parênteses. ●

A maior parte dos problemas não funciona igualmente bem com uma das formas de indução: os problemas da cerca e da linguagem de programação são um tanto quanto artificiais. Em geral, usamos a segunda forma quando o problema se "divide" naturalmente no meio, em vez de crescer em uma das pontas.

EXEMPLO 23 Prove que, para todo $n \geq 2$, n é um número primo ou é um produto de números primos.

Vamos adiar a decisão sobre usar o primeiro ou o segundo princípio de indução; o passo básico é o mesmo nos dois casos e não precisamos começar com 1. É claro que devemos começar aqui com 2. $P(2)$ é a proposição de que 2 é um número primo ou um produto de primos. Como 2 é primo, $P(2)$ é verdadeira. Pulando adiante, para qualquer dos dois princípios precisaremos analisar o caso $k + 1$. Se $k + 1$ for primo, estamos feitos. Se $k + 1$ não for primo, então é um número composto e pode ser escrito na forma $k + 1 = ab$. Dividimos $k + 1$ em dois fatores, e talvez nenhum deles tenha o valor k, de modo que uma hipótese apenas sobre $P(k)$ não é suficiente. Usaremos, então, o segundo princípio de indução.

Vamos começar de novo e supor que, para todo r, $2 \leq r \leq k$, $P(r)$ é verdadeira — r é primo ou um produto de primos. Considere agora o número $k + 1$. Se $k + 1$ for primo, terminamos. Se $k + 1$ não for primo, então é um número composto e pode ser escrito na forma $k + 1 = ab$, em que $1 < a < k + 1$ e $1 < b < k + 1$. (Essa é uma fatoração não trivial, de modo que nenhum fator pode ser igual a 1 ou a $k + 1$.) Portanto, $2 \leq a \leq k$ e $2 \leq b \leq k$. A hipótese de indução pode ser aplicada tanto a a quanto a b, logo cada um deles ou é um primo ou é um produto de primos. Portanto, $k + 1$ é um produto de primos. Isso verifica $P(k + 1)$ e completa a demonstração pelo segundo princípio de indução. ●

A demonstração no Exemplo 23 é uma demonstração de *existência* e não uma demonstração *construtiva*. Saber que todo número que não é primo tem uma fatoração como um produto de primos não facilita *encontrar* tal fatoração. (Veremos na Seção 2.4 que, a menos da ordem dos fatores, existe uma única fatoração.) Alguns sistemas de criptografia para transmissão segura de informações na Internet dependem da dificuldade de fatorar números grandes em fatores primos (veja a discussão sobre criptografia com chave pública na Seção 5.6).

EXEMPLO 24 Prove que qualquer quantia maior ou igual a 8 centavos para franquia postal pode ser conseguida usando-se apenas selos de 3 e de 5 centavos.

A proposição $P(n)$ agora é que precisamos apenas de selos de 3 e 5 centavos para obter n centavos em selos, e queremos provar que $P(n)$ é verdadeira para todo $n \geq 8$. A base da indução é estabelecer $P(8)$, o que é feito pela equação

$$8 = 3 + 5$$

Por motivos que ficarão claros em alguns instantes, vamos estabelecer também dois casos adicionais, $P(9)$ e $P(10)$, pelas equações

$$9 = 3 + 3 + 3$$
$$10 = 5 + 5$$

Vamos supor, agora, que $P(r)$ é verdadeira, ou seja, r pode ser escrito como uma soma de parcelas iguais a 3 ou a 5, para qualquer r com $8 \leq r \leq k$, e considerar $P(k + 1)$. Podemos supor que $k + 1$ é pelo menos 11, já que provamos $P(r)$ para $r = 8, 9$ e 10. Se $k + 1 \geq 11$, então $(k + 1) - 3 = k - 2 \geq 8$. Então $k - 2$ é um valor legítimo para r, e, pela hipótese de indução, $P(k - 2)$ é verdade. Portanto, $k - 2$ pode ser escrito como uma soma de números iguais a 3 e a 5; adicionando mais um 3, obtemos $k + 1$ como uma soma de números iguais a 3 e a 5. Isso prova a veracidade de $P(k + 1)$ e completa a demonstração. ●

PROBLEMA PRÁTICO 9

a. Por que os casos adicionais $P(9)$ e $P(10)$ foram demonstrados separadamente no Exemplo 24?
b. Por que não poderíamos usar o primeiro princípio de indução na demonstração do Exemplo 24? ■

LEMBRETE
Use o segundo princípio de indução quando o caso $k + 1$ depender de resultados anteriores a k.

Como regra geral, o primeiro princípio de indução é aplicável quando basta a informação de "uma posição atrás", ou seja, quando a veracidade de $P(k)$ é suficiente para provar a veracidade de $P(k + 1)$. O segundo princípio é aplicável quando a informação de "uma posição atrás" não é suficiente; em outras palavras, você não pode provar a veracidade de $P(k + 1)$ sabendo apenas que $P(k)$ é verdadeira, mas você pode provar que $P(k + 1)$ é verdadeira se souber que $P(r)$ é verdadeira para um ou mais valores de r "mais atrás", ou seja, menores do que k.

SEÇÃO 2.2 REVISÃO

TÉCNICAS

- Utilização do primeiro princípio de indução em demonstrações.
- Utilização do segundo princípio de indução em demonstrações.

IDEIAS PRINCIPAIS

- A indução matemática é uma técnica para demonstrar propriedades de inteiros positivos.
- Uma demonstração por indução não precisa começar com 1.
- A indução pode ser usada para provar proposições sobre quantidades cujos valores são inteiros não negativos arbitrários.
- O primeiro e segundo princípios de indução provam a mesma conclusão, mas uma das abordagens pode ser mais fácil de usar em determinada situação.

EXERCÍCIOS 2.2

1. Para todos os inteiros positivos n, seja $P(n)$ a equação

$$2 + 6 + 10 + \cdots + (4n - 2) = 2n^2$$

   a. Escreva a equação para o caso básico $P(1)$ e verifique que é verdadeira.
   b. Escreva a hipótese de indução $P(k)$.
   c. Escreva a equação para $P(k + 1)$.
   d. Prove que $P(k + 1)$ é verdade.

2. Para todos os inteiros positivos n, seja $P(n)$ a equação

$$2 + 4 + 6 + \cdots + 2n = n(n + 1)$$

   a. Escreva a equação para o caso básico $P(1)$ e verifique que é verdadeira.
   b. Escreva a hipótese de indução $P(k)$.
   c. Escreva a equação para $P(k + 1)$.
   d. Prove que $P(k + 1)$ é verdade.

Nos Exercícios 3 a 26, use indução matemática para provar que as proposições dadas são verdadeiras para todo inteiro positivo n. [*Sugestão*: Na parte algébrica da demonstração, se a expressão final que você quer tem fatores e se você puder colocar esses fatores em evidência cedo, faça isso em vez de multiplicar tudo e obter uma expressão horrorosa.]

3. $1 + 5 + 9 + \cdots + (4n - 3) = n(2n - 1)$

4. $1 + 3 + 6 + \cdots + \frac{n(n+1)}{2} = \frac{n(n+1)(n+2)}{6}$

5. $4 + 10 + 16 + \cdots + (6n - 2) = n(3n + 1)$

6. $5 + 10 + 15 + \cdots + 5n = \frac{5n(n+1)}{2}$

7. $1^2 + 2^2 + \cdots + n^2 = \frac{n(n+1)(2n+1)}{6}$

8. $1^3 + 2^3 + \cdots + n^3 = \frac{n^2(n+1)^2}{4}$

9. $1^2 + 3^2 + \cdots + (2n-1)^2 = \frac{n(2n-1)(2n+1)}{3}$

10. $1^4 + 2^4 + \cdots + n^4 = \frac{n(n+1)(2n+1)(3n^2+3n-1)}{30}$

11. $1 \cdot 3 + 2 \cdot 4 + 3 \cdot 5 + \cdots + n(n+2) = \frac{n(n+1)(2n+7)}{6}$

12. $1 + a + a^2 + \cdots + a^{n-1} = \frac{a^n - 1}{a - 1}$ para $a \neq 0, a \neq 1$

13. $\frac{1}{1 \cdot 2} + \frac{1}{2 \cdot 3} + \frac{1}{3 \cdot 4} + \cdots + \frac{1}{n(n+1)} = \frac{n}{n+1}$

14. $\frac{1}{1 \cdot 3} + \frac{1}{3 \cdot 5} + \frac{1}{5 \cdot 7} + \cdots + \frac{1}{(2n-1)(2n+1)} = \frac{n}{2n+1}$

15. $1^2 - 2^2 + 3^2 - 4^2 + \cdots + (-1)^{n+1}n^2 = \frac{(-1)^{n+1}(n)(n+1)}{2}$

16. $2 + 6 + 18 + \cdots + 2 \cdot 3^{n-1} = 3^n - 1$

17. $2^2 + 4^2 + \cdots + (2n)^2 = \frac{2n(n+1)(2n+1)}{3}$

18. $1 \cdot 2^1 + 2 \cdot 2^2 + 3 \cdot 2^3 + \cdots + n \cdot 2^n = (n-1)2^{n+1} + 2$

19. $1 \cdot 2 + 2 \cdot 3 + 3 \cdot 4 + \cdots + n(n+1) = \frac{n(n+1)(n+2)}{3}$

20. $1 \cdot 2 \cdot 3 + 2 \cdot 3 \cdot 4 + \cdots + n(n+1)(n+2) = \frac{n(n+1)(n+2)(n+3)}{4}$

21. $\frac{1}{1 \cdot 4} + \frac{1}{4 \cdot 7} + \frac{1}{7 \cdot 10} + \cdots + \frac{1}{(3n-2)(3n+1)} = \frac{n}{3n+1}$

22. $1 \cdot 1! + 2 \cdot 2! + 3 \cdot 3! + \cdots + n \cdot n! = (n+1)! - 1$ em que $n!$ é o produto dos inteiros positivos de 1 até n.

23. $1 + 4 + 4^2 + \cdots + 4^n = \frac{4^{n+1} - 1}{3}$

24. $1 + x + x^2 + \cdots + x^n = \frac{x^{n+1} - 1}{x - 1}$ em que x é qualquer inteiro > 1

25. $1 + 4 + 7 + 10 + \cdots + (3n - 2) = \frac{n(3n-1)}{2}$

26. $1 + [x \cdot 2 - x - 1)] + [x \cdot 3 - (x - 1)] + \cdots + [x \cdot n - (x - 1)] = \frac{n[xn - (x - 2)]}{2}$
em que x é qualquer inteiro ≥ 1

27. Uma *progressão geométrica* é uma sequência de termos com um termo inicial a tal que cada termo a seguir é obtido multiplicando-se o termo anterior por uma *mesma razão r*. Prove a fórmula para a soma dos n primeiros termos de uma progressão geométrica ($n > 1$) com razão $r \neq 1$:

$$a + ar + ar^2 + \cdots + ar^{n-1} = \frac{a - ar^n}{1 - r}$$

28. Uma *progressão aritmética* é uma sequência de termos com um termo inicial a tal que cada termo a seguir é obtido somando-se uma *mesma parcela d* ao termo anterior. Prove a fórmula para a soma dos n primeiros termos de uma progressão aritmética ($n \geq 1$):

$$a + (a + d) + (a + 2d) + \cdots + [a + (n - 1)d] = \frac{n}{2}[2a + (n - 1)d]$$

29. Usando os Exercícios 27 e 28, encontre uma expressão para os valores das seguintes somas:
    a. $2 + 2 \cdot 5 + 2 \cdot 5^2 + \cdots + 2 \cdot 5^9$
    b. $4 \cdot 7 + 4 \cdot 7^2 + 4 \cdot 7^3 + \cdots + 4 \cdot 7^{12}$
    c. $1 + 7 + 13 + \cdots + 49$
    d. $12 + 17 + 22 + 27 + \cdots + 92$
30. Prove que

$$(-2)^0 + (-2)^1 + (-2)^2 + \cdots + (-2)^n = \frac{1 - 2^{n+1}}{3}$$

para todo inteiro positivo ímpar n.

31. Prove que $n^2 > n + 1$ para $n \geq 2$.
32. Prove que $n^2 \geq 2n + 3$ para $n \geq 3$.
33. Prove que $n^2 > 5n + 10$ para $n > 6$.
34. Prove que $2^n > n^2$ para $n \geq 5$.

Nos Exercícios 35 a 40, $n!$ é o produto dos inteiros positivos de 1 a n.

35. Prove que $n! > n^2$ para $n \geq 4$.
36. Prove que $n! > n^3$ para $n \geq 6$.
37. Prove que $n! > 2^n$ para $n \geq 4$.
38. Prove que $n! > 3^n$ para $n \geq 7$.
39. Prove que $n! \geq 2^{n-1}$ para $n \geq 1$.
40. Prove que $n! < n^n$ para $n \geq 2$.
41. Prove que $(1 + x)^n > 1 + x^n$ para $n > 1, x > 0$.
42. Prove que $\left(\frac{a}{b}\right)^{n+1} < \left(\frac{a}{b}\right)^n$ para $n \geq 1$ e $0 < a < b$.
43. Prove que $1 + 2 + \cdots + n < n^2$ para $n > 1$.
44. Prove que $1 + \frac{1}{4} + \frac{1}{9} + \cdots + \frac{1}{n^2} < 2 - \frac{1}{n}$ para $n \geq 2$.
45. a. Tente usar indução para provar que

$$1 + \frac{1}{2} + \frac{1}{4} + \cdots + \frac{1}{2^n} < 2 \qquad \text{para } n \geq 1$$

O que dá errado?

b. Prove que

$$1 + \frac{1}{2} + \frac{1}{4} + \cdots + \frac{1}{2^n} = 2 - \frac{1}{2^n} \quad \text{para } n \geq 1$$

mostrando, assim, que

$$1 + \frac{1}{2} + \frac{1}{4} + \cdots + \frac{1}{2^n} < 2 \quad \text{para } n \geq 1$$

46. Prove que

$$1 + \frac{1}{2} + \frac{1}{3} + \cdots + \frac{1}{2^n} \geq 1 + \frac{n}{2} \quad \text{para } n \geq 1$$

(Note que os denominadores aumentam de 1 em 1, não por potências de 2.)

Nos Exercícios 47 a 58, prove que a proposição é verdadeira para todo inteiro positivo n.

47. $2^{3n} - 1$ é divisível por 7.
48. $3^{2n} + 7$ é divisível por 8.
49. $7^n - 2^n$ é divisível por 5.
50. $13^n - 6^n$ é divisível por 7.
51. $2^n + (-1)^{n+1}$ é divisível por 3.
52. $2^{5n+1} + 5^{n+2}$ é divisível por 27.
53. $3^{4n+2} + 5^{2n+1}$ é divisível por 14.
54. $7^{2n} + 16n - 1$ é divisível por 64.
55. $10^n + 3 \cdot 4^{n+2} + 5$ é divisível por 9.
56. $n^3 - n$ é divisível por 3.
57. $n^3 + 2n$ é divisível por 3.
58. $x^n - 1$ é divisível por $x - 1$ para $x \neq 1$.
59. Prove o Teorema de De Moivre:

$$(\cos\theta + i \operatorname{sen}\theta)^n = \cos n\theta + i \operatorname{sen} n\theta$$

para todo $n \geq 1$. *Sugestão*: Lembre-se das fórmulas para a soma de ângulos em trigonometria:

$$\cos(\alpha + \beta) = \cos\alpha\cos\beta - \operatorname{sen}\alpha\operatorname{sen}\beta$$
$$\operatorname{sen}(\alpha + \beta) = \operatorname{sen}\alpha\cos\beta + \cos\alpha\operatorname{sen}\beta$$

60. Prove que

$$\operatorname{sen}\theta + \operatorname{sen}3\theta + \cdots + \operatorname{sen}(2n - 1)\theta = \frac{\operatorname{sen}^2 n\theta}{\operatorname{sen}\theta}$$

para todo $n \geq 1$ e para todo θ tal que $\operatorname{sen}\theta \neq 0$.

61. Use indução para provar que o produto de três inteiros positivos consecutivos quaisquer é divisível por 3.
62. Suponha que a exponenciação é definida pela equação

$$x^j \cdot x = x^{j+1}$$

para qualquer $j \geq 1$. Use indução para provar que $x^n \cdot x^m = x^{n+m}$ para $n \geq 1$ e $m \geq 1$. (*Sugestão*: Faça a indução para m fixo e n arbitrário.)

63. De acordo com o Exemplo 20, é possível usar ângulos de ferro para ladrilhar um tabuleiro 4×4 com o canto direito superior removido. Desenhe esse revestimento por ângulos de ferro.
64. O Exemplo 20 não cobre o caso de tabuleiros com tamanhos diferentes de potências de 2. Verifique se é possível ladrilhar um tabuleiro 3×3.
65. Prove que é possível ladrilhar com ângulos de ferro um tabuleiro 5×5 com o canto superior esquerdo removido.
66. Encontre uma configuração para um tabuleiro 5×5 com um quadrado removido que não possa ser recoberto com ângulos de ferro; explique por que isso não é possível.
67. Considere uma coleção de n retas infinitas tal que duas retas nessa coleção nunca são paralelas e três retas nunca têm um ponto comum de interseção. Mostre que, para $n \geq 1$, as retas dividem o plano em $(n^2 + n + 2)/2$ regiões separadas.
68. Uma cadeia formada por algarismos binários, 0 e 1, será convertida em uma cadeia de paridade par adicionando-se um bit* de paridade ao final da cadeia. (Para uma explicação sobre o uso de bits de paridade, veja o Exemplo 30 no Capítulo 9.) O bit de paridade é inicialmente 0. Quando um caractere 0 é processado, o bit de paridade não se altera. Quando um caractere 1 é processado, o bit de paridade muda de 0 para 1 ou de 1 para 0. Prove que o número de algarismos iguais a 1 na cadeia final, incluindo o bit de paridade, é sempre par. (*Sugestão*: Considere vários casos.)
69. O que está errado na seguinte "demonstração" por indução matemática? Vamos provar que, para qualquer inteiro positivo n, n é igual a 1 mais n. Suponha que $P(k)$ é verdadeira.

$$k = k + 1$$

Somando 1 aos dois lados dessa equação, obtemos

$$k + 1 = k + 2$$

Portanto,

$$P(k + 1) \text{ é verdadeira}$$

70. O que está errado na seguinte "demonstração" por indução matemática?

> Vamos provar que todos os computadores são montados pelo mesmo fabricante. Em particular, vamos provar que, em qualquer coleção de n computadores, em que n é um inteiro positivo, todos os computadores foram montados pelo mesmo fabricante. Vamos primeiro provar $P(1)$, um processo trivial, já que em qualquer coleção com apenas um computador existe apenas um fabricante. Vamos supor $P(k)$, ou seja, em qualquer coleção de k computadores, todos os computadores foram montados pelo mesmo fabricante. Para provar $P(k + 1)$, vamos considerar uma coleção qualquer de $k + 1$ computadores. Vamos retirar um desses $k + 1$ computadores da coleção (vamos chamá-lo de HAL). Pela hipótese, todos os k computadores restantes foram montados pelo mesmo fabricante. Vamos trocar o HAL de lugar com um desses computadores. No novo grupo de k computadores, todos têm o mesmo fabricante. Assim, o fabricante de HAL é o mesmo que produziu todos os outros computadores e todos os $k + 1$ computadores têm o mesmo fabricante.

71. Uma tribo obscura tem uma linguagem com apenas três palavras básicas, *mono*, *nono* e *sono*. Novas palavras são compostas agregando-se essas palavras em qualquer ordem, como em *sonononomononono*. Qualquer justaposição desse tipo é válida.
    a. Use o primeiro princípio de indução (sobre o número de palavras básicas em cada palavra composta) para provar que qualquer palavra nessa linguagem tem um número par de letras iguais a *o*.
    b. Use o segundo princípio de indução (sobre o número de palavras básicas em cada palavra composta) para provar que qualquer palavra nessa linguagem tem um número par de letras iguais a *o*.
72. Um *polígono simples fechado* consiste em n pontos no plano ligados em pares por n segmentos de reta; cada ponto é a extremidade de exatamente dois segmentos de reta. A seguir são dados dois exemplos.

---

*Utilizaremos, como é usual, a nomenclatura inglesa *bit* para denotar um algarismo binário. (A palavra *bit* é uma abreviação de *binary digit*, que significa *algarismo binário*.) (N.T.)

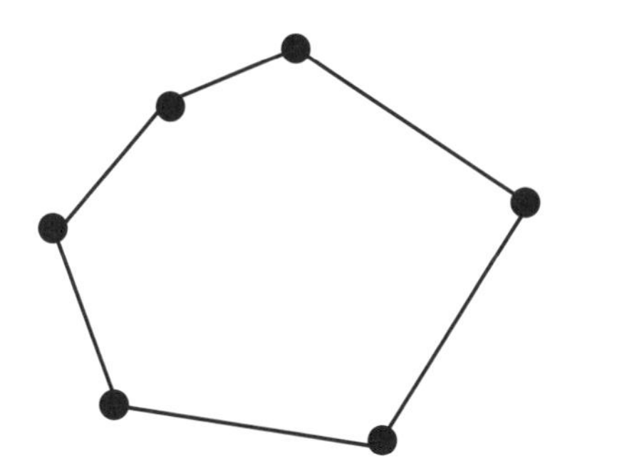

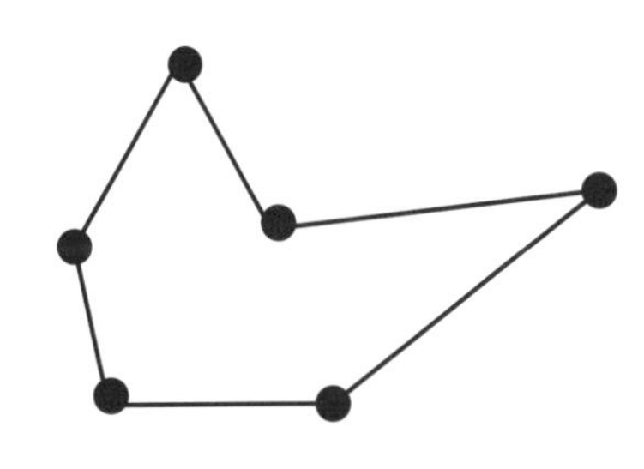

a. Use o primeiro princípio de indução para provar que a soma dos ângulos internos de um polígono simples fechado com n lados é $(n-2)180^{\circ}$ para todo $n \geq 3$.

b. Use o segundo princípio de indução para provar que a soma dos ângulos internos de um polígono simples fechado com n lados é $(n-2)180^{\circ}$ para todo $n \geq 3$.

73. O Diretório do Departamento de Ciência da Computação está patrocinando uma competição de quebra-cabeças. Os quebra-cabeças são formados juntando-se duas peças para formar um pequeno bloco, adicionando-se uma peça a um bloco já formado ou juntando-se dois blocos. Cada um desses movimentos é considerado um passo da solução. Use o segundo princípio de indução para provar que o número de passos necessários para se completar um quebra-cabeça com n peças é igual a $n-1$.

74. A pizzaria Pizza do Nosso Jeito só fabrica dois tipos de pizza, a calabresa e a vegetariana. Cada pizza é entregue com um número par de palitos (não necessariamente o mesmo número par para os dois tipos de pizza). Qualquer pedido de 2 ou mais pizzas tem que incluir pelo menos uma pizza de cada tipo. A pessoa que prepara o pedido para entrega completa-o combinando dois pedidos — pega primeiro todas as pizzas de calabresa na primeira estufa e depois todas as vegetarianas na segunda estufa. Prove que, para um pedido de entrega de n pizzas, $n \geq 1$, é incluído um número par de palitos.

75. Considere fbfs proposicionais contendo apenas os conectivos $\wedge$, $\vee$ e $\rightarrow$ (sem a negação) e tais que, ao usar um conectivo para juntar duas fbfs, temos que usar parênteses. Conte cada letra de proposição, conectivo ou parêntese como um símbolo. Por exemplo, $((A) \wedge (B)) \vee ((C) \wedge (D))$ é uma fbf desse tipo, com 19 símbolos. Prove que qualquer fbf desse tipo tem um número ímpar de símbolos.

76. Em qualquer grupo de k pessoas, $k \geq 1$, cada pessoa cumprimenta, com aperto de mão, todas as outras pessoas. Encontre uma fórmula para o número de apertos de mão e prove-a usando indução.

77. Prove que qualquer quantia em selos maior ou igual a 2 centavos pode ser obtida usando-se apenas selos de 2 e de 3 centavos.

78. Prove que qualquer quantia em selos maior ou igual a 12 centavos pode ser obtida usando-se apenas selos de 4 e de 5 centavos.

79. Prove que qualquer quantia em selos maior ou igual a 14 centavos pode ser obtida usando-se apenas selos de 3 e de 8 centavos.

80. Prove que qualquer quantia em selos maior ou igual a 42 centavos pode ser obtida usando-se apenas selos de 4 e de 15 centavos.

81. Prove que qualquer quantia em selos maior ou igual a 64 centavos pode ser obtida usando-se apenas selos de 5 e de 17 centavos.

82. O caixa automático em seu banco usa apenas notas de R\$20,00 e de R\$50,00 para dar dinheiro. Prove que você pode obter, além de R\$20,00, qualquer quantia múltipla de R\$10,00 que seja maior ou igual a R\$40,00.

Os Exercícios 83 e 84 requerem familiaridade com as ideias do Cálculo Diferencial e Integral. Os Exercícios 1 a 26 forneceram fórmulas exatas para a soma de termos em uma sequência que podem ser expressas como $\sum_{m=1}^{n} f(m)$. Algumas vezes é difícil encontrar uma expressão exata para um somatório desses, mas, se a sequência $f(m)$ for monótona crescente, pode-se usar integração para obter uma cota superior e uma cota inferior para o somatório. Especificamente,

$$\int_{0}^{n} f(x)dx \leq \sum_{m=1}^{n} f(m) \leq \int_{1}^{n+1} f(x)dx$$

Usando a figura a seguir, podemos ver (à esquerda) que $\int_0^n f(x)dx$ é menor do que o valor do somatório, enquanto (à direita) $\int_1^{n+1} f(x)dx$ é maior.

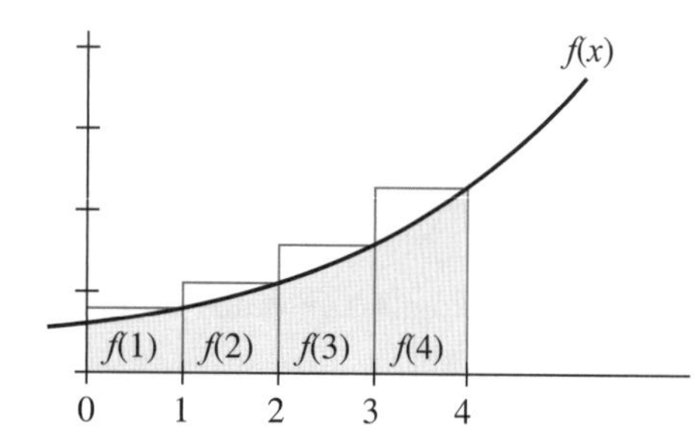

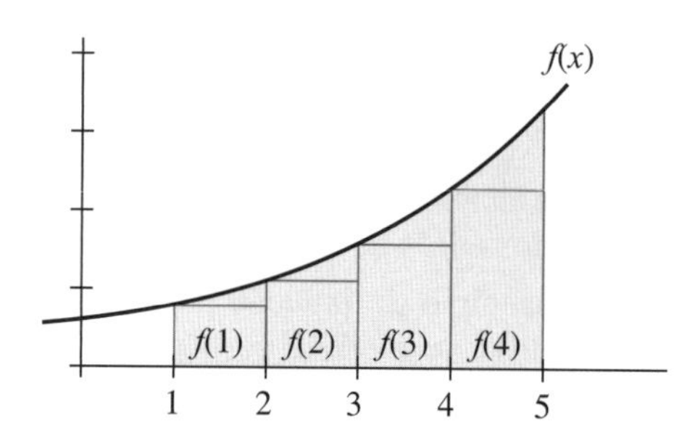

83. Mostre que $\int_0^n 2x\,dx \le \sum_{m=1}^{n} 2m \le \int_1^{n+1} 2x\,dx$ (veja o Exercício 2).

84. Mostre que $\int_0^n x^2dx \le \sum_{m=1}^{n} m^2 \le \int_1^{n+1} x^2dx$ (veja o Exercício 7).

SEÇÃO 2.3 MAIS SOBRE DEMONSTRAÇÃO DE CORREÇÃO

Explicamos, na Seção 1.6, como usar um sistema de lógica formal para demonstrar matematicamente a correção de um programa. Asserções ou predicados envolvendo as variáveis do programa são inseridos no início, no final e em pontos intermediários entre as proposições do programa. Então, demonstrar a correção de qualquer proposição particular s_i envolve provar que o condicional representado pela tripla de Hoare

$$\{Q\}\ s_i\ \{R\} \tag{1}$$

é verdadeiro. Aqui, Q e R são asserções conhecidas como a precondição e a pós-condição, respectivamente, para a proposição. Podemos demonstrar a correção do programa se todos esses condicionais forem verdadeiros.

Discutimos, no Capítulo 1, regras de inferência que fornecem condições sob as quais o condicional (1) é verdadeiro quando s_i é uma atribuição e quando s_i é um condicional. Vamos agora usar regras de inferência que nos dão condições sob as quais (1) é verdadeiro quando s_i é um laço. Adiamos a análise de proposições em laço até agora porque se utiliza indução matemática na aplicação dessa regra de inferência.

A Regra do Laço

Suponha que s_i é uma proposição com laço da forma

enquanto condição B **faça**
  P
fim do enquanto

em que B é uma condição que pode ser falsa ou verdadeira e P é um segmento de programa. Quando essa proposição é executada, verifica-se a condição B. Caso B seja verdadeira, o segmento de programa P é executado e B é reavaliada. Se B continua sendo verdadeira, o segmento de programa é executado novamente, B é reavaliada de novo e assim por diante. Se a condição B se torna falsa em algum momento, o laço termina.

A forma condicional (1) que pode ser usada quando s_i é uma proposição com laço impõe (como o axioma de atribuição o fez) uma relação entre a precondição e a pós-condição. A precondição Q é válida antes de se entrar no laço; parece estranho, mas uma das condições é que Q continue válida depois que o laço termina (o que significa que devemos procurar uma precondição Q que queremos que seja verdadeira quando o laço terminar). Além disso, B' — a condição para o laço parar — também tem que ser verdadeira. Assim, (1) vai ter a forma

$$\{Q\}\ s_i\ \{Q \wedge B'\} \tag{2}$$

EXEMPLO 25 Considere a função em pseudocódigo a seguir, que é suposta de dar como resposta o valor $x * y$ para inteiros não negativos x e y.

Produto (inteiro não negativo x; inteiro não negativo y)
Variáveis locais:
inteiros i, j
  $i = 0$
  $j = 0$
  enquanto $i \neq x$ **faça**
    $j = j + y$
    $i = i + 1$
  fim do enquanto
  //j agora tem o valor $x * y$
  escreva j
fim da função *Produto*

Essa função contém um laço; a condição B para que o laço continue a ser executado é que $i \neq x$. A condição B' para a execução do laço é que $i = x$. Ao final do laço, afirma-se, no comentário, que j tem o valor $x * y$. Dado que $i = x$ quando o laço termina, a asserção $j = i * y$ também teria que ser verdadeira. Assim, ao término do laço, queremos que

$$Q \wedge B' = Q \wedge (i = x)$$

e também queremos que

$$j = x * y$$

Para ter ambas as condições

$$Q \wedge (i = x) \text{ e } j = x * y$$

Q tem que ser a proposição

$$j = i * y$$

(Note que Q é um predicado, ou seja, enuncia uma relação entre variáveis no programa. Nunca é parte de uma equação com $Q = j$.) Para ser igual à forma em (2), a afirmação $j = i * y$ teria que ser verdadeira antes do laço. Isso ocorre de fato, já que, logo antes do laço, $i = j = 0$.

Parece que temos, para este exemplo, um candidato Q para o condicional (2), mas ainda não temos a regra de inferência que nos permite dizer quando (2) é um condicional verdadeiro. (Lembre-se de que descobrimos nosso Q "desejando" que o código para a função funcionasse corretamente.) ●

A asserção Q tem que ser verdadeira antes de começar o laço. Se o condicional (2) for verdadeiro, Q terá que permanecer verdadeira após o término do laço. Já que podemos não saber exatamente quando o laço vai terminar, Q precisa permanecer verdadeira após cada iteração do laço, o que inclui a iteração final. Q representa um predicado, ou relação, entre os valores das variáveis do programa. Se essa relação entre os valores das variáveis do programa for válida antes da execução de uma iteração do laço e após a execução da iteração, então a *relação* entre essas variáveis não é afetada pela ação da iteração do laço, embora os valores propriamente ditos possam ser modificados. Tal relação é chamada de um **invariante do laço**.

A **regra de inferência para laços** permite que a veracidade de (2) seja inferida de um condicional dizendo que Q é um invariante do laço. Novamente, para Q ser um invariante do laço, então, se Q e a condição B forem verdadeiras, de modo que seja executada outra iteração do laço, a proposição Q terá que permanecer verdadeira após essa iteração, o que pode ser expresso pela tripla de Hoare $\{Q \wedge B\}\ P\ \{Q\}$. A regra está formalmente enunciada na Tabela 2.4.

TABELA 2.4

De	Pode-se Deduzir	Nome da Regra	Restrições sobre o Uso
$\{Q \wedge B\}\ P\ \{Q\}$	$\{Q\}\ s_i\ \{Q \wedge B'\}$	laço	s_i tem a forma **enquanto** condição B **faça** P **fim do enquanto**

Para usar essa regra de inferência, precisamos encontrar um invariante do laço Q que seja *útil* — um que afirme o que queremos e o que esperamos que aconteça — e depois provar o condicional

$$\{Q \wedge B\}\ P\ \{Q\}$$

E é aqui que a indução entra em cena. Vamos denotar por $Q(n)$ a proposição de que um invariante do laço proposto Q seja verdadeiro após n iterações do laço. Como não sabemos quantas iterações serão executadas no laço (ou seja, por quanto tempo a condição B irá permanecer verdadeira), queremos mostrar que $Q(n)$ é verdadeira para todo $n \geq 0$. (O valor $n = 0$ corresponde à asserção antes do início do laço, antes de qualquer iteração.)

EXEMPLO 26 Considere, novamente, a função em pseudocódigo do Exemplo 25. Naquele exemplo, conjecturamos que Q é a relação

$$j = i * y$$

Para usar a regra de inferência do laço, precisamos provar que Q é um invariante do laço.

As quantidades x e y permanecem constantes durante todo o processo, mas os valores de i e j variam dentro do laço. Vamos denotar por i_n e j_n, respectivamente, os valores de i e j após n iterações do laço. Então, Q_n é a proposição $j_n = i_n * y$.

Vamos provar por indução que $Q(n)$ é válida para todo $n \geq 0$. $Q(0)$ é a proposição

$$j_0 = i_0 * y$$

que, como observamos no Exemplo 25, é verdadeira, pois antes de qualquer iteração, ao chegar pela primeira vez no laço, é atribuído tanto a i quanto a j o valor 0. (Formalmente, o axioma de atribuição poderia ser usado para provar que essas condições sobre i e j são válidas nesse instante.)

Suponha $Q(k)$: $j_k = i_k * y$
Mostre $Q(k + 1)$: $j_{k+1} = i_{k+1} * y$

Entre o instante em que j e i têm os valores j_k e i_k e o instante em que j e i têm os valores j_{k+1} e i_{k+1}, ocorre uma iteração do laço. Nessa iteração, j muda adicionando-se y a seu valor anterior e i muda adicionando-se 1. Ou seja,

$$j_{k+1} = j_k + y \quad (3)$$
$$i_{k+1} = i_k + 1 \quad (4)$$

Então

$$\begin{aligned} j_{k+1} &= j_k + y && \text{(de (3))} \\ &= i_k * y + y && \text{(pela hipótese de indução)} \\ &= (i_k + 1)y \\ &= i_{k+1} * y && \text{(de (4))} \end{aligned}$$

Acabamos de provar que Q é um invariante do laço.

A regra de inferência do laço nos permite inferir que, ao sair do laço, a condição $Q \wedge B'$ é válida, o que, nesse caso, se torna

$$j = i * y \wedge i = x$$

Portanto, nesse instante, a proposição

$$j = x * y$$

é verdadeira, o que é exatamente o que a função é suposta de calcular. ●

O Exemplo 26 ilustra o fato de que invariantes do laço dizem algo mais forte sobre o programa do que o que queremos, de fato, mostrar; o que queremos mostrar é o caso particular do invariante ao final do laço. Encontrar o invariante do laço apropriado necessita de uma análise de trás para a frente, partindo da conclusão desejada, como no Exemplo 25.

Não provamos, na realidade, que o laço nesse exemplo termina. O que provamos foi uma **correção parcial** — o programa produzirá a resposta correta se terminar. Como x é um inteiro não negativo e i é um inteiro que começa em 0 e vai aumentando de 1 em 1 em cada iteração, sabemos que $i = x$ vai ter que ser verdade em algum instante.

PROBLEMA PRÁTICO 10 Mostre que a função a seguir dá como resposta o valor $x + y$ para inteiros não negativos x e y, provando o invariante do laço Q: $j = x + i$ e calculando Q ao final do laço.

```
Soma (inteiro não negativo x; inteiro não negativo y)
Variáveis locais:
inteiros i, j
   i = 0
   j = x
   enquanto i ≠ y faça
      j = j + 1
      i = i + 1
   fim do enquanto
   // j agora tem o valor x + y
   retorne j
fim da função Soma
```
■

As duas funções, a do Exemplo 25 e a do Problema Prático 10, não são muito realistas; afinal de contas, se quiséssemos calcular $x * y$ ou $x + y$ poderíamos, sem dúvida, usar um único comando. No entanto, as mesmas técnicas podem ser aplicadas a cálculos mais significativos, como o algoritmo de Euclides.

O Algoritmo de Euclides

O **algoritmo de Euclides** foi descrito pelo matemático grego Euclides há mais de 2.300 anos, embora possa ter sido conhecido antes. De qualquer modo, é um dos algoritmos mais antigos conhecidos. Esse algoritmo encontra o maior divisor comum entre dois inteiros positivos a e b, em que $a > b$. O **máximo divisor comum** de a e b, denotado por mdc(a, b), é o maior inteiro n tal que $n \mid a$ e $n \mid b$. Por exemplo, mdc(12, 18) é 6 e mdc(420, 66) = 6.

Vamos primeiro tratar dois casos triviais do mdc(a, b) que não necessitam do algoritmo de Euclides.

i. mdc(a, a) = a. É claro que $a \mid a$ e que não existe um inteiro maior que divida a.
ii. mdc(a, 0) = a. Novamente, $a \mid a$ e não existe um inteiro maior que divida a, mas, além disso, $a \mid 0$, já que 0 é um múltiplo de a: $0 = 0(a)$.

O algoritmo de Euclides funciona por meio de uma sucessão de divisões. Para encontrar *mdc*(a, b), supondo que $a > b$, divida, primeiro, a por b, obtendo um quociente e um resto. Formalmente, nesse instante temos $a = q_1b + r_1$, em que $0 \leq r_1 < b$. A seguir, divida o divisor, b, pelo resto r_1, obtendo $b = q_2r_1 + r_2$, em que $0 \leq r_2 < r_1$. Novamente, divida o divisor, r_1, pelo resto r_2, obtendo $r_1 = q_3r_2 + r_3$, em que $0 \leq r_3 < r_2$. É claro que temos aqui um processo em laço, com os restos ficando sucessivamente menores. Esse processo termina quando encontramos um resto 0; o máximo divisor comum é o último divisor utilizado.

EXEMPLO 27 Para encontrar mdc(420, 66) são efetuadas as seguintes divisões:

```
 420 |66      66 |24      24 |18      18 |6
-396  6      -48  2      -18  1      -18  3
  24          18           6           0
```

A resposta é 6, o divisor utilizado quando temos resto 0. ●

A seguir apresentamos uma versão em pseudocódigo do algoritmo na forma de uma função que retorna o valor mdc(a, b).

ALGORITMO *ALGORITMO DE EUCLIDES*

```
MDC (inteiro positivo a; inteiro positivo b)
//a > b
Variáveis locais:
inteiros i, j
  i = a
  j = b
  enquanto j ≠ 0 faça
    calcule i = qj + r, 0 ≤ r < j
    i = j
    j = r
  fim do enquanto
  // i agora tem o valor mdc(a, b)
  retorne i;
fim da função MDC
```

Queremos mostrar que essa função está correta, mas precisamos, primeiro, de um fato adicional, a saber,

$$(\forall \text{ inteiros } a, b, q, r)[(a = qb + r) \rightarrow (\text{mdc}(a, b) = \text{mdc}(b, r))] \quad (5)$$

Para provar (5), vamos supor que $a = qb + r$ e que c divide tanto a quanto b, de modo que $a = q_1c$ e $b = q_2c$. Então

$$r = a - qb = q_1c - qq_2c = c\,(q_1 - qq_2)$$

de modo que c também divide r. Portanto, qualquer inteiro que divida a e b também divide b e r. Suponha, agora, que d divide tanto b quanto r, de modo que $b = q_3d$ e $r = q_4d$. Então

$$a = qb + r = qq_3d + q_4d = d(qq_3 + q_4)$$

logo d também divide a. Portanto, qualquer inteiro que divida b e r também divide a e b. Como (a, b) e (b, r) têm precisamente os mesmos divisores, eles têm que ter o mesmo máximo divisor comum.

EXEMPLO 28 Prove que o algoritmo de Euclides está correto.

Usando a função MDC, vamos provar o invariante de laço Q: $\text{mdc}(i, j) = \text{mdc}(a, b)$ e calcular Q quando o laço terminar. Usaremos indução para provar $Q(n)$: $\text{mdc}(i_n, j_n) = \text{mdc}(a, b)$ para todo $n \geq 0$. $Q(0)$ é a proposição

$$\text{mdc}(i_0, j_0) = \text{mdc}(a, b)$$

que é verdadeira, já que quando chegamos ao laço pela primeira vez i e j_n têm os valores a e b, respectivamente.

Suponha $Q(k)$: $\quad \text{mdc}(i_k, j_k) = \text{mdc}(a, b)$
Mostre $Q(k + 1)$: $\text{mdc}(i_{k+1}, j_{k+1}) = \text{mdc}(a, b)$

Pelos comandos de atribuição dentro do laço, sabemos que

$$\begin{aligned} i_{k+1} &= j_k \\ j_{k+1} &= r_k \end{aligned}$$

Então

$$\begin{aligned} \text{mdc}(i_{k+1}, j_{k+1}) &= \text{mdc}(j_k, r_k) \\ &= \text{mdc}(i_k, j_k) && \text{de (5)} \\ &= \text{mdc}(a, b) && \text{pela hipótese de indução} \end{aligned}$$

e, portanto, Q é um invariante do laço. Quando o laço termina, $\text{mdc}(i, j) = \text{mdc}(a, b)$ e $j = 0$, logo $\text{mdc}(i, 0) = \text{mdc}(a, b)$. Mas $\text{mdc}(i, 0) = i$, de modo que $i = \text{mdc}(a, b)$. Portanto, a função MDC está correta. ●

Produzindo Programas Mais Seguros

A demonstração de correção procura verificar que determinado programa ou segmento de programa para computadores está de acordo com suas especificações. Como vimos, essa abordagem depende da lógica formal para provar que determinada relação (a precondição) entre as variáveis do programa é válida antes da execução de determinado comando e que outra relação (a pós-condição) é válida depois da execução do comando. Como a natureza da demonstração de correção envolve um trabalho muito intenso, seu uso fica reservado, em geral, para seções críticas do código em aplicações importantes.

O método B é um conjunto de ferramentas que faz o seguinte:

1. Apoia a especificação formal de um projeto por meio de um modelo abstrato do sistema a ser desenvolvido. Esse apoio inclui tanto a geração automática de lemas que precisam ser provados para garantir que o modelo reflete os requisitos do sistema quanto ferramentas de demonstração automática para provar cada lema ou marcá-lo para verificação humana.
2. Traduz o modelo abstrato em um projeto com código pronto, novamente usando lemas para garantir que o projeto está de acordo com o modelo abstrato. O nível final então pode ser colocado em código, muitas vezes usando a linguagem de programação Ada, descrita por seus proponentes como "a linguagem projetada para construir sistemas realmente importantes".

Uma das aplicações mais interessantes da demonstração de correção baseada no método B é o desenvolvimento do programa para o trem Meteoro em Paris. Essa parte do sistema de trens de metrô de Paris foi projetada para transportar até 40.000 passageiros por hora e por sentido, com um intervalo entre trens tão curto como 85 segundos nas horas de pico. A parte crítica de segurança do programa inclui o andar e o parar de cada trem, o abrir e o fechar das portas, a energia para a tração elétrica, as rotas, a velocidade de cada trem e os alarmes de passageiros. No final do projeto, 27.800 lemas tinham sido demonstrados, com 92% deles de forma automática (sem intervenção humana). Mas eis a parte mais surpreendente: o número de *bugs* no código Ada encontrados pelos testes no computador hospedeiro, no computador alvo, no sítio e depois de o sistema ser colocado em operação foi ... 0. Zero, nada, nenhum. Impressionante!

Outros sistemas de métodos formais vêm sendo usados para projetos de programas críticos, como

- Desenvolvimento de um dispositivo de assistência para o ventrículo esquerdo que ajuda a bombear o sangue de pessoas com insuficiência cardíaca congestiva. O objetivo final é um coração artificial.
- "Algoritmos de detecção e resolução de conflitos" para a segurança no controle de tráfego aéreo.
- Desenvolvimento do programa Tokeneer ID Station para executar identificação biométrica de uma pessoa buscando acesso a um ambiente computacional seguro. Tokeneer é um sistema hipotético proposto pela NSA (National Security Agency, a Agência de Segurança Nacional dos EUA) como um problema desafiador para pesquisadores da área de segurança.

Formal Verification of Large Software Systems, Yin, X., and Knight, J., Proceedings of the NASA Formal Methods Symposium, April 13–15, 2010, Washington D.C., USA.
http://libre.adacore.com/academia/projects-single/echo
http://shemesh.larc.nasa.gov/fm/fm-atm-cdr.html
"Météor: A Successful Application of B in a Large Project," Behm, P., Benoit, P., Faivre, A., and Meynadier, J., *World Congress On Formal Methods in the Development of Computing Systems,* Toulouse, France, 1999, vol. 1709, pp. 369–387.

SEÇÃO 2.3 REVISÃO

TÉCNICAS

- Verificação da correção de um segmento de programa que inclui uma proposição com laço.
- Cálculo do mdc(a, b) usando o algoritmo de Euclides.

IDEIAS PRINCIPAIS

- Podemos usar um invariante do laço, demonstrando por indução no número de iterações, para provar a correção de um laço em um programa.
- Pode-se demonstrar que o algoritmo de Euclides clássico para encontrar o máximo divisor comum de dois números inteiros positivos está correto.

EXERCÍCIOS 2.3

1. Seja Q: $x^2 > x + 1$, em que x é um inteiro positivo. Suponha que Q é verdadeira depois da k-ésima iteração do laço de enquanto a seguir; prove que Q é verdadeira depois da próxima iteração.

   enquanto ($x > 5$) e ($x < 40$) **faça**

   $x = x + 1$

   fim do enquanto

2. Seja Q: $x! > 3^x$, em que x é um inteiro positivo. Suponha que Q é verdadeira depois da k-ésima iteração do laço de enquanto a seguir; prove que Q é verdadeira depois da próxima iteração.

   enquanto ($x > 10$) e ($x < 30$) **faça**

   $x = x + 2$

   fim do enquanto

Nos Exercícios de 3 a 6, prove que o pseudocódigo do segmento de programa está correto provando o invariante do laço Q e calculando Q depois de o laço terminar.

3. Função que retorna o valor de $x!$ para $x \geq 1$.

```
Fatorial (inteiro positivo x)
Variáveis locais:
inteiros i, j
   i = 2
   j = 1
   enquanto i ≠ x + 1 faça
      j = j * i
      i = i + 1
   fim do enquanto
   //agora j tem o valor x!
   retorne j
fim da função Fatorial
```

$Q: j = (i - 1)!$

4. Função que retorna o valor de x^2 para $x \geq 1$

```
Quadrado (inteiro positivo x)
Variáveis locais:
inteiros i, j
   i = 1
   j = 1
   enquanto i ≠ x faça
      j = j + 2i + 1
      i = i + 1
   fim do enquanto
```

```
    //agora j tem o valor x^2
    retorne j
fim da função Quadrado
```

$Q: j = i^2$

5. Função que retorna o valor de x^y para $x, y \geq 1$

```
Potência (inteiro positivo x; inteiro positivo y)
Variáveis locais:
inteiros i, j
    i = 1
    j = x
    enquanto i ≠ y faça
        j = j * x
        i = i + 1
    fim do enquanto
    //agora j tem o valor x^y
    retorne j
fim da função Potência
```

$Q: j = x^i$

6. Função para calcular e escrever o quociente q e o resto r quando x é dividido por y, $x \geq 0$, $y \geq 1$

```
Divide (inteiro não negativo x; inteiro positivo y)
Variáveis locais:
inteiros não negativos q, r
    q = 0
    r = x
    enquanto r ≥ y faça
        q = q + 1
        r = r - y
    fim do enquanto
    //q e r agora são o quociente e o resto
    escreva("O quociente é" q "e o resto é" r)
fim da função Divide
```

$Q: x = q * y + r$

Para os Exercícios 7 a 12, use o algoritmo de Euclides para encontrar o máximo divisor comum dos números dados.

7. (308, 165)
8. (2420, 70)
9. (735, 90)
10. (8370, 465)
11. (1326, 252)
12. (1018215, 2695)
13. O problema a seguir foi apresentado no início do capítulo.

    Você trabalha como voluntário em uma ONG que recebeu doações de 792 sabonetes e 400 frascos de xampus. Você quer fazer pacotes para distribuir em abrigos para pessoas sem teto de modo que todos os pacotes contenham o mesmo número de frascos de xampus e o mesmo número de sabonetes. Quantos pacotes você pode formar?

    Explique por que a solução deste problema é mdc(792, 400).

14. Em relação à pergunta apresentada no Exercício 13:
   a. Use o algoritmo de Euclides para encontrar o número de pacotes.
   b. Quantos frascos de xampus há em cada pacote?
   c. Quantos sabonetes há em cada pacote?

Nos Exercícios 15 a 21, prove que o segmento de programa está correto encontrando e demonstrando o invariante do laço apropriado Q e calculando Q depois de o laço terminar.

15. Função que retorna o valor de $x * y^n$ para $n \geq 0$

Cálculo (inteiro x; inteiro y; inteiro não negativo n)
Variáveis locais:
inteiros i, j
  $i = 0$
  $j = x$
  enquanto $i \neq n$ **faça**
    $j = j * y$
    $i = i + 1$
  fim do enquanto
  //j agora tem o valor de $x * y^n$
  retorne j
fim da função *Cálculo*

16. Função que retorna o valor de $x - y$ para $x, y \geq 0$

Diferença (inteiro não negativo x; inteiro não negativo y)
Variáveis locais:
inteiros i, j
  $i = 0$
  $j = x$
  enquanto $i \neq y$ **faça**
    $j = j - 1$
    $i = i + 1$
  fim do enquanto
  //j agora tem o valor de $x - y$
  retorne j
fim da função *Diferença*

17. Função que retorna o valor de $(x + 1)^2$ para $x \geq 1$

QuadradoDoIncremento (inteiro positivo x)
Variáveis locais:
inteiros i, j
  $i = 1$
  $j = 4$
  enquanto $i \neq x$ **faça**
    $j = j + 2i + 3$
    $i = i + 1$
  fim do enquanto
  //j agora tem o valor de $(x + 1)^2$
  retorne j
fim da função *QuadradoDoIncremento*

18. Função que retorna o valor de 2^n para $n \geq 1$

```
PotênciasDe2 (inteiro positivo n)
Variáveis locais:
inteiros i, j
   i = 1
   j = 2
   enquanto i ≠ n faça
      j = j * 2
      i = i + 1
   fim do enquanto
   //j agora tem o valor de 2^n
   retorne j
fim da função PotênciaDe2
```

19. Função que retorna o valor de $x * n!$ para $n \geq 1$

```
Outra (inteiro x; inteiro positivo n)
Variáveis locais:
inteiros i, j
   i = 1
   j = x
   enquanto i ≠ n faça
      j = j * (i + 1)
      i = i + 1
   fim do enquanto
   //j agora tem o valor de x * n!
   retorne j
fim da função Outra
```

20. Função que retorna o valor do polinômio $a_nx^n + a_{n-1}x^{n-1} + \cdots + a_1x + a_0$ para um valor dado de x.

```
Poli (real a_n; ... ; real a_0; real x)
Variáveis locais:
inteiros i, j
   i = n
   j = a_n
   enquanto i ≠ 0 faça
      j = j * x + a_{i-1}
      i = i - 1
   fim do enquanto
   //j agora tem o valor do polinômio em x
   retorne j
fim da função Poli
```

21. Função que retorna o valor máximo de $a[1], a[2], \ldots, a[n]$, $n \geq 1$, em um array de inteiros distintos.

```
MáxDoArray(inteiros n, a[1], a[2], . . ., a[n])
Variáveis locais:
inteiros i, j
   i = 1
   j = a[1]
   enquanto i ≠ n faça
      i = i + 1
      se a[i] > j então j = a[i]
   fim do enquanto
```

```
        //j agora tem o valor do maior elemento do array
        retorne j
    fim da função MáxDoArray
```

22. São dadas a seguir quatro funções que deveriam retornar o valor $a[1] + a[2] + \cdots + a[n]$ para $n \geq 1$ (a soma dos n primeiros elementos de um array de inteiros). Para as que não produzem resultados corretos, explique o que está errado. Para as que produzem resultados corretos, demonstre a correção.

a. *SomaA* (inteiros n, $a[1]$, $a[2]$, . . ., $a[n]$)

```
Variáveis locais:
inteiros i, j
    i = 0
    j = 0
    enquanto i ≤ n faça
        i = i + 1
        j = j + a[i]
    fim do enquanto
    //j agora tem o valor a[1] + a[2] + · · · + a[n]
    retorne j
fim da função SomaA
```

b. *SomaB* (inteiros n, $a[1]$, $a[2]$, . . ., $a[n]$)

```
Variáveis locais:
inteiros i, j
    i = 1
    j = 0
    enquanto i ≤ n faça
        j = j + a[i]
        i = i + 1
    fim do enquanto
    //j agora tem o valor a[1] + a[2] + · · · + a[n]
    retorne j
fim da função SomaB
```

c. *SomaC* (inteiros n, $a[1]$, $a[2]$, . . ., $a[n]$)

```
Variáveis locais:
inteiros i, j
    i = 0
    j = 0
    enquanto i ≤ n faça
        j = j + a[i]
        i = i + 1
    fim do enquanto
    //j agora tem o valor a[1] + a[2] + · · · + a[n]
    retorne j
fim da função SomaC
```

d. *SomaD* (inteiros n, $a[1]$, $a[2]$, . . ., $a[n]$)

```
Variáveis locais:
inteiros i, j
    i = 1
    j = a[1]
    enquanto i ≤ n faça
        j = j + a[i + 1]
        i = i + 1
    fim do enquanto
    //j agora tem o valor a[1] + a[2] + · · · + a[n]
    retorne j
fim da função SomaD
```

Os Exercícios 23 a 28 tratam de uma variação do algoritmo de Euclides mais adequada à implementação computacional. O algoritmo MDC original depende de divisões inteiras repetidas para calcular restos. A variação a seguir, chamada de *algoritmo MDC binário*, também usa divisão, mas só por 2, mais subtração e um teste de paridade (para ver se o número é par ou ímpar). Como os números são armazenados no computador em forma binária, essas operações são simples e são efetuadas muitas vezes através de circuitos na placa. O teste par/ímpar pode ser feito usando-se conjunção bit a bit de N & 1, que resultará em 1 se e somente se N for ímpar. Dado um N ímpar, a divisão por 2 é obtida facilmente por um deslocamento de 1 bit à direita, em que todos os bits são deslocados uma casa para a direita (o bit na extrema direita desaparece) e o bit na extrema esquerda recebe o valor 0. (Multiplicação por 2 é um deslocamento de 1 bit para a esquerda.) A subtração envolve o complemento de 2. Como resultado, o algoritmo mdc binário, que evita a divisão regular, é mais rápido do que o algoritmo de Euclides, embora execute mais operações (mais simples). O algoritmo mdc binário baseia-se em três fatos:

1. Se a e b forem ambos pares, então mdc(a, b) = 2mdc$(a/2, b/2)$.
2. Se a for par e b for ímpar, então mdc(a, b) = mdc$(a/2, b)$.
3. Se a e b forem ambos ímpares com $a \geq b$, então mdc(a, b) = mdc$((a - b)/2, b)$.

23. Para provar que, se a e b forem ambos pares, então mdc(a, b) = 2mdc$(a/2, b/2)$, sejam a e b dois inteiros pares. Então 2 é um fator comum de a e de b, logo 2 é um fator de mdc(a, b). Seja $2c$ = mdc(a, b). Então

$$a = n(2c) \text{ e } b = m(2c)$$

$$a/2 = nc \text{ e } b/2 = mc$$

de modo que $c \mid a/2$ e $c \mid b/2$. Termine esta demonstração mostrando que c = mdc$(a/2, b/2)$.

24. Para provar que, se a for par e b for ímpar, então mdc(a, b) = mdc$(a/2, b)$, note que, como b é ímpar, 2 não é um fator de b, logo não é um fator de mdc(a, b). Logo, todas as contribuições para mdc(a, b) vêm de b e de $a/2$, portanto mdc(a, b) = mdc$(a/2, b)$. Escreva uma equação para mdc(a, b) quando a for ímpar e b for par.

25. Queremos provar que, se a e b forem ambos ímpares com $a \geq b$, então mdc(a, b) = mdc$((a - b)/2, b)$. Se a e b forem ambos ímpares, então mdc(a, b) = mdc$(a - b, b)$ por causa do algoritmo de Euclides usual, pois o primeiro passo no cálculo de mdc(a, b) é $a = qb + r$, $0 \leq r < b$, enquanto o primeiro passo no cálculo de mdc$(a - b, b)$ é $a - b = (q - 1)b + r$, $0 \leq r < b$. O próximo passo nos dois casos é dividir b por r, de modo que as duas respostas finais terão que ser iguais. Termine esta demonstração mostrando que mdc$(a - b, b)$ = mdc$((a - b)/2, b)$.

26. Para encontrar o mdc(420, 66), o algoritmo MDC binário executa os passos a seguir (compare com o Exemplo 27). Você pode fazer essas contas de cabeça!

420	66	Fator 1	Guarde o fator 2 para multiplicar ao final
210	33	Fator 2	
105	33	Fator 3	
36	33	Fator 2	
18	33	Fator 2	
9	33	Fator 3	[Como mdc(a, b) = mdc(b, a), não importa se o número maior é o primeiro ou o segundo, ou se o número par é o primeiro ou o segundo.]
9	12	Fator 2	
9	6	Fator 2	
9	3	Fator 3	
3	3	Fator 3	
0	3		

Um número agora é 0, logo o outro é um fator no mdc, logo mdc(420, 66) = 2 * 3 = 6 (o fator 2 vem do primeiro passo). Use o algoritmo MDC binário para calcular mdc(24, 20).

27. Use o algoritmo MDC binário para calcular mdc(308, 165) [veja o Exercício 7].

28. Use o algoritmo MDC binário para calcular mdc(2420, 70) [veja o Exercício 8].

SEÇÃO 2.4 TEORIA DOS NÚMEROS

Na Seção 2.1, demonstramos diversos resultados elementares de teoria dos números, como "o produto de dois inteiros pares é par". Essas demonstrações dependeram de definições básicas e das técnicas usuais de demonstração (demonstração direta, demonstração pela contrapositiva e demonstração por absurdo). Agora que temos munição adicional, podemos provar mais resultados sobre teoria dos números. A teoria dos números é divertida porque podem ser feitas conjecturas facilmente — afinal, os resultados são só para inteiros —, mas, apesar disso, as demonstrações podem ser muito difíceis. Um caso extremo é o **último teorema de Fermat**, que afirma que não existem inteiros positivos x, y e z para os quais

$$x^n + y^n = z^n$$

para qualquer inteiro $n > 2$. (Existem soluções para $n = 2$, como $3^2 + 4^2 = 5$.) Pierre de Fermat afirmou esse resultado em torno de 1637, mas — embora muitas "demonstrações" falsas tenham sido publicadas nesse ínterim — só em 1995 é que foi encontrada uma demonstração, quando o Dr. Andrew Wiles, da Universidade de Princeton, provou o resultado usando matemática bem complicada. Estamos interessados em teoria dos números, no entanto, por causa de sua utilidade em segurança computacional (veja a Seção 5.6).

O Teorema Fundamental da Aritmética

LEMBRETE

Um número primo é um inteiro > 1 que só é divisível por ele mesmo e por 1.

Vamos começar expandindo um resultado que provamos usando o segundo princípio de indução no Exemplo 23, Seção 2.2: para todo inteiro $n \geq 2$, n é um número primo ou é um produto de números primos.

De fato, pode ser feita uma afirmação mais forte.

TEOREMA O TEOREMA FUNDAMENTAL DA ARITMÉTICA

Para todo inteiro $n \geq 2$, n é um número primo ou pode ser escrito de maneira única (a menos de ordem) como um produto de números primos.

A parte nova aqui é que só existe um modo de fatorar um número composto como um produto de primos se ignorarmos a ordem dos fatores. Assim consideramos

$$2(3)(3) = 3(2)(3)$$

como a mesma fatoração de 18. Aceitamos, intuitivamente, a ideia da unicidade — de que outra maneira poderíamos escrever 18 como um produto de primos? Uma demonstração formal precisa de um pouco de preparação e começa com um novo olhar sobre o máximo divisor comum de dois inteiros positivos.

O algoritmo de Euclides para encontrar mdc(a, b) foi dado na Seção 2.3. Ocorre que, se a e b forem inteiros positivos, então mdc(a, b) sempre pode ser escrito como uma **combinação linear** de a e de b; ou seja,

$$\text{mdc}(a, b) = ia + jb \text{ para algum inteiro } i \text{ e algum inteiro } j$$

EXEMPLO 29 Usando o algoritmo de Euclides, vimos, na Seção 2.3, que mdc(420, 66) = 6. E 6 pode ser escrito como uma combinação linear de 420 e 66:

$$6 = 3(420) - 19(66)$$

Embora seja fácil verificar neste exemplo que 3(420) – 19(66) tem o valor 6, os valores dos coeficientes 3 e –19 parecem misteriosos. Eles não foram porém simplesmente tirados de uma cartola mágica; de fato, eles são obtidos das divisões sucessivas efetuadas pelo algoritmo de Euclides.

EXEMPLO 30 As divisões sucessivas executadas pelo algoritmo de Euclides para encontrar mdc(420, 66) podem ser escritas na seguinte forma (veja o Exemplo 27 na Seção 2.3):

$$\begin{aligned} 420 &= 6 \cdot 66 + 24 \\ 66 &= 2 \cdot 24 + 18 \\ 24 &= 1 \cdot 18 + 6 \\ 18 &= 3 \cdot 6 + 0 \end{aligned}$$

Reescrevendo as três primeiras equações de baixo para cima, obtemos

$$\begin{aligned} 6 &= 24 - 1 \cdot 18 \\ 18 &= 66 - 2 \cdot 24 \\ 24 &= 420 - 6 \cdot 66 \end{aligned}$$

Agora usamos essas equações fazendo diversas substituições:

$$\begin{aligned} 6 = 24 - 1 \cdot 18 &= 24 - 1 \cdot (66 - 2 \cdot 24) \text{ (substituindo por 18)} \\ &= 3 \cdot 24 - 66 \\ &= 3 \cdot (420 - 6 \cdot 66) - 66 \text{ (substituindo por 24)} \\ &= 3 \cdot 420 - 19 \cdot 66 \end{aligned}$$

o que revela a combinação linear de 420 e 66 que fornece o valor 6.

O algoritmo de Euclides nos fornece um modo de expressar mdc(a, b) como combinação linear de a e b, mas existe outro modo de caracterizar essa combinação linear.

TEOREMA SOBRE MDC(a, b)

Dados dois inteiros positivos a e b, mdc(a, b) é a combinação linear de a e b que tem o menor valor positivo.

Para provar esse resultado, precisamos usar o princípio da boa ordenação mencionado na Seção 2.2, a saber, que toda coleção de inteiros positivos que tem algum elemento tem um menor elemento. Pelo princípio da boa ordenação, essa coleção tem um menor elemento $c = ia + jb$, em que i e j são inteiros. O teorema afirma que c = mdc(a, b), ou seja, $c \mid a$, $c \mid b$ e c é o maior inteiro que divide tanto a quanto b.

Para provar que $c \mid a$, vamos fazer uma demonstração por absurdo. Suponha que $c \nmid a$. Então a divisão de a por c tem resto não nulo,

$$a = mc + r \qquad \text{em que } m \text{ é inteiro e } 0 < r < c$$

Reescrevendo essa equação, temos

$$\begin{aligned} r &= a - mc \\ &= a - m(ia + jb) \\ &= (1 - mi)a - (mj)b \end{aligned}$$

o que mostra que r é uma combinação linear positiva de a e b, ou seja, r é um elemento da nossa coleção; mas $r < c$, o que é uma contradição, já que c é o menor elemento nessa coleção. Portanto, $c \mid a$. Podemos mostrar que $c \mid b$ da mesma forma. Então c é um divisor comum de a e de b; pelo Problema Prático 11, c é o máximo divisor comum de a e b, o que completa a demonstração do teorema.

PROBLEMA PRÁTICO 11

a. Prove que, se d for um inteiro positivo tal que $d \mid a$ e $d \mid b$, então $d \mid c$, em que $c = ia + jb$.
b. Prove que, se $d \mid c$, então $c \geq d$. ■

DEFINIÇÃO PRIMOS ENTRE SI

Dois inteiros a e b são **primos entre si** se mdc$(a, b) = 1$.

Do teorema sobre mdc(a, b), segue que a e b serão primos entre si se e somente se existirem inteiros i e j tais que

$$ia + jb = 1$$

PROBLEMA PRÁTICO 12 Os inteiros 21 e 16 são primos entre si. Encontre i e j tais que $i(21) + j(16) = 1$. ■

Lembre-se de que um número primo é um inteiro $p > 1$ que só é divisível por 1 e p. Se a for um inteiro múltiplo de um primo p, é claro que $p \mid a$ e $p \mid p$, de modo que mdc$(a, p) = p$. Mas, se a não for um múltiplo de p, então mdc$(a, p) = 1$, já que nenhum outro número divide p. Portanto, dado qualquer inteiro, ou ele é um múltiplo de p ou ele e p são primos entre si.

Suponha que p é um número primo que divide o produto ab de dois inteiros a e b. Como p é "irredutível", p tem que dividir um dos números, a ou b. Mais formalmente, se p não dividir a, então a e p serão primos entre si, mdc$(a, p) = 1$ e existirão inteiros i e j tais que

$$1 = ia + jp$$

Multiplicando essa equação por b, obtemos

$$b = (ia)b + (jp)b = i(ab) + (jp)b$$

Como $p \mid ab$, podemos escrever ab na forma kp, em que k é um inteiro, de modo que a equação anterior fica

$$b = i(kp) + (jp)b = (ik + jb)p \qquad ik + jb \text{ inteiro}$$

e $p \mid b$. Isso prova o teorema a seguir.

TEOREMA SOBRE A DIVISÃO POR NÚMEROS PRIMOS

Seja p um número primo tal que $p \mid ab$, em que a e b são inteiros. Então $p \mid a$ ou $p \mid b$.

PROBLEMA PRÁTICO 13 Estenda o teorema sobre a divisão por números primos da seguinte maneira: Seja p um número primo tal que $p \mid a_1a_2 \ldots a_k$, em que cada a_i é um inteiro. Então $p \mid a_j$ para algum j, $1 \leq j \leq k$. (*Sugestão*: Você quer provar que isso é verdade para todo inteiro positivo k. Qual técnica de demonstração deve usar?) ■

Finalmente, estamos prontos para demonstrar a unicidade (a menos de ordem) da fatoração de um número composto $n > 2$ como produto de números primos. Se n for um número composto, n poderá ser escrito como um produto de primos:

$$n = p_1 p_2 \cdots p_r \qquad \text{em que } p_1 \leq p_2 \leq \ldots \leq p_r \text{ e cada } p_i \text{ é um número primo}$$

Agora suponha que n também pode ser escrito como

$$n = q_1 q_2 \cdots q_s \qquad \text{em que } q_1 \leq q_2 \leq \ldots \leq q_s \text{ e cada } q_i \text{ é um número primo}$$

Então

$$p_1 p_2 \cdots p_r = q_1 q_2 \cdots q_s$$

Estamos supondo que essas duas representações são diferentes, mas elas podem ter alguns fatores em comum; vamos supor que os fatores em comum foram retirados pela divisão. Segue que

$$p_1 \mid p_1 p_2 \cdots p_r$$

assim

$$p_1 \mid q_1 q_2 \cdots q_s$$

Pelo Problema Prático 13, $p_1 \mid q_i$ para algum i, $1 \leq i \leq s$. No entanto, q_i é um número primo, divisível apenas por ele mesmo e por 1, portanto $p_1 = q_i$. Isso é uma contradição, já que tínhamos eliminado os fatores comuns.

EXEMPLO 31 Para encontrar a fatoração única de 825 como um produto de primos, podemos começar simplesmente dividindo 825 por números primos cada vez maiores (2, 3, 5 e assim por diante).

$$2 \nmid 825$$
$$825 = 3 \cdot 275 = 3 \cdot 5 \cdot 55 = 3 \cdot 5 \cdot 5 \cdot 11 = 3 \cdot 5^2 \cdot 11$$

Analogamente,

$$455 = 5 \cdot 7 \cdot 13$$

Dessas fatorações, podemos ver que mdc(825, 455) = 5. A decomposição de dois números inteiros nas suas respectivas fatorações em números primos é outra maneira (além do algoritmo de Euclides) de determinar seu máximo divisor comum. ●

PROBLEMA PRÁTICO 14 Encontre a fatoração única de 1176 como um produto de primos. ■

PROBLEMA PRÁTICO 15 Encontre mdc(420, 66) usando a fatoração única como produto de primos de cada um deles (veja o Exemplo 27). ■

Completamos a demonstração do teorema fundamental da aritmética. No entanto, esse é um resultado de *existência*. Ele diz que, para qualquer inteiro $n > 2$ que não é primo, existe uma única fatoração como produto de primos. Mas não nos diz

a. como decidir se n é primo;
b. se n não for primo, como encontrar os fatores primos de n.

Nenhum desses problemas tem uma solução algorítmica eficiente. A abordagem no Exemplo 31 de dividir um número n por primos cada vez maiores resolve os dois problemas — se n tiver fatores primos, eles serão descobertos, e se não existirem tais fatores, n será primo. No entanto, essa abordagem demandará um trabalho enorme quando n for grande.

Mais sobre Números Primos

Qualquer coisa com um título tão imponente como o teorema fundamental da aritmética tem que ser muito importante. Podemos usar esse teorema para descobrir muitos outros resultados sobre números primos.

Dado um inteiro positivo n, suponha que procuramos fatores primos dividindo n por números primos cada vez maiores. É claro que podemos parar quando chegamos ao maior primo menor ou igual a n, mas, de fato, podemos parar antes, quando chegar ao maior primo menor ou igual a $\sqrt{n}$. Se n puder ser fatorado de maneira não trivial como $n = st$, então tanto s quanto t não podem ser maiores do que $\sqrt{n}$, senão seu produto seria maior do que n. Logo, um deles, digamos s, tem que ser menor ou igual a $\sqrt{n}$. Pelo teorema fundamental da aritmética, s é um primo ou pode ser escrito como um produto de primos. Em qualquer dos casos, existe um fator primo menor ou igual a $\sqrt{n}$, o que prova o teorema a seguir.

TEOREMA SOBRE O TAMANHO DOS FATORES PRIMOS

Se n for um número composto, então terá um fator primo menor ou igual a $\sqrt{n}$.

EXEMPLO 32 Dado $n = 1021$, vamos encontrar os fatores primos de n ou determinar que n é primo. O valor de $\sqrt{1021}$ é um pouco menor do que 32. Então os primos que precisamos testar são 2, 3, 5, 7, 11, 13, 17, 19, 23, 29 e 31. Como nenhum deles divide 1021, 1021 é primo.

Quantos primos existem? Uma infinidade.

TEOREMA SOBRE A INFINIDADE DE PRIMOS (EUCLIDES)

Existe um número infinito de números primos.

Demonstração: Suponha que exista um número finito de números primos, listados como p_1, $p_2, \cdots, p_k$. Considere o número $s = p_1p_2 \cdots p_k + 1$. O inteiro s é maior do que todos os números primos $p_1, p_2, \cdots, p_k$, que estamos supondo são todos os primos, logo s não é primo. Então s é um número composto, e, pelo teorema fundamental da aritmética, s tem uma fatoração como um produto de (alguns dos) números primos. Suponha que p_j é um dos fatores primos de s, ou seja, $s = p_j(m)$ para algum inteiro m. Temos

$$1 = s - p_1p_2 \cdots p_k = p_j(m) - p_1 \cdots p_k = p_j(m - p_1 \cdots p_{j-1}\ p_{j+1} \cdots p_k)$$

Portanto $p_j \mid 1$, uma contradição. *Fim da demonstração*

Embora o teorema de Euclides diga que sempre há outro número primo à frente ao seguirmos ao longo dos números inteiros positivos, a distribuição de primos nos inteiros é errática. Ao contrário do que poderíamos imaginar, os primos não vão ficando cada vez mais distantes uns dos outros. Mesmo entre os primos pequenos, 23 e 29 distam mais do que 29 e 31.

EXEMPLO 33 No Exemplo 11, demonstramos por absurdo que $\sqrt{2}$ não é um número racional. O mesmo argumento funciona para $\sqrt{3}$ e $\sqrt{5}$ (2, 3 e 5 são todos números primos).

Podemos generalizar esse resultado de um único primo para qualquer inteiro x que seja um produto de um número ímpar de fatores primos. Suponha que $x = p_1p_2 \cdot\cdot\cdot p_{2k+1}$, pelo teorema fundamental da aritmética. (Neste exemplo, não estamos usando expoentes, de modo que alguns desses primos podem ser iguais; ou seja, 75 = 3*5*5.) Fazendo, mais uma vez, uma demonstração por absurdo, suponha que $\sqrt{p_1p_2 \cdot\cdot\cdot p_{2k+1}}$, em que a e b são inteiros, $b \neq 0$, a e b primos entre si. Então

$$p_1p_2 \cdots p_{2k+1} = \frac{a^2}{b^2}$$

$$a^2 = p_1p_2 \cdots p_{2k+1}b^2$$

Pelo teorema fundamental, a pode ser escrito como um produto de um ou mais primos, mas a_2 irá acrescentar outro fator para cada fator primo de a, resultando em um número par de fatores primos. Analogamente, b^2 é um produto de um número par de fatores primos. Portanto, $p_1p_2 \cdot\cdot\cdot p_{2k+1}b^2$ é um produto de um número ímpar com um número par de fatores primos (o que nos dá um número ímpar de fatores primos). Mas então a_2 tem um número par de fatores primos, enquanto $p_1p_2 \cdot\cdot\cdot p_{2k+1}b^2$ tem um número ímpar de fatores primos, o que contradiz a unicidade do teorema fundamental. ●

A busca por números primos e por informações sobre números primos tem gerado muito interesse. Até junho de 2013, o maior número primo conhecido era $2^{57.885.161} - 1$, um número com 17.425.170 dígitos. Se considerarmos que, para uma fonte de tamanho razoável, uma impressora usa da ordem de 25 mm para imprimir 10 algarismos, seriam necessários mais de 43,5 km para imprimir um número desse tamanho!

Uma das conjecturas mais antigas sobre números primos — ainda sem solução — é a *conjectura de Goldbach*, formulada em 1742: Todo inteiro par maior do que 2 é a soma de dois números primos.

A Função Fi de Euler

DEFINIÇÃO FUNÇÃO FI DE EULER

Para um inteiro $n \geq 2$, a **função *fi* de Euler** de n, $\varphi(n)$, é o número de inteiros positivos k menores ou iguais a n tais que k e n são primos entre si. (φ é a letra grega "*fi*".)

Como n e n nunca são primos entre si, essa definição poderia ter sido enunciada como "o número de inteiros positivos k menores do que n tais que k e n são primos entre si", mas ocorre que é mais conveniente incluir a igualdade.

EXEMPLO 34 Os primeiros valores de $\varphi(n)$, junto com os números que fornecem esses valores, são

$\varphi(2) = 1$ (o número 1)
$\varphi(3) = 2$ (os números 1, 2)
$\varphi(4) = 2$ (os números 1, 3)
$\varphi(5) = 4$ (os números 1, 2, 3, 4)
$\varphi(6) = 2$ (os números1, 5)
$\varphi(7) = 6$ (os números 1, 2, 3, 4, 5, 6) ●

PROBLEMA PRÁTICO 16 Seja p um número primo. Prove que $\varphi(p) = p - 1$. ■

Para n pequeno, é fácil calcular $\varphi(n)$ usando uma abordagem de força bruta, tentando todos os valores $k < n$ para verificar quais têm a propriedade de que k e n são primos entre si. Mas, de fato, existe uma fórmula para calcular $\varphi(n)$, que deduziremos a seguir.

EXEMPLO 35 Usando o teorema fundamental da aritmética, escreva o inteiro positivo n como um produto de primos de modo que, se o mesmo primo p ocorrer m vezes, aparecerá como p^m. Suponha, por exemplo, que

$$n = p_1^{m_1} p_2^{m_2} p_3^{m_3}$$

Para calcular $\varphi(n)$, precisamos contar todos os inteiros positivos $k \leq n$, dos quais existem n, e eliminar todos os k tais que k e n não são primos entre si. Seja A_i, $1 \leq i \leq 3$, a coleção de todos os múltiplos inteiros positivos de p_i que são $\leq n$; esses números e n têm um fator comum, logo eles e n não são primos entre si. Os múltiplos inteiros de p_i que são $\leq n$ são $p_i, 2p_i, 3p_i, \ldots, n$. Quantos números tem essa lista? Exatamente o número de vezes que você pode dividir n por p_i, ou seja, n/p_i. Então, denotando o número de elementos em A_i por $|A_i|$, sabemos que $|A_i| = n/p_i$. Se combinarmos A_1, A_2 e A_3, teremos todos os inteiros positivos $k \leq n$ tais que k e n são primos entre si. Não podemos simplesmente somar $|A_1| + |A_2| + |A_3| = n/p_3 + n/p_2 + n/p_1$, pois aqui existem números que pertencem a mais de um desses conjuntos e seriam contados mais de uma vez. Os números que aparecem tanto em A_i quanto em A_j com $i \neq j$ são os que são múltiplos inteiros de p_i e de p_j, logo teremos $n/(p_i p_j)$ deles. Temos que subtrair esses para todas as combinações i, j. Mas, ao fazer isso, subtraímos todos os números que pertencem aos três conjuntos três vezes, de modo que eles não estão mais sendo contados, que assim temos que somar os $n/(p_1 p_2 p_3)$ números que pertencem aos três conjuntos.[2] Portanto,

$$\begin{aligned}
\varphi(n) &= n - \left(\frac{n}{p_1} + \frac{n}{p_2} + \frac{n}{p_3} - \frac{n}{p_1p_2} - \frac{n}{p_2p_3} - \frac{n}{p_1p_3} + \frac{n}{p_1p_2p_3}\right) \\
&= n\left(1 - \frac{1}{p_1} - \frac{1}{p_2} - \frac{1}{p_3} + \frac{1}{p_1p_2} + \frac{1}{p_2p_3} + \frac{1}{p_1p_3} - \frac{1}{p_1p_2p_3}\right) \\
&= n\left(\frac{p_1p_2p_3 - p_2p_3 - p_1p_3 - p_1p_2 + p_3 + p_1 + p_2 - 1}{p_1p_2p_3}\right) \quad \text{(somando as frações)} \\
&= n\left(\frac{(p_1 - 1)(p_2 - 1)(p_3 - 1)}{p_1p_2p_3}\right) \quad \text{(verifique isso expandindo o numerador)} \\
&= \frac{n}{p_1p_2p_3}(p_1 - 1)(p_2 - 1)(p_3 - 1) \\
&= p_1^{m_1-1} p_2^{m_2-1} p_3^{m_3-1} \varphi(p_1)\varphi(p_2)\varphi(p_3) \qquad (1)
\end{aligned}$$

A Equação (1) expressa $\varphi(n)$ em termos dos valores da função fi de Euler de seus fatores primos, que são conhecidos (veja o Problema Prático 16). ●

A Equação (1) no Exemplo 34 fornece uma fórmula para $\varphi(n)$ quando n tem três fatores primos distintos. É fácil estender essa equação ao caso mais geral quando n tem um número arbitrário de fatores primos. Se

[2]Essa discussão longa é um caso particular do princípio de inclusão e exclusão discutido no Capítulo 4.

$$n = p_1^{m_1} p_2^{m_2} \cdots p_k^{m_k}$$

então

$$\varphi(n) = p_1^{m_1-1} p_2^{m_2-1} \cdots p_k^{m_k-1}[\varphi(p_1)\varphi(p_2) \cdots \varphi(p_k)] \quad (2)$$

EXEMPLO 36 Para $n = 133.848 = 2^3 \cdot 3^2 \cdot 11 \cdot 13^2$,

$$\varphi(n) = 2^2 \cdot 3 \cdot 13[\varphi(2)\varphi(3)\varphi(11)\varphi(13)] = 4 \cdot 3 \cdot 13[1 \cdot 2 \cdot 10 \cdot 12] = 37440$$

Para usar a Equação (2), é preciso conhecer a fatoração de n em números primos, logo isso não evita a dificuldade que observamos anteriormente sobre a fatoração de números grandes.

PROBLEMA PRÁTICO 17 Para $n = 3^4 \cdot 5 \cdot 72$, calcule $\varphi(n)$.

SEÇÃO 2.4 REVISÃO

TÉCNICAS

- Representação do mdc(a, b) como uma combinação linear de a e b.
- Verificação se um número é ou não primo e, caso não seja, cálculo de sua fatoração em primos.
- Cálculo da função fi de Euler $\varphi(n)$ para um inteiro positivo n.

IDEIAS PRINCIPAIS

- Todo inteiro $n \geq 2$ é primo ou tem uma fatoração única como produto de primos (teorema fundamental da aritmética).
- Dois inteiros positivos a e b serão primos entre si se existir uma combinação linear de a e b igual a 1.
- Se n não for primo, terá um fator primo menor ou igual a $\sqrt{n}$.
- Existe um número infinito de números primos.
- Não existe um algoritmo eficiente para decidir se um número é primo ou para encontrar uma fatoração em primos, caso não seja.
- Para n dado como um produto de primos, existe uma fórmula para calcular $\varphi(n)$, o número de inteiros positivos $k \leq n$ tais que k e n são primos entre si.

EXERCÍCIOS 2.4

Os Exercícios 1 a 6 se referem aos Exercícios de 7 a 12 na Seção 2.3.

1. Escreva mdc(308, 165) como uma combinação linear de 308 e 165.
2. Escreva mdc(2420, 70) como uma combinação linear de 2420 e 70.
3. Escreva mdc(735, 90) como uma combinação linear de 735 e 90.
4. Escreva mdc(8370, 465) como uma combinação linear de 8370 e 465.
5. Escreva mdc(1326, 252) como uma combinação linear de 1326 e 252.
6. Escreva mdc(1018215, 2695) como uma combinação linear de 1018215 e 2695.

Para os Exercícios 7 a 12, verifique se o número dado é primo e, se não for, encontre sua fatoração como produto de primos.

7. $n = 1729$.
8. $n = 1789$.
9. $n = 1171$.
10. $n = 1177$.
11. $n = 8712$.
12. $n = 29575$.

Os Exercícios 13 a 18 se referem aos Exercícios de 7 a 12 na Seção 2.3.

13. Escreva mdc(308, 165) usando a fatoração única como produto de primos.
14. Escreva mdc(2420, 70) usando a fatoração única como produto de primos.
15. Escreva mdc(735, 90) usando a fatoração única como produto de primos.
16. Escreva mdc(8370, 465) usando a fatoração única como produto de primos.
17. Escreva mdc(1326, 252) usando a fatoração única como produto de primos.
18. Escreva mdc(1018215, 2695) usando a fatoração única como produto de primos.
19. O mínimo múltiplo comum de dois inteiros positivos a e b, mmc(a, b), é o menor inteiro positivo n tal que $a \mid n$ e $b \mid n$. Como o mdc(a, b), o mmc(a, b) pode ser encontrado por meio da decomposição de a e de b em fatores primos. Descreva (em palavras) o mdc e o mmc em termos dos fatores primos de a e de b.
20. Prove que, quaisquer que sejam os inteiros positivos a e b, $a \cdot b = \text{mdc}(a, b) \cdot \text{mmc}(a, b)$. (*Sugestão*: Considere a e b um produto de primos.)

Nos Exercícios 21 a 24, encontre o mdc e o mmc dos dois números dados.

21. $a = 2^2 \cdot 3 \cdot 11, b = 2 \cdot 3 \cdot 11^2 \cdot 13$
22. $a = 2^4 \cdot 5^2 \cdot 7^3, b = 5 \cdot 7^2$
23. $a = 3 \cdot 5^3 \cdot 11^2, b = 3^2 \cdot 5 \cdot 11 \cdot 17$
24. $a = 5 \cdot 11 \cdot 23^2, b = 5^3 \cdot 11^3$
25. Prove que, quaisquer que sejam os inteiros positivos a e b, $\text{mdc}(a, b) = \text{mdc}(a, a + b)$.
26. Prove que $\text{mdc}(n, n + 1) = 1$ para todo inteiro positivo n.
27. Encontre um exemplo em que $n \mid ab$, mas $n \nmid a$ e $n \nmid b$. Isso contradiz o teorema sobre divisão por números primos?
28. A divisão de uma circunferência completa em 360° tem sua origem, provavelmente, no antigo calendário persa de cerca de 700 a.C., que dividia o ano em 360 dias, de modo que um dia representava uma rotação de 1/360 das outras estrelas em torno da Estrela Polar. Mas foi escolhido, também, por ser divisível por tantos fatores, evitando a necessidade de trabalhar com frações. Encontre todos os fatores distintos não triviais (mas não necessariamente primos) de 360.
29. Prove que existem três inteiros positivos ímpares consecutivos que são primos.
30. Prove que, para qualquer inteiro positivo n, existem n números consecutivos que são compostos. [*Sugestão*: Comece com $(n + 1)! + 2$.]

Nos Exercícios 31 a 34, encontre $\varphi(n)$ e os números que fornecem esses resultados.

31. $n = 8$
32. $n = 9$
33. $n = 10$
34. $n = 11$
35. Pelo Problema Prático 16, se p for primo, então $\varphi(p) = p - 1$. Prove que essa é uma condição "se e somente se" mostrando que, se $\varphi(n) = n - 1$ para um inteiro positivo n, então n será primo.
36. Para qualquer número primo p e qualquer inteiro positivo k, $\varphi(p^k) = p^{k-1}\varphi(p)$. Embora esse resultado siga diretamente da Equação (2) nesta seção, dê uma demonstração direta usando a definição da função fi de Euler.
37. Calcule $\varphi(2^4)$ e dê os números que estão sendo contados. (*Sugestão*: Veja o Exercício 36.)
38. Calcule $\varphi(3^3)$ e dê os números que estão sendo contados. (*Sugestão*: Veja o Exercício 36.)

Nos Exercícios 39 a 42, calcule $\varphi(n)$.

39. $n = 117612 = 2^2 \cdot 3^5 \cdot 11^2$
40. $n = 233206 = 2 \cdot 17 \cdot 19^3$
41. $n = 1795625 = 5^4 \cdot 13^2 \cdot 17$
42. $n = 1.690.541.699 = 7^4 \cdot 11^3 \cdot 23^2$

43. Se p e q forem números primos com $p \neq q$, então $\varphi(pq) = \varphi(p)\varphi(q)$. Embora esse resultado siga diretamente da Equação (2) nesta seção, dê uma demonstração direta usando a definição da função fi de Euler.
44. Prove que, se r e s forem primos entre si, então $\varphi(rs) = \varphi(r)\varphi(s)$.
45. Prove que, se n e m forem inteiros positivos, então $\varphi(n^m) = n^{m-1}\varphi(n)$.
46. Exceto para $n = 2$, todos os valores de $\varphi(n)$ no Exemplo 34 são números pares. Prove que $\varphi(n)$ é par para todo $n > 2$.
47. Uma classe particular de números primos é conhecida como primos de Mersenne, em homenagem ao monge matemático francês do século XVII que os estudou. Os primos de Mersenne são números da forma $2^p - 1$, em que p é primo, mas nem todos os números dessa forma são primos. Por exemplo, $2^{11} - 1 = 23 \times 89$ não é primo. Até junho de 2013, o maior número primo conhecido era $2^{57.885.161} - 1$, um primo de Mersenne. Existe um algoritmo particularmente eficiente para testar se um número da forma $2^p - 1$ é primo, e é por isso que quase todos os primos maiores conhecidos são primos de Mersenne. Nos últimos anos, a maior parte desses primos de Mersenne foi descoberta (e verificada) pelo projeto de computação distribuída GIMPS (*Great Internet Mersenne Prime Search*, Grande Busca de Primos de Mersenne pela Internet), um grupo de voluntários no mundo inteiro que colaboram pela Internet para tentar encontrar primos de Mersenne.

    Encontre os 4 primeiros — os 4 menores — primos de Mersenne.
48. A conjectura de Goldbach diz que todo inteiro par maior do que 2 é a soma de dois primos. Verifique a conjectura de Goldbach para
    a. $n = 8$.
    b. $n = 14$.
    c. $n = 28$.
49. Um número perfeito é um inteiro positivo n que é igual à soma de todos os seus divisores menores do que n. Por exemplo, 6 é um número perfeito, pois $6 = 1 + 2 + 3$. Números perfeitos estão relacionados com primos de Mersenne (veja o Exercício 47), pois se p for um número primo e se $2^p - 1$ também for primo, então $2^{p-1}(2^p - 1)$ é um número perfeito. (Esse resultado foi provado por Euclides em torno de 300 a.C.) Por exemplo, $6 = 2^1(2^2 - 1)$.
    a. Prove que 28 é um número perfeito mostrando que é igual à soma de seus divisores.
    b. Escreva 28 na forma $2^{p-1}(2^p - 1)$.
50. a. Prove que 496 é um número perfeito (veja o Exercício 49) mostrando que é igual à soma de seus divisores.
    b. Escreva 496 na forma $2^{p-1}(2^p - 1)$.
51. Existe um algoritmo para encontrar todos os primos menores ou iguais a um inteiro positivo n. Esse algoritmo, conhecido como o Crivo de Eratóstenes, foi descoberto por Eratóstenes, um aluno de Platão. Para executar esse algoritmo, liste todos os inteiros de 1 até $n - 1$. Depois percorra essa lista diversas vezes: na primeira passagem, risque todos os múltiplos de 2 maiores do que 2; na segunda, risque todos os múltiplos de 3 maiores do que 3; na próxima, risque todos os múltiplos de 5 maiores do que 5; e assim por diante, até todos os primos menores do que $\sqrt{n}$. Os números que permanecerem ao final desse processo serão os primos menores do que n. Use o Crivo de Eratóstenes para encontrar todos os números primos menores do que 100.
52. a. Calcule o quadrado de 11.
    b. Calcule o quadrado de 111.
    c. Prove que o quadrado do número com n dígitos iguais a 1 é da forma $123 \ldots (n-1)n(n-1) \ldots 321$. Um número que é igual se lido na ordem usual ou de trás para a frente é chamado de *palíndromo*.
53. *Sudoku* é um quebra-cabeça numérico popular. O jogo consiste em um reticulado 9×9 formado por nove blocos 3×3. Cada linha e cada coluna do jogo têm que conter exatamente um dos nove dígitos de 1 a 9; além disso, cada bloco 3×3 tem que conter exatamente um dos nove dígitos de 1 a 9. Veja um exemplo desse quebra-cabeça a seguir, usado com permissão de Web Sudoku, em http://www.websudoku.com, onde você pode gerar quebra-cabeças escolhendo entre quatro níveis de dificuldade. Tente completar o jogo a seguir.

			2	1	7			
	4				3			2
2		1			4	5	8	
9					5	8	7	
1		8		2		4		9
	6	3	9					5
	8	2	3			7		1
3			4				5	
			8	7	2			

CAPÍTULO 2 REVISÃO

TERMINOLOGIA

algoritmo de Euclides
base da indução
combinação linear
contraexemplo
contrapositiva
correção parcial
demonstração direta
demonstração pela contrapositiva
demonstração por absurdo
demonstração por casos
demonstração por exaustão
divide
função fi de Euler
hipótese de indução
invariante do laço
máximo divisor comum
n fatorial
número composto
número ímpar
número par
número primo
número racional
o primeiro princípio de indução matemática
o teorema fundamental da aritmética
o último teorema de Fermat
passo básico
passo indutivo
primos entre si
princípio da boa ordenação
quadrado perfeito
raciocínio dedutivo
raciocínio indutivo
recíproca
regra de inferência do laço
segundo princípio de indução matemática
teoria dos números
valor absoluto

AUTOTESTE

Responda se as afirmações a seguir são verdadeiras ou falsas sem consultar o capítulo.

Seção 2.1

1. Uma conjectura nunca pode ser demonstrada provando-se apenas um número finito de casos.
2. Uma demonstração por absurdo de $P \rightarrow Q$ começa supondo P e Q'.
3. No enunciado do teorema "o dobro de um inteiro ímpar é par" está subentendido um quantificador existencial.
4. Para provar a conjectura "se Belém for a capital, então Pará será o estado", basta provar que "se Pará for o estado, então Belém será a capital".
5. Para provar "A se e somente se B", é preciso provar $A \rightarrow B$ e $B \rightarrow A$.

Seção 2.2

1. A indução é uma técnica de demonstração apropriada para se provar uma afirmação sobre todos os inteiros positivos.
2. O passo básico de uma demonstração por indução consiste em provar que a propriedade é válida para $n = 1$.
3. Se a veracidade de $P(k + 1)$ depender da veracidade de outros valores anteriores além de $P(k)$, então deve ser usado o segundo princípio de indução.
4. O ponto-chave de uma demonstração usando o primeiro princípio de indução é entender como a veracidade de P em $k + 1$ depende da veracidade de P em k.
5. A equação $k^3 = k^2(k + 1)^2/4$ é a hipótese de indução em uma demonstração por indução da identidade

$$1^3 + 2^3 + \cdots + n^3 = n^2(n + 1)^2/4$$

Seção 2.3

1. Um invariante do laço permanece verdadeiro até a saída do laço, quando se torna falso.
2. Correção parcial de um laço em um programa significa que o laço se comporta corretamente para algumas entradas, mas não para outras.
3. O segundo princípio de indução é usado para demonstrar que uma proposição é um invariante do laço porque o laço pode ser executado um número arbitrário de vezes.
4. Se um laço for da forma

   enquanto (condição B)
   P
   fim do enquanto

   então o invariante Q de laço será B'.
5. Ao calcular o mdc(42, 30) pelo algoritmo de Euclides, um dos cálculos consiste em dividir 30 por 12.

Seção 2.4

1. O mdc(a, b) sempre pode ser escrito como uma combinação linear de a e b.
2. Dois inteiros positivos a e b serão primos entre si se existirem inteiros i e j tais que $ia + jb = p$, em que p é um número primo.
3. Se um inteiro positivo n não for um número primo, então ele terá pelo menos um fator primo $> \sqrt{n}$.
4. $\varphi(n)$ é um número primo para qualquer inteiro $n \geq 2$.
5. $\varphi(p) = p - 1$ para qualquer número primo p.

NO COMPUTADOR

Para os Exercícios 1 a 5, escreva um programa de computador que produza a resposta desejada a partir dos dados de entrada fornecidos.

1. *Dados de entrada*: Número n de termos em uma progressão geométrica (veja o Exercício 27, Seção 2.2), com termo inicial a e razão r
   Resposta: A soma dos n primeiros termos usando
   a. iteração
   b. a fórmula do Exercício 27, Seção 2.2

2. *Dados de entrada*: Número n de termos em uma progressão aritmética (veja o Exercício 28, Seção 2.2), com termo inicial a e parcela comum d
   Resposta: A soma dos n primeiros termos usando
   a. iteração
   b. a fórmula do Exercício 28, Seção 2.2

3. *Dados de entrada*: Número n
   Resposta: A soma dos n primeiros cubos usando
   a. iteração, usando apenas multiplicação e soma; incluir na resposta o número de multiplicações e somas executadas
   b. a fórmula do Exercício 8, Seção 2.2, usando apenas multiplicação, soma e divisão; incluir na resposta o número de multiplicações, somas e divisões executadas

4. *Dados de entrada*: Nenhum
   Resposta: Tabela mostrando todos os inteiros n tais que $8 \leq n \leq 100$ como soma de múltiplos de 3 e de 5 (veja o Exemplo 24)

5. *Dados de entrada*: Valor de n
   Resposta: Valor de $\varphi(n)$

6. A fórmula $4^n < n!$ é verdadeira para todo $n \geq N$. Escreva um programa para determinar N e depois prove o resultado por indução.

7. A fórmula $2^n > n^3$ é verdadeira para todo $n \geq N$. Escreva um programa para determinar N e depois prove o resultado por indução.

Capítulo 3

Recursividade, Relações de Recorrência e Análise de Algoritmos

OBJETIVOS DO CAPÍTULO

Depois de estudar este capítulo, você será capaz de:

- Compreender definições recorrentes de sequências, coleções de objetos e operações sobre objetos.
- Escrever definições recorrentes para determinadas sequências, coleções de objetos e operações sobre objetos.
- Compreender como os algoritmos recursivos funcionam.
- Escrever algoritmos recursivos para gerar sequências definidas recorrentemente.
- Encontrar soluções em forma fechada para determinadas relações de recorrência.
- Analisar algoritmos contando o número de operações de uma unidade básica de trabalho, diretamente ou resolvendo uma relação de recorrência.

Você está servindo no Conselho Municipal de Obras, que está considerando a proposta de uma firma para gerenciar um local de eliminação de resíduos químicos. O material a ser estocado no local decai a uma taxa de 5% ao ano. O empreiteiro afirma que, a essa taxa de estabilização, restará ao final de 20 anos apenas aproximadamente um terço do material ativo original.

Pergunta: **A estimativa do empreiteiro está correta?**

É possível verificar essa estimativa por meio de cálculos extensos: se existir certa quantidade inicialmente, então sobrarão um tanto no próximo, outro tanto no ano seguinte e assim por diante, até os 20 anos. Mas pode-se obter uma solução rápida e elegante resolvendo uma relação de recorrência; as relações de recorrência são discutidas na Seção 3.2.

A Seção 3.1 explora recorrência, que está intimamente ligada à indução matemática (discutida no capítulo anterior) e é importante para expressar muitas definições e até algoritmos. Algumas sequências definidas recorrentemente também podem ser definidas por uma fórmula. Encontrar tal fórmula envolve a resolução de uma relação de recorrência; métodos de solução para diversos tipos de relações de recorrência são desenvolvidos na Seção 3.2. Relações de recorrência formam uma ferramenta importante na análise de algoritmos, que determina matematicamente a quantidade de trabalho que determinado algoritmo tem que fazer. A análise de algoritmos é o tópico da Seção 3.3.

SEÇÃO 3.1 DEFINIÇÕES RECORRENTES

Uma definição na qual o item que está sendo definido aparece como parte da definição é chamada de uma **definição recorrente** ou **definição por recorrência** ou ainda **definição recursiva**.

A princípio isso não parece fazer sentido — como podemos definir algo em termos de si mesmo? Isso funciona porque uma definição recorrente tem duas partes:

1. Uma base, ou condição básica, em que alguns casos simples do item que está sendo definido são dados explicitamente.
2. Um passo indutivo ou de recorrência, em que novos casos do item que está sendo definido são dados em função de casos anteriores.

A Parte 1 nos dá um lugar para começar, fornecendo alguns casos simples e concretos; a Parte 2 permite a construção de novos casos, a partir desses simples, e depois a construção de ainda outros casos a partir desses novos, e assim por diante. (Isso parece análogo às demonstrações por indução matemática. Em uma demonstração por indução existe uma base da indução, a saber, mostrar que $P(1)$ — ou P em algum outro valor inicial — é verdadeira, e existe um passo indutivo, em que a veracidade de $P(k + 1)$ é estabelecida a partir da veracidade de P em valores anteriores. Essa semelhança é uma razão para o termo **definição por indução** ser usado algumas vezes no lugar de definição recorrente.)

Recorrência (ou recursividade) é uma ideia importante que pode ser usada para definir sequências de objetos, coleções mais gerais de objetos e operações com objetos. (O predicado Prolog *na cadeia alimentar* da Seção 1.5 foi definido de forma recorrente.) Até algoritmos podem ser recorrentes.

Sequências Definidas por Recorrência

Uma **sequência** S (uma **sequência infinita**) é uma lista de objetos que são numerados em determinada ordem; existem um primeiro objeto, um segundo e assim por diante. $S(k)$ denota o k-ésimo objeto na sequência. A lista não termina, de modo que uma sequência consiste em

$$S(1), S(2), \ldots, S(k), \ldots$$

Muitas vezes são usados índices para denotar os elementos de uma sequência, como

$$S_1, S_2, \ldots, S_k, \ldots$$

A letra S é uma "variável muda", de modo que a sequência também poderia ser representada como

$$a_1, a_2, \ldots, a_k, \ldots \quad \text{ou} \quad w_1, w_2, \ldots, w_k \ldots$$

e assim por diante.[1]

Uma sequência é definida por recorrência nomeando-se, explicitamente, o primeiro valor (ou alguns poucos primeiros valores) na sequência e depois definindo valores subsequentes na sequência em termos de valores anteriores.

EXEMPLO 1 Considere a sequência S definida por recorrência por

1. $S(1) = 2$
2. $S(n) = 2S(n - 1)$ para $n \geq 2$

Pela proposição 1, $S(1)$, o primeiro objeto em S, é 2. Depois, pela proposição 2, o segundo objeto em S é $S(2) = 2S(1) = 2(2) = 4$. Novamente pela proposição 2, $S(3) = 2S(2) = 2(4) = 8$. Continuando desse modo, vemos que a sequência S é

$$2, 4, 8, 16, 32, \ldots$$

●

[1]Uma definição mais formal de sequência é dada no Exemplo 27 do Capítulo 5.

Uma regra como a da proposição 2 no Exemplo 1, que define um valor de uma sequência em termos de um ou mais valores anteriores, é chamada de uma **relação de recorrência**.

PROBLEMA PRÁTICO 1 A sequência T é definida por recorrência por:

1. $T(1) = 1$
2. $T(n) = T(n - 1) + 3$ para $n \geq 2$

Escreva os cinco primeiros valores da sequência T. ■

EXEMPLO 2 A **sequência de Fibonacci**, introduzida no século XIII por um comerciante e matemático italiano, é definida por recorrência por

$$F(1) = 1$$
$$F(2) = 1$$
$$F(n) = F(n - 2) + F(n - 1) \text{ para } n > 2$$

Aqui são dados os dois primeiros valores da sequência, e a relação de recorrência define o n-ésimo valor para $n > 2$ em termos dos dois valores precedentes. É melhor pensar na relação de recorrência em sua forma mais geral, que diz que F em qualquer valor — exceto em 1 e 2 — é a soma de F em seus dois valores anteriores. ●

PROBLEMA PRÁTICO 2 Escreva os oito primeiros valores da sequência de Fibonacci. ■

A sequência de Fibonacci é famosa por causa de suas propriedades interessantes. Eis uma lista curta (sem demonstrações):

a. Todo inteiro positivo pode ser escrito de maneira única como a soma de um ou mais números de Fibonacci distintos não consecutivos. Por exemplo, $11 = 3 + 8$, em que $3 = F(4)$ e $8 = F(6)$.
b. $\text{mdc}(F(p), F(q)) = F(\text{mdc}(p, q))$. Por exemplo, se $p = 6$ e $q = 9$, então $F(6) = 8$, $F(9) = 34$ e $\text{mdc}(8, 34) = 2$. Por outro lado, $\text{mdc}(6, 9) = 3$ e $F(3) = 2$.
c. Dois números de Fibonacci consecutivos são primos entre si, ou seja, o máximo divisor comum entre eles é 1. Em consequência, o algoritmo de Euclides executa a quantidade máxima de operações para encontrar o $\text{mdc}(a, b)$ quando a e b são dois números de Fibonacci consecutivos.

Outras propriedades matemáticas da sequência de Fibonacci são dadas no Exemplo 3 e nos exercícios ao final desta seção. Mas não são só matemáticos que se interessam pela sequência de Fibonacci. Os números de Fibonacci ocorrem com frequência na natureza. Muitas vezes, o número de pétalas em uma margarida é um número de Fibonacci. Olhando uma pinha, as sementes parecem estar arrumadas em espirais no sentido horário e no sentido anti-horário. Contando o número de cada tipo de espiral, frequentemente se obtêm dois números de Fibonacci consecutivos (8 e 13 aqui). O mesmo ocorre nas sementes de flores como o girassol ou nas espirais nos abacaxis.

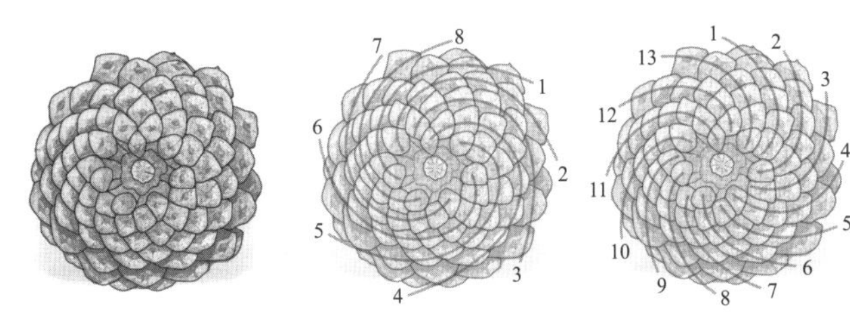

E em arte e arquitetura, considera-se que a razão áurea cria proporções esteticamente agradáveis. A *razão áurea* é

$$\frac{1+\sqrt{5}}{2} \approx 1{,}6180339$$

e seu valor pode ser aproximado pela razão entre dois números de Fibonacci consecutivos $F(n+1)/F(n)$, com precisão melhor para valores cada vez maiores de n.

EXEMPLO 3 Prove que, na sequência de Fibonacci,

$$F(n+4) = 3F(n+2) - F(n) \text{ para todo } n \geq 1$$

Como queremos provar que alguma coisa é verdadeira para todo $n \geq 1$, é natural pensar em uma demonstração por indução. E como o valor de $F(n)$ depende de $F(n-1)$ e de $F(n-2)$, devemos usar o segundo princípio de indução. Para a base da indução, vamos provar dois casos, $n = 1$ e $n = 2$. Para $n = 1$, obtemos

$$F(5) = 3F(3) - F(1)$$

ou (usando os valores calculados no Problema Prático 2)

$$5 = 3(2) - 1$$

que é verdade. Para $n = 2$,

$$F(6) = 3F(4) - F(2)$$

ou

$$8 = 3(3) - 1$$

que também é verdade. Suponha que, para todo r, $1 \leq r \leq k$,

$$F(r+4) = 3F(r+2) - F(r).$$

Vamos mostrar o caso $k + 1$, em que $k + 1 \geq 3$. (Já provamos os casos $n = 1$ e $n = 2$.) Queremos mostrar, então, que

$$F(k+1+4) \stackrel{?}{=} 3F(k+1+2) - F(k+1)$$

ou

$$F(k+5) \stackrel{?}{=} 3F(k+3) - F(k+1)$$

Da relação de recorrência para a sequência de Fibonacci, temos

$$F(k+5) = F(k+3) + F(k+4) \qquad \text{(}F\text{ em qualquer valor é a soma de }F\text{ nos dois valores anteriores)}$$

e, pela hipótese de indução, com $r = k - 1$ e $r = k$, respectivamente, temos

$$F(k+3) = 3F(k+1) - F(k-1)$$

e

$$F(k+4) = 3F(k+2) - F(k)$$

Portanto,

$$\begin{aligned} F(k+5) &= F(k+3) + F(k+4) \\ &= [3F(k+1) - F(k-1)] + [3F(k+2) - F(k)] \\ &= 3[F(k+1) + F(k+2)] - [F(k-1) + F(k)] \\ &= 3F(k+3) - F(k+1) \quad \text{(usando novamente a relação de recorrência)} \end{aligned}$$

Isso completa a demonstração por indução. ●

PROBLEMA PRÁTICO 3 Na demonstração por indução do Exemplo 3, por que é necessário demonstrar o caso $n = 2$ como um caso particular? ■

EXEMPLO 4 A fórmula

$$F(n+4) = 3F(n+2) - F(n) \text{ para todo } n \geq 1$$

do Exemplo 3 também pode ser provada diretamente, sem indução, usando apenas a relação de recorrência na definição dos números de Fibonacci. A relação de recorrência

$$F(n+2) = F(n) + F(n+1)$$

pode ser reescrita na forma

$$F(n+1) = F(n+2) - F(n) \quad (1)$$

Logo,

$$\begin{aligned} F(n+4) &= F(n+3) + F(n+2) \\ &= F(n+2) + F(n+1) + F(n+2) && \text{(reescrevendo } F(n+3)) \\ &= F(n+2) + [F(n+2) - F(n)] + F(n+2) && \text{(reescrevendo } F(n+1) \text{ usando (1))} \\ &= 3F(n+2) - F(n) \end{aligned}$$

●

Conjuntos Definidos por Recorrência

Os objetos em uma sequência são ordenados — existem um primeiro objeto, um segundo e assim por diante. Um conjunto de objetos é uma coleção na qual não há nenhuma ordem imposta. Alguns conjuntos podem ser definidos por recorrência.

EXEMPLO 5 Na Seção 1.1, notamos que certas cadeias de letras de proposição, conectivos lógicos e parênteses, tais como $(A \wedge B)' \vee C$, são consideradas legítimas, enquanto outras, como $\wedge\wedge A'' B$, não o são. A sintaxe para arrumar tais símbolos constitui a definição do conjunto de fórmulas proposicionais bem formuladas e é uma definição por recorrência.

1. Qualquer letra de proposição é uma fbf.
2. Se P e Q são fbfs, então $(P \wedge Q)$, $(P \vee Q)$, $(P \rightarrow Q)$, (P') e $(P \leftrightarrow Q)$ também o são.[2]

[2]Algumas vezes existe uma regra final afirmando que não há outras regras aplicáveis além das que já foram dadas, o que significa que, se alguma coisa não pode ser gerada pelas regras já dadas, então não pertence ao conjunto descrito. Iremos sempre supor que, quando paramos de escrever regras, não existem outras regras aplicáveis!

Usando as prioridades para os conectivos lógicos estabelecidas na Seção 1.1, podemos omitir os parênteses quando isso não causar confusão. Assim, podemos escrever $(P \vee Q)$ como $P \vee Q$, ou (P') como P'; as novas expressões, tecnicamente, não são fbfs pela definição que acabamos de dar, mas representam, sem ambiguidades, fbfs.

Começando com letras de proposição e usando, repetidamente, a regra 2, podemos construir todas as fbfs proposicionais. Por exemplo, A, B e C são fbfs pela regra 1. Pela regra 2,

$$(A \wedge B) \text{ e } (C')$$

são, ambas, fbfs. Novamente pela regra 2,

$$((A \wedge B) \to (C'))$$

é uma fbf. Aplicando a regra 2 mais uma vez, obtemos a fbf

$$(((A \wedge B) \to (C))')$$

Eliminando alguns parênteses, podemos escrever essa fbf como

$$((A \wedge B) \to C')'$$

●

PROBLEMA PRÁTICO 4 Mostre como construir a fbf $((A \vee (B')) \to C)$ da definição no Exemplo 5. ■

PROBLEMA PRÁTICO 5 Uma definição por recorrência para um conjunto de pessoas que são ancestrais de João poderia ter a seguinte base:

Os pais de João são seus ancestrais.

Dê o passo indutivo. ■

Cadeias de símbolos retiradas de um "alfabeto" finito são objetos encontrados com frequência em ciência da computação. Computadores guardam os dados como **cadeias binárias**, cadeias do alfabeto que consiste apenas em 0 e 1; compiladores veem proposições ou comandos em programas como cadeias de *marcas* ou *sinais*,[†] tais como palavras-chave e identificadores. A coleção de todas as cadeias de comprimento finito formada por símbolos de um alfabeto, chamadas de cadeias *de* um alfabeto, podem ser definidas de forma recorrente (veja o Exemplo 6). Muitos conjuntos de cadeias com propriedades particulares também têm definições recursivas.

EXEMPLO 6 O conjunto de todas as cadeias (de comprimento finito) de símbolos de um alfabeto A é denotado por A^*. A definição recorrente de A^* é

1. A **cadeia vazia** λ (a cadeia sem nenhum símbolo) pertence a A^*.
2. Um único elemento qualquer de A pertence a A^*.
3. Se x e y são cadeias em A^*, então a **concatenação** xy de x e y também pertence a A^*.

As partes 1 e 2 constituem a base, e a parte 3 é o passo indutivo dessa definição. Note que, para qualquer cadeia x, $x\lambda = \lambda x = x$. ●

[†]A nomenclatura em inglês, *tokens*, é utilizada muitas vezes. (N.T.)

PROBLEMA PRÁTICO 6 Se $x = 1011$ e $y = 001$, escreva as cadeias xy, yx e $yx\lambda x$. ■

PROBLEMA PRÁTICO 7 Dê uma definição recorrente para o conjunto de todas as cadeias binárias que são **palíndromos**, cadeias que são iguais se lidas normalmente ou de trás para a frente. ■

EXEMPLO 7 Suponha que, em determinada linguagem de programação, os identificadores podem ser cadeias alfanuméricas de comprimento arbitrário, mas têm que começar com uma letra. Uma definição recorrente para o conjunto dessas cadeias é

1. Uma única letra é um identificador.
2. Se A for um identificador, a concatenação de A e qualquer letra ou dígito também o será.

Uma notação mais simbólica para descrever conjuntos de cadeias definidas por recorrência é chamada de **forma de Backus Naur**, ou **FBN**, desenvolvida originalmente para definir a linguagem de programação ALGOL. Em notação FBN, os itens que são definidos em termos de outros itens são envolvidos pelos símbolos de menor e maior, enquanto itens específicos que não podem ser divididos não aparecem dessa forma. Um segmento vertical | denota uma escolha e tem o mesmo significado que a palavra *ou*. A definição em FBN de um identificador é

<identificador> ::= <letra> | <identificador> <letra> | <identificador> <dígito>
<letra> ::= *a* | *b* | *c* | · · · | *z*
<dígito> ::= 1 | 2 | · · · | 9

Assim, o identificador me2 pode ser obtido da definição por uma sequência de escolhas como

<identificador>	pode ser	<identificador> <dígito>
	que pode ser	<identificador>2
	que pode ser	<identificador> <letra>2
	que pode ser	<identificador>e2
	que pode ser	<letra>e2
	que pode ser	me2 ●

Como outro exemplo de ligação entre recorrência e indução, existe uma forma de indução chamada de **indução estrutural** que pode ser aplicada a conjuntos definidos por recorrência. Suponha que S é um conjunto definido por recorrência e suponha que existe uma propriedade $P(x)$ que pode ser válida ou não para um elemento x de S. Se pudermos provar que:

1. A propriedade P é válida para todos os elementos descritos na base.
2. Se a propriedade P for válida para alguns elementos de S, então será válida para todos os elementos novos de S construídos desses elementos usando o passo indutivo.

então a propriedade P será válida para todos os elementos de S.

EXEMPLO 8 Um conjunto S de cadeias é definido recursivamente por

1. λ pertence a S.
2. Se x pertencer a S, então $1x0$ e $0x1$ também pertencerão a S.

Podemos usar a indução estrutural para provar que toda cadeia em S tem o mesmo número de zeros e de uns. A base, Regra 1, identifica uma única cadeia em S, a cadeia vazia λ, que tem o mesmo número de zeros e de uns (0 zeros e 0 uns). Suponha que a cadeia x tem o mesmo número de zeros e de uns. Usando a Regra 2, as duas cadeias novas que podem ser construídas a partir de x adicionam um único 0 e um único 1 a x, de modo que o número de zeros e o número de uns foram aumentados de 1, que assim os números de zeros e de uns continuam iguais. Pela indução estrutural, toda cadeia em S tem o mesmo número de zeros e de uns.

Note que nem todas as cadeias contendo o mesmo número de zeros e de uns pertencem a S. Por exemplo, não é possível gerar a cadeia 1001 usando as regras dadas. ●

A indução matemática usual prova propriedades sobre valores inteiros positivos e os inteiros positivos são ordenados: $1, 2, \ldots, k, k + 1, \ldots$. Um conjunto, no entanto, não precisa ser ordenado. Se considerarmos o conjunto S definido no Exemplo 8, ele parece com

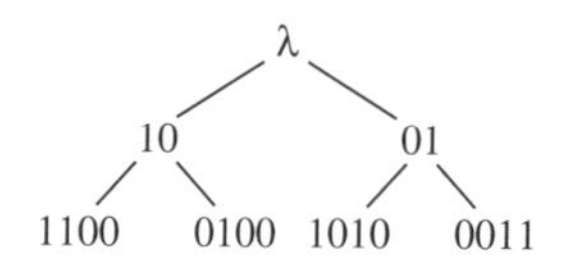

e a indução estrutural nos ajuda a tratar essa "disseminação" de valores no conjunto.

Operações Definidas por Recorrência

Certas operações em objetos podem ser definidas de forma recorrente, como nos Exemplos 9 e 10.

EXEMPLO 9 Uma definição recorrente da operação de potenciação a^n de um número real não nulo a, em que n é um inteiro não negativo, é

1. $a^0 = 1$
2. $a^n = (a^{n-1})a$ para $n \geq 1$ ●

EXEMPLO 10 Uma definição recorrente para a multiplicação de dois inteiros positivos m e n.

1. $m(1) = m$
2. $m(n) = m(n - 1) + m$ para $n \geq 2$ ●

PROBLEMA PRÁTICO 8 Seja x uma cadeia de determinado alfabeto. Dê uma definição recorrente para a operação x^n (concatenação de x consigo mesmo n vezes) para $n \geq 1$. ■

Na Seção 1.1 definimos a operação de disjunção lógica de duas letras de proposição. Isso pode servir como base para uma definição recorrente da disjunção de n letras de proposição, $n \geq 2$:

1. $A_1 \vee A_2$ definido como na Seção 1.1
2. $A_1 \vee \cdots \vee A_n = (A_1 \vee \cdots \vee A_{n-1}) \vee A_n$ para $n > 2$ (2)

Usando essa definição, podemos generalizar a associatividade da disjunção (equivalência tautológica 2*a*) dizendo que, em uma disjunção de n letras de proposição, o agrupamento entre parênteses é desnecessário porque todos esses agrupamentos são equivalentes à expressão geral para a disjunção de n letras de proposição. Em forma simbólica, para qualquer n com $n \geq 3$ e qualquer p com $1 \leq p \leq n - 1$,

$$(A_1 \vee \cdots \vee A_p) \vee (A_{p+1} \vee \cdots \vee A_n) \Leftrightarrow A_1 \vee \cdots \vee A_n$$

Essa equivalência pode ser demonstrada por indução em n. Para $n = 3$,

$$\begin{aligned} A_1 \vee (A_2 \vee A_3) &\Leftrightarrow (A_1 \vee A_2) \vee A_3 && \text{(pela equivalência } 2a) \\ &= A_1 \vee A_2 \vee A_3 && \text{(pela Equação (2))} \end{aligned}$$

Suponha que, para $n = k$ e $1 \leq p \leq k - 1$,

$$(A_1 \vee \cdots \vee A_p) \vee (A_{p+1} \vee \cdots \vee A_k) \Leftrightarrow A_1 \vee \cdots \vee A_k$$

Então, para $n = k + 1$ e $1 \leq p \leq k$,

$$\begin{aligned} &(A_1 \vee \cdots \vee A_p) \vee (A_{p+1} \vee \cdots \vee A_{k+1}) \\ &\quad = (A_1 \vee \cdots \vee A_p) \vee [(A_{p+1} \vee \cdots \vee A_k) \vee A_{k+1}] && \text{(pela Equação (2))} \\ &\quad \Leftrightarrow [(A_1 \vee \cdots \vee A_p) \vee (A_{p+1} \vee \cdots \vee A_K)] \vee A_{k+1} && \text{(pela equivalência 2a)} \\ &\quad \Leftrightarrow (A_1 \vee \cdots \vee A_k) \vee A_{k+1} && \text{(pela hipótese de indução)} \\ &\quad = A_1 \vee \cdots \vee A_{k+1} && \text{(pela Equação (2))} \end{aligned}$$

Algoritmos Definidos por Recorrência

O Exemplo 1 dá uma definição recorrente para uma sequência S. Suponha que queremos escrever um programa de computador para calcular $S(n)$ para algum inteiro positivo n. Temos duas abordagens possíveis. Se quisermos encontrar $S(12)$, por exemplo, podemos começar com $S(1) = 2$ e depois calcular $S(2)$, $S(3)$, e assim por diante, como fizemos no Exemplo 1, até chegar, finalmente, em $S(12)$. Sem dúvida, essa abordagem envolve iteração em alguma espécie de laço. A seguir, vamos dar uma função S em pseudocódigo que usa esse algoritmo iterativo. A base, com $n = 1$, é obtida na primeira cláusula do comando **se**; o valor 2 é retornado. A cláusula **senão**, para $n > 1$, tem uma atribuição inicial e entra em um laço **enquanto** que calcula valores maiores da sequência até atingir o limite superior correto. Você pode seguir a execução desse algoritmo para alguns valores de n para se convencer de que ele funciona.

ALGORITMO

```
S(inteiro positivo n)
//função que calcula iterativamente o valor S(n)
//para a sequência S do Exemplo 1
Variáveis locais:
inteiro i          //índice do laço
ValorAtual         //valor atual da função S

   se n = 1 então
      retorne 2
   senão
      i = 2
      ValorAtual = 2
      enquanto i <= n faça
```

```
            ValorAtual = 2 * ValorAtual
            i = i + 1
        fim do enquanto

        //agora ValorAtual tem o valor S(n)
        retorne ValorAtual
    fim do se
fim da função S
```

A segunda abordagem para calcular $S(n)$ usa diretamente a definição recorrente de S. A versão a seguir é de um *algoritmo recursivo*, escrito, novamente, como uma função em pseudocódigo.

ALGORITMO

```
S(inteiro positivo n)
//função que calcula o valor S(n) de forma recorrente
//para a sequência S do Exemplo 1

    se n = 1 então
        retorne 2
    senão
        retorne 2 * S(n − 1)
    fim do se
fim da função S
```

O corpo dessa função consiste em uma única proposição do tipo **se-então-senão**. Para compreender como essa função funciona, vamos seguir a execução para calcular o valor de $S(3)$. Chamamos primeiro a função com um valor de entrada $n = 3$. Como n não é 1, a execução é direcionada para a cláusula **senão**. Nesse instante, a atividade de calcular $S(3)$ tem que ser suspensa até se conhecer o valor de $S(2)$. Qualquer informação conhecida, relevante para o cálculo de $S(3)$, é armazenada na memória do computador em uma pilha, que será recuperada quando o cálculo for completado. (Uma pilha é uma coleção de dados tal que qualquer novo item vai para o topo da pilha e, em qualquer instante, apenas o item no topo é acessível ou pode ser removido da pilha. Portanto, uma pilha é uma estrutura LIFO — do inglês *last in, first out*, ou seja, o último a entrar é o primeiro a sair.) A função é chamada novamente com um valor de entrada $n = 2$. Mais uma vez, a cláusula **senão** é executada e o cálculo de $S(2)$ é suspenso, com as informações relevantes armazenadas na pilha, enquanto a função é chamada novamente com $n = 1$ como valor de entrada.

Dessa vez é executada a primeira cláusula da proposição **se**, e o valor da função, 2, pode ser calculado diretamente. Essa chamada final da função está completa, e o valor 2 é usado na penúltima chamada da função, que remove agora da pilha qualquer informação relevante ao caso $n = 2$, calcula $S(2)$ e usa esse valor na invocação prévia (inicial) da função. Finalmente, essa chamada original de S é capaz de esvaziar a pilha e completar seu cálculo, retornando o valor de $S(3)$.

Quais são as vantagens relativas dos dois algoritmos, o iterativo e o recursivo, ao executar a mesma tarefa? Nesse exemplo, a versão recursiva é certamente mais curta, já que não precisa gerenciar um cálculo em laço. A descrição da execução do algoritmo recursivo parece soar mais complicada do que a do algoritmo iterativo, mas todos os passos são executados automaticamente. Não precisamos estar conscientes do que está acontecendo internamente, exceto para observar que uma série longa de chamadas recursivas pode usar muita memória ao armazenar na pilha as informações relevantes para as invocações prévias. Se a utilização da memória for excessiva, pode acontecer um "transbordamento" (*overflow*) da pilha. Além de usar mais memória, algoritmos recursivos podem necessitar de mais cálculos e executar mais lentamente do que os não recursivos (veja o Exercício 3 na seção No Computador, ao final deste capítulo).

Apesar disso, a recorrência (ou recursividade) fornece um modo natural de pensar em muitas situações, algumas das quais necessitariam de soluções não recursivas muito complexas. Uma solução recursiva é bem adequada para o problema de calcular os valores de uma sequência definida de maneira recorrente. Muitas linguagens de programação aceitam recursividade.

PROBLEMA PRÁTICO 9

Escreva o corpo de uma função recursiva para calcular $T(n)$ para a sequência T definida no Problema Prático 1. ■

EXEMPLO 11

No Exemplo 10, foi dada uma definição recorrente para a multiplicação de dois inteiros positivos m e n. A seguir temos uma função em pseudocódigo para a multiplicação baseada nessa definição. ●

ALGORITMO

Produto(inteiro positivo *m*; inteiro positivo *n*)
//Função que calcula de forma recursiva o produto de *m* e *n*

  se $n = 1$ **então**
    retorne *m*;
  senão
    retorne *Produto*$(m, n - 1) + m$
  fim do se
fim da função *Produto*

LEMBRETE

Pense em um algoritmo recursivo sempre que você puder resolver o problema a partir de soluções de versões menores do problema.

Um algoritmo recursivo chama a si mesmo com valores de entrada "menores". Suponha que um problema pode ser resolvido encontrando-se soluções para as versões menores do mesmo problema e que as versões menores acabam se tornando casos triviais, facilmente solucionados. Então um algoritmo recursivo pode ser útil, mesmo que o problema original não tenha sido enunciado de forma recorrente.

Para nos convencer de que determinado algoritmo recursivo funciona, não precisamos começar com um dado particular de entrada, ir diminuindo, tratando de casos cada vez menores, e depois ir voltando, percorrendo todo o caminho inverso. Fizemos isso ao discutir o cálculo de $S(3)$, mas foi só para ilustrar a mecânica de um cálculo recursivo. Em vez disso, podemos verificar o caso trivial (como demonstrar a base em uma demonstração por indução) e verificar que, se o algoritmo funciona corretamente ao ser chamado com valores de entrada menores, então ele resolve, de fato, o problema para o valor de entrada original (o que é semelhante a provar $P(k + 1)$ da hipótese $P(k)$ em uma demonstração por indução).

EXEMPLO 12

Uma das tarefas mais comuns em processamento de dados é colocar uma lista L de n itens em ordem numérica ou alfabética, crescente ou decrescente. (Essa lista pode conter nomes de clientes, por exemplo, e, em ordem alfabética, "Vargas, Joana" deve vir depois de "Teixeira, José".) O algoritmo de **ordenação por seleção** — um algoritmo simples, mas particularmente eficaz — é descrito em pseudocódigo adiante.

Essa função ordena os j primeiros itens em L em ordem crescente; quando a função é chamada pela primeira vez, j tem o valor n (de modo que a primeira chamada acaba ordenando toda a lista). A parte recursiva do algoritmo está dentro da cláusula **senão**; o algoritmo examina a seção da lista sob consideração e encontra o valor de i para o qual $L[i]$ tem o valor máximo. Ele então permuta $L[i]$ e $L[j]$ e, depois disso, o valor máximo ocorre na posição j, a última posição na parte da lista que está sendo considerada. $L[j]$ está correto agora e não deve mais ser modificado, de modo que esse processo é repetido na lista de $L[1]$ a $L[j-1]$. Se essa parte da lista for ordenada corretamente, então a lista inteira será ordenada corretamente. Quando j tiver o valor 1, a parte da lista que está sendo considerada terá apenas um elemento, que tem que estar no lugar certo. Nesse instante a lista toda estará ordenada. ●

ALGORITMO *ORDENAÇÃOPORSELEÇÃO*

```
OrdenaçãoPorSeleção(lista L; inteiro positivo j)
//algoritmo recursivo para ordenar os itens de 1 a j em uma lista L em ordem
//crescente

   se j = 1 então
      a ordenação está completa, escreva a lista ordenada
   senão
      encontre o índice i do maior item em L entre 1 e j
      permute L[i ] e L[j]
      OrdenaçãoPorSeleção(L, j − 1)
   fim do se
fim da função OrdenaçãoPorSeleção
```

Outros algoritmos recursivos de ordenação estão discutidos nos exercícios da Seção 3.3.

EXEMPLO 13

Agora que ordenamos nossa lista, outra tarefa comum é procurar um item particular na lista. (Joana Vargas já é uma cliente?) Uma técnica eficiente de busca em uma lista ordenada é o **algoritmo de busca binária**, um algoritmo recursivo descrito em pseudocódigo a seguir.

ALGORITMO *BUSCABINÁRIA*

```
BuscaBinária(lista L; inteiro positivo i; inteiro positivo j; tipo item x)
//procura na lista ordenada L, de L[i] a L[ j], pelo item x

   se i > j então
      escreva("não encontrado")
```

senão
encontre o índice k do item do meio entre i e j
se x = item do meio $L[k]$ **então**
escreva("encontrado")
senão
se x < item do meio $L[k]$ **então**
BuscaBinária$(L, i, k - 1, x)$
senão
BuscaBinária$(L, k + 1, j, x)$
fim do se
fim do se
fim do se
fim da função *BuscaBinária*

Esse algoritmo procura na seção da lista entre $L[i]$ e $L[j]$ por um item x; inicialmente, i e j têm os valores 1 e n, respectivamente. A primeira cláusula do primeiro **se** é o passo básico que diz que x não pode ser encontrado em uma lista vazia, uma em que o primeiro índice é maior do que o último. Na cláusula **senão** principal, o item do meio em uma seção da lista tem que ser encontrado. (Se a seção tiver um número ímpar de itens, existirá, de fato, um item do meio; se a seção contiver um número par de itens, bastará escolher como "item do meio" o que fica no final da primeira metade da seção da lista.) Comparando x com o item do meio, localizamos a metade da lista onde devemos procurar a seguir, a metade antes do ponto do meio ou a metade depois do ponto do meio. ●

EXEMPLO 14

Vamos aplicar o algoritmo de busca binária à lista

$$3, 7, 8, 10, 14, 18, 22, 34$$

onde o item x a ser encontrado é o número 25. A lista inicial não é vazia, logo o item do meio é localizado e encontra-se o valor 10. Então x é comparado com o item do meio. Como $x > 10$, a busca é feita na segunda metade da lista, a saber, entre os itens

$$14, 18, 22, 34$$

Novamente, essa lista não é vazia, e o item do meio é 18. Como $x > 18$, procura-se na segunda metade da lista, ou seja, entre os itens

$$22, 34$$

Nessa lista não vazia, o item do meio é 22. Como $x > 22$, a busca continua na segunda metade da lista, a saber,

$$34$$

Essa é uma lista de apenas um elemento, com o item do meio sendo esse único elemento. Como $x < 34$, começa uma busca na "primeira metade" da lista; mas a primeira metade é vazia. O algoritmo termina aqui com a informação de que x não está na lista.

Essa execução necessita de quatro comparações ao todo; x é comparado com 10, 18, 22 e 34. ●

PROBLEMA PRÁTICO 10

Em uma busca binária da lista no Exemplo 14, nomeie os elementos que serão comparados com x se x tiver o valor 8. ■

Vimos uma série de definições recorrentes. A Tabela 3.1 resume suas características.

TABELA 3.1

Definições por Recorrência	
O que Está Sendo Definido	**Características**
Sequência recorrente	O primeiro ou os dois primeiros valores da sequência são conhecidos; outros valores na sequência são definidos em termos de valores anteriores.
Conjunto recorrente	Alguns poucos elementos específicos do conjunto são conhecidos; outros elementos do conjunto são construídos a partir de combinações de elementos já pertencentes ao conjunto.
Operação recorrente	Um caso "pequeno" da operação fornece um valor específico; outros casos da operação são definidos em termos de casos menores.
Algoritmo recursivo	Para os valores menores dos argumentos, o comportamento do algoritmo é conhecido; para valores maiores dos argumentos, o algoritmo chama a si mesmo com valores menores dos argumentos.

SEÇÃO 3.1 REVISÃO

TÉCNICAS

- Geração de valores de uma sequência definida por recorrência.
- Demonstração de propriedades da sequência de Fibonacci.
- Reconhecimento de objetos em uma coleção definida por recorrência.
- Obtenção de definições por recorrência para conjuntos particulares de objetos.
- Obtenção de definições por recorrência para determinadas operações em objetos.
- Desenvolvimento de algoritmos recursivos para gerar sequências definidas por recorrência.

IDEIAS PRINCIPAIS

- Definições por recorrência podem ser dadas para sequências de objetos, para conjuntos de objetos e para operações em objetos, com informação básica conhecida e informações novas dependendo de informações já conhecidas.
- Algoritmos recursivos fornecem uma solução natural para determinados problemas invocando a mesma tarefa em versões menores do problema.

EXERCÍCIOS 3.1

Para os Exercícios 1 a 12, escreva os cinco primeiros valores da sequência.

1. $S(1) = 10$
   $S(n) = S(n-1) + 10$ para $n \geq 2$
2. $C(1) = 5$
   $C(n) = 2C(n-1) + 5$ para $n \geq 2$
3. $A(1) = 2$
   $A(n) = \dfrac{1}{A(n-1)}$ para $n \geq 2$
4. $B(1) = 1$
   $B(n) = B(n-1) + n^2$ para $n \geq 2$
5. $S(1) = 1$
   $S(n) = S(n-1) + \dfrac{1}{n}$ para $n \geq 2$
6. $T(1) = 1$
   $T(n) = nT(n-1)$ para $n \geq 2$

7. $P(1) = 1$
   $P(n) = n^2 P(n-1) + (n-1)$ para $n \geq 2$
8. $A(1) = 2$
   $A(n) = nA(n-1) + n$ para $n \geq 2$
9. $M(1) = 2$
   $M(2) = 2$
   $M(n) = 2M(n-1) + M(n-2)$ para $n > 2$
10. $D(1) = 3$
   $D(2) = 5$
   $D(n) = (n-1)D(n-1) + (n-2)D(n-2)$ para $n > 2$
11. $W(1) = 2$
   $W(2) = 3$
   $W(n) = W(n-1)W(n-2)$ para $n > 2$
12. $T(1) = 1$
   $T(2) = 2$
   $T(3) = 3$
   $T(n) = T(n-1) + 2T(n-2) + 3T(n-3)$ para $n > 3$

Nos Exercícios 13 a 18, prove a propriedade dada dos números de Fibonacci diretamente da definição.

13. $F(n+1) + F(n-2) = 2F(n)$ para $n \geq 3$
14. $F(n) = 5F(n-4) + 3F(n-5)$ para $n \geq 6$
15. $F(n) = 3F(n-3) + 2F(n-4)$ para $n \geq 5$
16. $[F(n+1)]^2 = [F(n)]^2 + F(n-1)F(n+2)$ para $n \geq 2$
17. $F(n+3) = 2F(n+1) + F(n)$ para $n \geq 1$
18. $F(n+6) = 4F(n+3) + F(n)$ para $n \geq 1$

Nos Exercícios 19 a 22, prove a propriedade dada dos números de Fibonacci para todo $n \geq 1$. (*Sugestão*: O primeiro princípio de indução vai funcionar.)

19. $F(1) + F(2) + \cdots + F(n) = F(n+2) - 1$
20. $F(2) + F(4) + \cdots + F(2n) = F(2n+1) - 1$
21. $F(1) + F(3) + \cdots + F(2n-1) = F(2n)$
22. $[F(1)]^2 + [F(2)]^2 + \cdots + [F(n)]^2 = F(n)F(n+1)$

Nos Exercícios 23 a 26, prove a propriedade dada dos números de Fibonacci usando o segundo princípio de indução.

23. Exercício 17.
24. Exercício 18.
25. $F(n) < 2^n$ para $n \geq 1$
26. $F(n) > \left(\frac{3}{2}\right)^{n-1}$ para $n \geq 6$
27. Escreva um algoritmo recursivo em pseudocódigo para uma função que calcule $F(n)$, o n-ésimo número de Fibonacci.
28. Siga seu algoritmo do Exercício 27 para calcular $F(6)$.
   a. Quantas vezes a função é chamada?
   b. Quantas vezes $F(4)$ é calculado?
   c. Quantas vezes $F(3)$ é calculado?
   d. Quantas vezes $F(2)$ é calculado?

Os Exercícios 29 e 30 tratam de uma demonstração de correção do algoritmo iterativo a seguir para calcular $F(n)$, o n-ésimo número de Fibonacci.

```
F(inteiro positivo n)
//função que calcula de modo iterativo o valor do
//do n-ésimo número de Fibonacci
Variáveis locais:
inteiro positivo i              //índice do laço
inteiros positivos p, q, r      //termos na sequência de Fibonacci

  se n = 1 então
    retorne 1
  senão
    se n = 2 então
      retorne 1
    senão
      i = 2
      p = 1                     //p = primeiro dos termos anteriores na sequência de Fibonacci
      q = 1                     //q = segundo dos termos anteriores na sequência de Fibonacci
      enquanto i < n faça
        r = p + q               //forma o próximo termo como a
                                //soma dos dois termos anteriores
        p = q                   //atualiza p
        q = r                   //atualiza q
        i = i + 1
      fim do enquanto
      //agora q tem o valor de F(n)
      retorne q
    fim do se
  fim do se
fim da função F
```

29. a. No algoritmo iterativo de Fibonacci, a condição B para a continuação do laço é $i < n$, logo B' é $i \geq n$, mas qual é o valor exato de i quando o laço termina?
    b. Ao sair do laço, você quer que $q = F(n)$; o que você quer para o valor de p naquele instante?
30. a. Escreva o invariante de laço Q para o algoritmo iterativo de Fibonacci
    b. Prove que Q é um invariante do laço.
31. Os valores p e q são definidos da seguinte maneira:

$$p = \frac{1 + \sqrt{5}}{2} \quad \text{e} \quad q = \frac{1 - \sqrt{5}}{2}$$

a. Prove que $1 + p = p^2$ e $1 + q = q^2$.

b. Prove que

$$F(n) = \frac{p^n - q^n}{p - q}$$

c. Use o item (b) para provar que

$$F(n) = \frac{\sqrt{5}}{5}\left(\frac{1 + \sqrt{5}}{2}\right)^n - \frac{\sqrt{5}}{5}\left(\frac{1 - \sqrt{5}}{2}\right)^n$$

é uma solução em forma fechada para a sequência de Fibonacci.

32. A *sequência de Lucas* é definida por

$$L(1) = 1$$
$$L(2) = 3$$
$$L(n) = L(n-1) + L(n-2) \text{ para } n \geq 2$$

a. Escreva os cinco primeiros termos da sequência.

b. Prove que $L(n) = F(n+1) + F(n-1)$ para $n \geq 2$, em que F é a sequência de Fibonacci.

Para os Exercícios 33 a 36, decida se as sequências descritas são subsequências da sequência de Fibonacci, ou seja, se seus elementos são alguns ou todos os elementos, na ordem correta, da sequência de Fibonacci.[3]

33. A sequência $A(n)$, em que $A(n) = 1 +$ (a soma dos n primeiros elementos da sequência de Fibonacci), $n \geq 1$. Os quatro primeiros valores são 2, 3, 5, 8, os quais — até agora — formam uma subsequência da sequência de Fibonacci.

34. A sequência $B(n)$, em que $B(n) = (n-1)2^{n-2} + 1$, $n \geq 1$. Os quatro primeiros valores são 1, 2, 5, 13, os quais — até agora — formam uma subsequência da sequência de Fibonacci.

35. A sequência $C(n)$, em que $C(n)$ é o número de maneiras diferentes que podemos arrumar n moedas em fileiras horizontais, de modo que todas as moedas em cada fileira fiquem encostadas e toda moeda acima da fileira mais embaixo fique encostada em duas moedas na fileira logo abaixo, $n \geq 1$. Os cinco primeiros valores são 1, 1, 2, 3, 5, os quais — até agora — formam uma subsequência da sequência de Fibonacci.

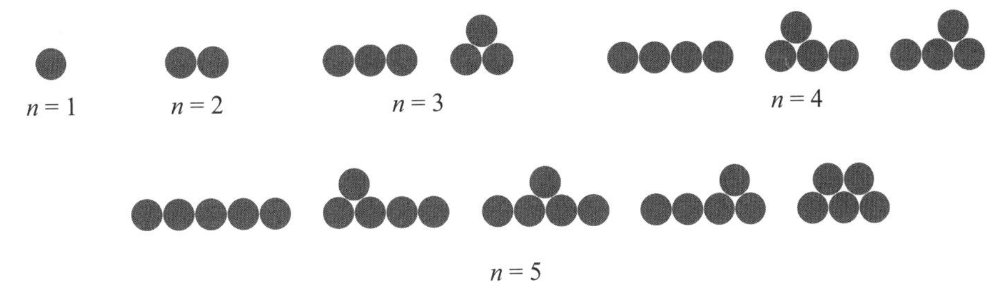

36. A sequência $D(n)$, em que $D(n)$ descreve o número de maneiras diferentes de pintar o chão de um prédio com n andares, de modo que o chão de cada andar seja pintado de amarelo ou verde e que dois andares adjacentes não podem, ambos, ter o chão verde (embora dois andares adjacentes possam ter o chão amarelo), $n \geq 1$. Os quatro primeiros valores são 2, 3, 5, 8, os quais — até agora — formam uma subsequência da sequência de Fibonacci. Por exemplo, $D(3) = 5$, já que um prédio de 3 andares pode ter o chão pintado de

A	A	A	V	V
A	A	V	A	A
A	V	A	V	A

(*Sugestão*: Pense em uma expressão recorrente para $D(n+1)$.)

37. a. O problema original apresentado por Fibonacci tratava de pares de coelhos. Dois coelhos não cruzam até terem 2 meses de idade. Depois disso, cada par de coelhos gera um novo par cada mês. Suponha que nenhum coelho morre. Denote por $C(n)$ o número de pares de coelhos que você terá ao final de n meses se começar com um único par de coelhos. Mostre que $C(n)$ é a sequência de Fibonacci.

b. Escreva 27 e 62 como soma de números de Fibonacci distintos não consecutivos.

38. a. A sequência de *números de Catalan* é definida por recorrência por

$$C(0) = 1$$
$$C(1) = 1$$
$$C(n) = \sum_{k=1}^{n} C(k-1)C(n-k) \text{ para } n \geq 2$$

Calcule os valores de $C(2)$, $C(3)$ e $C(4)$ usando essa relação de recorrência.

[3]Os Exercícios 33 a 36 foram tirados da seção *Mathematical Recreations*, de Ian Stewart, *Scientific American*, maio de 1995.

b. Tanto Frank quanto José são candidatos à presidência da Câmara de Vereadores. O número de votos foi igual a $2n$, com n votos para Frank e n votos para José. Os votos são contados sequencialmente. O *problema de votação* é o seguinte: de quantas maneiras é possível contar os votos de modo que o total de votos para José nunca seja maior do que o de votos para Frank? Acontece que a resposta é $C(n)$, o n-ésimo número de Catalan. Por exemplo, se $n = 5$, uma sequência de contagem possível é

FFJJFJFFJJ

Usando $n = 3$, escreva todas as sequências de contagem que satisfazem a propriedade e compare o resultado com o número de Catalan $C(3)$.

39. Uma sequência é definida por recorrência por

$$S(1) = 2$$
$$S(2) = 2$$
$$S(3) = 6$$
$$S(n) = 3S(n - 3) \text{ para } n \geq 3$$

Prove que $S(n)$ é um número par para $n \geq 1$.

40. Uma sequência é definida por recorrência por

$$T(5) = 6$$
$$T(6) = 10$$
$$T(n) = 2T(n - 2) + 2 \text{ para } n \geq 7$$

Prove que $T(n) \geq 2n$ para $n \geq 7$.

41. Uma sequência é definida por recorrência por

$$S(0) = 1$$
$$S(1) = 1$$
$$S(n) = 2S(n - 1) + S(n - 2) \text{ para } n \geq 2$$

a. Prove que $S(n)$ é um número ímpar para $n \geq 0$.

b. Prove que $S(n) < 6S(n - 2)$ para $n \geq 4$.

42. Uma sequência é definida por recorrência por

$$T(0) = 1$$
$$T(1) = 2$$
$$T(n) = 2T(n - 1) + T(n - 2) \text{ para } n \geq 2$$

Prove que $T(n) \leq \left(\frac{5}{2}\right)^n$ para $n \geq 0$.

43. Escreva uma definição recorrente para uma progressão geométrica com termo inicial a e razão r (veja o Exercício 27, Seção 2.2).

44. Escreva uma definição recorrente para uma progressão aritmética com termo inicial a e parcela a ser somada d (veja o Exercício 28, Seção 2.2).

45. Em um experimento, determinada colônia de bactérias tem uma população inicial de 50.000. A população é contada a cada 2 horas, e, ao final de cada intervalo de 2 horas, a população triplica.

a. Escreva uma definição recorrente para a sequência $A(n)$, o número de bactérias presentes no início do n-ésimo período de tempo.

b. No início de que intervalo haverá 1.350.000 bactérias presentes?

46. Uma quantia de R$500,00 é investida em uma aplicação que paga juros de 1,2% capitalizados anualmente.

a. Escreva uma definição recorrente para $P(n)$, a quantia total na aplicação no início do n-ésimo ano.

b. Depois de quantos anos a aplicação vai ter um saldo maior do que R$570,00?

47. Uma coleção T de números é definida por recorrência por

 1. 2 pertence a T.
 2. Se x pertencer a T, então $x + 3$ e $2 * x$ também pertencerão.

 Quais dos números a seguir pertencem a T?

 a. 6 b. 7 c. 19 d. 12

48. Uma coleção M de números é definida por recorrência por

 1. 2 e 3 pertencem a M.
 2. Se x e y pertencerem a M, então $x * y$ também pertencerá.

 Quais dos números a seguir pertencem a M?

 a. 6 b. 9 c. 16 d. 21 e. 26 f. 54 g. 72 h. 218

49. Uma coleção S de cadeia de caracteres é definida por recorrência por

 1. a e b pertencem a S.
 2. Se x pertencer a S, então xb também pertencerá.

 Quais das cadeias a seguir pertencem a S?

 a. a b. ab c. aba d. $aaab$ e. $bbbbb$

50. Uma coleção W de cadeias de símbolos é definida por recorrência por

 1. a, b e c pertencem a W.
 2. Se x pertencer a W, então $a(x)c$ também pertencerá.

 Quais das cadeias a seguir pertencem a W?

 a. $a(b)c$ b. $a(a(b)c)c$ c. $a(abc)c$ d. $a(a(a(a)c)c)c$ e. $a(aacc)c$

51. Um conjunto S de inteiros é definido por recorrência por

 1. 0 e 3 pertencem a S.
 2. Se x e y pertencerem a S, então $x + y$ também pertencerá.

 Use indução estrutural para provar que todo inteiro é um múltiplo de 3.

52. Um conjunto T de cadeias de símbolos é definido por recorrência por

 1. pqq pertence a T.
 2. Se x e y pertencerem a T, então $pxqq$, $qqxp$ e xy também pertencerão.

 Use indução estrutural para provar que o número de símbolos iguais a q em qualquer cadeia em T é o dobro do número de símbolos iguais a p.

53. Dê uma definição recorrente para o conjunto de todas as fbfs predicadas unárias em x.
54. Dê uma definição recorrente para o conjunto de todas as fórmulas bem formuladas de aritmética inteira envolvendo números inteiros e as operações aritméticas +, –, * e /.
55. Dê uma definição recorrente para o conjunto de todos os inteiros ímpares.
56. Dê uma definição recorrente para o conjunto de todas as cadeias de parênteses bem balanceados.
57. Dê uma definição recorrente para o conjunto de todas as cadeias binárias contendo um número ímpar de elementos iguais a 0.
58. Dê uma definição recorrente para o conjunto de todas as cadeias binárias contendo um número par de elementos iguais a 1.
59. Dê uma definição recorrente para o conjunto de todas as cadeias binárias que terminam com 0.
60. Dê uma definição recorrente para o conjunto de todas as cadeias binárias com o mesmo número de zeros e de uns.

61. Use a notação FBN para definir o conjunto dos inteiros positivos.
62. Use a notação FBN para definir o conjunto dos números decimais, que consiste em um sinal opcional (+ ou –) seguido de um ou mais dígitos, seguido de uma vírgula, seguida de zeros ou mais dígitos.
63. Dê uma definição recorrente para x^R, a cadeia em ordem inversa da cadeia x.
64. Dê uma definição recorrente para $|x|$, o comprimento da cadeia x.
65. Dê uma definição recorrente para a operação fatorial $n!$, para $n \geq 1$.
66. Dê uma definição recorrente para a soma de dois inteiros não negativos m e n.
67. a. Dê uma definição recorrente para a operação de escolher o máximo entre n inteiros $a_1, \ldots, a_n$, $n \geq 2$.
    b. Dê uma definição recorrente para a operação de escolher o mínimo entre n inteiros $a_1, \ldots, a_n$, $n \geq 2$.
68. a. Dê uma definição recorrente para a conjunção de n letras de proposição em lógica proposicional, $n \geq 2$.
    b. Escreva uma generalização da associatividade para a conjunção (equivalência tautológica $2b$ da Seção 1.1) e use indução para prová-la.
69. Sejam A e $B_1, B_2, \ldots, B_n$ letras de proposição. Prove a extensão finita para as equivalências da distributividade na lógica proposicional:

$$A \vee (B_1 \wedge B_2 \wedge \cdots \wedge B_n) \Leftrightarrow (A \vee B_1) \wedge (A \vee B_2) \wedge \cdots \wedge (A \vee B_n)$$

e

$$A \wedge (B_1 \vee B_2 \vee \cdots \vee B_n) \Leftrightarrow (A \wedge B_1) \vee (A \wedge B_2) \vee \cdots \vee (A \wedge B_n)$$

para $n \geq 2$.

70. Sejam $B_1, B_2, \ldots, B_n$ letras de proposição. Prove a extensão finita para as leis de De Morgan:

$$(B_1 \vee B_2 \vee \cdots \vee B_n)' \Leftrightarrow B'_1 \wedge B'_2 \wedge \cdots \wedge B'_n$$

e

$$(B_1 \wedge B_2 \wedge \cdots \wedge B_n)' \Leftrightarrow B'_1 \vee B'_2 \vee \cdots \vee B'_n$$

para $n \geq 2$.

Nos Exercícios 71 a 76, escreva o corpo de uma função recorrente para calcular $S(n)$, em que S é a sequência dada.

71. 1, 3, 9, 27, 81, ...
72. 2, 1, 1/2, 1/4, 1/8, ...
73. 1, 2, 4, 7, 11, 16, 22, ...
74. 2, 4, 16, 256, ...
75. $a, b, a + b, a + 2b, 2a + 3b, 3a + 5b, \ldots$
76. $p, p - q, p + q, p - 2q, p + 2q, p - 3q, \ldots$
77. Qual o valor retornado pela função recorrente Mistério a seguir para um valor de entrada n?

Mistério(inteiro positivo n)
  se $n = 1$ **então**
    retorne 1
  senão
    retorne *Mistério*$(n - 1) + 1$
  fim do se
fim da função *Mistério*

78. A função recorrente a seguir é chamada inicialmente com um valor de i igual a 1. L é uma lista (*array*) de 10 inteiros. O que a função faz?

g(lista L; inteiro positivo i; inteiro x)
  se $i > 10$ **então**
    retorne 0

```
    senão
        se L[ i ] = x então
            retorne 10
        senão
            retorne g(L, i + 1, x)
        fim do se
    fim do se
fim da função g
```

79. Descreva informalmente um algoritmo recursivo que inverte a ordem dos elementos em uma lista de itens.

80. Descreva informalmente um algoritmo recursivo para calcular a soma dos dígitos de um inteiro positivo.

81. Descreva informalmente um algoritmo recursivo para calcular o máximo divisor comum de dois inteiros positivos a e b, em que $a > b$. (*Sugestão*: A solução baseia-se no algoritmo de Euclides, discutido na Seção 2.3. Em particular, use a expressão (5) logo após o Exemplo 27 na Seção 2.3.)

82. O famoso quebra-cabeça da Torre de Hanói envolve três pinos e n discos de tamanhos variados empilhados em um dos pinos em ordem de tamanho, com o maior debaixo de todos e o menor no topo da pilha. O objetivo é empilhar os discos da mesma forma em outro pino; só pode ser movido um disco de cada vez, e nunca um disco maior pode ser colocado em cima de um menor. Descreva informalmente um algoritmo recursivo para resolver o quebra-cabeça da Torre de Hanói.

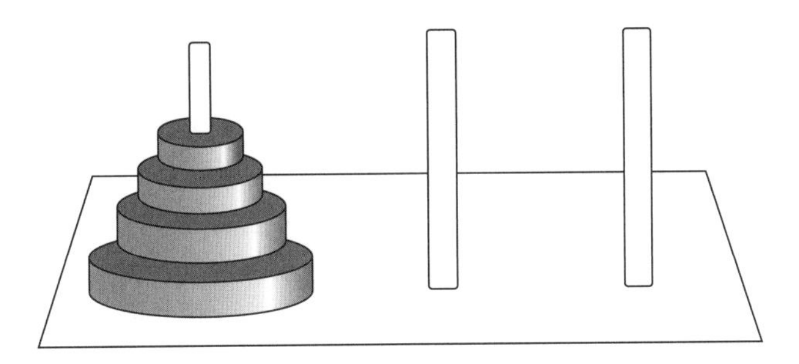

83. Simule a execução do algoritmo *OrdenaçãoPorSeleção* na lista L a seguir; escreva a lista após cada troca que muda a lista.

$$4, 10, -6, 2, 5$$

84. Simule a execução do algoritmo *OrdenaçãoPorSeleção* na lista L a seguir; escreva a lista após cada troca que muda a lista.

$$9, 0, 2, 6, 4$$

85. O algoritmo de busca binária é usado com a lista a seguir; x tem o valor "Curitiba". Diga com quais elementos x é comparado.

Brasília, Campos, Itapemirim, Nova Friburgo, Petrópolis, São Paulo, Varginha

86. O algoritmo de busca binária é usado com a lista a seguir; x tem o valor "manteiga". Diga com quais elementos x é comparado.

açúcar, chocolate, farinha, manteiga, óleo, ovos

87. Demonstre a correção da função iterativa dada nesta seção para calcular $S(n)$ do Exemplo 1, em que $S(n) = 2^n$.

88. A *Enciclopédia Online de Sequências Inteiras* (OEIS na sigla em inglês) foi desenvolvida e mantida durante muitos anos por Neil Sloane, um matemático que trabalhava na AT&T e que escreveu diversos livros sobre sequências. A Fundação OEIS gerencia, agora, o banco de dados, que contém mais de 200.000 sequências de inteiros que foram apreciadas e estudadas por muitas pessoas. (Veja oeis.org.) Há até um filme no YouTube sobre a OEIS! A *sequência de Recaman* (número A005132 no catálogo da OEIS) é uma sequência definida por recorrência da seguinte maneira:

$$a(1) = 1$$

Para $n > 1$,

$$a(n) = \begin{cases} a(n-1) - n \text{ se esse número é positivo e não está ainda na sequência} \\ \quad \text{caso contrário} \\ a(n-1) + n \end{cases}$$

a. Confirme que os primeiros termos dessa sequência são 1, 3, 6, 2, 7, 13.
b. Foi conjecturado que todo inteiro não negativo vai acabar aparecendo nessa sequência. Encontre os índices dessa sequência onde aparecem os números 10, 12 e 23.

SEÇÃO 3.2 RELAÇÕES DE RECORRÊNCIA

Desenvolvemos dois algoritmos, um iterativo e o outro recorrente, para calcular um valor $S(n)$ para a sequência S do Exemplo 1. No entanto, existe um modo ainda mais fácil de calcular $S(n)$. Lembre que

$$S(1) = 2 \tag{1}$$
$$S(n) = 2S(n-1) \text{ para } n \geq 2 \tag{2}$$

Como

$$S(1) = 2 = 2^1$$
$$S(2) = 4 = 2^2$$
$$S(3) = 8 = 2^3$$
$$S(4) = 16 = 2^4$$

e assim por diante, vemos que

$$S(n) = 2^n \tag{3}$$

Usando a Equação (3), podemos substituir um valor para n e calcular diretamente $S(n)$ sem ter que calcular antes — explícita ou implicitamente, por recorrência — todos os valores menores de S. Uma equação como (3), onde podemos substituir um valor e obter diretamente o que queremos, é chamada uma **solução em forma fechada** para a relação de recorrência (2) sujeita à condição básica (1). Quando encontramos uma solução em forma fechada, dizemos que **resolvemos** a relação de recorrência.

Relações de recorrência podem ser usadas para diversas coisas, do decaimento químico (veja o problema no início deste capítulo) ao saldo em uma aplicação bancária, do crescimento populacional de determinada espécie à proliferação de vírus computacionais. É claro que, sempre que possível, seria bom encontrar uma solução em forma fechada.

Relações de Recorrência Lineares de Primeira Ordem

Expandir, Conjecturar e Verificar

Uma técnica para resolver relações de recorrência é uma abordagem do tipo "expandir, conjecturar e verificar", que usa repetidamente a relação de recorrência para expandir a expressão a partir do n-ésimo termo até podermos ter uma ideia da forma geral. Finalmente essa conjectura é verificada por indução matemática.

EXEMPLO 15 Considere novamente a condição básica e a relação de recorrência para a sequência S do Exemplo 1:

$$S(1) = 2 \quad (4)$$
$$S(n) = 2S(n-1) \text{ para } n \geq 2 \quad (5)$$

LEMBRETE

Não fique preocupado com "n" e "$n-1$" na relação de recorrência. Pense nisso como "S em algum valor é 2 vezes S no valor anterior."

Vamos fingir que não sabemos a solução em forma fechada e usar a abordagem de expandir, conjecturar e verificar para encontrá-la. Começando com $S(n)$, expandimos usando repetidamente a relação de recorrência. Lembre-se sempre de que a relação de recorrência é uma receita que diz que qualquer elemento de S pode ser substituído por duas vezes o elemento anterior. Aplicamos essa receita a S para n, $n-1$, $n-2$, e assim por diante:

$$\begin{aligned} S(n) &= 2S(n-1) \\ &= 2[2S(n-2)] = 2^2S(n-2) \\ &= 2^2[2S(n-3)] = 2^3S(n-3) \end{aligned}$$

Olhando o padrão que está se desenvolvendo, conjecturamos que, após k tais expansões, a equação tenha a forma

$$S(n) = 2^kS(n-k)$$

Essa expansão dos elementos de S em função de elementos anteriores tem que parar quando $n-k=1$, isto é, quando $k=n-1$. Nesse ponto, temos

$$\begin{aligned} S(n) &= 2^{n-1}S[n-(n-1)] \\ &= 2^{n-1}S(1) = 2^{n-1}(2) = 2^n \end{aligned}$$

que expressa a solução em forma fechada.

Ainda não terminamos, no entanto, pois conjecturamos qual deveria ser a forma geral. Precisamos confirmar nossa solução em forma fechada por indução no valor de n. A proposição que queremos provar, portanto, é que $S(n) = 2^n$ para $n \geq 1$.

Para a base da indução, $S(1) = 2^1$. Isso é verdadeiro pela Equação (4). Vamos supor que $S(k) = 2^k$. Então

$$\begin{aligned} S(k+1) &= 2S(k) && \text{(pela Equação (5))} \\ &= 2(2^k) && \text{(pela hipótese de indução)} \\ &= 2^{k+1} \end{aligned}$$

Isso prova que nossa solução em forma fechada está correta. ●

PROBLEMA PRÁTICO 11 Encontre uma solução em forma fechada para a relação de recorrência, sujeita à condição básica, para a sequência T:

1. $T(1) = 1$
2. $T(n) = T(n-1) + 3$ para $n \geq 2$

(*Sugestão:* Expanda, conjecture e verifique.) ■

Uma Fórmula para a Solução

Alguns tipos de relações de recorrência têm fórmulas conhecidas para suas soluções. Uma relação de recorrência para uma sequência $S(n)$ é dita **linear** se os valores anteriores de S que aparecem na definição aparecem apenas na primeira potência. A relação de recorrência linear mais geral tem a forma

$$S(n) = f_1(n)S(n-1) + f_2(n)S(n-2) + \cdots + f_k(n)S(n-k) + g(n)$$

em que os coeficientes f_i e g podem ser expressões envolvendo n. A relação de recorrência tem **coeficientes constantes** se todos os f_i forem constantes. Ela é de **primeira ordem** se o n-ésimo termo depende apenas do termo $n - 1$. Relações de recorrência lineares de primeira ordem com coeficientes constantes têm, portanto, a forma

$$S(n) = cS(n-1) + g(n) \tag{6}$$

Finalmente, a relação de recorrência é **homogênea** se $g(n) = 0$ para todo n

Vamos encontrar a fórmula para a solução da Equação (6), a relação de recorrência linear de primeira ordem geral com coeficientes constantes, sujeita à condição básica de que $S(1)$ seja conhecida. Vamos usar a abordagem de expandir, conjecturar e verificar. O que vamos fazer é uma generalização do que foi feito no Exemplo 15. Usando a Equação (6) repetidamente e simplificando, obtemos

$$\begin{aligned}
S(n) &= cS(n-1) + g(n) \\
&= c[cS(n-2) + g(n-1)] + g(n) \\
&= c^2S(n-2) + cg(n-1) + g(n) \\
&= c^2\,[cS(n-3) + g(n-2)] + cg(n-1) + g(n) \\
&= c^3S(n-3) + c^2\,g(n-2) + cg(n-1) + g(n)
\end{aligned}$$

Após k expansões, a forma geral parece ser

$$S(n) = c^kS(n-k) + c^{k-1}g(n-(k-1)) + \cdots + cg(n-1) + g(n)$$

Se o primeiro termo da sequência for conhecido, então a expansão terminará quando $n - k = 1$, ou $k = n - 1$, onde temos

$$\begin{aligned}
S(n) &= c^{n-1}S(1) + c^{n-2}g(2) + \cdots + cg(n-1) + g(n) \\
&= c^{n-1}S(1) + c^{n-2}g(2) + \cdots + c^1g(n-1) + c^0g(n) \qquad (7)
\end{aligned}$$

Podemos usar a **notação de somatório** para escrever parte dessa expressão de forma mais compacta. A letra grega maiúscula sigma, Σ, denota uma soma. A notação

$$\sum_{i=p}^{q} \text{(expressão)}$$

diz para substituir na expressão os valores sucessivos de i, o **índice do somatório**, do limite inferior p até o limite superior q, e depois somar os resultados. (Veja o Apêndice B para uma discussão da notação de somatório.) Assim, por exemplo,

$$\sum_{i=1}^{n}(2i-1) = 1 + 3 + 5 + \cdots + (2n-1)$$

No Exemplo 14, Seção 2.2, provamos por indução que o valor dessa soma é n^2.

Com a notação de somatório, a Equação (7) fica

$$S(n) = c^{n-1}S(1) + \sum_{i=2}^{n} c^{n-i}g(i)$$

Pode-se usar indução, como no Exemplo 15, para verificar que essa fórmula é a solução da relação de recorrência (6) (veja o Exercício 26).

Portanto, a solução da relação de recorrência (6) é

$$S(n) = c^{n-1}S(1) + \sum_{i=2}^{n} c^{n-i}g(i) \qquad (8)$$

Essa ainda não é, no entanto, uma solução em forma fechada, porque precisamos encontrar uma expressão para o somatório. Em geral, ou é trivial encontrar a soma ou já encontramos seu valor na Seção 2.2 usando indução matemática. (Se não conseguirmos encontrar uma expressão para o somatório, não estamos em situação melhor do que antes. Precisamos iterar para calcular o somatório, em vez de iterar usando a relação de recorrência, para obter o valor desejado.)

Encontramos, portanto, uma solução geral — Equação (8) — de uma vez por todas para qualquer relação de recorrência da forma (6); esse processo *não precisa ser repetido.* Tudo que é necessário é colocar seu problema na forma (6) para encontrar o valor de c e a fórmula para $g(n)$, e depois substituir esses valores na expressão em (8). A notação $g(n)$ na Equação (6) é a notação usual para uma função de n; só estudaremos funções formalmente no Capítulo 5, mas você pode pensar em $g(n)$ como uma "receita" para o que fazer com seu argumento n. Se, por exemplo,

$$g(n) = 2n$$

então g dobra o valor de qualquer que seja seu argumento:

$$g(3) = 2(3) = 6 \qquad g(27) = 2(27) = 54 \qquad \text{e} \qquad g(i) = 2i$$

Esse último valor, $2i$, seria usado na Equação (8) se $g(n) = 2n$.

EXEMPLO 16 A sequência $S(n)$ do Exemplo 15,

$$S(1) = 2$$
$$S(n) = 2S(n-1) \text{ para } n \geq 2$$

é uma relação de recorrência linear homogênea de primeira ordem com coeficientes constantes. Em outras palavras, ela coincide com a Equação (6) com $c = 2$ e $g(n) = 0$. Como $g(n) = 0$, a função g é sempre igual a 0 qualquer que seja seu argumento. Da fórmula (8), a solução em forma fechada é

$$S(n) = 2^{n-1}(2) + \sum_{i=2}^{n} 0 = 2^n$$

o que está de acordo com nosso resultado anterior. ●

Você tem agora duas maneiras alternativas para resolver uma relação de recorrência linear de primeira ordem com coeficientes constantes. A Tabela 3.2 resume essas abordagens.

TABELA 3.2

Para Resolver Relações de Recorrência da Forma $S(n) = cS(n-1) + g(n)$ Sujeita à Condição Básica $S(1)$	
Método	**Passos**
Expandir, conjecturar, verificar	1. Use repetidamente a relação de recorrência até poder compreender o padrão. 2. Decida qual será o padrão quando $n - k = 1$. 3. Verifique a fórmula resultante por indução.
Fórmula da solução	1. Coloque sua relação de recorrência na forma $S(n) = cS(n-1) + g(n)$ para encontrar c e $g(n)$. 2. Use c, $g(n)$ e $S(1)$ na fórmula $S(n) = c^{n-1}S(1) + \sum_{i=2}^{n} c^{n-i}g(i)$ 3. Calcule o somatório resultante para obter a expressão final.

EXEMPLO 17 Encontre uma solução em forma fechada para a relação de recorrência

$$S(n) = 2S(n-1) + 3 \text{ para } n \geq 2$$

sujeita à condição básica

$$S(1) = 4$$

Usaremos o método da fórmula da solução. Comparando nossa relação de recorrência

$$S(n) = 2S(n-1) + 3$$

com a forma geral $S(n) = cS(n-1) + g(n)$, vemos que

$$c = 2 \qquad g(n) = 3$$

O fato de que $g(n) = 3$ diz que g tem um valor constante de 3 independentemente do valor de seu argumento; em particular, $g(i) = 3$. Substituindo na forma geral da solução

$$S(n) = c^{n-1}S(1) + \sum_{i=2}^{n} c^{n-i}g(i)$$

Obtemos

$$\begin{aligned} S(n) &= 2^{n-1}(4) + \sum_{i=2}^{n} 2^{n-i}(3) \\ &= 2^{n-1}(2^2) + 3\sum_{i=2}^{n} 2^{n-i} \\ &= 2^{n+1} + 3[2^{n-2} + 2^{n-3} + \cdots + 2^1 + 2^0] \\ &= 2^{n+1} + 3[2^{n-1} - 1] \qquad \text{(do Exemplo 15, Seção 2.2)} \end{aligned}$$

Logo, o valor de $S(5)$, por exemplo, é $2^6 + 3(2^4 - 1) = 64 + 3(15) = 109$. De maneira alternativa, usando o método de expandir, conjecturar e verificar, expandindo temos

LEMBRETE

Ao expandir, certifique-se de que colocou a receita completa da relação de recorrência, com todos os termos, como o + 3 neste exemplo.

$$\begin{aligned} S(n) &= 2S(n-1) + 3 \\ &= 2[2S(n-2) + 3] + 3 = 2^2S(n-2) + 2 \cdot 3 + 3 \\ &= 2^2[2S(n-3) + 3] + 2 \cdot 3 + 3 = 2^3S(n-3) + 2^2 \cdot 3 + 2 \cdot 3 + 3 \\ &\vdots \end{aligned}$$

O padrão geral parece ser

$$S(n) = 2^kS(n-k) + 2^{k-1} \cdot 3 + 2^{k-2} \cdot 3 + \cdots + 2^2 \cdot 3 + 2 \cdot 3 + 3$$

o qual, quando $n - k = 1$ ou $k = n - 1$, fica

$$\begin{aligned} S(n) &= 2^{n-1}S(1) + 2^{n-2} \cdot 3 + 2^{n-3} \cdot 3 + \cdots + 2^2 \cdot 3 + 2 \cdot 3 + 3 \\ &= 2^{n-1}(4) + 3[2^{n-2} + 2^{n-3} + \cdots + 2^2 + 2 + 1] \\ &= 2^{n+1} + 3[2^{n-1} - 1] \qquad \text{(do Exemplo 15, Seção 2.2)} \end{aligned}$$

Finalmente, precisamos provar por indução que $S(n) = 2^{n+1} + 3[2^{n-1} - 1]$.

Caso básico: $n = 1$: $S(1) = 4 = 2^2 + 3[2^0 - 1]$, verdadeiro

Suponha $S(k) = 2^{k+1} + 3[2^{k-1} - 1]$

Mostre que $S(k+1) = 2^{k+2} + 3[2^k - 1]$

$$\begin{aligned} S(k+1) &= 2S(k) + 3 && \text{(pela relação de recorrência)} \\ &= 2(2^{k+1} + 3[2^{k-1} - 1]) + 3 && \text{(pela hipótese de indução)} \\ &= 2^{k+2} + 3 \cdot 2^k - 6 + 3 && \text{(multiplicando)} \\ &= 2^{k+2} + 3[2^k - 1] \end{aligned}$$

PROBLEMA PRÁTICO 12 Refaça o Problema Prático 11 usando a Equação (8).

EXEMPLO 18 Encontre uma solução em forma fechada para a relação de recorrência

$$T(n) = T(n-1) + (n+1) \text{ para } n \geq 2$$

sujeita à condição básica

$$T(1) = 2$$

Usando a fórmula para a solução e comparando a relação de recorrência com a forma geral da Equação (6), $S(n) = cS(n-1) + g(n)$, vemos que $c = 1$ e $g(n) = n + 1$. Vamos substituir na Equação (8), $S(n) = c^{n-1}S(1) + \sum_{i=2}^{n} c^{n-i}g(i)$, em que $g(i)$ será $i + 1$.

$$\begin{aligned} T(n) &= (1)^{n-1}(2) + \sum_{i=2}^{n}(1)^{n-i}(i+1) \\ &= 2 + \sum_{i=2}^{n}(i+1) \\ &= 2 + (3 + 4 + \cdots + (n+1)) \\ &= \frac{(n+1)(n+2)}{2} - 1 \qquad \text{(do Problema Prático 7, Seção 2.2)} \end{aligned}$$

EXEMPLO 19 Considere o problema de ler dados em um disco rígido em um computador.[4] O disco é organizado em uma série de sulcos circulares concêntricos, divididos em setores. Cada setor contém um bloco de dados (Figura 3.1).

Figura 3.1

O tempo para colocar um bloco particular de dados na memória é composto de três partes:

1. *Tempo de busca* — o tempo necessário para posicionar a cabeça de leitura sobre o sulco apropriado. Esse tempo varia de acordo com as posições relativas entre a cabeça de leitura e o sulco apropriado quando é feito o comando de leitura. No melhor caso, a cabeça de leitura já está sobre o sulco em questão e o tempo de busca é 0. No pior caso, supondo que existem n sulcos, a cabeça de leitura poderia estar sobre o sulco 1 e ter que se mover para o sulco n, um movimento de $n - 1$ unidades, em que uma *unidade* é a distância entre sulcos adjacentes. Podemos supor que o tempo de busca é algum múltiplo do número de unidades.
2. *Tempo de latência* — tempo necessário para que o setor desejado fique sob a cabeça de leitura. Esse tempo também varia dependendo se o setor correto está chegando sob a cabeça de leitura (tempo de latência mínimo) ou se acabou de passar e é necessária uma rotação completa (tempo de latência máximo).
3. *Tempo de transferência* — tempo necessário para ler um bloco posicionado sob a cabeça de leitura, em geral um tempo constante para todos os blocos.

O problema é encontrar o tempo de busca médio, na verdade, encontrar o número médio $A(n)$ de unidades. As hipóteses são que existem n sulcos, que a cabeça de leitura está posicionada sobre algum sulco i e que é igualmente provável que a cabeça de leitura tenha que se movimentar para qualquer sulco j.

A Tabela 3.3 mostra o número de unidades ao se ir de um sulco para outro, em que as linhas denotam os sulcos de saída e as colunas, os de chegada. Por exemplo, se a cabeça de leitura está sobre o sulco 3 e tem que ir para o sulco n, são necessárias $n - 3$ unidades,

[4]Esse exemplo baseia-se em um trabalho em "*Research Problem for Undergraduate Students which Spans Hardware Issues, Mathematical Methods and Programming: Average Seek Time of a Computer Disk*", de autoria de Jan Plaza, http://faculty.plattsburgh.edu/jan.plaza/teaching/papers/seektime.html.

como mostra o elemento na linha 3, coluna n. O elemento na linha n, coluna 3 é igual, já que leva o mesmo tempo para a cabeça se mover na direção contrária.

TABELA 3.3

Sulco de saída \ Sulco de destino	1	2	3	...	$n-1$	n
1	0	1	2	...	$n-2$	$n-1$
2	1	0	1	...	$n-3$	$n-2$
3	2	1	0	...	$n-4$	$n-3$
...				...	...	...
$n-1$	$n-2$	$n-3$	$n-4$	...	0	1
n	$n-1$	$n-2$	$n-3$	...	1	0

A Tabela 3.3 ilustra os n^2 movimentos possíveis entre os sulcos. Encontramos o número médio $A(n)$ de unidades para esses n^2 casos calculando o número total de unidades na tabela, $T(n)$, e dividindo por n^2. Para calcular $T(n)$, note que $T(n) = T(n-1) +$ (o total da última linha mais a última coluna) e que a última linha mais a última coluna contribuem com

$$2[1 + 2 + 3 + \cdots + (n-1)] = 2\left[\frac{(n-1)n}{2}\right] \quad \text{(usando o Problema Prático 7, Seção 2.2)}$$
$$= (n-1)n$$

de modo que

$$T(n) = T(n-1) + (n-1)n$$

O caso básico é $T(1) = 0$ (tempo de busca nulo para um disco com 1 sulco). Essa é uma relação de recorrência linear de primeira ordem com coeficientes constantes. Podemos resolvê-la usando a Equação (8), em que $c = 1$ e $g(n) = (n-1)n$. A solução é

$$T(n) = 0 + \sum_{i=2}^{n}(i-1)i$$
$$= 1 \cdot 2 + 2 \cdot 3 + 3 \cdot 4 + \cdots + (n-1)n$$
$$= \frac{(n-1)n(n+1)}{3} \quad \text{(do Exercício 19, Seção 2.2)}$$

Logo, o número médio de unidades é

$$A(n) = \frac{(n-1)n(n+1)}{3}/n^2 = \frac{n^3 - n^2 + n^2 - n}{3n^2} = \frac{n^3 - n}{3n^2} = \frac{n^2 - 1}{3n} = \frac{n}{3} - \frac{1}{3n}$$

Como o melhor caso é 0 e o pior é $n - 1$, poderíamos esperar uma média próxima de $n/2$, mas ela é, de fato, um pouco menor do que $n/3$.

EXEMPLO 20 Nem toda relação de recorrência é da forma da Equação (6). Considere a relação de recorrência

$$T(1) = 1$$
$$T(n) = 2nT(n-1) \text{ para } n \geq 2$$

Embora essa seja uma relação de recorrência linear de primeira ordem, ela não tem coeficientes constantes. A Equação (8) não se aplica. Para encontrar uma solução em forma fechada, precisamos voltar para a técnica de expandir, conjecturar e verificar.

$$\begin{aligned} T(n) &= 2nT(n-1) \\ &= 2n[2(n-1)T(n-2)] = 2^2n(n-1)T(n-2) \\ &= 2^2n(n-1)[2(n-2)T(n-3)] = 2^3n(n-1)(n-2)T(n-3) \end{aligned}$$

Em geral, parece que

$$T(n) = 2^k n(n-1)(n-2)\ldots(n-(k-1))T(n-k)$$

Quando $n - k = 1$, $k = n - 1$ e

$$T(n) = 2^{n-1}n(n-1)(n-2)\ldots(2)T(1) = 2^{n-1}n(n-1)(n-2)\ldots(2)(1) = 2^{n-1}n!$$

Essa é a nossa conjectura sobre a solução em forma fechada, que verificamos por indução em n.

Caso básico, $T(1)$: $T(1) = 2^{1-1}1! = 2^0(1) = 1$, verdadeiro
Suponha $T(k)$: $T(k) = 2^{k-1}k!$
Prove que $T(k+1)$: $T(k+1) = 2^k(k+1)!$

$$\begin{aligned} T(k+1) &= 2(k+1)T(k) && \text{(pela relação de recorrência)} \\ &= 2(k+1)2^{k-1}k! && \text{(pela hipótese de indução)} \\ &= 2^k(k+1)! \end{aligned}$$

Portanto, nossa conjectura sobre a solução em forma fechada estava correta. ●

Relações de Recorrência Lineares de Segunda Ordem

Em uma relação de recorrência de primeira ordem, o n-ésimo termo depende apenas do termo anterior. Em uma **relação de recorrência de segunda ordem**, o n-ésimo termo depende dos dois termos anteriores. Logo, relações de recorrência lineares de segunda ordem com coeficientes constantes têm a forma

$$S(n) = c_1S(n-1) + c_2S(n-2) \tag{9}$$

A sequência de Fibonacci é um exemplo (o Exercício 37 pede uma solução):

$$F(1) = 1$$
$$F(2) = 1$$
$$F(n) = F(n-1) + F(n-2) \text{ para } n > 2$$

Em tais sequências, precisamos ter dois "casos básicos", ou seja, dois valores conhecidos da sequência para gerar os valores subsequentes.

Gostaríamos de encontrar uma fórmula geral para a solução de uma relação de recorrência como (9). Se retirarmos o segundo termo, é claro que teríamos uma relação de primeira ordem linear homogênea com coeficientes constantes:

$$S(n) = c_1S(n-1)$$

Da Equação (8), sabemos que a solução dessa relação de recorrência é da forma

$$S(n) = c_1^{n-1}S(1)$$

Vamos expressar essa solução como

$$S(n) = pr^{n-1} \tag{10}$$

em que r (ou seja, c_1) é a solução (raiz) da equação linear

$$t - c_1 = 0 \tag{11}$$

e p (ou seja, $S(1)$) satisfaz a Equação (10) para a condição inicial $n = 1$:

$$S(1) = pr^{1-1} = pr^0 = p$$

Esse ponto de vista sugere uma conjectura para a solução de (9). Como agora temos dois termos na equação propriamente dita, vamos adicionar um segundo termo em (10) e representar uma possível solução na forma

$$S(n) = pr_1^{n-1} + qr_2^{n-1} \tag{12}$$

em que r_1 e r_2 são raízes distintas (estendendo (11) a uma equação do segundo grau) de

$$t^2 - c_1t - c_2 = 0 \tag{13}$$

Os valores p e q têm que ser escolhidos de modo a satisfazerem as duas condições iniciais:

$$S(1) = pr_1^{1-1} + qr_2^{1-1} = p + q$$
$$S(2) = pr_1^{2-1} + qr_2^{2-1} = pr_1 + qr_2$$

ou, simplificando,

$$\begin{aligned} p + q &= S(1) \\ pr_1 + qr_2 &= S(2) \end{aligned} \tag{14}$$

É claro que isso é um salto ousado de especulação da nossa parte, de modo que agora precisamos verificar que a Equação (12) é uma solução em forma fechada para a relação de recorrência (9).

Estamos tentando provar que

$$S(n) = pr_1^{n-1} + qr_2^{n-1}$$

(em que r_1, r_2, p e q são como descritos anteriormente) é uma solução de

$$S(n) = c_1S(n-1) + c_2S(n-2)$$

para todo $n \geq 1$. A frase "para todo $n \geq 1$" sugere uma demonstração por indução. Como $S(n)$ precisa "voltar atrás" dois valores para ser calculado, devemos usar o segundo princípio de indução.

Casos básicos:

Quando $n = 1$, a solução proposta nos dá

$$S(1) = pr_1^{1-1} + qr_2^{1-1} = p + q$$

Quando $n = 2$, a solução proposta nos dá

$$S(2) = pr_1^{2-1} + qr_2^{2-1} = pr_1 + qr_2$$

Ambas as equações são trivialmente verdadeiras, já que escolhemos p e q de modo que satisfaçam essas condições.

Suponha que para todo r, $1 \leq r \leq k$, $S(r) = pr_1^{r-1} + qr_2^{r-1}$. Temos que mostrar que $S(k + 1) = pr_1^k + qr_2^k$. Antes de continuar, note que, como r_1 e r_2 são soluções da equação $t^2 - c_1t - c_2 = 0$, segue que

$$\begin{aligned} r_1^2 - c_1r_1 - c_2 &= 0 \quad \text{ou} \quad r_1^2 = c_1r_1 + c_2 \\ r_2^2 - c_1r_2 - c_2 &= 0 \quad \text{ou} \quad r_2^2 = c_1r_2 + c_2 \end{aligned} \tag{15}$$

Temos

$$\begin{aligned} S(k + 1) &= c_1S(k) + c_2S(k - 1) && \text{(pela relação de recorrência)} \\ &= c_1(pr_1^{k-1} + qr_2^{k-1}) + c_2(pr_1^{k-2} + qr_2^{k-2}) && \text{(pela hipótese de indução} \\ &= pr_1^{k-2}(c_2 + c_1r_1) + qr_2^{k-2}(c_2 + c_1r_2) && \text{aplicada duas vezes)} \\ &= pr_1^{k-2}r_1^2 + qr_2^{k-2}r_2^2 && \text{(pela Equação (15))} \\ &= pr_1^k + qr_2^k \end{aligned}$$

que é o resultado desejado. Isso confirma que a Equação (12) é uma solução da Equação (8).

O ponto-chave para a solução é a equação do segundo grau

$$t^2 - c_1t - c_2 = 0$$

que é chamada de **equação característica** da relação de recorrência

$$S(n) = c_1S(n - 1) + c_2S(n - 2)$$

EXEMPLO 21 Resolva a relação de recorrência

$$S(n) = 2S(n - 1) + 3S(n - 2) \text{ para } n \geq 3$$

sujeita às condições iniciais

$$\begin{aligned} S(1) &= 3 \\ S(2) &= 1 \end{aligned}$$

Nessa relação de recorrência, $c_1 = 2$ e $c_2 = 3$. Para encontrar a solução em forma fechada, formamos a equação característica

$$t^2 - 2t - 3 = 0$$

que tem raízes $r_1 = 3$, $r_2 = -1$. A Equação (12) nos dá a forma da solução:

$$S(n) = p3^{n-1} + q(-1)^{n-1}$$

em que, pela Equação (14), p e q satisfazem

$$\begin{aligned} p + q &= 3 \\ p(3) + q(-1) &= 1 \end{aligned}$$

Resolvendo esse sistema de equações, obtemos $p = 1$, $q = 2$. Portanto, a solução em forma fechada é

$$S(n) = 3^{n-1} + 2(-1)^{n-1}$$

●

PROBLEMA PRÁTICO 13

a. Usando os casos básicos e a relação de recorrência, calcule os cinco primeiros termos da sequência $S(n)$ do Exemplo 21.
b. Verifique que a solução em forma fechada no Exemplo 21 produz os cinco primeiros termos corretos. ■

PROBLEMA PRÁTICO 14 Resolva a relação de recorrência

$$T(n) = 6T(n-1) - 5T(n-2) \text{ para } n \geq 3$$

sujeita às condições iniciais

$$T(1) = 5$$
$$T(2) = 13$$

■

Embora agora pareça que temos disponível o método de solução para qualquer relação de recorrência linear homogênea de segunda ordem com coeficientes constantes, isso não é bem verdade. Considere o sistema na Equação (14):

$$p + q = S(1)$$
$$pr_1 + qr_2 = S(2)$$

Podemos resolver a primeira equação para p,

$$p = S(1) - q$$

e depois substituir na segunda equação para q,

$$[S(1) - q]r_1 + qr_2 = S(2)$$
$$q(r_2 - r_1) = S(2) - S(1)r_1$$
$$q = \frac{S(2) - S(1)r_1}{r_2 - r_1}$$

Mas o que vai acontecer se a equação característica $t^2 - c_1t - c_2 = 0$ tiver uma raiz repetida, ou seja, se $r_1 = r_2$? Ih — não podemos resolver esse sistema de equações. A forma da solução quando a equação característica tem uma raiz repetida r é

$$S(n) = pr^{n-1} + q(n-1)r^{n-1} \text{ para todo } n \geq 1$$

em que p e q satisfazem as equações

$$p = S(1)$$
$$pr + qr = S(2)$$

Isso pode ser provado por indução de maneira semelhante ao caso de raízes distintas (veja o Exercício 44).

EXEMPLO 22 Resolva a equação de recorrência

$$S(n) = 8S(n-1) - 16S(n-2) \text{ para } n \geq 3$$

sujeita às condições iniciais

$$S(1) = 1$$
$$S(2) = 12$$

Nessa relação de recorrência, $c_1 = 8$ e $c_2 = -16$. Para encontrar a solução em forma fechada, formamos a equação característica

$$t^2 - 8t + 16 = 0$$
$$(t-4)^2 = 0$$

que tem uma raiz repetida $r = 4$. A solução é

$$S(n) = p4^{n-1} + q(n-1)4^{n-1}$$

em que

$$p = 1$$
$$p(4) + q(4) = 12$$

Resolvendo esse sistema de equações, encontramos $p = 1$ e $q = 2$, de modo que a solução é

$$S(n) = 4^{n-1} + 2(n-1)4^{n-1} = (2n-1)4^{n-1}$$

A Tabela 3.4 resume os passos de resolução de um sistema linear homogêneo de segunda ordem com coeficientes constantes:

TABELA 3.4
Para Resolver Relações de Recorrência da Forma $S(n) = c_1S(n-1) + c_2S(n-2)$ Sujeitas às Condições Iniciais $S(1)$ e $S(2)$
1. Resolva a equação característica $t^2 - c_1t - c_2 = 0$
2. Se a equação característica tiver raízes distintas r_1 e r_2, a solução é $$S(n) = pr_1^{n-1} + qr_2^{n-1}$$ em que $$p + q = S(1)$$ $$pr_1 + qr_2 = S(2)$$
3. Se a equação característica tiver uma raiz repetida r, a solução é $$S(n) = pr^{n-1} + q(n-1)r^{n-1}$$ em que $$p = S(1)$$ $$pr + qr = S(2)$$

As demonstrações para os casos 2 e 3 permanecem iguais se as raízes da equação característica forem complexas. Em outras palavras, as fórmulas para a solução permanecem válidas.

Relações de Recorrência Dividir para Conquistar

Ainda outro tipo de relação de recorrência ocorre quando o valor de $S(n)$ não depende do termo anterior nem dos dois termos anteriores, mas depende do valor lá atrás, no meio da sequência, $S\left(\frac{n}{2}\right)$.

EXEMPLO 23 Considere a sequência com os seguintes valores:

$$S(1) = 2, S(2) = 4, S(4) = 8, S(8) = 16, S(16) = 32, \ldots$$

Estamos olhando apenas para valores selecionados da sequência, ou seja, $S(n)$ quando n é uma potência de 2. Para esses termos, vemos que $S(n) = 2S\left(\frac{n}{2}\right)$. ●

Tais relações de recorrência aparecem na análise de determinados algoritmos "dividir para conquistar", algoritmos que resolvem um problema dividindo-o em versões menores, cada uma a metade do tamanho do problema original (veja a próxima seção). Por causa disso, tais relações de recorrência são chamadas de **relações de recorrência dividir para conquistar**. A forma geral é

$$S(n) = cS\left(\frac{n}{2}\right) + g(n) \text{ para } n \geq 2, n = 2^m \tag{16}$$

em que c é uma constante e g pode ser uma expressão envolvendo n. É conveniente considerar apenas valores de n que são potências de 2, pois, nesse caso, dividir n por 2 diversas vezes sempre resulta em um inteiro. Como veremos na próxima seção, essa não é uma restrição significativa.

Para resolver uma relação de recorrência dividir para conquistar, vamos voltar à abordagem de expandir, conjecturar e verificar. Além disso, a solução irá envolver a função logaritmo; para uma revisão da função logaritmo e suas propriedades, veja o Apêndice C.

EXEMPLO 24 Resolva a relação de recorrência

$$C(n) = 1 + C\left(\frac{n}{2}\right) \text{ para } n \geq 2, n = 2^m$$

sujeita à condição básica

$$C(1) = 1$$

Expandindo, obtemos

$$\begin{aligned} C(n) &= 1 + C\left(\frac{n}{2}\right) \\ &= 1 + \left(1 + C\left(\frac{n}{4}\right)\right) \\ &= 1 + 1 + \left(1 + C\left(\frac{n}{8}\right)\right) \\ &\vdots \end{aligned}$$

e o termo geral parece ser

$$C(n) = k + C\left(\frac{n}{2^k}\right)$$

O processo para quando $n/2^k = 1$ ou $2^k = n$, o que significa que $k = \log_2 n$. (Omitiremos a notação da base 2 daqui por diante — $\log n$ irá significar $\log_2 n$. Veja o Apêndice C para uma discussão rápida de logaritmos.) Então

$$C(n) = \log n + C(1) = 1 + \log n$$

Agora vamos usar indução para verificar que $C(n) = 1 + \log n$ para todo $n \geq 1$, $n = 2^m$. Essa é uma forma de indução um pouco diferente porque os únicos valores em que estamos interessados são as potências de 2. Ainda usaremos 1 como o passo básico, mas depois provaremos que, se a proposição for verdadeira para k, então será verdadeira para $2k$. Assim, a proposição será verdadeira para 1, 2, 4, 8, ..., ou seja, para todas as potências inteiras não negativas de 2, que é exatamente o que queremos.

Para o caso básico,

$$C(1) = 1 + \log 1 = 1 + 0 = 1, \text{ verdadeiro}$$

Suponha que $C(k) = 1 + \log k$. Então

$$\begin{aligned} C(2k) &= 1 + C(k) && \text{(pela relação de recorrência)} \\ &= 1 + 1 + \log k && \text{(pela hipótese de indução)} \\ &= 1 + \log 2 + \log k && (\log 2 = 1) \\ &= 1 + \log 2k && \text{(propriedade dos logaritmos)} \end{aligned}$$

Esse cálculo completa a demonstração por indução. ●

Gostaríamos de encontrar uma solução em forma fechada para (16) sujeita à condição básica de que o valor de $S(1)$ é conhecido. Poderíamos usar a abordagem de expandir, conjecturar e verificar, mas, em vez disso, vamos transformar a Equação (16) convertendo-a em uma relação de recorrência de primeira ordem com coeficientes constantes, usar a fórmula para a solução de tal relação de recorrência que já conhecemos e depois inverter a transformação. A Figura 3.2 mostra essa abordagem que dá essa volta.

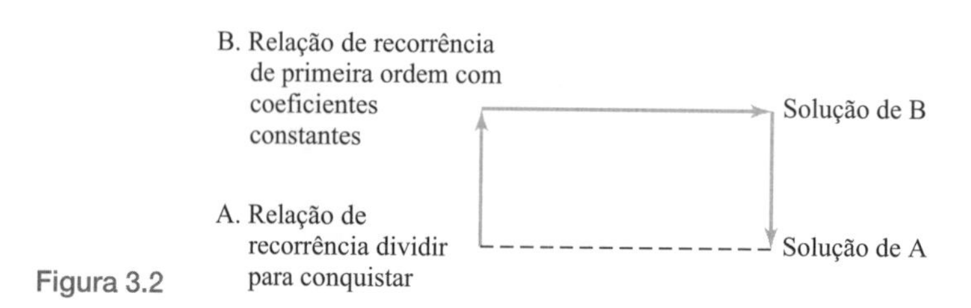

Figura 3.2

A Equação (16) supõe que $n = 2^m$ com $n \geq 2$. Segue que $m = \log n$ e $m \geq 1$. A substituição de n por 2^m na Equação (16) resulta em

$$S(2^m) = cS(2^{m-1}) + g(2^m) \tag{17}$$

Fazendo $T(m)$ representar $S(2^m)$ na Equação (17), obtemos

$$T(m) = cT(m - 1) + g(2^m) \text{ para } m \geq 1 \tag{18}$$

A Equação (18) é uma relação de recorrência linear de primeira ordem com coeficientes constantes; da Equação (8), obtemos a solução

$$T(m) = c^{m-1}T(1) + \sum_{i=2}^{m} c^{m-i}g(2^i) \tag{19}$$

sujeita à condição básica de que $T(1)$ seja conhecida. Como a Equação (18) é válida para $m = 1$, sabemos que

$$T(1) = cT(0) + g(2)$$

Fazendo essa substituição em (19), obtemos

$$T(m) = c^{m}T(0) + \sum_{i=1}^{m} c^{m-i}g(2^i) \tag{20}$$

Invertendo a substituição $T(m) = S(2^m)$, (20) fica

$$S(2^m) = c^{m}S(2^0) + \sum_{i=1}^{m} c^{m-i}g(2^i)$$

Finalmente, fazendo $2^m = n$ ou $m = \log n$, obtemos

$$S(n) = c^{\log n}S(1) + \sum_{i=1}^{\log n} c^{(\log n)-i}g(2^i) \tag{21}$$

LEMBRETE

Na parte do somatório na fórmula da solução geral, c está elevado à potência $(\log n) - i$ e não $(\log n) - 1$.

A Equação (21) representa, então, a solução para a relação de recorrência (16). Como antes, para usar essa solução geral você só precisa escrever sua relação de recorrência na forma (16) para determinar c e $g(n)$, e depois colocar esses valores na Equação (21). Como antes, $g(n)$ dá uma receita sobre o que fazer com o argumento n; na Equação (21), o argumento é 2^i. Se você puder calcular esse somatório, então terá uma solução em forma fechada. A Tabela 3.5 indica os passos da solução.

TABELA 3.5

Para Resolver Relações de Recorrência da Forma $S(n) = cS\left(\frac{n}{2}\right) + g(n)$ para $n \geq 2$, $n = 2^m$, Sujeitas à Condição Inicial $S(1)$
1. Escreva sua relação de recorrência na forma $$S(n) = cS\left(\frac{n}{2}\right) + g(n)$$ para encontrar c e $g(n)$.
2. Use c, $g(n)$ e $S(1)$ na fórmula $$S(n) = c^{\log n}S(1) + \sum_{i=1}^{\log n} c^{(\log n)-i}g(2^i)$$
3. Calcule o somatório resultante para obter a expressão final.

EXEMPLO 25 A relação de recorrência

$$C(1) = 1$$

$$C(n) = 1 + C\left(\frac{n}{2}\right) \quad \text{para } n \geq 2, n = 2^m$$

é do mesmo tipo que a Equação (16) com $c = 1$ e $g(n) = 1$. Como $g(n) = 1$, a função g tem sempre o valor 1, independentemente do argumento. A solução, de acordo com a fórmula (21), é

$$C(n) = 1^{\log n}C(1) + \sum_{i=1}^{\log n} 1^{(\log n)-i}(1)$$
$$= 1 + (\log n)(1) = 1 + \log n$$

o que está de acordo com nosso resultado anterior do Exemplo 24. ●

EXEMPLO 26 Resolva a relação de recorrência

$$T(1) = 3$$
$$T(n) = 2T\left(\frac{n}{2}\right) + 2n$$

Essa relação é do mesmo tipo que a Equação (16) com $c = 2$ e $g(n) = 2n$. Logo, $g(2^i) = 2(2^i)$. A substituição na Equação (21) — a solução da Equação (16) — fornece o resultado a seguir, em que usamos o fato de que $2^{\log n} = n$.

$$T(n) = 2^{\log n}T(1) + \sum_{i=1}^{\log n} 2^{\log n - i}2(2^i)$$
$$= 2^{\log n}(3) + \sum_{i=1}^{\log n} 2^{\log n + 1}$$
$$= n(3) + (2^{\log n + 1})\log n$$
$$= 3n + (2^{\log n} \cdot 2)\log n$$
$$= 3n + 2n \log n$$
●

PROBLEMA PRÁTICO 15 Mostre que a solução da relação de recorrência

$$S(1) = 1$$
$$S(n) = 2S\left(\frac{n}{2}\right) + 1 \text{ para } n \geq 2, n = 2^m$$

é $2n - 1$. (*Sugestão*: Veja o Exemplo 15 na Seção 2.2 e note que $2^{\log n} = n$.) ■

SEÇÃO 3.2 REVISÃO

TÉCNICAS

- Resolução de relações de recorrência pela técnica de expandir, conjecturar e verificar.
- Resolução de relações de recorrência lineares de primeira ordem com coeficientes constantes usando uma fórmula para a solução.
- Resolução de relações de recorrência lineares homogêneas de segunda ordem com coeficientes constantes usando a equação característica.
- Resolução de relações de recorrência dividir para conquistar usando uma fórmula para a solução.

IDEIA PRINCIPAL

- Determinadas relações de recorrência têm soluções em forma fechada.

EXERCÍCIOS 3.2

Nos Exercícios 1 a 12, resolva a relação de recorrência sujeita à condição básica.

1. $S(1) = 5$
   $S(n) = S(n - 1) + 5$ para $n \geq 2$
2. $B(1) = 5$
   $B(n) = 3B(n - 1)$ para $n \geq 2$
3. $F(1) = 2$
   $F(n) = 2F(n - 1) + 2^n$ para $n \geq 2$
4. $T(1) = 1$
   $T(n) = 2T(n - 1) + 1$ para $n \geq 2$
   (*Sugestão*: Veja o Exemplo 15 na Seção 2.2.)
5. $A(1) = 1$
   $A(n) = A(n - 1) + n$ para $n \geq 2$
   (*Sugestão*: Veja o Problema Prático 7 na Seção 2.2.)
6. $S(1) = 1$
   $S(n) = S(n - 1) + (2n - 1)$ para $n \geq 2$
   (*Sugestão*: Veja o Exemplo 14 na Seção 2.2.)
7. $T(1) = 1$
   $T(n) = T(n - 1) + n^2$ para $n \geq 2$
   (*Sugestão*: Veja o Exercício 7 na Seção 2.2.)
8. $P(1) = 2$
   $P(n) = 2P(n - 1) + n2^n$ para $n \geq 2$
   (*Sugestão*: Veja o Problema Prático 7 na Seção 2.2.)
9. $F(1) = 1$
   $F(n) = nF(n - 1)$ para $n \geq 2$
10. $S(1) = 1$
    $S(n) = nS(n - 1) + n!$ para $n \geq 2$
11. $A(1) = 1$
    $A(n) = 2(n - 1)A(n - 1)$ para $n \geq 2$
    (*Sugestão*: 0! é definido como 1.)
12. $P(1) = 2$
    $P(n) = 3(n + 1)P(n - 1)$ para $n \geq 2$
13. No início deste capítulo, o empreiteiro afirmou:

    O material a ser estocado no local de produtos químicos decai, tornando-se material inerte, a uma taxa de 5% ao ano. Portanto, ao final de 20 anos restará apenas aproximadamente um terço do material ativo original.

    a. Escreva uma relação de recorrência $T(n)$ para a quantidade de material ativo no início do ano n. Suponha que $T(1) = X$, uma quantidade específica, mas desconhecida.
    b. Resolva essa relação de recorrência.
    c. Calcule $T(21)$ para verificar a afirmação do empreiteiro; note que ao final de 20 anos começa o vigésimo primeiro ano.
14. Uma colônia de morcegos é contada a cada 2 meses. As quatro primeiras contagens foram de 1200, 1800, 2700 e 4050.
    a. Supondo que essa taxa de crescimento continue, escreva uma relação de recorrência para o número de morcegos na n-ésima contagem.
    b. Resolva essa relação de recorrência.
    c. Qual será a 2ª contagem?

15. Uma mensagem contendo um vírus foi enviada a 1000 endereços de correio eletrônico. Depois de 1 segundo, uma máquina recipiente transmite 10 novas mensagens com vírus e depois disso o vírus desabilita a si mesmo naquela máquina.
    a. Escreva uma relação de recorrência para o número de mensagens com vírus enviadas no n-ésimo segundo.
    b. Resolva essa relação de recorrência.
    c. Quantas mensagens com vírus são enviadas no final de 20 segundos, ou seja, no início do 21º segundo?
16. O consumo de gás natural no estado de Nova Jersey, nos Estados Unidos, foi de 614.908 milhões de pés cúbicos ($\approx$ 17.217 m^3) em 2008 e de 653.459 milhões de pés cúbicos ($\approx$ 18.297 m^3) em 2010.
    a. Supondo uma taxa r de crescimento percentual anual constante, escreva uma relação de recorrência (em termos de r) para o consumo total de gás natural no estado de Nova Jersey no ano n.
    b. Resolva essa relação de recorrência (em termos de r).
    c. Usando os dados fornecidos, calcule o valor de r.
    d. Qual será o consumo total de gás natural no estado de Nova Jersey no ano 2020?
17. Um empréstimo de R$5.000,00 paga juros de 12% ao ano. É feito um pagamento de R$80,00 por mês.
    a. Escreva uma relação de recorrência para o saldo do empréstimo no início do mês n.
    b. Resolva essa relação de recorrência. (Veja o Exercício 27 da Seção 2.2 para a fórmula da soma de uma progressão geométrica.)
    c. Quanto falta pagar no início do 19.º mês?
18. Investe-se R$1.000,00 em uma aplicação que paga 3% de juros ao ano. Ao final de cada ano, aplica-se mais R$100,00.
    a. Escreva uma relação de recorrência para o saldo do investimento no início do mês n.
    b. Resolva essa relação de recorrência. (Veja o Exercício 27 da Seção 2.2 para a fórmula da soma de uma progressão geométrica.)
    c. Qual será o total da aplicação no início do oitavo ano?
19. Estima-se que a população de mariscos em uma baía é de aproximadamente 1.000.000. Estudos mostram que a poluição reduz essa população em torno de 2% ao ano, enquanto outros fatores parecem reduzir essa população em 10.000 por ano.
    a. Escreva uma relação de recorrência para a população de mariscos no início do ano n.
    b. Resolva essa relação de recorrência. (Veja o Exercício 27 da Seção 2.2 para a fórmula da soma de uma progressão geométrica.)
    c. Qual será a população aproximada de mariscos no início do ano 10?
20. Determinada espécie protegida normalmente dobra sua população a cada mês. A população inicial era de 20, mas, no início do mês seguinte, um espécime morreu de infecção. Nos meses seguintes, a infecção matou 2, depois 4, depois 8 e assim sucessivamente.
    a. Escreva uma relação de recorrência para o tamanho da população no início do mês n.
    b. Resolva essa relação de recorrência.
    c. Qual o tamanho da população no início do mês 7?
21. Um vírus de computador que se prolifera por mensagens de correio eletrônico (*e-mail*) é colocado em 3 máquinas no primeiro dia. Diariamente, cada computador infectado no dia anterior infecta 5 novas máquinas. No final do segundo dia, é desenvolvido um programa para atacar o vírus, e se limpa 1 computador. Cada dia a partir daí, são limpas 6 vezes mais máquinas do que foram limpas no dia anterior.
    a. Escreva uma relação de recorrência para o número total de máquinas infectadas no dia n.
    b. Resolva essa relação de recorrência.
    c. Quantos dias irão se passar até os efeitos do vírus estarem completamente eliminados?
22. Este problema está relacionado com o quebra-cabeça da Torre de Hanói (veja o Exercício 82 na Seção 3.1).
    a. Com base no algoritmo recursivo do Exercício 82 na Seção 3.1, encontre uma relação de recorrência $M(n)$ para o número de movimentos necessários para se resolver o quebra-cabeça da Torre de Hanói com n discos.
    b. Resolva essa relação de recorrência. (*Sugestão*: Veja o Exercício 15 na Seção 2.2.)
    c. Faça os passos do algoritmo para $n = 3$ e registre o número de movimentos necessários. Compare esse número com o resultado do item (b) com $n = 3$.

d. A origem mítica do quebra-cabeça da Torre de Hanói trata de 64 discos de ouro que um grupo de monges está movendo de uma torre para outra. Quando eles terminarem sua tarefa, o mundo vai acabar. Supondo que os monges movem um disco por segundo, calcule o número de anos necessários para completar a tarefa.

23. Os primeiros membros da Associação de Pitágoras definiram *números poligonais* como o número de pontos em determinadas configurações geométricas. Os primeiros *números triangulares* são 1, 3, 6 e 10:

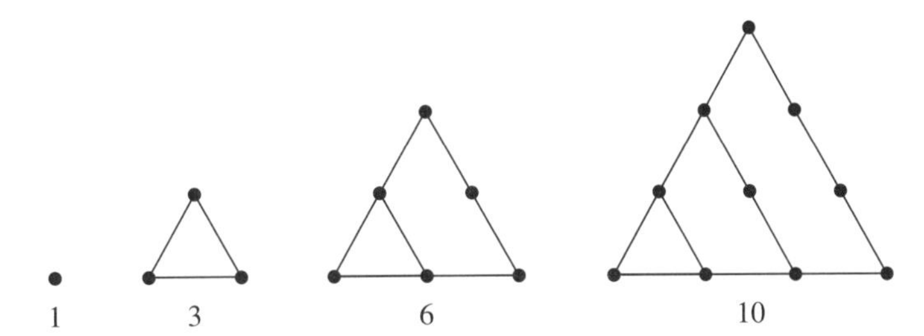

Encontre e resolva uma relação de recorrência para o n-ésimo número triangular. (*Sugestão*: Veja o Problema Prático 7 na Seção 2.2.)

24. Os primeiros *números quadrangulares* (veja o exercício anterior) são 1, 4, 9 e 16:

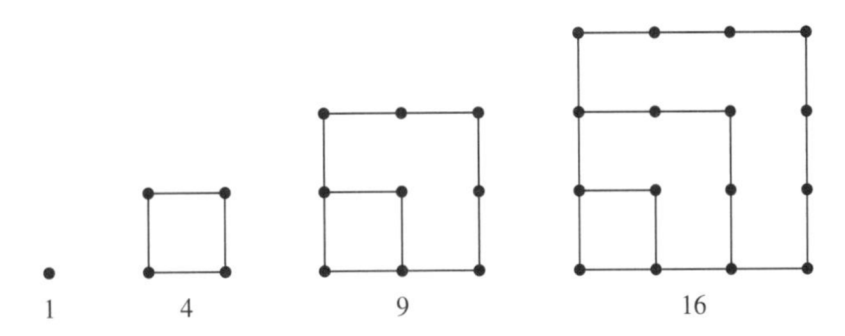

Encontre e resolva uma relação de recorrência para o n-ésimo número quadrangular. (*Sugestão*: Veja o Exemplo 14 na Seção 2.2.)

25. Os primeiros *números pentagonais* (veja o Exercício 23) são 1, 5, 12 e 22:

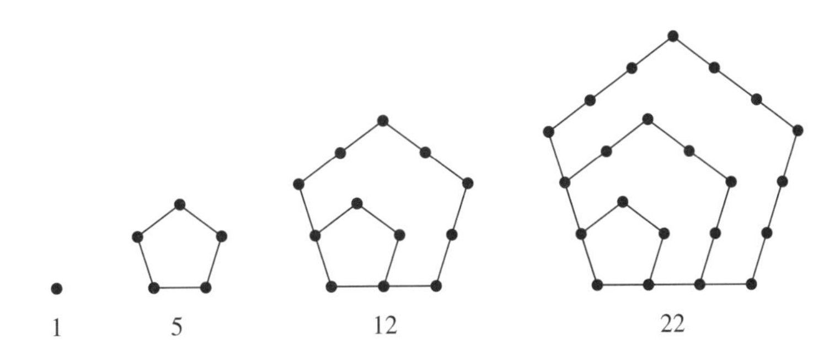

Encontre e resolva uma relação de recorrência para o n-ésimo número pentagonal. (*Sugestão*: Veja o Exercício 28 na Seção 2.2 para a fórmula da soma de uma progressão aritmética.)

26. Use indução para verificar que a Equação (8) desta seção é a solução da relação de recorrência (6) sujeita à condição básica de que $S(1)$ é conhecido.

Nos Exercícios 27 a 34, resolva a relação de recorrência sujeita às condições iniciais dadas.

27. $T(1) = 5$

    $T(2) = 11$

    $T(n) = 5T(n-1) - 6T(n-2)$ para $n \geq 3$

28. $A(1) = 7$

    $A(2) = 18$

    $A(n) = 6A(n-1) - 8A(n-2)$ para $n \geq 3$

29. $S(1) = 4$
    $S(2) = -2$
    $S(n) = -S(n-1) + 2S(n-2)$ para $n \geq 3$
30. $P(1) = 5$
    $P(2) = 17$
    $P(n) = 7P(n-1) - 12P(n-2)$ para $n \geq 3$
31. $F(1) = 8$
    $F(2) = 16$
    $F(n) = 6F(n-1) - 5F(n-2)$ para $n \geq 3$
32. $T(1) = -1$
    $T(2) = 7$
    $T(n) = -4T(n-1) - 3T(n-2)$ para $n \geq 3$
33. $B(1) = 3$
    $B(2) = 14$
    $B(n) = 4B(n-1) - 4B(n-2)$ para $n \geq 3$
34. $F(1) = -10$
    $F(2) = 40$
    $F(n) = -10F(n-1) - 25F(n-2)$ para $n \geq 3$

Nos Exercícios 35 e 36, resolva a relação de recorrência sujeita às condições iniciais dadas; as soluções envolvem números complexos.

35. $A(1) = 8$
    $A(2) = 8$
    $A(n) = 2A(n-1) - 2A(n-2)$ para $n \geq 3$
36. $S(1) = 4$
    $S(2) = -8$
    $S(n) = -4S(n-1) - 5S(n-2)$ para $n \geq 3$
37. Resolva a relação de Fibonacci

    $$F(1) = 1$$
    $$F(2) = 1$$
    $$F(n) = F(n-1) + F(n-2) \text{ para } n > 2$$

    Compare sua resposta com o Exercício 31 da Seção 3.1.
38. Encontre uma solução em forma fechada para a sequência de Lucas

    $$L(1) = 1$$
    $$L(2) = 3$$
    $$L(n) = L(n-1) + L(n-2) \text{ para } n \geq 3$$

39. Em um condomínio novo, as casas começaram a ser vendidas por R$200.000,00, em média. No início do segundo mês, o preço médio de venda subiu para R$250.000,00. No início de cada mês a seguir, o aumento do preço médio foi de metade do aumento no mês anterior.
    a. Escreva e resolva uma relação de recorrência para $M(n)$, o preço médio de venda no início do mês n.
    b. No início de que mês o preço médio estará em uma faixa de R$2.000,00 em torno de R$300.000,00?
40. Um sítio com solo contaminado é testado mensalmente para a presença de determinado microrganismo. Inicialmente, são encontrados 950 microrganismos por cm^3 de solo; no início do mês 2, há 1000 organismos por cm^3. Sem tratamento, a taxa de crescimento desse microrganismo aumenta 25% por mês.

a. Escreva e resolva uma relação de recorrência para $O(n)$, o número de organismos presentes no início do mês n.

b. No final de que mês o número de organismos ultrapassa, pela primeira vez, 5000 organismos por cm^3?

41. Prove que o número de cadeias binárias de comprimento n sem dois zeros consecutivos é dado pelo termo $F(n + 2)$ da sequência de Fibonacci. (*Sugestão*: Escreva uma relação de recorrência; considere as cadeias de comprimento n que terminam em 1 e as que terminam em 0.)

42. a. Encontre uma relação de recorrência para o número de cadeias binárias de comprimento n sem dois uns consecutivos.

b. Quantas cadeias binárias de comprimento 4 têm dois uns consecutivos? Quais são essas cadeias?

43. Considere a relação de recorrência $S(n) = c_1S(n-1)$ uma relação de recorrência linear homogênea de segunda ordem com coeficientes constantes em que $c_2 = 0$. Resolva essa relação de recorrência usando sua equação característica e prove que a solução é a mesma que a da Equação (8).

44. Prove que

$$S(n) = pr^{n-1} + q(n-1)r^{n-1}$$

em que

$$p = S(1)$$
$$pr + qr = S(2)$$

é uma solução da relação de recorrência $S(n) = c_1S(n-1) + c_2S(n-2)$ para todo $n \geq 1$ quando r for uma raiz repetida da equação característica.

Nos Exercícios 45 a 48, resolva a relação de recorrência sujeita à condição básica dada. (*Sugestão*: Veja o Exemplo 15 na Seção 2.2 e note que $2^{\log n} = n$.)

45. $P(1) = 1$

$$P(n) = 2P\left(\frac{n}{2}\right) + 3 \text{ para } n \geq 2, n = 2^m$$

46. $T(1) = 3$

$$T(n) = T\left(\frac{n}{2}\right) + n \text{ para } n \geq 2, n = 2^m$$

47. $S(1) = 1$

$$S(n) = 2S\left(\frac{n}{2}\right) + n \text{ para } n \geq 2, n = 2^m$$

48. $P(1) = 1$

$$P(n) = 2P\left(\frac{n}{2}\right) + n^2 \text{ para } n \geq 2, n = 2^m$$

SEÇÃO 3.3 ANÁLISE DE ALGORITMOS

A Ideia Geral

Muitas vezes, existe mais de um algoritmo para executar a mesma tarefa. Como supomos que todos esses algoritmos executem corretamente, precisamos de alguma base de comparação para decidir qual deles usar em determinada situação. Diversos critérios poderiam ser usados para se decidir qual é o algoritmo "melhor". Poderíamos perguntar, por exemplo, qual é o mais fácil de entender, qual é o que usa a memória da máquina de modo mais eficiente ao ser implementado em alguma linguagem ou qual é o que roda mais eficientemente.

Poder-se-ia esperar que julgar se um algoritmo está "rodando eficientemente" significa usar um cronômetro enquanto o algoritmo está executando. Mas o cronômetro pode nos dizer mais sobre a velocidade do processador do que sobre a eficiência inerente do algoritmo. Até mesmo a marcação do tempo que os códigos de algoritmos competidores levam no mesmo processador e usando os mesmos dados de entrada pode levar a resultados que nos induzam a erros sobre o que poderia ocorrer quando o conjunto de dados for maior.

Em vez disso, julgamos a eficiência de um algoritmo em relação ao tempo estimando o número de operações que ele tem que executar. Contamos apenas as operações básicas para a tarefa em questão e não operações de "manutenção" ou "contabilidade", que contribuem pouco para o trabalho total necessário.

O estudo da eficiência de algoritmos, ou seja, o número de operações que eles executam, é chamado de **análise de algoritmos**. Foram desenvolvidas diversas técnicas para a análise de algoritmos. Algumas vezes pode ser feita uma análise direta apenas inspecionando o algoritmo.

EXEMPLO 27 A seguir é dado um algoritmo para escrever, para cada aluno em uma lista, a soma das notas de m testes menos a menor nota. O laço externo percorre cada um dos n alunos; o laço interno percorre as notas dos testes de cada aluno. Para cada aluno, as notas sucessivas dos testes são somadas, e, ao final, a menor nota é subtraída do total. Essas somas e subtrações parecem ser fundamentais em como o algoritmo funciona, de modo que contaremos o trabalho feito por essas operações aritméticas.

```
para i = 1 até n faça
   menor = lista[i].teste[1]
   soma = lista[i].teste[1]

   para j = 2 até m faça
      soma = soma + lista[i].teste[j]        //A
      se lista[i].teste[j] < menor então
         menor = lista[i].teste[j]
      fim do se
   fim do para
   soma = soma − menor                       //S
   escreva("Total para o aluno", i, "é", soma)
fim do para
```

A subtração ocorre na linha marcada //*S*, que é executada uma vez para cada passagem do laço exterior (uma vez para cada aluno), um total de n vezes. As somas, no entanto, ocorrem na linha marcada //*A*. Isso é feito no laço interno, que executa $m - 1$ vezes para cada aluno, ou seja, para cada uma das n passagens do laço exterior. Logo, o número total de somas é igual a $n(m - 1)$. O número total de operações aritméticas é $n + n(m - 1) = nm$. É claro que o valor dessa expressão depende de n (o número de alunos) e de m (o número de testes). As quantidades n e m medem a quantidade de dados de entrada; praticamente o trabalho de qualquer algoritmo irá depender do tamanho da entrada.

O algoritmo também faz algum trabalho de "contabilidade". São atribuídos valores a variáveis, são feitas comparações (para encontrar a menor nota de teste para cada aluno), e os índices i e j dos laços têm que ser incrementados. Mas o número de vezes que essas operações são feitas também depende do número de passagens dos laços, de modo que seu efeito pode ser o de multiplicar o resultado nm por algum fator constante. Ao comparar dois algoritmos A e B, estamos procurando, em geral, diferenças maiores do que simplesmente um múltiplo constante, e essa é a razão pela qual ignoramos os detalhes de contabilidade. ●

Suponha agora que a tarefa é procurar, em uma lista ordenada contendo n itens, um item particular x. Já conhecemos um algoritmo que executa essa tarefa, o algoritmo de busca binária da Seção 3.1. Outro algoritmo que executa a mesma tarefa é o **algoritmo de busca sequencial**, que compara, simplesmente, x com cada elemento da lista até encontrar x ou até acabar a lista. (Esse algoritmo funciona, de fato, em qualquer lista, esteja ou não ordenada.) A seguir, fornecemos uma descrição em pseudocódigo para o algoritmo de busca sequencial.

ALGORITMO ***BUSCASEQUENCIAL***

```
BuscaSequencial(lista L; inteiro n; itemtipo x)
//procura em uma lista L com n itens pelo item x
Variável local:
inteiro i          //marca a posição na lista
    i = 1
    enquanto L[i] ≠ x e i < n faça
        i = i + 1
    fim do enquanto
    se L[i] = x então
        escreva("Encontrado")
    senão
        escreva("Não encontrado")
    fim do se
fim da função BuscaSequencial
```

Ambos os algoritmos, de busca binária e de busca sequencial, trabalham comparando elementos da lista com x até encontrar um elemento igual. De fato, é difícil imaginar como qualquer algoritmo de busca poderia evitar tais comparações, de modo que essas comparações são as operações básicas que devem ser contadas para analisar esses dois algoritmos.

O trabalho executado (número de comparações) pelo algoritmo de busca sequencial vai ser máximo quando x for o último elemento da lista ou quando x não pertencer à lista. Em qualquer desses casos, todos os elementos são comparados com x, logo são feitas n comparações. Esse é o "pior caso" para esse algoritmo, e o trabalho depende do tamanho n da entrada (o comprimento da lista). O trabalho será mínimo quando x for o primeiro elemento da lista; só é feita uma comparação. Esse é o "melhor caso" para esse algoritmo. (No algoritmo do Exemplo 27, é sempre executado o mesmo número de operações aritméticas; não existe pior caso, nem melhor caso.)

Existem muitas possibilidades entre o melhor caso e o pior caso. Se x estiver exatamente no meio da lista, a busca necessitaria de aproximadamente $n/2$ comparações. Ajudaria se pudéssemos ter alguma medida da quantidade "média" de operações necessárias. Essa medida precisaria de alguma descrição da lista média e da relação média entre x e os itens daquela lista. Os Exercícios 35 e 36 desta seção exploram alguns aspectos da análise para o caso médio do algoritmo de busca sequencial. Para a maioria dos algoritmos, no entanto, o comportamento médio é muito difícil de determinar. Para comparar a eficiência de algoritmos, portanto, muitas vezes nos contentamos com a contagem do número de operações necessárias no pior caso.

EXEMPLO 28

Dada uma longa cadeia de caracteres de texto, podemos encontrar a primeira vez que aparece uma subcadeia particular ou um "padrão" neste texto? Esse problema tem várias aplicações importantes, como

- buscar uma cadeia específica em um documento HTML que pode estar em um estilo determinado por uma folha de estilo em cascata (*Cascading Style Sheet*);
- usar o comando *grep* do UNIX para procurar determinada cadeia em um arquivo ou usar o comando "Localizar" (ou "Find") em qualquer editor ou processador de texto;
- buscar uma sequência específica de genes em um trecho de DNA.

O DNA é uma molécula longa que é, basicamente, uma cadeia de moléculas menores, chamadas de nucleotídeos, ligados quimicamente. Existem quatro nucleotídeos, abreviados por A, C, G e T. Então uma seção de DNA poderia ser representada pela sequência

$$\ldots TAATCATGGTCATAGCTGTTTCCTGTGTGAAATTG \ldots$$

O DNA é armazenado dentro das células dos organismos vivos nos cromossomos; diversas seções desses cromossomos são identificadas como genes. Os genes, através de suas "instruções" no DNA, criam proteínas que controlam funções específicas ou características do organismo (cor do cabelo, tipo de sangue e assim por diante). Logo, todo o nosso código genético necessita de apenas quatro símbolos! O "mapeamento do genoma humano", ou seja, a determinação da sequência inteira de DNA de seres humanos, foi um empreendimento científico enorme, essencialmente completado em 2003, embora o trabalho de identificação de genes específicos e de suas funções particulares continue. É sabido, por exemplo, que a fibrose cística é causada por uma mutação em um gene (sequência de DNA) determinado que é composto por cerca de 230.000 nucleotídeos.

O algoritmo mais intuitivo (embora não seja o mais eficiente) para a busca de um padrão em uma cadeia compara o padrão (uma cadeia de comprimento m) com o texto (uma cadeia de comprimento n com $n \geq m$), começando com o primeiro caractere do texto e seguindo o padrão.

$$\begin{array}{llllll} T_1 & T_2 & T_3 \ldots T_m & T_{m+1} & \ldots & T_n \\ | & | & | \quad\;\; | & & & \\ P_1 & P_2 & P_3 \ldots P_m & & & \end{array}$$

Se todos os m caracteres forem iguais, o padrão terá sido encontrado. Se em algum ponto o texto e o padrão diferirem, o padrão é deslizado um caractere para a direita sobre o texto e o processo de comparação começa novamente.

$$\begin{array}{llllll} T_1 & T_2 & T_3 \ldots T_m & T_{m+1} & \ldots & T_n \\ & | & | \qquad\;\; | & & & \\ & P_1 & P_2 P_3 \ldots P_m & & & \end{array}$$

O último segmento do texto onde o padrão pode ser encontrado é formado pelos últimos m caracteres do texto. Esse segmento começa em T_{n-m+1}, como ilustrado a seguir.

$$\begin{array}{llllll} T_1 \; T_2 \; T_3 \ldots & T_{n-m+1} & T_{n-m+2} & \ldots & T_{n-m+m} & = T_n \\ & | & | & & | & \\ & P_1 & P_2 & \ldots & P_m & \end{array}$$

Por exemplo, se o texto tiver 23 caracteres de comprimento e o padrão tiver 5 caracteres, então o último trecho do texto que poderá conter o padrão é $T_{19}T_{20}T_{21}T_{22}T_{23}$.

A unidade de trabalho nesse algoritmo é uma comparação entre um caractere no texto e um caractere no padrão. O melhor caso ocorre quando o padrão está nos primeiros m caracteres do texto, o que requer m comparações. O pior caso ocorre quando o texto não contiver o padrão e a "janela" de padrão tiver que ser deslizada até T_{n-m+1}. Para cada um desses últimos casos, o padrão não é encontrado nos $n - m + 1$ primeiros caracteres do texto, mas o pior caso ocorre quando o padrão é quase encontrado, ou seja, só o último caractere é diferente. Por exemplo, considere o texto e o padrão a seguir:

Texto: *TTTTTTTTTTTTT*
Padrão: *TTTTTS*

Esse exemplo necessita de m comparações (os primeiros $m - 1$ caracteres são iguais, só falham na m-ésima comparação) em cada um dos $n - m + 1$ caracteres iniciais, fazendo com que o total de comparações seja igual a $m(n - m + 1)$. ●

Análise Usando Relações de Recorrência

Nesta seção, vamos analisar algoritmos recursivos. Como a maior parte da atividade de um algoritmo recursivo acontece "fora das vistas", nas diversas chamadas que podem ocorrer, uma análise usando uma técnica de contagem direta como no Exemplo 27 não vai funcionar. A análise de algoritmos recursivos envolve, muitas vezes, a resolução de uma relação de recorrência.

EXEMPLO 29

Vamos reescrever o algoritmo de busca sequencial em uma versão recorrente em vez de iterativa (que repete a mesma ação muitas vezes em um laço). O caso básico verifica se a lista já terminou e, se não tiver terminado, busca o elemento x na primeira posição da lista. Se encontrou, tudo bem, caso contrário, o algoritmo é chamado de novo no resto da lista. Um pseudocódigo para a função recursiva que busca na lista de $L[i]$ até $L[n]$ é dado a seguir; a função é chamada inicialmente com $i = 1$.

ALGORITMO ***BUSCASEQUENCIALRECURSIVA***

BuscaSequencialRecursiva(lista L; inteiros i, n; tipo item x)
//busca pelo item x na lista L de $L[i]$ até $L[n]$
  se $i > n$ **então**
    escreva("não encontrado")
  senão
    se $L[i] = x$ **então**
      escreva("encontrado")
    senão
      BuscaSequencialRecursiva(L, $i + 1$, n, x)
    fim do se
  fim do se
fim da função *BuscaSequencialRecursiva*

A Figura 3.3 fornece uma representação visual do algoritmo de busca sequencial recursiva. Cada vez que o algoritmo é chamado, a nova lista onde será feita a busca tem apenas um elemento a menos que a lista anterior, de modo que, no pior caso, o algoritmo vai ter que trabalhar muito.

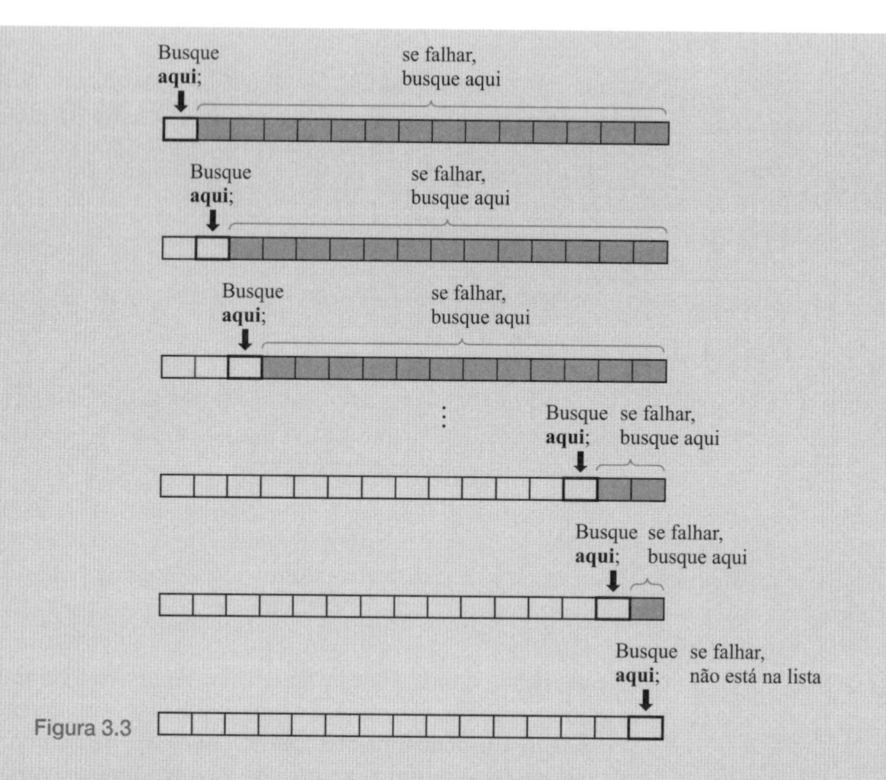

Figura 3.3

Vamos representar por $C(n)$ o número máximo de comparações necessárias para uma lista com n elementos. Essa é uma expressão simbólica para uma resposta que estamos supondo que ainda não sabemos, mas que iremos descobrir ao resolver a relação de recorrência. Com essa notação, $C(n-1)$ representa, simbolicamente, o número máximo de comparações necessárias para buscar no resto da lista depois da primeira posição. A relação de recorrência é

$C(1) = 1$ (1 comparação para buscar em uma lista com 1 elemento)

$C(n) = 1 + C(n-1)$ para $n \geq 2$ (1 comparação com o primeiro elemento, depois quantas comparações forem necessárias para o resto da lista)

Essa é uma relação de recorrência linear de primeira ordem com coeficientes constantes. Pela Equação (8) na Seção 3.2, a solução é

$$C(n) = (1)^{n-1}(1) + \sum_{i=2}^{n}(1)^{n-i}(1) = 1 + (n-1) = n$$

Isso está de acordo com a nossa análise anterior do pior caso. ●

EXEMPLO 30 Agora vamos analisar o pior caso do algoritmo de busca binária. Lembre-se de que o algoritmo de busca binária é um algoritmo recursivo que age em uma lista ordenada em ordem crescente. Ele primeiro compara o item procurado com o valor do meio da lista. Se essa comparação falhar, então o processo será repetido na metade direita ou na metade esquerda da lista, dependendo se o valor procurado é maior ou menor do que o valor do meio. A Figura 3.4 ilustra um caminho possível para o pior caso.

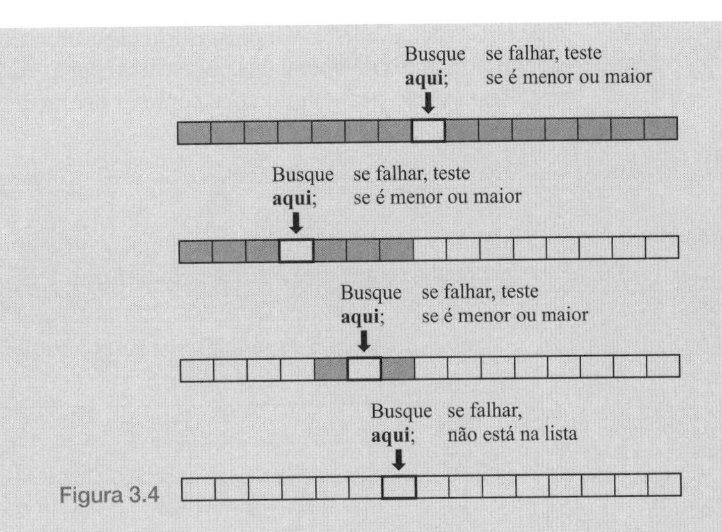

Figura 3.4

O algoritmo de busca binária é do tipo **dividir para conquistar**, quando o problema é decomposto de maneira recorrente em subproblemas significativamente menores. Se a lista original tiver n elementos, então a metade da lista terá, no máximo, $n/2$ elementos. (No Exemplo 14, em que 10 é o valor do meio, a "metade" direita da lista tem 4 elementos, mas a "metade" esquerda tem apenas 3.) Cortar a lista pela metade é muito mais rápido do que reduzi-la de um elemento, como na busca sequencial, de modo que esperamos que o caso pior da busca binária necessite de menos trabalho.

Denote por $C(n)$ o número máximo de comparações necessárias para efetuar uma busca binária em uma lista de n elementos. Então $C\left(\frac{n}{2}\right)$ representa o número máximo de comparações necessárias para uma lista com metade dos elementos. Já que vamos continuar dividindo a lista ao meio, é conveniente considerar apenas os casos em que obtemos um valor inteiro cada vez que dividimos pela metade, de modo que vamos supor que $n = 2^m$ para algum $m \geq 0$. A relação de recorrência para $C(n)$ é

$$C(1) = 1$$ (1 comparação para buscar em uma lista com 1 elemento)

$$C(n) = 1 + C\left(\frac{n}{2}\right) \text{ para } n \geq 2,\ n = 2^m$$ (1 comparação com o elemento do meio, depois quantas comparações forem necessárias para metade da lista)

Essa relação de recorrência foi resolvida na seção anterior (Exemplos 24 e 25). A solução é

$$C(n) = 1 + \log n$$

Pelo exemplo anterior, o número máximo de comparações necessárias em uma busca binária de uma lista ordenada com n elementos, com $n = 2^m$, é $1 + \log n$. No Exemplo 14, n era 8, e foram necessárias quatro comparações $(1 + \log 8)$ no pior caso (x não pertencente à lista). Uma busca sequencial necessitaria de oito comparações. Como

$$1 + \log n < n \text{ para } n = 2^m,\ n \geq 4$$

a busca binária é, quase sempre, mais eficiente do que a busca sequencial. No entanto, o algoritmo de busca sequencial tem uma grande vantagem — se a lista em questão *não estiver ordenada*, o algoritmo de busca sequencial funciona, mas o de busca binária não. Se vamos primeiro ordenar a lista e depois usar o algoritmo de busca binária, precisamos, então, considerar o número de operações necessárias para ordenar a lista. Os Exercícios de 13 a 34 ao final desta seção pedem que você conte as operações necessárias para ordenar uma lista por diversos algoritmos diferentes.

PROBLEMA PRÁTICO 16 Complete a tabela a seguir para o número de comparações necessárias no pior caso para a busca sequencial e a busca binária em uma lista do tamanho indicado.

n	Busca Sequencial	Busca Binária
64		
1024		
32768		

■

Embora tenhamos calculado o trabalho para uma busca binária em uma lista de tamanho n, em que n é uma potência de 2, isso nos dá um intervalo para o trabalho necessário para valores de n que caem entre potências de 2. Essa é a razão pela qual limitar n a potências de 2 em nossa análise não é particularmente importante.

Cota Superior (Algoritmo de Euclides)

O algoritmo de Euclides, como apresentado na Seção 2.3, usa um laço de enquanto para efetuar divisões sucessivas de modo a encontrar mdc(a, b) para inteiros positivos a e b, $a > b$. Para analisar o algoritmo de Euclides, precisamos decidir primeiro quais as operações que contaremos. Como esse algoritmo efetua repetidas divisões, vamos considerar a operação de divisão a nossa unidade básica. Como $a > b$, podemos usar a como medida do tamanho dos valores de entrada (que, em geral, denotamos por n). Queremos encontrar $E(a)$, que denota a quantidade de operações (o número de divisões) necessária para encontrar mdc(a, b) no pior caso.

Uma versão recursiva do algoritmo de Euclides também pode ser escrita (veja o Exercício 81, Seção 3.1); a chave para a versão recursiva é reconhecer que o cálculo do mdc(a, b) envolve encontrar o mdc(b, r), em que r é o resto da divisão de a por b. Acabamos de ver um caso no qual as operações de um algoritmo recursivo (a busca binária) podiam ser expressas convenientemente como uma relação de recorrência em que o tamanho dos valores de entrada é reduzido pela metade após cada operação. Uma relação de recorrência expressaria $E(a)$ em termos de E com valores menores. Mas quais são esses valores menores? Para encontrar o mdc(a, b), encontramos o mdc(b, r), de modo que é claro que os valores de entrada estão ficando menores, mas, de que maneira? Considere o Exemplo 27 da Seção 2.3 onde, para encontrar o mdc(420, 66), foram efetuadas as seguintes divisões:

$$\begin{array}{r|l} 420 & 66 \\ \hline -396 & 6 \\ \hline 24 & \end{array} \qquad \begin{array}{r|l} 66 & 24 \\ \hline -48 & 2 \\ \hline 18 & \end{array} \qquad \begin{array}{r|l} 24 & 18 \\ \hline -18 & 1 \\ \hline 6 & \end{array} \qquad \begin{array}{r|l} 18 & 6 \\ \hline -18 & 3 \\ \hline 0 & \end{array}$$

Aqui os valores que são divididos sucessivamente são 420, 66, 24 e 18. A mudança de 420 para 66 é muito maior do que dividir pela metade, enquanto a mudança de 24 para 18 é menor.

De fato, não encontraremos uma relação de recorrência ou uma expressão exata para $E(a)$. Mas podemos, pelo menos, encontrar uma *cota superior* para $E(a)$. Uma **cota superior** é um valor superior para a quantidade de operações efetuadas por um algoritmo; o algoritmo pode *não* precisar de *mais operações* do que a cota superior, mas pode não precisar de tantas.

Para encontrar essa cota superior, vamos mostrar que, se $i > j$ e se i for dividido por j com resto r, então $r < i/2$. Existem dois casos:

1. Se $j \leq i/2$, então $r < i/2$, pois $r < j$.
2. Se $j > i/2$, então $i = 1 * j + (i - j)$; em outras palavras, o quociente é 1 e r é $i - j$, que é $< i/2$.

No algoritmo de Euclides, o resto r em qualquer etapa torna-se o dividendo (o número que está sendo dividido) dois passos adiante. Logo, os dividendos sucessivos são, pelo menos, divididos por dois a cada duas divisões. O valor a pode ser dividido por 2 log a vezes; portanto, são feitas, no máximo, 2 log n divisões. Assim,

$$E(a) \leq 2 \log a \quad (1)$$

O valor de 2 log a para $a = 420$ é quase 18, ao passo que foram necessárias apenas 4 divisões para se obter o mdc(420, 66). É claro que essa cota superior é bastante grosseira, algo como dizer que todos os alunos em sala têm menos de três metros e meio. Uma cota superior mais fina (ou seja, mais baixa) é obtida nos Exercícios 37 a 40 ao final desta seção.

De Árvores ... e Panquecas

De Árvores ...

O mapeamento da "árvore da vida" evolucionária é objeto de pesquisa desde Charles Darwin. Até recentemente, essa pesquisa buscava semelhanças entre espécies com base em propriedades estruturais como esqueletos, mas, atualmente, os cientistas buscam semelhanças no DNA e outras evidências genéticas. Esse campo de pesquisa, chamado de filogenética, pode envolver o alinhamento de sequências moleculares de muitos milhares de moléculas, e o trabalho se transformou em um problema computacional enorme. Pesquisadores na Universidade do Texas desenvolveram um programa computacional chamado SATé (e outro novo, melhorado, SATé-II) — sigla do inglês para Estimativas Simultâneas para o Alinhamento e a Árvore —, que usa um algoritmo do tipo dividir para conquistar. Conjuntos imensos de dados são divididos em conjuntos pequenos de dados, são encontrados alinhamentos para os conjuntos pequenos de dados e depois os resultados são combinados para determinar um alinhamento total (e uma possível árvore) para o conjunto completo de dados. O alinhamento total resultante não é infalível, e o programa repete esse processo muitas vezes, criando alinhamentos e árvores novos. Um método estatístico de "verossimilhança máxima" seleciona o melhor resultado comparando com respostas conhecidas. Já foi demonstrado que essa abordagem produz resultados comparáveis a outros métodos, mais lentos, ou produz resultados mais precisos no mesmo intervalo de tempo.

Ferramentas de alinhamento de sequências e construção de árvores evolucionárias têm aplicações em áreas diferentes do traçado do caminho histórico da evolução. Por exemplo, os Centros para Controle de Doenças (CDC na sigla em inglês) usam essas ferramentas para detectar como um vírus novo emergente difere de vírus anteriores com o objetivo de planejar o contra-ataque melhor.

http://www.tacc.utexas.edu/news/feature-stories/2012/tree-of-life
http://www.ncbi.nlm.nih.gov/pubmed/22139466

... e Panquecas

Um problema apresentado na revista *American Mathematical Monthly* em 1975 por Jacob Goodman tratava de um garçom em uma lanchonete onde o cozinheiro produzia pilhas de panquecas* de tamanhos variados. O garçom, ao levar a pilha para o cliente, tentou arrumar as panquecas por ordem de tamanho, com a maior por baixo. A única ação possível era colocar uma espátula em algum ponto e virar toda a pilha acima daquele ponto. A pergunta é: qual é o número máximo das viradas necessárias para qualquer pilha com n panquecas? Esse número, P_n, é chamado de *n-ésimo número de panqueca*.

Aqui está um algoritmo simples para arrumar as panquecas. Coloque a espátula debaixo da panqueca maior e vire. Isso coloca a panqueca maior no topo da pilha. Agora coloque a espátula debaixo da panqueca inferior da seção ainda não ordenada (neste caso, a panqueca debaixo de todas) e vire. Isso coloca a panqueca maior debaixo de todas, onde deveria estar. Repita com o resto das panquecas. Assim, cada panqueca precisa de duas viradas, o que daria um total de $2n$ viradas. Mas as duas últimas panquecas precisam de, no máximo, uma virada: se elas já estiverem na ordem certa, não há necessidade de virada; se não estiverem, só precisam de uma virada. Logo, esse algoritmo precisa, no máximo, de $2(n-2) + 1 = 2n - 3$ viradas no pior caso, o que significa que $P_n \leq 2n - 3$. Existem outros algoritmos que necessitam de menos viradas no pior caso?

Um professor na Universidade de Harvard apresentou esse problema para sua turma; diversos dias depois, um estudante do segundo ano que cursava sua disciplina procurou o professor para mostrar um algoritmo melhor. Esse algoritmo, que necessita, no máximo, de $(5n + 5)/3$ viradas, foi publicado na revista *Discrete Mathematics* em 1979. Os autores foram William Gates (o estudante) e Christos Papadimitriou.

É, AQUELE William Gates.

*Os americanos costumam comer um tipo de panqueca grossa sem recheio. (N.T.)

SEÇÃO 3.3 REVISÃO

TÉCNICA

- Efetuar a análise de um algoritmo no pior caso diretamente da descrição do algoritmo ou de uma relação de recorrência.

IDEIAS PRINCIPAIS

- A análise de um algoritmo estima o número de operações básicas que o algoritmo efetua, o qual depende do tamanho dos dados de entrada.
- Muitas vezes, a análise de algoritmos recursivos leva a relações de recorrência.
- Na falta de uma expressão exata para o número de operações efetuadas por um algoritmo, pode ser possível encontrar uma cota superior.

EXERCÍCIOS 3.3

1. Modifique o algoritmo do Exemplo 27 de modo que, além de eliminar a menor nota do aluno nos testes, conta duas vezes a maior nota nos testes (como a versão antiga, seu algoritmo novo não deve fazer outras operações além de soma e subtração).
2. Qual é o número total de operações aritméticas efetuadas pelo algoritmo do Exercício 1?
3. O algoritmo a seguir soma todos os elementos de uma matriz quadrada A $n \times n$. Analise esse algoritmo, em que a unidade de trabalho é a operação de soma.

```
soma = 0
para i = 1 até n faça
    para j = 1 até n faça
        soma = soma + A[i, j]
    fim do para
fim do para
escreva ("A soma total dos elementos na matriz é", soma)
```

4. O algoritmo a seguir soma todos os elementos na parte "triangular superior" de uma matriz quadrada A $n \times n$. Analise esse algoritmo, em que a unidade de trabalho é a operação de soma.

```
soma = 0
para k = 1 até n faça
    para j = k até n faça
        soma = soma + A[k, j]
    fim do para
fim do para
escreva ("A soma total dos elementos na parte triangular superior da matriz é", soma)
```

5. Analise o algoritmo a seguir, em que a unidade de trabalho é o comando que gera a saída. Suponha que $n = 2^m$ para algum inteiro positivo m.

```
inteiros j, k
para k = 1 até n faça
    j = n;
    enquanto j ≥ 2 faça
        escreva j
        j = j/2
    fim do enquanto
fim do para
```

6. Analise o algoritmo a seguir, em que a unidade de trabalho é o comando que gera a saída. (*Sugestão*: Um dos exercícios na Seção 2.2 pode ajudar.)

```
inteiro i
real d, x;
para i = 1 até n faça
   d = 1.0/i;
   x = i;
   enquanto x > 0 faça
      escreva x
      x = x − d;
   fim do enquanto
fim do para
```

Os Exercícios 7 e 8 envolvem $n! = n(n-1)(n-2) \cdots 1$.

7. a. Escreva o corpo de uma função iterativa para calcular $n!$ para $n \geq 1$.
   b. Analise essa função, em que a unidade de trabalho é a operação de multiplicação.
8. a. Escreva uma função recursiva para calcular $n!$ para $n \geq 1$.
   b. Escreva uma relação de recorrência para o trabalho executado por essa função, em que a unidade de trabalho é a operação de multiplicação.
   c. Resolva a relação de recorrência do item (b).
   d. Compare sua resposta no item (c) com seu resultado no Exercício 7b.

Os Exercícios 9 e 10 envolvem o cálculo de um polinômio $a_n x^n + a_{n-1}x^{n-1} + \cdots + a_0$ em um valor específico de x.

9. Um algoritmo direto para calcular um polinômio é dado pela seguinte função:

```
Poli(real a_n, real a_(n-1), ..., real a_0, real c, inteiro n)
//calcula o polinômio a_n x^n + a_(n-1) x^(n-1) + ... + a_0      em x = c
Variáveis locais:
inteiro i
real soma = a_0
real produto = 1

   para i = 1 até n faça
      produto = produto * c
      soma = soma + a_i * produto
   fim do para
   retorne soma
fim da função Poli
```

   a. Siga esse algoritmo para calcular o valor de $2x^3 - 7x^2 + 5x - 14$ para $x = 4$.
   b. O algoritmo envolve tanto somas quanto multiplicações; analise esse algoritmo, em que essas operações são as unidades de trabalho.
10. Uma alternativa ao algoritmo de cálculo de um polinômio dado no Exercício 9 é um algoritmo chamado de *método de Horner*. O método de Horner baseia-se em uma expressão diferente para um polinômio, por exemplo,

$$2x^3 - 7x^2 + 5x - 14 = -14 + x(5 + x(-7 + x(2)))$$

```
Horner(real a_n, real a_(n-1), ..., real a_0, real c, inteiro n)
//calcula o polinômio a_n x^n + a_(n-1) x^(n-1) + ... + a_0      em x = c
//usando o método de Horner
```

Variáveis locais:
inteiro i
real $resultado = a_n$

para $i = 1$ até n **faça**
$resultado = resultado * c + a_{n-i}$
fim do para
retorna *resultado*
fim da função *Horner*

a. Siga esse algoritmo para calcular o valor de $2x^3 - 7x^2 + 5x - 14$ para $x = 4$.

b. Analise esse algoritmo, em que as operações de somas e multiplicações são as unidades de trabalho.

c. Ao calcular um polinômio de grau $n = 98$ em algum valor de x, quantas operações foram economizadas ao se usar o método de Horner em vez do método do Exercício 9?

11. Para o algoritmo do Exemplo 27, conte o número total de atribuições e de comparações feitas no melhor caso (trabalho mínimo) e no pior caso (trabalho máximo); descreva cada um desses casos.

12. a. Escreva uma função para converter uma cadeia binária $b_n b_{n-1} \ldots b_1 b_0$ em seu equivalente decimal.

b. Teste sua função na cadeia binária 10011.

c. Descreva o pior caso para esse algoritmo e encontre o número de multiplicações e somas executadas neste caso.

d. Descreva o melhor caso para este algoritmo e encontre o número de multiplicações e somas executadas neste caso.

Os Exercícios 13 e 14 estão relacionados com um algoritmo de ordenação chamado de *OrdenaçãoPorBolhas*.

13. O algoritmo *OrdenaçãoPorBolhas* funciona percorrendo uma lista diversas vezes; em cada passagem pela lista, elementos adjacentes fora de ordem são permutados. Ao final da primeira passagem, o elemento máximo foi "como uma bolha" para o final da lista e não participa das passagens subsequentes. O algoritmo a seguir é chamado inicialmente com $j = n$.

OrdenaçãoPorBolhas(lista L; inteiro j)
//ordena recursivamente os itens de 1 até j na lista L em ordem crescente

se $j = 1$ **então**
a ordenação está completa, escreva a lista ordenada
senão
para $i = 1$ até $j - 1$ **faça**
se $L[i] > L[i + 1]$ **então**
permute $L[i]$ e $L[i + 1]$
fim do se
fim do para
OrdenaçãoPorBolhas$(L, j - 1)$
fim do se
fim da função *OrdenaçãoPorBolhas*

a. Siga o algoritmo *OrdenaçãoPorBolhas* para ordenar a lista 5, 6, 3, 4, 8, 2.

b. Escreva uma relação de recorrência para o número de comparações feitas entre elementos da lista por esse algoritmo para ordenar uma lista com n elementos.

c. Resolva essa relação de recorrência.

14. No algoritmo *OrdenaçãoPorBolhas*, suponha que incluímos a permutação de elementos na lista como uma unidade de trabalho, além das comparações entre elementos da lista.

a. Descreva o pior caso e encontre o número de comparações e permutações feitas neste caso.

b. Descreva o melhor caso e encontre o número de comparações e permutações feitas neste caso.

c. Suponha que, em média, permutações de elementos têm que ser feitas durante metade do tempo. Encontre o número de comparações e permutações feitas neste caso.

Os Exercícios 15 a 18 se referem ao algoritmo *OrdenaçãoPorSeleção* da Seção 3.1.

15. Em uma parte do algoritmo *OrdenaçãoPorSeleção*, é preciso encontrar o índice do item máximo em uma lista. Isso requer comparações entre elementos da lista. Em uma lista (não ordenada) com n elementos, quantas comparações são necessárias, no pior caso, para encontrar o elemento máximo? Quantas comparações são necessárias em média?
16. Definindo a operação básica como a comparação dos elementos na lista e ignorando o trabalho necessário para as operações de permutação dos elementos na lista, escreva uma relação de recorrência para a quantidade de operações executadas pela ordenação por seleção em uma lista com n elementos. (*Sugestão*: Use o resultado do Exercício 15.)
17. Resolva a relação de recorrência do Exercício 16.
18. Suponha que a permutação de $L[i]$ e $L[j]$ acontece mesmo quando $i = j$. Escreva uma expressão para o número total de comparações e permutações para ordenar uma lista de n elementos.

Os Exercícios 19 a 24 estão relacionados com um algoritmo recursivo de ordenação chamado *OrdenaçãoPorFusão*, que pode ser descrito da seguinte maneira: uma lista com um elemento já está ordenada, não há necessidade de fazer nada; se a lista tiver mais de um elemento, divida-a pela metade, ordene cada metade usando *OrdenaçãoPorFusão* (esta é a parte recursiva) e depois combine as duas listas em uma única lista ordenada.

19. A parte de fusão do algoritmo *OrdenaçãoPorFusão* requer que se comparem os elementos de cada uma das listas ordenadas para ver qual o próximo elemento na lista conjunta ordenada. Quando acabam os elementos de uma das listas, os elementos restantes na outra podem ser adicionados sem outras comparações. Dados os pares de listas a seguir, combine-as e conte o número de comparações feitas para fundi-las em uma única lista ordenada.

    a. 6, 8, 9 e 1, 4, 5

    b. 1, 5, 8 e 2, 3, 4

    c. 0, 2, 3, 4, 7, 10 e 1, 8, 9
20. Sob que circunstâncias será necessário executar o número máximo de comparações ao se fundir duas listas ordenadas? Se as duas listas tiverem comprimento r e s, qual será o número máximo de comparações?
21. Escreva uma relação de recorrência para o número de comparações entre os elementos das listas efetuadas pelo algoritmo *OrdenaçãoPorFusão* no pior caso. Suponha que $n = 2^m$.
22. Resolva a relação de recorrência do Exercício 21.
23. Use os resultados dos Exercícios 18 e 22 para comparar o comportamento, no pior caso, dos algoritmos *OrdenaçãoPorSeleção* (contando comparações e permutações) e *OrdenaçãoPorFusão* (contando comparações) para $n = 4$, 8, 16 e 32 (use uma calculadora ou uma planilha).
24. Use os resultados dos Exercícios 14 e 22 para comparar o comportamento, no pior caso, dos algoritmos *OrdenaçãoPorBolhas* (contando comparações e permutações) e *OrdenaçãoPorFusão* (contando comparações) para $n = 4$, 8, 16 e 32 (use uma calculadora ou uma planilha).

Os Exercícios 25 a 34 estão relacionados com um algoritmo recursivo de ordenação chamado de *OrdenaçãoRápida*, que é descrito da seguinte maneira: uma lista com um elemento já está ordenada, não há necessidade de fazer nada. Caso contrário, considere o primeiro elemento da lista, chame-o de pivô, e percorra a lista original para criar duas listas novas, L_1 e L_2. L_1 consiste em todos os elementos que são menores do que o elemento pivô, e L_2 consiste em todos os elementos que são maiores do que o elemento pivô. Coloque o elemento pivô entre L_1 e L_2. Ordene as duas listas L_1 e L_2 usando *OrdenaçãoRápida* (essa é a parte recursiva). Finalmente todas as listas consistirão em listas de 1 elemento separadas por elementos pivôs anteriores, e, nesse ponto, a lista original estará ordenada. Isso é um pouco confuso, de modo que vamos ver um exemplo; os elementos pivôs estão entre colchetes.

Lista original: 6, 2, 1, 7, 9, 4, 8

Depois da 1ª passagem: 2, 1, 4, [6], 7, 9, 8

Depois da 2ª passagem: 1, [2], 4, [6], [7], 9, 8

Depois da 3ª passagem: 1, [2], 4, [6], [7], 8, [9] Ordenada

25. Ilustre a *OrdenaçãoRápida* como acima usando a lista 9, 8, 3, 13
26. Ilustre a *OrdenaçãoRápida* como acima usando a lista 8, 4, 10, 5, 9, 6, 14, 3, 1, 12, 11.

27. Quantas comparações entre elementos da lista são necessárias para a 1ª passagem de *OrdenaçãoRápida* na lista do exemplo?
28. Quantas comparações entre elementos da lista são necessárias para a 1ª passagem de *OrdenaçãoRápida* em uma lista com n elementos?
29. Suponha que, em cada passagem, cada elemento pivô divide sua sublista em duas sublistas de mesmo comprimento, cada uma com o tamanho aproximado de metade da sublista (o que, de fato, é muito difícil de obter). Escreva uma relação de recorrência para o número de comparações entre elementos da lista neste caso.
30. Resolva a relação de recorrência encontrada no Exercício 29.
31. Suponha que, em cada passagem, cada elemento pivô divide sua sublista (que tem k elementos) em uma lista vazia e uma lista de tamanho $k - 1$. Escreva uma relação de recorrência para o número de comparações entre elementos da lista neste caso.
32. Resolva a relação de recorrência encontrada no Exercício 31.
33. Ao contrário da situação descrita no Exercício 29, em que cada elemento pivô divide a sublista pela metade para a próxima passagem, a situação descrita no Exercício 31 pode ocorrer facilmente. Descreva uma característica da lista original que causaria essa situação.
34. O Exercício 29 descreve o melhor caso de *OrdenaçãoRápida* e o Exercício 31 descreve o pior caso de *OrdenaçãoRápida* em relação à comparação entre elementos da lista.
    a. Em relação ao número de comparações necessárias, qual dos algoritmos de ordenação (*OrdenaçãoPorSeleção*, *OrdenaçãoPorBolhas*, *OrdenaçãoPorFusão*) é comparável ao melhor caso de *OrdenaçãoRápida*?
    b. Em relação ao número de comparações necessárias, qual dos algoritmos de ordenação (*OrdenaçãoPorSeleção*, *OrdenaçãoPorBolhas*, *OrdenaçãoPorFusão*) é comparável ao pior caso de *OrdenaçãoRápida*?

Os Exercícios 35 e 36 referem-se ao algoritmo *BuscaSequencial*. Não é difícil fazer uma análise do caso médio do algoritmo de busca sequencial sob determinadas hipóteses. Dada uma lista com n elementos e um item x a ser procurado, a operação básica é a comparação de elementos na lista com x; portanto, uma análise deveria contar quantas vezes é efetuada tal operação "em média". A definição de "média" depende de nossas hipóteses.

35. Suponha que x pertence à lista e é igualmente provável de ser encontrado em qualquer das n posições na lista. Preencha o restante da tabela a seguir, fornecendo o número de comparações em cada caso.

Posição em que Ocorre x	**Número de Comparações**
1	1
2	
3	
⋮	
n	

    Encontre o número médio de comparações somando os resultados na tabela e dividindo por n. (*Sugestão*: Veja o Problema Prático 7 na Seção 2.2 — dissemos que você deveria se lembrar disso!)

36. Encontre o número médio de comparações sob a hipótese de que x é igualmente provável de ser encontrado em qualquer das n posições na lista ou de não estar na lista.

Os Exercícios 37 a 40 procuram uma cota superior melhor para o número de divisões necessárias para o algoritmo de Euclides encontrar mdc(a, b). Suponha que a e b são inteiros positivos e que $a > b$.

37. Suponha que são necessárias m divisões para encontrar o mdc(a, b). Prove, por indução, que, para $m \geq 1$, $a \geq F(m + 2)$ e $b \geq F(m + 1)$, em que $F(n)$ é a sequência de Fibonacci. (*Sugestão*: Para encontrar o mdc(a, b), o algoritmo calcula mdc(b, r) depois da primeira divisão.)
38. Suponha que são necessárias m divisões para encontrar o mdc(a, b), com $m \geq 4$. Prove que

$$\left(\frac{3}{2}\right)^{m+1} < F(m + 2) \leq a$$

    (*Sugestão*: Use o resultado do Exercício 37 acima e o do Exercício 26 da Seção 3.1.)

39. Suponha que são necessárias m divisões para encontrar o mdc(a, b), com $m \geq 4$. Prove que $m < (\log_{1,5} a) - 1$. (*Sugestão*: Use o resultado do Exercício 38.)
40. a. Calcule o mdc(89, 55) e conte o número de divisões necessárias.
    b. Calcule uma cota superior para o número de divisões necessárias para calcular o mdc(89, 55) usando a Equação (1).
    c. Calcule uma cota superior para o número de divisões necessárias para calcular o mdc(89, 55) usando o resultado do Exercício 39.
    d. O matemático francês do século XVIII Gabriel Lamé provou que 5 vezes o número de dígitos decimais em b é uma cota superior para o número de divisões executadas pelo algoritmo de Euclides para encontrar mdc(a, b), em que $a > b$. Calcule uma cota superior para o número de divisões necessárias para calcular o mdc(89, 55) usando o teorema de Lamé.

CAPÍTULO 3 REVISÃO

TERMINOLOGIA

algoritmo de busca binária
algoritmo de busca sequencial
algoritmo de ordenação por seleção
algoritmo do tipo dividir para conquistar
análise de algoritmo
cadeia binária
cadeia vazia
concatenação
cota superior
definição por indução
definição por recorrência
equação característica de uma relação de recorrência
forma de Backus-Naur (FBN)
índice do somatório
indução estrutural
notação de somatório
palíndromo
relação de recorrência
relação de recorrência com coeficientes constantes
relação de recorrência de primeira ordem
relação de recorrência de segunda ordem
relação de recorrência do tipo dividir para conquistar
relação de recorrência homogênea
relação de recorrência linear
resolução de uma relação de recorrência
sequência (sequência infinita)
sequência de Fibonacci
solução em forma fechada

AUTOTESTE

Responda se as afirmações a seguir são verdadeiras ou falsas sem consultar o capítulo.

Seção 3.1

1. Uma sequência definida por

$$S(1) = 7$$
$$S(n) = 3S(n-1) + 2 \quad \text{para } n \geq 2$$

contém o número 215.

2. Uma coleção T de números é definida por recorrência por
    1. 6 e 8 pertencem a T.
    2. Se X e Y pertencerem a T, então $X + 2Y$ também pertencerá.

   Todo número par ≥ 18 pertence a T.
3. Algoritmos recorrentes são valiosos principalmente porque são mais eficientes do que algoritmos iterativos.
4. No algoritmo recursivo *OrdenaçãoPorSeleção*, a mudança de uma linha do algoritmo

   "encontre o índice i do item mínimo em L entre 1 e j"

   fará com que a lista L seja ordenada em ordem decrescente.
5. Ao se aplicar o algoritmo de busca binária à lista

   2, 5, 7, 10, 14, 20

   em que $x = 8$ é o item procurado, x nunca é comparado a 5.

Seção 3.2

1. Uma solução em forma fechada de uma relação de recorrência é obtida aplicando-se indução matemática à relação de recorrência.
2. $S(n) = 2S(n-1) + 3S(n-2) + 5n$ é uma relação de recorrência linear de primeira ordem com coeficientes constantes.
3. $S(n) = c^{n-1}S(1) + \sum_{i=2}^{n} c^{n-i}g(i)$ é uma solução em forma fechada de qualquer relação de recorrência linear de primeira ordem com coeficientes constantes.
4. A solução da relação de recorrência $S(n) = c_1S(n-1) + c_2S(n-2)$ envolve a resolução da equação característica $t^2 - c_1t - c^2 = 0$.
5. Algoritmos do tipo dividir para conquistar levam a relações de recorrência que não são de primeira ordem.

Seção 3.3

1. A análise de um algoritmo encontra, em geral, a quantidade de operações efetuadas no pior caso porque é muito difícil analisar um caso médio.
2. No pior caso, o algoritmo que busca um padrão em um texto necessita de $n + m$ comparações, em que n é o tamanho do texto e m é o tamanho do padrão.
3. A busca binária é mais eficiente do que a busca sequencial em uma lista ordenada com mais de três elementos.
4. A versão recursiva do algoritmo de busca sequencial é um algoritmo do tipo dividir para conquistar.
5. Uma cota superior para o algoritmo de Euclides é um valor superior para a quantidade de divisões efetuadas para calcular o mdc(a, b).

NO COMPUTADOR

Para os Exercícios 1 a 7, escreva um programa que produza a saída desejada a partir dos dados de entrada fornecidos.

1. *Entrada*: Cadeia binária

   Saída: Mensagem indicando se a cadeia de entrada é um palíndromo (veja o Problema Prático 7)

   Algoritmo: Use recorrência.

2. *Entrada*: Cadeia de caracteres x e um inteiro positivo n

   Saída: Concatenação de n cópias de x

   Algoritmo: Use recorrência.

   (Algumas linguagens de programação já vêm com capacidade de manipulação de cadeias, como a concatenação.)

3. *Entrada*: Inteiro positivo n

   Saída: O n-ésimo valor em uma sequência de Fibonacci usando

   a. iteração

   b. recorrência

   Insira agora um contador em cada versão para indicar o número total de adições efetuadas. Execute cada versão para diversos valores de n e coloque em um único gráfico o número de adições em função de n para cada versão.

4. *Entrada*: Dois inteiros positivos a e b com $a > b$

   Saída: mdc(a, b) usando

   a. a versão iterativa do algoritmo de Euclides

   b. a versão recursiva do algoritmo de Euclides

5. *Entrada*: Lista não ordenada de 10 inteiros.

   Saída: A lista de entrada ordenada em ordem crescente

   Algoritmo: Use o algoritmo recursivo de ordenação por seleção do Exemplo 12.

6. *Entrada*: Lista ordenada de 10 inteiros e um inteiro x

   Saída: Mensagem indicando se x pertence à lista

   Algoritmo: Use o algoritmo de busca binária do Exemplo 13.

7. *Entrada*: Cadeia de texto, cadeia (padrão) a ser encontrada

   Saída: Localização do início da cadeia (padrão) no texto, ou uma mensagem dizendo que a cadeia procurada não se encontra no texto

   Algoritmo: Veja o Exemplo 28.

8. *Entrada*: O valor $(1 + \sqrt{5})/2$ conhecido como *razão áurea*, está relacionado com a sequência de Fibonacci por

$$\lim_{n\to\infty} \frac{F(n+1)}{F(n)} = \frac{1+\sqrt{5}}{2}$$

   Verifique esse limite calculando $F(n + 1)/F(n)$ para $n = 10$, 15, 25, 50, 100 e comparando os resultados com a razão áurea.

9. Compare o número de operações efetuadas pelos algoritmos de busca sequencial e busca binária em uma lista ordenada com n elementos calculando n e $1 + \log n$ para valores de n de 1 a 100. Apresente os resultados em forma gráfica.

Capítulo

4

Conjuntos, Combinatória e Probabilidade

OBJETIVOS DO CAPÍTULO

Após o estudo deste capítulo, você será capaz de:

- Usar a notação de teoria dos conjuntos.
- Encontrar o conjunto das partes de um conjunto finito.
- Determinar a união, a interseção, a diferença, o complemento e o produto cartesiano de conjuntos.
- Identificar operações binárias e unárias em conjuntos.
- Provar identidades envolvendo conjuntos.
- Reconhecer que nem todos os conjuntos são finitos ou enumeráveis.
- Aplicar o princípio da multiplicação e o princípio da adição para resolver problemas de contagem.
- Usar árvores de decisão para resolver problemas de contagem.
- Usar o princípio de inclusão e exclusão para determinar o número de elementos na união de conjuntos.
- Usar o princípio das casas de pombo para decidir quando certos eventos têm que ocorrer.
- Usar as fórmulas para as permutações e as combinações de r objetos, com e sem repetição, em um conjunto de n objetos distintos.
- Encontrar o número de permutações distintas de n objetos, nem todos distintos.
- Gerar todas as permutações de n objetos e todas as combinações de r entre n objetos distintos.
- Encontrar a probabilidade de um evento, dado que todos os resultados são igualmente prováveis, que uma distribuição de probabilidade tenha sido atribuída aos resultados ou que outro evento já tenha ocorrido.
- Calcular o valor esperado de uma quantidade à qual tenha sido atribuída uma distribuição de probabilidade.
- Usar o teorema binomial para expandir $(a + b)^n$.

Você faz um levantamento entre os 87 usuários de computador que assinam o seu boletim eletrônico informativo, preparando-se para lançar seu novo programa de computador. Os resultados de seu levantamento revelam que 68 assinantes têm disponível um sistema operacional baseado em Windows, 34 têm disponível um sistema Unix e 30 têm acesso a um Mac. Além disso, 19 têm acesso aos sistemas Windows e Unix, 11 têm acesso aos sistemas Unix e Mac, e 23 podem usar tanto Windows quanto Mac.

Pergunta: **Quantos de seus assinantes têm acesso a todos os três tipos de sistema?**

Esse é um exemplo de um problema de contagem; você pode querer contar o número de elementos em determinada coleção ou conjunto — o conjunto de todos os assinantes com acesso aos três sistemas. Na Seção 4.3 será desenvolvida uma fórmula que resolve facilmente esse problema de contagem.

A teoria dos conjuntos é uma das pedras fundamentais da matemática. Muitos conceitos em matemática e em ciência da computação podem ser expressos de maneira conveniente na linguagem de conjuntos. Operações podem ser efetuadas em conjuntos para gerar novos conjuntos. Embora a maioria dos conjuntos de interesse para cientistas da computação seja finita ou enumerável, existem conjuntos que têm tantos elementos que não podem ser enumerados. A teoria dos conjuntos é discutida na Seção 4.1.

Há muitas vezes interesse em contar o número de elementos em um conjunto finito. Essa pode não ser uma tarefa trivial. A Seção 4.2 fornece algumas regras básicas para se contar o número de elementos em um conjunto que consiste nos resultados de um evento. Contar os elementos em tal conjunto pode ser possível quebrando-se o evento em uma sequência de subeventos ou de subeventos disjuntos, sem resultados possíveis em comum. Alguns princípios especializados de contagem aparecem na Seção 4.3. A Seção 4.4 fornece fórmulas para se contar o número de maneiras em que podemos arrumar e selecionar objetos em um conjunto, assim como algoritmos que geram todas as arrumações e seleções possíveis. A Seção 4.5 discute o teorema binomial, um resultado algébrico que também pode ser visto como consequência das fórmulas de contagem. Finalmente, a Seção 4.6 estende "contagem" a uma ideia mais geral de probabilidade.

SEÇÃO 4.1 CONJUNTOS

Definições são importantes em qualquer ciência porque contribuem para a comunicação precisa. No entanto, se procurarmos uma palavra em um dicionário, a definição é expressa usando outras palavras, que são definidas usando ainda outras palavras, e assim por diante. Assim, temos que ter um ponto de partida para as definições em que o significado fique claro; nosso ponto de partida nessa discussão é a noção de conjunto, um termo que não definiremos formalmente. Em vez disso, usaremos, simplesmente, a ideia intuitiva de que um conjunto é uma coleção de objetos. Em geral, todos os objetos em um conjunto têm alguma propriedade em comum (além de pertencerem ao mesmo conjunto!); qualquer objeto que tem essa propriedade pertence ao conjunto, e qualquer objeto que não tem essa propriedade não pertence ao conjunto. (Isso é condizente com nossa utilização da palavra *conjunto* na Seção 3.1, onde falamos sobre o conjunto das fórmulas bem-formuladas proposicionais, o conjunto de todas as cadeias de símbolos em um alfabeto finito e o conjunto dos identificadores em alguma linguagem de programação.)

Notação

Usaremos letras maiúsculas para denotar conjuntos e o símbolo $\in$ para denotar pertinência em um conjunto. Assim, $a \in A$ significa que a pertence a A, ou é um elemento do conjunto A, e $b \notin A$ significa que b não pertence ao conjunto A. Usamos chaves para indicar um conjunto.

EXEMPLO 1 Se $A = \{\text{violeta, verde, castanho}\}$, então verde $\in A$ e magenta $\notin A$. ●

Os elementos em um conjunto não têm nenhuma ordem, de modo que {violeta, verde, castanho} é o mesmo que {verde, castanho, violeta}. Além disso, cada elemento do conjunto é listado apenas uma vez; é redundante listá-lo de novo.

Dois conjuntos são **iguais** se contiverem os mesmos elementos. (Em uma definição, "se" significa, realmente, "se e somente se"; logo, dois conjuntos são iguais se e somente se contiverem os mesmos elementos.) Usando a notação da lógica de predicados, temos

$$A = B \text{ significa } (\forall x)[(x \in A \rightarrow x \in B) \wedge (x \in B \rightarrow x \in A)]$$

Ao descrever um conjunto particular, temos que identificar seus elementos. Para um **conjunto finito** (um com n elementos para algum inteiro não negativo n), podemos fazer isso simplesmente listando todos os elementos, como fizemos com o conjunto A no Exemplo 1. Embora seja impossível listar todos os elementos de um **conjunto infinito** (um conjunto que não é finito), para alguns conjuntos infinitos podemos indicar a forma geral listando os primeiros elementos. Assim, poderíamos escrever $\{2, 4, 6, ...\}$ para expressar o conjunto S de todos os inteiros positivos pares. (Embora essa seja uma prática comum, existe o perigo de que o leitor não veja a forma geral que o escritor tem em mente.) S também pode ser definido por recorrência, explicitando-se um dos elementos de S e descrevendo, depois, os outros elementos de S em termos dos elementos já conhecidos. Por exemplo:

1. $2 \in S$
2. Se $n \in S$, então $(n + 2) \in S$

Mas a maneira mais clara de se descrever esse conjunto S particular é por meio da propriedade que caracteriza os elementos do conjunto em palavras, ou seja,

$$S = \{x \mid x \text{ é um inteiro positivo par}\}$$

que se lê "o conjunto de todos os x tais que x é um inteiro positivo par".

Já temos, agora, três maneiras para tentar descrever um conjunto:

1. Listar (ou listar parcialmente) seus elementos.
2. Usar recorrência para descrever como gerar seus elementos.
3. Descrever uma propriedade P que caracteriza seus elementos.

Veremos nesta seção, mais adiante, que existem conjuntos para os quais a primeira maneira não funciona; a segunda é, muitas vezes, difícil de usar. Em geral, a terceira maneira é a melhor opção.

A notação para um conjunto S cujos elementos são caracterizados por uma propriedade P é $\{x \mid P(x)\}$. A propriedade P aqui é um *predicado unário*; esse termo foi definido no Capítulo 1. Para qualquer x dado, $P(x)$ ou é verdadeiro ou é falso. De fato, a notação para a lógica formal do Capítulo 1 vem, novamente, nos ajudar a tornar mais claro o que queremos dizer com uma propriedade que caracteriza os elementos de um conjunto:

$$S = \{x \mid P(x)\} \text{ significa } (\forall x)[(x \in S \rightarrow P(x)) \wedge (P(x) \rightarrow x \in S)]$$

Em palavras, todos os elementos de S têm a propriedade P, e tudo que tem a propriedade P pertence a S.

PROBLEMA PRÁTICO 1 Descreva cada um dos conjuntos a seguir listando seus elementos.

a. $\{x \mid x \text{ é um inteiro e } 3 < x \leq 7\}$
b. $\{x \mid x \text{ é um mês com exatamente 30 dias}\}$
c. $\{x \mid x \text{ é a capital do Brasil}\}$ ■

PROBLEMA PRÁTICO 2 Descreva cada um dos conjuntos a seguir por meio de uma propriedade que caracterize seus elementos.

a. $\{1, 4, 9, 16\}$
b. {o açougueiro, o padeiro, o produtor de castiçais}
c. $\{2, 3, 5, 7, 11, 13, 17, ...\}$ ■

É conveniente usar uma notação padrão para determinados conjuntos, de modo que possamos nos referir mais facilmente a eles. Usaremos as seguintes notações:

$\mathbb{N}$ = conjunto de todos os inteiros não negativos (note que $0 \in \mathbb{N}$)
$\mathbb{Z}$ = conjunto de todos os inteiros
$\mathbb{Q}$ = conjunto de todos os números racionais
$\mathbb{R}$ = conjunto de todos os números reais
$\mathbb{C}$ = conjunto de todos os números complexos

Algumas vezes vamos nos referir ao conjunto que não tem elementos (o **conjunto vazio**), denotado por $\varnothing$ ou por { }. Por exemplo, se $S = \{x \mid x \in \mathbb{N} \text{ e } x < 0\}$, então $S = \varnothing$. Note que $\varnothing$, o conjunto que não tem elementos, é diferente de $\{\varnothing\}$, que é um conjunto com um único elemento em que esse elemento é o conjunto vazio.

EXEMPLO 2 Suponha que um conjunto A é dado por

$$A = \{x \mid (\exists y)(y \in \{0, 1, 2\} \text{ e } x = y^3)\}$$

Como y não é uma variável livre aqui, esse conjunto ainda é da forma $A = \{x \mid P(x)\}$. Os elementos de A podem ser encontrados atribuindo-se a y cada um dos valores 0, 1 e 2 e depois elevando ao cubo cada um desses valores. Portanto, $A = \{0, 1, 8\}$. Para

$$B = \{x \mid x \in \mathbb{N} \text{ e } (\exists y)(y \in \mathbb{N} \text{ e } x \leq y)\}$$

escolhendo $y = 0$, obtemos $x = 0$; escolhendo $y = 1$, obtemos $x = 0$ ou 1; escolhendo $y = 2$, obtemos $x = 0$, 1 ou 2; e assim por diante. Em outras palavras, B consiste em todos os inteiros não negativos menores ou iguais a algum inteiro não negativo, o que significa que $B = \mathbb{N}$. Para o conjunto

$$C = \{x \mid x \in \mathbb{N} \text{ e } (\forall y)(y \in \mathbb{N} \rightarrow x \leq y)\}$$

obtemos $C = \{0\}$, já que 0 é o único inteiro não negativo que é menor ou igual a todos os inteiros não negativos. ●

PROBLEMA PRÁTICO 3 Descreva cada um dos conjuntos a seguir.

a. $A = \{x \mid x \in \mathbb{N} \text{ e } (\forall y)(y \in \{2, 3, 4, 5\} \rightarrow x \geq y)\}$
b. $B = \{x \mid (\exists y)(\exists z)(y \in \{1, 2\} \text{ e } z \in \{2, 3\} \text{ e } x = y + z)\}$ ■

Relações entre Conjuntos

Para $A = \{2, 3, 5, 12\}$ e $B = \{2, 3, 4, 5, 9, 12\}$, todo elemento de A é, também, um elemento de B. Quando isso acontece, dizemos que A é um *subconjunto* de B.

PROBLEMA PRÁTICO 4 Complete a definição: A é um **subconjunto** de B se.

$$(\forall x)(x \in A \rightarrow \_\_\_\_\_\_\_\_)$$ ■

Se A for um subconjunto de B, escreveremos $A \subseteq B$. Se $A \subseteq B$, mas $A \neq B$ (existe pelo menos um elemento de B que não pertence a A), então A será um **subconjunto próprio** de B, e escreveremos $A \subset B$.

PROBLEMA PRÁTICO 5 Use lógica formal para definir $A \subset B$. ■

EXEMPLO 3 Sejam

$$A = \{1, 7, 9, 15\}$$
$$B = \{7, 9\}$$
$$C = \{7, 9, 15, 20\}$$

Então as seguintes proposições (entre outras) são verdadeiras:

$$B \subseteq C \qquad 15 \in C$$
$$B \subseteq A \qquad \{7, 9\} \subseteq B$$
$$B \subset A \qquad \{7\} \subset A$$
$$A \not\subseteq C \qquad \varnothing \subseteq C$$

A última proposição ($\varnothing \subseteq C$) é verdadeira porque a proposição $(\forall x)(x \in \varnothing \to x \in C)$ é verdadeira, já que $x \in \varnothing$ é sempre falsa. ●

LEMBRETE

Certifique-se de que você compreende a diferença entre os símbolos $\in$ (pertence a) e $\subseteq$ (é subconjunto de).

PROBLEMA PRÁTICO 6 Sejam

$$A = \{x \mid x \in \mathbb{N} \text{ e } x \geq 5\}$$
$$B = \{10, 12, 16, 20\}$$
$$C = \{x \mid (\exists y)(y \in \mathbb{N} \text{ e } x = 2y)\}$$

Quais das proposições a seguir são verdadeiras?

a. $B \subseteq C$
b. $B \subset A$
c. $A \subseteq C$
d. $26 \in C$
e. $\{11, 12, 13\} \subseteq A$
f. $\{11, 12, 13\} \subset C$
g. $\{12\} \in B$
h. $\{12\} \subseteq B$
i. $\{x \mid x \in \mathbb{N} \text{ e } x < 20\} \not\subseteq B$
j. $5 \subseteq A$
k. $\{\varnothing\} \subseteq B$
l. $\varnothing \notin A$ ■

Suponha que $B = \{x \mid P(x)\}$ e que $A \subseteq B$. Como todo elemento de A também pertence a B e P é uma propriedade que caracteriza os elementos de B, todo elemento de A também tem a propriedade $P(x)$. Os elementos de A "herdam" a propriedade P. De fato, para provar que $A \subseteq B$, mostramos que $P(x)$ é válida para qualquer elemento arbitrário $x \in A$. Se A for um subconjunto próprio de B, então os elementos de A terão, em geral, alguma propriedade adicional não compartilhada por todos os elementos de B. (Essa é a mesma noção de "herança" que temos em uma linguagem de programação orientada a objeto para um tipo descendente, ou subtipo, ou tipo derivado. O tipo descendente herda todas as propriedades e operações do tipo ascendente, além de outras propriedades ou operações locais especializadas, se necessário.)

EXEMPLO 4 Sejam

$$B = \{x \mid x \text{ é um múltiplo de } 4\}$$

e

$$A = \{x \mid x \text{ é um múltiplo de } 8\}$$

Temos, então, $A \subseteq B$. Para provar isso, seja $x \in A$; note que x é um elemento completamente arbitrário de A. Precisamos mostrar que x satisfaz a propriedade que caracteriza os elementos de B; isso significa que precisamos mostrar que x é um múltiplo de 4. Como $x \in A$, x satisfaz a propriedade que caracteriza os elementos de A; logo, x é um múltiplo de 8, e podemos escrever $x = m \cdot 8$ para algum inteiro m. Essa equação pode ser escrita como $x = m \cdot 2 \cdot 4$ ou $x = k \cdot 4$, em que $k = 2m$, de modo que k é um inteiro. Isso mostra que x é um múltiplo de 4, e, portanto, $x \in B$.

Existem números (como 12) que são múltiplos de 4, mas não de 8; logo, $A \subset B$. Outra maneira de descrever A é

$$A = \{x \mid x = k \cdot 4 \text{ e } k \text{ é um número par}\}$$

Nessa forma é claro que os elementos de A herdaram a propriedade que caracteriza os elementos de B — ser um múltiplo de 4 —, mas existe uma restrição adicional que faz com que A seja menos geral do que B. ●

PROBLEMA PRÁTICO 7 Sejam

$$A = \{x \mid x \in \mathbb{R} \text{ e } x^2 - 4x + 3 = 0\}$$
$$B = \{x \mid x \in \mathbb{N} \text{ e } 1 \leq x \leq 4\}$$

Prove que $A \subset B$. ■

Sabemos que A e B são conjuntos iguais quando eles têm os mesmos elementos. Podemos escrever essa igualdade em termos de subconjuntos: $A = B$ se e somente se $A \subseteq B$ e $B \subseteq A$. Provar a inclusão nas duas direções é a maneira usual de estabelecer a igualdade de dois conjuntos.

EXEMPLO 5 Vamos provar que $\{x \mid x \in \mathbb{N} \text{ e } x^2 < 15\} = \{x \mid x \in \mathbb{N} \text{ e } 2x < 7\}$.

Sejam $A = \{x \mid x \in \mathbb{N} \text{ e } x^2 < 15\}$ e $B = \{x \mid x \in \mathbb{N} \text{ e } 2x < 7\}$. Para provar que $A = B$, vamos mostrar que $A \subseteq B$ e $B \subseteq A$. Para $A \subseteq B$, precisamos escolher um elemento arbitrário de A — ou seja, qualquer coisa que satisfaça a propriedade que caracteriza os elementos de A — e mostrar que satisfaz a propriedade que caracteriza os elementos de B. Seja $x \in A$. Então x é um inteiro não negativo que satisfaz a desigualdade $x^2 < 15$. Os inteiros não negativos cujos quadrados são menores do que 15 são 0, 1, 2 e 3, logo esses são os elementos de A. O dobro de cada um desses inteiros não negativos é um número menor do que 7. Portanto, todo elemento de A pertence a B e $A \subseteq B$.

Vamos mostrar agora que $B \subseteq A$. Todo elemento de B é um inteiro não negativo cujo dobro é menor do que 7. Esses números são 0, 1, 2 e 3, e cada um deles tem o quadrado menor do que 15, logo $B \subseteq A$. ●

Conjuntos de Conjuntos

Para um conjunto S, podemos formar um novo conjunto cujos elementos são os subconjuntos de S. Esse novo conjunto é chamado o **conjunto das partes** de S e denotado por $\wp(S)$.

EXEMPLO 6 Para $S = \{0, 1\}$, $\wp(S) = \{\emptyset, \{0\}, \{1\}, \{0, 1\}\}$. Note que os elementos do conjunto das partes de um conjunto são conjuntos. ●

LEMBRETE

Para encontrar $\wp(S)$, comece com $\emptyset$. Depois inclua todos os conjuntos com um único elemento pertencente a S, depois com 2 elementos pertencentes a S, com 3 elementos, e assim por diante.

Para qualquer conjunto S, $\wp(S)$ sempre tem, pelo menos, $\emptyset$ e S como elementos, já que sempre é verdade que $\emptyset \subseteq S$ e $S \subseteq S$.

PROBLEMA PRÁTICO 8 Para $A = \{1, 2, 3\}$, o que é $\wp(A)$? ■

No Problema Prático 8, A tem três elementos e $\wp(A)$ tem oito elementos. Tente encontrar $\wp(S)$ para outros conjuntos S até poder conjecturar a resposta do problema prático a seguir.

PROBLEMA PRÁTICO 9 Se S tem n elementos, então $\wp(S)$ tem _____ elementos. (Sua resposta também funciona para $n = 0$?) ■

Podemos mostrar de diversas maneiras que, para um conjunto S com n elementos, o conjunto das partes $\wp(S)$ tem 2^n elementos. A demonstração a seguir usa indução. Para a base da indução tomamos $n = 0$. O único conjunto sem elementos é $\emptyset$. O único subconjunto de $\emptyset$ é $\emptyset$, logo, $\wp(\emptyset) = \{\emptyset\}$, um conjunto com $1 = 2^0$ elementos. Vamos supor que, para qualquer conjunto com k elementos, o conjunto de suas partes tem 2^k elementos.

Seja S um conjunto com $k + 1$ elementos e retire um desses elementos, por exemplo, x. O conjunto que resta é um conjunto com k elementos, logo, pela hipótese de indução, seu conjunto de partes tem 2^k elementos. Cada um desses elementos também pertence a $\wp(S)$. Os únicos elementos de $\wp(S)$ não incluídos são os que contêm x. Todos os subconjuntos contendo x podem ser encontrados colocando-se x em todos os subconjuntos que não o contém (que são em número de 2^k); assim teremos 2^k subconjuntos contendo x. Juntos, temos 2^k subconjuntos não contendo x e 2^k contendo x, ou um total de $2^k + 2^k = 2 \cdot 2^k = 2^{k+1}$ subconjuntos. Portanto, $\wp(S)$ tem 2^{k+1} elementos.

Outra maneira de mostrar que $\wp(S)$ tem 2^n elementos quando S tem n elementos é fazer uma analogia com as tabelas-verdade da Seção 1.1. Lá tínhamos n letras de proposição e mostramos que existiam 2^n combinações verdadeiro-falso entre essas letras. Mas também podemos pensar em cada combinação verdadeiro-falso como representando um subconjunto particular, com V indicando que o elemento pertence ao subconjunto e F indicando que ele não pertence. (Por exemplo, a linha da tabela-verdade com todas as letras de proposição tendo o valor lógico F corresponde ao conjunto vazio.) Assim, o número de combinações verdadeiro-falso entre n letras de proposição é igual ao número de subconjuntos de um conjunto com n elementos; ambos são iguais a 2^n.

Operações Binárias e Unárias

Um conjunto por si mesmo não é muito interessante, até fazermos algo com seus elementos. Por exemplo, podemos efetuar diversas operações aritméticas em elementos do conjunto $\mathbb{Z}$. Poderíamos subtrair dois inteiros, ou considerar o negativo de um inteiro. A subtração age em dois inteiros; é uma operação *binária* em $\mathbb{Z}$. A negação age em um inteiro, é uma operação *unária* em $\mathbb{Z}$.

Para ver exatamente o que é uma operação binária, vamos considerar a subtração com mais detalhes. Dados dois inteiros quaisquer x e y, $x - y$ gera uma resposta, e apenas uma, e essa resposta sempre será um número inteiro. Finalmente, a subtração é efetuada em um **par ordenado** de números. Por exemplo, $7 - 5$ não produz o mesmo resultado que $5 - 7$. Um par ordenado é denotado por (x, y), em que x é a primeira componente e y é a segunda.

A ordem é importante em um par ordenado; assim, os conjuntos $\{1, 2\}$ e $\{2, 1\}$ são iguais, mas os pares ordenados $(1, 2)$ e $(2, 1)$ não são. Você já conhece, provavelmente, a utilização de pares ordenados como coordenadas para se localizar um ponto no plano. O ponto $(1, 2)$ é diferente do ponto $(2, 1)$. Dois pares ordenados (x, y) e (u, v) só são iguais quando $x = u$ e $y = v$.

PROBLEMA PRÁTICO 10 Dado que $(2x - y, x + y) = (7, -1)$, encontre x e y. ■

PROBLEMA PRÁTICO 11 Seja $S = \{3, 4\}$. Liste todos os pares ordenados (x, y) de elementos de S. ■

Vamos generalizar as propriedades de subtração de inteiros para definir uma operação binária $\circ$ em um conjunto S. O símbolo $\circ$ marca, simplesmente, o lugar; em qualquer discussão específica, será substituído pelo símbolo apropriado para a operação, como o símbolo para a subtração, por exemplo.

DEFINIÇÃO OPERAÇÃO BINÁRIA

$\circ$ é uma **operação binária** em um conjunto S se, para todo par ordenado (x, y) de elementos de S, $x \circ y$ existe, é único e pertence a S.

Em outras palavras, se $\circ$ for uma operação binária em S, então, para dois valores x e y quaisquer em S, $x \circ y$ produz uma única resposta e essa resposta pertence a S. Descrevemos o fato de que $x \circ y$ existe e é único dizendo que a operação binária $\circ$ está **bem definida**. A propriedade de que $x \circ y$ sempre pertence a S é descrita dizendo-se que S é **fechado** em relação à operação $\circ$. A unicidade não significa que o resultado de uma operação binária ocorre apenas uma vez; significa que, dados x e y, existe apenas um resultado para $x \circ y$. Por exemplo, para a subtração, existem muitos valores de x e y para os quais $x - y = 7$, mas, para x e y dados, como $x = 5$ e $y = 2$, existe apenas uma resposta possível para $x - y$.

EXEMPLO 7 A soma, a subtração e a multiplicação são operações binárias em $\mathbb{Z}$. Por exemplo, ao efetuar a soma em um par de inteiros (x, y), $x + y$ existe e é um único inteiro. ●

EXEMPLO 8 As operações lógicas de conjunção, disjunção, condicional e equivalência são operações binárias no conjunto das fbfs proposicionais. Se P e Q são fbfs proposicionais, então $P \wedge Q$, $P \vee Q$, $P \rightarrow Q$ e $P \leftrightarrow Q$ são fbfs proposicionais únicas. ●

Um candidato $\circ$ para uma operação pode deixar de ser uma operação binária em um conjunto S se qualquer uma entre três coisas acontecer: (1) se existirem elementos x, $y \in S$ para os quais $x \circ y$ não existe; (2) se existirem elementos $x, y \in S$ para os quais $x \circ y$ tem mais de um resultado; ou (3) se existirem elementos $x, y \in S$ para os quais $x \circ y$ não pertence a S.

EXEMPLO 9 A divisão não é uma operação binária em $\mathbb{Z}$, pois $x \div 0$ não existe. ●

EXEMPLO 10 Defina $x \circ y$ em $\mathbb{N}$ por

$$x \circ y = \begin{cases} 1 \text{ se } x \geq 5 \\ 0 \text{ se } x \leq 5 \end{cases}$$

Então, pela primeira parte da definição de $\circ$, $5 \circ 1 = 1$, mas, pela segunda parte, $5 \circ 1 = 0$. Assim, $\circ$ não está bem definida em $\mathbb{N}$. ●

EXEMPLO 11 A subtração não é uma operação binária em $\mathbb{N}$, pois $\mathbb{N}$ não é fechado em relação à subtração. (Por exemplo, $1 - 10 \notin \mathbb{N}$.) ●

Para que # seja uma **operação unária** em um conjunto S, $x^{\#}$ tem que estar bem definida para todo x em S e S tem que ser fechado em relação a #; em outras palavras, qualquer que seja $x \in S$, $x^{\#}$ existe, é único e pertence a S. Não teremos uma operação unária se qualquer dessas condições falhar.

EXEMPLO 12 Defina $x^{\#}$ por $x^{\#} = -x$, de modo que $x^{\#}$ é o negativo de x. Então # é uma operação unária em $\mathbb{Z}$, mas não em $\mathbb{N}$, pois $\mathbb{N}$ não é fechado em relação a #. ●

EXEMPLO 13 O conectivo lógico de negação é uma operação unária no conjunto das fbfs proposicionais. Se P é uma fbf proposicional, então P' é uma única fbf proposicional. ●

PROBLEMA PRÁTICO 12 Quais das expressões a seguir não definem operações binárias nem unárias nos conjuntos dados? Por que não?

a. $x \circ y = x \div y$; S = conjunto de todos os inteiros positivos
b. $x \circ y = x \div y$; S = conjunto de todos os números racionais positivos
c. $x \circ y = x^y$; $S = \mathbb{R}$
d. $x \circ y$ = máximo entre x e y; $S = \mathbb{N}$
e. $x^{\#} = \sqrt{x}$; S = conjunto de todos os números reais positivos
f. $x^{\#}$ = solução da equação $(x^{\#})^2 = x$; $S = \mathbb{C}$ ■

Até agora, todas as nossas operações binárias foram definidas por meio de uma descrição ou de uma equação. Suponha que S é um conjunto finito, $S = \{x_1, x_2, \ldots, x_n\}$. Então uma operação binária $\circ$ em S pode ser definida por uma tabela $n \times n$, em que o elemento i, j (i-ésima linha e j-ésima coluna) denota $x_i \circ x_j$.

EXEMPLO 14 Seja $S = \{2, 5, 9\}$ e seja $\circ$ definida pela tabela

$\circ$	2	5	9
2	2	2	9
5	5	9	2
9	5	5	9

Então, $2 \circ 5 = 2$ e $9 \circ 2 = 5$. Inspecionando a tabela, vemos que $\circ$ é uma operação binária em S. ●

Operações em Conjuntos

A maior parte das operações que vimos opera em números, mas também podemos operar em conjuntos. Dado um conjunto arbitrário S, podemos definir algumas operações binárias e unárias no conjunto $\wp(S)$. Nesse caso, S é chamado de **conjunto universo** ou **universo do discurso**. O conjunto universo define o contexto dos objetos em discussão. Se $S = \mathbb{Z}$, por exemplo, então todos os subconjuntos conterão apenas inteiros.

Uma operação binária em $\wp(S)$ tem que agir em dois subconjuntos arbitrários de S para produzir um único subconjunto de S. Existem pelo menos duas maneiras naturais de isso acontecer.

EXEMPLO 15 Seja S o conjunto de todos os estudantes da Universidade do Silício. Então os elementos de $\wp(S)$ são conjuntos de estudantes. Seja A o conjunto de alunos de ciência da computação e seja B o conjunto de alunos de administração. Tanto A quanto B pertencem a $\wp(S)$. Um novo conjunto de estudantes pode ser definido, consistindo em todos que são alunos de ciência da computação ou de administração (ou ambos); esse conjunto é a *união* de A e B. Outro novo conjunto que pode ser definido é o conjunto dos alunos que estudam, ao mesmo tempo, ciência da computação e administração. Esse conjunto (que pode ser vazio) é chamado de *interseção* de A e B. ●

DEFINIÇÃO UNIÃO E INTERSEÇÃO DE CONJUNTOS

Sejam $A, B \in \wp(S)$. A **união** de A e B, denotada por $A \cup B$, é $\{x \mid x \in A \text{ ou } x \in B\}$.
A **interseção** de A e B, denotada por $A \cap B$, é $\{x \mid x \in A \text{ e } x \in B\}$.

EXEMPLO 16 Sejam $A = \{1, 3, 5, 7, 9\}$ e $B = \{3, 5, 6, 10, 11\}$. Podemos considerar aqui A e B elementos de $\wp(\mathbb{N})$. Então $A \cup B = \{1, 3, 5, 6, 7, 9, 10, 11\}$ e $A \cap B = \{3, 5\}$. Tanto $A \cup B$ quanto $A \cap B$ são elementos de $\wp(\mathbb{N})$. ●

PROBLEMA PRÁTICO 13 Sejam $A, B \in \wp(S)$ para um conjunto arbitrário S. É sempre verdade que $A \cap B \subseteq A \cup B$? ■

Podemos usar *diagramas de Venn* (assim chamados em honra ao matemático britânico do século XIX John Venn) para visualizar as operações binárias de união e interseção. As áreas sombreadas nas Figuras 4.1 e 4.2 ilustram os conjuntos que resultam dessas operações binárias nos dois conjuntos dados.

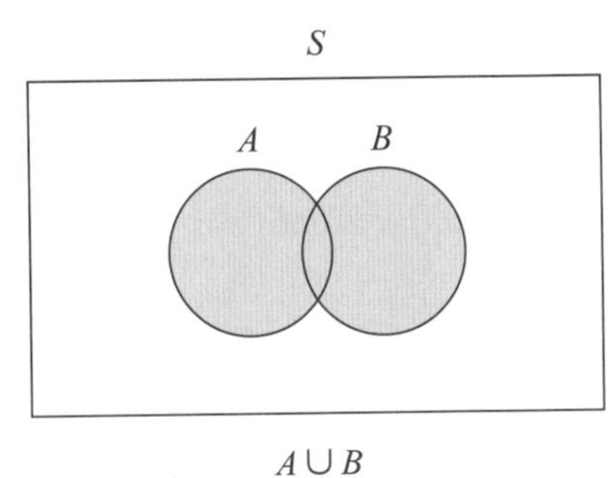

Figura 4.1

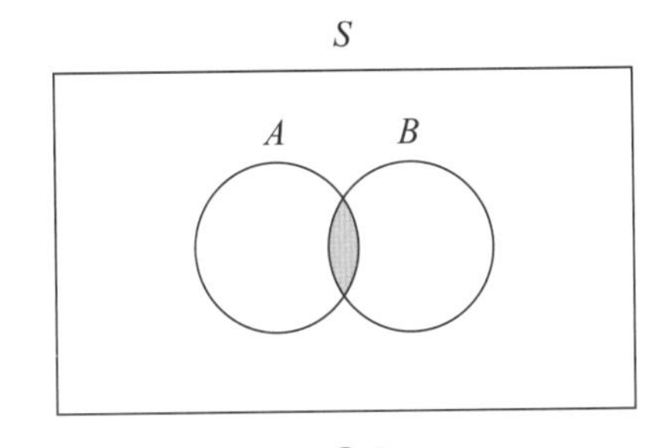

Figura 4.2

Vamos definir agora uma operação unária em $\wp(S)$.

DEFINIÇÃO COMPLEMENTO DE UM CONJUNTO

Para um conjunto $A \in \wp(S)$, o **complemento** de A, denotado por A', é $\{x \mid x \in S \text{ e } x \notin A\}$.

PROBLEMA PRÁTICO 14 Ilustre A' em um diagrama de Venn. ∎

EXEMPLO 17 Na Seção 1.1 discutimos a utilização de conectivos lógicos para pesquisas na rede. Uma pesquisa do tipo*

"carros usados" E (Ford OU Volkswagen) E NÃO caminhões

está pedindo ao programa de busca que retorne um conjunto de páginas (ou, mais precisamente, um conjunto de links para essas páginas). Se

U = conjunto de páginas de carros usados
F = conjunto de páginas contendo carros da Ford
V = conjunto de páginas contendo carros da Volkswagen
C = conjunto de páginas de caminhão

então

$$U \cap (F \cup V) \cap C'$$

representa o conjunto de páginas na rede contendo o resultado desejado da pesquisa. ●

Outra operação binária em conjuntos A e B pertencentes a $\wp(S)$ é a **diferença entre conjuntos**: $A - B = \{x \mid x \in A \text{ e } x \notin B\}$. Essa operação pode ser reescrita como $A - B = \{x \mid x \in A \text{ e } x \in B'\}$ ou como $A - B = A \cap B'$.

PROBLEMA PRÁTICO 15 Ilustre $A - B$ em um diagrama de Venn. ∎

Dois conjuntos A e B tais que $A \cap B = \emptyset$ são ditos **disjuntos**. Então, $A - B$ e $B - A$, por exemplo, são conjuntos disjuntos.

EXEMPLO 18 Sejam

$$A = \{x \mid x \text{ é um inteiro por não negativo}\}$$
$$B = \{x \mid (\exists y)(y \in \mathbb{N} \text{ e } x = 2y + 1)\}$$
$$C = \{x \mid (\exists y)(y \in \mathbb{N} \text{ e } x = 4y)\}$$

subconjuntos de $\mathbb{N}$. Como B representa o conjunto dos inteiros ímpares não negativos, A e B são conjuntos disjuntos. Além disso, todo inteiro não negativo é par ou ímpar, de modo que $A \cup B = \mathbb{N}$. Esses dois fatos também nos dizem que $A' = B$. Todo múltiplo de 4 é um número par, logo C é um subconjunto de A e, portanto, $A \cup C = A$. C é, de fato, um subconjunto próprio de A e $A - C = \{x \mid (\exists y)(y \in \mathbb{N} \text{ e } x = 4y + 2)\}$. ●

*Como já observamos anteriormente, em programas de busca em língua inglesa, utilizam-se AND, OR e AND NOT no lugar de E, OU e E NÃO, respectivamente. (N.T.)

PROBLEMA PRÁTICO 16 Sejam

$$A = \{1, 2, 3, 5, 10\}$$
$$B = \{2, 4, 7, 8, 9\}$$
$$C = \{5, 8, 10\}$$

subconjuntos de $S = \{1, 2, 3, 4, 5, 6, 7, 8, 9, 10\}$. Encontre

a. $A \cup B$ b. $A - C$ c. $B' \cap C(A \cup C)$ ■

Vamos definir uma última operação usando elementos de $\wp(S)$.

DEFINIÇÃO PRODUTO CARTESIANO

Sejam A e B subconjuntos de S. O **produto cartesiano** de A e B, denotado por $A \times B$, é definido por

$$A \times B = \{(x, y) \mid x \in A \text{ e } y \in B\}$$

Assim, o produto cartesiano de dois conjuntos A e B é o conjunto de todos os pares ordenados com primeira componente em A e a segunda em B. O produto cartesiano não é uma operação binária em $\wp(S)$. Embora ele atue em pares ordenados de elementos de $\wp(S)$ e seja único, o resultado não é, em geral, um subconjunto de S. Os elementos não pertencem a S, mas são pares ordenados de elementos em S, de modo que o conjunto resultante não pertence a $\wp(S)$. $\wp(S)$ não é fechado em relação à operação.

Como estaremos interessados, muitas vezes, no produto cartesiano de um conjunto consigo mesmo, vamos abreviar $A \times A$ por A^2; em geral, A^n denota o conjunto de todas as n-uplas $(x_1, x_2, \ldots, x_n)$ de elementos de A.

PROBLEMA PRÁTICO 17 Sejam $A = \{1, 2\}$ e $B = \{3, 4\}$.

a. Encontre $A \times B$. b. Encontre $B \times A$. c. Encontre A^2. d. Encontre A^3. ■

Identidades Envolvendo Conjuntos

Existem muitas igualdades entre conjuntos envolvendo as operações de união, interseção, diferença e complemento que são verdadeiras para todos os subconjuntos de um dado conjunto S. Como elas são independentes dos subconjuntos particulares utilizados, essas igualdades são chamadas de identidades. A seguir listamos algumas identidades básicas envolvendo conjuntos. Os nomes e formas dessas identidades são muito semelhantes às equivalências tautológicas da Seção 1.1 (volte atrás e compare). Veremos, no Capítulo 8, que essa semelhança não é coincidência.

IDENTIDADES BÁSICAS ENVOLVENDO CONJUNTOS

1a. $A \cup B = B \cup A$	1b. $A \cap B = B \cap A$	(comutatividade)
2a. $(A \cup B) \cup C = A \cup (B \cup C)$	2b. $(A \cap B) \cap C = A \cap (B \cap C)$	(associatividade)
3a. $A \cup (B \cap C) = (A \cup B) \cap (A \cup C)$	3b. $A \cap (B \cup C) = (A \cap B) \cup (A \cap C)$	(distributividade)

4a. $A \cup \varnothing = A$	4b. $A \cap S = A$	(existência dos elementos neutros)
5a. $A \cup A' = S$	5b. $A \cap A' = \varnothing$	(propriedades do complemento)

(Note que 2a nos permite escrever $A \cup B \cup C$ sem necessidade de parênteses; 2b nos permite escrever $A \cap B \cap C$.)

EXEMPLO 19 Vamos provar a identidade 3a. Poderíamos desenhar diagramas de Venn para cada termo da equação e verificar que são iguais. No entanto, a identidade 3a é suposta de ser válida para quaisquer subconjuntos *A*, *B* e *C*, e qualquer desenho que fizermos não será inteiramente geral. Assim, se desenharmos *A* e *B* disjuntos, esse é um caso particular, mas, se desenharmos *A* e *B* não disjuntos, isso não cobre o caso em que *A* e *B* são disjuntos. Para se provar alguma coisa por meio de diagramas de Venn é preciso fazer uma figura para cada caso, e quanto mais conjuntos estiverem envolvidos (*A*, *B* e *C* neste problema), mais casos teremos. Para evitar desenhar uma figura para cada caso, vamos provar a igualdade entre os conjuntos mostrando a inclusão em ambas as direções. Queremos, então, provar que

$$A \cup (B \cap C) \subseteq (A \cup B) \cap (A \cup C)$$

e que

$$(A \cup B) \cap (A \cup C) \subseteq A \cup (B \cap C)$$

Para mostrar que $A \cup (B \cap C) \subseteq (A \cup B) \cap (A \cup C)$, seja x um elemento arbitrário de $A \cup (B \cap C)$. Podemos, então, proceder da seguinte maneira:

$$\begin{aligned} x \in A \cup (B \cap C) &\rightarrow x \in A \text{ ou } x \in (B \cap C) \\ &\rightarrow x \in A \text{ ou } (x \in B \text{ e } x \in C) \\ &\rightarrow (x \in A \text{ ou } x \in B \text{ e } x \in A \text{ ou } x \in C) \\ &\rightarrow x \in (A \cup B) \text{ e } x \in (A \cup C) \\ &\rightarrow x \in (A \cup B) \cap (A \cup C) \end{aligned}$$

Para mostrar que $(A \cup B) \cap (A \cup C) \subseteq A \cup (B \cap C)$, basta refazer o argumento de trás para a frente. ●

PROBLEMA PRÁTICO 18 Prove a identidade 4a. ■

Uma vez demonstradas as identidades na lista, podemos usá-las para provar outras identidades envolvendo conjuntos. Assim como as equivalências tautológicas da lógica proposicional representam receitas ou formas para transformar fbfs, as identidades envolvendo conjuntos representam formas para se transformar expressões envolvendo conjuntos. E, assim como no caso de tautologias, as identidades entre conjuntos só podem ser aplicadas quando a expressão tiver exatamente a mesma forma da identidade em questão.

EXEMPLO 20 Podemos usar as identidades básicas envolvendo conjuntos para provar que

$$[A \cup (B \cap C)] \cap ([A' \cup (B \cap C)] \cap (B \cap C)') = \varnothing$$

para A, B e C subconjuntos arbitrários de S. Na demonstração a seguir, o número à direita denota a identidade básica usada em cada passo. O primeiro passo usa a identidade 2b, já que a expressão

$$[A \cup (B \cap C)] \cap ([A' \cup (B \cap C)] \cap (B \cap C)')$$

é da mesma forma que o termo à direita do sinal de igualdade em 2b, $A \cap (B \cap C)$, com $[A \cup (B \cap C)]$ no lugar de A, $[A' \cup (B \cap C)]$ no lugar de B e $(B \cap C)'$ no lugar de C.

$$\begin{aligned}
&[A \cup (B \cap C)] \cap ([A' \cup (B \cap C)] \cap (B \cap C)') \\
&= ([A \cup (B \cap C)] \cap [A' \cup (B \cap C)]) \cap (B \cap C)' && \text{(2b)} \\
&= ([(B \cap C) \cup A] \cap [(B \cap C) \cup A']) \cap (B \cap C)' && \text{(1a duas vezes)} \\
&= [(B \cap C) \cup (A \cap A')] \cap (B \cap C)' && \text{(3a)} \\
&= [(B \cap C) \cup \varnothing] \cap (B \cap C)' && \text{(5b)} \\
&= (B \cap C) \cap (B \cap C)' && \text{(4a)} \\
&= \varnothing && \text{(5b)}
\end{aligned}$$

LEMBRETE

Para usar uma identidade, você precisa ter uma expressão exatamente da mesma forma. Nas identidades envolvendo conjuntos, *A*, *B* e *C* podem representar quaisquer conjuntos.

A identidade **dual** de cada identidade na nossa lista também aparece na lista. A identidade dual é obtida permutando-se $\cup$ com $\cap$ e S com $\varnothing$. A identidade dual da identidade do Exemplo 20 é

$$[A \cap (B \cup C)] \cup ([A' \cap (B \cup C)] \cup (B \cup C)') = S$$

que poderíamos provar verdadeira substituindo cada identidade básica usada na demonstração do Exemplo 20 por sua dual. Como esse método sempre funciona, a qualquer momento que tivermos provado uma identidade envolvendo conjuntos usando uma identidade básica teremos demonstrado, também, sua identidade dual.

PROBLEMA PRÁTICO 19

a. Usando as identidades básicas envolvendo conjuntos, mostre a identidade

$$[C \cap (A \cup B)] \cup [(A \cup B) \cap C'] = A \cup B$$

(A, B e C são subconjuntos arbitrários de S.)

b. Enuncie a identidade dual que você sabe ser verdadeira.

A Tabela 4.1 resume os métodos para se provar identidades envolvendo conjuntos.

TABELA 4.1

Método	Comentário
Desenhe um diagrama de Venn	Não é um bom plano, já que nenhum diagrama vai cobrir todos os casos e não demonstrará a identidade no caso geral.
Prove a inclusão em cada direção	Tome um elemento arbitrário de um dos termos da identidade e mostre que ele pertence ao outro termo, e reciprocamente.
Use identidades já demonstradas	Verifique se a forma da expressão é exatamente igual à forma da identidade que você quer usar.

Conjuntos Contáveis* e Não Contáveis

Em um conjunto finito S, sempre podemos designar um elemento como o primeiro, s_1, outro como o segundo, s_2, e assim por diante. Se existirem k elementos no conjunto, então esses poderão ser listados na ordem selecionada:

$$s_1, s_2, \ldots, s_k$$

Essa lista representa todo o conjunto S. O número de elementos em um conjunto finito é a **cardinalidade** do conjunto, logo esse conjunto teria cardinalidade k, denotado por $|S| = k$.

Se o conjunto for infinito, talvez ainda possamos ser capazes de selecionar um primeiro elemento, s_1, um segundo, s_2, e assim por diante, de modo que a lista

$$s_1, s_2, s_3, \ldots$$

representaria todos os elementos do conjunto. Todo elemento do conjunto aparecerá na lista alguma hora. Tal conjunto infinito é dito **enumerável**. Tanto conjuntos finitos quanto os enumeráveis são conjuntos **contáveis**, pois podemos contar, ou enumerar, todos os seus elementos. Ser contável não significa que podemos dizer qual o número total de elementos no conjunto; significa, de fato, que podemos dizer "aqui está o primeiro elemento", "aqui está o segundo" e assim por diante. Existem, no entanto, conjuntos infinitos que são **não contáveis** (ou **não enumeráveis**). Um conjunto não enumerável é tão grande que não há maneira de se contar os elementos e obter todo o conjunto nesse processo. Antes de provarmos a existência de conjuntos não enumeráveis, vamos considerar alguns conjuntos enumeráveis (infinitos).

EXEMPLO 21 O conjunto $\mathbb{N}$ é enumerável.

Para provar que o conjunto é enumerável, basta exibir um modo de contar os elementos. Para o conjunto $\mathbb{N}$ de inteiros não negativos, é claro que

$$0, 1, 2, 3, \ldots$$

é uma enumeração que certamente incluirá todos os elementos do conjunto. ●

PROBLEMA PRÁTICO 20 Prove que o conjunto dos inteiros positivos pares é enumerável. ■

EXEMPLO 22 O conjunto $\mathbb{Q}^+$ dos números racionais positivos é enumerável.

Vamos supor que cada número racional positivo seja escrito como uma fração de inteiros positivos. Podemos escrever todas essas frações com numerador 1 em uma primeira linha, todas as frações com numerador 2 em uma segunda linha e assim por diante:

$$\begin{array}{cccccc}
1/1 & 1/2 & 1/3 & 1/4 & 1/5 & \cdots \\
2/1 & 2/2 & 2/3 & 2/4 & 2/5 & \cdots \\
3/1 & 3/2 & 3/3 & 3/4 & 3/5 & \cdots \\
4/1 & 4/2 & 4/3 & 4/4 & 4/5 & \cdots \\
\vdots & \vdots & \vdots & \vdots & \vdots & \ddots
\end{array}$$

*A terminologia contável não é muito utilizada em português, apesar de a palavra existir e ter o mesmo sentido que neste contexto: "aquilo que pode ser contado." Os matemáticos normalmente dizem "finito ou enumerável" quando querem se referir a contável como definido acima, e dizem "não enumerável" quando querem se referir a não contável. (N.T.)

Para provar que o conjunto de todas as frações nesse arranjo é enumerável, vamos passar um fio, com uma seta apontando o sentido, percorrendo todo o arranjo, começando com 1/1; podemos numerar o conjunto seguindo a seta. Assim, a fração 1/3 é o quarto elemento na nossa enumeração:

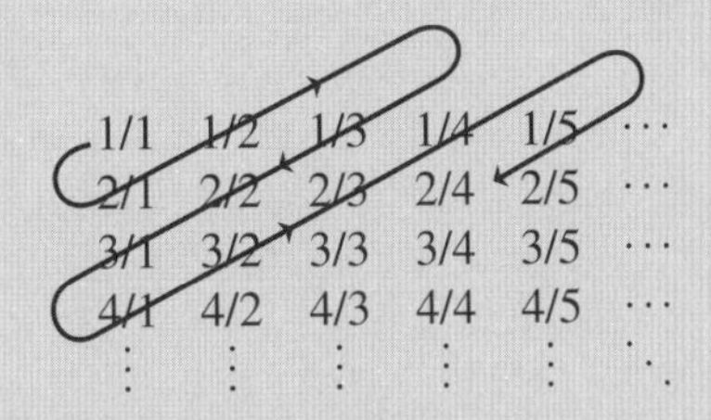

Portanto, o conjunto representado pelo arranjo é enumerável. Note que nosso caminho tem que se "espalhar" a partir de um dos cantos. Se começarmos seguindo apenas a primeira linha, ou apenas a primeira coluna, nunca vamos terminar para chegar às outras linhas (ou colunas).

Para obter uma enumeração para $\mathbb{Q}^+$, usamos a enumeração do conjunto ilustrado, mas eliminamos qualquer fração redutível. Isso evita o problema de listar tanto 1/2 quanto 2/4, por exemplo, que representam o mesmo número racional positivo. Portanto, a enumeração de $\mathbb{Q}^+$ começa com

$$1/1, 2/1, 1/2, 1/3, 3/1, 4/1, \ldots$$

Eliminamos, por exemplo, 2/2, que pode ser simplificado para 1/1. ●

PROBLEMA PRÁTICO 21 Qual é a 11ª fração na enumeração do arranjo acima? Qual é o 11º racional positivo? ■

Vamos mostrar, agora, que existem conjuntos infinitos não enumeráveis. A técnica de demonstração que parece ser apropriada para se provar que um conjunto A *não* tem a propriedade B é supor que A tem a propriedade B e procurar uma contradição. A demonstração no Exemplo 23 é uma demonstração por absurdo muito famosa, conhecida como o **método de diagonalização de Cantor**, em honra a Georg Cantor, o matemático alemão do século XIX conhecido como "o pai da teoria dos conjuntos".

EXEMPLO 23 Vamos mostrar que o conjunto de todos os números reais entre 0 e 1 não é enumerável.

Vamos escrever esses números em forma decimal; então, qualquer elemento do conjunto pode ser escrito como

$$0{,}d_1d_2d_3 \ldots$$

Vamos supor que nosso conjunto é enumerável. Existe, portanto, uma enumeração do conjunto. Um número como 0,24999999 ... pode ser escrito também como 0,2500000 ... (veja no Exercício 102 por que essas são representações alternativas do mesmo número). Para evitar escrever o mesmo número duas vezes, vamos escolher (arbitrariamente) usar sempre a representação anterior e não essa última. Podemos ilustrar uma enumeração do conjunto da seguinte maneira, em que d_{ij} é o j-ésimo dígito no i-ésimo número do conjunto:

$$\begin{array}{l} 0{,}d_{11}d_{12}d_{13} \ \ldots \\ 0{,}d_{21}d_{22}d_{23} \ \ldots \\ 0{,}d_{31}d_{32}d_{33} \ \ldots \\ \ \vdots \quad \vdots \quad \vdots \quad \ddots \end{array}$$

Vamos agora construir um número real $p = 0,p_1p_2p_3 \ldots$ da seguinte maneira: p_i é igual a 5 se $d_{ii} \neq 5$ e é igual a 6 se $d_{ii} = 5$. Assim, p é um número real entre 0 e 1. Por exemplo, se a enumeração começasse com

$$0,342134\ldots$$
$$0,257001\ldots$$
$$0,546122\ldots$$
$$0,716525\ldots$$

então $d_{11} = 3$, $d_{22} = 5$, $d_{33} = 6$ e $d_{44} = 5$, logo $p_1 = 5$, $p_2 = 6$, $p_3 = 5$ e $p_4 = 6$. Portanto, p começaria com $0,5656\ldots$.

Se compararmos p com a enumeração do conjunto, p difere do primeiro número no primeiro dígito decimal, difere do segundo no segundo dígito decimal, difere do terceiro no terceiro dígito decimal e assim por diante.

$$\begin{array}{l} 0,\textcircled{3}\,4\ 2\ 1\ 3\ 4\ldots \\ 0,2\,\textcircled{5}\,7\ 0\ 0\ 1\ldots \\ 0,5\ 4\,\textcircled{6}\,1\ 2\ 2\ldots \\ 0,7\ 1\ 6\,\textcircled{5}\,2\ 5\ldots \\ \quad\vdots \end{array}$$

Então p não é igual a nenhuma das representações na enumeração. Além disso, como p não contém 0 à direita da vírgula decimal, não é a representação alternativa de nenhum dos números na enumeração. Logo p é um número real entre 0 e 1 diferente de todos os outros números na enumeração, embora a enumeração fosse suposta de incluir todos os números do conjunto. Temos então uma contradição, e o conjunto de todos os números reais entre 0 e 1 é, de fato, não enumerável. (Você pode ver por que essa demonstração é chamada de "método de diagonalização".)

Embora seja interessante e, talvez, surpreendente saber que existem conjuntos não enumeráveis, vamos considerar, em geral, conjuntos contáveis. Um computador, é claro, pode trabalhar apenas com conjuntos finitos. No resto deste capítulo, nós também vamos considerar apenas conjuntos finitos e diversas maneiras de contar seus elementos.

SEÇÃO 4.1 REVISÃO

TÉCNICAS

- Descrição de conjuntos por meio de uma lista de elementos ou de uma propriedade que caracterize os elementos.
- Demonstração de que um conjunto é subconjunto de outro.
- Obtenção do conjunto das partes de um conjunto.
- Verificação das propriedades necessárias para se ter uma operação binária ou unária.
- Formação de novos conjuntos através da união, da interseção, do complemento e do produto cartesiano de conjuntos.
- Demonstração de identidades envolvendo conjuntos por meio da inclusão de conjuntos em cada direção ou usando as identidades básicas envolvendo conjuntos.
- Demonstração de que determinados conjuntos são enumeráveis.
- Utilização do método de diagonalização de Cantor para provar que determinados conjuntos não são enumeráveis.

IDEIAS PRINCIPAIS

- Conjuntos são coleções não ordenadas de objetos que podem ser relacionadas (igualdade de conjuntos, subconjuntos etc.) ou combinadas (união, interseção etc.).
- Certos conjuntos muito usados têm sua notação própria.
- O conjunto das partes de um conjunto com n elementos tem 2^n elementos.
- Existem identidades básicas envolvendo conjuntos (em pares duais), e elas podem ser usadas para se demonstrar outras identidades envolvendo conjuntos; uma vez que uma identidade é demonstrada dessa maneira, sua dual também é verdadeira.
- Conjuntos contáveis podem ser enumerados, e existem conjuntos não enumeráveis.

EXERCÍCIOS 4.1

1. Seja $S = \{2, 5, 17, 27\}$. Quais das seguintes afirmações são verdadeiras?
   a. $5 \in S$ b. $2 + 5 \in S$ c. $\varnothing \in S$ d. $S \in S$
2. Seja $B = \{x \mid x \in \mathbb{Q} \text{ e } -1 < x < 2\}$. Quais das seguintes afirmações são verdadeiras?
   b. $0 \in B$ b. $-1 \in B$ c. $-0{,}84 \in B$ d. $\sqrt{2} \in B$
3. Quantos conjuntos diferentes estão descritos a seguir? Quais são eles?
   $\{2, 3, 4\}$
   $\varnothing$
   $\{x \mid x$ é a primeira letra de casa, batom ou abacaxi$\}$
   $\{x \mid x$ é a primeira letra de casa, batom ou abacaxi$\}$
   $\{x \mid x \in \mathbb{N} \text{ e } 2 \leq x \leq 4\}$
   $\{2, a, 3, b, 4, c\}$
   $\{a, b, c\}$
   $\{3, 4, 2\}$
4. Quantos conjuntos diferentes estão descritos a seguir? Quais são eles?
   $\{x \mid x = F(n) \wedge n \in \{5, 6, 7\}\}$ [$F(n)$ é um número de Fibonacci]
   $\{x \mid x \mid 24\}$ [x divide 24]
   $\{1, 2, 3, 4\}$
   $\{5, 8, 13\}$
   $\{x \mid x \in \mathbb{N} \wedge 0 < x \leq 4\}$
   $\{x \mid x \in \varphi(5)\}$ [$\varphi(n)$ é a função fi de Euler]
   $\{12, 2, 6, 24, 8, 3, 1, 4\}$
   $\{x \mid x$ é um dígito na representação decimal do número escrito em algarismos romanos MCCXXXIV$\}$
5. Descreva cada um dos conjuntos a seguir listando seus elementos:
   a. $\{x \mid x \in \mathbb{N} \text{ e } x^2 < 25\}$
   b. $\{x \mid x \in \mathbb{N} \text{ e } x \text{ é par e } 2 < x < 11\}$
   c. $\{x \mid x$ é um dos três primeiros presidentes do Brasil$\}$
   d. $\{x \mid x \in \mathbb{R} \text{ e } x^2 = -1\}$
   e. $\{x \mid x$ é um dos estados da Região Sudeste$\}$
   f. $\{x \mid x \in \mathbb{Z} \text{ e } |x| < 4\}$ ($|x|$ denota a função valor absoluto)
6. Descreva cada um dos conjuntos a seguir listando seus elementos:
   a. $\{x \mid x \in \mathbb{N} \text{ e } x^2 - 5x + 6 = 0\}$
   b. $\{x \mid x \in \mathbb{R} \text{ e } x^2 = 7\}$
   c. $\{x \mid x \in \mathbb{N} \text{ e } x^2 - 2x - 8 = 0\}$
7. Descreva cada um dos conjuntos a seguir dando uma propriedade que caracterize seus elementos:
   a. $\{1, 2, 3, 4, 5\}$
   b. $\{1, 3, 5, 7, 9, 11, \ldots\}$
   c. {Melquior, Gaspar, Baltazar}
   d. $\{0, 1, 10, 11, 100, 101, 110, 111, 1000, \ldots\}$
8. Descreva cada um dos conjuntos a seguir:
   a $\{x \mid x \in \mathbb{N} \text{ e } (\exists q)(q \in \{2, 3\} \text{ e } x = 2q)\}$
   b. $\{x \mid x \in \mathbb{N} \text{ e } (\exists y)(\exists z)(y \in \{0, 1\} \text{ e } z \in \{3, 4\} \text{ e } y < x < z)\}$
   c. $\{x \mid x \in \mathbb{N} \text{ e } (\forall y)(y \text{ par} \rightarrow x \neq y)\}$
9. Dada uma descrição do conjunto A como $A = \{2, 4, 8, \ldots\}$, você acha que $16 \in A$?
10. Qual é a cardinalidade de cada um dos conjuntos a seguir?
    a. $S = \{a, \{a, \{a\}\}\}$
    b. $S = \{\{a\}, \{\{a\}\}\}$
    c. $S = \{\varnothing\}$
    d. $S = \{a, \{\varnothing\}, \varnothing\}$
    e. $S = \{\varnothing, \{\varnothing, \{\varnothing\}\}, \{\varnothing, \{\varnothing, \{\varnothing\}\}\}\}$

11. Sejam

$$A = \{2, 5, 7\}$$
$$B = \{1, 2, 4, 7, 8\}$$
$$C = \{7, 8\}$$

Quais das proposições a seguir são verdadeiras?

a. $5 \subseteq A$
b. $C \subseteq B$
c. $\varnothing \in A$
d. $7 \in B$
e. $\{2, 5\} \subseteq A$
f. $\varnothing \subseteq C$

12. Sejam

$$A = \{x \mid x \in \mathbb{N} \text{ e } 1 < x < 50\}$$
$$B = \{x \mid x \in \mathbb{R} \text{ e } 1 < x < 50\}$$
$$C = \{x \mid x \in \mathbb{Z} \text{ e } |x| \geq 25\}$$

Quais das afirmações a seguir são verdadeiras?

a. $A \subseteq B$
b. $17 \in A$
c. $A \subseteq C$
d. $-40 \in C$
e. $\sqrt{3} \in B$
f. $\{0, 1, 2\} \subseteq A$
g. $\varnothing \in B$
h. $\{x \mid x \in \mathbb{Z} \text{ e } x^2 > 625\} \subseteq C$

13. Sejam

$$R = \{1, 3, \pi, 4.1, 9, 10\} \qquad T = \{1, 3, \pi\}$$
$$S = \{\{1\}, 3, 9, 10\} \qquad U = \{\{1, 3, \pi\}, 1\}$$

Quais afirmações a seguir são verdadeiras? E para as que não o são, por que não?

a. $S \subseteq R$
b. $1 \in R$
c. $1 \in S$
d. $1 \subseteq U$
e. $\{1\} \subseteq T$
f. $\{1\} \subseteq S$
g. $T \subset R$

14. Sejam

$$R = \{1, 3, \pi, 4{,}1, 9, 10\} \qquad T = \{1, 3, \pi\}$$
$$S = \{\{1\}, 3, 9, 10\} \qquad U = \{\{1, 3, \pi\}, 1\}$$

Quais afirmações a seguir são verdadeiras? E para as que não o são, por que não?

a. $\{1\} \in S$
b. $\varnothing \subseteq S$
c. $T \subseteq U$
d. $T \in U$
e. $T \notin R$
f. $T \subseteq R$
g. $S \subseteq \{1, 3, 9, 10\}$

15. Sejam

$$A = \{a, \{a\}, \{\{a\}\}\} \qquad B = \{a\} \qquad C = \{\varnothing, \{a, \{a\}\}\}$$

Quais afirmações a seguir são verdadeiras? E para as que não o são, onde elas falham?

a. $B \subseteq A$
b. $B \in A$
c. $C \subseteq A$
d. $\varnothing \subseteq C$
e. $\varnothing \in C$
f. $\{a, \{a\}\} \in A$
g. $\{a, \{a\}\} \subseteq A$
h. $B \subseteq C$
i. $\{\{a\}\} \subseteq A$

16. Sejam

$$A = \{\emptyset, \{\emptyset, \{\emptyset\}\}\} \qquad B = \emptyset \qquad C = \{\emptyset\} \qquad D = \{\emptyset, \{\emptyset\}\}$$

Quais afirmações a seguir são verdadeiras? E para as que não o são, onde elas falham?

a. $C \subseteq A$
b. $C \in A$
c. $B \in A$
d. $B \subseteq A$
e. $B \in C$
f. $C = B$
g. $C \subseteq D$
h. $C \in D$
i. $D \subseteq A$

17. Sejam

$$A = \{(x, y) \mid (x, y) \text{ está a uma distância de 3 unidades ou menos do ponto } (1, 4)\}$$

e

$$B = \{(x, y) \mid (x - 1)^2 + (y - 4)^2 \leq 25\}$$

Prove que $A \subset B$.

18. Sejam

$$A = \{x \mid x \in \mathbb{R} \text{ e } x^2 - 4x + 3 < 0\}$$

e

$$B = \{x \mid x \in \mathbb{R} \text{ e } 0 < x < 6\}$$

Prove que $A \subset B$.

19. O programa QUAD encontra e imprime soluções de equações quadráticas da forma $ax^2 + bx + c = 0$. O programa PAR lista todos os inteiros pares de $-2n$ a $2n$. Denote por Q o conjunto de valores de saída de QUAD e por P o conjunto de valores de saída de PAR.
   a. Mostre que, para $a = 1$, $b = -2$, $c = -24$ e $n = 50$, $Q \subseteq P$.
   b. Mostre que, para os mesmos valores de a, b e c, mas para $n = 2$, $Q \nsubseteq P$.
20. Sejam $A = \{x \mid \cos(x/2) = 0\}$ e $B = \{x \mid \text{sen } x = 0\}$. Prove que $A \subseteq B$.
21. Quais das proposições a seguir são verdadeiras para todos os conjuntos A, B e C?
   a. Se $A \subseteq B$ e $B \subseteq A$, então $A = B$.
   b. $\{\emptyset\} = \emptyset$
   c. $\{\emptyset\} = \{0\}$
   d. $\emptyset \in \{\emptyset\}$
   e. $\emptyset \subseteq A$
22. Quais das proposições a seguir são verdadeiras para todos os conjuntos A, B e C?
   a. $\emptyset \in A$
   b. $\{\emptyset\} = \{\{\emptyset\}\}$
   c. Se $A \subset B$ e $B \subseteq C$, então $A \subset C$.
   d. Se $A \neq B$ e $B \neq C$, então $A \neq C$.
   e. Se $A \in B$ e $B \nsubseteq C$, então $A \notin C$.
23. Prove que, se $A \subseteq B$ e $B \subseteq C$, então $A \subseteq C$.
24. Prove que, se $A' \subseteq B'$, então $B \subseteq A$.
25. Prove que, para qualquer inteiro $n \geq 2$, um conjunto com n elementos tem $n(n - 1)/2$ subconjuntos que contêm exatamente dois elementos.
26. Prove que, para qualquer inteiro $n \geq 3$, um conjunto com n elementos tem $n(n - 1)(n - 2)/6$ subconjuntos que contêm exatamente três elementos. (*Sugestão*: Use o Exercício 25.)
27. Encontre $\wp(S)$ se $S = \{a\}$.

28. Encontre $\wp(S)$ se $S = \{a, b\}$.
29. Encontre $\wp(S)$ se $S = \{1, 2, 3, 4\}$. Quantos elementos você espera que esse conjunto tenha?
30. Encontre $\wp(S)$ se $S = \{\emptyset\}$.
31. Encontre $\wp(S)$ se $S = \{\emptyset, \{\emptyset\}, \{\emptyset, \{\emptyset\}\}\}$.
32. Encontre $\wp(\wp(S))$ se $S = \{a, b\}$.
33. O que se pode dizer sobre A se $\wp(A) = \{\emptyset, \{x\}, \{y\}, \{x, y\}\}$?
34. O que se pode dizer sobre A se $\wp(A) = \{\emptyset, \{a\}, \{\{a\}\}\}$?
35. Prove que, se $\wp(A) = \wp(B)$, então $A = B$.
36. Prove que, se $A \subseteq B$, então $\wp(A) \subseteq \wp(B)$.
37. Resolva para x e y:
    a. $(y, x + 2) = (5, 3)$ b. $(2x, y) = (16, 7)$ c. $(2x - y, x + y) = (-2, 5)$
38. a. Lembre-se de que pares ordenados têm a propriedade de que $(x, y) = (u, v)$ se e somente se $x = u$ e $y = v$. Prove que $\{\{x\}, \{x, y\}\} = \{\{u\}, \{u, v\}\}$ se e somente se $x = u$ e $y = v$. Portanto, embora $(x, y) \neq \{x, y\}$, podemos definir o par ordenado (x, y) como o conjunto $\{\{x\}, \{x, y\}\}$.
    b. Mostre, por meio de um exemplo, que não podemos definir a tripla ordenada (x, y, z) como o conjunto $\{\{x\}, \{x, y\}, \{x, y, z\}\}$.
39. Quais das expressões a seguir definem operações binárias ou unárias nos conjuntos indicados? Para as que não definem, por que não?
    a. $x \circ y = x + 1; S = \mathbb{N}$
    b. $x \circ y = x + y - 1; S = \mathbb{N}$
    c. $x \circ y = \begin{cases} x - 1 & \text{se } x \text{ for ímpar} \\ x & \text{se } x \text{ for par} \end{cases}$ $S = \mathbb{Z}$
    d. $x\# = \ln x; S = \mathbb{R}$
40. Quais das expressões a seguir definem operações binárias ou unárias nos conjuntos indicados? Para as que não definem, por que não?
    a. $x\# = x^2; S = \mathbb{Z}$
    b.

∘	1	2	3
1	1	2	3
2	2	3	4
3	3	4	5

$S = \{1, 2, 3\}$

    c. $x \circ y$ = a fração, x ou y, que tem o menor denominador; S é o conjunto de todas as frações.
    d. $x \circ y$ = a pessoa, x ou y, cujo nome aparece primeiro em ordem alfabética; S é um conjunto de 10 pessoas com nomes diferentes.
41. Quais das expressões a seguir definem operações binárias ou unárias nos conjuntos indicados? Para as que não definem, por que não?
    a. $x \circ y = \begin{cases} 1/x & \text{se } x \text{ for positivo} \\ 1/(-x) & \text{se } x \text{ for negativo} \end{cases}$ $S = \mathbb{R}$
    b. $x \circ y = xy$ (concatenação); S é o conjunto de todas as cadeias finitas formadas com os símbolos do conjunto $\{p, q, r\}$.
    c. $x^{\#} = \lfloor x \rfloor$, em que $\lfloor x \rfloor$ denota o maior inteiro menor ou igual a x; $S = \mathbb{R}$.
    d. $x \circ y = \text{mín}\{x, y\}; S = \mathbb{N}$.
42. Quais das expressões a seguir definem operações binárias ou unárias nos conjuntos indicados? Para as que não definem, por que não?
    a. $x \circ y$ = máximo divisor comum de x e y; $S = \mathbb{N}$.
    b. $x \circ y = x + y$; S = o conjunto dos números de Fibonacci.
    c. $x^{\#}$ = a cadeia obtida de x invertendo-se a ordem dos símbolos; S é o conjunto de todas as cadeias finitas formadas com os elementos do conjunto $\{p, q, r\}$.
    d. $x \circ y = x + y; S = \mathbb{R} - \mathbb{Q}$.

43. Quantas operações unárias diferentes podem ser definidas em um conjunto com n elementos? (*Sugestão*: Pense em colocar em uma tabela.)
44. Quantas operações binárias diferentes podem ser definidas em um conjunto com n elementos? (*Sugestão*: Pense em colocar em uma tabela.)
45. Escrevemos operações binárias usando uma notação *infixa*, em que o símbolo que indica a operação aparece entre os dois operandos, como em $A + B$. O cálculo de uma expressão aritmética complicada, no entanto, é mais eficiente quando se utiliza uma notação *pós-fixa*,[†] em que o símbolo que indica a operação aparece após os operandos, como em $AB+$. Muitos compiladores mudam as expressões infixas em um programa de computador para pós-fixas. Um modo de produzir uma expressão equivalente pós-fixa de uma infixa é escrever a infixa com um conjunto completo de parênteses, mover cada operador para o lugar do seu parêntese correspondente à direita e eliminar todos os parênteses à esquerda. (Parênteses não são necessários em notação pós-fixa.) Assim,

$$A * B + C$$

torna-se, ao se colocar um conjunto completo de parênteses,

$$((A * B) + C)$$

e a notação pós-fixa é $AB * C+$. Reescreva cada uma das expressões a seguir em notação pós-fixa.

a. $(A + B) * (C - D)$

b. $A ** B - C * D$ ($**$denota potenciação)

c. $A * C + B/(C + D * B)$

46. Calcule cada uma das expressões pós-fixas (veja o Exercício 45):

a. $2\ 4 * 5 +$ b. $5\ 1 + 2/1 -$ c. $3\ 4 + 5\ 1 - *$

47. Sejam

$$A = \{p, q, r, s\}$$
$$B = \{r, t, v\}$$
$$C = \{p, s, t, u\}$$

subconjuntos de $S = \{p, q, r, s, t, u, v, w\}$. Encontre

a. $B \cap C$ b. $A \cup C$ c. C' d. $A \cap B \cap C$

48. Sejam

$$A = \{p, q, r, s\}$$
$$B = \{r, t, v\}$$
$$C = \{p, s, t, u\}$$

subconjuntos de $S = \{p, q, r, s, t, u, v, w\}$. Encontre

a. $B - C$ b. $(A \cup B)'$ c. $A \times B$ d. $(A \cup B) \cap C'$

49. Sejam

$$A = \{2, 4, 5, 6, 8\}$$
$$B = \{1, 4, 5, 9\}$$
$$C = \{x \mid x \in \mathbb{Z} \text{ e } 2 \leq x < 5\}$$

subconjuntos de $S = \{0, 1, 2, 3, 4, 5, 6, 7, 8, 9\}$. Encontre

a. $A \cup B$ e. $A - B$

b. $A \cap B$ f. A'

c. $A \cap C$ g. $A \cap A'$

d. $B \cup C$

[†]Também conhecida como notação polonesa reversa. (N.T.)

50. Sejam

$$A = \{2, 4, 5, 6, 8\}$$
$$B = \{1, 4, 5, 9\}$$
$$C = \{x \mid x \in \mathbb{Z} \text{ e } 2 \leq x < 5\}$$

subconjuntos de $S = \{0, 1, 2, 3, 4, 5, 6, 7, 8, 9\}$. Encontre

a. $(A \cap B)'$
b. $C - B$
c. $(C \cap B) \cup A'$
d. $(B - A)' \cap (A - B)$
e. $(C' \cup B)'$
f. $B \times C$
g. $(B - A) \cup C$

51. Sejam

$$A = \{a, \{a\}, \{\{a\}\}\}$$
$$B = \{\varnothing, \{a\}, \{a, \{a\}\}\}$$
$$C = \{a\}$$

subconjuntos de $S = \{[\varnothing, a, \{a\}, \{\{a\}\}, \{a, \{a\}\}\}$. Encontre

a. $A \cap C$
b. $B \cap C'$
c. $A \cup B$
d. $\varnothing \cap B$
e. $(B \cup C) \cap A$
f. $A' \cap B$
g. $\{\varnothing\} \cap B$

52. Sejam

$A = \{x \mid x$ é o nome de um ex-presidente do Brasil$\}$
$B = \{$Artur Bernardes, Deodoro da Fonseca, Floriano Peixoto, Washington Luiz$\}$
$C = \{x \mid x$ é o nome de um estado$\}$

Encontre

a. $A \cap B$
b. $A \cap C$
c. $B \cap C$

53. Seja $S = A \times B$, em que $A = \{2, 3, 4\}$ e $B = \{3, 5\}$. Quais das afirmações a seguir são verdadeiras?

a. $A \subseteq S$
b. $3 \in S$
c. $(3, 3) \in S$
d. $(5, 4) \in S$
e. $\varnothing \subseteq S$
f. $\{(2, 5)\} \subseteq S$

54. Sejam

$A = \{x \mid x$ é uma palavra que aparece antes de *dado* em um dicionário de português$\}$
$B = \{x \mid x$ é uma palavra que aparece depois de *canário* em um dicionário de português$\}$
$C = \{x \mid x$ é uma palavra com mais de quatro letras$\}$

Quais das proposições a seguir são verdadeiras?

a. $B \subseteq C$
b. $A \cup B = \{x \mid x$ é uma palavra em um dicionário de português$\}$
c. *cão* $\in B \cap C'$
d. *bambu* $\in A - B$

55. Considere os seguintes subconjuntos de $\mathbb{Z}$:

$$A = \{x \mid (\exists y)(y \in \mathbb{Z} \text{ e } y \geq 4 \text{ e } x = 3y)\}$$
$$B = \{x \mid (\exists y)(y \in \mathbb{Z} \text{ e } x = 2y)\}$$
$$C = \{x \mid x \in \mathbb{Z} \text{ e } |x| \leq 10\}$$

Usando as operações definidas nos conjuntos, descreva cada um dos conjuntos a seguir em termos de A, B e C.

a. o conjunto de todos os inteiros ímpares

b. $\{-10, -8, -6, -4, -2, 0, 2, 4, 6, 8, 10\}$

c. $\{x \mid (\exists y)(y \in \mathbb{Z} \text{ e } y \geq 2 \text{ e } x = 6y)\}$

d. $\{-9, -7, -5, -3, -1, 1, 3, 5, 7, 9\}$

e. $\{x \mid (\exists y)(y \in \mathbb{Z} \text{ e } y \geq 5 \text{ e } x = 2y + 1)\} \cup \{x \mid (\exists y)(y \in \mathbb{Z} \text{ e } y \leq -5 \text{ e } x = 2y - 1)\}$

56. Sejam

$$A = \{x \mid x \in \mathbb{R} \text{ e } 1 < x \leq 3\}$$
$$B = \{x \mid x \in \mathbb{R} \text{ e } 2 \leq x \leq 5\}$$

Usando as operações definidas nos conjuntos, descreva cada um dos conjuntos ilustrados em termos de A e B.

a. 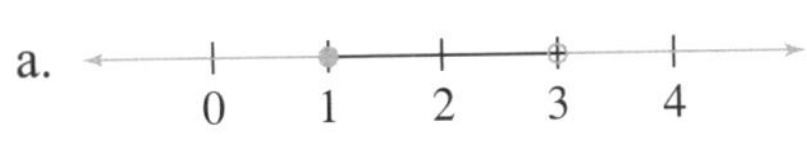

b.
0 1 2 3 4

c. 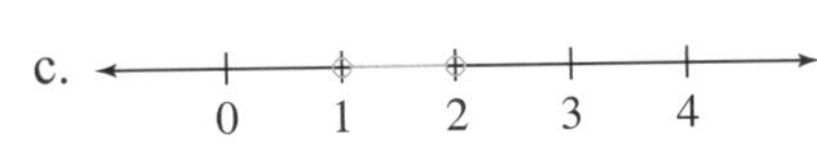

57. Considere os seguintes subconjuntos do conjunto de todos os estudantes:

A = o conjunto de todos os estudantes de ciência da computação
B = o conjunto de todos os estudantes de física
C = o conjunto de todos os estudantes de matemática
D = o conjunto de todas as estudantes mulheres

Usando as operações definidas nos conjuntos, descreva cada um dos conjuntos a seguir em termos de A, B, C e D:

a. o conjunto de todos os estudantes que não são de matemática

b. o conjunto de todas as mulheres estudantes de física

c. o conjunto de todos os estudantes que pretendem se formar, ao mesmo tempo, em ciência da computação e em física

d. o conjunto de todos os homens estudantes de ciência da computação

58. Considere os seguintes subconjuntos do conjunto de todos os estudantes:

A = o conjunto de todos os estudantes de ciência da computação
B = o conjunto de todos os estudantes de física
C = o conjunto de todos os estudantes de matemática
D = o conjunto de todas as estudantes mulheres

Usando as operações definidas nos conjuntos, descreva cada um dos conjuntos a seguir em termos de A, B, C e D:

a. o conjunto de todos os homens que não são estudantes de física

b. o conjunto de todos os estudantes de matemática que não são de ciência da computação

c. o conjunto de todos os estudantes que são mulheres ou que estudam matemática

d. o conjunto de todos os estudantes de matemática que não estudam ciência da computação nem física

59. Escreva uma expressão com conjuntos para o resultado de uma busca na rede sobre páginas sobre cães que não são de caça (Exercício 31, Seção 1.1). Suponha que D = conjunto de páginas sobre cães e R = conjunto de páginas sobre cães de caça.

60. Escreva uma expressão com conjuntos para o resultado de uma busca na rede sobre páginas que falam sobre pinturas a óleo de Van Gogh ou Rembrandt, mas não de Vermeer (Exercício 32, Seção 1.1). Suponha que O = conjunto

de páginas que falam sobre pinturas a óleo, G = conjunto de páginas que falam sobre Van Gogh, R = conjunto de páginas que falam sobre Rembrandt, V = conjunto de páginas que falam sobre Vermeer.

61. Escreva uma expressão com conjuntos para o resultado de uma busca na rede sobre páginas contendo informações relativas a romances ou peças sobre AIDS (Exercício 33, Seção 1.1). Suponha que R = conjunto de páginas contendo informações sobre romances, P = conjunto de páginas contendo informações sobre peças, e A = conjunto de páginas contendo informações sobre AIDS.

62. Escreva uma expressão com conjuntos para o resultado de uma busca na rede sobre páginas contendo informações sobre as zonas úmidas costeiras na Louisiana, mas não no Alabama (Exercício 34, Seção 1.1). Suponha que C = conjunto de páginas sobre as zonas úmidas costeiras, L = conjunto de páginas sobre a Louisiana, A = conjunto de páginas sobre o Alabama.

63. Quais das proposições a seguir são verdadeiras para todos os conjuntos A, B e C?
   a. $A \cup A = A$
   b. $B \cap B = B$
   c. $(A \cap B)' = A' \cap B'$
   d. $(A')' = A$
   e. $A - B = (B - A)'$
   f. $(A - B) \cap (B - A) = \varnothing$

64. Quais das proposições a seguir são verdadeiras para todos os conjuntos A, B e C?
   a. Se $A \cap B = \varnothing$, então $A \subset B$.
   b. $B \times A = A \times B$
   c. $\varnothing \times A = \varnothing$
   d. $\varnothing \cap \{\varnothing\} = \varnothing$
   e. $(A - B) \cup (B - C) = A - C$
   f. $(A - C) \cap (A - B) = A - (B \cup C)$

65. Quais das proposições a seguir são verdadeiras para todos os conjuntos A, B e C?
   a. $A \cup (B \times C) = (A \cup B) \times (A \cup C)$
   b. $A \times (B \cap C) = (A \times B) \cap (A \times C)$
   c. $A \times \varnothing = \varnothing$

66. Quais das proposições a seguir são verdadeiras para todos os conjuntos A, B e C?
   a. $\wp(A) \times \wp(A) = \wp(A^2)$
   b. $A \times (B \times C) = (A \times B) \times C$
   c. $\wp(A \times B) = \wp(A) \times \wp(B)$

67. Para cada uma das proposições a seguir, encontre condições gerais sobre os conjuntos A e B que tornem a proposição verdadeira:
   a. $A \cup B = A$
   b. $A \cap B = A$
   c. $A \cup \varnothing = \varnothing$
   d. $B - A = \varnothing$
   e. $A \cup B \subseteq A \cap B$
   f. $A \times B = B \times A$

68. Para qualquer conjunto finito S, denote por $|S|$ o número de elementos em S. Se $|A| = 3$ e $|B| = 4$, encontre
   a. $|A \times B|$
   b. $|A^2|$
   c. $|B^2|$
   d. o valor máximo possível para $|A \cap B|$
   e. o valor mínimo possível para $|A \cup B|$

69. Prove que $(A \cap B) \subseteq A$, em que A e B são conjuntos arbitrários.

70. Prove que $A \subseteq (A \cup B)$, em que A e B são conjuntos arbitrários.

71. Prove que $\wp(A) \cap \wp(B) = \wp(A \cap B)$, em que A e B são conjuntos arbitrários.

72. Prove que $\wp(A) \cup \wp(B) \subseteq \wp(A \cup B)$, em que A e B são conjuntos arbitrários.

73. Prove que, se $A \cup B = A - B$, então $B = \varnothing$. (*Sugestão*: Faça uma demonstração por absurdo.)

74. Prove que, se $(A - B) \cup (B - A) = A \cup B$, então $A \cap B = \varnothing$. (*Sugestão*: Faça uma demonstração por absurdo.)

75. Prove que, se $C \subseteq B - A$, então $A \cap C = \varnothing$.

76. Prove que, se $(A - B) \cup B = A$, então $B \subseteq A$.

77. Prove que $A \subseteq B$ se e somente se $A \cap B' = \varnothing$.

78. Prove que $(A \cap B) \cup C = A \cap (B \cup C)$ se e somente se $C \subseteq A$.

Os Exercícios 79 e 80 se referem a uma operação binária chamada de *diferença simétrica*, que é definida em conjuntos por $A \oplus B = (A - B) \cup (B - A)$.

79. a. Desenhe um diagrama de Venn para ilustrar $A \oplus B$.
    b. Se $A = \{3, 5, 7, 9\}$ e $B = \{2, 3, 4, 5, 6\}$, o que é $A \oplus B$?
    c. Prove que $A \oplus B = (A \cup B) - (A \cap B)$ quaisquer que sejam os conjuntos A e B.
80. a. Para um conjunto arbitrário A, o que é $A \oplus A$? E $\varnothing \oplus A$?
    b. Prove que $A \oplus B = B \oplus A$ quaisquer que sejam os conjuntos A e B.
    c. Prove que $(A \oplus B) \oplus C = A \oplus (B \oplus C)$ quaisquer que sejam os conjuntos A, B e C.
81. Verifique as identidades básicas envolvendo conjuntos dadas no texto, mostrando a inclusão em cada direção. (Já verificamos 3a e 4a.)
82. A e B são subconjuntos de um conjunto S. Prove as seguintes identidades mostrando a inclusão dos conjuntos em cada direção:
    a. $(A \cup B)' = A' \cap B'$ } Leis de De Morgan
    b. $(A \cap B)' = A' \cup B'$
    c. $A \cup (B \cap A) = A$
    d. $(A \cap B')' \cup B = A' \cup B$
    e. $(A \cap B) \cup (A \cap B') = A$
    f. $[A \cap (B \cup C)]' = A' \cup (B' \cap C')$
83. A, B e C são subconjuntos de um conjunto S. Prove as identidades a seguir usando as identidades básicas envolvendo conjuntos, listadas nesta seção. Enuncie a identidade dual de cada uma dessas identidades.
    a. $(A \cup B) \cap (A \cup B') = A$
    b. $([(A \cap C) \cap B] \cup [(A \cap C) \cap B']) \cup (A \cap C)' = S$
    c. $(A \cup C) \cap [(A \cap B) \cup (C' \cap B)] = A \cap B$
84. A é um subconjunto de um conjunto S. Prove as seguintes identidades:
    a. $A \cup A = A$
    b. $A \cap A = A$
    c. $A \cap \varnothing = \varnothing$
    d. $A \cup S = S$
    e. $(A')' = A$
85. A, B e C são subconjuntos de um conjunto S. Prove as identidades a seguir usando as identidades demonstradas anteriormente, inclusive as dos Exercícios 82 a 84.
    a. $A \cap (B \cup A') = B \cap A$
    b. $(A \cup B) - C = (A - C) \cup (B - C)$
    c. $(A - B) - C = (A - C) - B$
86. A, B e C são subconjuntos de um conjunto S. Prove as identidades a seguir usando as identidades demonstradas anteriormente, inclusive as dos Exercícios 82 a 84. Justifique cada passo.
    a. $[(A' \cup B') \cap A']' = A$
    b. $(A - B) - C = (A - C) - (B - C)$
    c. $A - (A - B) = A \cap B$
    d. $(A \cup B) - (A \cap B) = (A - B) \cup (B - A)$
87. A operação de união de conjuntos pode ser definida como uma operação n-ária para qualquer inteiro $n \geq 2$.
    a. Dê uma definição semelhante à união de dois conjuntos para $A_1 \cup A_2 \cup \cdots \cup A_n$.
    b. Dê uma definição recorrente para $A_1 \cup A_2 \cup \cdots \cup A_n$.
88. Use a definição recorrente para a união de conjuntos dada no Exercício 87(b) para provar a generalização da associatividade da união de conjuntos, ou seja, para provar que, para qualquer n tal que $n \geq 3$ e qualquer p tal que $1 \leq p \leq n - 1$,

$$(A_1 \cup A_2 \cup \cdots \cup A_p) \cup (A_{p+1} \cup A_{p+2} \cup \cdots A_n) = A_1 \cup A_2 \cup \cdots \cup A_n$$

89. A operação de interseção de conjuntos pode ser definida como uma operação n-ária para qualquer inteiro $n \geq 2$.
    a. Dê uma definição semelhante à interseção de dois conjuntos para $A_1 \cap A_2 \cap \cdots \cap A_n$.
    b. Dê uma definição recorrente para $A_1 \cap A_2 \cap \cdots \cap A_n$.

90. Use a definição recorrente para a interseção de conjuntos dada no Exercício 89(b) para provar a generalização da associatividade da interseção de conjuntos, ou seja, para provar que, para qualquer n tal que $n \geq 3$ e qualquer p tal que $1 \leq p \leq n - 1$,

$$(A_1 \cap A_2 \cap \cdots \cap A_p) \cap (A_{p+1} \cap A_{p+2} \cap \cdots A_n) = A_1 \cap A_2 \cap \cdots \cap A_n$$

91. Se $A_1, A_2, \ldots, A_n$ e B são subconjuntos de um conjunto S, prove que as distributividades generalizadas a seguir são válidas para todo $n \geq 2$. (Veja os Exercícios 87 e 89.)
    a. $B \cup (A_1 \cap A_2 \cap \cdots \cap A_n) = (B \cup A_1) \cap (B \cup A_2) \cap \cdots \cap (B \cup A_n)$
    b. $B \cap (A_1 \cup A_2 \cup \cdots \cup A_n) = (B \cap A_1) \cup (B \cap A_2) \cup \cdots \cup (B \cap A_n)$

92. Prove as leis de De Morgan generalizadas a seguir para subconjuntos $A_1, A_2, ..., A_n$ de um conjunto S, em que $n \geq 2$. (Veja os Exercícios 82, 87 e 89.)
    a. $(A_1 \cup A_2 \cup \cdots \cup A_n)' = A'_1 \cap A'_2 \cap \cdots \cap A'_n$
    b. $(A_1 \cap A_2 \cap \cdots \cap A_n)' = A'_1 \cup A'_2 \cup \cdots \cup A'_n$

93. As operações de união e interseção de conjuntos podem ser estendidas a uma família infinita de conjuntos. Podemos descrever a família como uma coleção de conjuntos A_i, em que i toma valores em um conjunto fixo I, chamado de *conjunto de índices* para a família. A união da família, $\bigcup_{i \in I} A_i$, é definida por

$$\bigcup_{i \in I} A_i = \{x \mid x \text{ pertence a algum } A_i\}$$

A interseção da família, $\bigcap_{i \in I} A_i$, é definida por

$$\bigcap_{i \in I} A_i = \{x \mid x \text{ pertence a todos os } A_i\}.$$

    a. Seja $I = \{1, 2, 3, \ldots\}$, e, para cada $i \in I$, seja A_i o conjunto dos números reais no intervalo $(-1/i, 1/i)$. O que é $\bigcup_{i \in I} A_i$? E $\bigcap_{i \in I} A_i$?
    b. Seja $I = \{1, 2, 3, \ldots\}$, e, para cada $i \in I$, seja A_i o conjunto dos números reais no intervalo $[-1/i, 1/i]$. O que é $\bigcup_{i \in I} A_i$? E $\bigcap_{i \in I} A_i$?

94. De acordo com a nossa utilização da palavra "conjunto", se C for um subconjunto do conjunto universo S, então todo elemento de S pertencerá ou não a C. Em outras palavras, a probabilidade de um elemento x de S ser um elemento de C ou é 1 (x é um elemento de C) ou é 0 (x não é um elemento de C). C é um *conjunto vago** se todo $x \in S$ tem uma probabilidade p de pertencer a C, $0 \leq p \leq 1$. A probabilidade p associada a um elemento x é uma estimativa do quão é provável que x pertença a C quando o conjunto C não é conhecido. É possível definir as operações usuais em conjuntos vagos da seguinte maneira: se um elemento x tem probabilidade p_1 de pertencer a C e probabilidade p_2 de pertencer a D, então as probabilidades de x pertencer a $C \cup D$, $C \cap D$ e C' são, respectivamente, máx(p_1, p_2), mín(p_1, p_2) e $1 - p_1$. (Se considerarmos as afirmações $x \in C$ e $x \in D$ como fbfs proposicionais A e B, respectivamente, então a probabilidade de que $x \in C \cup D$ é a probabilidade de que $A \vee B$ seja verdade. As regras para as operações sobre os conjuntos vagos são paralelas às regras para a *lógica vaga*, discutida no Exercício 54 da Seção 1.1.)

    Seja S um conjunto de agentes que podem causar doenças, S = {genética, vírus, nutrição, bactéria, ambiente}. Os conjuntos vagos AIDS e ALZHEIMER são definidos por AIDS = {genética, 0,2; vírus, 0,8; nutrição, 0,1; bactéria, 0,4; ambiente, 0,3} e ALZHEIMER = {genética, 0,7; vírus, 0,4; nutrição, 0,3; bactéria, 0,3; ambiente, 0,4}

    a. Encontre o conjunto vago AIDS ∪ ALZHEIMER.
    b. Encontre o conjunto vago AIDS ∩ ALZHEIMER.
    c. Encontre o conjunto vago (AIDS)′.

---

*Essa terminologia não é padrão; o termo em inglês, fuzzy set, é usado muitas vezes. (N.T.)

Os Exercícios 95 e 96 completam a demonstração, iniciada na Seção 2.2, de que o primeiro princípio de indução, o segundo princípio de indução e o princípio da boa ordenação são todos equivalentes.

95. O *princípio da boa ordenação* diz que todo conjunto não vazio de inteiros positivos tem um menor elemento. Prove que o primeiro princípio de indução matemática, ou seja,

$$\left.\begin{array}{l}1.\ P(1) \text{ é verdade} \\ 2.\ (\forall k)[P(k) \text{ verdade} \rightarrow P(k+1) \text{ verdade}]\end{array}\right\} \rightarrow P(n) \text{ verdade para todos os inteiros positivos } n$$

implica o princípio de boa ordenação. (*Sugestão*: Suponha que o primeiro princípio de indução seja válido e demonstre por absurdo que o princípio da boa ordenação é válido. Suponha que T seja um subconjunto não vazio de inteiros positivos que não tem um menor elemento, e seja $P(n)$ a propriedade de que todos os elementos de T são maiores do que n.)

96. Prove que o princípio da boa ordenação (veja o Exercício 95) implica o segundo princípio de indução matemática. *Sugestão*: Suponha que o princípio da boa ordenação é válido e seja P uma propriedade para a qual

   1.′ $P(1)$ é verdade

   2.′ $(\forall k)[P(r)$ é verdade para todos os r, $1 \leq r \leq k \rightarrow P(k+1)$ verdade$]$

   Seja T o subconjunto dos inteiros positivos definido por

$$T = \{t \mid P(t) \text{ não é verdade}\}$$

   Mostre que T é o conjunto vazio.

97. Prove que o conjunto dos inteiros positivos ímpares é enumerável.
98. Prove que o conjunto $\mathbb{Z}$ de todos os inteiros é enumerável.
99. Prove que o conjunto de todas as cadeias de comprimento finito formadas com a letra a é enumerável.
100. Prove que o conjunto de todas as cadeias binárias de comprimento finito é enumerável.
101. Prove que o conjunto $\mathbb{Z} \times \mathbb{Z}$ é enumerável.
102. No Exemplo 23, afirmou-se que 0,249999999 … é o mesmo número que 0,250000000 … . A primeira representação é uma decimal que não termina, e pode-se fazer um argumento do tipo utilizado em cálculo para mostrar que "no limite" esses valores são iguais. Vamos ver um argumento ligeiramente diferente.

   a. Seja $n = 0{,}249999\ldots$.

      Calcule $100n$ multiplicando ambos os lados dessa equação por 100.

      Subtraia n de $100n$ para obter um valor para $99n$.

      Resolva a equação resultante para n.

   b. Seja $m = 0{,}250000\ldots$.

      Calcule $100m$ multiplicando ambos os lados dessa equação por 100.

      Subtraia m de $100m$ para obter um valor para $99m$.

      Resolva a equação resultante para m.

   c. Compare os valores de n e m.

103. Use o método de diagonalização de Cantor para mostrar que o conjunto de todas as sequências infinitas de inteiros positivos não é enumerável.
104. Use o método de diagonalização de Cantor para mostrar que o conjunto de todas as cadeias infinitas formadas com as letras do conjunto $\{a, b\}$ não é enumerável.
105. Explique por que a união de dois conjuntos enumeráveis é enumerável.
106. Explique por que qualquer subconjunto de um conjunto contável é contável.
107. Conjuntos podem ter conjuntos como elementos (veja o Exercício 13, por exemplo). Seja B o conjunto definido por

$$B = \{S \mid S \text{ é um conjunto e } S \notin S\}$$

   Argumente que tanto $B \in B$ quanto $B \notin B$ são verdadeiras. Essa contradição é conhecida como o *paradoxo de Russell*, em homenagem ao famoso filósofo e matemático Bertrand Russell, que a enunciou em 1901. (Uma construção axiomática cuidadosa da teoria dos conjuntos coloca algumas restrições sobre o que pode ser chamado de conjunto. Todos os conjuntos usuais continuam sendo conjuntos, mas conjuntos esquisitos que podem nos dar problemas, como B neste exercício, parecem ser evitados.)

SEÇÃO 4.2 CONTAGEM

A **combinatória** é o ramo da matemática que trata de contagem. Problemas de contagem são importantes sempre que temos recursos finitos (quanto espaço de armazenamento determinado banco de dados usa? quantos usuários determinada configuração de computador pode suportar?) ou quando estamos interessados em eficiência (quantos cálculos são efetuados por determinado algoritmo?).

Problemas de contagem se resumem, muitas vezes, em determinar o número de elementos em algum conjunto finito, ou seja, qual é a cardinalidade do conjunto. Essa questão, aparentemente trivial, pode ser difícil de responder. Já respondemos a muitas perguntas de "quantos" — quantas linhas tem uma tabela-verdade com n letras de proposição e quantos subconjuntos tem um conjunto com n elementos? (De fato, como já observamos, essas duas perguntas podem ser consideradas uma só.)

O Princípio da Multiplicação

Resolvemos a pergunta sobre a tabela-verdade desenhando uma árvore de possibilidades. Essa árvore sugere um princípio geral que pode ser usado na resolução de muitos problemas de contagem. Antes de enunciar o princípio geral, vamos considerar outro problema com uma árvore.

EXEMPLO 24 Uma criança pode escolher uma entre duas balas, uma rosa e outra preta, e um entre três chicletes, um amarelo, outro verde e outro branco. Quantos conjuntos diferentes a criança pode ter?

Podemos resolver este problema separando a tarefa de escolha dos doces em duas etapas sequenciais: escolher primeiro a bala e depois o chiclete. A árvore na Figura 4.3 mostra que existem $2 \times 3 = 6$ possibilidades: {R, A}, {R, V}, {R, B}, {P, A}, {P, V} e {P, B}.

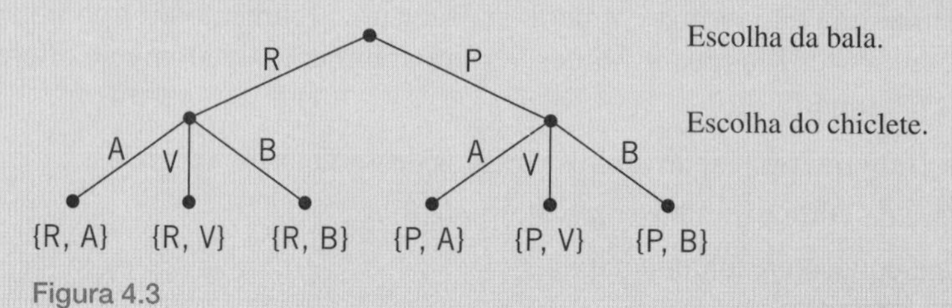

Figura 4.3

Neste problema, a sequência dos eventos poderia ser trocada; a criança poderia escolher primeiro o chiclete e depois a bala, resultando na árvore da Fig. 4.4, mas o número de possibilidades é o mesmo ($3 \times 2 = 6$). Pensar em uma sequência de eventos sucessivos nos ajuda a resolver o problema, mas a ordem da sequência não faz parte do problema, pois o conjunto {R, A} é igual ao conjunto {A, R}.

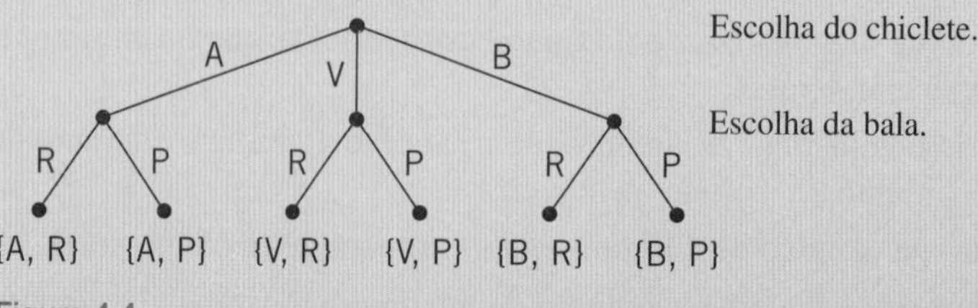

Figura 4.4

Essas duas árvores são "balanceadas", no sentido de que o segundo nível tem um número fixo de possibilidades, independentemente dos resultados no nível anterior.

O Exemplo 24 ilustra o fato de que o número total de resultados possíveis para uma sequência de eventos pode ser obtido multiplicando-se o número de possibilidades do primeiro evento pelo número de possibilidades do segundo. Essa ideia é resumida no *princípio da multiplicação*.

PRINCÍPIO **PRINCÍPIO DA MULTIPLICAÇÃO**

Se existirem n_1 resultados possíveis para um primeiro evento e n_2 para um segundo, então existirão $n_1 \times n_2$ resultados possíveis para a sequência dos dois eventos.

LEMBRETE

Use o princípio de multiplicação quando tiver uma sequência de eventos.

O princípio de multiplicação pode ser estendido, por indução, a uma sequência com qualquer número finito de eventos. (Veja o Exercício 73 ao final desta seção.) O princípio de multiplicação é útil sempre que quisermos contar o número total de possibilidades para uma tarefa que pode ser dividida em uma sequência de etapas sucessivas.

EXEMPLO 25 A última parte do seu número de telefone contém quatro dígitos. Quantos desses números de quatro dígitos existem?

Podemos construir números de quatro dígitos através de uma sequência de tarefas: escolher o primeiro dígito, depois o segundo, depois o terceiro e, finalmente, o quarto. O primeiro dígito pode ser qualquer um dos 10 dígitos, de 0 a 9, de modo que há 10 possibilidades para a primeira tarefa. Da mesma forma, existem 10 escolhas diferentes possíveis para cada um do segundo, terceiro e quarto dígitos. Usando o princípio da multiplicação, simplesmente multiplicamos o número de possibilidades para cada tarefa na sequência. Portanto, existem $10 \cdot 10 \cdot 10 \cdot 10 = 10.000$ números diferentes. ●

Se um elemento não puder ser usado de novo — ou seja, se não forem permitidas repetições —, o número de possibilidades será afetado.

EXEMPLO 26 Com relação ao Exemplo 25, quantos números de quatro dígitos existirão se um mesmo dígito não puder ser repetido?

Novamente, temos uma sequência de tarefas para selecionar os quatro dígitos, só que agora não podemos ter repetições. Temos 10 possibilidades para o primeiro dígito, mas apenas 9 para o segundo, já que não podemos escolher um dígito igual ao primeiro, e assim por diante. Existem $10 \cdot 9 \cdot 8 \cdot 7 = 5040$ números diferentes. ●

EXEMPLO 27

a. De quantas maneiras podemos escolher três representantes em um grupo de 25 pessoas?
b. De quantas maneiras podemos escolher três representantes, para três comissões, em um grupo de 25 pessoas, se um representante pode participar de mais de uma comissão?

Em (a), existem três tarefas sucessivas sem repetições. A primeira tarefa, escolher o primeiro representante, tem 25 possibilidades. A segunda tem apenas 24 possibilidades, e a terceira, 23. O número total de possibilidades é $25 \cdot 24 \cdot 23 = 13.800$. Em (b), as mesmas três tarefas são feitas sucessivamente, mas são permitidas repetições. O número total de resultados possíveis é $25 \cdot 25 \cdot 25 = 15.625$. ●

EXEMPLO 28 Quando pede uma pizza de sua pizzaria favorita, você pode escolher crosta fina, crosta normal ou calzone; a pizza pode ser também pequena, média ou grande; e pode ser margherita, calabresa, cogumelo, presunto ou portuguesa. Quantas pizzas diferentes podem ser pedidas?

Novamente, há uma sequência de tarefas: escolher a crosta, o tamanho e o sabor. O número total de pedidos possíveis é $3 \cdot 3 \cdot 5 = 45$. ●

PROBLEMA PRÁTICO 22 Se um homem tem quatro ternos, oito camisas e cinco gravatas, de quantas maneiras diferentes ele pode se vestir? ■

EXEMPLO 29 Para qualquer conjunto finito S, denote por $|S|$ o número de elementos em S. Se A e B são conjunto finitos, então

$$|A \times B| = |A| \cdot |B|$$

$A \times B$ denota todos os pares ordenados com primeira componente em A e segunda componente em B. Podemos formar tais pares ordenados como a sequência de duas tarefas, escolher a primeira componente, com $|A|$ possibilidades, e depois escolher a segunda componente, com $|B|$ possibilidades. O resultado segue do princípio da multiplicação. ●

O Princípio de Adição

Suponha que queremos selecionar uma sobremesa entre três tortas e quatro bolos. De quantas maneiras isso pode ser feito? Temos dois eventos, um com três resultados possíveis (a escolha de uma torta) e outro com quatro (a escolha de um bolo). No entanto, não temos uma sequência de dois eventos aqui, já que só comeremos uma sobremesa, que será escolhida dentre as possibilidades de dois conjuntos disjuntos. O número de escolhas possíveis é o número total de escolha que temos, $3 + 4 = 7$. Isso ilustra o *princípio da adição.*

PRINCÍPIO PRINCÍPIO DA ADIÇÃO

Se A e B forem eventos disjuntos com n_1 e n_2 resultados possíveis, respectivamente, então o número total de possibilidades para o evento "A ou B" será $n_1 + n_2$.

O princípio da adição pode ser estendido, por indução, a qualquer número finito de eventos disjuntos. (Veja o Exercício 74 ao final desta seção.) O princípio da adição é útil sempre que quisermos contar o número total de possibilidades para uma tarefa que pode ser dividida em casos disjuntos.

EXEMPLO 30 Um consumidor deseja comprar um veículo de uma concessionária. A concessionária tem 23 automóveis e 14 caminhões em estoque. Quantas escolhas possíveis o consumidor tem?

O consumidor pode escolher um carro ou um caminhão. Esses são eventos disjuntos: a escolha de um carro tem 23 possibilidades e a de um caminhão, 14. Pelo princípio da adição, a escolha de um veículo tem $23 + 14 = 37$ possibilidades. Note a condição necessária de que os eventos A e B sejam conjuntos disjuntos. Assim, se um consumidor desejasse comprar um veículo de uma concessionária com 23 automóveis, 14 caminhões e 17 veículos vermelhos em estoque, não poderíamos concluir que o consumidor tem $23 + 14 + 17$ escolhas! ●

LEMBRETE

Use o princípio da adição só quando os eventos forem disjuntos — não há resultados em comum.

EXEMPLO 31 Sejam A e B conjuntos finitos disjuntos. Então $|A \cup B| = |A| + |B|$.

Podemos encontrar $|A \cup B|$ separando em dois casos disjuntos: primeiro contamos o número de elementos em A, $|A|$, e depois o número de elementos em B, $|B|$. Pelo princípio da adição, somamos esses dois números. ●

EXEMPLO 32 Se A e B são conjuntos finitos, então

$$|A - B| = |A| - |A \cap B|$$

e

$$|A - B| = |A| - |B| \text{ se } B \subseteq A$$

Para provar a primeira identidade, note que

$$\begin{aligned}(A - B) \cup (A \cap B) &= (A \cap B') \cup (A \cap B) \\ &= A \cap (B' \cup B) \\ &= A \cap S \\ &= A\end{aligned}$$

de modo que $A = (A - B) \cup (A \cap B)$. Além disso, $A - B$ e $A \cap B$ são conjuntos disjuntos; logo, pelo Exemplo 31,

$$|A| = |(A - B) \cup (A \cap B)| = |A - B| + |A \cap B|$$

ou

$$|A - B| = |A| - |A \cap B|$$

A segunda equação segue da primeira, já que, se $B \subseteq A$, então $A \cap B = B$. ●

Usando os Dois Princípios Juntos

O princípio da adição é usado, frequentemente, junto com o princípio da multiplicação.

EXEMPLO 33 Com referência ao Exemplo 24, suponha que queremos encontrar de quantas maneiras diferentes a criança pode *escolher* o doce, em vez do número de conjuntos de doces que ela pode ter. Então, escolher uma bala rosa e depois um chiclete amarelo não é a mesma coisa que escolher primeiro um chiclete amarelo e depois uma bala rosa. Podemos considerar dois casos disjuntos — a escolha de balas ou de chicletes primeiro. Cada um desses casos (pelo princípio da multiplicação) tem seis possibilidades, de modo que (pelo princípio da adição) existem $6 + 6 = 12$ maneiras diferentes de escolher os doces. ●

EXEMPLO 34 Quantos números de quatro dígitos começam com 4 ou 5?

Podemos considerar dois casos disjuntos — os números que começam com 4 e os que começam com 5. Contando os que começam com 4, há uma escolha possível para o primeiro dígito e 10 escolhas possíveis para cada um dos outros três dígitos. Logo, pelo princípio da multiplicação, existem $1 \cdot 10 \cdot 10 \cdot 10 = 1000$ maneiras de se obter um número com quatro dígitos começando com 4. O mesmo raciocínio mostra que existem 1000 maneiras de se obter um número com quatro dígitos começando com 5. Pelo princípio da adição, existem $1000 + 1000 = 2000$ possibilidades ao todo. ●

PROBLEMA PRÁTICO 23 Se uma mulher tem sete blusas, cinco saias e nove vestidos, de quantas maneiras diferentes ela pode se vestir? ■

Um problema de contagem pode ser resolvido, muitas vezes, de mais de uma forma. Embora a existência de uma segunda solução possa parecer confusa, ela nos fornece uma excelente maneira de verificarmos nosso resultado; se duas maneiras diferentes de abordar o problema produzem a mesma resposta, isso aumenta a nossa confiança de que analisamos o problema corretamente.

EXEMPLO 35 Considere, novamente, o problema do Exemplo 34. Vamos evitar usar o princípio da adição considerando o problema como dividido em quatro tarefas sucessivas, em que a primeira tarefa, escolher o primeiro dígito, tem duas possibilidades — escolher 4 ou 5. Existem, então, $2 \cdot 10 \cdot 10 \cdot 10 = 2000$ possibilidades. ●

EXEMPLO 36 Quantos inteiros de três dígitos (números entre 100 e 999, inclusive) são pares?

Uma solução se baseia no fato de que os números pares terminam em 0, 2, 4, 6 ou 8. Considerando esses casos separados, o número de inteiros com três dígitos terminando em 0 pode ser encontrado escolhendo-se os três dígitos sucessivamente. Existem 9 escolhas, de 1 a 9, para o primeiro dígito; 10 escolhas, de 0 a 9, para o segundo; e uma escolha, 0, para o terceiro. Pelo princípio da multiplicação, existem 90 números terminando em 0. Analogamente, existem 90 números terminando em 2, em 4, em 6 e em 8, de modo que, pelo princípio da adição, existem $90 + 90 + 90 + 90 + 90 = 450$ números.

Outra solução é devida ao fato de que existem apenas 5 escolhas para o terceiro dígito. Pelo princípio da multiplicação, existem $9 \cdot 10 \cdot 5 = 450$ números.

Para esse problema existe uma terceira solução, do tipo "acidente feliz", que discutimos na Seção 2.1. Existem $999 - 100 + 1 = 900$ inteiros com três dígitos. Como metade é par e metade é ímpar, 450 têm que ser pares. ●

EXEMPLO 37 Suponha que os quatro últimos dígitos de um número de telefone têm que incluir pelo menos um dígito repetido. Quantos desses números existem?

Embora seja possível resolver esse problema usando diretamente o princípio da adição, isso é difícil, já que existem muitos casos disjuntos a serem considerados. Por exemplo, se os dois primeiros dígitos são iguais, mas o terceiro e o quarto são diferentes, existem $10 \cdot 1 \cdot 9 \cdot 8$ maneiras de isso acontecer. Se o primeiro e o terceiro são iguais, mas o segundo e o quarto são diferentes, existem $10 \cdot 9 \cdot 1 \cdot 8$ possibilidades. Se os dois primeiros dígitos são iguais e os dois últimos também são iguais, mas diferentes dos dois primeiros, existem $10 \cdot 1 \cdot 9 \cdot 1$ números desses. É claro que existem muitos outros casos.

Em vez disso, vamos resolver o problema observando que os números com repetição de dígitos e os sem repetição formam conjuntos disjuntos cuja união é o conjunto de todos os números com quatro dígitos. Pelo Exemplo 31, podemos encontrar o número de inteiros com dígitos repetidos subtraindo o número de casos sem repetição (5040, de acordo com o Exemplo 26) do número total de possibilidades (10.000, de acordo com o Exemplo 25). Portanto, existem 4960 números com algarismos repetidos. ●

EXEMPLO 38 Para se conectar um computador (ou um tablet, ou uma câmara, ou um celular) na Internet, é necessário que seja atribuído a ele um endereço IP (*Internet Protocol*, ou protocolo da Internet). Isso permite que o computador seja "encontrado" na rede, da mesma forma que um endereço postal permite que um prédio seja "encontrado" pelo correio usual. A versão atual de IP, conhecida como IPv4, usa um endereço numérico de 32 bits, ou 4 bytes (1 byte é igual a 8 bits). A primeira parte do endereço, chamada de netid (do inglês *Net Identification*, Identificação da Rede), identifica a rede da qual a máquina faz parte, e o restante, chamado de hostid (do inglês *Host Identification*, Identificação do Hospedeiro), identifica a máquina propriamente dita. Note que esse é um esquema hierárquico de endereço. Um roteador tentando decidir para onde enviar um pacote de dados olha o netid para determinar a rede. Não há necessidade de consultar os bytes do hostid antes de o pacote de dados chegar à rede correta. Endereços postais são hierárquicos em ordem inversa, com a informação mais específica dada antes.

Quantos endereços IPv4 diferentes existem? Cada um dos 32 bits pode ser igual a 0 ou a 1, logo, pelo princípio de multiplicação, existem $2 \cdot 2 \cdot 2 \cdot \cdots \cdot 2 = 2^{32}$ padrões diferentes de bits.

Olhando de um ponto de vista mais abstrato, suponha que um endereço IP particular usa 16 bits para o netid e 16 bits para o hostid. Novamente usando o princípio de multiplicação, isso nos daria $2^{16} \cdot 2^{16} = 2^{32}$ endereços IP únicos (novamente). Esse número é aproximadamente igual a 4,3 bilhões, o que parece ser suficientemente grande para as necessidades mundiais. Mas não — o conjunto de endereços IPv4 destinados a determinadas regiões do mundo começou a acabar em 2011, e outros iriam acabar em um ou dois anos. Por isso a mudança para IPv6.

Um endereço IPv6 usa 128 bits dividido em 64 bits para o prefixo da rede que identifica a rede específica e os últimos 64 bits para a identificação (ID) da interface que identifica o único nó na rede. Embora a estrutura geral de um endereço IPv6 pareça com um endereço IPv4, só que maior, existem detalhes que tornam o endereço IPv6 mais eficiente. E exatamente o quão grande é o conjunto de endereços IPv6? Usando o mesmo raciocínio que antes, existem 2^{128} endereços diferentes. Esse número é aproximadamente $3{,}4 \times 10^{38}$, ou 340 trilhões de trilhões de trilhões, o suficiente, dizem, para cada estrela do universo conhecido ter o equivalente à sua própria internet IPv4.

O Lançamento Global do IPv6 foi em 6 de junho de 2012, mas não foi como ligar uma chave. Muitas companhias grandes já apoiavam o IPv6, e o IPv4 continuará a ter suporte técnico durante alguns anos de transição. ●

Árvores de Decisão

Árvores como as das Figuras 4.3 e 4.4 ilustram o número de possibilidades de um evento baseado em uma série de escolhas possíveis. Tais árvores são chamadas de **árvores de decisão**. Veremos, no Capítulo 6, como tais árvores são usadas na análise de algoritmos, mas, por enquanto, vamos usá-las para resolver problemas de contagem adicionais. As árvores das Figuras 4.3 e 4.4 nos levam ao princípio da multiplicação, já que o número de resultados possíveis em qualquer nível da árvore é o mesmo em todo o nível. Na Figura 4.4, por exemplo, o nível 2 da árvore mostra dois resultados possíveis para cada um dos três ramos formados no nível 1. Árvores de decisão menos regulares ainda podem ser usadas para resolver problemas de contagem em que o princípio de multiplicação não se aplica.

EXEMPLO 39 Antônio está jogando moedas. Cada jogada resulta em cara (C) ou coroa (K). Quantos resultados possíveis ele pode obter se jogar cinco vezes sem cair duas caras consecutivas?

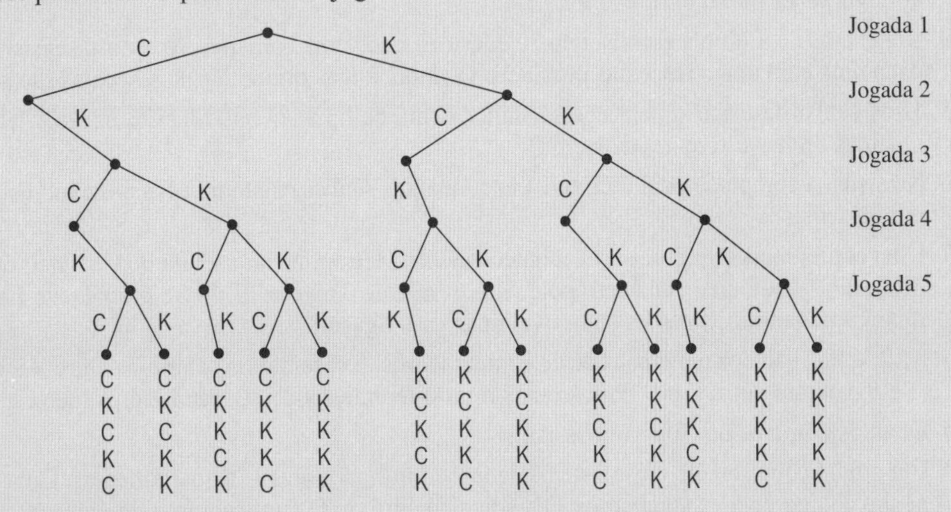

Figura 4.5

A Figura 4.5 mostra a árvore de decisão para esse problema. Cada jogada da moeda tem dois resultados possíveis; o ramo da esquerda está marcado com um C, denotando cara, e o da direita, com um K, denotando coroa. Sempre que aparecer um C, o próximo nível só poderá conter um ramo à direita (K). Existem 13 possibilidades, que aparecem na parte inferior da árvore. ●

PROBLEMA PRÁTICO 24 Explique por que o princípio da multiplicação não se aplica ao Exemplo 39. ■

PROBLEMA PRÁTICO 25 Desenhe uma árvore de decisão para o número de cadeias formadas com os símbolos X, Y e Z de comprimento 3 que não contenham Z imediatamente após Y. ■

SEÇÃO 4.2 REVISÃO

TÉCNICA

- Utilização do princípio da multiplicação, do princípio da adição e de árvores de decisão para contar o número de elementos em um conjunto finito.

IDEIAS PRINCIPAIS

- O princípio da multiplicação é usado para contar o número de resultados possíveis para uma sequência de eventos, cada um com um número fixo de possibilidades.
- O princípio da adição é usado para contar o número de resultados possíveis para eventos disjuntos.
- Os princípios da multiplicação e da adição são usados juntos muitas vezes.
- As árvores de decisão podem ser usadas para contar o número de resultados possíveis para uma sequência de eventos em que o número de resultados possíveis para determinado evento não é constante, mas depende do resultado do evento precedente.

EXERCÍCIOS 4.2

1. Uma loja de iogurte congelado permite que você escolha um sabor (baunilha, morango, limão, cereja ou pêssego), um acompanhamento (raspas de chocolate, castanha-de-caju picada ou coco ralado) e uma cobertura (creme batido ou calda de caramelo). Quantas sobremesas diferentes são possíveis?
2. No Exercício 1, quantas escolhas possíveis de sobremesa você tem se for alérgico a morango e a chocolate?
3. Começa-se um jogo de computador fazendo uma seleção em cada um de três menus. O primeiro (número de jogadores) tem quatro opções, o segundo (nível de dificuldade) tem oito e o terceiro (velocidade) tem seis. Quantas configurações possíveis tem o jogo?
4. Um exame de múltipla escolha tem 20 questões, cada uma com quatro respostas possíveis, e 10 questões adicionais, cada uma com cinco respostas possíveis. Quantas folhas diferentes de respostas são possíveis?
5. Uma senha de usuário para acessar um sistema computacional consiste em três letras seguidas de dois dígitos. Quantas senhas diferentes existem?
6. No sistema computacional do Exercício 5, quantas senhas existem se for possível distinguir entre letras maiúsculas e minúsculas?
7. Uma conferência telefônica está acontecendo de Metrópole para a Vila dos Privilégios, via Vale do Trevo. Existem 45 troncos telefônicos de Metrópole para o Vale do Trevo e 13 do Vale do Trevo para a Vila dos Privilégios. De quantas maneiras diferentes é possível fazer essa ligação?
8. A, B, C e D são nós em uma rede de computadores. Existem dois caminhos entre A e C, dois entre B e D, três entre A e B e quatro entre C e D. Por quantas rotas diferentes pode-se mandar uma mensagem de A para D?
9. Quantos números de CPF são possíveis?
10. Um prédio comprou um novo sistema de fechaduras para seus 175 apartamentos. Uma fechadura é aberta digitando-se um código de dois algarismos. O síndico do edifício fez uma compra inteligente?
11. Um palíndromo é uma cadeia de caracteres que é lida da mesma forma normalmente ou de trás para a frente. Quantos palíndromos de cinco letras são possíveis? (Use o alfabeto de 26 letras.)
12. Quantos números de três dígitos menores do que 600 podem ser formados usando-se os algarismos 8, 6, 4 e 2?
13. Um conectivo lógico binário pode ser definido por meio de sua tabela-verdade. Quantos conectivos lógicos binários diferentes existem?

14. Três cadeiras na Câmara Municipal devem ser preenchidas com pessoas de partidos diferentes. Para pleitear essas vagas, existem quatro candidatos do Partido dos Ambientalistas Preocupados, três candidatos do Partido do Desenvolvimento Limitado e dois candidatos do Partido dos Amigos dos Anfíbios Pintados. De quantas maneiras diferentes essas vagas podem ser preenchidas?
15. Na linguagem de programação BASIC original, um identificador tinha que ser uma única letra ou uma letra seguida de um único algarismo. Quantos identificadores poderiam existir?
16. Um presidente e um vice-presidente precisam ser escolhidos para a diretoria de uma organização. Existem 17 voluntários na Região Leste e 24 voluntários na Região Sul. Se ambos devem pertencer à mesma região, de quantas maneiras diferentes esses funcionários podem ser selecionados?
17. Uma promoção especial de jantar permite que você escolha entre cinco entradas, três saladas, quatro pratos principais e três bebidas. Quantos jantares diferentes são possíveis?
18. No Exercício 17, quantos jantares diferentes são possíveis se você pode escolher uma entrada ou uma salada, mas não ambos?
19. Pode-se encomendar um carro novo com as seguintes opções de escolha: 10 cores externas; 7 cores internas; transmissão automática ou com 3 marchas ou com 5 marchas; com ou sem ar condicionado; com ou sem direção hidráulica; com ou sem o pacote adicional que inclui trava elétrica das portas e desembaçador traseiro. Quantos carros diferentes podem ser encomendados?
20. No Exercício 19, quantos carros diferentes podem ser encomendados se o pacote opcional só puder ser colocado em um carro com transmissão automática?
21. Em determinado estado americano, as placas dos carros começam com dois dígitos (o primeiro não pode ser zero), seguidos de uma letra (incluindo K, W e Y), seguidos de uma cadeia de dois a quatro dígitos (o primeiro pode ser zero). Quantas placas diferentes são possíveis?
22. Uma comida que tem muita saída em lanchonetes no Havaí é "loco moco", inventada em um restaurante em Hilo. Ela consiste em um ovo em cima de uma carne em cima de uma porção de arroz, tudo regado ao molho pardo. O ovo pode ser frito, mexido ou quente; a carne pode ser hambúrguer, mistura enlatada de carne e presunto, linguiça, bacon, peru, salsicha de cachorro-quente, salmão ou mahi; o arroz pode ser branco ou integral. Quantos locos mocos diferentes podem ser pedidos?
23. Um cliente de uma lanchonete pode pedir um hambúrguer com ou sem mostarda, ketchup, picles ou cebola; pode pedir um sanduíche de atum com ou sem alface, tomate ou molho tártaro; e pode escolher entre três tipos de refrigerantes ou dois tipos de milk-shakes. Quantos pedidos diferentes podem ser feitos supondo que um cliente possa pedir, no máximo, um hambúrguer, um sanduíche de atum e uma bebida, podendo pedir menos coisas?
24. De quantas maneiras diferentes é possível montar duas peças de Lego 2×4 da mesma cor? Duas montagens que parecem iguais se uma delas for girada são consideradas iguais. A figura a seguir mostra uma dessas montagens, a original em cima e a mesma montagem depois de girada de 180°.

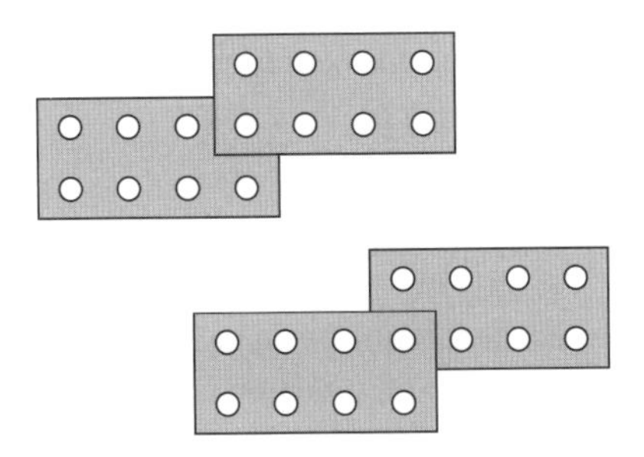

25. Qual o valor da variável *Contagem* após a execução do pseudocódigo a seguir?

Contagem = 0
para *i* = 1 **até** 5 **faça**
  para *Letra* = 'A' **até** 'C' **faça**
    Contagem = *Contagem* + 1
  fim do para
fim do para

26. Qual o valor da variável *Resultado* após a execução do pseudocódigo a seguir?

Resultado = 0
para *Índice* = 20 **diminuindo até** 10 **faça**
  para *Interno* = 5 **até** 10 **faça**
    Resultado = *Resultado* + 2
  fim do para
fim do para

Os Exercícios 27 a 32 referem-se ao conjunto dos inteiros com três dígitos (números entre 100 e 999, inclusive).

27. Quantos são divisíveis por 5?
28. Quantos são divisíveis por 4?
29. Quantos não são divisíveis por 5?
30. Quantos são divisíveis por 4 ou 5?
31. Quantos são divisíveis por 4 e 5?
32. Quantos não são divisíveis nem por 4 nem por 5?

Os Exercícios 33 a 42 referem-se ao conjunto das cadeias binárias de comprimento 8 (cada caractere é 0 ou 1).

33. Quantas cadeias desse tipo existem?
34. Quantas começam e terminam com 0?
35. Quantas começam ou terminam com 0?
36. Quantas têm o segundo dígito igual a 1?
37. Quantas começam com 111?
38. Quantas contêm exatamente um 0?
39. Quantas começam com 10 ou têm 0 como terceiro dígito?
40. Quantas são palíndromos? (Veja o Exercício 11.)
41. Quantas contêm exatamente sete caracteres iguais a 1?
42. Quantas contêm dois ou mais caracteres iguais a 0?

Nos Exercícios 43 a 48 são jogados dois dados, um preto e outro branco.

43. Quantas jogadas diferentes são possíveis? (Considere que 4 no dado preto e 1 no dado branco são uma jogada diferente de 4 no dado branco e 1 no dado preto.)
44. Quantas jogadas resultam em ases (ambos os dados mostrando 1)?
45. Quantas jogadas resultam em dobradinhas (ambos os dados mostrando o mesmo valor)?
46. Quantas jogadas resultam em um total de 7 ou 11?
47. Quantas jogadas não mostram 4 em nenhum dos dados?
48. Em quantas jogadas o valor do dado branco é maior do que o do dado preto?

Nos Exercícios 49 a 54, um cliente está encomendando um computador (desktop). Ele tem as seguintes escolhas: o monitor de 21, 23 ou 24 polegadas; o disco rígido de 1 TB ou 2 TB; 6 GB ou 8 GB de RAM; 16X DVD ou unidade ótica para Blu-ray; cartão de vídeo Intel, AMD ou NVIDIA; impressora a jato de tinta, a laser ou a laser colorida; garantia de 1, 2 ou 3 anos.

49. Quantas configurações diferentes são possíveis?
50. Quantas máquinas diferentes podem ser encomendadas com um disco de 2 TB?
51. Quantas máquinas diferentes podem ser encomendadas com um monitor de 21 polegadas e uma impressora a jato de tinta?
52. Quantas máquinas diferentes podem ser encomendadas se o cliente não quiser um monitor novo?
53. Quantas máquinas diferentes podem ser encomendadas com um monitor de 21 polegadas, um disco de 1 TB e uma impressora a jato de tinta?
54. Quantas máquinas diferentes podem ser encomendadas se o cliente não quiser 3 anos de garantia?

Os Exercícios 55 a 58 se referem ao código Konami, uma sequência de 10 teclas usando 6 caracteres diferentes: $\uparrow\uparrow\downarrow\downarrow\leftarrow\rightarrow\leftarrow\rightarrow$ B A. Esse código foi deixado, inadvertidamente, pelo desenvolvedor da primeira versão de um jogo (videogame); ao entrar no console do jogo, quando a tela de títulos se abre, ele, sub-repticiamente, adiciona ativos ao avatar do jogador na tela. Esse código, ou versões dele, permanece em muitos jogos.

55. Quantos códigos com 10 caracteres podem ser criados usando esses 6 caracteres?
56. Quantos códigos com 10 caracteres podem ser criados se os dois últimos caracteres têm que ser a sequência BA?
57. Quantos códigos com 10 caracteres podem ser criados se têm que ser usados exatamente dois caracteres da seta apontando para baixo e eles têm que aparecer juntos?
58. Quantos códigos com 10 caracteres podem ser criados se só forem usados os caracteres que são setas?

Nos Exercícios 59 a 68, cada mão consiste em uma carta retirada de um baralho comum com 52 cartas com flores no verso e uma carta retirada de um baralho comum com 52 cartas com aves no verso. Um baralho comum tem 13 cartas de cada um dos naipes (paus, ouros, copas e espadas). As 13 cartas têm estampadas na frente números de 2 a 10, valete, dama, rei ou ás. Cada uma dessas "estampas" corresponde a um "tipo" de carta. O valete, a dama e o rei são "figuras".

59. Quantas mãos diferentes são possíveis? (Considere que a mão contendo um ás de espadas com flores no verso e uma dama de copas com aves no verso é diferente da mão contendo um ás de espadas com aves no verso e uma dama de copas com flores no verso.)
60. Quantas mãos consistem em um par de ases?
61. Quantas mãos contêm apenas figuras?
62. Quantas mãos contêm exatamente um rei?
63. Quantas mãos contêm duas cartas do mesmo tipo (dois ases, dois valetes etc.)?
64. Quantas mãos têm um valor total 5 (o ás vale 1 e as figuras valem 10)?
65. Quantas mãos têm um valor total menor do que 5 (o ás vale 1 e as figuras valem 10)?
66. Quantas mãos não contêm figuras?
67. Quantas mãos contêm pelo menos uma figura?
68. Quantas mãos contêm pelo menos um rei?
69. Desenhe uma árvore de decisão para encontrar o número de cadeias binárias de comprimento 4 que não têm zeros consecutivos. (Compare sua resposta com a do Exercício 41 da Seção 3.2.)
70. Desenhe uma árvore de decisão (use times A e B) para encontrar o número de maneiras em que os jogos da NBA (National Basketball Association, a liga de basquete profissional principal dos EUA) podem ocorrer, em que o vencedor é o primeiro time a vencer 4 partidas entre 7.
71. Determinada votação é feita com cada pessoa colocando um pedaço de papel rosa, branco ou verde em um chapéu. Os papéis são retirados um a um, e a primeira cor que recebe dois votos ganha. Desenhe uma árvore de decisão para encontrar o número de maneiras em que pode se desenvolver essa votação.
72. Em relação ao Exemplo 39, sejam $T(n)$ = o número total de nós na árvore de decisão no nível n, $C(n)$ = o número total de nós na árvore de decisão no nível n que resultam de uma jogada C (cara), $K(n)$ = o número total de nós na árvore de decisão no nível n que resultam de uma jogada K (coroa). Prove os fatos a seguir.[1]
    a. $T(n) = C(n) + K(n)$.
    b. $C(n) = K(n - 1)$.
    c. $K(n) = C(n - 1) + K(n - 1)$.
    d. $C(n) = C(n - 2) + K(n - 2)$.
    e. $T(n) = T(n - 2) + T(n - 1)$ para $n \geq 3$.
    f. $T(n) = F(n + 1)$, em que $F(n)$ é o n-ésimo número de Fibonacci.
73. Use indução matemática para estender o princípio da multiplicação a uma sequência de m eventos para qualquer inteiro m, em que $m \geq 2$.

[1]Esse problema foi sugerido pelo Sr. Tracy Castile, um ex-aluno da Universidade do Havaí em Hilo.

74. Use indução matemática para estender o princípio de adição a uma sequência de m eventos disjuntos para qualquer inteiro m, em que $m \geq 2$.

75. Considere o produto de n fatores $x_1 \cdot x_2 \cdot \cdots \cdot x_n$. Tal expressão pode ficar repleta de parênteses indicando a ordem de multiplicação de diversas maneiras. Por exemplo, se $n = 4$, existem cinco maneiras de se colocar parênteses:

$$x_1 \cdot (x_2 \cdot (x_3 \cdot x_4))$$
$$x_1 \cdot ((x_2 \cdot x_3) \cdot x_4)$$
$$(x_1 \cdot x_2) \cdot (x_3 \cdot x_4)$$
$$(x_1 \cdot (x_2 \cdot x_3)) \cdot x_4$$
$$((x_1 \cdot x_2) \cdot x_3) \cdot x_4$$

a. Escreva uma relação de recorrência para $P(n)$, o número de maneiras de colocar parênteses em um produto de n fatores, $n \geq 1$. Suponha que $P(1) = 1$. (*Sugestão*: Note que, para $n > 2$, a última multiplicação pode ocorrer em qualquer uma entre $n - 1$ posições.)

b. Prove que

$$P(n) = C(n - 1)$$

em que $C(0)$, $C(1)$, ... é a sequência de números de Catalan (veja o Exercício 38 da Seção 3.1).

76. Um *polígono convexo fechado simples* consiste em n pontos no plano ligados em pares por n segmentos de reta; cada ponto é a extremidade de exatamente dois segmentos de reta, e qualquer segmento de reta ligando dois pontos não adjacentes está inteiramente contido no polígono.

a. Mostre que um polígono convexo fechado simples com $n + 2$ lados pode ser triangularizado (dividido em regiões triangulares) usando-se $n - 1$ segmentos de reta. (As figuras mostram duas triangularizações diferentes para um polígono com 6 lados, em que $n = 4$.)

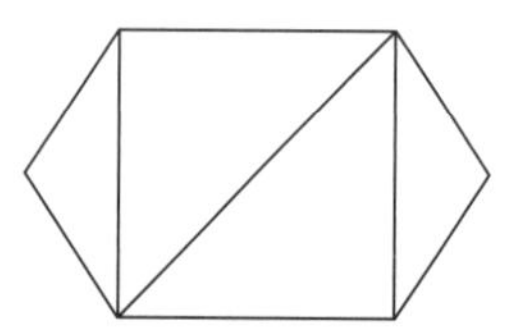

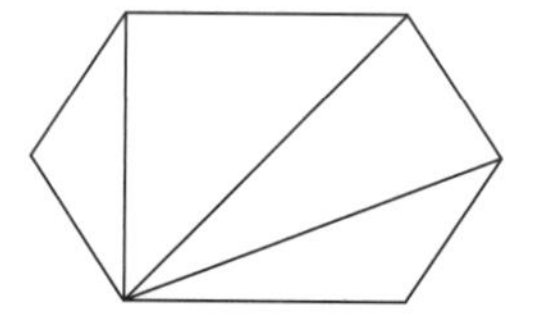

(*Sugestão*: Use um par de segmentos de reta para retirar dois bicos; considere os casos n par e n ímpar.)

b. Escreva uma relação de recorrência para $T(n)$, o número de triangularizações diferentes de um polígono com $n + 2$ lados. Suponha que $T(0) = 1$. (*Sugestão*: Fixe uma aresta do polígono como a base de um triângulo cujo terceiro vértice percorre os vértices do polígono, como ilustra a figura. Use os lados do triângulo para dividir o polígono em duas seções poligonais com $k + 1$ lados e $n - k + 2$ lados.)

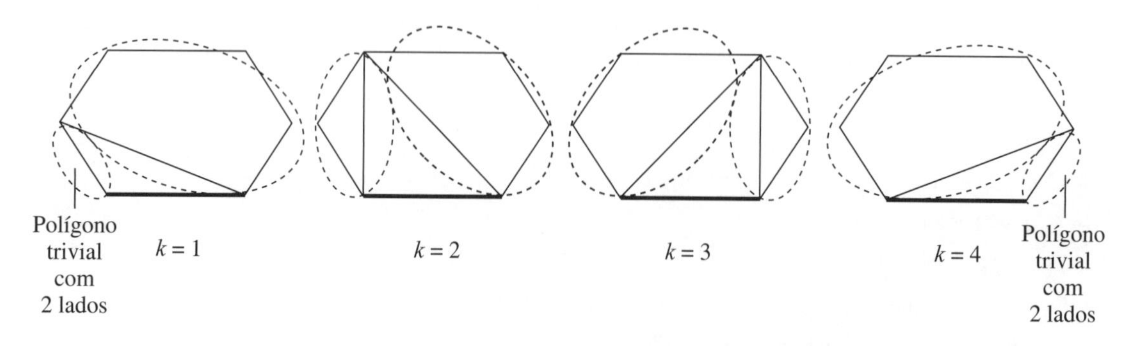

c. Prove que $T(n) = C(n)$, em que $C(0)$, $C(1)$, ... é a sequência de números de Catalan (veja o Exercício 38 da Seção 3.1).

SEÇÃO 4.3 PRINCÍPIO DE INCLUSÃO E EXCLUSÃO; PRINCÍPIO DAS CASAS DE POMBO

Nesta seção discutiremos mais dois princípios de contagem que podem ser usados para resolver problemas de combinatória.

Princípio de Inclusão e Exclusão

Para desenvolver o princípio de inclusão e exclusão, observamos primeiro que, se A e B são subconjuntos de um conjunto universo S, então $A - B$, $B - A$ e $A \cap B$ são disjuntos dois a dois (veja a Figura 4.6). Por exemplo, se $x \in A - B$, então $x \notin B$, logo $x \notin B - A$ e $x \notin A \cap B$.

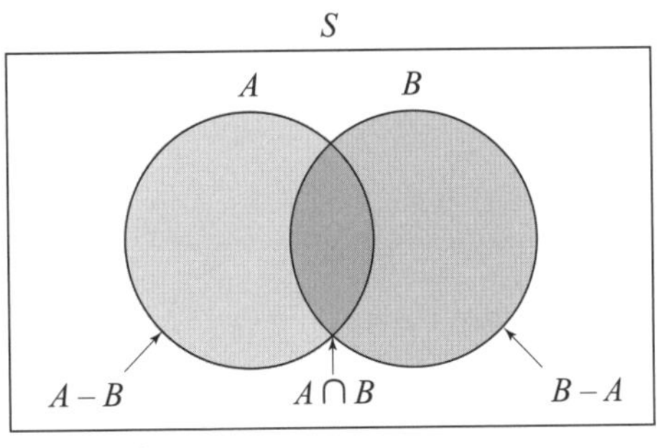

Figura 4.6

Pode-se dizer, também, algo sobre a união desses três conjuntos.

PROBLEMA PRÁTICO 26 Qual outro nome para o conjunto $(A - B) \cup (B - A) \cup (A \cap B)$? ■

Do Exemplo 31 (estendido para três conjuntos finitos disjuntos),

$$|(A - B) \cup (B - A) \cup (A \cap B)| = |A - B| + |B - A| + |A \cap B| \quad (1)$$

Do Exemplo 32,

$$|A - B| = |A| - |A \cap B|$$

e

$$|B - A| = |B| - |A \cap B|$$

Usando essas expressões na Equação (1), junto com o resultado do Problema Prático 26, obtemos

$$|A \cup B| = |A| - |A \cap B| + |B| - |A \cap B| + |A \cap B|$$

ou

$$|A \cup B| = |A| + |B| - |A \cap B| \quad (2)$$

A Equação (2) é a versão do princípio de inclusão e exclusão para dois conjuntos. O nome vem do fato de que, ao contar o número de elementos na união de A e B, precisamos "incluir" (contar) o número de elementos de A e o número de elementos de B, mas precisamos "excluir" (subtrair) os elementos de $A \cap B$ para evitar contá-los duas vezes.

PROBLEMA PRÁTICO 27 Qual é a relação entre a Equação (2) e o Exemplo 31 da Seção 4.2? ■

EXEMPLO 40 Um pesquisador de opinião pública entrevistou 35 eleitores, todos apoiando o referendo 1, o referendo 2 ou ambos, e descobriu que 14 eleitores apoiam o referendo 1 e 26 apoiam o referendo 2. Quantos eleitores apoiam ambos?

Se denotarmos por A o conjunto dos eleitores que apoiam o referendo 1 e por B o conjunto dos eleitores que apoiam o referendo 2, sabemos que

$$|A \cup B| = 35 \qquad |A| = 14 \qquad |B| = 26$$

Da Equação (2),

$$\begin{aligned} |A \cup B| &= |A| + |B| - |A \cap B| \\ 35 &= 14 + 26 - |A \cap B| \\ |A \cap B| &= 14 + 26 - 35 = 5 \end{aligned}$$

de modo que 5 eleitores apoiam ambos. ●

A Equação (2) pode ser estendida facilmente a três conjuntos, da seguinte maneira:

$$\begin{aligned} |A \cup B \cup C| &= |A \cup (B \cup C)| \\ &= |A| + |B \cup C| - |A \cap (B \cup C)| \\ &= |A| + |B| + |C| - |B \cap C| - |(A \cap B) \cup (A \cap C)| \\ &= |A| + |B| + |C| - |B \cap C| - (|A \cap B| + |A \cap C| - |A \cap B \cap C|) \\ &= |A| + |B| + |C| - |A \cap B| - |A \cap C| - |B \cap C| + |A \cap B \cap C| \end{aligned}$$

Portanto, a versão do princípio de inclusão e exclusão para três conjuntos é

$$|A \cup B \cup C| = |A| + |B| + |C| - |A \cap B| - |A \cap C| - |B \cap C| + |A \cap B \cap C| \qquad (3)$$

PROBLEMA PRÁTICO 28 Justifique cada uma das identidades usadas para se obter a Equação (3). ■

Além do argumento formal para se obter a Equação (3), a Figura 4.7 sugere uma espécie de argumento geométrico para $|A \cup B \cup C|$. Quando somamos $|A| + |B| + |C|$, estamos contando cada elemento em $|A \cap B|$, $|A \cap C|$ e $|B \cap C|$ duas vezes, de modo que devemos retirar cada um deles uma vez. Quando somamos $|A| + |B| + |C|$, estamos contando cada elemento em $|A \cap B \cap C|$ três vezes, mas, ao subtrair $|A \cap B|$, $|A \cap C|$ e $|B \cap C|$, eliminamos três vezes esses elementos, logo precisamos colocá-los de volta uma vez.

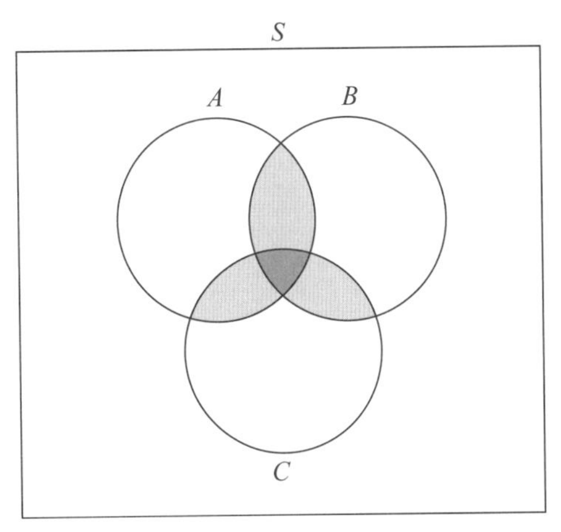

Figura 4.7

EXEMPLO 41 Um grupo de estudantes está planejando encomendar pizzas. Se 13 comem linguiça calabresa, 10 comem salame italiano, 12 comem queijo extra, 4 comem tanto calabresa quanto salame, 5 comem tanto salame quanto queijo extra, 7 comem tanto linguiça calabresa quanto queijo extra e 3 comem de tudo, quantos estudantes tem o grupo?

Sejam

$$A = \{\text{estudantes que comem linguiça calabresa}\}$$
$$B = \{\text{estudantes que comem salame italiano}\}$$
$$C = \{\text{estudantes que comem queijo extra}\}$$

Então $|A| = 13$, $|B| = 10$, $|C| = 12$, $|A \cap B| = 4$, $|B \cap C| = 5$, $|A \cap C| = 7$ e $|A \cap B \cap C| = 3$. Da Equação (3),

$$|A \cup B \cup C| = 13 + 10 + 12 - 4 - 5 - 7 + 3 = 22$$

Também poderíamos resolver esse problema colocando todas as informações em um diagrama de Venn. Começando da parte mais de dentro para fora, sabemos que existem 3 pessoas em $A \cap B \cap C$ (Figura 4.8a). Sabemos, também, o número de pessoas em cada um dos conjuntos $A \cap B$, $A \cap C$ e $B \cap C$, de modo que com um pouco de subtração podemos preencher mais partes (Figura 4.8b). Conhecemos também o tamanho de A, B e C, o que nos permite completar a figura (Figura 4.8c). O número total de estudantes, 22, é obtido somando-se todos os números.

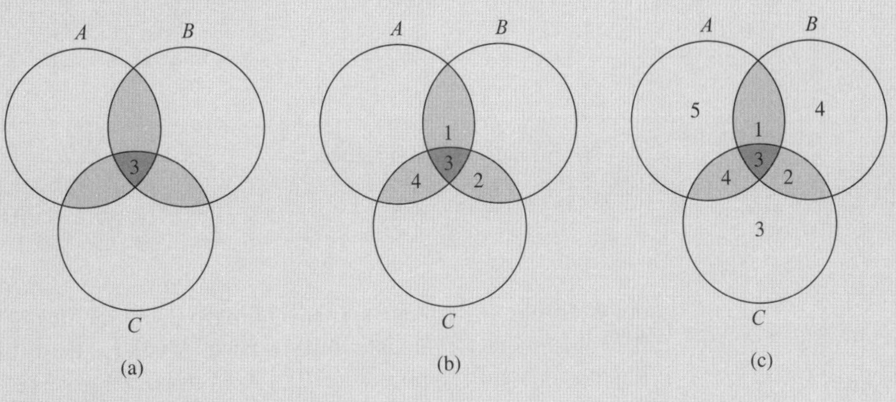

Figura 4.8

Embora estejamos prontos para generalizar a Equação (3) para um número arbitrário de conjuntos, a abordagem com diagramas de Venn torna-se muito complicada de desenhar se tivermos mais de três conjuntos.

EXEMPLO 42 Um feirante vende apenas brócolis, cenoura e quiabo. Um dia o feirante atendeu 207 pessoas. Se 114 pessoas compraram brócolis, 152 compraram cenoura, 25 compraram quiabo, 64 compraram brócolis e cenoura, 12 compraram cenoura e quiabo e 9 compraram os três produtos, quantas pessoas compraram brócolis e quiabo?

Sejam

$$A = \{\text{pessoas que compraram brócolis}\}$$
$$B = \{\text{pessoas que compraram cenoura}\}$$
$$C = \{\text{pessoas que compraram quiabo}\}$$

Então $|A \cup B \cup C| = 207$, $|A| = 114$, $|B| = 152$, $|C| = 25$, $|A \cap B| = 64$, $|B \cap C| = 12$ e $|A \cap B \cap C| = 9$. Da Equação (3),

$$|A \cup B \cup C| = |A| + |B| + |C| - |A \cap B| - |A \cap C| - |B \cap C| + |A \cap B \cap C|$$
$$207 = 114 + 152 + 25 - 64 - |A \cap C| - 12 + 9$$
$$|A \cap C| = 114 + 152 + 25 - 64 - 12 + 9 - 207 = 17$$

Na Equação (2), somamos o número de elementos dos conjuntos dados e subtraímos o número de elementos na interseção dos dois conjuntos. Na Equação (3), somamos o número de elementos dos conjuntos dados, subtraímos o número de elementos nas interseções de dois conjuntos e somamos o número de elementos na interseção dos três conjuntos. Isso parece sugerir um padrão: se tivermos n conjuntos, devemos somar o número de elementos dos conjuntos dados, subtrair o número de elementos nas interseções de dois conjuntos, somar o número de elementos nas interseções de três conjuntos, subtrair o número de elementos nas interseções de quatro conjuntos e assim por diante. Isso nos leva à forma geral do princípio de inclusão e exclusão:

PRINCÍPIO PRINCÍPIO DE INCLUSÃO E EXCLUSÃO

Dados conjuntos finitos $A_1, \ldots, A_n$, $n \geq 2$, temos

$$|A_1 \cup \cdots \cup A_n| = \sum_{1 \leq i \leq n} |A_i| - \sum_{1 \leq i < j \leq n} |A_i \cap A_j| + \sum_{1 \leq i < j < k \leq n} |A_i \cap A_j \cap A_k| - \cdots + (-1)^{n+1} |A_1 \cap \cdots \cap A_n| \quad (4)$$

Na Equação (4), a notação

$$\sum_{1 \leq i < j \leq n} |A_i \cap A_j|$$

por exemplo, diz para se somar o número de elementos em todas as interseções da forma $A_i \cap A_j$, em que i e j podem tomar quaisquer valores entre 1 e n, desde que $i < j$. Para $n = 3$, isso nos dá $|A_1 \cap A_2|$ $(i = 1, j = 2)$, $|A_1 \cap A_3|$ $(i = 1, j = 3)$ e $|A_2 \cap A_3|$ $(i = 2, j = 3)$. Isso está de acordo com a Equação (3), em que $A_1 = A$, $A_2 = B$ e $A_3 = C$.

Para provar a forma geral do princípio de inclusão e exclusão, vamos usar indução matemática. Embora a ideia da demonstração seja bastante direta, a notação é meio confusa. A base da indução, $n = 2$, é a Equação (2). Vamos supor que a Equação (4) seja verdadeira para $n = k$ e mostrar que ela é verdadeira para $n = k + 1$. Temos

$$
\begin{aligned}
&|A_1 \cup \cdots \cup A_{k+1}| \\
&\quad = |(A_1 \cup \cdots \cup A_k) \cup A_{k+1}| \\
&\quad = |(A_1 \cup \cdots \cup A_k)| + |A_{k+1}| \\
&\qquad - |(A_1 \cup \cdots \cup A_k) \cap A_{k+1}| \qquad \text{(pela Equação (2))} \\
&\quad = \sum_{1 \le i \le k} \overset{\textcircled{1}}{|A_i|} - \sum_{1 \le i < j \le k} |A_i \cap A_j| + \sum_{1 \le i < j < m \le k} |A_i \cap A_j \cap A_m| \\
&\qquad - \cdots + (-1)^{k+1} |A_1 \cap \cdots \cap A_k| + \overset{\textcircled{1}}{|A_{k+1}|} \\
&\qquad - |(A_1 \cap A_{k+1}) \cup \cdots \cup (A_k \cap A_{k+1})|
\end{aligned}
$$

(pela hipótese de indução e pela distributividade)

$$
\begin{aligned}
&= \sum_{1 \le i \le k+1} |A_i| - \sum_{1 \le i < j \le k} \overset{\textcircled{2}}{|A_i \cap A_j|} + \sum_{1 \le i < j < m \le k} \overset{\textcircled{3}}{|A_i \cap A_j \cap A_m|} \\
&\quad - \cdots + (-1)^{k+1} |A_1 \overset{\textcircled{4}}{\cap} \cdots \cap A_k| \\
&\quad - \left(\sum_{1 \le i \le k} \overset{\textcircled{2}}{|A_i \cap A_{k+1}|} - \sum_{1 \le i < j \le k} \overset{\textcircled{3}}{|A_i \cap A_j \cap A_{k+1}|} + \cdots + \right. \\
&\quad + (-1)^k \sum_{1 \le i < j < \cdots < m \le k} \underbrace{|(A_i \cap A_{k+1}) \overset{\textcircled{4}}{\cap} (A_j \cap A_{k+1}) \cap \cdots \cap (A_m \cap A_{k+1})|}_{k-1 \text{ termos}} \\
&\quad \left. + (-1)^{k+1} |A_1 \cap \cdots \cap A_{k+1}| \right)
\end{aligned}
$$

(combinando os termos marcados com ① e usando a hipótese de indução nos k conjuntos $A_1 \cap A_{k+1}, A_2 \cap A_{k+1}, \ldots, A_k \cap A_{k+1}$)

$$
\begin{aligned}
&= \sum_{1 \le i \le k+1} |A_i| - \sum_{1 \le i < j \le k+1} |A_i \cap A_j| + \sum_{1 \le i < j < m \le k+1} |A_i \cap A_j \cap A_m| \\
&\quad - \cdots - (-1)^{k+1} |A_1 \cap \cdots \cap A_{k+1}|
\end{aligned}
$$

(combinando os termos acima associados aos mesmos números)

$$
\begin{aligned}
&= \sum_{1 \le i \le k+1} |A_i| - \sum_{1 \le i < j \le k+1} |A_i \cap A_j| + \sum_{1 \le i < j < m \le k+1} |A_i \cap A_j \cap A_m| \\
&\quad - \cdots + (-1)^{k+2} |A_1 \cap \cdots \cap A_{k+1}|
\end{aligned}
$$

Isso completa a demonstração da Equação (4). Uma demonstração diferente do princípio de inclusão e exclusão pode ser encontrada no Exercício 23 da Seção 4.5.

O Princípio das Casas de Pombo

O **princípio das casas de pombo** adquiriu esse nome exótico da seguinte ideia: se mais de k pombos entram em k casas de pombos, então pelo menos uma casa vai ter mais de um pombo. Embora isso pareça óbvio, podemos aprofundar esse ponto. Suponha que cada casa contenha no máximo um pombo. Então existem no máximo k pombos e não os "mais de k" pombos que supostamente entraram nas casas.

Vamos agora enunciar o princípio das casas de pombo de uma forma menos pitoresca.

PRINCÍPIO PRINCÍPIO DAS CASAS DE POMBO

Se mais de k itens são colocados em k caixas, então pelo menos uma caixa contém mais de um item.

Escolhendo de maneira esperta itens e caixas, pode-se resolver uma série de problemas interessantes de contagem (veja o Exemplo 7 do Capítulo 2).

EXEMPLO 43 Quantas pessoas têm que estar presentes em uma sala para garantir que duas delas têm o último nome começando com a mesma letra?

O alfabeto (incluindo K, Y e W) tem 26 letras (caixas). Se a sala tiver 27 pessoas, então existem 27 iniciais (itens) para se colocar em 26 caixas, de modo que pelo menos uma caixa vai conter mais de uma inicial. ●

PROBLEMA PRÁTICO 29 Quantas vezes é preciso jogar um dado de modo a garantir que um mesmo valor apareça duas vezes? ■

EXEMPLO 44 Prove que, se escolhermos 51 inteiros positivos entre 1 e 100, então um deles tem que dividir algum outro.

Suponha que os inteiros são $n_1, \ldots, n_{51}$. Cada inteiro $n_i \geq 2$ pode ser escrito como um produto de números primos (teorema fundamental da aritmética), cada número primo exceto 2 é ímpar e o produto de números ímpares é ímpar. Portanto, para cada i, $n_i = 2^{k_i}b_i$, em que $k_i \geq 0$ e b_i é um número ímpar. Além disso, $1 \leq b_i \leq 99$, e existem 50 inteiros ímpares entre 1 e 99, inclusive, mas há 51 valores de b. Pelo princípio das casas de pombo, $b_i = b_j$ para algum i e j, de modo que $n_i = 2^{k_i}b_i$ e $n_j = 2^{k_j}b_i$. Se $k_i \leq k_j$, então n_i divide n_j; caso contrário, n_j divide n_i. ●

SEÇÃO 4.3 REVISÃO

TÉCNICAS

- Utilização do princípio de inclusão e exclusão para encontrar o número de elementos em uma união de conjuntos.
- Utilização do princípio das casas de pombo para encontrar o número mínimo de elementos que garante que dois deles têm uma propriedade duplicada.

IDEIA PRINCIPAL

- O princípio de inclusão e exclusão e o princípio das casas de pombo são mecanismos adicionais para contagem em conjuntos.

EXERCÍCIOS 4.3

1. Todos os convidados em um jantar bebem café ou chá; 13 convidados bebem café, 10 bebem chá e 4 bebem tanto café quanto chá. Quantos convidados estão no jantar?
2. Em um grupo de 42 turistas, todos falam inglês ou francês; 35 falam inglês e 18 falam francês. Quantos falam inglês e francês?
3. Depois de servir 137 clientes, o proprietário de um pequeno restaurante notou, ao final do dia, que havia vendido 56 porções de vagem, 38 porções de beterraba e 17 clientes comeram porções de vagem e de beterraba. Quantos clientes não comeram vagem nem beterraba?
4. Será feito um show de bicicletas para bicicletas com várias marchas, próprias para um terreno montanhoso, e para bicicletas comuns. Das 24 pessoas que se registraram para o show, 17 trarão bicicletas comuns e 5 trarão os dois tipos de bicicletas. Quantos trarão bicicletas com marchas?

5. O controle de qualidade em uma fábrica retirou 40 peças de uma linha de produção com defeitos na pintura, na embalagem ou na parte elétrica. Dentre essas peças, 28 tinham defeito na pintura, 17 tinham a embalagem defeituosa, 13 tinham defeitos na parte elétrica, 6 tinham defeitos tanto na pintura quanto na embalagem, 7 tinham defeitos de embalagem e na parte elétrica e 10 tinham defeito na pintura e na parte elétrica. Alguma peça tinha todos os três tipos de defeito?
6. Em um grupo de 24 pessoas que gostam de rock, música sertaneja e música clássica, 14 gostam de rock, 17 de música clássica, 11 de rock e de música sertaneja, 9 de rock e de música clássica, 13 de música sertaneja e de música clássica e 8 gostam dos três tipos de música. Quantos gostam de música sertaneja?
7. Dezenove produtos diferentes para bochechar anunciam as seguintes propriedades: 12 afirmam que refrescam o hálito, 10 anunciam que previnem gengivite, 11 dizem reduzir a formação de placas, 6 afirmam que refrescam o hálito e reduzem a formação de placas, 5 anunciam que previnem gengivite e também refrescam o hálito e 5 dizem que previnem gengivite e reduzem a formação de placas.
   a. Quantos produtos anunciam que têm todas as três propriedades?
   b. Quantos produtos dizem que refrescam o hálito, mas não afirmam reduzir a formação de placas?
8. Dos 83 alunos que querem se matricular na disciplina CC 320, 32 já fizeram CC 120, 27 já fizeram CC 180 e 35 já fizeram CC 215. Dentre eles, 7 já fizeram CC 120 e CC 180, 16 já fizeram CC 180 e CC 215 e 3 já fizeram CC 120 e CC 215. Dois estudantes já cursaram todas as três disciplinas. O pré-requisito para CC 320 é ter cursado uma entre as três disciplinas CC 120, CC 180 ou CC 215. Quantos alunos não podem se matricular em CC 320?
9. Uma pesquisa entre 150 alunos de faculdades revela que 83 têm carros, 97 têm bicicletas, 28 têm motocicletas, 53 têm um carro e uma bicicleta, 14 têm um carro e uma moto, 7 têm uma bicicleta e uma moto e 2 têm todos os três.
   a. Quantos estudantes têm apenas uma bicicleta?
   b. Quantos estudantes não têm nenhum dos três?
10. Entre os 214 clientes de um banco que têm conta-corrente ou poupança, 189 têm conta-corrente, 73 tem poupança normal, 114 têm poupança multidata e 69 têm tanto conta-corrente quanto poupança normal. Não é permitido a um cliente ter ao mesmo tempo poupança normal e poupança multidata.
    a. Quantos clientes têm conta-corrente e poupança multidata?
    b. Quantos clientes têm conta-corrente, mas não têm poupança?
11. No início deste capítulo foi feito um levantamento entre os assinantes de seu boletim eletrônico informativo, em preparação para o lançamento de seu novo programa de computador.

    Os resultados de seu levantamento revelam que, dos 87 assinantes, 68 têm um sistema baseado em Windows em suas máquinas, 34 têm disponível um sistema Unix e 30 têm acesso a um Mac. Além disso, 19 têm acesso a ambos os sistemas Windows e Unix, 11 têm acesso tanto a Unix quanto a Mac e 23 podem usar tanto Windows quanto Mac.

    Use o princípio de inclusão e exclusão para determinar quantos assinantes têm acesso aos três tipos de sistema.
12. Você está desenvolvendo um novo sabão para banho e contrata um grupo que faz pesquisa de opinião para pesquisar o mercado. O grupo afirma que, em sua pesquisa com 450 consumidores, as seguintes propriedades foram destacadas como importantes na compra de sabão para banho:

Cheiro	425
Facilidade em ensaboar	397
Ingredientes naturais	340
Cheiro e facilidade em ensaboar	284
Cheiro e ingredientes naturais	315
Facilidade em ensaboar e ingredientes naturais	219
Todos os três fatores	147

    Você deveria confiar nesses resultados? Por quê?

13. a. Quantos inteiros n, $1 \leq n \leq 100$, são múltiplos de 2 ou de 5?
    b. Quantos inteiros n, $1 \leq n \leq 100$, não são múltiplos de 2 nem de 5?
14. Quantos inteiros n, $1 \leq n \leq 1000$, não são múltiplos de 3 nem de 7?
15. a. Escreva a expressão para $|A \cup B \cup C \cup D|$ da Equação (4).
    b. Escreva uma expressão para o número de termos na expansão $|A_1 \cup \ldots \cup A_n|$ dada pela Equação (4).
16. Clientes de uma livraria local podem pedir para serem notificados da chegada de livros novos em seus gêneros de interesse. No primeiro mês desse serviço, 32 pediram livros de suspense, 34 escolheram livros de espionagem, 18 escolheram livros de bangue-bangue* e 41 escolheram livros de ficção científica. Desses, 17 pediram tanto suspense quanto espionagem, 8 pediram suspense e bangue-bangue, 19 pediram suspense e ficção científica, 5 pediram espionagem e bangue-bangue, 20 pediram espionagem e ficção científica e 12 pediram bangue-bangue e ficção científica. Além disso, 2 se interessam por suspense, espionagem e bangue-bangue, 11, por suspense, espionagem e ficção científica, 6, por suspense, bangue-bangue e ficção científica, e 5, por espionagem, bangue-bangue e ficção científica. Finalmente, duas pessoas se interessaram pelos quatro gêneros. Quantas pessoas se interessaram no primeiro mês por esse serviço?
17. Quantas cartas devem ser retiradas de um baralho padrão, com 52 cartas, para se obter, com certeza, duas cartas do mesmo naipe?
18. Quantas cartas devem ser retiradas de um baralho padrão, com 52 cartas, para se obter, com certeza, uma carta de um naipe preto?
19. Se 12 cartas forem retiradas de um baralho padrão, pelo menos duas delas terão que ser do mesmo naipe?
20. Quantas cartas devem ser retiradas de um baralho padrão, com 52 cartas, para se obter, com certeza, 2 damas?
21. Um serviço de encontros por computador tem uma lista contendo 50 homens e 50 mulheres. São selecionados nomes aleatoriamente. Quantos nomes têm que ser selecionados para garantir que apareçam nomes de uma pessoa de cada sexo?
22. Um serviço de empregados domésticos por computador tem uma lista contendo 50 homens e 50 mulheres. São selecionados nomes aleatoriamente. Quantos nomes têm que ser selecionados para garantir que apareçam dois nomes de pessoas do mesmo sexo?
23. Um grupo tem que conter quantas pessoas para se garantir que duas pessoas no grupo façam aniversário no mesmo dia? (Não esqueça os anos bissextos.)
24. Em um grupo de 25 pessoas, é verdade que existem pelo menos 3 pessoas que nasceram no mesmo mês?
25. Prove que, se quatro números forem escolhidos do conjunto $\{1, 2, 3, 4, 5, 6\}$, pelo menos um par tem que somar 7. (*Sugestão*: Encontre todos os pares de números do conjunto cuja soma seja 7.)
26. Quantos números devem ser escolhidos do conjunto $\{2, 4, 6, 8, 10, 12, 14, 16, 18, 20\}$ para se garantir que pelo menos um par soma 22? (Veja a sugestão do Exercício 25.)
27. Seja n um inteiro positivo. Mostre que, em qualquer conjunto de $n + 1$ inteiros, existem pelo menos dois cujos restos são iguais quando divididos por n.

SEÇÃO 4.4 PERMUTAÇÕES E COMBINAÇÕES

Permutações

O Exemplo 26 na Seção 4.2 discutiu o problema de contar todas as possibilidades para os quatro últimos dígitos de um número de telefone sem dígitos repetidos. Neste problema, o número 1259 não é igual ao número 2951, já que a ordem dos quatro dígitos é importante. Um arranjo ordenado de objetos é chamado de **permutação**. Cada um desses números é uma permutação de 4 objetos distintos escolhidos em um conjunto de 10 objetos distintos (os dígitos). Quantas dessas permutações existem? A resposta, encontrada usando-se o princípio da multiplicação, é $10 \cdot 9 \cdot 8 \cdot 7$ — existem 10 escolhas possíveis para o primeiro

*Livros de ficção passados no Oeste americano na época em que as pessoas andavam armadas na rua. (N.T.)

dígito, depois 9 para o segundo, já que não são permitidas repetições, 8 para o próximo dígito e 7 para o quarto dígito. O número de permutações de r objetos distintos escolhidos entre n objetos distintos é denotado por $P(n, r)$. Portanto, a solução do problema dos números de quatro dígitos sem repetição pode ser expressa como $P(10, 4)$.

Pode-se escrever uma fórmula para $P(n, r)$ usando a função fatorial. Para um inteiro positivo n, ***n* fatorial** é definido como $n(n-1)(n-2)\cdots 1$ e denotado por $n!$; $0!$ é definido como tendo o valor 1. Da definição de $n!$, vemos que

$$n! = n(n-1)!$$

e que, para $r < n$,

$$\begin{aligned}\frac{n!}{(n-r)!} &= \frac{n(n-1)\cdots(n-r+1)(n-r)!}{(n-r)!} \\ &= n(n-1)\cdots(n-r+1)\end{aligned}$$

Usando a função fatorial,

$$\begin{aligned}P(10, 4) &= 10 \cdot 9 \cdot 8 \cdot 7 \\ &= \frac{10 \cdot 9 \cdot 8 \cdot 7 \cdot 6 \cdot 5 \cdot 4 \cdot 3 \cdot 2 \cdot 1}{6 \cdot 5 \cdot 4 \cdot 3 \cdot 2 \cdot 1} = \frac{10!}{6!} = \frac{10!}{(10-4)!}\end{aligned}$$

Em geral, $P(n, r)$ é dado pela fórmula

$$P(n, r) = \frac{n!}{(n-r)!} \quad \text{para } 0 \leq r \leq n$$

EXEMPLO 45 O valor de $P(7, 3)$ é

$$\frac{7!}{(7-3)!} = \frac{7!}{4!} = \frac{7 \cdot 6 \cdot 5 \cdot 4 \cdot 3 \cdot 2 \cdot 1}{4 \cdot 3 \cdot 2 \cdot 1} = 7 \cdot 6 \cdot 5 = 210$$

EXEMPLO 46 Três casos especiais que podem aparecer ao se calcular $P(n, r)$ são as duas "condições de contorno" $P(n, 0)$ e $P(n, n)$, e também $P(n, 1)$. De acordo com a fórmula,

$$P(n, 0) = \frac{n!}{(n-0)!} = \frac{n!}{n!} = 1$$

Isso pode ser interpretado como se dizendo que existe apenas um arranjo ordenado de zero objetos — o conjunto vazio.

$$P(n, 1) = \frac{n!}{(n-1)!} = n$$

Essa fórmula reflete o fato de que existem n arranjos ordenados de um objeto. (Cada arranjo consiste em um objeto, de modo que basta contar de quantas maneiras podemos obter um objeto.)

$$P(n, n) = \frac{n!}{(n-n)!} = \frac{n!}{0!} = n!$$

Essa fórmula diz que existem $n!$ arranjos ordenados de n objetos distintos. (Isso reflete, simplesmente, o princípio de multiplicação — n escolhas para o primeiro objeto, $n - 1$ para o segundo e assim por diante, com apenas uma escolha para o n-ésimo objeto.)

EXEMPLO 47 O número de permutações de 3 objetos, digamos a, b e c, é dado por $P(3, 3) = 3! = 3 \cdot 2 \cdot 1 = 6$. As 6 permutações de a, b e c são

$$abc, acb, bac, bca, cab, cba$$

EXEMPLO 48 Quantas palavras de três letras (que podem não fazer sentido) podem ser formadas a partir da palavra "compilar" se nenhuma letra pode ser repetida? Nesse caso a ordem das letras faz diferença, e queremos saber o número de permutações de três objetos distintos retirados de um conjunto de 8 objetos. A resposta é $P(8, 3) = 8!/5! = 336$.

Note que poderíamos ter resolvido o Exemplo 48 simplesmente usando o princípio da multiplicação — existem 8 escolhas para a primeira letra, 7 para a segunda e 6 para a terceira, logo a resposta é $8 \cdot 7 \cdot 6 = 336$. $P(n, r)$ nos dá, simplesmente, uma nova maneira de pensar sobre o problema, além de uma notação compacta.

EXEMPLO 49 Dez atletas competem em um evento olímpico. São dadas medalhas de ouro, prata e bronze. De quantas maneiras podem ser dadas as medalhas?

Esse é, essencialmente, o mesmo problema que o do Exemplo 48. A ordem é importante; dados três vencedores A, B e C, o resultado A – ouro, B – prata, C – bronze é diferente do resultado C – ouro, A – prata, B – bronze. Queremos, portanto, o número de arranjos ordenados de 3 objetos de um conjunto de 10, ou $P(10, 3)$. Usando a fórmula para $P(n, r)$, $P(10, 3) = 10!/7! = 10 \cdot 9 \cdot 8 = 720$.

PROBLEMA PRÁTICO 30 De quantas maneiras pode-se selecionar um presidente e um vice-presidente em um grupo de 20 pessoas?

PROBLEMA PRÁTICO 31 De quantas maneiras 6 pessoas podem se sentar em uma fileira de 6 cadeiras?

Problemas de contagem podem ter outros problemas de contagem como tarefas auxiliares.

EXEMPLO 50 Uma biblioteca tem 4 livros sobre sistemas operacionais, 7 sobre programação e 3 sobre estruturas de dados. Vamos ver de quantas maneiras esses livros podem ser arrumados em uma prateleira, dado que todos os livros sobre o mesmo assunto devem ficar juntos.

Podemos pensar nesse problema como uma sequência de tarefas. Vamos considerar, primeiro, a tarefa de se arrumar três assuntos. Existem 3! resultados possíveis para essa tarefa, ou seja, existem 3! ordens possíveis para os assuntos. As próximas tarefas são arrumar os livros sobre sistemas operacionais (4! possibilidades), depois arrumar os livros sobre programação (7! possibilidades) e, finalmente, arrumar os livros sobre estruturas de dados (3! possibilidades). Portanto, pelo princípio da multiplicação, o número final de ordens possíveis de todos os livros é $(3!)(4!)(7!)(3!) = 4.354.560$.

Combinações

Algumas vezes queremos selecionar r objetos de um conjunto de n objetos, mas não nos importamos com a ordem. Nesse caso estamos contando o número de **combinações** de r objetos distintos escolhidos entre n objetos distintos, que denotamos por $C(n, r)$. Para cada uma dessas combinações, existem $r!$ maneiras de ordenar os r objetos escolhidos. Pelo princípio de multiplicação, o número de permutações de r objetos distintos escolhidos entre n objetos é o produto do número de escolhas possíveis dos objetos, $C(n, r)$, pelo número de maneiras de ordenar os objetos escolhidos, $r!$. Logo,

$$C(n, r) \cdot r! = P(n, r)$$

ou

$$C(n, r) = \frac{P(n, r)}{r!} = \frac{n!}{r!(n-r)!} \quad \text{para } 0 \leq r \leq n$$

Outras notações usadas para $C(n, r)$ são

$$_nC_r, \quad C^n_r, \quad \binom{n}{r}$$

EXEMPLO 51 O valor de $C(7, 3)$ é

$$\frac{7!}{3!(7-3)!} = \frac{7!}{3!4!} = \frac{7 \cdot 6 \cdot 5 \cdot 4 \cdot 3 \cdot 2 \cdot 1}{3 \cdot 2 \cdot 1 \cdot 4 \cdot 3 \cdot 2 \cdot 1}$$
$$= \frac{7 \cdot 6 \cdot 5}{3 \cdot 2 \cdot 1} = 7 \cdot 5 = 35$$

Do Exemplo 45, o valor de $P(7,3)$ é 210 e $C(7, 3) \times (3!) = 35(6) = 210 = P(7,3)$. ●

EXEMPLO 52 Os casos especiais para $C(n, r)$ são $C(n, 0)$, $C(n, 1)$ e $C(n, n)$. A fórmula para $C(n, 0)$,

$$C(n, 0) = \frac{n!}{0!(n-0)!} = 1$$

reflete o fato de que existe uma única maneira de escolher zero objetos entre n objetos: escolha o conjunto vazio.

$$C(n, 1) = \frac{n!}{1!(n-1)!} = n$$

Essa fórmula indica que existem n maneiras de selecionar 1 objeto entre n objetos.

$$C(n, n) = \frac{n!}{n!(n-n)!} = 1$$

Nessa última fórmula, vemos que existe uma única maneira de selecionar n objetos entre n objetos, que é escolha todos os objetos. ●

Na fórmula para $C(n, r)$, suponha que n é mantido fixo e r é aumentado. Então $r!$ aumenta, o que faz com que $C(n, r)$ tenda a se tornar menor, mas, por outro lado, $(n - r)!$ diminui, o que faz com que $C(n, r)$ tenda a se tornar maior. Para valores pequenos de r, o aumento em $r!$ não é tão grande quanto a diminuição em $(n - r)!$, de modo que $C(n, r)$ aumenta de 1 a n e até valores maiores. Chega uma hora, no entanto, que o aumento em $r!$ se torna maior do que a diminuição em $(n - r)!$, e os valores de $C(n, r)$ começam a diminuir até chegar a 1 quando $r = n$, como calculamos no Exemplo 52. A Figura 4.9a ilustra o aumento e diminuição dos valores de $C(n, r)$ para um n fixo. Para $P(n, r)$, quando n é mantido fixo e r aumenta, $n - r$, e, portanto, $(n - r)!$, diminui, de modo que $P(n, r)$ aumenta. Então, os valores de $P(n, r)$ para $0 \leq r \leq n$ crescem de 1 a $n!$, passando por n, como calculamos no Exemplo 46. Veja a Figura 4.9b; note a diferença nas escalas verticais das Figuras 4.9a e 4.9b.

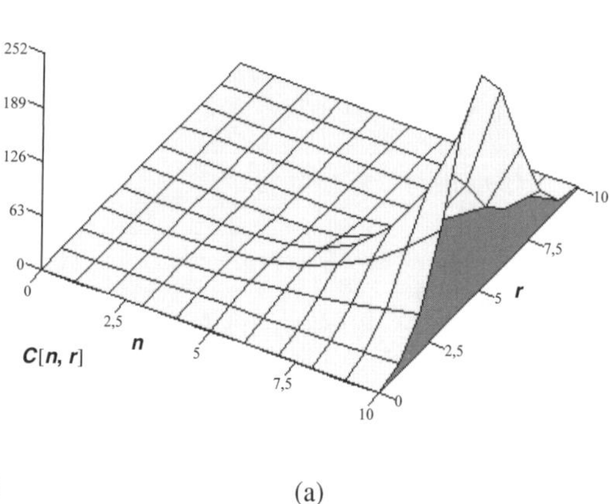

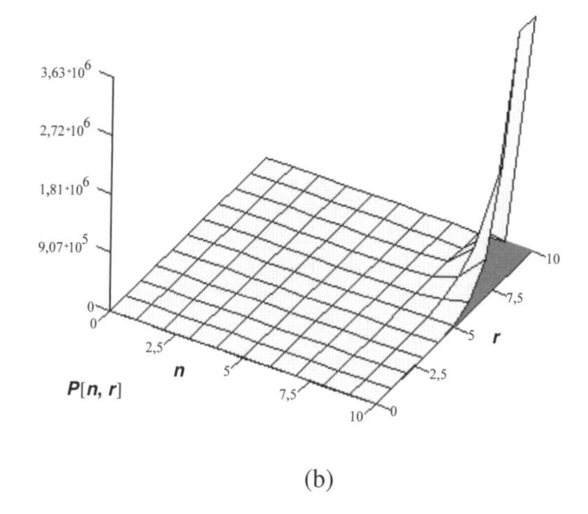

Figura 4.9 (a) (b)

EXEMPLO 53 Quantas mãos de pôquer, com 5 cartas cada, podem ser distribuídas com um baralho de 52 cartas? Aqui a ordem não importa, já que queremos saber, simplesmente, quais cartas ficaram em cada mão. Queremos o número de maneiras de escolher 5 objetos entre 52, que é um problema de combinações. A resposta é $C(52, 5) = 52!/(5!47!) = 2.598.960$.

Ao contrário dos problemas anteriores, a resposta do Exemplo 53 não pode ser obtida facilmente aplicando-se o princípio da multiplicação. Logo, $C(n, r)$ nos dá uma maneira de resolver novos problemas.

EXEMPLO 54 Dez atletas competem em um evento olímpico; três serão declarados vencedores. Quantos conjuntos de vencedores podem ser formados?

Ao contrário do Exemplo 49, não há ordem entre os três vencedores, de modo que devemos, simplesmente, escolher 3 objetos entre 10. Esse é um problema de combinações e não envolve permutações. O resultado é $C(10, 3) = 10!/(3!7!) = 120$. Note que existem menos maneiras de se escolher 3 vencedores (um problema de combinações) do que de se dar medalhas de ouro, prata e bronze aos 3 vencedores (um problema de permutações — Exemplo 49).

PROBLEMA PRÁTICO 32 De quantas maneiras pode-se escolher uma comissão de 3 pessoas em um grupo de 12?

LEMBRETE

Em um problema de contagem, pergunte-se, primeiro, se a ordem é relevante. Se for, é um problema de permutações. Senão, é um problema de combinações.

Lembre-se de que a diferença entre permutações e combinações consiste em se os objetos são simplesmente selecionados ou se são selecionados e ordenados. Se a ordem for relevante, o problema envolverá permutações; se a ordem não for relevante, o problema envolverá combinações. Por exemplo, o Problema Prático 30 é um problema de permutações — duas pessoas devem ser selecionadas e ordenadas, a primeira como presidente e a segunda como vice-presidente —, enquanto o Problema Prático 32 é um problema de combinações — três pessoas são selecionadas, mas não ordenadas.

Ao se resolver problemas de contagem, $C(n, r)$ pode ser usada em conjunção com o princípio da multiplicação ou o princípio da adição.

EXEMPLO 55 Uma comissão de 8 alunos deve ser escolhida em um grupo contendo 19 alunos do primeiro ano e 34 do segundo ano.

a. Quantas comissões com 3 alunos do primeiro ano e 5 do segundo existem?
b. Quantas comissões com exatamente 1 aluno do primeiro ano existem?
c. Quantas comissões com no máximo 1 aluno do primeiro ano existem?
d. Quantas comissões com pelo menos 1 aluno do primeiro ano existem?

Como a ordem dos indivíduos escolhidos é irrelevante, esses são problemas de combinações.

Para o item (a), temos uma sequência de duas tarefas, selecionar alunos do primeiro ano e selecionar alunos do segundo ano. Deve-se usar o princípio de multiplicação. (Pensar em uma sequência de tarefas pode parecer implicar ordenação, mas isso apenas coloca os níveis na árvore de decisão, a base para o princípio da multiplicação. Não há ordenação dos alunos.) Como existem $C(19, 3)$ maneiras de se escolher um aluno do primeiro ano e $C(34, 5)$ maneiras de se escolher um aluno do segundo ano, a resposta é

$$C(19, 3) \cdot C(34, 5) = \frac{19!}{3!16!} \cdot \frac{34!}{5!29!} = (969)(278.256)$$

Para o item (b), temos, de novo, uma sequência de tarefas: selecionar o único aluno do primeiro ano e depois selecionar o resto da comissão entre os alunos do segundo ano. Existem $A(19, 1)$ maneiras de se selecionar um aluno do primeiro ano e $C(34, 7)$ maneiras de se selecionar os 7 elementos restantes entre os alunos do segundo ano. Pelo princípio da multiplicação, a resposta é

$$C(19, 1) \cdot C(34, 7) = \frac{19!}{1!(19-1)!} \cdot \frac{34!}{7!(34-7)!} = 19(5.379.616)$$

Para o item (c), obtemos no máximo 1 aluno do primeiro ano, tendo exatamente 1 aluno do primeiro ano ou 0 aluno do primeiro ano. Como esses dois eventos são disjuntos, usamos o princípio da adição. O número de maneiras de se selecionar exatamente 1 aluno do primeiro ano é a resposta do item (b). O número de maneiras de se selecionar 0 aluno do primeiro ano é o mesmo que o número de maneiras de se selecionar toda a comissão entre os 34 alunos do segundo ano, $C(34, 8)$. Logo, a resposta é

$$C(19, 1) \cdot C(34, 7) + C(34, 8) = \text{algum número grande}$$

Podemos fazer o item (d) de diversas maneiras. Uma delas é usar o princípio da adição, considerando as possibilidades disjuntas de se ter exatamente 1 aluno do primeiro ano, exatamente 2 alunos do primeiro ano e assim por diante, até se ter exatamente 8 alunos do primeiro ano. Poderíamos calcular cada um desses números e depois somá-los. No entanto, é mais fácil resolver o problema contando todas as maneiras possíveis de se formar a comissão com os 8 membros selecionados do total de 53 pessoas e depois eliminar (subtrair) as comissões que não contêm alunos do primeiro ano (inteiramente formadas por alunos do segundo ano). Logo, a resposta é

$$C(53, 8) - C(34, 8)$$

LEMBRETE
Problemas de contagem envolvendo "pelo menos" são, muitas vezes, resolvidos mais facilmente por subtração.

A função fatorial cresce muito rapidamente. Um número como 100! não pode ser calculado na maior parte das calculadoras (ou na maior parte dos computadores, a menos que se use aritmética de precisão dupla), mas expressões da forma

$$\frac{100!}{25!75!}$$

podem ser calculadas cancelando-se, primeiro, os fatores comuns.

Eliminação de Duplicatas

Mencionamos, anteriormente, que problemas de contagem podem ser resolvidos frequentemente de diversas maneiras. Infelizmente, também é fácil encontrar supostas soluções que parecem razoáveis, mas estão erradas. Em geral, estão erradas porque alguma coisa é contada mais de uma vez (ou, algumas vezes, um objeto é completamente esquecido e não é contado).

EXEMPLO 56

Considere, novamente, o item (d) do Exemplo 55, o número de maneiras de se selecionar uma comissão com pelo menos 1 aluno do primeiro ano. Uma solução errada é a seguinte: pense em uma sequência de duas tarefas, escolher um aluno do primeiro ano e depois escolher o resto da comissão. Existem $C(19, 1)$ maneiras de se escolher 1 aluno do primeiro ano. Uma vez escolhido um aluno do primeiro ano, estamos livres para escolher os outros 7 membros da comissão entre as 52 pessoas, sem restrições, com $C(52, 7)$ escolhas. Pelo princípio da multiplicação, isso nos dá $C(19, 1) \cdot C(52, 7)$, um número maior do que a resposta correta.

O problema é o seguinte: suponha que Diana e Felipe são alunos do primeiro ano. Em uma das escolhas que contamos, Diana é a aluna escolhida primeiro, e escolhemos o resto da comissão de modo que Felipe esteja entre eles, juntos com outros seis. Mas contamos, também, a opção de escolher primeiro Felipe como aluno do primeiro ano e compor a comissão com Diana e os outros mesmos seis membros anteriores. Essa é a mesma comissão que antes, e foi contada duas vezes. ●

PROBLEMA PRÁTICO 33

Uma comissão com 2 elementos, contendo necessariamente 1 aluno de matemática, vai ser escolhida entre 4 alunos de matemática e 3 de física. Calcule os 2 valores a seguir.

a. $C(7, 2) - C(3, 2)$ (solução correta: todas as comissões possíveis menos as que não têm alunos de matemática).
b. $C(4, 1) \cdot C(6, 1)$ (solução errada: escolha 1 aluno de matemática e depois escolha o resto da comissão).

Note que $C(4, 1) \cdot C(6, 1) - C(4, 2)$ também dá a resposta correta, pois $C(4, 2)$ é o número de comissões com 2 alunos de matemática, e são essas que foram contadas duas vezes em $C(4, 1) \cdot C(6, 1)$. ■

EXEMPLO 57

a. Quantas permutações distintas podem ser feitas com os caracteres que formam a palavra FLÓRIDA?
b. Quantas permutações distintas podem ser feitas com os caracteres que formam a palavra MISSISSIPI?

O item (a) é um problema simples sobre o número de permutações de 7 objetos distintos, que é 7!. No entanto, a resposta do item (b) não é 10!, pois os 10 caracteres em MISSISSIPI não são todos distintos. Isso significa que 10! conta alguns arranjos mais de uma vez (isso significa que não podemos ver a diferença entre $MIS_1S_2ISSIPI$ e $MIS_2S_1ISSIPI$).

Considere um arranjo qualquer dessas letras. Os quatro *S* ocupam determinadas posições na cadeia. Rearrumando os *S* nessas posições, obteríamos a mesma cadeia, logo nosso arranjo tem 4! cadeias iguais. Para evitar contar a mesma cadeia mais de uma vez, devemos dividir 10! por 4! para retirar todas as maneiras de se permutar os *S* nas mesmas posições. Analogamente, temos que dividir por 4! para lidar com os 4 *I*. Portanto, o número de permutações distintas é

$$\frac{10!}{4!4!}$$

●

Em geral, suponha que temos n objetos, dos quais um conjunto de n_1 é indistinguível entre si, outro conjunto de n_2 é indistinguível entre si, e assim por diante, até um conjunto de n_k objetos que é indistinguível entre si. O número de permutações distintas desses n objetos é

$$\frac{n!}{(n_1!)(n_2!)\cdots(n_k!)}$$

PROBLEMA PRÁTICO 34 Quantas permutações distintas existem dos caracteres na palavra MONGOOSES? ■

Permutações e Combinações com Repetições

Nossas fórmulas para $P(n, r)$ e $C(n, r)$ supõem que arrumamos ou selecionamos r objetos entre os n disponíveis usando cada objeto apenas uma vez. Portanto, $r \leq n$. Suponha, entretanto, que os n objetos estejam disponíveis para serem usados quantas vezes quisermos. Por exemplo, construímos palavras usando as 26 letras do nosso alfabeto; as palavras podem ser tão longas quanto quisermos, com as letras usadas repetidamente. Ou podemos retirar cartas de um baralho, recolocando uma carta após cada retirada; podemos retirar quantas cartas quisermos e usá-las repetidamente. Podemos ainda falar em permutações ou combinações de r objetos entre n, mas, com a possibilidade de repetições, r pode ser maior do que n.

Contar o número de permutações com repetições de r objetos entre n objetos distintos é fácil. Temos n escolhas para o primeiro objeto e, como são permitidas repetições, n escolhas para o segundo, n escolhas para o terceiro e assim por diante. Logo, o número de permutações com repetições de r objetos escolhidos entre n objetos distintos é n^r.

Para determinar o número de combinações com repetições de r objetos escolhidos entre n objetos distintos, vamos usar uma ideia bem inteligente.

EXEMPLO 58 Um joalheiro, ao projetar um broche, decidiu usar cinco pedras preciosas escolhidas entre diamantes, rubis e esmeraldas. De quantas maneiras diferentes podem ser escolhidas as pedras?

Como não estamos interessados em arrumar as pedras preciosas em ordem, esse é um problema de combinações e não de permutações. Queremos o número de combinações com repetição de cinco objetos escolhidos entre três objetos. O broche pode conter um diamante, três rubis e uma esmeralda, por exemplo, ou cinco diamantes. Podemos representar essas possibilidades representando por cinco asteriscos as pedras preciosas escolhidas e colocando marcadores verticais entre os asteriscos para representar a distribuição entre os três tipos de pedras preciosas. Por exemplo, podemos representar a escolha de um diamante, três rubis e uma esmeralda por

$$*|***|*$$

enquanto a escolha de cinco diamantes, sem rubis e sem esmeraldas, seria representada por

$$*****||$$

Embora tenhamos colocado os asteriscos e os marcadores em linha, isso não implica uma ordem. Estamos apenas considerando sete posições, representando as cinco pedras preciosas e os dois marcadores verticais, e as escolhas diferentes são representadas por quais das sete posições são ocupadas por asteriscos. Então, contamos o número de maneiras de escolher cinco itens entre sete, que é $C(7, 5)$, ou seja,

$$\frac{7!}{5!2!}$$ ●

Em geral, se usarmos o mesmo esquema para representar uma combinação com repetição de r objetos escolhidos entre n objetos distintos, teremos que ter $n - 1$ marcadores para indicar o número de cópias de cada um dos n objetos. Isso nos dá $r + (n - 1)$ posições a serem preenchidas, e queremos saber o número de maneiras de selecionar r dessas posições. Queremos, portanto,

$$C(r + n - 1, r) = \frac{(r + n - 1)!}{r!(r + n - 1 - r)!} = \frac{(r + n - 1)!}{r!(n - 1)!}$$

Isso está de acordo com o resultado do Exemplo 58, em que $r = 5$ e $n = 3$.

PROBLEMA PRÁTICO 35 Seis crianças escolhem cada uma um pirulito entre uma seleção de pirulitos vermelhos, amarelos e verdes. De quantas maneiras isso pode ser feito? (Não interessa qual criança pega qual pirulito.) ■

Discutimos algumas técnicas de contagem neste capítulo. A Tabela 4.2 resume as técnicas que podem ser aplicadas em circunstâncias variadas, embora possam existir diversas maneiras legítimas de resolver qualquer problema de contagem.

TABELA 4.2

Você quer contar o número de ...	Técnica a ser tentada
Subconjuntos de um conjunto com n elementos	Use a fórmula 2^n.
Possibilidades de resultados de eventos sucessivos	Multiplique o número de resultados possíveis para cada evento.
Possibilidades de resultados de eventos disjuntos	Some o número de resultados possíveis para cada evento.
Possibilidades de resultados dadas escolhas específicas em cada etapa	Desenhe uma árvore de decisão e conte o número de caminhos.
Elementos em partes da interseção de conjuntos	Use a fórmula para o princípio de inclusão e exclusão.
Arranjos ordenados de r entre n objetos distintos	Use a fórmula para $P(n, r)$.
Maneiras de selecionar r entre n objetos distintos	Use a fórmula para $C(n, r)$.
Maneiras de selecionar, com repetição permitida, r entre n objetos distintos	Use a fórmula para $C(r + n - 1, r)$.

Gerando Permutações e Combinações

Em determinado condado, os números nos bilhetes de loteria consistem em uma sequência (permutação) dos nove algarismos, 1, 2, ..., 9. A gráfica que imprime os bilhetes pode saber ou não que existem 9! = 362.880 bilhetes diferentes possíveis, mas ela certamente precisa gerar todos os bilhetes possíveis. Ou um conselho municipal (um grupo com 12 pessoas) quer formar uma subcomissão com 4 membros, mas quer escolher a combinação de membros do conselho que funcionem melhor juntos. O conselho poderia pedir para alguém gerar todas as $C(12, 4) = 495$ subcomissões possíveis e examinar a composição de cada uma delas. Então, em algumas situações, não basta contar o número de permutações ou combinações; é útil ser capaz de listar todas as permutações ou combinações.

EXEMPLO 59

O Exemplo 47 pediu o número de permutações dos três objetos *a*, *b* e *c*. A resposta foi dada pela fórmula $P(3, 3) = 3! = 6$. No entanto, foram listadas todas as seis permutações no Exemplo 47:

abc, *acb*, *bac*, *bca*, *cab*, *cba*

Essa lista representa as seis permutações usando a **ordem lexicográfica**, ou seja, a mesma ordem usada nos dicionários. Assim, *abc* vem antes de *acb*, embora as duas palavras comecem com a mesma letra, porque a segunda letra *b* vem antes de *c*. Se tivéssemos três inteiros, digamos 4, 6 e 7, em vez de ordem alfabética, a ordem lexicográfica das seis permutações apresentaria os valores em ordem numérica crescente:

467, 476, 647, 674, 746, 764 ●

PROBLEMA PRÁTICO 36

Arrume a lista de permutações a seguir em ordem lexicográfica:

medos, *sdome*, *mesod*, *esmdo*, *medso*, *sdoem* ■

Palavras próximas em ordem lexicográfica têm o maior número de caracteres iguais à esquerda ou, equivalentemente, diferem em menos caracteres à direita. Usamos essa característica para desenvolver um processo para gerar todas as permutações dos inteiros $\{1, \ldots, n\}$ em ordem lexicográfica.

EXEMPLO 60

Considere o conjunto $\{1, 2, 3, 4, 5\}$. O menor valor numérico (a primeira permutação) é dado pela ordem crescente dos inteiros, ou seja,

12345

Para gerar o próximo número em ordem lexicográfica, queremos reter o maior número possível de algarismos à esquerda. É claro que não podemos manter os quatro primeiros algarismos, já que isso determinaria também o quinto. Para manter os três algarismos à esquerda. 123 – –, precisamos arrumar os dois últimos algarismos para representar um valor maior do que o atual. Lendo 12345 da direita para a esquerda, vemos nos dois algarismos mais à direita que $4 < 5$, o que significa que podemos inverter a ordem do 4 e do 5 para obter

12354

que é a próxima permutação da lista. Isso é tudo que podemos fazer com os dois últimos algarismos; em particular, como 54 é uma sequência decrescente, não podemos usar esses dois valores para gerar outro número maior.

Para o próximo número, mantemos 12 – – – e consideramos como arrumar os três últimos algarismos. Lendo 12354 da direita para a esquerda, vemos nos três algarismos mais à direita que $3 < 5$, mas sabemos que qualquer coisa do 5 para a direita será uma sequência decrescente. A próxima permutação deve substituir o 3 pelo próximo maior valor à direita. Lendo 12354 da direita para a esquerda, o primeiro valor maior do que 3, no caso 4, é o menor valor maior do que 3. Trocando a ordem de 3 e 4, obtemos 12453, que coloca 4 na ordem correta; os algarismos mais à direita agora estão em ordem decrescente, logo, invertendo a ordem deles, obtemos

12435

que é a próxima permutação. ●

EXEMPLO 61 Para continuar o Exemplo 60, vamos dar um salto à frente. Suponha que acabamos de gerar a permutação

25431

e queremos a próxima permutação. Lendo da direita para a esquerda, todos os números vão aumentando até chegar ao 2, em que temos $2 < 5$. Começando novamente da direita para a esquerda, paramos no primeiro (e menor) valor maior do que 2, que é 3. Trocando 2 e 3 de lugar, obtemos 35421, com o primeiro algarismo correto. Como os algarismos depois do 3 estão em ordem decrescente, para invertê-los precisamos trocar o 5 com o 1 e o 4 com o 2, obtendo a próxima permutação,

31245

Dos exemplos precedentes, podemos construir um algoritmo que gere todas as permutações dos inteiros de 1 até n em ordem lexicográfica.

ALGORITMO *GERADOR DE PERMUTAÇÕES*

```
GeradorPerm(inteiro n ≥ 2)

//gera, em ordem lexicográfica, todas as permutações
//dos inteiros no conjunto {1, ..., n}
Variáveis locais:
inteiros i, j              //índices dos elementos nas permutações
inteiro k                  //para o contador dos laços
inteiros d_1, d_2, ..., d_n  //elementos de uma permutação da esquerda para a direita

   //cria e escreve a menor permutação
   para k = 1 até n faça
      d_k = k
   fim do para
   escreva d_1d_2...d_n

   //cria e escreve as permutações restantes
   para k = 2 até n! faça
      //procure da direita para a esquerda quando a sequência para de crescer
      i = n − 1
      j = n
      enquanto d_i > d_j faça //ainda crescendo da direita para a esquerda
         i = i − 1
         j = j − 1
      fim do enquanto
      //agora d_i < d_j, precisa substituir d_i pelo próximo inteiro maior

      //procure da direita para a esquerda pelo menor valor maior do que d_i
      j = n
      enquanto d_i > d_j faça
         j = j − 1
      fim do enquanto
      //agora d_j é o menor valor > d_i

      troque d_i e d_j
```

```
        //inverta os algarismos à direita do índice i
        i = i + 1
        j = n
        enquanto i < j faça
            troque d_i e d_j
            i = i + 1
            j = j − 1
        fim do enquanto

        escreva d_1d_2...d_n
    fim do para
fim da função GeradorPerm
```

PROBLEMA PRÁTICO 37 Percorra os passos no algoritmo que geram a permutação que vem depois de 51432. ∎

O Exercício 7 na seção No Computador no final deste capítulo sugere outro algoritmo para gerar todas as permutações (não na ordem lexicográfica) dos inteiros $\{1, \ldots, n\}$. Os dois algoritmos podem ser usados para gerar todas as permutações de quaisquer n elementos distintos; basta atribuir a cada um dos n elementos um único inteiro de 1 a n, gerar as permutações dos inteiros e depois reverter a atribuição.

Nosso segundo problema é gerar as $C(n, r)$ combinações de r elementos distintos escolhidos em $\{1, \ldots, n\}$. Tais combinações não envolvem ordem, são simplesmente um subconjunto com r elementos. Apesar disso, representaremos o subconjunto $\{3, 5, 7\}$ como a sequência 357 e geraremos os subconjuntos em ordem lexicográfica. Uma vez gerado 357, não podemos gerar 375 ou 753 ou qualquer outra permutação dos elementos no conjunto. Cada representação legítima consiste em uma sequência crescente.

EXEMPLO 62 Considere a ordem lexicográfica da combinação de 4 inteiros escolhidos em $\{1, \ldots, 7\}$. Se a combinação

$$2346$$

acabou de ser gerada, então a próxima combinação seria

$$2347$$

obtida incrementando-se o último algarismo na sequência. No entanto, em 2347, o último algarismo já tem o valor máximo possível. Movendo para a esquerda, o 4 pode ser aumentado para 5, mas aí o último algarismo tem que ser reduzido a seu valor mínimo, que é 6 (um a mais que 5). Portanto, a próxima combinação é

$$2356$$

Os dois próximos valores são

$$2357, 2367$$

e agora 7 e 6 estão em seus valores máximos. O 3 pode ser aumentado, mas os dois algarismos à direita terão que ser recolocados em seus menores valores possíveis. Os próximos valores são

$$2456, 2457, 2467, 2567, \ldots$$ ●

Com base nas ideias do Exemplo 62, dada uma sequência de combinação, o algoritmo deve aumentar o algarismo mais à direita que ainda não atingiu seu valor máximo permitido. A sequência de algarismos à direita do algarismo ν que acabou de ser aumentado deve ter os valores $\nu + 1$, $\nu + 2$ e assim por diante. A combinação inicial (menor) é $12 \ldots r$.

ALGORITMO *GERADOR DE COMBINAÇÕES*

```
GeradorComb(inteiro n ≥ 2, inteiro r ≥ 1)
//gera todas as combinações, em ordem lexicográfica,
//de r inteiros escolhidos do conjunto {1, ..., n}
Variáveis locais:
inteiros i, j              //índices dos elementos nas combinações
inteiro k                  //para o contador dos laços
inteiro max                //valor máximo permitido para um algarismo
inteiros d_1, d_2, ..., d_r  //elementos de uma combinação da esquerda para a direita

   //cria e escreve a menor combinação
   para k = 1 até r faça
      d_k = k
   fim do para
   escreva d_1d_2...d_r

   //cria e escreve as combinações restantes
   para k = 2 até C(n, r) faça
      //procura da direita para a esquerda pelo primeiro valor não máximo
      max = n
      i = r
      enquanto d_i = max faça //olha para a esquerda
         i = i - 1
         max = max - 1
      fim do enquanto
      //agora d_i < max, precisa incrementar d_i

      d_i = d_i + 1

      //corrige os valores à direita de d_i
      para j = i + 1 até r faça
         dj = d_(j-1) + 1
      fim do para
      escreva d_1d_2...d_r
   fim do para
fim da função GeradorComb
```

PROBLEMA PRÁTICO 38 Usando esse algoritmo, encontre a próxima combinação de quatro algarismos escolhidos em {1, ..., 9} depois de 24589. ■

Arquimedes e o Stomachion

Arquimedes foi um dos maiores matemáticos do mundo antigo. Ele viveu em torno de 287-212 a.C. em Siracusa (uma cidade-estado grega onde hoje é a Sicília). Acredita-se que ele estudou durante um tempo em Alexandria (no Egito) com alunos de Euclides. De qualquer forma, ele se interessava muito por geometria e pensava que seu trabalho mais importante era a descoberta da fórmula para o volume de uma esfera. Ele também aproximou o valor de π e compreendeu as ideias do cálculo integral, aproximando a área sob uma curva dividindo-a em uma série de retângulos. Suas contribuições à mecânica, à engenharia, à física e à astronomia também são surpreendentes. Algumas de suas invenções ajudaram a defender a cidade de Siracusa dos invasores romanos.

Arquimedes escreveu um tratado sobre o Stomachion, um quebra-cabeça conhecido, aparentemente, desde antes da época de Arquimedes. O quebra-cabeça consiste em 14 polígonos que preenchem um quadrado 12×12. Ele é construído marcando-se as unidades ao longo das bordas e depois unindo-se os pontos para formar um quadriculado. Cada interseção entre linhas do quadriculado ou das linhas do quadriculado com as bordas é chamado de um ponto do reticulado. Os polígonos são formados por segmentos ligando determinados pontos do reticulado. Os 14 polígonos e suas áreas (todas elas números inteiros) estão ilustrados a seguir; a soma dessas áreas é 144, a área do quadrado. (Um resultado moderno, o teorema de Pick, diz que a área de cada polígono é dada pela fórmula $A = I + B/2 - 1$, em que I = número de pontos do reticulado no interior do polígono e B = número de pontos do reticulado na borda do polígono. Você pode testar esse teorema no diagrama aqui, que é da construção do Stomachion na página da Internet.)

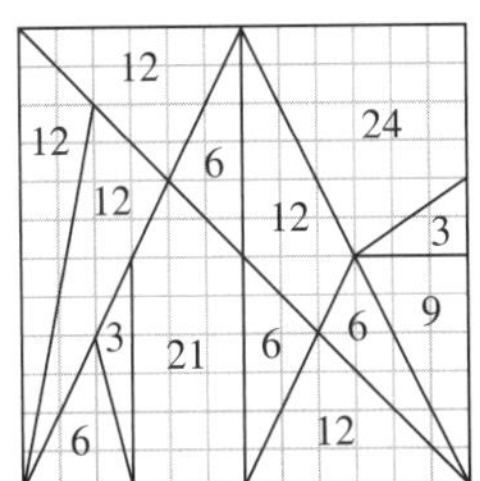

A história de como o trabalho de Arquimedes sobre o Stomachion está disponível hoje em dia, pelo menos em parte, é bem interessante. Não existem documentos originais escritos por Arquimedes hoje em dia, mas foram feitas cópias ao longo dos séculos. Uma dessas cópias é um manuscrito em um pergaminho (em pele de bode) antigo, escrito nos anos 900. Ele sobreviveu durante 300 anos, mas em 1229 foi rasgado, lavado, dobrado e escrito por cima como um livro de orações (reciclagem antiga!). Depois desapareceu por centenas de anos e foi descoberto em uma biblioteca em um monastério de uma igreja ortodoxa grega em Constantinopla, em 1906, por um dinamarquês versado no estudo dos clássicos que notou os caracteres escritos sobre outros e decifrou o que pôde, o suficiente para reconhecer que era um trabalho de Arquimedes. O trabalho continha informação sobre o Stomachion. Imaginava-se que o objetivo do quebra-cabeça era usar as peças para construir figuras interessantes (um pássaro, um elefante etc.), um pouco como o Tangram, muito mais conhecido. Parecia algo muito trivial para ocupar a mente de Arquimedes.

O pergaminho do livro de oração desapareceu novamente depois da Primeira Guerra Mundial até ser colocado em um leilão por uma família francesa em 1998. Comprado por uma americano anônimo por 2 milhões de dólares, foi dado a cientistas para ser mais estudado. A essa altura, o pergaminho estava em péssimas condições, com páginas faltando, buracos e rasgões, coberto de mofo, sem falar na escrita sobreposta. A tecnologia moderna revelou mais do texto original, o que trouxe uma interpretação nova ao quebra-cabeça Stomachion.

O Dr. Reviel Netz, um historiador da matemática em Stanford, nos EUA, concluiu que Arquimedes estava tentando contar de quantas maneiras as peças poderiam ser combinadas para formar o quadrado original. Isso é, essencialmente, um problema combinatório. É um problema simples? Na verdade, não. O Dr. Netz propôs esse problema a um time de duas pessoas, marido e mulher, especialistas em combinatória, que trabalharam durante seis semanas para provar que o número é 17.152. Se forem ignoradas as questões de simetria, como rotações e reflexões, a resposta é 536, o que foi confirmado através de um programa de computador escrito pelo cientista da computação Dr. William Cutler.

A combinatória é considerada um ramo novo da matemática, importante para a ciência da computação, mas supostamente desconhecida dos gregos antigos. O palimpsesto de Arquimedes (um "palimpsesto" é um manuscrito que foi escrito por cima) mostra que a combinatória era conhecida muito antes.

"Archimedes," *Encyclopedia Britannica*, http://www.britannica.com/EBchecked/topic/32808/Archimedes

"In Archimedes' Puzzle, a New Eureka Moment," *The New York Times*, December 14, 2003, http://www.nytimes.com/2003/12/14/us/in-archimedes-puzzle-a-new-eureka-moment.html?pagewanted=all&src=pm

Reading Between the Lines, Smithsonian.com, http://www.smithsonianmag.com/science-nature/archimedes.html?c=y&page=1

Stomachion construction, http://www.math.nyu.edu/~crorres/Archimedes/Stomachion/construction.html

A Tour of Archimedes' Stomachion, Chung, F., and Graham, R., http://www.math.ucsd.edu/~fan/stomach/

SEÇÃO 4.4 REVISÃO

TÉCNICAS

- Encontrar o número de permutações de r objetos distintos escolhidos entre n objetos distintos.
- Encontrar o número de combinações de r objetos distintos escolhidos entre n objetos distintos.
- Utilizar permutações e combinações em conjunto com os princípios de multiplicação e de adição.
- Encontrar o número de permutações diferentes de n objetos que não são todos distintos.
- Encontrar o número de permutações com repetição de r objetos escolhidos entre n objetos distintos.
- Encontrar o número de combinações com repetição de r objetos escolhidos entre n objetos distintos.
- Gerar todas as permutações dos inteiros $\{1, \ldots, n\}$ em ordem lexicográfica.
- Gerar todas as combinações de r inteiros escolhidos no conjunto $\{1, \ldots, n\}$.

IDEIAS PRINCIPAIS

- Existem fórmulas para contar as diversas permutações e combinações de objetos.
- É preciso tomar cuidado ao analisar um problema de contagem para evitar contar a mesma coisa mais de uma vez ou não contar algumas coisas.
- Existem algoritmos para gerar todas as permutações de n objetos e todas as combinações de r objetos escolhidos entre n objetos.

EXERCÍCIOS 4.4

1. Calcule o valor das expressões a seguir.
   a. $P(7, 2)$ b. $P(8, 5)$
2. Calcule o valor das expressões a seguir.
   a. $P(6, 4)$ b. $P(n, n - 1)$
3. Quantas ordens são possíveis para as pessoas jogarem como batedores em um time de beisebol com 9 pessoas?
4. Os 14 times locais de futebol júnior estão listados no jornal. Quantas listas são possíveis?
5. De quantas maneiras diferentes podem ser anunciados 10 sabores de sorvete na vitrine de uma sorveteria?
6. De quantas maneiras diferentes é possível arrumar os nomes de 6 candidatos em uma cédula de votação?
7. Quantas permutações das letras existem na palavra COMPUTAR? Quantas delas terminam com uma vogal?
8. De quantas maneiras seis pessoas podem se sentar em um círculo formado por seis cadeiras? Só é possível distinguir posições relativas no círculo.
9. De quantas maneiras pode-se dar o primeiro, o segundo e o terceiro prêmios em uma competição culinária de tortas da qual participam 15 pessoas?
10. a. Os nomes que representam as ações nos pregões de uma bolsa estão limitados a três letras. Quantos nomes possíveis existem?*
    b. Quantos nomes diferentes existiriam se as letras não pudessem ser repetidas?
11. De quantas maneiras diferentes 19 pessoas podem ser sentadas em uma fileira?
12. De quantas maneiras diferentes você pode sentar 11 homens e 8 mulheres em uma fileira?
13. De quantas maneiras diferentes você pode sentar 11 homens e 8 mulheres em uma fileira se os homens sentam todos juntos e as mulheres também?
14. De quantas maneiras diferentes você pode sentar 11 homens e 8 mulheres em uma fileira se duas mulheres nunca sentam juntas?
15. De quantas maneiras diferentes você pode sentar 11 homens e 8 mulheres em torno de uma mesa redonda? (Só é possível distinguir posições relativas no círculo.)
16. De quantas maneiras diferentes você pode sentar 11 homens e 8 mulheres em torno de uma mesa redonda se duas mulheres nunca se sentam juntas? (Só é possível distinguir posições relativas no círculo.)
17. Calcule o valor das expressões a seguir.
    a. $C(10, 7)$ b. $C(9, 2)$ c. $C(8, 6)$

*Considere o alfabeto de 26 letras, ou seja, incluindo K, W e Y. (N.T.)

18. Calcule $C(n, n - 1)$. Explique por que $C(n, n - 1) = C(n, 1)$.
19. O controle de qualidade quer verificar 25 processadores dos 300 produzidos por dia. Quantos lotes diferentes de processadores a serem testados são possíveis?
20. Um time de futebol tem 18 jogadores entre titulares (11) e reservas. De quantas maneiras pode-se escolher o time titular?
21. De quantas maneiras pode-se selecionar um júri de 5 homens e 7 mulheres em um conjunto de 17 homens e 23 mulheres?
22. De quantas maneiras uma bibliotecária pode selecionar 4 romances e 3 peças teatrais em uma coleção de 21 romances e 11 peças?

Os Exercícios 23 a 26 tratam da seguinte situação: entre os funcionários de uma companhia, 7 trabalham em projeto, 14 em produção, 4 em testes, 5 em vendas, 2 em contabilidade e 3 em marketing. Deve-se formar uma comissão de 6 pessoas para se encontrar com a diretoria.

23. De quantas maneiras pode-se formar uma comissão se deve haver 1 membro de cada departamento?
24. De quantas maneiras pode-se formar uma comissão se deve haver exatamente 2 pessoas da área de produção?
25. De quantas maneiras pode-se formar uma comissão sem representante do departamento de contabilidade e com exatamente 1 representante de marketing?
26. De quantas maneiras pode-se formar uma comissão se a produção deve ter pelo menos 2 representantes?

Os Exercícios 27 a 32 estão relacionadas com mãos de 5 cartas que podem ser obtidas de um baralho comum com 52 cartas. Um baralho comum tem 13 cartas de cada um dos naipes (paus, ouros, copas e espadas). As 13 cartas têm estampados na frente números de 2 a 10, valete, dama, rei ou ás. Cada uma dessas "estampas" corresponde a um "tipo" de carta. O valete, a dama e o rei são "figuras".

27. Quantas mãos contêm 4 damas?
28. Quantas mãos contêm apenas cartas de ouros?
29. Quantas mãos contêm 3 cartas de espadas e 2 de copas?
30. Quantas mãos contêm cartas de todos os 4 naipes?
31. Quantas mãos contêm apenas figuras?
32. Quantas mãos contêm exatamente 2 cartas de espadas e 2 de copas?

Os Exercícios 33 a 42 tratam de mãos de pôquer contendo 5 cartas que podem ser obtidas de um baralho comum com 52 cartas.

33. Quantas mãos contêm uma sequência real (10, valete, dama, rei e ás do mesmo naipe)?
34. Quantas mãos contêm uma sequência do mesmo naipe (5 cartas consecutivas do mesmo naipe, em que o ás pode corresponder a 1 ou vir depois do rei) que não é uma sequência real (veja o Exercício 33)?
35. Quantas mãos contêm 4 cartas do mesmo tipo (como 4 valetes e uma quinta carta)?
36. Quantas mãos contêm uma trinca e um par (3 cartas do mesmo tipo e 2 de um outro tipo)?
37. Quantas mãos contêm 5 cartas do mesmo naipe que não formam uma sequência (veja os Exercícios 33 e 34)?
38. Quantas mãos contêm uma sequência (ou seja, 5 cartas consecutivas, em que o ás pode corresponder a 1 ou vir depois do rei) cujas cartas não são do mesmo naipe (veja os Exercícios 33 e 34)?
39. Quantas mãos contêm uma trinca (ou seja, exatamente 3 cartas do mesmo tipo mais 2 outras cartas que não formam um par)?
40. Quantas mãos contêm dois pares (2 pares de 2 tipos diferentes mais uma quinta carta de outro tipo)?
41. Quantas mãos contêm um par (exatamente 2 cartas do mesmo tipo)?
42. Se o coringa for acrescentado ao baralho e funcionar como um quinto ás (de qualquer naipe), quantas mãos conterão uma sequência real (10, valete, dama, rei e ás do mesmo naipe)?

Nos Exercícios 43 a 48, 14 cópias de um módulo de código vão ser executadas paralelamente em processadores idênticos, organizados em dois grupos que se comunicam, A e B. O grupo A contém 16 processadores e o grupo B, 32.

43. Quantos conjuntos diferentes de processadores podem ser usados?
44. Quantos conjuntos diferentes de processadores podem ser usados se todos os módulos têm que ser executados no grupo B?

45. Quantos conjuntos diferentes de processadores podem ser usados se 8 módulos devem ser processados no grupo A e 6 no grupo B?
46. Quantos conjuntos diferentes de processadores podem ser usados se o grupo A tem 3 processadores ruins e o grupo B tem 2?
47. Quantos conjuntos diferentes de processadores podem ser usados se exatamente 2 módulos devem ser processados no grupo B?
48. Quantos conjuntos diferentes de processadores podem ser usados se todos os módulos devem ser processados no mesmo grupo?

Nos Exercícios 49 a 52, um conjunto de 4 moedas é selecionado de uma caixa contendo 5 moedas de 10 centavos e 7 moedas de 25 centavos.

49. Encontre o número de conjuntos de 4 moedas.
50. Encontre o número de conjuntos nos quais 2 das moedas são de 10 centavos e 2 são de 25 centavos.
51. Encontre o número de conjuntos compostos apenas de moedas de 10 centavos ou apenas de moedas de 25 centavos.
52. Encontre o número de conjuntos com 3 ou mais moedas de 25 centavos.

Os Exercícios 53 a 56 se referem a uma rede de computadores com 60 nós.

53. A rede é projetada para continuar funcionando se 2 dos nós falharem. De quantas maneiras pode ocorrer tal problema?
54. De quantas maneiras 1 ou 2 nós podem falhar?
55. Se 1 dos nós falhar, de quantas maneiras será possível selecionar 7 nós sem que se encontre o nó que não funciona?
56. Se 2 nós falharem, de quantas maneiras será possível selecionar 7 nós de modo a encontrar exatamente 1 dos nós que não funciona?

Nos Exercícios 57 a 60, deve-se escolher uma comissão com 3 pessoas escolhidas entre 5 pessoas pertencentes a partidos que apoiam o governo, 3 que pertencem a partidos de oposição e 4 que pertencem a partidos independentes.

57. De quantas maneiras pode-se escolher essa comissão?
58. De quantas maneiras pode-se escolher essa comissão se ela deve incluir pelo menos 1 pessoa pertencente a um partido independente?
59. De quantas maneiras pode-se escolher essa comissão se ela não pode incluir ao mesmo tempo pessoas pertencentes a partidos que apoiam o governo e pessoas de partidos da oposição?
60. De quantas maneiras pode-se escolher essa comissão se ela deve incluir pelo menos 1 pessoa pertencente a um partido que apoia o governo e pelo menos 1 pessoa de partidos da oposição?

Nos Exercícios 61 a 66, os estados de Califórnia, Arizona, Novo México, Utah e Nevada enviam um grupo de 6 representantes para a conferência anual dos Estados do Sudoeste americano. Deve-se formar uma subcomissão de 9 pessoas para discutir o problema da água.

61. Quantas subcomissões podem ser formadas?
62. Quantas subcomissões podem ser formadas sem representantes do Novo México?
63. Quantas subcomissões podem ser formadas com exatamente 1 representante do Novo México?
64. Quantas subcomissões podem ser formadas com no máximo um representante do Novo México?
65. Quantas subcomissões podem ser formadas com pelo menos 2 representantes de Nevada?
66. Quantas subcomissões podem ser formadas com no máximo 4 representantes ao todo do Arizona e da Califórnia?

Nos Exercícios 67 a 70, uma anfitriã deseja convidar para jantar 6 pessoas de uma lista de 14 amigos.

67. De quantas maneiras ela pode escolher seus convidados?
68. De quantas maneiras ela pode escolher seus convidados se 6 de seus amigos são maçantes, 6 são interessantes e ela quer convidar pelo menos 1 de cada tipo?
69. De quantas maneiras ela pode escolher seus convidados se 2 de seus amigos não gostam um do outro e se um deles vier o outro não virá?
70. De quantas maneiras ela pode escolher seus convidados se 2 de seus amigos gostam muito um do outro e um deles não vem sem o outro?

71. Vinte e cinco pessoas, inclusive Simão e Jasmim, são candidatos a participar de uma comissão formada por 5 pessoas. Se essa comissão tiver que incluir Simão ou Jasmim, de quantas maneiras ela pode ser selecionada?
72. Um estudante precisa selecionar 5 disciplinas, entre 12, para o próximo semestre, e uma delas tem que ser História do Brasil ou Literatura. De quantas maneiras o estudante pode escolher suas disciplinas?
73. Quantas mãos de 5 cartas, retiradas de um baralho comum com 52 cartas, contêm exatamente 4 ases e 1 carta de paus?
74. Quantas mãos de 5 cartas, retiradas de um baralho padrão com 52 cartas, contêm exatamente 3 valetes e 2 cartas de copas?
75. Quantas permutações diferentes dos caracteres na palavra em inglês ERROR existem? (Lembre-se de que os diversos R não podem ser distinguidos um do outro.)
76. Quantas permutações diferentes dos caracteres na palavra LOLLAPALOOZA existem?
77. a. Quantas permutações distintas existem dos caracteres na palavra HAVAIANO?
    b. Quantas delas começam com H?
78. a. Quantas permutações distintas existem dos caracteres na palavra APALACHICOLA?
    b. Quantas delas têm os dois L juntos?
79. Uma livraria tem uma prateleira onde estão expostos 5, 3 e 4 exemplares, respectivamente, dos 3 livros mais vendidos. Quantos arranjos diferentes desses livros podem ser feitos se livros com o mesmo título não são distinguíveis?
80. O Grupo Unido em Prol da Dissensão usa palavras de código secretas que são permutações de 5 caracteres. Você descobre que existem apenas 10 palavras de código. O que você pode dizer sobre caracteres repetidos nas palavras de código?
81. Em um jantar para 5 pessoas prepara-se uma bandeja com 5 pratos contendo as entradas. As entradas podem ser mariscos, bolinhos de bacalhau ou bolinhas de queijo. Quantas bandejas diferentes podem ser produzidas?
82. Uma florista tem um grande número de rosas, cravos, lírios e bocas-de-leão em estoque. Quantos buquês diferentes de uma dúzia de flores podem ser feitos?
83. Uma loja de comestíveis finos tem um estoque grande com 34 tipos diferentes de queijos. Ao final do dia, verificou-se que foram efetuadas 48 vendas de queijos e os itens vendidos precisam ser encomendados. Quantas encomendas diferentes são possíveis?
84. Um "pacote de jogo" consiste em 12 cartelas de bingo. Quantos pacotes diferentes são possíveis se existem 15 tipos de cartelas e são permitidas repetições?
85. Um pedido para uma loja de ferragens contém 6 itens, em que cada item é um galão de tinta, um martelo ou uma furadeira.
    a. Quantos pedidos diferentes podem ser feitos?
    b. Quantos pedidos diferentes podem ser feitos se não há pedido de tinta?
    c. Quantos pedidos diferentes podem ser feitos se cada pedido tem que conter pelo menos 1 galão de tinta, 1 martelo e 1 furadeira?
86. Em uma festa de aniversário, a mãe prepara um prato de biscoitos para 8 crianças. Há uma grande quantidade de biscoitos de chocolate, de aveia e recheados de morango, mas cada criança só ganha 1 biscoito.
    a. Quantos pratos diferentes podem ser preparados?
    b. Quantos pratos diferentes contendo pelo menos 1 biscoito de cada tipo podem ser preparados?
    c. Quantos pratos diferentes podem ser preparados se ninguém gosta de biscoitos de aveia?
    d. Quantos pratos diferentes podem ser preparados se 2 das crianças insistem em receber biscoitos recheados de morango?
    e. Quantos pratos diferentes podem ser preparados se o cachorro entrou na cozinha e só sobraram 2 biscoitos de chocolate?
87. No dia de Cosme e Damião são distribuídas 10 maçãs idênticas para 7 crianças.
    a. De quantas maneiras isso pode ser feito? (*Sugestão*: Uma distribuição possível é que a 1ª criança ganhe 3 maçãs, a 2ª ganhe 0, a 3ª ganhe 2, a 4ª ganhe 0, a 5ª e a 6ª ganhem 1 cada e a 7ª ganhe 3. Embora o problema diga que são distribuídas maçãs para crianças, pense em associar a cada maçã o nome de uma criança; um mesmo nome de criança pode estar associado a mais de uma maçã.)
    b. De quantas maneiras isso pode ser feito se cada criança recebe pelo menos 1 maçã?

88. Oito móveis antigos estão sendo vendidos em um leilão, e há 3 compradores interessados.
    a. De quantas maneiras os móveis antigos podem ser distribuídos entre os compradores? (Veja a sugestão para o Exercício 87.)
    b. De quantas maneiras os móveis antigos podem ser distribuídos entre os compradores se o comprador A compra apenas 1 móvel?
89. Quantas soluções distintas inteiras não negativas existem para a equação

$$x_1 + x_2 + x_3 + x_4 = 10$$

em que a solução

$$x_1 = 3, x_2 = 1, x_3 = 4, x_4 = 2$$

e a solução

$$x_1 = 4, x_2 = 2, x_3 = 3, x_4 = 1$$

são consideradas distintas? (*Sugestão*: Pense neste problema como a distribuição de 10 moedas de 1 centavo entre 4 crianças; depois veja a sugestão para o Exercício 87.)
90. Quantas soluções distintas inteiras não negativas existem para a equação

$$x_1 + x_2 + x_3 = 7$$

com $x_1 \geq 3$? (Veja a sugestão para o Exercício 89.)
91. Prove que $P(n, n) = P(n, n - 1)$ para $n \geq 1$. (A demonstração não precisa de indução, embora pareça um candidato natural para uma demonstração por indução.)
92. Prove que $P(n, 1) + P(n, 2) = n^2$ para $n \geq 2$.
93. Prove que, quaisquer que sejam n e r satisfazendo $0 \leq r \leq n$, $C(n, r) = C(n, n - r)$. Explique por que isso é intuitivamente verdade.
94. Prove que, quaisquer que sejam n e r satisfazendo $0 \leq r \leq n$, $C(n, 2) = C(r, 2) + C(n - r, 2) + r(n - r)$.
95. Prove a identidade

$$C(n, r)C(r, k) = C(r, k)C(n - k, r - k) \text{ para } r \leq n \text{ e } k \leq r$$

Use um argumento combinatório.
96. Prove a identidade de Vandermonde:

$$C(n + m, r) = \sum_{k=0}^{r} C(n, k)C(m, r - k)$$

(*Sugestão*: Use um argumento combinatório, escolhendo r elementos na união de dois conjuntos de tamanho n e m, respectivamente.)
97. A relação de recorrência para a sequência de números de Catalan é

$$C(0) = 1$$
$$C(1) = 1$$
$$C(n) = \sum_{k=1}^{n} C(k - 1)C(n - k) \qquad n \geq 2$$

Não vamos provar esse resultado, mas uma solução em forma fechada para essa relação de recorrência é

$$C(n) = \frac{1}{n + 1} C(2n, n)$$

(Note que $C(n)$ denota um valor na sequência de Catalan, enquanto $C(2n, n)$ denota o número de combinações de n objetos escolhidos entre $2n$ objetos.) Calcule $C(2)$, $C(3)$ e $C(4)$ usando essa fórmula e compare os resultados com os obtidos pela relação de recorrência (veja o Exercício 38 da Seção 3.1).

98. a. Uma tartaruga começa no canto esquerdo superior de um reticulado $n \times n$ e se encaminha ao canto direito inferior. Ao longo do caminho, ela só pode se mover para a direita ou para baixo. A figura a seguir mostra dois caminhos possíveis em um reticulado 4×4. Quantos caminhos possíveis a tartaruga pode escolher?

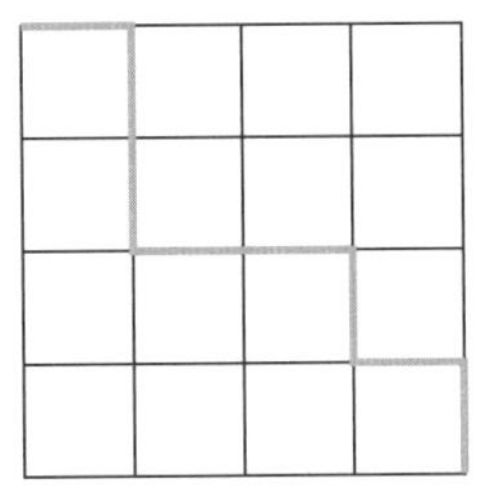
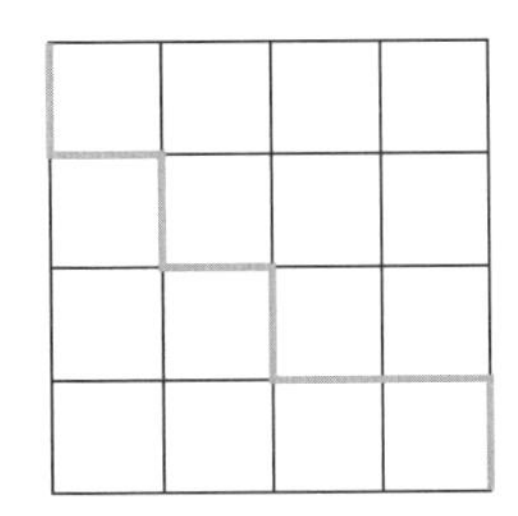

(*Sugestão*: Cada caminho pode ser descrito por uma sequência formada pelas letras D (movimentos para a direita) e B (movimentos para baixo). Encontre o número de maneiras de distribuir os Ds em tal sequência.)

b. Relacione a resposta do item (a) com a sequência de números de Catalan (veja o Exercício 97).

99. Arrume as permutações a seguir dos números em $\{1, \ldots, 6\}$ em ordem lexicográfica.

$$163542, 345621, 643125, 634521, 163452, 356421$$

100. Arrume as permutações a seguir dos números em $\{1, \ldots, 5\}$ em ordem lexicográfica inversa.

$$32541, 35142, 53124, 42531, 32154, 42315$$

Nos Exercícios 101 a 104, use o algoritmo gerador de permutações para gerar a próxima permutação após a permutação dada no conjunto de todas as permutações de $\{1, \ldots, 7\}$.

101. 7431652
102. 4365127
103. 3675421
104. 2756431
105. Ao gerar todas as combinações de cinco números escolhidos em $\{1, \ldots, 9\}$, encontre os próximos cinco valores na lista depois de 24579.
106. Ao gerar todas as combinações de quatro números escolhidos em $\{1, \ldots, 6\}$, encontre os próximos cinco valores na lista depois de 1234.
107. Descreva um algoritmo para gerar todas as permutações dos inteiros $\{1, \ldots, n\}$ em ordem lexicográfica inversa.
108. Descreva um algoritmo para gerar todas as permutações de r elementos escolhidos no conjunto $\{1, \ldots, n\}$.

SEÇÃO 4.5 O TEOREMA BINOMIAL

A expressão para o quadrado de um binômio é bem conhecida:

$$(a + b)^2 = a^2 + 2ab + b^2$$

Esse é um caso particular de elevar um binômio a uma potência inteira não negativa n. A fórmula para $(a + b)^n$ envolve a combinação de n objetos. Antes de provar essa fórmula, vamos considerar um arranjo de números historicamente interessante que sugere um fato do qual precisaremos na demonstração.

O Triângulo de Pascal

O **triângulo de Pascal** leva o nome do matemático francês do século XVII Blaise Pascal (o nome da linguagem de programação Pascal é também em sua honra), embora aparentemente tenha sido conhecido séculos antes de seu tempo. A linha n do triângulo ($n \geq 0$) consiste em todos os valores de $C(n, r)$ para $0 \leq r \leq n$. O triângulo, então, é da forma

$$
\begin{array}{ccccccccccccc|c}
 & & & & & & C(0,0) & & & & & & & \text{Linha } 0 \\
 & & & & & C(1,0) & & C(1,1) & & & & & & 1 \\
 & & & & C(2,0) & & C(2,1) & & C(2,2) & & & & & 2 \\
 & & & C(3,0) & & C(3,1) & & C(3,2) & & C(3,3) & & & & 3 \\
 & & C(4,0) & & C(4,1) & & C(4,2) & & C(4,3) & & C(4,4) & & & 4 \\
 & C(5,0) & & C(5,1) & & C(5,2) & & C(5,3) & & C(5,4) & & C(5,5) & & 5 \\
 & & & & & & \vdots & & & & & & & \vdots \\
C(n,0) & C(n,1) & & & & & \ldots & & & & C(n,n-1) & C(n,n) & & n
\end{array}
$$

Calculando os valores numéricos das expressões, o triângulo de Pascal fica

$$
\begin{array}{ccccccccccc}
 & & & & & 1 & & & & & \\
 & & & & 1 & & 1 & & & & \\
 & & & 1 & & 2 & & 1 & & & \\
 & & 1 & & 3 & & 3 & & 1 & & \\
 & 1 & & 4 & & 6 & & 4 & & 1 & \\
1 & & 5 & & 10 & & 10 & & 5 & & 1 \\
 & & & & & \vdots & & & & &
\end{array}
$$

Observando essa figura, é claro que todos os elementos nas bordas externas são iguais a 1. Mas também parece que qualquer elemento que não está em uma das bordas externas pode ser obtido somando-se os dois elementos diretamente acima na linha anterior (por exemplo, o primeiro 10 na quinta linha está abaixo do 4 e do 6 na quarta linha). Se isso for, de fato, sempre verdade, significa que

$$C(n, k) = C(n - 1, k - 1) + C(n - 1, k) \text{ para } 1 \leq k \leq n - 1 \qquad (1)$$

A Equação (1) é conhecida como a **fórmula de Pascal**.

Para provar a fórmula de Pascal, vamos começar com a expressão à direita do sinal de igualdade:

$$
\begin{aligned}
C(n-1, k-1) + C(n-1, k) &= \frac{(n-1)!}{(k-1)![n-1-(k-1)]!} + \frac{(n-1)!}{k!(n-1-k)!} \\
&= \frac{(n-1)!}{(k-1)!(n-k)!} + \frac{(n-1)!}{k!(n-1-k)!} \\
&= \frac{k(n-1)!}{k!(n-k)!} + \frac{(n-1)!(n-k)}{k!(n-k)!}
\end{aligned}
$$

(multiplicando a primeira parcela por k/k e a segunda por $(n - k)/(n - k)$)

$$= \frac{k(n-1)! + (n-1)!(n-k)}{k!(n-k)!}$$

(somando as frações)

$$= \frac{(n-1)![k + (n-k)]}{k!(n-k)!}$$

(fatorando o numerador)

$$= \frac{(n-1)!(n)}{k!(n-k)!}$$
$$= \frac{n!}{k!(n-k)!}$$
$$= C(n, k)$$

Outra maneira, menos algébrica, de provar a fórmula de Pascal envolve um argumento de contagem e, por isso, é chamada de uma **demonstração combinatória**. Queremos calcular $C(n, k)$, o número de maneiras de escolher k objetos entre n objetos. Tais escolhas podem ser divididas em duas categorias disjuntas — o item 1 é um dos k objetos ou não. Se o item 1 for um dos k objetos, então os $k - 1$ objetos que faltam terão que ser escolhidos entre os $n - 1$ objetos restantes, retirando-se o item 1, e existem $C(n - 1, k - 1)$ escolhas possíveis. Se o item 1 não for um dos k objetos, então todos os k objetos têm que ser escolhidos entre os $n - 1$ objetos restantes e existem $C(n - 1, k)$ escolhas possíveis. O número total de escolhas possíveis é a soma do número de escolhas possíveis desses dois casos disjuntos.

Com a fórmula de Pascal disponível, podemos obter a fórmula para $(a + b)^n$, conhecida como o **teorema binomial**.

O Teorema Binomial e Sua Demonstração

Na expansão de $(a + b)^2$, $a^2 + 2ab + b^2$, os coeficientes são 1, 2 e 1, que são os números na segunda linha do triângulo de Pascal.

PROBLEMA PRÁTICO 39 Calcule a expansão para $(a + b)^3$ e para $(a + b)^4$ e compare os coeficientes com as linhas 3 e 4 do triângulo de Pascal. ■

Uma análise dos coeficientes nas expansões de $(a + b)^2$, $(a + b)^3$ e $(a + b)^4$ sugere um resultado geral, o de que os coeficientes na expansão de $(a + b)^n$ são os elementos na linha n do triângulo de Pascal. Esse é, de fato, o teorema binomial.

TEOREMA TEOREMA BINOMIAL

Para todo inteiro não negativo n,

$$(a + b)^n = C(n, 0)a^n b^0 + C(n, 1)a^{n-1}b^1 + C(n, 2)a^{n-2}b^2$$
$$+ \cdots + C(n, k)a^{n-k}b^k + \cdots + C(n, n-1)a^1 b^{n-1} + C(n, n)a^0 b^n$$
$$= \sum_{k=0}^{n} C(n, k)a^{n-k}b^k$$

LEMBRETE

A expansão de $(a + b)^n$ começa com $a^n b^0$. A partir daí, as potências de a vão diminuindo e as de b vão aumentando, mas, em todos os termos, a soma das duas potências é igual a n. Os coeficientes são todos da forma $C(n$, potência de $b)$.

Como o teorema binomial é enunciado "para todo inteiro não negativo n", uma demonstração por indução parece ser apropriada. Para a base da indução, $n = 0$, o teorema afirma que

$$(a + b)^0 = C(0, 0)a^0 b^0$$

o que é

$$1 = 1$$

Como isso é certamente verdade, a base da indução é satisfeita.

Como hipótese de indução, suponha que

$$(a+b)^k = C(k,0)a^kb^0 + C(k,1)a^{k-1}b^1 + \cdots + C(k,k-1)a^1b^{k-1} + C(k,k)a^0b^k$$

Temos, então,

$$\begin{aligned}(a+b)^{k+1} &= (a+b)^k(a+b) = (a+b)^ka + (a+b)^kb \\ &= [C(k,0)a^kb^0 + C(k,1)a^{k-1}b^1 + \cdots + C(k,k-1)a^1b^{k-1} \\ &\quad + C(k,k)a^0b^k]a + [C(k,0)a^kb^0 + C(k,1)a^{k-1}b^1 \\ &\quad + \cdots + C(k,k-1)a^1b^{k-1} + C(k,k)a^0b^k]b\end{aligned}$$

(pela hipótese de indução)

$$\begin{aligned}&= C(k,0)a^{k+1}b^0 + C(k,1)a^kb^1 + \cdots + C(k,k-1)a^2b^{k-1} \\ &\quad + C(k,k)a^1b^k + C(k,0)a^kb^1 + C(k,1)a^{k-1}b^2 \\ &\quad + \cdots + C(k,k-1)a^1b^k + C(k,k)a^0b^{k+1} \\ &= C(k,0)a^{k+1}b^0 + [C(k,0) + C(k,1)]a^kb^1 + [C(k,1) + C(k,2)]a^{k-1}b^2 \\ &\quad + \cdots + [C(k,k-1) + C(k,k)]a^1b^k + C(k,k)a^0b^{k+1}\end{aligned}$$

(juntando as parcelas semelhantes)

$$\begin{aligned}&= C(k,0)a^{k+1}b^0 + C(k+1,1)a^kb^1 + C(k+1,2)a^{k-1}b^2 \\ &\quad + \cdots + C(k+1,k)a^1b^k + C(k,k)a^0b^{k+1}\end{aligned}$$

(usando a fórmula de Pascal)

$$\begin{aligned}&= C(k+1,0)a^{k+1}b^0 + C(k+1,1)a^kb^1 + C(k+1,2)a^{k-1}b^2 \\ &\quad + \cdots + C(k+1,k)a^1b^k + C(k+1,k+1)a^0b^{k+1}\end{aligned}$$

(pois $C(k, 0) = 1 = C(k + 1, 0)$ e $C(k, k) = 1 = C(k + 1, k + 1)$).

Isso completa a demonstração por indução do teorema binomial.

O teorema binomial também tem uma demonstração combinatória. Escrevendo $(a + b)^n$ como $(a + b)(a + b) \cdots (a + b)$ (n fatores), sabemos que a resposta (usando a distributividade) é a soma de todos os valores obtidos multiplicando-se cada parcela em um fator por uma parcela em todos os outros fatores. Por exemplo, usando a parcela b de k fatores e a parcela a dos $n - k$ fatores restantes, obtemos a expressão $a^{n-k}b^k$. Usando b em um conjunto diferente de k fatores e a nos $n - k$ fatores restantes, também obtemos $a^{n-k}b^k$. Quantos termos dessa forma existem? Existem $C(n, k)$ maneiras diferentes de se selecionar k fatores para se usar b, logo existem $C(n, k)$ desses termos. Somando todos os termos, o coeficiente de $a^{n-k}b^k$ é $C(n, k)$. Como k varia de 0 a n, a soma de todas essas expressões nos dá o teorema binomial.

Devido à sua utilização no teorema binomial, a expressão $C(n, r)$ também é conhecida como **coeficiente binomial**.

Aplicando o Teorema Binomial

EXEMPLO 63 Usando o teorema binomial, podemos expandir $(x - 3)^4$. Para ficar igual à expressão no teorema binomial, escrevemos a expressão na forma $(x + (-3))^4$, de modo que $b = -3$. Lembre-se de que um número negativo elevado a uma potência fica positivo se a potência for par e continua negativo se a potência for ímpar. Assim,

$$\begin{aligned}(x-3)^4 &= C(4,0)x^4(-3)^0 + C(4,1)x^3(-3)^1 + C(4,2)x^2(-3)^2 \\ &\quad + C(4,3)x^1(-3)^3 + C(4,4)x^0(-3)^4 \\ &= x^4 + 4x^3(-3) + 6x^2(9) + 4x(-27) + 81 \\ &= x^4 - 12x^3 + 54x^2 - 108x + 81\end{aligned}$$

PROBLEMA PRÁTICO 40 Expanda $(x + 1)^5$ usando o teorema binomial. ■

O teorema binomial nos diz que a parcela $k + 1$ na expansão de $(a + b)^n$ é $C(n, k)a^{n-k}b^k$. Isso nos permite encontrar parcelas específicas na expansão sem escrever a expansão completa.

PROBLEMA PRÁTICO 41 Qual é a quinta parcela na expansão de $(x + y)^7$? ■

Usando diversos valores para a e b no teorema binomial, podemos obter determinadas identidades.

EXEMPLO 64 Sejam $a = b = 1$ no teorema binomial. Então,

$$(1 + 1)^n = C(n, 0) + C(n, 1) + \cdots + C(n, k) + \cdots + C(n, n)$$

ou

$$2^n = C(n, 0) + C(n, 1) + \cdots + C(n, k) + \cdots + C(n, n) \quad (2)$$

Esse resultado diz que a soma de todos os elementos na linha n do triângulo de Pascal é igual a 2^n. De fato, a Equação (2) pode ser provada independentemente, por meio de uma demonstração combinatória. O número $C(n, k)$, o número de maneiras de se selecionar k objetos em um conjunto de n itens, pode ser considerado como o número de subconjuntos de k elementos de um conjunto com n elementos. A expressão à direita do sinal de igualdade na Equação (2), portanto, representa o número total de subconjuntos (de todos os tamanhos) de um conjunto com n elementos. Mas já sabemos que o número de tais subconjuntos é 2^n. ●

SEÇÃO 4.5 REVISÃO

TÉCNICAS

- Utilização do teorema binomial para expandir um binômio.
- Utilização do teorema binomial para encontrar uma parcela particular na expansão de um binômio.

IDEIAS PRINCIPAIS

- O teorema binomial fornece uma fórmula para expandir um binômio sem ter que multiplicar todas as parcelas.
- Os coeficientes de uma potência inteira não negativa de um binômio são combinações de n itens, como aparecem na linha n do triângulo de Pascal.

EXERCÍCIOS 4.5

1. Expanda a expressão indicada usando o teorema binomial.
   a. $(a + b)^5$
   b. $(x + y)^6$
   c. $(a + 2)^5$
   d. $(a - 4)^4$

2. Expanda a expressão indicada usando o teorema binomial.
   a. $(2x + 3y)^3$
   b. $(3x - 1)^5$
   c. $(2p - 3q)^4$
   d. $(3x + ½)^5$

Nos Exercícios 3 a 10, encontre a parcela indicada da expansão.

3. A quarta parcela em $(a + b)^{10}$.
4. A sétima parcela em $(x - y)^{12}$.
5. A sexta parcela em $(2x - 3)^9$.
6. A quinta parcela em $(3a + 2b)^7$.
7. A última parcela em $(x - 3y)^8$.
8. A última parcela em $(ab + 3x)^6$.
9. A terceira parcela em $(4x - 2y)^5$.
10. A quarta parcela em $(3x - ½)^8$.
11. Use o teorema binomial (mais de uma vez) para expandir $(a + b + c)^3$.
12. Expanda $(1 + 0{,}1)^5$ para calcular $(1{,}1)^5$.
13. Qual é o coeficiente de x^3y^4 na expansão de $(2x - y + 5)^8$?
14. Qual é o coeficiente de $x^5y^2z^2$ na expansão de $(x + y + 2z)^9$?
15. Prove que

$$C(n + 2, r) = C(n, r) + 2C(n, r - 1) + C(n, r - 2) \text{ para } 2 \leq r \leq n$$

(*Sugestão*: Use a fórmula de Pascal.)

16. Prove que

$$C(k, k) + C(k + 1, k) + \cdots + C(n, k) = C(n + 1, k + 1) \text{ para } 0 \leq k \leq n$$

(*Sugestão*: Use indução em n para um k fixo e arbitrário, além da fórmula de Pascal.)

17. Use o teorema binomial para provar que

$$C(n, 0) - C(n, 1) + C(n, 2) - \cdots + (-1)^n C(n, n) = 0$$

18. Use o teorema binomial para provar que

$$C(n, 0) + C(n, 1)2 + C(n, 2)2^2 + \cdots + C(n, n)2^n = 3^n$$

19. Use o teorema binomial para provar que

$$C(n, n) + C(n, n - 1)2 + C(n, n - 2)2^2 + \cdots + C(n, 1)2^{n-1} + C(n, 0)2^n = 3^n$$

20. Prove o resultado do Exercício 19 diretamente do Exercício 18.
21. (Requer conhecimentos de cálculo.)
    a. Expanda $(1 + x)^n$.
    b. Derive a equação encontrada em (a) em relação a x para obter

$$n(1 + x)^{n-1} = C(n, 1) + 2C(n, 2)x + 3C(n, 3)x^2 + \cdots + nC(n, n)x^{n-1}$$

    c. Prove que

$$C(n, 1) + 2C(n, 2) + 3C(n, 3) + \cdots + nC(n, n) = n2^{n-1}$$

    d. Prove que

$$C(n, 1) - 2C(n, 2) + 3C(n, 3) - 4C(n, 4) + \cdots + (-1)^{n-1}nC(n, n) = 0$$

22. (Requer conhecimentos de cálculo.)

   a. Prove que

$$\frac{2^{n+1}-1}{n+1} = C(n, 0) + \frac{1}{2}C(n, 1) + \frac{1}{3}C(n, 2) + \cdots + \frac{1}{n+1}C(n, n)$$

   b. Prove que

$$\frac{1}{n+1} = C(n, 0) - \frac{1}{2}C(n, 1) + \frac{1}{3}C(n, 2) + \cdots + (-1)^n\frac{1}{n+1}C(n, n)$$

   (*Sugestão*: Integre a equação do item (a) do Exercício 21.)

23. A forma geral do princípio de inclusão e exclusão é

$$\begin{aligned}|A_1 \cup \cdots \cup A_n| = &\sum_{1\le i\le n}|A_i| - \sum_{1\le i<j\le n}|A_i \cap A_j| \\ &+ \sum_{1\le i<j<k\le n}|A_i \cap A_j \cap A_k| \\ &- \cdots + (-1)^{n+1}|A_1 \cap \cdots \cap A_n| \qquad (1)\end{aligned}$$

   Este exercício fornece uma demonstração do princípio de inclusão e exclusão diferente daquela dada na Seção 4.3. A Equação (1) estará correta se qualquer x pertencente a $A_1 \cup \cdots \cup A_n$ for contado exatamente uma vez na expressão à direita do sinal de igualdade.

   a. Suponha que x é um elemento de k dos n conjuntos $\{A_1, \ldots, A_n\}$. Seja B o conjunto de todos os conjuntos A_i que contêm x. Então x é contado uma vez na expressão à direita do sinal de igualdade em (1) para cada interseção que inclui apenas elementos de B. Mostre que na interseção de m elementos de $\{A_1, \ldots, A_n\}$, $1 \le m \le k$, existem $C(k, m)$ que incluem apenas elementos de B.

   b. Usando o resultado do item (a), escreva uma soma que representa o número de vezes que x é contado à direita do sinal de igualdade em (1).

   c. Use o Exercício 17 para mostrar que essa soma é igual a 1.

24. O triângulo de Pascal tem muitas propriedades interessantes. Se forem seguidos caminhos diagonais no triângulo e forem somados os valores em cada caminho, o resultado é a sequência de Fibonacci (veja (a) a seguir). Os valores ao longo das diagonais são mais fáceis de compreender se as linhas do triângulo forem escritas em uma tabela com uma linha do triângulo em cada linha da tabela e cada linha começando uma posição à direita da linha anterior (veja (b) a seguir). Então as diagonais são as colunas da tabela.

```
          1  1
        1  1  2
      1  2  1  3
    1  3  3  1  5  8
  1  4  6  4  1
1  5  10  10  5  1
        ⋮
```

(a)

	0	1	2	3	4	5	6	7	8
0	1								
1		1	1						
2			1	2	1				
3				1	3	3	1		
4					1	4	6	4	1
5						1	5	10	10
6							1	6	15
7								1	7
8									1
	1	1	2	3	5	8	13	21	34

(b)

   a. Prove que os valores na coluna n, $n \ge 2$, lidos de baixo para cima, correspondem às parcelas na expressão $\sum_{k=0}^{n/2} C(n-k, k)$ se n for par e $\sum_{k=0}^{(n-1)/2} C(n-k, k)$ se n for ímpar.

   b. Prove que a soma dos valores na coluna n, $n \ge 0$, é igual a $F(n+1)$.

SEÇÃO 4.6 PROBABILIDADE

Introdução à Probabilidade Finita

Probabilidade é uma extensão de ideias combinatórias (de contagem) que já vínhamos usando. Se alguma ação pode produzir Y resultados diferentes e X desses Y resultados são de interesse especial, podemos querer saber o quão provável é que um dos resultados X ocorra. A probabilidade teve seu início com jogos ou apostas, e temos uma boa intuição do que ocorre em casos simples.

EXEMPLO 65 Qual a probabilidade de

a. obter "cara" ao se jogar uma moeda para cima?
b. obter um 3 em uma jogada com um dado?
c. retirar o ás de paus ou a dama de ouros de um baralho comum?

Para (a), jogar um moeda pode ter 2 resultados possíveis, cara ou coroa, mas só interessa o resultado "cara". A probabilidade de se obter cara é "um em dois" ou 1/2. Para (b), jogar um dado comum com 6 lados tem 6 resultados possíveis — qualquer um dos números 1, 2, 3, 4, 5 ou 6 pode aparecer. O 3 é exatamente uma dessas possibilidades, de modo que a probabilidade de aparecer 3 é 1/6. Para (c), como um baralho comum tem 52 cartas, a ação de retirar uma carta tem 52 resultados possíveis. Dois desses são desejáveis (ás de paus ou dama de ouros), logo a probabilidade de se obter uma das cartas desejadas é 2/52 ou 1/26. ●

Examinadas mais de perto, nossas respostas intuitivas baseiam-se em determinadas hipóteses. Supomos que a moeda está "balanceada", ou seja, que é igualmente provável que dê cara ou coroa. Supomos que o dado não está "viciado" e que o baralho não está "preparado". Em outras palavras, supomos que todos os resultados possíveis são igualmente prováveis; caso contrário, a probabilidade de sucesso seria diferente. (Dados viciados e baralhos preparados para a trapaça são motivos para muitos tiroteios em filmes de bangue-bangue.)

O conjunto de todos os resultados possíveis de uma ação é chamado o **espaço amostral** S da ação. Qualquer subconjunto do espaço amostral é chamado de **evento**. Se S é um conjunto finito de resultados igualmente prováveis, então a **probabilidade** $P(E)$ do evento E é definida por

$$P(E) = \frac{|E|}{|S|}$$

(Lembre-se de que $|A|$ denota o número de elementos em um conjunto finito A.)

EXEMPLO 66 Duas moedas, A e B, são jogadas para cima ao mesmo tempo; cada moeda é balanceada, com probabilidades iguais de dar cara (C) ou coroa (K). O espaço amostral dessa ação é $S = \{CC, CK, KC, KK\}$. Aqui CK denota o evento em que o resultado de A é cara e o de B é coroa, enquanto KC denota o evento em que o resultado de A é coroa e o de B é cara; esses são dois resultados diferentes. Seja E o conjunto {CC}. A probabilidade de E — ou seja, a probabilidade de as duas moedas caírem com a cara voltada para cima[2] — é

$$P(E) = \frac{|E|}{|S|} = \frac{|\{CC\}|}{|\{CC, CK, KC, KK\}|} = \frac{1}{4} = 0{,}25$$

●

[2]Um evento, embora tecnicamente um conjunto, também é usado para descrever a ação cujos resultados são os elementos do conjunto. O evento E é o conjunto {CC}, mas falamos, também, do evento como a ação de jogar duas moedas e ambas caírem com a cara para cima.

PROBLEMA PRÁTICO 42 Encontre a probabilidade de se retirar um ás de um baralho comum. ■

Como os eventos são conjuntos, eles podem ser combinados através das operações com conjuntos. Suponha que E_1 e E_2 são dois eventos do mesmo espaço amostral S. Se estivermos interessados nos resultados em E_1 ou E_2 ou ambos, esse será o evento $E_1 \cup E_2$. Se estivermos interessados nos resultados tanto em E_1 quanto em E_2, esse será o evento $E_1 \cap E_2$. E se estivermos interessados nos resultados que não estão em E_1, esse será o evento E_1'.

EXEMPLO 67 Funcionários dos departamentos de testes, desenvolvimento e marketing participam de um sorteio em que será sorteado o nome de um funcionário. O departamento de testes tem 5 funcionários (2 homens e 3 mulheres), o de desenvolvimento tem 23 (16 homens e 7 mulheres) e o de marketing, 14 (6 homens e 8 mulheres).

O espaço amostral tem 42 nomes, ou seja, $|S| = 42$. Seja W o evento de que o nome sorteado é o de uma mulher. Então $|W| = 3 + 7 + 8 = 18$. Portanto, a probabilidade $P(W)$ de que o nome sorteado seja o de uma mulher é $|W|/|S| = 18/42 = 3/7$. Seja M o evento de que o nome sorteado é de alguém de marketing. Então $|M| = 14$. Logo, a probabilidade $P(M)$ de que o nome sorteado seja de alguém de marketing é $|M|/|S| = 14/42 = 1/3$. O evento de que o nome sorteado seja o de uma mulher no departamento de marketing é $W \cap M$. Como existem 8 mulheres em marketing, $|W \cap M| = 8$, e a probabilidade $P(W \cap M)$ de que o nome sorteado seja o de uma mulher em marketing é $8/42 = 4/21$. Finalmente, o evento de que o nome sorteado seja o de uma mulher ou de alguém de marketing é $W \cup M$ e $|W \cup M| = 3 + 7 + 14 = 24$. Portanto, $P(W \cup M) = 24/42 = 4/7$. ●

PROBLEMA PRÁTICO 43 No Exemplo 67, qual é a probabilidade de se sortear o nome de um homem do departamento de desenvolvimento? Ou de se sortear um nome dos departamentos de teste ou de desenvolvimento? ■

O cálculo de probabilidades envolve encontrar o tamanho de conjuntos, seja do espaço amostral ou do evento de interesse. Portanto, muitas de nossas técnicas de contagem anteriores podem ser usadas. Podemos precisar usar os princípios da adição ou da multiplicação, o princípio de inclusão e exclusão ou a fórmula para o número de combinações de r coisas escolhidas entre n objetos. (No Exemplo 67, poderíamos ter encontrado o tamanho da união dos conjuntos formados pelas mulheres e pelo pessoal de marketing usando o princípio de inclusão e exclusão: $|W \cup M| = |W| + |M| - |W \cap M| = 18 + 14 - 8 = 24$.)

EXEMPLO 68 Em uma festa, cada carta em um baralho comum é rasgada no meio e as duas metades são colocadas em uma caixa. Dois convidados retiram cada um uma metade da caixa. Qual a probabilidade de que eles retirem as duas metades da mesma carta?

Existem $52 \cdot 2 = 104$ meias cartas na caixa. O tamanho do espaço amostral é o número de maneiras de se escolher dois objetos em 104, ou seja, $|S| = C(104, 2)$. Seja H o evento de que as duas metades pertencem à mesma carta. Existem 52 maneiras de as metades pertencerem à mesma carta, logo, $|H| = 52$. Portanto, a probabilidade é

$$P(H) = \frac{|H|}{|S|} = \frac{52}{C(104,2)} = \frac{52}{\dfrac{104!}{2!102!}} = \frac{52}{\dfrac{104 \cdot 103}{2}} = \frac{52}{52 \cdot 103} = \frac{1}{103} \cong 0{,}0097$$

●

Usando nossa definição

$$P(E) = \frac{|E|}{|S|}$$

podemos fazer algumas observações (Tabela 4.3) sobre a probabilidade de dois eventos quaisquer E_1 e E_2 do mesmo espaço amostral S, em que os resultados de S são igualmente prováveis. Essas observações também são chamadas de **axiomas de probabilidade**.

TABELA 4.3

	Observação	Justificativa
1.	$0 \leq P(E_1) \leq 1$	$E_1 \subseteq S$ logo $0 \leq \|E_1\|$ e $\|E_1\| \leq \|S\|$
2.	A probabilidade de uma coisa impossível é 0	$E_1 = \varnothing$ logo $\|E_1\| = 0$
3.	A probabilidade de uma "coisa certa" é 1	$E_1 = S$ logo $\|E_1\| = \|S\|$
4.	$P(E_1') = 1 - P(E_1)$	$\|E_1'\| = \|S\| - \|E_1\|$
5.	$P(E_1 \cup E_2) = P(E_1) + P(E_2) - P(E_1 \cap E_2)$	Veja a discussão a seguir
6.	Se E_1 e E_2 são eventos disjuntos, então $P(E_1 \cup E_2) = P(E_1) + P(E_2)$	Segue da observação 5

A observação 5 precisa de explicação. Do princípio de inclusão e exclusão,

$$|E_1 \cup E_2| = |E_1| + |E_2| - |E_1 \cap E_2|$$

logo

$$P(E_1 \cup E_2) = \frac{|E_1 \cup E_2|}{|S|} = \frac{|E_1| + |E_2| - |E_1 \cap E_2|}{|S|} = \frac{|E_1|}{|S|} + \frac{|E_2|}{|S|} - \frac{|E_1 \cap E_2|}{|S|} = P(E_1) + P(E_2) - P(E_1 \cap E_2)$$

Distribuições de Probabilidade

Se uma ação produz resultados que não são igualmente prováveis, um modo de resolver o problema é introduzir um número apropriado de repetições a alguns dos resultados.

EXEMPLO 69 Suponha que se joga um dado balanceado. Existem 6 resultados possíveis, de modo que $|S| = 6$. Seja T o evento de dar 3; existe apenas um resultado desejado, logo $|T| = 1$. Portanto, a probabilidade de dar 3, como no Exemplo 65b, é

$$P(T) = \frac{|T|}{|S|} = \frac{1}{6} \cong 0{,}167$$

A probabilidade de sair um 4 é a mesma.

Suponha agora que o dado foi manipulado de modo que sai um 4 com uma frequência três vezes maior do que 1, 2, 3, 5 ou 6. Podemos descrever o conjunto de resultados possíveis para esse dado viciado por

$$\{1, 2, 3, 4_1, 4_2, 4_3, 5, 6\}$$

O tamanho do espaço amostral agora é $|S| = 8$, e a nova probabilidade de se obter um 3 é

$$P(T) = \frac{|T|}{|S|} = \frac{1}{8} = 0{,}125$$

Essa é uma probabilidade menor do que a anterior, já que no dado viciado é menos provável que saia um 3. No entanto, se F for o evento de se obter um 4, então existirão três resultados desejáveis no espaço amostral. Logo, a probabilidade de se obter um 4 agora é

$$P(F) = \frac{|F|}{|S|} = \frac{3}{8} = 0{,}375$$

que é maior do que antes, já que o dado viciado tem mais chance de dar 4. ●

Outra maneira de analisar um problema em que nem todos os resultados são igualmente prováveis é atribuir uma **distribuição de probabilidade** ao espaço amostral. Em vez de aumentar artificialmente o espaço amostral colocando cópias dos resultados mais frequentes, considere simplesmente cada resultado distinto no espaço amostral original como um evento e atribua a ele uma probabilidade. Se existem k resultados diferentes no espaço amostral e cada resultado x_i tem uma probabilidade $p(x_i)$, temos as seguintes regras:

1. $0 \leq p(x_i) \leq 1$
2. $\sum_{i=1}^{k} p(x_i) = 1$

A primeira equação tem que ser válida porque qualquer valor de probabilidade tem que estar nesse intervalo. A segunda equação tem que ser válida pela observação 6 na Tabela 4.3; a união de todos esses k resultados disjuntos é o espaço amostral S, e a probabilidade de S é 1.

Considere agora um evento $E \subseteq S$. A **probabilidade do evento E** é dada, então, por

$$P(E) = \sum_{x_i \in E} p(x_i) \qquad (1)$$

Em outras palavras, podemos somar todas as probabilidades dos resultados individuais em E. Isso segue, também, da observação 6 na Tabela 4.3; E é a união de todos os seus resultados distintos. A definição de $P(E)$ como $|E|/|S|$ quando os resultados são igualmente prováveis é um caso particular dessa definição em que $p(x_i) = 1/|S|$ para cada x_i em E.

EXEMPLO 70 Para o dado viciado do Exemplo 69, a distribuição de probabilidade apropriada é

x_i	1	2	3	4	5	6
$p(x_i)$	1/8	1/8	1/8	3/8	1/8	1/8

Como no Exemplo 69, a probabilidade de se obter um 3 é 1/8, e a de se obter um 4 é 3/8. Seja E o evento de se obter um 2 ou um 4. Esses são resultados disjuntos, de modo que, pela Equação (1), $P(E) = p(2) + p(4) = 1/8 + 3/8 = 4/8 = 0{,}5$. ●

PROBLEMA PRÁTICO 44 O espaço amostral é $S = \{a, b, c\}$. Suponha que $p(a) = 0{,}2$ e $p(b) = 0{,}3$.

a. Qual é o valor de $p(c)$?
b. Qual é a probabilidade de se obter a ou c?

■

Probabilidade Condicional

Uma moeda balanceada é jogada duas vezes. O espaço amostral é

$$\{CC, CK, KC, KK\}$$

A probabilidade de se obter duas coroas é claramente 1/4, mas vamos pensar mais um pouco sobre isso. Seja E_1 o evento em que a primeira moeda jogada dê coroa (K), de modo que $E_1 = \{KC, KK\}$; seja E_2 o evento em que o resultado da segunda moeda é K, de modo que $E_2 = \{CK, KK\}$. Então obter duas coroas é o evento $E_1 \cap E_2 = \{KK\}$. A probabilidade desejada é

$$P(\text{duas coroas}) = \frac{|E_1 \cap E_2|}{|S|} = \frac{1}{4}$$

Suponha, no entanto, que já sabemos que a primeira moeda caiu em K. Esse fato muda a probabilidade de se obter duas coroas? Certamente, uma vez que já temos metade do que queremos. O resultado de interesse ainda é $E_1 \cap E_2 = \{KK\}$, mas o espaço amostral está limitado agora, pois E_1 já ocorreu. Ou seja, como estamos supondo que o evento E_1 já ocorreu, nosso espaço amostral torna-se o próprio E_1, ou seja, {KC, KK}. Vamos denotar por $E_2|E_1$ o evento em que E_2 ocorre, *dado que E_1 já ocorreu*. Então

$$P(E_2|\,E_1) = \frac{|E_1 \cap E_2|}{|E_1|} = \frac{1}{2}$$

Em termos de probabilidades, $P(E_1 \cap E_2) = 1/4$, $P(E_1) = 2/4$, e

$$\frac{P(E_1 \cap E_2)}{P(E_1)} = \frac{1/4}{2/4} = 1/2 = P(E_2 \,|\, E_1)$$

Isso sugere a definição a seguir.

DEFINIÇÃO PROBABILIDADE CONDICIONAL

Dados os eventos E_1 e E_2, a **probabilidade condicional** de E_2 dado E_1, $P(E_2|E_1)$, é

$$P(E_2 \,|\, E_1) = \frac{P(E_1 \cap E_2)}{P(E_1)}$$

EXEMPLO 71 Em um estudo sobre um medicamento em um grupo de pacientes, 17% respondeu positivamente ao composto A, 34% respondeu positivamente ao composto B e 8% respondeu positivamente a ambos. A probabilidade de que um paciente responda positivamente ao composto B dado que respondeu positivamente a A é

$$P(B|A) = \frac{P(A \cap B)}{P(A)} = \frac{0{,}08}{0{,}17} \cong 0{,}47$$

●

PROBLEMA PRÁTICO 45 No problema de jogar uma moeda balanceada duas vezes, qual é a probabilidade de se obter duas caras, dado que pelo menos uma das jogadas resulta em cara? (*Sugestão*: Sejam E_2 o evento de duas caras e E_1 o evento de pelo menos uma cara.) ■

Se $P(E_2|E_1) = P(E_2)$, então E_2 tem a mesma probabilidade de ocorrer independentemente de E_1 ocorrer ou não. Nesse caso dizemos que E_1 e E_2 são **eventos independentes** e temos

$$P(E_2|E_1) = \frac{P(E_1 \cap E_2)}{P(E_1)} = P(E_2)$$

ou

$$P(E_1 \cap E_2) = P(E_1) \cdot P(E_2) \qquad (2)$$

A Equação (2) pode ser estendida a qualquer número finito de eventos independentes e também pode ser usada para testar se eventos são independentes.

EXEMPLO 72 Os eventos de se jogar uma moeda e cair cara uma vez (E_1) e coroa depois (E_2) são independentes, pois

$$P(E_1 \cap E_2) = 1/4$$
$$P(E_1) = 1/2, P(E_2) = 1/2$$

de modo que a Equação (2) é satisfeita. Se jogarmos repetidamente uma moeda balanceada e der cara 4, 5 ou 6 vezes seguidas, podemos sentir que "tem que dar coroa agora", em outras palavras, que a próxima jogada da moeda tem uma chance maior do que 50% de dar coroa, mas, de fato, esse não é o caso. É verdade que a probabilidade de se obter cada vez mais resultados seguidos iguais a cara diminui de 1/4 (duas caras) para 1/8 (três caras) para 1/16 (quatro caras) e assim por diante, mas, ainda assim, em cada jogada sucessiva, a probabilidade de se obter uma cara é 1/2. ●

LEMBRETE

A fórmula $P(E_1 \cup E_2) = P(E_1) + P(E_2)$ só é válida quando E_1 e E_2 são dois eventos disjuntos. $P(E_1 \cap E_2) = P(E_1) \cdot P(E_2)$ só é válida quando E_1 e E_2 são dois eventos independentes.

Temos agora o que poderíamos chamar de regras para a soma e para a multiplicação de probabilidades, relacionadas de certa forma com os princípios de adição e multiplicação para contagem. Se quisermos saber a probabilidade de que ocorra o evento E_1 *ou* o evento E_2, $P(E_1 \cup E_2)$, podemos somar as respectivas probabilidades, mas só se os eventos forem disjuntos. Se quisermos saber a probabilidade de que ocorram o evento E_1 *e* o evento E_2, $P(E_1 \cap E_2)$, podemos multiplicar as respectivas probabilidades, mas só se os eventos forem independentes.

Teorema de Bayes

O teorema de Bayes nos permite obter uma probabilidade adicional de determinado conjunto de probabilidades conhecidas. Antes de enunciar o teorema, vamos ver um exemplo.

EXEMPLO 73 Um hortifrúti recebe produtos do fornecedor *A* que consistem em 57% couve e 43% espinafre. Recebe também produtos do fornecedor *B* com 39% de couve e 61% de espinafre, no mesmo caminhão e com o mesmo número de engradados. Antes de descarregar, um funcionário seleciona aleatoriamente um engradado para mostrar ao gerente. Mais tarde, a loja é notificada de que o espinafre do produtor *B* está contaminado. Se o funcionário pegou um engradado de espinafre, qual é a probabilidade de que ele veio do fornecedor *B*?

Seja E_1 o evento de que o engradado veio do fornecedor A e seja E_2 o evento de que o engradado veio do fornecedor B. Seja F o evento de que o engradado era de espinafre. O espaço amostral é algo como

$$\{AC1, AC2, AC3, \ldots, AE1, AE2, AE3, \ldots, BC1, BC2, BC3, \ldots, BE1, BE2, BE3, \ldots\}$$

E_1 e E_2 são eventos disjuntos e $E_1 \cup E_2 = S$.

Sabemos que

$P(E_1) = 1/2$ (igualmente provável ser dos dois fornecedores)

$P(E_2) = 1/2$

$P(F \mid E_1) = 43/100$ (percentual de espinafre nos produtos do fornecedor A)

$P(F \mid E_2) = 61/100$ (percentual de espinafre nos produtos do fornecedor B)

e queremos

$P(E_2 \mid F)$ (probabilidade de que o engradado venha do fornecedor B dado que era de espinafre)

Embora saibamos que a probabilidade de o funcionário escolher um engradado do fornecedor B seja 0,5, suspeitamos que $P(E_2|F)$ seja maior do que 0,5, já que o produto é espinafre e o fornecedor B tem um percentual maior de espinafre do que o fornecedor A. Ocorre que podemos calcular essa probabilidade usando as probabilidades que já temos.

Da definição de probabilidade condicional,

$$P(E_2 \mid F) = \frac{P(F \cap E_2)}{P(F)} \text{ ou } P(F \cap E_2) = P(E_2 \mid F)P(F)$$

$$P(F \mid E_2) = \frac{P(E_2 \cap F)}{P(E_2)} \text{ ou } P(E_2 \cap F) = P(F \mid E_2)P(E_2)$$

Como $F \cap E_2 = E_2 \cap F$, $P(F \cap E_2) = P(E_2 \cap F)$ e, portanto,

$$P(F \cap E_2) = P(F \mid E_2)P(E_2) \text{ [e uma equação semelhante para } P(F \cap E_1)]$$

e

$$P(E_2 \mid F) = \frac{P(F \cap E_2)}{P(F)} = \frac{P(F \mid E_2)P(E_2)}{P(F)}$$

F é outro evento em S (ou seja, é um subconjunto de S), e

$$F = F \cap S = F \cap (E_1 \cup E_2) = (F \cap E_1) \cup (F \cap E_2)$$

de modo que F é a união de eventos disjuntos, e

$$P(F) = P(F \cap E_1) + P(F \cap E_2) = P(F \mid E_1)P(E_1) + P(F \mid E_2)P(E_2)$$

$$= \frac{43}{100} \cdot \frac{1}{2} + \frac{61}{100} \cdot \frac{1}{2} = \frac{43 + 61}{200} = \frac{104}{200}$$

Finalmente,

$$P(E_2 \mid F) = \frac{P(F \mid E_2)P(E_2)}{P(F)} = \frac{(61/100)(1/2)}{104/200} = \frac{61/200}{104/200} = 61/104 \cong 0,587$$

Como suspeitávamos, a probabilidade de que o espinafre veio do lote contaminado é maior do que 0,5. ●

Segue o enunciado geral do teorema de Bayes (veja o Exercício 89).

TEOREMA TEOREMA DE BAYES

Sejam $E_1, \ldots, E_n$ eventos disjuntos de um espaço amostral S cuja união é S. Se F for outro evento em S, então a probabilidade do evento E_i, $1 \leq i \leq n$, dado o evento F, é

$$P(E_i|F) = \frac{P(F|E_i)P(E_i)}{\sum_{k=1}^{n} P(F|E_k)P(E_k)}$$

PROBLEMA PRÁTICO 46 No Exemplo 73, qual é a probabilidade de que o engradado tenha vindo do fornecedor A se for de couve? ■

Valor Esperado

Um aluno faz três testes; o conjunto de notas é $S = \{n_1, n_2, n_3\}$. O estudante calcula sua média $M(n)$ por

$$M(n) = \frac{n_1 + n_2 + n_3}{3}$$

Isso supõe que os três testes têm o mesmo peso. Se escrevermos

$$M(n) = \frac{1}{3}(n_1 + n_2 + n_3) = n_1\left(\frac{1}{3}\right) + n_2\left(\frac{1}{3}\right) + n_3\left(\frac{1}{3}\right)$$

podemos ver também que $M(n)$ é a soma dos produtos de cada nota vezes a fração que é sua contribuição na nota final. Se a última nota valesse o dobro das outras duas, então a "média ponderada" seria

$$M(n) = \frac{1}{4}(n_1 + n_2 + 2n_3) = n_1\left(\frac{1}{4}\right) + n_2\left(\frac{1}{4}\right) + n_3\left(\frac{2}{4}\right)$$

Se considerarmos S o espaço amostral e atribuirmos a distribuição de probabilidade

x_i	n_1	n_2	n_3
$p(x_i)$	1/4	1/4	2/4

então

$$M(n) = \sum_{i=1}^{3} n_i p(n_i) \tag{3}$$

Queremos usar a ideia de média ponderada da Equação (3) e torná-la mais geral. Para notas de provas ou testes, o espaço amostral S consiste em valores numéricos. Se os valores em um espaço amostral não são numéricos, podemos encontrar uma função X que associa um valor numérico (um número real) a cada elemento no espaço amostral. Tal função é chamada de **variável aleatória**.[3] Dado um espaço amostral $S = \{x_1, x_2, \ldots, x_n\}$ com uma

[3]O termo "variável aleatória" é impróprio, já que X não é aleatório nem é uma variável – é uma função que associa a cada elemento x_i em S um número real $X(x_i)$.

variável aleatória X e uma distribuição de probabilidade p, o **valor esperado** ou **média ponderada** da variável aleatória é

$$E(X) = \sum_{i=1}^{n} X(x_i)p(x_i)$$

EXEMPLO 74 Uma moeda balanceada é jogada três vezes. O espaço amostral S é

$$S = \{CCC, CCK, CKC, CKK, KCC, KCK, KKC, KKK\}$$

Seja X a variável aleatória que associa a cada resultado em S o número de caras no resultado, que será um inteiro entre 0 e 3. Como essa moeda é balanceada, cada elemento de S ocorre com a mesma probabilidade, o que determina a distribuição de probabilidade. Podemos então escrever

x_i	CCC	CCK	CKC	CKK	KCC	KCK	KKC	KKK
$X(x_i)$	3	2	2	1	2	1	1	0
$p(x_i)$	1/8	1/8	1/8	1/8	1/8	1/8	1/8	1/8

O valor esperado de X, ou seja, o valor esperado do número de caras em três jogadas, é

$$\begin{aligned} E(X) &= \sum_{i=1}^{8} X(x_i)p(x_i) \\ &= 3(1/8) + 2(1/8) + 2(1/8) + 1(1/8) + 2(1/8) + 1(1/8) + 1(1/8) + 0(1/8) \\ &= 12(1/8) = 3/2 = 1{,}5 \end{aligned}$$

Isso parece intuitivamente correto; como a moeda é balanceada, esperamos obter cara metade do tempo, ou 1,5 vez em 3. (É claro que não podemos obter meia cara, mas se esperamos obter caras metade do tempo, esperamos obter 4 caras em 8 jogadas ou 64 caras em 128 jogadas e assim por diante.) Observe como o valor esperado fornece uma "previsão" de resultados futuros.

Suponha agora que a moeda foi desbalanceada de modo que cair com a cara para cima ficou três vezes mais provável. Em outras palavras, a probabilidade de dar cara é ¾, enquanto a probabilidade de dar coroa é 1/4. Os elementos no espaço amostral não são mais igualmente prováveis, mas podemos calcular sua distribuição de probabilidade. Sabemos que jogadas sucessivas são eventos independentes, de modo que a probabilidade de cada evento em S pode ser obtida multiplicando-se a probabilidade de cada jogada. Por exemplo, a probabilidade de CKK é

$$\left(\frac{3}{4}\right)\left(\frac{1}{4}\right)\left(\frac{1}{4}\right) = \frac{3}{64}$$

A nova tabela fica

x_i	CCC	CCK	CKC	CKK	KCC	KCK	KKC	KKK
$X(x_i)$	3	2	2	1	2	1	1	0
$p(x_i)$	27/64	9/64	9/64	3/64	9/64	3/64	3/64	1/64

e o novo valor esperado para X é

$$\begin{aligned} E(X) &= \sum_{i=1}^{8} X(x_i)p(x_i) \\ &= 3(27/64) + 2(9/64) + 2(9/64) + 1(3/64) + 2(9/64) + 1(3/64) + 1(3/64) + 0(1/64) \\ &= 144/64 = 2{,}25 \end{aligned}$$

O número esperado de caras agora é maior, já que é muito mais provável que a moeda caia com a cara para cima.

PROBLEMA PRÁTICO 47 Dada a tabela a seguir para um espaço amostral, uma variável aleatória X e uma distribuição de probabilidade p, encontre o valor esperado para X.

x_i	x_1	x_2	x_3	x_4
$X(x_i)$	5	2	3	7
$p(x_i)$	2/8	3/8	2/8	1/8

■

Valores esperados têm uma propriedade chamada de **linearidade**. Se X_1 e X_2 são duas variáveis aleatórias no mesmo espaço amostral S e se a e b são números reais, então

$$E(X_1 + X_2) = E(X_1) + E(X_2) \quad (4)$$
$$E(aX_1 + b) = aE(X_1) + b \quad (5)$$

Lembre que, qualquer que seja x_i em S, $X_1(x_i)$ e $X_2(x_i)$ são valores numéricos que podem ser somados, de modo que a variável aleatória $X_1 + X_2$ é simplesmente a função $(X_1 + X_2)(x_i) = X_1(x_i) + X_2(x_i)$. Analogamente, se a e b são números reais, então $aX_1 + b$ é simplesmente a função $(aX_1 + b)(x_i) = aX_1(x_i) + b$. Então a Equação (4) é válida, já que

$$E(X_1 + X_2) = \sum_{i=1}^{n}(X_1 + X_2)(x_i)p(x_i) = \sum_{i=1}^{n}(X_1(x_i) + X_2(x_i))p(x_i)$$
$$= \sum_{i=1}^{n}X_1(x_i)p(x_i) + \sum_{i=1}^{n}X_2(x_i)p(x_i) = E(X_1) + E(X_2)$$

A Equação (4) pode ser estendida para qualquer soma finita de variáveis aleatórias. A Equação (5) é válida porque (note que $\sum_{i=1}^{n}p(x_i) = 1$)

$$E(aX_1 + b) = \sum_{i=1}^{n}(aX_1 + b)(x_i)p(x_i) = \sum_{i=1}^{n}(aX_1(x_i) + b)p(x_i)$$
$$= a\sum_{i=1}^{n}X_1(x_i)p(x_i) + b\sum_{i=1}^{n}p(x_i) = aE(X_1) + b(1)$$

O uso da linearidade pode simplificar, algumas vezes, o cálculo de um valor esperado (veja o Exercício 94).

Distribuições Binomiais

Considere um evento que só tem dois resultados possíveis, sucesso ou falha. A probabilidade de sucesso é p e a probabilidade de falha é $q = 1 - p$. Nossas bem-conhecidas jogadas de moedas se encaixam a essa descrição, já que só há duas possibilidades de resultados. Tal evento é chamado de uma **tentativa de Bernoulli** ou **experimento de Bernoulli**, em honra ao matemático suíço do século XVIII Jacob (ou James) Bernoulli. No entanto, uma única tentativa de Bernoulli não tem muito interesse; em vez disso, queremos falar sobre uma série finita de tentativas de Bernoulli, cada uma com a mesma probabilidade p de sucesso (logo com a mesma probabilidade q de falha). Como a probabilidade de sucesso não varia, as diversas tentativas formam eventos independentes.

Sem descrever especificamente o espaço amostral S, podemos definir uma variável aleatória X como o número de resultados de sucesso que ocorre em n tentativas. X pode variar de 0 (nenhum resultado de sucesso) a n (todos os resultados de sucesso). Podemos determinar a probabilidade de k resultados de sucesso em n tentativas da seguinte maneira:

Suponha que os k sucessos (e as $n - k$ falhas) ocorrem em um padrão específico. Por exemplo, se $k = 3$ e $n = 4$, um padrão seria S-F-S-S. A probabilidade de um sucesso é p, a probabilidade de uma falha é q. Como as n tentativas são mutuamente independentes, podemos multiplicar suas probabilidades, obtendo $p^k q^{n-k}$. Mas esse é apenas um padrão de k sucessos; quantos outros padrões existem? Exatamente o número de maneiras que podemos selecionar k entre n itens, $C(n, k)$. De modo que a probabilidade de k resultados de sucesso em n tentativas é

$$P(k) = C(n, k)p^k q^{n-k}$$

Determinamos, então, a distribuição de probabilidade para diversos valores de X, como mostra a tabela a seguir:

$X = k$	0	1	2	...	k	...	n
$P(k)$	$C(n, 0)\, p^0 q^n$	$C(n,1)pq^{n-1}$	$C(n,2)p^2q^{n-2}$		$C(n,k)p^kq^{n-k}$		$C(n,n)p^nq^0$

Veja os valores nessa distribuição de probabilidade. Eles são os termos na expansão de $(q + p)^n$. Por isso esta é chamada uma **distribuição binomial**.

Note que, como $p + q = 1$, a soma dos termos na distribuição de probabilidade é igual a $1^n = 1$. Isso faz sentido, já que os diversos eventos em que X é calculado são todos disjuntos, de modo que a probabilidade de sua união é a soma das probabilidades individuais. Como a união cobre todos os resultados possíveis, sua probabilidade é 1.

EXEMPLO 75 Uma moeda balanceada é jogada três vezes, com cara sendo considerada um sucesso e coroa uma falha. Aqui $n = 3$ e $p = q = ½$. A distribuição binomial é

k	0	1	2	3
$P(k)$	$(1/2)^3 = 1/8$	$3(1/2)(1/2)^2 = 3/8$	$3(1/2)^2(1/2) = 3/8$	$(1/2)^3 = 1/8$

Note que essa tabela contém a mesma informação que a tabela no Exemplo 74, exceto que aqui não estamos preocupados com a ordem em que as caras ocorrem.

Calculando $E(X)$,

$$E(X) = 0(1/8) + 1(3/8) + 2(3/8) + 3(1/8) = 12/8 = 1{,}5$$

novamente, isso está de acordo com o resultado no Exemplo 74. ●

PROBLEMA PRÁTICO 48 Do valor esperado no Exemplo 75, "esperamos" obter 100 caras se jogarmos uma moeda balanceada 200 vezes. Encontre a probabilidade de fato de se obter 100 caras em 200 tentativas. ■

Análise do Caso Médio de Algoritmos

Fizemos, anteriormente, basicamente a análise do pior caso de algoritmos (Seção 3.3). O valor esperado pode nos ajudar a fazer uma análise do caso médio, ou seja, dizer a quantidade "média" esperada de trabalho executado por um algoritmo. Como em qualquer análise de algoritmos, o primeiro passo é identificar uma "unidade de trabalho" apropriada baseada na natureza do algoritmo. Depois considere espaço amostral S como o conjunto de todas as entradas (input) possíveis para o algoritmo. Vamos supor que S seja finito; embora possa existir um número infinito de valores de entrada distintos, podemos agrupar os que têm as mesmas características em relação à unidade de trabalho. Seja X a variável aleatória que atribui a cada elemento de S o número de unidades de trabalho necessário para executar o algoritmo com aquela entrada. E seja p a distribuição de probabilidade em S (aqui é onde fazemos hipóteses sobre o que é uma entrada "média"). Então

$$E(X) = \sum_{i=1}^{n} X(x_i)p(x_i)$$

nos dá o valor esperado de unidades de trabalho.

EXEMPLO 76 Considere o algoritmo de busca sequencial (Seção 3.3). A unidade de trabalho é o número de comparações de um elemento particular x com os n elementos em uma lista. Suponha que o elemento particular pertence à lista e é igualmente provável de ser qualquer um dos n elementos na lista (veja o Exercício 35 da Seção 3.3). Isso nos dá a tabela

x_i	L_1	L_2	...	L_n
$X(x_i)$	1	2	...	n
$p(x_i)$	$1/n$	$1/n$	...	$1/n$

Logo

$$E(X) = \sum_{i=1}^{n} X(x_i)p(x_i)$$

$$= \sum_{i=1}^{n} i\left(\frac{1}{n}\right) = \frac{1}{n}\sum_{i=1}^{n} i = \frac{1}{n}(1 + 2 + \cdots + n) = \frac{1}{n}\frac{n(n+1)}{2} = \frac{n+1}{2}$$

O número médio de comparações para encontrar um elemento particular na lista, com uma distribuição uniforme de probabilidade, é um pouco mais de metade do comprimento da lista. ●

SEÇÃO 4.6 REVISÃO

TÉCNICAS

- Cálculo da probabilidade de um evento quando todos os resultados de uma ação são igualmente prováveis.
- Cálculo da probabilidade de um evento quando foi atribuída uma distribuição de probabilidade ao espaço amostral.
- Cálculo da probabilidade condicional de um evento dado que outro evento já ocorreu.
- Determinação de se dois eventos são independentes.
- Dado um espaço amostral com uma variável aleatória X e uma distribuição de probabilidade, cálculo do valor esperado $E(X)$.

IDEIAS PRINCIPAIS

- Um evento é um subconjunto do conjunto de todos os resultados possíveis de uma ação.
- Para resultados igualmente prováveis, a probabilidade de um evento é a razão entre o número de resultados no evento e o número total de resultados possíveis.
- Na probabilidade condicional do evento E_2 dado que o evento E_1 já ocorreu, o espaço amostral é reduzido a E_1.
- Os eventos E_1 e E_2 são independentes se e somente se a probabilidade condicional de E_2 dado E_1 é igual à probabilidade de E_2.
- Na forma mais simples do teorema de Bayes, a probabilidade de um evento A dado o evento B pode ser calculada através das probabilidades de A, de B e de B dado A.
- Dado um espaço amostral em que foram atribuídas uma variável aleatória e uma distribuição de probabilidade, o valor esperado da variável aleatória fornece uma previsão de seu valor futuro.
- A análise do caso médio de um algoritmo é o valor esperado das unidades de trabalho sobre o espaço amostral de todas as entradas; a distribuição de probabilidade reflete as hipóteses que foram feitas sobre a entrada "média".

EXERCÍCIOS 4.6

Os Exercícios 1 a 6 estão relacionados com três moedas jogadas para cima ao mesmo tempo e com os resultados de sair cara ou coroa igualmente prováveis.

1. Qual é o tamanho do espaço amostral?
2. Qual é a probabilidade de se obter 1 cara e 2 coroas?
3. Qual é a probabilidade de se obter só coroas?
4. Qual é a probabilidade de que nenhuma moeda caia com a cara para cima?
5. Qual é a probabilidade de se obter só coroas ou só caras?
6. Qual é a probabilidade de se obter só coroas e só caras?

Nos Exercícios 7 a 14, joga-se um par de dados balanceados.

7. Qual é o tamanho do espaço amostral?
8. Qual é a probabilidade de se obter dois valores iguais a 1?
9. Qual é a probabilidade de se obter uma dupla (o mesmo valor nos dois dados)?
10. Qual é a probabilidade de se obter 1 em pelo menos um dado?
11. Qual é a probabilidade de se obter um total de 7 nos dois dados?
12. Qual é a probabilidade de se obter dois valores consecutivos, como 3 e 4, nos dois dados?
13. Qual é a probabilidade de se obter no total dos dois dados um valor maior do que 10?
14. Qual é a probabilidade de se obter no total dos dois dados um valor ímpar?

Os Exercícios 15 a 18 estão relacionados com 3 pessoas participando de uma corrida, com cada participante tendo a mesma probabilidade de terminar a corrida ou desistir no meio.

15. Qual é o tamanho do espaço amostral?
16. Qual é a probabilidade de exatamente 1 participante terminar a corrida?
17. Qual é a probabilidade de ninguém terminar a corrida?
18. Qual é a probabilidade de pelo menos 2 participantes terminarem a corrida?

Os Exercícios 19 a 24 estão relacionados com uma única carta retirada de um baralho comum com 52 cartas. Um baralho comum tem 13 cartas de cada um dos naipes (paus, ouros, copas, espadas). As 13 cartas têm estampados na frente números de 2 a 10, valete, dama, rei ou ás. Cada uma dessas "estampas" corresponde a um "tipo" de carta. O valete, a dama e o rei são "figuras".

19. Qual é a probabilidade de se tirar uma carta de ouros?
20. Qual é a probabilidade de se tirar uma dama?
21. Qual é a probabilidade de se tirar uma dama de ouros?
22. Qual é a probabilidade de se tirar uma dama ou uma carta de ouros?
23. Qual é a probabilidade de se tirar uma carta de um naipe preto?
24. Qual é a probabilidade de se tirar uma carta de valor menor do que 4 (ases contam como 1)?

Os Exercícios 25 a 36 estão relacionados com mãos de 2 cartas que podem ser obtidas de um baralho comum com 52 cartas. Um baralho comum tem 13 cartas de cada um dos naipes (paus, ouros, copas e espadas). As 13 cartas têm estampados na frente números de 2 a 10, valete, dama, rei e ás. Cada uma dessas "estampas" corresponde a um "tipo" de carta. O valete, a dama e o rei são "figuras".

25. Qual é o tamanho do espaço amostral?
26. Qual é a probabilidade de que ambas as cartas sejam do mesmo naipe?
27. Qual é a probabilidade de que nenhuma das cartas seja de espadas?
28. Qual é a probabilidade de ambas as cartas serem de espadas?

29. Qual é a probabilidade de que exatamente 1 das cartas seja de espadas?
30. Qual é a probabilidade de que pelo menos 1 carta seja de espadas?
31. Qual é a probabilidade de que ambas as cartas sejam figuras?
32. Qual é a probabilidade de que exatamente 1 carta seja uma figura?
33. Qual é a probabilidade de que ambas as cartas sejam figuras de espadas?
34. Qual é a probabilidade de que ambas as cartas sejam figuras ou ambas sejam de espadas?
35. Como a resposta do Exercício 30 está relacionada com as respostas dos Exercícios 28 e 29?
36. Como a resposta do Exercício 30 está relacionada com a resposta do Exercício 27?

Os Exercícios 37 a 40 estão relacionados com jogos na loteria oficial do estado de Indiana nos Estados Unidos.

37. No jogo Daily3, são sorteados sucessivamente três números de 0 a 9 (são permitidas repetições). O jogador marca três números em seu cartão de jogo e pode escolher como jogar, se em sequência (os números do jogador têm que ser iguais aos números sorteados exatamente na mesma ordem) ou em lote (os números do jogador têm que ser iguais aos números sorteados em qualquer ordem).
    a. Qual é o tamanho do espaço amostral?
    b. Qual é a probabilidade de uma sequência?
    c. Qual é a probabilidade de um lote se forem sorteados 3 números distintos?
    d. Qual é a probabilidade de um lote se 2 dos números sorteados forem iguais?

38. No jogo Daily4, são sorteados quatro números sucessivamente de 0 a 9 (são permitidas repetições). O jogador marca quatro números em seu cartão de jogo e pode escolher como jogar, se em sequência (os números do jogador têm que ser iguais aos números sorteados exatamente na mesma ordem) ou em lote (os números do jogador têm que ser iguais aos números sorteados em qualquer ordem).
    a. Qual é o tamanho do espaço amostral?
    b. Qual é a probabilidade de uma sequência?
    c. Qual é a probabilidade de um lote se forem sorteados 4 números distintos?
    d. Qual é a probabilidade de um lote se 2 dos números sorteados forem iguais?
    e. Qual é a probabilidade de um lote se forem sorteados 2 pares distintos?
    f. Qual é a probabilidade de um lote se 3 dos números sorteados são iguais?

39. No jogo Cash5, cinco números diferentes entre 1 e 39 são sorteados sucessivamente. O jogador marca em seu cartão 5 números diferentes entre 1 e 39.
    a. Qual é o tamanho do espaço amostral?
    b. Qual é a probabilidade de o jogador acertar todos os 5 números em qualquer ordem?
    c. Qual é a probabilidade de o jogador acertar exatamente 4 dos 5 números em qualquer ordem?
    d. Qual é a probabilidade de o jogador acertar exatamente 3 dos 5 números em qualquer ordem?

40. No jogo Powerball, são sorteados 5 números diferentes entre 1 e 59 sucessivamente, e depois é sorteado um número (o número Powerball) entre 1 e 35. O jogador marca em seu cartão 5 números diferentes entre 1 e 59 e 1 número entre 1 e 35.
    a. Qual é o tamanho do espaço amostral?
    b. Qual é a probabilidade de o jogador acertar todos os 5 números em qualquer ordem e o número de Powerball?
    c. Qual é a probabilidade de o jogador não acertar nenhum dos 5 números, mas acertar o número do Powerball?

Os Exercícios 41 a 50 estão relacionados com mãos de pôquer com 5 cartas retiradas de um baralho padrão com 52 cartas. Um baralho padrão tem 13 cartas de cada um dos naipes (paus, ouros, copas e espadas). As 13 cartas têm estampados na frente números de 2 a 10, valete, dama, rei e ás. Cada uma dessas "estampas" corresponde a um "tipo" de carta. O valete, a dama e o rei são "figuras". (Veja os Exercícios 33 a 41 na Seção 4.4 para as definições dos termos.)

41. Qual é a probabilidade de uma sequência real?
42. Qual é a probabilidade de uma sequência do mesmo naipe que não é uma sequência real?
43. Qual é a probabilidade de uma quadra (4 cartas do mesmo tipo)?
44. Qual é a probabilidade de uma trinca e um par?
45. Qual é a probabilidade de todas as cartas serem do mesmo naipe sem formar uma sequência?
46. Qual é a probabilidade de uma sequência, mas com cartas de naipes diferentes?
47. Qual é a probabilidade de 3 cartas do mesmo tipo?
48. Qual é a probabilidade de 2 pares?
49. Qual é a probabilidade de 1 par?
50. Explique por que, em pôquer,
    a. uma sequência do mesmo naipe vence 1 trinca e 1 par;
    b. uma quadra vence uma sequência.

Os Exercícios 51 a 56 estão relacionados com o "problema de aniversário", bastante conhecido. Considere uma sala contendo n pessoas, cada uma delas igualmente provável de fazer aniversário em qualquer um dos 365 dias do ano (ignorando anos bissextos).

51. Qual é o tamanho do espaço amostral de todas as atribuições possíveis de dias de aniversário a pessoas?
52. Seja E o evento de que 2 pessoas na sala nunca fazem aniversário no mesmo dia. Encontre uma expressão para $P(E)$.
53. Seja B o evento de que 2 pessoas ou mais pessoas na sala fazem aniversário no mesmo dia. Encontre uma expressão para $P(B)$.
54. Seja C o evento de que exatamente 2 pessoas na sala fazem aniversário no mesmo dia. Encontre uma expressão para $P(C)$.
55. Qual é o evento que tem probabilidade maior, B ou C? Por quê?
56. Use uma planilha ou uma calculadora para verificar que 23 é o número mínimo de pessoas na sala para obter uma probabilidade de pelo menos 1/2 para que 2 ou mais pessoas façam aniversário no mesmo dia.

Os Exercícios 57 a 62 estão relacionados com o jogo de roleta. Uma roleta contém 18 casas pretas e 18 casas vermelhas numeradas (não sequencialmente) de 1 a 36. Há duas casas verdes numeradas 0 e 00. O jogador gira a roleta e joga uma bola na roleta no sentido inverso. São feitas apostas de em que casa a bola vai estar quando a roleta parar. A bola é igualmente provável de terminar em qualquer casa.

57. Qual é o tamanho do espaço amostral?
58. Qual é a probabilidade de que a bola termine em uma casa vermelha (uma aposta "vermelha")?
59. Qual é a probabilidade de que a bola termine em uma casa específica numerada (uma aposta "direta")?
60. Qual é a probabilidade de que a bola termine em um entre três números específicos (uma aposta "de rua")?
61. Qual é a probabilidade de que a bola termine em um entre quatro números específicos (uma aposta "de canto")?
62. Qual é a probabilidade de que a bola termine em um número ímpar durante três rodadas seguidas?
63. Uma mulher em Lake Havasu City, Arizona, EUA, teve duas meninas gêmeas no dia 22 de setembro de 2006. Isso ocorreu no mesmo dia que a mulher fazia aniversário — e sua mãe faz aniversário no mesmo dia. Qual é a probabilidade de que três gerações façam aniversário no mesmo dia?
64. O campeonato de basquete das faculdades americanas da Divisão I masculina da Associação Atlética Colegiada Nacional (NCAA na sigla em inglês) dos EUA (conhecido como "Loucura de Março") é um torneio de eliminatória simples que acontece todo ano em março. O torneio começa com 68 times. A estrutura do torneio está na tabela a seguir; o perdedor de cada jogo é eliminado.

Nome da Rodada	Número de Times	Número de Jogos
Os Quatro Primeiros	8	4
Rodada de 64	64	32
Rodada de 32	32	16
Dezesseis Doces	16	8
Oito de Elite	8	4
Os Quatro Finais	4	2
Final do Campeonato	2	1

Qual é a probabilidade de se escolher corretamente o time campeão? (Suponha que todos os times são igualmente prováveis de vencer seus respectivos jogos.)

65. O bridge é um jogo de cartas com quatro jogadores que usa um baralho padrão com 52 cartas. Todas as 52 cartas são distribuídas entre os jogadores no início de cada rodada. Em 1963, mulheres jogando bridge em Kankakee, Illinois, EUA, descobriram que, depois da distribuição de cartas, cada jogadora tinha 13 cartas do mesmo naipe. Qual é a probabilidade de um jogador receber um naipe inteiro?

66. Em relação ao Exercício 65, qual é a probabilidade de que cada uma das quatro jogadoras receba um naipe inteiro?

67. Sejam E_1 e E_2 eventos do mesmo espaço amostral com $P(E_1) = 0{,}37$, $P(E_2) = 0{,}45$ e $P(E_1 \cap E_2) = 0{,}14$.
    a. Encontre a probabilidade de que E_2 não ocorra.
    b. Encontre a probabilidade de que E_1 ou E_2 ocorra.
    c. Encontre a probabilidade de que nem E_1 nem E_2 ocorra.

68. Uma senha com 8 letras é gerada automaticamente usando as 26 letras minúsculas do alfabeto em inglês. Cada letra é igualmente provável de ser usada, e as letras podem ser repetidas.
    a. Qual é o tamanho do espaço amostral?
    b. Encontre a probabilidade de que a senha não contenha a letra "e".
    c. Encontre a probabilidade de que a senha contém pelo menos um "e".
    d. Encontre a probabilidade de que a senha contém um único "e".
    e. Encontre a probabilidade de que a senha contém um único "h" e um único "x".
    f. Encontre a probabilidade de que a senha contém um único "h" ou um único "x".

69. Um dado viciado tem a seguinte distribuição de probabilidade:

x_i	1	2	3	4	5	6
$p(x_i)$	0,2	0,05	0,1	0,2	0,3	0,15

Quando o dado é jogado, seja E_1 o evento de que o resultado é ímpar, seja E_2 o evento de que o resultado é 3 ou 6, e seja E_3 o evento de que o resultado é maior ou igual a 4.
    a. Encontre $P(E_1)$.
    b. Encontre $P(E_2)$.
    c. Encontre $P(E_3)$.
    d. Encontre $P(E_2 \cap E_3)$.
    e. Encontre $P(E_1 \cup E_3)$.

70. Em uma eleição para o Congresso americano, são candidatos de um distrito um político do Partido Democrata, um do Partido Republicano e um Independente. Os padrões de votação desse distrito indicam que um democrata tem o

dobro de chance de ser eleito do que um republicano e que um republicano tem o quádruplo de chance de ser eleito do que um independente.

a. Encontre a distribuição de probabilidade apropriada.

b. Qual é a probabilidade de que seja eleito o democrata?

c. Qual a probabilidade de que o republicano não seja eleito?

71. Em determinada escola, 72% dos alunos praticam pelo menos um esporte. O percentual dos alunos que praticam pelo menos um esporte e se forma é 67%. Encontre a probabilidade de um aluno se formar dado que ele pratica pelo menos um esporte.

72. Em determinada fábrica, a probabilidade de que haverá escassez de cobre é 0,37. A probabilidade de que haverá escassez de cobre e de alumínio é 0,28. Encontre a probabilidade de haver escassez de alumínio dado que há escassez de cobre.

73. No Exemplo 71:

a. Qual é a probabilidade de que um paciente responda positivamente ao composto A dado que responde positivamente a B?

b. Qual é a probabilidade de que um paciente responda positivamente ao composto A ou ao composto B?

c. Qual é a probabilidade de que um paciente não responda positivamente a nenhum dos compostos?

74. Uma revista sobre comida fez uma enquete sobre as preferências de seus leitores que gostam de comida asiática. Os resultados foram os seguintes:

47% gostam de comida tailandesa (E_1)
39% gostam de comida indiana (E_2)
78% gostam de comida chinesa (E_3)
23% gostam de comida tailandesa e indiana
31% gostam de comida indiana e chinesa
29% gostam de comida tailandesa e chinesa

a. Estenda a observação 5 na Tabela 4.3 para o caso de três eventos, E_1, E_2 e E_3.

b. Encontre a probabilidade de que um leitor goste dos três tipos de comida.

c. Encontre a probabilidade de que um leitor goste de comida chinesa dado que gosta de comida indiana.

Nos Exercícios 75 a 80, um estudante faz um teste com quatro questões do tipo verdadeiro-falso, cada uma delas igualmente provável de ser verdadeira ou falsa.

75. Qual é a probabilidade de responder exatamente a uma pergunta errada?

76. Qual é a probabilidade de responder à Questão 1 corretamente?

77. Qual é a probabilidade de responder a três ou mais questões corretamente?

78. Qual é a probabilidade de responder às duas primeiras questões corretamente?

79. Qual é a probabilidade de responder às duas primeiras questões corretamente, dado que a resposta da Questão 1 está correta?

80. Qual é a probabilidade de responder a todas as quatro questões corretamente, dado que as duas primeiras questões estão corretas?

Nos Exercícios 81 a 88, uma família tem 3 crianças; meninos e meninas são igualmente prováveis.

81. Qual é a probabilidade de a criança mais velha ser um menino?

82. Qual é a probabilidade de as duas crianças mais novas serem meninas?

83. Qual é a probabilidade de serem 2 meninos e 1 menina?

84. Qual é a probabilidade de nenhuma criança ser menina?

85. Qual é a probabilidade de que pelo menos 1 das crianças é uma menina?

86. Qual é a probabilidade de serem 3 meninas?

87. Qual é a probabilidade de serem 3 meninas, dado que as 2 primeiras crianças são meninas?

88. Qual é a probabilidade de pelo menos 1 das crianças ser um menino e pelo menos 1 ser uma menina, dado que pelo menos 1 das crianças é menino?

89. Demonstre o teorema de Bayes. A demonstração segue o que foi feito no Exemplo 73. Sejam $E_1, \ldots, E_n$ eventos disjuntos, em um espaço amostral S, cuja união é igual a S. Se F for outro evento em S, o teorema de Bayes diz que a probabilidade do evento E_i, $1 \leq i \leq n$, dado o evento F, é

$$P(E_i|F) = \frac{P(F|E_i)P(E_i)}{\sum_{k=1}^{n} P(F|E_k)P(E_k)}$$

a. Use as definições de $P(E_i|F)$ e de $P(F|E_i)$ para provar que

$$P(E_i|F) = \frac{P(F|E_i)P(E_i)}{P(F)}$$

b. Prove que

$$P(F) = \sum_{k=1}^{n} P(F \cap E_k)$$

c. Use a definição de $P(F|E_i)$ e o resultado do item (b) para provar que

$$P(F) = \sum_{k=1}^{n} P(F|E_i)P(E_i)$$

d. Usando os itens (a) e (c), prove o teorema de Bayes.

90. Em um evento beneficente, dois grupos doaram brinquedos para meninos e para meninas. O grupo Bonzinhos do Lago doou 5 brinquedos para meninos e 7 para meninas. O Clube dos Campeões doou 6 brinquedos para meninos e 5 para meninas. O mestre de cerimônias retirou de uma caixa grande o primeiro brinquedo, e era para um menino. Encontre a probabilidade de que esse brinquedo foi doado pelo grupo Bonzinhos do Lago.

91. Uma farmácia online vende um medicamento X que não necessita de receita e serve para muitas coisas. O banco de dados da farmácia contém as seguintes informações: 18% de seus clientes são HIV-positivo, 9% de seus clientes HIV-positivo compram o medicamento X e 3% de seus clientes que não são HIV-positivo compram o medicamento X. Encontre a probabilidade de que um cliente que compra o medicamento X é HIV-positivo. Essa informação pode ser usada para ajudar a fazer o plano de propaganda e marketing da farmácia.

92. Entre os pacientes de pressão alta em determinada clínica, 62% são tratados com o medicamento X e o restante com o medicamento Y. Sabe-se que 1,4% dos pacientes que usam o remédio X desmaiam, assim como 2,9% dos que usam o remédio Y. Uma paciente, conhecida pela clínica como tendo pressão alta, desmaiou, mas não se lembra qual é o medicamento que usa. Qual o medicamento que é o mais provável que ela esteja usando? (*Sugestão*: Sejam E_1 e E_2 — tratados com os medicamentos X e Y, respectivamente — eventos no espaço amostral de todos os pacientes com pressão alta na clínica e seja D o evento de desmaio. Encontre $P(X|D)$ e $P(Y|D)$.)

93. a. Um dado balanceado é jogado uma vez. Seja X a variável aleatória que é igual ao valor do dado. Encontre o valor esperado de X, $E(X)$.

b. Agora o dado foi "viciado" de modo que aparece o 2 com o dobro da frequência dos outros números. Encontre o novo valor esperado de X.

c. Sua resposta no item (b) deveria ser maior ou menor do que sua resposta no item (a)? Explique por quê.

94. Dois dados balanceados são jogados. O espaço amostral S contém as 36 combinações dos dois números. Para cada elemento (r, s) de S, é atribuída a variável aleatória $X(r, s) = r + s$.

   a. Escreva uma tabela mostrando os valores de X e as probabilidades desses valores. Em vez de 36 colunas, cada uma com probabilidade 1/36, faça uma coluna para cada valor distinto de X e mostre a probabilidade daquele valor.

   b. Encontre o valor esperado da soma dos números que aparecem quando se jogam dois dados balanceados.

   c. Encontre o valor esperado da soma dos números que aparecem quando se jogam dois dados balanceados. Dessa vez considere o espaço amostral S como o conjunto dos pares ordenados (r, s) que aparecem nos dois dados. Use duas variáveis aleatórias nesse espaço amostral, em que X_1 = valor da primeira componente do par ordenado e X_2 = valor da segunda componente do par ordenado. Use a propriedade de linearidade da Equação (4).

95. Em um cassino, será sorteada uma bola de uma caixa que contém 43 bolas vermelhas, 27 bolas verdes e 8 bolas azuis. Cada jogador marca um cartão com a cor que acredita que será sorteada. O prêmio em dinheiro para quem acertar a cor é

   Vermelha: R$3,00
   Verde: R$6,00
   Azul: R$10,00

   O preço do cartão para o jogo é R$5,00. Encontre o valor esperado do dinheiro do prêmio.

96. Um diretório em um disco rígido de um computador contém 12 arquivos, 3 dos quais têm vírus. Se um arquivo com um vírus for selecionado, o vírus será detectado e depois será selecionado outro arquivo. Encontre o número esperado de arquivos que têm que ser selecionados antes que se encontre um arquivo sem vírus.

97. Cadeias de bits são enviadas ao longo de uma rede de computadores em pacotes de comprimento 10. A probabilidade de um bit se corromper (ou seja, um 0 se transformar 1 ou vice-versa) é 0,01. Esses erros nos bits são independentes.

   a. Encontre a probabilidade de não haver erro em um único pacote. (*Sugestão*: Não tem problema chamar um erro em um bit de "sucesso".)

   b. Encontre a probabilidade de que não há mais do que dois erros nos bits.

   c. Encontre a probabilidade de que há pelo menos um erro nos bits.

98. Dos itens produzidos em determinada fábrica, 5% têm defeito. Se 8 itens forem escolhidos aleatoriamente, encontre a probabilidade de que:

   a. 1 tem defeito.

   b. 2 têm defeito.

   c. nenhum tem defeito.

   d. pelo menos 1 tem defeito.

   e. no máximo 1 tem defeito.

99. Um aluno não estudou para um teste com 10 questões do tipo verdadeiro-falso e "chutou" todas as questões. Se ele precisa de 8 respostas corretas para passar, qual é a probabilidade de que irá passar?

100. Um jogador de beisebol tem uma probabilidade $p = 0{,}04$ de completar o circuito das bases cada vez que fica como batedor. Encontre o número mínimo de vezes que ele tem que ser batedor para ter uma probabilidade de pelo menos 80% de completar o circuito das bases (pelo menos uma vez).

101. Encontre o número médio de comparações na busca de um elemento particular x usando o algoritmo de busca sequencial sob a hipótese de que x é igualmente provável de estar em qualquer das n posições na lista ou não estar na lista.

102. Encontre o número médio de comparações na busca de um elemento particular x usando o algoritmo de busca sequencial sob a hipótese de que x não está na lista 80% do tempo, mas se estiver na lista é igualmente provável que esteja em qualquer uma das n posições.

CAPÍTULO 4 REVISÃO

TERMINOLOGIA

árvore de decisão
axiomas de probabilidade
cardinalidade de um conjunto
coeficiente binomial
combinação
combinatória
complemento de um conjunto
conjunto contável
conjunto das partes
conjunto enumerável
conjunto fechado em relação a uma operação
conjunto finito
conjunto infinito
conjunto universo
conjunto vazio
conjuntos disjuntos
conjuntos iguais
conjuntos não contáveis ou não enumeráveis
demonstração combinatória
diferença entre conjuntos
distribuição binomial
distribuição de probabilidade
dual de uma identidade envolvendo conjuntos
espaço amostral
evento
eventos independentes
experimento de Bernoulli
fórmula de Pascal
interseção de conjuntos
linearidade do valor esperado
média ponderada
método da diagonalização de Cantor
n fatorial
operação bem definida
operação binária
operação unária
ordem lexicográfica
par ordenado
permutação
princípio da adição
princípio da multiplicação
princípio das casas de pombo
princípio de inclusão e exclusão
probabilidade condicional
probabilidade de um evento
probabilidade de um evento *E*
produto cartesiano de conjuntos
subconjunto
subconjunto próprio
tentativa de Bernoulli
teorema binomial
teorema de Bayes
triângulo de Pascal
união de conjuntos
universo do discurso
valor esperado
variável aleatória

AUTOTESTE

Responda se as afirmações a seguir são verdadeiras ou falsas.

Seção 4.1

1. O conjunto vazio é um subconjunto próprio de todo conjunto.
2. Se A e B forem conjuntos disjuntos, então $(A - B) \cup (B - A) = A \cup B$.
3. Se um conjunto tiver n elementos, o conjunto de suas partes terá 2^n elementos.
4. Se uma operação binária $\circ$ em um conjunto S estiver bem definida, então $x \circ y \in S$ quaisquer que sejam x e y em S.
5. O método de diagonalização de Cantor é um modo de provar que determinados conjuntos são enumeráveis.

Seção 4.2

1. De acordo com o princípio da multiplicação, o número de resultados possíveis para uma sequência de tarefas é o produto do número de resultados possíveis para cada tarefa separadamente.
2. O princípio da adição encontra o número total de ramificações em uma árvore de decisão.
3. O princípio da adição precisa que as tarefas em questão tenham conjuntos disjuntos de resultados possíveis.
4. O princípio da multiplicação diz que o número de elementos em $A \times B$ é igual ao número de elementos em A vezes o número de elementos em B.
5. Qualquer problema que necessite de uma árvore de decisão para sua solução não pode ser resolvido pelo princípio de multiplicação.

Seção 4.3

1. O princípio de inclusão e exclusão requer que A e B sejam conjuntos disjuntos para se encontrar o número de elementos em $A \cup B$.
2. O princípio de inclusão e exclusão aplicado a dois conjuntos diz que o número de elementos na união menos o número de elementos na interseção é a soma do número de elementos em cada conjunto.
3. O princípio de inclusão e exclusão pode ser aplicado à união de um número qualquer de conjuntos desde que pelo menos um deles seja finito.
4. O princípio das casas de pombo é um modo de contar os elementos na união de conjuntos disjuntos, ou "casas de pombo".
5. O princípio das casas de pombo garante que, se existem oito pessoas em uma sala, pelo menos 2 delas têm que ter nascido no mesmo dia da semana.

Seção 4.4

1. Uma permutação é um arranjo ordenado de objetos.
2. O número de combinações de r entre n objetos, $r > 1$, é menor do que o número de permutações de r objetos entre n.
3. Para encontrar o número de maneiras de se selecionar um subconjunto de r objetos em um conjunto de n objetos, use a fórmula $P(n, r)$.
4. O número de permutações das letras em uma palavra com três conjuntos de letras repetidas é $n!/3$.

5. A fórmula $C(r + n - 1, r)$ fornece o número de combinações de r entre n objetos, em que os objetos podem ser selecionados repetidamente.

Seção 4.5

1. O triângulo de Pascal consiste em linhas que representam o número de maneiras de selecionar r entre n objetos para diversos valores de r.
2. A fórmula de Pascal diz que um número no "interior" do triângulo de Pascal é a soma dos dois números diretamente acima dele no triângulo.
3. Na expansão de um binômio à n-ésima potência, a k-ésima parcela encontra-se na linha k de um triângulo de Pascal.
4. Um argumento combinatório é um argumento baseado em técnicas de contagem.
5. O coeficiente da sétima parcela na expansão de $(a + b)^{12}$ é dado pela expressão $C(12, 6)$.

Seção 4.6

1. A probabilidade de um evento sempre fica entre 0 e 1.
2. Em um espaço amostral com n resultados igualmente prováveis, a distribuição de probabilidade é $1/n$ para cada resultado.
3. Para encontrar a probabilidade de diversos eventos ocorrerem, multiplique as probabilidades dos eventos individuais.
4. Uma variável aleatória é uma variável cujo valor é atribuído aleatoriamente usando-se um gerador de números aleatórios.
5. Se E_1 e E_2 forem eventos disjuntos cuja união é igual ao espaço amostral, então o teorema de Bayes permite que você obtenha a probabilidade condicional $P(E_1|F)$ se conhecer as probabilidades $P(F|E_1)$, $P(F|E_2)$, $P(E_1)$ e $P(E_2)$.

NO COMPUTADOR

Para os Exercícios 1 a 10, escreva um programa de computador que produza o resultado desejado a partir dos dados de entrada fornecidos.

1. *Dados de entrada*: Elementos em um conjunto finito S.
   Resposta: Elementos em $\wp(S)$.
   Algoritmo: Use recorrência.

2. *Dados de entrada*: Expressão aritmética em notação pós-fixa (veja o Exercício 45 da Seção 4.1).
   Resposta: Valor da expressão.

3. *Dados de entrada*: Expressão aritmética em notação infixa (veja o Exercício 45 da Seção 4.1).
   Resposta: A expressão em notação pós-fixa.
   Faça esse problema de duas maneiras:
   a. Suponha que os dados de entrada contenham um conjunto completo de parênteses.
   b. Não suponha que os dados de entrada contenham um conjunto completo de parênteses, mas aplique a ordem correta de precedência dos operadores dentro do programa (a ordem de precedência dos operadores é: calcular primeiro as expressões entre parênteses, depois as exponenciações, depois as multiplicações e divisões e depois as somas e subtrações).

4. *Dados de entrada*: Valores de n e r, $0 \leq r \leq n$.
   Resposta: Valor de $P(n, r)$.

5. *Dados de entrada*: Valores de n e r, $0 \leq r \leq n$.
   Resposta: Valor de $C(n, r)$.

6. *Dados de entrada*: Valor de n.
   Resposta: Todos os valores de $C(n, r)$, $0 \leq r \leq n$.

7. *Dados de entrada*: Valor de n.
   Resposta: Todas as permutações dos inteiros $1, \ldots, n$.

Eis um esboço para um algoritmo diferente do dado na Seção 4.4 para gerar as $n!$ permutações dos inteiros em $\{1, \ldots, n\}$. Use um algoritmo recorrente. Uma vez obtida uma permutação A dos inteiros $1, \ldots, k - 1$, pode-se obter uma permutação dos inteiros $1, \ldots, k$ inserindo-se o inteiro k em todas as posições possíveis em A. Quando $k = n$, qualquer permutação obtida dessa forma pode ser escrita. Inicie o processo mandando 1 para uma lista vazia de permutações. Para o caso $n = 3$, por exemplo, esse algoritmo percorre sucessivamente os ramos da árvore a seguir e imprime as folhas.

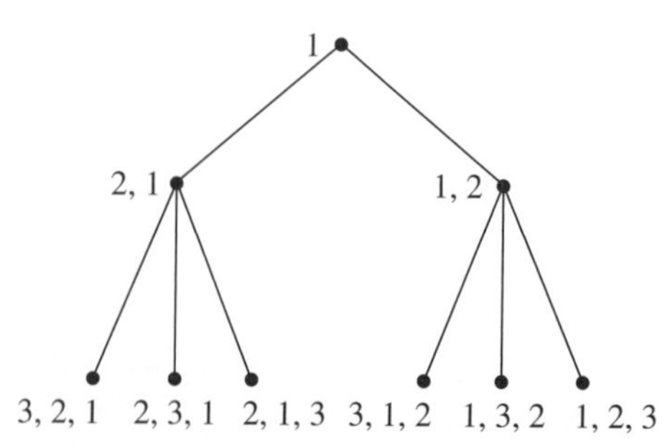

8. *Dados de entrada*: Valores de a, b e n.
   Resposta: Valor $(a + b)^n$.
   a. Use o teorema binomial para calcular seu resultado.
   b. Calcule $a + b$ e eleve esse valor à potência n; compare essa resposta com a do item (a).

9. *Dados de entrada*: Valores de a, b, n e r, $1 \leq r \leq n + 1$.

Resposta: A r-ésima parcela na expansão de $(a + b)^n$.

10. *Dados de entrada*: Uma variável aleatória e uma distribuição de probabilidade para um espaço amostral finito.

Resposta: O valor esperado da variável aleatória.

11. Escreva um programa que permita ao usuário dar o valor de n, $1 \leq n \leq 10$, depois faz perguntas ao usuário para obter os valores necessários para a expressão à direita do sinal de igualdade na Eq. (4) da Seção 4.3 (o princípio de inclusão e exclusão) e calcula o valor de

$$|A_1 \cup \cdots \cup A_n|$$

12. Escreva um programa para gerar um número dado de linhas do triângulo de Pascal. Faça isso de duas maneiras:

a. Use a definição do triângulo de Pascal (e use, talvez, sua resposta para calcular o Exercício 5 como função).

b. Use recorrência e a fórmula de Pascal.

13. A lei de Benford, também chamada de lei do primeiro dígito, afirma que em muitos (mas não em todos) conjuntos grandes de dados numéricos o primeiro dígito não é igualmente provável de assumir os valores de 1 a 9. De fato, a probabilidade de que o primeiro seja igual a 1, $p(1)$, é cerca de 30%, e a probabilidade para cada valor sucessivo do primeiro dígito vai diminuindo até $p(9)$, que é aproximadamente 4,6%. A fórmula para a lei de Benford é

$$p(d) = \log_{10}\left(1 + \frac{1}{d}\right)$$

Evidências baseadas na lei de Benford são admissíveis nos tribunais e têm sido usadas para ajudar a detectar dados fraudulentos em contabilidade, economia, pesquisa científica e outras áreas.

a. Use a fórmula dada para calcular a probabilidade de ocorrência no primeiro dígito dos algarismos de 1 a 9.

b. Escreva um programa para gerar os 200 primeiros números de Fibonacci e verifique se os primeiros dígitos seguem a lei de Benford.

Capítulo

5 Relações, Funções e Matrizes

OBJETIVOS DO CAPÍTULO

Após o estudo deste capítulo, você será capaz de:

- Identificar pares ordenados pertencentes a uma relação binária.
- Testar se uma relação binária é reflexiva, simétrica, transitiva ou antissimétrica.
- Encontrar os fechos reflexivo, simétrico e transitivo de uma relação binária.
- Reconhecer ordens parciais e construir diagramas de Hasse para elas.
- Reconhecer uma relação de equivalência em um conjunto e descrever as partições do conjunto em classes de equivalência.
- Desenhar um diagrama PERT de uma tabela de tarefas.
- Encontrar o tempo mínimo de completamento e um caminho crítico em um diagrama PERT.
- Estender uma ordem parcial em um conjunto finito a uma ordem total por meio de uma ordenação topológica.
- Compreender o modelo entidade-relação e o modelo relacional para um projeto.
- Efetuar as operações de restrição, projeção e união em um banco de dados relacional.
- Criar bancos de dados relacionais nas linguagens de álgebra relacional, SQL e cálculo relacional.
- Determinar se uma relação binária é uma função.
- Testar se uma função é sobrejetora ou injetora.
- Gerar funções compostas.
- Decidir se uma função tem inversa e, caso tenha, encontrá-la.
- Manipular a notação de ciclos para permutações.
- Calcular o número de funções, o de funções sobrejetoras e o de funções injetoras de um conjunto finito em outro.
- Compreender ordens de grandeza como uma medida relativa da taxa de crescimento de uma função.
- Construir uma tabela de dispersão usando uma função de dispersão módulo.
- Codificar e decodificar mensagens usando a codificação com chave pública RSA.
- Usar a função mod para calcular algarismos de verificação para diversos códigos de identificação.
- Efetuar operações aritméticas em matrizes de dimensões apropriadas.
- Resolver sistemas de equações lineares usando o método de Gauss.
- Efetuar operações aritméticas booleanas em matrizes booleanas de dimensões apropriadas.

Sua companhia desenvolveu um programa para ser rodado em uma máquina pequena com processamento em paralelo. De acordo com a documentação técnica, o programa executa os processos P1, P2 e P3 em paralelo; todos esses processos usam resultados do processo P4, logo eles têm que esperar que o processo P4 termine de executar antes que possam começar. Os processos P7 e P10 são executados em paralelo, mas precisam esperar que os processos P1, P2 e P3 terminem. O processo P4 necessita dos resultados dos processos P5 e P6 antes de começar a executar. Os processos P5 e P6 executam em paralelo. Os processos P8 e P11 executam em paralelo, mas P8 tem que esperar pelo final do processo P7 e P11 tem que esperar pelo final de P10. O processo P9 tem que esperar pelos resultados de P8 e P11. Foi- lhe dada a tarefa de converter o programa para uma máquina com um único processador.

Pergunta: **Em que ordem os processos devem ser executados?**

Vários pares de processo aqui estão relacionados entre si por uma relação de "pré-requisito". Esse é um caso particular de uma relação binária, uma relação entre pares de elementos pertencentes a um conjunto. Estudaremos as diversas propriedades de relações binárias na Seção 5.1. Um tipo de relação binária é chamado de ordem parcial; elementos relacionados por uma ordem parcial podem ser representados graficamente. Outro tipo de relação binária é uma relação de equivalência; elementos relacionados por uma relação de equivalência podem ser agrupados em classes.

Uma ordenação topológica estende uma ordem parcial a uma ordem total. Para uma ordem parcial de tarefas relacionadas por pré-requisitos, uma ordem total correspondente identifica a ordem sequencial em que as tarefas deveriam ser executadas, que é a solução do problema de conversão do processamento paralelo. A ordenação topológica é apresentada na Seção 5.2.

Uma generalização de uma relação binária forma a base para um banco de dados relacional, considerado na Seção 5.3. Usando as operações de restrição, projeção e união nas relações de um banco de dados, podemos fazer diversas consultas ao banco.

Uma função é um tipo particular de relação binária. Funções, assim como relações, descrevem diversas situações reais. Funções também têm propriedades especiais, como veremos na Seção 5.4. A ordem de grandeza, apresentada na Seção 5.5, fornece um modo de comparar as taxas de crescimento de duas funções e é útil na análise de algoritmos. Uma função simples denominada função módulo tem um número surpreendente de aplicações, variando desde algoritmos de codificação para segurança computacional até a base para padrões de desenho artísticos. Algumas dessas aplicações são mencionadas na Seção 5.6.

Na Seção 5.7, vamos considerar matrizes e desenvolver uma aritmética para manipulá-las. Matrizes fornecem um mecanismo para a resolução de sistemas de equações lineares. Usaremos matrizes mais tarde para representar relações e grafos.

SEÇÃO 5.1 RELAÇÕES

Relações Binárias

Se descobrirmos que duas pessoas, Henriqueta e Horácio, estão relacionadas, entenderemos que existe alguma conexão familiar entre elas — que o par (Henriqueta, Horácio) se diferencia de outros pares ordenados de pessoas porque existe uma relação (são primos, irmãos etc.) que Henriqueta e Horácio satisfazem. O análogo matemático é distinguir determinados pares ordenados de objetos de outros pares ordenados porque as componentes dos pares diferenciados satisfazem alguma relação que os outros não satisfazem.

EXEMPLO 1 Lembre-se (Seção 4.1) de que o produto cartesiano de um conjunto S com ele mesmo, $S \times S$ ou S^2, é o conjunto de todos os pares ordenados de elementos de S. Seja $S = \{1, 2, 3\}$; então,

$$S \times S = \{(1, 1), (1, 2), (1, 3), (2, 1), (2, 2), (2, 3), (3, 1), (3, 2), (3, 3)\}$$

Se estivéssemos interessados na relação de igualdade, então (1, 1), (2, 2) e (3, 3) seriam os elementos de $S \times S$ que escolheríamos, ou seja, os únicos pares ordenados cujas componentes são iguais. Se estivéssemos interessados na relação de um número ser menor do que o outro, escolheríamos os pares ordenados (1, 2), (1, 3) e (2, 3) em $S \times S$. ●

No Exemplo 1, poderíamos escolher os pares ordenados (x, y) dizendo que $x = y$ ou que $x < y$. Analogamente, a notação $x \rho y$ indica que o par ordenado (x, y) satisfaz a relação ρ. A relação ρ pode ser definida por palavras ou, simplesmente, listando-se os pares ordenados que satisfazem ρ.

EXEMPLO 2 Seja $S = \{1, 2, 4\}$. No conjunto $S \times S = \{(1, 1), (1, 2), (1, 4), (2, 1), (2, 2), (2, 4), (4, 1), (4, 2), (4, 4)\}$, pode-se definir uma relação ρ por $x \rho y$ se e somente se $x = y/2$, abreviada como $x \rho y \leftrightarrow x = y/2$. Assim, $(1, 2)$ e $(2, 4)$ satisfazem ρ. A mesma relação ρ poderia ser definida dizendo-se que $\{(1, 2), (2, 4)\}$ é o conjunto dos pares ordenados que satisfazem ρ.

Como no Exemplo 2, um modo de definir uma relação binária ρ é especificar um subconjunto de $S \times S$. Formalmente, essa é a definição de uma relação binária.

DEFINIÇÃO RELAÇÃO BINÁRIA EM UM CONJUNTO S

Uma **relação binária em um conjunto** S é um subconjunto de $S \times S$ (um conjunto de pares ordenados de elementos de S).

Agora que sabemos que uma relação binária ρ é um subconjunto, vemos que

$$x \rho y \leftrightarrow (x, y) \in \rho$$

Em geral, uma relação binária é definida por uma descrição da relação, em vez da lista dos pares ordenados. A descrição fornece uma caracterização dos elementos pertencentes à relação, ou seja, é um predicado binário que é satisfeito por determinados pares ordenados. Uma relação binária implica um resultado do tipo sim/não — um par ordenado satisfaz ou não satisfaz o predicado binário e pertence ou não pertence à relação.

EXEMPLO 3 Seja $S = \{1, 2\}$. Então, $S \times S = \{(1, 1), (1, 2), (2, 1), (2, 2)\}$. Seja ρ a relação em S dada pela descrição $x \rho y \leftrightarrow x + y$ é ímpar. Então $(1, 2) \in \rho$ e $(2, 1) \in \rho$. O par ordenado $(1, 1) \notin \rho$ porque $1 + 1$ não é ímpar. Analogamente, $(2, 2) \notin \rho$.

EXEMPLO 4 Seja $S = \{1, 2\}$. Então $S \times S = \{(1, 1), (1, 2), (2, 1), (2, 2)\}$. Se ρ for definida em S por $\rho = \{(1, 1), (2, 1)\}$, então $1 \rho 1$ e $2 \rho 1$ são verdadeiras, mas $1 \rho 2$ não é, por exemplo. Essa relação não parece ter uma descrição verbal óbvia.

Nesta seção estaremos preocupados exclusivamente com relações binárias em um único conjunto, mas, de modo mais geral, relações podem ser definidas entre conjuntos diferentes.

DEFINIÇÃO RELAÇÕES ENTRE CONJUNTOS DIFERENTES

Dados dois conjuntos S e T, uma **relação binária de S para T** (também chamada de uma **relação binária em $S \times T$**) é um subconjunto de $S \times T$. Dados n conjuntos $S_1, S_2, \ldots, S_n$, $n > 2$, uma **relação n-ária em $S_1 \times S_2 \times \cdots \times S_n$** é um subconjunto de $S_1 \times S_2 \times \cdots \times S_n$.

EXEMPLO 5 Sejam $S = \{1, 2, 3\}$ e $T = \{2, 4, 7\}$. Então o conjunto

$$\{(1, 2), (2, 4), (2, 7)\}$$

é formado por elementos de $S \times T$. Logo, é uma relação binária de S para T.

PROBLEMA PRÁTICO 1 Para cada uma das relações binárias ρ definidas a seguir em $\mathbb{N}$, decida quais entre os pares ordenados dados pertencem a ρ.

a. $x \rho y \leftrightarrow x = y + 1$; (2, 2), (2, 3), (3, 3), (3, 2)
b. $x \rho y \leftrightarrow x$ divide y; (2, 4), (2, 5), (2, 6)
c. $x \rho y \leftrightarrow x$ é ímpar; (2, 3), (3, 4), (4, 5), (5, 6)
d. $x \rho y \leftrightarrow x > y^2$; (1, 2), (2, 1), (5, 2), (6, 4), (4, 3)

Se ρ for uma relação binária em S, então ρ consistirá em um conjunto de pares ordenados da forma (s_1, s_2). Dada uma primeira componente s_1 ou uma segunda componente s_2, podem ser formados diversos pares pertencentes à relação. A relação é **um para um** se cada primeira componente e cada segunda componente aparecem apenas uma vez na relação. A relação é **um para muitos** se alguma primeira componente aparece mais de uma vez, ou seja, se s_1 pode aparecer em mais de um par. Ela é dita **muitos para um** se alguma segunda componente s_2 aparece em mais de um par. Finalmente, ela é **muitos para muitos** se pelo menos um s_1 aparece em mais de um par e pelo menos um s_2 aparece em mais de um par. A Figura 5.1 ilustra essas quatro possibilidades. Note que nem todos os valores em S precisam ser componentes de algum par ordenado em ρ.

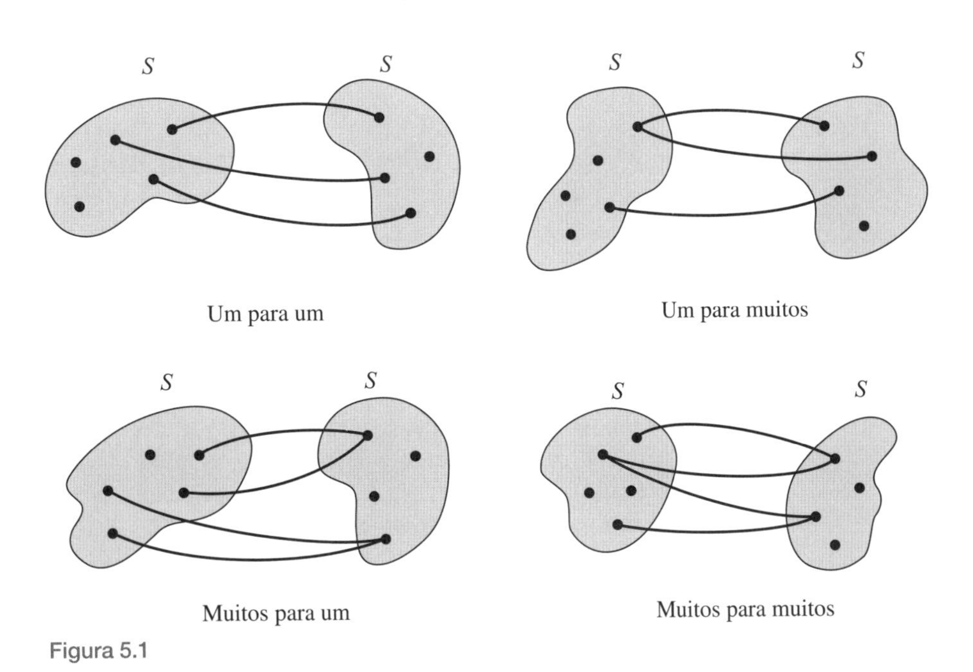

Figura 5.1

Essas ideias podem ser estendidas a relações de um conjunto S em outro conjunto T. A relação do Exemplo 5 é um para muitos porque a primeira componente 2 aparece mais de uma vez; o 2 do conjunto S está associado a 4 e a 7 no conjunto T.

PROBLEMA PRÁTICO 2 Identifique cada uma das relações em S como um para um, um para muitos, muitos para um ou muitos para muitos, em que $S = \{2, 5, 7, 9\}$.

a. $\{(5, 2), (7, 5), (9, 2)\}$
b. $\{(2, 5), (5, 7), (7, 2)\}$
c. $\{(7, 9), (2, 5), (9, 9), (2, 7)\}$ ■

Suponha que B é o conjunto de todas as relações binárias em um conjunto S dado. Se ρ e σ pertencem a B, então são subconjuntos de $S \times S$. Assim, podemos efetuar operações como a união, a interseção e o complementar, que resultam em novos subconjuntos de $S \times S$, ou seja, em novas relações binárias, que denotaremos, respectivamente, por $\rho \cup \sigma$, $\rho \cap \sigma$ e ρ'. Assim,

$$x(\rho \cup \sigma)y \leftrightarrow x\,\rho\,y \text{ ou } x\,\sigma\,y$$
$$x(\rho \cap \sigma)y \leftrightarrow x\,\rho\,y \text{ e } x\,\sigma\,y$$
$$x\,\rho'\,y \leftrightarrow \text{não } x\,\rho\,y$$

PROBLEMA PRÁTICO 3 Sejam ρ e σ duas relações binárias em $\mathbb{N}$ definidas por $x\,\rho\,y \leftrightarrow x = y$ e $x\,\sigma\,y \leftrightarrow x < y$. Dê descrições verbais para os itens (a), (b) e (c); descreva o conjunto do item (d).

a. Qual é a relação $\rho \cup \sigma$?
b. Qual é a relação ρ'?
c. Qual é a relação σ'?
d. Qual é a relação $\rho \cap \sigma$? ■

Os fatos a seguir sobre as operações $\cup$, $\cap$ e $'$ nas relações são consequência imediata das identidades básicas entre conjuntos que vimos na Seção 4.1. O conjunto S^2 (que é, afinal de contas, um subconjunto de S^2) está sendo considerado aqui uma relação binária em S.

1a. $\rho \cup \sigma = \sigma \cup \rho$ | 1b. $\rho \cap \sigma = \sigma \cap \rho$
2a. $(\rho \cup \sigma) \cup \gamma = \rho \cup (\sigma \cup \gamma)$ | 2b. $(\rho \cap \sigma) \cap \gamma = \rho \cap (\sigma \cap \gamma)$
3a. $\rho \cup (\sigma \cap \gamma) = (\rho \cup \sigma) \cap (\rho \cup \gamma)$ | 3b. $\rho \cap (\sigma \cup \gamma) = (\rho \cap \sigma) \cup (\rho \cap \gamma)$
4a. $\rho \cup \varnothing = \rho$ | 4b. $\rho \cap S^2 = \rho$
5a. $\rho \cup \rho' = S^2$ | 5b. $\rho \cap \rho' = \varnothing$

LEMBRETE

Reflexiva — Todo x está relacionado consigo mesmo.
Simétrica — Se x estiver relacionado com y, então y estará relacionado com x.
Transitiva — Se x estiver relacionado com y e y estiver relacionado com z, então x estará relacionado com z.

Propriedades de Relações

Uma relação binária em um conjunto S pode ter determinadas propriedades. Por exemplo, a relação ρ de igualdade em S, $x\,\rho\,y \leftrightarrow x = y$, tem três propriedades: (1) para qualquer $x \in S$, $x = x$, ou seja, $(x, x) \in \rho$; (2) quaisquer que sejam $x, y \in S$, se $x = y$, então $y = x$, ou seja, $(x, y) \in \rho \to (y, x) \in \rho$; (3) quaisquer que sejam $x, y, z \in S$, se $x = y$ e $y = z$, então $x = z$, ou seja, $[(x, y) \in \rho \text{ e } (y, z) \in \rho] \to (x, z) \in \rho$. Essas três propriedades fazem com que a relação de igualdade seja reflexiva, simétrica e transitiva.

DEFINIÇÃO RELAÇÕES REFLEXIVAS, SIMÉTRICAS E TRANSITIVAS

Seja ρ uma relação binária em um conjunto S. Então,

ρ ser **reflexiva** significa $(\forall x)(x \in S \to (x, x) \in \rho)$
ρ ser **simétrica** significa $(\forall x)(\forall y)(x \in S \wedge y \in S \wedge (x, y) \in \rho \to (y, x) \in \rho)$
ρ ser **transitiva** significa $(\forall x)(\forall y)(\forall z)(x \in S \wedge y \in S \wedge z \in S \wedge (x, y) \in \rho \wedge (y, z) \in \rho \to (x, z) \in \rho)$

EXEMPLO 6 Considere a relação $\leq$ no conjunto $\mathbb{N}$. Essa relação é reflexiva porque, para qualquer inteiro não negativo x, $x \leq x$. Ela é, também, transitiva pois quaisquer que sejam os inteiros não negativos x, y, z, se $x \leq y$ e $y \leq z$, então $x \leq z$. No entanto, $\leq$ não é simétrica; $3 \leq 4$ não implica que $4 \leq 3$. De fato, quaisquer que sejam $x, y \in \mathbb{N}$, se $x \leq y$ e $y \leq x$, então $x = y$. Essa característica é descrita dizendo-se que $\leq$ é antissimétrica. ●

DEFINIÇÃO RELAÇÃO ANTISSIMÉTRICA

Seja ρ uma relação binária em um conjunto S. Dizer que ρ é **antissimétrica** significa

$$(\forall x)(\forall y)(x \in S \wedge y \in S \wedge (x, y) \in \rho \wedge (y, x) \in \rho \rightarrow x = y)$$

EXEMPLO 7 Seja $S = \wp(\mathbb{N})$. Defina uma relação binária ρ em S por $A \,\rho\, B \leftrightarrow A \subseteq B$. Então ρ é reflexiva, já que todo conjunto é um subconjunto de si mesmo. Além disso, ρ é transitiva, pois se A for um subconjunto de B e B for um subconjunto de C, então A será um subconjunto de C. Finalmente, ρ é antissimétrica porque, se A for um subconjunto de B e B for um subconjunto de A, então A e B serão conjuntos iguais. ●

LEMBRETE

Antissimétrica — Se x estiver relacionado com y e y estiver relacionado com x, então $x = y$.

Todas as quatro propriedades de relações envolvem o conectivo condicional. Os quantificadores universais significam que os condicionais têm que ser verdadeiros para escolhas arbitrárias das variáveis. Lembre-se de que, para provar que um condicional é verdadeiro, supomos que a proposição antecedente é verdadeira e provamos que a consequente também tem que ser verdadeira. Para a reflexividade, o antecedente escolhe um elemento arbitrário em S; o consequente diz que esse elemento tem que estar relacionado consigo mesmo. Para que uma relação ρ em um conjunto S seja reflexiva, então todo elemento no conjunto tem que estar relacionado consigo mesmo, o que especifica que determinados pares ordenados têm que pertencer a ρ.

No entanto, para a simetria, a transitividade e a antissimetria, o antecedente não diz apenas que os elementos estão em S. Para provar que uma relação é simétrica, por exemplo, precisamos mostrar que, se x e y forem elementos arbitrários em S e se, além disso, x estiver relacionado com y, então y terá que estar relacionado com x. Isso diz que, se determinados pares ordenados estiverem em ρ, então outros pares ordenados determinados também terão que estar em ρ para que ρ seja simétrica. Em outras palavras, o conhecimento do conjunto S é fundamental para que se determine se a relação é ou não reflexiva, enquanto para as outras propriedades é suficiente olhar apenas para os pares ordenados em ρ.

De qualquer forma, a pergunta se uma relação dada em S tem determinada propriedade necessita de uma resposta sim ou não. Ou a propriedade é válida ou não é.

PROBLEMA PRÁTICO 4 Seja $S = \{1, 2, 3\}$.

a. Se uma relação ρ em S for reflexiva, que pares ordenados terão que pertencer a ρ?
b. Se uma relação ρ em S for simétrica, que pares ordenados terão que pertencer a ρ? (Essa pergunta é delicada; veja a resposta no final do livro.)
c. Se uma relação ρ em S for simétrica e se $(a, b) \in \rho$, que outro par ordenado terá que pertencer a ρ?
d. Se uma relação ρ em S for antissimétrica e se (a, b) e (b, a) pertencerem a ρ, o que tem que ser verdade?
e. A relação $\rho = \{(1, 2)\}$ em S é transitiva? (*Sugestão*: Lembre-se da tabela-verdade para o condicional.) ■

As propriedades de simetria e antissimetria para relações binárias não são exatamente opostas. Antissimétrica não significa "não simétrica". Uma relação não é simétrica se algum (x, y) pertencer à relação, mas (y, x) não. Mais formalmente, não ser simétrica significa que

$$\begin{aligned} &((\forall x)(\forall y)[x \in S \land y \in S \land (x, y) \in \rho \to (y, x)\rho])' \\ &\leftrightarrow (\exists x)(\exists y)[x \in S \land y \in S \land (x, y) \in \rho \to (y, x)\rho]' \\ &\leftrightarrow (\exists x)(\exists y)[(x \in S \land y \in S \land (x, y) \in \rho)' \lor (y, x) \in \rho]' \\ &\leftrightarrow (\exists x)(\exists y)[(x \in S \land y \in S \land (x, y) \in \rho) \land (y, x) \notin \rho] \end{aligned}$$

Portanto, as relações podem ser simétricas e não antissimétricas, antissimétricas e não simétricas, podem ser ao mesmo tempo simétricas e antissimétricas, ou podem não ser nem simétricas nem antissimétricas.

A relação de igualdade em um conjunto S é, ao mesmo tempo, simétrica e antissimétrica. No entanto, a relação de igualdade em S (ou um subconjunto dessa relação) é a única relação que tem essas duas propriedades. Para ilustrar, suponha que ρ é uma relação simétrica e antissimétrica em S, e seja $(x, y) \in \rho$. Por simetria, temos que $(y, x) \in \rho$. Mas então, por antissimetria, $x = y$. Portanto, apenas elementos iguais podem estar relacionados. A relação $\rho = \{(1, 2), (2, 1), (1, 3)\}$ no conjunto $S = \{1, 2, 3\}$ não é nem simétrica — $(1, 3)$ pertence a ρ, mas $(3, 1)$ não — nem antissimétrica — $(1, 2)$ e $(2, 1)$ pertencem a ρ, mas $1 \neq 2$.

PROBLEMA PRÁTICO 5 Teste cada relação binária no conjunto dado S para ver se é reflexiva, simétrica, antissimétrica ou transitiva.

a. $S = \mathbb{N}$; $x \rho y \leftrightarrow x + y$ é par.
b. $S = \mathbb{Z}^+$ (inteiros positivos); $x \rho y \leftrightarrow x$ divide y.
c. S = conjunto de todas as retas no plano; $x \rho y \leftrightarrow x$ é paralela a y ou x coincide com y.
d. $S = \mathbb{N}$; $x \rho y \leftrightarrow x = y^2$.
e. $S = \{0, 1\}$; $x \rho y \leftrightarrow x = y^2$.
f. $S = \{x \mid x$ é uma pessoa que mora em Peória$\}$; $x \rho y \leftrightarrow x$ é mais velho do que y.
g. $S = \{x \mid x$ é um aluno em sua turma$\}$; $x \rho y \leftrightarrow x$ senta na mesma fileira que y.
h. $S = \{1, 2, 3\}$; $\rho = \{(1, 1), (2, 2), (3, 3), (1, 2), (2, 1)\}$. ■

EXEMPLO 8 A discussão sobre definições recorrentes em Prolog (Seção 1.5) observou que se deve usar uma definição recorrente quando o predicado a ser descrito é herdado de um objeto para o próximo. O predicado *nacadeiaalimentar* usado lá tem essa propriedade, pois

$$nacadeiaalimentar(x, y) \land nacadeiaalimentar(y, z) \to nacadeiaalimentar(x, z)$$

Vemos, agora, que isso é, simplesmente, transitividade. ●

Fechos de Relações

Se uma relação ρ em um conjunto S não tem determinada propriedade, podemos ser capazes de estender ρ a uma relação ρ^* em S que tenha essa propriedade. Por "estender" queremos dizer que a nova relação ρ^* vai conter todos os pares ordenados em ρ, além dos pares adicionais necessários para que a propriedade seja válida. Portanto, $\rho \subseteq \rho^*$. Se ρ^* for o menor conjunto com essa propriedade, então ρ^* será chamado de fecho de ρ em relação a essa propriedade.

DEFINIÇÃO FECHO DE UMA RELAÇÃO

Uma relação binária ρ^* em um conjunto S é o **fecho de uma relação** ρ em S em relação à propriedade P se

1. ρ^* tem a propriedade P;
2. $\rho \subseteq \rho^*$;
3. ρ^* é subconjunto de qualquer outra relação em S que inclua ρ e tenha a propriedade P.

Podemos procurar o **fecho reflexivo**, o **fecho simétrico** e o **fecho transitivo** de uma relação em um conjunto. É claro que, se a relação já tem a propriedade em questão, ela é seu próprio fecho em relação a essa propriedade.

EXEMPLO 9 Sejam $S = \{1, 2, 3\}$ e $\rho = \{(1, 1), (1, 2), (1, 3), (3, 1), (2, 3)\}$. Então ρ não é reflexiva, nem simétrica, nem transitiva. O fecho de ρ em relação à reflexividade é

$$\rho^* = \{(1, 1), (1, 2), (1, 3), (3, 1), (2, 3), (2, 2), (3, 3)\}$$

Essa relação é reflexiva e contém ρ. Além disso, qualquer relação reflexiva em S tem que conter os novos pares ordenados que adicionamos — (2, 2) e (3, 3) —, de modo que não pode existir nenhuma relação reflexiva menor; em outras palavras, qualquer relação reflexiva contendo ρ tem que ter a relação acima como subconjunto.

O fecho de ρ em relação à simetria é

$$\rho^* = \{(1, 1), (1, 2), (1, 3), (3, 1), (2, 3), (2, 1), (3, 2)\}$$

Também aqui é claro que adicionamos apenas os novos pares necessários — (2, 1) e (3, 2) — para que a relação seja simétrica.

Tanto para o fecho reflexivo quanto para o simétrico, tivemos apenas que inspecionar os pares ordenados já pertencentes a ρ para descobrir que pares ordenados precisamos adicionar (supondo conhecido o conjunto S). O fecho reflexivo ou o simétrico de uma relação pode ser encontrado em apenas um passo. O fecho transitivo pode necessitar de uma série de passos. Analisando os pares ordenados na relação ρ do nosso exemplo, vemos que precisamos adicionar (3, 2) (por causa de (3, 1) e (1, 2)), (3, 3) (por causa de (3, 1) e (1, 3)) e (2, 1) (por causa de (2, 3) e (3, 1)). Isso nos dá a relação

$$\{(1, 1), (1, 2), (1, 3), (3, 1), (2, 3), (3, 2), (3, 3), (2, 1)\}$$

No entanto, essa relação ainda não é transitiva. Por causa do novo par (2, 1) e do velho par (1, 2), precisamos adicionar (2, 2). Isso nos dá a relação

$$\{(1, 1), (1, 2), (1, 3), (3, 1), (2, 3), (3, 2), (3, 3), (2, 1), (2, 2)\}$$

que é transitiva e é a menor relação transitiva contendo ρ. Esse é o fecho transitivo de ρ. ●

Como no Exemplo 9, uma das maneiras de encontrar o fecho transitivo de uma relação é inspecionar os pares ordenados na relação original, adicionar novos pares se necessário, analisar a relação resultante, adicionar novos pares se necessário e assim por diante, até se obter uma relação transitiva. Esse é um procedimento um tanto *ad hoc,* e daremos um algoritmo melhor no Capítulo 7. Veremos, então, que o fecho transitivo de uma relação binária está relacionado com a "acessibilidade em um grafo direcionado", o que tem muitas aplicações.

PROBLEMA PRÁTICO 6 Faz sentido procurar pelo fecho antissimétrico de uma relação em um conjunto? Por quê? ■

PROBLEMA PRÁTICO 7 Encontre os fechos reflexivo, simétrico e transitivo da relação

$$\{(a, a), (b, b), (c, c), (a, c), (a, d), (b, d), (c, a), (d, a)\}$$

no conjunto $S = \{a, b, c, d\}$. ■

No resto desta seção vamos nos concentrar em dois tipos de relações binárias, que são caracterizadas pelo tipo de propriedades que satisfazem (reflexividade, simetria, antissimetria e transitividade).

Ordens Parciais

DEFINIÇÃO ORDEM PARCIAL

Uma relação binária em um conjunto S que seja reflexiva, antissimétrica e transitiva é chamada de uma **ordem parcial** em S.

Dos exemplos anteriores e do Problema Prático 5, temos os seguintes exemplos de ordens parciais:

Em $\mathbb{N}$, $x \rho y \leftrightarrow x \leq y$.
Em $\wp(\mathbb{N})$, $A \rho B \leftrightarrow A \subseteq B$.
Em $\mathbb{Z}^+$, $x \rho y \leftrightarrow x$ divide y.
Em $\{0, 1\}$, $x \rho y \leftrightarrow x = y^2$.

Se ρ for uma ordem parcial em S, então o par ordenado (S, ρ) será chamado de um **conjunto parcialmente ordenado**. Denotaremos um conjunto parcialmente ordenado arbitrário por $(S, \preccurlyeq)$; em qualquer caso particular, $\preccurlyeq$ tem algum significado preciso, como "menor ou igual a", "é um subconjunto de", "divide" e assim por diante. (O símbolo para uma ordem parcial genérica, $\preccurlyeq$, é projetado para parecer com o símbolo de desigualdade $\leq$, que, como acabamos de observar, é uma ordem parcial no conjunto $\mathbb{N}$ ou em qualquer outro conjunto em que uma relação "menor ou igual a" faça sentido.)

Seja $(S, \preccurlyeq)$ um conjunto parcialmente ordenado e seja $A \subseteq S$. Então $\preccurlyeq$ é um conjunto de pares ordenados de elementos de S, alguns dos quais podem ser pares ordenados de elementos de A. Se selecionarmos, entre os pares ordenados em $\preccurlyeq$, os que têm elementos de A, esse novo conjunto é a **restrição** de $\preccurlyeq$ ao subconjunto A e é uma ordem parcial em A. (Percebe por que as três propriedades necessárias continuam válidas?) Por exemplo, uma vez que sabemos que a relação "x divide y" é uma ordem parcial em $\mathbb{Z}^+$, sabemos, automaticamente, que "x divide y" é uma ordem parcial em $\{1, 2, 3, 6, 12, 18\}$.

Vamos introduzir a terminologia usada em conjuntos parcialmente ordenados. Seja $(S, \preccurlyeq)$ um conjunto parcialmente ordenado. Se $x \preccurlyeq y$, então ou $x = y$ ou $x \neq y$. Se $x \preccurlyeq y$ mas $x \neq y$, escrevemos $x \prec y$ e dizemos que x é um **predecessor** de y ou que y é um **sucessor** de x. Um dado y pode ter muitos predecessores, mas se $x \prec y$ e se não existe nenhum z com $x \prec z \prec y$ então x é um **predecessor imediato** de y.

PROBLEMA PRÁTICO 8 Considere a relação "x divide y" em $\{1, 2, 3, 6, 12, 18\}$.

a. Escreva os pares ordenados (x, y) pertencentes a essa relação.
b. Escreva todos os predecessores de 6.
c. Escreva todos os predecessores imediatos de 6. ■

Se S for finito, podemos representar visualmente um conjunto parcialmente ordenado $(S, \preccurlyeq)$ usando um **diagrama de Hasse**. Cada elemento de S é representado por um ponto, denominado **nó** ou **vértice** do diagrama. Se x for um predecessor imediato de y, o nó que representa y é colocado acima do nó que representa x e os dois nós são conectados por um segmento de reta.

EXEMPLO 10 Considere $\wp(\{1, 2\})$ com a relação de inclusão de conjuntos. Esse é um conjunto parcialmente ordenado. (Já sabemos que $(\wp(\mathbb{N}), \subseteq)$ é um conjunto parcialmente ordenado.) Os elementos de $\wp(\{1, 2\})$ são $\emptyset$, $\{1\}$, $\{2\}$ e $\{1, 2\}$. A relação binária $\subseteq$ consiste nos seguintes pares ordenados:

$$(\emptyset, \emptyset), (\{1\}, \{1\}), (\{2\}, \{2\}), (\{1, 2\}, \{1, 2\}), (\emptyset, \{1\}),$$
$$(\emptyset, \{2\}), (\emptyset, \{1, 2\}), (\{1\}, \{1, 2\}), (\{2\}, \{1, 2\})$$

O diagrama de Hasse desse conjunto parcialmente ordenado aparece na Figura 5.2. Note que, embora $\emptyset$ não seja um predecessor imediato de $\{1, 2\}$, é um predecessor de $\{1, 2\}$ (isso está ilustrado pela cadeia de segmentos de reta "subindo" que conectam $\emptyset$ a $\{1, 2\}$). ●

LEMBRETE
Dois nós em um diagrama de Hasse nunca devem estar conectados por um segmento de reta horizontal.

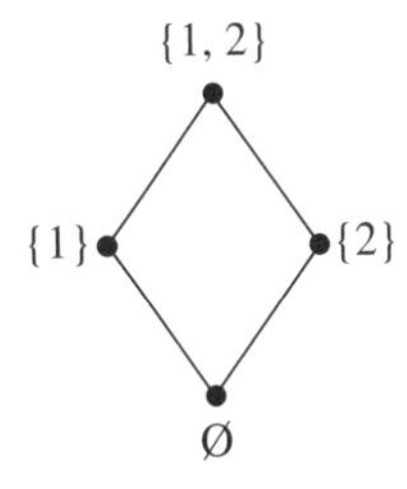

Figura 5.2

PROBLEMA PRÁTICO 9 Desenhe o diagrama de Hasse para a relação "x divide y" em $\{1, 2, 3, 6, 12, 18\}$. ■

O diagrama de Hasse de um conjunto parcialmente ordenado contém toda a informação sobre a ordem parcial. Podemos reconstruir o conjunto de pares ordenados analisando o diagrama. Os segmentos de reta no diagrama nos dão, imediatamente, os pares (predecessor, sucessor). Podemos completar o resto usando a reflexividade e a transitividade. Assim, dado o diagrama de Hasse na Figura 5.3 de uma ordem parcial $\preccurlyeq$ em um conjunto $\{a, b, c, d, e, f\}$, podemos concluir que $\preccurlyeq$ é o conjunto

$$\{(a, a), (b, b), (c, c), (d, d), (e, e), (f, f), (a, b), (a, c), (a, d), (a, e), (d, e)\}$$

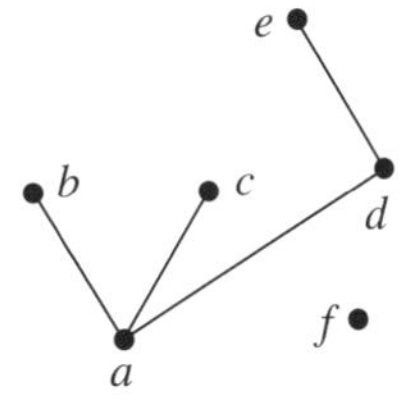

Figura 5.3

Dois elementos em S podem não estar relacionados em uma ordem parcial em S. No Exemplo 10, $\{1\}$ e $\{2\}$ não estão relacionados; da mesma forma, tanto 2 e 3 quanto 12 e 18 não estão relacionados no Problema Prático 9. Na Figura 5.3, vemos que f não está relacionado com nenhum outro elemento. Uma ordem parcial em que todo elemento do conjunto está relacionado com todos os outros elementos é chamada de uma **ordem total** ou uma **cadeia**. O diagrama de Hasse para uma ordem total é da forma ilustrada na Figura 5.4. A relação $\leq$ em $\mathbb{N}$ é uma ordem total, embora não possamos desenhar um diagrama de Hasse, já que $\mathbb{N}$ é um conjunto infinito.

Figura 5.4

Vamos considerar, novamente, um conjunto parcialmente ordenado $(S, \preccurlyeq)$. Se existir um $y \in S$ tal que $y \preccurlyeq x$ para todo $x \in S$, então y será um **elemento mínimo** (ou o **menor elemento**) do conjunto parcialmente ordenado. Se existir um elemento mínimo, ele será único. Para mostrar isso, suponha que y e z são, ambos, elementos mínimos. Então $y \preccurlyeq z$, já que y é mínimo, e $z \preccurlyeq y$, pois z é mínimo; por antissimetria, $y = z$. Um elemento $y \in S$ é dito **minimal** se não existir $x \in S$ com $x \prec y$. Em um diagrama de Hasse, o elemento mínimo está abaixo de todos os outros, enquanto um elemento minimal não tem elementos abaixo dele. Definições análogas podem ser feitas para o elemento máximo (ou maior elemento) e para os elementos maximais.

PROBLEMA PRÁTICO 10 Defina **elemento máximo** (ou **maior elemento**) e **elemento maximal** em um conjunto parcialmente ordenado $(S, \preccurlyeq)$. ■

EXEMPLO 11 No conjunto parcialmente ordenado do Problema Prático 9, 1 é, ao mesmo tempo, mínimo e minimal; 12 e 18 são maximais, mas não existe elemento máximo. ●

O menor elemento é sempre minimal e o maior elemento é sempre maximal, mas a recíproca não é verdadeira (veja o Exemplo 11). Em um conjunto totalmente ordenado, no entanto, um elemento minimal é o menor elemento e um elemento maximal é o maior elemento.

PROBLEMA PRÁTICO 11 Desenhe o diagrama de Hasse para um conjunto parcialmente ordenado com quatro elementos tal que existem dois elementos minimais, mais não existe elemento mínimo, existem dois elementos maximais, mais não existe elemento máximo, e cada elemento está relacionado com exatamente dois outros elementos. ■

Ordens parciais são reflexivas, antissimétricas e transitivas. Outro tipo de relação binária, que estudaremos a seguir, satisfaz um conjunto diferente de propriedades.

Relações de Equivalência

DEFINIÇÃO RELAÇÃO DE EQUIVALÊNCIA
Uma relação binária em um conjunto S que é reflexiva, simétrica e transitiva é chamada de **relação de equivalência** em S.

LEMBRETE
Uma ordem parcial é antissimétrica; uma relação de equivalência é simétrica.

Já encontramos os seguintes exemplos de relações de equivalência:

Em qualquer conjunto S, $x \rho y \leftrightarrow x = y$.
Em $\mathbb{N}$, $x \rho y \leftrightarrow x + y$ é par.
No conjunto de todas as retas no plano, $x \rho y \leftrightarrow x$ é paralela ou coincide com y.
Em $\{0, 1\}$, $x \rho y \leftrightarrow x = y^2$.
Em $\{x \mid x$ é um aluno em sua turma$\}$, $x \rho y \leftrightarrow x$ senta na mesma fileira que y.
Em $\{1, 2, 3\}$, $\rho = \{(1, 1), (2, 2), (3, 3), (1, 2), (2, 1)\}$.

Podemos ilustrar uma característica importante de uma relação de equivalência em um conjunto analisando o exemplo $S = \{x \mid x$ é um aluno em sua turma$\}$, $x \rho y \leftrightarrow$ "x senta na mesma fileira que y". Ao agrupar todos os alunos no conjunto S que estão relacionados entre si, chegamos à Figura 5.5. Dividimos o conjunto S em subconjuntos de tal maneira que todos na turma pertencem a um e apenas um subconjunto.

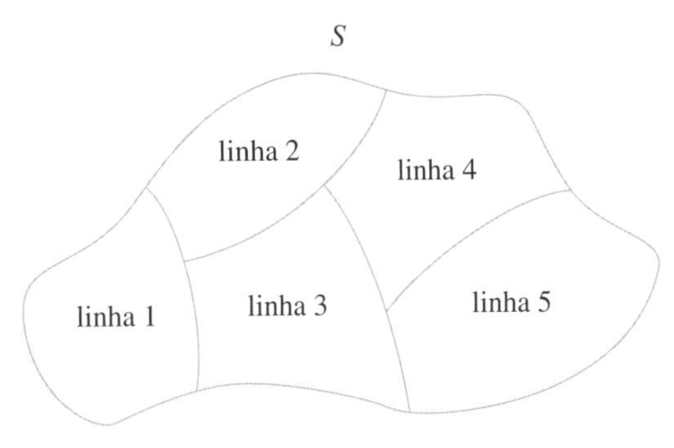

Figura 5.5

DEFINIÇÃO PARTIÇÃO DE UM CONJUNTO
Uma **partição** de um conjunto S é uma coleção de subconjuntos disjuntos não vazios cuja união é igual a S.

Qualquer relação de equivalência, como veremos, divide o conjunto onde está definida em uma partição. Os subconjuntos que compõem a partição, chamados algumas vezes de **blocos** da partição, são formados agrupando-se os elementos relacionados, como no caso dos alunos em sua turma.

Se ρ for uma relação de equivalência em um conjunto S e se $x \in S$, denotaremos por $[x]$ o conjunto de todos os elementos relacionados com x em S e chamaremos esse conjunto de **classe de equivalência** de x. Assim,

$$[x] = \{y | y \in S \wedge x \rho y\}$$

(Como ρ é simétrica, poderíamos ter escrito $[x] = \{y | y \in S \wedge y \rho x\}$.)

EXEMPLO 12 No caso em que $x \rho y \leftrightarrow$ "x senta na mesma fileira que y", suponha que João, Carlinhos, José, Judite e Téo sentam todos na terceira fileira. Então [João] = {João, Carlinhos, José, Judite, Téo}. Além disso, [João] = [Téo] = [Judite] e assim por diante. Essas não são classes distintas, mas a mesma classe com diversos nomes. Uma classe de equivalência pode usar o nome de qualquer de seus elementos.

Vamos agora enunciar o resultado sobre relações de equivalência e partições. Para praticar teoremas e demonstrações formais, vamos dar esse resultado como um teorema formal, depois analisar a estrutura da demonstração e completar parte da demonstração.

TEOREMA SOBRE RELAÇÕES DE EQUIVALÊNCIA E PARTIÇÕES

Uma relação de equivalência ρ em um conjunto S determina uma partição de S, e uma partição de S determina uma relação de equivalência em S.

Demonstração Parcial: O teorema faz duas afirmações separadas:

a. Uma relação de equivalência em S determina uma partição de S.
b. Uma partição de S determina uma relação de equivalência em S.

Para provar o item (a), temos que mostrar que classes de equivalência distintas de elementos de S sob a relação de equivalência ρ satisfazem a definição de partição. Para satisfazer a definição de partição, temos que mostrar que

i. A união dessas classes distintas é igual a S.
ii. As classes distintas são disjuntas.

Para provar a parte (a. i), precisamos mostrar alguma coisa sobre a união de classes de equivalência distintas formadas por ρ. As classes de equivalência são conjuntos formados por elementos de S, logo sua união é um conjunto; vamos denotar esse conjunto por U. Precisamos mostrar que $U = S$, que é uma igualdade entre conjuntos. Para provar essa igualdade entre conjuntos, vamos provar a inclusão em cada direção, ou seja,

1. $U \subseteq S$
2. $S \subseteq U$

Para essa parte da demonstração, chegamos, finalmente, a duas proposições simples que são fáceis de provar da seguinte maneira:

a.i.1: Seja $x \in U$. Então x pertence a uma classe de equivalência. Todas as classes de equivalência são subconjuntos de S, logo $x \in S$.

a.i.2: Seja $x \in S$. Então $x \rho x$ (reflexividade de ρ); logo $x \in [x]$ e todo elemento de S pertence a uma classe de equivalência, portanto, à união U de todas as classes.

Isso completa a demonstração de (a. i). Para (a. ii), sejam $[x]$ e $[z]$ duas classes de equivalência. Queremos mostrar que duas classes distintas são disjuntas, ou

$$[x] \neq [z] \rightarrow [x] \cap [z] = \emptyset \qquad \text{(a.ii)}$$

Se supusermos que $[x] \neq [z]$, teremos que mostrar, então, que $[x] \cap [z]$ *não* contém nenhum elemento, o que pode ser difícil de fazer. Em vez disso, vamos provar a contrapositiva de a. ii:

$$[x] \cap [z] \neq \emptyset \rightarrow [x] = [z] \qquad \text{(contrapositiva de a.ii)}$$

Vamos supor, portanto, que $[x] \cap [z] \neq \emptyset$ e que existe um $y \in S$ tal que $y \in [x] \cap [z]$. O que isso nos diz?

$y \in [x] \cap [z]$	(hipótese)
$y \in [x], y \in [z]$	(definição de $\cap$)
$x \rho y, z \rho y$	(definição de $[x]$ e $[z]$)
$x \rho y, y \rho z$	(simetria de ρ)
$x \rho z$	(transitividade de ρ)

Podemos mostrar, agora, que $[x] = [z]$ provando a inclusão em ambas as direções, ou seja,

3. $[z] \subseteq [x]$
4. $[x] \subseteq [z]$

Para mostrar (3), $[z] \subseteq [x]$, seja $q \in [z]$ (sabemos que $[z] \neq \emptyset$ porque $y \in [z]$). Então,

$z \rho q$	(definição de $[z]$)
$x \rho z$	(de cima)
$x \rho q$	(transitividade de ρ)
$q \in [x]$	(definição de $[x]$)
$[z] \subseteq [x]$	(definição de $\subseteq$)

O Problema Prático 12 pede uma demonstração de (4), $[x] \subseteq [z]$. Com essa demonstração, (3) e (4) ficam completas, o que nos leva à conclusão de que $[x] = [z]$. Isso completa a demonstração da contrapositiva da parte a. ii, o que prova a.ii, o que, por sua vez, completa a demonstração da parte (a). Ufa!

O Problema Prático 13 pede uma demonstração da parte (b).

Fim da Demonstração Parcial

PROBLEMA PRÁTICO 12 Para o argumento acima, prove que $[x] \subseteq [z]$. ■

PROBLEMA PRÁTICO 13 Prove a parte (b) do teorema. Dada uma partição em um conjunto S, defina uma relação ρ em S por

$$x \rho y \leftrightarrow x \text{ pertence ao mesmo subconjunto da partição que } y$$

e mostre que ρ é uma relação de equivalência em S, ou seja, mostre que ρ é reflexiva, simétrica e transitiva. ■

EXEMPLO 13 A relação de equivalência em $\mathbb{N}$ dada por

$$x \rho y \leftrightarrow x + y \text{ é par}$$

divide $\mathbb{N}$ em duas classes de equivalência. Se x é um número par, então, para todo número par y, $x + y$ é par e $y \in [x]$. Todos os números pares formam uma classe. Se x é ímpar, então, para todo número ímpar y, $x + y$ é par e $y \in [x]$. Todos os números ímpares formam a segunda classe. A partição pode ser representada como na Figura 5.6. Novamente, note que uma classe de equivalência pode ter mais de um nome, ou representante. Neste exemplo, $[2] = [8] = [1048]$ e assim por diante; $[1] = [17] = [947]$ etc.

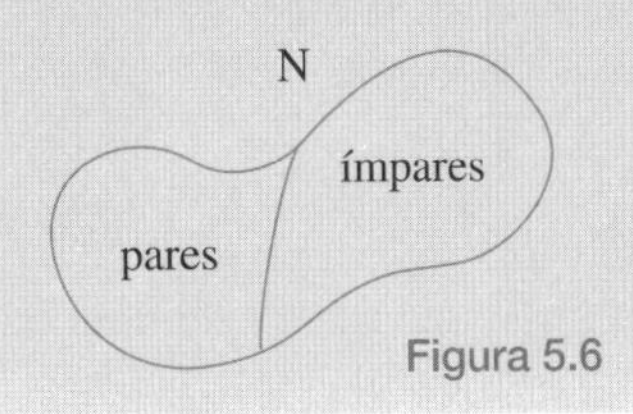

Figura 5.6 ●

PROBLEMA PRÁTICO 14 Para cada uma das relações de equivalência a seguir, descreva as classes de equivalência correspondentes.

a. No conjunto de todas as retas no plano, $x \rho y \leftrightarrow x$ é paralela a y ou x coincide com y.
b. No conjunto $\mathbb{N}$, $x \rho y \leftrightarrow x = y$.
c. Em $\{1, 2, 3\}$, $\rho = \{(1, 1), (2, 2), (3, 3), (1, 2), (2, 1)\}$. ■

Dividir um conjunto em suas classes de equivalência ajuda porque é conveniente, muitas vezes, subir um nível de abstração e considerar as classes por si mesmas. Concluímos esta seção com dois exemplos em que isso ocorre (o primeiro exemplo você já viu na 3.ª ou 4.ª série do Ensino Fundamental).

EXEMPLO 14 Seja $S = \{a/b | a, b \in \mathbb{Z}, b \neq 0\}$. Portanto, S é o conjunto de todas as frações. As frações 1/2 e 2/4 são diferentes — elas têm numeradores e denominadores diferentes, mas são ditas "equivalentes". Formalmente, a/b é equivalente a c/d, denotado por $a/b \sim c/d$ se e somente se $ad = bc$. Vamos mostrar que a relação binária $\sim$ em S é uma relação de equivalência. Primeiro, $a/b \sim a/b$, já que $ab = ba$. Além disso, se $a/b \sim c/d$, então $ad = bc$, ou $cb = da$ e $c/d \sim a/b$. Logo, $\sim$ é reflexiva e simétrica. Para mostrar que $\sim$ é transitiva, suponha que $a/b \sim c/d$ e que $c/d \sim e/f$. Então, $ad = bc$ e $cf = de$. Multiplicando a primeira equação por f e a segunda por b, obtemos $adf = bcf$ e $bcf = bde$. Logo, $adf = bde$, ou $af = be$ (por que podemos dividir por d aqui?). Portanto, $a/b \sim e/f$ e $\sim$ é transitiva. Algumas amostras de classes de equivalência de S por essa relação de equivalência são

$$\left[\frac{1}{2}\right] = \left\{\ldots, \frac{-3}{-6}, \frac{-2}{-4}, \frac{-1}{-2}, \frac{1}{2}, \frac{2}{4}, \frac{3}{6}, \ldots\right\}$$

$$\left[\frac{3}{10}\right] = \left\{\ldots, \frac{-9}{-30}, \frac{-6}{-20}, \frac{-3}{-10}, \frac{3}{10}, \frac{6}{20}, \frac{9}{30}, \ldots\right\}$$

O conjunto $\mathbb{Q}$ dos números racionais pode ser considerado o conjunto de todas as classes de equivalência de S. Um único número racional, como [1/2], pode ser representado por muitas frações, embora seja habitual usar a representação irredutível, sem fatores comuns no numerador e no denominador. Quando somamos dois números racionais, como [1/2] + [3/10], procuramos por representantes das classes que tenham o mesmo denominador e somamos esses representantes. Nossa resposta é a classe à qual a soma resultante pertence, e, normalmente, nomeamos a classe usando uma fração irredutível. Então, para somar [1/2] + [3/10], representamos [1/2] por 5/10 e [3/10] por 3/10. A soma de 5/10 com 3/10 é 8/10, e, normalmente escreve-se [8/10] como [4/5]. Esse procedimento é tão familiar que, em geral, se escreve $1/2 + 3/10 = 4/5$; de qualquer forma, as classes de frações estão sendo manipuladas através de seus representantes. ●

EXEMPLO 15 Vamos definir uma relação binária de **congruência módulo 4** no conjunto $\mathbb{Z}$ dos inteiros. Um inteiro x será dito congruente módulo 4 a y, simbolizado por $x \equiv_4 y$ ou $x \equiv y \pmod 4$, se $x - y$ for um múltiplo inteiro de 4. A congruência módulo 4 é uma relação de equivalência em $\mathbb{Z}$. Para construir as classes de equivalência, note que [0], por exemplo, vai conter todos os inteiros que diferem de 0 por um múltiplo de 4, como 4, 8, −12 etc. As classes de equivalência distintas são

$$[0] = \{\ldots, -8, -4, 0, 4, 8, \ldots\}$$
$$[1] = \{\ldots, -7, -3, 1, 5, 9, \ldots\}$$
$$[2] = \{\ldots, -6, -2, 2, 6, 10, \ldots\}$$
$$[3] = \{\ldots, -5, -1, 3, 7, 11, \ldots\}$$

●

Não existe nada de especial na escolha de 4 no Exemplo 15; podemos definir a **congruência módulo *n*** para qualquer inteiro positivo n.

DEFINIÇÃO CONGRUÊNCIA MÓDULO n

Para x e y inteiros e n um inteiro positivo,

$$x \equiv y \pmod{n} \text{ se } x - y \text{ for um múltiplo inteiro de } n$$

Essa relação binária é uma relação de equivalência em $\mathbb{Z}$ para qualquer inteiro positivo n (veja o Exercício 46). Essa relação de equivalência e as classes de equivalência resultantes podem ser usadas para a aritmética inteira em um computador. Um inteiro é armazenado como uma sequência de bits (zeros e uns) em um único local de memória. Cada computador aloca um número fixo de bits para um único local de memória (esse número varia dependendo da arquitetura do computador — de como a memória é projetada). Quanto maior o inteiro, mais bits são necessários para representá-lo. Cada máquina, portanto, tem uma limitação sobre o tamanho dos inteiros que pode armazenar. Suponha que $n - 1$ é o tamanho máximo e que x e y são valores inteiros com $0 \le x \le n - 1$, $0 \le y \le n - 1$. Se a soma $x + y$ for maior do que o tamanho máximo, ela não poderá ser armazenada. Como alternativa, o computador pode efetuar uma **soma módulo *n*** e encontrar o resto r quando $x + y$ for dividido por n.

A equação

$$x + y = qn + r, 0 \le r < n$$

simboliza essa divisão, em que q é o quociente e r, o resto. Essa equação pode ser escrita como

$$(x + y) - r = qn$$

que mostra que $(x + y) - r$ é um múltiplo inteiro de n, ou que $(x + y) \equiv r \pmod{n}$. O inteiro r pode não ser $x + y$, mas está na classe de equivalência $[x + y]$ e, como $0 \le r < n$, também pertence ao conjunto de inteiros que podem ser armazenados. (O sistema pode dar ou não uma mensagem do tipo *integer overflow* se $x + y$ for grande demais para ser armazenado e for necessário usar a soma módulo n.) A situação é análoga à dos odômetros de alguns carros, que mostram a quilometragem módulo 100.000; quando a quilometragem chega a 102.758, por exemplo, aparece no odômetro como 2.758.

PROBLEMA PRÁTICO 15 Quais são as classes de equivalência correspondentes à relação de congruência módulo 5 em $\mathbb{Z}$? ■

PROBLEMA PRÁTICO 16 Se 4 for o maior inteiro que pode ser armazenado em um (micromicro) computador, que valor será armazenado para 3 + 4 se for utilizada a soma módulo 5? ■

A Tabela 5.1 resume características importantes de ordens parciais e de relações de equivalência.

TABELA 5.1

Ordens Parciais e Relações de Equivalência

Tipo de Relação Binária	Reflexiva	Simétrica	Antissimétrica	Transitiva	Característica Importante
Ordem parcial	Sim	Não	Sim	Sim	Predecessores e sucessores
Relação de equivalência	Sim	Sim	Não	Sim	Determina uma partição

SEÇÃO 5.1 REVISÃO

TÉCNICAS

- Testar se um par ordenado pertence a uma relação binária.
- Testar se uma relação binária é reflexiva, simétrica, antissimétrica ou transitiva.
- Encontrar os fechos reflexivo, simétrico e transitivo de uma relação binária.
- Desenhar o diagrama de Hasse para um conjunto parcialmente ordenado.
- Encontrar os elementos mínimo, minimal, máximo e maximal em um conjunto parcialmente ordenado.
- Encontrar as classes de equivalência associadas a uma relação de equivalência.

IDEIAS PRINCIPAIS

- Uma relação binária em um conjunto S é, formalmente, um subconjunto de $S \times S$; a relação satisfeita pelos pares tem, muitas vezes, uma descrição verbal também.
- As operações com relações binárias em um conjunto incluem união, interseção e complementar.
- Relações binárias podem ser reflexivas, simétricas, transitivas e antissimétricas.
- Conjuntos parcialmente ordenados finitos podem ser representados graficamente.
- Uma relação de equivalência em um conjunto S determina uma partição de S, e reciprocamente. Os blocos da partição são classes de equivalência, que podem ser tratadas como entidades.

EXERCÍCIOS 5.1

1. Para cada uma das relações binárias ρ a seguir, definidas em $\mathbb{N}$, decida quais dos pares ordenados dados pertencem a ρ.
   a. $x \rho y \leftrightarrow x + y < 7$; (1, 3), (2, 5), (3, 3), (4, 4)
   b. $x \rho y \leftrightarrow x = y + 2$; (0, 2), (4, 2), (6, 3), (5, 3)
   c. $x \rho y \leftrightarrow 2x + 3y = 10$; (5, 0), (2, 2), (3, 1), (1, 3)
   d. $x \rho y \leftrightarrow y$ é um quadrado perfeito; (1, 1), (4, 2), (3, 9), (25, 5)
2. Para cada uma das relações binárias ρ a seguir, definidas em $\mathbb{N}$, decida quais dos pares ordenados dados pertencem a ρ.
   a. $x \rho y \leftrightarrow x | y$; (2, −6), (3, 5), (8, 4), (4, 8)
   b. $x \rho y \leftrightarrow x$ e y são primos entre si; (5, 8), (9, 16), (6, 8), (8, 21)
   c. $x \rho y \leftrightarrow \text{mdc}(x, y) = 7$; (28, 14), (7, 7), (10, 5), (21, 14)
   d. $x \rho y \leftrightarrow x^2 + y^2 = z^2$ para algum inteiro z; (1, 0), (3, 9), (2, 2), (−3, 4)
   e. $x \rho y \leftrightarrow x$ é um número na sequência de Fibonacci; (4, 3), (7, 6), (7, 12), (20, 20)
3. Decida quais dos pares dados satisfazem a relação.
   a. ρ uma relação binária em $\mathbb{Z}$, $x \rho y \leftrightarrow x = -y$; (1, −1), (2, 2), (−3, 3), (−4, −4).
   b. ρ uma relação binária em $\mathbb{N}$, $x \rho y \leftrightarrow x$ é primo; (19, 7), (21, 4), (33, 13), (41, 16).
   c. ρ uma relação binária em $\mathbb{Q}$, $x \rho y \leftrightarrow x \leq 1/y$; (1, 2), (−3, −5), (−4, 1/2), (1/2, 1/3).
   d. ρ uma relação binária em $\mathbb{N} \times \mathbb{N}$, $(x, y) \rho (u, v) \leftrightarrow x + u = y + v$; ((1, 2), (3, 2)), ((4, 5), (0, 1)).
4. Decida quais dos pares dados satisfazem a relação.
   a. ρ uma relação binária em $E \times C$, em que E = {estados do Brasil}, C = {cidades no Brasil}, $x \rho y \leftrightarrow y$ é a capital de x; (Rio de Janeiro, Rio de Janeiro), (Bahia, Salvador), (Pará, Belém), (São Paulo, Santos), (Paraná, Ponta Grossa).

b. ρ uma relação binária em $A \times P$, em que A = {artistas}, P = {pinturas}, $x \rho y \leftrightarrow x$ pintou y; (Da Vinci, Mona Lisa), (Portinari, Guerra e Paz), (Matisse, Banhistas na Margem de um Rio), (Picasso, Dançarinas Azuis), (van Gogh, Noite Estrelada).

c. ρ uma relação binária em $C \times M$, em que C = {compositores}, M = {músicas}, $x \rho y \leftrightarrow x$ compôs y; (Pixinguinha e Braguinha, Carinhoso), (Ataulfo Alves, Trem das Onze), (Vinicius de Moraes e Antônio Carlos Jobim, Garota de Ipanema), (Beethoven, Sonata ao Luar), (Villa-Lobos, Brasilianas).

d. ρ uma relação binária em $A \times L$, em que A = {autores}, L = {livros}, $x \rho y \leftrightarrow x$ escreveu y; (Hemingway, O Velho e o Mar), (Machado de Assis, Triste Fim de Policarpo Quaresma), (José Mauro de Vasconcelos, Meu Pé de Laranja Lima), (Monteiro Lobato, Reinações de Narizinho), (Dostoiévski, Crime e Castigo).

5. Para cada uma das relações binárias a seguir em $\mathbb{R}$, desenhe uma figura para mostrar a região do plano que a descreve.
   a. $x \rho y \leftrightarrow y \leq 2$
   b. $x \rho y \leftrightarrow x = y - 1$
   c. $x \rho y \leftrightarrow x^2 + y^2 \leq 25$
   d. $x \rho y \leftrightarrow x \geq y$

6. Para cada uma das figuras a seguir, diga qual a relação binária que descreve a área sombreada.

a.

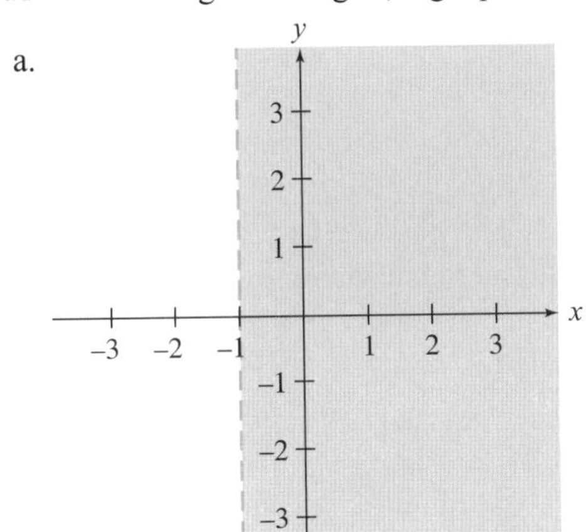

c.

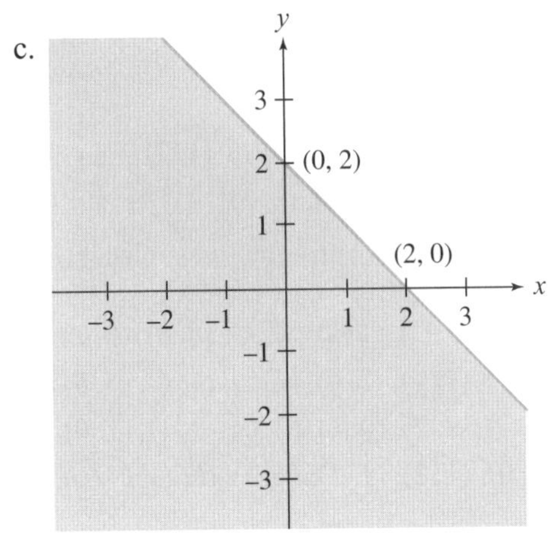

b.

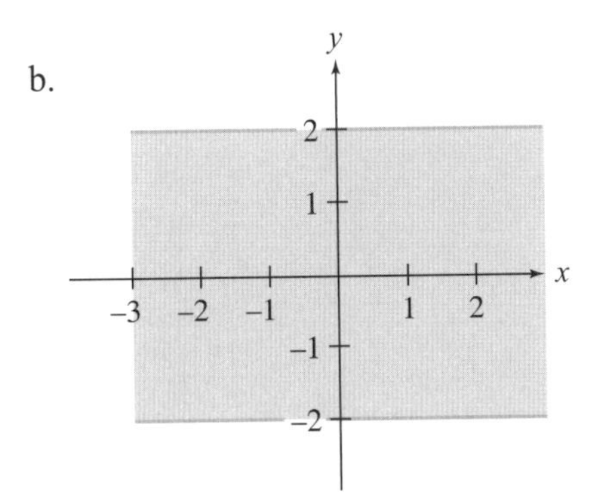

d.

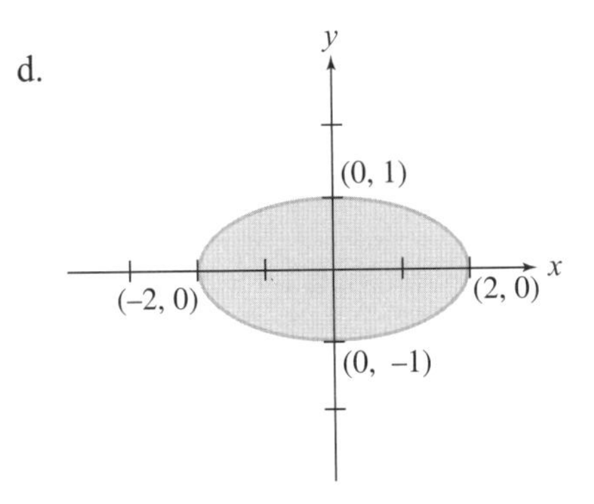

7. Diga se cada uma das relações em $\mathbb{N}$ a seguir é um para um, um para muitos, muitos para um ou muitos para muitos.
   a. $\rho = \{(1, 2), (1, 4), (1, 6), (2, 3), (4, 3)\}$
   b. $\rho = \{(9, 7), (6, 5), (3, 6), (8, 5)\}$
   c. $\rho = \{(12, 5), (8, 4), (6, 3), (7, 12)\}$
   d. $\rho = \{(2, 7), (8, 4), (2, 5), (7, 6), (10, 1)\}$

8. Diga se cada uma das relações em S a seguir é um para um, um para muitos, muitos para um ou muitos para muitos.
   a. $S = \mathbb{N}$,
      $x \rho y \leftrightarrow x = y + 1$.
   b. S = conjunto de todas as mulheres em Xarópolis,
      $x \rho y \leftrightarrow x$ é filha de y.

c. $S = \wp(\{1, 2, 3\})$,
   $A \rho B \leftrightarrow |A| = |B|$.
d. $S = \mathbb{R}$,
   $x \rho y \leftrightarrow x = 5$.

9. Sejam ρ e σ relações binárias em $\mathbb{N}$ definidas por $x \rho y \leftrightarrow$ "x divide y", $x \sigma y \leftrightarrow 5x \leq y$. Decida quais dos pares ordenados dados satisfazem as relações correspondentes.
   a. $\rho \cup \sigma$; (2, 6), (3, 17), (2, 1), (0, 0)
   b. $\rho \cap \sigma$; (3, 6), (1, 2), (2, 12)
   c. ρ'; (1, 5), (2, 8), (3, 15)
   d. σ'; (1, 1), (2, 10), (4, 8)

10. Sejam ρ e σ relações binárias de P em C, em que P = {pessoas no Brasil}, C = {cidades no Brasil}, $x \rho y \leftrightarrow x$ mora em y, $x \sigma y \leftrightarrow x$ trabalha em y. Descreva cada uma das relações a seguir.
   a. $\rho \cap \sigma$
   b. $\rho \cup \sigma$
   c. $\rho \cap \sigma'$
   d. $\rho' \cap \sigma$

11. Seja $S = \{1, 2, 3\}$. Verifique se as relações binárias em S dadas a seguir são reflexivas, simétricas, antissimétricas ou transitivas.
   a. $\rho = \{(1, 3), (3, 3), (3, 1), (2, 2), (2, 3), (1, 1), (1, 2)\}$
   b. $\rho = \{(1, 1), (3, 3), (2, 2)\}$
   c. $\rho = \{(1, 1), (1, 2), (2, 3), (3, 1), (1, 3)\}$
   d. $\rho = \{(1, 1), (1, 2), (2, 3), (1, 3)\}$

12. Seja $S = \{0, 1, 2, 4, 6\}$. Verifique se as relações binárias em S dadas a seguir são reflexivas, simétricas, antissimétricas ou transitivas.
   a. $\rho = \{(0, 0), (1, 1), (2, 2), (4, 4), (6, 6), (0, 1), (1, 2), (2, 4), (4, 6)\}$
   b. $\rho = \{(0, 1), (1, 0), (2, 4), (4, 2), (4, 6), (6, 4)\}$
   c. $\rho = \{(0, 1), (1, 2), (0, 2), (2, 0), (2, 1), (1, 0), (0, 0), (1, 1), (2, 2)\}$
   d. $\rho = \{(0, 0), (1, 1), (2, 2), (4, 4), (6, 6), (4, 6), (6, 4)\}$
   e. $\rho = \varnothing$

13. Verifique se as relações binárias nos conjuntos S dados a seguir são reflexivas, simétricas, antissimétricas ou transitivas.
   a. $S = \mathbb{Q}$,
      $x \rho y \leftrightarrow |x| \leq |y|$.
   b. $S = \mathbb{Z}$,
      $x \rho y \leftrightarrow x - y$ é um múltiplo inteiro de 3.
   c. $S = \mathbb{N}$,
      $x \rho y \leftrightarrow x \cdot y$ é par.
   d. $S = \mathbb{N}$,
      $x \rho y \leftrightarrow x$ é ímpar.
   e. S = conjunto de todos os quadrados no plano,
      $S_1 \rho S_2 \leftrightarrow$ comprimento do lado de S_1 = comprimento do lado de S_2.

14. Verifique se as relações binárias nos conjuntos S dados a seguir são reflexivas, simétricas, antissimétricas ou transitivas.
   a. S = conjunto de todas as cadeias de caracteres de comprimento finito,
      $x \rho y \leftrightarrow$ número de caracteres em x = número de caracteres em y.
   b. $S = \{0, 1, 2, 3, 4, 5\}$
      $x \rho y \leftrightarrow x + y = 5$
   c. $S = \wp(\{1, 2, 3, 4, 5, 6, 7, 8, 9\})$
      $A \rho B \leftrightarrow |A| = |B|$

d. $S = \wp(\{1, 2, 3, 4, 5, 6, 7, 8, 9\})$
$A \rho B \leftrightarrow |A| \neq |B|$

e. $S = \mathbb{N} \times \mathbb{N}$
$(x_1, y_1) \rho (x_2, y_2) \leftrightarrow x_1 \leq x_2$ e $y_1 \geq y_2$

15. Quais das relações binárias no Exercício 13 são relações de equivalência? Para cada relação de equivalência, descreva as classes de equivalência.

16. Quais das relações binárias no Exercício 14 são relações de equivalência? Para cada relação de equivalência, descreva as classes de equivalência.

17. Verifique se as relações binárias nos conjuntos S dados a seguir são reflexivas, simétricas, antissimétricas ou transitivas.

a. $S = \mathbb{Z}$,
$x \rho y \leftrightarrow x + y$ é um múltiplo de 5.

b. $S = \mathbb{Z}$,
$x \rho y \leftrightarrow x < y$.

c. S = conjunto de todas as cadeias binárias de comprimento finito,
$x \rho y \leftrightarrow x$ é um prefixo de y.

d. S = conjunto de todas as cadeias binárias de comprimento finito,
$x \rho y \leftrightarrow x$ tem o mesmo números de uns que y.

18. Verifique se as relações binárias nos conjuntos S dados a seguir são reflexivas, simétricas, antissimétricas ou transitivas.

a. $S = \mathbb{Z}$,
$x \rho y \leftrightarrow x = ky$ para algum inteiro k.

b. $S = \mathbb{Z}$,
$x \rho y \leftrightarrow$ existe um número primo p tal que $p|x$ e $p|y$.

c. $S = \wp(\{1, 2, 3, 4, 5, 6, 7, 8, 9\})$
$A \rho B \leftrightarrow A \cap B = \varnothing$

d. $S = \wp(\{1, 2, 3, 4, 5, 6, 7, 8, 9\})$
$A \rho B \leftrightarrow A = B'$

19. Seja S o conjunto de pessoas no Brasil. Verifique se as relações binárias em S dadas a seguir são reflexivas, simétricas, antissimétricas ou transitivas.

a. $x \rho y \leftrightarrow x$ é pelo menos tão alto quanto y.

b. $x \rho y \leftrightarrow x$ é mais alto do que y.

c. $x \rho y \leftrightarrow x$ tem a mesma altura que y.

d. $x \rho y \leftrightarrow x$ é filho ou filha de y.

20. Seja S o conjunto de pessoas no Brasil. Verifique se as relações binárias em S dadas a seguir são reflexivas, simétricas, antissimétricas ou transitivas.

a. $x \rho y \leftrightarrow x$ é marido de y.

b. $x \rho y \leftrightarrow x$ é cônjuge de y.

c. $x \rho y \leftrightarrow x$ tem os mesmos pais que y.

d. $x \rho y \leftrightarrow x$ é irmão de y.

21. Em cada caso, dê um exemplo de um conjunto S e uma relação binária ρ em S (diferente de todas as dadas nos exemplos e problemas) que satisfaça as condições indicadas.

a. ρ é reflexiva e simétrica mas não é transitiva.

b. ρ é reflexiva e transitiva mas não é simétrica.

c. ρ não é reflexiva nem simétrica mas é transitiva.

d. ρ é reflexiva mas não é simétrica nem transitiva.

22. Sejam ρ e σ relações binárias em um conjunto S.
   a. Se ρ e σ forem reflexivas, $\rho \cup \sigma$ será reflexiva? E $\rho \cap \sigma$?
   b. Se ρ e σ forem simétricas, $\rho \cup \sigma$ será simétrica? E $\rho \cap \sigma$?
   c. Se ρ e σ forem antissimétricas, $\rho \cup \sigma$ será antissimétrica? E $\rho \cap \sigma$?
   d. Se ρ e σ forem transitivas, $\rho \cup \sigma$ será transitiva? E $\rho \cap \sigma$?
23. Encontre os fechos reflexivo, simétrico e transitivo de cada uma das relações no Exercício 11.
24. Encontre os fechos reflexivo, simétrico e transitivo de cada uma das relações no Exercício 12.
25. Dada a seguinte relação binária

   S = conjunto de todas as cidades no país
   $x \rho y \leftrightarrow$ a Companhia Aérea Tente Sua Sorte tem voo direto de x para y

   descreva em palavras qual deveria ser seu fecho transitivo.
26. Duas propriedades adicionais de uma relação binária ρ são definidas da seguinte maneira:

   ρ é *irreflexiva* significa: $(\forall x)(x \in S \to (x, x) \notin \rho)$
   ρ é *assimétrica* significa: $(\forall x)(\forall y)(x \in S \wedge y \in S \wedge (x, y) \in \rho \to (y, x) \notin \rho$

   a. Dê um exemplo de uma relação binária ρ no conjunto $S = \{1, 2, 3\}$ que não é reflexiva nem irreflexiva.
   b. Dê um exemplo de uma relação binária ρ no conjunto $S = \{1, 2, 3\}$ que não é simétrica nem assimétrica.
   c. Prove que, se ρ for uma relação assimétrica em um conjunto S, então ρ será irreflexiva.
   d. Prove que, se ρ for uma relação irreflexiva e transitiva em um conjunto S, então ρ será assimétrica.
   e. Prove que, se ρ for uma relação não vazia, simétrica e transitiva em um conjunto S, então ρ não será irreflexiva.
27. Faz sentido procurar o fecho irreflexivo de uma relação binária? (Veja o Exercício 26.) Por quê?
28. Faz sentido procurar o fecho assimétrico de uma relação binária? (Veja o Exercício 26.) Por quê?
29. Seja S um conjunto com n elementos. Quantas relações binárias diferentes podem ser definidas em S? (*Sugestão*: Lembre-se da definição formal de uma relação binária.)
30. Seja ρ uma relação binária em um conjunto S. Para $A \subseteq S$, defina

$$\#A = \{x | x \in S \wedge (\forall y)(y \in A \to x \rho y)\}$$
$$A\# = \{x | x \in S \wedge (\forall y)(y \in A \to y \rho x)\}$$

   a. Prove que, se ρ for simétrica, então $\#A = A\#$.
   b. Prove que, se $A \subseteq B$, então $\#B \subseteq \#A$ e $B\# \subseteq A\#$.
   c. Prove que $A \subseteq (\#A)\#$.
   d. Prove que $A \subseteq \#(A\#)$.
31. Desenhe o diagrama de Hasse para as ordens parciais a seguir.
   a. $S = \{a, b, c\}$
      $\rho = \{(a, a), (b, b), (c, c), (a, b), (b, c), (a, c)\}$
   b. $S = \{a, b, c, d\}$
      $\rho = \{(a, a), (b, b), (c, c), (d, d), (a, b), (a, c)\}$
   c. $S = \{\emptyset, \{a\}, \{a, b\}, \{c\}, \{a, c\}, \{b\}\}$
      $A \rho B \leftrightarrow A \subseteq B$
32. Para o Exercício 31, encontre (se existirem) os elementos mínimo, minimal, máximo e maximal.

33. Seja $(S, \preccurlyeq)$ um conjunto parcialmente ordenado, e seja $A \subseteq S$. Prove que a restrição de $\preccurlyeq$ ao subconjunto A é uma ordem parcial em A.

34. a. Desenhe o diagrama de Hasse para a ordem parcial "x divide y" no conjunto $\{2, 3, 5, 7, 21, 42, 105, 210\}$. Encontre (se existirem) os elementos mínimo, minimais, máximo e maximais. Encontre um subconjunto totalmente ordenado com quatro elementos.

    b. Desenhe o diagrama de Hasse para a ordem parcial "x divide y" no conjunto $\{3, 6, 9, 18, 54, 72, 108, 162\}$. Encontre (se existirem) os elementos mínimo, minimais, máximo e maximais. Encontre os pares de elementos que não estão relacionados.

35. Desenhe o diagrama de Hasse para cada um dos dois conjuntos parcialmente ordenados a seguir.

    a. $S = \{1, 2, 3, 5, 6, 10, 15, 30\}$
    $x \rho y \leftrightarrow x$ divide y

    b. $S = \wp(\{1, 2, 3\})$
    $A \rho B \leftrightarrow A \subseteq B$

    O que você pode dizer sobre a estrutura desses dois diagramas?

36. Para cada um dos diagramas de Hasse na figura a seguir, liste os pares ordenados que pertencem à relação de ordem parcial correspondente.

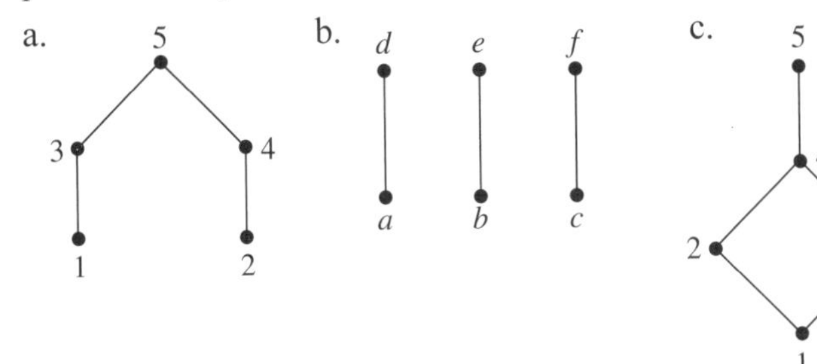

37. Sejam (S, ρ) e (T, σ) dois conjuntos parcialmente ordenados. Definimos uma relação μ em $S \times T$ por $(s_1, t_1)\ \mu\ (s_2, t_2) \leftrightarrow s_1\ \rho\ s_2$ e $t_1\ \sigma\ t_2$. Mostre que μ é uma ordem parcial em $S \times T$.

38. Seja ρ uma relação binária em um conjunto S. Uma relação binária chamada de inversa de ρ, denotada por ρ^{-1}, é definida por $x\ \rho^{-1}\ y \leftrightarrow y\ \rho\ x$.

    a. Se $\rho = \{(1, 2), (2, 3), (5, 3), (4, 5)\}$ em $\mathbb{N}$, o que é ρ^{-1}?

    b. Prove que, se ρ for uma relação reflexiva em um conjunto S, então ρ^{-1} será reflexiva.

    c. Prove que, se ρ for uma relação simétrica em um conjunto S, então ρ^{-1} será simétrica.

    d. Prove que, se ρ for uma relação antissimétrica em um conjunto S, então ρ^{-1} será antissimétrica.

    e. Prove que, se ρ for uma relação transitiva em um conjunto S, então ρ^{-1} será transitiva.

    f. Prove que, se ρ for uma relação irreflexiva em um conjunto S (veja o Exercício 26), então ρ^{-1} será irreflexiva.

    g. Prove que, se ρ for uma relação assimétrica em um conjunto S (veja o Exercício 26), então ρ^{-1} será assimétrica.

39. Prove que, se uma relação binária ρ em um conjunto S for reflexiva e transitiva, então a relação $\rho \cap \rho^{-1}$ será uma relação de equivalência (veja o Exercício 38 para a definição de ρ^{-1}).

40. **a.** Seja (S, ρ) um conjunto parcialmente ordenado. Então ρ^{-1} pode ser definida como no Exercício 38. Mostre que (S, ρ^{-1}) é um conjunto parcialmente ordenado, chamado de *dual* de (S, ρ).

    b. Se (S, ρ) for um conjunto finito parcialmente ordenado com o diagrama de Hasse ilustrado a seguir, desenhe o diagrama dual de (S, ρ).

    c. Seja (S, ρ) um conjunto totalmente ordenado e seja $X = \{(x, x) \mid x \in S\}$. Mostre que a diferença de conjuntos $\rho^{-1} - X$ é igual ao conjunto ρ'.

41. Deve-se escrever um programa de computador que vai gerar um dicionário ou o índice de um livro. Vamos supor um comprimento máximo n de caracteres por palavra. Temos, então, um conjunto dado S de palavras de comprimento no máximo igual a n e queremos produzir uma lista dessas palavras arrumadas em ordem alfabética. Existe uma ordem total natural $\preccurlyeq$ entre os caracteres do alfabeto* ($a \prec b$, $b \prec c$ etc.), e vamos supor que nossas palavras contêm apenas caracteres alfabéticos. Queremos definir uma ordem total $\preccurlyeq$ em S, chamada de *ordem lexicográfica*, que vai colocar os elementos de S em ordem alfabética. A ideia é comparar duas palavras X e Y caractere por caractere, ignorando os caracteres iguais. Se em algum instante o caractere de X precede, em ordem alfabética, o caractere correspondente de Y, então X precede Y; se todos os caracteres de X são iguais aos caracteres correspondentes de Y mas X tem menos caracteres do que Y, então X precede Y. Nos outros casos, Y precede X.

    Formalmente, sejam $X = (x_1, x_2, \ldots, x_j)$ e $Y = (y_1, y_2, \ldots, y_k)$ elementos de S com $j \leq k$. Seja β (de "em branco") um novo símbolo e preencha X com $k - j$ espaços em branco à direita. Podemos, agora, escrever $X = (x_1, x_2, \ldots, x_k)$. Suponha que β precede todos os caracteres alfabéticos. Então $X \preccurlyeq Y$ se

$$x_1 \neq y_1 \text{ e } x_1 \preccurlyeq y_1$$

    ou

$$x_1 = y_1, x_2 = y_2, \ldots, x_m = y_m (m \leq k)$$
$$x_{m+1} \neq y_{m+1} \text{ e } x_{m+1} \preccurlyeq y_{m+1}$$

    Caso contrário, $Y \preccurlyeq X$.

    Note que, como a ordem $\preccurlyeq$ é uma ordem total nos caracteres alfabéticos, no "caso contrário" em que $Y \preccurlyeq X$, existe $m \leq k$ tal que $x_1 = y_1, x_2 = y_2, \ldots, x_m = y_m, x_{m+1} \neq y_{m+1}$ e $y_{m+1} \preccurlyeq x_{m+1}$.

    Mostre que$_1$ $\preccurlyeq$ como definido acima é uma ordem total em S.

42. Aplique a ordem total descrita no Exercício 41 nas palavras *bobo*, *baba*, *bulbo*, *beta* e *babado*. Observe por que cada palavra antecede a próxima.

43. O Exercício 41 discute uma ordem total em um conjunto de palavras de comprimento máximo n que vai produzir uma lista linear em ordem alfabética. Suponha que queremos gerar uma lista de todas as palavras distintas em um texto (por exemplo, um compilador tem que criar uma tabela de símbolos com os nomes das variáveis). Como no Exercício 41, vamos supor que as palavras contêm apenas caracteres do alfabeto, já que existe uma relação natural de precedência ($a \prec b$, $b \prec c$ etc.). Se são usados caracteres numéricos ou caracteres especiais, temos que definir uma relação de precedência com os caracteres do alfabeto (a sequência final tem que estar determinada). Se listarmos as palavras em ordem alfabética, é razoavelmente rápido decidir se uma palavra que está sendo processada é nova, mas, para se colocar uma palavra nova na lista, todas as palavras sucessivas têm que ser movidas de uma unidade. Se as palavras forem listadas na ordem em que são processadas, novas palavras serão colocadas simplesmente ao final da lista e não há necessidade de rearrumá-las, mas cada palavra a ser processada tem que ser comparada com cada um dos elementos na lista para se determinar se ela é nova. Assim, ambas as listas lineares lógicas têm desvantagens.

    Descreveremos uma estrutura chamada de *árvore binária de busca*; usando essa estrutura, um processo de busca chamado de *busca na árvore binária* pode, em geral, determinar rapidamente se uma palavra é nova ou não, e, caso seja, não há necessidade de mudança alguma para colocá-la no lugar, eliminando, assim, as desvantagens de ambas as estruturas de listas lineares descritas anteriormente. Suponha que queremos processar a frase "vamos produzir uma árvore tendo palavras fáceis". A primeira palavra no texto é usada para nomear o primeiro nó de um grafo. Uma vez nomeado um nó, saem dele duas ramificações colocando dois nós sem nome embaixo do nó já nomeado, um à esquerda e outro à direita.

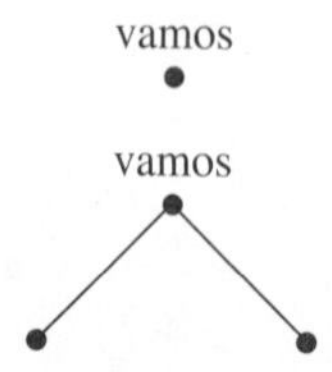

Quando a próxima palavra no texto é processada, ela é comparada com o primeiro nó. Quando a palavra que está sendo processada precede, em ordem alfabética, o nome de um nó, toma-se a ramificação à esquerda; quando a palavra a sucede, toma-se a ramificação à direita. A palavra torna-se, então, o nome do primeiro nó sem nome que

*Os caracteres acentuados em português, como á, à, ã e â, costumam ser colocados logo após os mesmos caracteres ("a" no nosso exemplo) sem acento. (N.T.)

alcança. (Se a palavra já é o nome de algum nó, é uma duplicata, logo é processada a próxima palavra no texto.) Esse procedimento continua para todo o texto. Assim,

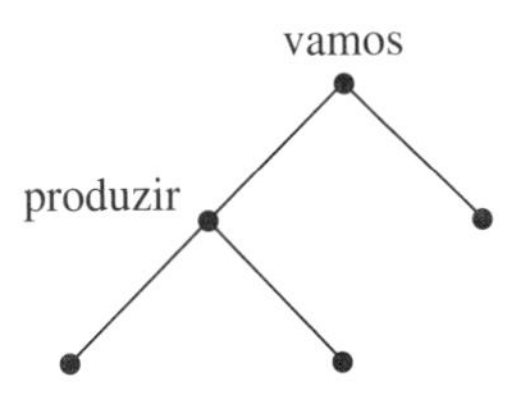

depois,

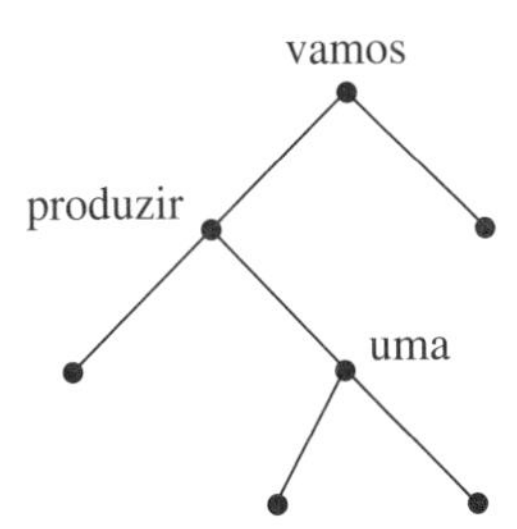

depois,

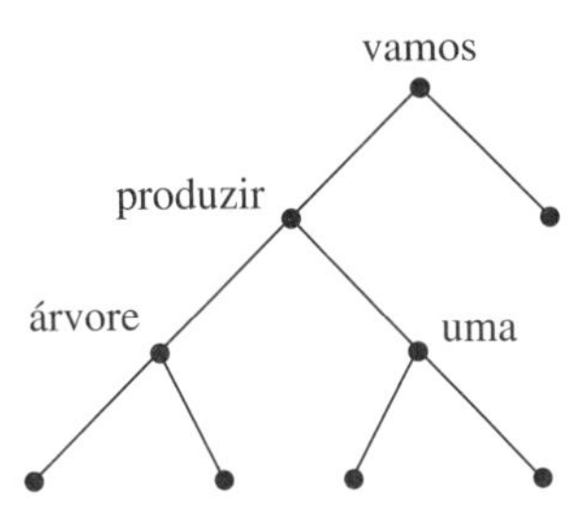

até, finalmente,

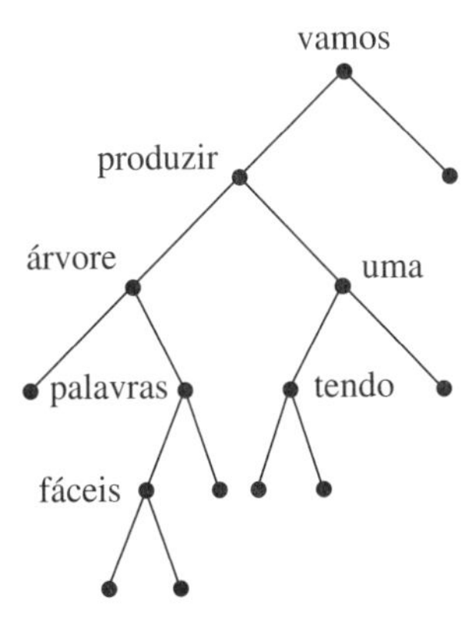

Percorrendo os nós desse grafo na ordem correta (processando-se, sempre, primeiro os nós à esquerda debaixo de um nó, depois o nó, depois os nós à direita abaixo dele), obtemos uma lista em ordem alfabética "árvore, fáceis, palavras, produzir, tendo, uma, vamos".

a. Esse tipo de grafo é chamado de *árvore*. (Nós sem nome e ramificações ligadas a nós sem nome não são mostrados, em geral.) Virada de cabeça para baixo, pode ser vista como o diagrama de Hasse de uma ordem parcial $\preccurlyeq$. Qual seria o elemento mínimo? Há um elemento máximo? Diga qual dos seguintes pares pertence a $\preccurlyeq$: (produzir, tendo), (uma, tendo), (produzir, fáceis), (árvore, tendo).

b. Construa uma árvore binária de busca para a frase "Gonzagão era uma pessoa feliz e carismática". Elimine os nós sem nome. Considerando o grafo (de cabeça para baixo) como o diagrama de Hasse de uma ordem parcial, diga quais são os elementos maximais.

44. A ordem alfabética definida no Exercício 41 pode ser aplicada a palavras com qualquer comprimento finito. Se definirmos A^* como o conjunto de todas as "palavras" (cadeias de caracteres, podendo não fazer sentido) de comprimento finito formadas com as letras do alfabeto, então a ordem alfabética em A^* tem todas as palavras formadas apenas pela letra a precedendo todas as outras. Dessa forma, todas as palavras na lista infinita

$$a, aa, aaa, aaaa, \ldots$$

precedem palavras como "b" ou "$aaaaaaab$". Essa lista, portanto, não mostra que A^* é enumerável, já que não podemos chegar, contando dessa forma, a nenhuma palavra contendo qualquer caractere diferente de a. No entanto, o conjunto A^* é enumerável. Prove isso ordenando A^* pelo comprimento das palavras (todas as palavras de comprimento 1 precedem as de comprimento 2 e assim por diante) e depois colocando as palavras de mesmo comprimento em ordem alfabética.

45. a. Para a relação de equivalência $\rho = \{(a, a), (b, b), (c, c), (a, c), (c, a)\}$, qual é o conjunto $[a]$? Esse conjunto tem outros nomes?

 b. Para a relação de equivalência $\rho = \{(1, 1), (2, 2), (1, 2), (2, 1), (1, 3), (3, 1), (3, 2), (2, 3), (3, 3), (4, 4), (5, 5), (4, 5), (5, 4)\}$, qual é o conjunto [3]? E o conjunto [4]?

46. Prove que, para qualquer inteiro positivo n, a congruência módulo n é uma relação de equivalência no conjunto $\mathbb{Z}$.

47. Para a relação de equivalência congruência módulo 2 no conjunto $\mathbb{Z}$, qual é o conjunto [1]?

48. Para a relação de equivalência congruência módulo 5 no conjunto $\mathbb{Z}$, qual é o conjunto [−3]?

49. Suponha que $x \equiv y \pmod{n}$ e $z \equiv w \pmod{n}$ para algum inteiro positivo n. Prove que:

 a. $x + z \equiv y + w \pmod{n}$

 b. $x - z \equiv y - w \pmod{n}$

 c. $x \cdot z \equiv y \cdot w \pmod{n}$

 d. $x^s \equiv y^s \pmod{n}$ para $s \geq 1, n \geq 2$

50. Seja p um número primo. Prove que $x^2 \equiv y^2 \pmod{p}$ se e somente se $x \equiv y \pmod{p}$ ou $x \equiv -y \pmod{p}$.

51. a. Dada a partição $\{1, 2\}, \{3, 4\}$ do conjunto $S = \{1, 2, 3, 4\}$, liste os pares ordenados pertencentes à relação de equivalência correspondente.

 b. Dada a partição $\{a, b, c\}, \{d, e\}$ do conjunto $S = \{a, b, c, d, e\}$, liste os pares ordenados pertencentes à relação de equivalência correspondente.

52. Seja S o conjunto de todos os livros na biblioteca. Seja ρ a relação binária em S definida por $x \rho y \leftrightarrow$ "a cor da capa de x é igual à cor da capa de y". Mostre que ρ é uma relação de equivalência em S e descreva as classes de equivalência associadas.

53. Sejam $S = \mathbb{N}$ e ρ a relação binária em S definida por $x \rho y \leftrightarrow x^2 - y^2$ é par. Mostre que ρ é uma relação de equivalência em S e descreva as classes de equivalência associadas.

54. Sejam $S = \mathbb{R}$ e ρ a relação binária em S definida por $x \rho y \leftrightarrow x - y$ é inteiro.

 a. Mostre que ρ é uma relação de equivalência em S.

 b. Liste cinco valores que pertencem à classe [1,5].

55. Seja $S = \mathbb{N} \times \mathbb{N}$ e seja ρ a relação binária em S definida por $(x, y) \rho (z, w) \leftrightarrow y = w$. Mostre que ρ é uma relação de equivalência em S e descreva as classes de equivalência associadas.

56. Seja $S = \mathbb{N} \times \mathbb{N}$ e seja ρ a relação binária em S definida por $(x, y) \rho (z, w) \leftrightarrow x + y = z + w$. Mostre que ρ é uma relação de equivalência em S e descreva as classes de equivalência associadas.

57. Seja S o conjunto de todas as cadeias binárias de comprimento 8 e seja ρ a relação binária em S definida por $x \rho y \leftrightarrow y$ que começa e termina com o mesmo valor de bit (0 ou 1) que x.

 a. Mostre que ρ é uma relação de equivalência em S.

 b. Quantas cadeias pertencem ao conjunto S?

 c. Em quantas classes de equivalência ρ divide S?

 d. Quantas cadeias pertencem a cada classe de equivalência?

58. A documentação para a linguagem de programação Java recomenda que, quando for definido um "método de igualdade" (*equals method*) booleano para um objeto, ele deverá ser uma relação de equivalência. Ou seja, se ρ for definida por $x \rho y \leftrightarrow x$.equals($y$) para todos os objetos na classe, então ρ deverá ser uma relação de equivalência.

Em uma aplicação gráfica, o programador cria um objeto chamado de ponto, que consiste em duas coordenadas no plano. O programador define um método de igualdade da seguinte maneira: se p e q são dois pontos no plano, então

$$p.\text{equals}(q) \leftrightarrow \text{a distância de } p \text{ a } q \text{ é} \leq c$$

em que c é um número positivo pequeno que depende da resolução da tela do computador. O método de igualdade do programador é uma relação de equivalência? Justifique sua resposta.

59. Seja S o conjunto de todas as fbfs com n letras de proposição. Seja ρ a relação binária em S definida por $P \rho Q \leftrightarrow$ "$P \leftrightarrow Q$ é uma tautologia". Mostre que ρ é uma relação de equivalência em S e descreva as classes de equivalência associadas. (Usamos a notação $P \Leftrightarrow Q$ para $P \rho Q$.)
60. Dadas duas partições π_1 e π_2 em um conjunto S, π_1 é um *refinamento* de π_2 se cada bloco de π_1 é um subconjunto de um bloco de π_2. Mostre que o refinamento é uma ordem parcial no conjunto de todas as partições de S.

Os Exercícios 61 a 72 tratam de partições de um conjunto.

61. Denote por P_n o número total de partições de um conjunto com n elementos, $n \geq 1$. Os números P_n são chamados de números de Bell. Calcule os números de Bell a seguir.

    a. P_1 b. P_2 c. P_3 d. P_4
62. Do Exercício 61, você pode estar buscando uma fórmula em forma fechada para o valor de P_n. Embora os números de Bell tenham sido extensamente estudados, não foi encontrada nenhuma fórmula em forma fechada. Os números de Bell podem ser calculados por meio de uma relação de recorrência. Defina P_0 como tendo o valor 1. Prove que, para $n \geq 1$,

$$P_n = \sum_{k=0}^{n-1} C(n-1, k)P_k$$

(*Sugestão*: Use uma demonstração combinatória, em vez de uma demonstração por indução. Seja x um elemento fixo, porém arbitrário, de um conjunto com n elementos. Em cada termo da soma, $n - k$ representa o tamanho do bloco da partição que contém x.)
63. Use a fórmula do Exercício 62 para calcular P_1, P_2, P_3 e P_4 e compare suas respostas com as do Exercício 61.
64. Use a fórmula do Exercício 62 para calcular P_5 e P_6.
65. Denote por $S(n, k)$ o número de maneiras de dividir um conjunto com n elementos em uma partição com k blocos. Os números $S(n, k)$ são chamados de *números de Stirling*.

    a. Encontre $S(3, 2)$.

    b. Encontre $S(4, 2)$.
66. Prove que, para todo $n \geq 1$, $S(n, k)$ satisfaz a relação de recorrência

$$S(n, 1) = 1$$
$$S(n, n) = 1$$
$$S(n+1, k+1) = S(n, k) + (k+1)S(n, k+1) \text{ para } 1 \leq k \leq n$$

(*Sugestão*: Use uma demonstração combinatória em vez de uma demonstração por indução. Seja x um elemento fixo, mas arbitrário, de um conjunto com $n + 1$ elementos, e separe x. Divida o conjunto dos n elementos restantes. Uma partição do conjunto original pode ser obtida adicionando-se $\{x\}$ como um bloco separado ou colocando-se x em um dos blocos existentes.)
67. Use a fórmula do Exercício 66 para refazer o Exercício 65.
68. A relação de recorrência do Exercício 46 é semelhante à fórmula de Pascal, Equação (1) da Seção 4.5. Use essa relação para calcular os valores numéricos das cinco primeiras linhas do *triângulo de Stirling*, que começa

$$S(1, 1)$$
$$S(2, 1) \quad S(2, 2)$$
$$S(2, 1) \quad S(3, 2) \quad S(3, 3)$$
$$\vdots$$

69. Prove que

$$P_n = \sum_{k=1}^{n} S(n, k)$$

70. Use a fórmula do Exercício 69 e o triângulo de Stirling (Exercício 68) para calcular P_1, P_2, P_3 e P_4.
71. Encontre o número de maneiras de se distribuir 4 bolas de gude de cores diferentes em 3 potes idênticos de modo que nenhum dos potes fique vazio.
72. Encontre o número de maneiras de se atribuir 5 tarefas diferentes a 3 processadores idênticos de modo que cada processador receba pelo menos 1 tarefa.
73. Relações binárias em um conjunto S são pares ordenados de elementos de S. Mais geralmente, uma *relação n-ária em um conjunto S* é um conjunto de n-uplas ordenadas de elementos de S. Decida quais das n-uplas a seguir satisfazem a relação correspondente.

   a. ρ uma relação unária em $\mathbb{Z}$, $x \in \rho \leftrightarrow x$ é um quadrado perfeito.

   $$25, 39, 49, 62$$

   b. ρ uma relação ternária em $\mathbb{N}$, $(x, y, z) \in \rho \leftrightarrow x^2 + y^2 = z^2$

   $$(1, 1, 2), (3, 4, 5), (0, 5, 5), (8, 6, 10)$$

   c. ρ uma relação quaternária em $\mathbb{Z}$, $(x, y, z, w) \in \rho \leftrightarrow y = |x|$ e $w \geq x + z^2$

   $$(-4, 4, 2, 0), (5, 5, 1, 5), (6, -6, 6, 45), (-6, 6, 0, -2)$$

74. Seja ρ a relação ternária definida no conjunto $S = \{2, 4, 6, 8\}$ por $(x, y, z) \in \rho \leftrightarrow x + y = z$. Liste as triplas que pertencem a ρ.
75. Se x for um número real, $x \neq 0$, então um número y tal que $x \cdot y = 1$ é chamado de inverso multiplicativo de x. Dados inteiros positivos x e n, um inteiro positivo y tal que $x \cdot y \equiv 1 \pmod{n}$ é chamado de *inverso multiplicativo modular de x módulo n*. Mas

$$\begin{aligned}
&x \cdot y \equiv 1 \pmod{n} \\
&\leftrightarrow x \cdot y - 1 = kn \text{ em que } k \text{ é um inteiro} \\
&\leftrightarrow xy - kn = 1 \\
&\leftrightarrow 1 \text{ é uma combinação linear de } x \text{ e } n \\
&\leftrightarrow \text{mdc}(x, n) = 1 \\
&\leftrightarrow x \text{ e } n \text{ são primos entre si}
\end{aligned}$$

   Logo, se x e n não forem primos entre si, o inverso modular de x não existe. Se eles forem primos entre si, o inverso modular de x é o coeficiente positivo de x na combinação linear de x e n que é igual a 1.

   Use o algoritmo de Euclides para encontrar o inverso multiplicativo modular de 21 módulo 25 (note que 21 e 25 são primos entre si).
76. Use o algoritmo de Euclides para encontrar o inverso multiplicativo modular de 68 módulo 15 (veja o Exercício 75).

SEÇÃO 5.2 ORDENAÇÃO TOPOLÓGICA

Se ρ for uma ordem parcial em um conjunto S, então alguns elementos de S serão predecessores de outros. Se S for um conjunto de tarefas a serem executadas, a ideia de x como predecessor de y pode ser interpretada literalmente, significando que a tarefa x terá que ser executada antes da tarefa y. Dessa forma, ordens parciais e diagramas de Hasse são maneiras naturais de se representar problemas na ordenação de tarefas.

EXEMPLO 16 Ernesto e seus irmãos têm uma marcenaria no Rio de Janeiro que fabrica cadeiras de balanço com assentos estofados. O processo pode ser dividido em uma série de tarefas, algumas delas tendo outras como pré-requisitos. A tabela a seguir mostra as tarefas para se produzir uma cadeira de balanço, os pré-requisitos e o número de horas necessário para se concluir cada tarefa.

Tarefa	Pré-requisitos	Horas para a Conclusão
1. Seleção da madeira	Nenhum	3,0
2. Talho da peça curva que balança	1	4,0
3. Talho da parte de madeira do assento	1	6,0
4. Talho do encosto	1	7,0
5. Talho dos braços	1	3,0
6. Seleção do tecido	Nenhum	1,0
7. Costura da almofada	6	2,0
8. Junção do encosto e da parte de madeira do assento	3, 4	2,0
9. Colocação dos braços	5, 8	2,0
10. Colocação da peça curva que balança	2, 8	3,0
11. Aplicação de verniz	9, 10	5,0
12. Colocação da almofada	7, 11	0,5

Podemos definir uma ordem parcial no conjunto das tarefas por

$$x \preccurlyeq y \leftrightarrow \text{tarefa } x = \text{tarefa } y \text{ ou tarefa } x \text{ é um pré-requisito para a tarefa } y$$

É fácil ver que essa relação é reflexiva, antissimétrica e transitiva. Além disso,

$$x \prec y \leftrightarrow \text{tarefa } x \text{ é um pré-requisito para a tarefa } y$$

No diagrama de Hasse para essa ordem parcial, os nós são as tarefas; adicionaremos a cada nó a informação sobre o tempo necessário para a conclusão da tarefa. Além disso, como é tradicional, orientaremos o diagrama de modo que, se $x \prec y$, então x estará à esquerda de y, em vez de embaixo. Logo, o diagrama vai da esquerda para a direita, em vez de debaixo para cima. Tais diagramas para a ordenação de tarefas são muitas vezes chamados de diagramas **PERT** (do inglês ***program evaluation and review technique***, que significa **técnica para a análise e revisão do programa**). Esses diagramas foram desenvolvidos inicialmente para o acompanhamento de construção de submarinos para a Marinha americana, mas são úteis no gerenciamento de qualquer projeto complexo que possa ser dividido em tarefas complementares. A Figura 5.7 mostra o diagrama PERT para a produção de cadeiras de balanço, com os números das tarefas, em vez dos nomes, associados aos nós e setas apontando para as tarefas a partir de seu(s) pré-requisito(s). Os números entre parênteses indicam o tempo necessário para se completar a tarefa.

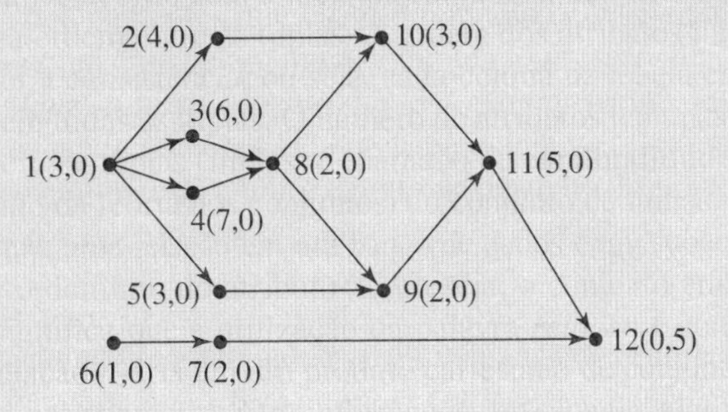

Figura 5.7

PROBLEMA PRÁTICO 17 Construa o diagrama PERT para a construção de uma casa de madeira a partir da tabela de tarefas a seguir.

Tarefa	Pré-requisitos	Dias para a Conclusão
1. Limpeza do terreno	Nenhum	4
2. Produção e colocação da fundação	1	3
3. Produção da estrutura	2	7
4. Colocação do telhado	3	6
5. Colocação das tábuas externas	3	4
6. Instalação do encanamento e da fiação	4, 5	6
7. Colocação de janelas e portas	3	5
8. Instalação das paredes internas	6	5
9. Pintura do interior	7, 8	5

■

Um projeto representado por um diagrama PERT tem que começar com as tarefas na extrema esquerda do diagrama e terminar com as tarefas na extrema direita. Um limite superior para o tempo necessário para se completar o projeto pode ser obtido somando-se o tempo para se completar cada tarefa, o que não leva em consideração o fato de que algumas tarefas podem ser executadas paralelamente, como as tarefas de 2 a 5 no Exemplo 16. Para obter o tempo mínimo necessário para se completar o projeto, podemos analisar o diagrama da esquerda para a direita calculando, para cada nó, o tempo mínimo para se completar o trabalho do início até aquele nó. Se um nó x tem pré-requisitos, todos os pré-requisitos têm que estar completos antes que se comece a tarefa x; portanto, precisamos somar ao tempo necessário para se executar a tarefa x o tempo mínimo necessário para que se completem os pré-requisitos.

EXEMPLO 17 Vamos calcular o tempo necessário para se completar cada tarefa no Exemplo 16.

Tarefa 1: 3,0
Tarefa 2: 3,0 + 4,0 = 7,0
Tarefa 3: 3,0 + 6,0 = 9,0
Tarefa 4: 3,0 + 7,0 = 10,0
Tarefa 5: 3,0 + 3,0 = 6,0
Tarefa 6: 1,0
Tarefa 7: 1,0 + 2,0 = 3,0
Tarefa 8: máx(tempo para completar a tarefa 3; tempo para completar a tarefa 4) + tempo para completar a tarefa 8 = máx(9,0; 10,0) + 2,0 = 10,0 + 2,0 = 12,0
Tarefa 9: máx(tempo para completar a tarefa 5; tempo para completar a tarefa 8) + tempo para completar a tarefa 9 = máx(6,0; 12,0) + 2,0 = 12,0 + 2,0 = 14,0
Tarefa 10: máx(tempo para completar a tarefa 2; tempo para completar a tarefa 8) + tempo para completar a tarefa 10 = máx(7,0; 12,0) + 3,0 = 12,0 + 3,0 = 15,0

Tarefa 11: máx(tempo para completar a tarefa 9; tempo para completar a tarefa 10) + tempo para completar a tarefa 11 = máx(14,0; 15,0) + 5,0 = 15,0 + 5,0 = 20,0

Tarefa 12: máx(tempo para completar a tarefa 7; tempo para completar a tarefa 11) + tempo para completar a tarefa 12 = máx(3,0; 20,0) + 0,5 = 20,0 + 0,5 = 20,5

Logo, o número mínimo de horas para se produzir uma cadeira de balanço é 20,5. A partir do nó 12, podemos percorrer o diagrama inversamente, selecionando em cada ponto com mais de um pré-requisito o nó que contribui com o valor máximo. Isso nos dá a sequência de nós

$$12, 11, 10, 8, 4, 1$$

ou, invertendo a ordem nessa sequência,

$$1, 4, 8, 10, 11, 12$$

A soma dos tempos necessários para se completar cada tarefa nessa sequência é 20,5. Se qualquer dessas tarefas levar mais tempo do que o esperado, o projeto inteiro vai levar mais do que 20,5 horas. Essa sequência de nós é um **caminho crítico** no diagrama PERT — a execução dessas tarefas no tempo alocado é essencial para se completar o projeto no tempo estipulado. ●

O caminho crítico em um diagrama PERT representa o tempo mínimo para se completar o projeto inteiro. Se uma tarefa que não está no caminho crítico levar mais tempo do que o que lhe foi alocado, o caminho crítico poderá ser modificado para se incluir esse nó, já que ele se tornará, então, o gargalo que estará atrasando a finalização do projeto. Em um projeto complexo, o caminho crítico deve estar sendo continuamente recalculado para que se determine o melhor lugar para se alocar recursos de modo que o projeto progrida.

PROBLEMA PRÁTICO 18 Calcule o tempo mínimo para se completar o projeto de construção para a casa do Problema Prático 17 e os nós no caminho crítico. ■

Dada uma ordem parcial ρ em um conjunto finito, sempre existe uma ordem total σ que estende ρ, ou seja, tal que, se $x \rho y$, então $x \sigma y$. O processo de **ordenação topológica** encontra uma tal ordem total a partir de uma ordem parcial. Esse é, de fato, um processo de ordenação, no sentido de que os objetos acabam totalmente ordenados, mas, como eles já começam parcialmente ordenados, esse é um processo de ordenação bastante especializado.

Lembre-se de que um elemento em um conjunto parcialmente ordenado finito será minimal se não tiver predecessores. Em um conjunto parcialmente ordenado finito não vazio, sempre existe pelo menos um elemento minimal. Para ver isso, suponha que x pertence ao conjunto. Se x não for minimal, então existe um y no conjunto tal que $y \rho x$ e $y \neq x$. Se y não for mínimo, existe z no conjunto com $z \rho y$ e $z \neq y$, e assim por diante. Como o conjunto é finito, esse processo não pode continuar indefinidamente, logo um desses elementos tem que ser minimal. Um elemento minimal em um diagrama de Hasse não tem elementos embaixo dele; um elemento minimal em um diagrama PERT não tem elementos à sua esquerda.

O algoritmo para a ordenação topológica, dado a seguir em pseudocódigo, opera em um conjunto parcialmente ordenado (S, ρ). Elementos minimais (escolhidos aleatoriamente, se houver uma escolha de elementos minimais em qualquer estágio) são removidos, repetidamente, do conjunto ordenado até o conjunto ficar vazio. A remoção de um elemento minimal deixa um conjunto parcialmente ordenado finito, de modo que se pode encontrar outro elemento minimal.

ALGORITMO *ORDENAÇÃOTOPOLÓGICA*

OrdenaçãoTopológica(conjunto finito S; ordem parcial ρ em S)
//encontra uma ordem total em S que estende ρ
Variável local
inteiro i //numera as tarefas na ordem total
$i = 1$
enquanto $S \neq \emptyset$
escolha um elemento minimal x_i em S
$S = S - \{x_i\}$
$i = i + 1$
fim do enquanto
$//x_1 < x_2 < x_3 < \cdots < x_n$ agora é uma ordem total que estende ρ
escreva$(x_1, x_2, x_3, \ldots, x_n)$
fim da função *OrdenaçãoTopológica*

A ordem $x_1 < x_2 < x_3 < \cdots < x_n$ produzida por esse algoritmo é uma ordem total. Para ver que é uma extensão de ρ, suponha que $x_i \, \rho \, x_j$. Então x_i precede x_j e x_i tem que ser escolhido como elemento minimal e removido do conjunto antes que x_j possa ser escolhido como elemento minimal. Portanto, $i < j$ e $x_i < x_j$.

EXEMPLO 18 Uma ordenação topológica da ordem parcial do Exemplo 16 é

$$6, 1, 7, 2, 3, 5, 4, 8, 10, 9, 11, 12$$

Na Figura 5.7, 6 ou 1 podem ser escolhidos como primeiro elemento, já que ambos são minimais. Se 6 for escolhido e removido do conjunto, então, como ilustrado na Figura 5.8, 1 e 7 são minimais. Se 1 for escolhido e removido do conjunto (veja a Figura 5.9), então 2, 3, 4, 5 e 7 são todos minimais e qualquer um deles pode ser escolhido a seguir. O processo continua até que todos os nós tenham sido escolhidos. Se todos os irmãos do Ernesto se mudarem da cidade e ele ficar construindo as cadeiras de balanço sozinho, a ordenação topológica dá uma ordem na qual ele pode executar as tarefas sequencialmente.

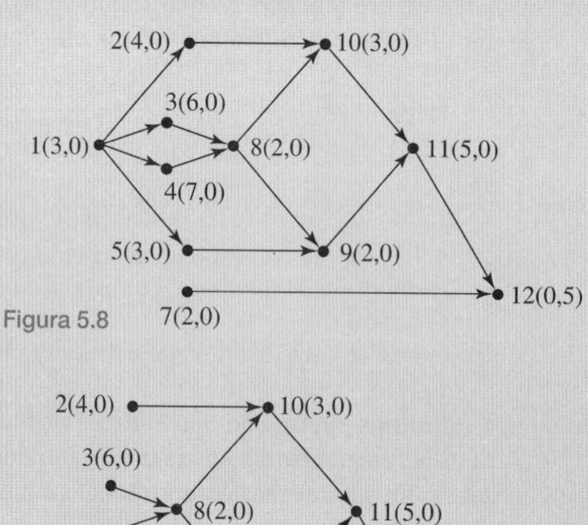

Figura 5.8

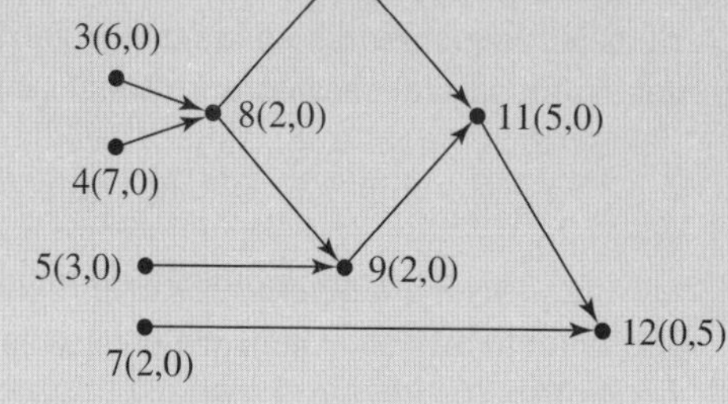

Figura 5.9

PROBLEMA PRÁTICO 19 Encontre outra ordenação topológica para a ordem parcial do Exemplo 16. ■

PROBLEMA PRÁTICO 20 Encontre uma ordenação topológica para a ordem parcial do Problema Prático 17. ■

O algoritmo dado aqui para a ordenação topológica é um tanto impreciso, já que não demos nenhum método mecânico para se encontrar um elemento minimal. Outro algoritmo será descrito na Seção 7.4.

SEÇÃO 5.2 REVISÃO

TÉCNICAS

- Construção de um diagrama PERT de uma tabela de tarefas.
- Determinação do caminho crítico em um diagrama PERT.
- Ordenação topológica de um conjunto parcialmente ordenado.

IDEIAS PRINCIPAIS

- Os diagramas PERT são diagramas de conjuntos parcialmente ordenados representando tarefas e seus pré-requisitos.
- Uma ordenação topológica estende uma ordem parcial em um conjunto finito a uma ordem total.

EXERCÍCIOS 5.2

1. As tarefas a seguir são necessárias para se montar uma bicicleta. Como fabricante, você deve escrever uma lista de instruções sequenciais para o comprador seguir. A ordem sequencial dada a seguir funciona? Dê outra sequência que poderia ser usada.

Tarefa	Pré-requisitos
1. Aperto da estrutura	Nenhum
2. Colocação do guidom	1
3. Colocação do mecanismo de marchas	1
4. Montagem dos pneus nas rodas	Nenhum
5. Colocação das rodas na estrutura	1, 4
6. Instalação do mecanismo de freio	2, 3, 5
7. Colocação dos pedais	6
8. Colocação do assento	1
9. Ajuste da altura do assento	7, 8

2. Forneça uma lista de tarefas e pré-requisitos para cozinhar e servir um hambúrguer.

3. Construa um diagrama PERT da tabela de tarefas a seguir.

Tarefa	Pré-requisitos	Tempo para a Conclusão
A	*E*	3
B	*C*, *D*	5
C	*A*	2
D	*A*	6
E	Nenhum	2
F	*A*, *G*	4
G	*E*	4
H	*B*, *F*	1

4. Construa um diagrama PERT da tabela de tarefas a seguir.

Tarefa	Pré-requisitos	Tempo para a Conclusão
1	2	4
2	3	2
3	8	5
4	3	2
5	4, 7	2
6	5	1
7	3	3
8	Nenhum	5

5. Calcule o tempo mínimo para completar o problema no Exercício 3 e encontre os nós no caminho crítico.
6. Calcule o tempo mínimo para completar o problema no Exercício 4 e encontre os nós no caminho crítico.
7. Para o problema no Exercício 3, um grande avanço na produtividade diminuiu o tempo para completar a tarefa *D* de 6 unidades para 1 unidade. Recalcule o tempo mínimo para completar o projeto e os nós no caminho crítico.
8. Para o problema no Exercício 4, foi adicionado à tarefa 4 um controle extra de qualidade, que necessita de 4 unidades de tempo para ser executado. Recalcule o tempo mínimo para completar o projeto e os nós no caminho crítico.
9. Faça uma ordenação topológica no conjunto parcialmente ordenado ilustrado na figura a seguir.

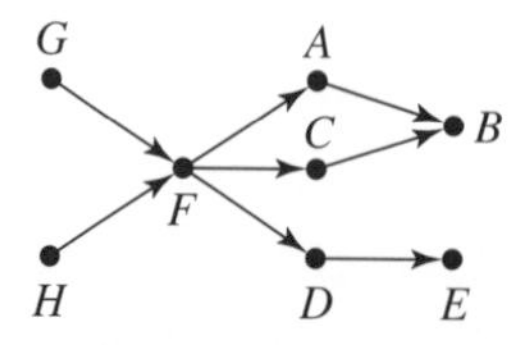

10. Faça uma ordenação topológica no conjunto parcialmente ordenado ilustrado na figura a seguir.

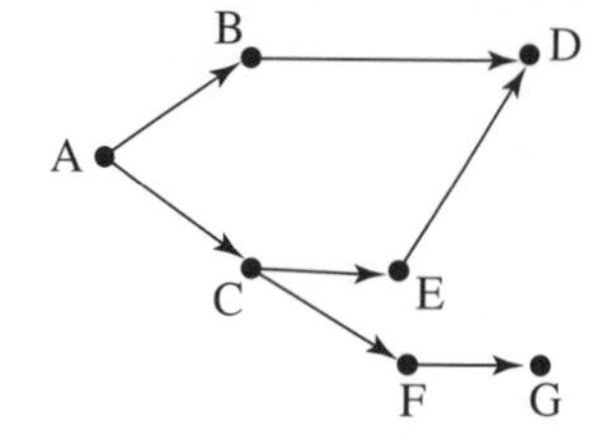

11. Encontre uma ordenação topológica para o problema no Exercício 3.
12. Encontre uma ordenação topológica para o problema no Exercício 4.
13. Dada a tabela de tarefas a seguir, encontre uma ordem total em que as tarefas possam ser executadas sequencialmente.

Tarefa	Pré-requisitos
1. Picar a cebola	9
2. Lavar a alface	11
3. Fazer o molho	11
4. Fazer a fritura, mexendo	10
5. Misturar o molho na salada	2, 3
6. Cortar a galinha	Nenhum
7. Ralar o gengibre	9
8. Cortar o repolho bem fininho	9
9. Marinar a galinha	6
10. Aquecer a wok	1, 7, 8, 11
11. Preparar o arroz	Nenhum

14. Uma jornalista americana, ao ser transferida para outro país burocrático, tem que fazer as seguintes coisas antes de poder começar a trabalhar:

Tarefa	Pré-requisitos
1. Obter permissão para residência no Departamento de Segurança Pública	2, 3, 7
2. Obter certificado de saúde no hospital local	Nenhum
3. Obter cartão de trabalho de jornalista no Ministério do Exterior	Nenhum
4. Obter certificado da Alfândega	1, 3, 9
5. Colocar anúncio em um jornal local sobre a presença de sua agência de notícias no país	Nenhum
6. Obter visto de jornalista no Departamento de Segurança Pública	2, 3, 7
7. Obter contrato de aluguel para jornalistas estrangeiros no departamento local de moradias	Nenhum
8. Pegar seu carregamento de objetos de uso pessoal enviado de seu país de origem	1, 4, 6
9. Obter permissão para sua agência de notícias no Ministério do Exterior	5

Encontre uma ordem total na qual as tarefas possam ser executadas sequencialmente.

15. Lembre o problema apresentado no início deste capítulo.

> Sua companhia desenvolveu um programa em uma máquina pequena com processamento em paralelo. De acordo com a documentação técnica, o programa executa os processos P1, P2 e P3 em paralelo; todos esses processos usam resultados do processo P4, logo eles têm que esperar que o processo P4 termine de executar antes que possam começar. Os processos P7 e P10 são executados em paralelo, mas precisam esperar que os processos P1, P2 e P3 terminem. O processo P4 necessita dos resultados dos processos P5 e P6 antes de começar a executar. Os processos P5 e P6 executam em paralelo. Os processos P8 e P11 executam em paralelo, mas P8 tem que esperar pelo final do processo P7, e P11 tem que esperar pelo final de P10. O processo P9 tem que esperar pelos resultados de P8 e P11. Foi-lhe dada a tarefa de converter o programa para uma máquina com um único processador.

Use uma ordenação topológica para determinar a ordem na qual os processos possam ser executados sequencialmente.

16. Dada a tabela de tarefas a seguir para fazer um estudo de qualidade da água, encontre uma ordem total na qual as tarefas possam ser executadas sequencialmente.

Tarefa	Pré-requisitos
1. Plano de trabalho	7
2. Obter dados novos	1, 10
3. Formar a equipe	7
4. Obter dados anteriores sobre a qualidade da água	6
5. Obter equipamentos	7
6. Identificar os cursos d'água	Nenhum
7. Decidir as leituras necessárias	4, 8
8. Rever as normas estaduais e federais	Nenhum
9. Escrever o relatório	11
10. Distribuir equipamentos	3, 5
11. Analisar os dados novos	2

SEÇÃO 5.3 RELAÇÕES E BANCOS DE DADOS

Um **banco de dados** é um armazém de informações associadas sobre algum empreendimento. O usuário de um banco de dados certamente pode obter algum fato específico armazenado no banco. Mas um banco de dados bem projetado é mais do que simplesmente uma lista de fatos. O usuário pode fazer pesquisas no banco de dados para obter informação que não está contida em um único fato. O todo torna-se mais do que a soma das partes.

Para projetar um banco de dados computadorizado útil e eficiente, é necessário modelar ou representar o empreendimento em questão. Um **modelo conceitual** é uma tentativa de se capturar as características importantes e o funcionamento do empreendimento. Pode ser necessária muita interação com as pessoas familiarizadas com o empreendimento para se obter todas as informações necessárias para formular o modelo.

Modelo Entidade-Relação

Uma representação em alto nível de um empreendimento é o **modelo entidade-relação**. Nesse modelo, são identificados objetos importantes, ou **entidades**, no empreendimento, junto com seus atributos ou propriedades relevantes. Depois, são anotadas as relações entre essas diversas entidades. Essa informação é representada graficamente por um **diagrama entidade-relação**, ou **diagrama E-R**. Em um diagrama E-R, retângulos denotam conjuntos de entidades, elipses denotam atributos e losangos denotam relações.

EXEMPLO 19 O Clube dos Amantes dos Animais de Estimação (CAAE) quer montar um banco de dados. O CAAE comprou listas de endereços de fontes comerciais e está interessado em pessoas que têm animais de estimação e em alguma informação básica sobre os animais, tais como nome, tipo de animal (cachorro, gato etc.) e raça.

A Figura 5.10 mostra um diagrama E-R para o empreendimento CAAE. Esse diagrama diz que as entidades são pessoas e animais de estimação. As pessoas têm os atributos de *Nome*, *Endereço*, *Cidade* e *Estado*. Os animais têm os atributos *NomeDoAnimal*, *TipoDeAnimal* e *Raça*. O diagrama também mostra que pessoas são proprietárias de animais. Pensando nas entidades como conjuntos, o conjunto Pessoa e o conjunto Animal, a relação "é proprietário de" é uma relação binária de Pessoa para Animal — a relação de propriedade é capturada pelos pares ordenados (pessoa, animal). O "1" e o "N" nos segmentos indicam que essa relação binária é do tipo um para muitos, ou seja, nesse empreendimento particular, uma pessoa pode ter muitos animais, mas um animal não pode ter mais de um dono. (Animal com vários donos resultaria em uma relação do tipo muitos para muitos.) Além disso, neste exemplo, algumas pessoas podem não ter animais, e alguns animais podem não ter dono.

O fato de que nenhum animal tem mais de um dono é uma das "regras de negócio" do empreendimento. Tais regras de negócio são importantes de identificar ao se projetar um banco de dados, pois elas podem determinar diversas características do banco de dados, como veremos.

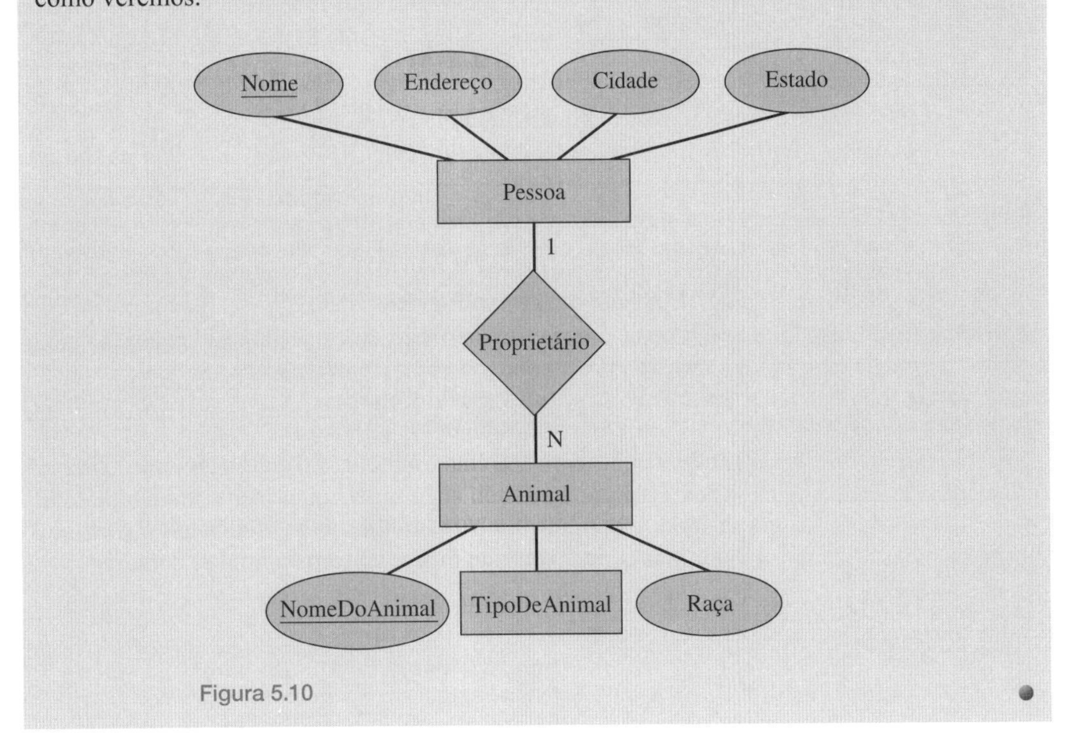

Figura 5.10

Modelo Relacional

Outra representação de um empreendimento, chamada de **modelo relacional**, pode ser desenvolvida a partir de um modelo E-R. Tanto as entidades quanto as relações do modelo E-R tornam-se relações (no sentido matemático) no modelo relacional. As relações são descritas por tabelas. Um **banco de dados relacional** consiste em uma coleção de tais tabelas.

Uma tabela entidade leva o nome da entidade. Cada linha da tabela contém os valores dos n atributos de um elemento particular daquele conjunto entidade. Pode-se considerar, portanto, a tabela relacional como um conjunto de n-uplas (as linhas), e uma linha individual é chamada de **tupla**. De acordo com a ideia de conjuntos, não existem tuplas duplicadas e não se tem nenhuma ordem entre as tuplas. A ordem dos atributos não é relevante, exceto que é preciso manter a consistência, ou seja, cada coluna na tabela contém valores de um atributo específico em todas as tuplas. O número de atributos (colunas) é chamado de **grau da relação**. O número de tuplas (linhas) é chamado de **cardinalidade da relação**; é a cardinalidade (no sentido da teoria dos conjuntos) do conjunto de linhas.

Mais formalmente, uma relação em um banco de dados é um subconjunto $D_1 \times D_2 \times \cdots \times D_n$, em que D_i é o domínio do atributo A_i, ou seja, o conjunto em que o atributo toma seus valores. Isso significa que a utilização da palavra *relação* é condizente com a nossa definição de uma relação n-ária em um produto cartesiano de conjuntos (Seção 5.1). Além dos dados na tabela propriamente dita, informações adicionais, algumas vezes chamadas de **metadados** — dados sobre dados —, são necessárias para especificar o domínio de cada atributo. O domínio é o conjunto de todas as cadeias possíveis, ou essas cadeias têm que ter um formato específico? O atributo representa uma data? Nesse caso, o domínio tem que especificar o formato de data a ser usado, por exemplo, 13 de março de 2014 ou 13/3/14 ou 13/3/2014 ou outros formatos. Além disso, supõe-se que cada domínio D_i de atributo contém um valor especial NULO (valor vazio), de modo que uma tupla dada poderia ter um valor NULO para um ou mais de seus atributos. Qualquer tupla $(x_1, x_2, \ldots, x_n)$ tem que satisfazer o predicado n-ário da forma $(\forall x_i)(x_i \in D_i)$.

EXEMPLO 20 A relação Pessoa no banco de dados do CAAE poderia conter os seguintes dados:

Pessoa			
Nome	***Endereço***	***Cidade***	***Estado***
Tomás Pereira	Rua das Canoas, 134	Guarabira	PB
Maria Silva	Rua Araucária, 110	Rio de Janeiro	RJ
João Costa	Rua Amazonas, 255	Teresópolis	RJ
Kátia Souza	Estrada das Figueiras, km 8	Pirassununga	SP
Roberto Silva	Rua das Marrecas, 133	Campina Verde	MG
Janete Valadares	Rua Dr. Salomão de Bragança, 63	Arapongas	PR
Garcia, Maria	Rua da Praia, 33	Cachoeiro de Itapemirim	ES

Os quatro atributos de cada tupla são *Nome*, *Endereço*, *Cidade* e *Estado*. Os metadados especificam que o domínio para o atributo Nome é o conjunto de cadeias da forma PrimeiroNome, SegundoNome; o domínio para o atributo Estado é o conjunto de abreviações legítimas com dois caracteres. A relação Animal poderia ser

Animal		
NomeDoAnimal	***TipoDeAnimal***	***Raça***
Pintado	Cachorro	Galgo
Tilica	Gato	Siamês
Lad	Cachorro	Collie
Lassie	Cachorro	Collie
Moicano	Peixe	Dourado
Piu-piu	Pássaro	Canário
Tigre	Gato	Pelo curto brasileiro

Como não existem tuplas duplicadas em uma relação, dar o valor de todos os n atributos de uma tupla distingue-a, claramente, de todas as outras. No entanto, pode existir um subconjunto mínimo de atributos que pode ser usado para identificar, de maneira única, cada tupla. Esse subconjunto é chamado de **chave primária** da relação; se o subconjunto contém mais de um atributo, temos uma **chave primária composta**. Na tabela que descreve a relação (e no diagrama E-R), a chave primária aparece sublinhada na linha que contém os nomes dos atributos. Nenhum componente da chave primária pode ter o valor NULO (vazio). Essa restrição **integridade da entidade** simplesmente confirma que cada tupla tem que ter um valor na chave primária para distingui-la e que todos os valores de atributo da chave primária são necessários para identificar a tupla de maneira única.

Outra regra de negócio do empreendimento CAAE é que pessoas diferentes têm nomes distintos; portanto, *Nome* é suficiente para identificar cada tupla, e foi escolhido como chave primária na relação Pessoa. Note que, para a relação Pessoa ilustrada no exemplo, *Estado* não poderia servir como chave primária, já que existem duas tuplas com o valor "RJ" para o atributo *Estado*. Entretanto, só porque *Nome* determina, univocamente, cada pessoa nesse exemplo não significa que não possa haver homônimos. É a regra de negócio que determina a unicidade dos nomes. (Não existe regra que diga que endereços ou cidades tenham que determinar univocamente as pessoas, de modo que nenhum desses atributos pode ser usado como chave primária, embora, no exemplo da relação Pessoa, não haja duplicação.)

A hipótese de que nomes determinam univocamente as pessoas é uma regra de negócio um tanto simplista. A chave primária em uma relação envolvendo pessoas contém, muitas vezes, um número identificador, como o CPF, que é um atributo conveniente que determina univocamente uma pessoa. Como *NomeDoAnimal* é a chave primária na relação Animal do Exemplo 20, podemos inferir uma regra de negócio ainda mais surpreendente no empreendimento CAAE, a de que todos os animais de estimação diferentes têm nomes distintos. Um cenário mais realista seria criar um atributo que fosse único para cada animal de estimação, uma espécie de número de identificação do animal, a ser usado como chave primária. Essa chave não teria correspondente no empreendimento real, de modo que nenhum usuário teria necessidade de vê-la; uma chave desse tipo é chamada de **chave invisível**. Chaves invisíveis são geradas automaticamente, muitas vezes, pelo sistema de banco de dados usando um esquema simples de numeração sequencial.

Um atributo em uma relação (chamada de relação descendente ou relação "filho") pode ter o mesmo domínio que o atributo na chave primária de outra relação (chamada de relação ascendente ou relação "pai"). Tal atributo é chamado de **chave estrangeira** (da relação descendente) na relação ascendente. Para se relacionar entidades (ou seja, para um losango no diagrama E-R), utilizam-se chaves externas para estabelecer as conexões entre as entidades. Vai existir uma chave estrangeira, na relação entre entidades, para cada entidade na relação.

EXEMPLO 21

O empreendimento CAAE identificou as tuplas a seguir da relação Proprietário. O atributo *Nome* em Proprietário é uma chave estrangeira na relação Pessoa, em que *Nome* é uma chave primária; o atributo *NomeDoAnimal* em Proprietário é uma chave estrangeira na relação Animal, em que *NomeDoAnimal* é uma chave primária. A primeira tupla estabelece a relação Proprietário entre Roberto Silva e Pintado, ou seja, indica que Roberto Silva é o proprietário de Pintado.

Proprietário	
Nome	***NomeDoAnimal***
Roberto Silva	Pintado
Maria Silva	Tilica
Kátia Souza	Lad
Kátia Souza	Lassie
João Costa	Piu-piu
Janete Valadares	Tigre

Pessoas que não têm animais de estimação não estão representadas em Proprietário, assim como os animais sem dono. A chave primária em Proprietário é *NomeDoAnimal*. Lembre-se da regra de negócio que diz que um animal não pode ter mais de um dono. Se algum animal pudesse ter mais de um dono, a chave primária composta *Nome/NomeDoAnimal* teria que ser usada. Só *Nome* não pode servir como chave primária, já que pessoas podem ter mais de um animal de estimação (por exemplo, Kátia Souza não identifica uma única tupla). ●

Em uma relação um para um ou um para muitos como no nosso exemplo, uma tabela separada de relacionamentos (como Proprietário), embora não seja incorreta, também não é necessária.

EXEMPLO 22 Como *NomeDoAnimal*, na relação Proprietário, é uma chave estrangeira na relação Animal, as duas relações podem ser combinadas (usando uma operação chamada de *junção externa baseada em NomeDoAnimal*), formando a relação AnimalProprietário.

AnimalProprietário			
Nome	***NomeDoAnimal***	***TipoDeAnimal***	***Raça***
Roberto Silva	Pintado	Cachorro	Galgo
Maria Silva	Tilica	Gato	Siamês
Kátia Souza	Lad	Cachorro	Collie
Kátia Souza	Lassie	Cachorro	Collie
NULO	Moicano	Peixe	Dourado
João Costa	Piu-piu	Pássaro	Canário
Janete Valadares	Tigre	Gato	Pelo curto brasileiro

Essa relação AnimalProprietário poderia substituir tanto a relação Proprietário quanto a relação Animal, sem perda de informação. A relação AnimalProprietário contém uma tupla com um valor nulo para *Nome*. Isso não viola a integridade da entidade, já que *Nome* não é componente da chave primária e sim uma chave estrangeira em Pessoa. ●

Operações nas Relações

Duas operações unárias que podem ser executadas em relações são as operações de *restrição* e de *projeção*. A operação de **restrição** cria uma nova relação formada pelas tuplas da relação original que satisfazem determinada propriedade. A operação de **projeção** cria uma nova relação formada por determinados atributos da relação original, eliminando tuplas duplicadas. As operações de restrição e projeção também podem ser consideradas em termos de subconjuntos. A restrição cria um subconjunto de linhas que satisfazem determinada propriedade; a projeção cria um subconjunto de colunas que representam determinados atributos.

EXEMPLO 23 A operação

Restrição de AnimalProprietário **onde** *TipoDeAnimal* = "Cachorro" **fornecendo** CachorroProprietário

resulta na relação CachorroProprietário:

CachorroProprietário			
Nome	***NomeDoAnimal***	***TipoDeAnimal***	***Raça***
Roberto Silva	Pintado	Cachorro	Galgo
Kátia Souza	Lad	Cachorro	Collie
Kátia Souza	Lassie	Cachorro	Collie

A operação

Projeção de AnimalProprietário **sobre** (*Nome, TipoDeAnimal*) **fornecendo** Preferência

resulta na relação Preferência:

Preferência	
Nome	***TipoDeAnimal***
Roberto Silva	Cachorro
Maria Silva	Gato
Kátia Souza	Cachorro
NULO	Peixe
João Costa	Pássaro
Janete Valadares	Gato

PROBLEMA PRÁTICO 21 Escreva a relação resultante da operação

Projeção de Pessoa **sobre** (*Nome, Estado*) **fornecendo** Local

Como relações são conjuntos de n-uplas, as operações binárias de união, interseção e diferença entre conjuntos podem ser aplicadas a duas relações com a mesma estrutura básica. Assim, em nosso exemplo, duas tabelas diferentes contendo informações sobre proprietários de animais, ambas com a mesma estrutura, poderiam ser intersectadas para produzir uma relação contendo todas as quádruplas comuns.

Outra operação binária, **junção**, poderia ser executada em duas relações com um atributo em comum (coluna). Teoricamente, essa operação forma, inicialmente, o produto cartesiano de todas as n-uplas (linhas) na primeira relação com todas as k-uplas (linhas) na segunda relação. Depois considera o resultado como um conjunto de $(n + k)$-uplas, e, finalmente, restringe ao subconjunto em que o atributo comum tem o mesmo valor, escrevendo o resultado como um conjunto de $(n + k - 1)$-uplas (o atributo comum é escrito apenas uma vez). A junção não é, portanto, uma operação separada de fato, mas é definida como um produto cartesiano seguido de uma restrição.

EXEMPLO 24 A operação

Junção de Pessoa **e** AnimalProprietário **sobre** *Nome* **fornecendo** Listagem

resulta na relação Listagem:

Listagem						
Nome	***Endereço***	***Cidade***	***Estado***	***Nome DoAnimal***	***Tipo DeAnimal***	***Raça***
Maria Silva	Rua Araucária, 110	Rio de Janeiro	RJ	Tilica	Gato	Siamês
João Costa	Rua Amazonas, 255	Teresópolis	RJ	Piu-piu	Pássaro	Canário
Kátia Souza	Estrada das Figueiras, km 8	Pirassununga	SP	Lad	Cachorro	Collie
Kátia Souza	Estrada das Figueiras, km 8	Pirassununga	S P	Lassie	Cachorro	Collie
Roberto Silva	Rua das Marrecas, 133	Campina Verde	MG	Pintado	Cachorro	Galgo
Janete Valadares	Rua Dr. Salomão de Bragança, 63	Arapongas	PR	Tigre	Cat	Pelo curto brasileiro

As operações de restrição, projeção e junção podem ser aplicadas em diversas combinações para que um usuário possa pesquisar o banco de dados. Por exemplo, suponha que a pesquisa é

Dê o nome de todos os gatos cujos donos vivem no estado do Rio de Janeiro. (1)

Se as únicas relações existentes são Pessoa e AnimalProprietário, a sequência de operações a seguir vai produzir uma relação que dá o resultado dessa pesquisa:

Restrição de AnimalProprietário **onde** *TipoDeAnimal* = "Gato" **fornecendo** Resultado1

Resultado1			
Nome	***NomeDoAnimal***	***TipoDeAnimal***	***Raça***
Maria Silva	Tilica	Gato	Siamês
Janete Valadares	Tigre	Gato	Pelo curto brasileiro

Restrição de Pessoa **onde** *Estado* = "RJ" **fornecendo** Resultado2

Resultado2			
Nome	***Endereço***	***Cidade***	***Estado***
Maria Silva	Rua Araucária, 110	Rio de Janeiro	RJ
João Costa	Rua Amazonas, 255	Teresópolis	RJ

Junção de Resultado1 **e** Resultado2 sobre *Nome* **fornecendo** Resultado3

Resultado3						
Nome	***Endereço***	***Cidade***	***Estado***	***NomeDoAnimal***	***TipoDeAnimal***	***Raça***
Maria Silva	Rua Araucária, 110	Rio de Janeiro	RJ	Tilica	Gato	Siamês

Projeção de Resultado3 **sobre** *NomeDoAnimal* **fornecendo** ResultadoFinal

Resultado_Final
NomeDoAnimal
Tilica

Essa pesquisa também poderia ser executada fazendo-se primeiro a operação de junção do Exemplo 24 seguida das operações de restrição e projeção, mas a tabela de junção seria muito maior.

EXEMPLO 25 A **álgebra relacional** é uma linguagem teórica em banco de dados relacionais na qual as operações de restrição, projeção e junção podem ser combinadas. A proposição equivalente, em álgebra relacional, à sequência de operações que fizemos para encontrar o nome dos gatos cujos proprietários vivem no estado do Rio de Janeiro seria

projeção(junção(restrição AnimalProprietário **onde** *TipoDeAnimal* = "Gato") **e**
(**restrição** Pessoa **onde** *Estado* = "RJ") **sobre** *Nome*)
sobre *NomeDoAnimal* **fornecendo** ResultadoFinal. (2)

SQL é uma linguagem internacional padrão de banco de dados relacional; a pesquisa acima apareceria como as proposições em SQL a seguir, em que as linhas estão numeradas para efeito de discussão:

1. **SELECT** *NomeDoAnimal*
2. **FROM** AnimalProprietário, Pessoa
3. **WHERE** *AnimalProprietário.Nome* = *Pessoa.Nome*
4. **AND** *TipoDeAnimal* = "Gato"
5. **AND** *Estado* = "RJ"; (3)

O comando **SELECT** de SQL pode, de fato, executar as restrições, projeções e junções da álgebra relacional como ilustrado acima. As linhas 4 e 5 representam as duas operações de restrição. A linha 2 representa o produto cartesiano entre as duas relações, e a linha 3 identifica o atributo comum. Logo, as linhas 2 e 3 juntas representam a junção. A linha 1 representa a operação de projeção. Os conectivos AND (E), OR (OU) e NOT (NÃO) também estão disponíveis. ●

Em vez de usar a abordagem de álgebra relacional, em que as operações de restrição, projeção e junção são usadas para fazer uma pesquisa, podemos usar a abordagem de cálculo relacional. No **cálculo relacional**, em vez de especificar as operações a serem feitas para se processar uma pesquisa, damos uma descrição teórica, em termos de conjuntos, do resultado desejado. Especificamos o que queremos, não como obtê-lo. Parece Prolog (veja a Seção 1.5). De fato, a descrição do conjunto pode envolver a notação da lógica de predicados; lembre-se de que a lógica de predicados também é chamada de cálculo de predicados, daí o nome cálculo relacional. A álgebra relacional e o cálculo relacional são equivalentes em seus poderes de expressão, ou seja, qualquer pesquisa que pode ser formulada em uma linguagem também pode ser formulada na outra.

EXEMPLO 26

A expressão em cálculo relacional para a pesquisa sobre os nomes de todos os gatos cujos donos vivem no estado do Rio de Janeiro é

Conjunto dos valores de x é AnimalProprietário
Conjunto dos valores de y é Pessoa
{*x.NomeDoAnimal* | *x.TipoDeAnimal* = "Gato" **e**
existe *y*(*y.Nome* = *x.Nome* **e** *y.Estado* = "RJ")} (4)

Aqui, "Conjunto dos valores de x é AnimalProprietário" especifica a relação na qual podemos escolher a tupla x e "Conjunto dos valores de y é Pessoa" especifica a relação na qual podemos escolher a tupla y. (A expressão "conjunto de valores" não é muito feliz. Estamos realmente pensando no domínio no mesmo sentido do domínio de interpretação na lógica de predicados — o conjunto dos valores em potencial.) As palavras "existe y" são equivalentes ao quantificador existencial ($\exists y$). ●

Todas as expressões de (1) a (4) representam a mesma pesquisa expressa nas linguagens português, álgebra relacional, SQL e cálculo relacional, respectivamente.

PROBLEMA PRÁTICO 22

Usando as relações Pessoa e Proprietário, expresse a pesquisa a seguir nas linguagens de álgebra relacional, SQL e cálculo relacional:

Dê os nomes de todas as cidades onde vivem os donos de cachorros. ■

Valores Nulos e Lógica com Três Valores

O valor de um atributo em uma tupla particular pode não ser conhecido, e nesse caso é atribuído ao atributo o valor NULL (nulo). Por exemplo, poderíamos ter a tupla

Bruno, Cachorro, NULL

na tabela Animal se Bruno for um cachorro de raça desconhecida. (Note que a raça de Bruno pode ser desconhecida em um sentido absoluto ou pode simplesmente ser desconhecida da pessoa que está digitando os dados.)

Como NULL significa "valor desconhecido", qualquer comparação entre um valor NULL e outro valor qualquer tem que ter como resultado NULL. Por exemplo,

LEMBRETE
Qualquer comparação envolvendo um valor NULL resulta em NULL.

"Poodle" = NULL

resulta em NULL; como NULL é um valor desconhecido, não sabemos se tem ou não o valor "Poodle".

As comparações normais (2 = 2? 2 = 5?) resultam em valores Verdadeiros ou Falsos, mas, quando um valor NULL aparece, o resultado, como vimos, é NULL. Isso nos leva a uma *lógica com três valores* possíveis, em que as expressões podem assumir os valores verdadeiro, falso ou NULL. Pode-se escrever tabelas-verdade para a lógica com três valores (veja o Exercício 53 da Seção 1.1).

A	*B*	$A \wedge B$
V	V	V
V	F	F
V	N	N
F	V	F
F	F	F
F	N	F
N	V	N
N	F	F
N	N	N

A	*B*	$A \vee B$
V	V	V
V	F	V
V	N	V
F	V	V
F	F	F
F	N	N
N	V	V
N	F	N
N	N	N

A	*A*
V	F
F	V
N	N

A maioria dos sistemas de gerenciamento de bancos de dados segue essas regras para a lógica com três valores até que se possa decidir sobre o valor final, e nesse caso é atribuído o valor Falso a um valor NULL. Mas isso pode ter consequências inesperadas. Por exemplo, se Bruno for adicionado à tabela Animal e for executado o seguinte comando SQL

SELECT *NomeDoAnimal*
FROM Animal
WHERE *TipoDeAnimal* = "Cachorro"
AND NOT (*Raça* = "Collie");

poderíamos esperar ver o nome de Bruno na relação resultante, já que a raça de Bruno não é "Collie". Mas como os atributos de Bruno são comparados com o critério especificado na proposição SQL, obtemos

TipoDeAnimal = "Cachorro" AND NOT (*Raça* = "Collie")
"Cachorro" = "Cachorro" AND NOT (NULL = "Collie")
Verdadeiro AND NOT NULL
Verdadeiro AND NULL
NULL

que é então considerado falso, de modo que Bruno não satisfaz essa pesquisa. Pensando bem, como a raça de Bruno é NULL, ele pode ser um collie de fato; o resultado dessa pesquisa reflete o fato de que não podemos dizer com certeza que Bruno não é um collie.

Por outro lado, considere a pesquisa SQL

SELECT *NomeDoAnimal*
FROM Animal
WHERE *TipoDeAnimal* = "Cachorro"
AND *Raça* = NULL;

Isso certamente descreve Bruno. No entanto, lembre-se de que qualquer comparação envolvendo NULL resulta em NULL, de modo que

TipoDeAnimal = "Cachorro" AND *Raça* = NULL
"Cachorro" = "Cachorro" AND NULL = NULL
Verdadeiro AND NULL
NULL

o que então é considerado falso. Ao contrário de nossa intuição, Bruno também não satisfaz essa pesquisa. O único fato verdadeiro sobre Bruno é que ele é um cachorro.

A pesquisa SQL

SELECT *NomeDoAnimal*
FROM Animal
WHERE *TipoDeAnimal* = "Cachorro"
AND *Raça* Is NULL;

é uma pesquisa completamente diferente da anterior. A cláusula WHERE pergunta se o atributo Raça tem o valor NULL para alguma tupla. Essa pesquisa forneceria o resultado a seguir, já que Bruno é a única tupla na tabela Animal com valor NULL para Raça.

IsNull
NomeDoAnimal
Bruno

Integridade de Banco de Dados

Informações novas podem ser incluídas em um banco de dados de tempos em tempos, informações obsoletas podem ser excluídas, e mudanças, ou atualizações, podem ser feitas em informações existentes. Em outras palavras, o banco de dados será sujeito às operações de **inclusão, exclusão** e **modificação**. Uma operação de inclusão pode ser efetuada criando-se uma segunda tabela com a informação nova e fazendo-se uma união de conjuntos da tabela existente com a nova tabela. A exclusão pode ser feita criando-se uma segunda tabela com as tuplas que devem ser apagadas e fazendo-se uma diferença entre conjuntos, retirando-se a tabela nova da tabela existente. A modificação pode ser feita por meio de uma exclusão (da tupla velha) seguida de uma inclusão (da tupla modificada).

Essas operações têm que ser efetuadas de modo que a informação no banco de dados permaneça correta e consistente, obedecendo às regras de negócio. Fazer com que se cumpram três "regras de integridade" ajuda. A **integridade dos dados** requer que os valores de um atributo pertençam, de fato, ao domínio do atributo. No nosso exemplo, os valores do atributo Estado de Pessoa têm que ser uma abreviação válida de duas letras, representando um estado (ou o valor nulo). A **integridade da entidade**, como discutimos anteriormente, requer que nenhum componente de uma chave primária seja NULL. É claro que essas restrições de integridade afetam as tuplas que podem ser incluídas na relação.

A **integridade referencial** requer que quaisquer valores de chaves estrangeiras das relações descendentes nas relações ascendentes sejam nulos ou tenham valores iguais aos das chaves primárias correspondentes nas relações ascendentes. A restrição de integridade referencial afeta tanto a inclusão quanto a exclusão (e, portanto, a modificação). Por exemplo, não poderíamos incluir uma tupla em AnimalProprietário com um valor Nome não NULL que não existe na relação Pessoa, pois isso violaria o fato de que a relação Proprietário é uma relação binária em Pessoa × Animal. Além disso, se a tupla Roberto Silva for excluída da relação Pessoa, então a tupla Roberto Silva tem que ser excluída da relação AnimalProprietário ou o valor "Roberto Silva" para Nome tem que ser mudado para NULL (uma regra de negócio tem que especificar qual dessas possibilidades ocorre), de modo que a chave estrangeira *Nome* em AnimalProprietário não viole a integridade referencial. Isso evita o estado inconsistente de referência a Roberto Silva em AnimalProprietário quando Roberto Silva já não existe mais como uma "Pessoa".

SEÇÃO 5.3 REVISÃO

TÉCNICAS

- Execução das operações de restrição, projeção e junção em um banco de dados relacional.
- Formulação de pesquisas em um banco de dados relacional usando álgebra relacional, SQL e cálculo relacional.

IDEIAS PRINCIPAIS

- Um banco de dados relacional usa relações matemáticas, descritas por tabelas, para modelar objetos e relações em um empreendimento.
- As operações de restrição, projeção e junção em um banco de dados são operações em relações (conjuntos de tuplas).
- Podem ser formuladas pesquisas em um banco de dados relacional usando-se as operações de restrição, projeção e junção, comandos SQL ou notações de teoria dos conjuntos e da lógica de predicados.

EXERCÍCIOS 5.3

Os Exercícios 1 a 4 se referem às relações Pessoa, Animal e AnimalProprietário dos Exemplos 20 e 22.

1. Considere a seguinte operação:

   Restrição de Animal **onde** *TipoDeAnimal* = "Gato" **fornecendo** Gatinhos

   a. Escreva uma pesquisa em português que resultaria na informação contida em Gatinhos.

   b. Qual é a cardinalidade da relação obtida por essa operação?

   c. Escreva uma pesquisa SQL para obter essa informação.

2. Considere a seguinte operação:

   Projeção de Pessoa **sobre** (*Nome*; *Cidade*; *Estado*) **fornecendo** Censo

   a. Escreva uma pesquisa em português que resultaria na informação contida em Censo.
   b. Qual é o grau da relação obtida por essa operação?
   c. Escreva uma pesquisa SQL para obter essa informação.

3. Escreva os resultados da seguinte operação:

   Projeção de Animal **sobre** (*NomeDoAnimal*, *Raça*) **fornecendo** OQueSou

4. Escreva os resultados da seguinte operação:

   Restrição de AnimalProprietário **onde** *TipoDeAnimal* = "Pássaro" **OU** *TipoDeAnimal* = "Gato" **fornecendo** AlgunsProprietários

Os Exercícios 5 a 28 se referem todos ao mesmo empreendimento.

5. Uma biblioteca mantém um banco de dados sobre seus livros. As informações mantidas sobre autores incluem o nome do autor e seu país de origem. As informações sobre os livros incluem o ISBN, o título, a editora e o assunto. Autores e livros são entidades nesse empreendimento, e autoria ("escreveu") é uma relação entre essas entidades. Esboce um diagrama E-R para o empreendimento. Na ausência de qualquer regra de negócio, o que é preciso supor sobre a relação binária de autoria para que ela seja um para um, um para muitos e assim por diante?
6. Em um modelo relacional do banco de dados da biblioteca, existem uma relação de autores, uma relação de livros e uma relação de autoria. Dê o título da tabela para cada uma das relações, sublinhando a chave primária. As regras de negócio estipulam que os autores são identificados de maneira única pelo nome e que os livros são identificados de maneira única pelo ISBN. Explique sua escolha de chaves primárias para a tabela de Autoria.

Para os Exercícios 7 a 16, use as tabelas a seguir e escreva os resultados das operações. Essas tabelas estão ordenadas pela chave primária (ou, no caso da tabela de Autoria, pela primeira componente da chave primária), o que não é necessário, mas será útil para o Exercício 25. Muitos sistemas de bancos de dados mantêm os dados ordenados pela chave primária usando uma estrutura de árvore (veja a Seção 5.1, Exercício 43).

Autor	
Nome	***País***
Chan, Jimmy	China
East, Jane	E.U.A.
King, Dorothy	Inglaterra
Kovalsco, Bert	E.U.A.
Lau, Won	China
Nkoma, Jon	Quênia
Quercos, Tom	México

Livro			
ISBN	***Título***	***Editora***	***Assunto***
0-115-01214-1	Birds of Africa	Loraine	Natureza
0-364-87547-X	Early Tang Paintings	Bellman	Arte
0-56-000142-8	Springtime Gardening	Swift-Key	Natureza
0-816-35421-9	Springtime Gardening	Harding	Natureza
0-816-53705-4	Baskets for Today	Harding	Arte
0-816-88506-0	Autumn Annuals	Harding	Natureza

Autoria	
Nome	***ISBN***
Chan, Jimmy	0-364-87547-X
East, Jane	0-56-000142-8
King, Dorothy	0-816-35421-9
King, Dorothy	0-816-88506-0
Kovalsco, Bert	0-816-53705-4
Lau, Won	0-364-87547-X
Nkoma, Jon	0-115-01214-1

7. **Restrição** de Autor **onde** *País* = "E.U.A." **fornecendo** Resultado7.
8. **Restrição** de Autoria **onde** *Nome* = "Dorothy King" **fornecendo** Resultado8.
9. **Restrição** de Livro **onde** *Editora* = "Bellman" **ou** *Editora* = "Swift-Key" **fornecendo** Resultado9.
10. **Restrição** de Livro **onde** *Editora* = "Harding" e *Assunto* = "Arte" **fornecendo** Resultado10.
11. **Projeção** de Autor **sobre** *Nome* **fornecendo** Resultado11.
12. **Projeção** de Autor **sobre** (*Nome*, *País*) **fornecendo** Resultado12.
13. **Projeção** de Livro **sobre** (*Editora*, *Assunto*) **fornecendo** Resultado13.
14. **Projeção** de Livro **sobre** (*ISBN*, *Título*, *Assunto*) **fornecendo** Resultado14.
15. **Junção** de Livro e Autoria **sobre** *ISBN* **fornecendo** Resultado15.
16. **Junção** de Autor e Autoria **sobre** *Nome* **fornecendo** Resultado16.

Nos Exercícios 17 a 23, usando as tabelas de relações dadas antes do Exercício 7, expresse cada pesquisa em álgebra relacional, SQL e cálculo relacional. Dê, também, o resultado de cada pesquisa.

17. Dê os títulos de todos os livros sobre arte.
18. Dê os títulos de todos os livros publicados pela editora Harding.
19. Dê os nomes de todos os autores que publicam na editora Harding.
20. Dê os nomes de todos os autores que escreveram livros sobre a natureza.
21. Dê os títulos de todos os livros escritos por autores americanos.
22. Dê os títulos, ISBN e editoras de todos os livros de arte cujos autores vivem nos Estados Unidos da América.
23. Dê os nomes dos autores e os títulos de todos os livros de arte escritos por autores ingleses.

24. Se a tupla

Fleur, Suzanne NULL

for adicionada à tabela Autor, escreva os resultados da pesquisa SQL

SELECT Nome
FROM Autor
WHERE País = "E.U.A."
OR País = NULL;

25. Suponha que se executa uma operação de junção de duas tabelas de cardinalidades p e q, respectivamente.
   a. O primeiro passo, em geral, é formar o produto cartesiano das duas relações e depois examinar as tuplas resultantes para encontrar as que têm um valor do atributo em comum. Quantas tuplas resultam do produto cartesiano que têm que ser examinadas depois para se completar a operação de junção?
   b. Suponha, agora, que as duas tabelas foram ordenadas em relação ao atributo em comum. Explique como a operação de junção pode ser feita de maneira mais esperta, evitando o produto cartesiano e examinando (lendo), no máximo, $(p + q)$ linhas.
   c. Para executar uma operação de junção de Autor e Autoria sobre *Nome*, quantas linhas têm que ser examinadas?
   d. Para executar uma operação de junção de Livro e Autoria sobre *ISBN*, quantas linhas têm que ser examinadas? (Veja o Exercício 26 para ver por que essa operação não seria uma boa ideia de nenhuma maneira.)
26. Uma regra empírica para um bom projeto de um banco de dados é "um fato, um lugar". Suponha que você tente combinar as tabelas de Livro e Autoria sobre *ISBN* em uma única relação, como foi feito com as relações NomeDoAnimal e Proprietário. Essa tabela teria um título da forma

ISBN	***Título***	***Editora***	***Assunto***	***Nome***

Como a tabela resultante violaria a regra "um fato, um lugar"? Quantas tuplas teriam que ser atualizadas se a editora "Bellman" mudasse seu nome para "Bellman-Boyd"?

Para os Exercícios 27 e 28, suponha que é inserido na relação Autoria um atributo adicional chamado *DireitosAutorais* tendo como domínio os inteiros de 0 a 100 (é um percentual). A nova tabela de Autoria é apresentada a seguir. Como o domínio de *DireitosAutorais* é numérico, podem ser feitas comparações numéricas com um valor de *DireitosAutorais* dado.

Autoria		
Nome	***ISBN***	***DireitosAutorais***
Chan, Jimmy	0-364-87547-X	20
East, Jane	0-56-000142-8	100
King, Dorothy	0-816-35421-9	100
King, Dorothy	0-816-88506-0	100
Kovalsco, Bert	0-816-53705-4	100
Lau, Won	0-364-87547-X	80
Nkoma, Jon	0-115-01214-1	100

27. a. Escreva uma pesquisa SQL que forneça o nome do autor, o título, o ISBN do livro e o percentual de direitos autorais para todos os autores que recebem menos de 100% de direitos autorais.
    b. Escreva o resultado da pesquisa.

28. Que erros na integridade do banco de dados seriam causados pela tentativa de cada uma das ações a seguir?
   a. Incluir uma tupla na tabela de Autoria: Wilson, Jermain 0-115-01214-1 40
   b. Modificar uma tupla na tabela de Autoria: Chan, Jimmy 0-364-87547-X Sessenta

Os Exercícios 29 a 36 estão todos relacionados com o mesmo empreendimento.

29. Uma companhia patrocina uma campanha anual para solicitar contribuições em dinheiro de seus funcionários para uma obra de caridade local e decide usar um banco de dados para manter controle dos dados. Os dados dos funcionários já incluem o número de identificação (ID) do funcionário, primeiro nome, último nome e departamento. Os funcionários assinam uma promessa de contribuição em determinada data especificando a quantia total que pretendem doar e o número de deduções quinzenais de mesmo valor na folha (a partir do próximo pagamento) para pagar o total. O Departamento de Pessoal, que faz a folha de pagamentos, precisa saber detalhes sobre cada pagamento, incluindo de quanto é a promessa de contribuição, a data do pagamento e a quantia a ser deduzida. Um funcionário pode fazer diversas doações.
   a. Você concorda que a "decomposição de dados" é condizente com a descrição do empreendimento? Se não, o que deve ser incluído ou o que deve ser excluído?

Entidade	Atributos				
Funcionário	*IDFuncionário*	*PrimeiroNome*	*ÚltimoNome*	*Departamento*	
Contribuição	*IDContribuição*	*IDFuncionário*	*DataContribuição*	*QuantiaTotal*	*NúmeroDePagamentos*
Pagamento	*IDContribuição*	*DataPagamento*	*QuantiaDoPagamento*		

   b. Identifique uma chave primária para cada uma das entidades Funcionário, Contribuição e Pagamento, explicando sua escolha.

30. Desenhe um diagrama E-R baseado no Exercício 29.

31. Uma "relação universal" contém todos os valores dos dados em uma relação. A tabela a seguir representa um relatório que poderia ser distribuído para o gerente da campanha. A tabela a seguir mostra relação universal até 16/1/2014.

ID do Funcionário	*Primeiro Nome*	*Último Nome*	*Departamento*	*ID da Contribuição*	*Data da Contribuição*	*Quantia Total*	*Número de Pagamentos*	*Data do Pagamento*	*Quantia do Pagamento*
1	Mary	Black	Contabilidade	101	1/1/2013	R$300,00	3	15/1/2013	R$100,00
1	Mary	Black	Contabilidade	101	1/1/2013	R$300,00	3	31/1/2013	R$100,00
1	Mary	Black	Contabilidade	101	1/1/2013	R$300,00	3	15/2/2013	R$100,00
1	Mary	Black	Contabilidade	105	1/6/2013	R$210,00	3	15/6/2013	R$70,00
1	Mary	Black	Contabilidade	105	1/6/2013	R$210,00	3	30/6/2013	R$70,00
1	Mary	Black	Contabilidade	105	1/6/2013	R$210,00	3	15/7/2013	R$70,00
2	June	Brown	Pessoal	107	1/6/2013	R$300,00	2	15/6/2013	R$150,00
2	June	Brown	Pessoal	107	1/6/2013	R$300,00	2	30/6/2013	R$150,00
2	June	Brown	Pessoal	108	1/1/2014	R$600,00	12	15/1/2014	R$50,00
3	Kevin	White	Contabilidade	102	1/1/2013	R$500,00	2	15/1/2013	R$250,00
3	Kevin	White	Contabilidade	102	1/1/2013	R$500,00	2	31/1/2013	R$250,00
3	Kevin	White	Contabilidade	109	1/1/2014	R$500,00	2	15/1/2014	R$250,00
4	Kelly	Chen	Pessoal	104	15/4/2013	R$100,00	1	30/4/2013	R$100,00
6	Conner	Smith	Vendas	103	1/1/2013	R$150,00	2	15/1/2013	R$75,00
6	Conner	Smith	Vendas	103	1/1/2013	R$150,00	2	31/1/2013	R$75,00

a. Dada essa relação universal, crie e preencha com dados as três tabelas de relação para as três entidades descritas no Exercício 29. Sublinhe a chave primária em cada tabela.

b. Descreva qualquer chave estrangeira nas tabelas de relação.

c. Considere a forma da identificação dos funcionários (IDFuncionário). Que tipo de chave essa identificação provavelmente deve ter?

32. a. Se Mary Black sair do Departamento de Contabilidade e for para o Departamento de Vendas, quantas tuplas terão que ser atualizadas na relação universal?

b. As três tabelas de relação do Exercício 31 seguem a regra "um fato, um lugar" (veja o Exercício 26). Com a mesma mudança de departamento de Mary Black, quantas tuplas terão que ser atualizadas no banco de dados usando as três tabelas de relação do Exercício 31?

Os Exercícios 33 a 36 usam as três tabelas de relação do Exercício 31.

33. Escreva uma pesquisa SQL que forneça a identificação do funcionário, as datas de pagamento e as quantias pagas em cada data que forem > R$100,00. Dê o resultado da pesquisa.

34. Escreva uma pesquisa SQL que forneça a identificação da contribuição, as datas de pagamento e as quantias pagas para todos os pagamentos de Mary Black. Dê o resultado da pesquisa.

35. Escreva uma pesquisa SQL que forneça o primeiro e último nomes e as quantias pagas para todos os funcionários que tiveram uma dedução na folha de pagamento do dia 15/1/2013. Dê o resultado da pesquisa.

36. Escreva uma pesquisa SQL para reproduzir a relação universal do Exercício 31 a partir das três tabelas de relação.

SEÇÃO 5.4 FUNÇÕES

Nesta seção discutiremos funções, que são, de fato, casos particulares de relações binárias de um conjunto S em um conjunto T. Essa visão de função no entanto é bastante sofisticada, e chegaremos a ela gradualmente.

Definição

Função é uma palavra bastante comum mesmo em contextos não técnicos. Um jornal pode ter um artigo sobre como os salários iniciais para formandos deste ano cresceram em relação aos formandos do ano passado. Esse artigo poderia conter uma frase do tipo "O aumento do salário-base inicial depende da carreira" ou "O aumento do salário-base inicial é uma função da carreira". Essa relação funcional pode estar ilustrada por um gráfico como o da Fig. 5.11. O gráfico mostra que cada carreira tem algum número para o aumento de salário associado e que tanto as ciências físicas quanto as ciências humanas têm o mesmo número, 1,5%.

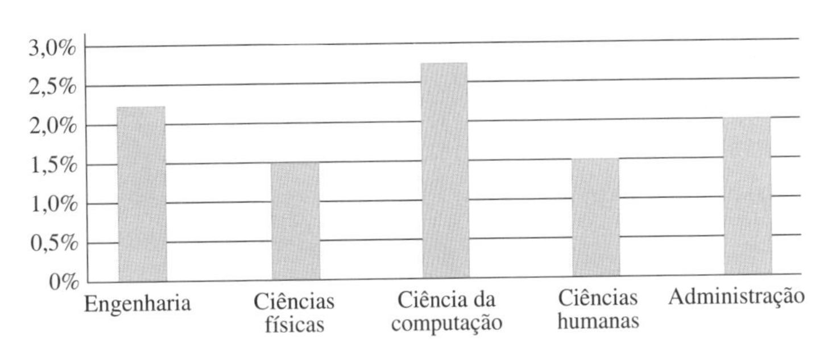

Figura 5.11

Também usamos, é claro, funções matemáticas em álgebra e cálculo. A equação $g(x) = x^3$ expressa uma relação funcional entre os valores de x e os valores correspondentes que resultam quando x é substituído por seu valor na expressão. Assim, um valor 2 para x tem o número $2^3 = 8$ associado a ele. (Esse número é expresso como $g(2) = 8$.) Analogamente, $g(1) = 1^3 = 1$, $g(-1) = (-1)^3 = -1$, e assim por diante. Para cada valor de x, o valor correspondente para $g(x)$ é único. Se desenhássemos o gráfico dessa função em um sistema retangular de coordenadas, os pontos (2, 8), (1, 1) e (–1, –1) seriam pontos pertencentes ao gráfico. Se x puder assumir qualquer valor real, o gráfico resultante é a curva contínua ilustrada na Figura 5.12.

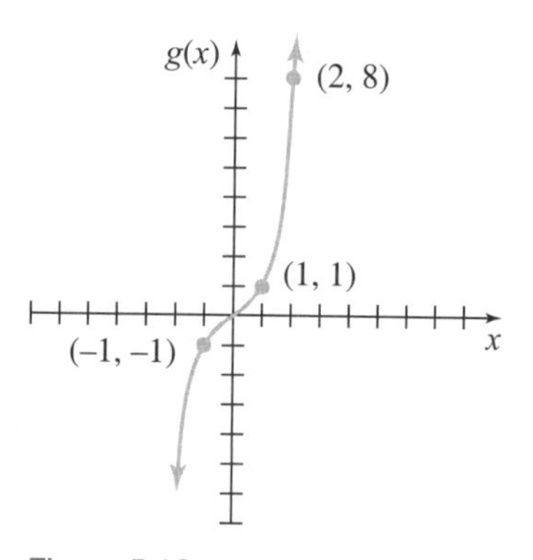

Figura 5.12

A função no exemplo sobre o aumento de salário pode ser descrita da seguinte maneira. Começamos com o diagrama na Figura 5.13, que indica que a função sempre começa com uma dada carreira e que um aumento particular de salário está associado à carreira. A associação propriamente dita é descrita pelo conjunto de pares ordenados {(engenharia; 2,25%), (ciências físicas; 1,5%), (ciências da computação; 2,75%), (ciências humanas;1,5%), (administração; 2,0%)}.

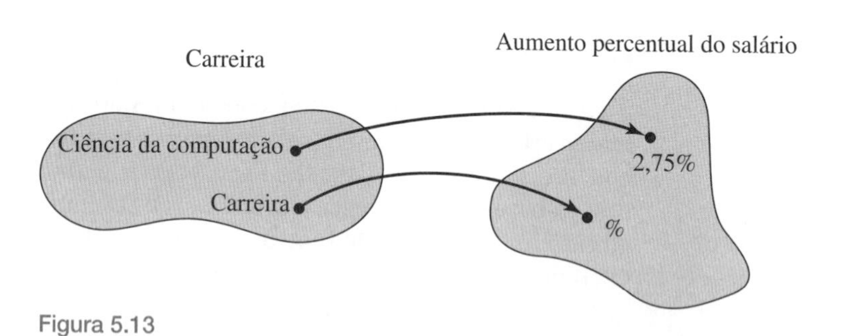

Figura 5.13

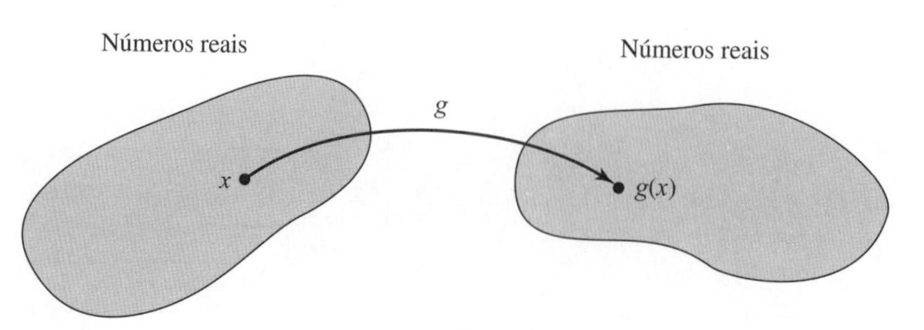

Figura 5.14

Para o exemplo algébrico $g(x) = x^3$, a Figura 5.14 mostra que a função sempre começa com um número real dado e tem um segundo número real associado a ele. A associação propriamente dita é descrita por $\{(x, g(x)) \mid g(x) = x^3\}$ ou simplesmente por $g(x) = x^3$. Esse conjunto inclui (2, 8), (1, 1) e (−1, −1), mas, como é um conjunto infinito, não podemos listar todos os seus elementos, temos que descrevê-los.

Podemos concluir, dos exemplos acima, que existem três partes em cada função: (1) um conjunto de valores iniciais, (2) um conjunto do qual saem os valores associados e (3) a associação propriamente dita. O conjunto de valores iniciais é chamado de *domínio* da função, e o conjunto do qual saem os valores associados é o *contradomínio* da função. Assim, tanto o domínio quanto o contradomínio representam conjuntos em que os valores são escolhidos. (Isso é condizente com a nossa utilização da palavra *domínio* ao discutir fbfs predicadas na Seção 1.2. Lá, o domínio de uma interpretação era um conjunto de valores que uma variável podia assumir e aos quais podiam ser atribuídos símbolos constantes. Analogamente, o domínio D_i de um atributo A_i em um banco de dados relacional, discutido na Seção 5.3, é um conjunto de valores em potencial para o atributo.)

A Figura 5.15 mostra o desenho de uma função arbitrária f. Nessa figura, f é uma função de S em T, simbolizada por $f: S \to T$. S é o domínio e T, o contradomínio. A associação propriamente dita é um conjunto de pares ordenados da forma (s, t), em que $s \in S$, $t \in T$ e t é o valor em T que a função associa ao valor s em S; $t = f(s)$. Logo, a associação é um subconjunto de $S \times T$ (uma relação binária de S em T). Mas a propriedade importante dessa relação é que todo elemento de S tem que ter associado a si um e um único valor em T, de modo que todo $s \in S$ aparece exatamente uma vez como a primeira componente de um par (s, t). (Essa propriedade não evita que um dado valor em T apareça mais de uma vez.)

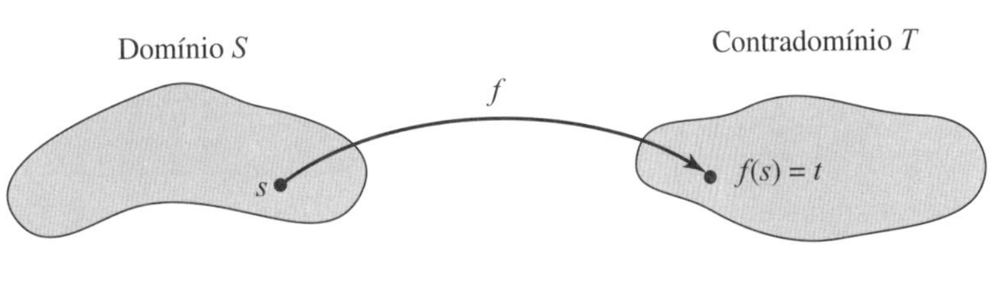

Figura 5.15

Estamos prontos agora para a definição formal de função.

DEFINIÇÕES TERMINOLOGIA PARA FUNÇÕES

Sejam S e T conjuntos. Uma **função (aplicação)** f de S em T, $f: S \to T$, é um subconjunto de $S \times T$ tal que cada elemento de S aparece exatamente uma vez como a primeira componente de um par ordenado. S é o **domínio** e T é o **contradomínio** da função. Se (s, t) pertencer à função, então denotaremos t por $f(s)$; t é a **imagem** de s sob f, s é uma **imagem inversa** de t sob f e f leva s em t. Para $A \subseteq S$, $f(A)$ denota $\{f(a) \mid a \in A\}$.

Uma função de S em T é um subconjunto de $S \times T$ contendo algumas restrições sobre os pares ordenados que contém. É por isso que falamos de uma função como um tipo particular de relação binária. Pela definição de função, uma relação do tipo um para muitos (ou muitos para muitos) não pode ser uma função. Além disso, cada elemento de S tem que aparecer como uma primeira componente.

Falamos muito sobre valores nos conjuntos S e T, mas, como mostra nosso exemplo sobre aumento de salário, esses valores não são necessariamente números, nem a associação propriamente dita é descrita necessariamente por uma equação.

PROBLEMA PRÁTICO 23 Quais das relações a seguir são funções do domínio no contradomínio indicados? Para as que não são, por que não?

a. $f: S \to T$, em que $S = T = \{1, 2, 3\}$, $f = \{(1, 1), (2, 3), (3, 1), (2, 1)\}$.
b. $g: \mathbb{Z} \to \mathbb{N}$, em que g é definida por $g(x) = |x|$ (módulo, ou valor absoluto, de x).
c. $h: \mathbb{N} \to \mathbb{N}$, em que h é definida por $h(x) = x - 4$.
d. $f: S \to T$, em que S é o conjunto de pessoas residentes em sua cidade natal, T é o conjunto de todos os carros, e f associa a cada pessoa o carro que ela tem.
e. $g: S \to T$, em que $S = \{2013, 2014, 2015, 2016\}$, $T = \{\$20.000, \$30.000, \$40.000, \$50.000, \$60.000\}$ e g é definida pelo gráfico na Figura 5.16.
f. $h: S \to T$, em que S é o conjunto de todos os polinômios de grau dois em x com coeficientes inteiros, $T = \mathbb{Z}$ e h é definida por $h(ax^2 + bx + c) = b + c$.
g. $f: \mathbb{R} \to \mathbb{R}$, em que f é definida por $f(x) = 4x - 1$.
h. $g: \mathbb{N} \to \mathbb{N}$, em que g é definida por

$$g(x) = \begin{cases} x + 3 & \text{se } x \geq 5 \\ x & \text{se } x \leq 5 \end{cases}$$

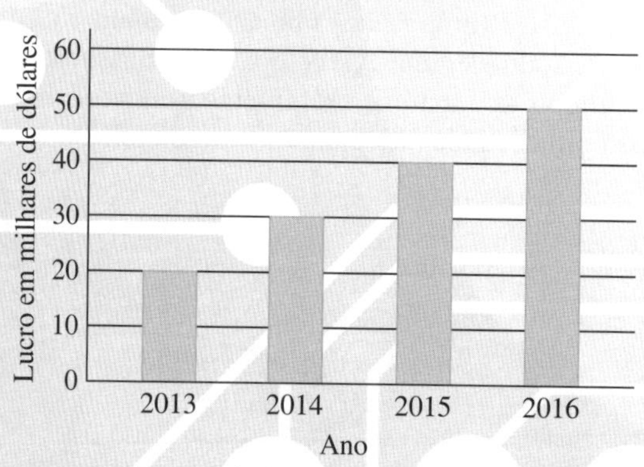

Figura 5.16 Lucro da Companhia Nacional de Minhocas. ■

PROBLEMA PRÁTICO 24 Seja $f: \mathbb{Z} \to \mathbb{Z}$ dada por $f(x) = x^2$.

a. Qual é a imagem de -4?
b. Quais as imagens inversas de 9? ■

EXEMPLO 27 Quando estudamos definições por recorrência na Seção 3.1, falamos sobre sequências, em que uma sequência S era escrita na forma

$$S(1), S(2), S(3), \ldots$$

Mudando a notação para

$$f(1), f(2), f(3), \ldots$$

vemos que uma sequência nada mais é do que uma lista de valores funcionais para uma função f cujo domínio é o conjunto dos inteiros positivos; muitas vezes sequências são definidas desse modo. De fato, os algoritmos que demos para calcular valores em tal sequência eram pseudocódigos que calculavam o valor da função.

Falamos também, na Seção 3.1, sobre operações recorrentes como a^n, em que a é um número real não nulo fixo e $n \geq 0$. Isso também é, simplesmente, uma função $f(n) = a^n$ cujo domínio é $\mathbb{N}$. ●

A definição de função inclui funções de mais de uma variável. Podemos ter uma função $f: S_1 \times S_2 \times \cdots \times S_n \rightarrow T$ que associa a cada n-upla de elementos $(s_1, s_2, \ldots, s_n)$, $s_i \in S$, um único elemento de T.

EXEMPLO 28 Seja $f: \mathbb{Z} \times \mathbb{N} \times \{1, 2\} \rightarrow \mathbb{Z}$ dada por $f(x, y, z) = x^y + z$. Então, $f(-4, 3, 1) = (-4)^3 + 1 = -64 + 1 = -63$. ●

EXEMPLO 29 Definimos, na Seção 4.1, uma operação unária em um conjunto S como associando a cada elemento x de S um único elemento $x^\#$ em S. Isso significa que uma operação unária em S é uma função com domínio e contradomínio iguais a S. Definimos, também, uma operação binária $\circ$ em um conjunto S como associando a cada par (x, y) de elementos de S um único elemento $x \circ y$ em S. Portanto, uma operação binária em S é uma função com domínio $S \times S$ e contradomínio S. ●

Novamente, os elementos no domínio e no contradomínio não são necessariamente números.

EXEMPLO 30 Seja S o conjunto de todas as cadeias de caracteres de comprimento finito. Então, a associação que leva cada cadeia em seu número de caracteres é uma função com domínio S e contradomínio $\mathbb{N}$ (permitimos a "cadeia vazia", que tem zero caracteres). ●

EXEMPLO 31 Qualquer fbf proposicional com n letras de proposição define uma função com domínio $\{V, F\}^n$ e contradomínio $\{V, F\}$. O domínio consiste em todas as n-uplas de valores V/F; a cada n-upla associamos um único valor, V ou F. A tabela-verdade para a fbf fornece a associação. Por exemplo, se a fbf for $A \vee B'$, então a tabela-verdade

A	B	B'	$A \vee B'$
V	V	F	V
V	F	V	V
F	V	F	F
F	F	V	V

diz que a imagem da dupla (F, V) sob essa função é F. Se chamarmos essa função de f, temos $f(F, V) = F$. ●

PROBLEMA PRÁTICO 25 Denote por f a função definida pela fbf $A \wedge (B \vee C')$. Qual o valor de $f(V, V, F)$? E de $f(F, V, F)$? ■

O próximo exemplo define duas funções que são úteis, algumas vezes, para analisar algoritmos.

EXEMPLO 32 A **função piso** $\lfloor x \rfloor$ associa a cada número real x o maior inteiro menor ou igual a x. A **função teto** $\lceil x \rceil$ associa a cada número real x o menor inteiro maior ou igual a x. Assim, $\lfloor 2.8 \rfloor = 2$, $\lceil 2.8 \rceil = 3$, $\lfloor -4.1 \rfloor = -5$ e $\lceil -4.1 \rceil = -4$. Tanto a função piso quanto a função teto são funções de $\mathbb{R}$ em $\mathbb{Z}$.

PROBLEMA PRÁTICO 26

a. Esboce o gráfico da função $\lfloor x \rfloor$.
b. Esboce o gráfico da função $\lceil x \rceil$.

EXEMPLO 33 Para qualquer inteiro x e qualquer inteiro positivo n, a **função módulo *n***, denotada por $f(x) = x \bmod n$, associa a cada x o resto de sua divisão por n. Podemos escrever $x = qn + r$, $0 \le r < n$, em que q é o quociente e r é o resto, de modo que o valor de $x \bmod n$ é r.

$$25 = 12 \cdot 2 + 1 \text{ logo } 25 \bmod 2 = 1$$
$$21 = 3 \cdot 7 + 0 \text{ logo } 21 \bmod 7 = 0$$
$$15 = 3 \cdot 4 + 3 \text{ logo } 15 \bmod 4 = 3$$
$$-17 = (-4) \cdot 5 + 3 \text{ logo } -17 \bmod 5 = 3$$

(é verdade que $-17 = (-3)5 + (-2)$ mas lembre que o resto não pode ser negativo)

A Seção 5.6 discute algumas das muitas aplicações da função módulo n.

A definição de uma função $f: S \to T$ tem três partes — o domínio S, o contradomínio T e a associação propriamente dita. Tudo isso é necessário? Por que não podemos, simplesmente, escrever uma equação, como $g(x) = x^3$, para definir uma função?

A resposta mais rápida é que nem todas as associações funcionais podem ser descritas por uma equação (veja o Exemplo 30). Mas tem mais — vamos limitar nossa atenção a situações em que é possível usar uma equação para descrever a associação, como $g: \mathbb{R} \to \mathbb{R}$, em que $g(x) = x^3$. Mesmo em álgebra e cálculo é comum dizer "considere uma função $g(x) = x^3$", implicando que a equação *é* a função. Tecnicamente, a equação descreve apenas um modo de se calcular os valores associados. A função $h: \mathbb{R} \to \mathbb{R}$ dada por $h(x) = x^3 - 3x + 3(x + 5) - 15$ é a mesma função que g, já que contém os mesmos pares ordenados. No entanto, a equação é diferente, no sentido em que processa qualquer valor dado de x de maneira diferente.

Por outro lado, a função $f: \mathbb{Z} \to \mathbb{R}$ dada por $f(x) = x^3$ é uma função diferente de g. O domínio foi modificado, o que muda o conjunto de pares ordenados. O gráfico de f é formado por pontos discretos (separados) (Figura 5.17). A maior parte das funções em que estaremos interessados tem essa última característica. Mesmo em situações em que uma quantidade varia continuamente em relação a uma outra, em um computador digital aproximamos pegando dados discretos em intervalos pequenos, como o gráfico da função $g(x)$ (veja a Figura 5.12) é aproximado pelo gráfico de $f(x)$ (veja a Figura 5.17).

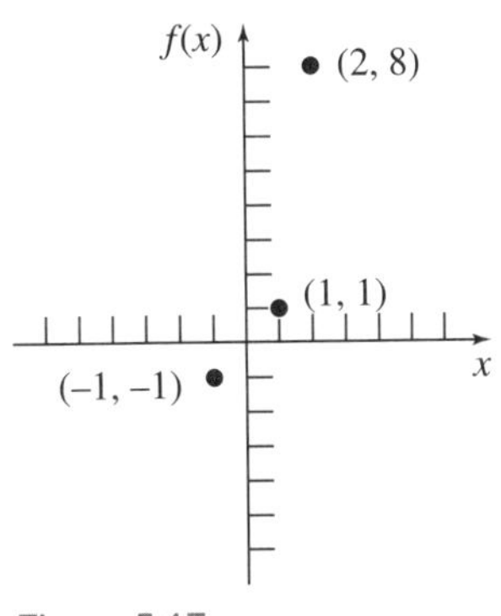

Figura 5.17

Finalmente, vamos olhar para a função k: $\mathbb{R} \rightarrow \mathbb{C}$ dada por $k(x) = x^3$. A equação e o domínio são os mesmos que para $g(x)$; o contradomínio foi aumentado, mas isso não afeta os pares ordenados. Vamos considerar essa função como igual a $g(x)$? Ela não é igual, mas, para ver por quê, temos que esperar até a discussão de funções *sobrejetoras*. Veremos, então, que g é sobrejetora, enquanto k não é, de modo que não queremos considerá-las como a mesma função.

Resumindo, uma definição completa de uma função necessita que se deem o domínio, o contradomínio e a associação, em que a associação pode ser dada por uma descrição verbal, um gráfico, uma equação ou um conjunto de pares ordenados.

DEFINIÇÃO FUNÇÕES IGUAIS

Duas funções são ditas **iguais** se tiverem o mesmo domínio, o mesmo contradomínio e a mesma associação de valores do contradomínio a valores do domínio.

Suponha que estamos tentando mostrar que duas funções com o mesmo domínio e o mesmo contradomínio são iguais. Precisamos mostrar, então, que a associação é a mesma. Isso pode ser feito mostrando que, dado um elemento arbitrário no domínio, ambas as funções produzem o mesmo elemento no contradomínio, ou seja, elas levam esse elemento no mesmo elemento do contradomínio.

PROBLEMA PRÁTICO 27 Sejam $S = \{1, 2, 3\}$ e $T = \{1, 4, 9\}$. A função f: $S \rightarrow T$ é definida por $f = \{(1, 1), (2, 4), (3, 9)\}$. A função g: $S \rightarrow T$ é definida por

$$g(n) = \frac{\sum_{k=1}^{n} (4k - 2)}{2}$$

Prove que $f = g$. ■

Propriedades de Funções

Funções Sobrejetoras

Seja f: $S \rightarrow T$ uma função arbitrária com domínio S e contradomínio T (Figura 5.18). Parte da definição de uma função é que todo elemento de S tem uma imagem sob f e que todas as imagens são elementos de T; o conjunto R de todas as imagens é chamado de **imagem** da função f. Assim, $R = \{f(s) \mid s \in S\}$, ou $R = f(S)$. É claro que $R \subseteq T$; a imagem R está sombreada na Figura 5.19. Se acontecer que $R = T$, ou seja, que a imagem coincide com o contradomínio, então a função é dita *sobrejetora*.

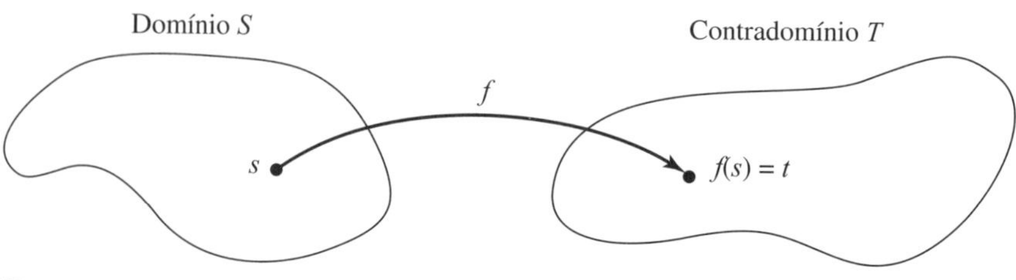

Figura 5.18

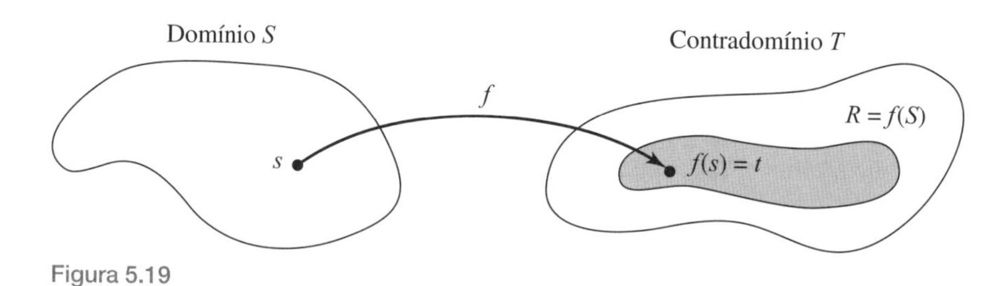

Figura 5.19

DEFINIÇÃO FUNÇÃO SOBREJETORA

Uma função $f: S \to T$ é dita **sobrejetora** (ou **sobrejetiva**) se sua imagem for igual a seu contradomínio.

LEMBRETE

Para mostrar que uma função é sobrejetora, pegue um elemento arbitrário no contradomínio e mostre que ele tem uma imagem inversa no domínio.

Para toda função com imagem R e contradomínio T, temos $R \subseteq T$. Para mostrar que determinada função é sobrejetora, precisamos mostrar que $T \subseteq R$; teremos, então, $R = T$. Precisamos mostrar, portanto, que um elemento arbitrário do contradomínio pertence à imagem, ou seja, é a imagem de algum elemento no domínio. Por outro lado, se pudermos produzir um elemento no contradomínio que não é imagem de nenhum elemento do domínio, teremos provado que a função não é sobrejetora.

EXEMPLO 34 A função $g: \mathbb{R} \to \mathbb{R}$ definida por $g(x) = x^3$ é sobrejetora. Para provar isso, seja r um número real arbitrário e seja $x = \sqrt[3]{r}$. Então x é um número real, de modo que x pertence ao domínio de g e $g(x) = (\sqrt[3]{r})^3 = r$. Logo, qualquer elemento do contradomínio é a imagem, sob g, de um elemento do domínio. A função $k: \mathbb{R} \to \mathbb{C}$ dada por $k(x) = x^3$ não é sobrejetora. Existem muitos números complexos (i, por exemplo) que não podem ser obtidos elevando-se ao cubo um número real. Portanto, g e k não são funções iguais.

EXEMPLO 35 Defina $f: \mathbb{Q} \to \mathbb{Q}$ por $f(x) = 3x + 2$. Para testar se f é sobrejetora, seja $q \in \mathbb{Q}$. Queremos encontrar $x \in \mathbb{Q}$ tal que $f(x) = 3x + 2 = q$. Ao resolver essa equação para x, encontramos que $x = (q - 2)/3$ é o único valor possível e é, de fato, um elemento de $\mathbb{Q}$. Logo, q é a imagem de um elemento de $\mathbb{Q}$ sob f e f é sobrejetora. No entanto, a função $h: \mathbb{Z} \to \mathbb{Q}$ definida por $h(x) = 3x + 2$ não é sobrejetora, pois existem muitos valores $q \in \mathbb{Q}$ (0, por exemplo) para os quais a equação $3x + 2 = q$ não tem solução inteira.

PROBLEMA PRÁTICO 28 Quais das funções encontradas no Problema Prático 23 são sobrejetoras? ■

PROBLEMA PRÁTICO 29 Suponha que uma função $f: \{V, F\}^n \to \{V, F\}$ é definida por uma fbf proposicional P (veja o Exemplo 31).

Dê duas condições sobre P de modo que f não seja sobrejetora sob nenhuma das duas condições. ■

Funções Injetoras

A definição de função garante que existe uma única imagem para cada elemento do domínio. No entanto, determinado elemento da imagem pode ter mais de uma imagem inversa. No nosso primeiro exemplo de função (aumento do salário inicial), tanto as ciências físicas quanto as humanas tinham imagem inversa iguais a 3%. Essa função não era injetora.

DEFINIÇÃO FUNÇÃO INJETORA

Uma função $f: S \to T$ é dita **injetora** (ou **injetiva** ou **um para um**) se nenhum elemento de T é a imagem, sob f, de dois elementos distintos em S.

LEMBRETE

Para mostrar que a função f é injetora, suponha que $f(s_1) = f(s_2)$ e mostre que $s_1 = s_2$.

A ideia de função injetora é a mesma que a noção de um para um para relações binárias em geral, como discutido na Seção 5.1, exceto que todos os elementos de S têm que aparecer como a primeira componente em um par ordenado. Para provar que uma função é injetora, supomos que existem elementos s_1 e s_2 de S com $f(s_1) = f(s_2)$ e mostramos que $s_1 = s_2$. Para provar que uma função não é injetora, produzimos um contraexemplo, um elemento na imagem com duas imagens inversas no domínio.

EXEMPLO 36 A função $g: \mathbb{R} \to \mathbb{R}$ definida por $g(x) = x^3$ é injetora, pois, se x e y são números reais com $g(x) = g(y)$, então $x^3 = y^3$ e $x = y$. A função $f: \mathbb{R} \to \mathbb{R}$ dada por $f(x) = x^2$ não é injetora, pois $f(2) = f(-2) = 4$, por exemplo. No entanto, a função $h: \mathbb{N} \to \mathbb{N}$ dada por $h(x) = x^2$ é injetora porque, se x e y são inteiros não negativos com $h(x) = h(y)$, então $x^2 = y^2$, e, como x e y são ambos não negativos, $x = y$. ●

PROBLEMA PRÁTICO 30 Quais dentre as funções encontradas no Problema Prático 23 são injetoras? ■

EXEMPLO 37 As funções piso e teto do Exemplo 32 não são, é claro, injetoras. Isso também é evidente pelos gráficos das funções (Problema Prático 26), que têm diversas partes horizontais, indicando que muitos valores diferentes no domínio $\mathbb{R}$ são levadas pela função no mesmo valor em $\mathbb{Z}$. ●

A Figura 5.20 fornece ilustrações simples de funções e suas propriedades. Em cada caso, o domínio está à esquerda e o contradomínio, à direita.

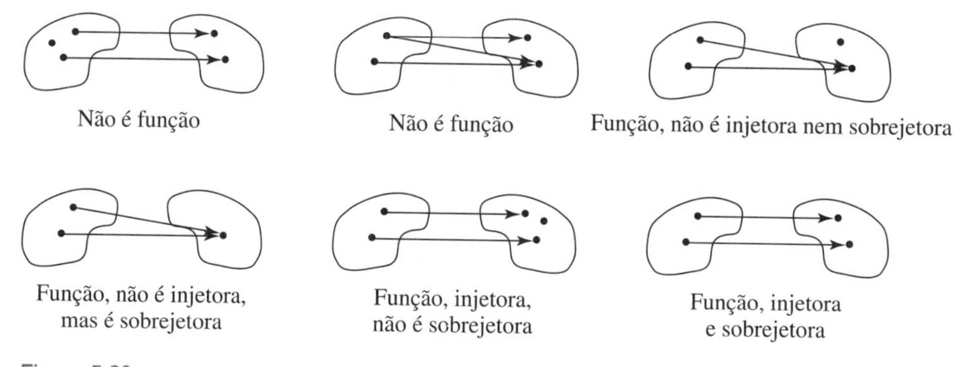

Figura 5.20

Bijeções

DEFINIÇÃO FUNÇÃO BIJETORA

Uma função f: $S \rightarrow T$ é **bijetora** (ou **bijetiva** ou uma **bijeção**) se é, ao mesmo tempo, injetora e sobrejetora.

EXEMPLO 38 A função g: $\mathbb{R} \rightarrow \mathbb{R}$ dada por $g(x) = x^3$ é uma bijeção. A função na parte (g) do Problema Prático 23 é uma bijeção. A função f: $\mathbb{R} \rightarrow \mathbb{R}$ dada por $f(x) = x^2$ não é uma bijeção (não é injetora), assim como a função k: $\mathbb{R} \rightarrow \mathbb{C}$ dada por $k(x) = x^3$ (não é sobrejetora).

LEMBRETE

Para provar que uma função é bijetora é preciso provar duas coisas — que é sobrejetora e que é injetora.

Composição de Funções

Suponha que f e g são funções, com f: $S \rightarrow T$ e g: $T \rightarrow U$. Então, para qualquer $s \in S$, $f(s)$ é um elemento de T, que é o domínio de g. Logo, a função g pode ser calculada em $f(s)$. O resultado é $g(f(s))$, um elemento de U (Figura 5.21). Escolher um elemento arbitrário s de S, aplicar a função f e depois aplicar a função g a $f(s)$ é o mesmo que associar um único elemento de U a s. Resumindo, criamos uma função $S \rightarrow U$, chamada a composição das funções f e g e denotada por $g \circ f$ (Figura 5.22).

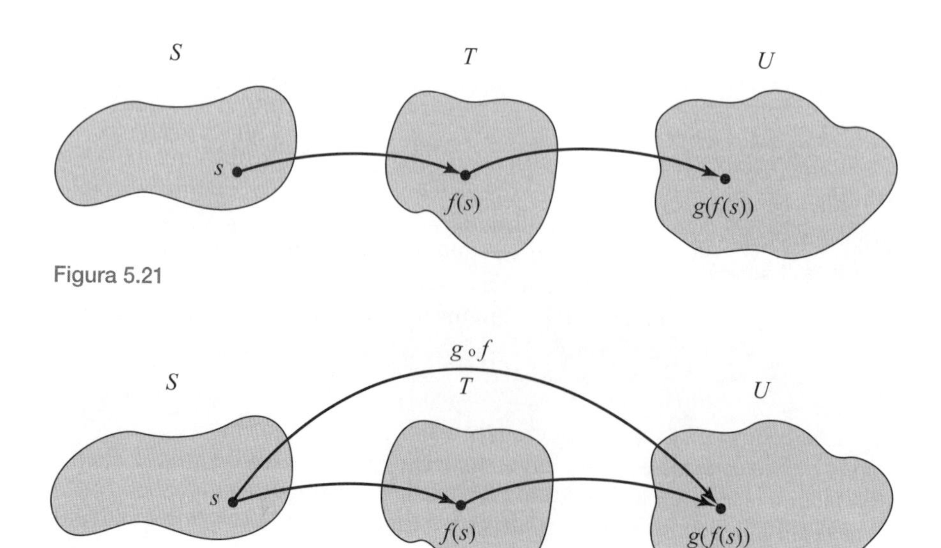

Figura 5.21

Figura 5.22

DEFINIÇÃO FUNÇÃO COMPOSTA

Sejam f: $S \to T$ e g: $T \to U$. A função composta $g \circ f$ é a função de S em U definida por $(g \circ f)(s) = g(f(s))$.

Note que a função $g \circ f$ é aplicada da direita para a esquerda: primeiro aplicamos f e depois g.

O diagrama na Figura 5.23 ilustra, também, a definição de função composta. As letras nas quinas indicam os domínios e contradomínios das três funções. O diagrama diz que, começando com um elemento de S, se seguirmos o caminho indicado por $g \circ f$ ou o caminho indicado por f seguido do caminho indicado por g, obtemos o mesmo elemento de U. Diagramas ilustrando que caminhos alternativos produzem o mesmo efeito são chamados de **diagramas comutativos**.

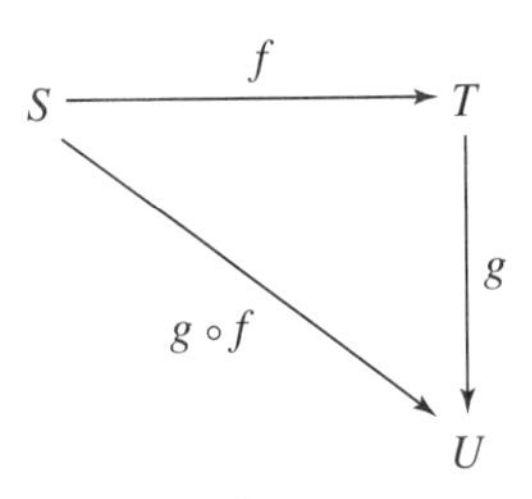

Figura 5.23

Nem sempre é possível fazer a composição de duas funções arbitrárias; os domínios e as imagens têm que ser "compatíveis". Por exemplo, se f: $S \to T$ e g: $W \to Z$, em que T e W são disjuntos, então $(g \circ f)(s) = g(f(s))$ não está definida, pois $f(s)$ não pertence ao domínio de g.

PROBLEMA PRÁTICO 31 Seja f: $\mathbb{R} \to \mathbb{R}$ definida por $f(x) = x^2$. Seja g: $\mathbb{R} \to \mathbb{R}$ definida por $g(x) = \lfloor x \rfloor$.

a. Qual é o valor de $(g \circ f)(2{,}3)$?
b. Qual é o valor de $(f \circ g)(2{,}3)$? ■

Do Problema Prático 31 vemos que a ordem é importante na composição de funções, o que não deveria ser uma surpresa. Se você fizer um depósito em sua conta-corrente e depois fizer um cheque de valor alto, o efeito não é o mesmo do que se você fizer um cheque de valor alto e depois fizer um depósito! O seu banco é bastante sensível a essas diferenças.

A composição de funções preserva as propriedades de as funções serem injetoras ou sobrejetoras. De fato, suponha que f: $S \to T$ e g: $T \to U$ são ambas sobrejetoras. Então, a função composta $g \circ f$ também é sobrejetora. Lembre-se de que $g \circ f$: $S \to U$, logo precisamos escolher um elemento arbitrário $u \in U$ e mostrar que ele tem uma imagem inversa em S sob $g \circ f$. Como g é sobrejetora, existe $t \in T$ tal que $g(t) = u$. Como f é sobrejetora, existe $s \in S$ tal que $f(s) = t$. Então $(g \circ f)(s) = g(f(s)) = g(t) = u$ e $g \circ f$ é sobrejetora.

PROBLEMA PRÁTICO 32 Sejam f: $S \to T$ e g: $T \to U$ e suponha que ambas são funções injetoras. Prove que $g \circ f$ é uma função injetora. (*Sugestão*: Suponha que $(g \circ f)(s_1) = (g \circ f)(s_2)$.) ■

Provamos, então, o seguinte teorema:

TEOREMA SOBRE A COMPOSIÇÃO DE DUAS BIJEÇÕES
A composição de duas bijeções é uma bijeção.

Funções Inversas

Funções bijetoras têm outra propriedade importante. Seja f: $S \to T$ uma bijeção. Como f é sobrejetora, todo $t \in T$ tem uma imagem inversa em S. Como f é injetora, essa imagem inversa é única. Podemos então associar a cada elemento $t \in T$ um único elemento em S, a saber, $s \in S$, tal que $f(s) = t$. Essa associação descreve uma função g: $T \to S$. A ilustração para f e g é dada na Figura 5.24. Os domínios e contradomínios de f e g são tais que podemos formar tanto $g \circ f$: $S \to S$ quanto $f \circ g$: $T \to T$. Se $s \in S$, então $(g \circ f)(s) = g(f(s)) = g(t) = s$. Logo, $g \circ f$ leva cada elemento de S em si mesmo. A função que leva cada elemento de um conjunto S em si mesmo, ou seja, que deixa cada elemento de S fixo, é chamada de **função identidade** em S e denotada por i_S. Portanto, $g \circ f = i_S$.

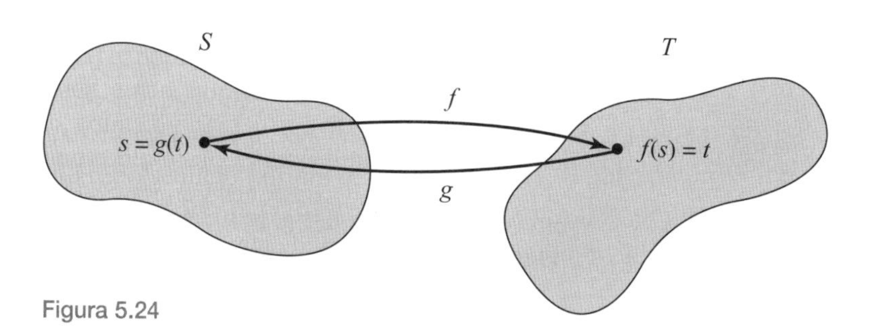

Figura 5.24

PROBLEMA PRÁTICO 33 Mostre que $f \circ g = i_T$. ■

Acabamos de ver que, se f for uma bijeção, f: $S \to T$, então existirá uma função g: $T \to S$ tal que $g \circ f = i_S$ e $f \circ g = i_T$. A recíproca também é verdadeira. Para provar a recíproca, suponha que f: $S \to T$ e que existe uma função g: $T \to S$ tal que $g \circ f = i_S$ e $f \circ g = i_T$. Podemos provar que f é uma bijeção. Para mostrar que f é sobrejetora, seja $t \in T$. Então, $t = i_T(t) = (f \circ g)(t) = f(g(t))$. Como g: $T \to S$, $g(t) \in S$ e $g(t)$ é a imagem inversa de t sob f. Para mostrar que f é injetora, suponha que $f(s_1) = f(s_2)$. Então $g(f(s_1)) = g(f(s_2))$, o que implica que $i_S(s_1) = i_S(s_2)$, ou $s_1 = s_2$. Portanto, f é uma bijeção.

DEFINIÇÃO FUNÇÃO INVERSA
Seja f uma função, f: $S \to T$. Se existir uma função g: $T \to S$ tal que $g \circ f = i_S$ e $f \circ g = i_T$, então g é chamada a função **inversa** de f, denotada por f^{-1}.

Provamos o seguinte teorema.

TEOREMA SOBRE BIJEÇÕES E FUNÇÕES INVERSAS
Seja f: $S \to T$. Então, f é uma bijeção se e somente se f^{-1} existe.

De fato, fomos um tanto informais ao falar sobre *a* função inversa de f. O que mostramos foi que f ser uma bijeção é equivalente à existência de *uma* função inversa. Mas é fácil mostrar que existe apenas uma função inversa. *Quando você quer provar que algo é único, a técnica padrão é supor que existem duas dessas coisas e depois obter uma contradição.* Assim, suponha que f tem duas funções inversas, f_1^{-1} e f_2^{-1} (a existência de qualquer uma delas implica que f é uma bijeção). Tanto f_1^{-1} quanto f_2^{-1} são funções de T em S; se não forem a mesma função, têm que agir diferente em algum lugar. Suponha que existe um $t \in T$ tal que $f_1^{-1}(t) \neq f_2^{-1}(t)$. Como f é injetora, $f(f_1^{-1}(t)) \neq f(f_2^{-1}(t))$, ou $(f \circ f_1^{-1})(t) \neq (f \circ f_2^{-1})(t)$. Mas tanto $f \circ f_1^{-1}$ quanto $f \circ f_1^{-2}$ são iguais a i_T, logo $t \neq t$, uma contradição. Estamos, portanto, justificados em falar de f^{-1} como *a* função inversa de f. Se f for uma bijeção, de modo que f^{-1} existe, então f será a função inversa de f^{-1}; portanto, f^{-1} também é uma bijeção.

PROBLEMA PRÁTICO 34 f: $\mathbb{R} \to \mathbb{R}$ dada por $f(x) = 3x + 4$ é uma bijeção.

Descreva f^{-1}. ■

Definimos um monte de terminologia sobre funções. A Tabela 5.2 nos dá um resumo informal desses termos.

TABELA 5.2

Palavra	Significado
função	Aplicação de um conjunto em outro que leva cada elemento do conjunto inicial em exatamente um elemento do conjunto final.
domínio	Conjunto inicial de uma função
contradomínio	Conjunto final de uma função
imagem (de um ponto)	Ponto que resulta de uma aplicação
imagem inversa	Ponto inicial de uma aplicação
imagem (da função)	Coleção de todas as imagens de pontos no domínio
sobrejetora (sobrejetiva)	A imagem é todo o contradomínio; todo elemento no contradomínio tem uma imagem inversa
injetora (injetiva, um para um)	Dois elementos no domínio não podem ser levados em um mesmo ponto
bijeção	Injetora e sobrejetora
função identidade	Leva cada elemento de um conjunto em si mesmo
função inversa	Para uma bijeção, uma nova função que leva cada elemento no contradomínio de volta ao elemento de onde ele veio

Permutações

Bijeções de um conjunto em si mesmo têm um nome especial.

DEFINIÇÃO PERMUTAÇÕES DE UM CONJUNTO

Para um conjunto dado A, $S_A = \{f \mid f: A \to A$ é uma bijeção$\}$. S_A é, então, o conjunto de todas as bijeções do conjunto A em si mesmo; tais funções são chamadas de **permutações** de A.

Se f e g pertencerem a S_A, então cada uma delas têm domínio = imagem = A. Logo, a função composta $g \circ f$ está definida e leva A em A. Além disso, como f e g são ambas bijeções, pelo teorema sobre a composição de bijeções, $g \circ f$ também é uma bijeção, logo um (único) elemento de S_A. Assim, a composição de funções é uma operação binária no conjunto S_A.

Na Seção 4.4, descrevemos uma permutação de objetos em um conjunto como um arranjo ordenado desses objetos. Temos agora um novo uso para a palavra "permutação"? Não exatamente; as funções permutações representam arranjos ordenados de objetos no domínio. Se $A = \{1, 2, 3, 4\}$, uma função permutação em A, vamos chamá-la de f, é dada por $f = \{(1, 2), (2, 3), (3, 1), (4, 4)\}$. Podemos também descrever a função f em forma de um arranjo retangular, listando os elementos do domínio em uma linha e, diretamente abaixo, as imagens desses elementos sob f. Logo,

$$f = \begin{pmatrix} 1 & 2 & 3 & 4 \\ 2 & 3 & 1 & 4 \end{pmatrix}$$

A linha de baixo é um arranjo ordenado dos objetos na linha de cima.

Uma maneira mais curta de descrever a permutação f acima é usar a *notação de ciclo* e escrever $f = (1, 2, 3)$ — o que significa que f leva cada elemento no que está à sua direita, o último elemento na lista vai no primeiro e qualquer elemento do domínio que não apareça vai em si mesmo. Aqui, 1 vai em 2, 2 vai em 3 e 3 vai em 1. O elemento 4 vai em si mesmo, já que ele não aparece no ciclo. O ciclo (2, 3, 1) também representa f. Ele diz que 2 vai em 3, 3 vai em 1, 1 vai em 2 e 4 vai em si mesmo, a mesma informação que anteriormente. Analogamente, (3, 1, 2) também representa f.

PROBLEMA PRÁTICO 35

a. Seja $A = \{1, 2, 3, 4, 5\}$ e seja $f \in S_A$ dada por

$$f = \begin{pmatrix} 1 & 2 & 3 & 4 & 5 \\ 4 & 2 & 3 & 5 & 1 \end{pmatrix}$$

Escreva f em forma de ciclo.

b. Seja $A = \{1, 2, 3, 4, 5\}$ e seja $g \in S_A$ dada por $g = (2, 4, 5, 3)$, em forma de ciclo. Coloque g em forma de arranjo retangular. ■

Se f e g forem elementos de S_A para algum conjunto A, então $g \circ f \in S_A$ e a ação de $g \circ f$ em qualquer elemento de A é determinada aplicando-se primeiro a função f e depois a função g. Se f e g forem ciclos, $g \circ f$ ainda será calculada da mesma maneira.

EXEMPLO 39

Se $A = \{1, 2, 3, 4\}$ e $f, g \in S_A$ são dadas por $f = (1, 2, 3)$ e $g = (2, 3)$, então $g \circ f = (2, 3) \circ (1, 2, 3)$. Mas como é essa composição? Vamos ver o que acontece com o elemento 1 em A. Trabalhando da direita para a esquerda (primeiro f, depois g), temos $1 \rightarrow 2$ sob f e depois $2 \rightarrow 3$ sob g, logo $1 \rightarrow 3$ sob $g \circ f$. Se quisermos escrever $g \circ f$ como um ciclo, vemos que tem que começar como

$$(1, 3$$

e, a seguir, precisamos ver o que acontece com 3. Sob f, $3 \rightarrow 1$ e, sob g, $1 \rightarrow 1$ (pois 1 não aparece na notação de ciclo para g), logo $3 \rightarrow 1$ sob $g \circ f$. Mas o que acontece com 2 e 4? Se considerarmos 2, $2 \rightarrow 3$ sob f e $3 \rightarrow 2$ sob g, logo $2 \rightarrow 2$ sob $g \circ f$. Analogamente, $4 \rightarrow 4$ sob f e $4 \rightarrow 4$ sob g, logo $4 \rightarrow 4$ sob $g \circ f$. Concluímos que $g \circ f = (1, 3)$. ●

No Exemplo 39, se tivéssemos que calcular $f \circ g = (1, 2, 3) \circ (2, 3)$, obteríamos (1, 2). (Já sabemos que a ordem é importante na composição de funções.) Se, no entanto, f e g são elementos de S_A e f e g são **ciclos disjuntos** — ciclos que não têm elementos em comum — então $f \circ g = g \circ f$.

PROBLEMA PRÁTICO 36 Seja $A = \{1, 2, 3, 4, 5\}$. Calcule $g \circ f$ e $f \circ g$ para os seguintes ciclos em S_A:

a. $f = (5, 2, 3)$; $g = (3, 4, 1)$. Escreva as respostas como ciclos.
b. $f = (1, 2, 3, 4)$; $g = (3, 2, 4, 5)$. Escreva as respostas em forma de arranjo retangular.
c. $f = (1, 3)$; $g = (2, 5)$. Escreva as respostas em forma de arranjo retangular. ■

Seja $A = \{1, 2, 3, 4\}$ e considere o ciclo $f \in S_A$ dado por $f = (1, 2)$. Se calcularmos $f \circ f = (1, 2) \circ (1, 2)$, veremos que cada elemento de A vai em si mesmo. A permutação que leva cada elemento de A em si mesmo é a função identidade em A, i_A, também conhecida como **permutação identidade**.

Se A for um conjunto infinito, nem toda permutação de A poderá ser escrita como um ciclo. Mas, mesmo quando A for um conjunto finito, nem toda permutação de A poderá ser escrita como um ciclo; por exemplo, a permutação $g \circ f$ do Problema Prático 36(b) não pode ser escrita como um ciclo. No entanto, toda permutação de um conjunto finito que não é a permutação identidade pode ser escrita como uma composição de um ou mais ciclos disjuntos. A permutação

$$\begin{pmatrix} 1 & 2 & 3 & 4 & 5 \\ 4 & 2 & 5 & 1 & 3 \end{pmatrix}$$

do Problema Prático 36(b) é $(1, 4) \circ (3, 5)$ ou $(3, 5) \circ (1, 4)$.

PROBLEMA PRÁTICO 37 Escreva

$$\begin{pmatrix} 1 & 2 & 3 & 4 & 5 & 6 \\ 2 & 4 & 5 & 1 & 3 & 6 \end{pmatrix}$$

como uma composição de ciclos disjuntos. ■

Entre as permutações de A, algumas levarão certos elementos de A em si mesmo, enquanto outras misturarão tanto os elementos de A que nenhum deles vai em si mesmo. Uma permutação de um conjunto que não leva nenhum elemento em si mesmo é uma **desarrumação total**.

EXEMPLO 40 A permutação f de $A = \{1, 2, 3, 4, 5\}$ dada em forma de arranjo retangular por

$$\begin{pmatrix} 1 & 2 & 3 & 4 & 5 \\ 2 & 5 & 4 & 1 & 3 \end{pmatrix}$$

é uma desarrumação total. Elementos de S_A que *não* são desarrumações totais, se escritos como um ciclo ou uma composição de ciclos disjuntos, terão pelo menos um elemento de A que não aparece. Assim, $g \in S_A$ definido por $g = (1, 4) \circ (3, 5)$ leva 2 em si mesmo, logo não é uma desarrumação total. ●

Quantas Funções?

Suponha que S e T são conjuntos finitos com $|S| = m$ e $|T| = n$. O que podemos dizer sobre o número de funções com diversas propriedades que levam S em T? Vamos primeiro contar, simplesmente, o número de funções $f: S \to T$, sem nenhuma propriedade especial. Podemos usar o princípio da multiplicação aqui, pois podemos considerar a definição de uma função como a atribuição de uma imagem a cada um dos m elementos de S. Isso nos dá uma sequência de m tarefas. Cada tarefa tem n resultados possíveis, já que cada elemento de S pode ser levado em qualquer elemento de T. Portanto, o número de funções é

$$\underbrace{n \times n \times n \times \cdots \times n}_{m \text{ fatores}} = n^m$$

Quantas funções injetoras existem de S em T? Temos que ter $m \leq n$, senão não teremos nenhuma função injetora. (Todos os elementos de S terão que ser levados a algum elemento de T, e, se $m > n$, existem elementos demais em S para que se tenha uma função injetora. De fato, isso é uma consequência do princípio das casas de pombo.) Podemos resolver esse problema, novamente, por meio da sequência de tarefas de atribuir uma imagem a cada elemento em S, só que dessa vez não podemos usar uma imagem já utilizada anteriormente. Pelo princípio da multiplicação, temos um produto que começa com os fatores

$$n(n - 1)(n - 2) \cdots$$

e tem que conter um total de m fatores, logo o resultado é

$$n(n - 1)(n - 2) \cdots [n - (m - 1)] = n(n - 1)(n - 2) \cdots (n - m + 1)$$

$$= \frac{n!}{(n - m)!} = P(n,m)$$

Quantas funções sobrejetoras existem de S em T? Dessa vez temos que ter $m \geq n$, de modo a ter um número suficiente de valores no domínio para que todos os elementos do contradomínio tenham uma imagem inversa. (Pela definição de função, um elemento em S não pode ser a imagem inversa de mais de um elemento em T.) Nosso plano é subtrair o número de funções que não são sobrejetoras do número total de funções, que já conhecemos. Para contar o número de funções que não são sobrejetoras, vamos usar o princípio de inclusão e exclusão.

Numere os elementos em T como $t_1, t_2, \ldots, t_n$. Para cada i, $1 \leq i \leq n$, denote por A_i o conjunto de funções de S em T que não levam nenhum elemento em t_i. (Esses conjuntos não são disjuntos, mas toda função que não é sobrejetora pertence a pelo menos um deles.) Pelo princípio de inclusão e exclusão, podemos escrever

$$|A_1 \cup \cdots \cup A_n| = \sum_{1 \leq i \leq n} |A_i| - \sum_{1 \leq i < j \leq n} |A_i \cap A_j| + \sum_{1 \leq i < j < k \leq n} |A_i \cap A_j \cap A_k|$$

$$- \cdots + (-1)^{n+1} |A_1 \cap \cdots \cap A_n| \qquad (1)$$

Para qualquer i, $|A_i|$ é o número de funções que não levam nenhum elemento em t_i, mas não têm nenhuma outra restrição. Pelo princípio da multiplicação, podemos contar o número dessas funções contando, para cada um dos m elementos no domínio, suas $n - 1$ imagens possíveis. O resultado é que $|A_i| = (n - 1)^m$. Portanto, o primeiro somatório na equação (1) soma parcelas que são todas do mesmo tamanho. Existe apenas uma dessas parcelas para cada conjunto distinto individual A_i entre os n conjuntos, logo existem $C(n, 1)$ dessas parcelas.

Quaisquer que sejam i e j, $|A_i \cap A_j|$ é o número de funções que não levam nenhum elemento em t_i ou t_j, deixando $n - 2$ imagens possíveis para cada um dos m elementos de S. Logo, $|A_i \cap A_j| = (n - 2)^m$. O segundo somatório soma uma dessas parcelas para cada grupo distinto de dois conjuntos entre n, logo existem $C(n, 2)$ delas.

Um resultado semelhante é válido para todas as parcelas contendo interseções. Se existirem k conjuntos na interseção, então existem $(n - k)^m$ funções no conjunto interseção e existem $C(n, k)$ grupos distintos de k conjuntos para formarem a interseção. A equação (1) pode ser escrita então como

$$|A_1 \cup \cdots \cup A_n| = C(n, 1)(n - 1)^m - C(n, 2)(n - 2)^m + C(n, 3)(n - 3)^m - \cdots + (-1)^{n+1}C(n, n)(n - n)^m \qquad (2)$$

A expressão à esquerda do sinal de igualdade na Equação (2) representa o número de todas as funções que deixam pelo menos um elemento de T sem imagem inversa, ou seja, todas as funções que não são sobrejetoras. Se subtrairmos o valor dessa expressão do número total de funções, que sabemos ser n^m, teremos o número de funções sobrejetoras. Portanto, o número de funções sobrejetoras é

$$n^m - C(n, 1)(n - 1)^m + C(n, 2)(n - 2)^m - C(n, 3)(n - 3)^m + \cdots + (-1)^{n-1}C(n, n - 1)[n - (n - 1)]^m + (-1)^n C(n, n)(n - n)^m$$

em que explicitamos a penúltima parcela. Como a última parcela é nula, a resposta final é

$$n^m - C(n, 1)(n - 1)^m + C(n, 2)(n - 2)^m - C(n, 3)(n - 3)^m + \ldots + (-1)^{n-1} C(n, n - 1)(1)^m$$

Vamos resumir esses resultados.

TEOREMA SOBRE O NÚMERO DE FUNÇÕES COM DOMÍNIOS E CONTRADOMÍNIOS FINITOS

Se $|S| = m$ e $|T| = n$, então

1. O número de funções $f: S \to T$ é n^m.
2. Supondo que $m \leq n$, o número de funções injetoras $f: S \to T$ é
$$\frac{n!}{(n - m)!}$$
3. Supondo que $m \geq n$, o número de funções sobrejetoras $f: S \to T$ é
$$n^m - C(n, 1)(n - 1)^m + C(n, 2)(n - 2)^m - C(n, 3)(n - 3)^m + \ldots + (-1)^{n-1}C(n, n - 1)(1)^m$$

EXEMPLO 41 Sejam $S = \{A, B, C\}$ e $T = \{a, b\}$. Encontre o número de funções sobrejetoras de S em T.

Temos $m = 3$ e $n = 2$. Pelo nosso teorema sobre o número de funções, existem

$$2^3 - C(2, 1)(1)^3 = 8 - 2 \cdot 1 = 6$$

delas.

PROBLEMA PRÁTICO 38 Uma das seis funções sobrejetoras do Exemplo 40 pode ser descrita pelo seguinte diagrama:

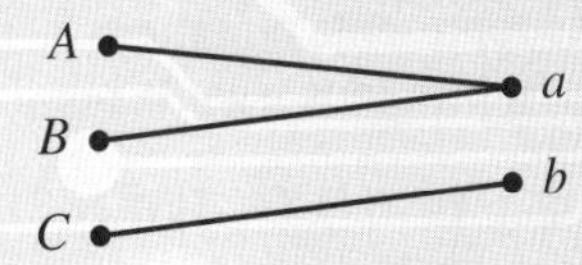

Desenhe diagramas para as cinco funções sobrejetoras restantes.

Se A for um conjunto com $|A| = n$ elementos, então o número de permutações de A é $n!$. Esse número pode ser obtido por qualquer um dos três métodos seguintes:

1. Um argumento combinatório (cada um dos n elementos do domínio tem que ser levado a um dos n elementos na imagem sem repetições);
2. Pensar em cada uma dessas funções como permutações em um conjunto com n elementos e observar que $P(n, n) = n!$;
3. Usar o resultado (2) no teorema anterior com $m = n$.

Propomos contar o número de desarrumações totais em A. Nosso plano é semelhante ao que usamos para contar as funções sobrejetoras. Usaremos o princípio de inclusão e exclusão para calcular o número de permutações que não são desarrumações totais e depois subtrairemos isso do número total de permutações.

Numere os elementos de A como $a_1, \ldots, a_n$. Para cada i, $1 \leq i \leq n$, seja A_i o conjunto de todas as permutações que deixam a_i fixo. (Esses conjuntos não são disjuntos, mas toda permutação que não é uma desarrumação total pertence a pelo menos um deles.) Pelo princípio de inclusão e exclusão, podemos escrever

$$|A_1 \cup \cdots \cup A_n| = \sum_{1 \leq i \leq n} |A_i| - \sum_{1 \leq i < j \leq n} |A_i \cap A_j| + \sum_{1 \leq i < j < k \leq n} |A_i \cap A_j \cap A_k| - \cdots + (-1)^{n+1}|A_1 \cap \cdots \cap A_n| \quad (3)$$

Para qualquer i, $|A_i|$ é o número de permutações que deixam a_i fixo. Pelo princípio da multiplicação, podemos contar o número dessas funções contando, para cada um dos n elementos no domínio, suas imagens possíveis, começando com a_i. Existe apenas uma escolha para a imagem de a_i, já que ele vai em si mesmo; o próximo elemento pode ir em qualquer um menos a_i, logo existem $n - 1$ possibilidades; o próximo pode ser levado em qualquer elemento, exceto nos dois já usados, logo existem $n - 2$ possibilidades, e assim por diante. Continuando, existem

$$(1)(n - 1)(n - 2) \cdots (1) = (n - 1)!$$

elementos em A_i para cada i. Portanto, o primeiro somatório na equação (3) soma parcelas todas de mesmo tamanho. O número de tais parcelas é igual ao número de maneiras de se escolher um conjunto A_i entre n conjuntos, ou $C(n, 1)$.

No segundo somatório, as parcelas contam o número de permutações de n elementos que deixam dois deles fixos. Existem

$$(1)(1)(n - 2) \cdots (1) = (n - 2)!$$

tais funções em um dado $A_i \cap A_j$ e $C(n, 2)$ maneiras de se escolher dois conjuntos entre n. Em geral, se existirem k conjuntos na interseção, k elementos têm que ser mantidos fixos, logo existem $(n - k)!$ funções na interseção e existem $C(n, k)$ maneiras de se escolher k conjuntos para formar a interseção. Logo, a Equação (3) fica

$$|A_1 \cup \cdots \cup A_n| = C(n, 1)(n - 1)! - C(n, 2)(n - 2)! + C(n, 3)(n - 3)! - \cdots + (-1)^{n+1}C(n, n)(n - n)!$$

Essa expressão representa o número de todas as permutações possíveis que não são desarrumações totais. Subtraímos isso do número total de permutações, que é $n!$:

$$n! - C(n, 1)(n - 1)! + C(n, 2)(n - 2)! - C(n, 3)(n - 3)! + \cdots + (-1)^{n}C(n, n)(n - n)!$$

Expandindo, obtemos

$$n! - \frac{n!}{1!(n-1)!}(n-1)! + \frac{n!}{2!(n-2)!}(n-2)! - \frac{n!}{3!(n-3)!}(n-3)!$$
$$+ \cdots + (-1)^n \frac{n!}{n!0!}0!$$
$$= n! - \frac{n!}{1!} + \frac{n!}{2!} - \frac{n!}{3!} + \cdots + (-1)^n \frac{n!}{n!}$$
$$= n!\left[1 - \frac{1}{1!} + \frac{1}{2!} - \frac{1}{3!} + \cdots + (-1)^n \frac{1}{n!}\right] \quad (4)$$

EXEMPLO 42 Para $n = 3$, a Equação (4) diz que o número de desarrumações totais é

$$3!\left(1 - \frac{1}{1!} + \frac{1}{2!} - \frac{1}{3!}\right) = \frac{3!}{2!} - \frac{3!}{3!} = 3 - 1 = 2$$

Escrita em forma de arranjo retangular, as duas desarrumações totais são

$$\begin{pmatrix} 1 & 2 & 3 \\ 2 & 3 & 1 \end{pmatrix} \quad \text{e} \quad \begin{pmatrix} 1 & 2 & 3 \\ 3 & 1 & 2 \end{pmatrix}$$

Conjuntos Equivalentes

DEFINIÇÕES CONJUNTOS EQUIVALENTES E CARDINALIDADE

Um conjunto S é **equivalente** a um conjunto T se existe uma bijeção $f: S \to T$. Dois conjuntos equivalentes têm a mesma **cardinalidade**.

A noção de conjuntos equivalentes nos permite estender nossa definição de cardinalidade de conjuntos finitos para infinitos. A cardinalidade de um conjunto finito é o número de elementos no conjunto. Se S for equivalente a T, então poderemos formar os pares de elementos de S com os de T em uma correspondência biunívoca. Se S e T são conjuntos finitos, isso só é possível quando S e T forem do mesmo tamanho. Com conjuntos infinitos, essa ideia de tamanho é meio nebulosa, já que, algumas vezes, podemos provar que determinado conjunto é equivalente a um outro que nos parece menor. A cardinalidade de um conjunto infinito, portanto, é dada apenas de forma comparativa; por exemplo, podemos dizer que um conjunto infinito A tem (ou não tem) a mesma cardinalidade do que o conjunto $\mathbb{N}$.

PROBLEMA PRÁTICO 39 Descreva uma bijeção $f: \mathbb{Z} \to \mathbb{N}$, mostrando, assim, que $\mathbb{Z}$ é equivalente a $\mathbb{N}$ ($\mathbb{Z}$ e $\mathbb{N}$ têm a mesma cardinalidade), embora $\mathbb{N} \subset \mathbb{Z}$.

Se encontrarmos uma bijeção entre um conjunto S e $\mathbb{N}$, estabelecemos uma correspondência biunívoca entre elementos de S e os inteiros não negativos. Podemos, então, numerar os elementos de S de acordo com essa correspondência, denotando por s_0 o elemento de S associado a 0, por s_1 o elemento de S associado a 1, e assim por diante. Então, a lista

$$s_0, s_1, s_2, \ldots$$

inclui todos os elementos de S. Como essa lista enumera os elementos de S, S é um conjunto enumerável. Reciprocamente, se S for enumerável, então existe uma lista dos elementos de S que pode ser usada para definir uma bijeção entre S e $\mathbb{N}$. Portanto, um conjunto é enumerável se e somente se for equivalente a $\mathbb{N}$.

Para conjuntos finitos, sabemos que, se S tiver n elementos, então $\wp(S)$ terá 2^n elementos. É claro que $2^n > n$, e não podemos encontrar uma bijeção entre um conjunto com n elementos e um com 2^n elementos. Portanto, S e $\wp(S)$ não são equivalentes. Esse resultado também é verdadeiro para conjuntos infinitos.

TEOREMA TEOREMA DE CANTOR

Para qualquer conjunto S, S e $\wp(S)$ não são equivalentes.

Demonstração: Faremos uma demonstração por absurdo, supondo que S e $\wp(S)$ são equivalentes. Seja f a bijeção entre S e $\wp(S)$. Para qualquer elemento s de S, $f(s)$ é um elemento de $\wp(S)$, logo $f(s)$ é um conjunto contendo elementos de S, possivelmente o próprio s. Definimos, então, um conjunto $X = \{x \notin S \mid x \notin f(x)\}$. Como X é um subconjunto de S, é um elemento de $\wp(S)$ e, portanto, tem que ser igual a $f(y)$ para algum $y \in S$. Então y pertence ou não a X. Se $y \in X$, então, por definição, $y \notin f(y)$ mas, como $X = f(y)$, $y \notin X$. Por outro lado, se $y \notin X$, então, como $X = f(y)$, $y \notin f(y)$ e, pela definição de X, $y \in X$. Em qualquer dos casos chegamos a uma contradição, e nossa hipótese original estava errada. Portanto, S e $\wp(S)$ não são equivalentes. *Final da Demonstração*

A demonstração do teorema de Cantor depende da natureza do conjunto X, que foi cuidadosamente construído de modo a se obter a contradição crucial. Nesse sentido, a demonstração é semelhante ao método de diagonalização (Exemplo 23 no Capítulo 4) usado para provar a existência de um conjunto não enumerável. De fato, a existência de um conjunto não enumerável pode ser obtida diretamente do teorema de Cantor.

EXEMPLO 43 É claro que o conjunto $\mathbb{N}$ é enumerável. Pelo teorema de Cantor, o conjunto $\wp(\mathbb{N})$ não é equivalente a $\mathbb{N}$ e, portanto, não é enumerável, embora seja claramente infinito. ●

SEÇÃO 5.4 REVISÃO

TÉCNICAS

- Teste se uma relação dada é uma função.
- Teste se uma função é injetora ou sobrejetora.
- Determinação da imagem de um elemento sob uma composição de funções.
- Descrição das permutações de um conjunto em forma de arranjo retangular ou com ciclos.
- Contagem do número de funções, do número de funções injetoras e do número de funções sobrejetoras de um conjunto finito em outro.

IDEIAS PRINCIPAIS

- O conceito de função, especialmente funções bijetoras, é extremamente importante.
- A composição de funções preserva bijeções.
- A função inversa de uma bijeção também é uma bijeção.
- Permutações são bijeções de um conjunto nele mesmo.

EXERCÍCIOS 5.4

1. A figura a seguir representa uma função.

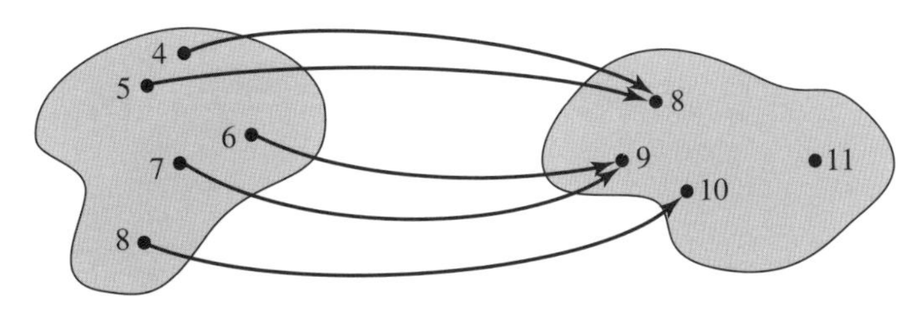

   a. Qual é seu domínio? E seu contradomínio? E sua imagem?
   b. Qual é a imagem de 5? E de 8?
   c. Quais são as imagens inversas de 9?
   d. Essa função é sobrejetora? Ela é injetora?

2. A figura a seguir ilustra diversas relações binárias de $\mathbb{R}$ em $\mathbb{R}$. Quais delas são funções? Para as que são funções, quais são sobrejetoras? Quais são injetoras?

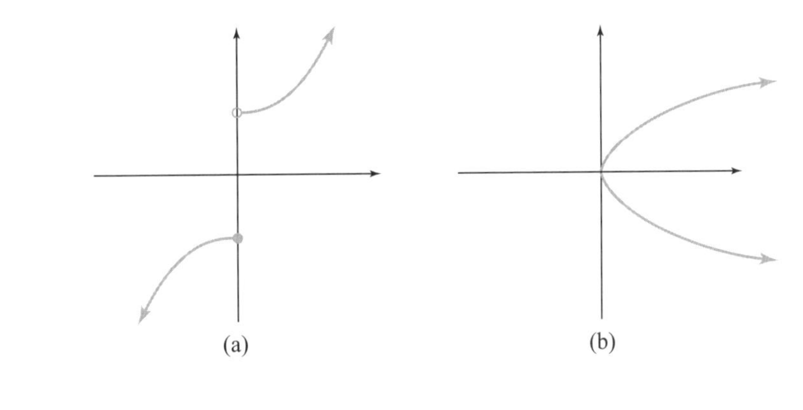

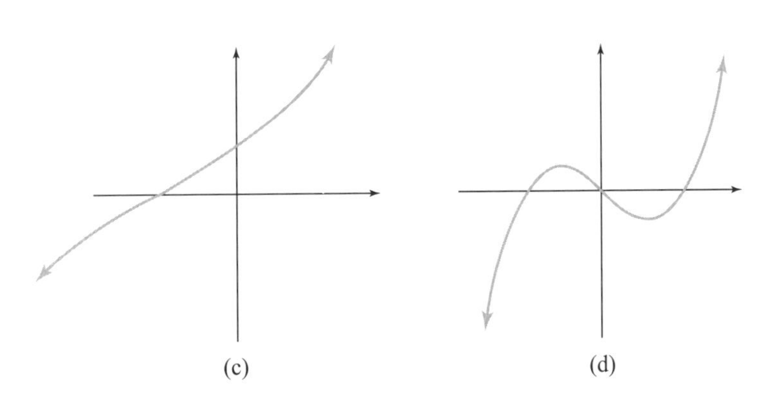

3. Usando a equação $f(x) = 2x - 1$ para descrever a associação funcional, escreva a função como um conjunto de pares ordenados se o contradomínio é R e o domínio é
   a. $S = \{0, 1, 2\}$.
   b. $S = \{1, 2, 4, 5\}$.
   c. $S = \{\sqrt{7}, 1{,}5\}$.

4. Usando a equação $f(x) = x^2 + 1$ para descrever a associação funcional, escreva a função como um conjunto de pares ordenados se o contradomínio é $\mathbb{Z}$ e o domínio é
   a. $S = \{1, 5\}$.
   b. $S = \{-1, 2, -2\}$.
   c. $S = \{-\sqrt{12}, 3\}$.

5. Se $f: \mathbb{Z} \to \mathbb{Z}$ for definida por $f(x) = 3x$, encontre $f(A)$ para
   a. $A = \{1, 3, 5\}$.
   b. $A = \{x | x \in \mathbb{Z} \text{ e } (\exists y)(y \in \mathbb{Z} \text{ e } x = 2y)\}$.
6. Se $f: \mathbb{R} \to \mathbb{R}$ for definida por $f(x) = x^2$, descreva
   a. $f(\mathbb{N})$.
   b. $f(\mathbb{Z})$.
   c. $f(\mathbb{R})$.
7. f: {todas as palavras em português} $\to \mathbb{Z}$ é uma função. Em cada caso, encontre $f(S)$.
   a. S = {cão, gato, búfalo, girafa}, $f(x)$ = o número de caracteres em x.
   b. S = {voo, voos, enjoo, arremessar}, $f(x)$ = o número de pares de letras duplas em x.
   c. S = {baleia jubarte, tigre, tartaruga, coala}, $f(x)$ = o número de caracteres iguais a "e" em x.
8. f: {cadeias binárias} $\to$ {cadeias binárias} é uma função. Em cada caso, encontre $f(S)$.
   a. S = {000, 1011, 10001}, $f(x)$ = o segundo bit em x.
   b. S = {111, 100, 0111}, $f(x)$ = a cadeia binária que é a soma do primeiro com o último bit de x.
   c. S = {001, 11, 101}, $f(x)$ = a cadeia binária que é igual a $x + 1$.
9. Verdadeiro ou falso:
   a. Uma função ser sobrejetora significa que todo elemento no contradomínio tem que ter uma única imagem inversa.
   b. Uma função ser injetora significa que todo elemento no contradomínio tem que ter uma única imagem inversa.
   c. Uma função ser injetora significa que dois elementos diferentes em seu domínio nunca podem ir no mesmo elemento no contradomínio.
   d. Uma função ser sobrejetora significa que (imagem) $\cap$ (contradomínio) = $\emptyset$.
10. Verdadeiro ou falso:
    a. Se todo elemento no domínio tiver uma imagem, a função terá que ser sobrejetora.
    b. Se todo elemento no contradomínio tiver uma imagem, a função terá que ser sobrejetora.
    c. Se todo elemento no contradomínio tiver uma imagem inversa, a função terá que ser sobrejetora.
    d. Se o domínio for maior do que o contradomínio, a função não poderá ser injetora.
11. Sejam $S = \{0, 2, 4, 6\}$ e $T = \{1, 3, 5, 7\}$. Determine se cada um dos conjuntos de pares ordenados a seguir é uma função com domínio S e contradomínio T. Se esse for o caso, a função é injetora? É sobrejetora?
    a. $\{(0, 2), (2, 4), (4, 6), (6, 0)\}$
    b. $\{(6, 3), (2, 1), (0, 3), (4, 5)\}$
    c. $\{(2, 3), (4, 7), (0, 1), (6, 5)\}$
    d. $\{(2, 1), (4, 5), (6, 3)\}$
    e. $\{(6, 1), (0, 3), (4, 1), (0, 7), (2, 5)\}$
12. Para as bijeções no Exercício 11, descreva a função inversa.
13. Seja S = o conjunto de todos os cidadãos brasileiros vivos. Quais dos itens a seguir definem funções do domínio S no contradomínio dado? Quais dessas funções são injetoras? Quais são sobrejetoras?
    a. Contradomínio = o alfabeto, f(pessoa) = inicial do segundo nome da pessoa.
    b. Contradomínio = o conjunto de datas entre 1.º de janeiro e 31 de dezembro, f(pessoa) = dia do nascimento da pessoa.
    c. Contradomínio = números com 11 algarismos; f(pessoa) = o número do CPF da pessoa.
14. Sejam S = conjunto de pessoas em uma reunião, T = conjunto de todos os sapatos na sala de reunião. Seja $f(x)$ = sapato no pé esquerdo de x.
    a. Isso define uma função?
    b. Ela é injetora?
    c. Ela é sobrejetora?

15. Quais das definições a seguir são de funções do domínio no contradomínio indicados? Quais são funções injetoras? Quais são funções sobrejetoras? Descreva a função inversa das funções bijetoras.
   a. $f: \mathbb{Z} \to \mathbb{N}$ em que f é definida por $f(x) = x^2 + 1$
   b. $g: \mathbb{N} \to \mathbb{Q}$ em que g é definida por $g(x) = 1/x$
   c. $h: \mathbb{Z} \times \mathbb{N} \to \mathbb{Q}$ em que h é definida por $h(z, n) = z/(n + 1)$
   d. $f: \{1, 2, 3\} \to \{p, q, r\}$ em que $f = \{(1, q), (2, r), (3, p)\}$
   e. $g: \mathbb{N} \to \mathbb{N}$ em que g é definida por $g(x) = 2^x$
   f. $h: \mathbb{R}^2 \to \mathbb{R}^2$ em que h é definida por $h(x, y) = (y + 1, x + 1)$
16. Quais das definições a seguir são de funções do domínio no contradomínio indicados? Quais são funções injetoras? Quais são funções sobrejetoras? Descreva a função inversa das funções bijetoras.
   a. $f: \mathbb{Z}^2 \to \mathbb{N}$ em que f é definida por $f(x, y) = x^2 + 2y^2$
   b. $f: \mathbb{N} \to \mathbb{N}$ em que f é definida por $f(x) = \begin{cases} x/2 & \text{se } x \text{ é par} \\ x + 1 & \text{se } x \text{ é ímpar} \end{cases}$
   c. $g: \mathbb{R} \to \mathbb{R}$ em que g é definida por $g(x) = 1/\sqrt{(x + 1)}$
   d. $f: \mathbb{N} \to \mathbb{N}$ em que f é definida por $f(x) = \begin{cases} x + 1 & \text{se } x \text{ é par} \\ x - 1 & \text{se } x \text{ é ímpar} \end{cases}$
   e $h: \mathbb{N}^3 \to \mathbb{N}$ em que h é dada por $h(x, y, z) = x + y - z$
   f. $g: \mathbb{N}^2 \to \mathbb{N}^3$ em que g é definida por $g(x, y) = (y, x, 0)$
17. Defina $f: \mathbb{R} \to \mathbb{R}$ por $f(x) = x^n$, em que n é um inteiro positivo fixo. Para que valores de n a função f é bijetora?
18. Defina $f: \mathbb{R} \to \mathbb{R}$ por $f(x) = n2^x$, em que n é um inteiro positivo fixo. Para que valores de n a função f é sobrejetora?
19. Sejam $A = \{x, y\}$ e A^* o conjunto de todas as cadeias finitas formadas com símbolos pertencentes a A. Defina uma função $f: A^* \to \mathbb{Z}$ da seguinte maneira: para s em A^*, $f(s)$ = o comprimento de s. f é injetora? Prove que sim ou que não. f é sobrejetora? Prove que sim ou que não.
20. Sejam $A = \{x, y\}$ e A^* o conjunto de todas as cadeias finitas formadas com símbolos pertencentes a A. Defina uma função $f: A^* \to \mathbb{Z}$ da seguinte maneira: para s em A^*, $f(s)$ = número de caracteres iguais a x em s menos o número de caracteres iguais a y em s. f é injetora? Prove que sim ou que não. f é sobrejetora? Prove que sim ou que não.
21. Sejam $A = \{x, y\}$ e A^* o conjunto de todas as cadeias finitas formadas com símbolos pertencentes a A. Defina uma função $f: A^* \to A^*$ da seguinte maneira: para s em A^*, $f(s)$ é a cadeia obtida escrevendo-se os caracteres de s em ordem inversa. f é injetora? Prove que sim ou que não. f é sobrejetora? Prove que sim ou que não.
22. Sejam $A = \{x, y\}$ e A^* o conjunto de todas as cadeias finitas formadas com símbolos pertencentes a A. Defina uma função $f: A^* \to A^*$ da seguinte maneira: para s em A^*, $f(s) = xs$ (a cadeia com um único caractere x seguida de s). f é injetora? Prove que sim ou que não. f é sobrejetora? Prove que sim ou que não.
23. Seja P o conjunto das partes de $\{a, b, c\}$. Defina uma função $f: P \to \mathbb{Z}$ da seguinte maneira: para A em P, $f(A)$ = o número de elementos em A. f é injetora? Prove que sim ou que não. f é sobrejetora? Prove que sim ou que não.
24. Seja P o conjunto das partes de $\{a, b\}$ e seja S o conjunto de todas as cadeias binárias de comprimento 2. Vamos definir uma função $f: P \to S$ da seguinte maneira: para A em P, $f(A)$ tem 1 na posição do bit de maior ordem (extremidade esquerda da cadeia) se e somente se a pertence a A; $f(A)$ tem 1 na posição do bit de menor ordem (extremidade direita da cadeia) se e somente se b pertence a A. f é injetora? Prove que sim ou que não. f é sobrejetora? Prove que sim ou que não.
25. Sejam $S = \{x \mid x \in \mathbb{R} \text{ e } x \geq 1\}$, $T = \{x \mid x \in \mathbb{R} \text{ e } 0 < x \leq 1\}$. Encontre uma função $f: S \to T$ que seja uma bijeção.
26. Sejam $S = \{a, b, c, d\}$ e $T = \{x, y, z\}$.
   a. Dê um exemplo de uma função de S em T que não seja sobrejetora nem injetora.
   b. Dê um exemplo de uma função de S em T que seja sobrejetora mas não injetora.
   c. Você pode encontrar uma função de S em T que seja injetora?
27. Calcule os valores a seguir.
   a. $\lfloor 3{,}4 \rfloor$
   b. $\lceil -0{,}2 \rceil$
   c. $\lfloor 0{,}5 \rfloor$

28. Calcule os valores a seguir.

   a. $\lceil -5-1, 2 \rceil$
   b. $\lceil -5-\lceil 1{,}2 \rceil \rceil$
   c. $\lfloor 2 * 3{,}7 \rfloor$
   d. $\lceil 1 + 1/2 + 1/3 + 1/4 \rceil$

29. O que se pode dizer sobre x se $\lfloor x \rfloor = \lceil x \rceil$?
30. Prove que $\lceil x \rceil + 1 = \lceil x + 1 \rceil$.
31. Prove que $\lceil x \rceil = -\lceil -x \rceil$.
32. Considere a função teto $f(x) = \lceil x \rceil$: $\mathbb{R} \to \mathbb{Z}$. Prove ou dê um contraexemplo.
   a. f é injetora,
   b. f é sobrejetora.
33. Prove ou dê um contraexemplo.
   a. $\lceil \lfloor x \rfloor \rceil = x$
   b. $\lfloor 2x \rfloor = 2\lfloor x \rfloor$
34. Prove ou dê um contraexemplo.
   a. $\lfloor x \rfloor + \lfloor y \rfloor = \lfloor x + y \rfloor$
   b. $\lfloor 2x \rfloor = \lfloor x \rfloor + \lfloor x + 1/2 \rfloor$
35. Prove que, se $2^k < n < 2^{k+1}$, então $k = \lfloor \log n \rfloor$ e $k + 1 = \lceil \log n \rceil$. (Aqui $\log n$ significa $\log_2 n$.)
36. Prove que, se $2^k \leq n < 2^{k+1}$, então $\lfloor \log n \rfloor + 1 = \lceil \log(n + 1) \rceil$. (Aqui $\log n$ significa $\log_2 n$.)
37. Calcule os valores das expressões a seguir.
   a. 31 mod 11
   b. 16 mod 8
   c. 22 mod 6
   d. −7 mod 3
38. a. Liste cinco valores de x tais que x mod 7 = 0.
   b. Liste cinco valores de x tais que x mod 5 = 2.
39. Prove ou dê um contraexemplo: quaisquer que sejam os inteiros x e y, x mod 10 + y mod 10 = $(x + y)$ mod 10.
40. Prove que $x \equiv y \pmod{n}$ se e somente se x mod n = y mod n. (Lembre a definição de congruência modulo n da Seção 5.1.)
41. Sejam S um conjunto e A um subconjunto de S. A *função característica* de A é a função c_A: $S \to \{0, 1\}$ com $c_A(x) = 1$ exatamente quando $x \in A$.
   a. Sejam $S = \{1, 2, 3, 4, 5\}$ e $A = \{1, 3, 5\}$. Liste os pares ordenados que pertencem a c_A.
   b. Prove que, para qualquer conjunto S e quaisquer subconjuntos A e B de S, $c_{A \cap B}(x) = c_A(x) \cdot c_B(x)$.
   c. Prove que $c_A(x) = 1 - c_{A'}(x)$.
   d. É verdade que, para qualquer conjunto S e quaisquer subconjuntos A e B de S, $c_{A \cup B}(x) = c_A(x) + c_B(x)$? Prove ou dê um contraexemplo.
42. A *função de Ackermann*[1] é uma função de $\mathbb{N}^2$ em $\mathbb{N}$ que cresce muito rapidamente. Ela é dada por

$$A(0, n) = n + 1 \text{ para todo } n \in \mathbb{N}$$
$$A(m, 0) = A(m - 1, 1) \text{ para todo } m \in \mathbb{N}, m > 0$$
$$A(m, n) = A(m - 1, A(m, n - 1)) \text{ para todo } m \in \mathbb{N}, n \in \mathbb{N}, m > 0, n > 0$$

[1]Essa é a versão mais comum entre diversas funções de Ackermann, todas elas recursivas e com taxas de crescimento extremamente rápidas. Para olhar os cálculos tediosos de recorrência da função de Ackermann, veja http://www.gfredericks.com/sandbox/arith/ackermann

a. Calcule (mostre todos os passos) o valor de $A(1, 1)$.

b. Calcule (mostre todos os passos) o valor de $A(2, 1)$.

c. O valor de $A(4, 0) = 13 = 2^{2^2} - 3$ ainda é um valor pequeno. Mas $A(4, 1) = 2^{2^{2^2}} - 3$. Calcule esse valor.

d. Escreva uma expressão provável para $A(4, 2)$.

43. Outra função que cresce rapidamente é a *função de Smorynski*, que também leva $\mathbb{N}^2$ em $\mathbb{N}$. A definição é

$$S(0, n) = n^n \text{ para todo } n \in \mathbb{N}$$
$$S(m, n) = S(m - 1, S(m - 1, n)) \text{ para todo } m \in \mathbb{N}, n \in \mathbb{N}, m > 0$$

a. Compare $S(0, n)$ com $A(0, n)$. (Veja o Exercício 42.)

b. Encontre (mostre todos os passos) uma expressão para o valor de $S(1, n)$.

c. Um *googolplex* é um número muito grande que, se escrito em forma padrão (como 1.000.000 ...), mesmo com uma fonte de 1 pt, usaria mais espaço para escrever do que o diâmetro do universo conhecido. Procure a definição de *googolplex* e escreva como $S(m, n)$ para valores específicos de m e n.

44. A *função Dwyer* também leva $\mathbb{N}^2$ em $\mathbb{N}$ e cresce muito rapidamente, mas tem uma definição em forma fechada:

$$D(m, n) = n!\left[\frac{(2m + 1)!}{2^m m!}\right]^n$$

a. Calcule os valores de $D(1, 1)$, $D(2, 1)$, $D(3, 1)$ e $D(4, 1)$.

b. Verifique que $D(2, 1) = (2*1 + 3)D(1, 1)$, que $D(3, 1) = (2*2 + 3)\,D(2, 1)$ e que $D(4, 1) = (2*3 + 3)D(3, 1)$.

c. Verifique que $D(m, 1)$ satisfaz a relação de recorrência

$$D(m + 1, 1) = (2m + 3)D(m, 1) \text{ com } D(0, 1) = 1$$

(*Sugestão*: Quando calcular $D(m + 1, 1)$ e $D(m, 1)$, não divida o fatorial no denominador pelo fatorial no numerador. Em vez disso, pense no fatorial no numerador como um produto de fatores pares e ímpares.)

d. Encontre (use uma planilha) o menor valor de m para o qual

$$D(m, 1) < m^m$$

45. Sejam $S = \{1, 2, 3, 4\}$, $T = \{1, 2, 3, 4, 5, 6\}$ e $U = \{6, 7, 8, 9, 10\}$. Sejam, também, $f = \{(1, 2), (2, 4), (3, 3), (4, 6)\}$ uma função de S em T e $g = \{(1, 7), (2, 6), (3, 9), (4, 7), (5, 8), (6, 9)\}$ uma função de T em U. Escreva os pares ordenados da função $g \circ f$.

46. a. Seja f: $\mathbb{R} \to \mathbb{Z}$ dada por $f(x) = \lfloor x \rfloor$. Defina g: $\mathbb{Z} \to \mathbb{N}$ por $g(x) = x^2$. Qual o valor de $(g \circ f)(-4{,}7)$?

b. Suponha que f leva o conjunto de livros nos inteiros, associando a cada livro o número de palavras em seu título. Seja g: $\mathbb{Z} \to \mathbb{Z}$ dada por $g(x) = 2x$. Qual o valor de $(g \circ f)$(deste livro)?

c. Suponha que f leva cadeias de caracteres alfabéticos e espaços em branco em cadeias de consoantes, f remove todas as vogais e espaços em branco de cada cadeia. Suponha que g leva cadeias de consoantes em inteiros, g leva uma cadeia no número de caracteres que ela contém. Qual o valor de $(g \circ f)$(abraham lincoln)?

47. Defina f: $\mathbb{N} \to \mathbb{N}$ por $f(x) = x + 1$. Seja g: $\mathbb{N} \to \mathbb{N}$ dada por $g(x) = 3x$. Calcule o valor das seguintes expressões:

a. $(g \circ f)(5)$
b. $(f \circ g)(5)$
c. $(g \circ f)(x)$
d. $(f \circ g)(x)$
e. $(f \circ f)(x)$
f. $(g \circ g)(x)$

48. As funções a seguir levam $\mathbb{R}$ em $\mathbb{R}$. Dê equações que descrevem as composições $g \circ f$ e $f \circ g$ em cada caso.

a. $f(x) = 6x^3$, $g(x) = 2x$
b. $f(x) = (x - 1)/2$, $g(x) = 4x^2$
c. $f(x) = \lceil x \rceil$, $g(x) = \lfloor x \rfloor$

49. Sejam f: $S \to T$ e g: $T \to U$ funções.
  a. Prove que, se $g \circ f$ é injetora, então f também o é.
  b. Prove que, se $g \circ f$ é sobrejetora, então g também o é.
  c. Encontre um exemplo com $g \circ f$ injetora mas g não.
  d. Encontre um exemplo com $g \circ f$ sobrejetora mas f não.
50. a. Seja f uma função, f: $S \to T$. Se existir uma função g: $T \to S$ tal que $g \circ f = i_S$, então g é chamada de uma *inversa à esquerda* de f. Mostre que f terá uma inversa à esquerda se e somente se f for injetora.
  b. Seja f uma função, f: $S \to T$. Se existir uma função g: $T \to S$ tal que $f \circ g = i_T$, então g é chamada de uma *inversa à direita* de f. Mostre que f terá uma inversa à direita se e somente se f for sobrejetora.
  c. Seja f: $\mathbb{N} \to \mathbb{N}$ dada por $f(x) = 3x$. Então f é injetora. Encontre duas inversas à esquerda de f diferentes.
  d. Seja f: $\mathbb{N}^+ \to \mathbb{N}^+$ dada por $f(x) = \left\lceil \frac{x}{2} \right\rceil$. Então f é sobrejetora. Encontre duas inversas à direita de f diferentes.
51. Para cada uma das bijeções f: $\mathbb{R} \to \mathbb{R}$ a seguir, encontre f^{-1}.
  a. $f(x) = 2x$
  b. $f(x) = x^3$
  c. $f(x) = (x + 4)/3$
52. Sejam f e g bijeções, f: $S \to T$ e g: $T \to U$. Então f^{-1} e g^{-1} existem. Além disso, $g \circ f$ é uma bijeção de S em U. Mostre que $(g \circ f)^{-1} = f^{-1} \circ g^{-1}$.
53. Seja $A = \{1, 2, 3, 4, 5\}$. Escreva cada uma das permutações a seguir de A como ciclos.
  a. $f = \begin{pmatrix} 1 & 2 & 3 & 4 & 5 \\ 3 & 1 & 5 & 4 & 2 \end{pmatrix}$
  b. $f = \{(1, 4), (2, 5), (3, 2), (4, 3), (5, 1)\}$
54. Seja $A = \{a, b, c, d\}$. Escreva cada uma das permutações a seguir de A em forma de arranjo retangular.
  a. $f = \{(a, c), (b, b), (c, d), (d, a)\}$
  b. $f = (c, a, b, d)$
  c. $f = (d, b, a)$
  d. $f = (a, b) \circ (b, d) \circ (c, a)$
55. Seja A um conjunto arbitrário e seja S_A o conjunto de todas as permutações de A. Sejam $f, g, h \in S_A$. Prove que as funções $h \circ (g \circ f)$ e $(h \circ g) \circ f$ são iguais, mostrando, então, que podemos escrever $h \circ g \circ f$ sem parênteses.
56. Encontre as composições dos ciclos a seguir, que representam permutações de $A = \{1, 2, 3, 4, 5, 6, 7, 8\}$. Escreva sua resposta como uma composição de um ou mais ciclos disjuntos.
  a. $(2, 4, 5, 3) \circ (1, 3)$
  b. $(3, 5, 2) \circ (2, 1, 3) \circ (4, 1)$ (Pelo Exercício 55, podemos omitir os parênteses indicando o agrupamento.)
  c. $(2, 4) \circ (1, 2, 5) \circ (2, 3, 1) \circ (5, 2)$
57. Encontre as composições dos ciclos a seguir, que representam permutações de $A = \{1, 2, 3, 4, 5, 6, 7, 8\}$. Escreva sua resposta como uma composição de um ou mais ciclos disjuntos.
  a. $(1, 3, 4) \circ (5, 1, 2)$
  b. $(2, 7, 8) \circ (1, 2, 4, 6, 8)$
  c. $(1, 3, 4) \circ (5, 6) \circ (2, 3, 5) \circ (6, 1)$
  d. $(2, 7, 1, 3) \circ (2, 8, 7, 5) \circ (4, 2, 1, 8)$
58. Encontre as composições dos ciclos a seguir, que representam permutações de $\mathbb{N}$. Escreva sua resposta como uma composição de um ou mais ciclos disjuntos.
  a. $(3, 5, 2) \circ (6, 2, 4, 1) \circ (4, 8, 6, 2)$
  b. $(1, 5, 13, 2, 6) \circ (3, 6, 4, 13) \circ (13, 2, 6, 1)$
  c $(1, 2) \circ (1, 3) \circ (1, 4) \circ (1, 5)$

59. Encontre as composições dos ciclos a seguir, que representam permutações de $A = \{a, b, c, d, e\}$. Escreva sua resposta como uma composição de um ou mais ciclos disjuntos.
    a. $(a, d, c, e) \circ (d, c, b) \circ (e, c, a, d) \circ (a, c, b, d)$
    b. $(e, b, a) \circ (b, e, d) \circ (d, a)$
    c. $(b, e, d) \circ (d, a) \circ (e, a, c) \circ (a, c, b, e)$
60. Encontre uma permutação de um conjunto infinito que não pode ser escrita como um ciclo.
61. A função f escrita na forma de um ciclo como $f(4, 2, 8, 3)$ é uma bijeção no conjunto $\mathbb{N}$. Escreva f^{-1} como um ciclo.
62. A "armazenagem em pilha", ou, simplesmente, "pilha", é uma estrutura de armazenagem que funciona de maneira análoga a um conjunto de pratos empilhados em cima de uma mola em uma lanchonete. Todos os locais de armazenagem estão, inicialmente, vazios. Um dado é colocado no topo da pilha por meio de uma instrução "empurre", que empurra qualquer item armazenado anteriormente mais para baixo na pilha. Apenas o item no topo está acessível em qualquer instante, e pode ser obtido e retirado da pilha por meio de uma instrução "puxe".*

    Vamos considerar cadeias de inteiros com um número par de caracteres; metade dos caracteres são inteiros positivos e a outra metade são todos nulos. Processamos essas cadeias através de armazenagem em pilha da seguinte maneira: à medida que vamos lendo da esquerda para a direita, a instrução empurre é aplicada a qualquer inteiro diferente de zero, e um zero faz com que se aplique a instrução puxe à pilha, imprimindo, então, o inteiro que foi puxado. Assim, o processamento da cadeia 12030040 resulta em 2314, e o processamento de 12304000 resulta em 3421. (Uma cadeia do tipo 10020340 não pode ser manipulada dessa forma, já que não podemos extrair dois inteiros de uma pilha contendo apenas um.) Ambas as cadeias 2314 e 3421 podem ser consideradas permutações,

$$\begin{pmatrix} 1 & 2 & 3 & 4 \\ 2 & 3 & 1 & 4 \end{pmatrix} \quad \text{e} \quad \begin{pmatrix} 1 & 2 & 3 & 4 \\ 3 & 4 & 2 & 1 \end{pmatrix}$$

    respectivamente, do conjunto $A = \{1, 2, 3, 4\}$.
    a. Que permutação de $A = \{1, 2, 3, 4\}$ é gerada ao se aplicar esse procedimento à cadeia 12003400?
    b. Encontre uma permutação de $A = \{1, 2, 3, 4\}$ que não pode ser gerada por nenhuma cadeia em que os dígitos 1, 2, 3 e 4 aparecem em ordem, independentemente de onde se colocam os zeros.
63. Sejam $S = \{2, 4, 6, 8\}$ e $T = \{1, 5, 7\}$.
    a. Encontre o número de funções de S em T.
    b. Encontre o número de funções sobrejetoras de S em T.
64. Sejam $S = \{P, Q, R\}$ e $T = \{k, l, m, n\}$.
    a. Encontre o número de funções de S em T.
    b. Encontre o número de funções injetoras de S em T.
65. a. Para $|S| = 2$, 3 e 4, respectivamente, use o teorema sobre o número de funções para mostrar que o número de funções injetoras de S em S é igual ao número de funções sobrejetoras de S em S.
    b. Dê um argumento para mostrar que, se $|S| = n$, então $f: S \to S$ é injetora se e somente se f é sobrejetora.
    c. Encontre um conjunto infinito S e uma função $f: S \to S$ tal que f é injetora mas não sobrejetora.
    d. Encontre um conjunto infinito S e uma função $f: S \to S$ tal que f é sobrejetora mas não injetora.
66. Seja $A = \{a, b, c, d\}$. Quantas funções existem em S_A? Quantas dessas funções são desarrumações totais? Escreva todas as desarrumações totais na forma de arranjo retangular.
67. Seja $|S| = n$. Encontre o número de:
    a. funções de S em S.
    b. funções injetoras de S em S.
    c. funções sobrejetoras de S em S (veja o Exercício 65).
    d. permutações de S.
    e. desarrumações totais de S.
    f. Ordene os valores obtidos nos itens de (a) a (e) do menor para o maior e explique por que essa ordem é razoável.

*É muito comum a utilização dos termos em inglês *push* (que significa empurre) e *pop* (que significa puxe). (N.T.)

68. a. Um projeto de desenvolvimento de sistema precisa que cinco tarefas diferentes sejam atribuídas a Maria, João e Suzana. De quantas maneiras isso pode ser feito se cada um dos três precisa ter pelo menos uma tarefa?

    b. De quantas maneiras os projetos podem ser atribuídos se Maria tem que desenvolver o plano de teste, que é uma das cinco tarefas, mas pode fazer outras tarefas também? (*Sugestão*: Considere os dois casos, quando Maria faz ou não faz alguma das outras tarefas.)

69. Em uma turma de programação com sete alunos, o instrutor quer que cada aluno modifique o programa de um exercício anterior, mas nenhum aluno deve trabalhar em seu próprio programa. De quantas maneiras diferentes o instrutor pode atribuir programas aos alunos?

70. a. Pegue um livro de cálculo e procure a representação em série de Maclaurin para a função e^x.

    b. Use a resposta do item (a) para encontrar uma representação em série para e^{-1}.

    c. Use uma calculadora para calcular um valor aproximado para e^{-1} com cinco casas decimais.

    d. Como as respostas dos itens (b) e (c) podem ajudá-lo a aproximar o número de desarrumações totais de n objetos quando n é grande, por exemplo, $n \geq 10$? (*Sugestão*: Olhe a Equação (4) nesta seção.)

    e. Aplique essa abordagem ao Exercício 69 e compare os resultados.

    f. Quantas desarrumações totais existem, aproximadamente, de 10 objetos?

71. Seja $f: S \to T$ uma função.

    a. Defina uma relação binária ρ em S por $x \, \rho \, y \leftrightarrow f(x) = f(y)$. Prove que ρ é uma relação de equivalência.

    b. O que se pode dizer sobre as classes de equivalência se f for uma função injetora?

    c. Para $S = T = \mathbb{Z}$ e $f(x) = 3x^2$, qual é a classe [4] sob a relação de equivalência do item (a)?

72. Prove que $S(m, n)$, o número de maneiras de dividir um conjunto de m elementos em n blocos disjuntos, é igual a $1/n!$ vezes o número de funções sobrejetoras de um conjunto com m elementos em um conjunto com n elementos. (*Sugestão*: Considere o Exercício 71.)

73. Pela definição de uma função f de S em T, f e um subconjunto de $S \times T$ tal que a imagem de qualquer $s \in S$ sob f está unicamente determinada como a segunda componente do par ordenado (s, t) em f. Agora considere qualquer relação binária ρ de S em T. A relação ρ é um subconjunto de $S \times T$ na qual alguns elementos de S podem não aparecer como primeira componente de um par ordenado e outros podem aparecer mais de uma vez. Podemos considerar ρ uma *função não determinística* de um subconjunto de S em T. Para um $s \in S$ que aparece como primeira componente de mais de um par ordenado, ρ pode selecionar para a imagem de s qualquer uma das segundas componentes correspondentes.

    Sejam $S = \{1, 2, 3\}$, $T = \{a, b, c\}$ e $U = \{m, n, o, p\}$. Sejam ρ uma relação binária em $S \times T$ e σ uma relação binária em $T \times U$ definidas por

$$\rho = \{(1, a), (1, b), (2, b), (2, c), (3, c)\}$$
$$\sigma = \{(a, m), (a, o), (a, p), (b, n), (b, p), (c, o)\}$$

    Pensando em ρ e σ como funções não determinísticas de S em T e de T em U, respectivamente, podemos formar a composição $\sigma \circ \rho$ como uma função não determinística de S em U.

    a. Qual é o conjunto de todas as imagens possíveis de 1 sob $\sigma \circ \rho$?

    b. Qual é o conjunto de todas as imagens possíveis de 2 sob $\sigma \circ \rho$? E de 3?

74. Seja $f: S \to T$ uma função.

    a. Mostre que, quaisquer que sejam os subconjuntos A e B de S, $f(A \cap B) \subseteq f(A) \cap f(B)$.

    b. Mostre que $f(A \cap B) = f(A) \cap f(B)$ para todos os subconjuntos A e B de S se e somente se f for injetora.

75. Seja $\mathcal{C}$ uma coleção de conjuntos e defina uma relação binária em $\mathcal{C}$ da seguinte maneira: para $S, T \in \mathcal{C}$, $S \, \rho \, T \leftrightarrow S$ é equivalente a T. Mostre que ρ é uma relação de equivalência em $\mathcal{C}$.

76. Agrupe os conjuntos a seguir em classes de equivalência de acordo com a relação de equivalência do Exercício 75.

$$A = \{2, 4\}$$
$$B = \mathbb{N}$$
$$\mathcal{C} = \{x \mid x \in \mathbb{N} \text{ e } (\exists y)(y \in \mathbb{N} \text{ e } x = 2 * y)\}$$
$$D = \{a, b, c, d\}$$
$$E = \wp(\{1, 2\})$$
$$F = \mathbb{Q}^+$$

Os Exercícios 77 e 78 envolvem programação em uma linguagem funcional. Linguagens de programação funcionais, em contraste com as linguagens de programação convencionais (procedurais) como C++, Java ou Python, tratam tarefas em termos de funções matemáticas. Uma função matemática como $f(x) = 2x$ transforma o argumento 5 no resultado 10. Pense em um programa como uma grande função que transforma entrada (input) em saída (output). Uma linguagem de programação funcional contém funções primitivas como parte de sua linguagem, e o programador também pode definir funções novas. Linguagens de programação funcionais usam composição de funções, o que permite combinações complexas de funções. Usando a linguagem de programação funcional Scheme, podemos definir a função dobro por

```
(define (dobro x)
   (* 2 x))
```

O usuário pode então rodar o programa e digitar

```
(dobro 5)
```

o que produzirá uma resposta imediata 10.

77. a. Escreva uma função Scheme para elevar um número ao quadrado.

    b. Qual será a resposta se o usuário digitar a entrada a seguir?

```
(dobro (quadrado 3))
```

78. Scheme também trabalha com recorrência, além das estruturas de controle usuais nas linguagens procedurais, como proposições condicionais e iterativas.

    a. Dada a função Scheme

```
(define (enigma n)
   (cond ((= n 1) 1)
         (else (*n (enigma (- n 1))))))
```

diga qual será a resposta de

```
(enigma 4)
```

b. A função “enigma” é mais conhecida como ____________________.

SEÇÃO 5.5 ORDEM DE GRANDEZA

Taxa de Crescimento de Funções

A *ordem de grandeza* é uma maneira de comparar a “taxa de crescimento” de funções diferentes. Sabemos, por exemplo, que se calcularmos $f(x) = x$ e $g(x) = x^2$ para valores cada vez maiores de x os valores de g serão maiores do que os valores de f, e a diferença é cada vez maior. Essa diferença na taxa de crescimento não vai deixar de existir se simplesmente multiplicarmos os valores de f por uma constante muito grande; não importa quão grande for a constante que escolhermos, os valores de g certamente começarão a ficar cada vez maiores do que os de f. Nossa experiência indica que as funções f e g se comportam de maneiras fundamentalmente diferentes em relação às suas taxas de crescimento. Para caracterizar essa diferença formalmente, definiremos uma relação binária nas funções.

Seja S o conjunto de todas as funções com domínio e contradomínio iguais aos números reais não negativos. Podemos definir uma relação binária em S por

$$f \rho g \leftrightarrow \text{existem constantes positivas } n_0, c_1 \text{ e } c_2 \text{ tais que para todo } x \geq n_0, c_1 g(x) \leq f(x) \leq c_2 g(x)$$

EXEMPLO 44 Sejam f e g funções pertencentes a S, em que $f(x) = 3x^2$ e $g(x) = 200x^2 + 140x + 7$. Sejam $n_0 = 2$, $c_1 = \dfrac{1}{100}$ e $c_2 = 1$. Então, para $x \geq 2$,

$$\frac{1}{100}(200x^2 + 140x + 7) \leq 3x^2 \leq (1)(200x^2 + 140x + 7)$$

ou

$$2x^2 + 1{,}4x + 0{,}07 \leq 3x^2 \leq 200x^2 + 140x + 7 \qquad (1)$$

Portanto, $f \rho g$.

PROBLEMA PRÁTICO 40

a. Verifique a desigualdade na Equação (1) para os seguintes valores de x: 2, 3, 4, 5. (Use uma calculadora.)
b. No Exemplo 44, n_0 poderá ter valor 1 se c_1 e c_2 permanecerem os mesmos?
c. Encontre um conjunto diferente de três valores n_0, c_1 e c_2 que também mostram que $f \rho g$ no Exemplo 44. ■

A relação ρ é uma relação de equivalência em S. Por exemplo, para provar que $f \rho f$, escolhemos $n_0 = c_1 = c_2 = 1$ e obtemos

$$(1)f(x) \leq f(x) \leq (1)f(x)$$

PROBLEMA PRÁTICO 41

a. Prove que ρ é simétrica.
b. Prove que ρ é transitiva. ■

Dado que ρ é uma relação de equivalência, ela divide S em classes de equivalência. Se f está na mesma classe que g, então dizemos que f tem a mesma ordem de grandeza do que g, denotamos por $f = \Theta(g)$ e lemos "f é **da ordem** de g". Devido à simetria, isso significa também que g tem a mesma ordem de grandeza que f, ou $g = \Theta(f)$. (A notação $f = \Theta(g)$ é um abuso de notação, já que $\Theta(g)$ não é alguma função idêntica a f. É, simplesmente, uma abreviação do fato de que $f \in [g]$ sob a relação de equivalência ρ definida anteriormente.)

DEFINIÇÃO ORDEM DE GRANDEZA

Sejam f e g funções dos reais não negativos nos reais não negativos. Então f tem a mesma ordem de grandeza do que g, denotado por $f = \Theta(g)$, se existem constantes positivas n_0, c_1 e c_2 tais que, se $x \geq n_0$, então $c_1 g(x) \leq f(x) \leq c_2 g(x)$.

Em geral, tentaremos encontrar o representante mais simples de determinada classe de equivalência. Assim, para as funções f e g do Exemplo 44, diríamos que $f = \Theta(x^2)$ e que $g = \Theta(x^2)$. Um polinômio sempre tem a mesma ordem de grandeza do seu monômio de maior grau; os monômios de menor grau e todos os coeficientes podem ser ignorados. Isso não é nenhuma surpresa, já que o monômio de maior grau dominará o resultado.

PROBLEMA PRÁTICO 42 Prove (encontrando constantes apropriadas que satisfaçam a definição de ordem de grandeza) que $f = \Theta(x^2)$ e que $g = \Theta(x^2)$, para as funções f e g do Exemplo 44. ■

Para compreender de maneira mais intuitiva o significado dessas classes de equivalência, vamos desenhar alguns gráficos. Seja $h(x) \in S$, em que $h(x) = x^2$. A Figura 5.25 mostra o gráfico de $h(x)$. Suponha, agora, que multiplicamos os valores de h por duas constantes, $c_1 = 1/2$ e $c_2 = 2$. As funções $c_1h(x)$ e $c_2h(x)$ aparecem na Figura 5.26 como linhas tracejadas. Essas linhas tracejadas formam uma espécie de envelope em torno dos valores de $h(x)$, tendo, aproximadamente, a mesma forma que $h(x)$. Uma mudança nos valores das constantes muda a largura do envelope, mas não a forma básica. Se $h_1(x)$ é uma função tal que $h_1(x) = \Theta(h)$, então existem uma constante positiva n_0 e algum envelope em torno de $h(x)$ tal que, para todos os valores do domínio à direita de n_0, os valores de h_1 caem dentro desse envelope, como ilustrado na Figura 5.27. Portanto, os valores de h_1 nunca podem ficar longe demais dos valores de h. As funções h_1 e h são, aproximadamente, do mesmo "tamanho" — elas têm a mesma ordem de grandeza.

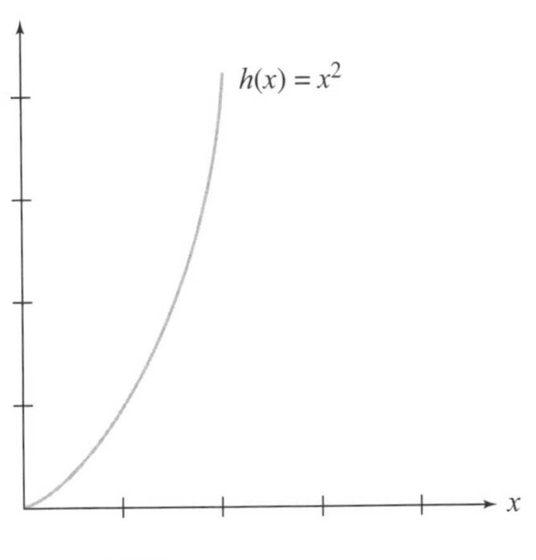

Figura 5.25

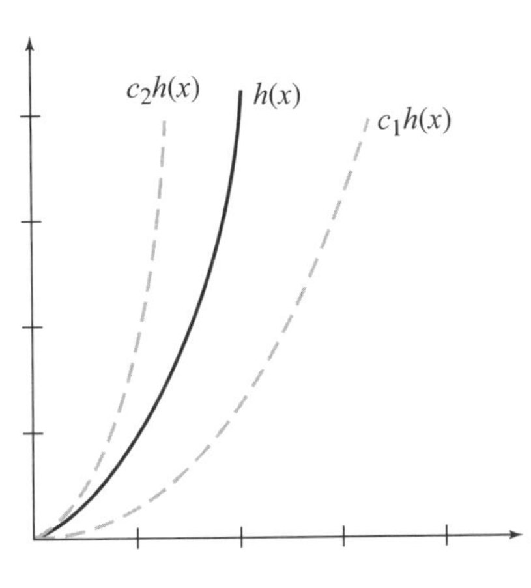

Figura 5.26

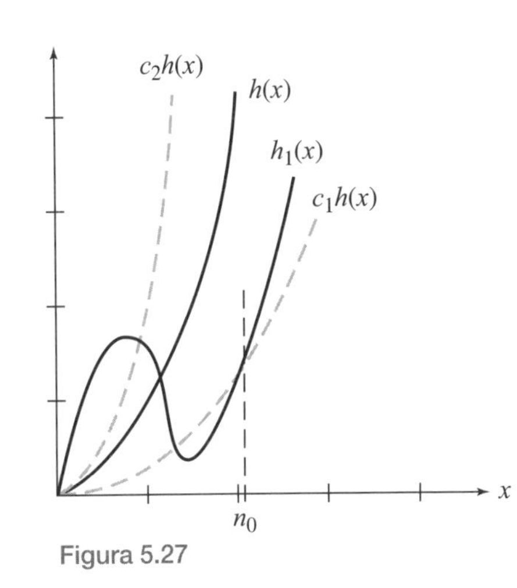

Figura 5.27

EXEMPLO 45 Sejam $f(x) = x$ e $h(x) = x^2$. A Figura 5.28 ilustra que, para as constantes $c_1 = 1/2$ e $c_2 = 2$, f logo cai abaixo do envelope. Reduzir a constante c_1 (baixando a parte debaixo do envelope) apenas adia o problema. Formalmente, podemos provar por absurdo que f não é $\Theta(x^2)$. Suponha que $f = \Theta(x^2)$. Então, existem constantes n_0 e c_1 tais que $c_1x^2 \leq f(x)$ para $x \geq n_0$. Mas isso implicaria que $c_1x^2 \leq x$ ou $c_1x \leq 1$ ou $x \leq 1/c_1$ para todo $x \geq n_0$. Como c_1 é fixo, sempre podemos escolher x suficientemente grande de modo que $x > 1/c_1$, uma contradição. Portanto, f não é $\Theta(x^2)$.

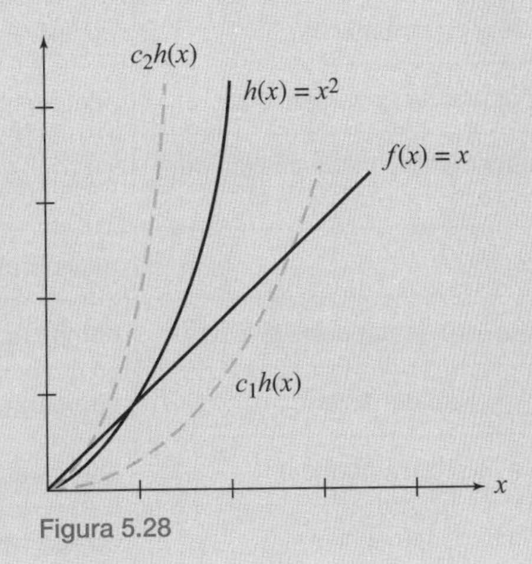

Figura 5.28

Se imaginarmos funções representando diversos meios de transporte, então funções de mesma ordem de grandeza (pertencentes à mesma classe de equivalência) representam o mesmo meio de transporte. Uma classe representa andar a pé, outra, andar de carro, uma terceira, de avião. As velocidades dentro de uma mesma modalidade são aproximadamente iguais; ignorar os coeficientes e os monômios de menor grau é o mesmo que ignorar a diferença entre andar e correr, ou entre um jipe e um Jaguar, ou entre um Cessna e um Boeing 787. Andar (a qualquer velocidade) é muito diferente de dirigir, que é muito diferente de voar.

Podemos imaginar uma hierarquia de ordens de grandeza. Por exemplo, a classe $\Theta(x)$ tem ordem de grandeza menor do que $\Theta(x^2)$, pois as funções que são $\Theta(x)$ acabam ficando abaixo das que são $\Theta(x^2)$. Além disso, a classe $\Theta(\log x)$ tem ordem de grandeza menor do que $\Theta(x)$ (veja o Exercício 15 ao final desta seção). Na nossa analogia sobre meios de transporte, andar é mais lento do que dirigir, que é mais lento do que voar.

Pode-se desenvolver uma espécie de aritmética usando ordens de grandeza. Por exemplo, se $f_1(x) = x$ e $f_2(x) = x^2$, então a função $(f_1 + f_2)(x) = f_1(x) + f_2(x) = x + x^2 = \Theta(x^2)$. Em geral, se $f_1 = \Theta(g_1)$ e $f_2 = \Theta(g_2)$, então $f_1 + f_2 = \Theta(\text{máx}(g_1, g_2))$ (veja o Exercício 8). Expressando essa propriedade de forma abreviada, obtemos equações um tanto bizarras, como $\Theta(x) + \Theta(x^2) = \Theta(x^2)$ ou $\Theta(x^2) + \Theta(x^2) = \Theta(x^2)$.

Mais sobre Análise de Algoritmos

A ordem de grandeza é importante na análise de algoritmos, que discutimos na Seção 3.3. Ao analisar um algoritmo, identificamos as tarefas importantes executadas por ele. Em geral, o número de vezes que tais tarefas serão executadas depende do tamanho dos dados de entrada. Por exemplo, procurar em uma lista de n elementos ou ordenar uma lista de n elementos vai ficar cada vez mais trabalhoso à medida que n cresce. Tipicamente, podemos expressar o tamanho dos dados de entrada como um inteiro não negativo, de modo que as funções que expressam a quantidade de trabalho vão ter domínio $\mathbb{N}$. Vimos, na Seção 3.3, que uma busca sequencial entre n elementos necessita de n comparações no pior caso, enquanto uma busca binária precisa de $1 + \log n$ comparações no pior caso (supondo que n é uma potência de 2). Em vez de calcular as funções exatas para a quantidade de trabalho executado, é mais fácil, e muitas vezes tão útil quanto, usar a informação sobre ordem de grandeza. Busca sequencial é $\Theta(n)$ e busca binária é $\Theta(\log n)$ no pior caso. Assim, a busca binária é uma melhora em ordem de grandeza sobre a busca sequencial. A ordem de grandeza de um algoritmo também é conhecida como sua *complexidade computacional*, pois reflete a quantidade de trabalho inerente ao algoritmo. A Tabela 5.3 mostra um resumo da ordem de grandeza no pior caso para os algoritmos discutidos no texto e nos exercícios da Seção 3.3.

TABELA 5.3

Algoritmo	Operação	Ordem de Grandeza do Pior Caso
BuscaSequencial em uma lista de tamanho n	comparações	$\Theta(n)$
BuscaBinária em uma lista ordenada de tamanho n	comparações	$\Theta(\log n)$
Busca de um padrão de comprimento m em um texto de comprimento n	comparações	$\Theta(mn)$
Cálculo de um polinômio de grau n	multiplicações e somas	$\Theta(n)$
OrdenaçãoPorBolhas de uma lista de tamanho n	comparações	$\Theta(n^2)$
OrdenaçãoPorSeleção de uma lista de tamanho n	comparações	$\Theta(n^2)$
OrdenaçãoPorFusão de uma lista de tamanho n	comparações	$\Theta(n \log n)$
OrdenaçãoRápida de uma lista de tamanho n	comparações	$\Theta(n^2)$

Para entender o efeito da ordem de grandeza na análise de algoritmos, suponha que temos dois algoritmos, A e A', que fazem a mesma coisa, mas diferem em ordem de grandeza; digamos que A é $\Theta(n)$ e que A' é $\Theta(n^2)$. Mesmo que cada passo nos cálculos leve apenas 0,0001 segundo, essa diferença vai afetar o tempo total de computação quando n vai ficando maior. As duas primeiras linhas da Tabela 5.4 fornecem o tempo total de computação de A e de A' para diversos valores de tamanho dos dados. Suponha, agora, que existe um terceiro algoritmo A'' cuja ordem de grandeza não é polinomial, mas uma função exponencial, digamos 2^n. Os tempos totais de computação para A'' estão ilustrados na terceira linha da Tabela 5.4.

TABELA 5.4

Tempo Total de Computação				
		Tamanho dos Dados de Entrada n		
Algoritmo	**Ordem**	**10**	**50**	**100**
A	n	0,001 segundo	0,005 segundo	0,01 segundo
A'	n^2	0,01 segundo	0,25 segundo	1 segundo
A''	2^n	0,1024 segundo	3570 anos	4×10^{16} séculos

Observe que o caso exponencial cresce a uma taxa fantástica! Mesmo supondo que cada cálculo leva muito menos do que 0,0001 segundo, as taxas de crescimento relativas entre as funções polinomial e exponencial ainda seguem esse mesmo padrão. Devido a essa imensa taxa de crescimento, algoritmos que não são de ordem polinomial são, em geral, inúteis para valores grandes de n. De fato, problemas para os quais não existe algoritmo em tempo polinomial são ditos **intratáveis**.

Algumas vezes algoritmos que não são polinomiais no pior caso ainda podem ser eficientes — e úteis — em casos de dados de entrada "médios".[2] Não obstante, ao tentar melhorar a eficiência, deveríamos perguntar se existe um algoritmo diferente com ordem de grandeza menor, antes de nos preocuparmos com os detalhes de ajuste fino para um algoritmo dado.

Se $f(n)$ representar o trabalho executado por um algoritmo com dados de entrada de tamanho n, poderá ser difícil encontrar uma função simples g tal que $f = \Theta(g)$. Lembre-se de que, se encontrarmos tal g, f e g são funções que acabarão ficando (para n suficientemente grande) com aproximadamente a mesma forma. Mas podemos ainda ser capazes de encontrar uma função g que sirva como uma cota superior para f. Em outras palavras, embora f possa não ter a mesma forma que g, f nunca vai crescer significativamente mais rápido do que g. Formalmente, isso é expresso por $f = O(g)$ ("f é O grande de g").

DEFINIÇÃO O GRANDE

Sejam f e g funções dos reais não negativos nos reais não negativos. Então f será **O grande** de g, denotado por $f = O(g)$, se existirem constantes positivas n_0 e c tais que para $x \geq n_0$, $f(x) \leq cg(x)$.

Se $f = O(g)$, então g é uma cota superior para f e nos dá uma ilustração do pior caso para o crescimento de f. Na Seção 3.3, vimos que, se $E(n)$ é o número de divisões necessárias para o algoritmo de Euclides encontrar mdc(a, b), em que $b < a = n$, então $E(n) = O(\log n)$.

[2]Esse é o caso do bem conhecido *método simplexo* para a resolução de problemas de programação linear, que são generalizações de sistemas de equações lineares para sistemas de desigualdades — veja a Seção 5.7.

A notação O grande $f = O(g)$ diz que f cresce à mesma taxa ou a uma taxa menor do que g. Mas, se soubermos que f cresce a uma taxa menor, podemos dizer algo mais forte, que f é **o pequeno** de g, denotado por $f = o(g)$. A relação entre o O grande e o pequeno é a seguinte: se $f = O(g)$, então $f = \Theta(g)$ ou $f = o(g)$, o que é semelhante a dizer que $a \leq b$ ou $a = b$ se $a < b$.

O Teorema Mestre*

Na Seção 3.2, aprendemos que uma solução para uma relação de recorrência do tipo dividir para conquistar da forma

$$S(n) = cS\left(\frac{n}{2}\right) + g(n) \text{ para } n \geq 2, n = 2^m$$

é dada por

$$S(n) = c^{\log n}S(1) + \sum_{i=1}^{\log n} c^{(\log n)-i} g(2^i)$$

Esse tipo de relação de recorrência aparece na análise de um algoritmo que divide os dados e entrada ao meio e opera de maneira recursiva em uma ou nas duas metades. Uma relação de recorrência mais geral do tipo dividir para conquistar divide os dados de entrada em subproblemas, todos de tamanho n/b, e depois opera em a desses subproblemas de maneira recursiva. Cada subproblema requer um trabalho de $S(n/b)$ unidades, com $g(n)$ representando o trabalho necessário para dividir o problema em subproblemas ou para recombinar os resultados obtidos na resolução dos subproblemas. Tal relação de recorrência teria a fórmula

$$S(n) = aS\left(\frac{n}{b}\right) + g(n) \text{ para } n \geq 2, n = b^m \tag{2}$$

Supomos que n é uma potência inteira de b, de modo que a divisão de n por b diversas vezes sempre resulta em um inteiro.

Um resultado, conhecido como *teorema mestre*, nos dá a ordem de grandeza do resultado por uma fórmula no caso em que $g(n) = n^c$. Assim, suponha que a relação de recorrência de interesse é da forma[3]

$$S(n) = aS\left(\frac{n}{b}\right) + n^c \text{ para } n \geq 2, n = b^m \tag{3}$$

TEOREMA TEOREMA MESTRE

Considere a relação de recorrência

$$S(1) \geq 0$$

$$S(n) = aS\left(\frac{n}{b}\right) + n^c \text{ para } n \geq 2$$

em que $n = b^m$, a e b são inteiros, $a \geq 1$, $b > 1$ e c é um número real não negativo. Então

1. se $a < b^c$ $\quad S(n) = \Theta(n^c)$
2. se $a = b^c$ $\quad S(n) = \Theta(n^c \log n)$
3. se $a > b^c$ $\quad S(n) = \Theta(n^{\log_b a})$

*Alguns autores usam o termo em inglês, Teorema Master. (N.T.)

[3]Um teorema mestre mais complicado fornece resultados semelhantes para o caso da Equação (2).

EXEMPLO 46 Uma relação de recorrência da forma

$$S(n) = 4S\left(\frac{n}{5}\right) + n^3 \text{ para } n \geq 2, n = 5^m$$

é da mesma forma que a relação de recorrência no teorema mestre com $a = 4$, $b = 5$ e $c = 3$. Como $4 < 5^3$, o Caso 1 do teorema mestre pode ser aplicado para se obter que $S(n) = \Theta(n^3)$.

Note que o teorema mestre não fornece soluções exatas, apenas ordem de grandeza dos resultados. Além disso, o valor de $S(1)$ (uma constante) não tem nada a ver com a determinação do resultado.

EXEMPLO 47 A relação de recorrência para o pior caso nas comparações feitas pelo algoritmo *BuscaBinária* em uma lista ordenada de tamanho n (Exemplo 30 no Capítulo 3) é

$$C(1) = 1$$

$$C(n) = C\left(\frac{n}{2}\right) + 1 \text{ para } n \geq 2, n = 2^m$$

A solução exata é $C(n) = 1 + \log n$, que é certamente $\Theta(\log n)$. Podemos obter esse resultado diretamente do teorema mestre com $a = 1$, $b = 2$ e $c = 0$. Como $a = b^c$, $C(n) = \Theta(n^0 \log n) = \Theta(\log n)$.

Demonstração do Teorema Mestre

Para provar o teorema mestre, vamos voltar à técnica de expansão. Aplicamos a "receita" da Equação (3) diversas vezes. A receita é que S em algum valor é a vezes S naquele valor dividido por b mais aquele valor elevado à potência c. Então

$$\begin{aligned} S(n) &= aS\left(\frac{n}{b}\right) + n^c \\ &= a\left[aS\left(\frac{n}{b^2}\right) + \left(\frac{n}{b}\right)^c\right] + n^c = a^2S\left(\frac{n}{b^2}\right) + a\left(\frac{n}{b}\right)^c + n^c \\ &= a^2\left[aS\left(\frac{n}{b^3}\right) + \left(\frac{n}{b^2}\right)^c\right] + a\left(\frac{n}{b}\right)^c + n^c = a^3S\left(\frac{n}{b^3}\right) + a^2\left(\frac{n}{b^2}\right)^c + a\left(\frac{n}{b}\right)^c + n^c \\ &\vdots \\ &= a^kS\left(\frac{n}{b^k}\right) + a^{k-1}\left(\frac{n}{b^{k-1}}\right)^c + \cdots + a\left(\frac{n}{b}\right)^c + n^c \end{aligned}$$

Essa expansão tem que parar quando $n/b^k = 1$, ou $n = b^k$, o que significa que $k = m$. Nesse ponto, usando a notação de somatório,

$$\begin{aligned} S(n) &= a^mS(1) + \sum_{i=0}^{m-1} a^i\left(\frac{n}{b^i}\right)^c \\ &= a^mS(1) + \sum_{i=0}^{m-1} n^c\left(\frac{a^i}{b^{ci}}\right) \\ &= a^mS(1) + n^c\sum_{i=0}^{m-1}\left(\frac{a}{b^c}\right)^i \end{aligned} \quad (4)$$

Como $n = b^m$, segue que $m = \log_b n$, de modo que a Equação (4) pode ser escrita como

$$S(n) = a^{\log_b n}S(1) + n^c \sum_{i=0}^{m-1} \left(\frac{a}{b^c}\right)^i$$

e essa equação, por sua vez, usando a propriedade 11 da função logaritmo (veja o Apêndice C), pode ser escrita como

$$S(n) = n^{\log_b a}S(1) + n^c \sum_{i=0}^{m-1} \left(\frac{a}{b^c}\right)^i \tag{5}$$

Veremos a expressão $\log_b a$ com tanta frequência que vamos, temporariamente, dar-lhe um nome mais curto: seja $w = \log_b a$. Então, expandindo o somatório, a Equação (5) pode ser escrita como

$$S(n) = n^w S(1) + n^c \left[1 + \left(\frac{a}{b^c}\right) + \left(\frac{a}{b^c}\right)^2 + \cdots + \left(\frac{a}{b^c}\right)^{m-1}\right]$$

Podemos ver que a expressão entre colchetes representa a soma dos m primeiros termos de uma progressão geométrica com primeiro termo igual a 1 e razão r igual a (a/b^c). Se $r \neq 1$, essa soma (veja o Exercício 27 na Seção 2.2) tem o valor

$$\frac{1 - \left(\frac{a}{b^c}\right)^m}{1 - \left(\frac{a}{b^c}\right)}$$

e

$$S(n) = n^w S(1) + n^c \left[\frac{1 - \left(\frac{a}{b^c}\right)^m}{1 - \left(\frac{a}{b^c}\right)}\right] \tag{6}$$

A condição $r \neq 1$ significa que $(a/b^c) \neq 1$ ou $a \neq b^c$. Isso significa que a Equação (6) é válida para o Caso 1 e o Caso 3 do teorema mestre, de modo que, para provar esses dois casos, precisaremos usar um pouco de álgebra na Equação (6).

Em primeiro lugar, note que

$$n^c\left(\frac{a}{b^c}\right)^m = n^c\left(\frac{a}{b^c}\right)^{\log_b n} = \frac{n^c a^{\log_b n}}{b^{c \log_b n}} = \frac{n^c n^{\log_b a}}{b^{\log_b n^c}} = \frac{n^c n^{\log_b a}}{n^c} = n^{\log_b a} = n^w$$

de modo que a Equação (6) fica

$$S(n) = n^w S(1) + \frac{n^c - n^c\left(\frac{a}{b^c}\right)^m}{\frac{b^c - a}{b^c}} = n^w S(1) + \frac{b^c(n^c - n^w)}{b^c - a}$$

ou

$$S(n) = n^w S(1) + \frac{b^c}{b^c - a}n^c + \frac{b^c}{a - b^c}n^w \tag{7}$$

Caso 1: $a < b^c$. De $a < b^c$, obtemos (aplicando o $\log_b$ dos dois lados)

$$\log_b a < c \text{ ou } w < c$$

Na expressão à direita da Equação (7), n^c é o termo de maior potência e tem coeficiente positivo (já que $b^c - a > 0$). Logo, $S(n) = \Theta(n^c)$.

Caso 3: $a > b^c$. De $a > b^c$, obtemos (aplicando o $\log_b$ dos dois lados)

$$\log_b a > c \text{ ou } w > c$$

Na expressão à direita da Equação (7), n^w é o termo de maior potência e tem coeficiente positivo (já que $a - b^c > 0$). Logo, $S(n) = \Theta(n^w) = \Theta(n^{\log_b a})$.

Caso 2: $a = b^c$. Esse é um caso fácil de mostrar e fica a cargo do leitor (veja o Exercício 28).

SEÇÃO 5.5 REVISÃO

TÉCNICAS

- Verificação se duas funções têm a mesma ordem de grandeza.
- Utilização do teorema mestre para encontrar a ordem de grandeza para a solução de determinadas relações de recorrência do tipo dividir para conquistar.

IDEIAS PRINCIPAIS

- Funções podem ser agrupadas em classes de equivalência de acordo com suas ordens de grandeza, o que é uma medida da taxa de seu crescimento.
- Teta grande, O grande e o pequeno (Θ, O, o) são notações que relacionam as taxas de crescimento de duas funções.

EXERCÍCIOS 5.5

1. Encontre constantes que satisfazem a definição de ordem de grandeza para provar que, se $f(x) = x$ e $g(x) = 17x + 1$, então $f = \Theta(g)$.
2. Encontre constantes que satisfazem a definição de ordem de grandeza para provar que, se $f(x) = 3x^3 - 7x$ e $g(x) = x^3/2$, então $f = \Theta(g)$.
3. Encontre constantes que satisfazem a definição de ordem de grandeza para provar que, se $f(x) = 29x^2 - 4x - 15$ e $g(x) = 15x^2 + x$, então $f = \Theta(g)$.
4. Encontre constantes que satisfazem a definição de ordem de grandeza para provar que, se $f(x) = \sqrt{x + 100}$ e $g(x) = \sqrt{x}$, então $f = \Theta(g)$.
5. Encontre constantes que satisfazem a definição de ordem de grandeza para provar que, se $f(x) = x^3 + \log x$ e $g(x) = x^3$, então $f = \Theta(g)$.
6. Encontre constantes que satisfazem a definição de ordem de grandeza para provar que, se $f(x) = \log(3x^2)$ e $g(x) = \log x$, então $f = \Theta(g)$.
7. Nesta seção, observamos que $h_1 = \Theta(h)$ implica que, a partir de certo ponto, h_1 fica dentro de um "envelope" de h. Esse envelope pode estar inteiramente acima ou inteiramente abaixo de h? Explique.
8. Prove que, se f_1 for uma função que é $\Theta(g_1)$ e f_2 for uma função que é $\Theta(g_2)$, então $f_1 + f_2$ será $\Theta(\text{máx}(g_1, g_2))$, onde $(f_1 + f_2)(x) = f_1(x) + f_2(x)$ e $(\text{máx}(g_1, g_2))(x) = \text{máx}(g_1(x), g_2(x))$.
9. Encontre o menor inteiro n para o qual $x \log x$ é $O(x^n)$.
10. Encontre o menor inteiro n para o qual $(x^4 + 4x)/(x + 2)$ é $O(x^n)$.

Os Exercícios 11 a 18 requerem alguma familiaridade com as ideias de cálculo. Como uma alternativa para a definição de ordem de grandeza, pode-se usar um teste envolvendo um limite para provar que $f = \Theta(g)$:

$$f = \Theta(g) \text{ se } \lim_{x\to\infty} \frac{f(x)}{g(x)} = p \qquad \text{em que } p \text{ é um número real positivo}$$

Como auxílio para calcular o limite de um quociente, se $\lim_{x\to\infty} f(x) = \infty$, $\lim_{x\to\infty} g(x) = \infty$ e f e g são diferenciáveis, a regra de L'Hôpital diz que

$$\lim_{x\to\infty} \frac{f(x)}{g(x)} = \lim_{x\to\infty} \frac{f'(x)}{g'(x)}$$

Logo, $2x^2 + 7 = \Theta(x^2)$, pois

$$\lim_{x\to\infty} \frac{2x^2 + 7}{x^2} = \lim_{x\to\infty} \frac{4x}{2x} = 2$$

11. Use o teste do limite para refazer o Exercício 1.
12. Use o teste do limite para refazer o Exercício 2.

Como outro teste de limite, se

$$\lim_{x\to\infty} \frac{f(x)}{g(x)} = 0$$

então $f = o(g)$.

13. Use o segundo teste de limite para provar que $x = o(x^2)$.
14. Use o segundo teste de limite para provar que $\sqrt{x} = o(x)$
15. Use o segundo teste de limite para provar que $\log x = o(x)$.
16. Use o segundo teste de limite para provar que $(\ln x)^2 = o(x^{0,5})$, em que $\ln x$ é o logaritmo neperiano de x, $\log_e x$.
17. Use ambos os testes de limite para agrupar as funções a seguir em classes por ordem de grandeza e ordene essas classes. Aqui $\ln x$ é o logaritmo neperiano de x, $\log_e x$.

$$17\,x \log x,\ 200 \log x,\ 2^x - x^2,\ \sqrt[4]{x},\ 10x^2 - 3x + 5,\ 420x,\ 41 \ln x^2$$

18. Use ambos os testes de limite para agrupar as funções a seguir em classes por ordem de grandeza e ordene essas classes. Aqui $\ln x$ é o logaritmo natural de x, $\log_e x$.

$$x,\ \sqrt{x},\ \log x,\ x^3,\ x \log x,\ 2x^3 + x,\ e^x,\ (\log x)^2,\ \ln x,\ x^3 + \log x$$

19. Você pergunta para três pessoas diferentes para lhe dar a ordem de grandeza para o trabalho de um algoritmo particular para uma entrada de tamanho n. Você recebe três respostas:
    i. $O(n^3)$
    ii. $o(n^3)$
    iii. $\Theta(n^2)$

    Qual é a mais útil, e por quê?
20. Um algoritmo para determinar se uma fbf proposicional com n letras de proposição é uma tautologia funciona atribuindo todos os conjuntos de valores lógicos possíveis às letras, uma de cada vez. A unidade de trabalho para esse algoritmo é a análise de um conjunto de valores lógicos. Explique por que esse algoritmo é $\Theta(2^n)$ no pior caso.

Para os Exercícios 21 a 26, use o teorema mestre para determinar a ordem de grandeza para o trabalho efetuado.

21. $S(n) = 2S\left(\frac{n}{4}\right) + n^2$
22. $S(n) = 4S\left(\frac{n}{3}\right) + n$
23. $S(n) = 4S\left(\frac{n}{4}\right) + n$
24. $S(n) = 4S\left(\frac{n}{2}\right) + n^2$

25. $S(n) = 3S\left(\dfrac{n}{3}\right) + \sqrt{n}$

26. $S(n) = 2S\left(\dfrac{n}{2}\right) + n^3$

27. A relação de recorrência para o pior caso nas comparações feitas pelo algoritmo *OrdenaçãoPorFusão* é

$$C(1) = 0$$
$$C(n) = 2C\left(\frac{n}{2}\right) + (n - 1) \text{ para } n \geq 2, n = 2^m$$

a. Use o teorema mestre para encontrar a ordem de grandeza para a solução da relação de recorrência relacionada

$$C'(n) = 2C'\left(\frac{n}{2}\right) + n \text{ para } n \geq 2, n = 2^m$$

b. Compare o resultado do item (a) com a solução exata de $C(n)$ (Exercício 22 da Seção 3.3).

28. Prove o teorema mestre para o caso em que $a = b^c$. (*Sugestão*: Comece com a Equação (5). Lembre-se, também, de que uma mudança de base de logaritmos envolve apenas multiplicação por uma constante.)

SEÇÃO 5.6 A PODEROSA FUNÇÃO MOD

Na Seção 5.4, definimos a função módulo n da seguinte maneira:

Se $x = qn + r$, $0 \leq r < n$, então $x \bmod n = r$.

Em outras palavras, x mod n será o resto não negativo (também chamado de **resíduo de *x* módulo *n***) quando x for dividido pelo inteiro positivo n. Essa função aparentemente inócua tem um número surpreendente de aplicações, algumas das quais serão exploradas nesta seção.

EXEMPLO 48

Os militares americanos marcam o tempo usando 24 horas, com as horas variando de 0 a 23. Meia hora antes de meia-noite para os militares é 23:30. Os civis americanos costumam marcar o tempo usando 12 horas; diferenciam a manhã e a tarde usando AM (do latim *ante meridiem*, antes do meio-dia) para a manhã e PM (*post meridiem*) para a tarde. Meia hora antes de meia-noite para os civis é 11:30 PM. A conversão do horário militar para o horário civil usa uma função módulo 12:

8:00 no horário militar:	Calcule 8 mod 12 = 8, obtendo 8:00 AM no horário civil
16:00 no horário militar:	Calcule 16 mod 12 = 4, obtendo 4:00 PM no horário civil

O sufixo AM ou PM é determinado pelo quociente na divisão, que pode ser 0 (AM) ou 1 (PM). A contagem módulo 12 começa em 0 e recomeça quando se atinge 12:

$$0, 1, 2, 3, 4, 5, 6, 7, 8, 9, 10, 11, 0, 1, 2, 3, \ldots$$

Esse sistema de contagem é ensinado para crianças pequenas algumas vezes como "aritmética do relógio".

Na Seção 5.1 foi definida uma relação de equivalência chamada de congruência módulo n:

$$x \equiv y \pmod{n} \text{ se } x - y \text{ para um multíplo inteiro de } n.$$

Dada a terminologia, é de se esperar que a congruência módulo n e a função módulo n estejam relacionadas.

PROBLEMA PRÁTICO 43

a. Prove que $x \equiv y \pmod{n}$ se e somente se $(x - y) \bmod n = 0$.
b. Prove que $x \equiv y \pmod{n}$ se e somente se $x \bmod n = y \bmod n$. ■

Os exercícios no final desta seção mostram como algumas operações aritméticas usando mod n podem ser divididas em etapas para simplificar os cálculos. Um desses resultados (Exercício 7) é particularmente útil:

$$(x \cdot y) \bmod n = (x \bmod n \cdot y \bmod n) \bmod n \qquad (1)$$

Pela Equação (1),

$$220 \bmod 6 = (22 \bmod 6 \cdot 10 \bmod 6) \bmod 6 = (4 \cdot 4) \bmod 6 = 16 \bmod 6 = 4$$

Além disso, programas de planilhas contêm, em geral, uma função mod para acelerar os cálculos.

Dispersão

Uma **função de dispersão*** é uma função h: $S \rightarrow T$ tal que o domínio S é um conjunto de cadeias de texto ou valores inteiros e o contradomínio T é o conjunto de inteiros $\{0, 1, \ldots, t - 1\}$, em que t é algum inteiro positivo relativamente pequeno. Se o domínio S consistir em cadeias de textos, podemos imaginá-las codificadas de alguma forma como valores inteiros, talvez por um algoritmo tão simples como o que converte cada letra individual em uma cadeia de texto em sua posição no alfabeto ($a = 1$, $b = 2$ e assim por diante) e depois soma a lista de inteiros resultante para obter um valor inteiro. Podemos, então, começar supondo que S consiste em valores inteiros.

A função h, portanto, leva um conjunto possivelmente grande de inteiros S em uma janela relativamente pequena de valores inteiros T. Logo, h não deve ser uma função injetora, já que podem existir muitos valores $x_1, x_2, x_3, \ldots$ em S tais que $h(x_1) = h(x_2) = h(x_3)$; nesse caso, dizemos que o valor da função foi "dispersado" para x_1, x_2, x_3. Seja o que for que a função $h(x)$ faça com x, o último passo é quase sempre aplicar a função mod t para que o resultado final caia no contradomínio $\{0, 1, \ldots, t - 1\}$.

EXEMPLO 49 S é um conjunto de inteiros positivos, T é o conjunto de inteiros $\{0, 1, \ldots, t - 1\}$ e a função de dispersão h é dada por

$$h(x) = x \bmod t$$

Se $t = 10$, por exemplo, então os valores são calculados módulo 10:

$$h(7) = 7 \bmod 10 = 7$$
$$h(23) = 23 \bmod 10 = 3$$
$$h(59) = 59 \bmod 10 = 9$$
$$h(158) = 158 \bmod 10 = 8$$
$$h(48) = 48 \bmod 10 = 8$$

Aqui o valor 8 foi dispersado para 158 e 48. ●

*Muitas pessoas usam o nome em inglês, função *hash*. (N.T.)

Uma função de dispersão é usada com frequência em um algoritmo de busca. Já discutimos dois algoritmos de busca. Na busca sequencial, n elementos estão armazenados em uma lista não ordenada (aleatória) e um valor alvo dado é comparado com todos os elementos da lista, um por um. Na busca binária, n elementos estão armazenados em uma lista ordenada. O valor alvo dado é comparado com o ponto do meio da lista, depois com o ponto do meio de uma das metades da lista e assim por diante. Em uma busca usando uma função de dispersão, n elementos estão armazenados em um array (uma tabela unidimensional) chamado de **tabela de dispersão**, com o array indexado de 0 a $t - 1$; a tabela tem tamanho t. O elemento x é passado como argumento da função de dispersão, e o valor $h(x)$ resultante fornece o índice no array onde o elemento é armazenado. Mais tarde, quando é feita uma busca, o valor alvo é passado pela mesma função de dispersão, fornecendo um índice para o local na tabela de dispersão, onde o elemento alvo será procurado.

No entanto, como a função de dispersão não é injetora, as coisas não são tão simples. Quando a lista é armazenada na tabela de dispersão através da mesma função de dispersão, valores diferentes podem cair no mesmo índice do array, produzindo uma **colisão**. Existem diversos algoritmos disponíveis para a resolução de colisões. Um deles é chamado de **sondagem linear** — simplesmente continue percorrendo o array (voltando para o topo quando chegar no final embaixo) e armazene o elemento x no próximo local disponível. Outro método, chamado de método de **encadeamento**, constrói uma lista encadeada para cada índice do array; inicialmente, a lista está vazia, mas ao final conterá todos os elementos dispersados por aquele valor de índice.

EXEMPLO 50

Usando a função de dispersão do Exemplo 49, os elementos 7, 23, 59, 158 e 48 são colocados em ordem na tabela de dispersão. O tamanho da tabela de dispersão é igual ao módulo usado (10). Com sondagem linear, a tabela de dispersão resultante fica como a da Figura 5.29(a); 48 vai para o índice 8 (ocupado), tenta o índice 9 (ocupado) e finalmente encontra um lugar livre no índice 0. Com encadeamento, supondo que os elementos são adicionados na frente da lista encadeada, a tabela de dispersão fica como a da Figura 5.29(b).

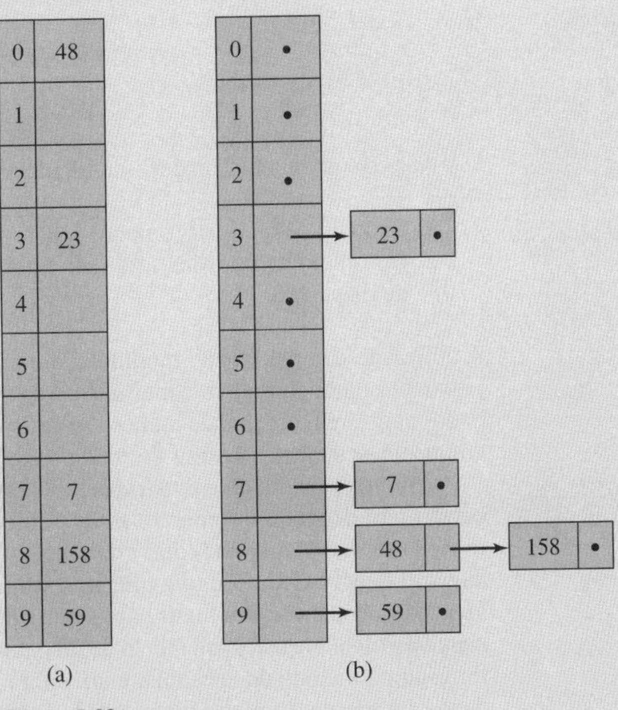

Figura 5.29

Depois da construção da tabela de dispersão, podemos efetuar a busca para elementos alvos. Para buscar o elemento alvo 48, o esquema linear de resolução de colisões repetiria os passos usados para armazenar 48 — procura no índice 8 dado pela função de dispersão, depois procura no índice 9 e depois no índice 0, onde o elemento é encontrado. O elemento seria comparado com três valores diferentes (158, 59, 48) até ser encontrado. Para buscar o alvo 68, a função de dispersão mandaria primeiro para o índice 8 (não é o elemento); então os elementos nos índices 9 e 0 também seriam verificados. Avançando para o índice 1, a tabela de dispersão contém um espaço vazio, de modo que a busca é concluída (depois de quatro comparações, contando a comparação com a célula vazia), com o resultado de que 68 não está armazenado na tabela de dispersão. O método de encadeamento para encontrar o valor alvo 48 começaria no índice 8 indicado pela função de dispersão e depois buscaria (sequencialmente) o elemento na lista encadeada resultante, encontrando o valor alvo no início da lista depois de uma comparação. Para buscar o valor alvo 68, o algoritmo de busca procuraria na mesma lista encadeada, mas chegaria ao final, concluindo que 68 não está armazenado na tabela de dispersão.

PROBLEMA PRÁTICO 44 Mostre as tabelas resultantes se 28 for o próximo valor a ser armazenado nas tabelas de dispersão das Figuras 5.29(a) e (b).

EXEMPLO 51 Registros de votação para os cidadãos em determinado distrito dos EUA são armazenados em uma tabela de dispersão de tamanho 197 usando o número da Previdência Social com um valor-chave (o valor que será usado pela função de dispersão). Usando uma função de dispersão módulo o tamanho da tabela de dispersão, o índice para se buscar primeiro pelos dados sobre um eleitor com número da Previdência Social

$$328356770$$

é

$$328356770 \bmod 197 = 125$$

Ao projetar uma função de dispersão deve-se ter em mente a manutenção de dois objetivos:

1. Dado um valor de argumento x, $h(x)$ pode ser calculado rapidamente.
2. O número de colisões será reduzido porque $h(x)$ distribui bem os valores na tabela de dispersão.

A utilização de uma função módulo como a função de dispersão contempla o primeiro objetivo. O segundo objetivo é mais difícil de ser alcançado, pois é sempre possível encontrar dados que gerem um grande número de colisões, mas a distribuição parece funcionar melhor em média se a tabela (o valor do módulo) for um número primo.

O número médio de comparações necessárias para se buscar um elemento usando dispersão não depende do número n de elementos na tabela de dispersão, mas depende da razão entre n e o tamanho total t da tabela. Se essa razão for pequena, então (usando sondagem linear) existirão muitos lugares vazios, de modo que você não precisará ir muito longe para encontrar um lugar para inserir um novo elemento na tabela ou para buscar um elemento alvo que esteja na tabela de dispersão. Analogamente, se a razão for pequena e se for usado o método de encadeamento, então o comprimento médio de qualquer lista encadeada em que você precise fazer uma busca (sequencial) deverá ser pequeno. Essa razão n/t é chamada de **fator de carga**. Na busca sequencial ou na busca binária, quanto maior for o número de elementos no conjunto em que é efetuada a busca, maior será o trabalho (número de comparações) necessário. Mas com o uso de dispersão podem ser buscados muitos ou poucos elementos com a mesma eficiência, desde que o fator de carga seja baixo.

Segurança Computacional

Segurança computacional (ou o termo mais geral, segurança da informação) é um tópico de interesse crítico, já que nossa economia, nossos interesses e, de fato, toda a nossa vida dependem tanto de computadores e de informação. A função mod aparece em muitos aspectos de segurança.

Criptografia

As crianças se divertem, muitas vezes, mandando "mensagens secretas" usando algum esquema de codificação/decodificação que conhecem e (acreditam) que seus pais desconhecem! No mundo adulto, informação militar, informação financeira e informação proprietária de companhias que precisam ser transmitidas secretamente usam o mesmo processo. A informação original (denominada **texto simples**) é criptografada usando uma chave criptográfica, resultando em um texto codificado denominado **texto cifrado**. O texto cifrado é transmitido e, ao ser recebido, pode ser decodificado usando-se a chave de decodificação correspondente. Codificação e decodificação são funções inversas no sentido de que

decodificação(codificação(texto simples)) = texto simples.

Se a mensagem for interceptada por alguém que não tenha a chave de decodificação, ela não terá utilidade alguma, a não ser que o código seja quebrado. **Criptografia** é o estudo dos vários esquemas de codificação/decodificação. O termo mais amplo, **criptologia**, inclui não só a criptografia, mas também as técnicas usadas para analisar e "quebrar" os códigos de mensagens cifradas. Um dos exemplos mais famosos de códigos que foram quebrados ocorreu durante a Segunda Guerra Mundial, quando um time de analistas ingleses, incluindo o matemático Alan Turing, trabalhando em Bletchley Park, conseguiu quebrar o código "Enigma", supostamente invencível, e decifrar os planos dos movimentos dos submarinos alemães.

O uso militar de técnicas de criptografia vem desde o tempo de Júlio César, que enviava mensagens para seus generais usando um código conhecido como **código de César**. Vamos supor que as mensagens em texto simples usam apenas as 26 letras maiúsculas do alfabeto, que espaços entre as palavras são suprimidos e que cada letra é levada, primeiro, em sua posição correspondente no alfabeto:

A	B	C	D	E	F	G	H	I	J	K	L	M	N	O	P	Q	R	S	T	U	V	W	X	Y	Z
0	1	2	3	4	5	6	7	8	9	10	11	12	13	14	15	16	17	18	19	20	21	22	23	24	25

Vamos denotar essa função bijetora por $g: \{A, \ldots, Z\} \to \{0, \ldots, 25\}$. Então o valor de uma chave inteira positiva k é escolhido de modo a deslocar cada número k posições para a direita voltando para o princípio de necessário (essa é a função mod). Finalmente, a função g^{-1} é aplicada para trazer de volta o resultado como uma letra. Isso produz o texto cifrado final c de caracteres que corresponde ao texto simples original p de caracteres. Informalmente, poderíamos calcular c de p diretamente, deslocando as letras k unidades para a direita de maneira circular, mas o uso de números permite que escrevamos uma função matemática para fazer a codificação e a decodificação algoritmicamente. A função codificadora é dada por

$$f(p) = g^{-1}([g(p) + k] \bmod 26)$$

O processo de decodificação consiste em encontrar o número para c, deslocar k posições para a esquerda voltando para o final se necessário, depois mudar o resultado de número para letras. A função de decodificação é

$$f^{-1}(c) = g^{-1}([g(c) - k] \bmod 26)$$

EXEMPLO 52 Em um código de César com $k = 3$

E é codificado para $g^{-1}([4 + 3] \bmod 26) = g^{-1}(7 \bmod 26) = g^{-1}(7) = H$
Y é codificado para $g^{-1}([24 + 3] \bmod 26) = g^{-1}(27 \bmod 26) = g^{-1}(1) = B$

E, para $k = 3$,

H é decodificado para $g^{-1}([7 - 3] \bmod 26) = g^{-1}(4 \bmod 26) = g^{-1}(4) = E$
B é decodificado para $g^{-1}([1 - 3] \bmod 26) = g^{-1}(-2 \bmod 26) = g^{-1}(24) = Y$ ●

Note que, se você interceptar uma mensagem codificada com um código de César, basta tentar 26 valores possíveis para a chave para quebrar o código (na verdade, apenas 25, já que $k = 26$ desloca cada número de volta para si mesmo). O código de César não é um código muito seguro; pode ter servido bem, no entanto, em uma época em que muitas pessoas não podiam nem ler. Para segurança adicional, a função g poderia ser uma bijeção menos óbvia; o número de bijeções possíveis g é 26! Isso significa que total de $26!*25$ possibilidades para se tentar para g e k, um número muito grande mesmo se você tivesse seu laptop consigo na Gália. Como um criptoanalista, você poderia diminuir as possibilidades usando as características estatísticas da linguagem, tais como a frequência individual das letras, a frequência de determinados pares de letras e assim por diante.

PROBLEMA PRÁTICO 45 Decodifique o texto cifrado a seguir que foi codificado com um código de César usando uma chave de 7: VNHAVUVJOHWLB. ■

O código de César é um **código de substituição simples**, o que significa que cada caractere no texto simples é codificado consistentemente no mesmo caractere no texto cifrado. Técnicas de codificação em que um único caractere no texto simples contribui para diversos caracteres no texto cifrado (e um caractere no texto cifrado é resultado de diversos caracteres no texto simples) introduzem **difusão**. A vantagem de difusão é que esconde as estatísticas de frequência das letras individuais, tornando a análise da mensagem em texto cifrado muito mais difícil.

DES (do inglês ***Data Encryption Standard***, que significa **Padrão de Encriptação de Dados**) é um algoritmo de encriptação padrão, usado internacionalmente e desenvolvido em 1976. DES foi desenvolvido para salvaguardar a segurança da informação digital para que possamos considerar o texto simples uma cadeia de bits (uma cadeia formada pelos algarismos 0 e 1). Ao contrário do código de César, que codifica cada caractere no texto simples individualmente, DES é um **código de blocos**. Um bloco de texto simples de 64 bits é codificado como uma unidade, usando uma chave de 56 bits. Isso resulta em um texto cifrado de 64 bits. No entanto, a mudança de um bit no texto simples ou de um bit na chave muda cerca de metade dos 64 bits do texto cifrado, de modo que DES exibe uma difusão alta. Poder-se-ia esperar que esse efeito necessitasse de uma função de codificação matemática extremamente complexa, mas DES, na verdade, usa muitas operações simples diversas vezes. O algoritmo DES precisa de 16 "rodadas" para terminar; a chave original de 56 bits é modificada de uma rodada para a próxima, assim como o bloco original de texto simples de 64 bits. As modificações incluem as seguintes coisas, entre outras:

- Processar cadeias de bits por funções de permutação $f(i) = j$ de modo que o novo valor do bit na posição i na cadeia seja o valor anterior do bit na posição j.
- Combinar cadeias de bits do texto simples e da chave usando a operação OU-exclusivo $\oplus$ (dois bits iguais resultam em um bit 0, enquanto um bit 0 e um bit 1 resulta em um bit 1).
- Mudar a chave dividindo a cadeia de bits ao meio e efetuando um **deslocamento circular para a esquerda** em cada metade de 1 ou 2 bits, dependendo do número da rodada.

É fácil olhar uma cadeia de bits e ver, informalmente, qual seria o resultado de um deslocamento circular para a esquerda. Mas, como no caso de um código de César, gostaríamos de colocar o deslocamento em uma base matemática (algorítmica), e é aí que entra a função mod.

EXEMPLO 53 Considere uma cadeia binária x de 5 bits, como 11010. Um deslocamento circular para a esquerda de 1 bit em x envolveria mover os bits da seguinte maneira —

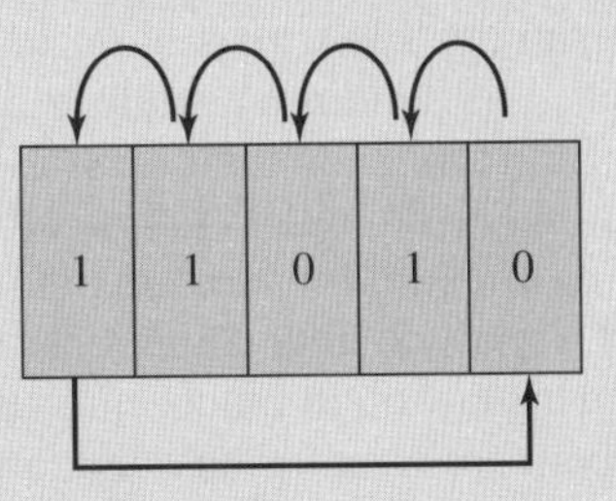

— resultando em

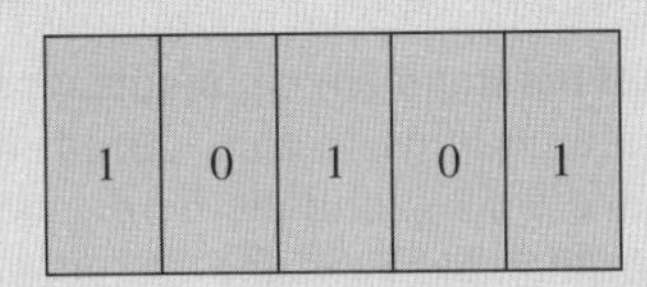

Pensando em 11010 como um número em representação binária, cada coluna representa uma potência de 2, em oposição às potências de 10 na representação decimal. Logo, o equivalente decimal de $x = 11010$ é

$$1 \cdot 2^4 + 1 \cdot 2^3 + 0 \cdot 2^2 + 1 \cdot 2^1 + 0 \cdot 2^0 = 16 + 8 + 2 = 26$$

e o equivalente decimal de $y = 10101$ é $16 + 4 + 1 = 21$.

Para calcular matematicamente y de x, podemos fazer os passos a seguir. Todos esses passos serão feitos na cadeia binária, mas mostraremos também os equivalentes decimais. Multiplicação de uma cadeia binária por 2 move os algarismos binários uma unidade para a esquerda, completando com um 0 na casa mais à direita; multiplicação por 2^{-4} move os algarismos binários quatro casas para a direita, completando as quatro casas mais à esquerda com 0, exatamente como acontece quando multiplicamos um número decimal por 10 ou por 10^{-4}, respectivamente.

Binária	**Decimal**
$x = 11010$	26
seja $p = x \bmod 2^4 = 01010$	10 (26 mod 16)
seja $q = p \cdot 2 = 10100$	20
seja $s = x \oplus p = 10000$	16
seja $t = s \cdot 2^{-4} = 00001$	1
seja $y = q + t = 10101$	21

Aqui y é o resultado de um deslocamento circular para a esquerda de 1 bit em x. Esse algoritmo pode ser generalizado para uma cadeia x com n bits ($p = x \bmod 2^{n-1}$, $q = p \cdot 2$, $s = x \oplus p$, $t = s \cdot 2^{-(n-1)}$ e $y = q + t$). Um deslocamento circular para a esquerda de 2 bits pode ser obtido por dois deslocamentos de 1 bit. ●

PROBLEMA PRÁTICO 46 Use o algoritmo do Exemplo 53 para calcular o deslocamento circular para a esquerda de 1 *bit* em 1011 (escreva as cadeias binárias para x, p, q e assim por diante). ■

Um texto cifrado que é o resultado de uma encriptação DES pode ser decodificado em texto simples revertendo-se todos os passos do processo de codificação, incluindo a aplicação das chaves na ordem inversa em que foram usadas para a codificação. Como o algoritmo DES é bem conhecido, a única parte "secreta" é a chave de 56 bits que é usada. Logo um texto cifrado com DES pode ser decodificado por uma técnica de força bruta, tentando todas as 2^{56} chaves diferentes de 56 bits. Mesmo supondo que, em média, uma pessoa obteria a chave correta depois de tentar cerca de metade das possibilidades, ainda assim teriam que ser tentadas 2^{55} cadeias binárias para testar no algoritmo DES. Esse número era considerado tão imenso que a codificação DES era considerada perfeitamente segura e o governo dos EUA insistiu durante muitos anos que era "inquebrável". Mas com computadores mais rápidos e usando paralelismo, é possível encontrar a chave em algumas horas.

Em reconhecimento dessa fraqueza potencial, um novo esquema de codificação chamado **AES** (do inglês ***Advanced Encryption Standard***, que significa **Padrão de Encriptação Avançado**) foi adotado pelo Instituto Nacional de Padrões e Tecnologia americano em 2001 depois de uma competição de cinco anos para o projeto. AES também é um esquema de encriptação em bloco, mas usa uma chave de comprimento de 128 bits ou mais. (AES também usa uma forma do algoritmo de Euclides, discutido na Seção 2.3, a ideia de números primos entre si, discutido na Seção 2.4, aritmética módulo n, ilustrada nos primeiros exercícios ao final desta seção, e ideias da Seção 9.1.)

Uma desvantagem tanto de DES quanto de AES é que são esquemas de **encriptação simétrica** (também chamados de **encriptação com chave privada**). A mesma chave é usada para codificar e para decodificar a mensagem; por exemplo, em um código de César, a chave é a quantidade de deslocamento k e a decodificação usa a mesma chave, só que deslocando para a esquerda, em vez de para a direita. Em um esquema de encriptação com chave privada, tanto quem manda quanto quem recebe têm que saber a chave. O problema de transmitir uma mensagem com segurança transforma-se no problema de transmitir com segurança a chave para a codificação e a decodificação.

Esquemas de **encriptação assimétrica (encriptação com chave pública**) usam chaves diferentes para a codificação e a decodificação. A chave de decodificação não pode ser obtida de nenhuma maneira simples da chave de codificação, logo a chave de codificação pode ser tornada pública. Qualquer um pode mandar uma mensagem codificada para o destinatário desejado usando a chave pública do destinatário, mas só o destinatário desejado, que tem a chave de decodificação, pode decodificá-la. O sistema de encriptação assimétrico mais conhecido é o **algoritmo de encriptação com chave pública RSA**, que recebeu esse nome por causa de seus desenvolvedores, Ron Rivest, Adi Shamir e Len Adelman. RSA usa a função mod, assim como a função fi de Euler, discutida na Seção 2.4, para produzir chaves públicas seguras. O método RSA funciona da seguinte forma:

1. Dois números primos grandes p e q (cada um com cerca de 200 algarismos) são escolhidos aleatoriamente (tais números podem ser encontrados facilmente) e o produto $p \cdot q = n$ é calculado.
2. RSA, como DES e AES, é um código de blocos, de modo que vamos supor que um bloco B de texto foi codificado por alguma função invertível g para um inteiro T (semelhante ao que foi feito no código de César), em que T é um inteiro, $0 < T < n$.
3. A função fi de Euler, $\varphi(n)$, é calculada. Como n é o produto de dois primos, sabemos da Equação (2) na Seção 2.4 que $\varphi(n) = (p - 1)(q - 1)$.
4. É escolhido um valor e com $1 < e < \varphi(n)$ tal que e e $\varphi(n)$ são primos entre si, ou seja, $\text{mdc}(e, \varphi(n)) = 1$. (Isso será certamente verdade se e for um número primo.)
5. $\text{mdc}(e, \varphi(n)) = 1$ significa que 1 pode ser escrito como uma combinação linear de e e $\varphi(n)$:

$$d \cdot e + f \cdot w(n) = 1$$

ou

$$d \cdot e \equiv 1 \text{ mod } w(n)$$

O algoritmo de Euclides pode ser usado para se encontrar o valor único de d (e de f) tal que $1 < d < \varphi(n)$.

6. A chave pública é o par de valores (n, e). T é codificado calculando-se $T^e \bmod n$.
7. A chave privada é o par (n, d), cujo único valor secreto é o "d". A mensagem recebida $T^e \bmod n$ é decodificada calculando-se $(T^e \bmod n)^d \bmod n$.

$$\begin{aligned}(T^e \bmod n)^d \bmod n &= (T^e)^d \bmod n \text{ pela Equação (1)}\\ &= T^{ed} \bmod n \text{ com } d \cdot e \equiv 1 \bmod \varphi(n)\end{aligned}$$

e acontece que essa expressão é igual a T. (A demonstração depende de dois resultados clássicos de teoria dos números, o *pequeno teorema de Fermat* e o *teorema chinês dos restos*. Veja os Exercícios de 37 a 41.)
8. Então $g^{-1}(T) = B$, o bloco de texto original.

Como o par (n, e) é público, qualquer um que pudesse decompor n em seus fatores primos p e q reconstruiria a chave de decodificação d e decodificaria a mensagem. No entanto, não existe algoritmo eficiente para encontrar os fatores primos de um número n (grande). Portanto, embora o sistema criptográfico RSA não seja tecnicamente seguro, ele o é praticamente, embora diversas demonstrações de "ataques dos fatores" tenham sido feitas usando muitas pessoas trabalhando juntas através de PCs e da Internet.

Embora a encriptação com chave pública resolva o problema da "distribuição de chaves" para as chaves compartilhadas entre o remetente e o destinatário, esse é um método relativamente lento de codificação e decodificação. Por causa disso, em aplicações como transações financeiras na Internet, a encriptação com chave pública é usada, muitas vezes, para fazer a transmissão segura da chave privada, que é usada, depois, para transmitir a mensagem de fato. O navegador do usuário pode mandar um pedido para o servidor da rede para a chave pública de encriptação do servidor. Ao receber, o navegador usa essa chave pública para mandar uma mensagem criptografada de volta para o servidor contendo uma chave simétrica para a encriptação DES. Nesse ponto, tanto o navegador quanto o servidor têm uma chave secreta que foi transmitida de forma segura e o resto da transição pode ser feito usando a encriptação DES, que é mais rápida.

EXEMPLO 54 Usando a codificação/decodificação RSA, sejam $p = 17$ e $q = 13$. Então $n = 221$ e $\varphi(n) = 16 \cdot 12 = 192$. Escolha $e = 11$; e e $\varphi(n)$, 11 e 192, são primos entre si. Usando o algoritmo de Euclides com 11 e 192,

$$\begin{aligned} 192 &= 17 \cdot 11 + 5 &\quad \text{ou} \quad& 5 = 192 - 17 \cdot 11\\ 11 &= 2 \cdot 5 + 1 &\quad \text{ou} \quad& 1 = 11 - 2 \cdot 5\\ 5 &= 5 \cdot 1 + 0 && \end{aligned}$$

logo

$$1 = 11 - 2 \cdot 5 = 11 - 2[192 - 17 \cdot 11] = 35 \cdot 11 - 2 \cdot 192$$

o que nos dá o valor 35 para d. Se $T = 8$, então 8 é codificado como a seguir, em que a aritmética módulo 221 pode ser simplificada usando-se a Equação (1). A chave de codificação é (n, e) e ambos os valores são usados no cálculo.

$$\begin{aligned} 8^{11} \bmod 221 &= 8^3 \cdot 8^3 \cdot 8^3 \cdot 8^2 \bmod 221\\ &= 512 \cdot 512 \cdot 512 \cdot 64 \bmod 221\\ &= 70 \cdot 70 \cdot 70 \cdot 64 \bmod 221\\ &= 4900 \cdot 4480 \bmod 221\\ &= 38 \cdot 60 \bmod 221\\ &= 2280 \bmod 221\\ &= 70 \end{aligned}$$

Para decodificar o valor criptografado 70, calcule

$$\begin{aligned} 70^{35} \bmod 221 &= (70^2)^{17} \cdot 70 \bmod 221 = (4900)^{17} \cdot 70 \bmod 221 \\ &= 38^{17} \cdot 70 \bmod 221 = (38^2)^8 \cdot 38 \cdot 70 \bmod 221 \\ &= (1444)^8 \cdot 38 \cdot 70 \bmod 221 = (118)^8 \cdot 38 \cdot 70 \bmod 221 \\ &= [(118)^2]^4 \cdot 38 \cdot 70 \bmod 221 = (13924)^4 \cdot 38 \cdot 70 \bmod 221 \\ &= 1^4 \cdot 38 \cdot 70 \bmod 221 = 2660 \bmod 221 = 8 \end{aligned}$$

que é o inteiro original codificado.

Este não é um exemplo realista porque p e q (e n) são relativamente pequenos. Mas até nesse caso os cálculos são tediosos. Novamente, uma planilha e sua função mod serão úteis. ●

PROBLEMA PRÁTICO 47 Suponha que você recebeu uma mensagem de 166 que foi codificada usando sua chave pública (n, e) do Exemplo 54. Decodifique a mensagem para obter o inteiro original T. ■

Usando Dispersão para Criptografar Senhas

O usuário de um sistema computacional tem, em geral, que colocar uma identidade (ID) de usuário e uma senha que o autentique como usuário legítimo, uma pessoa que pode usar esses recursos computacionais. A lista de IDs dos usuários e as senhas correspondentes têm que ser armazenadas em algum lugar do sistema computacional e é óbvio que essa informação é sigilosa. Qualquer um com a cópia do arquivo de senhas tem acesso aberto ao computador e poderia até usar ID/senha com o nível mais alto de privilégios computacionais (como ID/senha do administrador do sistema). Portanto o arquivo de senhas, como as mensagens secretas discutidas antes, tem que ser protegido. O padrão usado pelos sistemas operacionais é armazenar o arquivo de senhas com o nível mais alto de proteção, de modo que só o administrador do sistema possa acessá-lo. Mas, como proteção adicional, o arquivo será criptografado de algum modo. Um arquivo de senhas poderia ter informação do tipo

ID do usuário	Senha criptografada
jgarcia	ax*79%
wbriggs	ee&46#

Diferentemente das mensagens secretas sendo transmitidas, o arquivo de senhas está em uso constantemente. O sistema operacional tem que ser capaz de autenticar rapidamente verificando que a senha colocada pelo usuário está de acordo com a senha armazenada para aquele ID de usuário. Quando é colocado o ID de usuário *jgarcia*, uma abordagem seria encontrar *jgarcia* no arquivo de senhas, decodificar a senha correspondente criptografada (*ax*79%* nesse caso) e verificar se o resultado está de acordo com a senha digitada pelo usuário. Mas isso significaria que, mesmo que por apenas um instante, uma senha legítima "clara" estaria armazenada para esse ID de usuário e poderia ser capturada por alguém que estivesse atacando o sistema naquele momento, talvez até alguém fingindo ser *jgarcia* e tentando adivinhar a senha correta.

Uma abordagem melhor é aplicar a chave criptográfica (também armazenada no sistema) à senha digitada e comparar a senha criptografada resultante com o elemento *ax*79%* na tabela. Só serão iguais se a senha correta tiver sido digitada. Se a tentativa do hacker falhar, ele descobrirá que a senha digitada não é a senha correta para *jgarcia*, mas isso não ajudará a descobrir a senha correta.

Mas ainda é melhor usar uma forma de encriptação que não precise da armazenagem de uma chave criptográfica. Uma função de dispersão é usada, com frequência, para criptografar senhas. A **função de dispersão criptográfica** ideal h tem duas características:

1. Dado x, é fácil calcular o valor $h(x)$.
2. Dado um valor z da função, é difícil encontrar um valor de x tal que $h(x) = z$.

Por causa dessas características, uma função de dispersão criptográfica também é chamada de **encriptação de mão única**. O arquivo de senhas agora teria informações do tipo

ID do usuário	Valor da senha
jgarcia	h(senha 1)
wbriggs	h(senha 2)

A Propriedade (2) significa que se o arquivo de senhas cair nas mãos erradas não vai adiantar muito tentar usá-lo para entrar no sistema, mesmo se o algoritmo de dispersão for conhecido. Então a segurança do arquivo de senhas não seria mais problema. A Propriedade (2) também significa que uma função de dispersão criptográfica será, provavelmente, mais complexa do que uma função de dispersão usada para construir uma tabela de dispersão para um algoritmo de busca, como discutido anteriormente. Existem muitas funções de dispersão/encriptação bastante conhecidas; a maioria delas envolve o uso da função módulo n, em que n é uma potência de 2.

Existe uma possibilidade pequena de que os usuários A e B escolham senhas diferentes que são levadas no mesmo valor pela função de dispersão, ou mesmo que A e B escolham a mesma senha. No que se refere ao uso comum, isso não importa; ambos os usuários A e B seriam autenticados como usuários legítimos. No entanto, se A rouba o arquivo de senhas (que não está mais protegido), A poderia notar que a senha do usuário B é levada para o mesmo valor que a sua, e se, de fato, as senhas forem iguais, A poderia entrar no sistema como B e estragar os arquivos de B. A maioria dos esquemas de encriptação de senhas adiciona alguma espécie de marca referente à data de quando a senha foi criada pela primeira vez e (senha + marca de data) é criptografada. Se A e B escolherem a mesma senha, suas marcas de datas (e os valores da função de dispersão) serão diferentes. A marca de data é armazenada no arquivo de senhas junto com o ID do usuário, e, quando o usuário digita sua senha, a marca de data é adicionada à senha e a função de dispersão é calculada e comparada com o elemento correspondente na tabela.

Aplicações Variadas

Códigos de Identificação

Alguns códigos são usados para identificação, um objetivo diferente dos "códigos secretos" discutidos anteriormente.

EXEMPLO 55

O ISBN, sigla de ***International Standard Book Number*** (**Padrão Internacional de Número de Livro**), é um código de identificação numérica associado a um livro publicado. O padrão ISBN com 10 algarismos foi adotado em 1970, mas foi substituído em 2007 por um padrão ISBN com 13 algarismos. Os livros publicados depois de 2007 contêm, em geral, os dois códigos, com 10 e com 13 algarismos.

O código com 10 algarismos é escrito como 4 blocos de dígitos separados por hifens ou por espaços em branco. Lendo da esquerda para a direita, o primeiro bloco é um identificador de grupo para um país, uma área ou uma área da língua entre os participantes do sistema ISBN; o segundo bloco identifica as editoras daquele grupo, e o terceiro bloco é o número atribuído pela editora para aquela obra específica. O último bloco consiste em um único dígito de 0 a 9 ou um X, que representa 10. Se os 9 primeiros dígitos do número ISBN forem

$$a_1a_2a_3a_4a_5a_6a_7a_8a_9$$

então o 10º dígito, ou dígito verificador C, é calculado pela fórmula

$$C = \left[\sum_{i=1}^{9} i(a_i)\right] \bmod 11$$

— ou seja, primeiro é feita a soma dos produtos de cada algarismo com sua posição na lista e depois é aplicada a função módulo 11.

Por exemplo, no número ISBN 0-3948-0001-X, o 0 indica o grupo de língua inglesa, o 3948 identifica a editora Random House, e o 0001 identifica o título *The Cat in the Hat* (*O Gato no Chapéu*), de autoria do Dr. Seuss, e o dígito de verificação $X(10)$ é calculado por

$$[1 \cdot 0 + 2 \cdot 3 + 3 \cdot 9 + 4 \cdot 4 + 5 \cdot 8 + 6 \cdot 0 + 7 \cdot 0 + 8 \cdot 0 + 9 \cdot 1] \bmod 11 = 98 \bmod 11 = 10$$

O objetivo do dígito de verificação é detectar alguns tipos de erro no número ISBN, como a transposição de dois algarismos.

No código com 13 algarismos, existe um bloco adicional de três algarismos na frente que identifica o tipo de indústria. Para um livro publicado, esse bloco é sempre 978. Os próximos três blocos são iguais ao código com 10 algarismos, mas o bloco final, novamente um algarismo de verificação, é calculado de maneira diferente. Se os 12 primeiros algarismos do código com 13 algarismos forem

$$a_1a_2a_3a_4a_5a_6a_7a_8a_9a_{10}a_{11}a_{12}$$

então o 13º algarismo, o algarismo de verificação C, é calculado dos 12 algarismos pela fórmula

$$\left[3\sum_{i=1}^{6} a_{2i} + \sum_{i=0}^{5} a_{2i+1} + C\right] \bmod 10 = 0$$

— ou seja, o triplo da soma dos algarismos em posição par na lista + a soma dos algarismos em posição ímpar na lista + o algarismo verificador deve ser um múltiplo de 10.

Por exemplo, o ISBN com três algarismos para *The Cat in the Hat* é 978-0-394-80001-1. O algarismo verificador C (13º algarismo) é calculado de

$$9 + 3 \cdot 7 + 8 + 3 \cdot 0 + 3 + 3 \cdot 9 + 4 + 3 \cdot 8 + 0$$
$$+ 3 \cdot 0 + 0 + 3 \cdot 1 + C = 99 + C$$

de modo que $C = 1$, para fazer um total de 100, um múltiplo de 10. ●

PROBLEMA PRÁTICO 48

a. Se um número ISBN com 10 algarismos começa com 0-534-37488, qual é o algarismo verificador?
b. Se os algarismos nesse número forem transpostos para 0-534-37848, qual seria o algarismo verificador? ■

EXEMPLO 56 O **UPC-A** (do inglês ***Universal Product Code***, que significa **Código Universal de Produtos**) é o código de barras comum encontrado em quase todas as mercadorias (comidas, revistas etc.). É uma codificação de um número com 12 algarismos, em que o primeiro algarismo é uma espécie de algarismo de classificação, os cinco próximos formam um código do fabricante, os cinco próximos formam o código do produto e o último é um algarismo verificador. É atribuído a cada algarismo um código binário com 7 bits, mas essa não é a representação binária usual; por exemplo, o código binário para 5 é 0110001. O código de 7 bits para cada algarismo é representado por um padrão de barras verticais e espaços (espaço-barra-espaço-barra se o algarismo estiver na metade esquerda da cadeia de

12 algarismos, barra-espaço-barra-espaço se estiver na metade direita). Os espaços e barras podem ter largura variável de 1 a 4, sendo 1 a mais fina e 4 a mais grossa. Se houver um 5 na metade esquerda da cadeia de 12 algarismos, seu código binário seria representado por um espaço de largura 1, uma barra de largura 2, um espaço de largura 3 e uma barra de largura 1.

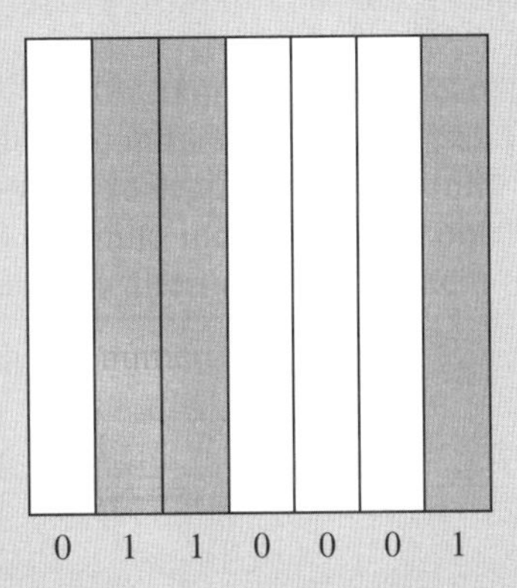

Se houver um 5 na metade direita, o mesmo código binário seria representado por uma barra de largura 1, um espaço de largura 2, uma barra de largura 3 e um espaço de largura 1. Além disso, são inseridos alguns bits extras nas extremidades e no meio, perfazendo um total de 95 bits.

O algarismo verificador (12º algarismo) é calculado dos 11 algarismos anteriores da seguinte maneira:

$$\left[3\sum_{i=0}^{5} a_{2i+1} + \sum_{i=1}^{5} a_{2i} + C\right] \text{mod } 10 = 0$$

— ou seja, o triplo da soma dos algarismos em posição ímpar na lista + a soma dos algarismos em posição par na lista + o algarismo verificador deve ser um múltiplo de 10. Essa fórmula é semelhante à fórmula para o algarismo verificador do ISBN com 13 algarismos, exceto que, no caso do ISBN, os algarismos em posição par é que são multiplicados por 3, enquanto para o código de barras são os algarismos em posição ímpar.

EXEMPLO 57

Associação de Banqueiros Americanos (ABA) idealizou um código para representar uma instituição financeira específica. Esse número foi projetado, inicialmente, para os cheques em papel, e aparece na parte inferior dos cheques, mas hoje em dia também é usado para transações do tipo depósitos diretos ou transferência eletrônica de fundos. Esse **número de roteamento** consiste em 8 algarismos mais um algarismo verificador. Os quatro primeiros algarismos representam informação no Banco Central americano (o Federal Reserve) ligada à instituição financeira e o segundo grupo de quatro algarismos identifica a instituição propriamente dita. O algarismo verificador é calculado de

$$\left[3\sum_{i=0}^{2} a_{3i+1} + 7\sum_{i=0}^{2} a_{3i+2} + 1\sum_{i=0}^{1} a_{3i+3} + C\right] \text{mod } 10 = 0$$

— ou seja, os algarismos nas posições 1, 4 e 7 na lista são multiplicados por 3 e somados, os algarismos nas posições 2, 5 e 8 na lista são multiplicados por 7 e somados, os algarismos nas posições 3 e 6 na lista são multiplicados por 1 e somados. A soma total mais o algarismo verificador deve ser um múltiplo de 10.

Gerando e Decompondo Inteiros

A função módulo n fornece um modo fácil de gerar valores inteiros em um intervalo de 0 a $n - 1$ para algum inteiro positivo n. Escolha qualquer inteiro positivo m e calcule m mod n. Se você tiver uma função para gerar um inteiro aleatório (ou pseudoaleatório) m, esse processo gera um inteiro aleatório (ou pseudoaleatório) no intervalo desejado. Você pode também querer percorrer os inteiros nesse intervalo de um modo controlado.

EXEMPLO 58 Você quer mostrar uma sequência de cinco imagens em sua página na rede. As imagens estão armazenadas em uma estrutura como um array (*arraylike*) como *Imagem*(1), . . . , *Imagem*(5), e a imagem de fato a ser mostrada está armazenada na variável *MostraImagem*, que é inicializada para *Imagem*(1):

$i = 1$
MostreImagem = *Imagem*(i)

Imagem(1) é a primeira imagem mostrada. Depois disso, a cada tique do relógio (ou a intervalos predefinidos), os comandos

$i = i \bmod 5 + 1$
MostreImagem = *Imagem*(i)

são executados. O efeito é o índice i variar ciclicamente pelos valores 2, 3, 4, 5, 1 e assim por diante, mostrando as imagens *Imagem*(2), *Imagem*(3), *Imagem*(4), *Imagem*(5), *Imagem*(1) e assim por diante. ●

A função módulo n também pode ser usada para decompor um inteiro de vários algarismos em seus algarismos componentes.

EXEMPLO 59 Para decompor um número com três algarismos em unidades, dezenas e centenas, use o algoritmo a seguir:

temp = *número*
unidades = *temp* mod 10
temp = (*temp* – *unidades*)/10

dezenas = *temp* mod 10
temp = (*temp* – *dezenas*)/10
centenas = *temp* ●

PROBLEMA PRÁTICO 49 Dado o inteiro 375, siga o algoritmo do Exemplo 59 para separar os algarismos. ■

Padrões de Aritmética Modular

A função mod pode ser usada para formar padrões interessantes do tipo de colchas de retalhos arrumando-se as imagens dos "azulejos" (imagens quadradas pequenas) em tabelas baseadas na soma módulo n e depois repetindo essas imagens para formar uma imagem completa de uma colcha de retalhos.[4] A **soma módulo *n*** é definida no conjunto dos inteiros $\{0, 1, 2, \ldots, n - 1\}$ por

$$x +_n y = (x + y) \bmod n$$

[4]Esta seção sobre padrões de aritmética modular foi adaptada com permissão de http://britton.disted.camosun.bc.ca/modart/jbmodart2.htm; o programa usado para gerar o padrão é Cayley Quilter, disponível para baixar em http://www.wou.edu/~burtonl/cquilter.html

EXEMPLO 60

Neste exemplo usaremos a soma módulo 6. A soma módulo 6 se aplica aos inteiros {0, 1, 2, 3, 4, 5} usando a regra $x +_n y = (x + y) \bmod 6$. Segue a tabela de soma. Ela mostra, por exemplo, que

$$3 +_6 4 = (3 + 4) \bmod 6 = 7 \bmod 6 = 1$$

Nenhum valor de 6 aparece na tabela, e cada linha é um deslocamento circular da linha anterior.

$+_6$	0	1	2	3	4	5
0	0	1	2	3	4	5
1	1	2	3	4	5	0
2	2	3	4	5	0	1
3	3	4	5	0	1	2
4	4	5	0	1	2	3
5	5	0	1	2	3	4

Precisaremos de seis imagens de azulejos com desenhos geométricos variados:

Azulejo 0

Azulejo 1

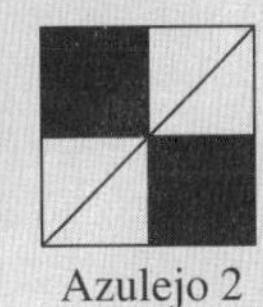
Azulejo 2

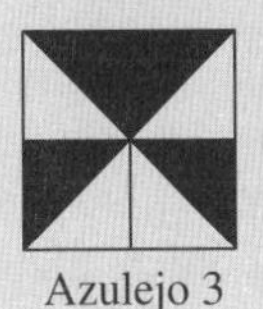
Azulejo 3

Azulejo 4

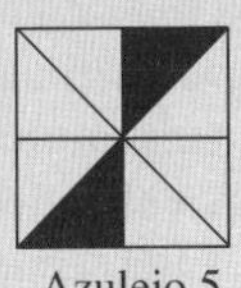
Azulejo 5

Os azulejos são arrumados em uma tabela 6 × 6 de acordo com o padrão da soma módulo 6, ou seja, o interior da tabela da soma módulo 6. A linha de cima mostra as imagens da esquerda para a direita de 0, 1, 2, 3, 4, 5, a próxima linha mostra as imagens da esquerda para a direita de 1, 2, 3, 4, 5, 0 e assim por diante.

A imagem final é composta de quatro cópias da tabela arrumada em um reticulado 2 × 2, em que a tabela original fica no quadrante superior esquerdo, sua reflexão horizontal fica no quadrante superior direito e os dois quadrantes de baixo são reflexões verticais da metade superior.

SEÇÃO 5.6 REVISÃO

TÉCNICAS

- Cálculos usando a função mod.
- Construção ou busca em uma tabela de dispersão usando sondagem linear para a resolução de colisões.
- Construção ou busca em uma tabela de dispersão usando o método de encadeamento para a resolução de colisões.
- Codificação e decodificação usando um código de César.
- Aplicação do algoritmo para calcular um deslocamento circular para a esquerda em uma cadeia binária.
- Codificação e decodificação usando o algoritmo de encriptação com chave pública RSA.
- Cálculo do algarismo verificador para os códigos de ISBN com 10 algarismos, ISBN com 13 algarismos, UPC-A e ABA.

IDEIA PRINCIPAL

- A função modesta módulo n é útil em muitas aplicações importantes.

EXERCÍCIOS 5.6

Os Exercícios 1 a 8 estão relacionados com a aritmética modular mod n.

1. $25 = 11 + 14$. Mostre, calculando cada expressão, que

$$25 \bmod 6 = (11 \bmod 6 + 14 \bmod 6) \bmod 6$$

2. $395 = 129 + 266$. Mostre, calculando cada expressão, que

$$395 \bmod 4 = (129 \bmod 4 + 266 \bmod 4) \bmod 4$$

3. $262 = 74 + 188$. Mostre, calculando cada expressão, que

$$262 \bmod 13 = (74 \bmod 13 + 188 \bmod 13) \bmod 13$$

4. Prove que, quaisquer que sejam os inteiros x e y,

$$(x + y) \bmod n = (x \bmod n + y \bmod n) \bmod n$$

5. $486 = 18 \times 17$. Mostre, calculando cada expressão, que

$$486 \bmod 5 = (18 \bmod 5 \cdot 27 \bmod 5) \bmod 5$$

6. $7067 = 191 \times 37$. Mostre, calculando cada expressão, que

$$7067 \bmod 8 = (191 \bmod 8 \cdot 37 \bmod 8) \bmod 8$$

7. Prove que, quaisquer que sejam os inteiros x e y,

$$(x \cdot y) \bmod n = (x \bmod n \cdot y \bmod n) \bmod n$$

8. Prove ou dê um contraexemplo: para qualquer inteiro positivo x, $(-x) \bmod n = -(x \bmod n)$.
9. Usando a função de dispersão do Exemplo 51, quais dos números da Previdência Social causariam uma colisão com 328356770, o número da Previdência Social daquele exemplo?
   a. 060357896
   b. 896137243
   c. 712478993
   d. 659027781
10. Encontre um conjunto de cinco números no intervalo [0, 200] que cause 100% de colisões usando a função de dispersão

$$h(x) = x \bmod 13$$

11. Usando uma tabela de dispersão de tamanho 11 e a função de dispersão $x \bmod 11$, mostre os resultados da colocação dos valores a seguir na tabela de dispersão usando a sondagem linear para a resolução de colisões.

$$1, 13, 12, 34, 38, 33, 27, 22$$

12. Usando a tabela completa de dispersão do Exercício 11, calcule o número médio de comparações necessárias para executar uma busca com sucesso de um valor na tabela.
13. Quando um programa de computador é compilado, o compilador constrói uma tabela de símbolos para armazenar informações sobre os identificadores usados no programa. É necessário um esquema para decidir rapidamente se um dado identificador já foi armazenado na tabela e, caso não tenha sido, armazená-lo. Muitas vezes é usada uma função de dispersão para localizar uma posição na tabela na qual pode ser armazenada informação sobre um item.

    Para simplificar, vamos supor que os itens a serem armazenados são inteiros, que a tabela de dispersão pode armazenar 17 itens nas posições de 0 a 16 e que a função de dispersão $h(x)$ é dada por $h(x) = x \bmod 17$.

    A sondagem linear é usada para a resolução de colisões.
    a. Usando a função de dispersão e o esquema de resolução de colisões descritos, armazene a sequência de valores 23, 14, 52, 40, 24, 18, 33, 58, 50. Forneça a localização do armazenamento de cada item na tabela.
    b. Depois de a tabela no item (a) ser preenchida, descreva o processo para buscar 58 na tabela. Descreva o processo para buscar (sem sucesso) 41 na tabela.
14. Explique que problema pode aparecer se um item armazenado em uma tabela de dispersão for excluído.
15. Uma desvantagem da resolução de colisões por sondagem linear em uma tabela de dispersão é que os elementos começam a se acumular em grupos de locais adjacentes na tabela. Suponha que você tem uma função de dispersão muito boa (ela distribui os elementos espaçadamente ao longo da tabela de dispersão). Comece com uma tabela de dispersão vazia de tamanho t que armazenará dados usando sondagem linear para a resolução de colisões.

a. Qual é a probabilidade da função de dispersão dar a localização p para o primeiro elemento (e armazená-lo lá, já que é o primeiro elemento e não pode haver colisões)?

b. Uma vez ocupada a localização p, qual é a probabilidade de se armazenar o segundo item na localização $p + 1$ (módulo o tamanho da tabela)?

c. Uma vez ocupadas as localizações p e $p + 1$, qual é a probabilidade de o terceiro item ser armazenado na localização $p + 2$ (módulo o tamanho da tabela)?

16. Generalize as respostas do Exercício 15 para mostrar por que usar sondagem linear para resoluções de colisões causa aglomeração em grupos de locais adjacentes na tabela.

17. Decodifique as mensagens em texto cifrado codificados usando um código de César com a chave dada.

a. CDMXNBCJKNVZDJWMXJLJKJKNV, $k = 9$.

b. IVEFVMPYDEWPIWQSPMWEWXSYZEWVSPHEZEQIVIZMEQRSWKVEQMPZSW, $k = 4$.

c. IKRSUYZGXJGIUSGLGIGTGHOHROUZKIG, $k = 6$.

18. Usando um código de César, codifique as mensagens dadas em texto simples.

a. O ATAQUE VEM DO OUTRO LADO DO RIO, $k = 5$.

b. ESTAMOS QUASE SEM SUPRIMENTOS, $k = 10$.

c. PRECISAMOS URGENTEMENTE DE MUNICAO, $k = 8$.

19. A mensagem a seguir em texto cifrado foi interceptada; você suspeita que é um código de César. Encontre um valor de k que decodifica a mensagem e dê o texto simples correspondente.

EJMXAVRAJCJLJANVXBAXVJJVJWQJ

20. A mensagem a seguir em texto cifrado foi interceptada; você suspeita que é um código de César. Encontre um valor de k que decodifica a mensagem e dê o texto simples correspondente.

FQHQVAZARMOQNAAWOMDM

21. Use o algoritmo do Exemplo 53 para calcular o deslocamento circular para a esquerda de 1 bit nas cadeias binárias a seguir (escreva as cadeias de bits para x, p, q e assim por diante).

a. 10011

b. 0011

22. Use o algoritmo do Exemplo 53 para calcular o deslocamento circular para a esquerda de 1 bit nas cadeias binárias a seguir (escreva as cadeias de bits para x, p, q e assim por diante).

a. 10110

b. 1110

23. Considere uma "forma curta" do DES que usa chaves de 16 bits. Dada a chave de 16 bits

1101000101110101

como entrada de uma rodada no algoritmo DES que usa um deslocamento circular para a esquerda de 2 bits, qual seria a chave para a próxima rodada?

24. Descreva como efetuar um deslocamento circular para a direita de 1 bit em uma cadeia binária x de 4 bits usando a operação de deslocamento circular para a esquerda.

25. Usando a codificação/decodificação RSA, seja $p = 5$ e $q = 3$. Então $n = 15$ e $\varphi(n) = 4 \cdot 2 = 8$. Escolha $e = 3$.

a. Use o algoritmo de Euclides para encontrar o valor de d.

b. Codifique $T = 8$ usando a chave pública (n, e).

c. Decodifique sua resposta no item (b) para recuperar o 8.

26. Por que a encriptação RSA do Exercício 25 foi uma escolha ruim?

27. Usando a codificação/decodificação RSA, seja $p = 5$ e $q = 11$. Então $n = 55$ e $\varphi(n) = 4 \cdot 10 = 40$. Escolha $e = 7$.

    a. Use o algoritmo de Euclides para encontrar o valor de d. (*Sugestão*: Se o algoritmo de Euclides produzir uma equação $1 = x \cdot e + f \cdot \varphi(n)$ com x negativo, some e subtraia o produto $e \cdot \varphi(n)$ à direita do sinal de igualdade para obter um valor positivo para d.)

    b. Codifique $T = 12$ usando a chave pública (n, e).

    c. Decodifique sua resposta no item (b) para recuperar o 12.

28. Usando a codificação/decodificação RSA, seja $p = 23$ e $q = 31$. Então $n = 713$ e $\varphi(n) = 22 \cdot 30 = 660$. Escolha $e = 17$.

    a. Use o algoritmo de Euclides para encontrar o valor de d.

    b. Codifique $T = 52$ usando a chave pública (n, e).

    c. Decodifique sua resposta no item (b) para recuperar o 52.

29. a. Todas as n pessoas em um grupo desejam se comunicar com as outras usando mensagens criptografadas com DES ou AES. Uma chave secreta diferente tem que ser compartilhada com cada par de usuários. Quantas chaves são necessárias?

    b. Todas as n pessoas em um grupo desejam se comunicar com as outras usando mensagens criptografadas com um sistema de encriptação com chave pública. Quantas chaves são necessárias?

30. Usuários de computador são notoriamente negligentes com a escolha de senhas; deixados por conta própria, tendem a escolher senhas curtas ou óbvias. Na Universidade Simplória, as senhas têm que conter apenas letras minúsculas, e o sistema computacional no campus usa uma função de dispersão criptográfica (irrealisticamente simples) dada pelo algoritmo a seguir:

    1. Letras na senha são convertidas para o equivalente inteiro ($a \to 1$, $b \to 2$ etc.).
    2. No resultado do passo 2, todos os algarismos individuais são somados (por exemplo, 17 vira 1 + 7) para dar um valor inteiro x.
    3. $h(x) = x \bmod 2^5$.

    Joe Hack conseguiu roubar a tabela de senhas e notou que existe uma senha de 20 para *bsmith*. Joe decide tentar entrar no sistema como *bsmith* tentando adivinhar a senha de *bsmith*. Você pode adivinhar a senha de *bsmith*?

31. a. O código ISBN com 10 algarismos da sexta edição americana deste livro é 0-7167-6864-C, em que C é o algarismo verificador. Qual é o algarismo verificador?

    b. Qual é o código ISBN com 13 algarismos da sexta edição americana?

32. Uma livraria fez um pedido para 2000 cópias do livro em inglês *Harry Potter and the Deathly Hallows* [*Harry Potter e as Relíquias da Morte*], o sétimo e último volume da populadíssima série sobre Harry Potter de J. K. Rowling. Ao fazer o pedido para a editora, foi usado o ISBN com 13 algarismos 978-0-545-01022-5. Isso está correto?

33. Dados os 11 algarismos 02724911637, calcule o algarismo verificador para o código de barras UPC-A.

34. Um cidadão americano deseja que a restituição de seu imposto de renda seja depositada diretamente em sua conta bancária. Ele coloca o número de roteamento do banco, incluindo o algarismo verificador, como

    025107036

    Esse número de roteador está correto?

35. a. Escreva um algoritmo para decompor um número com quatro algarismos em unidades, dezenas, centenas e unidades de milhar.

    b. Aplique esse algoritmo para decompor o número 7426.

36. A imagem da colcha de retalhos a seguir é baseada na soma módulo n para que valor de n?

Os Exercícios 37 a 41 envolvem uma demonstração do passo 7 do método RSA.

37. Prove que, se $x \equiv y \pmod{n}$ e se c for um inteiro constante, então $xc \equiv yc \pmod{n}$.
38. Este exercício explora a recíproca do Exercício 37, que é o problema de *cancelamento sob a congruência módulo n*. Em outras palavras, se $xc \equiv yc \pmod{n}$ para algum inteiro constante c, é verdade que $x \equiv y \pmod{n}$? Ocorre que nem sempre.
    a. Prove que, se $\text{mdc}(c, n) = 1$, então $xc \equiv yc \pmod{n}$ implica que $x \equiv y \pmod{n}$.
    b. Prove que $xc \equiv yc \pmod{n}$ implica que $x \equiv y \pmod{n}$ só se $\text{mdc}(c, n) = 1$. Para isso, é mais fácil provar a contrapositiva:

    Se $\text{mdc}(c, n) \neq 1$, então existem inteiros x e y tais que $xc \equiv yc \pmod{n}$, mas $x \not\equiv y \pmod{n}$.

    (*Sugestão*: Suponha que $c = m_1k$ e $n = m_2k$ com $k > 1$. Considere $x = m_2k$ e $y = m_2$.)
    c. Encontre valores para x, y, c e n tais que $xc \equiv yc \pmod{n}$, mas $x \not\equiv y \pmod{n}$.
39. Se p for um número primo e se a for um inteiro positivo que não é divisível por p, então

$$a^{p-1} \equiv 1 \pmod{p}$$

Esse resultado é conhecido como o *pequeno teorema de Fermat* (em contraste com o famoso último teorema de Fermat mencionado na Seção 2.4).

Sejam $S = \{0, a, 2a, \ldots, (p-1)a\}$ e $T = \{0, 1, 2, \ldots, p-1\}$. Seja f dada por $f(ka) = (ka) \bmod p$, isto é, f calcula o resíduo módulo p.

    a. Prove que f é uma função injetora de S em T.
    b. Prove que f é uma função sobrejetora.
    c. Prove que $[a \cdot 2a \cdots (p-1)a] \bmod p = (p-1)! \bmod p$.
    d. Prove que $a^{p-1} \equiv 1 \pmod{p}$.
    e. Sejam $a = 4$ e $p = 7$. Calcule o resíduo módulo p de $\{4, 8, 12, \ldots, 24\}$.
    f. Sejam $a = 4$ e $p = 7$. Mostre por um cálculo direto que $4^6 \equiv 1 \pmod{7}$.

40. Sejam $m_1, m_2, \ldots, m_n$ inteiros positivos primos entre si dois a dois (ou seja, $\text{mdc}(m_i, m_k) = 1$ para $1 \leq i, k \leq n, i \neq k$, seja $m = m_1 m_2 \cdots m_n$ e sejam $a_1, a_2, \ldots, a_n$ inteiros arbitrários. Então existe um inteiro x tal que

$$x \equiv a_1 \pmod{m_1}$$
$$x \equiv a_2 \pmod{m_2}$$
$$\vdots$$
$$x \equiv a_n \pmod{m_n}$$

e qualquer outro inteiro y que satisfizer essas relações será côngruo a x módulo m. Esse resultado é conhecido como *teorema chinês dos restos* (baseado no trabalho feito pelo matemático chinês Sun-Tsu no primeiro século d.C.). Os passos a seguir irão demonstrar o teorema chinês do resto.

a. Sejam s e t inteiros positivos com $\text{mdc}(s, t) = 1$. Prove que existe um inteiro w tal que $sw \equiv 1 \pmod{t}$.

b. Para cada i, $1 \leq i \leq n$, seja $M_i = m/m_i$. Prove que $\text{mdc}(M_i, m_i) = 1$.

c. Prove que existe um inteiro x_i tal que $M_i x_i \equiv 1 \pmod{m_i}$ e $a_i M_i x_i \equiv a_i \pmod{m_i}$.

d. Prove que $a_k M_k x_k \equiv 0 \pmod{m_i}$ para todo $k \neq i$.

e. Seja $x = a_1 M_1 x_1 + a_2 M_2 x_2 + \cdots + a_n M_n x_n$. Prove que $x \equiv a_i \pmod{m_i}$ para $1 \leq i \leq n$.

f. Seja y tal que $y \equiv a_i \pmod{m_i}$, $1 \leq i \leq n$. Prove que $x \equiv y \pmod{m}$. (*Sugestão*: Use o teorema fundamental da aritmética para escrever m como um produto de potências de primos distintos, $p_1^{k_1} p_2^{k_2} \ldots p_t^{k_t}$.)

41. Para o resto da demonstração do algoritmo RSA, só falta mostrar que, se $d \cdot e \equiv 1 \bmod \varphi(n)$, então $T^{ed} \bmod n = T$.

a. Prove que T^{ed} pode ser escrito como $T(T^{p-1})^{k(q-1)}$ ou como $T(T^{q-1})^{k(p-1)}$ para algum inteiro k.

b. Prove que, se T não for divisível por p, então $T^{ed} \equiv T \pmod{p}$ e que, se T não for divisível por q, então $T^{ed} \equiv T \pmod{q}$.

c. Prove que, se $p \mid T$, então $T^{ed} \equiv T \pmod{p}$ e T não é divisível por q, logo, pelo item (b), $T^{ed} \equiv T \pmod{q}$.

d. Prove que, se $q \mid T$, então $T^{ed} \equiv T \pmod{q}$ e T não é divisível por p, logo, pelo item (b), $T^{ed} \equiv T \pmod{p}$.

e. Os itens de (b) a (d) mostram que $T^{ed} \equiv T \pmod{p}$ e $T^{ed} \equiv T \pmod{q}$ em todos os casos. Prove que $T^{ed} \bmod n = T$.

SEÇÃO 5.7 MATRIZES

Terminologia

Dados em muitos tipos de problemas podem ser representados por meio de um arranjo retangular de valores; tal arranjo é chamado de **matriz**. Assim,

$$\mathbf{A} = \begin{bmatrix} 1 & 0 & 4 \\ 3 & -6 & 8 \end{bmatrix}$$

é uma matriz com duas linhas e três colunas. As **dimensões** da matriz são o número de linhas e o de colunas; aqui, $\mathbf{A}$ é uma matriz 2×3.

Elementos de uma matriz são denotados por a_{ij}, em que i é o número da linha e j o da coluna. Na matriz $\mathbf{A}$ acima, $a_{23} = 8$ porque 8 é o elemento da matriz $\mathbf{A}$ que está na linha 2 e na coluna 3.

EXEMPLO 61 Temperaturas médias em três cidades diferentes em cada mês podem ser resumidas, elegantemente, em uma matriz 3×12. Interpretamos aqui as três linhas como representando as três cidades e as 12 colunas como os 12 meses, de janeiro a dezembro. A temperatura média na terceira cidade em abril, a_{34}, é de 67 °F.

$$\mathbf{A} = \begin{bmatrix} 23 & 26 & 38 & 47 & 58 & 71 & 78 & 77 & 69 & 55 & 39 & 33 \\ 14 & 21 & 33 & 38 & 44 & 57 & 61 & 59 & 49 & 38 & 25 & 21 \\ 35 & 46 & 54 & 67 & 78 & 86 & 91 & 94 & 89 & 75 & 62 & 51 \end{bmatrix}$$

●

EXEMPLO 62 No Problema Prático 2(c) da Seção 5.1, foi definida a relação binária {(7, 9), (2, 5), (9, 9), (2, 7)} no conjunto $S = \{2, 5, 7, 9\}$. Embora um conjunto seja não ordenado, podemos impor uma ordem nos elementos de S de modo que 2 seja o 1.º elemento em S, 5 seja o 2.º elemento e assim por diante. A matriz **R** a seguir representa essa relação binária, em que o elemento na posição i, j é 1 se o elemento i no conjunto S está relacionado com o elemento j. O para (7, 9) diz que o 3º elemento está relacionado com o 4º, logo o elemento r_{34} é igual a 1.

$$\mathbf{R} = \begin{bmatrix} 0 & 1 & 1 & 0 \\ 0 & 0 & 0 & 0 \\ 0 & 0 & 0 & 1 \\ 0 & 0 & 0 & 1 \end{bmatrix}$$

EXEMPLO 63 Pode-se obter soluções de muitos problemas resolvendo sistemas de equações lineares. Suponha, por exemplo, que você está fazendo um pedido de café fresco, torrado mas não moído, para o seu barzinho. Você quer pedir 70 pacotes de 5 quilos para fazer uma mistura de um tipo de café bastante encorpado com outro mais aromático. Você está disposto a gastar R$1.180,00; o café mais encorpado custa R$24,00 por pacote, e o aromático, R$14,00. Quantos pacotes de cada tipo você deve pedir?

As restrições neste problema podem ser representadas pelo sistema de equações lineares

$$\begin{aligned} x + \quad y &= \quad 70 \\ 24x + 14y &= 1180 \end{aligned}$$

Essas são **equações lineares** porque as duas incógnitas, x e y, aparecem apenas de grau 1. (Além disso, o gráfico de uma equação como $ax + by = c$ é uma reta no sistema de coordenadas xy.) A solução desse sistema é $x = 20$, $y = 50$ (você pode verificar facilmente que essa é uma solução). A matriz

$$\mathbf{A} = \begin{bmatrix} 1 & 1 \\ 24 & 14 \end{bmatrix}$$

é a **matriz de coeficientes** desse sistema de equações lineares. Como veremos, a matriz de coeficientes pode ser usada para resolver um sistema de equações lineares.

PROBLEMA PRÁTICO 50 Na matriz:

$$\mathbf{A} = \begin{bmatrix} 1 & 4 & -6 & 8 \\ 3 & 0 & 1 & -7 \end{bmatrix}$$

qual é o elemento a_{23}? E o elemento a_{24}? E o a_{13}?

Em uma matriz, a distribuição dos elementos é importante. Logo, para duas matrizes serem **iguais** elas têm que ter as mesmas dimensões e os mesmos elementos em cada posição.

EXEMPLO 64 Sejam

$$\mathbf{X} = \begin{bmatrix} x & 4 \\ 1 & y \\ z & 0 \end{bmatrix}$$

$$\mathbf{Y} = \begin{bmatrix} 3 & 4 \\ 1 & 6 \\ 2 & w \end{bmatrix}$$

Se $\mathbf{X} = \mathbf{Y}$, então $x = 3, y = 6, z = 2$ e $w = 0$.

Estaremos interessados, muitas vezes, em matrizes quadradas, nas quais o número de linhas é igual ao de colunas. Se **A** é uma matriz quadrada $n \times n$, então os elementos a_{11}, $a_{22}, \ldots, a_{nn}$ formam a **diagonal principal** da matriz. Se, ao imaginarmos dobrar a matriz ao meio ao longo da diagonal principal, os elementos que irão se sobrepor são iguais, então a matriz é simétrica em relação à diagonal principal. Em uma **matriz simétrica,** $a_{ij} = a_{ji}$.

EXEMPLO 65 A matriz quadrada 3×3

$$\mathbf{A} = \begin{bmatrix} 1 & 5 & 7 \\ 5 & 0 & 2 \\ 7 & 2 & 6 \end{bmatrix}$$

é simétrica. A parte triangular superior (a parte acima da diagonal principal) é uma reflexão da parte triangular inferior. Note que $a_{21} = a_{12} = 5$.

Um modo mais geral de representar dados é o **array**. Arrays são arranjos de dimensão n, em que n pode ser qualquer inteiro positivo. Se $n = 1$, então os dados são arrumados em uma única linha, que é, portanto, uma lista ou sequência finita de dados. Essa versão unidimensional de um array é chamada de **vetor**. Se $n = 2$, o array é uma matriz. Se $n = 3$, podemos imaginar camadas de matrizes (bidimensionais). Para $n > 3$, podemos trabalhar formalmente com os arrays, mas não podemos, de fato, visualizá-los. A estrutura de dados em arrays está disponível em muitas linguagens de programação de alto nível porque é um modo bastante útil de representar dados em forma de lista ou em forma tabular. Em geral, o número de elementos esperados em cada dimensão do array tem que ser declarado no programa. O array **X** no Exemplo 64, por exemplo, seria declarado como um arranjo 3×2 — um arranjo bidimensional (matriz) com três elementos em uma dimensão e dois na outra (ou seja, três linhas e duas colunas).

Operações Matriciais

Embora matrizes sejam arranjos específicos de determinados elementos, podemos tratar as matrizes como objetos, da mesma forma como tratamos conjuntos de elementos como objetos. Em cada caso, estamos elevando nosso nível de abstração e considerando a *coleção* como a entidade, em vez de considerar os elementos que formam a coleção. Definimos operações sobre conjuntos (união, interseção etc.) que tornaram conjuntos úteis na resolução de problemas de contagem. Podemos definir operações numéricas em matrizes cujos elementos são numéricos. Essas operações tornam as matrizes objetos interessantes de estudo por si mesmas, mas também as tornam mais úteis para determinadas tarefas, como resolver um sistema de equações lineares.

A primeira operação, chamada de **multiplicação por escalar**, multiplica cada elemento de uma matriz por um único número fixo, chamado um **escalar**. O resultado é uma matriz com as mesmas dimensões que a matriz original.

EXEMPLO 66 O resultado de multiplicar a matriz

$$\mathbf{A} = \begin{bmatrix} 1 & 4 & 5 \\ 6 & -3 & 2 \end{bmatrix}$$

pelo escalar $r = 3$ é

$$\mathbf{A} = \begin{bmatrix} 3 & 12 & 15 \\ 18 & -9 & 6 \end{bmatrix}$$

A **soma** de duas matrizes **A** e **B** só está definida quando **A** e **B** têm as mesmas dimensões; nesse caso, basta somar os elementos correspondentes. Formalmente, se **A** e **B** são ambas matrizes $n \times m$, então $\mathbf{C} = \mathbf{A} + \mathbf{B}$ é uma matriz $n \times m$ com elementos

$$c_{ij} = a_{ij} + b_{ij}$$

EXEMPLO 67 Para

$$\mathbf{A} = \begin{bmatrix} 1 & 3 & 6 \\ 2 & 0 & 4 \\ -4 & 5 & 1 \end{bmatrix} \qquad \mathbf{B} = \begin{bmatrix} 0 & -2 & 8 \\ 1 & 5 & 2 \\ 2 & 3 & 3 \end{bmatrix}$$

A matriz $\mathbf{A} + \mathbf{B}$ é

$$\mathbf{A} + \mathbf{B} = \begin{bmatrix} 1 & 1 & 14 \\ 3 & 5 & 6 \\ -2 & 8 & 4 \end{bmatrix}$$

PROBLEMA PRÁTICO 51 Para $r = 2$,

$$\mathbf{A} = \begin{bmatrix} 1 & 7 \\ -3 & 4 \\ 5 & 6 \end{bmatrix} \qquad \mathbf{B} = \begin{bmatrix} 4 & 0 \\ 9 & 2 \\ -1 & 4 \end{bmatrix}$$

encontre $r\mathbf{A} + \mathbf{B}$.

A **subtração de matrizes** é definida por $\mathbf{A} - \mathbf{B} = \mathbf{A} + (-1)\mathbf{B}$.

Em uma **matriz nula**, todos os elementos são iguais a 0. Se somarmos uma matriz $n \times m$ nula, denotada por **0**, a qualquer matriz **A** $n \times m$, o resultado é a matriz **A**. Podemos simbolizar isso pela equação matricial

$$\mathbf{0} + \mathbf{A} = \mathbf{A}$$

Essa equação é válida porque uma equação análoga é válida para todos os elementos, $0 + a_{ij} = a_{ij}$. Outras equações matriciais também são válidas porque equações semelhantes são válidas para todos os elementos.

EXEMPLO 68 Se **A** e **B** forem matrizes $n \times m$ e se r e s forem escalares, as seguintes equações matriciais serão válidas:

$$\mathbf{0} + \mathbf{A} = \mathbf{A}$$
$$\mathbf{A} + \mathbf{B} = \mathbf{B} + \mathbf{A}$$
$$(\mathbf{A} + \mathbf{B}) + \mathbf{C} = \mathbf{A} + (\mathbf{B} + \mathbf{C})$$
$$r(\mathbf{A} + \mathbf{B}) = r\mathbf{A} + r\mathbf{B}$$
$$(r + s)\mathbf{A} = r\mathbf{A} + s\mathbf{A}$$
$$r(s\mathbf{A}) = (rs)\mathbf{A}$$

Por exemplo, para provar que **A** + **B** = **B** + **A**, basta observar que $a_{ij} + b_{ij} = b_{ij} + a_{ij}$ para todos os elementos das matrizes **A** e **B**. ●

Poderíamos esperar que a **multiplicação de matrizes** simplesmente multiplicasse os elementos correspondentes, mas a definição é mais complicada do que isso. A definição da multiplicação de matrizes é baseada na utilização de matrizes em matemática para representar certas funções, conhecidas como transformações lineares, que levam pontos no plano real a pontos no plano real. Apesar de não utilizarmos matrizes dessa maneira, usaremos a definição padrão para a multiplicação de matrizes.

Para calcular **A** vezes **B**, **A** · **B**, o número de colunas de **A** tem que ser igual ao número de linhas de **B**. (Essa condição significa que o número de elementos em uma única linha de **A** é igual ao número de elementos em uma única coluna de **B**.) Então, podemos calcular **A** · **B** se **A** é uma matriz $n \times m$ e **B** é uma matriz $m \times p$. O resultado é uma matriz $n \times p$. O elemento na linha i e coluna j da matriz **A** · **B** é obtido multiplicando-se os elementos na linha i de **A** pelos elementos correspondentes na coluna j de **B** e somando-se todos os resultados. Formalmente, **A** · **B** = **C**, em que

$$c_{ij} = \sum_{k=1}^{m} a_{ik} b_{kj}$$

EXEMPLO 69 Sejam

$$\mathbf{A} = \begin{bmatrix} 2 & 4 & 3 \\ 4 & -1 & 2 \end{bmatrix} \qquad \mathbf{B} = \begin{bmatrix} 5 & 3 \\ 2 & 2 \\ 6 & 5 \end{bmatrix}$$

A é uma matriz 2×3 e **B** é uma matriz 3×2, logo o produto **A** · **B** existe e é uma matriz 2×2 **C**. Para encontrar o elemento c_{11}, multiplicamos os elementos correspondentes da linha 1 de **A** e da coluna 1 de **B**, somando os resultados.

$$2(5) + 4(2) + 3(6) = 10 + 8 + 18 = 36$$

$$\begin{bmatrix} \boxed{2 \quad 4 \quad 3} \\ 4 \quad -1 \quad 2 \end{bmatrix} \begin{bmatrix} \boxed{5} & 3 \\ \boxed{2} & 2 \\ \boxed{6} & 5 \end{bmatrix} = \begin{bmatrix} 36 & - \\ - & - \end{bmatrix}$$

O elemento c_{12} é obtido multiplicando-se os elementos correspondentes da linha 1 de **A** e da coluna 2 de **B** e depois somando-se os resultados.

$$\begin{bmatrix} \boxed{2 \quad 4 \quad 3} \\ 4 \quad -1 \quad 2 \end{bmatrix} \begin{bmatrix} 5 & \boxed{3} \\ 2 & \boxed{2} \\ 6 & \boxed{5} \end{bmatrix} = \begin{bmatrix} 36 & 29 \\ — & — \end{bmatrix}$$

O produto completo é

$$\begin{bmatrix} 2 & 4 & 3 \\ 4 & -1 & 2 \end{bmatrix} \begin{bmatrix} 5 & 3 \\ 2 & 2 \\ 6 & 5 \end{bmatrix} = \begin{bmatrix} 36 & 29 \\ 30 & 20 \end{bmatrix}$$

PROBLEMA PRÁTICO 52 Calcule $\mathbf{A} \cdot \mathbf{B}$ e $\mathbf{B} \cdot \mathbf{A}$ para

$$\mathbf{A} = \begin{bmatrix} 1 & 4 \\ 6 & -2 \end{bmatrix} \quad \mathbf{B} = \begin{bmatrix} 3 & 6 \\ 3 & 4 \end{bmatrix}$$

Do Problema Prático 52, vemos que, mesmo que **A** e **B** tenham dimensões tais que ambos os produtos $\mathbf{A} \cdot \mathbf{B}$ e $\mathbf{B} \cdot \mathbf{A}$ estejam definidos, $\mathbf{A} \cdot \mathbf{B}$ não precisa ser igual a $\mathbf{B} \cdot \mathbf{A}$. Existem, no entanto, diversas equações matriciais envolvendo multiplicação que são verdadeiras.

EXEMPLO 70 Se **A**, **B** e **C** forem matrizes de dimensões apropriadas e se r e s forem escalares, então as equações matriciais a seguir serão válidas:

$$\mathbf{A} \cdot (\mathbf{B} \cdot \mathbf{C}) = (\mathbf{A} \cdot \mathbf{B}) \cdot \mathbf{C}$$
$$\mathbf{A}(\mathbf{B} + \mathbf{C}) = \mathbf{A} \cdot \mathbf{B} + \mathbf{A} \cdot \mathbf{C}$$
$$(\mathbf{A} + \mathbf{B})\mathbf{C} = \mathbf{A} \cdot \mathbf{C} + \mathbf{B} \cdot \mathbf{C}$$
$$r\mathbf{A} \cdot s\mathbf{B} = (rs)(\mathbf{A} \cdot \mathbf{B})$$

A verificação dessas equações para matrizes de dimensões específicas é simples, embora trabalhosa.

A matriz $n \times n$ que tem todos os elementos na diagonal principal iguais a 1 e todos os outros elementos iguais a 0 é chamada de **matriz identidade** e denotada por **I**. Se multiplicarmos **I** por qualquer matriz **A** $n \times n$, o resultado será **A**. A equação

$$\mathbf{I} \cdot \mathbf{A} = \mathbf{A} \cdot \mathbf{I} = \mathbf{A}$$

é válida.

PROBLEMA PRÁTICO 53 Sejam

$$\mathbf{I} = \begin{bmatrix} 1 & 0 \\ 0 & 1 \end{bmatrix} \quad \mathbf{A} = \begin{bmatrix} a_{11} & a_{12} \\ a_{12} & a_{22} \end{bmatrix}$$

Verifique que $\mathbf{I} \cdot \mathbf{A} = \mathbf{A} \cdot \mathbf{I} = \mathbf{A}$.

Uma matriz $n \times n$ **A** será **invertível** se existir uma matriz $n \times n$ **B** tal que

$$\mathbf{A} \cdot \mathbf{B} = \mathbf{B} \cdot \mathbf{A} = \mathbf{I}$$

Nesse caso, dizemos que **B** é a **inversa** de **A**, denotada por $\mathbf{A}^{-1}$.

EXEMPLO 71 Sejam

$$\mathbf{A} = \begin{bmatrix} -1 & 2 & -3 \\ 2 & 1 & 0 \\ 4 & -2 & 5 \end{bmatrix} \quad \mathbf{B} = \begin{bmatrix} -5 & 4 & -3 \\ 10 & -7 & 6 \\ 8 & -6 & 5 \end{bmatrix}$$

Então, seguindo as regras para a multiplicação de matrizes, pode-se mostrar (Problema Prático 54) que $\mathbf{A} \cdot \mathbf{B} = \mathbf{B} \cdot \mathbf{A} = \mathbf{I}$, logo $\mathbf{B} = \mathbf{A}^{-1}$. ●

PROBLEMA PRÁTICO 54 Para as matrizes A e B do Exemplo 70,

a. Calcule $\mathbf{A} \cdot \mathbf{B}$.
b. Calcule $\mathbf{B} \cdot \mathbf{A}$. ■

É fácil escrever um algoritmo para a multiplicação de matrizes seguindo-se, simplesmente, a definição. Damos a seguir uma versão em pseudocódigo do algoritmo, em que a notação com colchetes **A**$[i, j]$ substitui a notação a_{ij}.

ALGORITMO ***MULTIPLICAÇÃOMATRICIAL***

```
//calcula a matriz n × p A · B, em que A é uma matriz n × m e B é uma matriz m × p
//armazena o resultado em C
para i = 1 até n faça
   para j = 1 até p faça
      C[i, j] = 0
      para k = 1 até m faça
         C[i, j] = C[i, j] + A[i, k] * B[k, j]
      fim do para
   fim do para
fim do para
escreva a matriz produto C
```

Os cálculos feitos por esse algoritmo são multiplicações e somas, uma multiplicação e uma soma para cada execução do comando **C**$[i, j]$ = **C**$[i, j]$ + **A**$[i, k]$ $*$ **B**$[k, j]$. Esse comando aparece dentro de três laços encaixados e será executado npm vezes. (Embora isso seja bastante evidente, também pode ser justificado pelo princípio da multiplicação como o número de resultados possíveis na escolha dos índices i, j e k.) Se **A** e **B** forem ambas matrizes $n \times n$, então serão necessárias $\Theta(n^3)$ multiplicações e $\Theta(n^3)$ somas. A quantidade total de trabalho é, portanto, $\Theta(n^3) + \Theta(n^3) = \Theta(n^3)$.

Dada a definição de multiplicação de matrizes, é difícil ver como poderíamos evitar $\Theta(n^3)$ operações no cálculo do produto de duas matrizes $n \times n$, mas uma abordagem suficientemente esperta pode, de fato, melhorar o algoritmo (veja o Exercício 54).

O Método de Gauss

No Exemplo 63 encontramos o seguinte sistema de duas equações lineares com duas incógnitas:

$$\begin{aligned} x + \quad y &= \quad 70 \\ 24x + 14y &= 1180 \end{aligned}$$

A forma geral de um sistema com n equações e n incógnitas é

$$\begin{aligned} a_{11}x_1 + a_{12}x_2 + \cdots + a_{1n}x_n &= b_1 \\ a_{21}x_1 + a_{22}x_2 + \cdots + a_{2n}x_n &= b_2 \\ &\vdots \\ a_{n1}x_1 + a_{n2}x_2 + \cdots + a_{nn}x_n &= b_n \end{aligned}$$

com matriz de coeficientes

$$\begin{bmatrix} a_{11} & a_{12} & \ldots & a_{1n} \\ a_{21} & a_{22} & \ldots & a_{2n} \\ & \vdots & & \\ a_{n1} & a_{n2} & \ldots & a_{nn} \end{bmatrix}$$

Para resolver esse sistema de equações, primeiro formamos a matriz **aumentada** $n \times (n + 1)$ adicionando uma coluna contendo os coeficientes à direita do sinal de igualdade nas equações:

$$\begin{bmatrix} a_{11} & a_{12} & \ldots & a_{1n} & b_1 \\ a_{21} & a_{22} & \ldots & a_{2n} & b_2 \\ & \vdots & & & \\ a_{n1} & a_{n2} & \ldots & a_{nn} & b_n \end{bmatrix}$$

(A matriz aumentada é, simplesmente, uma conveniência para evitar escrever todas as incógnitas.) O próximo passo é "transformar" a matriz aumentada em uma matriz em que a parte da matriz de coeficientes é uma **matriz triangular superior**, ou seja, todos os valores dessa matriz $n \times n$ **abaixo** da diagonal principal são iguais a 0. O resultado será uma matriz da forma

$$\begin{bmatrix} c_{11} & c_{12} & \ldots & & c_{1n} & d_1 \\ 0 & c_{22} & \ldots & & c_{2n} & d_1 \\ & \vdots & & & & \\ 0 & 0 & \ldots & c_{(n-1)(n-1)} & c_{(n-1)n} & d_{n-1} \\ 0 & 0 & \ldots & 0 & c_{nn} & d_n \end{bmatrix}$$

Agora podemos voltar para um sistema da forma

$$\begin{bmatrix} c_{11}x_1 & c_{12}x_2 & \ldots & & c_{1n}x_n & d_1 \\ 0 & c_{22}x_2 & \ldots & & c_{2n}x_n & d_1 \\ & \vdots & & & & \\ 0 & 0 & \ldots & c_{(n-1)(n-1)}x_{n-1} & c_{(n-1)n}x_n & d_{n-1} \\ 0 & 0 & \ldots & 0 & c_{nn}x_n & d_n \end{bmatrix}$$

e resolver as equações de baixo para cima. Resolvemos a equação

$$c_{nn}x_n = d_n$$

para x_n. Conhecendo o valor de x_n, podemos resolver a penúltima equação

$$c_{(n-1)(n-1)}x_{n-1} + c_{(n-1)n}x_n = d_{n-1}$$

para x_{n-1} e assim por diante, até chegar à equação do topo.

Mas como fazer essa transformação? As operações permitidas para se fazer essa transformação são chamadas de **operações elementares**; nenhuma delas muda o conjunto de soluções das equações subjacentes. Essas operações (efetuadas na matriz aumentada) são

i. Trocar duas linhas quaisquer da matriz.
ii. Multiplicar todos os elementos de uma linha por um escalar diferente de zero.
iii. Somar um múltiplo escalar de uma linha a qualquer outra.

Esse processo para resolver sistema de equações lineares é conhecido como o **método de Gauss**, em honra ao famoso matemático alemão Karl Friedrich Gauss. Gauss não inventou, de fato, esse processo; ele foi demonstrado em um tratado chinês de matemática do segundo século d.C., e, provavelmente, já era conhecido antes na China.

EXEMPLO 72 Para resolver o sistema de equações

$$\begin{aligned} x + \quad y &= \quad 70 \\ 24x + 14y &= 1180 \end{aligned}$$

usando o método de Gauss, primeiro formamos a matriz aumentada

$$\begin{bmatrix} 1 & 1 & 70 \\ 24 & 14 & 1180 \end{bmatrix}$$

Agora multiplicamos a 1ª linha pelo escalar –24 e somamos o resultado à 2ª linha (a 3ª operação elementar), obtendo

$$\begin{bmatrix} 1 & 1 & 70 \\ 0 & -10 & -500 \end{bmatrix}$$

A última linha representa a equação

$$-10y = -500$$

de onde concluímos que $y = 50$. A 1ª linha representa a equação

$$x + y = 70$$

e, como $y = 50$, a equação fica

$$x + 50 = 70$$

de modo que $x = 20$. A solução, como observado no Exemplo 63, é $x = 20$, $y = 50$. ●

EXEMPLO 73 Vamos aplicar o método de Gauss ao sistema com 3 equações e 3 incógnitas a seguir:

$$\begin{aligned} 2x - 3y + z &= -22 \\ 7x + 9y - 3z &= 14 \\ 6x + 7y + 2z &= 91 \end{aligned}$$

A matriz aumentada é

$$\begin{bmatrix} 2 & -3 & 1 & -22 \\ 7 & 9 & -3 & 14 \\ 6 & 7 & 2 & 91 \end{bmatrix}$$

Uma série de operações elementares, como indicadas aqui, transformará a matriz de coeficientes 3 × 3 em uma forma triangular superior. Primeiro, multiplique a 1ª linha por ½ para produzir um 1 na posição 1,1.

$$1/2\begin{bmatrix} 2 & -3 & 1 & -22 \\ 7 & 9 & -3 & 14 \\ 6 & 7 & 2 & 91 \end{bmatrix}$$

Agora multiplique a 1ª linha por − 7 e some com a 2ª linha; multiplique também a 1ª linha por − 6 e some à 3ª linha.

$$\begin{matrix} \\ -7 \\ -6 \end{matrix}\begin{bmatrix} 1 & -3/2 & 1/2 & -11 \\ 7 & 9 & -3 & 14 \\ 6 & 7 & 2 & 91 \end{bmatrix} \quad \text{logo} \quad \begin{bmatrix} 1 & -3/2 & 1/2 & -11 \\ & 39/2 & -13/2 & 91 \\ & 16 & -1 & 157 \end{bmatrix}$$

Agora multiplique a 2ª linha por 2/39 para produzir um 1 na posição 2,2.

$$2/39\begin{bmatrix} 1 & -3/2 & 1/2 & -11 \\ & 39/2 & -13/2 & 91 \\ & 16 & -1 & 157 \end{bmatrix}$$

Multiplique a 2ª linha por −16 e some à 3ª.

$$-16\begin{bmatrix} 1 & -3/2 & 1/2 & -11 \\ & 1 & -1/3 & 14/3 \\ & 16 & -1 & 157 \end{bmatrix}$$

obtendo

$$\begin{bmatrix} 1 & -3/2 & 1/2 & -11 \\ & 1 & -1/3 & 14/3 \\ & & 13/3 & 247/3 \end{bmatrix}$$

Estamos quase terminando. A linha debaixo representa a equação

$$(13/3)z = 247/3$$

de onde concluímos que $z = 19$. A 2ª linha representa a equação

$$y - (1/3)z = 14/3 \quad \text{ou} \quad y - (1/3)(19) = 14/3$$

de onde obtemos que $y = 11$. Finalmente, da linha do topo,

$$x - (3/2)y + (1/2)z = -11 \quad \text{ou} \quad x - (3/2)(11) + (1/2)19 = -11$$

e $x = -4$. Então a solução desse sistema de equações é $x = -4$, $y = 11$ e $z = 19$.

PROBLEMA PRÁTICO 55 Resolva o sistema de equações a seguir pelo método de Gauss.

$$3x - 5y = 5$$
$$7x + y = 37$$

Nem todo sistema com n equações lineares e n incógnitas tem solução. Como um caso simples, considere

$$\begin{aligned} 2x + 4y &= 10 \\ 4x + 8y &= 12 \end{aligned}$$

Se supusermos que existe solução e prosseguirmos com o método de Gauss, efetuaríamos as seguintes operações elementares:

$$1/2 \begin{bmatrix} 2 & 4 & 10 \\ 4 & 8 & 12 \end{bmatrix} \quad \text{fornecendo} \quad \begin{bmatrix} 1 & 2 & 5 \\ 4 & 8 & 12 \end{bmatrix}$$

Então

$$-4 \begin{bmatrix} 1 & 2 & 5 \\ 4 & 8 & 12 \end{bmatrix} \quad \text{o que resulta em} \quad \begin{bmatrix} 1 & 2 & 5 \\ & 0 & -8 \end{bmatrix}$$

em que a 2ª linha diz que $0 = -8$. Essa contradição diz que nossa hipótese sobre a existência de uma solução estava errada. Reescrever as duas equações na forma

$$\begin{aligned} y &= (-1/2)x + 5/2 \\ y &= (-1/2)x + 3/2 \end{aligned}$$

mostra que essas duas retas paralelas nunca se intersectam, de modo que não existe par (x, y) que satisfaz ambas as equações.

Mais geralmente, sistemas de equações podem envolver m equações e n incógnitas, em que m e n não são necessariamente iguais. Em geral, se há mais equações do que incógnitas, o sistema tem restrições demais e não deve ter solução. E, em geral, se há mais equações do que incógnitas, o sistema deve ter um número infinito de soluções.

EXEMPLO 74 Considere o sistema de equações

$$\begin{aligned} 3x - y - 5z &= 9 \\ x + 2y - 4z &= 10 \end{aligned}$$

Na matriz aumentada, troque as duas primeiras linhas e depois multiplique a 1ª linha por –3 e some à 2ª:

$$-3 \begin{bmatrix} 1 & 2 & -4 & 10 \\ 3 & -1 & -5 & 9 \end{bmatrix} \quad \text{fornecendo} \quad \begin{bmatrix} 1 & 2 & -4 & 10 \\ & -7 & 7 & -21 \end{bmatrix}$$

A última linha representa a equação $-7y + 7z = -21$ ou $y = z + 3$. Substituindo na 1.ª equação, obtemos

$$x + 2(z + 3) - 4z = 10 \quad \text{ou} \quad x = 2z + 4$$

Tanto x quanto y têm valores em termos do parâmetro z, que pode assumir qualquer valor. Portanto, o número de soluções é infinito. ●

Apesar dos exemplos simples que vimos, as soluções de um sistema de equações lineares assim como os coeficientes nem sempre são inteiros.

Matrizes Booleanas

Estaremos interessados, no Capítulo 6, em matrizes que têm apenas elementos iguais a 0 ou 1, chamadas de **matrizes booleanas** (em homenagem a George Boole, um matemático inglês do século XIX; seu nome também aparece em *álgebra booleana*, que consideraremos mais tarde neste livro). A matriz **R** do Exemplo 62 é uma matriz booleana. Podemos definir uma operação booleana de multiplicação $\mathbf{A} \times \mathbf{B}$ para matrizes booleanas usando multiplicação e soma booleanas, em vez da multiplicação e da soma usuais. Essas operações são definidas da seguinte maneira:

multiplicação booleana: $x \wedge y = \text{mín}(x, y)$
soma booleana: $x \vee y = \text{máx}(x, y)$

PROBLEMA PRÁTICO 56 Complete as tabelas a seguir para as operações booleanas de multiplicação e soma.

x	y	$x \wedge y$
1	1	
1	0	
0	1	
0	0	

x	y	$x \vee y$
1	1	
1	0	
0	1	
0	0	

■

Vamos agora substituir, nas tabelas do Problema Prático 56, 1 por V e 0 por F. Elas tornam-se as tabelas-verdade para a conjunção e a disjunção, respectivamente; por essa razão, essas operações são frequentemente chamadas de **e booleano** (ou **e lógico**) e **ou booleano** (ou **ou lógico**), o que também explica a notação utilizada para essas operações. A operação de **multiplicação booleana de matrizes** $\mathbf{A} \times \mathbf{B}$ (para matrizes booleanas de dimensões apropriadas) é definida então por

$$c_{ij} = \bigvee_{k=1}^{m} (a_{ik} \wedge b_{kj})$$

Podemos, também, definir dois análogos da soma usual de matrizes (para matrizes booleanas de mesmas dimensões): $\mathbf{A} \wedge \mathbf{B}$, em que os elementos correspondentes são combinados usando-se a multiplicação booleana, e $\mathbf{A} \vee \mathbf{B}$, em que os elementos correspondentes são combinados usando-se a soma booleana.

EXEMPLO 75 Sejam **A** e **B** matrizes booleanas,

$$\mathbf{A} = \begin{bmatrix} 1 & 1 & 0 \\ 0 & 1 & 0 \\ 0 & 0 & 1 \end{bmatrix} \quad \mathbf{B} = \begin{bmatrix} 1 & 0 & 0 \\ 1 & 1 & 1 \\ 0 & 0 & 1 \end{bmatrix}$$

Então

$$\mathbf{A} \wedge \mathbf{B} = \begin{bmatrix} 1 & 0 & 0 \\ 0 & 1 & 0 \\ 0 & 0 & 1 \end{bmatrix} \quad \mathbf{A} \vee \mathbf{B} = \begin{bmatrix} 1 & 1 & 0 \\ 1 & 1 & 1 \\ 0 & 0 & 1 \end{bmatrix}$$

e o produto booleano $\mathbf{A} \times \mathbf{B}$ é

$$\mathbf{A} \times \mathbf{B} = \begin{bmatrix} 1 & 1 & 1 \\ 1 & 1 & 1 \\ 0 & 0 & 1 \end{bmatrix}$$

●

PROBLEMA PRÁTICO 57 No Exemplo 75, $\mathbf{A} \times \mathbf{B} = \mathbf{A} \cdot \mathbf{B}$? ■

PROBLEMA PRÁTICO 58 No Exemplo 75, calcule $\mathbf{A} \times \mathbf{B}$. ■

Resolução de Milhões de Equações, Mais Rápido do que o Método de Gauss

Sistemas de equações lineares são usados em muitas áreas de aplicação, incluindo telecomunicações, análise de materiais, transporte, economia e imagens médicas. Em vez de sistemas com 3 ou 4 equações e 3 ou 4 incógnitas, como vimos em nossos exemplos, o valor de n em tais aplicações pode ir a milhões ou até bilhões. No Exercício 55 da Seção 5.7, vimos que a análise do pior caso do método de Gauss resulta em $\Theta(n^3)$ cálculos (multiplicações e somas). Tais cálculos com números reais são chamados de *operações em ponto flutuante*. O problema de um algoritmo da ordem de $\Theta(n^3)$ é que o aumento do tamanho de n por um fator de 10 aumenta o trabalho por um fator de $10^3 = 1000$.

Se n tiver o valor de 1 bilhão, $n = 10^9$, então $n^3 = 10^{27}$. Suponha que tenhamos encontrado um modo de fazer o método de Gauss com processamento em paralelo e que possamos rodar o algoritmo em um supercomputador com processamento em paralelo muito rápido. Até junho de 2013, o supercomputador mais rápido do mundo era o chinês Tianhe-2, que pode digerir cerca de 33,86 petaflops ($33{,}86 \times 10^{15}$ operações em ponto flutuante por segundo). A solução no pior caso seria limitada superiormente por

$$\frac{10^{27}\text{ operações}}{(33{,}86) * 10^{15}\text{operações/segundos}} = \text{mais de 936 anos!}$$

$\Theta(n^3)$ era uma cota superior, de modo que o valor mais próximo pode ser algo da ordem de $(2/3)\Theta(n^3)$, mas é claro que esses problemas levam tempo, e técnicas de soluções mais rápidas são de interesse.

O método de Gauss produz soluções exatas de sistema de equações lineares. Outros métodos de solução, chamados de iterativos, produzem uma série de soluções aproximadas que tendem à solução exata. Esse método parece que demoraria ainda mais, mas a maioria dos métodos iterativos de resolução começa com uma matriz esparsa (uma matriz que tem muitos elementos nulos), para a qual os cálculos serão mais rápidos, mas que, apesar disso, representa bem a informação na matriz aumentada original. Decidir quais valores podem ser zerados enquanto se modificam os valores dos coeficientes restantes de modo a se obter uma boa "precondição" para a solução final é um problema difícil em si mesmo.

Um time de pesquisadores na Universidade Carnegie Mellon anunciou, em 2010, que havia encontrado um algoritmo para criar uma precondição boa para um sistema de equações lineares grande de determinado tipo, chamado de sistemas SDD (simétrica e diagonalmente dominante). Em uma matriz diagonalmente dominante, o valor absoluto do elemento diagonal (a_{ii}) em cada linha de uma matriz é maior do que a soma dos valores absolutos de todos os outros elementos naquela linha. Sistemas SDD têm muitas aplicações importantes, tais como a maximização do fluxo através de uma rede (uma rede de computadores, um sistema de dutos para água, um sistema de transporte) e sistemas de recomendação como o Netflix, que sugere filmes de que você poderia gostar com base em suas preferências anteriores e outros dados de usuário. O algoritmo novo, baseado em técnicas matemáticas sofisticadas, é aproximadamente $\Theta(n(\log n)^2)$, quase linear, prometendo soluções muito mais rápidas para esses problemas enormes.

"A Breakthrough in Algorithm Design," Kroeker, K., *Communications of the ACM,* September 2011.

"A Fast Solver for a Class of Linear Systems," Koutis, I., Miller, G. L., and Peng, R., *Communications of the ACM,* October 2012.

"Approaching Optimality for Solving SDD Linear Systems," Koutis, I., Miller, G. L., and Peng, R., Proceedings of the 2010 IEEE 51st Annual Symposium on Foundations of Computer Science, Las Vegas, NV, October 23–26, 2010.

Linear Equation Breakthrough, Dr. Dobbs, http://drdobbs. com/architecture-and-design/227900457

SEÇÃO 5.7 REVISÃO

TÉCNICAS

- Execução das operações de soma, subtração, multiplicação e multiplicação por escalar para matrizes.
- Resolução de sistemas de equações lineares usando o método de Gauss.
- Execução das operações booleanas e, ou e multiplicação matricial em matrizes booleanas.

IDEIAS PRINCIPAIS

- Matrizes são arranjos retangulares de dados usados para tabular informações.
- Matrizes têm sua própria aritmética, com operações de soma, subtração, multiplicação e multiplicação por escalar.
- Sistemas de equações lineares podem ser resolvidos efetuando-se operações elementares em suas matrizes aumentadas (método de Gauss).
- Matrizes booleanas podem ser manipuladas usando-se as operações booleanas de e, ou e multiplicação booleana.

EXERCÍCIOS 5.7

1. Para a matriz

$$\mathbf{A} = \begin{bmatrix} 1 & 2 \\ 3 & 0 \\ -4 & 1 \end{bmatrix}$$

Qual é o valor de a_{12}? E de a_{31}?

2. Encontre x e y se

$$\begin{bmatrix} 1 & 3 \\ x & x + y \end{bmatrix} = \begin{bmatrix} 1 & 3 \\ 2 & 6 \end{bmatrix}$$

3. Encontre x, y, z e w se

$$\begin{bmatrix} x + y & 2x - 3y \\ z - w & z + 2w \end{bmatrix} = \begin{bmatrix} 4 & -7 \\ -6 & 6 \end{bmatrix}$$

4. Se **A** for uma matriz simétrica, encontre u, v e w:

$$\mathbf{A} = \begin{bmatrix} 2 & w & u \\ 7 & 0 & v \\ 1 & -3 & 4 \end{bmatrix}$$

Para os Exercícios 5 a 7, suponha o seguinte:

$r = 3, s = -2$

$$\mathbf{A} = \begin{bmatrix} 2 & 1 \\ -1 & 0 \\ 3 & 4 \end{bmatrix} \quad \mathbf{B} = \begin{bmatrix} 4 & 1 & 2 \\ 6 & -1 & 5 \\ 1 & 3 & 2 \end{bmatrix} \quad \mathbf{C} = \begin{bmatrix} 2 & 4 \\ 6 & -1 \end{bmatrix} \quad \mathbf{D} = \begin{bmatrix} 4 & -6 \\ 1 & 3 \\ 2 & -1 \end{bmatrix}$$

5. Calcule (se possível):

a. $\mathbf{A} + \mathbf{D}$ b. $\mathbf{A} - \mathbf{D}$ c. $r\mathbf{B}$ d. $s\mathbf{C}$ e. $\mathbf{A} + r\mathbf{D}$

6. Calcule (se possível):

a. $\mathbf{B} - r\mathbf{C}$ c. $r(s\mathbf{C})$ e. $\mathbf{D} \cdot \mathbf{C}$

b. $r(\mathbf{A} + \mathbf{D})$ d. $\mathbf{B} \cdot \mathbf{A} + \mathbf{D}$

7. Calcule (se possível):

a. $\mathbf{A} \cdot \mathbf{C}$ c. $\mathbf{B} \cdot \mathbf{D}$

b. $\mathbf{C} \cdot \mathbf{A}$ d. $\mathbf{C}^2 = \mathbf{C} \cdot \mathbf{C}$

8. Para

$$\mathbf{A} = \begin{bmatrix} 2 & 4 & 0 \\ 1 & 3 & -1 \\ 3 & -2 & 1 \end{bmatrix}$$

calcule $\mathbf{A}^3 = \mathbf{A} \cdot \mathbf{A} \cdot \mathbf{A}$.

9. Para

$$\mathbf{A} = \begin{bmatrix} 3 & -1 \\ 2 & 5 \end{bmatrix}$$

$$\mathbf{B} = \begin{bmatrix} 4 & 1 \\ 2 & -1 \end{bmatrix}$$

$$\mathbf{C} = \begin{bmatrix} 6 & -5 \\ 2 & -2 \end{bmatrix}$$

calcule (se possível):

a. $\mathbf{A} \cdot \mathbf{B}$ e $\mathbf{B} \cdot \mathbf{A}$

b. $\mathbf{A} \cdot (\mathbf{B} \cdot \mathbf{C})$ e $(\mathbf{A} \cdot \mathbf{B}) \cdot \mathbf{C}$

c. $\mathbf{A} \cdot (\mathbf{B} + \mathbf{C})$ e $\mathbf{A} \cdot \mathbf{B} + \mathbf{A} \cdot \mathbf{C}$

d. $(\mathbf{A} + \mathbf{B}) \cdot \mathbf{C}$ e $\mathbf{A} \cdot \mathbf{C} + \mathbf{B} \cdot \mathbf{C}$

10. Se

$$\mathbf{A} = \begin{bmatrix} 2 & 3 \\ 4 & 1 \end{bmatrix} \quad \mathbf{B} = \begin{bmatrix} x & 3 \\ y & 2 \end{bmatrix}$$

encontre x e y se $\mathbf{A} \cdot \mathbf{B} = \mathbf{B} \cdot \mathbf{A}$.

11. Prove que a multiplicação de matrizes é associativa, ou seja, prove que, se **A** for uma matriz $n \times p$, **B** for uma matriz $p \times r$ e **C** for uma matriz $r \times m$, então $\mathbf{A} \cdot (\mathbf{B} \cdot \mathbf{C}) = (\mathbf{A} \cdot \mathbf{B}) \cdot \mathbf{C}$.

12. a. Prove que $\mathbf{I}^2 = \mathbf{I}$ para qualquer matriz identidade **I**.

b. Prove que $\mathbf{I}^n = \mathbf{I}$ para qualquer matriz identidade **I** e qualquer inteiro positivo n.

13. Sejam **A** e **B** matrizes $n \times n$.

a. Prove que se **A** tiver uma linha com todos os elementos iguais a 0 então $\mathbf{A} \cdot \mathbf{B}$ também terá.

b. Prove que se **B** tiver uma coluna com todos os elementos iguais a 0 então $\mathbf{A} \cdot \mathbf{B}$ também terá.

14. Uma matriz $n \times n$ **A** é *diagonal* se todos os elementos a_{ij} com $i \neq j$ são iguais a 0. Por exemplo, a matriz **A** a seguir é uma matriz diagonal 3×3.

$$\mathbf{A} = \begin{bmatrix} 2 & 0 & 0 \\ 0 & 5 & 0 \\ 0 & 0 & -7 \end{bmatrix}$$

a. Prove que se **A** e **B** forem matrizes diagonais $n \times n$ então $\mathbf{A} + \mathbf{B}$ será diagonal.

b. Prove que se **A** for uma matriz diagonal $n \times n$ e r for um escalar então $r\mathbf{A}$ será diagonal.

c. Prove que se **A** e **B** forem matrizes diagonais $n \times n$ então $\mathbf{A} \cdot \mathbf{B}$ será diagonal.

15. A *transposta* de uma matriz **A**, $\mathbf{A}^T$, é obtida trocando-se linhas com colunas. Assim, se denotarmos o elemento na linha i, coluna j de **A** por $\mathbf{A}(i, j)$, então $\mathbf{A}^T(i, j) = \mathbf{A}(j, i)$.

a. Encontre $\mathbf{A}^T$ para

$$\mathbf{A} = \begin{bmatrix} 1 & 3 & 4 \\ 6 & -2 & 1 \end{bmatrix}$$

b. Prove que **A** será uma matriz simétrica se e somente se $\mathbf{A}^T = \mathbf{A}$.

c. Prove que $(\mathbf{A}^T)^T = \mathbf{A}$.

d. Prove que $(\mathbf{A} + \mathbf{B})^T = \mathbf{A}^T + \mathbf{B}^T$.

e. Prove que $(\mathbf{A} \cdot \mathbf{B})^T = \mathbf{B}^T \cdot \mathbf{A}^T$.

16. Prove que $\mathbf{A} \cdot \mathbf{A}^T$ é simétrica qualquer que seja a matriz **A**.
17. Encontre duas matrizes 2×2, **A** e **B**, tais que $\mathbf{A} \cdot \mathbf{B} = \mathbf{0}$, mas $\mathbf{A} \neq \mathbf{0}$ e $\mathbf{B} \neq \mathbf{0}$.
18. Encontre três matrizes 2×2, **A**, **B** e **C** tais que $\mathbf{A} \cdot \mathbf{C} = \mathbf{B} \cdot \mathbf{C}$, $\mathbf{C} \neq \mathbf{0}$, mas $\mathbf{A} \neq \mathbf{B}$.
19. Se **A** e **B** forem matrizes $n \times n$, é sempre verdade que $(\mathbf{A} + \mathbf{B})^2 = \mathbf{A}^2 + 2(\mathbf{A} \cdot \mathbf{B}) + \mathbf{B}^2$? É verdade em alguma situação?
20. O vetor de números reais $\mathbf{U} = [u_1\ u_2]$ pode ser visualizado no plano real como uma seta da origem até o ponto (u_1, u_2). O comprimento da seta, também chamado de *magnitude* do vetor, é dado por $||\mathbf{U}|| = \sqrt{u_1^2 + u_2^2}$. O *produto escalar* de tais vetores, $\mathbf{U} \bullet \mathbf{V}$, é definido como o número real $u_1v_1 + u_2v_2$. Mostre que, se θ for o ângulo entre **U** e **V**, então

$$\cos\theta = \frac{\mathbf{U} \bullet \mathbf{V}}{||\mathbf{U}|| \cdot ||\mathbf{V}||}$$

(*Sugestão*: Use a lei dos cossenos.)

21. Prove que se uma matriz quadrada for simétrica então $\mathbf{A}^2 = \mathbf{A} \cdot \mathbf{A}$ também será.
22. Prove que se uma matriz quadrada for simétrica então $\mathbf{A}^{2^n}$ também será para qualquer inteiro $n \geq 1$.
23. Seja

$$\mathbf{A} = \begin{bmatrix} 1 & 1 \\ 1 & 0 \end{bmatrix}$$

Para $n \geq 1$, seja $F(n)$ o n-ésimo valor da sequência de Fibonacci (veja o Exemplo 2 no Capítulo 3); seja $F(0) = 0$. Prove que, para qualquer $n \geq 1$, $\mathbf{A}^n$ é dada por

$$\begin{bmatrix} F(n+1) & F(n) \\ F(n) & F(n-1) \end{bmatrix}$$

24. a. Mostre que, para

$$\mathbf{A} = \begin{bmatrix} 1 & 3 \\ 2 & 2 \end{bmatrix} \quad \mathbf{B} = \begin{bmatrix} -1/2 & 3/4 \\ 1/2 & -1/4 \end{bmatrix}$$

$\mathbf{A} \cdot \mathbf{B} = \mathbf{B} \cdot \mathbf{A} = \mathbf{I}$, de modo que $\mathbf{B} = \mathbf{A}^{-1}$.

b. Mostre que

$$\mathbf{A} = \begin{bmatrix} 1 & 2 \\ 2 & 4 \end{bmatrix}$$

não é invertível.

c. Mostre que

$$\mathbf{A} = \begin{bmatrix} a_{11} & a_{12} \\ a_{21} & a_{22} \end{bmatrix}$$

é inevitável com inversa

$$\mathbf{B} = \frac{1}{a_{11}a_{22} - a_{12}a_{21}} \begin{bmatrix} a_{22} & -a_{12} \\ -a_{21} & a_{11} \end{bmatrix}$$

se e somente se $a_{11}a_{22} - a_{12}a_{21} \neq 0$.

25. Prove que se **A** for invertível e se r for um escalar não nulo então $r\mathbf{A}$ será invertível com

$$(r\mathbf{A})^{-1} = (1/r)\mathbf{A}^{-1}.$$

26. Prove que se **A** for invertível e se $\mathbf{A} \cdot \mathbf{B} = \mathbf{A} \cdot \mathbf{C}$ então $\mathbf{B} = \mathbf{C}$.

Para os Exercícios 27 a 34, use o método de Gauss para resolver o sistema de equações, se possível.

27. $x + 5y = 1$
$2x - 3y = 15$

28. $x + 5y = 38{,}7$
$4x - 2y = -1{,}4$

29. $-x + 2y + z = -1$
$3x - 5y - z = 5$
$2x - y + 3z = 22$

30. $x - y + z = 6$
$x + 2y - 3z = 10$
$2x + 3y + 5z = 12$

31. $x + 2y - z = -1$
$x - 3y + z = 2$
$2x + y + 2z = 6$

32. $2x - 7y + z + 2w = 5$
$x + y - 2z + 3w = 8$
$4x + 2y + z - 4w = 12$
$5x + 3y - z - w = 10$

33. $x + 2y - z + w = -3$
$2x - y + 4z + 2w = 33$
$x - y + 3z - 7w = 6$
$-3x + 3y + z + 4w = -12$

34. $x - 2y + 3z - w = 7$
$2x + 5y - 7z + 2w = 12$
$4x - 3y + 12z + w = 8$

35. Encontre um exemplo de um sistema com 3 equações lineares e 2 incógnitas que tem solução. Explique o que acontece quando se usa o método de Gauss nesse sistema.

36. Encontre um exemplo de um sistema com 4 equações lineares e 3 incógnitas que tem solução. Explique o que acontece quando se usa o método de Gauss nesse sistema.

37. Você comprou um medalhão egípcio antigo em uma feira de antiguidades de um vendedor que jura que é de ouro puro. O medalhão pesa 859,4 gramas e seu volume é 52 cm^3. Você suspeita que o medalhão é feito, de fato, de uma mistura de cobre e ouro. Você sabe que a densidade do cobre é de 9 g/cm^3 e a do ouro é de 19,3 g/cm^3. Monte e resolva um sistema de equações para encontrar o percentual de cobre por volume no medalhão.

38. O plano A para telefone celular cobra uma taxa fixa mensal de R$30,00 pelos primeiros 400 minutos, mais R$0,07 para cada minuto que ultrapassar os 400. O plano B cobra uma taxa fixa mensal de R$45,00 pelos primeiros 600 minutos, mais R$0,19 para cada minuto que ultrapassar os 600. Você sabe que vai usar mais de 600 minutos por mês.
    a. Em que número de minutos os dois planos custam a mesma coisa, e qual é esse valor?
    b. Acima do número de minutos encontrado no item (a), qual plano é o mais caro?

39. Se **A** for uma matriz invertível $n \times n$, o seguinte método pode ser usado para se encontrar $\mathbf{A}^{-1}$:
   1. Use qualquer combinação, em **A**, das duas operações elementares a seguir, até a matriz resultante ser a matriz identidade $n \times n$ **I**.
      i. Multiplique todos os elementos em qualquer uma das linhas de **A** por um escalar não nulo.
      ii. Some um múltiplo escalar de qualquer linha a qualquer outra linha.
   2. Ao mesmo tempo, execute exatamente a mesma sequência de operações na matriz identidade $n \times n$ **I**.
   3. A matriz resultante de **I** no item 2 é $\mathbf{A}^{-1}$.

   Use esse método para encontrar a inversa da matriz **A** no Exercício 24(a).
40. Use o método do Exercício 39 para encontrar a inversa da matriz **A** no Exemplo 71.
41. Considere um sistema de n equações lineares com n incógnitas, como o do Exemplo 63:

$$\begin{aligned} x + y &= 70 \\ 24x + 14y &= 1180 \end{aligned}$$

se

$$\mathbf{A} = \begin{bmatrix} 1 & 1 \\ 24 & 14 \end{bmatrix} \quad \mathbf{X} = \begin{bmatrix} x \\ y \end{bmatrix} \quad \mathbf{B} = \begin{bmatrix} 70 \\ 1180 \end{bmatrix}$$

então o sistema de equações pode ser representado em forma matricial por

$$\mathbf{A} \cdot \mathbf{X} = \mathbf{B}$$

Se **A**, a matriz de coeficientes, for invertível, então podemos multiplicar os dois lados da equação acima por $\mathbf{A}^{-1}$, obtendo

$$\begin{aligned} &\mathbf{A}^{-1} \cdot (\mathbf{A} \cdot \mathbf{X}) = \mathbf{A}^{-1} \cdot \mathbf{B} \\ &(\mathbf{A}^{-1} \cdot \mathbf{A}) \cdot \mathbf{X} = \mathbf{A}^{-1} \cdot \mathbf{B} && \text{(a multiplicação de matrizes é associativa)} \\ &\mathbf{I} \cdot \mathbf{X} = \mathbf{A}^{-1} \cdot \mathbf{B} && \text{(definição de } \mathbf{A}^{-1}\text{)} \\ &\mathbf{X} = \mathbf{A}^{-1} \cdot \mathbf{B} && \text{(definição de } \mathbf{I}\text{)} \end{aligned}$$

Logo, a solução do sistema de equações é dada por

$$\mathbf{X} = \mathbf{A}^{-1} \cdot \mathbf{B}$$

Use o Exercício 39 para encontrar $\mathbf{A}^{-1}$ e depois utilize essa abordagem para resolver o sistema de equações.

Nos Exercícios 42 a 46, resolva o sistema de equações usando o método do Exercício 41.

42. $x + 2y = -4$
    $x + y = 5$
43. O sistema do Exercício 27.
44. O sistema do Exercício 28.
45. O sistema do Exercício 29.
46. O sistema do Exercício 30.
47. Para as matrizes booleanas,

$$\mathbf{A} = \begin{bmatrix} 1 & 0 & 0 \\ 1 & 1 & 0 \\ 0 & 1 & 1 \end{bmatrix} \quad \mathbf{B} = \begin{bmatrix} 1 & 0 & 1 \\ 0 & 1 & 1 \\ 1 & 1 & 1 \end{bmatrix}$$

encontre $\mathbf{A} \wedge \mathbf{B}$, $\mathbf{A} \vee \mathbf{B}$, $\mathbf{A} \times \mathbf{B}$ e $\mathbf{B} \times \mathbf{A}$.

48. Para as matrizes booleanas,

$$\mathbf{A} = \begin{bmatrix} 0 & 0 & 1 \\ 1 & 1 & 0 \\ 1 & 0 & 0 \end{bmatrix} \quad \mathbf{B} = \begin{bmatrix} 0 & 1 & 1 \\ 0 & 0 & 0 \\ 1 & 0 & 0 \end{bmatrix}$$

encontre $\mathbf{A} \wedge \mathbf{B}$, $\mathbf{A} \vee \mathbf{B}$, $\mathbf{A} \times \mathbf{B}$ e $\mathbf{B} \times \mathbf{A}$.

49. Para as matrizes booleanas,

$$\mathbf{A} = \begin{bmatrix} 0 & 1 & 0 \\ 1 & 0 & 1 \\ 0 & 0 & 1 \end{bmatrix} \quad \mathbf{B} = \begin{bmatrix} 0 & 1 & 1 \\ 0 & 0 & 1 \\ 1 & 0 & 0 \end{bmatrix}$$

encontre $\mathbf{A} \wedge \mathbf{B}$, $\mathbf{A} \vee \mathbf{B}$, $\mathbf{A} \times \mathbf{B}$ e $\mathbf{B} \times \mathbf{A}$.

50. Para as matrizes booleanas,

$$\mathbf{A} = \begin{bmatrix} 1 & 1 & 0 \\ 0 & 1 & 1 \\ 0 & 0 & 1 \end{bmatrix} \quad \mathbf{B} = \begin{bmatrix} 1 & 0 & 1 \\ 0 & 1 & 1 \\ 1 & 1 & 1 \end{bmatrix}$$

encontre $\mathbf{A} \wedge \mathbf{B}$, $\mathbf{A} \vee \mathbf{B}$, $\mathbf{A} \times \mathbf{B}$ e $\mathbf{B} \times \mathbf{A}$.

51. Para matrizes booleanas **A** e **B**, pode acontecer que $\mathbf{A} \vee \mathbf{B} = \mathbf{A} \wedge \mathbf{B}$? Se esse for o caso, quando isso ocorre?

52. Para matrizes booleanas **A** e **B**, prove que $\mathbf{A} \vee \mathbf{B} = \mathbf{B} \vee \mathbf{A}$ e $\mathbf{A} \wedge \mathbf{B} = \mathbf{B} \wedge \mathbf{A}$.

53. Quantas matrizes booleanas simétricas distintas $n \times n$ existem?

54. O *algoritmo de Strassen* reduz a quantidade de trabalho para calcular o produto de duas matrizes $n \times n$. Por simplicidade, suponha que $n = 2^m$ para algum $m \geq 0$. Considere primeiro o caso simples de multiplicação de duas matrizes 2×2:

$$\mathbf{A} = \begin{bmatrix} a_{11} & a_{12} \\ a_{21} & a_{22} \end{bmatrix} \qquad \mathbf{B} = \begin{bmatrix} b_{11} & b_{12} \\ b_{21} & b_{22} \end{bmatrix}$$

O produto

$$\mathbf{C} = \begin{bmatrix} a_{11}b_{11} + a_{12}b_{21} & a_{11}b_{12} + a_{12}b_{22} \\ a_{21}b_{11} + a_{22}b_{21} & a_{21}b_{12} + a_{22}b_{22} \end{bmatrix} \tag{1}$$

também pode ser escrito (verifique os cálculos) como

$$\mathbf{C} = \begin{bmatrix} p_1 + p_4 - p_5 + p_7 & p_3 + p_5 \\ p_2 + p_4 & p_1 + p_3 - p_2 + p_6 \end{bmatrix} \tag{2}$$

em que

$$\begin{aligned} p_1 &= (a_{11} + a_{22})(b_{11} + b_{22}) & p_2 &= (a_{21} + a_{22})b_{11} \\ p_3 &= a_{11}(b_{12} - b_{22}) & p_4 &= a_{22}(b_{21} - b_{11}) \\ p_5 &= (a_{11} + a_{12})b_{22} & p_6 &= (a_{21} - a_{11})(b_{11} + b_{12}) \\ p_7 &= (a_{12} - a_{22})(b_{21} + b_{22}) \end{aligned}$$

Para calcular as diversas quantidades p_i são necessárias 7 multiplicações e 10 somas (contando as subtrações como somas). Uma vez calculadas as quantidades p_i, para calcular o produto **C** são necessárias mais 0 multiplicação e 8 somas. No total, calcular **C** por esse método requer 7 multiplicações e 18 somas. Considere agora duas matrizes $n \times n$ **A** e **B** e divida cada uma delas em quatro blocos de matrizes ($n/2 \times n/2$):

$$\mathbf{A} = \begin{bmatrix} \mathbf{A}_{11} & \mathbf{A}_{12} \\ \mathbf{A}_{21} & \mathbf{A}_{22} \end{bmatrix} \qquad \mathbf{B} = \begin{bmatrix} \mathbf{B}_{11} & \mathbf{B}_{12} \\ \mathbf{B}_{21} & \mathbf{B}_{22} \end{bmatrix}$$

O produto $\mathbf{C} = \mathbf{A} \cdot \mathbf{B}$ ainda é dado pela Equação (1) usando $\mathbf{A}_{ij}$ e $\mathbf{B}_{ij}$ no lugar de a_{ij} e b_{ij}, respectivamente. Portanto, a Equação (2) ainda é válida, e o produto $\mathbf{C}$ precisa de 7 multiplicações de matrizes $(n/2 \times n/2)$. Esse é um exemplo de um algoritmo do tipo dividir para conquistar, em que o trabalho foi reduzido a diversos casos do mesmo problema com o tamanho dos dados de entrada substancialmente reduzido (embora ainda sejam necessárias 18 somas de matrizes $(n/2 \times n/2)$).

Suponha que $M(n)$ representa o número de multiplicações necessárias para um produto de $n \times n$ matrizes. Usando o algoritmo de Strassen, podemos escrever

$$M(1) = 1 \qquad \text{(uma multiplicação no produto de duas matrizes } 1 \times 1\text{)}$$
$$M(n) = 7M\left(\frac{n}{2}\right)$$

a. Resolva essa relação de recorrência para $M(n)$.

b. Se $A(n)$ representa o número de somas necessárias para se calcular um produto de duas matrizes $n \times n$, justifique a relação de recorrência a seguir:

$$A(1) = 0$$
$$A(n) = 7A\left(\frac{n}{2}\right) + 18\left(\frac{n}{2}\right)^2$$

c. Resolva essa relação de recorrência para obter uma expressão para a ordem de grandeza de $A(n)$.

d. Encontre um valor aproximado para a ordem de grandeza do trabalho total (somas e multiplicações) para a multiplicação de matrizes usando o algoritmo de Strassen e compare esse resultado com o trabalho necessário para a multiplicação usual de matrizes, $\Theta(n^3)$. (Embora o algoritmo de Strassen seja uma melhoria teórica para todos os valores de n, as constantes que são ignoradas em um argumento envolvendo ordens de grandeza significam que, em uma implementação de fato, o algoritmo tradicional pode rodar mais rápido para valores de n menores do que algo em torno de $2^6 = 64$.)

55. O método de Gauss requer um trabalho intenso. A análise do pior caso pode ser feita por uma contagem simples, em que as multiplicações e as somas são as unidades de trabalho (divisões são contadas como multiplicações e subtrações são contadas como somas). Considere um sistema linear com n equações e n incógnitas.

a. No pior caso, o primeiro elemento não nulo em cada linha da matriz aumentada ao ser transformada em uma forma triangular superior não é 1 e aquela linha tem que ser multiplicada por um escalar não nulo para criar um 1. Mostre que isso requer um total de

$$\frac{(n+1)(n+2)}{2} - 3$$

multiplicações. (*Sugestão*: Considere o Problema Prático 7 no Capítulo 2.)

b. Além das multiplicações necessárias do item (a), mostre que são necessárias $\dfrac{2n^3 + 3n^2 - 5n}{6}$ multiplicações e $\dfrac{2n^3 + 3n^2 - 5n}{6}$ somas para colocar a matriz aumentada em forma triangular superior. (*Sugestão*: Considere o Exercício 11 na Seção 2.2.)

c. Depois de a matriz ser colocada em forma triangular superior, mostre que são necessárias $\dfrac{n(n+1)}{2}$ multiplicações e $\dfrac{(n-1)n}{2}$ somas para resolver para as n variáveis.

d. Explique por que o método de Gauss é da ordem de $\Theta(n^3)$ no pior caso.

56. DES, discutido na Seção 5.6, é um algoritmo de encriptação que é um exemplo de código de blocos, em que um bloco de bits é codificado em um bloco de bits. Matrizes podem ser usadas para criar um bloco de cifra simples. Considere uma matriz 2 × 2 com elementos inteiros, por exemplo,

$$\mathbf{A} = \begin{bmatrix} 2 & 7 \\ 1 & 4 \end{bmatrix}$$

A é uma matriz invertível com

$$\mathbf{A}^{-1} = \begin{bmatrix} 4 & -7 \\ -1 & 2 \end{bmatrix}$$

Já que

$$\begin{bmatrix} 2 & 7 \\ 1 & 4 \end{bmatrix} \cdot \begin{bmatrix} 4 & -7 \\ -1 & 2 \end{bmatrix} = \begin{bmatrix} 4 & -7 \\ -1 & 2 \end{bmatrix} \cdot \begin{bmatrix} 2 & 7 \\ 1 & 4 \end{bmatrix} = \begin{bmatrix} 1 & 0 \\ 0 & 1 \end{bmatrix}$$

Quebre a mensagem a ser criptografada em blocos de dois caracteres e aplique uma função que leva as letras do alfabeto nos inteiros de 0 a 25 da seguinte maneira:

A	B	C	D	E	F	G	H	I	J	K	L	M	N	O	P	Q	R	S	T	U	V	W	X	Y	Z
0	1	2	3	4	5	6	7	8	9	10	11	12	13	14	15	16	17	18	19	20	21	22	23	24	25

Então $[B \quad R] \to [1 \quad 17]$. O coração do algoritmo de encriptação consiste em multiplicar a matriz resultante 1 × 2 por **A** usando aritmética módulo 26. Assim,

$$[1 \quad 17] \cdot \begin{bmatrix} 2 & 7 \\ 1 & 4 \end{bmatrix} = [19 \quad 75] \to [19 \quad 23]$$

e $[19 \quad 23] \to [T \quad X]$. Logo $[B \quad R]$ é criptografado como $[T \quad X]$. Para decodificar, converta $[T \quad X]$ de volta para $[19 \quad 23]$ e multiplique a matriz resultante 1 × 2 por $\mathbf{A}^{-1}$, novamente usando aritmética módulo 26.

$$[19 \quad 23] \cdot \begin{bmatrix} 4 & -7 \\ -1 & 2 \end{bmatrix} = [53 \quad -87] \to [1 \quad 17]$$

para ser convertida de volta para a mensagem original $[B \quad R]$.

a. Usando a matriz de encriptação **A** acima, criptografe o bloco [V I].

b. Decodifique o resultado encontrado no item (a) para recuperar [V I].

c. Explique por que o processo de decodificação recupera o bloco (numérico) original.

CAPÍTULO 5 **REVISÃO**

TERMINOLOGIA

AES (Padrão de Encriptação Avançado) (Seção 5.6)
álgebra relacional (Seção 5.3)
algoritmo de encriptação com chave pública RSA (Seção 5.6)
aplicação (Seção 5.4)
array (Seção 5.7)
banco de dados (Seção 5.3)
banco de dados relacional (Seção 5.3)
bijeção (Seção 5.4)
bloco (Seção 5.1)
cadeia (Seção 5.1)
cálculo relacional (Seção 5.3)
caminho crítico (Seção 5.2)
cardinalidade de um conjunto (Seção 5.4)
cardinalidade de uma relação (Seção 5.3)

AUTOTESTE

Responda se as afirmações a seguir são verdadeiras ou falsas.

Seção 5.1

1. Em uma relação binária um para muitos, pelo menos uma primeira componente tem que aparecer em dois pares ordenados diferentes.
2. Se uma relação binária antissimétrica contém (x, y), então (y, x) não pertence à relação.
3. Um elemento minimal em um conjunto parcialmente ordenado precede todos os elementos exceto ele mesmo.
4. Uma relação de equivalência não pode ser também uma ordem parcial.
5. Uma ordem parcial em um conjunto determina uma partição daquele conjunto.

Seção 5.2

1. Se uma tarefa não está no caminho crítico de um diagrama PERT, então aquela tarefa é opcional.
2. Uma ordenação topológica transforma um conjunto parcialmente ordenado em um conjunto totalmente ordenado.
3. Se x precede y após uma ordenação topológica em um conjunto parcialmente ordenado finito, então x precedia y na ordem parcial original.
4. Os tempos necessários para se concluírem as tarefas paralelas são somados para se determinar um caminho crítico em um diagrama PERT.
5. Determinado conjunto de dados resulta em uma única ordenação topológica.

Seção 5.3

1. Uma relação em um banco de dados relacional é um conjunto de n-uplas de valores de atributos.
2. Uma chave primária em uma relação é um subconjunto mínimo de valores de atributos que identifica, de maneira única, cada tupla.
3. A operação de restrição pode ser feita através de uma união seguida de uma interseção.
4. A operação de junção pode ser feita através de um produto cartesiano seguido de uma restrição.
5. A exclusão de uma tupla de uma relação pode resultar na necessidade de exclusões adicionais para manter a integridade dos dados.

Seção 5.4

1. Uma relação binária em $S \times T$ que não é um para muitos nem muitos para muitos é uma função de S em T.
2. Para provar que uma função é sobrejetora, comece com um elemento arbitrário da imagem e mostre que ele tem uma imagem inversa.
3. Para mostrar que uma função é injetora, suponha que $f(s_1) = f(s_2)$ para s_1 e s_2 no domínio e mostre que $s_1 = s_2$.
4. A composição de duas permutações de um conjunto é uma permutação do conjunto.
5. Qualquer função injetora tem uma função inversa.

Seção 5.5

1. Se f é $\Theta(g)$, então, a partir de certo ponto, os valores de $f(x)$ têm que estar entre $(1/2)g(x)$ e $2g(x)$.
2. Se $f = O(g)$, então $f = \Theta(g)$ ou $g = o(f)$.
3. Se $f(x) = 3x^2 + 15x - 2$ e $g(x) = 5000x^3/(x - 1)$, então $f = \Theta(g)$.
4. Um problema intratável é um que só tem algoritmos de solução da forma $\Theta(n^c)$, em que $c \geq 5$.
5. Em uma relação de recorrência da forma

$$S(n) = aS\left(\frac{n}{b}\right) + n^c \text{ para } n \geq 2$$

a ordem de grandeza da solução, como determinada pelo teorema mestre, depende da razão entre a e b^c.

Seção 5.6

1. 1. $37 \equiv 15 \pmod{11}$.
2. Ao buscar em uma tabela de dispersão por determinado valor alvo, aplique primeiro a função de dispersão no valor para obter o índice da tabela de dispersão. Se o elemento armazenado lá for igual ao valor alvo, a busca teve sucesso; caso contrário, a busca falhou.
3. Um código de César com um deslocamento $k = 5$ codificará "W" como "B".
4. No algoritmo RSA, a chave pública é (n, e). A segurança deriva da dificuldade de calcular $\varphi(n)$.
5. O dígito verificador do código ISBN com 10 algarismos 0-321-18059-3 está correto.

Seção 5.7

1. Duas matrizes que não têm as mesmas dimensões não podem ser somadas.
2. Se **A** e **B** forem matrizes quadradas, então $\mathbf{A} \cdot \mathbf{B} = \mathbf{B} \cdot \mathbf{A}$.
3. O algoritmo usual para a multiplicação de matrizes é $\Theta(n^3)$.
4. O método de Gauss reduz a matriz aumentada de um sistema com n equações e n incógnitas à matriz identidade $n \times n$.
5. Se **A** e **B** forem matrizes booleanas quadradas, então $\mathbf{A} \times \mathbf{B} = \mathbf{B} \times \mathbf{A}$, em que $\mathbf{A} \times \mathbf{B}$ denota o produto booleano de matrizes.

NO COMPUTADOR

Para os Exercícios 1 a 17, escreva um programa que produz o resultado desejado dos dados de entrada indicados.

1. *Dados de entrada*: Os elementos em um conjunto finito S e uma lista de pares ordenados representando uma relação binária em S.

   Resposta: Uma sentença indicando se a relação é um para um, um para muitos, muitos para um ou muitos para muitos.

2. *Dados de entrada*: Os elementos em um conjunto finito S e duas listas de pares ordenados representando duas relações binárias em S.

   Resposta: Os pares ordenados pertencentes à união e à interseção das duas relações, e os pares ordenados pertencentes aos complementos de cada relação.

3. *Dados de entrada*: Os elementos em um conjunto finito S e uma lista de pares ordenados representando uma relação binária em S.

   Resposta: Uma sentença indicando que propriedades a relação tem — se é reflexiva, simétrica, transitiva e/ou antissimétrica.

4. *Dados de entrada*: Os elementos em um conjunto finito S e uma lista de pares ordenados representando uma relação binária em S.

   Resposta: Os fechos reflexivo, simétrico e transitivo da relação.

5. *Dados de entrada*: Os elementos em um conjunto finito S e uma lista de pares ordenados representando uma ordem parcial em S.

   Resposta: Uma lista de todos os elementos minimais e maximais.

6. *Dados de entrada*: Os elementos em um conjunto finito S e uma lista de pares ordenados representando uma ordem parcial em S.

   Resposta: Uma lista de qualquer elemento mínimo ou máximo.
   Observe que essa tarefa é mais difícil do que a do Exercício 5.

7. *Dados de entrada*: Os elementos em um conjunto finito S, uma lista de pares ordenados representando uma relação de equivalência em S e um elemento x de S.

   Resposta: Os elementos de $[x]$.

8. *Dados de entrada*: Representações, em forma de arrays, de tabelas de relação e dados de entrada apropriados para se efetuarem as operações de restrição, projeção e junção.

   Resposta: Representações, em forma de array, das tabelas de relação resultantes.

9. *Dados de entrada*: Os elementos em um conjunto finito S e uma lista de pares ordenados representando uma ordem parcial em S.

   Resposta: Uma sequência representando a ordem total resultante de uma ordenação topológica. (Sugestão: Use novamente parte do código do Exercício 5.)

10. *Dados de entrada*: Os elementos em um conjunto finito S e em um conjunto finito T e uma lista de pares ordenados representando uma relação binária em $S \times T$.

    Resposta: Uma indicação se a relação é uma função de S em T e, em caso afirmativo, se é sobrejetora, injetora ou ambas.

11. *Dados de entrada*: O número de elementos em dois conjuntos finitos S e T.

    Resposta: O número de funções de S em T, o número de funções injetoras de S em T (ou uma indicação de que não existe nenhuma) e o número de funções sobrejetoras de S em T (ou uma indicação de que não existe nenhuma).

12. *Dados de entrada*: Duas listas de pares ordenados representando funções f e g de S em S.

    Resposta: Lista de pares ordenados representando a função composta $g \circ f$.

13. *Dados de entrada*: Os elementos em um conjunto finito S e duas listas que representam (como um ciclo) permutações f e g de S.

    Resposta: Uma ou mais listas representando a composição $g \circ f$ como um ciclo ou um produto de ciclos disjuntos.

14. *Dados de entrada*: O número de elementos em um conjunto finito S.

    Resposta: O número de desarrumações totais de S.

15. *Dados de entrada*: n e os elementos de duas matrizes $n \times n$ $\mathbf{A}$ e $\mathbf{B}$.

    Resposta: A soma $\mathbf{A} + \mathbf{B}$ e os produtos $\mathbf{A} \cdot \mathbf{B}$ e $\mathbf{B} \cdot \mathbf{A}$.

16. *Dados de entrada*: imensões de uma matriz **A** e seus elementos.

    Resposta: $\mathbf{A}^T$ (veja o Exercício 15 na Seção 5.7)

17. *Dados de entrada*: A matriz aumentada de um sistema de n equações lineares com n incógnitas com um conjunto único de n soluções.

    Resposta: As n soluções, determinadas pelo método de Gauss.

18. O **determinante** de uma matriz $n \times n$ pode ser usado na resolução de sistemas de equações lineares, assim como em outras situações. O determinante de **A** pode ser definido em termos de determinantes menores e cofatores. O determinante menor do elemento a_{ij} é o determinante da matriz $(n - 1) \times (n - 1)$ obtida de **A** retirando-se os elementos da linha i e os da coluna j; denotaremos esse determinante menor por M_{ij}. O **cofator** do elemento a_{ij}, denotado por C_{ij}, é definido por

$$\mathbf{C}_{ij} = (-1)^{i+j}\mathrm{M}_{ij}$$

O determinante de **A** é calculado multiplicando-se todos os elementos em alguma linha fixa de **A** pelos seus cofatores respectivos e somando-se os resultados. Por exemplo, se a primeira linha for usada, então o determinante de **A** é dado por

$$\sum_{k=1}^{n} (a_{1k})(\mathrm{C}_{1k})$$

Escreva um programa que, ao serem dados n e os elementos de uma matriz **A** $n \times n$ de entrada, calcula o determinante de **A**. Use um algoritmo recorrente.

Capítulo

6

Grafos e Árvores

OBJETIVOS DO CAPÍTULO

Após o estudo deste capítulo, você será capaz de:

- Compreender e utilizar os diversos termos associados a grafos, grafos direcionados e árvores.
- Avaliar a utilização de grafos, grafos direcionados e árvores como ferramentas de representação em uma ampla variedade de contextos.
- Provar que dois grafos dados são isomorfos ou dar uma razão de por que não o são.
- Usar a fórmula de Euler em grafos planares simples e conexos.
- Compreender o papel de dois grafos específicos, K_5 e $K_{3,3}$ na teoria de grafos planares.
- Provar propriedades elementares de grafos e árvores.
- Usar a matriz de adjacência e a lista de adjacência para representar grafos e grafos direcionados.
- Efetuar percursos em uma árvore em pré-ordem, em ordem simétrica e em pós-ordem.
- Usar tabelas (*arrays*) e ponteiros para armazenar árvores binárias.
- Usar árvores de decisão para representar os comandos executados por um algoritmo de busca ou ordenação.
- Construir árvores binária de busca e efetuar uma busca em uma árvore binária.
- Expressar cotas inferiores para o número de comparações, no pior caso, para busca ou ordenação em uma lista com n elementos.
- Encontrar os códigos de Huffman para caracteres cuja frequência de ocorrência seja conhecida.

Você trabalha no Departamento de Sistemas de Informação de Regenhocas Globais (RG), o líder mundial na produção de regenhocas.* Regenhocas são aparelhos extremamente complexos, com um número muito grande de componentes muito simples. Cada peça é de um dos seguintes tipos: Arruela (A), Biela (B), Cavilha (C), Engrenagem (E) ou Parafuso (P). Existem muitas variações diferentes de cada tipo básico. Os números das peças começam com uma letra, A, B, C, E ou P, que identifica o tipo, seguida de um número com 8 dígitos. Assim,

B00347289
A11872432
P45003781

são todos números legítimos de componentes. Usando o princípio de multiplicação, existem 5×10^8 números de peças em potencial! A RG mantém um arquivo de dados com os números das peças que usa, que são a maioria dos números em potencial. A maior parte dos computadores,

*A palavra utilizada no original inglês, *widget*, é uma palavra inventada, com um som semelhante à *gadget*, que significa "engenhoca"; traduzi por outra palavra inventada, com um som semelhante à engenhoca. (N.T.)

incluindo os usados na RG, usa o sistema de códigos ASCII para converter caracteres em forma binária, segundo o qual cada caractere necessita de 1 byte (8 bits) de armazenagem. Como cada número diferente de peça contém 9 caracteres, o arquivo de peças da RG é de aproximadamente $9 \times 5 \times 10^8$ bytes, ou 4,5 Gb.

Pergunta: **Como comprimir esse arquivo de número de peças de modo a usar menos espaço de armazenamento?**

Uma resposta a essa pergunta envolve a utilização de uma estrutura de árvores binárias. Uma árvore é uma representação visual de dados e conexões entre eles. É um caso especial de uma estrutura mais geral chamada grafo. Grafos ou árvores podem representar um número surpreendente de situações reais — organogramas, mapas rodoviários, redes de transporte e comunicação, e assim por diante. Mais tarde veremos outros usos de grafos e árvores para representar redes lógicas, máquinas de estado finito e derivações de linguagens formais.

A teoria dos grafos é um tópico extenso. As Seções 6.1 e 6.2 apresentam parte da terminologia associada a grafos e árvores, e alguns resultados elementares sobre essas estruturas. Para representar um grafo ou árvore na memória do computador, os dados precisam ser arrumados de forma a preservar toda a informação contida na representação visual. São discutidas diversas abordagens para a representação de grafos e árvores dentro de um computador.

Árvores de decisão são representações gráficas das atividades de certos tipos de algoritmos. Elas são apresentadas e usadas, na Seção 6.3, para encontrar cotas inferiores para o comportamento, no pior caso, de algoritmos de busca e ordenação. Na Seção 6.4 é dado um algoritmo para a construção de árvores binárias que permitem a compressão dos dados em arquivos grandes.

SEÇÃO 6.1 GRAFOS E SUAS REPRESENTAÇÕES

Definições de um Grafo

Um modo de passar a hora em uma viagem de avião é olhar os panfletos nos bolsos de assento. Esse material quase sempre inclui um mapa das rotas da companhia proprietária do avião, como na Figura 6.1. Toda essa informação sobre rotas poderia ser expressa em um parágrafo; por exemplo, existe uma rota direta entre Chicago e Nashville, mas não existe uma rota direta entre Nashville e St. Louis. No entanto, esse parágrafo seria bastante longo e complicado, e não seríamos capazes de assimilar a informação tão rápida e claramente quanto a partir do mapa. Existem muitos casos em que "uma imagem vale mais de mil palavras".

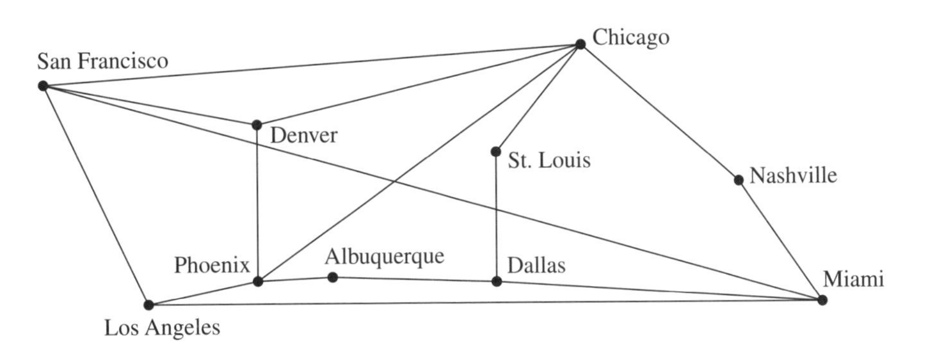

Figura 6.1

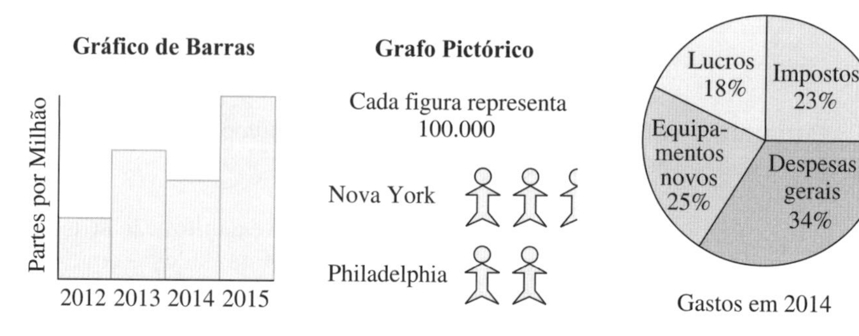

Figura 6.2

A palavra "gráfico" é, muitas vezes, usada informalmente para qualquer representação visual de dados, como na Figura 6.1; outras formas incluem o gráfico de barras, o gráfico pictórico e o gráfico em setores, ilustrados na Figura 6.2. Falamos, também, sobre gráfico de funções em um sistema retangular de coordenadas. Os gráficos de que trataremos agora são chamados grafos. Usaremos duas definições de grafos: uma é baseada em uma representação visual como a da Figura 6.1, e a outra é uma definição mais formal que não fala nada sobre uma representação visual.

DEFINIÇÃO (Informal) GRAFO

Um **grafo** é um conjunto não vazio de **nós (vértices)** e um conjunto de **arcos (arestas)** tais que cada arco conecta dois nós.

Nossos grafos sempre terão um número finito de nós e de arcos.

EXEMPLO 1 O conjunto de nós no mapa das rotas aéreas na Figura 6.1 é {Chicago, Nashville, Miami, Dallas, St. Louis, Albuquerque, Phoenix, Denver, San Francisco, Los Angeles}. O grafo tem 16 arcos; Phoenix-Albuquerque é um arco (denominamos, aqui, os arcos pelos nós que ele conecta), Albuquerque-Dallas é outro e assim por diante.

EXEMPLO 2 O grafo da Figura 6.3 tem cinco nós e seis arcos. O arco a_1 conecta os nós 1 e 2, a_3 conecta os nós 2 e 2 e assim por diante.

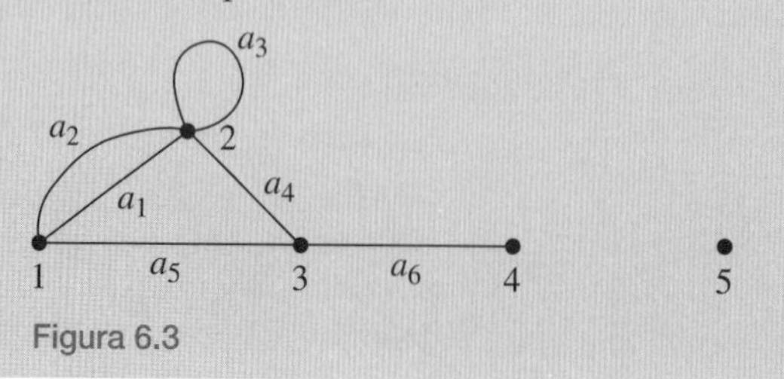

Figura 6.3

A definição informal de um grafo funciona muito bem se tivermos a representação visual do grafo na nossa frente mostrando que arcos conectam que nós. Sem uma figura, no entanto, precisamos de uma forma concisa de mostrar essa informação. Isso nos leva à segunda definição de grafos.

DEFINIÇÃO (Formal) GRAFOS

Um **grafo** é uma tripla ordenada (N, A, g), em que

N = um conjunto não vazio de **nós (vértices)**

A = um conjunto de **arcos (arestas)**

g = uma função que associa cada arco a a um par *não ordenado* x-y de nós, chamados de **extremidades** de a.

EXEMPLO 3 Para o grafo da Figura 6.3, a função g que associa arcos a suas extremidades é a seguinte: $g(a_1) = 1–2$, $g(a_2) = 1–2$, $g(a_3) = 2–2$, $g(a_4) = 2–3$, $g(a_5) = 1–3$ e $g(a_6) = 3–4$.

PROBLEMA PRÁTICO 1 Esboce um grafo com nós $\{1, 2, 3, 4, 5\}$, arcos $\{a_1, a_2, a_3, a_4, a_5, a_6\}$ e função g dada por $g(a_1) = 1–2$, $g(a_2) = 1–3$, $g(a_3) = 3–4$, $g(a_4) = 3–4$, $g(a_5) = 4–5$ e $g(a_6) = 5–5$.

Podemos querer que os arcos de um grafo comecem em um nó e terminem em outro, caso em que teríamos um *grafo direcionado.*

DEFINIÇÃO GRAFO DIRECIONADO

Um **grafo direcionado (dígrafo)** é uma tripla ordenada (N, A, g), em que

N = um conjunto não vazio de nós

A = um conjunto de arcos

g = uma função que associa a cada arco um par *ordenado* (x, y) de nós, em que x é o **ponto inicial (extremidade inicial)** e y é o **ponto final (extremidade final)** de a.

Em um grafo direcionado, cada arco tem um sentido ou orientação.

EXEMPLO 4 A Figura 6.4 mostra um grafo direcionado, com 4 nós e 5 arcos. A função g que associa a cada arco suas extremidades satisfaz $g(a_1) = (1, 2)$, o que significa que o arco a_1 começa no nó 1 e termina no nó 2. Temos, também, $g(a_3) = (1, 3)$ e $g(a_4) = (3, 1)$.

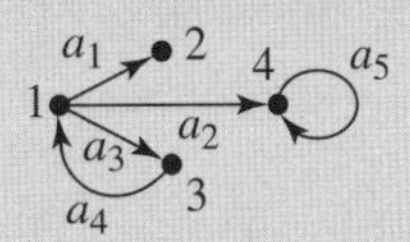

Figura 6.4

Além de impor orientação aos arcos de um grafo, podemos querer modificar a definição básica de um grafo de outras maneiras. Queremos, muitas vezes, que os nós de um grafo contenham informações identificadoras, ou rótulos, como os nomes das cidades no mapa de rotas aéreas. Esse seria um **grafo rotulado**. Podemos querer usar um **grafo com pesos**, no qual cada arco tem um valor numérico, ou peso, associado. Por exemplo, poderíamos querer indicar as distâncias nas várias rotas em nosso mapa da companhia aérea.

Neste livro, a palavra "grafo" sempre indicará um grafo não direcionado. Para nos referirmos a um grafo direcionado, sempre escreveremos "grafo direcionado".

Aplicações de Grafos

Embora a ideia de grafo seja bastante simples, um número surpreendente de situações envolve relações entre itens que podem ser representadas por um grafo. Não surpreendentemente, este livro contém muitos grafos. Vimos representações gráficas de conjuntos parcialmente ordenados (diagramas de Hasse) no Capítulo 5. Um diagrama PERT (Figura 5.7, por exemplo) é um grafo direcionado. O diagrama *E-R* (Figura 5.10, por exemplo) é um grafo. O diagrama comutativo que ilustra a composição de funções (Figura 5.23) é um grafo direcionado. O Capítulo 8 introduzirá redes lógicas e as representará como grafos direcionados. Grafos direcionados também serão usados para descrever máquinas de estado finito no Capítulo 9.

Vimos que o mapa de rotas aéreas era um grafo. Uma representação de qualquer rede de rotas de transporte (um mapa de estradas, por exemplo), rede de comunicação (como em uma rede de computadores) ou rotas de distribuição de produtos ou serviços, como dutos de gás ou água, é um grafo. A estrutura química de uma molécula também pode ser representada por um grafo.

PROBLEMA PRÁTICO 2 Desenhe o grafo subjacente em cada um dos casos a seguir.

a. A Figura 6.5 é um mapa de estradas do estado do Arizona, EUA.
b. A Figura 6.6 é uma representação de uma molécula de ozônio com três átomos de oxigênio.

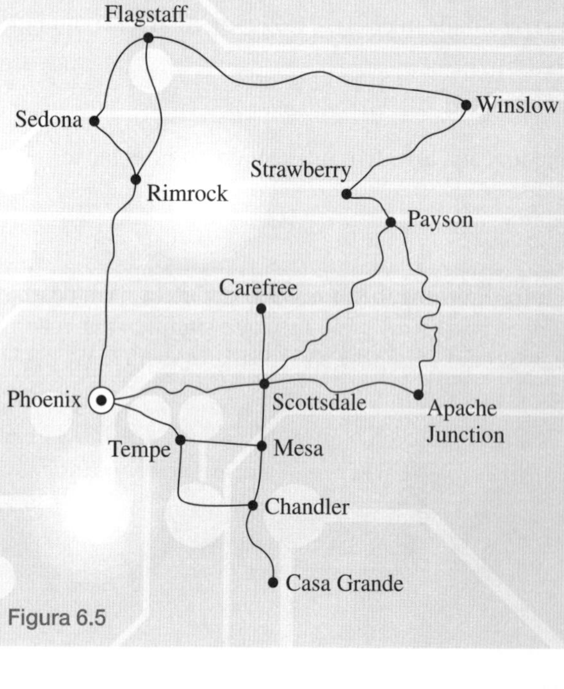

Figura 6.5

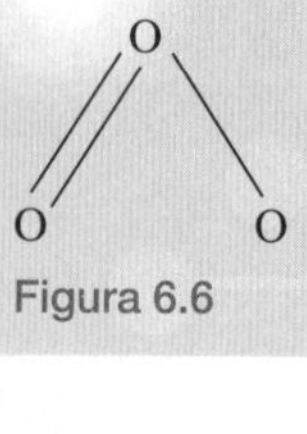

Figura 6.6 ■

EXEMPLO 5 Uma visão esquemática do fluxo de informação no Departamento de Trânsito-Detran seria o primeiro passo para se desenvolver um novo sistema computadorizado para novas licenças. A Figura 6.7 mostra o grafo direcionado resultante, muitas vezes chamado de **diagrama de fluxo**.

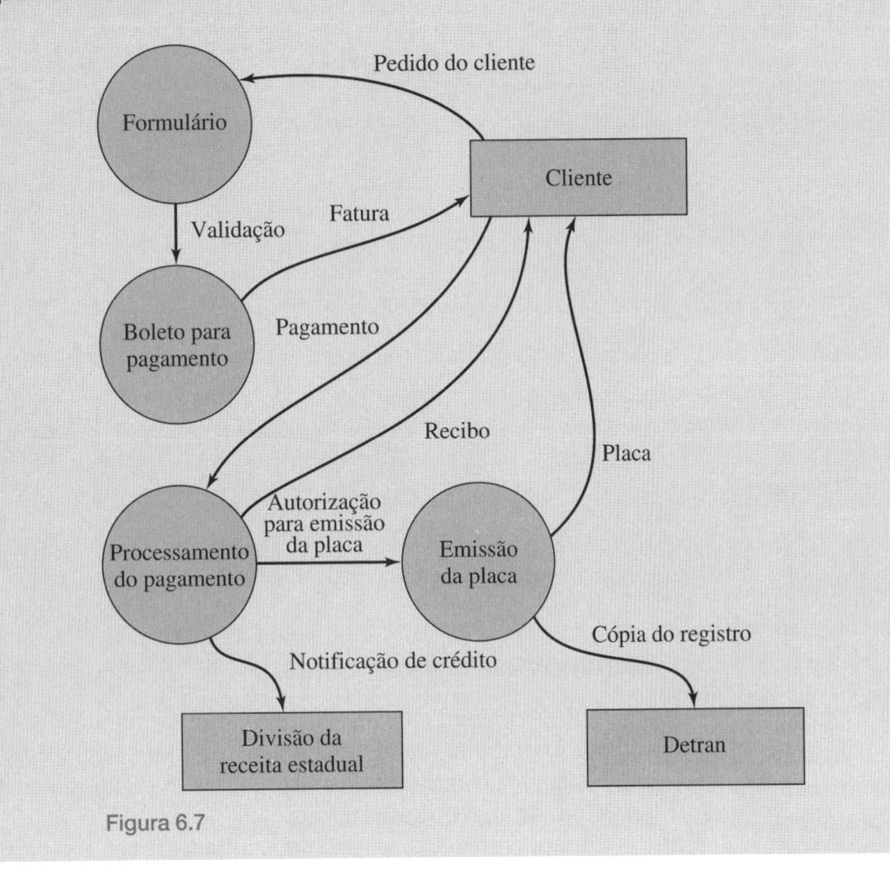

Figura 6.7

EXEMPLO 6 A Figura 6.8 mostra um grafo que representa uma rede local de computadores em uma firma. Nessa "topologia estrela", todas as máquinas se comunicam através de um servidor central. O grafo ilustra bem um dos pontos fracos de tal projeto de rede: sua dependência na operação confiável e constante do servidor central.

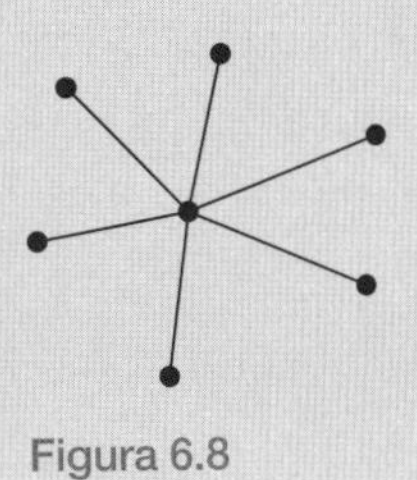

Figura 6.8

EXEMPLO 7 Redes neurais, ferramentas utilizadas em inteligência artificial para tarefas como o reconhecimento de padrões, são representadas por grafos direcionados com peso. A Figura 6.9 mostra uma rede com camadas múltiplas consistindo em unidades de entrada, unidades de saída e unidades de "camadas escondidas". Os pesos nos arcos dos grafos são ajustados à medida que a rede neural "aprende" a reconhecer certos padrões em teste.

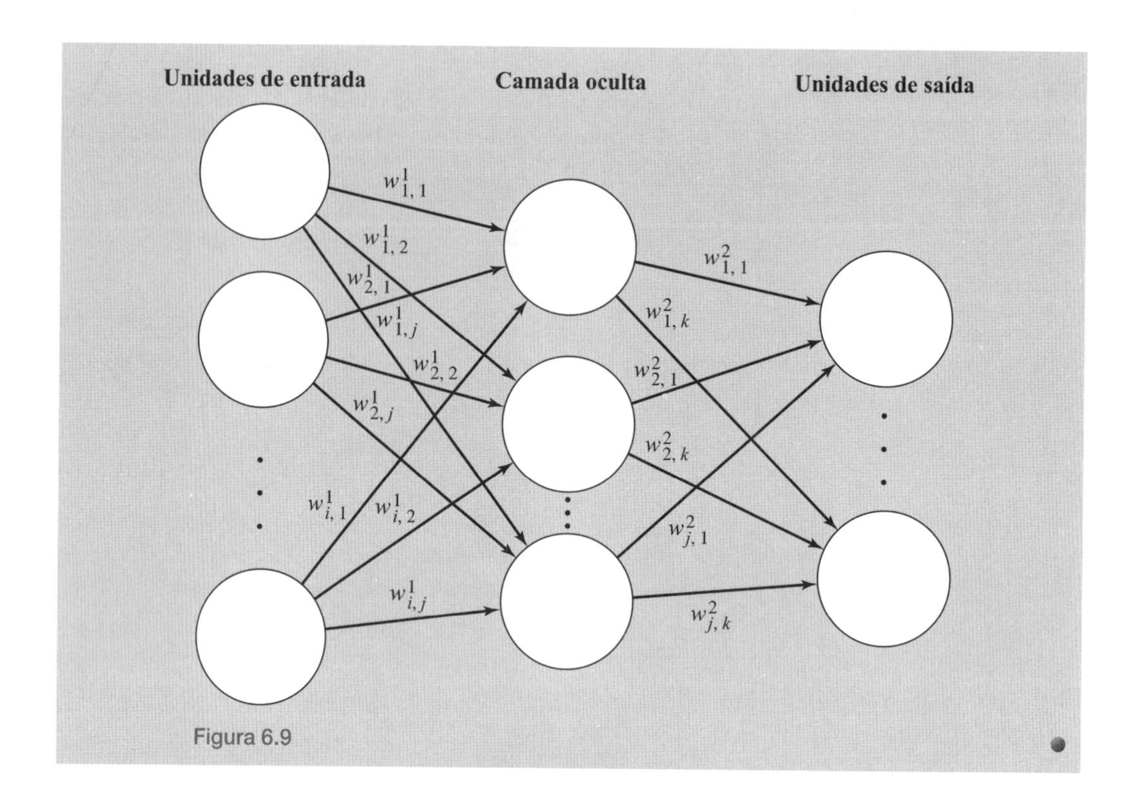

Figura 6.9

Terminologia sobre Grafos

Antes de prosseguir, precisamos de alguma terminologia sobre grafos. Surpreendentemente, embora exista uma grande quantidade de livros sobre a teoria dos grafos, a terminologia não é completamente padronizada. Outros livros, portanto, podem ter nomes ligeiramente diferentes de alguns desses termos.

Em um grafo, dois nós são ditos **adjacentes** se ambos são extremidades de um mesmo arco. Por exemplo, no grafo da Figura 6.3, reproduzido novamente a seguir, 1 e 3 são nós adjacentes, mas 1 e 4 não. O nó 2 é adjacente a si mesmo. Um **laço** em um grafo é um arco com extremidades n-n para algum nó n; na Figura 6.3, o arco a_3 é um laço com extremidades 2-2. Usaremos a terminologia **grafo sem laços** no caso em que o grafo não tiver nenhum laço. Dois arcos com as mesmas extremidades são ditos **arcos paralelos**; os arcos a_1 e a_2 na Figura 6.3 são paralelos. Um **grafo simples** é um grafo sem laços nem arcos paralelos. Um **nó isolado** é um nó que não é adjacente a nenhum outro; na Figura 6.3, o nó 5 é um nó isolado. O **grau** de um nó é o número de extremidades de arcos naquele nó. Na Figura 6.3, os nós 1 e 3 têm grau 3, o nó 2 tem grau 5, o nó 4 tem grau 1 e o nó 5 tem grau 0.

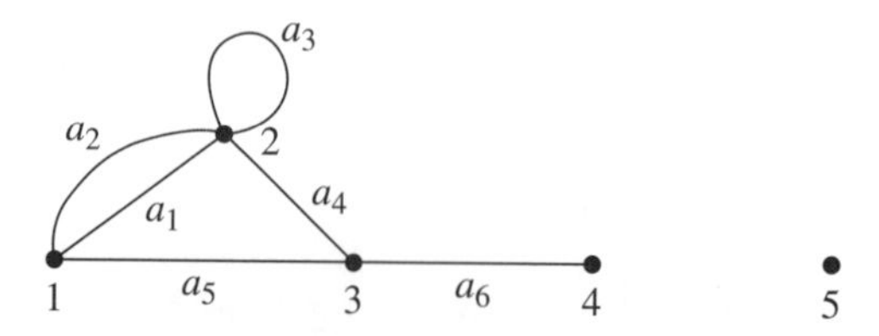

Como a função g, que associa a cada arco suas extremidades na definição formal de grafo, é de fato uma função, cada arco tem um único par de extremidades. Se g for uma função injetora, então existirá no máximo um arco associado a cada par de extremidades; tal grafo não tem arcos paralelos. Um **grafo completo** é um grafo no qual dois nós distintos quaisquer são adjacentes. Nesse caso g é quase uma função sobrejetora — todo par x-y de nós distintos é a imagem, sob g, de algum arco —, mas não há a necessidade de se ter um laço em cada nó. Portanto, pares da forma x-x podem não ter uma imagem inversa.

Um **subgrafo** de um grafo consiste em um conjunto de nós e um conjunto de arcos que são subconjuntos do conjunto original de nós e arcos, respectivamente, nos quais as extremidades de um arco têm que ser os mesmos nós que no grafo original. Em outras palavras, um subgrafo é um grafo obtido apagando-se parte do grafo original e deixando o resto sem modificações. A Figura 6.10 mostra dois subgrafos do grafo da Figura 6.3. Note que o grafo na Figura 6.10a é simples e completo.

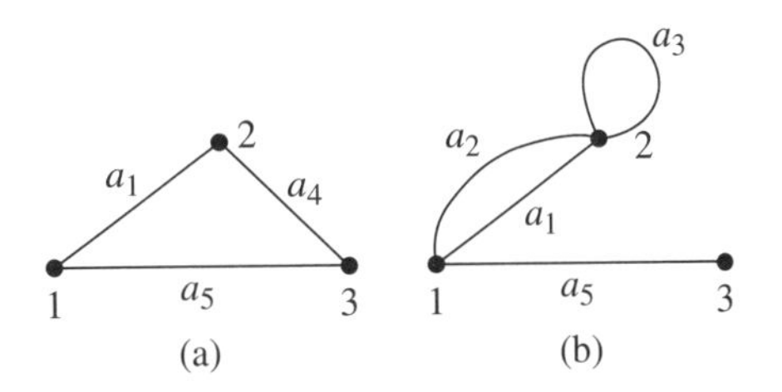

Figura 6.10

Um **caminho** do nó n_0 para o nó n_k é uma sequência

$$n_0, a_0, n_1, a_1, \ldots, n_{k-1}, a_{k-1}, n_k$$

de nós e arcos em que, para cada i, as extremidades do arco a_i são n_i-n_{i+1}. No grafo da Figura 6.3, um caminho do nó 2 para o nó 4 consiste na sequência 2, a_1, 1, a_2, 2, a_4, 3, a_6, 4. O **comprimento** de um caminho é o número de arcos que ele contém; se um arco for usado mais de uma vez, ele é contado cada vez que é usado. O comprimento do caminho descrito neste parágrafo do nó 2 para o nó 4 é 4.

Um grafo é **conexo** se existe um caminho de qualquer nó para qualquer outro. Ambos os grafos na Figura 6.10 são conexos, mas o grafo na Figura 6.3 não é. Um **ciclo** em um grafo é um caminho de algum nó n_0 para ele mesmo tal que nenhum arco aparece mais de uma vez, n_0 é o único nó que aparece mais de uma vez, e n_0 aparece apenas nas extremidades. (Nós e arcos podem ser repetidos em um caminho, mas não, com exceção do nó n_0, em um ciclo.) No grafo da Figura 6.3,

$$1, a_1, 2, a_4, 3, a_5, 1$$

é um ciclo. Um grafo sem ciclos é dito **acíclico**.

PROBLEMA PRÁTICO 3 | Considere o grafo criado no Problema Prático 1.

a. Encontre dois nós que não são adjacentes.
b. Encontre um nó adjacente a si mesmo.
c. Encontre um laço.
d. Encontre dois arcos paralelos.
e. Encontre o grau do nó 3.
f. Encontre um caminho de comprimento 5.
g. Encontre um ciclo.
h. Esse grafo é completo?
i. Esse grafo é conexo? ■

EXEMPLO 8 A Figura 6.11 ilustra os grafos simples completos com 1, 2, 3 e 4 vértices. O grafo simples completo com n vértices é denotado por K_n.

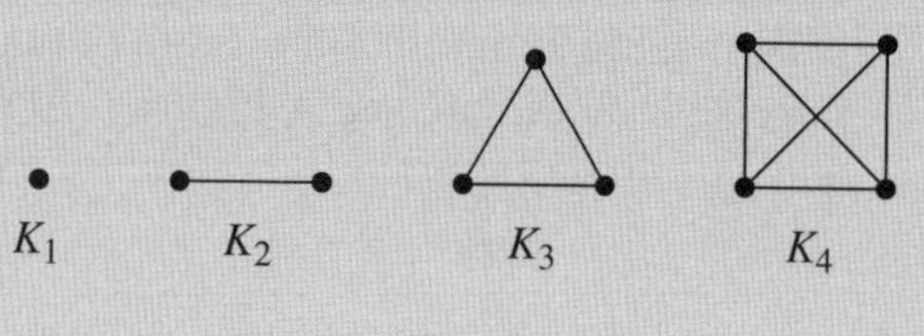

Figura 6.11

PROBLEMA PRÁTICO 4 Desenhe K_5.

Considere agora o grafo simples da Figura 6.12. Esse grafo não é completo, já que nem todo nó é adjacente a todos os outros nós. No entanto, os nós podem ser divididos em dois conjuntos disjuntos, {1, 2} e {3, 4, 5}, tais que dois nós quaisquer escolhidos no mesmo conjunto não são adjacentes, mas dois nós quaisquer escolhidos um em cada conjunto são adjacentes. Um grafo desse tipo é chamado de *grafo bipartido completo*.

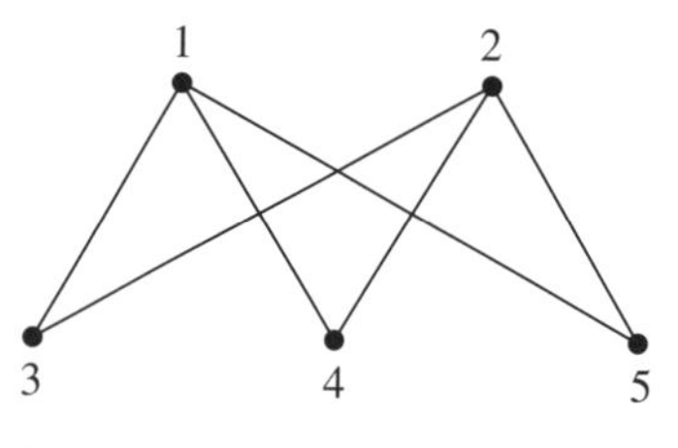

Figura 6.12

DEFINIÇÃO GRAFO BIPARTIDO COMPLETO

Um grafo é um **grafo bipartido completo** se seus nós puderem ser divididos em dois conjuntos disjuntos não vazios N_1 e N_2 tais que dois nós são adjacentes se e somente se um deles pertencer a N_1 e o outro pertencer a N_2. Se $|N_1| = m$ e $|N_2| = n$; tal grafo será denotado por $K_{m,n}$.

A Figura 6.12, portanto, ilustra $K_{2,3}$.

PROBLEMA PRÁTICO 5 Desenhe $K_{3,3}$.

O conceito de caminho pode ser estendido a um grafo direcionado de maneira natural: um **caminho** de um nó n_0 para um nó n_k em um grafo direcionado é uma sequência

$$n_0, a_0, n_1, a_1, \dots, n_{k-1}, a_{k-1}, n_k$$

em que, para cada i, n_i é o ponto inicial e n_{i+1} é o ponto final do arco a_i. Se existir um caminho de n_0 para n_k, então n_k será **acessível** de n_0. A definição de ciclo também pode ser estendida para grafos direcionados.

EXEMPLO 9

No grafo direcionado ilustrado na Figura 6.13, existem muitos caminhos do nó 1 para o nó 3: duas possibilidades são 1, a_4, 3 e 1, a_1, 2, a_2, 2, a_2, 2, a_3, 3. O nó 3 é certamente acessível do nó 1. O nó 1, no entanto, não é acessível de nenhum outro nó. Os ciclos nesse grafo são o laço a_2 e o caminho 3, a_5, 4, a_6, 3.

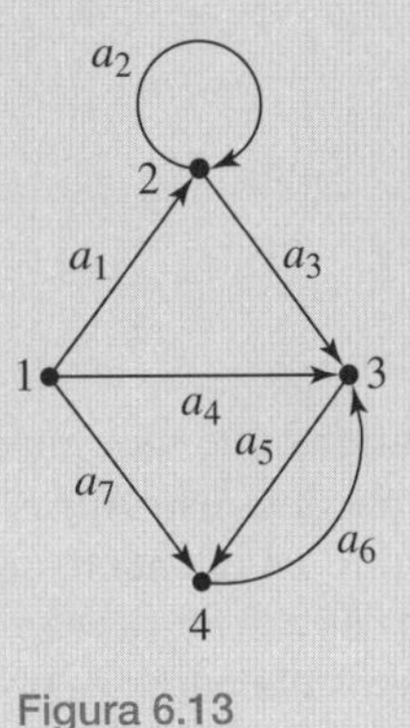

Figura 6.13

Podemos provar algumas proposições (razoavelmente triviais) sobre grafos que seguem diretamente das definições.

EXEMPLO 10

Prove que um grafo acíclico é simples.

Faremos uma demonstração por contraposição. Se um grafo não for simples, ele terá arcos paralelos ou um laço. Então, os dois arcos paralelos e suas extremidades, ou o laço, formarão um ciclo, e o grafo não será acíclico.

Note que a recíproca da proposição no Exemplo 10 não é verdadeira: a Figura 6.10a é um grafo simples, mas contém um ciclo.

PROBLEMA PRÁTICO 6

a. Prove que todo grafo completo é conexo.
b. Encontre um grafo conexo que não é completo.

Grafos Isomorfos

Dois grafos podem parecer muito diferentes em sua representação visual, mas, ainda assim, serem o mesmo grafo de acordo com nossa definição formal. Queremos distinguir entre dois grafos que têm diferenças visuais cosméticas e os que têm estruturas fundamentalmente diferentes. Os grafos nas Figuras 6.14 e 6.15 são iguais — eles têm os mesmos nós, os mesmos arcos e a mesma função que associa as extremidades a cada arco. (Na representação de um grafo, arcos podem se intersectar em pontos que não são nós do grafo.) O grafo na Figura 6.16 também é, essencialmente, o mesmo grafo. Se trocássemos os nomes dos nós e dos arcos na Figura 6.14 através das funções a seguir, os grafos seriam iguais:

$$\begin{array}{ll} f_1: 1 \to a & f_2: a_1 \to e_2 \\ \quad 2 \to c & \quad a_2 \to e_1 \\ \quad 3 \to b & \\ \quad 4 \to d & \end{array}$$

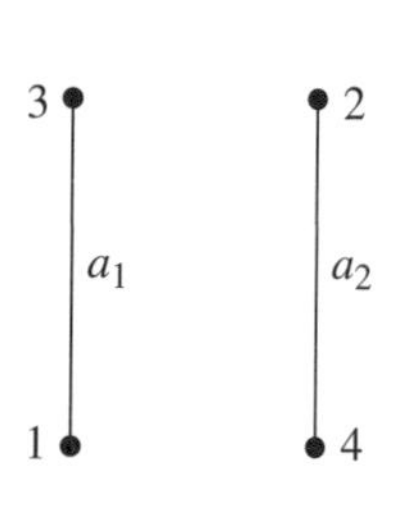

Figura 6.14

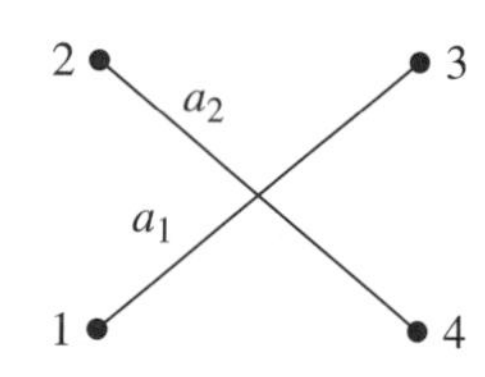

Figura 6.15

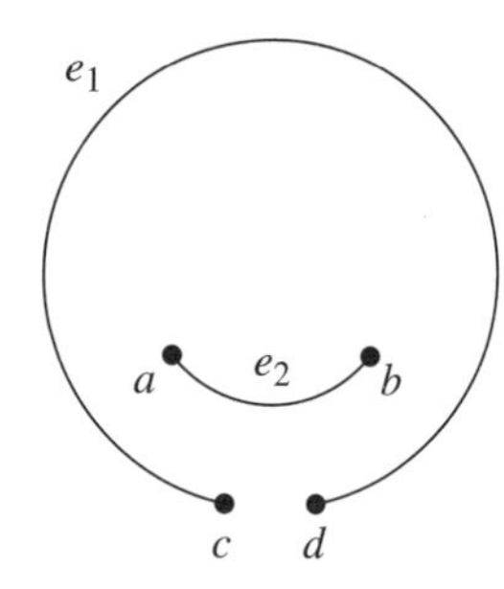

Figura 6.16

Estruturas que são iguais exceto por uma mudança de nomes são ditas *isomorfas*. Para mostrar que duas estruturas são isomorfas, precisamos obter uma mudança de nomes (uma bijeção entre os elementos das duas estruturas) e depois mostrar que as propriedades importantes das estruturas são "preservadas" (mantidas) sob essa mudança de nomes. No caso de grafos, os elementos são os nós e os arcos. A "propriedade importante" em um grafo é quais arcos conectam que nós.

As funções dadas f_1 e f_2 são bijeções entre os nós e os arcos do grafo na Figura 6.14 e os nós e os arcos, respectivamente, do grafo na Figura 6.16. Além disso, se um arco a na Figura 6.14 tiver extremidades x-y, então o arco $f_2(a)$ na Figura 6.16 terá extremidades $f_1(x)$-$f_1(y)$, e vice-versa. Por exemplo, o arco a_1 na Figura 6.14 tem extremidades 1-3, enquanto o arco correspondente e_2 na Figura 6.16 tem extremidades a-b, que são os nós na Figura 6.16 que correspondem aos nós 1 e 3 na Figura 6.14. Podemos formalizar essa ideia.

DEFINIÇÃO GRAFOS ISOMORFOS

Dois grafos (N_1, A_1, g_1) e (N_2, A_2, g_2) são **isomorfos** se existirem bijeções $f_1: N_1 \rightarrow N_2$ e $f_2: A_1 \rightarrow A_2$ tais que para cada arco $a \in A_1$, $g_1(a) = x$-y se e somente se $g_2[f_2(a)] = f_1(x)$-$f_1(y)$.

EXEMPLO 11 Os grafos ilustrados na Figura 6.17 são isomorfos. As bijeções que estabelecem o isomorfismo são dadas parcialmente a seguir:

$$
\begin{array}{ll}
f_1: 1 \rightarrow c & f_2: a_1 \rightarrow e_1 \\
\quad 2 \rightarrow e & \quad a_2 \rightarrow e_4 \\
\quad 3 \rightarrow d & \quad a_3 \rightarrow e_2 \\
\quad 4 \rightarrow b & \quad \ldots \\
\quad 5 \rightarrow a &
\end{array}
$$

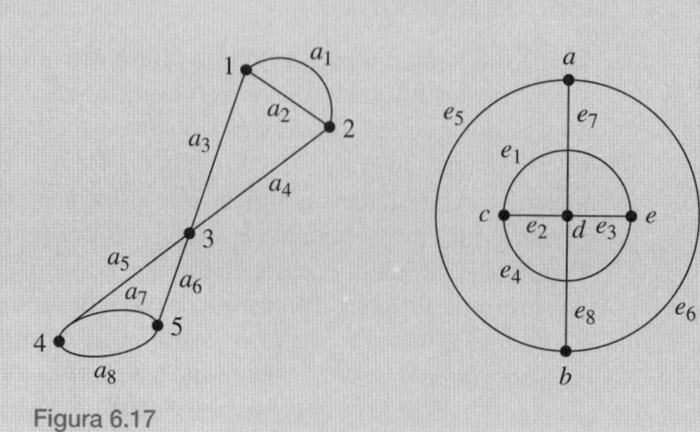

Figura 6.17

Usando essas bijeções, $g_1(a_3) = 1\text{-}3$ e $g_2[f_2(a_3)] = g_2(e_2) = c\text{-}d = f_1(1)\text{-}f_1(3)$. Isso mostra que as relações entre arcos e extremidades é preservada sob a mudança de nomes para o caso do arco a_3. Para mostrar que os grafos são isomorfos, teríamos que completar a definição da função f_2 e depois demonstrar que a relação entre arcos e extremidades é preservada sob essas funções examinando todos os casos possíveis. ●

PROBLEMA PRÁTICO 7 Complete a definição da função f_2 no Exemplo 11. ■

Isomorfismos entre grafos são mais fáceis de provar se restringirmos nossa atenção a grafos simples. Se pudermos encontrar uma função apropriada f_1 que leva nós em nós, então a função f_2 que leva arcos em arcos é trivial, já que existe no máximo um arco entre qualquer par de extremidades. Portanto, o teorema a seguir é válido.

TEOREMA SOBRE ISOMORFISMOS DE GRAFOS SIMPLES

Dois grafos simples (N_1, A_1, g_1) e (N_2, A_2, g_2) serão isomorfos se existir uma bijeção f: $N_1 \rightarrow N_2$ tal que, quaisquer que sejam os nós n_i e n_j de N_1, n_i e n_j serão adjacentes se e somente se $f(n_i)$ e $f(n_j)$ forem adjacentes. (A função f é chamada de um **isomorfismo** do grafo 1 no grafo 2.)

PROBLEMA PRÁTICO 8 Encontre um isomorfismo do grafo na Figura 6.18a para o grafo na Figura 6.18b.

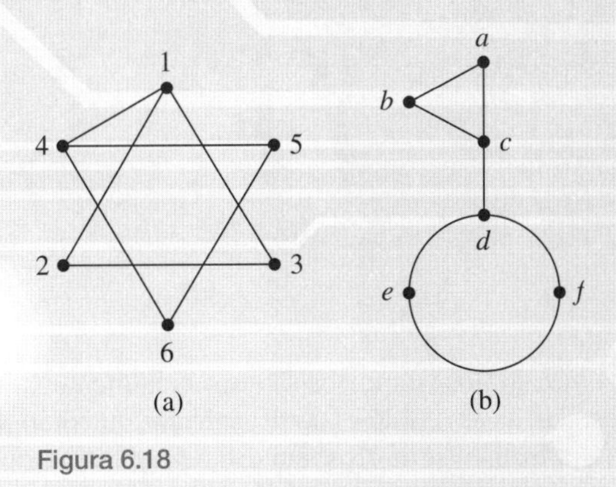

Figura 6.18 ■

Para provar que dois grafos são isomorfos é necessário encontrar uma bijeção (ou, para grafos que não são simples, duas bijeções) e depois mostrar que a propriedade de adjacência (ou relação entre arcos e extremidades) é preservada. Para provar que dois grafos não são isomorfos, precisamos mostrar que a bijeção (ou as bijeções) necessária não existe. Poderíamos tentar todas as bijeções possíveis (assim como existe apenas um número finito de nós e arcos, existe um número finito de bijeções). No entanto, esse método torna-se inviável em qualquer grafo um pouquinho maior. Em vez disso, podemos tentar encontrar alguma outra razão para tais bijeções não existirem. Embora isso nem sempre seja fácil, existem certas condições sob as quais é claro que dois grafos não são isomorfos (veja o Exercício 21). Elas incluem as seguintes:

1. Um grafo tem mais nós do que o outro.
2. Um grafo tem mais arcos do que o outro.

3. Um grafo tem arcos paralelos e o outro não.
4. Um grafo tem um laço e o outro não.
5. Um grafo tem um nó de grau k e o outro não.
6. Um grafo é conexo e o outro não.
7. Um grafo tem um ciclo e o outro não.

PROBLEMA PRÁTICO 9 Prove que os dois grafos na Figura 6.19 não são isomorfos.

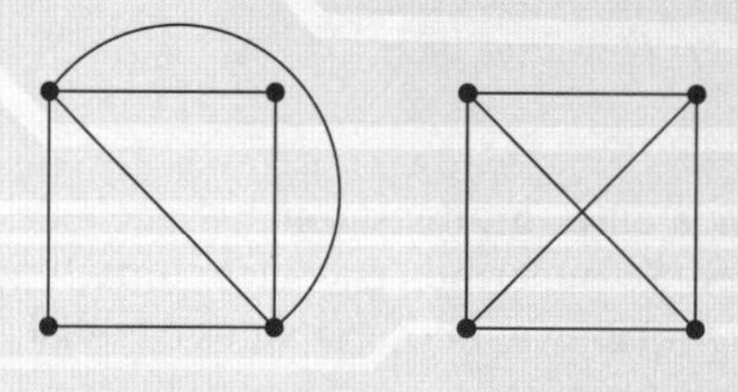

Figura 6.19 ■

EXEMPLO 12 Os dois grafos na Figura 6.20 não são isomorfos. Note que cada grafo tem seis nós e sete arcos. Nenhum deles tem arcos paralelos ou laços. Ambos são conexos. Ambos têm três ciclos, quatro nós de grau 2 e dois nós de grau 3. Portanto, nenhum dos testes óbvios para a não existência de isomorfismo se aplica. No entanto, o grafo na Figura 6.20b tem um nó de grau 2 adjacente a dois nós de grau 3; isso não acontece na Figura 6.20a, de modo que os grafos não são isomorfos.

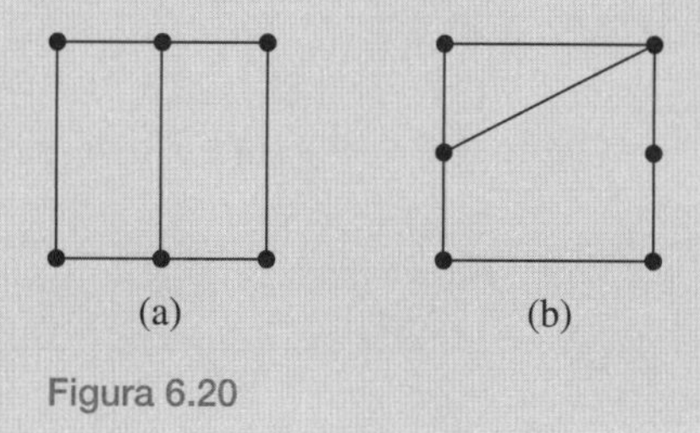

Figura 6.20 ●

Mais uma vez, grafos isomorfos são essencialmente "iguais", independentemente das diferenças cosméticas em como estão desenhados ou como os vértices e arcos são identificados, enquanto grafos não isomorfos têm diferenças estruturais fundamentais.

Grafos Planares

Um **grafo planar** é um grafo que pode ser representado (em uma folha de papel, ou seja, em um plano) de modo que seus arcos se intersectam apenas em nós. Pessoas que projetam circuitos integrados querem que todos os componentes em uma camada do chip formem um grafo planar, de modo a não haver cruzamento de conexões. O grafo na Figura 6.14 é certamente planar. Por outro lado, sabemos que ele é isomorfo ao grafo na Figura 6.15, de modo que o grafo na Figura 6.15 também é planar. A palavra-chave na definição de um grafo planar é que ele *pode* ser desenhado de certa maneira.

PROBLEMA PRÁTICO 10 Prove que K_4 é um grafo planar. ■

EXEMPLO 13 Considere K_5, o grafo simples completo com cinco vértices. Vamos tentar construir K_5 sem arcos que se intersectam no meio, começando com alguns arcos e depois adicionando tantos novos arcos quanto possível sem intersectar os arcos já existentes. Colocamos, primeiro, os cinco vértices e depois os conectamos como na Figura 6.21a. (Como todos os vértices em K_5 são simétricos, não importa como colocamos os nomes.)

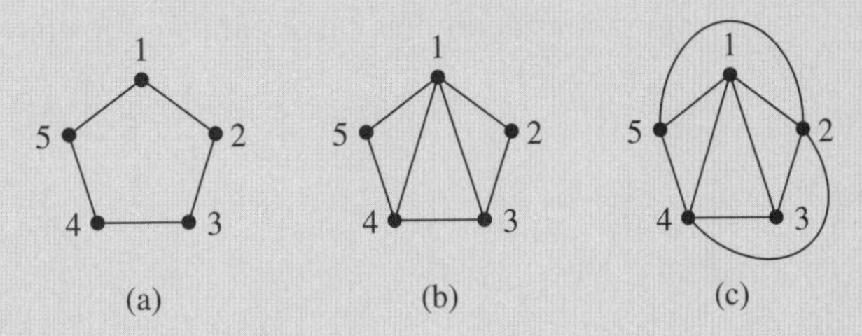

Figura 6.21

A seguir, ligamos o nó 1 aos nós 3 e 4, como na Figura 6.21b. Agora, precisamos conectar o nó 2 aos nós 4 e 5. Isso pode ser feito, preservando a planaridade, colocando-se os arcos por fora, como na Figura 6.21c. Falta ainda a ligação final entre os nós 3 e 5. Mas não é possível desenhar um arco do nó 3 para o nó 5 sem cruzar o arco 2-4 ou um ou mais dos arcos interiores, como o 1-4.

Tivemos que fazer uma escolha sobre onde colocar os arcos 1-3 e 1-4; escolhemos desenhá-los no interior. Poderíamos verificar se faria alguma diferença colocar esses arcos na parte de fora, mas acontece que isso não vai mudar nada (veja o Problema Prático 11). Parece, portanto, que o grafo K_5 não é planar. Entretanto, ainda gostaríamos de ver uma demonstração desse fato baseada em alicerces firmes — o que fizemos parece muito com um argumento do tipo "não consegui fazer, então não pode ser feito". Daremos tal demonstração um pouco mais adiante. ●

PROBLEMA PRÁTICO 11 Mostre que colocar os arcos 1-3 e 1-4 como arcos exteriores, ao construir K_5, ainda nos leva a uma situação em que os arcos têm que se intersectar. ■

PROBLEMA PRÁTICO 12 Apresente um raciocínio do tipo construtivo argumentando que $K_{3,3}$ não é um grafo planar. ■

O matemático suíço do século XVIII Leonhard Euler (lê-se "óiler") descobriu um fato sobre grafos planares. Um grafo planar (quando desenhado em uma representação planar, sem cruzamento de arcos) simples e conexo divide o plano em determinado número de regiões, incluindo regiões totalmente limitadas por arcos e uma região exterior ilimitada. Euler observou uma relação entre o número n de nós, o número a de arcos e o número r de regiões em tal grafo. Essa relação é conhecida como a **fórmula de Euler**:

$$n - a + r = 2 \quad (1)$$

PROBLEMA PRÁTICO 13 Verifique a fórmula de Euler para o grafo planar simples e conexo da Figura 6.18b. ■

Para provar a fórmula de Euler, vamos fazer uma demonstração por indução no número de arcos a. A base da indução é o caso $a = 0$, quando temos apenas um nó; a única região é a região externa (Figura 6.22a). Aqui, $n = 1$, $a = 0$ e $r = 1$, logo a Equação (1) é válida. Suponhamos agora que a fórmula é válida para a representação planar de qualquer grafo planar simples e conexo com k arcos, e consideremos tal grafo com $k + 1$ arcos. Como de hábito, precisamos relacionar o "caso $k + 1$" ao "caso k" de modo a usar a hipótese de indução. Vamos considerar dois casos para o grafo com $k + 1$ arcos.

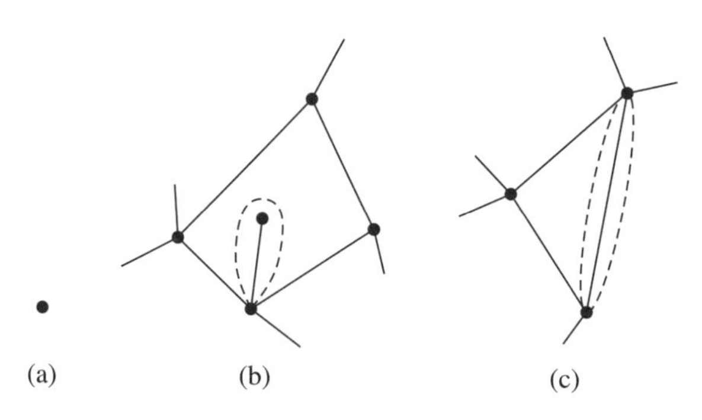

Figura 6.22

Caso 1. O grafo tem um nó de grau 1. Apague, temporariamente, esse nó e o arco do qual ele é uma das extremidades (Figura 6.22b); isso nos deixa um grafo planar simples e conexo com k arcos, determinado número n de nós e algum número r de regiões tal que (pela hipótese de indução)

$$n - k + r = 2$$

No grafo original, temos um arco a mais, um nó a mais e o mesmo número de regiões, logo a fórmula apropriada é

$$(n + 1) - (k + 1) + r = 2$$

que, pela hipótese de indução, é válida.

Caso 2. O grafo não tem nós de grau 1. Então apague, temporariamente, um arco que ajuda a definir uma região limitada (Figura 6.22c). (Se não existirem arcos que ajudam a definir uma região limitada, então o grafo será uma cadeia e existirá um nó de grau 1.) Isso nos deixa um grafo planar simples e conexo com k arcos, algum número n de nós e um número r de regiões tal que (pela hipótese de indução)

$$n - k + r = 2$$

No grafo original, tínhamos um arco a mais e uma região a mais, mas o mesmo número de nós, logo a fórmula apropriada é

$$n - (k + 1) + (r + 1) = 2$$

que é válida, pela hipótese de indução.

PROBLEMA PRÁTICO 14 Na demonstração da fórmula de Euler, explique por que, no caso 2, o arco a ser apagado tem que ajudar a definir uma região limitada. Dê duas razões. ■

A fórmula de Euler tem duas consequências se colocarmos outras restrições sobre o grafo. Suponha que o grafo não só é planar simples e conexo, mas também tem pelo menos três nós. Em uma representação planar de tal grafo, podemos contar o número de arcos que são adjacentes a cada região (formam a fronteira de cada região), incluindo a região externa. Arcos inteiramente no interior de uma região contribuem com duas arestas para aquela região; por exemplo, ao percorrer a fronteira da região interior ilustrada na Figura 6.22b, percorremos seis arestas, incluindo o arco que sai do nó de grau 1 e depois o mesmo arco de volta. Arcos que separam duas regiões contribuem com uma aresta para cada região. Portanto, se o grafo tem a arcos, o número de arestas das regiões é $2a$.

Não existem regiões com exatamente uma aresta adjacente, já que o grafo não tem laços. Não existem regiões com exatamente duas arestas adjacentes, já que não há arestas paralelas e o grafo consistindo inteiramente em um arco unindo dois nós (que teria duas arestas adjacentes à região exterior) está excluído. Portanto, cada região tem pelo menos três arestas adjacentes, logo $3r$ é o número mínimo de arestas de regiões. Então,

$$2a \geq 3r$$

ou, da Equação (1),

$$2a \geq 3(2 - n + a) = 6 - 3n + 3a$$

e, finalmente,

$$a \leq 3n - 6 \qquad (2)$$

Se colocarmos uma última restrição sobre o grafo, a de que não existem ciclos de comprimento 3, então cada região terá, pelo menos, quatro arestas adjacentes, de modo que $4r$ será o número mínimo de arestas das regiões. Isso nos leva à desigualdade

$$2a \geq 4r$$

que fica

$$a \leq 2n - 4 \qquad (3)$$

Esses resultados estão resumidos no teorema a seguir.

TEOREMA SOBRE O NÚMERO DE NÓS E ARCOS

Para um grafo planar simples e conexo com n nós e a arcos:

1. Se a representação planar dividir o plano em r regiões, então

$$n - a + r = 2 \qquad (1)$$

2. Se $n \geq 3$, então

$$a \leq 3n - 6 \qquad (2)$$

3. Se $n \geq 3$ e se não existirem ciclos de comprimento 3, então

$$a \leq 2n - 4 \qquad (3)$$

Note que a desigualdade (3) coloca uma limitação mais estrita sobre o número de arcos do que a desigualdade (2), mas foi colocada uma condição adicional sobre o grafo.

Podemos usar esse teorema para provar que certos grafos não são planares.

EXEMPLO 14 K_5 é um grafo simples e conexo com 5 nós (e 10 arcos). Se fosse um grafo planar, a desigualdade (2) do nosso teorema seria válida, mas $10 > 3(5) - 6$. Logo, como o nosso argumento construtivo indicou, K_5 não é planar. $K_{3,3}$ é um grafo simples e conexo com 6 nós (e 9 arcos). Ele não tem ciclos de comprimento 3, já que isso exigiria que dois nós em um dos subconjuntos fossem adjacentes. Se fosse um grafo planar, a desigualdade (3) seria válida, mas $9 > 2(6) - 4$. Portanto, $K_{3,3}$ não é planar.

PROBLEMA PRÁTICO 15 Mostre que a desigualdade (2) é válida para $K_{3,3}$, o que mostra que essa desigualdade é uma condição necessária, mas não suficiente, para um grafo com $n \geq 3$ ser planar.

Os grafos não planares K_5 e $K_{3,3}$ têm um papel central na teoria dos grafos não planares. Para enunciar qual é esse papel, precisamos de mais uma definição.

DEFINIÇÃO GRAFOS HOMEOMORFOS

Dois grafos são ditos **homeomorfos** se ambos puderem ser obtidos do mesmo grafo por uma sequência de subdivisões elementares, nas quais um único arco x-y é substituído por dois novos arcos, x-v e v-y, ligando um novo nó v.

EXEMPLO 15 Os grafos nas partes (b) e (c) da Figura 6.23 são homeomorfos, pois cada um deles pode ser obtido do grafo na Figura 6.23a por uma sequência de subdivisões elementares. (No entanto, nenhum deles pode ser obtido do outro por uma sequência de subdivisões elementares.)

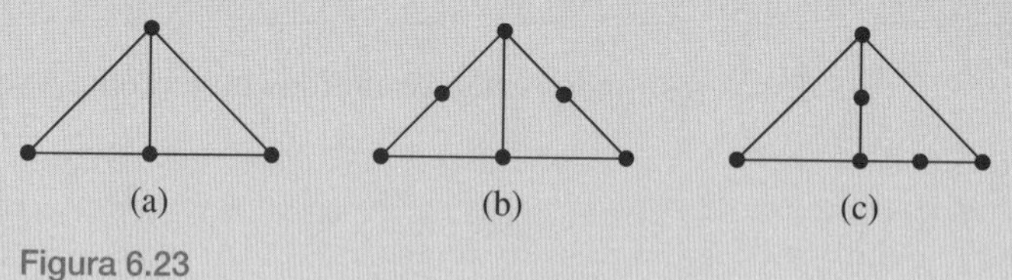

Figura 6.23

Um grafo planar não pode ser transformado em um grafo não planar por subdivisões elementares, e um grafo não planar não pode ser transformado em um planar por subdivisões elementares (veja o Exercício 32). Como consequência, grafos homeomorfos ou são ambos planares ou são ambos não planares. O teorema a seguir, do matemático polonês Kazimierz Kuratowski, caracteriza os grafos não planares.

TEOREMA TEOREMA DE KURATOWSKI

Um grafo será não planar se e somente se contiver um subgrafo homeomorfo a K_5 ou a $K_{3,3}$.

Não demonstraremos esse teorema, embora uma direção seja fácil de ver. Se um grafo tiver um subgrafo homeomorfo ao grafo não planar K_5 ou a $K_{3,3}$, então o subgrafo — e, portanto, todo o grafo — não será planar.

EXEMPLO 16 A Figura 6.24a mostra o "grafo de Petersen". Provaremos que esse grafo não é planar encontrando um subgrafo homeomorfo a $K_{3,3}$. Olhando o topo do grafo, podemos ver que o nó a é adjacente aos nós e, f e b, e nenhum desses é adjacente a um dos outros. Além disso, o nó e é adjacente aos nós d e j, além do nó a, e nenhum dos nós a, d e j é adjacente a um dos outros. Essa informação está incorporada no grafo da Figura 6.24b, que também é um subgrafo de $K_{3,3}$. Os arcos necessários para completar $K_{3,3}$ estão ilustrados como linhas tracejadas na Figura 6.24c. Esses arcos não estão no grafo de Petersen; por exemplo, não há arco j-f. No entanto, existe um caminho no grafo de Petersen de j para f usando o nó intermediário h, ou seja, j-h e h-f. Analogamente, existem caminhos j-g e g-b, d-i e i-f e d-c e c-b. Adicionando esses caminhos à Figura 6.24b, obtemos a Figura 6.24d, que é um subgrafo do grafo de Petersen e pode também ser obtido do grafo na Figura 6.24c por uma sequência de subdivisões elementares. ●

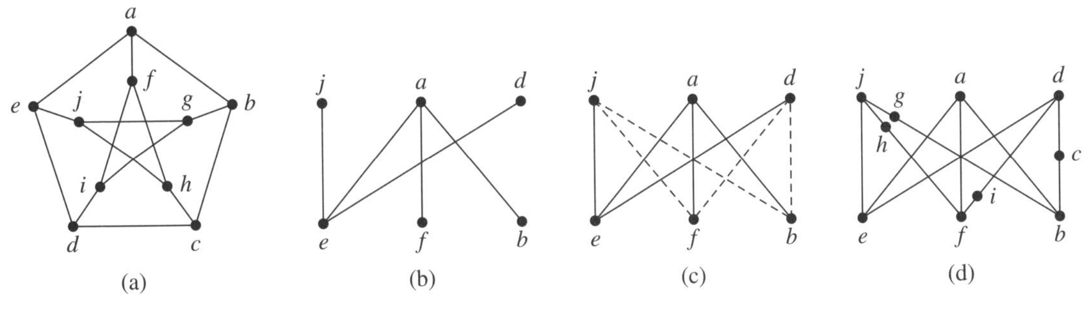

Figura 6.24

Representação Computacional de Grafos

Dissemos que a maior vantagem de um grafo é sua representação visual da informação. E se quisermos armazenar um grafo em forma digital? Embora seja possível armazenar uma imagem digital de um grafo, isso requer muito espaço. Além disso, tal imagem permanece como imagem — ela não pode ser manipulada. O que precisamos armazenar são os dados essenciais que fazem parte da definição de grafo — quais são os nós e quais deles são extremidades de arcos. A partir dessa informação, podemos construir uma representação visual se quisermos. As representações computacionais usuais envolvem uma entre duas estruturas de dados, uma matriz de adjacência ou uma lista de adjacências.

Matriz de Adjacência

Suponha que um grafo tem n nós, numerados $n_1, n_2, \ldots, n_n$. Essa numeração impõe uma ordem arbitrária nos nós; lembre-se de que um conjunto é uma coleção não ordenada. No entanto, isso é feito simplesmente para identificar os nós — não é dado significado algum ao fato de um nó aparecer antes de outro. Após a ordenação dos nós, podemos formar uma matriz $n \times n$ em que o elemento i, j é o número de arcos entre os nós n_i e n_j. Essa matriz é chamada de **matriz de adjacência A** do grafo em relação a essa ordem. Assim,

$$a_{ij} = p, \text{ se existirem } p \text{ arcos entre } n_i \text{ e } n_j.$$

EXEMPLO 17 A matriz de adjacência do grafo na Figura 6.25 em relação à ordenação 1, 2, 3, 4 é uma matriz 4 × 4. O elemento 1,1 é 1, devido ao laço no nó 1. Todos os outros elementos na diagonal principal são 0. O elemento 2,1 (segunda linha, primeira coluna) é 1 porque existe um arco entre os nós 1 e 2, o que também implica que o elemento 1,2 é 1.

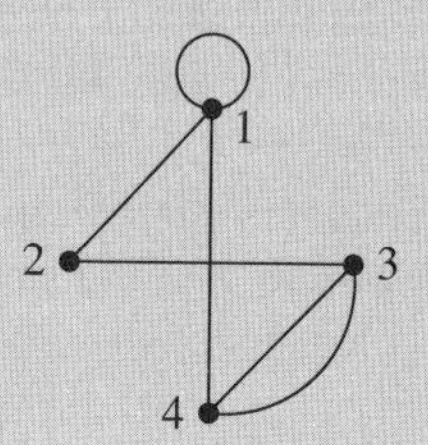

Figura 6.25

Temos, até agora,

$$\mathbf{A} = \begin{bmatrix} 1 & 1 & - & - \\ 1 & 0 & - & - \\ - & - & 0 & - \\ - & - & - & 0 \end{bmatrix}$$

PROBLEMA PRÁTICO 16 Complete a matriz de adjacência da Figura 6.25.

A matriz de adjacência no Problema Prático 16 é simétrica, o que vai ser verdade para qualquer matriz de adjacência de um grafo não direcionado — se existirem p arcos entre os nós n_i e n_j, certamente existirão p arcos entre n_j e n_i. A simetria da matriz significa que precisamos apenas armazenar os elementos pertencentes à diagonal principal ou abaixo dela. Portanto, toda a informação contida no grafo da Figura 6.25 está contida no arranjo "triangular inferior" ilustrado, e o grafo pode ser reconstruído desse arranjo. (A versão "triangular superior" também poderia ser usada.)

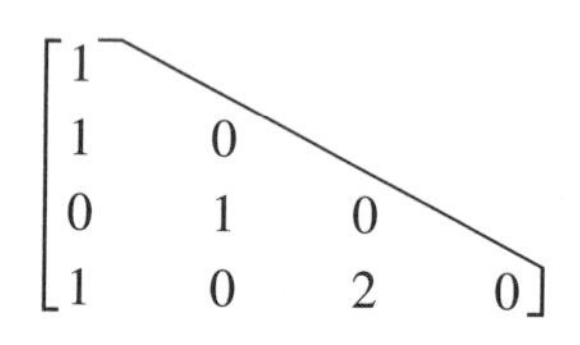

$$\begin{bmatrix} 1 & & & \\ 1 & 0 & & \\ 0 & 1 & 0 & \\ 1 & 0 & 2 & 0 \end{bmatrix}$$

Em um grafo direcionado, a matriz de adjacência **A** reflete o sentido de orientação dos arcos. Nesse caso,

$$a_{ij} = p \text{ se existirem } p \text{ arcos de } n_i \text{ para } n_j$$

A matriz de adjacência de um grafo direcionado não será simétrica, pois a existência de um arco de n_i para n_j não implica a existência de um arco de n_j para n_i.

EXEMPLO 18 Considere o grafo direcionado da Figura 6.26.

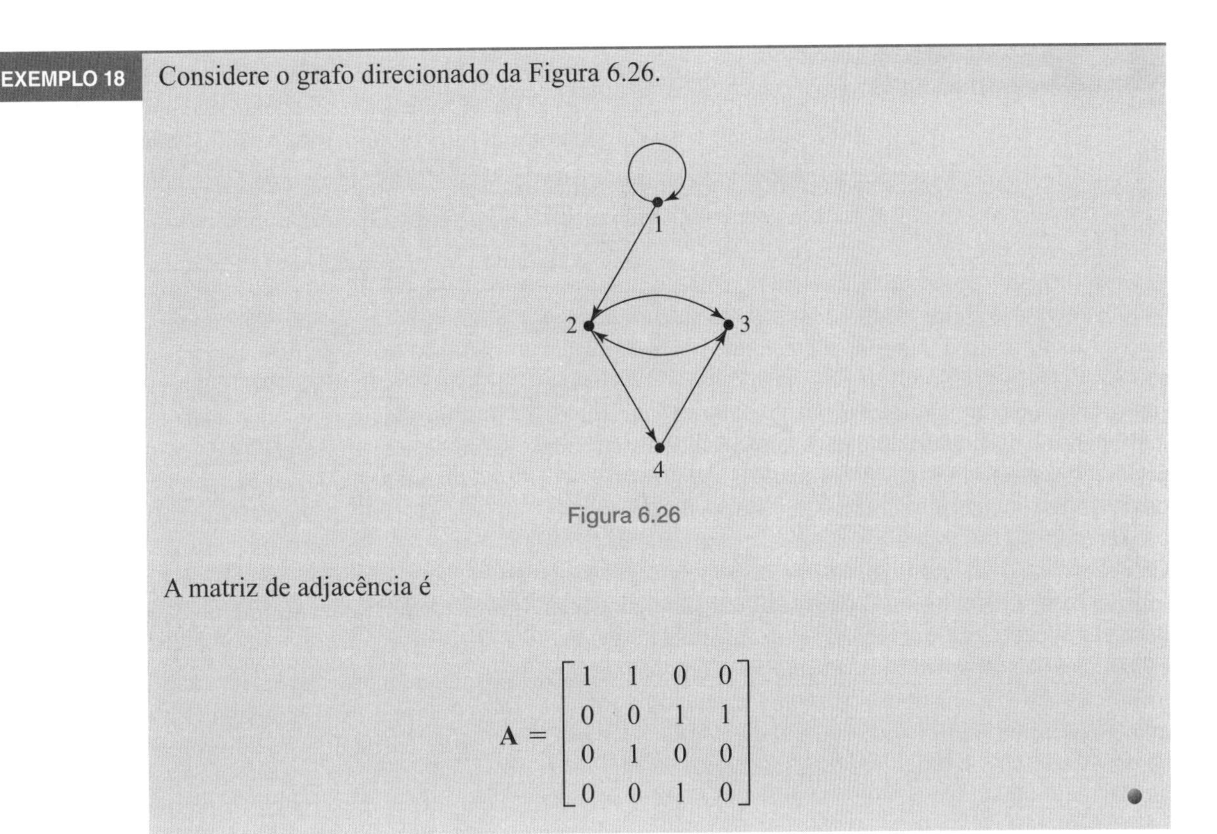

Figura 6.26

A matriz de adjacência é

$$\mathbf{A} = \begin{bmatrix} 1 & 1 & 0 & 0 \\ 0 & 0 & 1 & 1 \\ 0 & 1 & 0 & 0 \\ 0 & 0 & 1 & 0 \end{bmatrix}$$

Em um grafo simples com peso, os elementos na matriz de adjacência podem indicar o peso de um arco pelo número apropriado, em vez de indicar apenas a presença de um arco pelo número 1.

Lista de Adjacência

Muitos grafos, longe de serem completos, têm relativamente poucos arcos. Tais grafos têm matrizes de adjacência **esparsas**, ou seja, a matriz de adjacência contém muitos zeros. Ainda assim, se o grafo tiver n nós, precisaremos de n^2 dados para representar a matriz de adjacência (ou mais de $n^2/2$, se for usada uma matriz triangular), mesmo que muitos desses dados sejam iguais a zero. Qualquer algoritmo ou procedimento no qual todo arco no grafo tem que ser examinado requer olhar todos os n^2 elementos na matriz, já que não há como saber quais dos elementos são nulos sem examiná-los. Para encontrar todos os nós adjacentes a determinado nó n_i é necessário olhar toda a i-ésima linha da matriz de adjacência, um total de n elementos.

Um grafo com relativamente poucos arcos pode ser representado de modo mais eficiente armazenando-se apenas os elementos não nulos da matriz de adjacência. Essa representação consiste em uma lista, para cada nó, de todos os nós adjacentes a ele. São usados ponteiros para se ir de um item na lista para o próximo. Tal estrutura é chamada de uma **lista encadeada**. Existe uma tabela de ponteiros, um para cada nó, para começar cada lista. Essa representação como **lista de adjacência**, embora precise de armazenagem extra para os ponteiros, ainda pode ser mais eficiente do que uma matriz de adjacência. Para encontrar todos os nós adjacentes a n_i, é preciso percorrer a lista encadeada para n_i, que pode ter muito menos do que os n elementos que teríamos que examinar na matriz de adjacência. Existem algumas desvantagens, no entanto; se quisermos determinar se determinado nó n_j é adjacente a n_i, podemos ter que percorrer toda a lista encadeada de n_i, ao passo que, na matriz de adjacência, podemos acessar o elemento i, j diretamente.

EXEMPLO 19 A lista de adjacência para o grafo na Figura 6.25 contém uma tabela de ponteiros com quatro elementos, um para cada nó. O ponteiro de cada nó aponta para um nó adjacente, que aponta para outro nó adjacente e assim por diante. A estrutura de lista de adjacência está ilustrada na Figura 6.27.

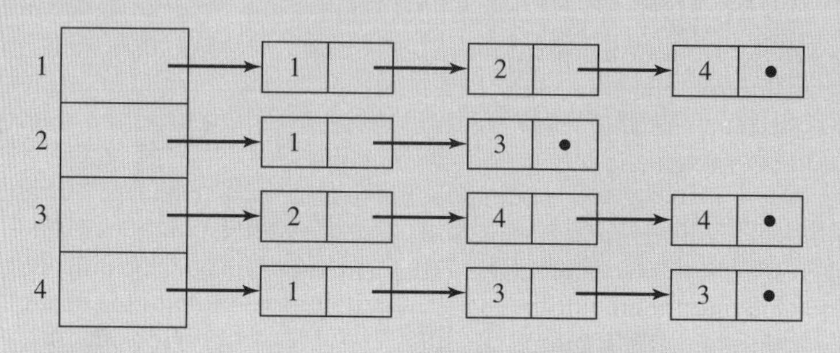

Figura 6.27

Na figura, o ponto indica um **ponteiro nulo**, que significa que não há nada mais a se indicar, ou que se chegou ao final da lista. Tratamos os arcos paralelos listando determinado nó mais de uma vez na lista de adjacência para n_i se existir mais de um arco entre n_i e esse nó. Note que a seta na lista 1do nó 2 para o nó 4 não significa que existe um arco do nó 2 para o nó 4; todos os elementos na lista do nó 1 são adjacentes ao nó 1, não necessariamente entre si.

PROBLEMA PRÁTICO 17 Desenhe a lista de adjacência para o grafo ilustrado na Figura 6.28.

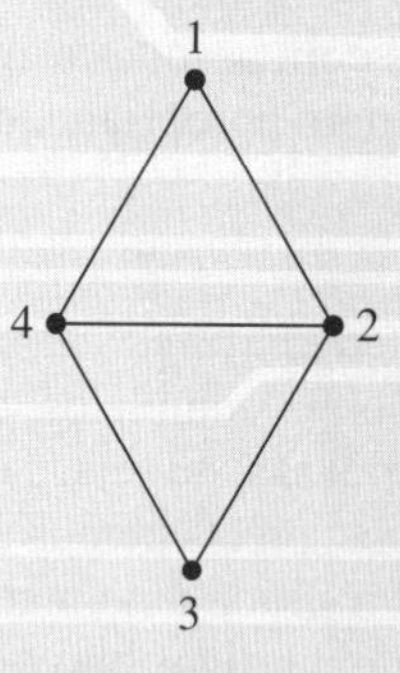

Figura 6.28

Em um grafo não direcionado, cada arco é representado duas vezes. Se n_j estiver na lista de adjacência de n_i, então n_i também estará na lista de adjacência de n_j. A lista de adjacência para um grafo direcionado coloca n_j na lista de adjacência de n_i se existir um arco de n_i para n_j; n_i não precisa, necessariamente, estar na lista de adjacência de n_j. Para um grafo rotulado ou com pesos, dados adicionais podem ser armazenados junto com o rótulo do nó na lista de adjacência.

EXEMPLO 20 A Figura 6.29a mostra um grafo direcionado com pesos. A lista de adjacência para esse grafo está ilustrada na Figura 6.29b. Para cada registro na lista, a primeira componente é o nó, a segunda é o peso do arco que termina no nó e a terceira é o ponteiro. Note que a quarta componente no arranjo dos ponteiros iniciais é nula, já que não existe nenhum arco saindo do nó 4.

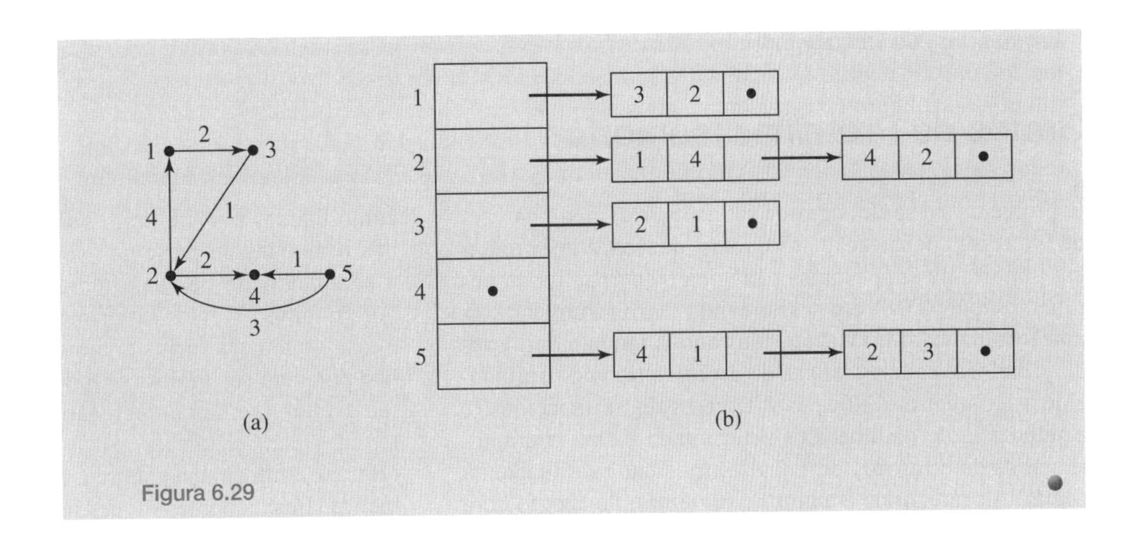

Figura 6.29

Em uma linguagem de programação que não usa ponteiros, ainda podemos obter o mesmo efeito de uma lista de adjacência usando uma tabela em várias colunas (ou uma tabela de registros), na qual uma coluna contém os nós e outra coluna contém o índice da tabela do próximo nó na lista de adjacência — um "pseudoponteiro". A desvantagem dessa abordagem é que será necessário reservar a quantidade máxima de espaço de armazenamento para um grafo com n nós para essa tabela; uma vez que começamos a encher a tabela, não podemos criar, dinamicamente, mais espaço se houver mais nós adjacentes do que o esperado.

EXEMPLO 21 Uma representação em tabela (ponteiro-array) para o grafo na Figura 6.29a está ilustrada na Figura 6.30. Um ponteiro nulo é indicado pelo índice 0.

	Nó	**Peso**	**Ponteiro**
1			6
2			7
3			9
4			0
5			10
6	3	2	0
7	1	4	8
8	4	2	0
9	2	1	0
10	4	1	11
11	2	3	0

Figura 6.30

Nessa tabela, a linha 2, que representa o nó 2, aponta para o índice 7. No índice 7 da tabela, encontramos o nó 1 com peso 4, representando o arco com peso 4 do nó 2 para o nó 1. O ponteiro com o índice 8 indica que a lista de adjacência do nó 2 tem mais elementos. No índice 8, vemos que existe um arco de 2 para 4 com peso 2 e que isso completa a lista de adjacência para o nó 2.

Grafos de Proteínas Isomorfos

O problema de se dois grafos são isomorfos pode parecer de interesse apenas acadêmico, mas, de fato, é um problema importante em pesquisa biológica moderna. Todos nós sabemos que o DNA em nossas células carrega nossa informação genética. Mas cada célula contém também milhares de proteínas, cadeias longas de diversos tipos de aminoácidos. Existem até 20 tipos diferentes de aminoácidos, e a sequência de aminoácidos determina a forma tridimensional de determinada proteína, assim como sua função na célula. As categorias comuns de proteínas, de acordo com suas funções, incluem as seguintes:

Enzimas: iniciam processos químicos no interior das células e formam moléculas novas.
Anticorpos: reconhecem partículas estrangeiras, como bactérias, e defendem o organismo contra elas.
De transporte: carregam moléculas, como oxigênio, ao longo da célula e do corpo.
Estruturais: dão à célula sua forma e estrutura.
Hormônios: transmitem sinais ao longo do corpo para coordenar processos biológicos.

As proteínas em uma célula não agem isoladamente; interagem com outras proteínas na célula para fazer tarefas complexas como replicação de DNA ou transporte de oxigênio ao longo da célula. Portanto, interações de proteínas com proteínas (IPP) é que fazem a célula funcionar, e qualquer variação em determinada proteína, não importa quão pequena, pode afetar as IPPs para aquela proteína e, assim, afetar a célula inteira. Para a identificação das causas subjacentes de doenças e o desenvolvimento de terapias, é muito importante o conhecimento da biologia da célula no nível das PPIs.

Considere agora as diversas proteínas em uma célula como os nós de um grafo e duas proteínas que interagem como ligadas por um arco. *Voilà* — temos um grafo! Dados o número de proteínas em uma célula e o número e a complexidade de suas interações, é um grafo enorme. Foram feitos diversos experimentos para determinar como é esse grafo para vários organismos, mas os dados obtidos não parecem ser muito confiáveis. Esse problema aumentou o interesse na comparação de PPIs entre espécies diferentes para encontrar coisas em comum que pudessem reforçar a informação sobre a funcionalidade dessas interações. Basicamente, os pesquisadores estão procurando grafos isomorfos (ou subgrafos) entre células de duas espécies diferentes.

O problema geral de determinar se dois grafos são isomorfos não tem solução conhecida em tempo polinomial — não existe algoritmo eficiente conhecido. A execução de um algoritmo ineficiente pode melhorar se forem satisfeitas determinadas condições no gráfico: Ambos são planares? Ambos são árvores? Tais simplificações dificilmente ocorrerão no mundo biológico das proteínas celulares. Em consequência, são usadas várias abordagens "heurísticas" (leia "palpites"). Uma delas classifica as semelhanças entre as sequências de aminoácidos que formam as proteínas, uma de cada espécie, que poderiam ser consideradas um par para um isomorfismo de grafos. Esse algoritmo de classificação é baseado no algoritmo iterativo PageRank (inventado por Larry Page, cofundador do Google), que classifica a página x da Internet com base no número de páginas ligadas (*linked*) a x e no valor PageRank dessas páginas.

"Comparative Analysis of Protein Networks: Hard Problems, Practical Solutions", Atias, N. e Sharan, R., *Communications of the ACM*, maio de 2012.
http://www.ncbi.nlm.nih.gov/About/primer/genetics_genome.html
http://ghr.nlm.nih.gov/handbook/howgeneswork/protein

SEÇÃO 6.1 REVISÃO

TÉCNICAS

- Utilização da terminologia de grafos.
- Demonstração de que dois grafos são, ou não são, isomorfos.
- Determinação de uma representação planar de um grafo simples ou demonstração de que não existe tal representação.
- Construção de matrizes de adjacência e listas de adjacências para grafos e grafos direcionados.

IDEIAS PRINCIPAIS

- Situações variadas podem ser modeladas com grafos.
- Grafos podem ser representados em um computador por matrizes ou por listas encadeadas.

EXERCÍCIOS 6.1

1. Dê a função g que é parte da definição formal do grafo direcionado ilustrado.

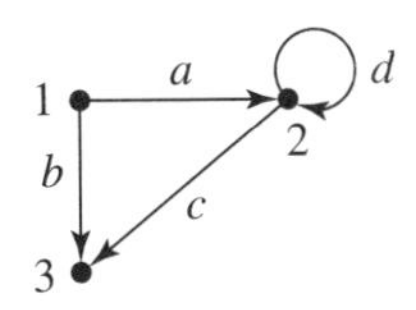

2. Responda as perguntas sobre o grafo na figura a seguir.
   a. O grafo é simples?
   b. O grafo é completo?
   c. O grafo é conexo?
   d. Você pode encontrar dois caminhos de 3 para 6?
   e. Você pode encontrar um ciclo?
   f. Você pode encontrar um arco cuja remoção transformará o grafo em um grafo acíclico?
   g. Você pode encontrar um arco cuja remoção transformará o grafo em um grafo não conexo?

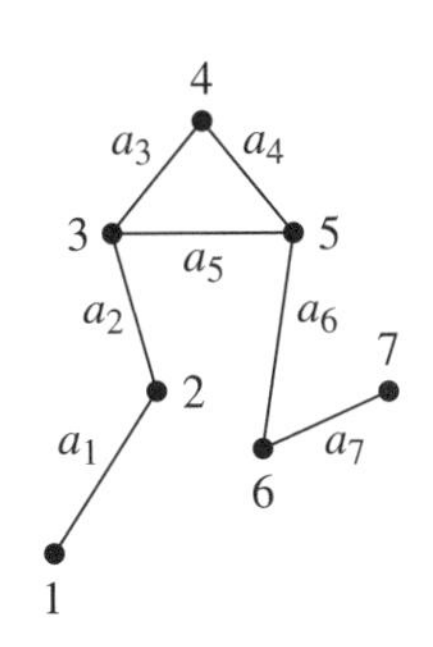

3. Esboce um desenho para cada um dos grafos indicados a seguir:
   a. Um grafo simples com três nós, cada um de grau 2.
   b. Um grafo com quatro nós e ciclos de comprimento 1, 2, 3 e 4.
   c. Um grafo não completo com quatro nós, cada um de grau 4.
4. Use o grafo direcionado na figura para responder às perguntas a seguir.
   a. Quais vértices são acessíveis a partir do nó 3?
   b. Qual é o comprimento do caminho mais curto do nó 3 para o nó 6?
   c. Qual é o caminho de comprimento 8 do nó 1 para o 6?

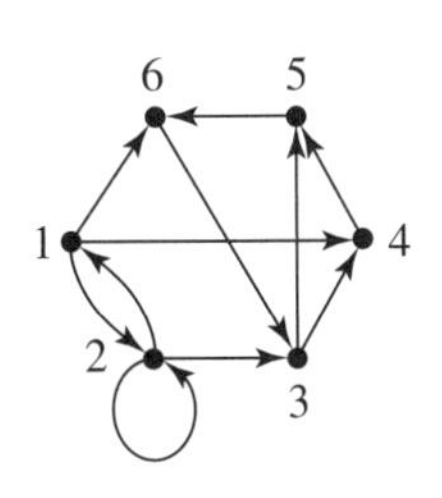

5. Desenhe K_6.
6. Desenhe $K_{3,4}$.
7. Desenhe um grafo com cada uma das características a seguir, ou explique por que não existe tal grafo:
   a. Quatro nós de graus 1, 2, 3 e 4, respectivamente.
   b. Simples com quatro nós de graus 1, 2, 3 e 4, respectivamente.
   c. Quatro nós de graus 2, 3, 3 e 4, respectivamente.
   d. Quatro nós de graus 2, 3, 3 e 3, respectivamente.
8. Desenhe um grafo com cada uma das características a seguir, ou explique por que não existe tal grafo:
   a. Um grafo simples com 7 nós, cada um de grau 3.
   b. Quatro nós, dois de grau 2 e dois de grau 3.
   c. Três nós de graus 0, 1 e 3, respectivamente.
   d. Grafo completo com 4 nós, cada um de grau 2.

9. Um *grafo de convivência* é um grafo não direcionado em que os nós representam pessoas e os nós a e b são adjacentes quando a e b se conhecem.
   a. O grafo de convivência para o departamento de TI e o departamento de marketing de uma firma grande é um grafo que não é conexo. O que isso implica?
   b. A figura a seguir representa um grafo de convivência para os residentes de um prédio. Carl e Fletcher se conhecem? Quantas pessoas Siu Yin conhece?

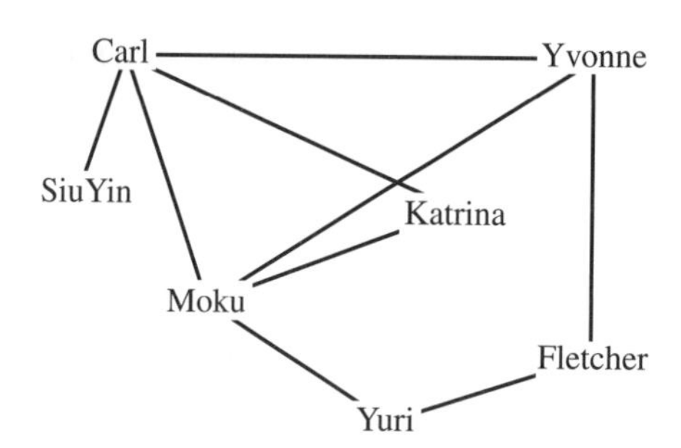

   c. O comprimento do menor caminho entre o nó a e o nó b em um grafo de convivência é chamado, algumas vezes, de *grau de separação* entre a e b. Qual é o grau de separação entre Carl e Yuri?
10. O "efeito de mundo pequeno" afirma que o grau médio de separação (veja o Exercício 9) em um grafo de convivência do mundo inteiro é 6. Em outras palavras, existe um caminho em um grafo de convivência de você para qualquer outra pessoa no mundo de comprimento 6 (5 pessoas intermediárias), em média. Experimentos na entrega de cartas e de mensagens de e-mail confirmaram essa teoria empiricamente.[1]
    a. Quais são as implicações em potencial para o tráfego de e-mails se o efeito de mundo pequeno for válido para redes de computadores?
    b. Quais são as implicações em potencial para a epidemiologia se o efeito de mundo pequeno for válido para o contato físico entre os seres humanos?
11. O efeito de mundo pequeno (veja o Exercício 10) também foi encontrado entre palavras básicas (palavras em um dicionário ou enciclopédia) em línguas naturais; na língua inglesa, foi encontrado um grau médio de separação 3. Aqui "palavras adjacentes" são aquelas que são listadas como sinônimos nos dicionários. Por exemplo, "portão" e "comunicação" estão relacionadas com 3 graus de separação da seguinte maneira:

    portão ⟶ porta ⟶ passagem ⟶ comunicação

    Você pode pensar em 3 graus de separação entre os pares de palavras a seguir?
    a. "estrela" e "escultura".
    b. "fardo" e "influência".
    c. "piano" e "honrado".
12. Uma ideia intimamente relacionada com o grau médio de separação em um grafo é a noção de agrupamento (*clustering*). O *coeficiente global de agrupamento* para um grafo é dado por

$$C = \frac{3 * T}{t}$$

em que T é o número de triângulos no grafo e t é o número de triplas de nós conectados.

Uma tripla de nós conectados consiste em um nó "central" adjacente a um par não ordenado de outros nós. Por exemplo, no grafo do Exercício 2, 3-4-5 (ou 5-4-3) e 4-5-6 (ou 6-5-4) são duas dessas triplas. Nós que formam um triângulo demonstram transitividade: se a for adjacente a b e b for adjacente a c, então a será adjacente a c. Logo, C é uma razão entre triplas (de nós conectados) transitivas e triplas não transitivas. (Em termos de uma rede

[1]Análises mais recentes de 721 milhões de usuários do Facebook, uma comunidade muito maior do que a disponível em estudos anteriores, sugere que o número médio de intermediários entre as pessoas A e B é 3,74. É, de fato, um mundo pequeno, pelo menos para os usuários do Facebook.

social, pode-se pensar nisso como a probabilidade de que, se você for meu "amigo" e se x for seu "amigo", então x também será meu "amigo".)

a. Considerando o grafo na Figura 6.28 e o grafo no Exercício 2, qual dos dois você acha que tem o coeficiente de agrupamento maior?

b. Calcule o coeficiente de agrupamento para o grafo na Figura 6.28.

c. Calcule o coeficiente de agrupamento para o grafo no Exercício 2.

13. Qual dos grafos a seguir não é isomorfo aos outros, e por quê?

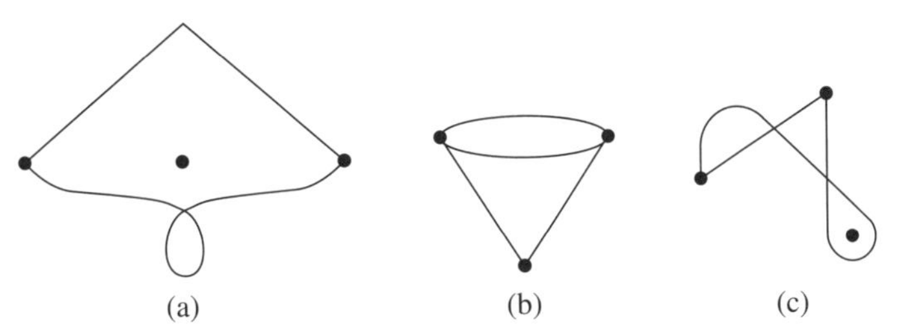

14. Qual dos grafos a seguir não é isomorfo aos outros, e por quê?

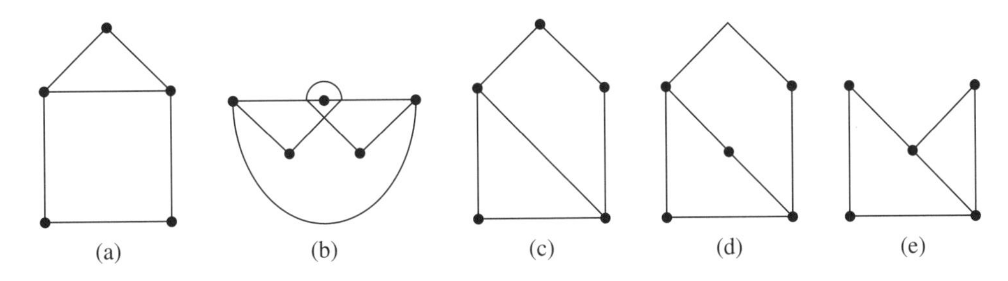

Nos Exercícios 15 a 20, decida se os dois grafos são isomorfos. Se forem, dê uma função ou funções que estabelecem o isomorfismo; se não forem, explique por quê.

15.

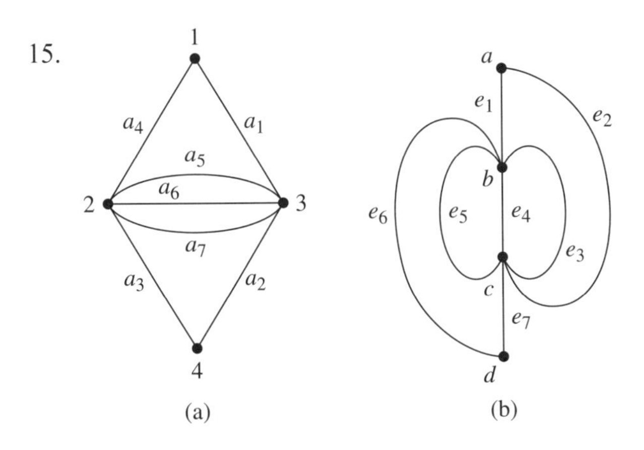

16.

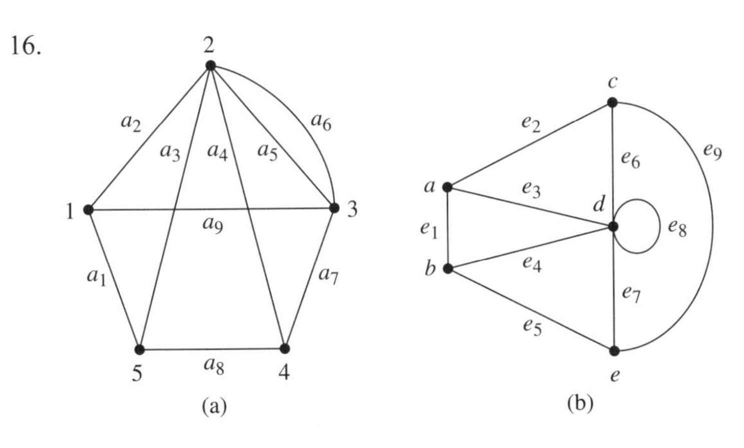

17.

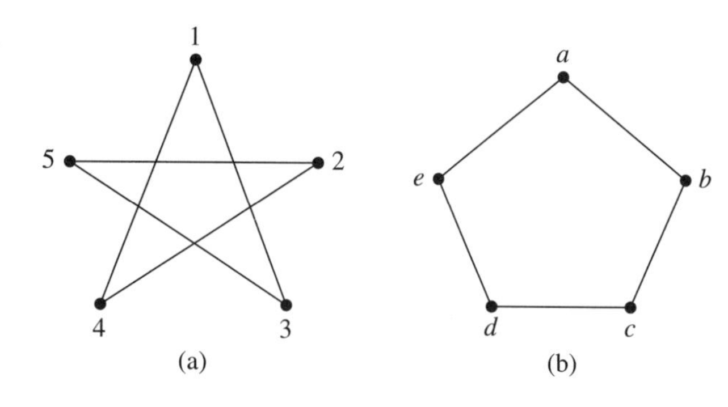

18.

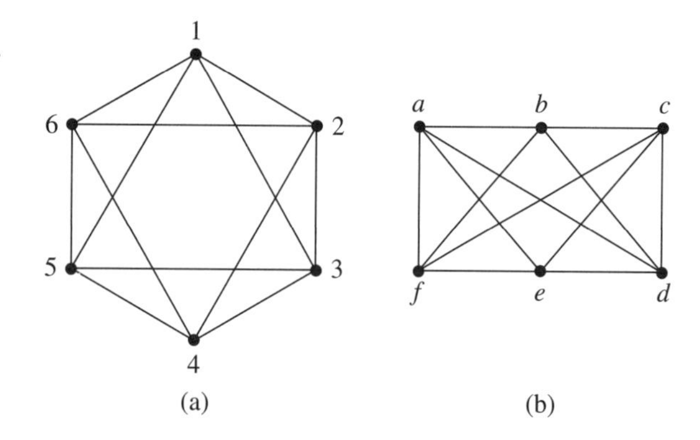

19.

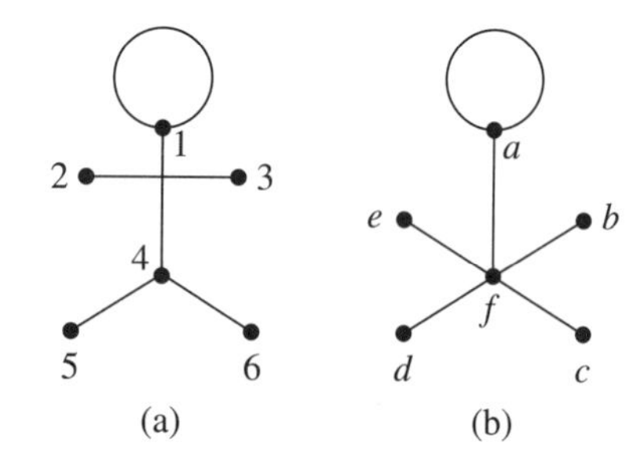

20.

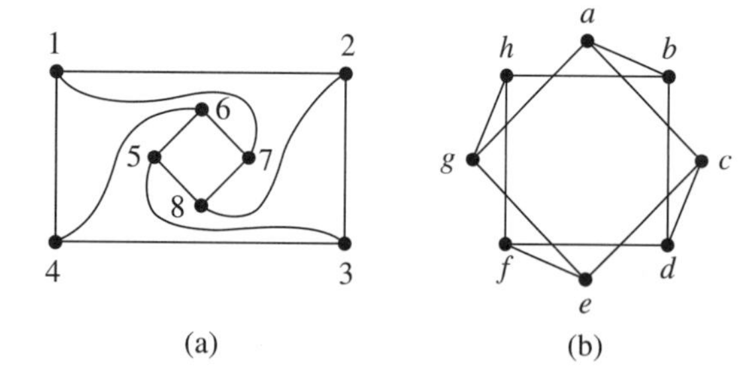

21. Prove que dois grafos não são isomorfos se um deles

a. tiver mais nós do que o outro.

b. tiver mais arcos do que o outro.

c. tiver arcos paralelos e o outro não.

d. tiver um laço e o outro não.

e. tiver um nó de grau *k* e o outro não.

f. for conexo e o outro não.

g. tiver um ciclo e o outro não.

22. Desenhe todos os grafos não isomorfos simples com dois nós.
23. Desenhe todos os grafos não isomorfos simples com três nós.
24. Desenhe todos os grafos não isomorfos simples com quatro nós.
25. Encontre uma expressão para o número de arcos em K_n e prove que sua expressão está correta.
26. Verifique a fórmula de Euler para o grafo planar simples e conexo na figura a seguir.

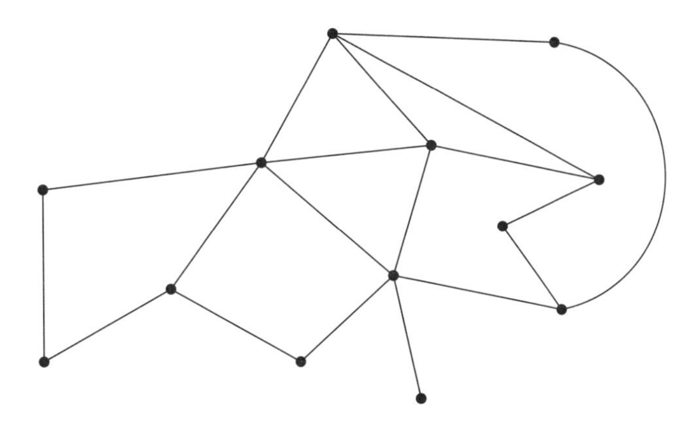

27. Prove que $K_{2,3}$ é um grafo planar.
28. Prove que o grafo na figura a seguir é planar.

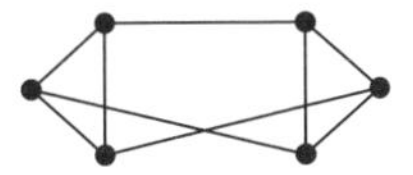

29. Se um grafo planar simples e conexo tem seis nós, todos de grau 3, em quantas regiões ele divide o plano?
30. Se todos os nós de um grafo planar simples e conexo tiverem grau 4 e se o número de arcos for 12, em quantas regiões ele dividirá o plano?
31. A fórmula de Euler (Equação (1) do teorema sobre o número de nós e arcos) é válida para grafos que não são simples? E as desigualdades (2) e (3) do teorema?
32. O que está errado no argumento a seguir que indica como usar subdivisões elementares para transformar um grafo que não é planar em um grafo planar?

    Em um grafo que não é planar, têm que existir dois arcos a_i e a_j que se intersectam em um ponto v que não é um nó. Faça uma subdivisão elementar em a_i inserindo um nó em v e uma subdivisão elementar em a_j inserindo um nó em v. No grafo resultante, o ponto de interseção é um nó. Repita esse processo com quaisquer interseções que não sejam nós; o resultado será um grafo planar.

Para os Exercícios 33 a 36, determine se o grafo é planar (encontrando uma representação planar) ou não (encontrando um subgrafo homeomorfo a K_5 ou $K_{3,3}$).

33.

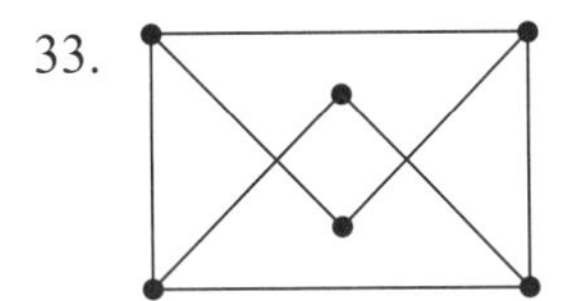

34.

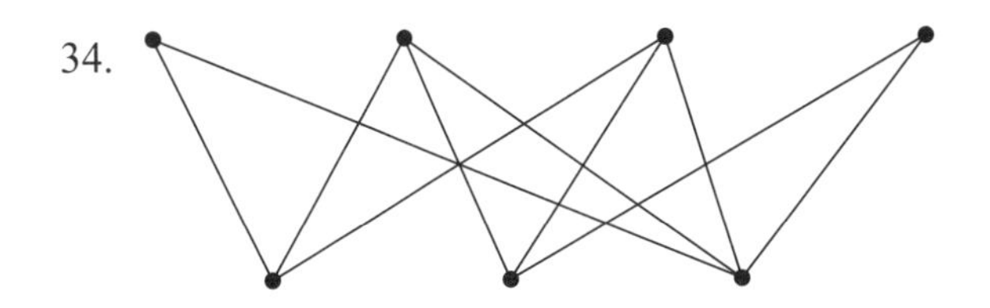

35.

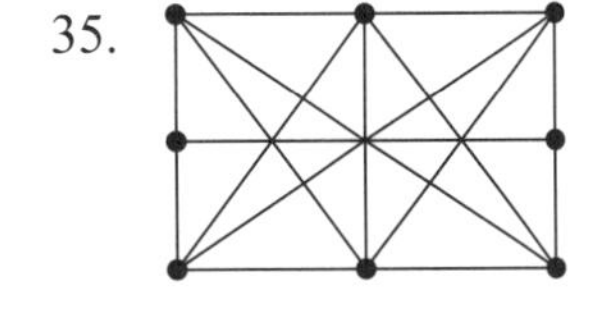

36.

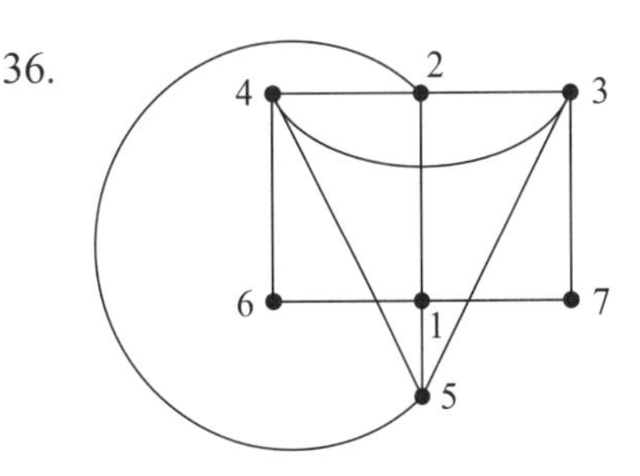

Para os Exercícios 37 a 42, escreva a matriz de adjacência do grafo na figura dada.

37.

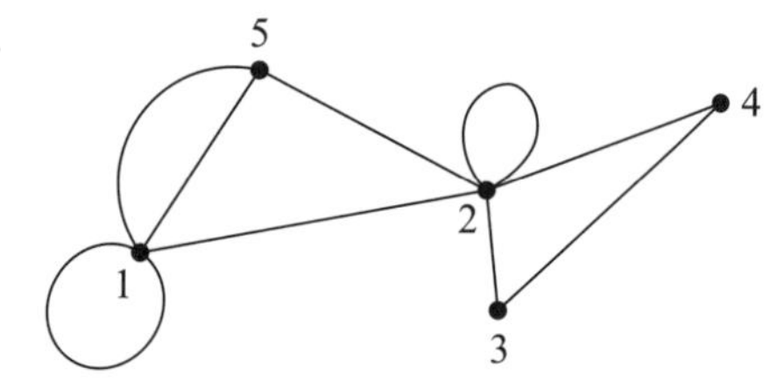

40.

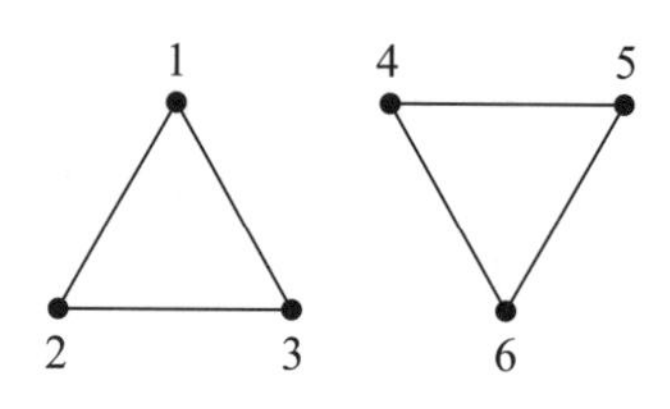

38.

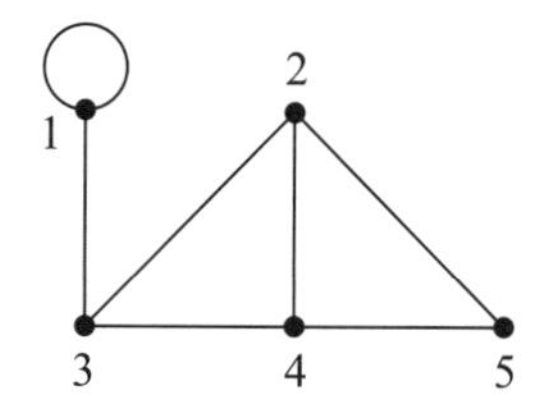

41.

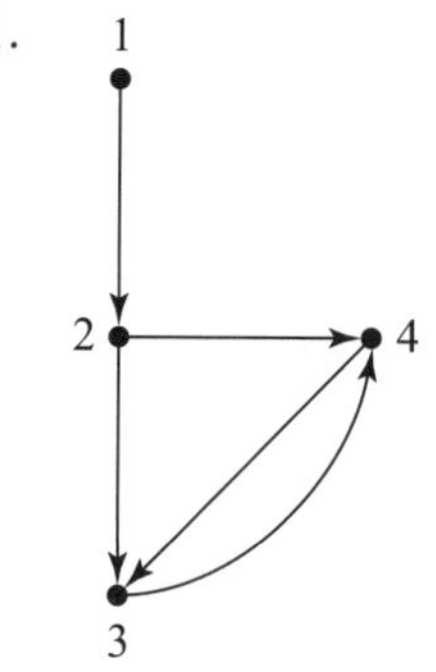

39.

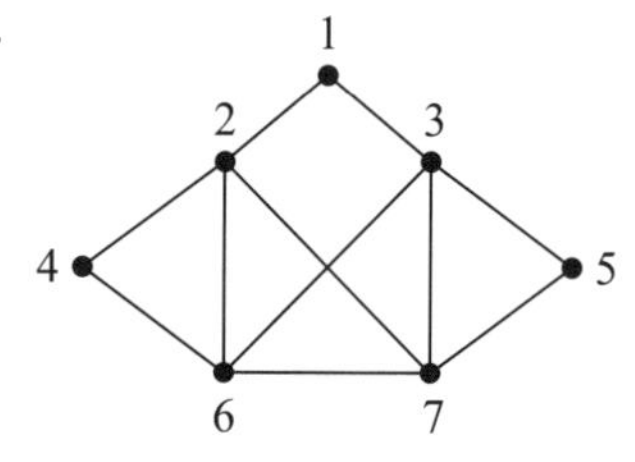

42.

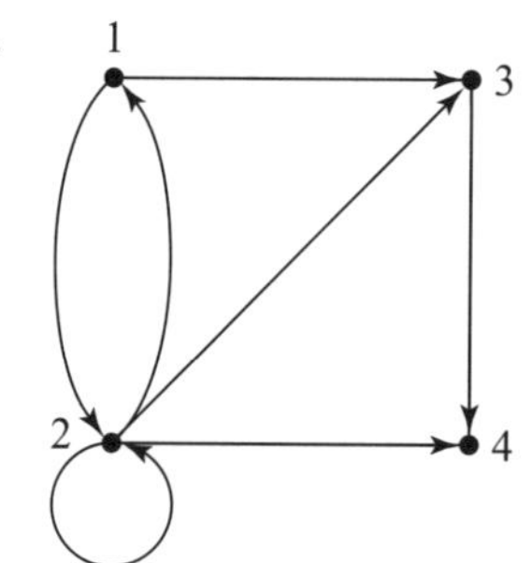

Para os Exercícios 43 a 46, desenhe o grafo representado pela matriz de adjacência.

43. $\begin{bmatrix} 0 & 2 & 0 \\ 2 & 0 & 2 \\ 0 & 2 & 0 \end{bmatrix}$

45. $\begin{bmatrix} 0 & 1 & 1 & 1 & 0 \\ 1 & 0 & 0 & 0 & 1 \\ 1 & 0 & 0 & 0 & 1 \\ 1 & 0 & 0 & 0 & 1 \\ 0 & 1 & 1 & 1 & 0 \end{bmatrix}$

44. $\begin{bmatrix} 0 & 1 & 0 & 0 & 0 & 0 \\ 1 & 0 & 1 & 0 & 0 & 0 \\ 0 & 1 & 1 & 1 & 0 & 0 \\ 0 & 0 & 1 & 0 & 0 & 0 \\ 0 & 0 & 0 & 0 & 0 & 2 \\ 0 & 0 & 0 & 0 & 2 & 0 \end{bmatrix}$

46. $\begin{bmatrix} 0 & 1 & 0 & 0 & 1 \\ 1 & 0 & 1 & 0 & 0 \\ 0 & 1 & 0 & 1 & 0 \\ 0 & 0 & 1 & 0 & 1 \\ 1 & 0 & 0 & 1 & 0 \end{bmatrix}$

47. A matriz de adjacência de um grafo não direcionado é dada, em forma triangular inferior, por

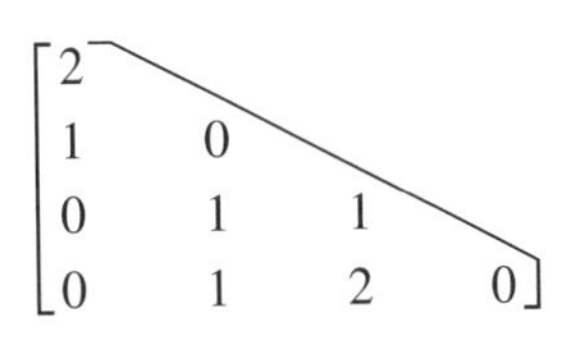

Desenhe o grafo.

48. A matriz de adjacência de um grafo direcionado é dada por

$$\begin{bmatrix} 0 & 1 & 1 & 0 & 0 \\ 0 & 0 & 0 & 0 & 0 \\ 0 & 0 & 1 & 1 & 0 \\ 0 & 0 & 1 & 0 & 2 \\ 1 & 0 & 0 & 0 & 0 \end{bmatrix}$$

Desenhe o grafo.

49. Descreva o grafo cuja matriz de adjacência é a matriz identidade $n \times n$, I_n.
50. Descreva o grafo cuja matriz de adjacência é a matriz nula $n \times n$, 0_n.
51. Descreva a matriz de adjacência de K_n, o grafo simples completo com n nós.
52. Dada a matriz de adjacência **A** de um grafo direcionado G, descreva o grafo representado pela matriz de adjacência $\mathbf{A}^T$ (veja o Exercício 15 na Seção 5.7).

Para os Exercícios 53 a 58, desenhe a lista de adjacência do grafo no exercício indicado.

53. Exercício 37.
54. Exercício 38.
55. Exercício 39.
56. Exercício 40.
57. Exercício 41.
58. Exercício 42.
59. Considere o grafo ilustrado na figura.
    a. Desenhe a lista de adjacência.
    b. Quantos locais de armazenagem são necessários para a lista de adjacência? (Um ponteiro usa um local de armazenagem.)
    c. Quantos locais de armazenagem seriam necessários para a matriz de adjacência desse grafo?

1
2
4 3
5 6

60. Desenhe a lista de adjacência para o grafo direcionado com pesos da figura a seguir.

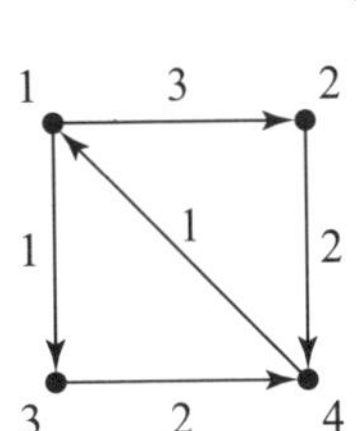

61. Para o grafo direcionado no Exercício 42, construa uma representação em tabela (ponteiro-array).
62. Para o grafo direcionado com pesos no Exercício 53, construa uma representação em tabela (ponteiro-array).

63. Desenhe o grafo não direcionado representado pela lista de adjacência a seguir.

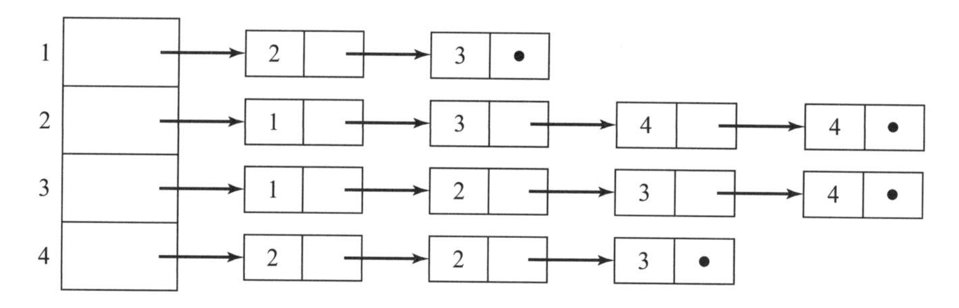

64. Desenhe o grafo não direcionado representado pela lista de adjacência a seguir.

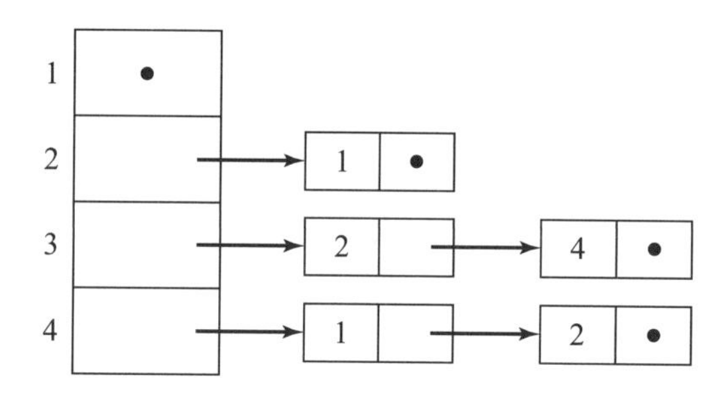

Os Exercícios 65 a 72 tratam do complementar de um grafo. Se G for um grafo simples, o *complementar* de G, denotado por G', é o grafo simples com o mesmo conjunto de nós que G e no qual os nós x-y serão adjacentes se e somente se eles não forem adjacentes em G.

65. Desenhe G' para o grafo na Figura 6.18a.
66. Desenhe K_4'.
67. Mostre que, se dois grafos simples G_1 e G_2 forem isomorfos, então seus complementares G_1' e G_2' também o serão.
68. Um grafo simples é *autocomplementar* se for isomorfo a seu complemento. Prove que, em um grafo autocomplementar com n nós ($n > 1$), $n = 4k$ ou $n = 4k + 1$ para algum inteiro k. (*Sugestão*: Use o resultado do Exercício 25.)
69. Prove que, em qualquer grafo simples G com pelo menos dois nós, se G não for conexo, então G' será conexo. (*Sugestão*: Se G não for conexo, então G será uma coleção de subgrafos conexos "disjuntos".)
70. Encontre um grafo simples G com pelo menos dois nós tal que G e G' são ambos conexos, mostrando, dessa forma, que a recíproca do Exercício 69 é falsa.
71. Dada a matriz de adjacência A de um grafo simples G, descreva a matriz de adjacência de G'.
72. Prove que, se $|N| \geq 11$ em um grafo simples e conexo G, então os grafos G e G' não podem ser ambos planares.
73. Prove que, em qualquer grafo simples G com n nós e a arcos, $2a \leq n^2 - n$.
74. Prove que um grafo simples conexo com n nós tem pelo menos $n - 1$ arcos. (*Sugestão*: Mostre que essa proposição pode ser enunciada na forma "Um grafo simples conexo com m arcos tem, no máximo, $m + 1$ nós". Depois use o segundo princípio de indução em m.)
75. Prove que um grafo simples com n nós ($n \geq 2$) e mais de $C(n - 1, 2)$ arcos é conexo. (*Sugestão*: Use os Exercícios 69 e 74.)
76. A fórmula de Euler foi enunciada para grafos planares conexos e simples, mas, de fato, a palavra "simples" poderia ser omitida.
    a. Um grafo que não é simples é um grafo simples com laços ou arcos paralelos adicionados. Prove que qualquer grafo planar conexo simples continua sendo um grafo planar conexo se forem adicionados laços ou arcos paralelos. (*Sugestão*: Apague, temporariamente, os laços e arcos paralelos.)
    b. Prove que o grafo na figura é um grafo planar.
    c. Prove que a fórmula de Euler é válida para o grafo no item (b) quando desenhado em sua forma planar.
    d. Prove que um grafo planar conexo com arcos paralelos ou laços satisfaz a fórmula de Euler quando desenhado em sua forma planar.

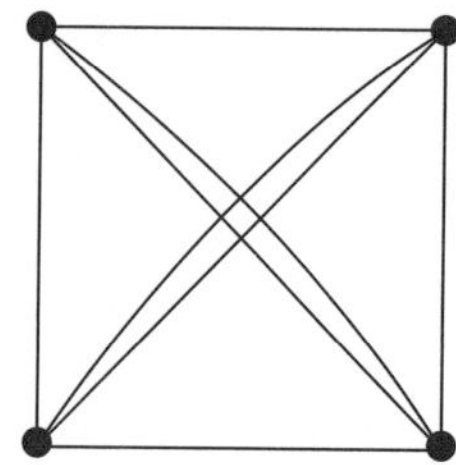

Os Exercícios 77 a 86 referem-se ao problema da *coloração de grafos*. A origem desses problemas é o *problema de colorir um mapa*: suponha que um mapa contendo vários países, desenhado em uma folha de papel, deve ser colorido de modo que dois países que têm uma fronteira comum não fiquem com a mesma cor. (Não precisamos nos preocupar sobre países que têm apenas um ponto de fronteira em comum e vamos supor que cada país é "conexo".) Qual é o número mínimo necessário de cores para se executar essa tarefa para qualquer mapa?

77. Mostre que, para colorir o mapa a seguir, são necessárias três cores e não mais do que isso.

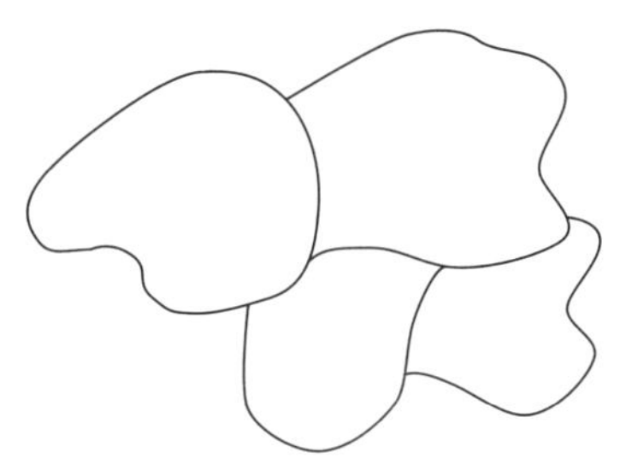

78. Desenhe um mapa que necessite de quatro cores.

79. Associado a qualquer mapa existe um grafo, chamado de *grafo dual* do mapa, formado da seguinte maneira: coloque um nó em cada região do mapa e um arco entre dois nós que representam países adjacentes.
    a. Desenhe o grafo dual do mapa no Exercício 77.
    b. Desenhe o grafo dual do mapa a seguir.

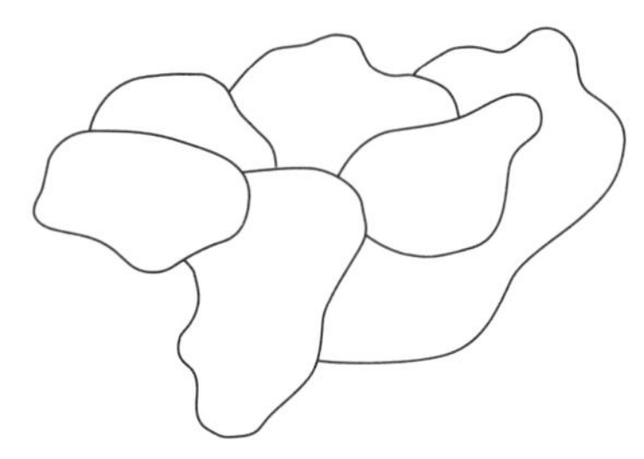

    c. Desenhe um mapa para o qual o grafo a seguir serviria como dual.

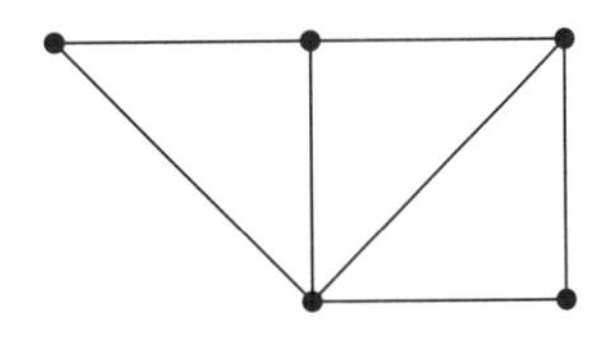

80. Uma *coloração* de um grafo é uma atribuição de cor a cada nó de modo que dois nós adjacentes nunca tenham a mesma cor. O *número cromático* de um grafo é o menor número de cores necessário para se obter uma coloração do grafo. Encontre o número cromático dos grafos a seguir.

a.

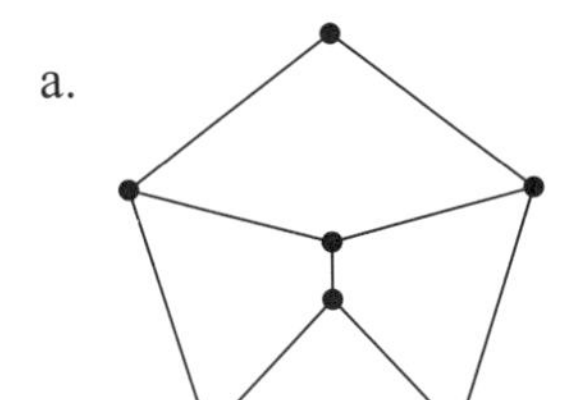

b.

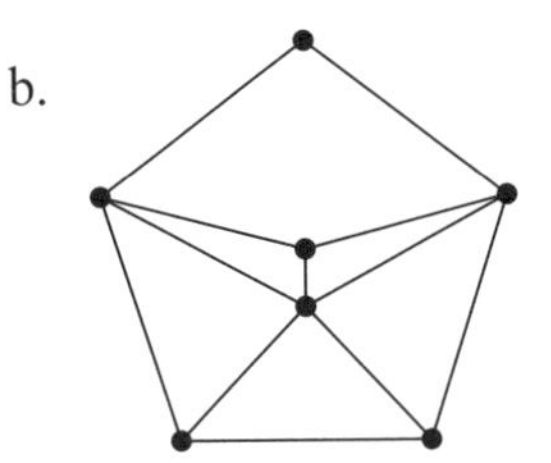

81. Pelo menos quatro cores são necessárias para se resolver o problema geral de colorir um mapa (veja o Exercício 78). Como ninguém conseguiu produzir um mapa que necessitasse de mais de quatro cores, foi formulada uma conjectura de que quatro cores são, de fato, suficientes. Essa conjectura ficou conhecida como o *problema das quatro cores*. Ele foi proposto, pela primeira vez, ao matemático Augustus De Morgan por um de seus alunos em 1852 e recebeu, mais tarde, bastante atenção. Permaneceu sem demonstração, no entanto, por mais de 100 anos. Em 1976, Wolfgang Haken e Kenneth Appel, dois matemáticos da Universidade de Illinois, usaram um computador para analisar um grande número de casos em uma demonstração por absurdo, verificando, assim, a conjectura das quatro cores.

O grafo dual de um mapa (veja o Exercício 79), pela maneira como é construído, será sempre um grafo planar simples e conexo. Além disso, qualquer grafo planar simples e conexo pode ser visto como o grafo dual de um mapa. Enuncie a conjectura das quatro cores em termos do número cromático (veja o Exercício 80) de um grafo.

82. Prove que um grafo planar simples e conexo, com três ou mais nós, tem pelo menos um nó com grau menor ou igual a 5. (*Sugestão*: Faça uma demonstração por absurdo.)

83. (Problema desafiador) O *problema das cinco cores* diz que o número cromático de um grafo planar simples e conexo é, no máximo, 5. Enquanto o teorema das quatro cores (Exercício 81) é muito difícil de provar, o teorema das cinco cores pode ser provado por indução no número de nós do grafo. Prove o teorema das cinco cores usando o resultado do Exercício 82.

84. O *teorema das seis cores* pode ser provado como um problema de coloração de um mapa sem usar o grafo dual. Em vez de criar o grafo dual, coloque nós nas interseções das fronteiras e retifique as fronteiras de modo que o problema de colorir o mapa ilustrado na parte (a) da figura a seguir é representado pelo problema de colorir as regiões limitadas do grafo na parte (b) da figura. Suponha, primeiro, que nenhum país tem um "buraco" no meio. Então o grafo não vai ter laços e vai ser planar e conexo. Além disso, todo nó terá grau pelo menos 3.

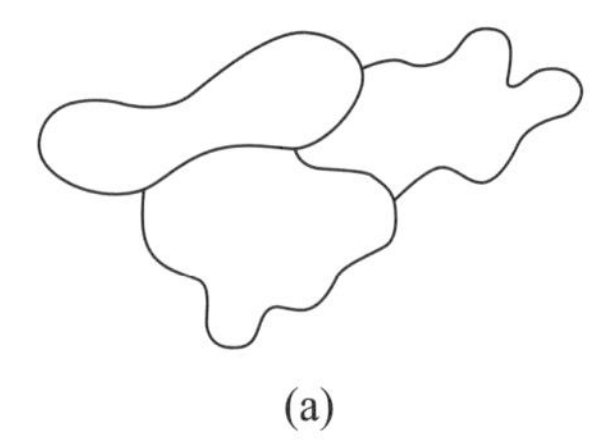

(a)

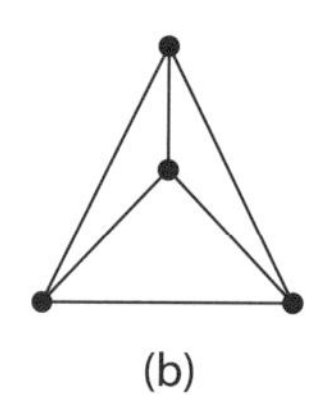

(b)

a. Mostre que podemos supor que o grafo é simples provando que, se seis cores forem suficientes para se colorir um grafo simples, então elas também serão suficientes para um grafo com arcos paralelos. (*Sugestão*: Use países pequenos temporários nos nós.)
b. Prove que, em um grafo planar simples e conexo com R regiões limitadas, $n - a + R = 1$.
c. Considere um grafo planar simples e conexo e suponha que toda região limitada interior ao grafo tem, pelo menos, seis arestas adjacentes. Mostre que $2a \leq 3n - 3$.
d. Considere agora um grafo planar simples e conexo em que cada nó tem grau pelo menos 3. Mostre que tal grafo tem pelo menos uma região limitada interior que não tem mais de cinco arestas adjacentes.
e. Prove que seis cores são suficientes para se colorir qualquer mapa onde nenhum país tem um buraco no meio.
f. Prove que seis cores são suficientes para se colorir qualquer mapa planar. (*Sugestão*: Faça alguns cortes temporários no mapa.)

85. Cinco lobistas estão visitando sete congressistas (denominados de A até G) no mesmo dia. Os congressistas que cada um dos lobistas tem que ver estão indicados a seguir:

1. A, B, D
2. B, C, F
3. A, B, D, G
4. E, G
5. D, E, F

Cada congressista estará disponível para se encontrar com os lobistas por uma hora. Qual é o número mínimo de intervalos de tempo que serão usados para se marcar os encontros de uma hora de modo que nenhum lobista tenha conflitos de horário? (*Sugestão*: Trate este problema como um problema de coloração de grafo.) E se o lobista 3 descobre que não precisa conversar com B e o lobista 5 descobre que não precisa se encontrar com D?

86. Em uma máquina com processadores múltiplos, seis processadores indicados por letras de A até F dividem blocos em uma parte da memória para armazenar dados em comum. Dois processadores não podem escrever simultaneamente no mesmo bloco. A tabela a seguir indica quais os processadores que vão gravar dados no mesmo instante. Quantos blocos distintos são necessários? (*Sugestão*: Trate este problema como um problema de coloração de grafo.)

A, F, C

B, D

F, D, A

B, E

F, C, E

SEÇÃO 6.2 ÁRVORES E SUAS REPRESENTAÇÕES

Terminologia de Árvores

Um tipo especial de grafo, chamado de *árvore*, é muito útil para representar dados.

DEFINIÇÃO ÁRVORE

Uma **árvore** é um grafo conexo acíclico com um nó especial, denominado raiz da árvore.

A Figura 6.31 ilustra duas árvores. Só para ser do contra, o pessoal de computação insiste em desenhar as árvores com a raiz no topo. Um grafo conexo acíclico sem nenhum nó designado de raiz é chamado de **árvore sem raiz** ou **árvore livre**. (Mais uma vez, a terminologia não é padrão. Alguns livros definem árvores como grafos conexos acíclicos e depois as chamam de "árvores enraizadas" quando existe um nó designado por raiz.)

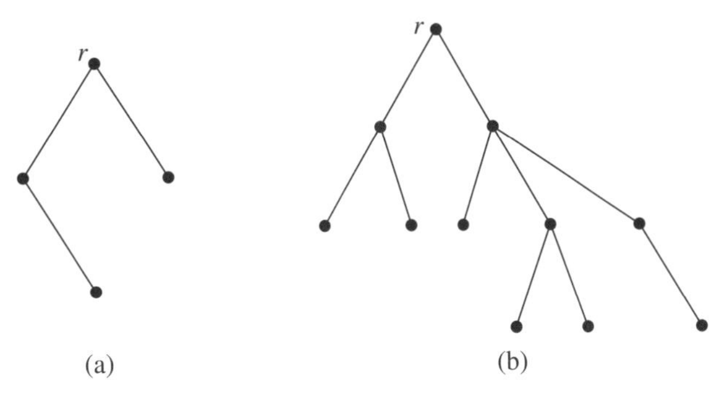

Figura 6.31

Uma árvore também pode ser definida de maneira recorrente. Um único nó é uma árvore (com esse nó como raiz). Se $T_1, T_2, \ldots, T_t$ forem árvores disjuntas com raízes $r_1, r_2, \ldots, r_t$, o grafo formado colocando-se um novo nó r ligado, por um único arco, a cada um dos nós $r_1, r_2, \ldots, r_t$ é uma árvore com raiz r. Os nós $r_1, r_2, \ldots, r_t$ são os **filhos** de r e r é **pai** de $r_1, r_2, \ldots, r_t$. A Figura 6.32 mostra a última etapa na construção por recorrência da árvore na Figura 6.31b. É muitas vezes útil percorrer uma estrutura de árvore recursivamente, considerando as subárvores árvores menores.

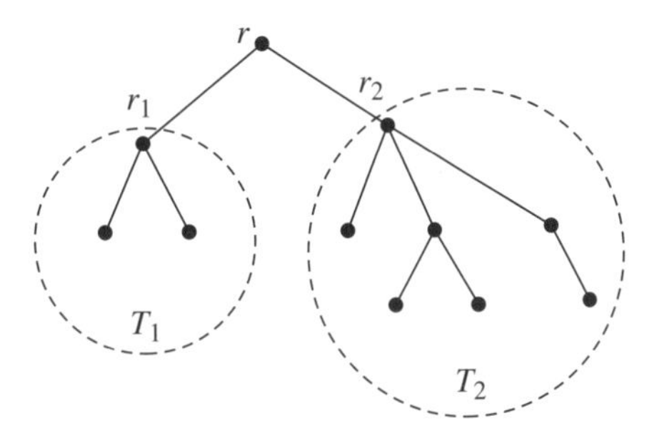

Figura 6.32

Como uma árvore é um grafo conexo, existe um caminho da raiz para qualquer outro nó na árvore; como a árvore é acíclica, esse caminho é único. A **profundidade de um nó** em uma árvore é o comprimento do caminho da raiz ao nó; a raiz tem profundidade 0.

A **profundidade (altura) de uma árvore** é a maior profundidade dos nós na árvore; em outras palavras, é o comprimento do caminho mais comprido da raiz até um dos nós. Um nó sem filhos é chamado de **folha** da árvore; todos os nós que não são folhas são **nós internos**. Uma **floresta** é um grafo acíclico (não necessariamente conexo); logo, uma floresta é uma coleção de árvores disjuntas. As Figura 6.31a e 6.31b juntas formam uma floresta.

De interesse especial são as **árvores binárias**, nas quais cada nó tem, no máximo, dois filhos. Em uma árvore binária, cada filho de um nó é chamado de **filho esquerdo** ou **filho direito**. Uma **árvore binária cheia** é uma árvore que tem todos os nós internos com dois filhos e na qual todas as folhas estão à mesma profundidade. A Figura 6.33 mostra uma árvore binária de altura 4, e a Figura 6.34 mostra uma árvore binária cheia de altura 3. Uma **árvore binária completa** é uma árvore binária que é quase cheia; o nível mais baixo da árvore vai se enchendo da esquerda para a direita, mas pode ter folhas faltando. A Figura 6.35 mostra uma árvore binária completa de altura 3. (Note que, embora uma árvore seja um grafo, uma árvore completa não é um grafo completo!)

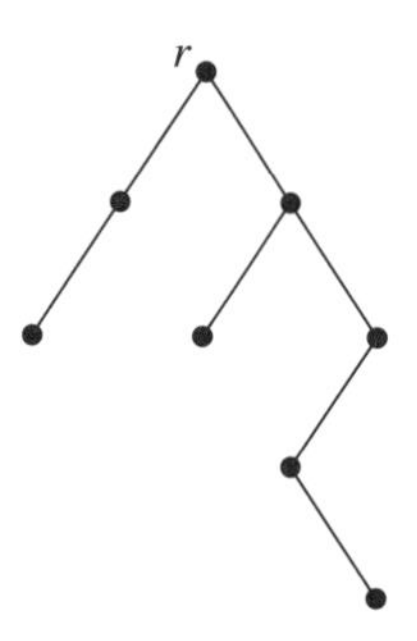

Figura 6.33

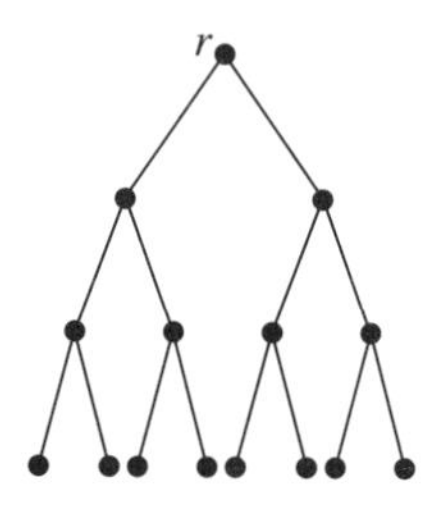

Figura 6.34

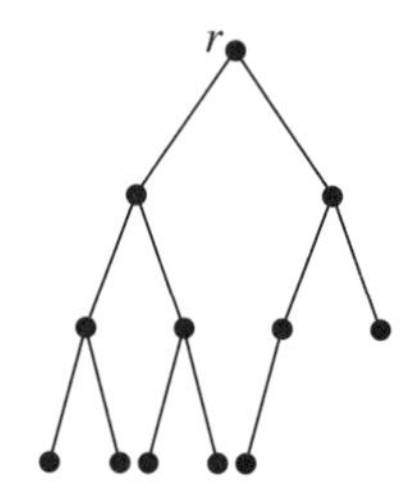

Figura 6.35

PROBLEMA PRÁTICO 18 Responda as perguntas a seguir sobre a árvore binária ilustrada na Figura 6.36. (Suponha que o nó 1 seja a raiz.)

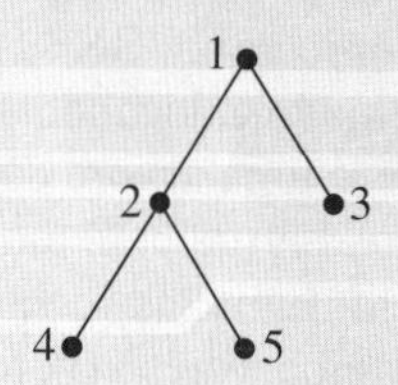

Figura 6.36

a. Qual é a altura?
b. Qual é o filho esquerdo do nó 2?
c. Qual é a profundidade do nó 5?

■

Aplicações de Árvores

Árvores de decisão foram usadas para resolver problemas de contagem no Capítulo 4 e serão usadas na Seção 6.3 para ajudar a estabelecer limites inferiores sobre a quantidade de operações de determinados algoritmos. O Exercício 43 da Seção 5.1 descreve a organização de dados em uma estrutura de árvore binária. Usando essas árvores, pode-se fazer uma busca eficiente em uma coleção de registros para localizar um registro particular ou verificar se um registro não pertence à coleção. Exemplos de tal busca seriam procurar um livro na biblioteca, procurar um prontuário médico de um paciente em um hospital ou procurar uma ficha de cadastro de um cliente em um banco. Vamos também considerar buscas em árvores binárias na Seção 6.3. As derivações de palavras em certas linguagens formais serão mostradas como árvores no Capítulo 9 (essas são as árvores de análise, geradas por um compilador ao analisar um programa de computador).

Uma árvore genealógica é, em geral, uma árvore de fato, embora, se houver casamento entre parentes, seja um grafo, mas não uma árvore no sentido técnico. (Informações obtidas de uma árvore genealógica não são apenas interessantes, mas são também úteis para pesquisas em genética.) O fluxo organizacional que indica quem responde a quem em uma companhia grande ou outro empreendimento é, em geral, uma árvore (veja a Figura 6.37).

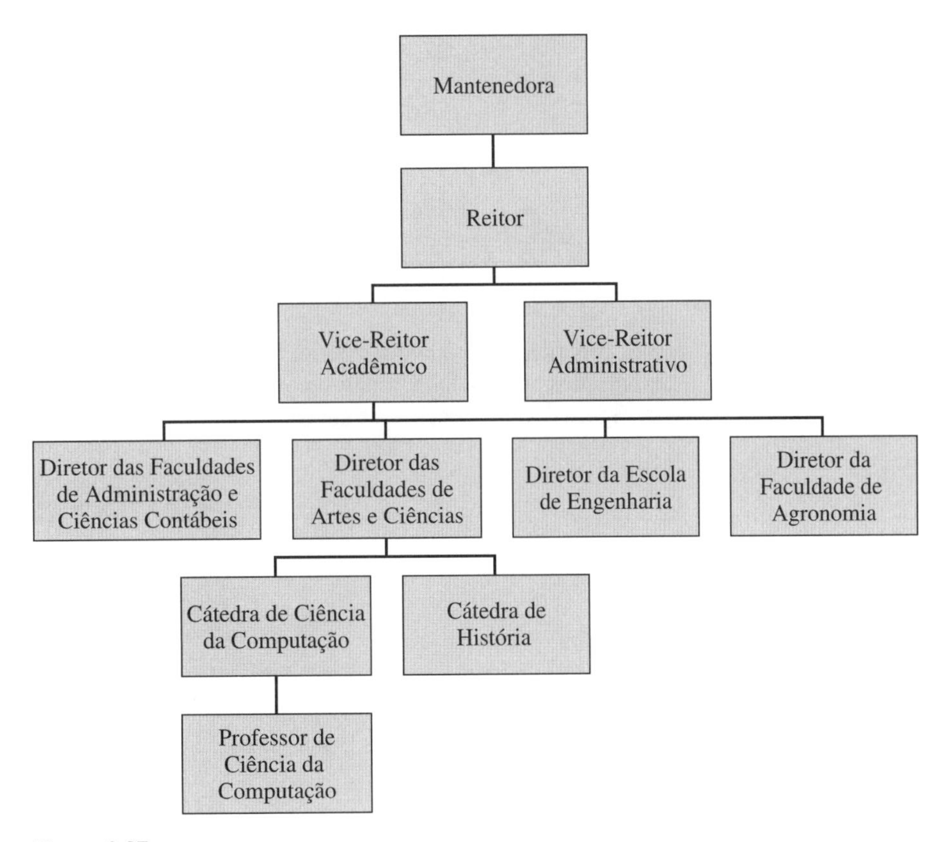

Figura 6.37

Os arquivos em seu computador estão organizados em uma estrutura hierárquica (como de árvore). Na Figura 6.38, a árvore (arquivo) para a disciplina SC 34 foi expandida para mostrar duas subárvores; a subárvore Materiais na Internet foi expandida, mostrando arquivos adicionais; a subárvore Atividades não foi expandida.

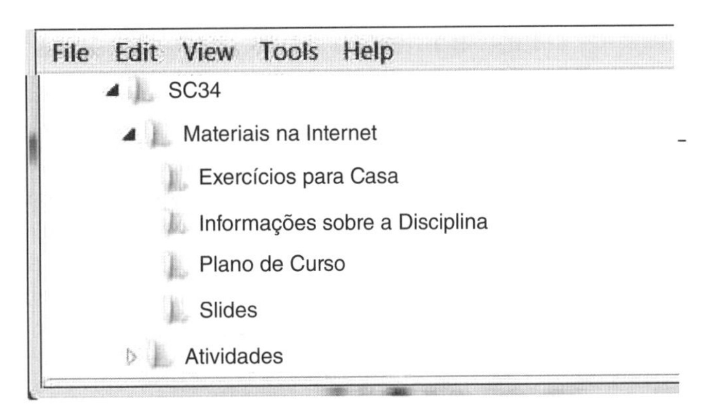

Figura 6.38

EXEMPLO 22 Um vírus de computador se espalha através do correio eletrônico. A cada segundo, 4 novas máquinas são infectadas. Uma estrutura de árvores quaternária (Figura 6.39) mostra a disseminação do vírus. Pelo princípio de multiplicação, após n segundos 4^n máquinas terão sido infectadas.

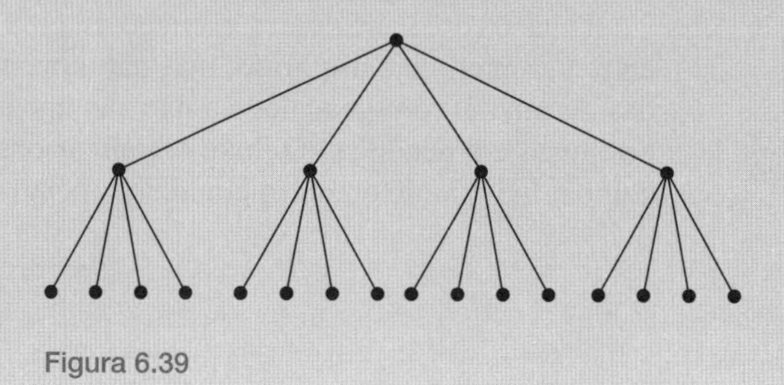

Figura 6.39

EXEMPLO 23 Expressões algébricas envolvendo operações binárias podem ser representadas por árvores binárias rotuladas. As folhas são rotuladas como operandos, e os nós internos, como operações binárias. Para qualquer nó interno, a operação binária de seu rótulo é efetuada com as expressões associadas às suas subárvores da esquerda e da direita. Assim, a árvore binária na Figura 6.40 representa a expressão algébrica $(2 + x) - (y * 3)$.

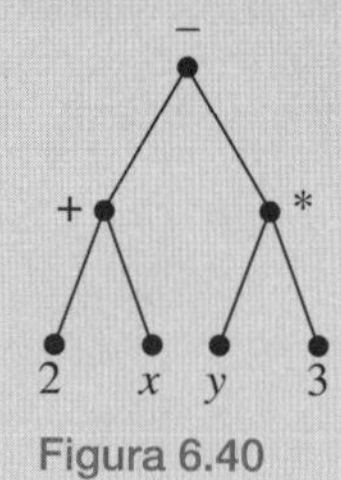

Figura 6.40

PROBLEMA PRÁTICO 19 Qual é a árvore que representa a expressão $(2 + 3) * 5$?

Representação de Árvores Binárias

Como uma árvore também é um grafo, as representações de grafos em geral, discutidas na Seção 6.1, também podem ser usadas para árvores. Árvores binárias, no entanto, têm características especiais que gostaríamos de capturar na representação, a saber, a identidade do filho esquerdo e do direito. O equivalente de uma matriz de adjacência é uma tabela com duas colunas (ou uma tabela de registros) em que os dados para cada nó são os filhos esquerdo e direito daquele nó. O equivalente de uma lista de adjacência é uma coleção de registros com três campos contendo, respectivamente, o nó em questão, um ponteiro para o registro do nó filho esquerdo e um ponteiro para o registro do nó filho direito.

EXEMPLO 24 Para a árvore binária ilustrada na Figura 6.41, a representação em tabela, com filhos esquerdo e direito, é dada na Figura 6.42a. Mais uma vez, os zeros indicam ponteiros nulos. A representação com ponteiros é dada na Figura 6.42b.

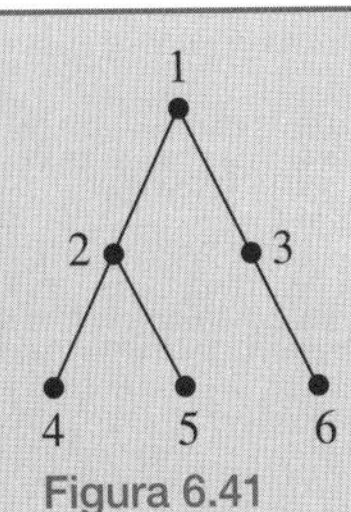

Figura 6.41

	Filho esquerdo	Filho direito
1	2	3
2	4	5
3	0	6
4	0	0
5	0	0
6	0	0

(a)

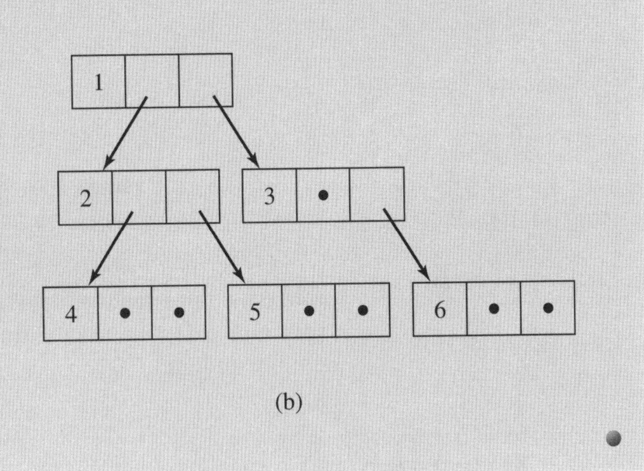

(b)

Figura 6.42

PROBLEMA PRÁTICO 20 Para a árvore binária da Figura 6.43

a. Dê a representação em tabela, com filhos esquerdo e direito.
b. Dê a representação com ponteiros.

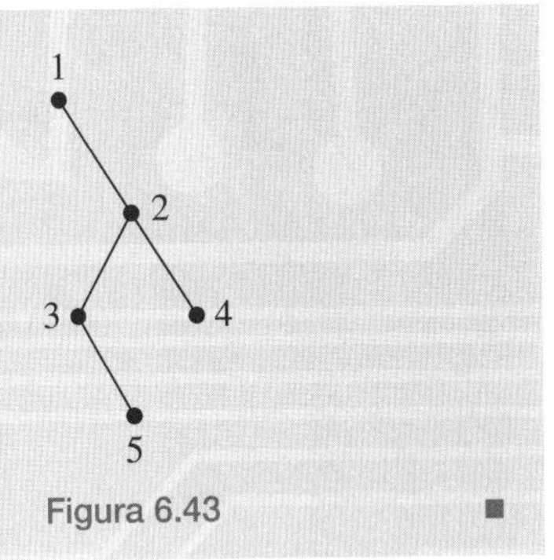

Figura 6.43

Algoritmos de Percurso em Árvores

Se uma estrutura de árvore estiver sendo usada para armazenar dados, será muitas vezes útil ter um mecanismo sistemático para escrever os valores dos dados armazenados em todos os nós. Isso pode ser feito *percorrendo-se* a árvore, ou seja, visitando-se todos os nós na estrutura de árvore. Os três algoritmos mais comuns de **percurso em árvores** são os percursos em *pré-ordem*, em *ordem simétrica* e em *pós-ordem*.

Nos métodos de percurso, ajuda usar uma visão recorrente de árvores, em que a raiz de uma árvore tem ramificações para as raízes de suas subárvores. Vamos supor então que uma árvore T tem uma raiz r; quaisquer subárvores são chamadas, da esquerda para a direita, de $T_1, T_2, \ldots, T_t$ (Figura 6.44). Como estamos usando uma definição por recorrência de árvores, será fácil enunciar os algoritmos de percurso em forma recursiva.

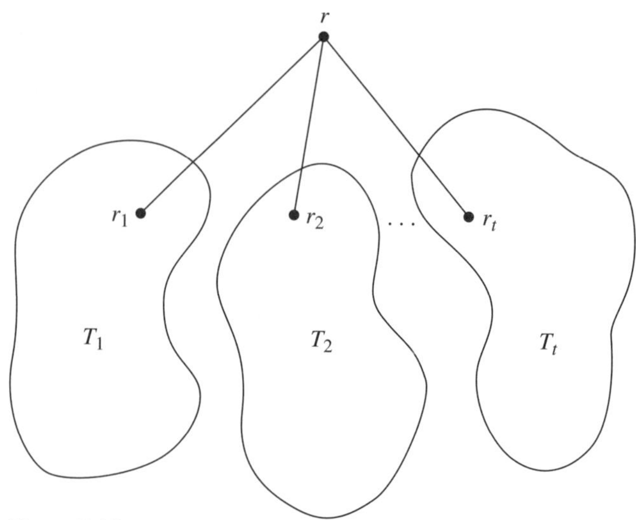

Figura 6.44

Os termos *pré-ordem, ordem simétrica* e *pós-ordem* referem-se à ordem de visita da raiz em comparação aos nós das subárvores. No **percurso em pré-ordem**, a raiz é visitada primeiro e depois processam-se as subárvores, da esquerda para a direita, cada uma delas em pré-ordem.

ALGORITMO *PRÉORDEM*

Préordem(árvore *T*)
// Escreve os nós de uma árvore com raiz *r* em pré-ordem

  escreva(*r*)
  para $i = 1$ até *t* **faça**
    Préordem(T_i)
  fim do para
fim de *Préordem*

No **percurso em ordem simétrica**, a subárvore da esquerda é percorrida em ordem simétrica, depois a raiz é visitada e depois as outras subárvores são visitadas da esquerda para a direita, sempre em ordem simétrica. Se a árvore for binária, a raiz é visitada entre as duas subárvores. Em uma árvore não binária, se existe uma única subárvore ligada a seu pai por um arco vertical, ela é considerada uma subárvore da esquerda e não há subárvores adicionais.

ALGORITMO *ORDEMSIMÉTRICA*

OrdemSimétrica (árvore *T*)
// Escreve os nós de uma árvore com raiz *r* em ordem simétrica

  OrdemSimétrica (T_l)
  escreva(*r*)
  para $i = 2$ até *t* **faça**
    Préordem(T_i)
  fim do para
fim de *OrdemSimétrica*

Finalmente, no **percurso em pós-ordem**, a raiz é a última a ser visitada, após o percurso, em pós-ordem, de todas as subárvores da esquerda para a direita.

ALGORITMO *PÓSORDEM*

Pósordem (árvore T)
// Escreve os nós de uma árvore com raiz r em pós-ordem

para $i = 1$ até t **faça**
Pósordem(T_i)
fim do para
escreva(r)
fim de *Pósordem*

EXEMPLO 25

Para a árvore binária da Figura 6.45, o algoritmo de percurso em pré-ordem (raiz, esquerda, direita) diz para escrever a raiz a primeiro e depois processar a subárvore da esquerda. Na subárvore da esquerda, com raiz b, um percurso em pré-ordem escreve a raiz, b, e move-se, novamente, para a subárvore da esquerda, que é o nó d. Esse único nó é a raiz de uma árvore, logo ele é escrito. Então a subárvore de d da esquerda (vazia) e a subárvore de d da direita (vazia) são percorridas. Voltando para a árvore enraizada em b, já percorremos sua subárvore da esquerda, de modo que vamos percorrer agora a subárvore da direita, escrevendo o nó e. A subárvore enraizada em b foi, então, totalmente percorrida. Voltando para a, está na hora de percorrer a subárvore de a da direita. Um percurso em pré-ordem da árvore enraizada em c faz com que c seja escrito, depois o percurso vai para a árvore da esquerda, fazendo com que f, h e i sejam escritos. Voltando para c, o percurso da subárvore da direita produz g. A subárvore enraizada em c foi, agora, totalmente percorrida, e o algoritmo termina. O percurso em pré-ordem produziu

$$a, b, d, e, c, f, h, i, g$$

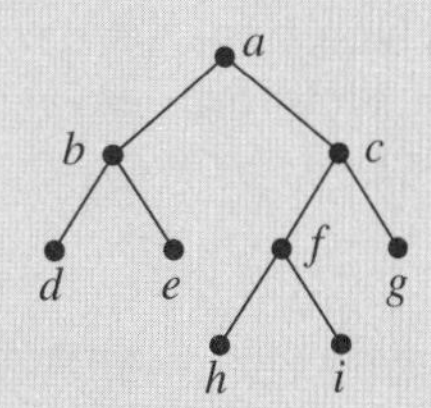

Figura 6.45

LEMBRETE

Para uma árvore binária:

Percurso em pré-ordem é raiz, esquerda, direita.

Percurso em ordem simétrica é esquerda, raiz, direita.

Percurso em pós-ordem é esquerda, direita, raiz.

EXEMPLO 26

Usando novamente a árvore da Figura 6.45, o percurso em ordem simétrica (esquerda, raiz, direita) vai até a subárvore da esquerda mais longe, enraizada em d. No percurso em ordem simétrica percorremos a subárvore da esquerda (vazia), escrevemos a raiz d e percorremos a subárvore da direita (vazia). Voltando para a árvore enraizada em b, já visitamos a subárvore da esquerda, logo está na hora de escrever a raiz, b. Indo agora para a subárvore de b da direita, escrevemos e. Voltando para a, já percorremos a subárvore da esquerda, logo a raiz, a, é escrita. Indo agora para a subárvore de a da direita, um percurso em ordem simétrica diz para se ir, primeiro, para a subárvore da esquerda mais longe, o que faz com que h seja escrito. Depois disso, escreve-se f e i, depois a raiz c e depois a subárvore de c da direita, que é g. Os nós, portanto, são escritos como

$$d, b, e, a, h, f, i, c, g$$

Um percurso em pós-ordem (esquerda, direita, raiz) produziria

$$d, e, b, h, i, f, g, c, a$$

EXEMPLO 27 Considere a árvore ilustrada na Figura 6.46, que não é uma árvore binária. Um percurso em pré-ordem escreve primeiro a raiz a e depois percorre a subárvore da esquerda, enraizada em b, em pré-ordem. O percurso em pré-ordem dessa subárvore escreve b e percorre em pré-ordem a subárvore da esquerda, enraizada em d. O nó d é escrito e depois percorre-se em pré-ordem a subárvore de d da esquerda (a única), que está enraizada em i. Depois de escrever i, o percurso volta para considerar quaisquer outras subárvores de d; não existe nenhuma outra.

Voltando para b, existem outras subárvores de b. Processando essas subárvores da esquerda para a direita, escrevem-se os nós e, f. Já percorremos, então, todas as subárvores de b. Voltando para a para procurar outras subárvores, encontramos uma enraizada em c. O algoritmo

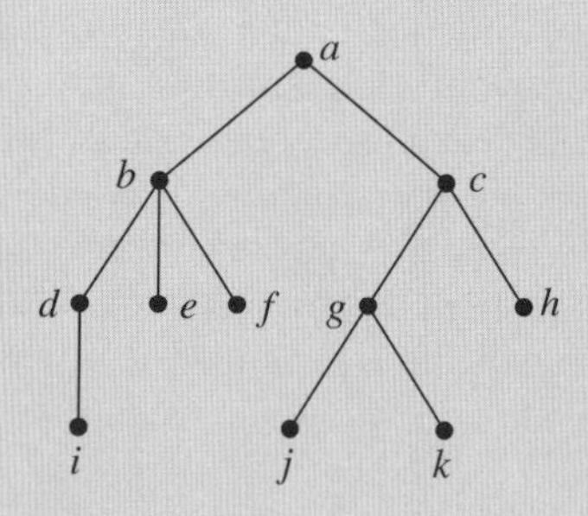

Figura 6.46

escreve a raiz c, depois move-se para sua subárvore mais à esquerda enraizada em g e escreve g. Processando as subárvores de g, escrevemos j e k; depois, voltando para c, sua subárvore restante é processada, produzindo h. O nó c não tem outras subárvores; voltando para a, a não tem outras subárvores, e o algoritmo termina. A lista dos nós no percurso em pré-ordem é

$$a, b, d, i, e, f, c, g, j, k, h$$

Para fazer um percurso em ordem simétrica na árvore na Figura 6.46, processam-se primeiro as subárvores da esquerda. Isso nos leva ao nó i, que não tem subárvores. Então escreve-se i. Voltando para d, a subárvore de d da esquerda já foi percorrida, logo escreve-se d. Como o nó d não tem outras subárvores, o algoritmo volta para b. A subárvore de b da esquerda já foi percorrida, logo escreve-se b e as subárvores restantes de b são percorridas, escrevendo-se e, f. Voltando para a, escreve-se a e depois processa-se a subárvore de a da direita. Isso nos leva aos nós j, g, k, c e h, nessa ordem, e terminamos. Portanto, a lista dos nós em ordem simétrica é

$$i, d, b, e, f, a, j, g, k, c, h$$

A lista a seguir resulta de um percurso em pós-ordem:

$$i, d, e, f, b, j, k, g, h, c, a$$

PROBLEMA PRÁTICO 21 Percorra a árvore na Figura 6.47 em pré-ordem, em ordem simétrica e em pós-ordem.

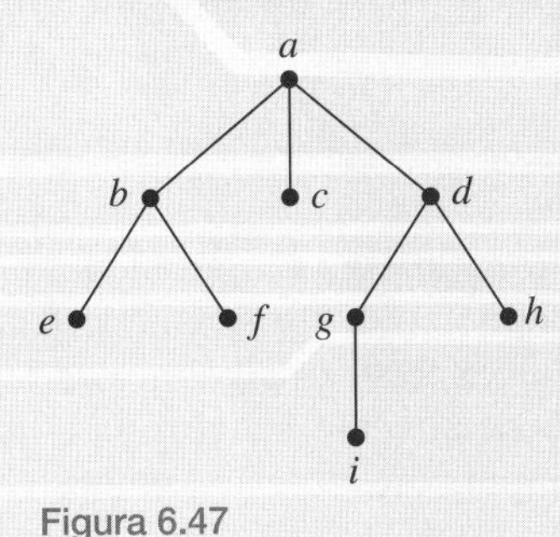

Figura 6.47 ■

EXEMPLO 28 O Exemplo 23 mostrou como expressões algébricas podem ser representadas como árvores binárias. Se fizermos um percurso da árvore em ordem simétrica, obteremos a expressão algébrica original. Para a árvore na Figura 6.48, por exemplo, um percurso em ordem simétrica nos dá a expressão

$$(2 + x) * 4$$

em que os parênteses são adicionados ao se completar o processamento de uma subárvore. Essa forma de expressão algébrica, em que o símbolo da operação aparece entre os dois operandos, é chamada de **notação infixa**. Aqui os parênteses são necessários para indicar a ordem das operações. Sem parênteses, a expressão torna-se $2 + x * 4$, que também é uma expressão infixa, mas, devido à ordem de precedência da multiplicação em relação à soma, não é o que queremos.

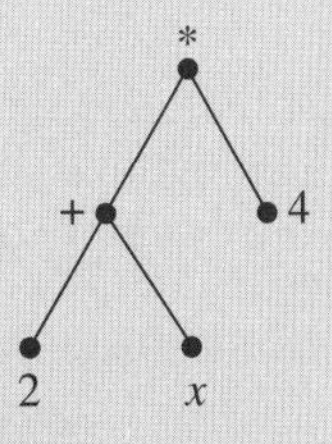

Figura 6.48

Um percurso em pré-ordem na árvore da Figura 6.48 fornece a expressão

$$* + 2\, x\, 4$$

Aqui o símbolo da operação precede o operando. Essa forma de uma expressão é chamada de **notação prefixa** ou **notação polonesa**.[2] Essa expressão pode ser colocada em forma infixa da seguinte maneira:

$$* + 2\, x\, 4 \rightarrow * (2 + x)\, 4 \rightarrow (2 + x) * 4$$

Um percurso em pós-ordem nos dá a expressão

$$2\, x + 4 *$$

[2] Assim chamada por causa do lógico polonês J. Lukasiewicz, que foi o primeiro a usá-la.

em que o símbolo da operação vem após os operandos. Essa forma de uma expressão é chamada de **notação pós-fixa** ou **notação polonesa reversa** (ou, simplesmente, **NPR**). A expressão pode ser colocada em forma infixa da seguinte maneira:

$$2\,x + 4 * \rightarrow (2 + x)\,4 * \rightarrow (2 + x) * 4$$

Nem a notação polonesa nem a polonesa inversa precisa de parênteses para evitar ambiguidades. Essas notações fornecem, portanto, representações mais eficientes, embora menos familiares, de expressões algébricas do que em notação infixa. Tais formas podem ser calculadas sequencialmente, sem precisar "olhar adiante" para procurar expressões entre parênteses. Compiladores mudam, muitas vezes, expressões algébricas em programas de computador de notação infixa para a polonesa reversa para obter um processamento mais eficiente.

PROBLEMA PRÁTICO 22 Escreva a árvore que representa a expressão

$$a + (b * c - d)$$

e escreva a expressão em notações polonesa e polonesa reversa. ■

Resultados sobre Árvores

Árvores formam um campo fértil (isso não é um trocadilho) para demonstrações por indução no número de nós, ou no número de arcos, ou na altura.

EXEMPLO 29 Após desenhar algumas árvores e fazer algumas contagens, parece que o número de arcos em uma árvore é sempre o número de nós menos 1. Mais formalmente, parece que

Uma árvore com n nós tem $n - 1$ arcos.

Provaremos essa proposição por indução em n, $n \geq 1$. Para a base da indução, $n = 1$, a árvore consiste em um único nó e nenhum arco (Figura 6.49), logo o número de arcos é o número de nós menos 1.

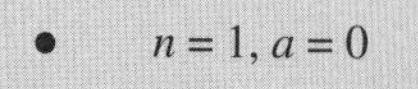

• $n = 1, a = 0$

Figura 6.49

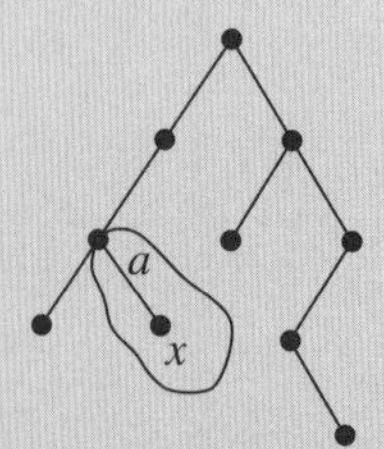

Figura 6.50

Suponha que qualquer árvore com k nós tem $k - 1$ arcos, e considere uma árvore com $k + 1$ nós. Queremos mostrar que essa árvore tem k arcos. Seja x uma folha da árvore (tem que existir uma folha, já que a árvore é finita). Então x tem um único pai. Remova da árvore o nó x e o único arco a que o liga a seu pai (veja a Figura 6.50).

O grafo restante ainda é uma árvore e tem k nós. Portanto, pela hipótese de indução, ele tem $k - 1$ arcos, e a árvore original, contendo o arco a, tem $(k - 1) + 1 = k$ arcos. A demonstração está completa.

Note que, na demonstração por indução do Exemplo 29, tivemos que usar muito mais palavras do que em algumas de nossas demonstrações por indução anteriores. No Exemplo 15 do Capítulo 2, por exemplo, a demonstração por indução de que

$$1 + 2 + 2^2 + \cdots + 2^n = 2^{n+1} - 1$$

consistiu, basicamente, em manipulações de expressões matemáticas nessa equação, mas agora tivemos que fazer um argumento mais verbal. Não somente não tem problema usar palavras em uma demonstração como elas podem formar a parte principal da demonstração.

A demonstração por indução do Exemplo 29 difere ainda de outra maneira de demonstrações como a do Exemplo 15 no Capítulo 2. Naquelas demonstrações, havia sempre uma parcela na série (a última parcela) cuja remoção nos levaria ao "caso $P(k)$", a hipótese de indução. Em demonstrações envolvendo árvores com $k + 1$ nós, que nó deveria ser removido para se obter o caso $P(k)$? Em geral, o nó a ser removido não é único, mas também não é completamente arbitrário. Na demonstração do Exemplo 29, por exemplo, a remoção de um nó interno (e os arcos ligados a ele) de uma árvore com $k + 1$ nós resultaria em um grafo com k nós, mas não em uma árvore com k nós, logo não poderíamos usar a hipótese de indução.

PROBLEMA PRÁTICO 23 Prove que, em qualquer árvore com n nós, o número total de extremidades de arcos é $2n - 2$. É claro que esse resultado segue diretamente do Exemplo 29, já que $n - 1$ arcos significa $2(n - 1) = 2n - 2$ extremidades, mas faça uma demonstração por indução no número de nós. ■

EXEMPLO 30 Lembre-se de que uma árvore T também pode ser construída recursivamente ligando-se a raiz a uma coleção de subárvores $T_1, \ldots, T_t$ (veja a Figura 6.44). Isso nos permite usar indução estrutural, discutida no Capítulo 3, para provar determinados resultados sobre árvores. Usaremos indução estrutural para provar o resultado do Exemplo 29, a saber,

Uma árvore com n nós tem $n - 1$ arcos.

A base da indução, com $n = 1$, é a mesma que a anterior. Suponha que qualquer subárvore T_i com n_i nós tem $n_i - 1$ arcos. A árvore T construída das subárvores $T_1, \ldots, T_t$ tem n nós, em que

$$n = 1 + \sum_{i=1}^{t} n_i$$

(O 1 extra é a raiz.) Além disso, T tem a arcos, em que

$$a = t + \sum_{i=1}^{t} a_i$$

(Os t arcos extras são os arcos da raiz para as t subárvores.)

Pela hipótese de indução, $a_i = n_i - 1$ para cada subárvore, logo

$$a = t + \sum_{i=1}^{t} a_i = t + \sum_{i=1}^{t} (n_i - 1) = t + \sum_{i=1}^{t} n_i - \sum_{i=1}^{t} 1 = t + \sum_{i=1}^{t} n_i - t$$

$$= \sum_{i=1}^{t} n_i = n - 1$$

●

PROBLEMA PRÁTICO 24 Prove que em qualquer árvore com n nós o número total de extremidades de arco é $2n - 2$. Use indução estrutural. ■

EXEMPLO 31 Algumas vezes uma observação astuta pode tomar o lugar de uma demonstração por indução. Todos os arcos de uma árvore ligam um nó a seu pai. Todos os nós de uma árvore, exceto a raiz, têm um pai, e há $n - 1$ desses nós, logo há $n - 1$ arcos. Cada arco tem duas extremidades, de modo que há $2(n - 1)$ extremidades de arcos. ●

SEÇÃO 6.2 REVISÃO

TÉCNICAS

- Construção de árvores que representam expressões algébricas.
- Construção de representações em tabela e com ponteiros de árvores binárias.
- Percursos em árvores em pré-ordem, em ordem simétrica e em pós-ordem.

IDEIAS PRINCIPAIS

- Árvores binárias podem ser representadas por tabelas e por estruturas encadeadas.
- Existem procedimentos recorrentes para se visitar, de maneira sistemática, todos os nós de uma árvore binária.

EXERCÍCIOS 6.2

1. Quais dos grafos a seguir são árvores com raiz r? Se o grafo for uma árvore, desenhe-o da maneira mais convencional. Se não for, diga qual a propriedade que falha.

a. ●—●—●—● r

c.

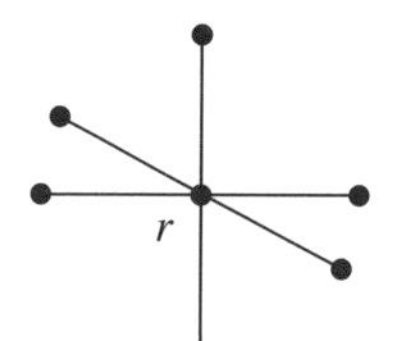

b.

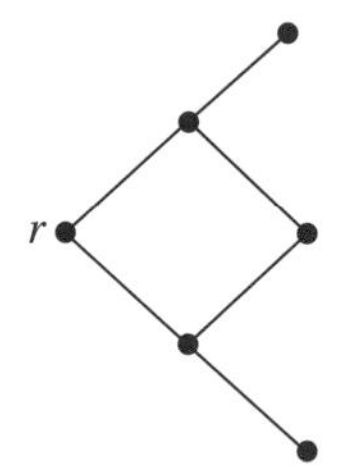

d.

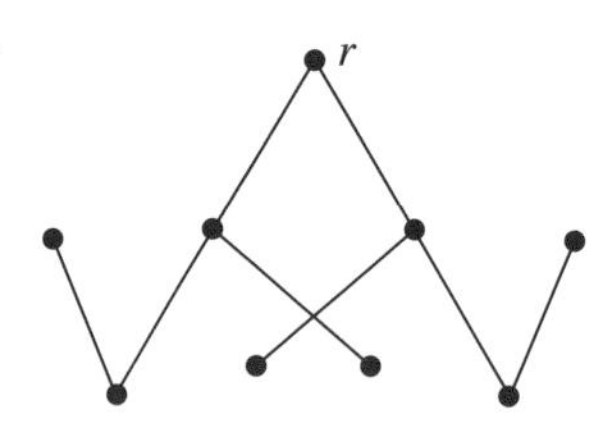

2. Quais dos grafos a seguir são árvores binárias com raiz r? Se o grafo não for uma árvore binária, diga qual a propriedade que falha.

a.

b.

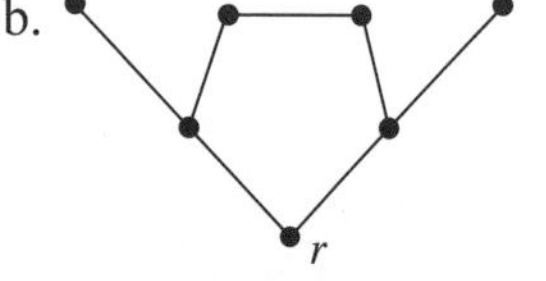

c.

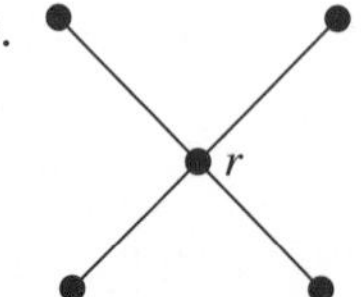

d. r ●

3. Esboce uma figura para cada uma das seguintes árvores:

a. Árvore com cinco nós e altura 1.

b. Árvore binária cheia de altura 2.

c. Árvore de altura 3 em que cada nó de profundidade i tem $i + 1$ filhos.

4. Responda as perguntas a seguir sobre o grafo na figura correspondente com raiz a.
   a. Essa árvore é binária?
   b. É uma árvore binária cheia?
   c. É uma árvore binária completa?
   d. Qual nó é pai de e?
   e. Qual nó é o filho direito de e?
   f. Qual é a profundidade do nó g?
   g. Qual é a altura da árvore?

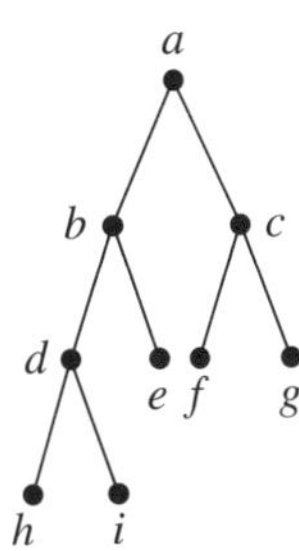

Nos Exercícios 5 a 8, desenhe a árvore que representa a expressão dada.

5. $[(2 * x - 3 * y) + 4 * z] + 1$
6. $[(x - 2) * 3] + (5 + 4)$
7. $1 - (2 - [3 - (4 - 5)])$
8. $[(6/2) * 4] + [(1 + x) * (5 + 3)]$
9. Escreva a representação em tabela, com filhos esquerdo e direito, para a árvore binária na figura correspondente.

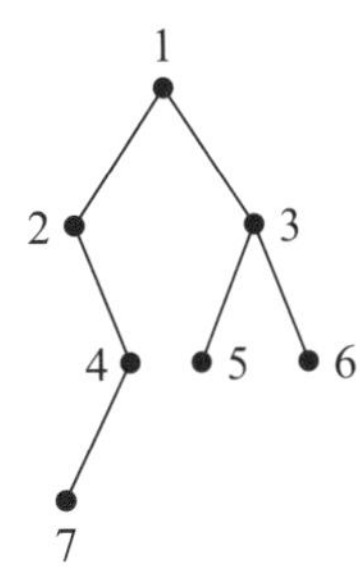

10. Escreva a representação em tabela, com filhos esquerdo e direito, para a árvore binária na figura correspondente.

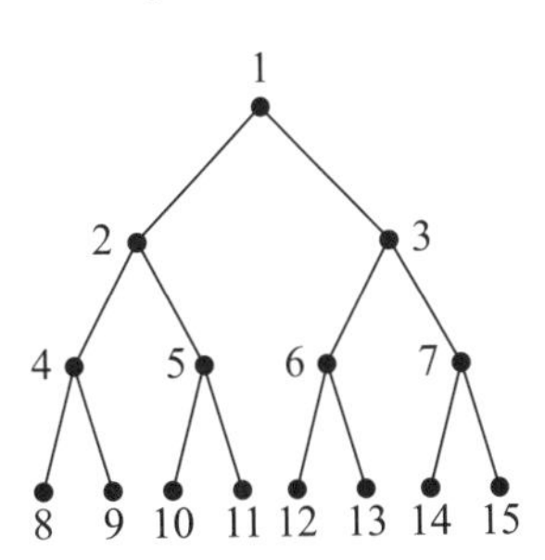

11. Desenhe a árvore binária correspondente à representação na tabela a seguir, com filhos esquerdo e direito. (1 é a raiz.)

	Filho esquerdo	**Filho direito**
1	2	3
2	4	0
3	5	0
4	6	7
5	0	0
6	0	0
7	0	0

12. Desenhe a árvore binária representada na tabela a seguir, com filhos esquerdo e direito. (1 é a raiz.)

	Filho esquerdo	Filho direito
1	2	0
2	3	4
3	0	0
4	5	6
5	0	0
6	0	0

13. Escreva a representação em tabela, com filhos esquerdo e direito, para a árvore binária de busca que é criada ao se processar a seguinte lista de palavras: "Toda Gália está dividida em três partes" (veja o Exercício 43 da Seção 5.1). Armazene, também, o nome de cada nó.
14. Escreva a representação em tabela, com filhos esquerdo e direito, para a árvore binária de busca que é criada ao se processar a seguinte lista de palavras: "Consideramos essas verdades como evidentes por si mesmas, que todos os homens são iguais" (veja o Exercício 43 da Seção 5.1). Armazene, também, o nome de cada nó.
15. A tabela a seguir representa uma árvore binária na qual são dados o filho esquerdo e o pai de cada nó. Desenhe a árvore binária. (A raiz é 1.)

	Filho esquerdo	Pai
1	2	0
2	4	1
3	0	1
4	0	2
5	0	2
6	0	3

16. A tabela a seguir representa uma árvore (não necessariamente binária) em que, para cada nó, são dados o filho mais à esquerda e seu irmão à direita mais próximo. Desenhe a árvore. (A raiz é 1.)

	Filho esquerdo	Irmão direito
1	2	0
2	5	3
3	0	4
4	8	0
5	0	6
6	0	7
7	0	0
8	0	0

17. a. Para a árvore a seguir, escreva a representação em tabela com o filho mais à esquerda e seu irmão mais próximo à direita, como descrito no Exercício 16.

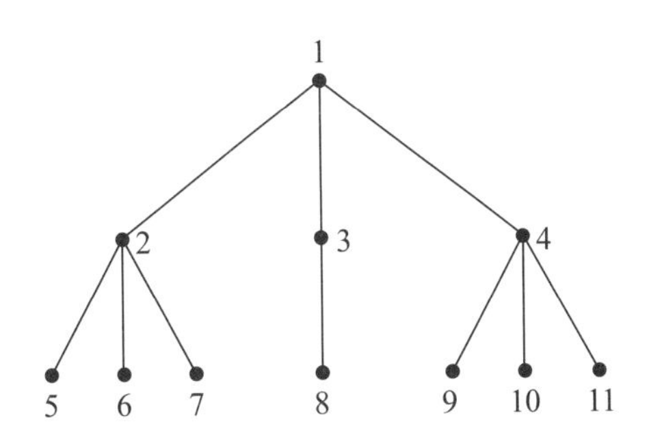

b. Desenhe, agora, a árvore binária que resulta ao se tratar a resposta do item (a) como uma representação em tabela de uma árvore binária com os filhos esquerdo e direito. Dessa forma, pode-se obter uma representação em árvore binária de uma árvore arbitrária.

18. A árvore binária a seguir é uma representação de uma árvore genérica (como no item (b) do Exercício 17). Desenhe a árvore.

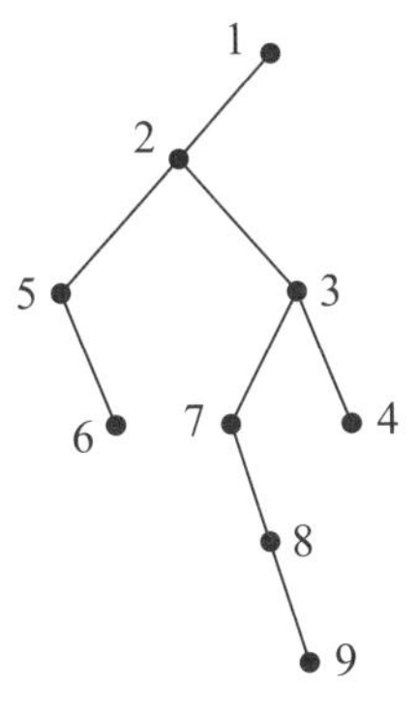

Para os Exercícios 19 a 24, escreva as listas de nós que resultam de um percurso em pré-ordem, um percurso em ordem simétrica e um percurso em pós-ordem na árvore.

19.

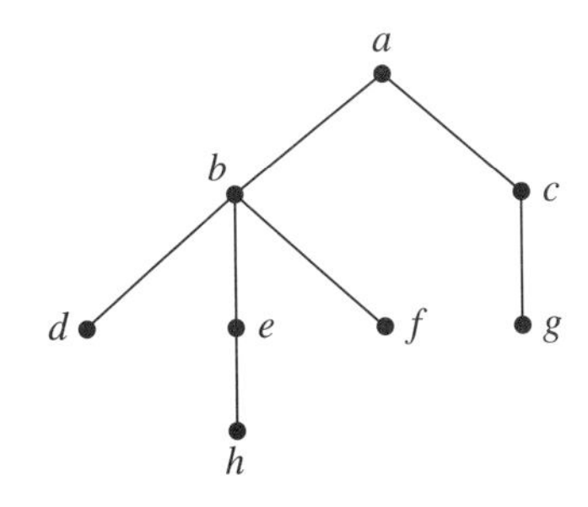

21.

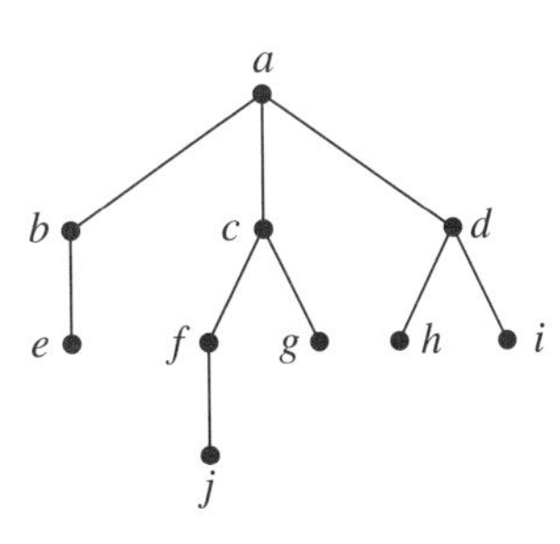

20.

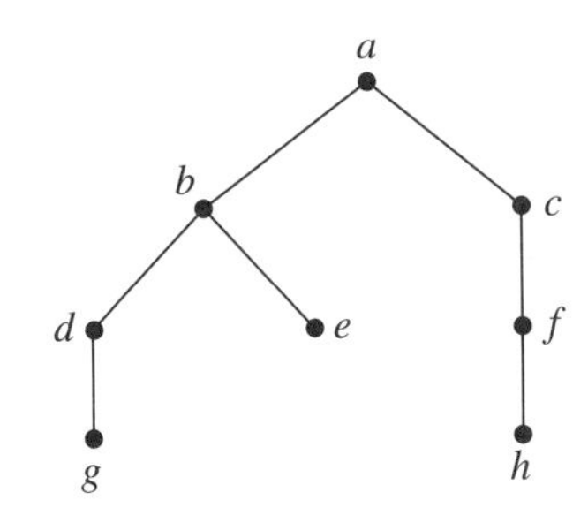

22.

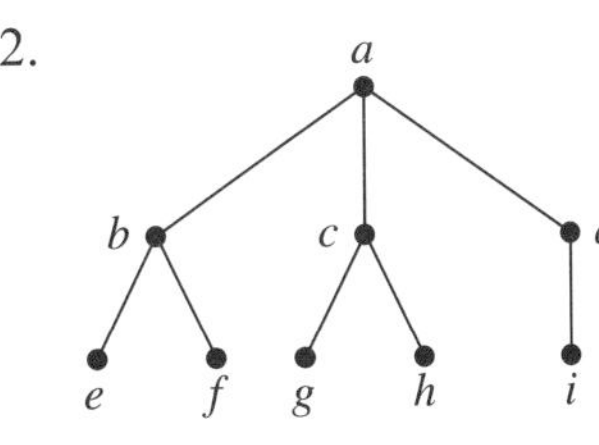

23. 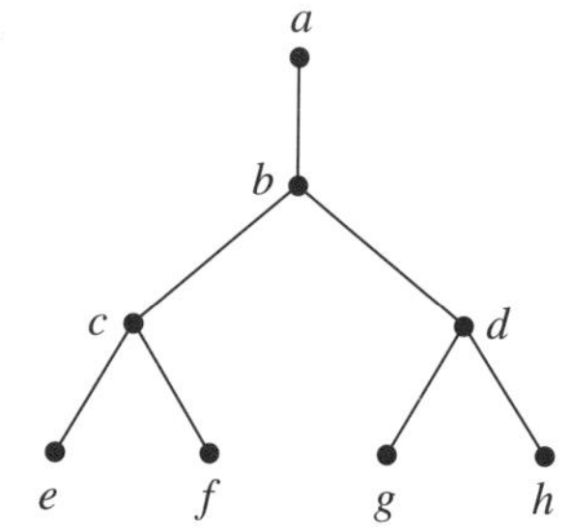

24. 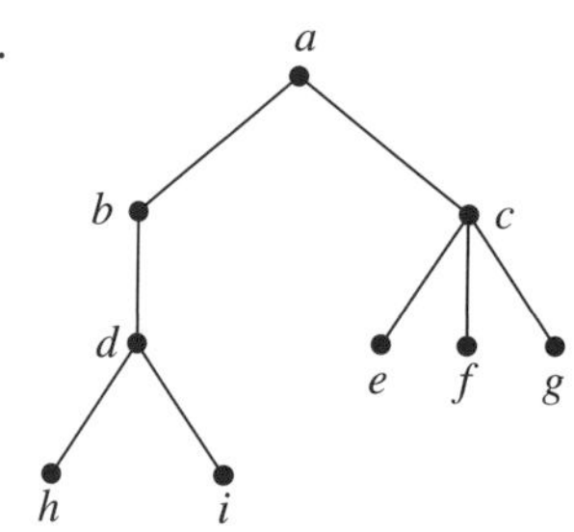

25. Escreva nas notações polonesa e polonesa reversa: $3/4 + (2 - y)$.
26. Escreva nas notações polonesa e polonesa reversa: $(x * y + 3/z) * 4$.
27. Escreva nas notações infixa e polonesa reversa: $- * + 2\ 3 * 6\ x\ 7$.
28. Escreva nas notações infixa e polonesa reversa: $- + - x\ y\ z\ w$.
29. Escreva nas notações polonesa e infixa: $4\ 7\ x - * z +$.
30. Escreva nas notações polonesa e infixa: $x\ 2\ w + y\ z * - /$.
31. Calcule a expressão dada em notação polonesa reversa: $8\ 2\ /\ 2\ 3 * +$.
32. Calcule a expressão dada em notação polonesa reversa: $5\ 3 + 1\ 3 + /\ 7 *$.
33. Desenhe uma única árvore cujo percurso em pré-ordem é

$$a, b, c, d, e$$

e cujo percurso em ordem simétrica é

$$b, a, d, c, e$$

34. Desenhe uma única árvore cujo percurso em ordem simétrica é

$$f, a, g, b, h, d, i, c, j, e$$

e cujo percurso em pós-ordem é

$$f, g, a, h, i, d, j, e, c, b$$

35. Encontre um exemplo de uma árvore cujos percursos em ordem simétrica e em pós-ordem geram a mesma lista de nós.
36. Encontre duas árvores diferentes que têm a mesma lista de nós se percorridas em pré-ordem.
37. Descreva, informalmente, um algoritmo recursivo para calcular a altura de uma árvore binária, dado o nó raiz.
38. Descreva, informalmente, um algoritmo recursivo para calcular o número de nós em uma árvore binária, dado o nó raiz.
39. Prove que um grafo simples será uma árvore sem raiz se e somente se existir um único caminho entre dois nós quaisquer.
40. Qual é o número mínimo de nós e arcos que precisam ser retirados para reduzir uma árvore binária cheia de altura ≥ 2 a uma floresta com 4 árvores binárias?
41. Seja G um grafo simples. Prove que G será uma árvore sem raiz se e somente se G for conexo e a remoção de um único arco qualquer em G o torna não conexo.
42. Seja G um grafo simples. Prove que G será uma árvore sem raiz se e somente se G for conexo e a adição de um arco a G resultará em um grafo com exatamente um ciclo.
43. Prove que uma árvore binária tem no máximo 2^d nós com profundidade d.
44. Prove que uma árvore com n nós, $n \geq 2$, tem pelo menos dois nós de grau 1.

45. a. Desenhe uma árvore binária cheia de altura 2. Quantos nós ela tem?
    b. Desenhe uma árvore binária cheia de altura 3. Quantos nós ela tem?
    c. Faça uma conjectura sobre a quantidade de nós em uma árvore binária cheia de altura h.
46. Prove sua conjectura do Exercício 45 (c) de três maneiras diferentes.
    a. Use indução na altura h da árvore binária cheia. (*Sugestão*: Use o Exercício 43.)
    b. Some os nós e cada nível da árvore. (*Sugestão*: Use o Exercício 43.)
    c. Use indução estrutural.
47. a. Prove que uma árvore binária cheia com x nós internos tem $2x + 1$ nós ao todo.
    b. Prove que uma árvore binária cheia com x nós internos tem $x + 1$ folhas.
    c. Prove que uma árvore binária cheia com n nós tem $(n - 1)/2$ nós internos e $(n + 1)/2$ folhas.
48. Prove que o número de folhas em qualquer árvore binária é o número de nós com dois filhos mais 1.
49. Encontre uma expressão para a altura de uma árvore binária completa com n nós. (*Sugestão*: Use o Exercício 45.)
50. Prove que a representação com ponteiros de uma árvore binária com n nós tem $n + 1$ ponteiros nulos. (*Sugestão*: Use o Exercício 48.)
51. Encontre o número cromático de uma árvore (veja a Seção 6.1, Exercício 80).
52. Seja E o comprimento do caminho externo de uma árvore, isto é, a soma dos comprimentos dos caminhos da raiz a cada uma das folhas. Seja I o comprimento do caminho interno, isto é, a soma dos comprimentos dos caminhos da raiz a cada um dos nós internos. Seja i o número de nós internos. Prove que, em uma árvore binária em que todos os nós internos têm dois filhos, $E = I + 2i$.
53. Suponha que $B(n)$ representa o número de árvores binárias diferentes com n nós.
    a. Defina $B(0)$ como tendo o valor 1 (existe uma árvore binária com 0 nó). Prove que $B(n)$ é dada pela relação de recorrência

$$B(1) = 1$$

$$B(n) = \sum_{k=0}^{n-1} B(k)B(n - 1 - k)$$

    b. Compare a sequência $B(n)$ com a sequência dos números de Catalan (Exercício 97, Seção 4.4). Escreva uma expressão em forma fechada para $B(n)$.
    c. Calcule o número de árvores binárias diferentes com 3 nós. Desenhe todas essas árvores.
    d. Calcule o número de árvores binárias diferentes com 6 nós.
54. Em uma estrutura de dados conhecida como uma árvore B de ordem 5, cada nó da árvore pode conter valores múltiplos ordenados de dados. Entre e em torno dos valores em um nó interno estão arcos que ligam o nó a seus filhos. Novos valores são inseridos nas folhas da árvore, mas quando uma folha (ou nó interno) atinge 5 valores, ele se divide em dois e a mediana dos valores sobe para o próximo nível da árvore. A figura a seguir mostra a árvore à medida que os valores de 1 a 8 são inseridos em uma árvore inicialmente vazia.

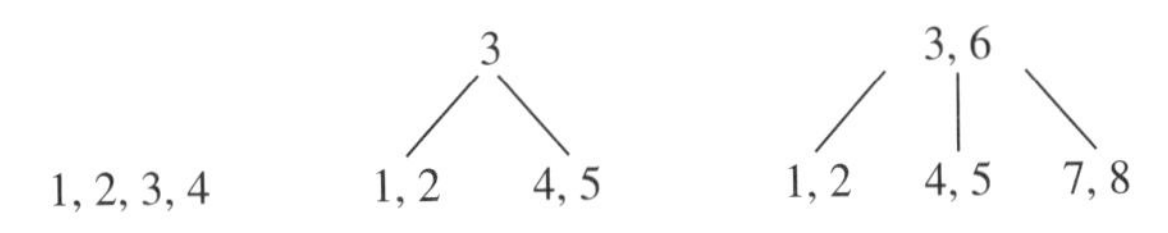

    a. O número mínimo de valores inseridos em uma árvore B de ordem 5 de modo a forçá-la a ter dois níveis é 5. Encontre o número mínimo de valores necessários para que a árvore tenha três níveis.
    b. Prove que, para $n \geq 2$, quando uma árvore B de ordem 5 tem o número mínimo de valores que a obriga a ter n níveis, o nível de baixo contém $2(3^{n-2})$ nós.
    c. Encontre uma expressão geral (e justifique) para o número mínimo de valores necessários para que uma árvore B de ordem 5 tenha n níveis. $\left(\textit{Sugestão}: 3^0 + 3^1 + \cdots + 3^{n-2} = \left(\frac{3^n - 3}{6}\right).\right)$

Nos Exercícios 55 e 56, duas árvores são *isomorfas* se existe uma bijeção $f:N_1 \rightarrow N_2$ tal que f leva a raiz de uma árvore à raiz da outra e $f(y)$ é filho de $f(x)$ na segunda árvore sempre que y é filho de x na primeira. Assim, na figura apresentada, as duas árvores são grafos isomorfos, mas não árvores isomorfas (na figura (a) a raiz tem dois filhos e na figura (b) não). Essas são as duas únicas árvores não isomorfas com três nós.

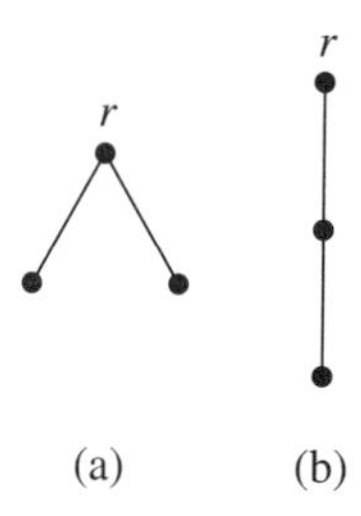

55. Desenhe todas as árvores não isomorfas com quatro nós.
56. Desenhe todas as árvores não isomorfas com cinco nós.
57. Um dos algoritmos de ordenação mais eficientes é a *OrdenaçãoPorLote** (*HeapSort*), que ordena uma tabela (*array*) de valores em ordem crescente. Para compreender como o algoritmo *OrdenaçãoPorLote* funciona, é melhor imaginar que os elementos da tabela estão armazenados em ordem por nível como nós em uma árvore binária. Assim, os valores em uma tabela com 7 elementos, indexada de 0 a 6, estariam armazenados em uma árvore binária tendo 0 como raiz, os elementos 1 e 2 à profundidade 1 e assim por diante.

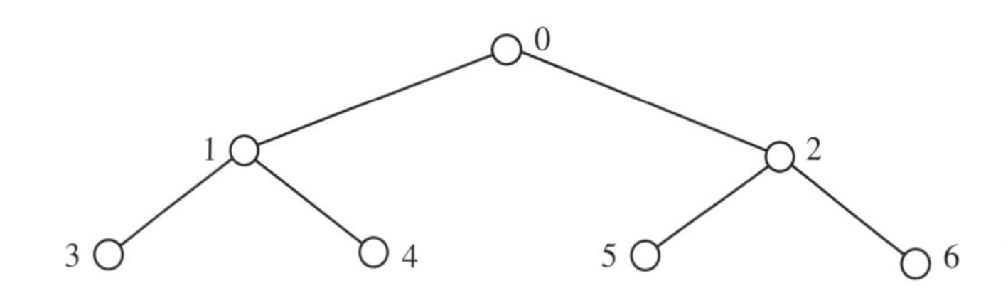

Um *lote* (*heap*) é uma árvore binária tal que o valor em cada nó é maior do que o valor nos seus dois filhos. *OrdenaçãoPorLote* é um processo de duas fases. A primeira fase é reorganizar os elementos em um lote (mais sobre isso mais tarde) e a segunda é ordenar o lote. A ideia-chave é que, em um lote, o maior elemento está na raiz da árvore; sua posição correta na tabela ordenada é no final da seção não ordenada da tabela (no elemento da árvore que ainda não está em sua posição ordenada mais embaixo e mais à direita). A raiz da árvore é lançada na última posição não ordenada, e o elemento que ocupava essa posição anteriormente tem que ser inserido de volta na seção não ordenada de modo a preservar a propriedade do lote. Considere a árvore binária a seguir, que é um lote — cada valor em um nó é maior do que os valores em seus dois filhos.

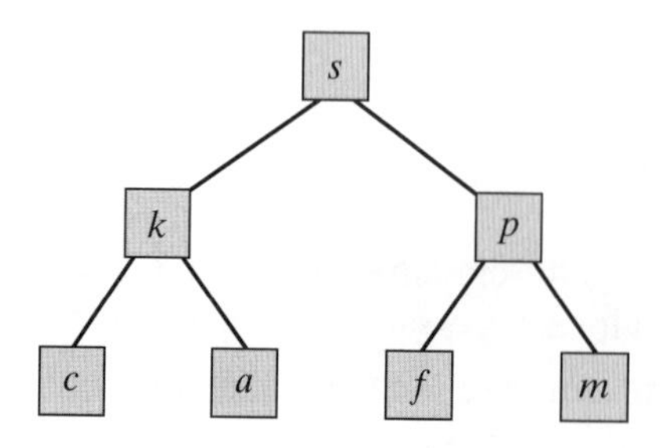

*Essa terminologia não é padrão; muitos autores utilizam a terminologia em inglês, *HeapSort*. (N.T.)

O valor da raiz, s, deve ficar na parte de baixo mais à direita na árvore (a posição do último elemento na tabela), e, uma vez lá, s nunca mais será olhado. O valor anterior, m, ficou temporariamente sem lugar.

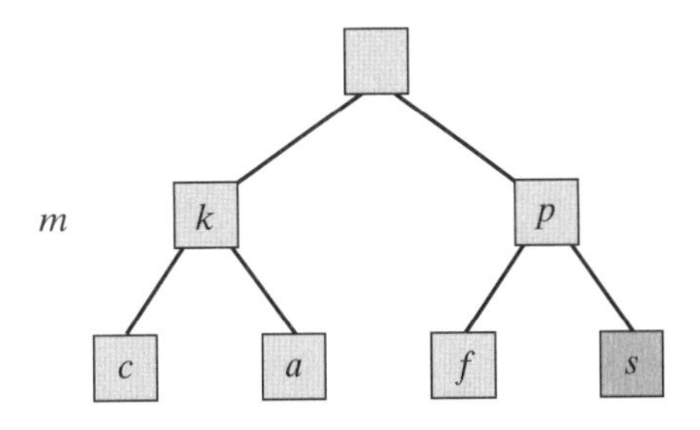

Para inserir m de volta no lote, há uma série de "competições" a serem feitas entre o elemento deslocado e os filhos do nó vazio; o maior valor é promovido para preencher o local vazio. Aqui, m, p e k competem, e p é o vencedor.

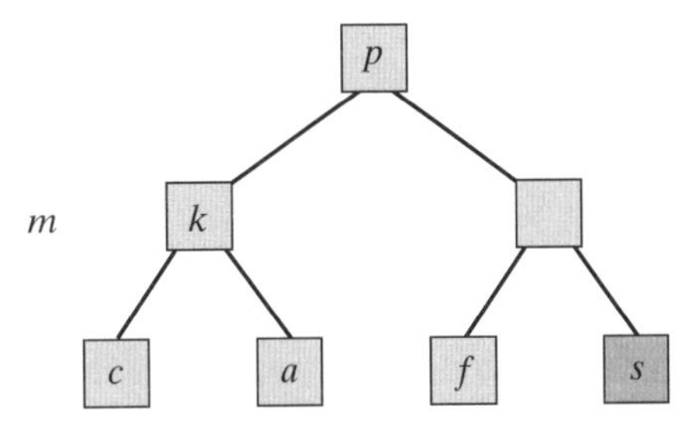

Agora m e f competem (lembre-se de que s não é mais considerado), o maior valor é m, e, depois da inserção de m, temos novamente um lote.

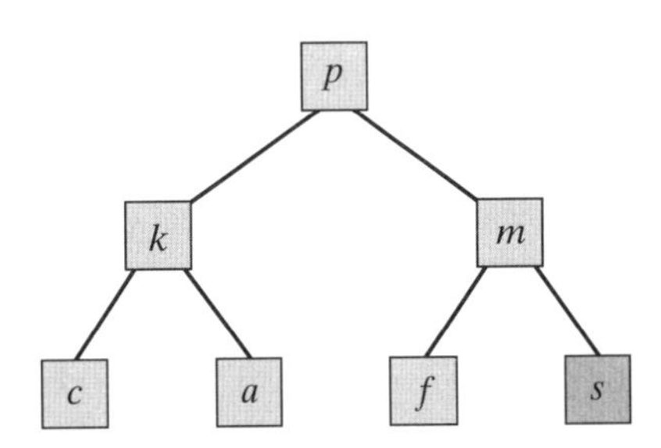

a. Complete a fase 2 do processo de modo que a tabela fique ordenada. (*Sugestão*: O próximo passo é colocar o valor da raiz, p, na posição ocupada atualmente por f. O valor deslocado f terá que ser reinserido na árvore.)

b. Para a fase 1, construção do lote, coloque os elementos originais na árvore binária. Considere que os nós à esquerda estão temporariamente no lugar, já que suas ordens relativas não interessam. Começando com o nó mais à direita no nível acima das folhas e subindo nível por nível até a raiz, temporariamente desloque o nó e depois reinsira na árvore usando as regras de "competição" descritas. Comece com r, w, f, g, k, y, d e construa um lote.

SEÇÃO 6.3 ÁRVORES DE DECISÃO

Usamos árvores de decisão no Capítulo 4 para resolver problemas de contagem. A Figura 6.51 mostra a árvore usada no Exemplo 39 do Capítulo 4 para representar as diversas possibilidades de cinco jogadas de moedas com a restrição de que duas caras consecutivas não podem ocorrer. Cada nó interno da árvore representa uma ação (uma jogada da moeda), e os arcos que o unem aos filhos representam os resultados da ação (cara (C) ou coroa (K)). As folhas da árvore representam os resultados finais, ou seja, os diversos resultados diferentes que podem ocorrer depois de cinco jogadas.

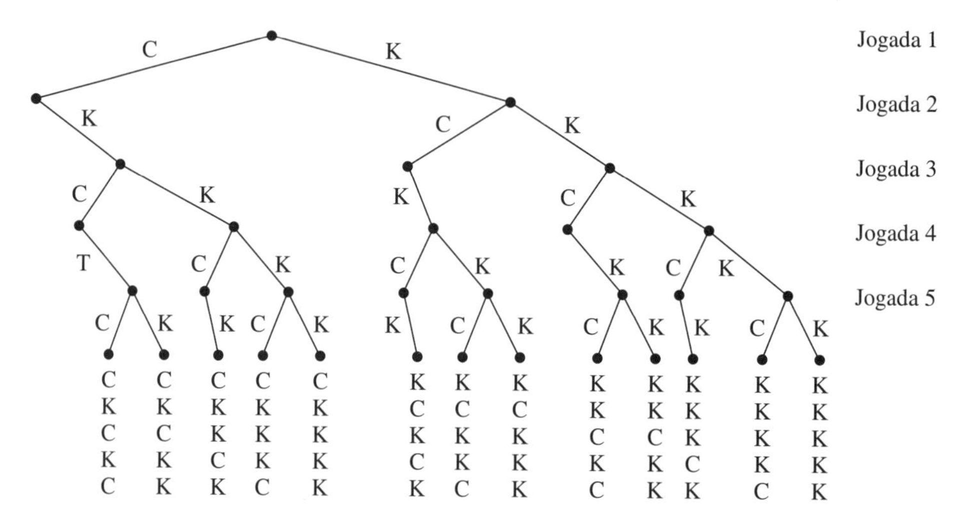

Figura 6.51

Embora tenhamos usado árvores de decisão, não definimos formalmente o que é uma árvore de decisão.

DEFINIÇÃO ÁRVORE DE DECISÃO

Uma **árvore de decisão** é uma árvore na qual os nós internos representam ações, os arcos representam os resultados de uma ação, e as folhas representam resultados finais.

Algumas vezes podem-se obter informações úteis usando uma árvore de decisão para representar as atividades de um algoritmo; ações executadas pelo algoritmo estão representadas nos nós internos, os filhos de um nó interno representam a próxima ação a ser executada baseada no resultado da ação anterior, e as folhas representam alguma coisa que pode ser inferida ao final do algoritmo. Note que, ao contrário das árvores discutidas na Seção 6.2, uma árvore de decisão não é uma estrutura de dados, ou seja, os nós das árvores não têm valores de dados associados. Nem os algoritmos que estamos representando precisam estar agindo necessariamente em uma estrutura de árvore. De fato, usaremos árvores de decisão nesta seção para aprender mais sobre algoritmos de busca e de ordenação, e esses algoritmos agem em uma lista de dados.

Algoritmos de Busca

Um algoritmo de busca encontra um elemento desejado x em uma lista de elementos ou verifica que x não pertence à lista. Tal algoritmo, em geral, compara x sucessivamente com os elementos na lista. Já vimos dois desses algoritmos, busca sequencial e busca binária. Podemos modelar as atividades desses algoritmos usando árvores de decisão. Os nós representam as ações de comparar x com os elementos na lista, em que a comparação entre x e o i-ésimo elemento na lista é denotada por $x{:}L[i]$.

O algoritmo de busca sequencial tem apenas dois resultados possíveis para uma comparação entre x e $L[i]$. Se $x = L[i]$, o algoritmo termina, já que x foi encontrado na lista. Se $x \neq L[i]$, a próxima comparação a ser feita é $x{:}L[i + 1]$, independentemente de se x era maior ou menor do que $L[i]$. As folhas dessa árvore de decisão correspondem aos resultados finais, em que x é um dos elementos na lista ou x não pertence à lista.

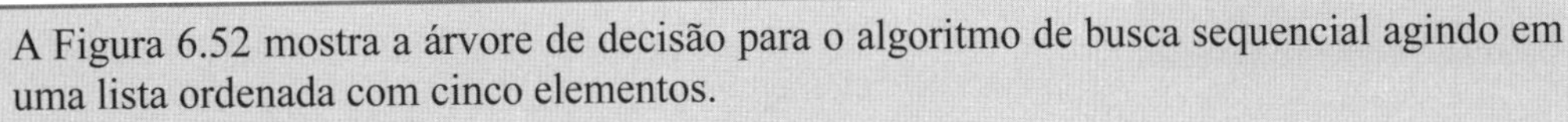

A Figura 6.52 mostra a árvore de decisão para o algoritmo de busca sequencial agindo em uma lista ordenada com cinco elementos.

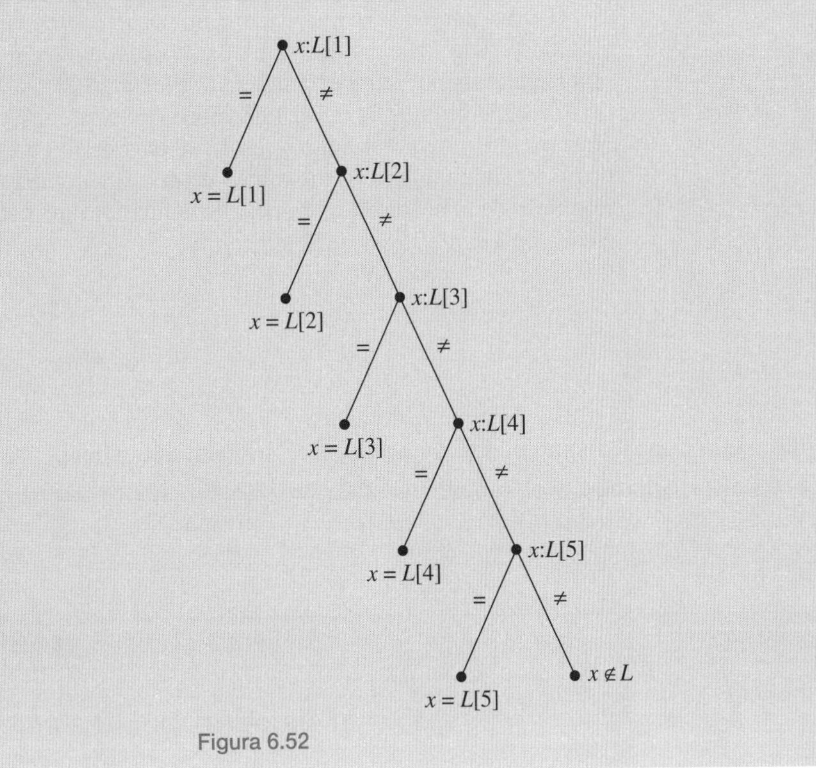

Figura 6.52

Podemos ver, na árvore de decisão para um algoritmo de busca dado, que o número de comparações necessárias para se chegar a um resultado particular (folha da árvore) é o número de nós internos da raiz àquela folha. Esse número é igual ao comprimento do caminho da raiz até a folha. O caso pior, ou seja, o que tem o número maior de comparações, é o comprimento máximo desses caminhos, que é a altura da árvore.

Como toda árvore de decisão para uma busca sequencial parece com a da Figura 6.52, é claro que a altura de tal árvore, para uma lista com n elementos, é n. Isso está de acordo com o que já sabemos, ou seja, que o caso pior para um algoritmo de busca sequencial em uma lista de n elementos é n.

A árvore de decisão para o algoritmo de busca binária é mais interessante. A busca binária age em uma lista ordenada e tem três resultados possíveis para cada comparação:

$x = L[i]$: o algoritmo termina, x foi encontrado
$x < L[i]$: o algoritmo vai para a metade esquerda da lista
$x > L[i]$: o algoritmo vai para a metade direita da lista

Seguiremos o costume e não colocaremos a folha que corresponde ao "ramo do meio", $x = L[i]$ (veja o Exercício 21 para uma discussão das consequências dessa convenção). Se $x < L[i]$, a próxima comparação do algoritmo estará no filho esquerdo desse nó; se $x > L[i]$, a próxima comparação do algoritmo estará no filho direito. Se não existir filho, o algoritmo terminará porque x não pertence à lista. A árvore que descrevemos é uma árvore binária cujas folhas representam todos os resultados possíveis quando x não pertence à lista. Existem muito mais folhas representando os casos em que x não pertence à lista em uma busca binária do que em uma busca sequencial, pois a busca binária indica *como* x não está na lista (por exemplo, $x < L[1]$ ou $L[1] < x < L[2]$).

EXEMPLO 33 A Figura 6.53 mostra a árvore de decisão para o algoritmo de busca binária agindo em uma lista com oito elementos.

O caso pior, ou seja, o que tem o número máximo de comparações, novamente vai ser a altura da árvore, que é 4 na Figura 6.53. Resolvemos, no Capítulo 3, uma relação de recorrência para obter o comportamento do pior caso para a busca binária, com n uma potência de 2, e encontramos $1 + \log n$ (lembre-se de que estamos usando logaritmo em base 2). Note que $1 + \log 8 = 4$, logo o resultado encontrado com a árvore de decisão coincide com nosso resultado anterior. A restrição de que n seja uma potência de 2 torna mais simples a resolução da relação de recorrência. Se n não for uma potência de 2, então a altura da árvore é dada pela expressão $1 + [\log n]$.

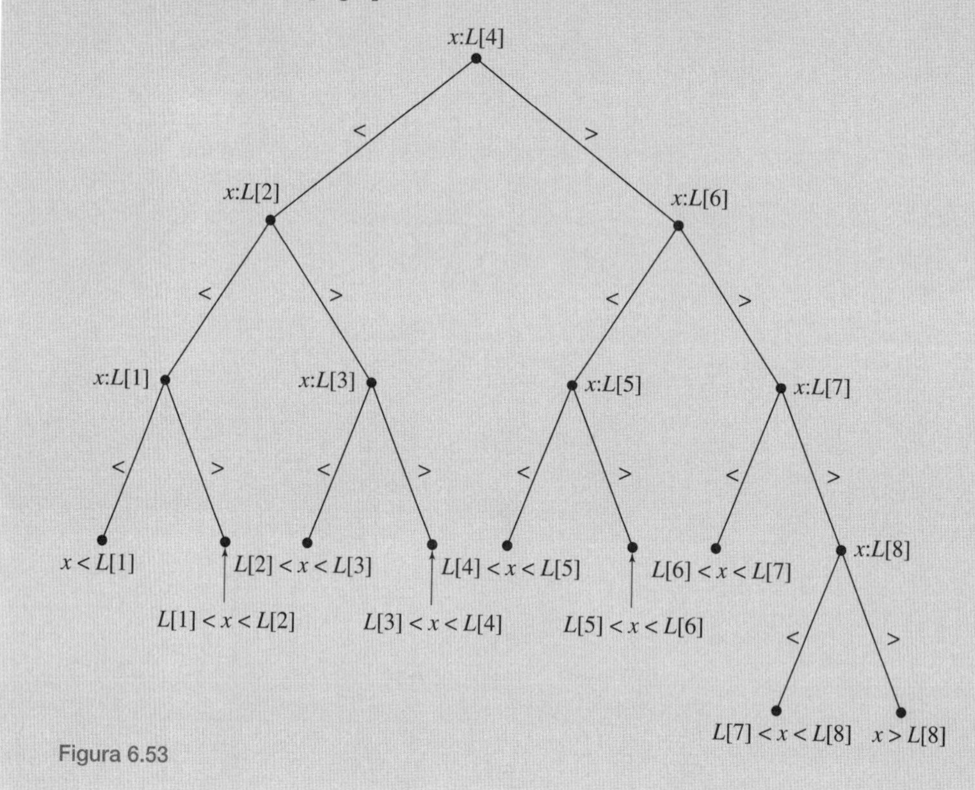

Figura 6.53

PROBLEMA PRÁTICO 25

a. Desenhe a árvore de decisão para o algoritmo de busca binária em um conjunto com cinco elementos.
b. Encontre a altura da árvore e compare com $1 + [\log 5]$. ■

Cotas Inferiores para Algoritmos de Busca

Usamos árvores de decisão para representar as ações de dois algoritmos particulares de busca. Tal árvore poderia ser usada para representar as ações de qualquer algoritmo que resolva o problema de busca comparando o elemento desejado com os elementos na lista. Os nós internos de tal árvore representariam as comparações feitas, e a altura da árvore daria o número de comparações no caso pior entre todos os casos possíveis. O que se pode dizer sobre tal árvore quando não se conhecem detalhes do algoritmo envolvido? Podemos dizer que x precisa ser comparado a todos os elementos na lista pelo menos uma vez (talvez mais de uma vez, se o algoritmo for burro). De fato, se x não for comparado a algum elemento na lista, o algoritmo não pode dizer se aquele elemento é igual a x e, portanto, não pode decidir com certeza se x pertence à lista. Comparações correspondem aos nós internos na árvore de decisão. Logo, se m é o número de nós internos em uma árvore de decisão T_1 para um algoritmo de busca qualquer em uma lista com n elementos, então $m \geq n$.

Antes de continuar nosso estudo de árvores de decisão, precisamos de alguns fatos adicionais sobre árvores binárias em geral. O número de nós em cada nível em uma árvore binária *cheia* segue uma progressão geométrica: 1 nó no nível 0, 2^1 nós no nível 1, 2^2 nós no nível 2 e assim por diante. Em uma árvore binária cheia de altura d, o número total de nós, portanto, é

$$1 + 2 + 2^2 + 2^3 + \cdots + 2^d = 2^{d+1} - 1$$

(veja o Exemplo 15 do Capítulo 2). Uma árvore binária cheia tem o número máximo de nós para uma dada altura de qualquer árvore binária. Isso nos dá o fato 1:

1. Qualquer árvore binária de altura d tem, no máximo, $2^{d+1} - 1$ nós.

O fato 2, que provaremos a seguir, é

2. Qualquer árvore binária com m nós tem altura $\geq \lfloor \log m \rfloor$.

Para provar o fato 2, faremos uma demonstração por absurdo. Suponha que uma árvore binária tem m nós e altura $d < \lfloor \log m \rfloor$. Então $d \leq \lfloor \log m \rfloor - 1$. Do fato 1,

$$\begin{aligned} m &\leq 2^{d+1} - 1 \leq 2^{(\lfloor \log m \rfloor - 1) + 1} - 1 \\ &= 2^{\lfloor \log m \rfloor} - 1 \leq 2^{\log m} - 1 = m - 1 \end{aligned}$$

ou

$$m \leq m - 1$$

uma contradição. Portanto, $d \geq \lfloor \log m \rfloor$.

Vamos agora voltar às árvores de decisão que representam algoritmos de busca em listas com n elementos. Retire, temporariamente, as folhas da árvore T_1 (com m nós internos) para criar uma nova árvore T_2 com m nós, $m \geq n$. Pelo fato 2, T_2 tem altura $d \geq \lfloor \log m \rfloor \geq \lfloor \log n \rfloor$. Portanto, a árvore T_1 tem altura $\geq \lfloor \log n \rfloor + 1$. Como a altura de uma árvore de decisão dá o número de comparações no pior caso, podemos enunciar o teorema a seguir.

TEOREMA SOBRE A COTA INFERIOR PARA UM ALGORITMO DE BUSCA

Qualquer algoritmo que resolva um problema de busca em uma lista com n elementos comparando o elemento desejado x com os elementos na lista tem que fazer, pelo menos, $\lfloor \log n \rfloor + 1$ comparações no pior caso.

Esse teorema nos dá uma cota inferior sobre o número de comparações necessárias, no pior caso, para qualquer algoritmo que faça comparações para resolver o problema de busca. Como a busca binária não faz mais do que essa quantidade mínima de comparações, a busca binária é um **algoritmo ótimo** no que se refere ao comportamento no pior caso.

Árvore de Busca Binária

O algoritmo de busca binária precisa que os dados já estejam ordenados. Dados arbitrários podem ser organizados em uma estrutura chamada de *árvore binária de busca*, que pode, então, ser pesquisada usando-se um algoritmo diferente, chamado de *busca em árvore binária*. Para construir uma árvore binária de busca, o primeiro dado é a raiz da árvore. Dados sucessivos são colocados comparando-os com os nós já existentes, a começar pela raiz. Se um dado for menor do que um nó, o próximo nó a ser testado é o filho esquerdo; caso contrário, é o filho direito. Quando o nó não tem filho, o novo dado torna-se um filho.

EXEMPLO 34 Os dados

5, 8, 2, 12, 10, 14, 9

vão ser organizados em uma árvore binária de busca. A Figura 6.54 mostra os estados sucessivos na construção dessa árvore.

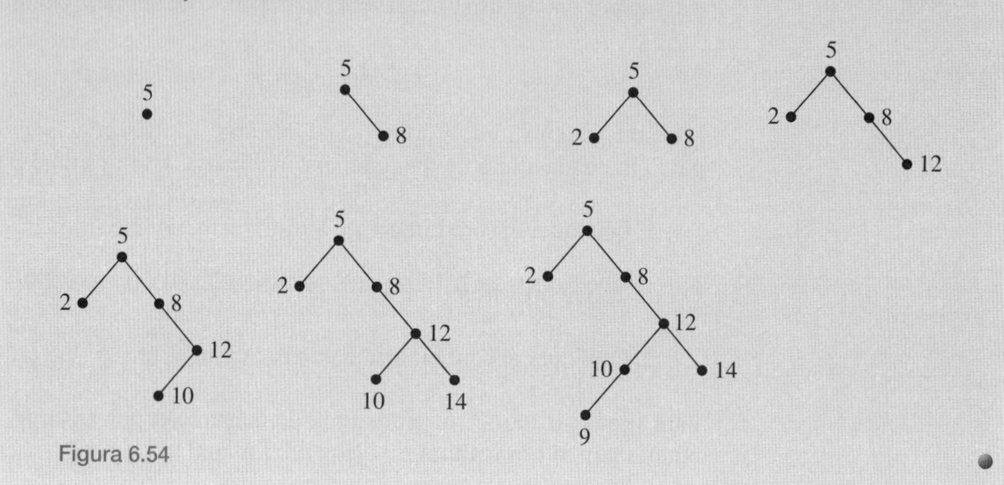

Figura 6.54

Uma **árvore binária de busca**, pela própria construção, tem a propriedade de que o valor em cada nó é maior do que todos os valores em sua subárvore esquerda (a subárvore enraizada em seu filho esquerdo) e menor do que todos os valores em sua subárvore direita. Uma **busca em árvore binária** compara o item x com uma sucessão de nós, começando pela raiz. Se x for igual ao valor do nó, o algoritmo termina; se x for menor, compara-se a seguir com o filho esquerdo; se x for maior, compara-se a seguir com o filho direito. Se o nó não tem filhos, o algoritmo termina porque x não pertence à lista. Assim, a árvore binária de busca, exceto pelas folhas, torna-se a árvore de decisão para o algoritmo de busca em árvore binária. (Temos aqui um caso em que o próprio algoritmo é descrito em termos de uma árvore.) O número de comparações no pior caso é igual à altura da árvore mais 1 (pelas folhas que faltam). No entanto, uma árvore binária de busca não é única para determinado conjunto de dados; a árvore (e, portanto, sua altura) depende da ordem na qual os dados são colocados na árvore.

EXEMPLO 35 Os dados no Exemplo 34 colocados na ordem

9, 12, 10, 5, 8, 2, 14

produzem a árvore binária de busca na Figura 6.55.

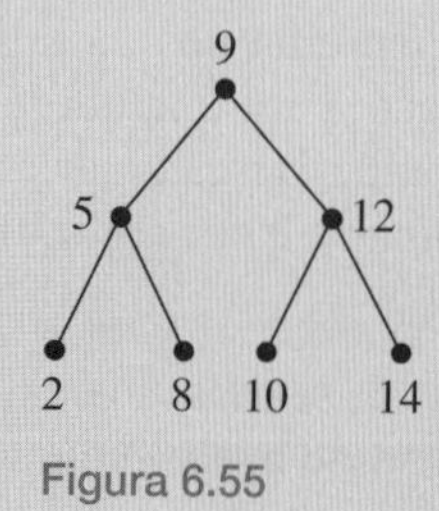

Figura 6.55

As ações executadas em uma busca em árvore binária certamente são semelhantes às executadas por um algoritmo de busca binária "regular"; em ambos os casos, faz-se uma comparação e, se os elementos não forem iguais, segue-se para a esquerda ou para a direita (na árvore, se for uma busca em árvore binária, ou na lista, se for uma busca binária).

É possível ordenar os dados para uma busca em árvore binária de modo que a árvore de busca construída por esses dados coincida com a árvore de decisão (menos as folhas) para uma busca binária dos mesmos dados ordenados. Isso está ilustrado no Exemplo 35 (note que a árvore não foi construída a partir dos dados ordenados). A árvore binária de busca nesse caso tem altura mínima e necessita da quantidade mínima de trabalho no pior caso.

A altura de uma árvore binária de busca para determinado conjunto de dados pode variar. A altura da árvore na Figura 6.54 é 4, enquanto a da Figura 6.55 é 2. Assim, o número de comparações no pior caso para se procurar por um elemento também pode variar. O processo de construção da árvore pode ser modificado para tornar a árvore mais "balanceada", ou seja, baixa e larga, em vez de alta e fina; tal modificação reduz a altura da árvore e, portanto, o tempo de busca. No entanto, como sabemos pelo teorema sobre a cota inferior para um algoritmo de busca, é necessária uma quantidade mínima determinada de trabalho, não importa o quão esperta for a nossa construção da árvore.

PROBLEMA PRÁTICO 26

a. Construa a árvore binária de busca para os dados do Exemplo 34 colocados na ordem

12, 9, 14, 5, 10, 8, 2

b. Qual é a altura da árvore?. ■

Algoritmos de Ordenação

Árvores de decisão também podem modelar algoritmos que ordenam uma lista de itens através de uma sequência de comparações entre dois itens da lista. Os nós internos de tal árvore de decisão são rotulados $L[i]:L[j]$ para indicar a comparação do item i da lista com o item j. Para simplificar nossa discussão, vamos supor que a lista não contém itens duplicados. Então o resultado de tal comparação é $L[i] < L[j]$ ou $L[i] > L[j]$. Se $L[i] < L[j]$, o algoritmo prossegue para a comparação indicada pelo filho esquerdo desse nó; se $L[i] > L[j]$, o algoritmo vai para o filho direito. Se o nó não tiver filho, o algoritmo terminará, pois a ordenação terminou. A árvore é uma árvore binária, e as folhas representam os resultados finais, ou seja, as diversas ordenações.

EXEMPLO 36

A Figura 6.56 mostra a árvore de decisão para um algoritmo de ordenação agindo em uma lista com três elementos. Esse algoritmo não é particularmente esperto, já que ignora a propriedade transitiva de $<$ e, portanto, faz algumas comparações desnecessárias. As folhas da árvore indicam os diversos resultados, incluindo dois casos (marcados com X) que resultam de informações contraditórias. Por exemplo, um X resulta da seguinte sequência inconsistente de resultados: $L[1] < L[2]$, $L[2] < L[3]$, $L[1] > L[3]$.

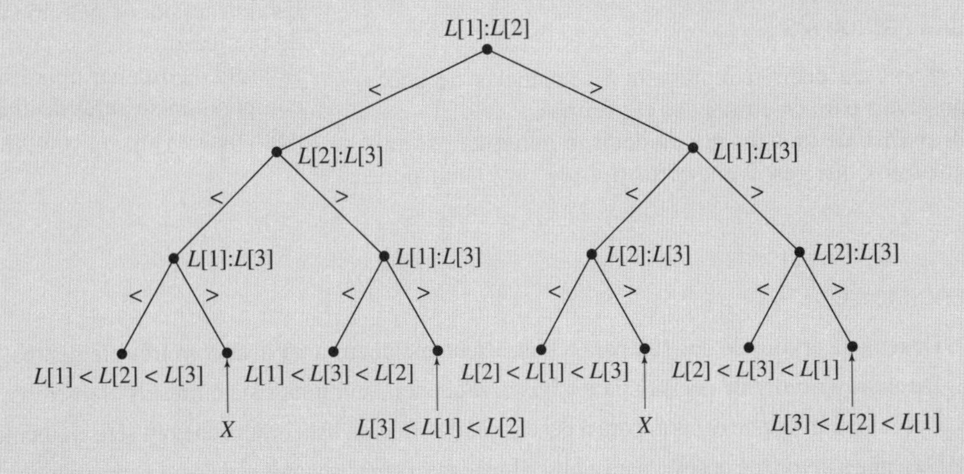

Figura 6.56 ●

PROBLEMA PRÁTICO 27 Desenhe a árvore de decisão que resultaria se o algoritmo do Exemplo 36 fosse modificado para eliminar comparações desnecessárias. ■

Um argumento baseado em uma árvore de decisão também pode ser usado para se estabelecer uma cota inferior para o número de comparações necessárias, no pior caso, para ordenar uma lista de n elementos. Como fizemos para os algoritmos de busca, vamos ver o que podemos dizer sobre uma árvore de decisão para ordenar através de comparações, independentemente do algoritmo que representa. As folhas de tal árvore representam os resultados finais, ou seja, os vários arranjos ordenados dos n itens. Existem $n!$ desses arranjos, de modo que, se p for o número de folhas, $p \leq n!$. O pior caso é igual à altura da árvore. Mas também é verdade que, se a árvore tem altura d, então $p \leq 2^d$ (Exercício 43 da Seção 6.2). Tomando o logaritmo em base 2 nessa equação, obtemos $\log p \leq d$, ou, como d é inteiro, $d = \lceil \log p \rceil$. Finalmente, temos

$$d = \lceil \log p \rceil \geq \lceil \log n! \rceil$$

Isso prova o teorema a seguir.

TEOREMA **SOBRE COTAS INFERIORES PARA ALGORITMOS DE ORDENAÇÃO**
Qualquer algoritmo que ordena uma lista de n elementos comparando pares de elementos na lista tem que fazer, pelo menos, $\lceil \log n! \rceil$ comparações no pior caso.

Pode-se mostrar (Exercício 23) que $\log n! = \Theta(n \log n)$. Provamos, portanto, que o número de comparações para ordenar n elementos comparando pares de itens da lista é limitado inferiormente por $\Theta(n \log n)$, ao passo que o número de comparações em uma busca que compara o elemento desejado com os itens na lista é limitado inferiormente por $\Theta(\log n)$. Como esperado, dá mais trabalho ordenar do que procurar.

SEÇÃO 6.3 REVISÃO

TÉCNICAS

- Desenho de árvores de decisão para buscas sequencial e binária em uma lista com n elementos.
- Criação de uma árvore binária de busca.

IDEIAS PRINCIPAIS

- Árvores de decisão representam sequências de ações possíveis para determinados algoritmos.
- A análise de uma árvore de decisão genérica para algoritmos que resolvem certo tipo de problema pode nos levar a cotas inferiores para a quantidade mínima de trabalho necessário para resolver o problema no pior caso.
- A tarefa de procurar um valor x em uma lista com n elementos, se feita comparando-se x com os elementos na lista, necessita de pelo menos $\lfloor \log n \rfloor + 1$ comparações no pior caso.
- A tarefa de ordenar uma lista com n elementos, se feita comparando-se pares de elementos na lista, necessita de pelo menos $\lceil \log n! \rceil$ comparações no pior caso.

EXERCÍCIOS 6.3

1. Desenhe a árvore de decisão para a busca sequencial em uma lista com três elementos.
2. Desenhe a árvore de decisão para a busca sequencial em uma lista com seis elementos.
3. Desenhe a árvore de decisão para a busca binária em uma lista ordenada com sete elementos. Qual é a altura da árvore?
4. Desenhe a árvore de decisão para a busca binária em uma lista ordenada com quatro elementos. Qual é a altura da árvore?

5. Considere um algoritmo de busca que compara um item com o último elemento de uma lista, depois com o primeiro elemento, depois com o penúltimo, depois com o segundo e assim por diante. Desenhe a árvore de decisão para a busca em uma lista ordenada com seis elementos. Qual é a altura da árvore? Esse parece ser um algoritmo ótimo no pior caso?
6. Considere um algoritmo de busca que compara um item com um elemento na lista que está no final do primeiro terço da lista; com base nessa comparação, ele procura no primeiro terço ou nos dois últimos terços da lista. Desenhe a árvore de decisão para a busca em uma lista ordenada com nove elementos. Qual é a altura da árvore? Esse parece ser um algoritmo ótimo no pior caso?
7. a. A partir dos dados

$$9, 5, 6, 2, 4, 7$$

construa a árvore binária de busca. Qual é a altura da árvore?

b. Encontre o número médio de comparações feitas para se procurar um item, que se sabe que está na lista, usando busca em árvore binária na árvore do item (a). (*Sugestão*: Encontre o número de comparações para cada um dos elementos.)

8. a. A partir dos dados

$$g, d, r, s, b, q, c, m$$

construa a árvore binária de busca. Qual é a altura da árvore?

b. Encontre o número médio de comparações feitas para se procurar um item, que se sabe que está na lista, usando busca em árvore binária na árvore do item (a). (*Sugestão*: Encontre o número de comparações para cada um dos elementos.)

9. a. Para um conjunto de seis dados, qual é o número mínimo de comparações, no pior caso, que um algoritmo de busca tem que fazer?

b. Para o conjunto de dados $\{a, d, g, i, k, s\}$, encontre uma ordem na qual se deve colocar os dados para que a árvore binária de busca correspondente tenha altura mínima.

10. a. Para um conjunto de nove dados, qual é o número mínimo de comparações, no pior caso, que um algoritmo de busca tem que fazer?

b. Para o conjunto de dados $\{4, 7, 8, 10, 12, 15, 18, 19, 21\}$, encontre uma ordem na qual se colocar os dados para que a árvore binária de busca correspondente tenha altura mínima.

11. Um percurso em ordem simétrica em uma árvore binária de busca produz uma lista dos três nós em ordem alfabética ou numérica. Construa uma árvore binária para a frase "To be or not to be, that is the question",* e depois faça um percurso em ordem simétrica.
12. Construa uma árvore de busca binária para a frase "Nos primórdios dos tempos, o Elefante, Ó Meu Amor, não tinha tromba", e depois percorra-a em ordem simétrica (veja o Exercício 11).
13. Use o teorema sobre cotas inferiores para algoritmos de ordenação para encontrar o número de comparações necessárias, no pior caso, para ordenar listas dos seguintes tamanhos:

a. 4 b. 8 c. 16

14. Compare o número de comparações necessárias no pior caso para os algoritmos de ordenação por seleção e ordenação por fusão com as cotas inferiores encontradas no Exercício 13 (veja o Exercício 23 na Seção 3.3). Quais são suas conclusões?

Os Exercícios 15 a 20 tratam do problema de identificação de uma moeda falsa (pesada demais ou leve demais) em um conjunto de n moedas. Uma balança de pratos é utilizada para colocar um grupo qualquer de moedas do conjunto em um dos pratos e um número equivalente de moedas no outro prato. O resultado de tal pesagem pode ser que o grupo A pesa menos do que o grupo B, ou ambos têm o mesmo peso, ou A pesa mais do que B. Uma árvore de decisão representando a sequência de comparações feitas será então uma *árvore ternária*, na qual um nó interno pode ter três filhos.

*"Ser ou não ser, eis a questão." Citação da peça *Hamlet*, de Shakespeare. (N.T.)

15. Uma entre cinco moedas é falsa e mais leve do que as outras quatro. O problema é identificar a moeda falsa.
    a. Qual é o número de resultados finais (o número de folhas na árvore de decisão)?
    b. Encontre uma cota inferior para o número de comparações necessárias para resolver esse problema no pior caso.
    c. Pense em algum algoritmo que use essa cota inferior (desenhe sua árvore de decisão).
16. Uma entre cinco moedas é falsa e é pesada demais ou leve demais. O problema é identificar a moeda falsa e determinar se ela é mais pesada ou mais leve do que as outras.
    a. Qual é o número de resultados finais (o número de folhas na árvore de decisão)?
    b. Encontre uma cota inferior para o número de comparações necessárias para resolver esse problema no pior caso.
    c. Pense em algum algoritmo que use essa cota inferior (desenhe sua árvore de decisão).
17. Uma entre quatro moedas é falsa e é pesada demais ou leve demais. O problema é identificar a moeda falsa, mas não determinar se ela é mais pesada ou mais leve do que as outras.
    a. Qual é o número de resultados finais (o número de folhas na árvore de decisão)?
    b. Encontre uma cota inferior para o número de comparações necessárias para resolver esse problema no pior caso.
    c. Pense em algum algoritmo que use essa cota inferior (desenhe sua árvore de decisão).
18. Uma entre quatro moedas é falsa e é pesada demais ou leve demais. O problema é identificar a moeda falsa e determinar se ela é mais pesada ou mais leve do que as outras.
    a. Qual é o número de resultados finais (o número de folhas na árvore de decisão)?
    b. Encontre uma cota inferior para o número de comparações necessárias para resolver esse problema no pior caso.
    c. Prove que não existe nenhum algoritmo que tenha essa cota inferior. (*Sugestão*: A primeira comparação é feita com duas ou quatro moedas. Considere cada um desses casos.)
19. Projete um algoritmo para resolver o problema no Exercício 18 que faz três comparações no pior caso.
20. Uma entre oito moedas é falsa e é pesada demais ou leve demais. O problema é identificar a moeda falsa e determinar se ela é mais pesada ou mais leve do que as outras.
    a. Qual é o número de resultados finais (o número de folhas na árvore de decisão)?
    b. Encontre uma cota inferior para o número de comparações necessárias para resolver esse problema no pior caso.
    c. Pense em algum algoritmo que use essa cota inferior (desenhe sua árvore de decisão).
21. Na árvore de decisão para o algoritmo de busca binária (e o algoritmo de busca em árvore binária), contamos cada nó interno como uma comparação. Por exemplo, o topo da Figura 6.53 é

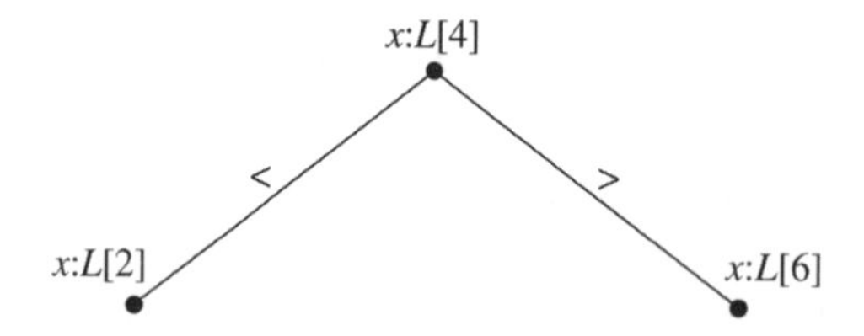

Para se obter um dos filhos da raiz, supusemos que foi feita uma comparação. No entanto, o resultado da comparação em cada nó interno corresponde, de fato, a três ramificações possíveis:

$$x = \text{elemento no nó}$$
$$x < \text{elemento no nó}$$
$$x > \text{elemento no nó}$$

Pense em como implementar essas três ramificações na maioria das linguagens de programação e escreva uma expressão mais precisa do que $1 + \lfloor \log n \rfloor$ para o número de comparações no pior caso.

22. Nosso algoritmo de busca binária (Exemplo 13 no Capítulo 3) contém a instrução em pseudocódigo

encontre o índice *k* no meio entre *i* e *j*

e, depois disso, o elemento desejado x é comparado com o item na lista na posição do índice k, o “item do meio”. Suponha que essa instrução é substituída por

se $i = j$ **então**
    $k = j$
senão
    $k = i + 1$
fim do se

a. Desenhe a árvore de decisão que resulta da utilização do algoritmo modificado em uma lista ordenada com $n = 8$.

b. Dê o número exato de comparações necessárias (veja o Exercício 21) no pior caso para $n = 8$.

c. Dê uma expressão para a ordem de grandeza do número de comparações necessárias no pior caso em função de n e justifique sua expressão. Compare esse algoritmo com o de busca binária original, que é $\Theta(\log n)$.

23. Para provar que $\log n! = \Theta(n \log n)$, podemos usar a definição de ordem de grandeza (veja a Seção 5 do Capítulo 5) e mostrar que existem constantes positivas n_0, c_1 e c_2 tais que, se $n \geq n_0$, então $c_1(n \log n) \leq \log n! \leq c_2(n \log n)$.

    a. Mostre que, para $n \geq 1$, $\log n! \leq n \log n$. (*Sugestão*: Use a definição de $n!$ e propriedades dos logaritmos.)

    b. Mostre que, para $n \geq 4$, $\log n! \geq (1/4)(n \log n)$. (*Sugestão*: Use a definição de $n!$ e propriedades dos logaritmos, mas pare em $\log [n/2]$.)

SEÇÃO 6.4 CÓDIGOS DE HUFFMAN

Problema e Solução Tentativa

Caracteres consistem em letras do alfabeto (maiúsculas e minúsculas), símbolos de pontuação e outros símbolos de teclado, como @ e %. Os computadores armazenam os caracteres em forma binária, como uma sequência de 0s e 1s. A abordagem usual é fixar um comprimento n de modo que 2^n seja tão grande quanto o número de caracteres distintos e codificar cada caractere distinto como uma sequência particular de n bits. Cada caractere tem que ser codificado em sua sequência binária fixa para armazenamento eletrônico, e depois a sequência binária tem que ser decodificada quando o caractere for mostrado. O sistema de codificação mais comum durante muitos anos foi ASCII (American Standard Code for Information Interchange*), que usa $n = 8$, de modo que cada caractere usa 8 bits de armazenagem. No entanto, $2^8 = 256$, logo só poderiam ser codificados, no máximo, 256 caracteres. Isso era suficiente para o alfabeto inglês, símbolos de pontuação e caracteres especiais, mas, quando a armazenagem de dados eletrônicos se expandiu no mundo inteiro, não era suficiente para incluir caracteres encontrados em outras línguas como russo, japonês, árabe, grego e muitas outras. Unicode (em geral) usa 16 bits para codificar um único caractere, de modo que agora estão disponíveis $2^{16} = 65.536$ codificações de caracteres. Mas, qualquer que seja o valor de n, cada caractere requer a mesma quantidade de espaço de armazenamento.

Suponha que uma coleção de caracteres a ser armazenada em um arquivo em forma binária seja suficientemente grande para que a quantidade de espaço de armazenamento seja uma preocupação. Suponha, também, que o arquivo tenha uma natureza relativamente permanente, que seu conteúdo não será modificado com frequência. Pode valer a pena, então, gastar certo esforço extra no processo de codificação para que se reduza a quantidade de espaço de armazenamento necessário para o arquivo.

Em vez de se usar um número fixo de bits por caractere, um esquema de codificação poderia usar um número variável de bits e armazenar caracteres que apareçam frequentemente como sequências com menos bits. Para que se armazenem todos os caracteres distintos, algumas sequências ainda terão que ser longas, mas, se as sequências mais longas forem usadas para caracteres que ocorrem com menos frequência, a quantidade total de

*Código Americano Padrão para Troca de Informação. (N.T.)

espaço deverá ser reduzida. Essa abordagem requer conhecimento sobre o conteúdo do arquivo em questão, razão pela qual funciona melhor para arquivos cujo conteúdo não será modificado com frequência. Estudaremos aqui tal esquema de **compressão de dados** ou **compactação de dados**, já que a melhor maneira de descrevê-lo é como uma série de ações executadas em árvores binárias.

EXEMPLO 37 Como um exemplo trivial, suponha que uma coleção de dados contém 50.000 vezes os seis caracteres a, c, g, k, p e ?, que ocorrem com as seguintes frequências percentuais:

Caractere	a	c	g	k	p	?
Frequência	48	9	12	4	17	10

Como seis caracteres distintos têm que ser armazenados, o esquema de comprimento fixo necessitaria de um mínimo de três bits por caractere ($2^3 = 8 \geq 6$). O espaço total necessário seria então de $50.000 * 3 = 150.000$ bits. Suponha agora que, EM VEZ desse esquema, usássemos o seguinte esquema de codificação:

Caractere	a	c	g	k	p	?
Esquema de codificação	0	1101	101	1100	111	100

O espaço necessário (número de bits) seria, então,

$$50.000\,(0{,}48 * 1 + 0{,}09 * 4 + 0{,}12 * 3 + 0{,}04 * 4 + 0{,}17 * 3 + 0{,}10 * 3) = 108.500$$

que é, aproximadamente, dois terços do espaço anterior. ●

No esquema de armazenagem de comprimento fixo com n bits para cada caractere, a cadeia de bits longa do arquivo codificado pode ser quebrada para se ler o código dos caracteres sucessivos olhando-se, simplesmente, n bits de cada vez. Isso facilita a decodificação do arquivo. No código com comprimento variável, é preciso ter uma maneira de saber quando termina a sequência de um caractere e começa a do seguinte.

PROBLEMA PRÁTICO 28 Usando o código de comprimento variável dado no Exemplo 37, decodifique cada uma das cadeias a seguir:

a. 11111111010100
b. 1101010101100
c. 100110001101100 ■

No Problema Prático 28, as cadeias podem ser quebradas na representação dos diversos caracteres de uma única maneira. Ao se analisar cada dígito novo, vão diminuindo as possibilidades de qual caractere está sendo representado até que ele seja identificado pelo final de sua representação. Nunca existe a necessidade de se conjecturar qual deveria ser o caractere e depois voltar atrás se nossa conjectura se mostrou errada. Essa possibilidade de se decodificar de maneira única, sem falsos começos e voltas para trás, é devida ao fato de o código ser um exemplo de um **código de prefixo**. Em um código de prefixo, o código para qualquer caractere nunca é o prefixo do código de qualquer outro caractere. (Um código de prefixo é, portanto, um código "antiprefixo"!)

EXEMPLO 38 Considere o código

Caractere	*a*	*b*	*c*
Esquema de codificação	01	101	011

que não é um código de prefixo. A cadeia 01101 poderia representar *ab* (01-101) ou *ca* (011-01). Além disso, ao se processar 011011 dígito por dígito, como um computador faria, a decodificação começaria com *ab* (01-101) e só encontraria o erro no último dígito. O processo teria, então, que voltar até o primeiro dígito para poder reconhecer *cc* (011-011). ●

Como um aparte, o código Morse é um código de comprimento variável. O esquema de codificação de Morse para comunicação telegráfica, inventado em 1838, usa cadeias de pontos e traços para representar letras do alfabeto. A letra do alfabeto que ocorre com mais frequência em um texto em inglês é a letra "*e*", a que é atribuído o menor código, um único ponto. O código de Morse para

"hello world"*

é

".... . .-.. .-.. --- .-- --- .-. .-.. -.."

Aqui você pode ver que "*e*" é representado por um único ponto, que "*l*" corresponde a ponto-traço-ponto-ponto e que "*r*" corresponde a ponto-traço-ponto. No entanto, o código de Morse não é um código de prefixo; note que o código para "*r*" é igual à primeira parte do código para "*l*". Para evitar ambiguidades, o código Morse insere uma pausa entre os códigos para cada letra. Para decodificar, você espera por uma pausa, e, naquele instante, tem o código para exatamente uma letra.

Em nosso estudo de códigos de prefixo, construiremos árvores binárias tendo os caracteres como folhas. Uma vez construída a árvore, um código binário pode ser atribuído a cada caractere simplesmente percorrendo-se o caminho da raiz até a folha correspondente, usando 0 para uma ramificação da esquerda e 1 para uma da direita. Como nenhuma folha precede outra em algum caminho começando na raiz, o código será um código de prefixo. A Figura 6.57 ilustra a árvore binária para o código do Exemplo 37.

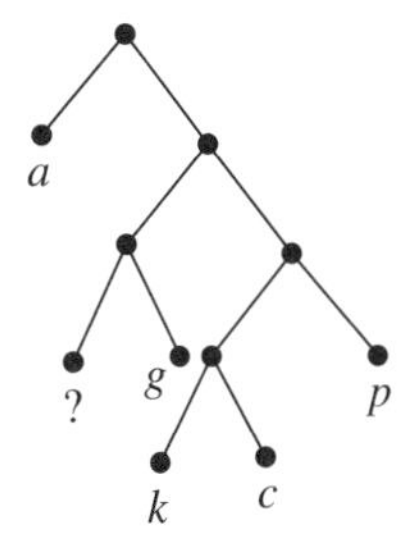

Figura 6.57

Suponha que exista uma árvore T para um código, com as folhas representando caracteres. Para qualquer folha i, sua profundidade $d(i)$ em T é igual ao número de bits no código para o símbolo correspondente. Denote por $f(i)$ a frequência percentual daquele símbolo no texto a ser armazenado e seja S o número total de caracteres no texto. Então, como no Exemplo 37, o número total de bits necessário é dado pela expressão

*"alô mundo" (N.T.)

$$S * \left[\sum_{\text{todas as folhas } i} (d(i)f(i)) \right]$$

Queremos construir uma árvore ótima T, para a qual a expressão

$$E(T) = \left[\sum_{\text{todas as falhas } i} (d(i)f(i)) \right] \tag{1}$$

seja mínima e, portanto, o tamanho do arquivo seja mínimo.

Esse processo poderia ser feito por tentativa e erro, já que existe apenas um número finito de caracteres e, portanto, um número finito de maneiras de se construir uma árvore atribuindo-se caracteres a suas folhas. No entanto, esse número finito se torna, rapidamente, muito grande! Em vez disso, usaremos o algoritmo conhecido como **código de Huffman**.

Algoritmo de Codificação de Huffman

Suponha então que temos m caracteres em um arquivo e que conhecemos a frequência percentual de cada um deles. O algoritmo para se construir a árvore funciona mantendo-se uma lista L de nós que são raízes de árvores binárias. Inicialmente, L contém m raízes, cada uma rotulada com a frequência de um dos caracteres; as raízes serão ordenadas pela frequência em ordem crescente, e nenhuma delas terá filho. Segue uma descrição do algoritmo em pseudocódigo.

ALGORITMO *ÁRVOREDEHUFFMAN*

ÁrvoreDeHuffman (lista de nós L; inteiro m)
// A cada um dos m nós em L está associada uma frequência f, e L é ordenada
// pela frequência em ordem crescente; o algoritmo constrói a árvore de Huffman

para $i = 1$ até $m - 1$ **faça**
  crie novo nó z
  sejam x, y os dois primeiros nós em L //nós de frequência mínima
  $f(z) = f(x) + f(y)$
  insira z em ordem em L
  filho esquerdo de z = nó x
  filho direito de z = nó y //x, y não pertencem mais a L
fim do para
fim da *ÁrvoreDeHuffman*

Quando esse algoritmo termina, L tem apenas um nó, que é a raiz da árvore binária final. Podemos atribuir códigos, então, a cada folha da árvore percorrendo o caminho da raiz até a folha e acumulando 0 para os ramos da esquerda e 1 para os da direita. Pela construção de árvore, cada nó interno terá exatamente dois filhos.

EXEMPLO 39 Vamos usar o algoritmo *ÁrvoreDeHuffman* para construir a árvore na Figura 6.57, que é baseada nos dados do Exemplo 37. Inicialmente, L contém seis nós, ordenados por frequência:

4 • 9 • 10 • 12 • 17 • 48 •

Seguindo o algoritmo, entramos no laço do **para** pela primeira vez. Os nós x e y são os com frequência 4 e 9, respectivamente. Um novo nó com frequência $4 + 9 = 13$ é criado e inserido, em ordem, na lista L, com o nó x como seu filho esquerdo e o nó y como seu filho direito. A nova lista L fica assim:

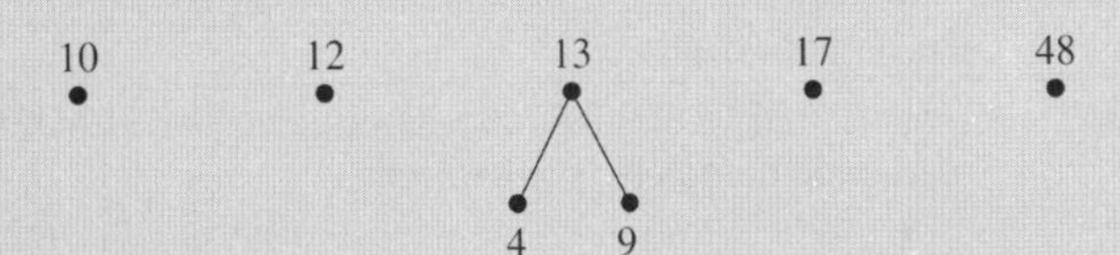

Esse processo é repetido mais quatro vezes. As listas novas L resultantes em cada etapa são:

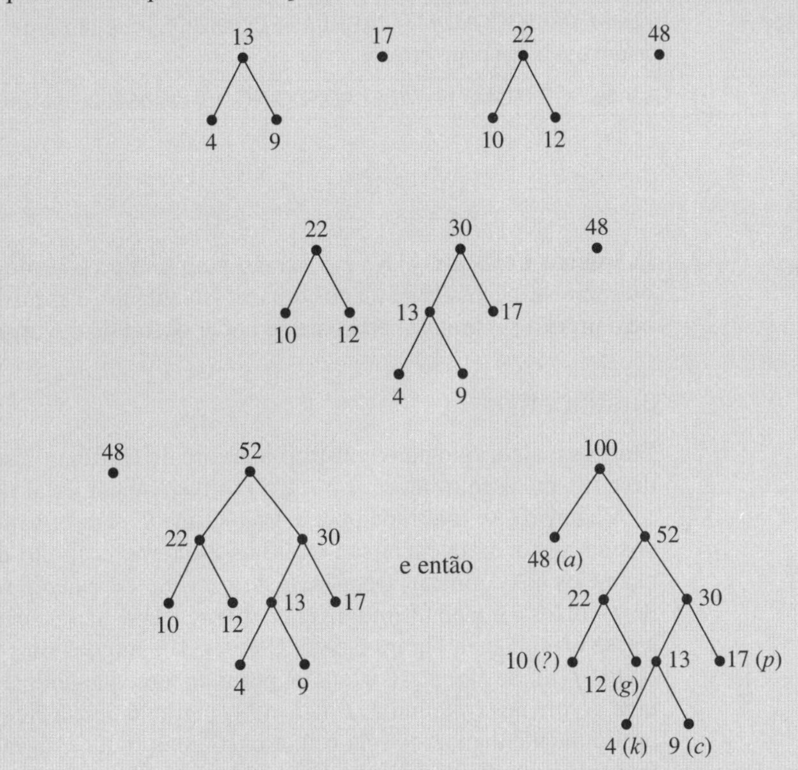

Nesse ponto a árvore está completa e os códigos podem ser atribuídos. O código para c, por exemplo, é 1101 (ramo da direita, ramo da direita, ramo da esquerda, ramo da direita).

PROBLEMA PRÁTICO 29 Construa a árvore de Huffman para os seguintes caracteres com suas frequências:

Caractere	w	q	h	e
Frequência	10	12	20	58

PROBLEMA PRÁTICO 30 Encontre os códigos de Huffman para os caracteres do Problema Prático 29.

A Tabela 6.1 mostra as etapas necessárias para se usar a codificação/decodificação de Huffman para compressão de dados.

TABELA 6.1	
Codificação Etapa 1	No arquivo original TEXTOCOMUM, faça uma análise de frequência, ou seja, crie um arquivo FREQUÊNCIA que contém dados da forma *a*—18 *b*—7 e assim por diante.
Codificação Etapa 2	Usando FREQUÊNCIA, crie um arquivo TABELADECÓDIGOS que contém o código de Huffman para cada caractere, por exemplo, *a*—001 *b*—1110 e assim por diante.
Codificação Etapa 3	Usando TEXTOCOMUM e TABELADECÓDIGOS, crie um arquivo chamado CODIFICADO que contém os dados comprimidos.
Decodificação	Usando CODIFICADO e TABELADECÓDIGOS, decodifique o texto para recuperar TEXTOCOMUM.

O arquivo CODIFICADO é a versão com compressão de dados de TEXTOCOMUM e, presume-se, necessita de menos espaço. No entanto, o arquivo TABELADECODIGOS também precisa ser armazenado para se poder decodificar o arquivo.

Justificativa

Embora o algoritmo para construir a árvore de Huffman T seja suficientemente fácil de ser descrito, precisamos mostrar que ela nos dá o menor valor possível para $E(T)$.

Primeiro, se tivermos uma árvore ótima T para m caracteres, podemos supor que os nós de menor frequência são os filhos esquerdo e direito de algum nó. Para provar isso, chame os nós de menor frequência de x e y. Se x e y não forem irmãos na árvore, encontre dois irmãos p e q no último nível da árvore e considere o caso em que x e y não pertencem a esse nível (veja a Figura 6.58a). Como $f(x)$ é um dos dois menores valores, sabemos que $f(x) \leq f(p)$. Se $f(x) < f(p)$, então, permutando os lugares de x e p na árvore resultaria em uma árvore nova T' com $E(T') < E(T)$ (Figura 6.58b: a frequência maior está agora a uma profundidade menor — veja o Exercício 20a), o que contradiz o fato de que T era ótima. Portanto, $f(x) = f(p)$ e x e p podem ser permutados na árvore sem mudança em $E(T)$. Analogamente, y e q podem ser permutados, resultando na Figura 6.58c, na qual x e y são irmãos. Se x e y estiverem no mesmo nível que p e q no início, então eles certamente poderão ser permutados com p ou q sem afetar $E(T)$ (Figura 6.58d).

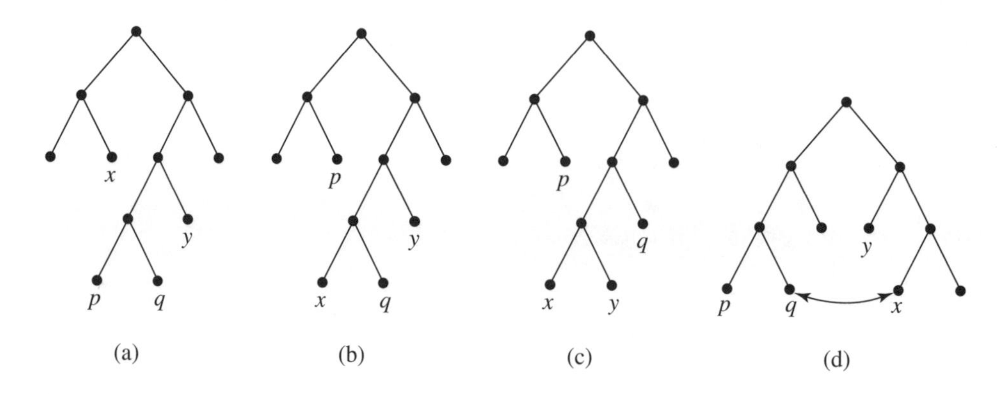

Figura 6.58

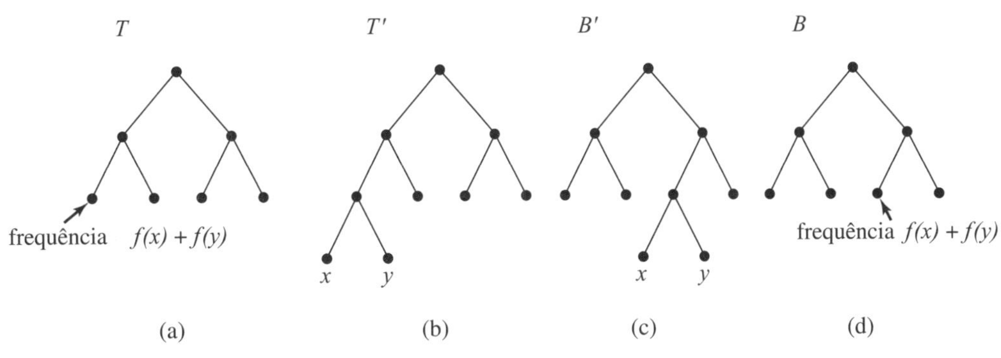

Figura 6.59

Suponha, novamente, que $f(x)$ e $f(y)$ sejam as frequências mínimas e suponha que tenhamos uma árvore T que é ótima para outras frequências junto com a soma $f(x) + f(y)$ (Figura 6.59a). Essa soma será a frequência de uma folha; crie uma árvore T' que tem esse nó como um nó interno com filhos x e y, tendo frequências $f(x)$ e $f(y)$ (Figura 6.59b). T' será ótima para as frequências $f(x)$, $f(y)$ e as outras. A demonstração desse fato começa com alguma árvore ótima B' para as frequências $f(x)$, $f(y)$ e as outras. Sabemos que existe tal árvore ótima (já que ela poderia ser encontrada por tentativa e erro) e, do parágrafo precedente, podemos supor que x e y são irmãos em B' (Figura 6.59c). Crie agora uma árvore B retirando os nós x e y de B' e dando a frequência $f(x) + f(y)$ ao nó pai, que agora é uma folha (Figura 6.59d). Como T é ótima para as outras frequências junto com $f(x) + f(y)$, temos

$$E(T) \leq E(B) \tag{1}$$

Mas a diferença entre $E(B)$ e $E(B')$ é de um arco para cada, x e y, ou seja, $E(B') = E(B) + f(x) + f(y)$ (veja o Exercício 20b). Analogamente, temos $E(T') = E(T) + f(x) + f(y)$. Logo, se somarmos $f(x) + f(y)$ à Equação (1), obteremos

$$E(T') \leq E(B') \tag{2}$$

Como B' era ótima, não podemos ter $E(T') < E(B')$, logo $E(T') = E(B')$ e T' é ótima.

Finalmente, uma árvore com um único nó cuja frequência é a soma de todas as frequências é trivialmente ótima para essa soma. Podemos, repetidamente, ir separando as parcelas dessa soma e colocando filhos de tal maneira a terminar com a árvore de Huffman. Pelo parágrafo anterior, cada uma dessas árvores, incluindo a árvore de Huffman final, é ótima.

EXEMPLO 40 Se aplicarmos o processo que preserva otimização à árvore da Figura 6.57, começaríamos com um único nó com frequência 100 e "cresceríamos" a árvore para baixo, como ilustrado na Figura 6.60.

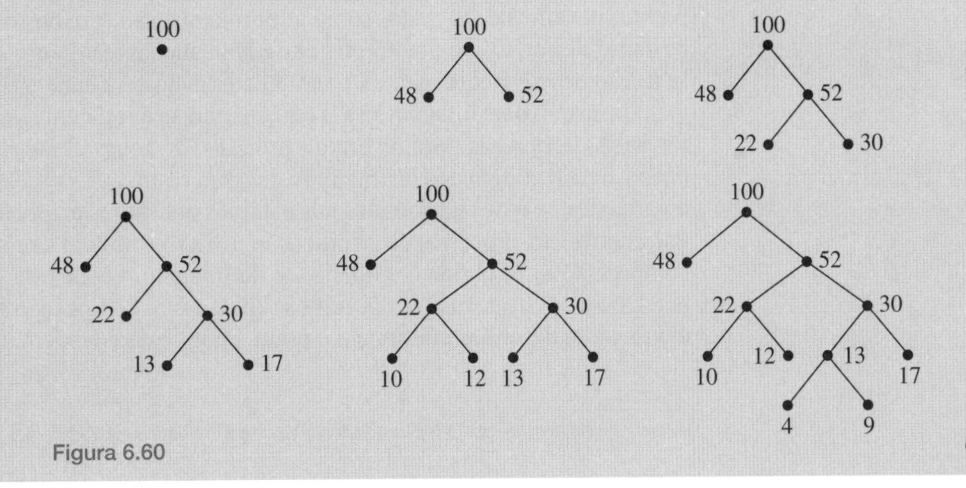

Figura 6.60

Aplicações de Códigos de Huffman

O custo da armazenagem de dados certamente caiu nos últimos anos, e o custo relativamente baixo faz com que pareça que deveria haver disponibilidade praticamente ilimitada para todos. Mas "relativamente barato" não significa "de graça", e, durante o mesmo período em que os custos de armazenagem caíram, as necessidades legais sobre muitos negócios e organizações para manter registros eletrônicos aumentaram. Muito dessa informação é de natureza arquivável e adequada para compressão de dados. Como um exemplo, a Lei Sarbanes-Oxley virou lei federal nos Estados Unidos em 2002. Essa lei foi promulgada como reação a diversos escândalos sobre irregularidades financeiras e gestão irresponsável de grandes corporações que abalaram os mercados financeiros e a confiança do público. O Congresso americano autorizou a SEC (Securities and Exchange Commission*) a formular regras em relação à retenção de documentos relacionados com auditorias ou revisões financeiras. A regra final da SEC requer que todas as companhias que negociam papéis nas bolsas precisam guardar registros eletrônicos de todas as transações financeiras durante sete anos. Esses registros têm que incluir, além dos documentos formais, quaisquer e-mails, memorandos, minutas e assim por diante, enviados ou recebidos, que contenham opiniões, conclusões, análises ou dados financeiros.

Como uma aplicação mais específica de códigos de Huffman, vamos considerar JPEG, um mecanismo padrão de compressão de imagens para imagens com qualidade fotográfica. JPEG é a abreviatura de Joint Photographic Experts Group (Grupo de Fotógrafos Especialistas), o nome do grupo que desenvolveu esse padrão internacional. A necessidade para a melhoria da compressão de imagens tornou-se maior devido ao desejo de se transmitir imagens pela Internet. Existem atualmente duas versões da codificação JPEG, uma com perda, outra sem perda, mas a versão com perda é muito mais comum. Um *esquema de compressão com perda* significa que, uma vez decodificados, os dados comprimidos não são idênticos aos originais — alguma informação foi "perdida". No caso de compressão JPEG com perda, a perda de dados vem do pré-processamento da imagem antes da aplicação do código de Huffman; a codificação/decodificação de Huffman restaura fielmente os dados com os quais começou.

A compressão JPEG foi projetada para imagens a serem vistas por seres humanos e se aproveita do fato de que o olho humano é muito mais sensível a gradientes de claro e escuro do que a pequenas variações em cor. O primeiro passo no processo JPEG, portanto, é obter a informação de cores na imagem, normalmente dada como 24 bits por pixel, 8 bits para cada uma das componentes primárias de vermelho, verde e azul, e transformar cada pixel em componentes que capturem a luminosidade (claro/escuro) com informações reduzida sobre as componentes das cores. A seguir, pixels que têm informações de cores semelhantes são agrupados, e é usado um valor "médio" de cores, enquanto os dados mais precisos sobre a luminância são mantidos. Os dados são então transformados em dados de frequência (ou seja, dados representados como uma combinação de ondas senoidais de frequências variadas), que passam, por sua vez, por um processo de "quantização" (basicamente, arredondamento dos resultados de cálculos) para terminar em forma inteira. Variações de alta frequência, para as quais o olho humano é menos sensível, são perdidas nesse processo, porém, novamente, os dados sobre a luminância são tratados de modo mais preciso do que os dados de cor. O código de Huffman é aplicado ao resultado. Áreas da imagem cuja representação ocorre frequentemente serão codificadas em cadeias menores de bits.

Um arquivo de imagem JPEG contém não só a imagem comprimida, mas também a informação necessária para reverter o processo de compressão (incluindo a informação para decodificar o código de Huffman). A imagem resultante perde mudanças de alta frequência e variações de cores eliminadas nos estágios anteriores à aplicação do código de Huffman. Parâmetros no processo de codificação JPEG permitem escolhas entre a quantidade da compressão a ser obtida e a fidelidade da imagem recuperada em relação à imagem original. Devido à natureza dos algoritmos utilizados, a codificação JPEG tem pouco ou nenhum efeito sobre desenhos em branco e preto, em que não existem dados a serem desprezados.

---

*O equivalente lá da nossa CVM, Comissão de Valores Mobiliários. (N.T.)

SEÇÃO 6.4 REVISÃO

TÉCNICA

Dado um conjunto de caracteres e suas frequências, encontrar os códigos de Huffman.

IDEIA PRINCIPAL

- Dada a frequência dos caracteres em uma coleção de dados, pode-se encontrar um esquema de codificação binária que minimiza o número de bits necessários para armazenar os dados, mas ainda tem uma decodificação fácil.

EXERCÍCIOS 6.4

1. O código a seguir é um código de prefixo? Por quê?

Caractere	*m*	*b*	*d*	*w*
Esquema de codificação	01	100	011	101

2. Usando o código do Exercício 1, decodifique a cadeia 01101.
3. Dados os códigos

Caractere	*a*	*e*	*i*	*o*	*u*
Esquema de codificação	00	01	10	110	111

decodifique as sequências

a. 11011011101

b. 1000110111

c. 010101

4. Dados os códigos

Caractere	*b*	*h*	*q*	*w*	%
Esquema de codificação	1000	1001	0	11	101

decodifique as sequências

a. 10001001101101

b. 11110

c. 01001111000

5. Dados os códigos

Caractere	*a*	*p*	*w*	(	)
Esquema de codificação	001	1010	110	1111	1110

decodifique as sequências

a. 111110101101110001

b. 1010001110

c. 111111100111101110

6. Dados os códigos, que não são de prefixo,

Caractere	1	3	5	7	9
Esquema de codificação	1	111	101	10	10101

dê todas as decodificações possíveis para a sequência 111110101.

7. Escreva os códigos de Huffman para a, b, c e d na árvore binária ilustrada.

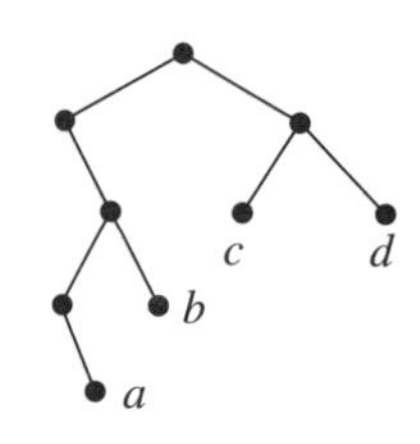

8. Escreva os códigos de Huffman para r, s, t e u na árvore binária da figura.

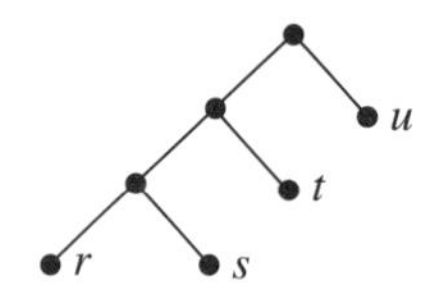

9. a. Construa a árvore de Huffman para os caracteres a seguir com as frequências dadas:

Caractere	*c*	*d*	*g*	*m*	*r*	*z*
Frequência	28	25	6	20	3	18

b. Encontre os códigos de Huffman para esses caracteres.

10. a. Construa a árvore de Huffman para os caracteres a seguir com as frequências dadas:

Caractere	*b*	*n*	*p*	*s*	*w*
Frequência	6	32	21	14	27

b. Encontre os códigos de Huffman para esses caracteres.

11. a. Construa a árvore de Huffman para os caracteres a seguir com as frequências dadas:

Caractere	*a*	*z*	*t*	*e*	*c*
Frequência	27	12	15	31	15

b. Encontre os códigos de Huffman para esses caracteres.

12. a. Construa a árvore de Huffman para os caracteres a seguir com as frequências dadas:

Caractere	?	*x*	*w*	*e*	*t*	*s*	*a*
Frequência	14	3	11	27	18	22	5

b. Encontre os códigos de Huffman para esses caracteres.

c. Um arquivo contendo 100.000 vezes esses sete caracteres é armazenado usando um esquema de codificação binária de comprimento fixo. Quantos bits são necessários para cada código, e qual é o número total de bits necessários?

d. Quantos bits são necessários para armazenar o mesmo arquivo usando o código de Huffman do item (b)?

Nos Exercícios 13 e 14, os inteiros poderiam representar a etapa de "quantização" em uma compressão JPEG de uma imagem e o número de ocorrência de cada um na imagem. (Note que esses são exemplos de ocorrência e não frequências percentuais; isso significa simplesmente que a árvore de Huffman não vai terminar com o valor na raiz igual a 100.)

13. Construa a árvore de Huffman e encontre os códigos de Huffman para os inteiros e as ocorrências a seguir.

Inteiro	82	664	327	349	423	389
Ocorrências	416	97	212	509	446	74

14. Construa a árvore de Huffman e encontre os códigos de Huffman para o seguinte:

Inteiro	190	205	514	333	127	901	277
Ocorrências	52	723	129	233	451	820	85

15. JPEG pode obter diversos níveis de compressão; quanto maior a compressão, menor a qualidade da imagem reconstruída.
    a. Um quociente de compressão de 10:1 resulta em uma perda de qualidade da imagem praticamente imperceptível. Qual é o tamanho de um arquivo comprimido com um quociente de compressão 10:1 se o arquivo original tinha 850.000 bytes?
    b. Um quociente de compressão de 25:1 resulta em uma degradação visível na qualidade da imagem reconstruída. Qual é o tamanho de um arquivo comprimido com um quociente de compressão 25:1 se o arquivo original tinha 850.000 bytes?
16. Explique por que a codificação JPEG resulta em uma compressão menor para imagens contendo apenas tons de cinza do que para imagens coloridas.
17. Alguém fez uma substituição global, em todo o texto do Exercício 11, substituindo todos os lugares onde tinha a letra "*z*" por "*sh*"; encontre os novos códigos de Huffman.
18. Considere o seguinte parágrafo:

    No entanto, em meu íntimo, não podia deixar de me maravilhar com a intrepidez desses mortais diminutos, que ousavam subir e caminhar em cima de meu corpo enquanto uma de minhas mãos estava livre, sem tremer à visão de uma criatura tão imensa como devo parecer a eles.[3]

    Se esse parágrafo vai ser comprimido usando-se um código de Huffman, que caractere, diferente de símbolo de pontuação ou letras maiúsculas, deve ter um dos códigos mais longos? E qual deve ter um dos mais curtos?
19. Lembre-se do problema apresentado no início deste capítulo:

    Você trabalha no Departamento de Sistemas de Informação de Regenhocas Globais (RG), o líder mundial na produção de regenhocas. Os números das peças começam com uma letra, A, B, C, E ou P, que identifica o tipo, seguida de um número com 8 dígitos. Assim,

    B00347289
    A11872432
    P45003781

    são todos números legítimos de componentes. RG mantém um arquivo de dados com os números das peças que usa, que são a maioria dos números em potencial.

    Como comprimir esse arquivo de número de peças de modo a usar menos espaço de armazenamento do que os aproximadamente 4,5 Gb necessários para a codificação em ASCII de oito bits por caractere?
    a. Fazendo uma contagem de frequência no arquivo da RG, obtemos a seguinte informação:

Caractere	*B*	*C*	*G*	*R*	*S*	0	1	2	3	4	5	6	7	8	9
Frequência	2	5	1	2	1	18	13	7	12	9	6	11	7	2	4

    Construa um código de Huffman para esses caracteres.
    b. Calcule o espaço de armazenamento necessário para o arquivo comprimido como um percentual do arquivo não comprimido.
20. Na justificativa de que o algoritmo de Huffman produz uma árvore ótima, foram feitas as duas afirmações a seguir. Prove que cada uma delas é verdadeira.
    a. $E(T') < E(T)$
    b. $E(B') = E(B) + f(x) + f(y)$

[3]Das *Viagens de Gulliver*, de Jonathan Swift (Londres, 1726).

CAPÍTULO 6 REVISÃO

TERMINOLOGIA

algoritmo ótimo (Seção 6.3)
altura de uma árvore (Seção 6.2)
arco (aresta) (Seção 6.1)
arcos paralelos (Seção 6.1)
árvore (Seção 6.2)
árvore binária (Seção 6.2)
árvore binária cheia (Seção 6.2)
árvore binária completa (Seção 6.2)
árvore binária de busca (Seção 6.3)
árvore de decisão (Seção 6.3)
árvore sem raiz (livre) (Seção 6.2)
busca em árvore binária (Seção 6.3)
caminho (Seção 6.1)
ciclo (Seção 6.1)
código de Huffman (Seção 6.4)
código de prefixo (Seção 6.4)
coloração de um grafo (Seção 6.1)
compressão de dados (compactação de dados) (Seção 6.4)
comprimento de um caminho (Seção 6.1)
diagrama de fluxo (Seção 6.1)
extremidades (Seção 6.1)
filho direito (Seção 6.2)
filho esquerdo (Seção 6.2)
filhos (Seção 6.2)
floresta (Seção 6.2)
folha (Seção 6.2)
fórmula de Euler (Seção 6.1)
grafo (Seção 6.1)
grafo acíclico (Seção 6.1)
grafo bipartido completo (Seção 6.1)
grafo com pesos (Seção 6.1)
grafo completo (Seção 6.1)
grafo conexo (Seção 6.1)
grafo direcionado (dígrafo) (Seção 6.1)
grafo planar (Seção 6.1)
grafo rotulado (Seção 6.1)
grafo sem laços (Seção 6.1)
grafo simples (Seção 6.1)
grafos homeomorfos (Seção 6.1)
grafos isomorfos (Seção 6.1)
grau de um nó (Seção 6.1)
isomorfismo (Seção 6.1)
laço (Seção 6.1)
lista de adjacência (Seção 6.1)
lista encadeada (Seção 6.1)
matriz de adjacência (Seção 6.1)
matriz esparsa (Seção 6.1)
nó (vértice) (Seção 6.1)
nó acessível (Seção 6.1)
nó interno (Seção 6.2)
nó isolado (Seção 6.1)
nós adjacentes (Seção 6.1)
notação infixa (Seção 6.2)
notação polonesa (Seção 6.2)
notação polonesa reversa (NPR) (Seção 6.2)
notação pós-fixa (Seção 6.2)
notação prefixa (Seção 6.2)
pai (Seção 6.2)
percurso em ordem simétrica (Seção 6.2)
percurso em pós-ordem (Seção 6.2)
percurso em pré-ordem (Seção 6.2)
percurso em uma árvore (Seção 6.2)
ponteiro nulo (Seção 6.1)
ponto final (Seção 6.1)
ponto inicial (Seção 6.1)
problema da coloração de grafos (Seção 6.1)
profundidade (altura) de uma árvore (Seção 6.2)
profundidade de um nó (Seção 6.2)
raiz de uma árvore (Seção 6.2)
subgrafo (Seção 6.1)
teorema das cinco cores (Seção 6.1)

AUTOTESTE

Responda se as afirmações a seguir são verdadeiras ou falsas.

Seção 6.1

1. Um grafo conexo tem um arco entre dois nós quaisquer.
2. Se o grafo G_1 for isomorfo ao grafo G_2, então um nó de grau 5 em G_1 será levado a um nó de grau 5 em G_2.
3. Independentemente de como se desenhe um grafo planar, seus arcos se intersectarão apenas em nós.
4. Se uma parte de uma representação de um grafo como lista de adjacência contiver

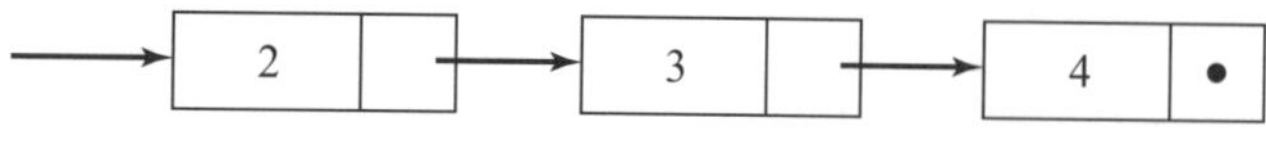

então o nó 2 será adjacente ao nó 3 e o nó 3 será adjacente ao nó 4.
5. A matriz de adjacência de um grafo direcionado não é simétrica.

Seção 6.2

1. A profundidade de qualquer nó em uma árvore é menor ou igual à altura da árvore.
2. Como uma árvore é um grafo, uma árvore completa também é um grafo completo.
3. Na representação em tabela, com filhos esquerdo e direito, de uma árvore binária, qualquer linha da tabela que corresponda a uma folha vai ter todos os elementos iguais a zero.
4. O percurso em pós-ordem de uma árvore associada a uma expressão algébrica resulta na expressão em notação polonesa reversa.
5. Em um percurso em pré-ordem em uma árvore, a raiz é sempre o primeiro nó visitado.

Seção 6.3

1. A raiz de uma árvore de decisão para um algoritmo de busca binária agindo em uma lista ordenada com 11 itens representa a comparação do elemento desejado com o sexto item na lista.
2. A busca de um elemento x em uma lista de n elementos precisa de, pelo menos, $1 + [\log n]$ comparações.
3. É feita uma busca em uma árvore binária cuja raiz tem o valor 10; o elemento procurado tem valor 14; a subárvore da direita será a próxima a ser pesquisada.
4. Para determinado conjunto de dados, a árvore binária de busca é única.

5. A altura mínima para uma árvore de decisão para ordenar n elementos é $n!$.

Seção 6.4

1. O esquema de codificação ASCII necessita de 8 bits para armazenar cada caractere.
2. Em um código de prefixo, cada palavra de código é o prefixo de outra palavra de código.
3. Em um código de Huffman, os caracteres que ocorrem com maior frequência têm o maior número de zeros em sua representação em cadeia binária.
4. O número máximo de bits para qualquer caractere codificado usando um código de Huffman é a altura da árvore de Huffman.
5. Para ser possível decodificar um arquivo codificado, é preciso armazenar uma contagem de frequência do arquivo original junto com o arquivo codificado.

NO COMPUTADOR

Nos Exercícios 1 a 4, escreva um programa de computador que dê a resposta desejada a partir dos dados de entrada indicados.

1. *Dados de entrada*: Lista de adjacência de um grafo.
   Resposta: Matriz de adjacência do grafo.

2. *Dados de entrada*: Matriz de adjacência de um grafo.
   Resposta: Lista de adjacência do grafo.

3. *Dados de entrada*: Lista de adjacência de um grafo e o nome de um nó n no grafo.
   Resposta: Lista de adjacência do grafo com o nó n e seus arcos associados removidos.

4. *Dados de entrada:* Lista de n caracteres e suas frequências (inteiras).
   Resposta: Código de Huffman para os caracteres.
   (*Sugestão*: Mantenha uma lista encadeada ordenada dos registros que representam as raízes de árvores binárias. Inicialmente serão n desses registros, todos sem filhos; ao final, haverá um desses registros, a raiz da árvore de Huffman.)

5. Escreva um programa que permita ao usuário colocar uma lista de inteiros e construir uma árvore binária de busca tendo esses inteiros como nós. O usuário pode, então, dar um inteiro de cada vez, e o programa executa uma busca na árvore binária e indica se o inteiro dado está na lista.

6. Escreva um programa que permita ao usuário colocar uma lista de inteiros e construir uma árvore binária de busca tendo esses inteiros como nós. O usuário pode, então, colocar o tipo de percurso desejado (em ordem simétrica, em pré-ordem ou em pós-ordem), e o programa escreve os nós na ordem apropriada.

7. Escreva um programa que execute as três primeiras etapas na Tabela 6.1. Ou seja, começando com um arquivo texto, o programa deve produzir um arquivo de frequência, depois um arquivo contendo a tabela de códigos e depois uma versão codificada do arquivo original. Escreva um segundo programa que usa o arquivo codificado e a tabela de códigos para recriar o arquivo original.

Capítulo

7

Algoritmos para Grafos

OBJETIVOS DO CAPÍTULO

Após o estudo deste capítulo, você será capaz de:

- Passar de uma representação para outra, entre matriz de adjacência, relação de adjacência e grafo direcionado.
- Usar a matriz de acessibilidade de um grafo direcionado para determinar se um nó é acessível de outro.
- Calcular a matriz de acessibilidade de um grafo diretamente ou usando o algoritmo de Warshall.
- Testar um grafo para ver se existe um caminho de Euler (resolver o problema da inspeção de rodovias).
- Entender o problema de circuitos hamiltonianos (e o problema do caixeiro-viajante) e como eles são fundamentalmente diferentes do problema do caminho de Euler.
- Usar o algoritmo de Dijkstra para encontrar o menor caminho entre dois nós em um grafo simples e conexo com peso.
- Usar o algoritmo de Prim para encontrar a árvore geradora mínima em um grafo simples e conexo com peso.
- Executar buscas em profundidade e em amplitude em um grafo simples e conexo.
- Compreender como usar busca em profundidade para testar a acessibilidade em um grafo direcionado, para executar uma ordenação topológica em um conjunto parcialmente ordenado representado por um grafo direcionado e para encontrar as componentes conexas em um grafo desconexo.
- Identificar pontos de articulação em um grafo conexo simples.

Você é o administrador de uma rede, atuando em uma região extensa, que serve os diversos escritórios de sua companhia espalhados pelo país. As mensagens viajam através da rede roteadas de ponto a ponto até chegar ao seu destino. Cada nó na rede, portanto, funciona como uma estação distribuidora, recebendo e enviando mensagens para outros nós de acordo com um roteiro de distribuição mantido em cada nó. Algumas conexões na rede têm tráfego intenso, enquanto outras são menos usadas. A intensidade do tráfego pode variar dependendo da hora do dia; além disso, nós novos podem ser gerados e outros nós podem ser desativados. Portanto, você precisa atualizar periodicamente a informação contida em cada nó, de modo que ele possa transmitir mensagens ao longo do caminho mais eficiente (ou seja, do que tem tráfego menos intenso).

Pergunta: **Como calcular o roteiro de distribuição para cada nó?**

Se a rede descrita for considerada um grafo, sua tarefa como administrador da rede será encontrar o caminho mais "curto" de um nó para outro no grafo. Como os grafos têm muitas aplicações, existe um grande interesse em encontrar algoritmos eficientes para responder a determinadas perguntas sobre grafos, grafos direcionados ou árvores, e para executar determinadas tarefas com essas estruturas, como encontrar caminhos mais curtos. Todos os algoritmos para grafos usam uma das representações convenientes (matriz de adjacência ou lista de adjacência) apresentadas no Capítulo 6.

Este capítulo estuda muitos dos algoritmos "clássicos" para grafos. Primeiro, a Seção 7.1 relaciona grafos direcionados com relações binárias e acessibilidade em um grafo com o fecho transitivo de uma relação binária. Depois, são dados dois algoritmos diferentes relacionados com a acessibilidade.

Na Seção 7.2, estudaremos algoritmos que respondem dois problemas historicamente interessantes sobre grafos. Esses problemas são conhecidos como o *problema de inspeção de rodovias* e o *problema do caixeiro-viajante*. O problema de inspeção de rodovias é saber se existe um caminho, em um grafo dado, que percorre cada arco exatamente uma vez, fornecendo, dessa forma, um caminho eficiente para que um inspetor possa verificar todas as rodovias sem ter que percorrer nenhuma delas duas vezes. O problema do caixeiro-viajante é saber se existe um ciclo, em um grafo dado, que visita cada nó do grafo, e, se existir, determinar qual desses ciclos corresponde ao percurso de menor distância. Lembre-se de que um ciclo é um caminho que termina onde começou e que não passa por nenhum dos outros nós mais de uma vez; assim, tal ciclo daria um caminho eficiente para um vendedor visitar todas as cidades em sua região de vendas apenas uma vez e terminar em casa.

A Seção 7.3 fornece soluções algorítmicas em um grafo simples conexo para o problema de encontrar o caminho mínimo entre dois nós e para o problema de minimizar o número de arcos usados para conectar todos os nós. A Seção 7.4 discute algoritmos para percorrer grafos simples — "visitando" todos os nós de algum modo sistemático. A Seção 7.5 usa um dos algoritmos de percurso para detectar pontos de articulação em um grafo simples conexo, ou seja, pontos cuja remoção transformaria o grafo em um grafo desconexo.

SEÇÃO 7.1 GRAFOS DIRECIONADOS E RELAÇÕES BINÁRIAS; O ALGORITMO DE WARSHALL

Restringiremos nossa atenção nesta seção a grafos direcionados sem arcos paralelos (e sem peso). (Em um grafo direcionado, dois arcos do nó a para o nó b seriam paralelos, mas um arco do nó a para b e outro do nó b para a não são paralelos.) Considere a matriz de adjacência do grafo (supondo uma ordem arbitrária dos n nós, o que sempre supomos ao discutir a matriz de adjacência de um grafo). Essa é uma matriz $n \times n$ que não é necessariamente simétrica. Além disso, como o grafo não tem arcos paralelos, a matriz de adjacência vai ser uma matriz booleana, ou seja, uma matriz na qual todos os elementos são iguais a 0 ou a 1. Reciprocamente, dada uma matriz booleana $n \times n$, podemos reconstruir o grafo direcionado representado por essa matriz, que não terá arcos paralelos. Dessa forma, temos uma correspondência um para um, que podemos ilustrar como

Grafos direcionados com n nós e sem arcos paralelos	←- - -→	Matrizes booleanas $n \times n$	(1)

Vamos ver, agora, como as relações binárias entram nessa correspondência.

Grafos Direcionados e Relações Binárias

Suponha que G é um grafo direcionado com n nós e sem arcos paralelos. Seja N o conjunto de nós. Se (n_i, n_j) é um par ordenado de nós, então ou existe ou não existe um arco de n_i para n_j. Podemos usar essa propriedade para definir uma relação binária no conjunto N:

$$n_i \, \rho \, n_j \leftrightarrow \text{existe um arco em } G \text{ de } n_i \text{ para } n_j$$

Essa relação é a **relação de adjacência** do grafo.

EXEMPLO 1 Para o grafo direcionado na Figura 7.1, a relação de adjacência é {(1, 2), (1,3), (3, 3), (4, 1), (4, 2), (4, 3)}.

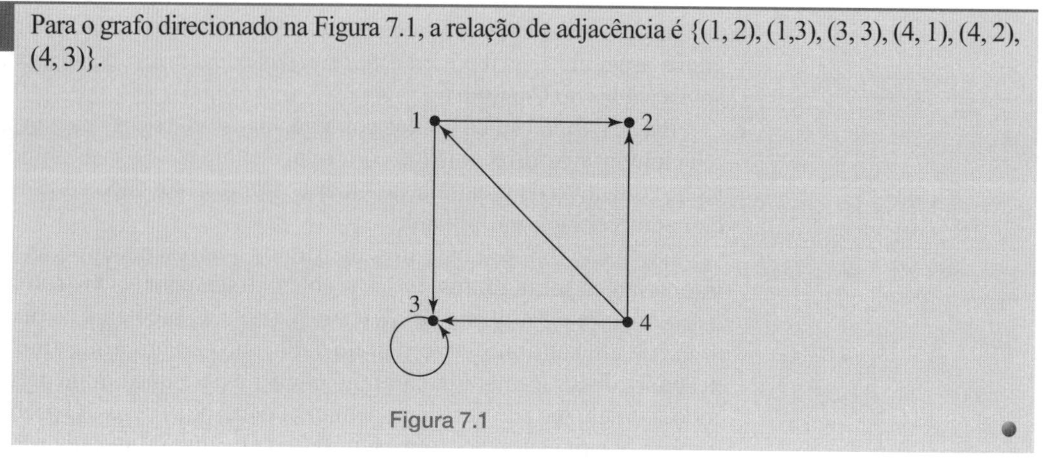

Figura 7.1

Reciprocamente, se ρ for uma relação binária em um conjunto N, podemos definir um grafo direcionado G tendo N como o conjunto de nós e tendo um arco de n_i para n_j se, e somente se, $n_i \ \rho \ n_j$. G não terá arcos paralelos.

EXEMPLO 2 Para o conjunto $N = \{1, 2, 3, 4\}$ e a relação binária {(1, 4), (2, 3), (2, 4), (4, 1)} em N, obtemos o grafo direcionado associado ilustrado na Figura 7.2.

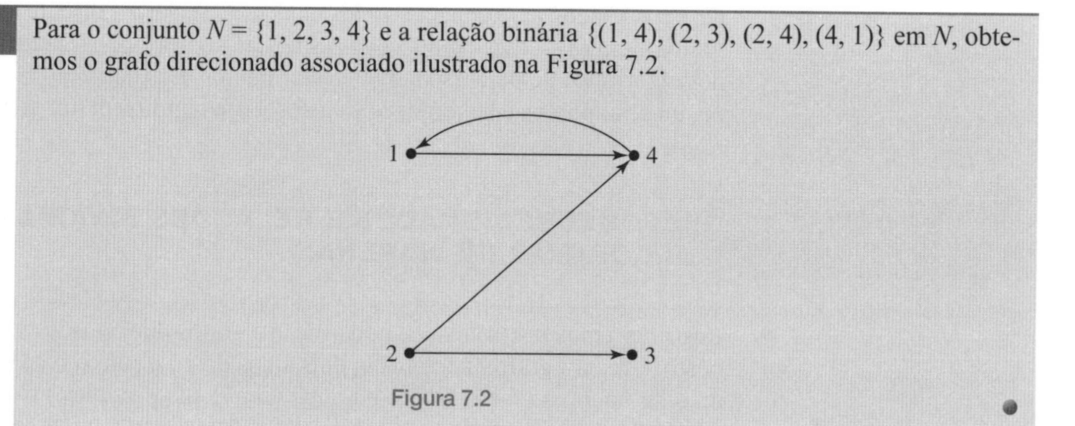

Figura 7.2

Temos, agora, uma outra correspondência um para um:

Relações binárias em conjuntos com n elementos	←--→	Grafos direcionados com n nós e sem arcos paralelos	(2)

É claro que uma correspondência um para um é o mesmo que uma bijeção. Se fizermos a composição das bijeções em (1) e (2), o resultado é uma bijeção que nos dá uma correspondência um para um entre relações binárias e matrizes. Dessa forma, temos três conjuntos equivalentes:

Relações binárias em conjuntos com n elementos	←--→	Grafos direcionados com n nós e sem arcos paralelos	←--→	Matrizes booleanas $n \times n$	(3)

Um elemento em qualquer um dos três conjuntos tem representações correspondentes nos outros dois.

PROBLEMA PRÁTICO 1 Dê a coleção de pares ordenados na relação de adjacência para a matriz booleana a seguir; desenhe, também, o grafo direcionado correspondente:

$$\begin{bmatrix} 0 & 0 & 0 & 0 \\ 1 & 1 & 0 & 0 \\ 1 & 0 & 0 & 1 \\ 0 & 0 & 0 & 0 \end{bmatrix}$$

■

Lembre-se das propriedades de reflexividade, simetria, antissimetria e transitividade de uma relação binária em um conjunto, que estudamos no Capítulo 5. Se uma relação binária em um conjunto N tiver determinada propriedade, isso se refletirá no grafo e na matriz booleana correspondente. Reciprocamente, determinadas características de um grafo direcionado ou de uma matriz booleana implicam certas propriedades nas relações de adjacência correspondentes.

EXEMPLO 3 Se ρ for uma relação reflexiva em um conjunto N, então, para cada $n_i \in N$, $n_i \, \rho \, n_i$. O grafo direcionado correspondente terá um laço em cada nó e a matriz booleana correspondente terá todos os elementos na diagonal principal iguais a 1. ●

PROBLEMA PRÁTICO 2 Explique por que a relação binária associada ao grafo direcionado na Figura 6.13, reproduzido a seguir, não é antissimétrica.

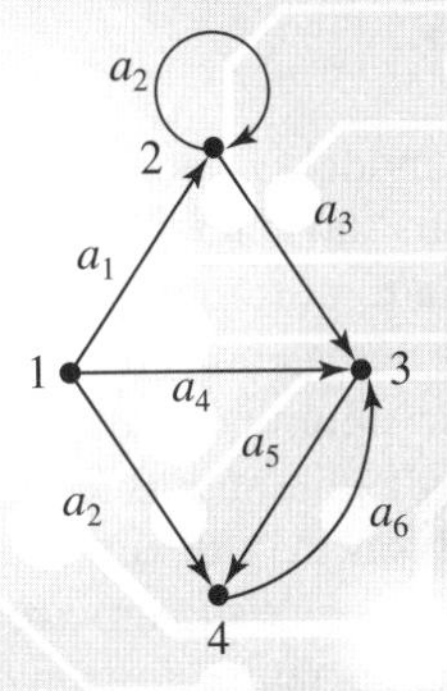

■

Representamos ordens parciais no Capítulo 5 usando diagramas de Hasse. Como essa representação difere da de um grafo direcionado? O diagrama de Hasse é uma simplificação da representação como grafo direcionado. Suponha que G é um grafo direcionado que representa uma ordem parcial. Como uma ordem parcial é reflexiva, G tem um laço em cada nó. Podemos eliminar esses laços no diagrama de Hasse sem perda de informação, já que sabemos que cada nó tem um laço, ou seja, cada nó está relacionado consigo mesmo. Como uma ordem parcial é transitiva, se $a \, \rho \, b$ e $b \, \rho \, c$, então $a \, \rho \, c$. O grafo direcionado teria um arco de a para b, um de b para c e um de a para c. No diagrama de Hasse podemos eliminar o arco de a para c sem perda de informação se mantivermos a transitividade em mente. Finalmente, o diagrama de Hasse não é um grafo direcionado, mas impusemos a condição de que, se a é um predecessor imediato de b, então o nó a aparece debaixo do nó b no diagrama de Hasse. Podemos, então, obter um grafo direcionado do diagrama de Hasse fazendo com que todos os arcos apontem para cima. A antissimetria impede qualquer conflito em potencial, em que o nó a deveria estar debaixo do nó b e b deveria estar debaixo de a.

No Capítulo 5 definimos, também, operações em conjuntos que podem ser executadas em duas relações binárias ρ e σ em um conjunto N, $\rho \cup \sigma$ e $\rho \cap \sigma$. A relação $\rho \cup \sigma$ é a união dos pares ordenados que pertencem a ρ ou a σ, enquanto $\rho \cap \sigma$ é a interseção dos pares ordenados que estão em ρ e em σ. Sejam **R** e **S** as matrizes booleanas associadas a ρ e a σ, respectivamente. A matriz booleana associada a $\rho \cup \sigma$ vai ter 1 na posição i, j se e somente se **R** tiver 1 na posição i, j ou **S** tiver 1 na posição i, j. Cada elemento na matriz booleana associada a $\rho \cup \sigma$ é, portanto, o máximo entre os dois elementos correspondentes nas matrizes **R** e **S**, de modo que a matriz booleana associada a $\rho \cup \sigma$ é $\mathbf{R} \vee \mathbf{S}$ (veja a discussão sobre operações booleanas de matrizes booleanas na Seção 5.7). Analogamente, a matriz booleana associada a $\rho \cap \sigma$ vai ter 1 na posição i, j se e somente se tanto **R** quanto **S** tiver 1 na posição i, j. Portanto, a matriz booleana para $\rho \cap \sigma$ é $\mathbf{R} \wedge \mathbf{S}$.

Acessibilidade

A propriedade de "acessibilidade" tem uma interpretação interessante em cada uma das três formas equivalentes em (3) — grafo direcionado, relação de adjacência e matriz de adjacência. Já definimos acessibilidade para grafos direcionados na Seção 6.1, mas enunciaremos novamente essa definição.

DEFINIÇÃO NÓ ACESSÍVEL

Em um grafo direcionado, o nó n_j será **acessível** do nó n_i se existir um caminho de n_i para n_j.

EXEMPLO 4 No grafo direcionado da Figura 7.2, o nó 3 não é acessível do nó 4 ou do nó 1. O nó 1 é acessível do nó 2 pelo caminho 2-4-1.

Em um sistema modelado por um grafo direcionado (um diagrama de fluxo de dados, por exemplo) com um "nó inicial", qualquer nó que não seja acessível do nó inicial nunca pode afetar o sistema e, portanto, pode ser eliminado. Se o grafo direcionado representar algo do tipo de rotas aéreas ou caminhos de comunicação em uma rede de computadores, não será desejável ter algum nó que não seja acessível de algum outro. Assim, a habilidade de testar acessibilidade tem muitas aplicações práticas.

A matriz de adjacência **A** de um grafo direcionado G com n nós e sem arcos paralelos vai ter 1 na posição i, j se existir um arco de n_i para n_j. Esse seria um caminho de comprimento 1 de n_i para n_j. Portanto, a matriz de adjacência por si própria já nos dá uma forma limitada de acessibilidade, por caminhos de comprimento 1. Entretanto, vamos efetuar uma multiplicação booleana $\mathbf{A} \times \mathbf{A}$. Vamos denotar esse produto por $\mathbf{A}^{(2)}$ para distingui-lo de $\mathbf{A}^2$, o resultado de $\mathbf{A} \times \mathbf{A}$ usando a multiplicação usual de matrizes. Lembrando a definição de multiplicação booleana da Seção 5.7, o elemento i, j de $\mathbf{A}^{(2)}$ é dado por

LEMBRETE

Para calcular $A^{(2)}[i, j]$, escreva duas cópias de A, uma do lado da outra. Use um dedo da mão esquerda para percorrer a linha i da matriz à esquerda ao mesmo tempo que um dedo da mão direita percorre a linha j da matriz à direita. O valor será 1 se e somente se ambos os dedos encontram um número 1 ao mesmo tempo.

$$\mathbf{A}^{(2)}[i, j] = \bigvee_{k=1}^{n} (a_{ik} \wedge a_{kj}) \qquad (4)$$

Se um termo do tipo $a_{i2} \wedge a_{2j}$ nessa soma for 0, então $a_{i2} = 0$ ou $a_{2j} = 0$ (ou ambos), e não existe caminho de comprimento 1 de n_i para n_2 ou não existe caminho de comprimento 1 de n_2 para n_j (ou ambos). Logo, não existe caminho de comprimento 2 de n_i para n_j passando pelo nó n_2. Se $a_{i2} \wedge a_{2j}$ não for 0, então $a_{i2} = 1$ e $a_{2j} = 1$. Então existe um caminho de comprimento 1 de n_i para n_2 e existe um caminho de comprimento 1 de n_2 para n_j, de modo que existe um caminho de comprimento 2 de n_i para n_j passando por n_2. Vai existir um caminho de comprimento 2 de n_i para n_j se e somente se existir um caminho de comprimento 2 passando por pelo menos um dos nós de 1 a n, ou seja, se e somente se pelo menos um dos termos na soma em (4) é 1 e, portanto, $\mathbf{A}^{(2)}[i, j] = 1$. Assim, os elementos em $\mathbf{A}^{(2)}$ nos informam sobre acessibilidade por caminhos de comprimento 2.

PROBLEMA PRÁTICO 3 Encontre **A** para o grafo da Figura 7.2 e calcule $\mathbf{A}^{(2)}$. O que o elemento 2,1 indica? ∎

A matriz $\mathbf{A}^{(2)}$ indica a presença ou ausência de caminhos de comprimento 2. Poderíamos inferir que esse resultado é válido para potências arbitrárias e caminhos de comprimentos arbitrários.

TEOREMA SOBRE MATRIZES BOOLEANAS DE ADJACÊNCIA E ACESSIBILIDADE

Se **A** for a matriz booleana de adjacência de um grafo direcionado G com n nós e sem arcos paralelos, então $\mathbf{A}^{(m)}[i, j] = 1$ se e somente se existir um caminho de comprimento m do nó n_i para o nó n_j.

Demonstração: Uma demonstração por indução em m parece adequada. Já mostramos que o resultado é verdade para $m = 1$ (e $m = 2$). Suponha que $\mathbf{A}^{(p)}[i, j] = 1$ se e somente se existir um caminho de comprimento p de n_i para n_j. Sabemos que

$$\mathbf{A}^{(p+1)}[i,j] = \bigvee_{k=1}^{n} (\mathbf{A}^{(p)}[i,k] \wedge a_{kj})$$

Essa expressão será igual a 1 se e somente se pelo menos um dos termos for igual a 1, por exemplo $\mathbf{A}^{(p)}[i, q] \wedge a_{qj} = 1$, ou $\mathbf{A}^{(p)}[i, q] = 1$ e $a_{qj} = 1$. Isso será verdade se e somente se existir um caminho de comprimento p de n_i para n_q (pela hipótese de indução) e existir um caminho de comprimento 1 de n_q para n_j, o que significa que existe um caminho de comprimento $p + 1$ de n_i para n_j. Fim da demonstração.

PROBLEMA PRÁTICO 4 Do grafo da Figura 7.2, qual você espera que seja o valor do elemento 2,1 em $\mathbf{A}^{(4)}$? Calcule $\mathbf{A}^{(4)}$ e verifique esse valor. ∎

Se o nó n_j for acessível do nó n_i, isso será feito ao longo de algum caminho. A existência de tal caminho é indicada por um elemento 1 na posição i, j de algumas das matrizes **A**, $\mathbf{A}^{(2)}$, $\mathbf{A}^{(3)}$ etc., mas não podemos calcular uma infinidade de produtos matriciais. Felizmente, existe um limite de até onde temos que ir. Se o grafo tem n nós, então qualquer caminho com n arcos ou mais, e, portanto, com $n + 1$ nós ou mais, tem que ter um nó repetido. Isso é uma consequência do princípio dos pombais — existem n "casas" (nós distintos) nas quais estamos colocando mais de n objetos (os nós em um caminho com n arcos ou mais). A seção do caminho entre os nós repetidos é um ciclo. Se $n_i \neq n_j$, o ciclo pode ser eliminado para se obter um caminho mais curto; então, se existe um caminho de n_i para n_j, vai existir tal caminho de comprimento de no máximo $n - 1$. Se $n_i = n_j$, então o ciclo poderia ser todo o caminho de n_i a n_i com comprimento máximo n; embora possamos eliminar esse ciclo (observando que podemos considerar qualquer nó como sendo acessível de si mesmo), vamos conservá-lo para mostrar que existe um caminho não trivial de n_i para n_i.

Em consequência, independentemente de $n_i = n_j$ ou $n_i \neq n_j$, não precisamos nunca procurar um caminho de n_i a n_j de comprimento maior do que n. Logo, para determinar acessibilidade, precisamos apenas considerar os elementos i, j das matrizes **A**, $\mathbf{A}^{(2)}, \ldots, \mathbf{A}^{(n)}$. Como alternativa, podemos definir a **matriz R de acessibilidade** por

$$\mathbf{R} = \mathbf{A} \vee \mathbf{A}^{(2)} \vee \cdots \vee \mathbf{A}^{(n)}$$

Então, n_j será acessível de n_i se e somente se o elemento i, j em **R** for positivo.

Já vimos como a acessibilidade em um grafo pode ser expressa em termos da matriz de adjacência. E como representar a acessibilidade em termos da relação de adjacência associada ao grafo?

Se ρ for a relação de adjacência de um grafo G, vamos denotar por $\rho^{\mathbf{R}}$ a relação binária de acessibilidade, ou seja, $(n_i, n_j) \in \rho^{\mathbf{R}}$ exatamente quando existe um caminho em G de n_i para n_j. Podemos mostrar, então, que $\rho^{\mathbf{R}}$ é o fecho transitivo de ρ. Lembre-se da definição de fecho de uma relação: o fecho transitivo de ρ é uma relação transitiva que contém ρ e que está contida em qualquer relação transitiva que contém ρ.

Para ver que $\rho^{\mathbf{R}}$ é transitiva, suponha que (n_i, n_j) e (n_j, n_k) pertencem a $\rho^{\mathbf{R}}$. Então existe um caminho em G de n_i para n_j e existe um caminho em G de n_j para n_k. Portanto, existe um caminho de n_i para n_k e (n_i, n_k) pertence a $\rho^{\mathbf{R}}$. Para ver que $\rho^{\mathbf{R}}$ contém ρ, suponha que (n_i, n_j) pertence a ρ. Então existe um arco de n_i para n_j em G, o que significa que existe um caminho de comprimento 1 de n_i para n_j , e $(n_i, n_j) \in \rho^{\mathbf{R}}$. Finalmente, suponha que σ é uma relação transitiva no conjunto de nós de G, que σ inclui ρ e que $(n_i, n_j) \in \rho^{\mathbf{R}}$. Isso significa que existe um caminho de n_i para n_j usando, por exemplo, os nós $n_i, n_x, n_y \ldots, n_w, n_j$. Então existe um arco de cada nó nesse caminho para o próximo, e todos os pares ordenados (n_i, n_x), (n_x, n_y), $\ldots$, (n_w, n_j) pertencem a ρ, logo, pertencem a σ. Como σ é transitiva, (n_i, n_j) pertence a σ e $\rho^{\mathbf{R}}$ é um subconjunto de σ. Portanto, $\rho^{\mathbf{R}}$ é o fecho transitivo de ρ.

Resumindo, a correspondência entre as três representações equivalentes de relação de adjacência ρ, grafo direcionado G e matriz de adjacência **A** é dada por

(n_i, n_j) pertence ao fecho transitivo de ρ	$\leftrightarrow$	n_j é acessível de n_i em G	$\leftrightarrow$	$\mathbf{R}[i, j] = 1$ em que $\mathbf{R} = \mathbf{A} \vee \mathbf{A}^{(2)} \vee \cdots \vee \mathbf{A}^{(n)}$

EXEMPLO 5 Seja G o grafo direcionado na Figura 7.3; G tem 5 nós.

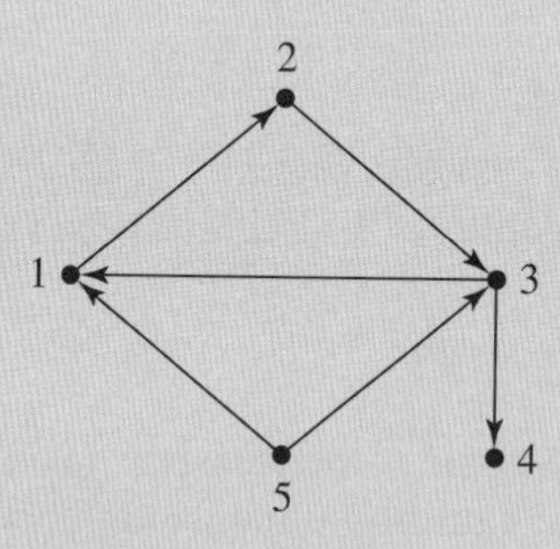

Figura 7.3

A matriz de adjacência **A** de G é

$$\mathbf{A} = \begin{bmatrix} 0 & 1 & 0 & 0 & 0 \\ 0 & 0 & 1 & 0 & 0 \\ 1 & 0 & 0 & 1 & 0 \\ 0 & 0 & 0 & 0 & 0 \\ 1 & 0 & 1 & 0 & 0 \end{bmatrix}$$

A relação de adjacência ρ é $\rho = \{(1, 2), (2, 3), (3, 1), (3, 4), (5, 1), (5, 3)\}$.

As potências sucessivas de **A** são

$$\mathbf{A}^{(2)} = \begin{bmatrix} 0 & 0 & 1 & 0 & 0 \\ 1 & 0 & 0 & 1 & 0 \\ 0 & 1 & 0 & 0 & 0 \\ 0 & 0 & 0 & 0 & 0 \\ 1 & 1 & 0 & 1 & 0 \end{bmatrix} \qquad \mathbf{A}^{(3)} = \begin{bmatrix} 1 & 0 & 0 & 1 & 0 \\ 0 & 1 & 0 & 0 & 0 \\ 0 & 0 & 1 & 0 & 0 \\ 0 & 0 & 0 & 0 & 0 \\ 0 & 1 & 1 & 0 & 0 \end{bmatrix}$$

$$\mathbf{A}^{(4)} = \begin{bmatrix} 0 & 1 & 0 & 0 & 0 \\ 0 & 0 & 1 & 0 & 0 \\ 1 & 0 & 0 & 1 & 0 \\ 0 & 0 & 0 & 0 & 0 \\ 1 & 0 & 1 & 1 & 0 \end{bmatrix} \qquad \mathbf{A}^{(5)} = \begin{bmatrix} 0 & 0 & 1 & 0 & 0 \\ 1 & 0 & 0 & 1 & 0 \\ 0 & 1 & 0 & 0 & 0 \\ 0 & 0 & 0 & 0 & 0 \\ 1 & 1 & 0 & 1 & 0 \end{bmatrix}$$

LEMBRETE

Não tente calcular produtos matriciais sem colocar as matrizes uma do lado da outra; você certamente cometerá algum erro.

Essas matrizes indicam, por exemplo, que existe um caminho de comprimento 2 de 2 para 1, pois $\mathbf{A}^{(2)}[2, 1] = 1$ (o caminho é 2-3-1), e que existe um caminho de comprimento 4 de 5 para 3, já que $\mathbf{A}^{(4)}[5, 3] = 1$ (o caminho é 5-3-1-2-3), mas que não existe caminho de comprimento 3 de 1 para 3, uma vez que $\mathbf{A}^{(3)}[1, 3] = 0$.

A matriz de acessibilidade **R** é a soma booleana de **A**, $\mathbf{A}^{(2)}$, $\mathbf{A}^{(3)}$, $\mathbf{A}^{(4)}$ e $\mathbf{A}^{(5)}$:

$$\mathbf{R} = \begin{bmatrix} 1 & 1 & 1 & 1 & 0 \\ 1 & 1 & 1 & 1 & 0 \\ 1 & 1 & 1 & 1 & 0 \\ 0 & 0 & 0 & 0 & 0 \\ 1 & 1 & 1 & 1 & 0 \end{bmatrix}$$

Os elementos iguais a 1 em **R** indicam que existem caminhos em G dos nós 1, 2, 3 e 5 para todos os outros nós, com exceção do 5, mas que não existem caminhos do nó 4 para nenhum nó, o que pode ser confirmado olhando-se a Figura 7.3.

Já vimos que os elementos iguais a 1 em **R** marcam os pares ordenados de nós que pertencem ao fecho transitivo de ρ. Portanto, o fecho transitivo é o seguinte conjunto de pares ordenados:

$$\{(1, 1), (1, 2), (1, 3), (1, 4), (2, 1), (2, 2), (2, 3), (2, 4),$$
$$(3, 1), (3, 2), (3, 3), (3, 4), (5, 1), (5, 2), (5, 3), (5, 4)\}$$

Começando com ρ e seguindo o procedimento *ad hoc* descrito no Capítulo 5 para encontrar o fecho transitivo de uma relação, vemos que, para obter transitividade, precisamos primeiro acrescentar os pares (1, 3), (2, 1), (2, 4), (3, 2), (5, 2) e (5, 4). Revendo o novo conjunto, vemos que precisamos acrescentar também (1, 1), (1, 4), (2, 2) e (3, 3). A coleção resultante de pares ordenados é transitiva (e coincide com a obtida anteriormente). ●

PROBLEMA PRÁTICO 5 Calcule **R** para o grafo direcionado da Figura 7.2. Qual é a informação dada pela coluna 2? ■

No Capítulo 5, prometemos um algoritmo melhor para encontrar o fecho transitivo de uma relação. Aqui está: escreva a relação binária na forma de matriz de adjacência e calcule

$$\mathbf{R} = \mathbf{A} \vee \mathbf{A}^{(2)} \vee \cdots \vee \mathbf{A}^{(n)}$$

Quanto trabalho é necessário para executar esse algoritmo? A expressão para **R** indica que precisamos fazer as operações matriciais booleanas, mas essas operações matriciais necessitam, por sua vez, das operações booleanas **e**, **ou** nos elementos das matrizes. Usaremos, então, as operações booleanas **e**, **ou** para medir a quantidade de trabalho. Na Seção 5.7, observamos que a multiplicação usual de duas matrizes $n \times n$ precisa de $\Theta(n^3)$ multiplicações e somas; por um argumento semelhante, a multiplicação booleana de duas matrizes booleanas $n \times n$ necessita de $\Theta(n^3)$ operações booleanas **e**/**ou**. O algoritmo para calcular **R** precisa de $n - 1$ multiplicações matriciais booleanas (para encontrar os produtos $\mathbf{A}^{(2)}, \mathbf{A}^{(3)}, \ldots, \mathbf{A}^{(n)}$). Para calcular $n - 1$ desses produtos precisamos de $(n - 1)\Theta(n^3) = \Theta(n^4)$ operações booleanas. Para calcular $\mathbf{C} \vee \mathbf{D}$, em que **C** e **D** são duas matrizes booleanas $n \times n$, são necessárias n^2 operações booleanas **ou**. Para calcular **R**, são necessárias $n - 1$ dessas operações, logo são executadas $(n - 1)n^2 = \Theta(n^3)$ operações **ou**. A quantidade total de trabalho é $\Theta(n^4) + \Theta(n^3) = \Theta(n^4)$.

Vamos discutir, a seguir, um algoritmo mais eficiente para calcular o fecho transitivo de uma relação (ou a matriz de acessibilidade de um grafo).

Algoritmo de Warshall

Para um grafo G com n nós, o algoritmo de Warshall calcula uma sequência de $n + 1$ matrizes $\mathbf{M}_0, \mathbf{M}_1, \mathbf{M}_2, \ldots, \mathbf{M}_n$. Para cada k, $0 \leq k \leq n$, $\mathbf{M}_k[i, j] = 1$ se e somente se existir um caminho em G de n_i para n_j cujos nós interiores (ou seja, nós que não são extremidades do caminho) pertencem apenas ao conjunto de nós $\{n_1, n_2, \ldots, n_k\}$.

Vamos examinar as "condições limítrofes". Quando $k = 0$, o conjunto $\{n_1, n_2, \ldots, n_0\}$ é o conjunto vazio, logo $\mathbf{M}_0[i, j] = 1$ se e somente se existir um caminho de n_i para n_j cujos nós interiores pertencem ao conjunto vazio, ou seja, não existem nós interiores. O caminho de n_i para n_j tem que consistir apenas nas extremidades e um arco, ou seja, n_i e n_j são nós adjacentes. Logo, $\mathbf{M}_0 = \mathbf{A}$. A outra condição limítrofe ocorre quando $k = n$. Então, o conjunto $\{n_1, n_2, \ldots, n_n\}$ consiste em todos os nós de G, logo não existe, de fato, restrição alguma sobre os nós interiores do caminho e $\mathbf{M}_n[i, j] = 1$ se e somente se existir um caminho de n_i para n_j, o que significa que $\mathbf{M}_n = \mathbf{R}$.

Portanto, o algoritmo de Warshall começa com $\mathbf{A} = \mathbf{M}_0$ e calcula, sucessivamente, $\mathbf{M}_1, \mathbf{M}_2, \ldots, \mathbf{M}_n = \mathbf{R}$. Esses cálculos podem ser definidos por indução. A base da indução é fazer $\mathbf{M}_0 = \mathbf{A}$. Suponha, agora, que $\mathbf{M}_k$ foi calculado e vamos considerar como calcular $\mathbf{M}_{k+1}$ ou, especificamente, $\mathbf{M}_{k+1}[i, j]$. Temos que $\mathbf{M}_{k+1}[i, j] = 1$ se e somente se existir um caminho de n_i para n_j cujos nós interiores pertencem ao conjunto $\{n_1, n_2, \ldots, n_{k+1}\}$. Isso pode acontecer de duas maneiras:

1. Todos os nós interiores pertencem a $\{n_1, n_2, \ldots, n_k\}$, e, nesse caso, $\mathbf{M}_k[i, j] = 1$. Portanto, devemos repetir, em $\mathbf{M}_{k+1}$, todos os elementos que são iguais a 1 em $\mathbf{M}_k$.
2. O nó n_{k+1} é um nó interior. Podemos supor que o nó n_{k+1} aparece apenas uma vez como nó interior, já que os ciclos podem ser eliminados do caminho. Então, tem que existir um caminho de n_i para n_{k+1} cujos nós interiores pertencem a $\{n_1, n_2, \ldots, n_k\}$ e um caminho de n_{k+1} para n_j cujos nós interiores pertencem a $\{n_1, n_2, \ldots, n_k\}$. Isso significa que $\mathbf{M}_k[i, k + 1] = 1$ e $\mathbf{M}_k[k + 1, j] = 1$, ou seja, $\mathbf{M}_k[i, k + 1] \wedge \mathbf{M}_k[k + 1, j] = 1$; essa condição pode ser testada, uma vez que estamos supondo que $\mathbf{M}_k$ já foi calculada.

Na versão a seguir do algoritmo de Warshall, em pseudocódigo, o valor inicial da matriz **M** é **A**. Cada passagem pelo laço externo calcula a próxima matriz na sequência $\mathbf{M}_1, \mathbf{M}_2, \ldots, \mathbf{M}_n = \mathbf{R}$.

ALGORITMO *ALGORITMO DE WARSHALL*

```
Warshall(matriz booleana n × n M)
// Inicialmente, M = matriz de adjacência de um grafo direcionado
// G sem arcos paralelos

   para k = 0 até n − 1 faça
      para i = 1 até n faça
         para j = 1 até n faça
            M[i, j] = M[i, j] ∨ (M[i, k + 1] ∧ M[k + 1, j])
         fim do para
      fim do para
   fim do para
   // ao final, M = matriz de acessibilidade de G
fim de Warshall
```

Isso nos dá uma boa descrição do algoritmo de Warshall, que pode ser implementado facilmente em alguma linguagem de programação. Entretanto, esses passos são confusos para se executar à mão e necessitam de anotações em paralelo para se guardar todos os índices. Podemos escrever o algoritmo de maneira informal, tornando-o mais fácil para execução manual. Suponha, novamente, que a matriz $\mathbf{M}_k$ na sequência já foi calculada e que estamos tentando escrever a linha i da próxima matriz na sequência. Isso significa que precisamos calcular a expressão

$$\mathbf{M}[i, j] \vee (\mathbf{M}[i, k+1] \wedge \mathbf{M}[k+1, j]) \tag{5}$$

para os diversos valores de j. Se o elemento $\mathbf{M}[i, k+1]$ é 0, então o elemento $\mathbf{M}[i, k+1] \wedge \mathbf{M}[k+1, j] = 0$ para todo j. A Expressão (5) se reduz, então, a

$$\mathbf{M}[i, j] \vee 0 = \mathbf{M}[i, j]$$

Em outras palavras, a linha i da matriz não muda. Se, por outro lado, o elemento $\mathbf{M}[i, k+1]$ é 1, então $\mathbf{M}[i, k+1] \wedge \mathbf{M}[k+1, j] = \mathbf{M}[k+1, j]$ para todo j. A Expressão (5) fica

$$\mathbf{M}[i, j] \vee \mathbf{M}[k+1, j]$$

Em outras palavras, a nova linha i da matriz vai ser a operação booleana **ou** da linha i atual com a linha $k + 1$ atual.

A Tabela 7.1 descreve os passos (informais) para se calcular os elementos de $\mathbf{M}_{k+1}$ a partir da matriz $\mathbf{M}_k$.

TABELA 7.1
1. Considere a coluna $k + 1$ na matriz $\mathbf{M}_k$.
2. Para cada linha com um elemento 0 nessa coluna, copie essa linha em $\mathbf{M}_{k+1}$.
3. Para cada linha com um elemento 1 nessa coluna, execute a operação booleana **ou** dessa linha com a linha $k + 1$ e escreva a linha resultante em $\mathbf{M}_{k+1}$.

EXEMPLO 6 Para o grafo do Exemplo 5, a matriz inicial $\mathbf{M}_0$ é a matriz de adjacência.

$$\mathbf{M}_0 = \begin{bmatrix} 0 & 1 & 0 & 0 & 0 \\ 0 & 0 & 1 & 0 & 0 \\ 1 & 0 & 0 & 1 & 0 \\ 0 & 0 & 0 & 0 & 0 \\ 1 & 0 & 1 & 0 & 0 \end{bmatrix}$$

Conhecemos $\mathbf{M}_0$ (de modo que $k = 0$) e queremos calcular $\mathbf{M}_1$ ($k + 1 = 1$). Usando o passo 1 da Tabela 7.1, vamos considerar a coluna 1 de $\mathbf{M}_0$. Usando o passo 2 da Tabela 7.1, as linhas 1, 2 e 4 de $\mathbf{M}_0$ contêm 0 na coluna 1, logo essas linhas são copiadas diretamente em $\mathbf{M}_1$:

$$\mathbf{M}_1 = \begin{bmatrix} 0 & 1 & 0 & 0 & 0 \\ 0 & 0 & 1 & 0 & 0 \\ & & & & \\ 0 & 0 & 0 & 0 & 0 \\ & & & & \end{bmatrix}$$

Terminamos agora usando o passo 3 da Tabela 7.1. O elemento na linha 3, coluna 1 de $\mathbf{M}_0$ é 1, logo a linha 3 de $\mathbf{M}_1$ é o resultado da operação booleana linha 3 de $\mathbf{M}_0$ ou linha 1 de $\mathbf{M}_0$:

$$\mathbf{M}_1 = \begin{bmatrix} 0 & 1 & 0 & 0 & 0 \\ 0 & 0 & 1 & 0 & 0 \\ 1 & 1 & 0 & 1 & 0 \\ 0 & 0 & 0 & 0 & 0 \\ & & & & \end{bmatrix}$$

Como o elemento da linha 5, coluna 1 de $\mathbf{M}_0$ é 1, a linha 5 de $\mathbf{M}_1$ é o resultado da operação booleana linha 5 de $\mathbf{M}_0$ **ou** linha 1 de $\mathbf{M}_0$:

$$\mathbf{M}_1 = \begin{bmatrix} 0 & 1 & 0 & 0 & 0 \\ 0 & 0 & 1 & 0 & 0 \\ 1 & 1 & 0 & 1 & 0 \\ 0 & 0 & 0 & 0 & 0 \\ 1 & 1 & 1 & 0 & 0 \end{bmatrix}$$

Para calcular os elementos de $\mathbf{M}_2$, considere a coluna 2. As linhas 2 e 4 (correspondentes aos zeros na coluna 2) são copiadas sem modificações. Executamos a operação booleana **ou** entre as linhas 1 e 2 para obter a nova linha 1, entre as linhas 3 e 2 para obter a nova linha 3 e entre as linhas 5 e 2 para obter a nova linha 5:

$$\mathbf{M}_2 = \begin{bmatrix} 0 & 1 & 1 & 0 & 0 \\ 0 & 0 & 1 & 0 & 0 \\ 1 & 1 & 1 & 1 & 0 \\ 0 & 0 & 0 & 0 & 0 \\ 1 & 1 & 1 & 0 & 0 \end{bmatrix}$$

$\mathbf{M}_3$ é calculada de forma análoga:

$$\mathbf{M}_3 = \begin{bmatrix} 1 & 1 & 1 & 1 & 0 \\ 1 & 1 & 1 & 1 & 0 \\ 1 & 1 & 1 & 1 & 0 \\ 0 & 0 & 0 & 0 & 0 \\ 1 & 1 & 1 & 1 & 0 \end{bmatrix}$$

$\mathbf{M}_4$ e $\mathbf{M}_5$ serão iguais a $\mathbf{M}_3$; a linha 4 contém apenas zeros, logo a operação booleana **ou** entre essa linha e outra qualquer não vai modificar a outra, e a coluna 5 também só tem zeros, logo todas as linhas são copiadas diretamente. Em termos do grafo, não se obtém nenhum novo elemento igual a 1 porque não existem caminhos do nó 4 para qualquer outro nó, nem caminhos de outro nó para o nó 5. Portanto, $\mathbf{M}_3 = \mathbf{M}_4 = \mathbf{M}_5 = \mathbf{R}$, como calculado no Exemplo 5. Observe, no entanto, que as matrizes calculadas pelo algoritmo de Warshall, exceto por **A** e **R**, não são iguais às potências de A usadas em nosso algoritmo anterior para calcular **R**. ●

Cada passagem pelo laço externo do algoritmo de Warshall modifica a matriz, colocando outra no lugar da que estava na passagem anterior. O algoritmo de Warshall não precisa de armazenagem adicional para outras matrizes, embora tenhamos escritos novas matrizes no nosso exemplo. Precisamos verificar mais uma coisa. Como vamos modificando a (única) matriz ao prosseguir, durante qualquer passagem pelo laço externo alguns elementos pertencerão a $\mathbf{M}_{k+1}$ enquanto outros ainda pertencem a $\mathbf{M}_k$. Especificamente, no passo $k + 1$, podemos considerar $\mathbf{M}[i, k + 1] \wedge \mathbf{M}[k + 1, j]$ na Expressão (5), onde esses valores já foram calculados nessa passagem e, portanto, representam $\mathbf{M}_{k+1}[i, k + 1]$ e $\mathbf{M}_{k+1}[k + 1, j]$ e não os valores $\mathbf{M}_k[i, k + 1]$ e $\mathbf{M}_k[k + 1, j]$ que usamos na nossa justificativa para esse algoritmo. Pode acontecer que $\mathbf{M}_{k+1}[i, k + 1]$ e $\mathbf{M}_{k+1}[k + 1, j]$ são iguais a 1, de modo que o valor 1 é colocado em $\mathbf{M}_{k+1}[i, j]$, enquanto os valores $\mathbf{M}_k[i, k + 1]$ e $\mathbf{M}_k[k + 1, j]$ são nulos? Não — se $\mathbf{M}_{k+1}[i, k + 1] = 1$, existe um caminho de n_i para n_{k+1} cujos nós interiores pertencem ao conjunto $\{n_1, n_2, \ldots, n_{k+1}\}$. No entanto, como n_{k+1} é uma extremidade e ciclos podem ser eliminados, também tem que existir um caminho com nós interiores no conjunto $\{n_1, n_2, \ldots, n_k\}$, de modo que $\mathbf{M}_k[i, k + 1] = 1$. Um argumento análogo é válido para $\mathbf{M}_{k+1}[k + 1, j]$.

PROBLEMA PRÁTICO 6 Use o algoritmo de Warshall (formal ou informalmente) para calcular **R** para o grafo da Figura 7.2. Compare sua resposta com a encontrada no Problema Prático 5. ■

Quanto trabalho é necessário para executar o algoritmo de Warshall, medido pelo número de operações booleanas **e**/**ou**? Considere o algoritmo formal. O único comando de atribuição nesse algoritmo está dentro de três laços encaixados, um dentro do outro; será executado n^3 vezes. Cada execução do comando de atribuição necessita de um **e** e um **ou**; portanto, o trabalho total é $2n^3 = \Theta(n^3)$. Lembre-se de que nosso algoritmo anterior para calcular **R** era de ordem $\Theta(n^4)$.

SEÇÃO 7.1 REVISÃO

TÉCNICAS

- Dada uma representação, encontrar qualquer das outras duas representações equivalentes entre a relação de adjacência, o grafo direcionado ou a matriz de adjacência.
- Calcular a matriz de acessibilidade **R** de um grafo G (ou, equivalentemente, encontrar o fecho transitivo da relação de adjacência em G) usando a fórmula $\mathbf{R} = \mathbf{A} \vee \mathbf{A}^{(2)} \vee \ldots \vee \mathbf{A}^{(n)}$ e usando o algoritmo de Warshall.

CONCEITOS PRINCIPAIS

- Existe uma correspondência um para um entre um grafo direcionado G sem arcos paralelos, a relação de adjacência em G e a matriz de adjacência de G (em relação a alguma ordem arbitrária dos nós).
- A matriz de acessibilidade de um grafo G também representa o fecho transitivo da relação de adjacência em G.
- A matriz de acessibilidade de um grafo pode ser calculada com $\Theta(n^4)$ operações booleanas de **e/ou** somando-se as potências da matriz de adjacência **A** ou com $\Theta(n^3)$ operações booleanas de e/ou usando-se o algoritmo de Warshall.

EXERCÍCIOS 7.1

1. Encontre a matriz de adjacência e a relação de adjacência para o grafo na figura a seguir.

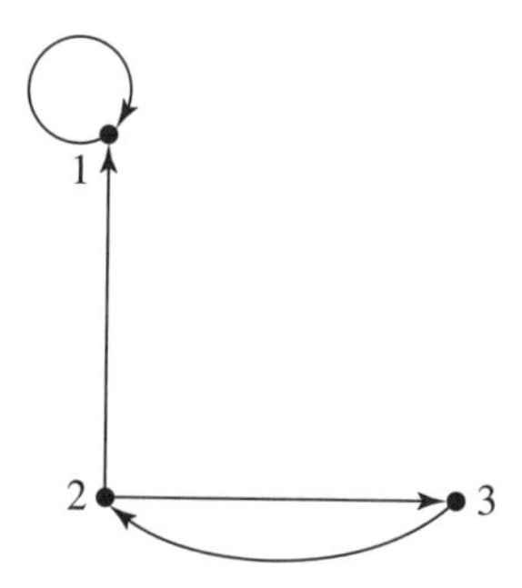

2. Encontre a matriz de adjacência e a relação de adjacência para o grafo na figura a seguir.

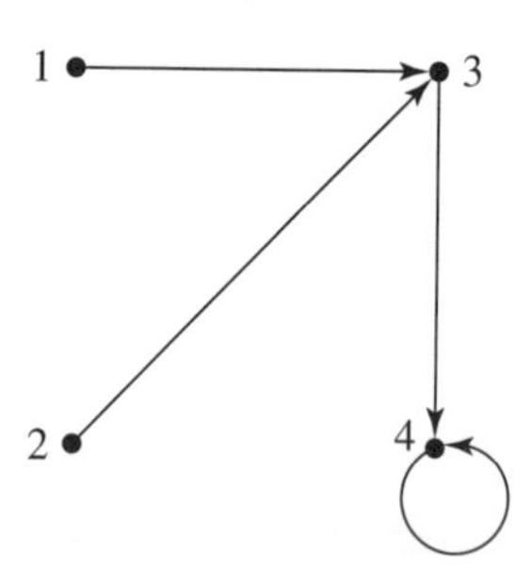

3. Encontre o grafo direcionado correspondente e a relação de adjacência para a matriz de adjacência a seguir.

$$\mathbf{A} = \begin{bmatrix} 0 & 0 & 0 & 1 & 0 \\ 0 & 0 & 0 & 0 & 1 \\ 0 & 0 & 0 & 0 & 0 \\ 0 & 1 & 0 & 0 & 0 \\ 0 & 0 & 1 & 1 & 0 \end{bmatrix}$$

4. Encontre o grafo direcionado correspondente e a relação de adjacência para a matriz de adjacência a seguir.

$$\mathbf{A} = \begin{bmatrix} 0 & 0 & 0 & 0 & 0 \\ 1 & 0 & 0 & 0 & 1 \\ 0 & 1 & 0 & 1 & 0 \\ 0 & 1 & 0 & 0 & 0 \\ 0 & 0 & 0 & 1 & 0 \end{bmatrix}$$

5. Dada a relação de adjacência $\rho = \{(1, 4), (1, 5), (1, 6), (6, 2), (6, 3), (6, 5)\}$ no conjunto $N = \{1, 2, 3, 4, 5, 6\}$, encontre o grafo direcionado correspondente e a matriz de adjacência.
6. Dada a relação de adjacência $\rho = \{(2, 1), (3, 2), (3, 3), (3, 4), (4, 5), (6, 3), (6, 6)\}$ no conjunto $N = \{1, 2, 3, 4, 5, 6\}$, encontre o grafo direcionado correspondente e a matriz de adjacência.
7. Seja ρ uma relação binária definida no conjunto $\{0, 1, 2, 3, 4, 5, 6\}$ por $y \, \rho \, x \leftrightarrow y = x + 2$. Desenhe o grafo direcionado associado.
8. Seja ρ uma relação binária definida no conjunto $\{0, \pm 1, \pm 2, \pm 4, \pm 16\}$ por $y \, \rho \, x \leftrightarrow y = x^2$. Desenhe o grafo direcionado associado.
9. Descreva uma propriedade de um grafo direcionado cuja matriz de adjacência é simétrica.
10. Descreva o grafo direcionado cuja matriz de adjacência tem elementos iguais a 0 em toda a diagonal principal e iguais a 1 em todas as outras posições.
11. Descreva o grafo direcionado cuja matriz de adjacência tem todos os elementos da linha 1 e todos os elementos da coluna 1 iguais a 1 e todos os outros elementos iguais a 0.
12. Descreva o grafo direcionado cuja matriz de adjacência tem todos os elementos nas posições $(i, i + 1)$ iguais a 1 para $1 \leq i \leq n - 1$, tem o elemento na posição $(n, 1)$ igual a 1 e tem todos os outros elementos iguais a 0.
13. Descreva uma propriedade de um grafo direcionado cuja relação de adjacência é irreflexiva (veja o Exercício 26 na Seção 5.1).
14. Descreva uma propriedade da matriz de adjacência de um grafo cuja relação de adjacência é antissimétrica.
15. As relações de adjacência ρ e σ têm as matrizes de adjacência associadas **R** e **S** dadas a seguir. Encontre as matrizes de adjacência associadas às relações $\rho \cup \sigma$ e $\rho \cap \sigma$.

$$\mathbf{R} = \begin{bmatrix} 1 & 0 & 1 \\ 1 & 1 & 0 \\ 0 & 0 & 1 \end{bmatrix} \quad \mathbf{S} = \begin{bmatrix} 1 & 0 & 0 \\ 1 & 0 & 1 \\ 0 & 0 & 1 \end{bmatrix}$$

16. As relações ρ e σ têm as matrizes de adjacência associadas **R** e **S** dadas a seguir. Encontre as matrizes de adjacência associadas às relações $\rho \cup \sigma$ e $\rho \cap \sigma$.

$$\mathbf{R} = \begin{bmatrix} 0 & 1 & 1 & 0 \\ 0 & 0 & 0 & 1 \\ 1 & 1 & 0 & 0 \\ 1 & 0 & 0 & 1 \end{bmatrix} \quad \mathbf{S} = \begin{bmatrix} 0 & 1 & 0 & 0 \\ 0 & 0 & 1 & 0 \\ 1 & 0 & 0 & 1 \\ 1 & 0 & 0 & 0 \end{bmatrix}$$

17. Os dois grafos direcionados na figura a seguir têm relações de adjacência ρ e σ. Desenhe os grafos associados às relações $\rho \cup \sigma$ e $\rho \cap \sigma$.

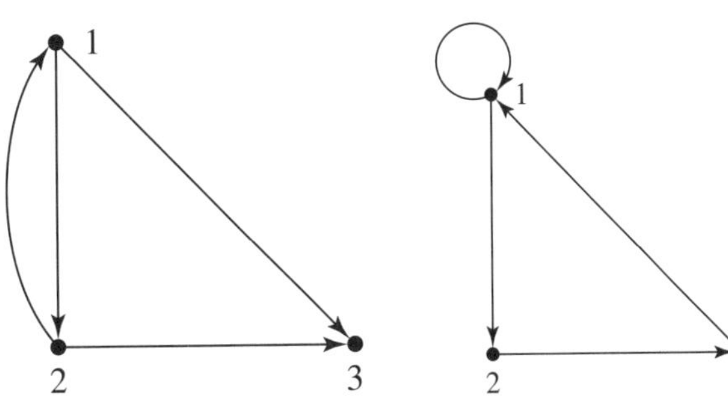

18. Os dois grafos direcionados na figura a seguir têm relações de adjacência ρ e σ. Desenhe os grafos associados às relações $\rho \cup \sigma$ e $\rho \cap \sigma$.

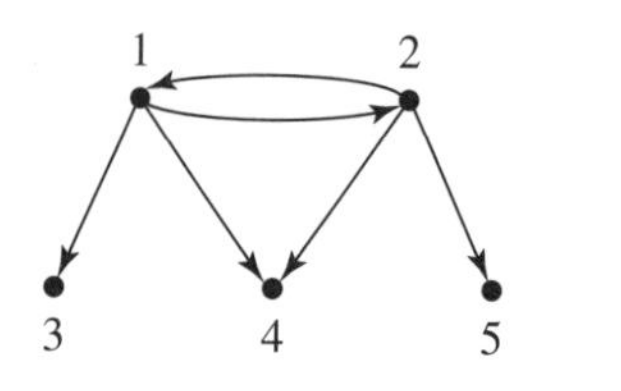

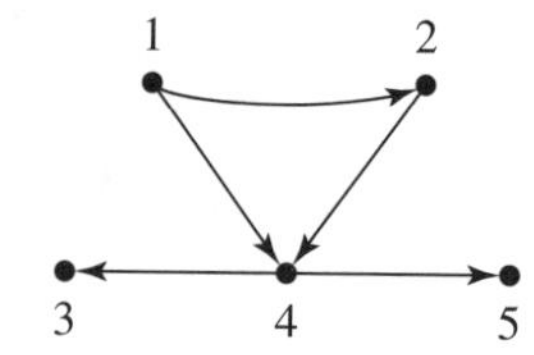

19. Seja **A** a matriz

$$\mathbf{A} = \begin{bmatrix} 0 & 1 & 1 \\ 1 & 1 & 1 \\ 0 & 0 & 1 \end{bmatrix}$$

Encontre os produtos $\mathbf{A}^2$ e $\mathbf{A}^{(2)}$.

20. Seja **A** a matriz

$$\mathbf{A} = \begin{bmatrix} 1 & 1 & 0 & 1 \\ 0 & 0 & 1 & 0 \\ 1 & 0 & 0 & 1 \\ 1 & 0 & 1 & 0 \end{bmatrix}$$

Encontre os produtos $\mathbf{A}^2$ e $\mathbf{A}^{(2)}$.

21. A definição de *grafo conexo* pode ser estendida a grafos direcionados. Descreva a matriz de acessibilidade **R** para um grafo direcionado conexo.

22. Descreva o grafo direcionado que tem a matriz de acessibilidade **R** dada a seguir.

$$\mathbf{R} = \begin{bmatrix} 1 & 1 & 1 & 0 & 0 & 0 \\ 1 & 1 & 1 & 0 & 0 & 0 \\ 1 & 1 & 1 & 0 & 0 & 0 \\ 0 & 0 & 0 & 1 & 1 & 1 \\ 0 & 0 & 0 & 1 & 1 & 1 \\ 0 & 0 & 0 & 1 & 1 & 1 \end{bmatrix}$$

23. Para o grafo da figura a seguir, escreva a matriz de acessibilidade **R** simplesmente inspecionando o grafo.

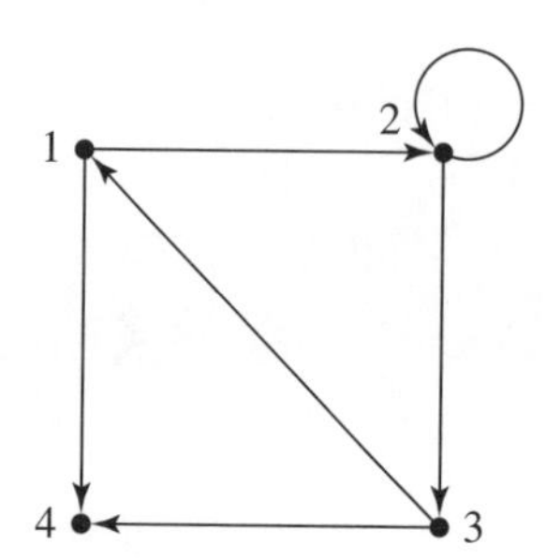

24. Para o grafo da figura a seguir, escreva a matriz de acessibilidade **R** simplesmente inspecionando o grafo.

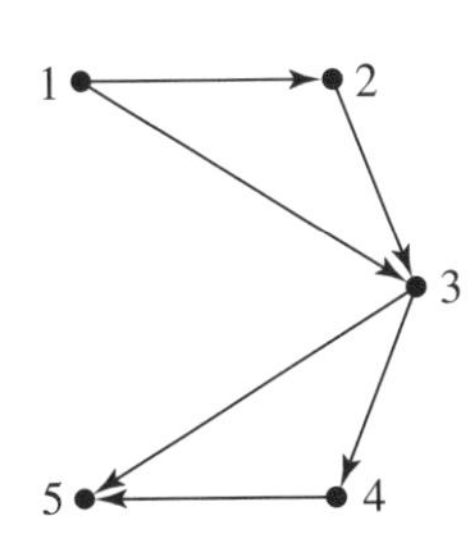

Nos Exercícios 25 a 30, calcule a matriz de acessibilidade **R** usando a fórmula $\mathbf{R} = \mathbf{A} \vee \mathbf{A}^{(2)} \vee \ldots \vee \mathbf{A}^{(n)}$.

25. Exercício 1.
26. Exercício 2.
27. Exercício 3.
28. Exercício 4.
29. Exercício 5.
30. Exercício 6.

Nos Exercícios 31 a 36, calcule a matriz de acessibilidade **R** usando o algoritmo de Warshall.

31. Exercício 1.
32. Exercício 2.
33. Exercício 3.
34. Exercício 4.
35. Exercício 5.
36. Exercício 6.
37. Dada a relação binária $\rho = \{(1, 3), (3, 2), (2, 3)\}$ no conjunto $\{1, 2, 3\}$, use o algoritmo de Warshall para encontrar o fecho transitivo de ρ.
38. Dada a relação binária $\rho = \{(1, 2), (2, 3), (4, 1)\}$ no conjunto $\{1, 2, 3, 4\}$, use o algoritmo de Warshall para encontrar o fecho transitivo de ρ.
39. Use o algoritmo de Warshall para encontrar o fecho transitivo das relações binárias a seguir no conjunto $\{1, 2, 3\}$ (veja o Exercício 23 na Seção 5.1).
    a. $\rho = \{(1, 3), (3, 3), (3, 1), (2, 2), (2, 3), (1, 1), (1, 2)\}$
    b. $\rho = \{(1, 1), (3, 3), (2, 2)\}$
    c. $\rho = \{(1, 1), (1, 2), (2, 3), (3, 1), (1, 3)\}$
    d. $\rho = \{(1, 1), (1, 2), (2, 3), (1, 3)\}$
40. Use o algoritmo de Warshall para encontrar o fecho transitivo das relações binárias a seguir no conjunto $\{0, 1, 2, 4, 6\}$ (veja o Exercício 24 na Seção 5.1).
    a. $\rho = \{(0, 0), (1, 1), (2, 2), (4, 4), (6, 6), (0, 1), (1, 2), (2, 4), (4, 6)\}$
    b. $\rho = \{(0, 1), (1, 0), (2, 4), (4, 2), (4, 6), (6, 4)\}$
    c. $\rho = \{(0, 1), (1, 2), (0, 2), (2, 0), (2, 1), (1, 0), (0, 0), (1, 1), (2, 2)\}$
    d. $\rho = \{(0, 0), (1, 1), (2, 2), (4, 4), (6, 6), (4, 6), (6, 4)\}$
    e. $\rho = \varnothing$
41. O grafo direcionado a seguir representa uma relação binária ρ nos nós. Desenhe o grafo direcionado que representaria o fecho transitivo de ρ.

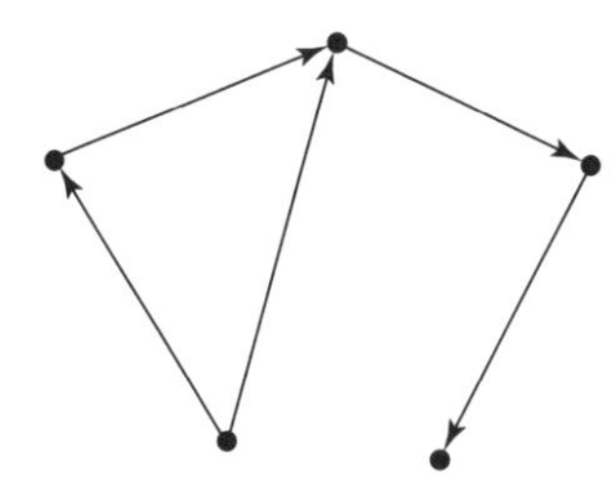

42. O grafo direcionado a seguir representa uma relação binária ρ nos nós. Desenha o grafo direcionado que representaria o fecho transitivo de ρ.

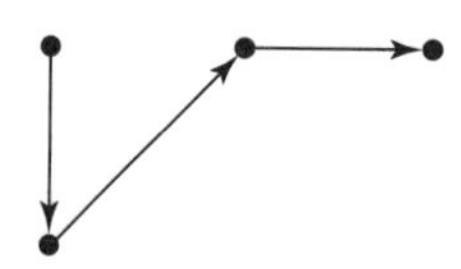

Os Exercícios 43 a 46 usam a multiplicação usual de matrizes para obter informação sobre um grafo.

43. Seja G um grafo direcionado, podendo ter arcos paralelos, e seja $\mathbf{A}$ sua matriz de adjacência. Então $\mathbf{A}$ pode não ser uma matriz booleana. Prove que o elemento i, j da matriz $\mathbf{A}^2$ é igual ao número de caminhos de comprimento 2 do nó i para o nó j.
44. Seja $\mathbf{A}$ a matriz de adjacência de um grafo direcionado G, podendo ter arcos paralelos. Prove que o elemento i, j da matriz $\mathbf{A}^n$ fornece o número de caminhos de comprimento n do nó i para o nó j.
45. Para o grafo a seguir, conte o número de caminhos de comprimento 2 do nó 1 para o nó 3. Verifique calculando $\mathbf{A}^2$.

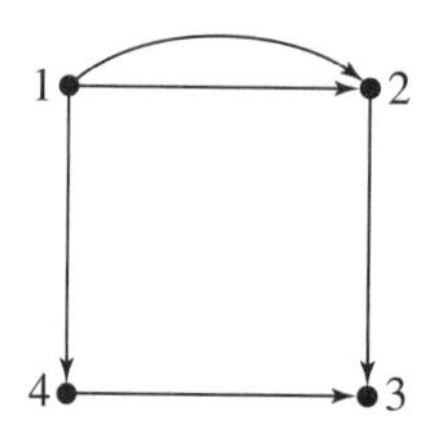

46. Para o grafo a seguir, conte o número de caminhos de comprimento 4 do nó 1 para o nó 5. Verifique calculando $\mathbf{A}^4$.

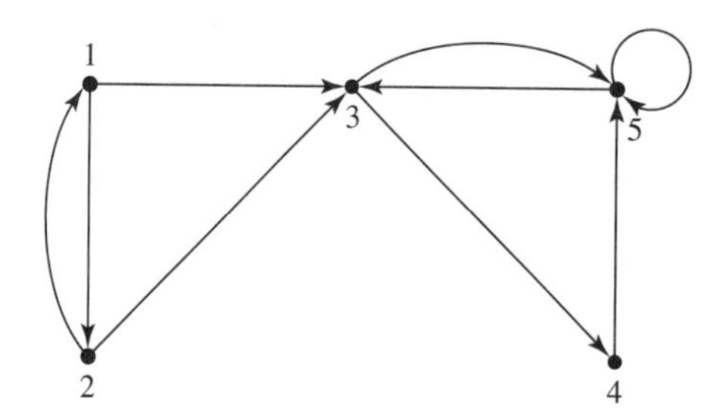

SEÇÃO 7.2 CAMINHO DE EULER E CIRCUITO HAMILTONIANO

O Problema do Caminho de Euler

O problema do caminho de Euler (o problema de inspeção de rodovias) originou-se muitos anos atrás. O matemático suíço Leonhard Euler (pronuncia-se "óiler") (1707-1783) ficou intrigado com um problema popular entre os habitantes de Königsberg (uma cidade na parte leste da antiga Prússia, mais tarde chamada de Caliningrado, na Rússia). O rio que atravessa a cidade bifurca em torno de uma ilha. Diversas pontes atravessam o rio, como ilustrado na Figura 7.4.

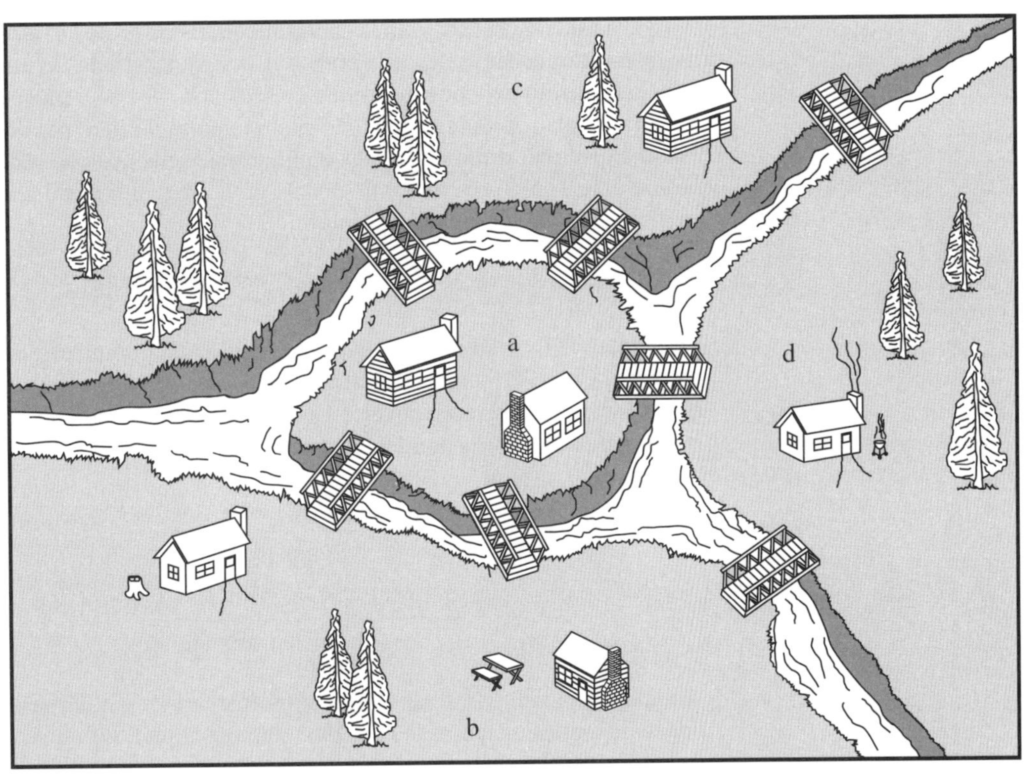

Figura 7.4

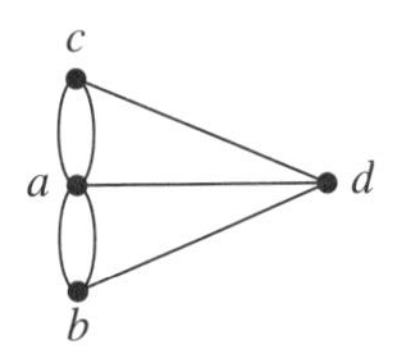

Figura 7.5

O problema é decidir se uma pessoa poderia passear por toda a cidade cruzando cada ponte apenas uma vez. É possível resolver o problema por tentativa e erro, listando (ou andando) todos os caminhos possíveis, de modo que alguns habitantes dedicados de Königsberg poderiam ter resolvido esse problema particular. Euler resolveu esse problema, e, na verdade, uma versão mais geral do problema, por um mecanismo melhor do que tentativa e erro. O problema é representado, geralmente, como um grafo (veja a Figura 7.5), com as pontes representadas por arcos e as partes em terra da cidade (marcadas de a até d) representadas por nós. O problema mais geral é determinar quando existe um caminho de Euler em um grafo qualquer.[1]

DEFINIÇÃO CAMINHO DE EULER

Um **caminho de Euler** em um grafo G é um caminho que usa cada arco em G exatamente uma vez.

PROBLEMA PRÁTICO 7 Existem caminhos de Euler para um dos grafos na Figura 7.6? (Use tentativa e erro para responder. Essa é a velha brincadeira de criança, se é possível desenhar todo o grafo sem levantar o lápis do papel e sem desenhar duas vezes qualquer arco.) ■

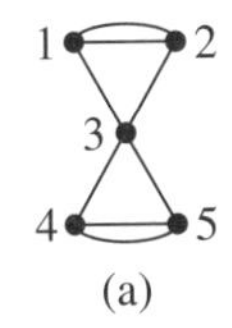

(a)

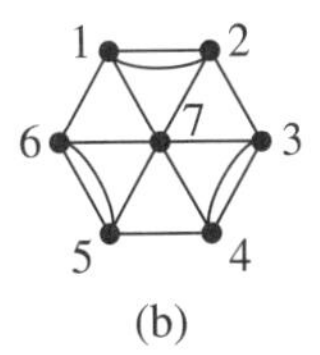

(b)

Figura 7.6

[1]Euler não representou, de fato, o problema como um grafo, e tal representação só foi ligada ao trabalho de Euler mais de 150 anos depois. Veja "The Truth about Königsberg", de Brian Hopkins e Robin Wilson, *The College Mathematical Journal*, maio de 2004.

Para esta discussão, vamos supor que todos os grafos são conexos, já que, caso contrário, um caminho de Euler não pode existir. A existência de um caminho de Euler em determinado grafo depende dos graus de seus nós. Um nó é **par** se tem grau par e é **ímpar** se tem grau ímpar. Acontece que todo grafo tem um número par de nós ímpares. Para ver isso, escolha qualquer grafo e sejam N o número de seus nós que são ímpares, $N(1)$ o número de nós de grau 1, $N(2)$ o número de nós de grau 2 e assim por diante. Então a soma S de todos os graus de todos os nós do grafo é

$$S = 1 \cdot N(1) + 2 \cdot N(2) + 3 \cdot N(3) + \cdots + k \cdot N(k) \quad (1)$$

para algum k. Essa soma é, de fato, uma contagem do número total de extremidades de arco no grafo. Como o número de extremidades de arco é o dobro do número de arcos, S é um número par. Vamos reorganizar a Equação (1), agrupando as parcelas correspondentes aos nós ímpares e as correspondentes aos nós pares:

$$S = \underbrace{2 \cdot N(2) + 4 \cdot N(4) + \cdots + 2m \cdot N(2m)}_{\text{nós pares}}$$
$$\underbrace{+1 \cdot N(1) + 3 \cdot N(3) + \cdots + (2n + 1) \cdot N(2n + 1)}_{\text{nós ímpares}}$$

A soma das parcelas que representam os nós pares é um número par. Subtraindo essa quantidade de ambos os lados da equação, obtemos uma nova equação,

$$S' = 1 \cdot N(1) + 3 \cdot N(3) + \cdots + (2n + 1) \cdot N(2n + 1) \quad (2)$$

em que S' (a diferença entre dois números pares) é um número par. Reescrevendo a Equação (2) na forma

$$S' = \underbrace{1 + 1 + \cdots + 1}_{N(1)\text{ termos}} + \underbrace{3 + 3 + \cdots + 3}_{N(3)\text{ termos}} + \cdots$$
$$\underbrace{+ (2n + 1) + (2n + 1) + \cdots + (2n + 1)}_{N(2n + 1)\text{ termos}}$$

vemos que essa soma tem N parcelas ao todo (o número de nós ímpares) e que cada parcela é um número ímpar. Para que a soma de N números ímpares seja par é preciso que N seja par. (Você pode provar isso?) Acabamos, então, de provar o seguinte teorema:

TEOREMA SOBRE OS NÓS ÍMPARES EM UM GRAFO

O número de nós ímpares em qualquer grafo é par.

Suponha agora que um grafo tem um nó ímpar n de grau $2k + 1$ e que existe um caminho de Euler no grafo que não começa em n. Então, para cada arco que usamos para chegar em n, existe outro arco ainda não usado para sair de n, até que tenhamos usado os k pares de arcos. A próxima vez que chegarmos em n não haverá nenhum novo arco para sairmos. Assim, se nosso caminho não começa em n, ele tem que terminar em n. O caminho começa em n ou não, e, nesse último caso, ele termina em n, logo o caminho começa ou termina nesse nó ímpar arbitrário. Portanto, se existirem mais de dois nós ímpares no grafo, não poderá existir um caminho. Existem, então, dois casos possíveis em que um caminho de Euler pode existir — em um grafo sem nós ímpares ou em um com dois nós ímpares.

Considere o grafo sem nós ímpares. Pegue qualquer nó m e comece um caminho de Euler. Quando entrar em um nó diferente, sempre vai ter um outro arco para sair até chegar de volta a m. Se tiver usado todos os arcos do grafo, acabou. Se não, existe algum nó m' em seu caminho com arcos que não foram usados. Construa, então, um caminho de Euler que comece e termine em m', de maneira análoga à anterior, usando todos os novos arcos. Esse ciclo pode ser adicionado ao caminho original como uma volta extra. Se tiver usado, agora, todos os arcos, acabou. Se não, continue esse processo até usar todos os arcos.

Se existirem exatamente dois nós ímpares, pode-se começar um caminho de Euler em um deles e terminar em outro. Se o caminho não passou por todos os arcos, podem-se adicionar ciclos extras como no caso anterior.

Temos, agora, a solução completa do problema do caminho de Euler.

TEOREMA SOBRE CAMINHOS DE EULER

Existirá um caminho de Euler em um grafo conexo se e somente se não existirem nós ímpares ou existirem exatamente dois nós ímpares. No caso em que não existem nós ímpares, o caminho pode começar em qualquer nó e terminar aí; no caso de dois nós ímpares, o caminho precisa começar em um deles e terminar no outro.

PROBLEMA PRÁTICO 8 Usando o teorema precedente, faça novamente o Problema Prático 7. ■

PROBLEMA PRÁTICO 9 O passeio de Königsberg é possível? ■

O teorema sobre caminhos de Euler é, de fato, um algoritmo para determinar se existe um caminho de Euler em um grafo conexo arbitrário. Para fazer com que ele pareça mais com um algoritmo, vamos escrevê-lo em pseudocódigo, mas primeiro vamos fazer uma hipótese que vai simplificar o problema, a de que o grafo não tem laços. Se o grafo G tiver laços, podemos retirá-los e considerar o grafo modificado H. Se H tiver um caminho de Euler, G também tem — sempre que chegarmos a um nó contendo um laço, percorremos o laço. Se H não tiver um caminho de Euler, G também não tem.

No algoritmo correspondente (algoritmo *CaminhoDeEuler*), os dados de entrada correspondem a um grafo conexo representado por uma matriz de adjacência **A** $n \times n$. A essência do algoritmo é contar o número de nós adjacentes a cada nó e determinar se esse é um número par ou ímpar. Se existem números ímpares demais, não existe um caminho de Euler. A variável *total* guarda o número de nós ímpares encontrados no grafo. O grau de determinado nó, *grau*, é encontrado somando-se os números na linha da matriz de adjacência correspondente ao nó. (Essa é a razão da exclusão dos laços; um laço no nó i só adiciona 1 ao elemento $[i, j]$ da matriz de adjacência, mas esse laço contribui com 2 extremidades de arco.) A função *ímpar* tem valor "verdade" se e somente se o argumento é um inteiro ímpar.

ALGORITMO *CAMINHODEEULER*

```
CaminhoDeEuler (matriz n × n A)
// Determina se existe um caminho de Euler em um grafo conexo
// sem laços e com matriz de adjacência A.
Variáveis locais:
inteiro total      //número de nós ímpares encontrados até agora
inteiro grau       //o grau de um nó
inteiros i, j      //índices da matriz
```

```
    total = 0
    i = 1
    enquanto total <= 2 e i <= n faça
        grau = 0
        para j = 1 até n faça
            grau = grau + A[i, j]        //encontra o grau do nó i (*)
        fim do para
        se ímpar(grau) então
            total = total + 1            //encontrou outro nó ímpar
        fim do se
        i = i + 1
    fim do enquanto

    se total > 2 então
        escreva("Não existe um caminho de Euler")
    senão
        escreva("Existe um caminho de Euler")
    fim do se
fim de CaminhoDeEuler
```

EXEMPLO 7 A matriz de adjacência do grafo da Figura 7.6a é

$$\begin{bmatrix} 0 & 2 & 1 & 0 & 0 \\ 2 & 0 & 1 & 0 & 0 \\ 1 & 1 & 0 & 1 & 1 \\ 0 & 0 & 1 & 0 & 2 \\ 0 & 0 & 1 & 2 & 0 \end{bmatrix}$$

Quando o algoritmo entra pela primeira vez no laço de **enquanto**, *total* é 0 e *i* é 1. Então é atribuído a *grau* o valor inicial 0. Dentro do laço de **para**, são somados os elementos da linha 1 da matriz de adjacência ao *grau*, resultando em um valor 3 para *grau*. A função *ímpar* aplicada a *grau* tem valor "verdade", logo o valor de *total* vai de 0 para 1; foi encontrado um nó de grau ímpar. Então o valor de i vai para 2. Não foram excedidos nem o limite sobre *total* nem o limite sobre o tamanho da matriz, de modo que o laço de **enquanto** é executado mais uma vez, agora para a linha 2 da matriz. De novo, *grau* é ímpar, logo o valor *total* é mudado para 2. Quando o laço de **enquanto** é executado para a linha 3 da matriz, o valor de grau é par (4), logo o *total* não muda e o laço de **enquanto** é executado mais uma vez com $i = 4$. A linha 4 produz, novamente, um valor ímpar para *grau*, logo total sobe para 3. Isso encerra o laço de **enquanto**. Escreve-se a má notícia de que não existe um caminho de Euler porque o número de nós ímpares é maior do que 2. ●

PROBLEMA PRÁTICO 10 Escreva a matriz de adjacência para o problema do passeio de Königsberg e execute o algoritmo *CaminhoDeEuler*. ■

Vamos analisar o algoritmo *CaminhoDeEuler*. A operação importante executada pelo algoritmo é um exame dos elementos na matriz de adjacência, que ocorre na linha marcada com um asterisco (*). No pior caso, o laço de **enquanto** no algoritmo é executado *n* vezes, uma para cada linha. Dentro do laço de **enquanto**, o laço de **para**, contendo a linha (*), é executado *n* vezes, uma para cada coluna. Portanto, o algoritmo *CaminhoDeEuler* é de ordem $\Theta(n^2)$ no pior caso.

Podemos modificar o algoritmo, ao custo de algumas decisões lógicas extras, porque nunca precisamos examinar a última linha da matriz. Sabemos, do teorema sobre caminhos de Euler, que o número total de nós ímpares é par. Se o número de nós ímpares encontrados até a penúltima linha for ímpar, então a última linha terá que representar um nó ímpar; se esse número for par, então a última linha terá que representar um nó par. Essa modificação resulta na análise de $(n - 1)n$ elementos no pior caso, que ainda é $\Theta(n^2)$.

Se representarmos o grafo G por uma lista de adjacência em vez de uma matriz de adjacência, então a versão correspondente do algoritmo teria que contar o comprimento da lista de adjacência de cada nó e guardar quantos deles têm comprimento ímpar. Existiriam n listas de adjacência para examinar, como existem n linhas da matriz de adjacência para examinar, mas o comprimento de cada lista pode ser menor do que n, o comprimento de uma linha da matriz. É possível reduzir a ordem de grandeza, ficando menor do n^2, se o número de arcos no grafo for pequeno, mas o pior caso ainda é de ordem $\Theta(n^2)$.

O Problema do Circuito Hamiltoniano

Outro matemático famoso, William Rowan Hamilton (1805-1865), apresentou um problema em teoria dos grafos muito semelhante ao de Euler. Ele perguntou como dizer se um grafo tem um **circuito hamiltoniano**.

DEFINIÇÃO CIRCUITO HAMILTONIANO
Um circuito hamiltoniano em um grafo é um ciclo contendo todos os nós do grafo.

(Lembre-se de que, em um ciclo, apenas o nó que forma o início e o final do ciclo é repetido.)

Um caminho de Euler em um grafo requer que todos os arcos sejam usados exatamente uma vez, mas os nós podem ser repetidos. Um circuito hamiltoniano requer que todos os nós sejam visitados exatamente uma vez (exceto pelo nó inicial, que também é o nó final), mas pode ter arcos não usados; nenhum arco pode ser usado mais de uma vez, senão algum nó seria visitado novamente.

PROBLEMA PRÁTICO 11 Existem ciclos hamiltonianos para os grafos na Figura 7.6? (Use tentativa e erro para responder.) ■

Como o problema do caminho de Euler, o problema do circuito hamiltoniano pode ser resolvido para um grafo específico por tentativa e erro. O algoritmo é o seguinte: comece por um nó do grafo e tente alguns caminhos escolhendo diversos arcos. Se o caminho resulta em um nó repetido, não é um ciclo, jogue-o fora e tente um caminho diferente. Se o caminho pode ser completado para formar um ciclo, veja se todos os nós são visitados; senão, jogue-o fora e tente um caminho diferente. Continue assim até tentar todos os caminhos possíveis ou encontrar um circuito hamiltoniano. Isso vai envolver guardar cuidadosamente alguma informação de modo a não tentar um caminho mais de uma vez. A abordagem de tentativa e erro é, teoricamente, possível — mas, na prática, é impossível! Com exceção de grafos muito pequenos, simplesmente existirão caminhos demais para se tentar.

Euler encontrou um algoritmo simples e eficiente para determinar, para um grafo arbitrário, se existe um caminho de Euler. Embora o problema do circuito hamiltoniano pareça bastante semelhante ao do caminho de Euler, existe uma diferença básica. Nunca se encontrou um algoritmo eficiente para determinar se existe um circuito hamiltoniano. De fato, existe alguma evidência (veja a Seção 9.3) de que tal algoritmo nunca será encontrado.

Em certos tipos de grafos, podemos determinar facilmente se existe um circuito hamiltoniano. Por exemplo, um grafo completo com $n > 2$ nós tem um circuito hamiltoniano porque, para qualquer nó no caminho, existem sempre um arco para se ir a qualquer nó não visitado e, finalmente, um arco para se voltar ao ponto de partida. O Exercício 37 descreve uma condição que garante a existência de um circuito hamiltoniano. Mas em geral — ou seja, para um grafo arbitrário — não é possível determinar facilmente a existência ou não de um circuito hamiltoniano.

Suponha que estamos tratando de um grafo com peso. Se existir um circuito hamiltoniano para o grafo, poderemos encontrar um de peso mínimo? Esse é o problema do caixeiro-viajante. Mais uma vez, ele pode ser resolvido por tentativa e erro, traçando-se todos os caminhos possíveis e guardando-se os pesos dos caminhos que são circuitos hamiltonianos, mas, novamente, esse não é um algoritmo eficiente. (Aliás, o problema do caixeiro-viajante para visitar todas as 48 capitais da parte continental contígua dos Estados Unidos foi resolvido — é necessário um total de aproximadamente 17.100 quilômetros!)

SEÇÃO 7.2 REVISÃO

TÉCNICA

Usar o algoritmo *CaminhoDeEuler* para determinar se existe um caminho de Euler em um grafo.

IDEIAS PRINCIPAIS

- Existe um critério simples para se determinar se existem caminhos de Euler em um grafo, mas não existe tal critério para se determinar a existência de circuitos hamiltonianos.
- Um algoritmo da ordem de $\Theta(n^2)$ no pior caso pode determinar a existência de um caminho de Euler em um grafo conexo com n nós.

EXERCÍCIOS 7.2

1. Refaça o Exemplo 3 do Capítulo 2 usando o teorema sobre caminhos de Euler. O grafo está a seguir, com os nós numerados.

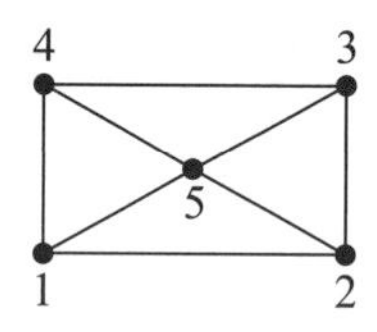

2. a. Adicione um único arco ao grafo no Exercício 1 de modo a existir um caminho de Euler.
   b. Liste os nós de tal caminho.

Nos Exercícios 3 a 12, determine se o grafo especificado tem um caminho de Euler usando o teorema sobre caminhos de Euler. Se tiver, liste os nós nesse caminho.

3.

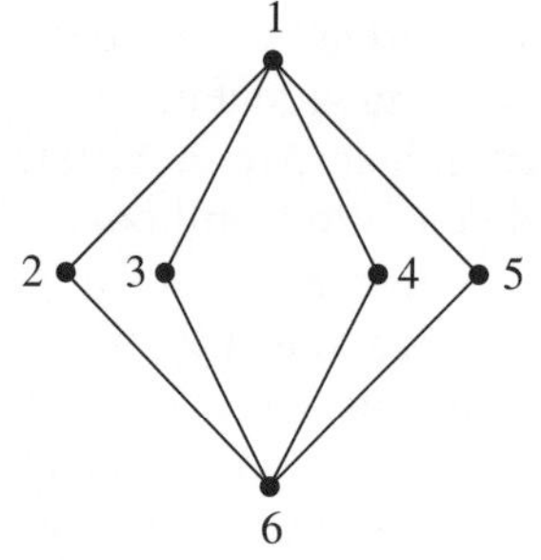

4.

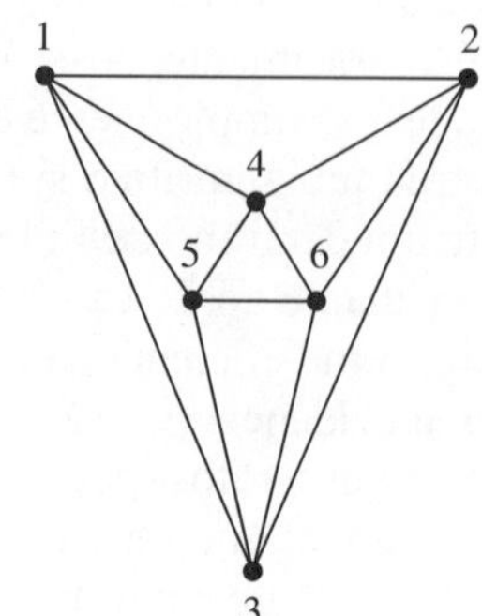

5. 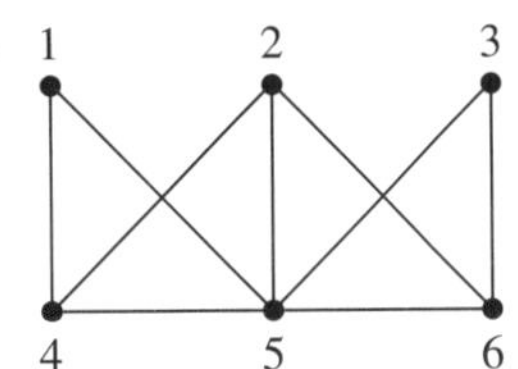

9. 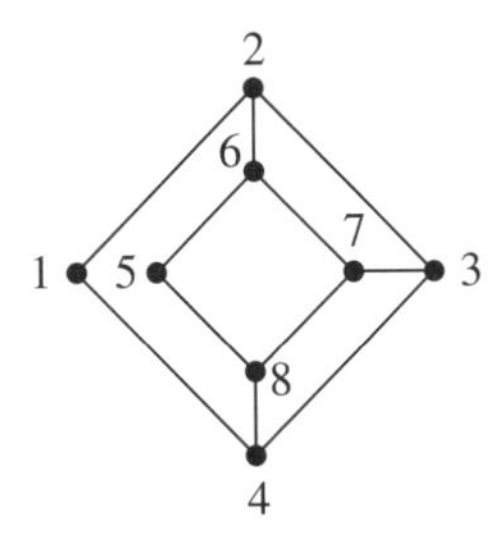

6. 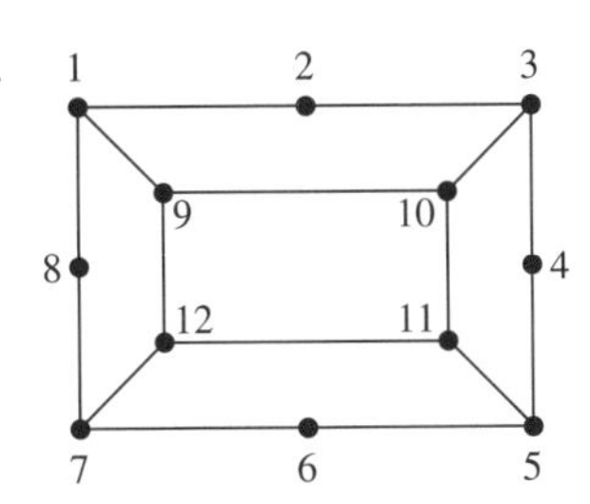

10. 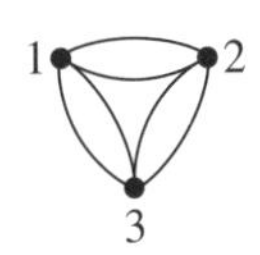

7. 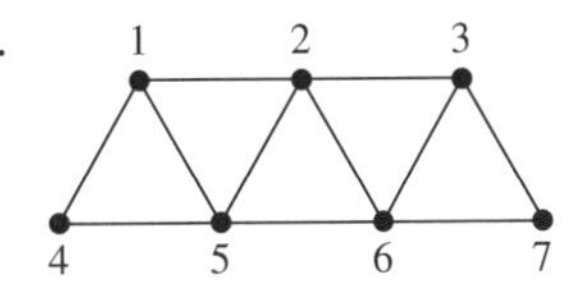

11. 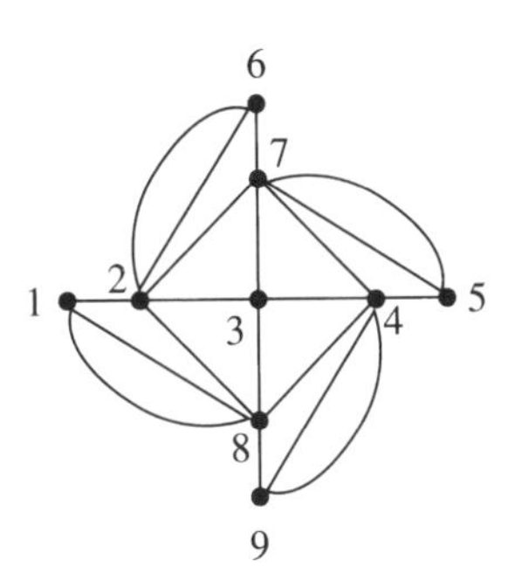

8. 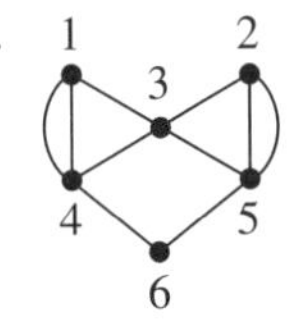

12. 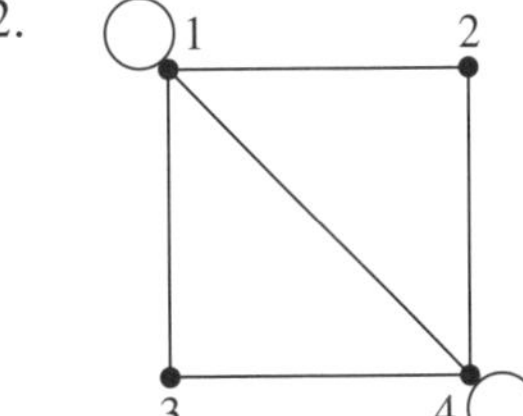

13. Escreva a matriz de adjacência para o grafo do Exercício 3. Ao aplicar o algoritmo *CaminhoDeEuler*, qual o valor de *total* após a segunda passagem pelo laço de **enquanto**?

14. Escreva a matriz de adjacência para o grafo do Exercício 5. Ao aplicar o algoritmo *CaminhoDeEuler*, qual o valor de *total* após a quarta passagem pelo laço de **enquanto**?

15. Escreva a matriz de adjacência para o grafo do Exercício 7. Ao aplicar o algoritmo *CaminhoDeEuler*, qual o valor de *i* após a saída do laço de **enquanto**?

16. Escreva a matriz de adjacência para o grafo do Exercício 9. Ao aplicar o algoritmo *CaminhoDeEuler*, qual o valor de *i* após a saída do laço de **enquanto**?

A definição de um caminho de Euler pode ser estendida para grafos direcionados. Agora é preciso manter registros dos arcos que entram e que saem de um nó, em vez de apenas o grau de um nó como sendo o número total de extremidades de arco. O número total de extremidades de arcos entrando em um nó é o *grau de entrada*; o número total de extremidades de arcos saindo de um nó é o *grau de saída*. Os Exercícios 17 a 20 tratam de caminhos de Euler em grafos direcionados.

17. Descreva duas condições em um grafo direcionado conexo tal que qualquer uma delas garante a existência de um caminho de Euler.
18. Determine se o grafo a seguir tem um caminho de Euler. Se tiver, liste os nós em tal caminho.

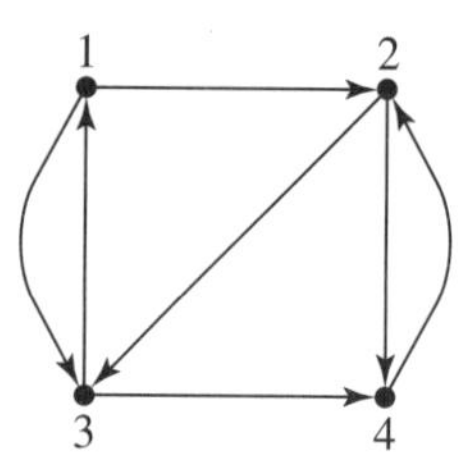

19. Determine se o grafo a seguir tem um caminho de Euler. Se tiver, liste os nós em tal caminho.

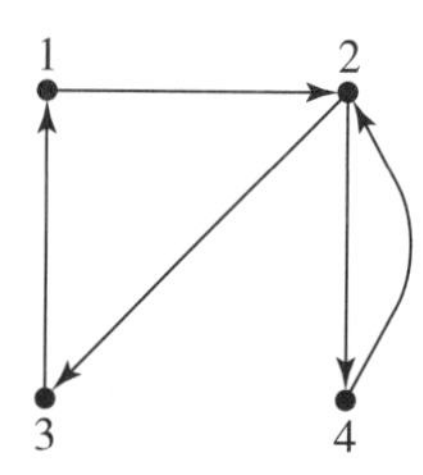

20. Determine se o grafo a seguir tem um caminho de Euler. Se tiver, liste os nós em tal caminho.

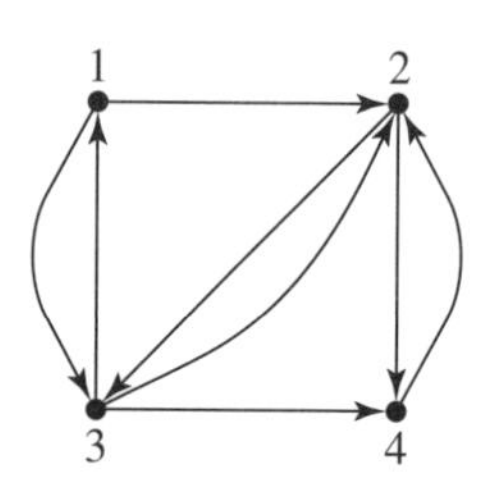

Nos Exercícios 21 a 28, decida por tentativa e erro se existem circuitos hamiltonianos para os grafos dos exercícios dados. Se existir, liste os nós em tal ciclo.

21. Exercício 3
22. Exercício 4
23. Exercício 5
24. Exercício 6
25. Exercício 7
26. Exercício 8
27. Exercício 9
28. Exercício 11
29. Prove que qualquer grafo que contém um circuito hamiltoniano é conexo.
30. Encontre um exemplo de um grafo não conexo que tem um caminho de Euler. (*Sugestão*: Como isso parece ser intuitivamente contraditório, procure um caso trivial.)
31. Considere um grafo simples e completo com n nós. Podemos testar a existência de um circuito hamiltoniano por tentativa e erro selecionando um nó inicial fixo e depois gerando todos os possíveis caminhos de comprimento n a partir desse nó.

    a. Quantos caminhos de comprimento n existem se são permitidas repetições de arcos e nós?

    b. Quantos caminhos de comprimento n existem se são permitidas repetições de arcos e nós mas um arco não pode ser usado em duas vezes sucessivas?

c. Quantos caminhos de comprimento n existem se não são permitidas repetições de arcos e nós com exceção do nó inicial? (Esses são os circuitos hamiltonianos.)

d. Para resolver o problema do caixeiro-viajante em um grafo com pesos, suponha um ponto inicial fixo no nó 1 e gere todos os circuitos hamiltonianos de comprimento n para encontrar um de peso mínimo. Se levar 0,000001 segundo para gerar um único circuito hamiltoniano, quanto tempo vai levar esse processo se aplicado a um grafo simples completo com 15 nós?

32. É possível entrar e sair de cada quarto na casa ilustrada na figura a seguir de modo que cada porta da casa seja usada exatamente uma vez? Por quê?

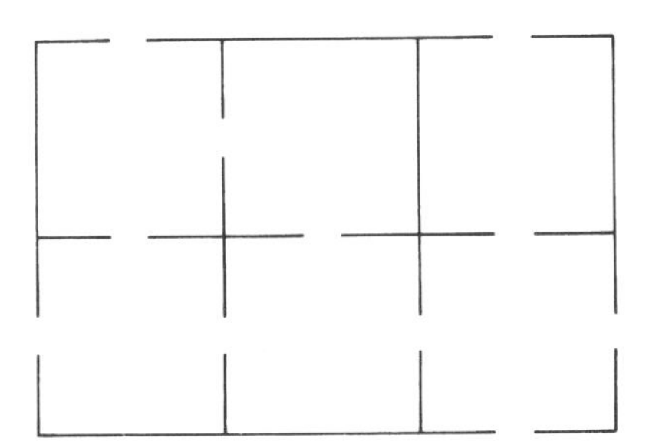

33. Lembre-se de que K_n denota o grafo simples completo de ordem n.

a. Para que valores de n existe um caminho de Euler em K_n?

b. Para que valores de n existe um circuito hamiltoniano em K_n?

34. Lembre-se de que $K_{m,n}$ denota o grafo bipartido completo com $m + n$ nós.

a. Para que valores de m e n existe um caminho de Euler em $K_{m,n}$?

b. Para que valores de m e n existe um circuito hamiltoniano em $K_{m,n}$?

35. Prove que sempre existe um circuito hamiltoniano em um garfo conexo em que todo nó tem grau 2.

36. Considere um grafo conexo com $2n$ vértices ímpares, $n \geq 2$. Pelo teorema sobre caminhos de Euler, esse grafo não tem caminhos de Euler.

a. Qual é o número mínimo de caminhos de Euler disjuntos, cada um viajando por alguns dos arcos no grafo, que são necessários para se percorrer cada arco exatamente uma vez?

b. Mostre que o número mínimo é suficiente.

37. O teorema de Ore (Oystein Ore, 1960) afirma que existe um circuito hamiltoniano em qualquer grafo G que satisfaça as seguintes propriedades:

1. G é um grafo simples com n nós, $n \geq 3$.
2. Quaisquer que sejam dois nós não adjacentes x e y, grau(x) + grau(y) $\geq n$.

O teorema de Ore é demonstrado por absurdo nos itens a seguir.

a. Suponha que um grafo G com as duas propriedades acima não tem um circuito hamiltoniano. Começando com G, adicione novos arcos para produzir um grafo simples H que não tem um circuito hamiltoniano, mas que teria tal circuito com a adição de um único arco novo. Descreva um processo para criar H.

b. Prove que H tem um caminho hamiltoniano, ou seja, um caminho que visita cada nó exatamente uma vez.

c. Denote os nós no caminho hamiltoniano por $p = x_1, x_2, x_3, \ldots, x_{n-1}, x_n = q$. Prove que, para qualquer nó x_i, $2 \leq i \leq n - 1$, se existir um arco em H entre x_i e p, então não existirá um arco em H entre x_{i-1} e q.

d. Usando o resultado do item (c), prove que, no grafo H, grau(p) + grau(q) $< n$.

e. Prove que, no grafo G, grau(p) + grau(q) $< n$.

f. Conclua do item (e) que G tem um circuito hamiltoniano.

38. O teorema de Ore (Exercício 37) fornece uma condição suficiente para a existência de um circuito hamiltoniano, mas não é uma condição necessária. Encontre um grafo simples G com n nós, $n \geq 3$, que tem um circuito hamiltoniano, mas para o qual a condição (2) não é válida.

SEÇÃO 7.3 CAMINHO MÍNIMO E ÁRVORE GERADORA MÍNIMA

O Problema do Caminho Mínimo

Suponha que temos um grafo simples conexo e com peso, em que os pesos são positivos. Então existe um caminho entre dois nós quaisquer x e y. De fato, podem existir muitos desses caminhos. A pergunta é: como encontrar um caminho com peso mínimo? Como o peso representa, muitas vezes, a distância, esse problema ficou conhecido como o problema do "caminho mínimo" (no sentido de "mais curto"). É um problema importante para uma rede de computadores ou de comunicação, em que a informação em um nó tem que ser enviada a outro nó do modo mais eficiente possível, ou para uma rede de transporte, em que os produtos de uma cidade têm que ser enviados a outra.

O problema do caixeiro-viajante é um problema de caminho de peso mínimo com restrições tão severas sobre a natureza do caminho que tal caminho pode não existir. No problema de caminho mínimo, não há restrições (fora o peso mínimo) sobre a natureza do caminho, e, como o grafo é conexo, sabemos que existe tal caminho. Por essa razão podemos esperar encontrar um algoritmo eficiente para resolver o problema, embora não se conheça tal algoritmo para o problema do caixeiro-viajante. Existe, de fato, tal algoritmo; ele foi publicado em 1959 por Edsger W. Dijkstra, um importante cientista da computação do século XX.

O algoritmo para o caminho mínimo, conhecido como *algoritmo de Dijkstra*, funciona da seguinte maneira. Queremos encontrar o caminho de distância mínima de um nó x dado a outro nó y dado. Vamos construir um conjunto (que chamaremos de IN) que contém apenas x inicialmente mas que aumenta durante a execução do algoritmo. Em qualquer instante dado, IN contém todos os nós cujos caminhos mínimos a partir de x, usando apenas nós em IN, já foram determinados. Para todo nó z fora de IN, guardamos a menor distância $d[z]$ de x àquele nó usando um caminho cujo único nó não pertencente a IN é z. Guardamos, também, o nó adjacente a z nesse caminho, $s[z]$.

Como aumentamos IN, ou seja, qual é o próximo nó a ser incluído em IN? Escolhemos o nó não pertencente a IN que tem a menor distância d. Uma vez incluído esse nó em IN, que chamaremos de p, teremos que recalcular d para todos os outros nós restantes fora de IN, já que pode existir um caminho menor (mais curto) a partir de x contendo p do que antes de p pertencer a IN. De modo que comparamos a distância atual de z a x, $d[z]$, com a distância de p a x, $d[p]$, mais a distância de z a p, $\mathbf{A}[p, z]$, em que $\mathbf{A}$ é a matriz de adjacência. Se existir um caminho menor, precisaremos atualizar também $s[z]$ de modo que p apareça como o nó adjacente a z no caminho mínimo atual, ou seja, $s[z]$ é o nó logo antes de z nesse caminho a partir de x. Assim que y for incluído em IN, IN irá parar de aumentar. O valor atual de $d[y]$ é a distância correspondente ao menor caminho, cujos vértices podem ser encontrados procurando-se y, $s[y]$, $s[s[y]]$, e assim por diante, até percorrer todo o caminho de volta e chegar a x.

É dada, a seguir, uma forma desse algoritmo em pseudocódigo. Os dados de entrada correspondem à matriz de adjacência de um grafo G simples e conexo com pesos positivos e nós x e y; o algoritmo descreve o caminho mais curto entre x e y e a distância correspondente. Aqui, caminho mínimo significa caminho de peso mínimo. De fato, supomos que a matriz $\mathbf{A}$ é uma matriz de adjacência modificada, em que $\mathbf{A}[i, j]$ é o peso do arco entre i e j, se existir, e $\mathbf{A}[i, j]$ tem o valor ∞ se não existir um arco de i para j (o símbolo ∞ denota um número maior do que todos os pesos no grafo).

ALGORITMO *ALGORITMO DE DIJKSTRA*

```
Dijkstra (matriz n × n A; nós x, y)
// Calcula o caminho mínimo entre um nó inicial x e um nó final y
// em um grafo simples e conexo com pesos positivos. A é uma matriz de
// adjacência modificada. Escreve os nós do caminho mínimo de x
// para y e a distância correspondente.
Variáveis locais:
conjunto de nós IN              //nós cujo caminho mínimo de x é conhecido
nós z, p                        //nós temporários
vetor de inteiros d             //para cada nó, distância de x usando nós em IN
vetor de nós s                  //para cada nó, nó anterior no caminho mínimo
inteiro DistânciaAnterior       //distância para comparar

  //inicializa o conjunto IN e os vetores d e s
  IN = {x}
  d[x] = 0
  para todos os nós z não pertencentes a IN faça
     d[z] = A[x, z]
     s[z] = x
  fim do para

  //coloca nós em IN
  enquanto y não pertence a IN faça
     //adiciona o nó de distância mínima não pertencente a IN
     p = nó z não pertencente a IN com d[z] mínimo
     IN = IN ∪ {p}

     //recalcula d para os nós não pertencentes a IN,
     //ajusta s se necessário
     para todos os nós não pertencentes a IN faça
        DistânciaAnterior = d[z]
        d[z] = min(d[z], d[p] + A[p, z])
        se d[z] ≠ DistânciaAnterior então
           s[z] = p
        fim do se
     fim do para
  fim do enquanto
  //escreve os nós do caminho
  escreva ("Em ordem inversa, os nós do caminho são")
  escreva (y)
  z = y
  repita
     escreva (s[z])
     z = s[z]
  até z = x

  //escreve a distância correspondente
  escreva ("A distância percorrida é", d[y])
fim de Dijkstra
```

EXEMPLO 8 Considere o grafo na Figura 7.7 e a matriz de adjacência modificada correspondente na Figura 7.8.

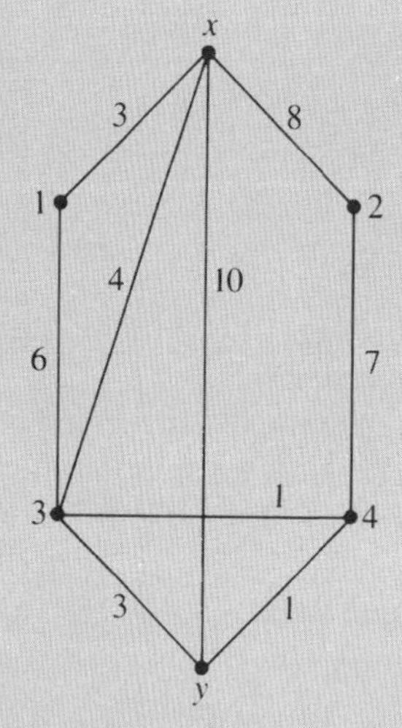

Figura 7.7

	x	1	2	3	4	y
x	∞	3	8	4	∞	10
1	3	∞	∞	6	∞	∞
2	8	∞	∞	∞	7	∞
3	4	6	∞	∞	1	3
4	∞	∞	7	1	∞	1
y	10	∞	∞	3	1	∞

Figura 7.8

Vamos seguir o algoritmo *Dijkstra* para esse grafo. Ao final da fase de inicialização, *IN* só contém x, d contém todas as distâncias diretas de x aos outros nós (os pesos dos arcos) e x é o predecessor imediato de todos os nós exceto x. (Por causa do símbolo ∞ na posição $\mathbf{A}[x, 4]$, não existe arco de x para 4, de modo que $s[4]$ não tem sentido aqui, mas simplifica a inicialização.)

$$IN = \{x\}$$

	x	1	2	3	4	y
d	0	3	8	4	∞	10
s	–	x	x	x	x	x

Na Figura 7.9, os nós dentro de círculos são os que estão no conjunto *IN*, as linhas mais grossas mostram os menores caminhos atuais e o valor de d para cada nó está escrito entre parênteses ao lado do nome do nó. A Figura 7.9a ilustra a situação após a inicialização.

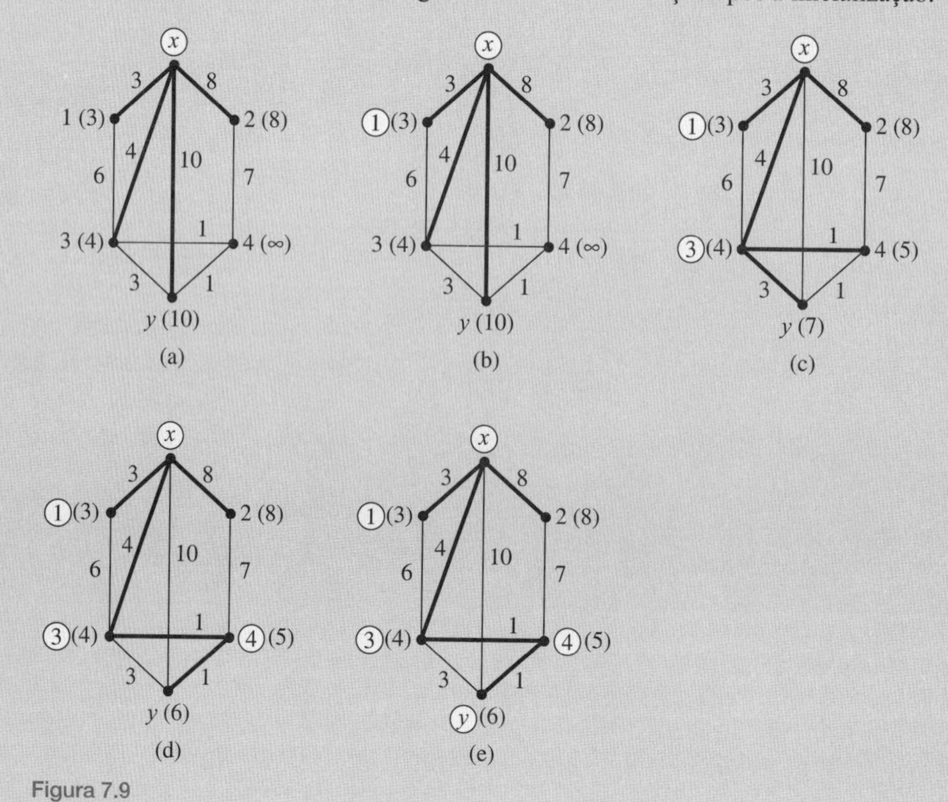

Figura 7.9

Vamos entrar, agora, no laço de **enquanto** e procurar entre os valores de d o nó não pertencente a IN de distância mínima; esse é o nó 1, com $d[1] = 3$. Colocamos o nó 1 em IN e recalculamos, dentro do laço de **para**, os valores de d para os nós restantes 2, 3, 4 e y.

$$p = 1$$
$$IN = \{x, 1\}$$
$$d[2] = \text{mín}(8, 3 + \mathbf{A}[1, 2]) = \text{mín}(8, \infty) = 8$$
$$d[3] = \text{mín}(4, 3 + \mathbf{A}[1, 3]) = \text{mín}(4, 9) = 4$$
$$d[4] = \text{mín}(\infty, 3 + \mathbf{A}[1, 4]) = \text{mín}(\infty, \infty) = \infty$$
$$d[y] = \text{mín}(10, 3 + \mathbf{A}[1, y]) = \text{mín}(10, \infty) = 10$$

Não houve mudanças nos valores de d, logo não há mudanças nos valores de s (não havia nenhum caminho menor de x contendo o nó 1 do que ir diretamente de x). A Figura 7.9b mostra que 1 agora pertence a IN.

A segunda passagem pelo laço de **enquanto** produz o seguinte:

LEMBRETE

As distâncias no algoritmo de Dijkstra são sempre recalculadas em relação ao nó adicionado mais recentemente a *IN*.

$p = 3$ (3 tem o menor valor de d, a saber 4, entre 2, 3, 4 e y)
$IN = \{x, 1, 3\}$
$d[2] = \text{mín}(8, 4 + \mathbf{A}[3, 2]) = \text{mín}(8, 4 + \infty) = 8$
$d[4] = \text{mín}(\infty, 4 + \mathbf{A}[3, 4]) = \text{mín}(\infty, 4 + 1) = 5$ (uma mudança, logo atualize $s[4]$ para 3)
$d[y] = \text{mín}(10, 4 + \mathbf{A}[3, y]) = \text{mín}(10, 4 + 3) = 7$ (uma mudança, logo atualize $s[y]$ para 3)

	x	1	2	3	4	y
d	0	3	8	4	5	7
s	–	x	x	x	3	3

Foram encontrados caminhos mais curtos de x aos dois nós 4 e y contendo o nó 3, como refletido na Figura 7.9c.

Na próxima passagem,

$p = 4$ (valor de $d = 5$)
$IN = \{x, 1, 3, 4\}$
$d[2] = \text{mín}(8, 5 + 7) = 8$
$d[y] = \text{mín}(7, 5 + 1) = 6$ (uma mudança, atualize $s[y]$)

	x	1	2	3	4	y
d	0	3	8	4	5	6
s	–	x	x	x	3	4

Veja a Figura 7.9d.

Entrando no laço **enquanto** novamente, obtemos

$$p = y$$
$$IN = \{x, 1, 3, 4, y\}$$
$$d[2] = \text{mín}(8, 6 + \infty) = 8$$

	x	1	2	3	4	y
d	0	3	8	4	5	6
s	–	x	x	x	3	4

Veja a Figura 7.9e.

Agora que y pertence a IN, o laço **enquanto** termina. O caminho contém y, $s[y] = 4$, $s[4] = 3$ e $s[3] = x$. Logo, o caminho contém os nós x, 3, 4 e y. (O algoritmo nos dá esses nós em ordem inversa.) A distância correspondente é $d[y] = 6$. Examinando o grafo na Figura 7.7 e verificando todas as possibilidades, vemos que esse é o caminho mínimo de x para y. ●

O algoritmo de Dijkstra termina quando y é colocado em IN, embora possam existir outros nós no grafo não pertencentes a IN (como o nó 2 no Exemplo 8). Como sabemos que não se pode encontrar um caminho mais curto de x a y contendo algum desses nós excluídos? Se continuarmos o algoritmo até incluir todos os nós em IN, os valores de d representarão os caminhos mínimos de x a qualquer nó usando todos os vértices em IN, ou seja, usando todos os nós no grafo. Mas nós novos só podem ser colocados em IN para aumentar os valores de d. Um nó z que for adicionado ao conjunto após y tem que ter como seu caminho mínimo a partir de x um cuja distância é, pelo menos, tão grande quanto o valor de d para y quando y foi adicionado a IN. Portanto, não pode existir um caminho menor de x para y via z porque não existe nem um caminho menor só entre x e z.

PROBLEMA PRÁTICO 12 Siga o algoritmo de Dijkstra para o grafo ilustrado na Figura 7.10. Mostre os valores de p, o conjunto IN e os valores dos vetores d e s em cada passagem do laço de **enquanto**. Escreva os nós do caminho mínimo e a distância percorrida.

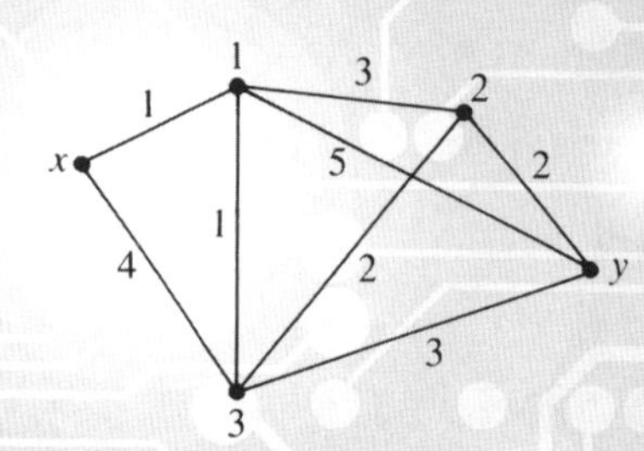

Figura 7.10 ■

Ao procurar o próximo nó para inclusão em IN no algoritmo de Dijkstra, mais de um nó p pode ter um valor mínimo em d, caso em que p pode ser selecionado arbitrariamente. Pode existir, também, mais de um caminho mínimo entre x e y em um grafo.

O algoritmo de Dijkstra também funciona para grafos direcionados se a matriz de adjacência estiver na forma apropriada. Também funciona para grafos não conexos; se x e y não estiverem na mesma componente conexa, então $d[y]$ vai permanecer igual a ∞ durante todo o tempo. Depois da inclusão de y em IN, o algoritmo termina, e esse valor ∞ para $d[y]$ indica que não existe caminho entre x e y.

Podemos pensar no algoritmo de Dijkstra como sendo um algoritmo "míope". Ele não pode ver todo o grafo ao mesmo tempo para escolher os caminhos mínimos; escolhe apenas os caminhos mínimos em relação a IN em cada etapa. Tal algoritmo é chamado de **algoritmo guloso** — faz o que parece ser melhor com base em seu conhecimento imediato limitado. Nesse caso, o que parece melhor em determinado instante é, de fato, o melhor ao final.

Quão eficiente é o algoritmo de Dijkstra? A maior parte do trabalho parece ser feita no laço de **para** que modifica os vetores d e s. Aí o algoritmo verifica todos os n nós para determinar quais nós z não estão em IN e recalcular $d[z]$ para esses, podendo, também, mudar $s[z]$. As quantidades necessárias $d[z]$, $d[p]$ e $\mathbf{A}[p, z]$ para um dado z estão disponíveis imediatamente. O laço de **para**, portanto, necessita de $\Theta(n)$ operações. Além disso, a determinação do nó p que será incluído em IN pode, também, ser feita em $\Theta(n)$ operações verificando-se todos os n nós. Com o pequeno trabalho adicional de incluir p em IN, cada execução do laço **enquanto** precisa de $\Theta(n)$ operações. No pior caso, y é o último nó a ser incluído em IN e o laço de **enquanto** é executado $n - 1$ vezes. Portanto, o número total de operações envolvidas no laço de **enquanto** é $\Theta(n(n - 1)) = \Theta(n^2)$. A inicialização e escrita dos resultados, juntas, usam outras $\Theta(n)$ operações, de modo que o algoritmo precisa de $\Theta(n + n^2) = \Theta(n^2)$ operações no pior caso.

E se mantivermos IN (ou melhor, o complemento de IN) em uma espécie de lista encadeada, para não haver necessidade de examinar todos os nós do grafo para decidir quais deles não estão em IN? Isso deveria tornar o algoritmo mais eficiente. Observe que o número de nós que não estão em IN é, inicialmente, $n - 1$ e esse número diminui de 1 em cada passagem do laço de **enquanto**. Dentro do laço de **enquanto**, o algoritmo tem que executar, então, da ordem de $n - 1$ operações na primeira passagem, depois $n - 2$, depois $n - 3$ e assim por diante. Mas, como uma demonstração por indução irá mostrar,

$$(n-1) + (n-2) + \cdots + 1 = (n-1)n/2 = \Theta(n^2)$$

Assim, a situação no pior caso ainda necessita de $\Theta(n^2)$ operações.

O Problema da Árvore Geradora Mínima

Um problema encontrado ao se projetar redes é como conectar todos os nós eficientemente. Os nós podem ser computadores, telefones, depósitos, estações de bombeamento etc. Uma árvore geradora mínima pode fornecer uma solução econômica, uma que necessite da menor quantidade de cabos, tubos ou qualquer que seja o material usado para a conexão. Por questões de segurança, no entanto, a árvore geradora mínima seria aumentada, em geral, com arcos adicionais, de modo que, se alguma conexão for quebrada por alguma razão, uma rota alternativa poderia ser encontrada.

DEFINIÇÃO ÁRVORE GERADORA

Uma **árvore geradora** para um grafo conexo é uma árvore sem raiz cujo conjunto de nós coincide com o conjunto de nós do grafo e cujos arcos são (alguns dos) arcos do grafo.

Uma árvore geradora, portanto, conecta todos os nós de um grafo sem arcos em excesso (e sem ciclos). Existem algoritmos para a construção de uma **árvore geradora mínima**, uma árvore geradora de peso mínimo, para um grafo dado simples e conexo com peso. Um desses algoritmos, chamado de *algoritmo de Prim*, funciona de maneira muito parecida com o algoritmo de Dijkstra. Existe um conjunto *IN* que contém, inicialmente, um nó arbitrário. Para cada nó z não pertencente a *IN*, guardamos a distância mínima $d[z]$ entre z e qualquer nó em *IN*. Incluímos, sucessivamente, nós em *IN*, em que o próximo nó a ser incluído é um que não pertencia a *IN* e cuja distância $d[z]$ é mínima. O arco tendo essa distância mínima torna-se, então, parte da árvore geradora. Como pode haver distâncias mínimas iguais, a árvore geradora mínima pode não ser única. O algoritmo termina quando todos os nós pertencerem a *IN*.

A diferença fundamental entre as implementações dos dois algoritmos está no cálculo das novas distâncias para os nós que ainda não pertencem a *IN*. No algoritmo de Dijkstra, se p é o nó que acabou de ser incluído em *IN*, as distâncias para os nós que não estão em *IN* são recalculadas por

$$d[z] = \text{mín}(d[z], d[p] + \mathbf{A}[p, z])$$

ou seja, comparando a distância atual de x a z com a distância de x a p mais a distância de p a z. No algoritmo de Prim, se p é o nó que acabou de ser incluído em *IN*, as distâncias para os nós que não estão em *IN* são recalculadas por

$$d[z] = \text{mín}(d[z], \mathbf{A}[p, z])$$

ou seja, comparando a distância atual de z a *IN* com a distância de p a z.

Não escreveremos o algoritmo (que, como o algoritmo de Dijkstra, necessita de $\Theta(n^2)$ operações e é um algoritmo guloso); ilustraremos esse algoritmo simplesmente com um exemplo.

EXEMPLO 9 Vamos encontrar uma árvore geradora mínima para o grafo da Figura 7.7. Vamos tomar 1 como o nó inicial arbitrário em *IN*. A seguir, consideramos todos os nós adjacentes a qualquer nó em *IN*, ou seja, todos os nós adjacentes a 1, e selecionamos o mais próximo, que é *x*. Agora *IN* = {1, x} e o arco entre 1 e *x* são parte da árvore geradora mínima. A seguir, consideramos todos os nós que não estão em *IN* e são adjacentes a 1 ou *x*. O mais próximo desses nós é o 3, que dista 4 unidades de x. O arco entre 3 e *x* torna-se parte da árvore geradora mínima. Para *IN* = {1, *x*, 3}, o nó seguinte mais próximo é o 4, que dista 1 unidade de 3. Os nós restantes são incluídos, primeiro *y* e depois 2. A Figura 7.11 mostra a árvore geradora mínima.

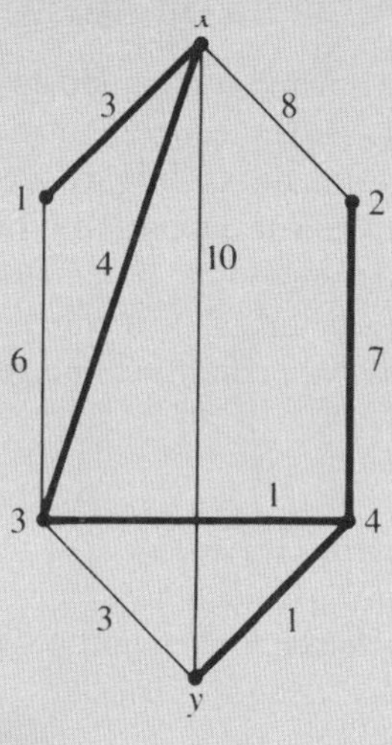

Figura 7.11

PROBLEMA PRÁTICO 13 Encontre uma árvore geradora mínima para o grafo da Figura 7.10.

EXEMPLO 10 Instrumentos sísmicos devem ser distribuídos em uma zona de fendas vulcânicas, como ilustrado na Figura 7.12a, onde estão indicadas as distâncias em metros entre os locais. (As distâncias entre alguns dos locais não são dadas devido a acidentes naturais que impediriam uma conexão direta.) A maneira mais econômica de colocar os dispositivos de modo que todos estejam conectados é criar uma árvore geradora mínima para o grafo, como ilustrado na Figura 7.12b. A quantidade total de cabos envolvidos é de 975 metros.

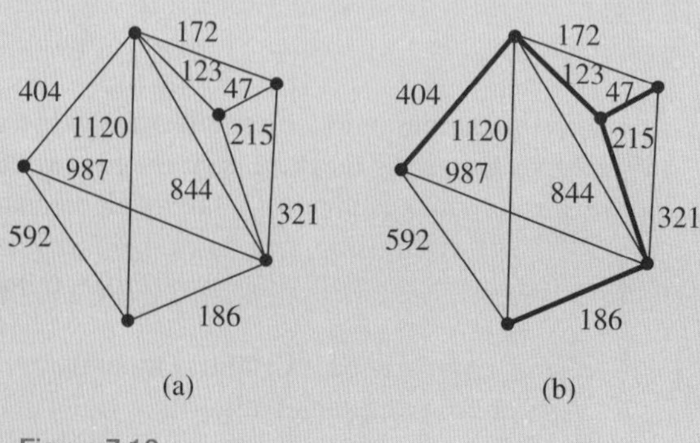

Figura 7.12

Encontrando o Caminho

Como o título sugere, queremos encontrar um caminho de x para y, mais especificamente, o caminho mais curto. Este problema aparece em jogos para computadores e consoles, quando personagens precisam se mover até um ponto alvo evitando obstáculos. Em uma escala muito maior, Google Maps e outros sítios de mapas na Internet permitem que coloquemos um ponto de início x e um ponto de destino y e fornecem, em muito pouco tempo, indicações de uma rota para ir de x a y de carro.

Mas já não sabemos fazer isso? O algoritmo de Dijkstra é o algoritmo clássico de caminho mínimo, mas é da ordem de $\Theta(n^2)$. No contexto de um jogo em tempo real, uma resposta rápida é essencial. Para os mapas do Google, um algoritmo da ordem de $\Theta(n^2)$ pode não ser um problema para grafos com 50, 500 ou 2000 nós, mas aumente para centenas de milhares de cidades grandes e pequenas e você vai querer encontrar um modo de agilizar a busca. Este é um problema importante, e tem sido feita muita pesquisa no sentido de melhorar o desempenho para encontrar o caminho mínimo.

Uma generalização do algoritmo de Dijkstra, chamado de algoritmo **A***, é usada por muito projetistas de jogos para computadores e consoles. As técnicas exatas usadas pelo Google e por outros sítios não são reveladas publicamente, mas o algoritmo **A*** provavelmente faz parte dessas técnicas. O algoritmo **A*** generaliza o algoritmo de Dijkstra usando ideias provenientes de inteligência artificial. De fato, **A***, formalmente, nem pode ser considerado um algoritmo, já que tem um lugar onde é preciso usar uma função "heurística" (leia "um palpite"). A função heurística usada varia com a aplicação específica e é a parte difícil da utilização de **A***.

Eis um esboço de como **A*** funciona. O problema geral é que se tem um grafo com um nó inicial x e um nó destino y (para simplificar, suponha que o grafo é conexo, de modo que existe um caminho de x para y) e os arcos do grafo têm pesos correspondentes às distâncias conhecidas entre os nós. Em qualquer instante, um "conjunto fechado" representa os nós que foram examinados e não precisam ser olhados novamente. Existe também um "conjunto aberto" que representa nós disponíveis para avaliação como o próximo nó no caminho. Inicialmente, só o nó x pertence ao conjunto aberto. A avaliação de um nó n consiste em três valores que são mantidos para cada nó no conjunto aberto:

G = a distância de x a n ao longo do caminho que está sendo construído
H = o resultado da função heurística que "adivinha" a distância para ir de n a y. Isso é uma adivinhação porque o caminho exato de n a y ainda não é conhecido.
$F = G + H$

Pseudocódigo:
Coloque o nó x no conjunto aberto
Repita o processo a seguir até y ser movido para o conjunto fechado:
"Selecione o nó p no conjunto aberto com o menor valor F (com alguma regra para decidir empates)
Mova p para o conjunto fechado
Para cada nó z adjacente a p e não pertencente ao conjunto fechado (você não quer voltar para um nó anterior que já esteja no caminho), faça o seguinte:
Se z não estiver no conjunto aberto, mova z para o conjunto aberto, calcule seus valores G, H, F (o valor de G é simplesmente o valor de G para p + o peso do arco $p - z$) e coloque p como o nó pai de z.
Se z estiver no conjunto aberto, calcule um novo valor de G para z passando por p; se esse valor for menor do que o valor atual de G para z, recalcule o valor F de z (que também vai ser menor do que o anterior) e coloque p como o nó pai de z.

Quando o nó y estiver no conjunto fechado, volte pelos pais até o nó inicial x. O inverso desse caminho fornecerá o menor caminho de x para y.

Note as semelhanças com o algoritmo de Dijkstra (AD). Existe um conjunto fechado (como o conjunto IN no AD) que começa com o nó inicial e ao final inclui o nó destino. Existe um próximo nó p que é movido para o conjunto fechado (movido para IN no AD). Quando p é movido para o conjunto fechado, o conjunto de valores G (as distâncias a x no AD) é recalculado para ver se passar por p é um melhoramento. O algoritmo termina quando o nó alvo y é movido para o conjunto fechado (movido para IN no AD). O caminho é encontrado voltando de y para x pelos nós pais (o vetor s no AD).

A diferença entre **A*** e o algoritmo de Dijkstra é que, em **A***, o próximo nó p é escolhido com base no menor valor F, enquanto no algoritmo de Dijkstra p é escolhido com base na menor distância do nó inicial (que é o mesmo que o valor G). Assim, **A*** usa F para fazer a escolha e o algoritmo de Dijkstra usa G, mas $F = G + H$. Logo, o algoritmo de Dijkstra usa uma função heurística que sempre retorna 0. Usando um valor heurístico H diferente de 0, **A*** faz escolhas mais espertas (e, portanto, chega ao caminho mínimo mais rapidamente), desde que, é claro, a função heurística seja um bom palpite. Se a função heurística superestimar, sistematicamente, a distância ao alvo, o caminho calculado não será o caminho mínimo. Outro modo de olhar a diferença entre **A*** e o algoritmo de Dijkstra é lembrar que o algoritmo de Dijkstra é um algoritmo guloso — toma suas decisões com base no conhecimento local de quão perto os nós adjacentes estão de p. **A*** usa conhecimento global (ou suposto conhecimento global) sobre não só o quão perto os nós adjacentes estão de p, mas também o quão longe eles estão do nó alvo.

http://www.policyalmanac.org/games/aStarTutorial.htm
http://www.heyes-jones.com/astar.html

SEÇÃO 7.3 REVISÃO

TÉCNICAS

- Encontrar um caminho mínimo de x a y em um grafo (usando o algoritmo de Dijkstra).
- Encontrar uma árvore geradora mínima para um grafo (usando o algoritmo de Prim).

IDEIA PRINCIPAL

- Podem-se usar algoritmos da ordem de $\Theta(n^2)$ no pior caso para encontrar um caminho mínimo entre dois nós ou uma árvore geradora mínima em um grafo simples e conexo com pesos positivos e n nós.

EXERCÍCIOS 7.3

Nos Exercícios de 1 a 4, use o grafo a seguir. Aplique o algoritmo de Dijkstra nos pares de nós dados; mostre os valores de p, o conjunto IN, os valores de d e os valores de s em cada passagem do laço de **enquanto**. Escreva os nós no caminho de distância mínima e a distância correspondente.

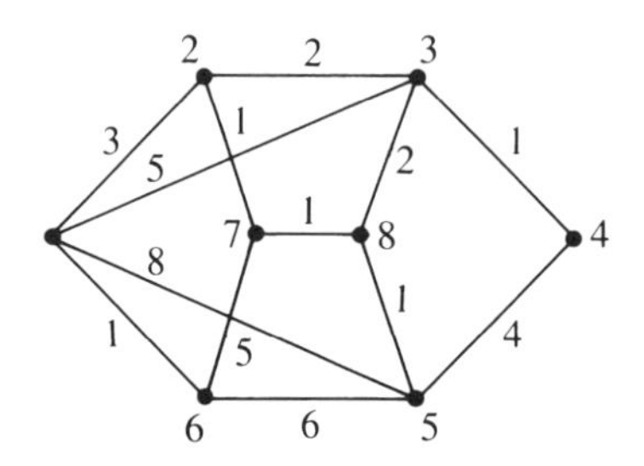

1. De 2 para 5.
2. De 3 para 6.
3. De 1 para 5.
4. De 4 para 7.

Nos Exercícios 5 e 6, use o grafo a seguir. Aplique o algoritmo de Dijkstra nos pares de nós dados; mostre os valores de p, o conjunto IN, os valores de d e os valores de s em cada passagem do laço de **enquanto**. Escreva os nós no caminho de distância mínima e a distância correspondente.

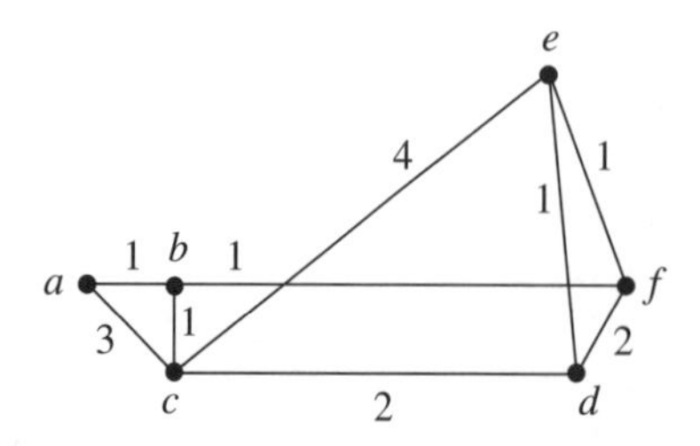

5. De a para e.
6. De d para a.

Nos Exercícios 7 e 8, use o grafo direcionado a seguir. Aplique o algoritmo de Dijkstra nos pares de nós dados; mostre os valores de p, o conjunto IN, os valores de d e os valores de s em cada passagem do laço de **enquanto**. Escreva os nós no caminho de distância mínima e a distância correspondente.

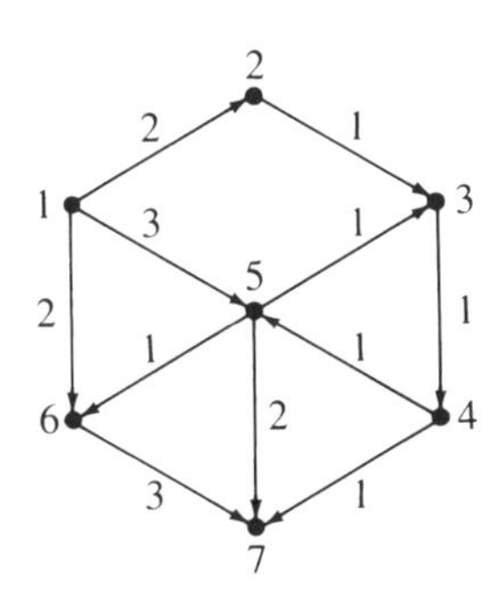

7. De 1 para 7.
8. De 3 para 1.
9. a. Modifique o algoritmo de Dijkstra de modo a encontrar os menores caminhos de x para todos os outros nós no grafo.
   b. Isso muda a ordem de grandeza do algoritmo no pior caso?
10. Dê um exemplo para mostrar que o algoritmo de Dijkstra não funciona quando são permitidos pesos negativos.

Outro algoritmo para encontrar os caminhos mínimos a partir de um único nó para todos os outros em um grafo é o *algoritmo de Bellman-Ford*. Ao contrário do algoritmo de Dijkstra, que guarda um conjunto de nós cujo caminho mínimo (caminho de peso mínimo) de qualquer comprimento (ou seja, número de arcos) arbitrário já foi determinado, o algoritmo de Bellman-Ford executa uma série de cálculos procurando encontrar caminhos mínimos, sucessivamente, de comprimento 1, depois de comprimento 2, depois de comprimento 3 e assim por diante, até ao máximo de comprimento $n - 1$ (se existir algum caminho, então existirá um de comprimento menor ou igual a $n - 1$). Uma descrição em pseudocódigo do algoritmo de Bellman-Ford é dada a seguir; ao usar esse algoritmo, a matriz de adjacência **A** tem que satisfazer $\mathbf{A}[i, i] = 0$ para todo i.

ALGORITMO ALGORITMO DE BELLMAN-FORD

```
// Bellman-Ford(matriz n × n A; nó x; vetor de inteiros d, vetor de nós s)
// Calcula o menor caminho entre um nó inicial x e todos os outros nós em
// um grafo simples e conexo com pesos. A é uma matriz de adjacência
// modificada com A[i, i] = 0.
// Quando o algoritmo terminar, os nós do caminho mínimo de x para um nó y são
// y, s[y], s[s[y]], ..., x; a distância correspondente é d[y].
Variáveis locais:
nós z, p                  //nós temporários
vetor de inteiros t       //vetor de distâncias temporário, criado em
                          // cada iteração

   //inicializa os vetores d e s; isso estabelece os caminhos mínimos de
   // comprimento 1 a partir de x
   d[x] = 0
   para todos os nós z diferentes de x faça
      d[z] = A[x, z]
      s[z] = x
   fim do para

   //encontra os caminhos mínimos de comprimentos 2, 3 etc.
   para i = 2 até n − 1 faça
      t = d              //copia vetor atual d no vetor t
      //modifica t para guardar os menores caminhos de comprimento i
      para todos os nós z diferentes de x faça
```

```
            //encontra o caminho mínimo com mais um arco
            p = nó em G para o qual (d[p] + A[p, z]) é mínimo
            t[z] = d[p] + A[p, z]
            se p ≠ z então
                s[z] = p
            fim do se
        fim do para
        d = t                 //copia o vetor t de volta em d
    fim do para
fim de Bellmann-Ford
```

Nos Exercícios 11 a 14, use o algoritmo de Bellman-Ford para encontrar o caminho mínimo do nó inicial para qualquer outro nó. Mostre os valores sucessivos de d e de s.

11. O grafo para os Exercícios 1 a 4, nó inicial = 2 (compare sua resposta com o Exercício 1).
12. O grafo para os Exercícios 1 a 4, nó inicial = 1 (compare sua resposta com o Exercício 3).
13. O grafo para os Exercícios 7 e 8, nó inicial = 1 (compare sua resposta com o Exercício 7).
14. a. Grafo da figura a seguir, nó inicial = 1 (compare sua resposta com o Exercício 10).
    b. O que isso diz sobre o algoritmo de Bellmann-Ford em relação ao algoritmo de Dijkstra?

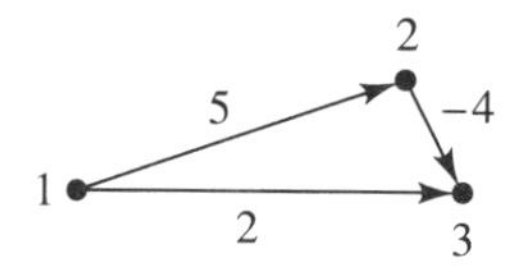

Para calcular a distância correspondente ao caminho mínimo entre dois nós quaisquer em um grafo, o algoritmo de Dijkstra poderia ser usado repetidamente, com cada um dos nós sendo o nó inicial. Um algoritmo diferente, o *algoritmo de Floyd*, também pode ser usado para resolver esse problema de caminho mínimo para "todos os pares", mas, apesar de o algoritmo de Floyd produzir o peso de todos os caminhos mínimos, ele não calcula os caminhos propriamente ditos, ou seja, quais os nós que estão em determinado caminho mínimo. O algoritmo de Floyd é muito semelhante ao algoritmo de Warshall. Segue uma descrição desse algoritmo, em que **A** é a matriz de adjacência do grafo com **A**$[i, i] = 0$ para todo i.

ALGORITMO *ALGORITMO DE FLOYD*

```
Floyd (matriz n × n A)
// Calcula o caminho mínimo entre dois nós em um grafo simples conexo com
// peso; inicialmente, A é uma matriz de adjacência modificada com A[i, i] = 0.
// Quando terminar, A conterá todas as distâncias dos caminhos mínimos
    para k = 0 até n faça
        para i = 1 até n faça
            para j = 1 até n faça
                se A[i, j] + A[k, j] < A[i, j] então
                    A[i, j] = A[i, k] + A[k, j]
                fim do se
            fim do para
        fim do para
    fim do para
fim de Floyd
```

Nos Exercícios 15 e 16, use o algoritmo de Floyd para encontrar as distâncias correspondentes a todos os caminhos mínimos. Mostre os valores sucessivos da matriz **A** para cada passagem do laço externo.

15. Figura 7.10.
16. Grafo para os Exercícios 1 a 4.

Nos Exercícios 17 a 20, use o algoritmo de Prim para encontrar uma árvore geradora mínima para o grafo indicado.

17. Grafo para os Exercícios 1 a 4.
18.

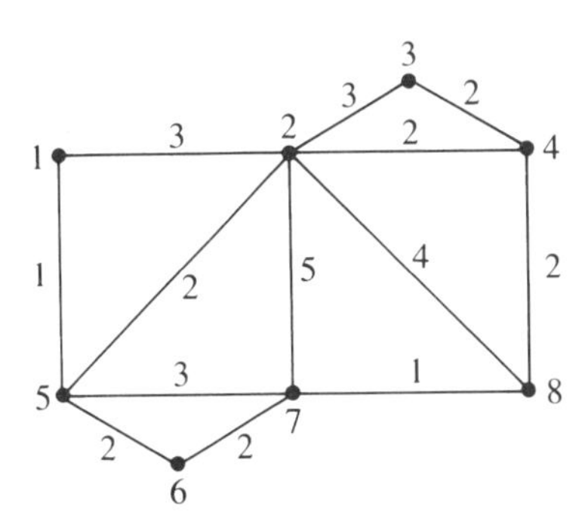

19.

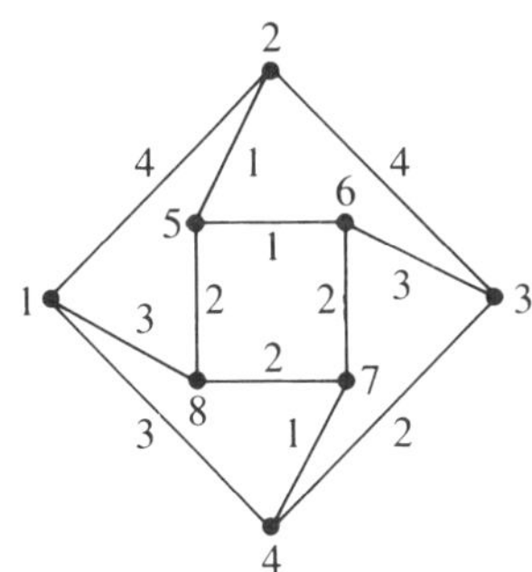

20.

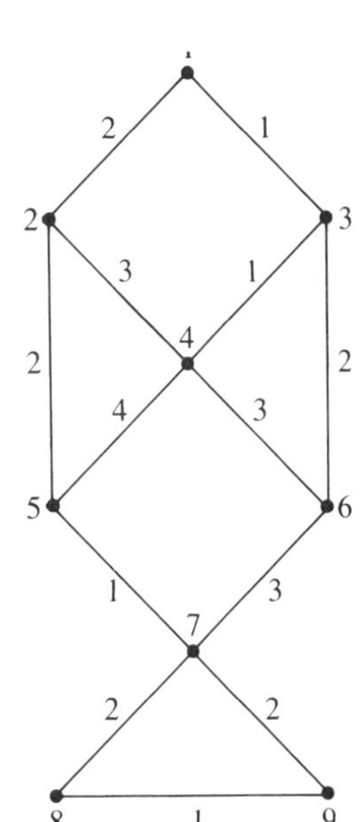

O *algoritmo de Kruskal* é outro algoritmo para encontrar uma árvore geradora mínima em um grafo conexo. Enquanto o algoritmo de Prim faz a árvore "crescer" a partir de um ponto arbitrário inicial incluindo arcos adjacentes associados a distâncias pequenas, o algoritmo de Kruskal inclui arcos em ordem crescente de distância onde quer que estejam no grafo. Empates são resolvidos arbitrariamente. A única restrição é que um arco não é incluído se sua inclusão criar um ciclo. O algoritmo termina quando todos os nós estiverem incorporados em uma estrutura conexa. Uma descrição em pseudocódigo (bastante informal) é dada a seguir.

ALGORITMO *ALGORITMO DE KRUSKAL*

```
Kruskal (matriz n × n A; coleção de arcos T)
// Encontra uma árvore geradora mínima; inicialmente, T é vazio;
// ao final, T = árvore geradora mínima.
   ordene os arcos em G por distância em ordem crescente
   repita
      se próximo arco na ordem não completa um ciclo então
         inclua esse arco em T
      fim do se
   até T ser conexo e conter todos os nós em G
fim de Kruskal
```

Nos Exercícios 21 a 24, use o algoritmo de Kruskal para encontrar a árvore geradora mínima.

21. O grafo para os Exercícios 1 a 4.
22. O grafo para o Exercício 18.
23. O grafo para o Exercício 19.
24. O grafo para o Exercício 20.
25. Dê um exemplo para mostrar que a inclusão do nó mais próximo de *IN* em cada passo, como no algoritmo de Prim para encontrar a árvore geradora mínima, não garante um caminho menor.
26. Seja *a* o arco de menor peso em um grafo com pesos. Mostre que *a* tem que ser um arco em qualquer árvore geradora mínima.
27. Uma cidade está planejando construir caminhos para bicicletas ligando diversos parques municipais. A figura a seguir mostra um mapa com as distâncias entre os parques. (Alguns caminhos diretos teriam que cruzar ruas de muito movimento, de modo que essas distâncias não constam do mapa.) Encontre quais os caminhos que devem ser feitos de modo a ligar todos os parques com um custo mínimo.

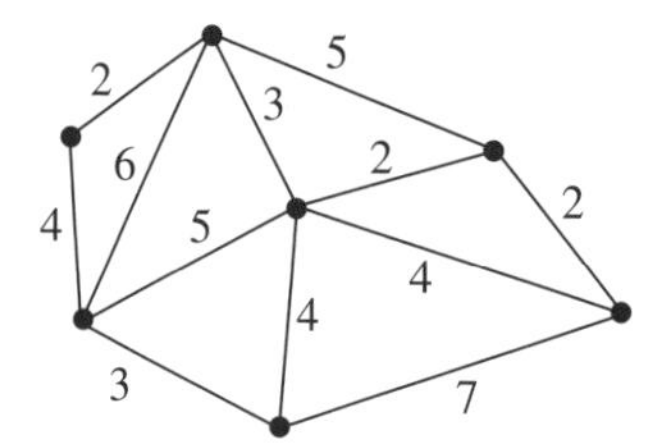

28. Suponha que os pesos dos arcos representam distâncias. Então, incluir novos nós e arcos em um grafo pode resultar em uma árvore geradora para o novo grafo que tem um peso menor do que a árvore geradora para o grafo original. (A nova árvore geradora poderia representar uma rede de custo mínimo para uma rede de comunicação entre um grupo de cidades obtida adicionando-se uma chave em um local fora de todas as cidades.)
    a. Encontre uma árvore geradora de peso mínimo para o grafo com peso da figura. Qual é seu peso?

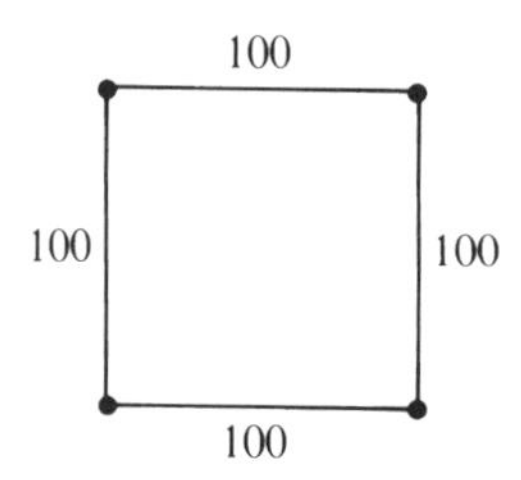

    b. Coloque um nó no centro do quadrado. Inclua novos arcos do centro para os cantos. Encontre uma árvore geradora para o novo grafo e calcule seu peso (aproximado).
29. No início deste capítulo, você recebeu a seguinte tarefa:

Você é o administrador de uma rede, atuando em uma região extensa, que serve os diversos escritórios de sua companhia espalhados pelo país. As mensagens viajam através da rede roteadas de ponto a ponto até chegar ao seu destino. Cada nó na rede, então, funciona como uma estação distribuidora, recebendo e enviando mensagens para outros nós de acordo com um roteiro de distribuição mantido em cada nó. Algumas conexões na rede têm tráfego intenso, enquanto outras são menos usadas. A intensidade do tráfego pode variar dependendo da hora do dia; além disso, nós novos podem ser gerados e outros nós podem ser desativados. Portanto, você precisa atualizar periodicamente a informação contida em cada nó, de modo que ele possa transmitir mensagens ao longo do caminho mais eficiente (ou seja, do que tem tráfego menos intenso).

Como calcular o roteiro de distribuição para cada nó?

Você percebe que pode representar a rede como um grafo com pesos, em que os arcos são as conexões entre os nós e os pesos dos arcos representam o tráfego nas conexões. O problema de roteamento torna-se, então, o de encontrar o caminho mínimo em um grafo de qualquer nó para qualquer outro nó. O algoritmo de Dijkstra pode ser usado para obter o caminho mínimo de um dado nó arbitrário para todos os outros nós (veja o Exercício 9), de modo que você poderia usar o algoritmo repetidamente com nós iniciais diferentes. Ou você poderia usar o algoritmo de Floyd. Analise as vantagens e desvantagens de cada abordagem, incluindo a ordem de grandeza de cada uma.

SEÇÃO 7.4 ALGORITMOS DE PERCURSO

Até agora este capítulo considerou diversos problemas de caminhos em um grafo G. Existe um caminho em G do nó x para o nó y? Existe um caminho em G que usa todos os arcos uma vez? Existe um caminho em G que termina onde começa e passa por cada nó uma vez? Qual é o caminho de peso mínimo entre x e y? Nesta seção vamos tratar de um problema mais simples — só queremos escrever os nós de um grafo simples e conexo G em alguma ordem. Isso significa que precisamos encontrar um caminho que passa por cada nó pelo menos uma vez, mas podemos visitar um nó mais de uma vez se não o escrevermos de novo. Podemos também percorrer novamente arcos no grafo, se necessário, e é claro que isso seria necessário se quiséssemos visitar cada nó em uma árvore. Esse processo é chamado de **percurso no grafo**. Já vimos diversos métodos para percursos em árvores (Seção 6.2). Os dois algoritmos nesta seção generalizam o percurso para ser aplicado em qualquer grafo simples e conexo.

Busca em Profundidade

No algoritmo de **busca em profundidade** para o percurso em um grafo, começamos em um nó arbitrário a do grafo, marcamos esse nó como tendo sido visitado e escrevemos esse nó. Percorremos, então, um caminho saindo de a, visitando e escrevendo os nós, indo tão longe quanto possível até não existirem nós que ainda não foram visitados nesse caminho. Voltamos, então, pelo caminho explorando, em cada nó, quaisquer caminhos laterais, até voltar, finalmente, para a. Depois exploramos quaisquer novos caminhos restantes a partir de a. A Figura 7.13 mostra um grafo após a visita dos primeiros nós (marcados com círculos) usando a busca em profundidade.

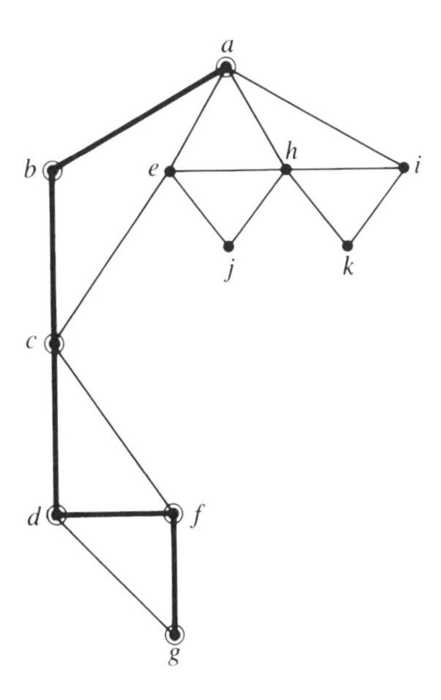

Figura 7.13

Para uma descrição mais formal do algoritmo de busca em profundidade vamos usar recorrência, de modo que o algoritmo invoca a si mesmo durante sua execução. No algoritmo a seguir, os dados de entrada são um grafo simples e conexo G e um nó especificado a; a saída é uma lista de todos os nós de G em ordem de profundidade de a.

ALGORITMO *EMPROFUNDIDADE*

```
EmProfundidade(grafo simples conexo G; nó a)
// Escreve os nós do grafo G em ordem de profundidade a partir do nó a.

   marque a como tendo sido visitado
   escreva(a)
   para cada nó n adjacente a a faça
      se nó n não tiver sido visitado então
         EmProfundidade(G, n)
      fim do se
   fim do para
fim de EmProfundidade
```

No passo recursivo, o algoritmo é chamado com um novo nó especificado como ponto de partida. Não indicamos aqui como marcar os nós visitados ou como encontrar os nós n adjacentes a a.

EXEMPLO 11

Vamos aplicar a busca em profundidade ao grafo da Figura 7.13, onde a é o nó inicial. Marcamos, primeiro, que visitamos a (ajuda, ao seguir a execução do algoritmo, colocar um círculo em um nó visitado) e depois escrevemos a. A seguir procuramos, entre os nós adjacentes a a, um nó que ainda não tenha sido visitado. Aqui temos uma escolha (b, e, h e i); vamos escolher b. (Para todos obtermos as mesmas respostas, vamos combinar escolher o nó que venha primeiro em ordem alfabética quando tivermos uma escolha; na prática, a escolha seria determinada pelo modo de armazenamento dos vértices na representação do grafo.) Chamamos agora o algoritmo de busca em profundidade começando com o nó b.

Isso significa voltar para o início do algoritmo, onde o nó especificado agora é b em vez de a. Então, marcamos primeiro b como tendo sido visitado e escrevemos b. Depois procuramos entre os nós adjacentes a b por um que não tenha sido marcado. Os nós a e c são adjacentes a b, mas o nó a já foi marcado como visitado. O nó c satisfaz, logo chamamos o algoritmo de busca em profundidade começando com o nó c.

O nó c é marcado e escrito, e procuramos por nós adjacentes a c ainda não marcados. Por nossa convenção alfabética, escolhemos o nó d do conjunto $\{d, f\}$. Continuando dessa forma, depois de visitar o nó d, visitamos o nó f e depois o g. Ao chegar no nó g, chegamos a um beco sem saída, já que não existem nós adjacentes ainda não visitados. Então, o laço de **para** do algoritmo chamado com o nó g está completo. (Nesse instante o grafo é como na Figura 7.13.)

Terminamos o algoritmo para o nó g, mas o nó g era um dos nós adjacentes ao nó f, e ainda estamos dentro do laço de **para** dentro do algoritmo chamado com o nó f. Quando processamos f, g era o único nó adjacente ainda não visitado; completamos, então, o laço de **para** e o algoritmo chamado com o nó f. Analogamente, voltando ao nó d, o algoritmo não encontra outros nós adjacentes não marcados e volta para a chamada do algoritmo com o nó c. Assim, após processar o nó d e tudo que veio depois dele até o beco sem saída, ainda estamos no laço de **para** chamado dentro do algoritmo com o nó c. Procuramos outros nós adjacentes a c ainda não marcados e encontramos um — o nó e. Aplicamos, então, o algoritmo de busca em profundidade ao nó e, o que nos leva aos nós h, i e k antes de chegar a outro beco sem saída. Voltando, temos um novo caminho a tentar a partir do nó h, o que nos leva ao nó j. A lista completa dos nós, na ordem em que foram escritos, é

$$a, b, c, d, f, g, e, h, i, k, j$$

LEMBRETE

Em uma busca em profundidade, vá o mais longe possível, depois suba voltando, pegando qualquer caminho não percorrido na descida.

O Exemplo 11 faz com que o processo de busca em profundidade pareça complexo, mas é mais fácil fazer a busca do que descrevê-la, como você vai descobrir no Problema Prático 14.

PROBLEMA PRÁTICO 14 Escreva os nós em uma busca em profundidade no grafo da Figura 7.14. Comece com o nó a.

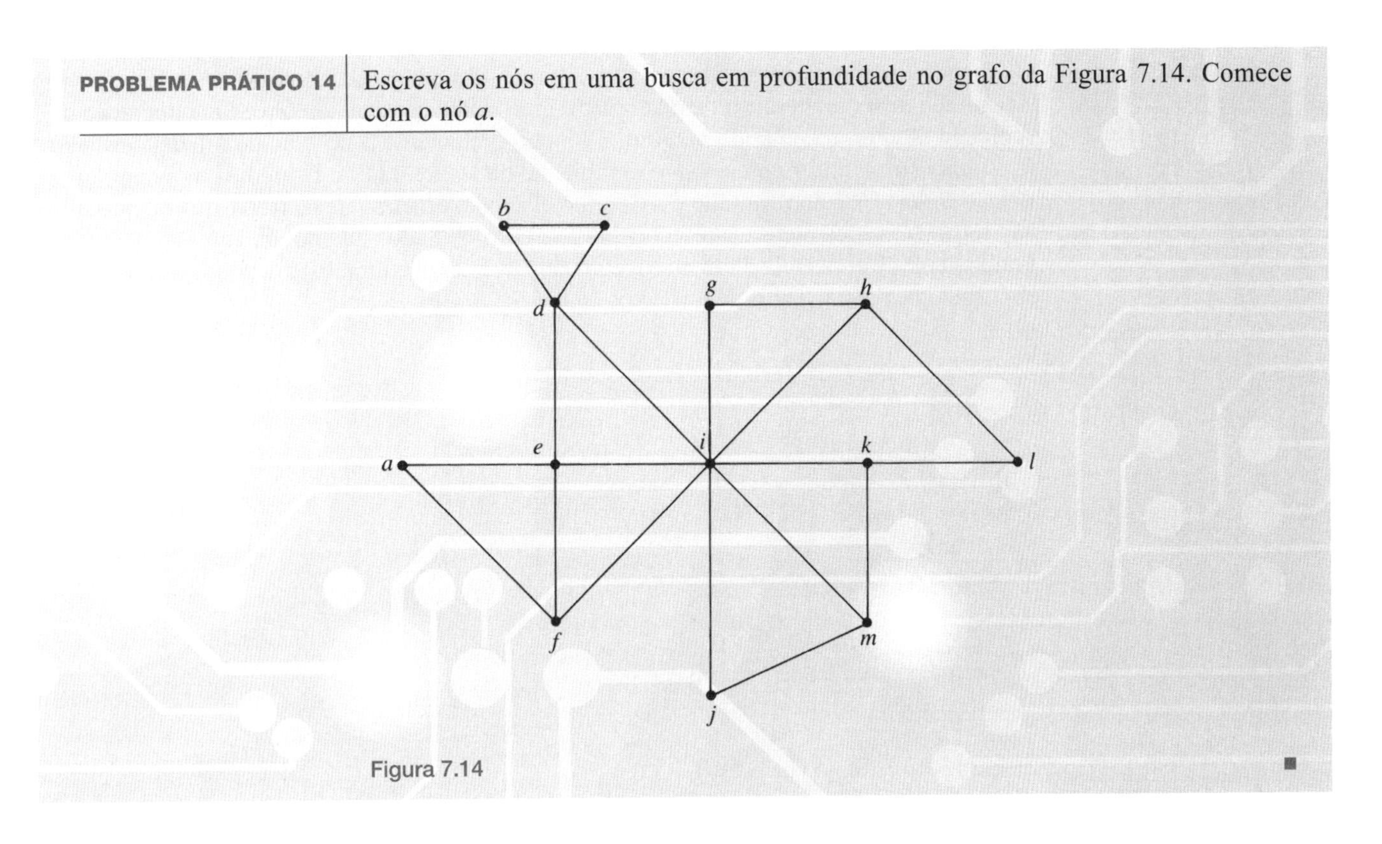

Figura 7.14

Busca em Nível

Na **busca em nível**, começando em um nó arbitrário a, primeiro procuramos, a partir de a, todos os nós adjacentes, depois os nós adjacentes a esses e assim por diante, quase como círculos concêntricos de ondas em um pequeno lago. A Figura 7.15 mostra os primeiros nós visitados no mesmo grafo da Figura 7.13, só que dessa vez usando busca em nível.

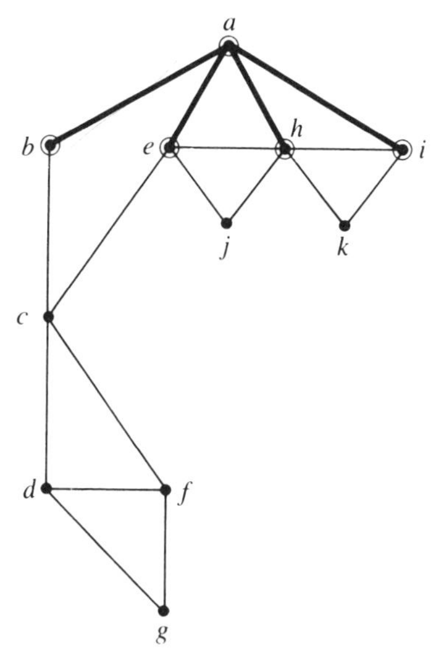

Figura 7.15

Para escrever o algoritmo de busca em nível de maneira elegante, usaremos uma estrutura de **fila**. Uma fila é, simplesmente, uma lista na qual os novos elementos entram no final e as saídas são pela frente. Uma fila em uma caixa de supermercado é um exemplo de uma fila de clientes — um novo cliente entra no final da fila, e, à medida que os clientes são atendidos, eles saem da frente da fila. A inclusão de um elemento no final de uma fila é chamada de uma operação de **inserção**, e uma saída da frente da fila é uma operação de **remoção**. Assim, o comando *insira*(a, F) inclui o elemento a no final da fila denominado F, e *remova*(a, F) retira o elemento atualmente na frente da fila. Usaremos, também, uma função *frente*(F), cujo resultado é o valor do elemento atualmente na frente da fila, mas que não remove esse elemento. No algoritmo a seguir, os dados de entrada consistem em um grafo simples e conexo G e um nó especificado a; a saída é uma lista de todos os nós em G em ordem de nível a partir de a.

ALGORITMO *EMNÍVEL*

```
EmNível(grafo simples conexo G; nó a)
// Escreve os nós do grafo G em ordem de nível a partir do nó a.
Variáveis locais:
fila de nós F

   inicialize F como sendo vazio
   marque a como tendo sido visitado
   escreva(a)
   insira(a, F)
   enquanto F não é vazio faça
     para cada nó n adjacente à frente(F) faça
        se n não foi visitado então
           marque n como tendo sido visitado
           escreva n
           insira(n, F)
        fim do se
     fim do para
     remova(F)
   fim do enquanto
fim de EmNível
```

EXEMPLO 12 Vamos seguir os passos do algoritmo para busca em nível do grafo na Figura 7.15 começando com o nó a (esse é o mesmo grafo em que fizemos uma busca em profundidade no Exemplo 11). Começamos inicializando uma fila vazia F, marcando o nó a como tendo sido visitado, escrevendo esse nó e inserindo-o na fila. Quando chegamos ao laço de **enquanto** pela primeira vez, a fila não está vazia e a é o elemento na frente da fila. No laço de **para**, procuramos por nós ainda não visitados e adjacentes a a, escrevemos esses nós e colocamos esses nós no final da fila. Podemos ter uma escolha de nós para visitar aqui; como anteriormente, e simplesmente por convenção, concordamos em visitá-los em ordem alfabética. Assim, a primeira vez que completamos o laço de **para**, já visitamos e escrevemos os nós b, e, h e i, nessa ordem, e os inserimos no final da fila. Neste instante, o grafo fica como na Figura 7.15. Removemos, então, a da frente da fila, que fica então (da frente para trás)

$$b, e, h, i$$

Na próxima iteração do laço de **enquanto**, b é o elemento na frente da fila, e o laço de **para** procura nós ainda não visitados adjacentes a b. O único que ainda não foi visitado é c, que é escrito e incluído na fila. Após a remoção de b, a fila contém

$$e, h, i, c$$

Executando o laço de **enquanto** novamente, e está na frente da fila. Uma busca dos nós adjacentes a e produz um nó novo, j. O grafo agora fica como na Figura 7.16, e, após a remoção de e, a fila contém

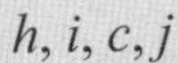

$$h, i, c, j$$

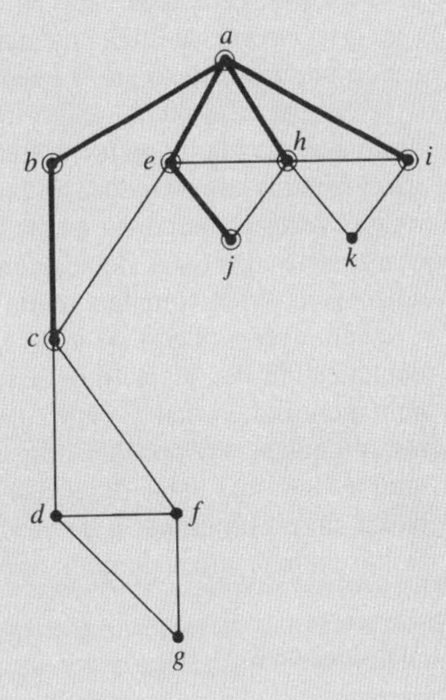

Figura 7.16

Ao procurar nós adjacentes a h, encontramos um nó novo, k. Ao procurar nós adjacentes a i, não é inserido nenhum nó novo na fila. Quando c é o primeiro elemento da fila, uma busca de nós adjacentes a c produz dois nós novos, d e f. Após inserir esses na fila (e remover c), a fila contém

$$j, k, d, f$$

Procurar nós adjacentes a j e depois a k não insere nenhum nó novo na fila. Quando d está na frente da fila, encontramos um nó novo g, e a fila (após a remoção de d) fica

$$f, g$$

Processando f e depois g, não encontramos nenhum nó novo. Após a remoção de g da fila, a fila fica vazia. O laço de **enquanto** — assim como o algoritmo — termina. A lista de nós escrita por esse processo, ou seja, a lista de nós em ordem de nível a partir de a, é

$$a, b, e, h, i, c, j, k, d, f, g$$

Como a busca em profundidade, a busca em nível não é difícil de fazer; basta guardar os nós que já foram visitados e o conteúdo atual da fila.

PROBLEMA PRÁTICO 15 Escreva os nós do grafo na Figura 7.14 em ordem de nível, começando com o nó a. ■

Análise

Quanto trabalho é feito pelas buscas em profundidade e em nível? Ambos os algoritmos procuram todos os nós ainda não visitados adjacentes a determinado nó. Suponha que o grafo contém n nós e m arcos. Uma das vantagens de representar um grafo como uma lista de adjacência em vez de uma matriz de adjacência é que essa operação particular é mais eficiente; para encontrar nós adjacentes ao nó n, é preciso percorrer a lista de adjacência de i, que pode ser curta, em vez da linha i da matriz de adjacência, que tem que conter n elementos. Vamos supor, portanto, que o grafo é representado por uma lista de adjacência.

Na busca em nível, o algoritmo procura, na mesma etapa, todos os elementos da lista de adjacência inteira do nó na frente da fila, marcando, escrevendo e inserindo os nós ainda não visitados encontrados. Na busca em profundidade, o algoritmo pode ser interrompido muitas vezes ao percorrer a lista de adjacência de um dado nó (devido à recorrência) e processa partes das listas de adjacência de outros nós. Ao final, no entanto, todas as listas de adjacência foram completamente percorridas.

Percorrer as listas de adjacência do grafo nos dá a quantidade de trabalho feito por qualquer um dos algoritmos. Existem n listas de adjacência, de modo que o trabalho é, pelo menos, da ordem de $\Theta(n)$, já que todas as listas de adjacência têm que ser verificadas, mesmo que sejam vazias. Como existem m arcos, o trabalho em percorrer o comprimento total de todas as listas de adjacência é, pelo menos, $\Theta(m)$. Logo, ambos os algoritmos de busca em profundidade e de busca em nível são algoritmos da ordem de $\Theta(\text{máx}(n, m))$. Se existirem mais arcos do que nós (o caso mais comum), então $\Theta(\text{máx}(n, m)) = \Theta(m)$.

Aplicações

Buscas em profundidade e em nível podem ser usadas como a base para a execução de outras tarefas relacionadas com grafos, algumas das quais resolvemos anteriormente. Pode-se associar a cada busca uma estrutura de árvore sem raiz que é um subgrafo do grafo original. Ao percorrer a lista de adjacência do nó i, se o nó j for adjacente ao nó i e ainda não tiver sido visitado, então o arco i-j será acrescentado a esse subgrafo. Como não são usados arcos que ligam a um nó já visitado anteriormente, são evitados ciclos e o subgrafo é uma árvore sem raiz. Como todos os nós são visitados (pela primeira vez), essas árvores são árvores geradoras para o grafo. Cada árvore tem $n - 1$ arcos, que é o número mínimo de arcos para conectar n nós. Estamos supondo aqui que os arcos não têm peso, mas, se considerarmos os arcos com peso, todos eles iguais a 1, então essas árvores serão árvores geradoras mínimas.

As linhas mais grossas na Figura 7.13 são parte da árvore de busca em profundidade associada à busca do Exemplo 11, e as linhas mais grossas nas Figuras 7.15 e 7.16 são parte da árvore de busca em nível associada à busca do Exemplo 12.

PROBLEMA PRÁTICO 16

a. Complete a árvore de busca em profundidade para o Exemplo 11.
b. Complete a árvore de busca em nível para o Exemplo 12. ■

Os algoritmos de busca em profundidade e em nível também podem ser aplicados em grafos direcionados, e, nesse processo, fornecem um algoritmo novo para a acessibilidade. Para determinar se o nó j é acessível do nó i, faça uma busca em profundidade (ou em nível) começando com o nó i; quando o algoritmo terminar, verifique se o nó j foi visitado. A acessibilidade "entre todos os pares", ou seja, quais nós são acessíveis de quais nós, pode ser determinada, então, executando-se buscas em profundidade ou em nível usando cada nó, por sua vez, como o nó inicial. Isso necessitaria de um trabalho da ordem de $\Theta(n * \text{máx}(n, m))$.

Se o grafo for muito esparso, caso em que temos máx(n, m) = n, teríamos um algoritmo da ordem de $\Theta(n^2)$ para a acessibilidade. Lembre-se de que o algoritmo de Warshall (Seção 7.1) era de ordem $\Theta(n^3)$. Essa melhora ocorre porque, em um grafo esparso, a maior parte das listas de adjacência será curta ou vazia, enquanto o algoritmo de Warshall processa todos os elementos na matriz de adjacência, inclusive os nulos. Mas, se o grafo não for esparso, o número de arcos pode ser de ordem $\Theta(n^2)$, e, nesse caso, $\Theta(n * \text{máx}(n, m)) = \Theta(n^3)$, da mesma ordem que o algoritmo de Warshall. Além disso, o algoritmo de Warshall tem a vantagem de ter uma implementação sucinta.

Na Seção 5.2 definimos ordenação topológica como uma maneira de estender uma ordem parcial em um conjunto finito a uma ordem total. Suponha que o conjunto parcialmente ordenado é representado por um grafo direcionado. A ordenação topológica será obtida contando-se os nós; vamos supor, então, que o valor inicial da contagem é 0. Escolha um nó inicial e faça uma busca em profundidade a partir desse nó. Sempre que a busca volta de um nó pela última vez, atribua àquele nó o próximo número na contagem. Quando o algoritmo de busca em profundidade termina, escolha um nó ainda não visitado (se existir) como inicial para outra busca em profundidade e continue a incrementar o número de contagem. Prossiga nesse processo até não existir nós que não tenham sido visitados no grafo. Uma ordenação topológica resulta ao se ordenar os nós na ordem inversa de seus números de contagem. Esse processo de ordenação topológica funciona porque atribuímos o número de contagem ao voltar de um nó pela última vez. Seu número de contagem será, então, maior do que todos os números de todos os nós acessíveis a partir dele, ou seja, de todos os nós dos quais ele é um predecessor na ordem parcial.

EXEMPLO 13 A Figura 7.17a contém um grafo direcionado que representa uma ordem parcial. Escolhendo d (arbitrariamente) como o nó inicial e executando um algoritmo de busca em profundidade, visitamos e, f e temos que voltar. Ao nó f é atribuído o número 1, mas ainda não acabamos com e, pois podemos visitar g a partir dele. Voltando de g, atribuamos a g o número 2. Agora voltamos de e pela última vez e atribuímos o número 3 a e, e depois o número 4 a d. Escolha o nó a como inicial para outra busca. Visitamos o nó c e depois temos que voltar para a, logo são atribuídos a c e a, respectivamente, os números 5 e 6. Começando com b como nó inicial, não há nenhum lugar para ir, então atribuímos a b o número 7. Não há nós no grafo que ainda não tenham sido visitados, logo o processo para. O esquema de numeração é mostrado na Figura 7.17b.

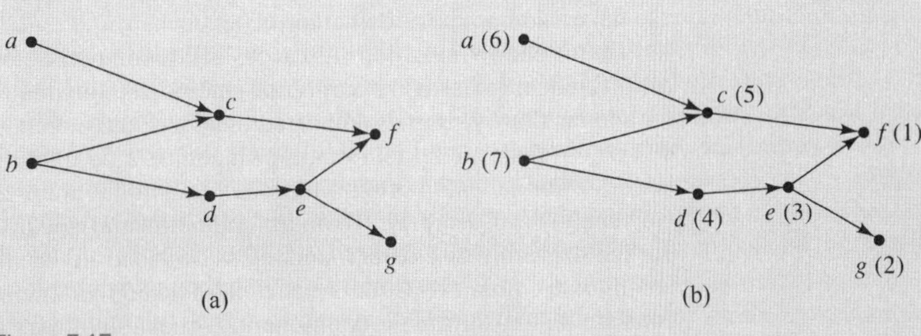

Figura 7.17

Ordenando os números em ordem inversa, obtemos

7	6	5	4	3	2	1
b	a	c	d	e	g	f

que é uma ordenação topológica.

PROBLEMA PRÁTICO 17 Use o algoritmo de busca em profundidade para executar uma ordenação topológica no grafo da Figura 7.18. Indique os números de contagem no grafo.

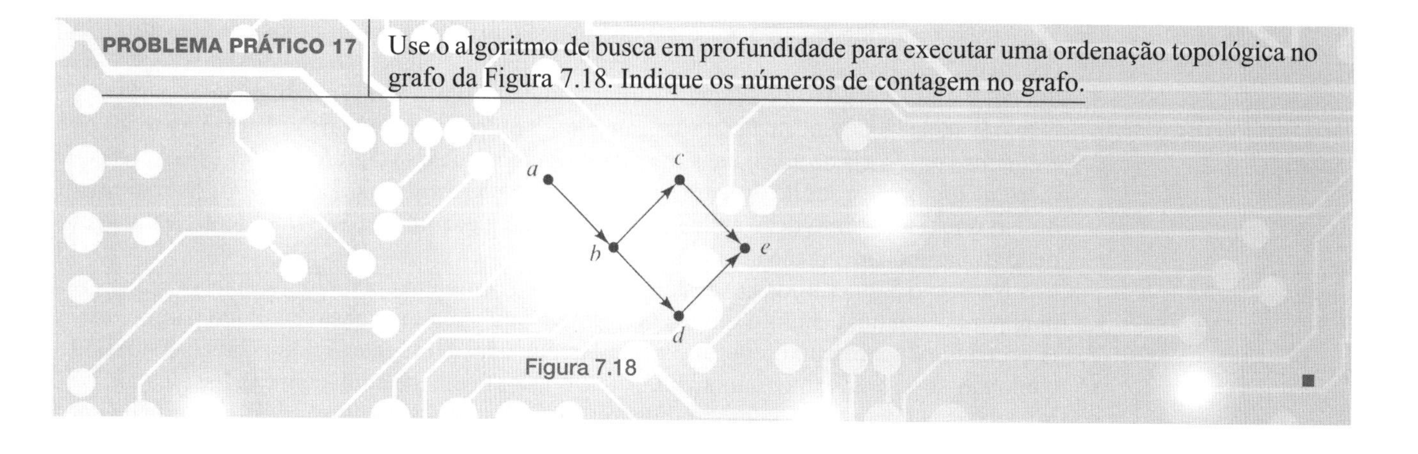

Figura 7.18

Vamos considerar agora um grafo G (não direcionado) que não precisa ser conexo. Uma **componente conexa** de G é um subgrafo de G que é, ao mesmo tempo, conexo e não é subgrafo de nenhum subgrafo maior conexo. O grafo na Figura 7.19 tem três componentes conexas. É claro que, se o grafo original for conexo, ele terá apenas uma componente conexa.

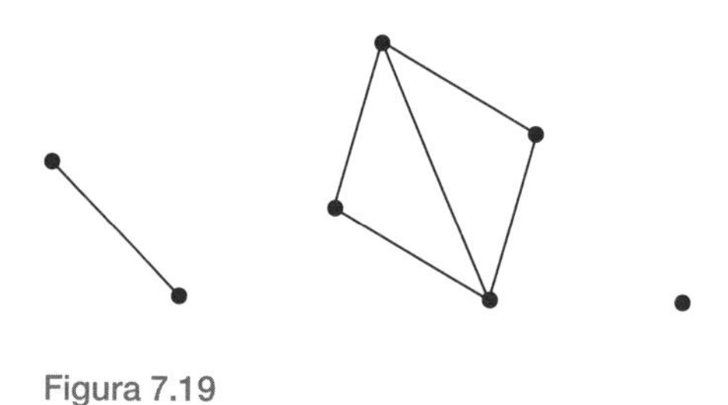

Figura 7.19

Os algoritmos de busca em profundidade e em nível podem ser usados para encontrar as componentes conexas de um grafo. Escolhemos um nó arbitrário como inicial e efetuamos uma busca. Quando o algoritmo terminar, todos os nós visitados pertencem a uma componente. Encontramos, então, um nó no grafo que não tenha sido visitado e efetuamos outra busca, que vai produzir uma segunda componente. Continuamos esse processo até não haver nenhum nó não visitado no grafo.

Embora tenhamos definido acessibilidade apenas para grafos direcionados, o conceito também faz sentido para grafos não direcionados e não conexos. Vamos considerar apenas grafos simples não direcionados e não conexos, mas vamos usar a convenção de que, embora não exista nenhum laço, cada nó é acessível de si mesmo. A acessibilidade torna-se, então, uma relação de equivalência no conjunto de nós do grafo; nossa convenção impõe a reflexividade, enquanto a simetria e a transitividade são válidas porque o grafo não é direcionado. Essa relação de equivalência gera uma partição no conjunto dos nós, dividindo-o em classes de equivalência, e cada classe de equivalência consiste nos nós em uma componente conexa do grafo. O algoritmo de Warshall pode ser aplicado tanto a grafos não direcionados quanto a grafos direcionados. A utilização do algoritmo de Warshall resulta em uma matriz a partir da qual podemos determinar os nós que pertencem às várias componentes conexas, mas isso requer mais trabalho do que usar busca em profundidade.

Como observação final sobre busca em profundidade, vimos na Seção 1.5 que a linguagem de programação Prolog, ao processar uma pesquisa baseada em uma definição por recorrência, usa uma estratégia de busca em profundidade (Exemplo 40).

SEÇÃO 7.4 REVISÃO

TÉCNICAS

- Conduzir uma busca em profundidade em um grafo.
- Conduzir uma busca em nível em um grafo.

IDEIAS PRINCIPAIS

- Existem algoritmos para visitar os nós de um grafo sistematicamente.
- Buscas em profundidade e em nível podem ser usadas como base para outras tarefas.

EXERCÍCIOS 7.4

Nos Exercícios 1 a 6, escreva os nós do grafo na figura a seguir em ordem de profundidade, começando com o nó especificado.

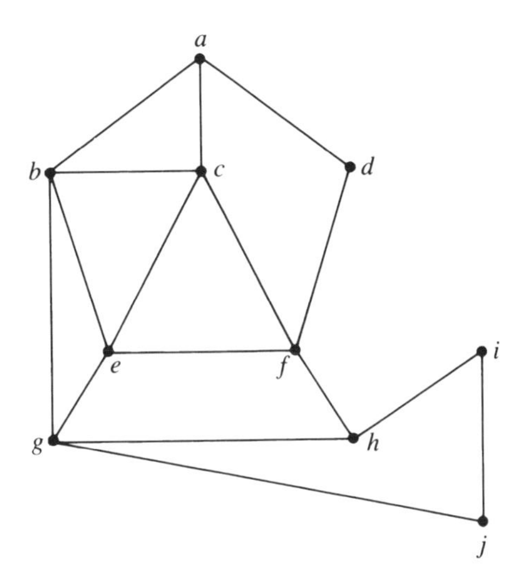

1. a 2. c 3. d 4. g 5. e 6. h

Nos Exercícios 7 a 10, escreva os nós do grafo na figura a seguir em ordem de profundidade, começando com o nó especificado.

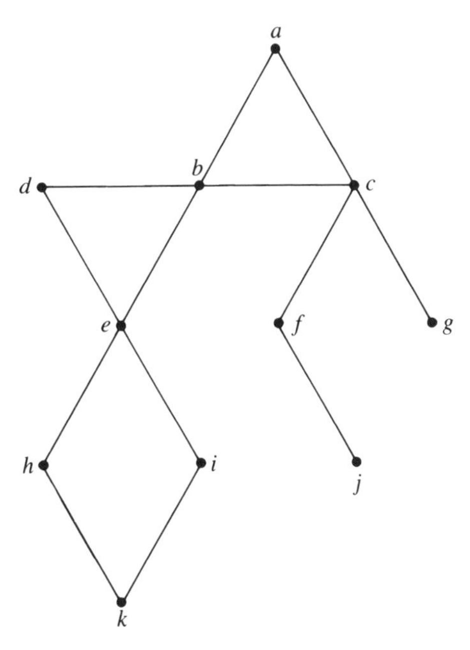

7. a 8. e 9. f 10. h

Nos Exercícios 11 a 16, escreva os nós do grafo na figura para os Exercícios 1 a 6 em ordem de nível, começando com o nó especificado.

11. a 12. c 13. d 14. g 15. e 16. h

Nos Exercícios 17 a 20, escreva os nós do grafo na figura para os Exercícios 7 a 10 em ordem de nível, começando com o nó especificado.

17. a 18. e 19. f 20. h

Nos Exercícios 21 a 24, escreva os nós do grafo na figura a seguir em ordem de profundidade, começando com o nó especificado.

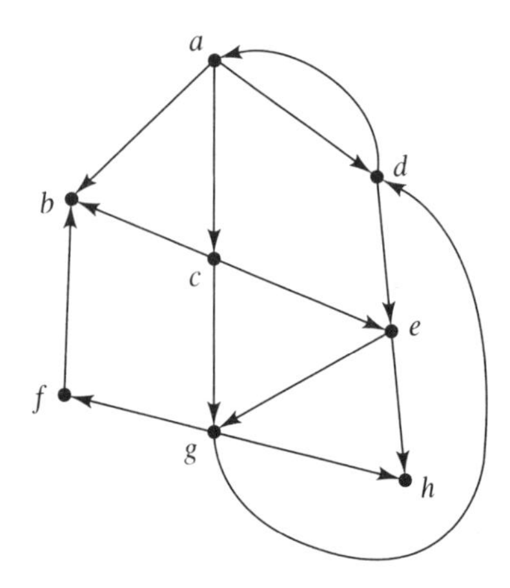

21. a 22. g 23. f 24. e

Nos Exercícios 25 a 28, escreva os nós do grafo na figura para os Exercícios 21 a 24 em ordem de nível, começando com o nó especificado.

25. a 26. g 27. f 28. e

29. Na rede de computadores ilustrada na figura a seguir, a mesma mensagem deve ser enviada do nó C para os nós A, E, F e G. Um modo de fazer isso é encontrar o menor caminho de C a cada um dos nós e enviar diversas cópias da mesma mensagem. Uma abordagem mais eficiente é enviar uma cópia da mensagem de C ao longo de uma árvore geradora para o subgrafo contendo os nós envolvidos. Use o algoritmo de busca em profundidade para encontrar uma árvore geradora para o subgrafo.

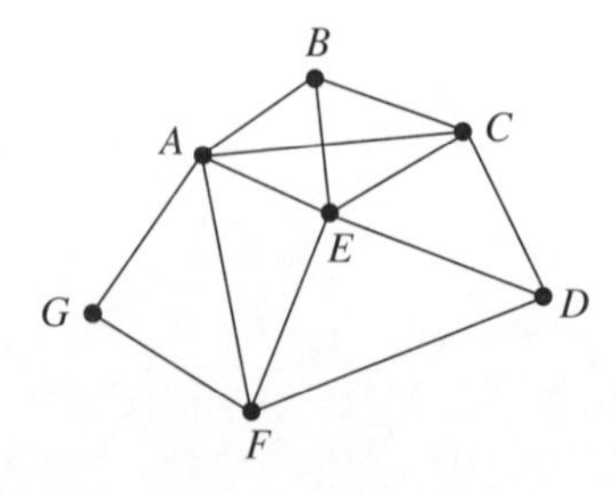

30. No grafo para o Exercício 29, use o algoritmo de busca em nível para encontrar uma árvore geradora para o subgrafo.

31. Use o algoritmo de busca em profundidade para fazer uma ordenação topológica no grafo da figura a seguir. Indique, no grafo, o número de contagem. Especifique o nó inicial ou nós para a busca.

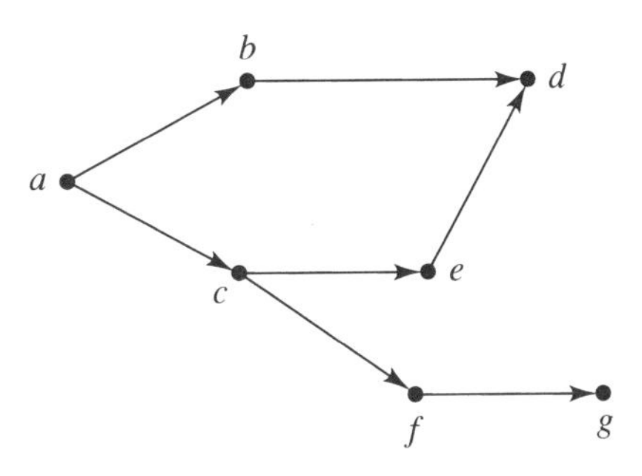

32. Use o algoritmo de busca em profundidade para fazer uma ordenação topológica no grafo da figura a seguir. Indique, no grafo, o número de contagem. Especifique o nó inicial ou nós para a busca.

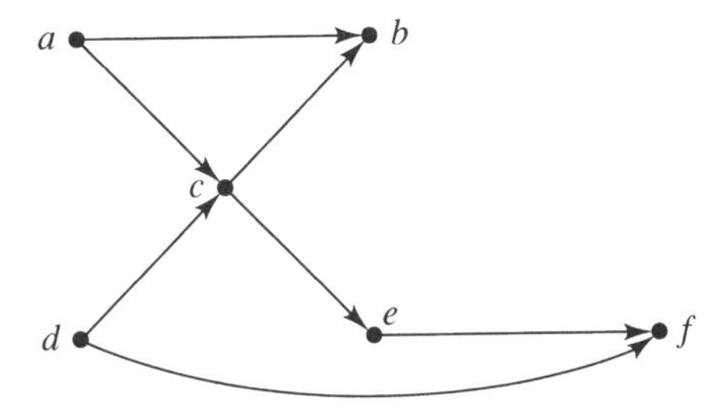

33. A estrutura de dados usada para implementar uma busca em nível é uma fila. Qual é a estrutura de dados apropriada para implementar uma busca em profundidade?
34. Encontre uma maneira de percorrer uma árvore em ordem de nível, ou seja, de modo que todos os nós no mesmo nível são listados da esquerda para a direita, com profundidade crescente. (*Sugestão*: Já temos um modo de fazer isso.)
35. Descreva como o algoritmo de busca em profundidade pode ser usado em um grafo conexo (não direcionado) para detectar a presença de ciclos no grafo. (Embora seja simples olhar a Figura 7.13 e ver que *a–b–c–e–a*, por exemplo, é um ciclo, em um grafo enorme, com milhares de nós e arcos, um ciclo pode ser menos fácil de ver; além disso, você pode nem ter uma representação visual.)
36. a. Descreva a ordem na qual os nós são visitados em uma busca em nível do grafo bipartido completo $K_{m,n}$.
    b. Descreva a ordem na qual os nós são visitados em uma busca em profundidade do grafo bipartido completo $K_{m,n}$.

SEÇÃO 7.5 PONTOS DE ARTICULAÇÃO E REDES DE COMPUTADORES

Enunciado do Problema

Em um grafo que representa uma rede de computadores, os nós denotam as entidades de comunicação (computadores de usuários, servidores, roteadores etc.) e os arcos denotam os meios de comunicação (cabo coaxial, fibra ótica etc.). Tal grafo deve ser conexo, devendo existir um caminho entre todos os pares de nós. Para minimizar o comprimento do cabo ou fibra, devemos escolher uma árvore geradora mínima. No entanto, se um arco em uma árvore geradora mínima for removido (por exemplo, se a seção correspondente de cabo ou fibra sofrer algum dano ou quebrar), o grafo não será mais conexo. Cada arco torna-se um ponto possível de falha para a rede. É por isso que tais redes contêm, em geral, mais arcos do que os da árvore mínima geradora. No entanto, mesmo em um grafo suficientemente rico para permitir a perda de um único arco, um nó pode ser um ponto possível de falha.

Se um nó falhar (e for, portanto, removido logicamente), os arcos que tiverem o nó como extremidade serão desabilitados, e o resultado poderá ser um grafo desconexo.

DEFINIÇÃO PONTO DE ARTICULAÇÃO

Um nó em um grafo simples conexo é um **ponto de articulação** se sua remoção (junto com os arcos que o têm como extremidade) faz com que o grafo remanescente fique desconexo

EXEMPLO 14 O nó *d* no grafo da Figura 7.20a é um ponto de articulação. A remoção de *d* resulta no grafo desconexo da Figura 7.20b.

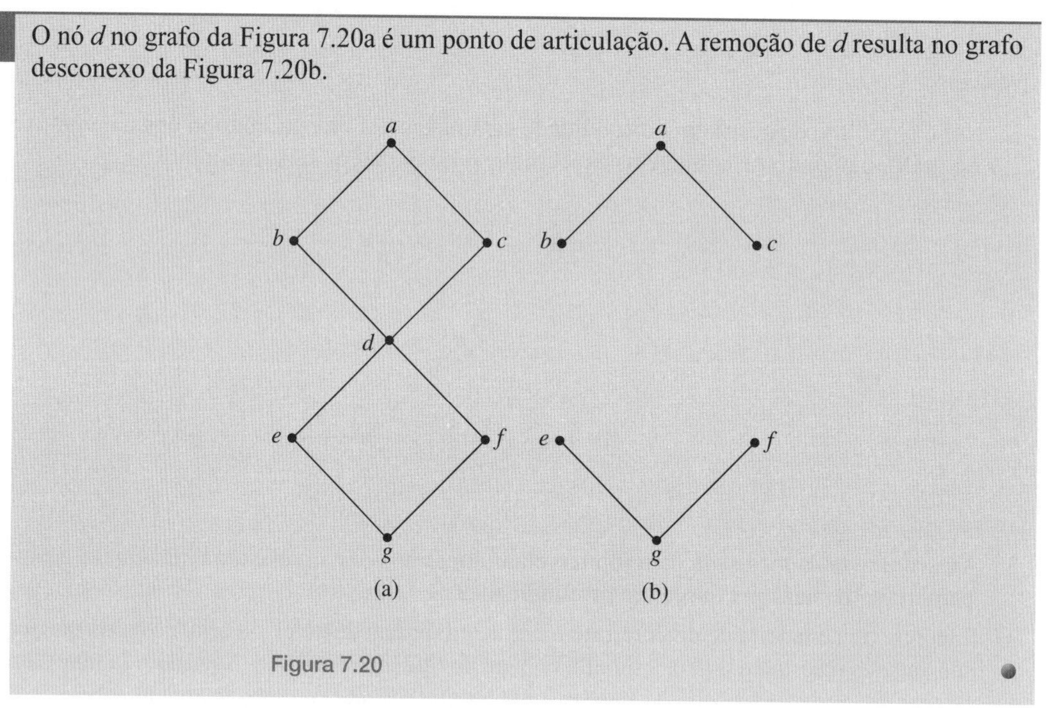

Figura 7.20

DEFINIÇÃO GRAFO BICONEXO

Um grafo simples será dito **biconexo** se não tiver pontos de articulação.

É claro que a presença de pontos de articulação é uma característica indesejável em uma rede. Embora seja fácil detectar um ponto de articulação em um grafo tão pequeno como o da Figura 7.20a, desenvolveremos um algoritmo para detectar tais pontos independentemente de quão grandes sejam os grafos (e, naturalmente, sem necessitar de uma representação visual). Pontos de articulação separam o grafo em **componentes biconexas**, subgrafos que são biconexos e não são subgrafos de subgrafos biconexos maiores. Na Figura 7.20, *a–b–d–c* e *d–e–g–f* são componentes biconexas.

A Ideia por Trás do Algoritmo

A chave desse algoritmo é a busca em profundidade. Sabemos da seção anterior que uma busca em profundidade determina uma árvore sem raiz. Um arco é adicionado à árvore sempre que a busca chega a um nó que ainda não havia sido visitado. Arcos do grafo que pertencem a essa árvore são chamados de **arcos de árvore**. Os arcos restantes são chamados de **arcos de trás**.

EXEMPLO 15 Na Figura 7.20, uma busca em profundidade a partir do nó *a* visita os nós na ordem *a*, *b*, *d*, *c*, *e*, *g*, *f*. Na Figura 7.21, os arcos de árvores estão mais grossos e escuros, e os arcos de trás são mais finos e claros.

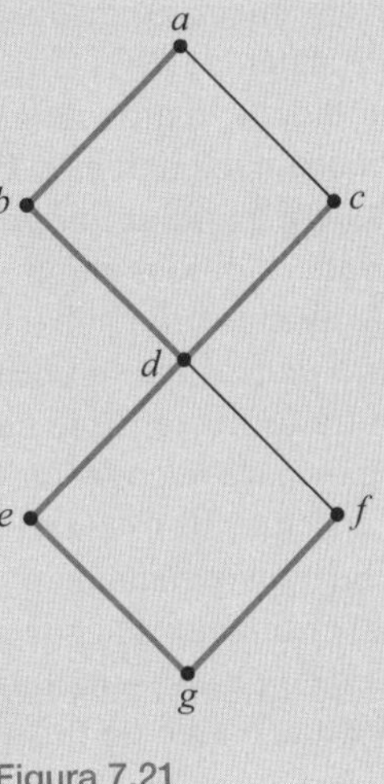

Figura 7.21

A busca em profundidade passa por todos os nós. Para detectar nós que são pontos de articulação, examinamos suas posições relativas na árvore. Considere primeiro o nó que é o ponto inicial da árvore de busca em profundidade. Se apenas um arco de árvore sai do nó inicial, então, à medida que a árvore vai sendo construída, todos os outros nós no grafo podem ser alcançados do nó na outra extremidade do arco de árvore. Logo, a remoção do nó inicial não irá tornar o grafo desconexo. No entanto, se dois ou mais arcos saírem do nó inicial, a única maneira de ir de uma subárvore para outra seria através desse nó, e, nesse caso, a remoção do nó inicial tornaria o grafo desconexo.

Na Figura 7.21, *a* é o nó inicial da árvore de busca em profundidade, e existe apenas um arco de árvore saindo de *a*. Logo, a remoção de *a* (e seus dois arcos) não tornaria o grafo desconexo. Se no entanto tivéssemos iniciado a busca em profundidade pelo nó *d*, a árvore ficaria como ilustrado na Figura 7.22 e haveria dois arcos saindo do nó *d*, mostrando que *d* é um ponto de articulação.

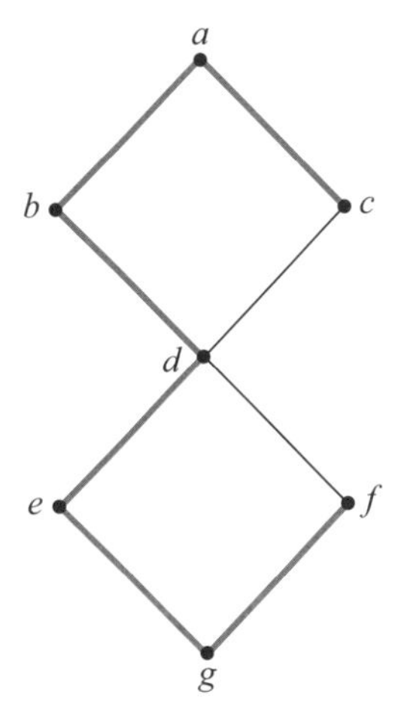

Figura 7.22

Considere qualquer nó *n* que é uma folha na árvore de busca binária (extremidade de um único arco de árvore). Tal folha pode ser uma folha do grafo dado, ou seja, um nó de grau 1, caso em que certamente não é um ponto de articulação. Mas, se não for uma folha do grafo dado, os outros arcos saindo de n não foram usados na busca em profundidade, o que significa que os nós adjacentes a n são acessíveis por caminhos alternativos que não passam pelo nó n. Como n não é necessário em um caminho para outros nós, a remoção de n não irá desconectar o grafo. Portanto, nenhuma folha da árvore de busca em profundidade é ponto de articulação. Na Figura 7.21, o nó c, por exemplo, é uma folha da árvore de busca em profundidade; o arco de c para a é um arco de trás, de modo que o nó a é acessível por outra rota que não contém c. O nó c pode ser removido sem desconectar o grafo.

Considere agora um nó n que não é uma folha nem o nó inicial na árvore de busca em profundidade. Como n não é uma folha, há uma ou mais subárvores abaixo de n. Suponha que existe apenas uma subárvore; seja x um nó nessa subárvore. Se x for extremidade de algum arco de trás que precede n na busca em profundidade (um "ancestral" de n), então esse arco irá fornecer parte de um caminho alternativo para x — e todos os outros nós na subárvore — para se conectar com o resto do grafo sem passar por n. Nesse caso n não é um ponto de articulação. (Veja a Figura 7.23a, onde a remoção de n e seus arcos não desconecta o grafo.) Se houver mais de uma subárvore abaixo de n, então n não será um ponto de articulação se e somente se cada subárvore tiver uma "rota de escape" que permita a conexão com o resto do grafo — incluindo as outras subárvores — sem passar por n. (Veja a Figura 7.23b; note que o arco de trás de y para z não ajuda, já que não chega a um ancestral de n.)

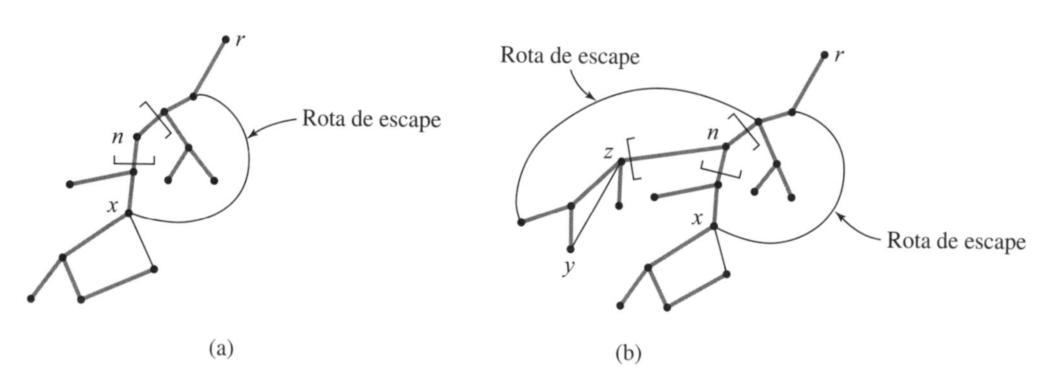

Figura 7.23

O Algoritmo

A chave para o algoritmo, como podemos intuir da discussão anterior, é manter o registro das outras extremidades dos arcos de trás. Atribuiremos um número de árvore a cada nó, correspondendo à ordem segundo a qual o nó é visitado na busca em profundidade. Então o nó inicial tem número de árvore 1, o próximo nó visitado tem número de árvore 2 e assim por diante. Além disso, manteremos um "número de trás" para cada nó x. O número de trás será o número de árvore mínimo de um nó (o mais longe entre os nós de trás) acessível de x, ou usando arcos de trás saindo de x ou a partir de descendentes de x na subárvore. Para incorporar informação sobre arcos de trás de descendentes de x, o número de trás de x é ajustado quando a busca em profundidade volta para o nó x vindo de baixo na árvore. O nó n será um ponto de articulação sempre que uma subárvore de n não tiver arco de trás para um ancestral de n, e essa circunstância é detectada quando a busca volta da subárvore para n. Suponha que a busca está voltando de x para n. Se o número de trás de x nesse instante não for menor do que o número de árvore de n, então n será um ponto de articulação.

O algoritmo a seguir faz a busca em profundidade e constrói a árvore de busca em profundidade. Ele trata corretamente tanto as folhas quanto os nós que não são folhas nem o nó inicial da árvore de busca em profundidade, deixando apenas o nó inicial como um caso especial. Ele supõe, também, que a própria estrutura do grafo contém o número de árvore e o número de trás de cada nó.

ALGORITMO *PONTODEART*

```
PontoDeArt(grafo G; nó n; inteiro NúmeroDeÁrvore)
//detecta os pontos de articulação em G fazendo uma busca em profundidade
//a partir de n; o grafo G também mantém um valor de número de árvore NA e um
//número de trás NT para cada nó; NúmeroDeÁrvore = 0 quando chamado pela
//primeira vez.

Variável local:
nó x                          //nó temporário

   marque n visitado          //primeiro encontro de n, atribui seu número
   NúmeroDeÁrvore = NúmeroDeÁrvore + 1
   NA[n] = NúmeroDeÁrvore
   NT[n] = NA[n]
   para cada nó x adjacente a n por um arco que não é de árvore
     se n não foi visitado então
        faça n – x um arco de árvore
        PontoDeArt(G, x, NúmeroDeÁrvore)
        //busca em profundidade voltando agora de x para n
        se NT[x] >= NA[n] então                          //linha 1
           escreva("n é um ponto de articulação")
        senão
           //ajusta o número de trás de n
           NT[n] = mín(NT[n], NT[x])                     //linha 2
        fim do se
     senão
        //o arco n – x agora é um arco de trás, ajuste NT[n]
        NT[n] = mín(NT[n], NA[x])                        //linha 3
     fim do se
   fim do para
fim de PontoDeArt
```

EXEMPLO 16 Vamos seguir o algoritmo de ponto de articulação no gráfico da Figura 7.20a, com nó inicial a. A árvore começa com os arcos a–b, b–d e d–c. Cada nó é numerado com um número de árvore consecutivo, e é atribuído a seu número de trás o mesmo valor que seu número de árvore (Figura 7.24a; na figura, os números entre parênteses são o número de árvore e o número de trás, respectivamente). Durante o processamento do nó c, o arco de trás para a é descoberto e o número de trás é ajustado para 1, o número de árvore de a (linha 3 na descrição do algoritmo). Essa ação completa o processamento do nó c, e a busca em profundidade volta para o nó d. O número de trás de c é menor do que o número de árvore de d, logo o número de trás de d é ajustado para ficar igual ao de c (linha 2). A Figura 7.24b mostra a situação nesse instante.

A busca em profundidade segue adiante para os nós e, g, f (Figura 7.24c). Em f, é encontrado o arco de trás para d e é atribuído o número de árvore de d ao número de trás de f (linha 3). Voltando de f para g, o número de trás de g é ajustado para ficar igual ao número de trás de f (linha 2) e analogamente para e (linha 2 novamente). (Veja a Figura 7.24d.)

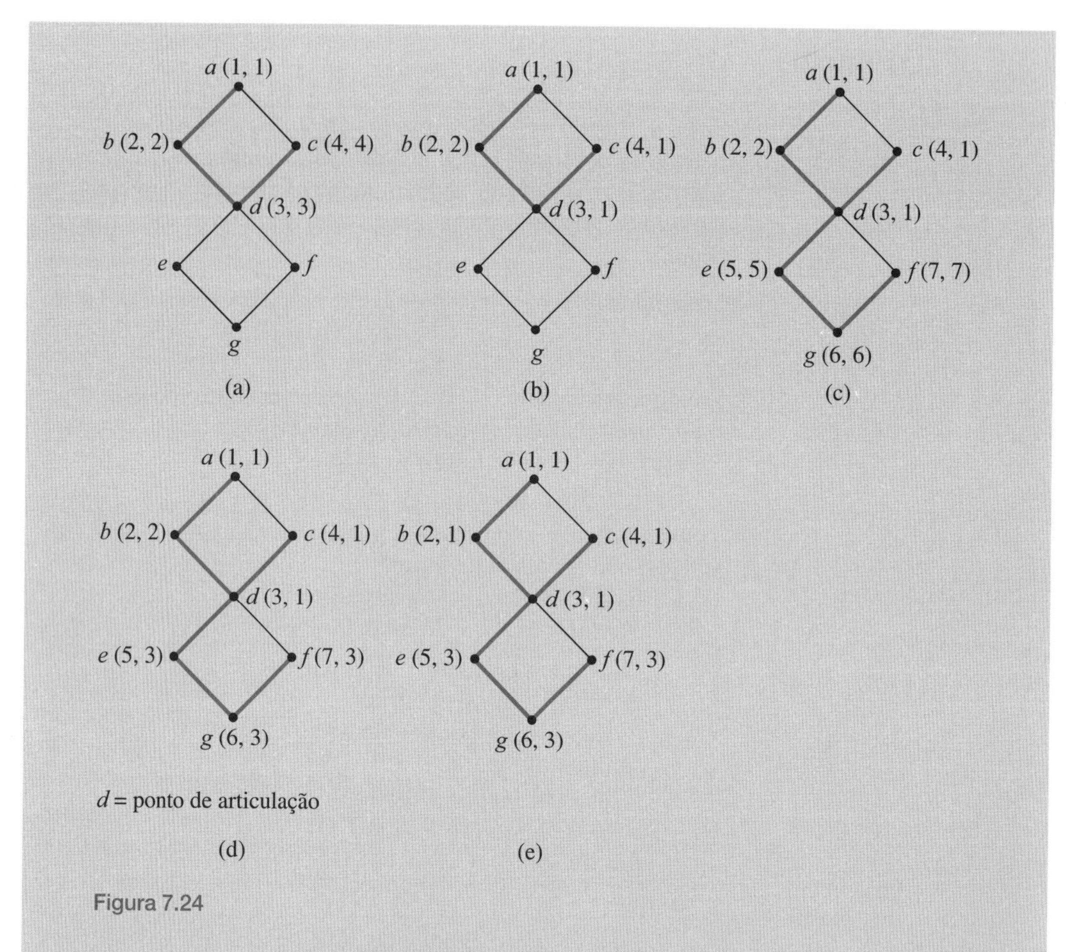

Figura 7.24

Finalmente, ao voltar de *e* para *d*, o número de trás de *e* é maior ou igual ao número de árvore de *d*, logo *d* é declarado um ponto de articulação (linha 1). A recorrência volta para o nó *b*, ajustando o número de trás de *b*, depois para o nó *a*, quando a linha parece se aplicar (Figura 7.24e). Mas *a* é o ponto inicial da busca e só tem um arco de árvore saindo de *a*, logo *a* não é um ponto de articulação.

PROBLEMA PRÁTICO 18 Na Figura 7.25, a busca em profundidade começou no nó *a*. Explique por que cada nó está marcado dessa forma e como se conclui que *c* é um ponto de articulação.

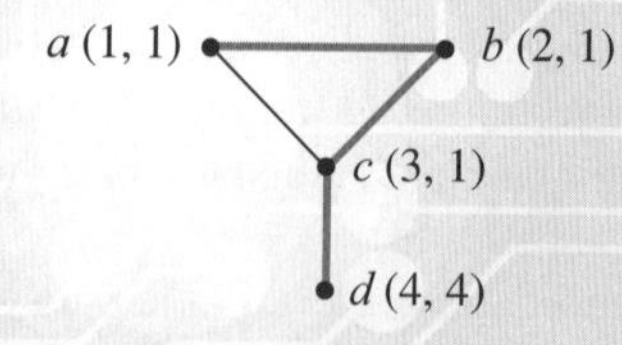

Figura 7.25

SEÇÃO 7.5 REVISÃO

TÉCNICA

- Encontrar pontos de articulação em um grafo simples conexo (usando o algoritmo *PontoDeArt*).

IDEIA PRINCIPAL

- Pontos de articulação representam pontos de falha possível em uma rede de computadores, mas existe um algoritmo para detectar sua presença.

EXERCÍCIOS 7.5

Para os Exercícios 1 a 6, desenhe as árvores de busca em profundidade com nó inicial a. Identifique os arcos de trás.

1. 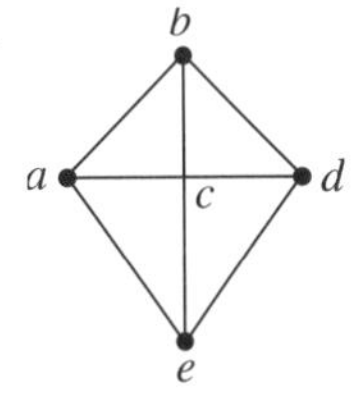

2. 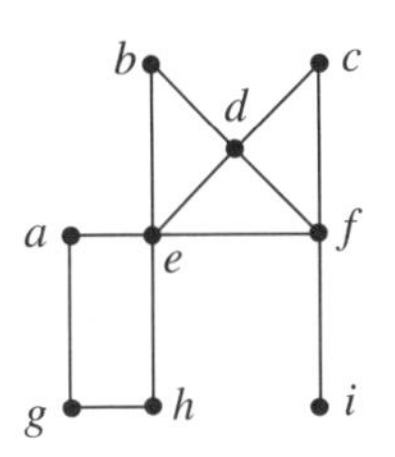

3. 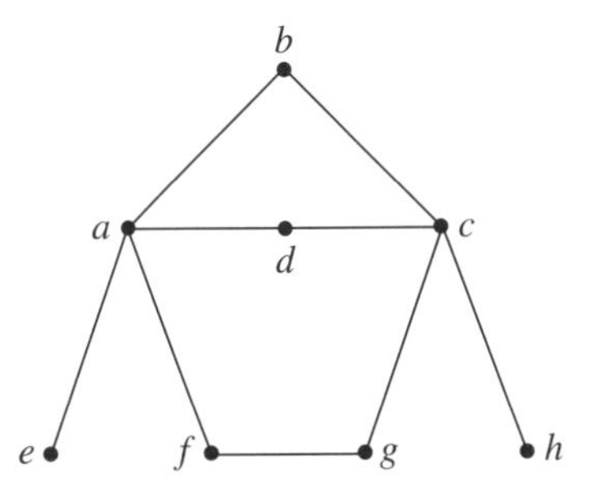

4. 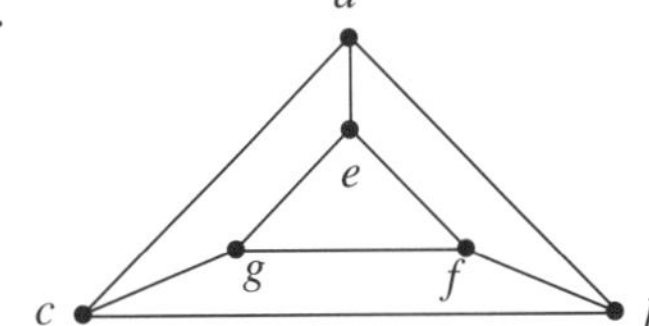

5. 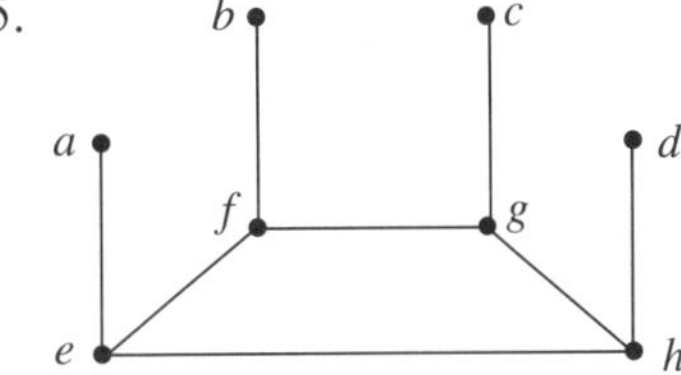

6. 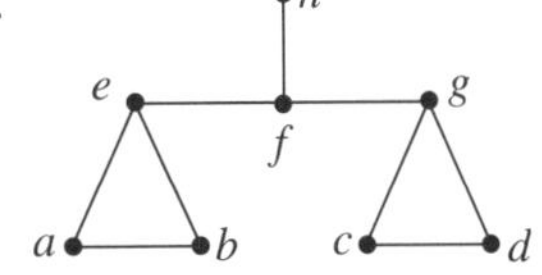

Nos Exercícios 7 a 12, use o algoritmo *PontoDeArt* para encontrar os pontos de articulação. Coloque o número de árvore e o número de trás em cada nó, como a primeira atribuição e depois como modificado. Desenhe as componentes biconexas do grafo.

7. 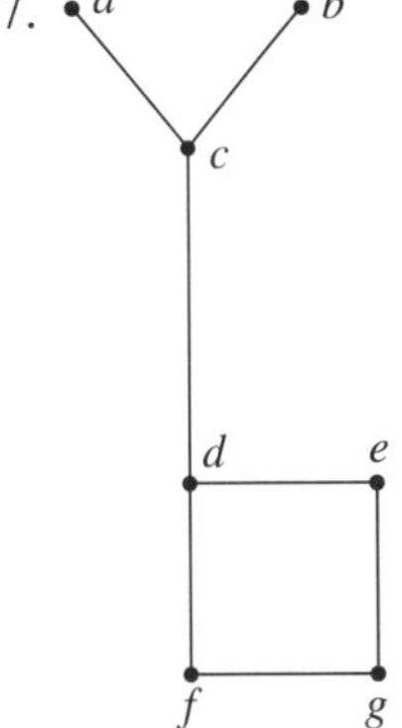

8. 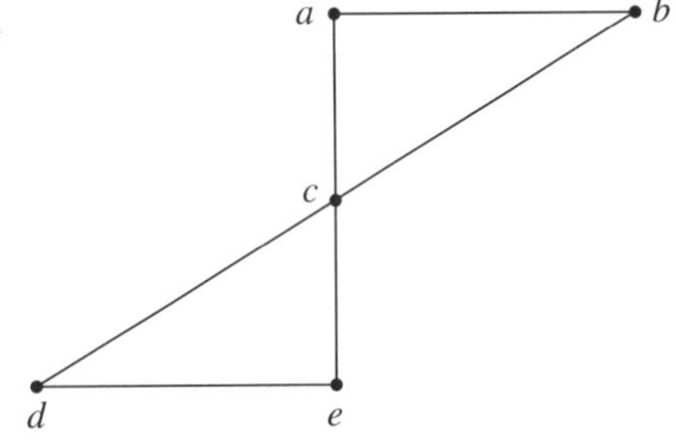

9.

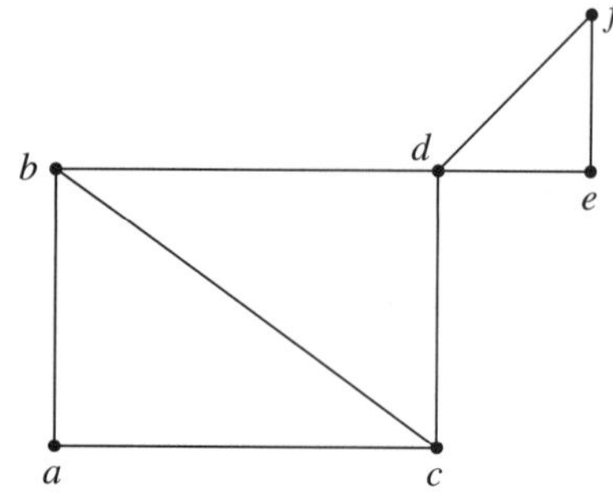

11.

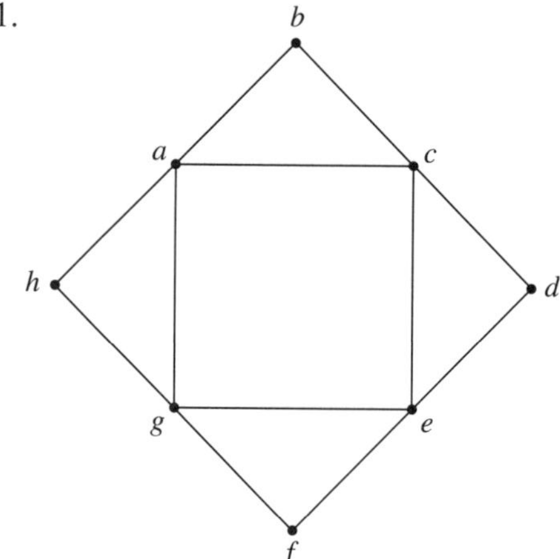

10.

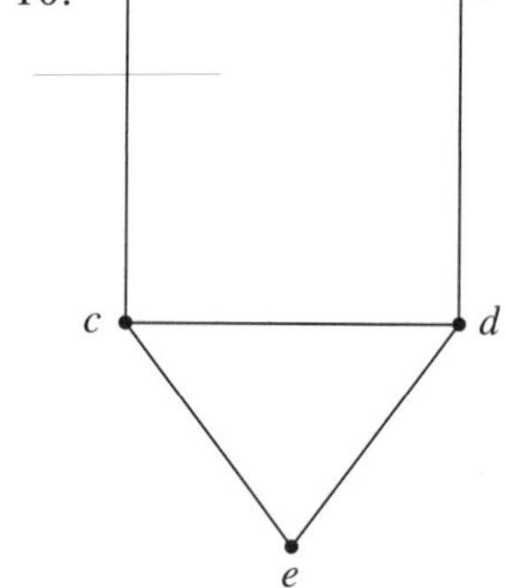

12.

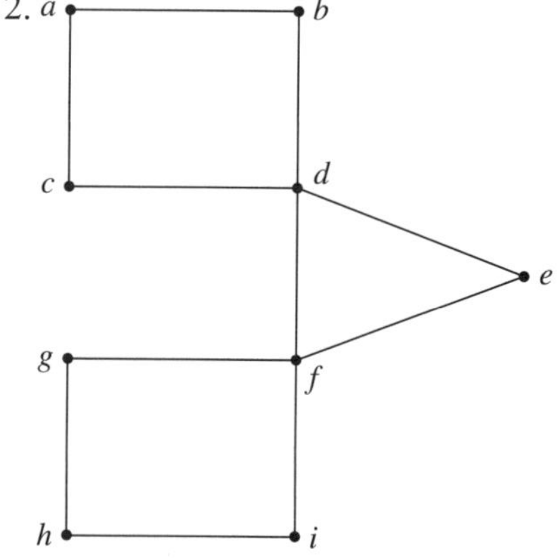

CAPÍTULO 7 **REVISÃO**

TERMINOLOGIA

algoritmo guloso (Seção 7.3)
arco de árvore (Seção 7.5)
arco de trás (Seção 7.5)
árvore geradora (Seção 7.3)
árvore geradora mínima (Seção 7.3)
busca em nível (Seção 7.4)
busca em profundidade (Seção 7.4)
caminho de Euler (Seção 7.2)
circuito hamiltoniano (Seção 7.2)
componente biconexa (Seção 7.5)
componente conexa (Seção 7.4)
fila (Seção 7.4)
grafo biconexo (Seção 7.5)
inserção (em uma fila) (Seção 7.4)
matriz de acessibilidade (Seção 7.1)
nó acessível (Seção 7.1)
nó ímpar (Seção 7.2)
nó par (Seção 7.2)
percurso em um grafo (Seção 7.4)
ponto de articulação (Seção 7.5)
relação de adjacência (Seção 7.1)
remoção (em uma fila) (Seção 7.4)

AUTOTESTE

Responda se as afirmações a seguir são verdadeiras ou falsas.

Seção 7.1

1. Qualquer relação binária em um conjunto N tem uma matriz de adjacência associada.
2. O fecho transitivo é a relação de adjacência equivalente à acessibilidade.
3. A matriz de acessibilidade **R** de um grafo direcionado G é calculada tomando-se as potências da matriz de adjacência até n^2.
4. O algoritmo de Warshall procede calculando, sucessivamente, o número de caminhos de comprimento 1, depois de comprimento 2, e assim por diante, entre os nós.
5. O algoritmo de Warshall calcula o fecho simétrico no caso de uma relação de adjacência simétrica.

Seção 7.2

1. Um grafo com quatro nós ímpares ainda pode ser conexo.
2. Existe um caminho de Euler em qualquer grafo com um número par de nós ímpares.
3. Existe um algoritmo da ordem de $\Theta(n^2)$ que testa a existência de um caminho de Euler em um grafo com n nós.
4. Um circuito hamiltoniano usa cada arco e cada nó do grafo exatamente uma vez, exceto o nó que é, ao mesmo tempo, inicial e final.
5. Não se conhece nenhum algoritmo que resolva o problema do circuito hamiltoniano.

Seção 7.3

1. O algoritmo de Dijkstra para o caminho mínimo em um grafo mantém um conjunto IN e insere em IN, em cada passo, o nó mais próximo a um nó em IN.
2. Um algoritmo guloso é um que divide o problema de forma recorrente em tantos subproblemas quantos for possível.
3. A árvore geradora mínima para um grafo pode não ser única.
4. A utilização de uma representação por listas encadeadas dos nós não pertencentes a IN não melhora a ordem de grandeza, no pior caso, do trabalho executado pelo algoritmo de Dijkstra.
5. A coleção de todos os arcos não pertencentes a uma árvore geradora mínima também forma uma árvore geradora, mas ela pode não ser mínima.

Seção 7.4

1. A busca em profundidade visita primeiro os nós em baixo no grafo.
2. Em uma busca em nível começando com o nó i, todos os nós adjacentes a i são visitados em ordem.
3. Uma análise dos algoritmos de busca em profundidade e em nível mostra que eles têm a mesma ordem de grandeza.
4. O percurso em pré-ordem é o equivalente, para árvores, da busca em nível usando a raiz como nó inicial.
5. Em um grafo direcionado, pode-se fazer uma ordenação topológica através de uma sucessão de buscas em nível.

Seção 7.5

1. Se um nó n for um ponto de articulação em um grafo conexo, então qualquer caminho entre dois no grafo tem que passar por n.
2. Um grafo biconexo é um grafo simples conexo sem pontos de articulação.
3. Quando um nó n for visitado pela primeira vez em uma busca em profundidade, quaisquer outros arcos de n para nós já visitados serão arcos de trás.
4. Um nó n tal que toda subárvore de n na árvore de busca em profundidade tem um arco de trás ligado a um predecessor de n não é um ponto de articulação.
5. A raiz de uma busca em profundidade é sempre um ponto de articulação no grafo porque o número de trás de qualquer nó será maior ou igual ao seu número de árvore.

NO COMPUTADOR

Para os Exercícios 1 a 5, escreva um programa de computador que dê a resposta desejada a partir dos dados de entrada indicados.

1. *Dados de entrada*: Matriz de adjacência **A** de um grafo direcionado.
   Resposta: Matriz de acessibilidade **R** do grafo, calculada pela fórmula $\mathbf{R} = \mathbf{A} \vee \mathbf{A}^{(2)} \vee \ldots \vee \mathbf{A}^{(n)}$.
2. *Dados de entrada*: Matriz de adjacência **A** de um grafo direcionado.
   Resposta: Matriz de acessibilidade **R** do grafo, calculada pelo algoritmo de Warshall.
3. *Dados de entrada*: Matriz de adjacência **A** de um grafo.
   Resposta: Mensagem indicando se o grafo tem um caminho de Euler.

4. *Dados de entrada*: Matriz de adjacência **A** de um grafo simples com peso ou de um grafo direcionado e dois nós no grafo.
Resposta: Distância correspondente ao caminho mínimo entre os dois nós ou uma mensagem de que não existe nenhum caminho; os vértices no caminho mínimo, se existir. (*Sugestão*: Você vai precisar encontrar uma maneira de denotar quais os vértices que pertencem, atualmente, a *IN*.)

5. *Dados de entrada*: Matriz de adjacência A de um grafo simples e conexo com peso.
Resposta: Os arcos (como pares ordenados) de uma árvore geradora mínima.

Para os Exercícios 6 a 8, escreva, primeiro, uma função que recebe informação do usuário sobre um grafo e constrói uma representação do grafo como lista de adjacência; incorpore essa função nos programas pedidos.

6. *Dados de entrada*: Informação sobre um grafo (veja as instruções anteriores) e um nó no grafo.
Resposta: Nós em ordem de busca em profundidade no grafo, começando com o nó dado.

7. *Dados de entrada*: Informação sobre um grafo (veja as instruções anteriores) e um nó no grafo.
Resposta: Nós em ordem de busca em profundidade no grafo, começando com o nó dado.

8. *Dados de entrada*: Nós em ordem de busca em nível no grafo, começando com o nó dado.
Resposta: Pontos de articulação no grafo.

Capítulo

Álgebra de Boole e Lógica Computacional

OBJETIVOS DO CAPÍTULO

Após o estudo deste capítulo, você será capaz de:

- Determinar se dada estrutura matemática é uma álgebra de Boole.
- Demonstrar propriedades de álgebras de Boole.
- Compreender o significado de isomorfismos, que preservam os efeitos de uma operação binária ou outra propriedade.
- Desenhar um circuito lógico para representar uma expressão booleana.
- Escrever uma expressão booleana que representa um circuito lógico.
- Escrever a função booleana para uma expressão booleana ou um circuito lógico.
- Escrever uma expressão booleana em forma canônica de soma de produtos para uma função booleana dada.
- Usar as portas lógicas NE (NAND) e NOU (NOR), assim como as portas E (AND), OU (OR) e NÃO (NOT), para construir circuitos lógicos.
- Escrever a função booleana a partir de uma descrição de um dispositivo lógico de controle.
- Simplificar expressões booleanas e circuitos lógicos usando mapas de Karnaugh.
- Simplificar expressões booleanas e circuitos lógicos usando o método de Quine-McCluskey.

Você foi contratado por Ratos Somos Nós para construir os circuitos de controle para uma fábrica de produção de um novo composto químico anticancerígeno que está sendo testado em ratos. O circuito de controle tem que gerenciar a abertura e o fechamento de duas válvulas, A e B, após a saída do tonel de mistura. A válvula A é aberta sempre que a pressão no tonel excede 3,5 atm (atmosferas) e a salinidade da mistura excede 45 g/L (gramas por litro). A válvula B é aberta sempre que a válvula A está fechada, a temperatura excede 53 °C e a acidez está abaixo de pH 7 (valores mais baixos de pH indicam maior acidez).

Pergunta: Quantas portas lógicas, e de que tipo, serão necessárias no circuito?

A resposta desse problema eletrônico está, surpreendentemente, em um ramo da matemática desenvolvido em torno de 1850 por George Boole, um matemático inglês. Boole estava interessado em regras "algébricas" para o raciocínio lógico, semelhantes às regras algébricas para o raciocínio numérico. Ridicularizado na época como inútil, embora não nocivo, o trabalho de Boole forma os fundamentos para a eletrônica de computadores hoje em dia.

Na Seção 8.1, definimos álgebra de Boole como um modelo matemático tanto da lógica proposicional como da teoria dos conjuntos. A definição estipula determinadas propriedades que todas as álgebras de Boole têm que ter e a partir das quais é possível obter muitas outras propriedades adicionais. Essa seção discute, também, o significado de isomorfismo para álgebra de Boole.

A Seção 8.2 estabelece a relação entre a estrutura de álgebra de Boole e os diagramas para os circuitos elétricos em computadores, calculadoras, dispositivos industriais de controle, sistemas de telefonia etc. De fato, veremos que funções booleanas, expressões formadas por variáveis e operações de álgebra de Boole, e esses diagramas elétricos estão relacionados. Uma consequência disso é que podemos passar facilmente de uma formulação para outra e preservar, ainda, as caraterísticas de comportamento em relação aos valores lógicos (verdadeiro ou falso). Veremos, também, que podemos simplificar diagramas elétricos usando propriedades de álgebras de Boole. Na Seção 8.3, estudaremos dois outros procedimentos para simplificar diagramas elétricos.

SEÇÃO 8.1 ESTRUTURA DE ÁLGEBRA DE BOOLE

Vamos nos lembrar das fbfs da lógica proposicional e associar a elas certo tipo de função. Suponha que uma fbf proposicional P tenha n letras de proposição. Então, cada linha da tabela-verdade da fbf associa um valor, V ou F, a uma n-upla de valores V/F. A tabela-verdade inteira define uma função f: $\{V, F\}^n \rightarrow \{V, F\}$. As funções associadas a tautologias são da forma $\{V, F\}^n \rightarrow \{V\}$, enquanto as associadas a contradições são da forma $\{V, F\}^n \rightarrow \{F\}$.

EXEMPLO 1 Já vimos essa ideia antes. Do Exemplo 31 no Capítulo 5, a função f: $\{V, F\}^2 \rightarrow \{V, F\}$ para a fbf $A \vee B'$ é dada pela seguinte tabela-verdade:

A	*B*	*B'*	*A ∨ B'*
V	V	F	V
V	F	V	V
F	V	F	F
F	F	V	V

Aqui $f(V, F) = V$ e $f(F, V) = F$.

Vamos convencionar que, para qualquer fbf proposicional P com n letras de proposição, o símbolo P não denota apenas a fbf mas, também, a função correspondente definida pela tabela-verdade. Se P e Q forem fbfs equivalentes, então terão a mesma tabela-verdade, logo definirão a mesma função. Podemos, então, escrever $P = Q$ em vez de $P \Leftrightarrow Q$. Isso simplesmente confirma que uma função dada pode ter nomes múltiplos, apesar de uma fbf definir uma única função.

Com essa convenção, a lista curta de equivalências tautológicas da Seção 1.1 pode ser escrita como a seguir, em que $\vee$ e $\wedge$ denotam a disjunção e a conjunção, respectivamente, A' denota a negação da proposição A, 0 denota qualquer contradição e 1 denota qualquer tautologia:

1a. $A \vee B = B \vee A$	1b. $A \wedge B = B \wedge A$	(comutatividade)
2a. $(A \vee B) \vee C = A \vee (B \vee C)$	2b. $(A \wedge B) \wedge C = A \wedge (B \wedge C)$	(associatividade)
3a. $A \vee (B \wedge C) = (A \vee B) \wedge (A \vee C)$	3b. $A \wedge (B \vee C) = (A \wedge B) \vee (A \wedge C)$	(distributividade)
4a. $A \vee 0 = A$	4b. $A \wedge 1 = A$	(existência de elementos neutros)
5a. $A \vee A' = 1$	5b. $A \wedge A' = 0$	(propriedades dos complementares)

Mudando de contexto, estudamos, na Seção 4.1, identidades básicas envolvendo conjuntos, onde encontramos a lista de identidades a seguir, em que $\cup$ e $\cap$ denotam a união e a interseção de conjuntos, respectivamente, A' é o complementar do conjunto A e $\varnothing$ é o conjunto vazio.

1a. $A \cup B = B \cup A$	1b. $A \cap B = B \cap A$	(comutatividade)
2a. $(A \cup B) \cup C = A \cup (B \cup C)$	2b. $(A \cap B) \cap C = A \cap (B \cap C)$	(associatividade)
3a. $A \cup (B \cap C) = (A \cup B) \cap (A \cup C)$	3b. $A \cap (B \cup C) = (A \cap B) \cup (A \cap C)$	(distributividade)
4a. $A \cup \varnothing = A$	4b. $A \cap S = A$	(existência de elementos neutros)
5a. $A \cup A' = S$	5b. $A \cap A' = \varnothing$	(propriedades dos complementares)

Essas duas listas de propriedades são inteiramente análogas. A disjunção de proposições e a união de conjuntos parecem ter o mesmo papel em seus respectivos ambientes. O mesmo ocorre com a conjunção de proposições e a interseção de conjuntos. Uma contradição parece corresponder ao conjunto vazio e uma tautologia, ao conjunto universo S. Que conclusão podemos tirar dessa semelhança?

Modelos ou Generalizações

Parece que encontramos dois exemplos diferentes — lógica proposicional e teoria dos conjuntos — que têm propriedades comuns. Uma das especialidades do pensamento científico é a busca de padrões ou semelhanças entre diversos fenômenos observados. Serão essas semelhanças manifestações de um mesmo princípio geral subjacente? Esse princípio pode ser identificado e estudado por si mesmo? Será que isso vai ajudar na compreensão do comportamento, em vários exemplos específicos, desse princípio? Algumas vezes, como parece ser o caso da lógica proposicional e da teoria dos conjuntos, propriedades matemáticas ou comportamentos semelhantes podem ser observados em contextos diferentes. Uma estrutura matemática é um modelo formal que serve para incorporar ou explicar essas propriedades comuns, assim como a lei da gravidade, na física, é um modelo formal de por que as maçãs caem, os oceanos têm marés e os planetas giram em torno do Sol.

Princípios matemáticos são modelos ou generalizações que têm como objetivo capturar propriedades que podem ser comuns a exemplos ou manifestações diferentes. Esses princípios são expressos, algumas vezes, como *estruturas matemáticas* — conjuntos abstratos de objetos, junto com operações sobre esses objetos, ou relações entre eles, que obedecem a certas regras. (Esse conceito pode lhe dar uma pista sobre a razão para o título deste livro.)

Podemos fazer uma analogia entre uma estrutura matemática e um esqueleto humano. Podemos pensar no esqueleto como a estrutura básica de um corpo humano. As pessoas podem ser magras ou gordas, baixas ou altas, pretas ou brancas e assim por diante, mas, em nível de esqueleto, todas são bastante semelhantes. Embora a aparência externa seja diferente, a estrutura interna, a forma e a colocação dos ossos são as mesmas. De maneira análoga, estruturas matemáticas representam as semelhanças subjacentes em situações aparentemente muito diferentes.

Parece razoável abstrair as propriedades em comum (equivalências tautológicas e identidades envolvendo conjuntos) para fbfs proposicionais e teoria dos conjuntos. Definiremos em breve, portanto, uma estrutura matemática chamada de álgebra de Boole que incorpora essas propriedades. Primeiro, no entanto, vamos observar que modelagem ou generalização não são ideias inteiramente novas para nós:

1. Usamos lógica de predicados para modelar o raciocínio e definir formalmente uma interpretação como um exemplo específico da lógica de predicados (Seção 1.3).
2. Definimos as ideias abstratas de ordem parcial e relação de equivalência, e consideramos um número específico de exemplos que poderiam ser modelados como conjuntos parcialmente ordenados ou como conjuntos nos quais está definida uma relação de equivalência (Seção 5.1).
3. Observamos que grafos e árvores podem modelar uma grande variedade de exemplos (Seções 6.1 e 6.2).

Uma álgebra de Boole é, simplesmente, outro modelo ou generalização para o qual já temos dois exemplos.

Definição e Propriedades

Vamos caracterizar formalmente as semelhanças entre a lógica proposicional e a teoria dos conjuntos. Em cada caso, estamos falando sobre elementos de um conjunto: um conjunto de fbfs ou um conjunto de subconjuntos de um conjunto S. Em cada caso temos duas operações binárias e uma operação unária que age nos elementos do conjunto: disjunção/conjunção/negação ou união/interseção/complementação. Em cada caso, existem dois elementos diferenciados no conjunto: 0/1 ou $\emptyset/S$. Finalmente, são válidas 10 propriedades em cada caso. Sempre que todas essas características estiverem presentes, dizemos que temos uma álgebra de Boole.

DEFINIÇÃO ÁLGEBRA DE BOOLE

Uma **álgebra de Boole** é um conjunto B no qual estão definidas duas operações binárias, $+$ e $\cdot$, e uma operação unária, $'$, e que contém dois elementos distintos, 0 e 1, tais que as seguintes propriedades são válidas, quaisquer que sejam $x, y, z \in B$:

1a. $x + y = y + x$	1b. $x \cdot y = y \cdot x$	(comutatividade)
2a. $(x + y) + z = x + (y + z)$	2b. $(x \cdot y) \cdot z = x \cdot (y \cdot z)$	(associatividade)
3a. $x + (y \cdot z) = (x + y) \cdot (x + z)$	3b. $x \cdot (y + z) = (x \cdot y) + (x \cdot z)$	(distributividade)
4a. $x + 0 = x$	4b. $x \cdot 1 = x$	(existência de elementos neutros)
5a. $x + x' = 1$	5b. $x \cdot x' = 0$	(propriedades dos complementares)

O que é, então, a estrutura de álgebra de Boole? É uma formalização que generaliza, ou modela, os dois casos que consideramos (e talvez outros casos). Existe uma diferença filosófica sutil entre a formalização propriamente dita, a *ideia* de estrutura de álgebra de Boole, e qualquer exemplo específico da formalização, como esses dois casos. De qualquer forma, usaremos com frequência o termo *álgebra de Boole* para descrever tanto a ideia quanto seus exemplos. Isso não deve ser confuso. Muitas vezes temos uma ideia mental ("cadeira", por exemplo) e, sempre que encontramos um exemplo concreto da ideia, usamos a nossa palavra para a ideia para denominá-lo (esse objeto é uma "cadeira").

A formalização ajuda-nos a focalizar as características essenciais comuns a todos os exemplos de álgebra de Boole, e podemos usar essas características — esses fatos contidos na definição de uma álgebra de Boole — para provar outros fatos sobre álgebras de Boole. Esses novos fatos, uma vez demonstrados em geral, são válidos em qualquer exemplo particular de uma álgebra de Boole. Usando a nossa analogia, se verificarmos que, em um esqueleto humano típico, "o fêmur está ligado ao joelho", então não precisamos confirmar isso em todas as pessoas que encontramos.

Vamos denotar uma álgebra de Boole por $[B, +, \cdot, ', 0, 1]$.

EXEMPLO 2 Seja $B = \{0, 1\}$ (o conjunto formado pelos inteiros 0 e 1) e defina operações binárias $+$ e $\cdot$ em B por $x + y = \text{máx}(x, y)$ e $x \cdot y = \text{mín}(x, y)$. Podemos ilustrar essas operações de $+$ e $\cdot$ pelas tabelas a seguir.

+	0	1
0	0	1
1	1	1

·	0	1
0	0	0
1	0	1

Pode-se definir uma operação unária $'$ por meio de uma tabela, como a seguir, em vez de por uma descrição verbal.

'	
0	1
1	0

Assim, $0' = 1$ e $1' = 0$. Então, $[B, +, \cdot, ', 0, 1]$ é uma álgebra de Boole. Podemos provar as 10 propriedades verificando todos os casos possíveis. Por exemplo, para a propriedade 2b, a associatividade de $\cdot$, temos que

$$(0 \cdot 0) \cdot 0 = 0 \cdot (0 \cdot 0) = 0$$
$$(0 \cdot 0) \cdot 1 = 0 \cdot (0 \cdot 1) = 0$$
$$(0 \cdot 1) \cdot 0 = 0 \cdot (1 \cdot 0) = 0$$
$$(0 \cdot 1) \cdot 1 = 0 \cdot (1 \cdot 1) = 0$$
$$(1 \cdot 0) \cdot 0 = 1 \cdot (0 \cdot 0) = 0$$
$$(1 \cdot 0) \cdot 1 = 1 \cdot (0 \cdot 1) = 0$$
$$(1 \cdot 1) \cdot 0 = 1 \cdot (1 \cdot 0) = 0$$
$$(1 \cdot 1) \cdot 1 = 1 \cdot (1 \cdot 1) = 1$$

Para a propriedade 4a, temos

$$0 + 0 = 0$$
$$1 + 0 = 1$$

PROBLEMA PRÁTICO 1 Verifique a propriedade 4b para a álgebra de Boole do Exemplo 2.

O Exemplo 2 ilustra um exemplo particular da estrutura de álgebra de Boole. Pela definição, toda álgebra de Boole tem que ter pelo menos dois elementos, um elemento 0 e um elemento 1. A álgebra de Boole no Exemplo 2 só tem esses dois elementos, os inteiros 0 e 1. Mas, se você quiser fazer uma demonstração sobre álgebras de Boole em geral, não pode supor que 0 e 1 são os únicos elementos. Isso significa que, se você souber que x e y são dois elementos em uma álgebra de Boole arbitrária e que $x \neq y$, isso não significa que $y = x'$.

EXEMPLO 3 Seja $S = \{a, b, c\}$. Então $\wp(S)$ tem oito elementos:

$$\varnothing, \{a\}, \{b\}, \{c\}, \{a. b\}, \{a, c\}, \{b, c\}, \{a, b, c\}$$

de modo que, usando esses oito elementos junto com as operações de união, interseção e complementação, obtemos uma álgebra de Boole com 8 elementos. O conjunto vazio é o elemento 0 e $\{a, b, c\}$ é o elemento 1. Poderíamos mostrar as tabelas para a união e a interseção, mas vamos mostrar apenas a complementação. Lembre-se de que $x \cup x' = \{a, b, c\}$.

′	
∅	{a, b, c}
{a}	{b, c}
{b}	{a, c}
{c}	{a. b}
{a. b}	{c}
{a, c}	{b}
{b, c}	{a}
{a, b, c}	∅

Aqui $\{a, c\}$ e $\{c\}$ são dois elementos distintos dessa álgebra de Boole, mas $\{a, c\}$ não é $\{c\}'$.

Existem muitas outras propriedades que são válidas em qualquer álgebra de Boole. Podemos provar essas propriedades adicionais usando as propriedades dadas na definição.

EXEMPLO 4 A **idempotência** da soma

$$x + x = x$$

é válida em qualquer álgebra de Boole, pois

$$\begin{aligned} x + x &= (x + x) \cdot 1 && (4b) \\ &= (x + x) \cdot (x + x') && (5a) \\ &= x + (x \cdot x') && (3a) \\ &= x + 0 && (5b) \\ &= x && (4a) \end{aligned}$$

LEMBRETE

Uma propriedade de uma álgebra de Boole só pode ser aplicada quando sua expressão for idêntica à expressão em um dos lados do sinal de igualdade na propriedade.

Embora a aritmética usual dos inteiros tenha muitas das propriedades de uma álgebra de Boole, a idempotência da soma deve convencê-lo de que os inteiros não formam uma álgebra de Boole. A propriedade $x + x = x$ não é válida para os inteiros com a soma usual, a não ser que x seja nulo.

Na demonstração do Exemplo 4, usamos a propriedade 5a para substituir 1 por $x + x'$. As propriedades de álgebra de Boole são identidades, e a expressão em um dos lados do sinal de igual pode ser substituída pela do outro lado. As propriedades (ou regras) de álgebras de Boole são como as regras de equivalência em lógica; para se aplicar a regra, sua situação tem que ser idêntica à expressão na regra. Por exemplo, podemos substituir

$$(y \cdot z) + x$$

por

$$x + (y \cdot z)$$

usando a propriedade 1a, pois $(y \cdot z) + x$ é idêntica à expressão do lado direito do sinal de igual, com y representando o elemento $y \cdot z$ da álgebra de Boole, e $x + (y \cdot z)$ é idêntica à expressão do lado esquerdo do sinal de igual, com a mesma interpretação para y. Não podemos afirmar que

$$x + (y \cdot z) = (x \cdot y) + (x \cdot z)$$

usando a propriedade 3a ou a 3b, pois misturamos as duas propriedades. E não podemos, formalmente, substituir

$$(y \cdot z) + x$$

por

$$(y + x) \cdot (z + x)$$

e dizer que estamos usando a propriedade 3a, pois a soma na propriedade 3a está à esquerda da multiplicação. Temos que argumentar da seguinte forma:

$$\begin{aligned} (y \cdot z) + x &= x + (y \cdot z) && (1a) \\ &= (x + y) \cdot (x + z) && (3a) \\ &= (y + x) \cdot (z + x) && (1a \text{ duas vezes}) \end{aligned}$$

No entanto, usaremos a associatividade implicitamente muitas vezes, escrevendo

$$x + y + z$$

sem parênteses.

Cada propriedade na definição de álgebra de Boole tem a sua propriedade dual como parte da definição, em que a **dual** é obtida permutando-se + com · e 1 com 0. Por exemplo, $x + 0 = x$ é dual de $x \cdot 1 = x$. Portanto, cada vez que uma nova propriedade P de uma álgebra de Boole for demonstrada, cada passo na demonstração poderá ser substituído por seu dual. O resultado é uma demonstração da propriedade dual de P. Logo, uma vez demonstrada P, sua propriedade dual também é válida. É uma demonstração dois em um!

EXEMPLO 5 A propriedade dual da idempotência (Exemplo 4), $x \cdot x = x$, é válida em qualquer álgebra de Boole. ●

PROBLEMA PRÁTICO 2

a. Como fica a idempotência do Exemplo 4 no contexto de lógica proposicional?
b. E no contexto de teoria dos conjuntos? ■

Uma vez demonstrada uma propriedade de álgebras de Boole, ela pode ser usada para demonstrar outras propriedades.

PROBLEMA PRÁTICO 3

a. Prove que a **propriedade de limitação universal** $x + 1 = 1$ é válida em qualquer álgebra de Boole. Explicite a propriedade usada em cada passo da demonstração.
b. Qual é a propriedade dual? ■

Os exercícios no final desta seção contêm mais propriedades de álgebras de Boole. As mais importantes dessas propriedades são a dupla negação e as leis de De Morgan.

$(x')' = x$ (**dupla negação** — Exercício 7)

$(x + y)' = x' \cdot y' \quad (x \cdot y)' = x' + y'$ (**leis de De Morgan** — Exercício 8)

A Tabela 8.1 dá sugestões que podem ajudar ao se tentar provar que uma álgebra de Boole tem uma propriedade da forma

alguma expressão = alguma outra expressão

TABELA 8.1
Sugestões para Demonstrações de Identidades em Álgebras de Boole
Em geral, a melhor abordagem é começar com a expressão mais complicada e tentar mostrar que ela se reduz à expressão mais simples.
Considere somar 0 em alguma forma (como $x \cdot x'$) ou multiplicar por 1 em alguma forma (como $x + x'$).
Lembre-se da propriedade 3a, a distributividade da multiplicação em relação à soma — fácil de esquecer porque não é válida na aritmética usual.
Lembre-se da idempotência da soma $x + x = x$ e de sua dual $x \cdot x = x$.
Lembre-se da propriedade de universal $x + 1 = 1$ e de sua dual $x \cdot 0 = 0$.

EXEMPLO 6 Prove que $x' \cdot y = x' \cdot y + x' \cdot y \cdot z$ em qualquer álgebra de Boole.

Seguindo a sugestão na Tabela 8.1, começamos com a expressão mais complicada, $x' \cdot y + x' \cdot y \cdot z$. Existe um "fator comum" $x' \cdot y$, de modo que devemos usar a distributividade, embora não esteja claro no momento como o z desaparecerá.

$$\begin{aligned} x' \cdot y + x' \cdot y \cdot z &= x' \cdot y \cdot 1 + x' \cdot y \cdot z && \text{(4b)} \\ &= x' \cdot y \cdot (1 + z) && \text{(3b)} \\ &= x' \cdot y \cdot (z + 1) && \text{(1a)} \\ &= x' \cdot y \cdot (1) && \text{(limitação universal – e como } z \text{ desaparece)} \\ &= x' \cdot y && \text{(4b)} \end{aligned}$$

Se x for um elemento de uma álgebra de Boole B, o elemento x' será chamado de **complementar** de x (pegando emprestada a terminologia de conjuntos). O complementar de x satisfaz

$$x + x' = 1 \text{ e } x \cdot x' = 0$$

De fato, x' é o único elemento com essas duas propriedades. Para provar isso, suponha que x_1 é um elemento de B tal que

$$x + x_1 = 1 \text{ e } x \cdot x_1 = 0$$

LEMBRETE

Para provar unicidade, suponha que existem dois e prove que têm que ser iguais.

Então

$$\begin{aligned} x_1 &= x_1 \cdot 1 && \text{(4b)} \\ &= x_1 \cdot (x + x') && (x + x' = 1) \\ &= (x_1 \cdot x) + (x_1 \cdot x') && \text{(3b)} \\ &= (x \cdot x_1) + (x' \cdot x_1) && \text{(1b)} \\ &= 0 + (x' \cdot x_1) && (x \cdot x_1 = 0) \\ &= (x \cdot x') + (x' \cdot x_1) && (x \cdot x' = 0) \\ &= (x' \cdot x) + (x' \cdot x_1) && \text{(1b)} \\ &= x' \cdot (x + x_1) && \text{(3b)} \\ &= x' \cdot 1 && (x + x_1 = 1) \\ &= x' && \text{(4b)} \end{aligned}$$

LEMBRETE

Se anda como um pato e grasna como um pato, deve ser um pato. Se tiver as duas propriedades do complementar, terá que ser o complementar por unicidade.

Portanto, $x_1 = x'$ e x' é único. (Unicidade no contexto de lógica proposicional significa unicidade da tabela-verdade, mas podem existir muitas fbf associadas a qualquer tabela-verdade particular.)

O teorema a seguir resume essas observações.

TEOREMA SOBRE A UNICIDADE DO COMPLEMENTAR

Dado um elemento x em uma álgebra de Boole, se existir um elemento x_1 tal que

$$x + x_1 = 1 \quad \text{e} \quad x \cdot x_1 = 0$$

então $x_1 = x'$.

PROBLEMA PRÁTICO 4 Prove que $0' = 1$ e $1' = 0$. (*Sugestão*: $1' = 0$ segue de $0' = 1$ por dualidade. Para mostrar que $0' = 1$, use o teorema sobre a unicidade do complementar.) ■

Existem muitas maneiras de se definir uma álgebra de Boole. De fato, poderíamos ter omitido a associatividade da soma e da multiplicação em nossa definição de álgebra de Boole, já que essas propriedades podem ser obtidas das outras. É mais conveniente, no entanto, incluí-las.

Álgebras de Boole Isomorfas

O que É um Isomorfismo?

Dois exemplos de uma estrutura serão ditos **isomorfos** se existir uma bijeção (chamada de **isomorfismo**) que leva elementos de um exemplo a elementos do outro de modo que as propriedades relevantes são preservadas. (Grafos isomorfos foram discutidos na Seção 6.1.) Se dois exemplos de uma estrutura forem isomorfos, cada um será uma imagem espelhada do outro, com os elementos simplesmente renomeados. Os dois exemplos são, essencialmente, iguais. Podemos, portanto, usar a ideia de isomorfismo para classificar exemplos de uma estrutura, colocando juntos os que são isomorfos.

EXEMPLO 7 Considere os dois conjuntos parcialmente ordenados

$$S_1 = \{1, 2, 3, 5, 6, 10, 15, 30\};\ x \rho y \leftrightarrow x \text{ divide } y$$
$$S_2 = \wp(\{1, 2, 3\});\ A \sigma B \leftrightarrow A \subseteq B$$

A Figura 8.1 mostra os diagramas de Hasse de cada um desses conjuntos. Esses dois diagramas certamente parecem ser idênticos; olhando os dois diagramas, é evidente qual deve ser a relação entre os vértices dos dois diagramas, como na Figura 8.2. As propriedades relevantes de um conjunto parcialmente ordenado indicam quais elementos deverão estar relacionados, e o diagrama de Hasse mostra essa informação. Por exemplo, a Figura 8.1a mostra que 1, devido à sua posição embaixo dos outros vértices, está relacionado com todos os elementos em S_1. Essa propriedade foi preservada pela relação indicada na Figura 8.2? Foi, pois $\varnothing$ é a imagem de 1 e $\varnothing$ está relacionado com todos os outros elementos em S_2. Analogamente, todas as outras propriedades do tipo "está relacionado com" são preservadas sob essa relação.

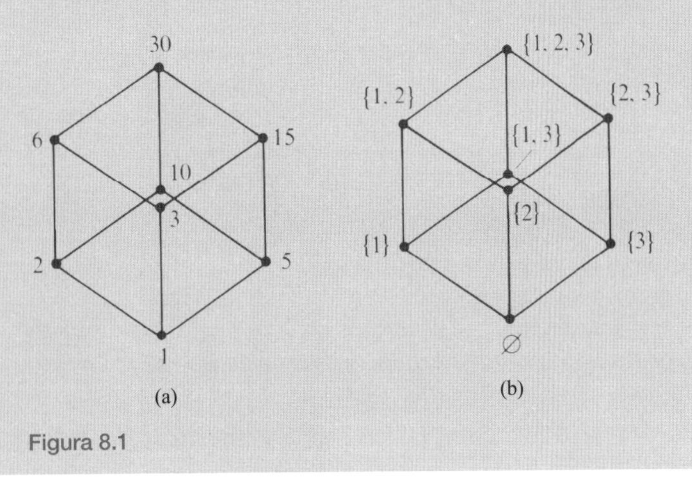

Figura 8.1

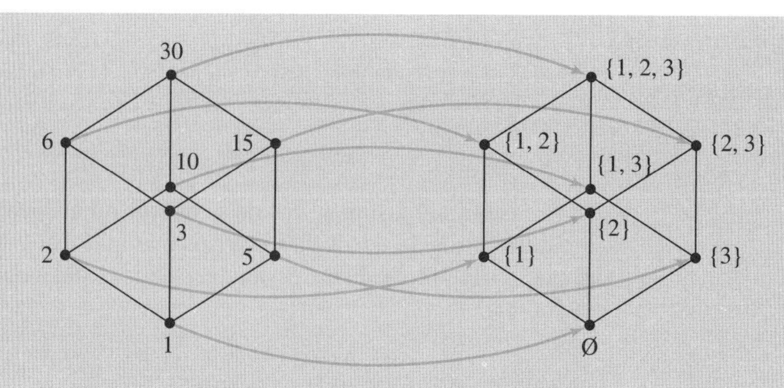

Figura 8.2

Mais formalmente, a relação entre os vértices é dada pela bijeção f, a seguir, do conjunto de nós da Figura 8.1a no conjunto de nós da Figura 8.1b.

$$f(1) = \varnothing \qquad f(2) = \{1\} \qquad f(3) = \{2\} \qquad f(5) = \{3\}$$
$$f(6) = \{1, 2\} \qquad f(10) = \{1, 3\} \qquad f(15) = \{2, 3\} \qquad f(30) = \{1, 2, 3\}$$

A bijeção f é um isomorfismo do conjunto parcialmente ordenado (S_1, ρ) no conjunto parcialmente ordenado (S_2, σ). Como esse isomorfismo existe, os conjuntos parcialmente ordenados (S_1, ρ) e (S_2, σ) são isomorfos. (A função f^{-1} define um isomorfismo de (S_2, σ) em (S_1, ρ).)

Foi razoavelmente fácil encontrar um isomorfismo no Exemplo 7 devido à representação visual que mostra as propriedades relevantes (quais elementos estão relacionados). Suponha que em vez de um conjunto parcialmente ordenado tivéssemos uma estrutura (como uma álgebra de Boole) com operações binárias ou unárias definidas em um conjunto. Então as propriedades relevantes são como essas operações agem. Um isomorfismo tem que preservar a ação dessas operações. Em cada exemplo com duas dessas estruturas isomorfas, cada uma tem que ser uma a imagem espelhada da outra no seguinte sentido: se efetuarmos primeiro a operação e depois aplicarmos a função obteremos o mesmo resultado do que se aplicarmos a função primeiro e depois efetuarmos a operação.

A Figura 8.3 ilustra essa ideia geral para uma operação binária. Na Figura 8.3a, efetua-se a operação binária nos elementos a e b, resultando em c, e depois c é levado em d pela função. Na Figura 8.3b, primeiro aplica-se a função em a e b, obtendo-se e e f, e depois

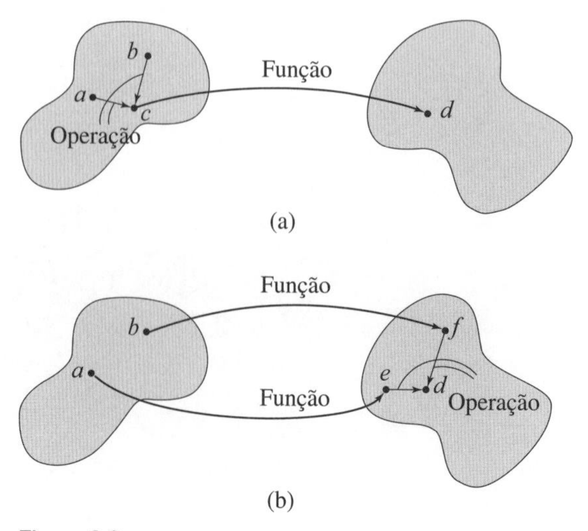

Figura 8.3

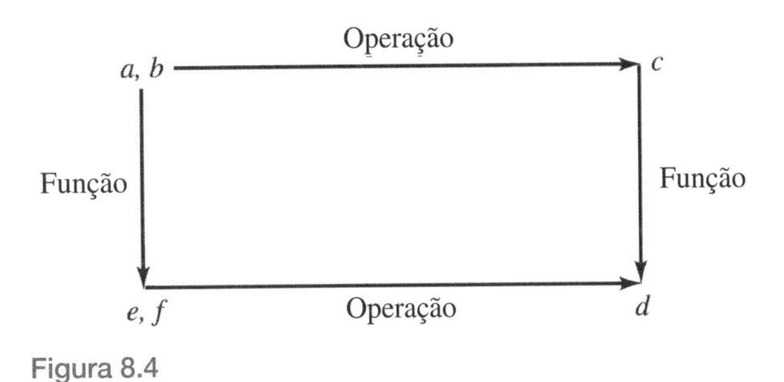

Figura 8.4

efetua-se a operação binária em e e f, obtendo-se d, o mesmo elemento que anteriormente. Lembre-se,

efetuar a operação e aplicar a função = aplicar a função e efetuar a operação.

Ainda outra visão dessa equação aparece no diagrama comutativo da Figura 8.4.

Isomorfismos de Álgebras de Boole

Vamos determinar o que precisa ser preservado em um isomorfismo de álgebras de Boole. Suponha que temos duas álgebras de Boole, $[B, +, \cdot, ', 0, 1]$ e $[b, \&, *, '', \phi, \curlyvee]$. Essa notação significa que, por exemplo, se x está em B, x' é o resultado de se efetuar a operação unária definida em B no elemento x, e, se z está em b, z'' é o resultado de se efetuar a operação unária definida em b no elemento z. Como definiríamos um isomorfismo entre essas duas álgebras de Boole? Primeiro precisaríamos de uma bijeção de B em b. Depois, f tem que preservar em b as várias operações definidas em B. Como são três operações, usaremos três equações para expressar isso. Para preservar a operação $+$, precisamos obter o mesmo resultado se efetuarmos a operação $+$ em dois elementos e depois levarmos o resultado no elemento correspondente em b, ou se levarmos, primeiro, os dois elementos nos elementos correspondentes em b e depois efetuarmos a operação &. (Lembre-se de que "efetuar a operação e aplicar a função = aplicar a função e efetuar a operação".) Portanto, para qualquer x e y em B, temos que ter

$$f(x + y) = f(x) \& f(y)$$

PROBLEMA PRÁTICO 5

a. Escreva a equação que expressa o fato de que f preserva a operação binária $\cdot$.
b. Escreva a equação que expressa o fato de que f preserva a operação unária $'$. ■

Eis a definição de um isomorfismo entre álgebras de Boole.

DEFINIÇÃO ISOMORFISMO ENTRE ÁLGEBRAS DE BOOLE

Sejam $[B, +, \cdot, ', 0, 1]$ e $[b, \&, *, '', \phi, \curlyvee]$ álgebras de Boole. Uma função $f: B \to b$ é um **isomorfismo** de $[B, +, \cdot, ', 0, 1]$ em $[b, \&, *, '', \phi, \curlyvee]$ se

1. f é uma bijeção
2. $f(x + y) = f(x) \& f(y)$
3. $f(x \cdot y) = f(x) * f(y)$
4. $f(x') = (f(x))''$

PROBLEMA PRÁTICO 6 Ilustre as propriedades 2, 3 e 4 na definição por meio de diagramas comutativos. ■

Já vimos (foi uma das nossas inspirações originais) que, qualquer que seja o conjunto S, $\wp(S)$ forma uma álgebra de Boole sob as operações de união, interseção e complementação. O Exemplo 3 trata desse tipo de álgebra de Boole com $S = \{a, b, c\}$. Se $S = \{1, 2\}$, então os elementos de $\wp(S)$ são $\emptyset$, $\{1\}$, $\{2\}$ e $\{1, 2\}$. As operações são dadas pelas seguintes tabelas:

∪	∅	{1, 2}	{1}	{2}
∅	∅	{1,2}	{1}	{2}
{1, 2}	{1,2}	{1, 2}	{1, 2}	{1, 2}
{1}	{1}	{1, 2}	{1}	{1, 2}
{2}	{2}	{1, 2}	{1, 2}	{2}

∩	∅	{1, 2}	{1}	{2}
∅	∅	∅	∅	∅
{1, 2}	∅	{1, 2}	{1}	{2}
{1}	∅	{1}	{1}	∅
{2}	∅	{2}	∅	{2}

′	
∅	{1, 2}
{1, 2}	∅
{1}	{2}
{2}	{1}

Uma álgebra de Boole pode ser definida no conjunto $B = \{0, 1, a, a'\}$, em que as tabelas que definem as operações $+$, $\cdot$ e $'$ são as seguintes (veja o Exercício 1):

+	0	1	a	a′
0	0	1	a	a′
1	1	1	1	1
a	a	1	a	1
a′	a′	1	1	a′

·	0	1	a	a′
0	0	0	0	0
1	0	1	a	a′
a	0	a	a	0
a′	0	a′	0	a′

′	
0	1
1	0
a	a′
a′	a

Afirmamos que a função $f: B \rightarrow \wp(S)$, definida por

$$f(0) = \emptyset$$
$$f(1) = \{1, 2\}$$
$$f(a) = \{1\}$$
$$f(a') = \{2\}$$

é um isomorfismo. Certamente ela é uma bijeção. Se x e $y \in B$, podemos verificar cada uma das equações a seguir,

$$f(x + y) = f(x) \cup f(y)$$
$$f(x \cdot y) = f(x) \cap f(y)$$
$$f(x') = (f(x))'$$

examinando todos os casos possíveis. Assim, por exemplo,

$$f(a \cdot 1) = f(a) = \{1\} = \{1\} \cap \{1, 2\} = f(a) \cap f(1)$$

PROBLEMA PRÁTICO 7 Verifique as equações a seguir.

a. $f(0 + a) = f(0) \cup f(a)$
b. $f(a + a') = f(a) \cup f(a')$
c. $f(a \cdot a') = f(a) \cap f(a')$
d. $f(1') = (f(1))'$ ■

Os casos que faltam também são válidos. Mesmo sem testar todos os casos, é claro que f vai funcionar, já que ela simplesmente muda os nomes dos elementos nas tabelas que definem as operações em B, de modo que essas tabelas fiquem iguais às de $\wp(S)$. Em geral, no entanto, pode não ser tão fácil decidir se uma função f dada define um isomorfismo entre dois exemplos de uma estrutura. Mais difícil ainda é descobrir se dois exemplos de determinada estrutura são isomorfos; precisamos encontrar uma função que funcione ou provar que não existe tal função. Um caso em que não existe tal função é quando os conjuntos envolvidos não são do mesmo tamanho; não podemos ter uma álgebra de Boole com 4 elementos isomorfa a uma álgebra de Boole com 8 elementos.

Acabamos de mostrar que uma álgebra de Boole particular com 4 elementos é isomorfa a $\wp(\{1, 2\})$. Acontece que toda álgebra de Boole finita é isomorfa à álgebra de Boole formada pelo conjunto das partes de um conjunto. Vamos enunciar esse resultado como um teorema, apesar de não o demonstrar.

TEOREMA SOBRE ÁLGEBRAS DE BOOLE FINITAS

Seja B uma álgebra de Boole arbitrária com n elementos. Então $n = 2^m$ para algum m, e B é isomorfa a $\wp(\{1, 2, \ldots, m\})$.

Esse teorema nos dá duas informações. A primeira é que o número de elementos em uma álgebra de Boole é uma potência de 2. A segunda é que álgebras de Boole formadas pelo conjunto das partes de um conjunto — usando nossa ideia de identificar coisas isomorfas — são, de fato, os únicos tipos de álgebras de Boole finitas que existem. De certa maneira demos uma volta completa. Definimos álgebras de Boole para representar muitas situações diferentes; descobrimos, agora, que essas situações (para o caso finito), exceto pelos nomes que damos aos objetos, são essencialmente as mesmas!

SEÇÃO 8.1 REVISÃO

TÉCNICAS

- Decidir se alguma coisa é uma álgebra de Boole.
- Demonstrar propriedades de álgebras de Boole.
- Escrever uma equação que expresse o fato de que uma função f preserva determinada operação de um exemplo de uma estrutura em outro exemplo, e verificar se tal equação é, ou não, válida.

IDEIAS PRINCIPAIS

- Estruturas matemáticas servem como modelos ou generalizações de propriedades comuns encontradas em diversas situações.
- Se existir um isomorfismo (uma bijeção que preserva as propriedades relevantes) de A em B, em que A e B são exemplos de uma estrutura, então A e B são, essencialmente, iguais.
- Todas as álgebras de Boole finitas são isomorfas a álgebras de Boole formadas pelas partes de um conjunto.

EXERCÍCIOS 8.1

1. Seja $B = \{0, 1, a, a'\}$ e sejam $+$ e $\cdot$ operações binárias em B. A operação unária $'$ é definida pela tabela

$'$	
0	1
1	0
a	a'
a'	a

Suponha que você sabe que $[B, +, \cdot, ', 0, 1]$ é uma álgebra de Boole. Usando as propriedades válidas para qualquer álgebra de Boole, complete as tabelas a seguir que definem as operações binárias $+$ e $\cdot$:

$+$	0	1	a	a'
0				
1				
a				
a'				

$\cdot$	0	1	a	a'
0				
1				
a				
a'				

2. a. Como fica a propriedade de limitação universal (Problema Prático 3) no contexto da lógica proposicional?
   b. E no contexto de teoria dos conjuntos?
3. Defina duas operações binárias $+$ e $\cdot$ no conjunto $\mathbb{Z}$ dos inteiros por $x + y = \text{máx}(x, y)$ e $x \cdot y = \text{mín}(x, y)$.
   a. Mostre que as propriedades de comutatividade, associatividade e distributividade de uma álgebra de Boole são válidas para essas duas operações em $\mathbb{Z}$.
   b. Mostre que, qualquer que seja o elemento em $\mathbb{Z}$ escolhido como 0, a propriedade $x + 0 = x$ de uma álgebra de Boole falha.
4. Denote por $M_2(\mathbb{Z})$ o conjunto de todas as matrizes 2×2 com elementos inteiros e denote a soma e a multiplicação de matrizes por $+$ e $\cdot$, respectivamente. Dada

$$\mathbf{A} = \begin{bmatrix} a & b \\ c & d \end{bmatrix} \text{ então } \mathbf{A}' = \begin{bmatrix} -a & -b \\ -c & -d \end{bmatrix}.$$

Usando $\begin{bmatrix} 0 & 0 \\ 0 & 0 \end{bmatrix}$ e $\begin{bmatrix} 1 & 0 \\ 0 & 1 \end{bmatrix}$ as matrizes como os elementos 0 e 1, respectivamente, prove que $[M_2(\mathbb{Z}), +, \cdot, ', 0, 1]$ é uma álgebra de Boole ou diga por que não é.

5. Seja S o conjunto $\{0, 1\}$. Então S^2 é o conjunto de todos os pares ordenados formados com 0 e 1; $S^2 = \{(0, 0), (0, 1), (1, 0), (1, 1)\}$. Considere o conjunto B de todas as funções de S^2 em S. Por exemplo, uma dessas funções, $f(x, y)$, é dada por

$$f(0, 0) = 0$$
$$f(0, 1) = 1$$
$$f(1, 0) = 1$$
$$f(1, 1) = 1$$

a. Quantos elementos tem B?

b. Se f_1 e f_2 são elementos de B e se $(x, y) \in S^2$, defina

$$(f_1 + f_2)(x, y) = \text{máx}(f_1(x, y), f_2(x, y))$$
$$(f_1 \cdot f_2)(x, y) = \text{mín}(f_1(x, y), f_2(x, y))$$
$$f'(x, y) = \begin{cases} 1 \text{ se } f_1(x, y) = 0 \\ 0 \text{ se } f_1(x, y) = 1 \end{cases}$$

Suponha que

$$\begin{array}{ll} f_1(0, 0) = 1 & f_2(0, 0) = 1 \\ f_1(0, 1) = 0 & f_2(0, 1) = 1 \\ f_1(1, 0) = 1 & f_2(1, 0) = 0 \\ f_1(1, 1) = 0 & f_2(1, 1) = 0 \end{array}$$

Quais são as funções $f_1 + f_2, f_1 \cdot f_2$ e f_1'?

c. Prove que $[B, +, \cdot, ', 0, 1\}$ é uma álgebra de Boole, em que as funções 0 e 1 são definidas por

$$\begin{array}{ll} 0(0, 0) = 0 & 1(0, 0) = 1 \\ 0(0, 1) = 0 & 1(0, 1) = 1 \\ 0(1, 0) = 0 & 1(1, 0) = 1 \\ 0(1, 1) = 0 & 1(1, 1) = 1 \end{array}$$

6. Seja n um inteiro positivo cuja decomposição em fatores primos não tem primos repetidos. Seja $B = \{x | x$ é um divisor de $n\}$. Por exemplo, se $n = 21 = 3 \cdot 7$, então $B = \{1, 3, 7, 21\}$. Defina as seguintes operações em B:

$$x + y = \text{mmc}(x, y) \qquad x \cdot y = \text{mdc}(x, y) \qquad x' = n/x$$

Então $+$ e $\cdot$ são operações binárias em B e $'$ é uma operação unária em B.

a. Para $n = 21$, encontre:

(i) $3 \cdot 7$
(ii) $7 \cdot 21$
(iii) $1 + 3$
(iv) $3 + 21$
(v) $3'$

b. Prove que as operações $+$ e $\cdot$ são comutativas, associativas e distributivas uma em relação à outra.

c. Encontre os valores dos elementos 0 e 1, depois demonstre as propriedades 4 e 5 para ambas as operações $+$ e $\cdot$.

d. Considere um valor de n cuja decomposição tem primos repetidos. Em particular, seja $n = 12 = 2 \cdot 2 \cdot 3$. Prove que, usando as definições acima de $+$ e de $\cdot$, não é possível definir o complementar de 6 no conjunto $\{1, 2, 3, 4, 6, 12\}$. Logo não é possível construir uma álgebra de Boole com $n = 12$ usando o processo descrito.

7. Prove as propriedades a seguir para álgebras de Boole. Justifique cada passo. (*Sugestão*: Lembre-se da unicidade do complementar.)

$$(x')' = x \qquad \text{(dupla negação)}$$

8. Prove as propriedades a seguir para álgebras de Boole. Justifique cada passo.

$$(x + y)' = x' \cdot y' \qquad (x \cdot y)' = x' + y' \qquad \text{(leis de De Morgan)}$$

9. Prove as propriedades a seguir para álgebras de Boole. Justifique cada passo.

   a. $x + (x \cdot y) = x$ (propriedades de absorção)
      $x \cdot (x + y) = x$
   b. $x \cdot [y + (x \cdot z)] = (x \cdot y) + (x \cdot z)$ (propriedades modulares)
      $x + [y \cdot (x + z)] = (x + y) \cdot (x + z)$
   c. $(x + y) \cdot (x' + y) = y$
      $(x \cdot y) + (x' \cdot y) = y$
   d. $(x + (y \cdot z))' = x' \cdot y' + x' \cdot z'$
      $(x \cdot (y + z))' = (x' + y') \cdot (x' + z')$
   e. $(x + y) \cdot (x + 1) = x + (x \cdot y) + y$
      $(x \cdot y) + (x \cdot 0) = x \cdot (x + y) \cdot y$

10. Prove as propriedades a seguir para álgebras de Boole. Justifique cada passo.

   a. $(x + y) + (y \cdot x') = x + y$
   b. $(y + x) \cdot (z + y) + x \cdot z \cdot (z + z') = y + x \cdot z$
   c. $(y' \cdot x) + x + (y + x) \cdot y' = x + (y' \cdot x)$
   d. $(x + y') \cdot z = [(x' + z') \cdot (y + z')]'$
   e. $(x \cdot y) + (x' \cdot z) + (x' \cdot y \cdot z') = y + (x' \cdot z)$

11. Prove as propriedades a seguir para álgebras de Boole. Justifique cada passo.

   a. $x + y' = x + (x' \cdot y + x \cdot y)'$
   b. $[(x \cdot y) \cdot z] + (y \cdot z) = y \cdot z$
   c. $x \cdot y + y \cdot x' = x \cdot y + y$
   d. $(x + y)' \cdot z + x' \cdot z \cdot y = x' \cdot z$
   e. $(x \cdot y') + (y \cdot z') + (x' \cdot z) = (x' \cdot y) + (y' \cdot z) + (x \cdot z')$

12. Prove as propriedades a seguir para álgebras de Boole. Justifique cada passo.

   a. $(x + y \cdot x)' = x'$
   b. $x \cdot (z + y) + (x' + y)' = x$
   c. $(x \cdot y)' + x' \cdot z + y' \cdot z = x' + y'$
   d. $x \cdot y + x' = y + x' \cdot y'$
   e. $x \cdot y + y \cdot z \cdot x' = y \cdot z + y \cdot x \cdot z'$

13. Prove que, em qualquer álgebra de Boole, $x \cdot y' + x' \cdot y = y$ se e somente se $x = 0$.
14. Prove que, em qualquer álgebra de Boole, $x \cdot y' = 0$ se e somente se $x \cdot y = x$.
15. Uma nova operação binária $\oplus$ em uma álgebra de Boole (*OU exclusivo*) é definida por

$$x \oplus y = x \cdot y' + y \cdot x'$$

   Prove que

   a. $x \oplus y = y \oplus x$
   b. $x \oplus x = 0$
   c. $0 \oplus x = x$
   d. $1 \oplus x = x'$

16. Para uma álgebra de Boole arbitrária, prove que:
   a. Se $x + y = 0$, então $x = 0$ e $y = 0$.
   b. $x = y$ se e somente se $x \cdot y' + y \cdot x' = 0$.
17. Prove que o elemento 0 em uma álgebra de Boole é único; prove que o elemento 1 em uma álgebra de Boole é único.
18. a. Encontre um exemplo de uma álgebra de Boole com elementos x, y e z para os quais $x + y = x + z$ mas $y \neq z$. (Eis aqui outra evidência de que a aritmética usual dos inteiros não forma uma álgebra de Boole.)
   b. Prove que, em qualquer álgebra de Boole, se $x + y = x + z$ e $x' + y = x' + z$, então $y = z$.
19. Sejam $(S, \preccurlyeq)$ e $(S', \preccurlyeq')$ dois conjuntos parcialmente ordenados. $(S, \preccurlyeq)$ será isomorfo a $(S', \preccurlyeq')$ se existir uma bijeção $f: S \to S'$ tal que, quaisquer que sejam x, y em S, $x < y \to f(x) <' f(y)$ e $f(x) <' f(y) \to x < y$.
   a. Mostre que existem exatamente dois conjuntos parcialmente ordenados não isomorfos com dois elementos (use diagramas).
   b. Mostre que existem exatamente cinco conjuntos parcialmente ordenados não isomorfos com três elementos.
   c. Quantos conjuntos parcialmente ordenados não isomorfos existem com quatro elementos?
20. Encontre um exemplo de dois conjuntos parcialmente ordenados $(S, \preccurlyeq)$ e $(S', \preccurlyeq')$ e uma bijeção $f: S \to S'$ tal que, se x e y estão em S, então $x < y \to f(x) <' f(y)$ mas $f(x) <' f(y) \nrightarrow x < y$.
21. Seja $S = \{0, 1\}$ e defina uma operação binária $\cdot$ em S por

·	0	1
0	1	0
1	0	1

Seja $T = \{5, 7\}$ e defina uma operação binária $+$ em T por

+	5	7
5	7	5
7	5	7

Considere $[S, \cdot]$ e $[T, +]$ como estruturas matemáticas.
   a. Se uma função f é um isomorfismo de $[S, \cdot]$ em $[T, +]$, quais as duas propriedades que f tem que satisfazer?
   b. Defina uma função $f: S \to T$ e prove que é um isomorfismo de $[S, \cdot]$ em $[T, +]$.
22. Considere a álgebra de Boole com 4 elementos definida no Exercício 6 com $n = 21$. Encontre um isomorfismo dessa álgebra de Boole com a álgebra de Boole com 4 elementos com conjunto $\wp(\{1, 2\})$ definida nesta seção.
23. Denote por $\mathbb{R}$ o conjunto dos números reais e por $\mathbb{R}^+$ o conjunto dos números reais positivos. A soma é uma operação binária em $\mathbb{R}$, e a multiplicação é uma operação binária em $\mathbb{R}^+$. Considere $[\mathbb{R}, +]$ e $[\mathbb{R}^+, \cdot]$ como estruturas matemáticas.
   a. Prove que a função f definida por $f(x) = 2^x$ é uma bijeção de $\mathbb{R}$ em $\mathbb{R}^+$.
   b. Escreva as equações que um isomorfismo de $[\mathbb{R}, +]$ em $[\mathbb{R}^+, \cdot]$ tem que satisfazer.
   a. Prove que a função f do item (a) é um isomorfismo de $[\mathbb{R}, +]$ em $[\mathbb{R}^+, \cdot]$.
   b. Qual é a inversa, f^{-1}, dessa função?
   c. Prove que f^{-1} é um isomorfismo de $[\mathbb{R}^+, \cdot]$ em $[\mathbb{R}, +]$.
24. Definimos, nesta seção, um isomorfismo entre uma álgebra de Boole definida no conjunto $B = \{0, 1, a, a'\}$ e a álgebra de Boole formada por $\wp(\{1, 2\})$. Como as duas álgebras de Boole são essencialmente iguais, podemos simular uma operação em uma delas por meio do isomorfismo, aplicando a função, efetuando a operação e depois voltando pela função inversa.
   a. Use a álgebra de Boole formada por $(\wp\{1, 2\})$ para simular a operação $1 \cdot a'$ na álgebra de Boole formada por B.
   b. Use a álgebra de Boole formada por $(\wp\{1, 2\})$ para simular a operação $(a)'$ na álgebra de Boole formada por B.
   c. Use a álgebra de Boole formada por B para simular a operação $\{1\} \cup \{2\}$ na álgebra de Boole formada por $\wp(\{1, 2\})$.

25. Considere o conjunto B de todas as funções de $\{0, 1\}^2$ em $\{0, 1\}$. Podemos definir as operações $+$, $\cdot$ e $'$ em B por

$$(f_1 + f_2)(x, y) = \text{máx}(f_1(x, y), f_2(x, y))$$
$$(f_1 \cdot f_2)(x, y) = \text{mín}(f_1(x, y), f_2(x, y))$$
$$f_1'(x, y) = \begin{cases} 1 & \text{se } f_1(x, y) = 0 \\ 0 & \text{se } f_1(x, y) = 1 \end{cases}$$

Então $[B, +, \cdot, ', 0, 1]$ é uma álgebra de Boole com 16 elementos (veja o Exercício 5). A tabela a seguir dá nome a essas 16 funções:

(x, y)	0	1	f_1	f_2	f_3	f_4	f_5	f_6	f_7	f_8	f_9	f_{10}	f_{11}	f_{12}	f_{13}	f_{14}
(0, 0)	0	1	1	1	1	1	1	1	0	0	0	1	0	0	0	0
(0, 1)	0	1	0	1	1	0	1	0	1	1	1	0	0	1	0	0
(1, 0)	0	1	1	0	1	0	0	1	1	1	0	0	1	0	1	0
(1, 1)	0	1	0	0	0	0	1	1	1	0	1	1	1	0	0	1

De acordo com o teorema sobre álgebras de Boole finitas, essa álgebra de Boole é isomorfa a $[\wp(\{1, 2, 3, 4\}), \cup, \cap, ', \varnothing, \{1, 2, 3, 4\}]$. Complete a definição a seguir para a definição de um isomorfismo de B em $\wp(\{1, 2, 3, 4\})$:

$$0 \to \varnothing$$
$$1 \to \{1, 2, 3, 4\}$$
$$f_4 \to \{1\}$$
$$f_{12} \to \{2\}$$
$$f_{13} \to \{3\}$$
$$f_{14} \to \{4\}$$

26. Sejam P, Q e R três proposições em lógica proposicional com letras de proposição A e B. P, Q e R definem três funções do conjunto $\{V, F\}^2$ em $\{V, F\}$. A tabela a seguir mostra também a contradição 0 e a tautologia 1.

A	B	P	Q	R	0	1
V	V	V	F	F	F	V
V	F	F	V	F	F	V
F	V	F	F	V	F	V
F	F	V	F	F	F	V

a. Seja $B = \{P, P', Q, Q', R, R', 0, 1\}$. Então $[B, \vee, \wedge, ', 0, 1]$ é uma álgebra de Boole. Escreva as 8×8 tabelas para as operações $\vee$ e $\wedge$, e as 8×1 tabelas para a operação $'$.

b. $[\wp\ \{1, 2, 3\}; \cup, \cap, ', \varnothing, \{1, 2, 3\}]$ é uma álgebra de Boole. Escreva as 8×8 tabelas para as operações $\cup$ e $\cap$, e as 8×1 tabelas para a operação '.

c. Encontre um isomorfismo da álgebra de Boole do item (a) para a álgebra de Boole do item (b).

27. Suponha que $[B, +, \cdot, ', 0, 1]$ e $[b, \&, *, '', \phi, \text{Ɣ}]$ são álgebras de Boole isomorfas e que f é um isomorfismo de B em b.

a. Prove que $f(0) = \phi$.

b. Prove que $f(1) = \text{Ɣ}$.

28. De acordo com o teorema sobre álgebras de Boole finitas, que não demonstramos, qualquer álgebra de Boole finita tem que ter 2^m elementos para algum m. Prove a afirmação mais fraca de que nenhuma álgebra de Boole pode ter um número ímpar de elementos. (Note que, na definição de álgebra de Boole, 0 e 1 são elementos distintos de B, portanto B tem

pelo menos dois elementos. Arrume os elementos restantes de B de modo que cada elemento forme um par com seu complementar.)

29. Uma álgebra de Boole também pode ser definida como um conjunto parcialmente ordenado com certas propriedades adicionais. Seja $(B, \preccurlyeq)$ um conjunto parcialmente ordenado. Quaisquer que sejam $x, y \in B$, definimos o *supremo* de x e y como um elemento z tal que $x \preccurlyeq z$, $y \preccurlyeq z$, e, se existir algum elemento z^* com $x \preccurlyeq z^*$ e $y \preccurlyeq z^*$, então $z \preccurlyeq z^*$. O *ínfimo* de x e y é um elemento w tal que $w \preccurlyeq x$, $w \preccurlyeq y$, e, se existir algum elemento w^* com $w^* \preccurlyeq x$ e $w^* \preccurlyeq y$, então $w^* \preccurlyeq w$. Um *reticulado* é um conjunto parcialmente ordenado em que dois elementos arbitrários x e y têm um supremo, denotado por $x + y$, e um ínfimo, denotado por $x \cdot y$.

   a. Prove que, em qualquer reticulado,

      (i) $x \cdot y = x$ se e somente se $x \preccurlyeq y$.

      (ii) $x + y = y$ se e somente se $x \preccurlyeq y$.

   b. Prove que, em qualquer reticulado,

      (i) $x + y = y + x$

      (ii) $x \cdot y = y \cdot x$

      (iii) $(x + y) + z = x + (y + z)$

      (iv) $(x \cdot y) \cdot z = x \cdot (y \cdot z)$

   c. Um reticulado L é *complementado* se tem um menor elemento 0, um maior elemento 1 e, para todo $x \in L$, existe $x' \in L$ tal que $x + x' = 1$ e $x \cdot x' = 0$. Prove que, em um reticulado complementado L,

$$x + 0 = x \qquad \text{e} \qquad x \cdot 1 = x$$

   para todo $x \in L$.

   d. Um reticulado é *distributivo* se

$$x + (y \cdot z) = (x + y) \cdot (x + z)$$

   e

$$x \cdot (y + z) = (x \cdot y) + (x \cdot z)$$

   para todo $x, y, z \in L$. Pelos itens (b) e (c), um reticulado complementado e distributivo é uma álgebra de Boole. Quais dos diagramas de Hasse de conjuntos parcialmente ordenados na figura a seguir não representam álgebras de Boole? Por quê? (*Sugestão*: Em uma álgebra de Boole, o complementar de um elemento é único.)

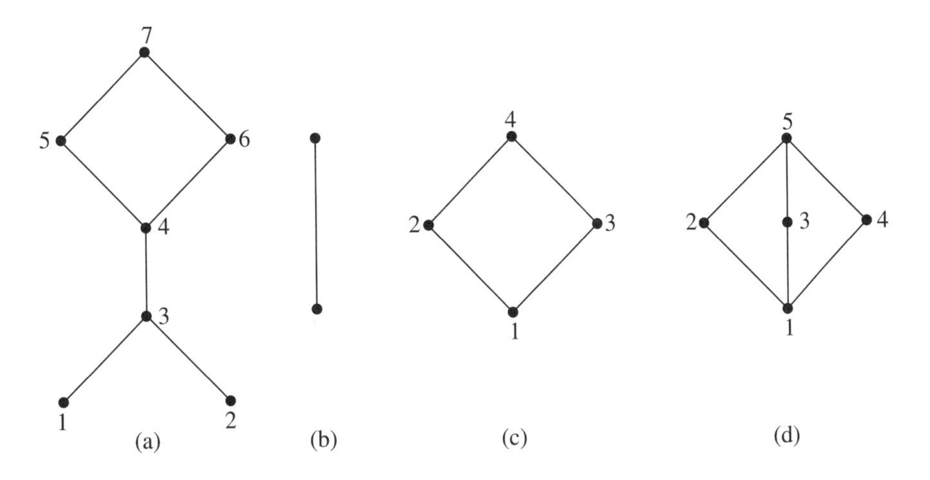

30. a. Seja n um inteiro positivo e seja B o conjunto de todos os divisores inteiros positivos de n. Prove que $(B, \preccurlyeq)$ é um conjunto parcialmente ordenado, em que $x \preccurlyeq y$ significa $x \mid y$ (x divide y).

   Na terminologia do Exercício 29, o supremo de x e y é o mínimo múltiplo comum de x e y e o ínfimo de x e y é o máximo divisor comum. $(B, \preccurlyeq)$ é um reticulado distributivo.

b. Prove que, para $n = 6$, $(B, \preccurlyeq)$ é uma álgebra de Boole. (*Sugestão*: 1 é o menor elemento e 6 é o maior elemento.)

c. Para $n = 8$, $(B, \preccurlyeq)$ não é uma álgebra de Boole.

(i) Mostre que isso é verdade usando a definição de álgebra de Boole.

(ii) Mostre que isso é verdade usando o Exercício 6.

SEÇÃO 8.2 CIRCUITOS LÓGICOS

Circuitos Combinatórios

Elementos Básicos de Lógica

Em 1938, o matemático americano Claude Shannon percebeu o paralelo entre lógica proposicional e lógica de circuitos, e compreendeu que álgebras de Boole poderiam ter um papel importante na sistematização desse novo ramo da eletrônica.

Vamos imaginar que descargas elétricas conduzidas ao longo de fios são de dois tipos, alta ou baixa, que representaremos por 1 e 0, respectivamente. As flutuações de voltagem dentro de cada tipo são ignoradas, de modo que estamos colocando uma máscara discreta (binária, de fato) em um fenômeno analógico. Vamos supor, também, que os interruptores são colocados de modo que um sinal de 1 faz com que o interruptor feche e um sinal de 0 faz com que ele abra (veja a Figura 8.5). Vamos agora combinar dois desses interruptores, controlados pelos fios x_1 e x_2, em paralelo. Se um dos fios (ou ambos) carregar um valor 1, um dos interruptores (ou ambos) ficará fechado e a voltagem na saída será 1. No entanto, valores de $x_1 = 0$ e $x_2 = 0$ fazem com que ambos os interruptores sejam abertos, quebrando o circuito, de modo que o nível de voltagem na saída será 0. A Figura 8.6 ilustra os diversos casos.

TABELA 8.2

x_1	x_2	Saída
1	1	1
1	0	1
0	1	1
0	0	0

A Tabela 8.2 resume o comportamento do circuito. Substituindo 1 por V e 0 por F na tabela, obtém-se a tabela-verdade para o conectivo lógico da disjunção. A disjunção é um exemplo da operação + de uma álgebra de Boole no contexto de lógica proposicional. Podemos, então, considerar o circuito de maneira mais abstrata como um dispositivo eletrônico que

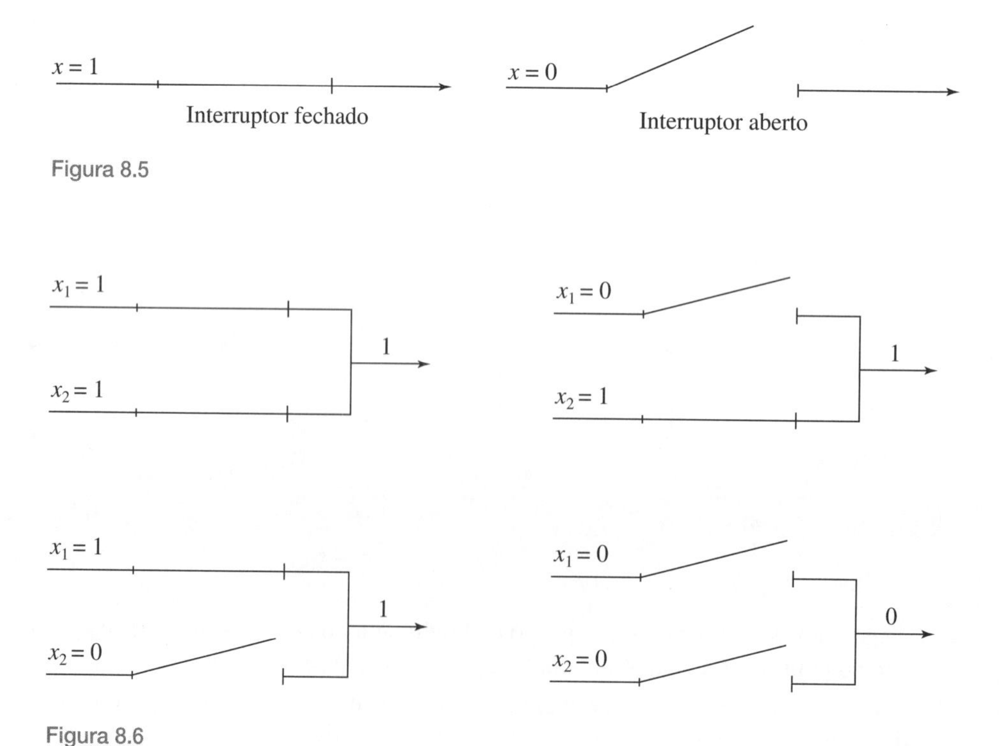

Figura 8.5

Figura 8.6

implementa a operação booleana $+$. Analogamente, a conjunção e a negação são exemplos das operações booleanas $\cdot$ e $'$, respectivamente, no contexto das proposições lógicas. Outros dispositivos efetuam essas operações booleanas. Interruptores em série, por exemplo, serviriam para implementar a operação $\cdot$; ambos os interruptores teriam que estar fechados ($x_1 = 1$ e $x_2 = 1$) para se obter uma saída de 1. Vamos ignorar, entretanto, os detalhes de implementação de tais dispositivos; basta dizer que a tecnologia passou de interruptores mecânicos para válvulas eletrônicas, depois transistores, chegando a circuitos integrados. Representaremos, simplesmente, esses dispositivos pelos seus símbolos usuais.

A **porta lógica OU** (Figura 8.7a) se comporta como a operação booleana $+$. A **porta lógica E** (Figura 8.7b) representa a operação booleana $\cdot$. A Figura 8.7c mostra um **inversor** (negação), que corresponde à operação booleana unária $'$. Devido à associatividade das operações $+$ e $\cdot$, as portas lógicas OU e E podem ter mais de duas entradas.

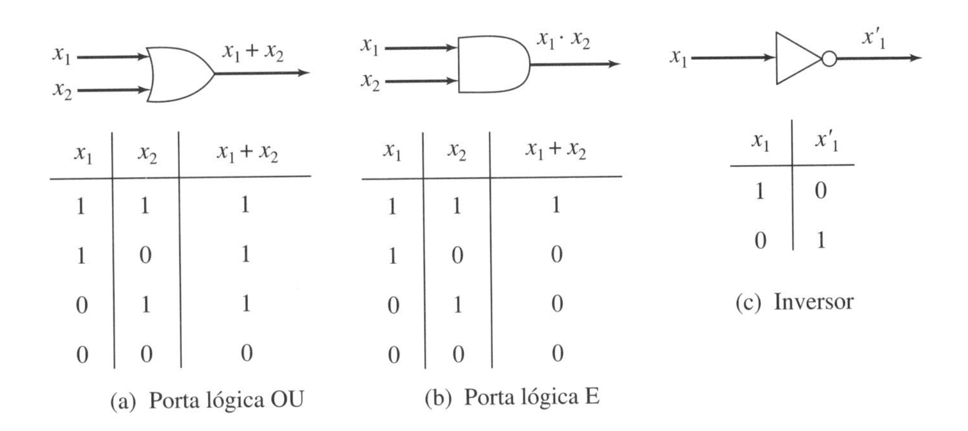

x_1	x_2	$x_1 + x_2$
1	1	1
1	0	1
0	1	1
0	0	0

(a) Porta lógica OU

x_1	x_2	$x_1 + x_2$
1	1	1
1	0	0
0	1	0
0	0	0

(b) Porta lógica E

x_1	x'_1
1	0
0	1

(c) Inversor

Figura 8.7

Expressões Booleanas

DEFINIÇÃO EXPRESSÃO BOOLEANA

Uma **expressão booleana** em n variáveis $x_1, x_2, \ldots, x_n$ é qualquer cadeia finita de símbolos formados aplicando-se as seguintes regras:

1. $x_1, x_2, \ldots, x_n$ são expressões booleanas.
2. Se P e Q forem expressões booleanas, então $(P + Q)$, $(P \cdot Q)$ e (P') também o serão.

(A definição de expressão booleana é outro exemplo de definição por recorrência; a regra 1 é o passo básico e a regra 2 corresponde ao passo de indução.) Quando não há possibilidade de confusão, podemos omitir os parênteses na regra 2. Além disso, convencionamos que $\cdot$ tem precedência sobre $+$ e $'$ tem precedência sobre $+$ ou $\cdot$, de modo que $x_1 + x_2 \cdot x_3$ representa $x_1 + (x_2 \cdot x_3)$ e $x_1 + x_2'$ representa $x_1 + (x_2')$; essa convenção nos permite remover alguns parênteses. Finalmente, em geral, omitiremos o símbolo $\cdot$ e usaremos, simplesmente, justaposição, de modo que $x_1 \cdot x_2$ será representado por x_1x_2.

EXEMPLO 8 x_3, $(x_1 + x_2)'x_3$, $(x_1x_3 + x_4')x_2$ e $(x_1'\ x_2)'x_1$ são expressões booleanas.

Funções Booleanas

DEFINIÇÃO FUNÇÕES BOOLEANAS

Uma **função booleana** é uma função f tal que f: $\{0, 1\}^n \to \{0, 1\}$ para algum inteiro $n \geq 1$.

A notação $\{0, 1\}^n$ representa o conjunto de todas as n-uplas formadas por 0 e 1. Uma função booleana, então, associa um valor 0 ou 1 a cada uma dessas n-uplas.

EXEMPLO 9 A tabela-verdade para a operação booleana + descreve uma função booleana f com $n = 2$. O domínio de f é $\{(1, 1), (1, 0), (0, 1), (0, 0)\}$ e $f(1, 1) = 1, f(1, 0) = 1, f(0, 1) = 1$ e $f(0, 0) = 0$. Analogamente, a operação booleana · descreve uma função booleana diferente com $n = 2$, e a operação booleana ′ descreve uma função booleana com $n = 1$. ●

PROBLEMA PRÁTICO 8

a. Se escrevermos uma função booleana f: $\{0, 1\}^n \to \{0,1\}$ em forma de tabela (como uma tabela-verdade), quantas linhas terá a tabela?
b. Quantas funções booleanas diferentes $\{0, 1\}^2 \to \{0, 1\}$ existem?
c. Quantas funções booleanas diferentes $\{0, 1\}^n \to \{0, 1\}$ existem? ■

Qualquer expressão booleana define uma única função booleana, assim como as expressões booleanas simples $x_1 + x_2$, x_1x_2 e x_1'.

EXEMPLO 10 A expressão booleana $x_1x_2' + x_3$ define a função booleana dada na Tabela 8.3. (Isso é como construir as tabelas-verdade da Seção 1.1.)

TABELA 8.3

x_1	x_2	x_3	$x_1x'_2 + x_3$
1	1	1	1
1	1	0	0
1	0	1	1
1	0	0	1
0	1	1	1
0	1	0	0
0	0	1	1
0	0	0	0

●

Circuitos e Expressões

Está na hora de ver como essas ideias de portas lógicas, expressões booleanas e funções booleanas estão relacionadas. Combinando as portas lógicas E, OU e inversores, podemos construir um circuito lógico que representa uma expressão booleana dada e produz a mesma função booleana que essa expressão.

EXEMPLO 11 O circuito lógico para a expressão booleana $x_1x_2' + x_3$ está ilustrado na Figura 8.8.

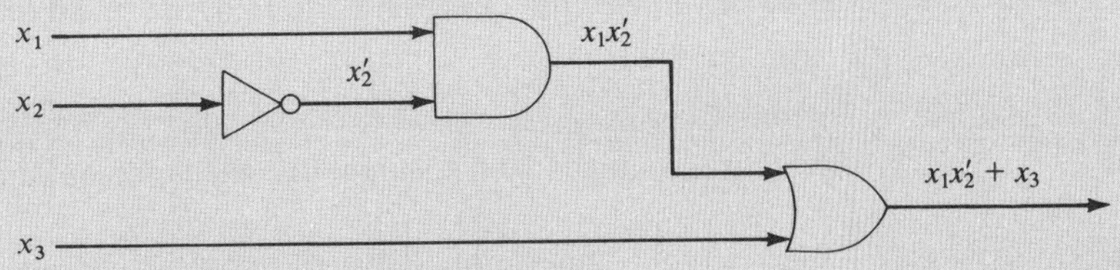

Figura 8.8

PROBLEMA PRÁTICO 9 Desenhe os circuitos lógicos associados às seguintes expressões booleanas:

a. $x_1 + x_2'$
b. $x_1(x_2 + x_3)'$

Reciprocamente, se tivermos um circuito lógico, podemos escrever uma expressão booleana que tem a mesma função booleana.

EXEMPLO 12 Uma expressão booleana para o circuito lógico na Figura 8.9 é

$$(x_1x_2 + x_3)' + x_3$$

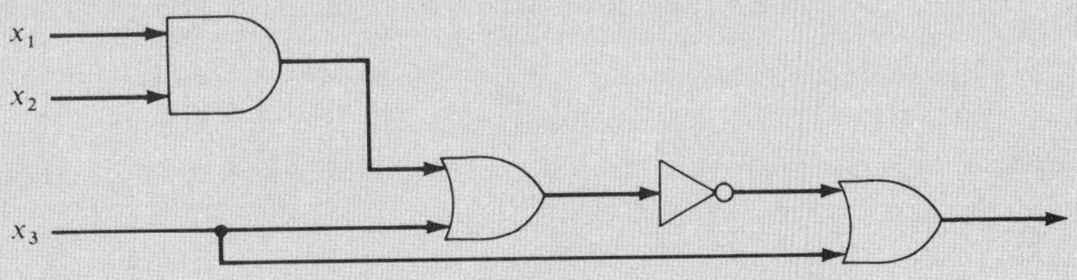

Figura 8.9

PROBLEMA PRÁTICO 10

a. Escreva uma expressão booleana para o circuito lógico na Figura 8.10.

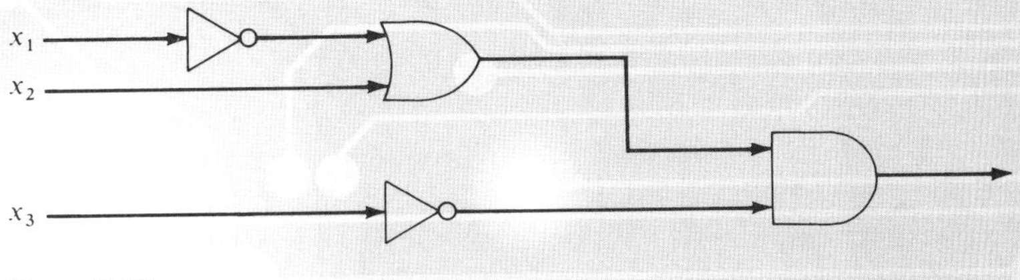

Figura 8.10

b. Escreva a função booleana (em forma de tabela) para o circuito (e a expressão) do item (a).

Circuitos lógicos construídos com portas lógicas E, OU e inversores, também são chamados de **circuitos combinatórios**. Eles têm diversas características que devemos observar. Em primeiro lugar, as linhas de entrada e saída estão conectadas apenas por portas lógicas. As linhas podem, no entanto, se separar para servir de entrada a mais de uma porta lógica. Não existem laços, onde a saída de um elemento é parte da entrada desse mesmo elemento. Finalmente, a saída de um circuito é uma função instantânea da entrada; não há elementos de espera, que capturam e lembram sinais de entrada. Note também que a figura de um circuito qualquer é, de fato, um grafo direcionado.

Formas Canônicas

Até agora, a situação é a seguinte (as setas indicam um procedimento que sabemos fazer):

$$\text{função booleana} \leftarrow \text{expressão booleana} \leftrightarrow \text{circuito lógico}$$

Podemos escrever uma única função booleana para um circuito ou uma expressão. Dada uma expressão booleana, podemos encontrar um circuito que tenha a mesma função booleana e reciprocamente. A última parte do quebra-cabeça consiste em obter uma expressão (e, portanto, um circuito) de uma função booleana. Um algoritmo para resolver esse problema é explicado no próximo exemplo.

EXEMPLO 13

Suponha que queremos encontrar uma expressão para a função booleana f dada pela Tabela 8.4. A tabela contém quatro linhas (linhas 1, 3, 4 e 7) em que f é igual a 1. A forma básica de nossa expressão vai ser uma soma de quatro termos,

$$(\ ) + (\ ) + (\ ) + (\ )$$

tais que o primeiro termo só é 1 para os valores na linha 1 e para nenhum outro valor, o segundo termo só é 1 para os valores na linha 3 e para nenhum outro valor e assim por diante. Dessa forma, a expressão toda é igual a 1 para os valores indicados das variáveis e para nenhum outro — precisamente o que queremos. (Outros valores das variáveis farão com que cada termo na soma seja nulo, de modo que a soma seja nula.)

TABELA 8.4

x_1	x_2	x_3	$f(x_1, x_2, x_3)$
1	1	1	1
1	1	0	0
1	0	1	1
1	0	0	1
0	1	1	0
0	1	0	0
0	0	1	1
0	0	0	0

Cada termo na soma vai ser um produto da forma $\alpha\beta\gamma$, em que α é x_1 ou x_1', β é x_2 ou x_2' e γ é x_3 ou x_3'. Se o valor de x_i, $i = 1, 2, 3$, na linha em que estamos trabalhando, é 1, usamos x_i mesmo; se o valor de x_i na linha em que estamos trabalhando é 0, usamos x_i'. Esses valores vão fazer com que $\alpha\beta\gamma$ seja 1 para essa linha e 0 para todas as outras. Temos, então,

$$\text{linha 1}: x_1x_2x_3$$
$$\text{linha 3}: x_1x_2'x_3$$
$$\text{linha 4}: x_1x_2'x_3'$$
$$\text{linha 7}: x_1'x_2'x_3$$

A expressão final é

$$(x_1x_2x_3) + (x_1x_2'x_3) + (x_1x_2'x_3') + (x_1'x_2'x_3)$$

●

O procedimento descrito no Exemplo 13 sempre nos leva a uma expressão para a função dada que é uma soma de produtos, chamada de **forma canônica como soma de produtos** ou **forma normal disjuntiva** para a função booleana dada. O único caso que não está coberto por esse procedimento é quando a função só tem o valor zero. Usamos, então, uma expressão do tipo

$$x_1x_1'$$

que também é uma soma (com apenas uma parcela) de produtos. Sempre podemos encontrar, portanto, uma soma de produtos que represente uma função booleana qualquer. Uma descrição em pseudocódigo do algoritmo é dada a seguir. Para esse algoritmo, a entrada é uma tabela-verdade que representa uma função booleana em n variáveis $x_1, x_2, \ldots, x_n$; a saída é uma expressão booleana em forma normal disjuntiva que representa a mesma função booleana.

ALGORITMO ***SOMA-DE-PRODUTOS***

```
Soma-De-Produtos (tabela-verdade; inteiro n)
//A tabela-verdade representa uma função booleana com n argumentos;
//o resultado é a expressão em forma canônica como soma de produtos
// para essa função booleana.
Variáveis locais:
soma        //expressão como soma de produtos
produto     //uma das parcelas da soma, um produto
i           //índice para as colunas da tabela
linha       //índice para as linhas da tabela

    soma = vazia
    para linha = 1 até 2^n faça
        se valor de linha é 1 então
            inicializa produto
            para i = 1 até n faça
                se x_i = 1 então
                    coloque x_i em produto
                senão
                    coloque x_i' em produto
                fim do se
            fim do para
            soma = soma + produto
        fim do se
    fim do para
    se soma é vazia então
        soma = x_1x_1'
    fim do se
    escreva ("A forma canônica como soma de produtos para esta função booleana é", soma)
fim de Soma-De-Produtos
```

Como qualquer expressão booleana tem um circuito correspondente, qualquer função booleana tem uma representação por circuito lógico. Além disso, as portas lógicas E, OU e inversor são os únicos dispositivos necessários para se construir o circuito. Podemos, então, construir um circuito para qualquer função booleana com apenas três tipos de partes — e um montão de fios! Veremos, mais tarde, que é necessário armazenar apenas um tipo de peça.

Dada uma função booleana, a forma canônica como soma de produtos que acabamos de descrever é uma expressão associada a essa função booleana, mas não é a única possível. O Exercício 25 no final desta seção fornece um método para se obter uma expressão diferente associada a qualquer função booleana.

EXEMPLO 14 O circuito associado à forma canônica como soma de produtos do Exemplo 13 está ilustrado na Figura 8.11. Desenhamos as entradas para cada uma das portas lógicas E separadamente para o desenho ficar mais limpo, mas, na verdade, uma única entrada para cada variável x_1, x_2 ou x_3 pode ser dividida quando necessário.

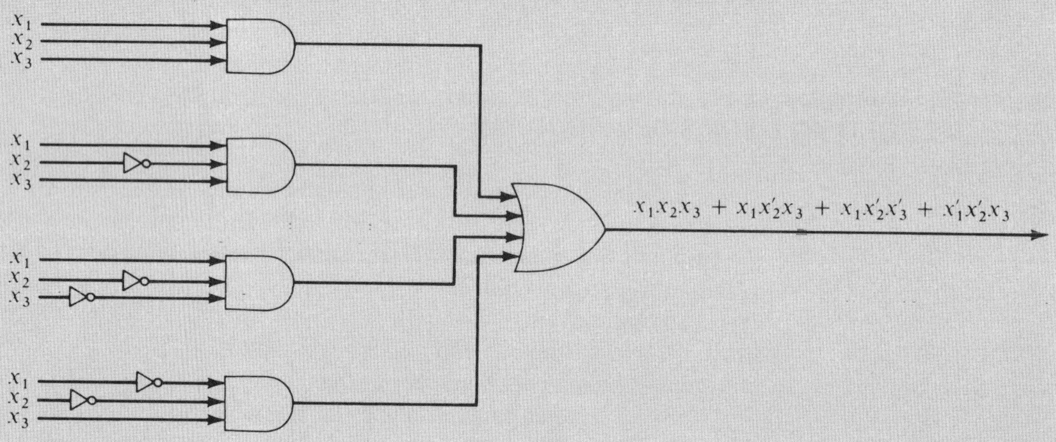

$x_1x_2x_3 + x_1x_2'x_3 + x_1x_2'x_3' + x_1'x_2'x_3$

Figura 8.11

PROBLEMA PRÁTICO 11

a. Encontre a forma canônica como soma de produtos para a função booleana da Tabela 8.5.
b. Desenhe o circuito correspondente à expressão no item (a).

TABELA 8.5

x_1	x_2	x_3	$f(x_1, x_2, x_3)$
1	1	1	1
1	1	0	0
1	0	1	1
1	0	0	1
0	1	1	0
0	1	0	0
0	0	1	1
0	0	0	1

Minimização

Como já observamos, uma função booleana dada pode ser representada por mais de uma expressão booleana e, portanto, por mais de um circuito composto por portas lógicas E, OU e inversores.

EXEMPLO 15 A expressão booleana

$$x_1x_3 + x_2'$$

tem associada a função booleana da Tabela 8.5. O circuito correspondente a essa expressão é dado pela Figura 8.12. Compare com o circuito encontrado no Problema Prático 11(b)!

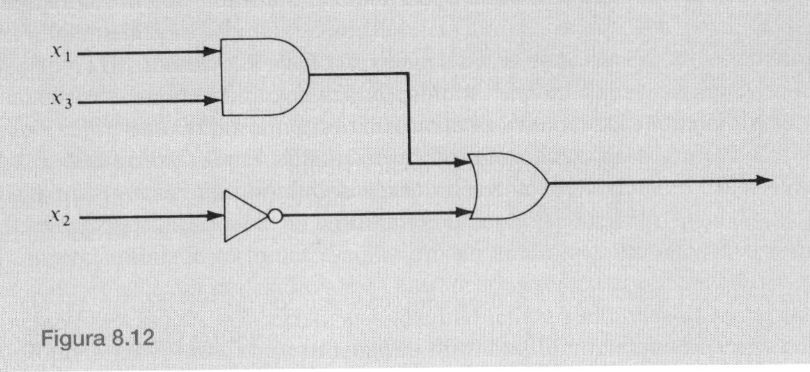

Figura 8.12

DEFINIÇÃO EXPRESSÕES BOOLEANAS EQUIVALENTES

Duas expressões booleanas são **equivalentes** se correspondem às mesmas funções booleanas.

Sabemos, por exemplo, que

$$x_1x_2x_3 + x_1x_2'x_3 + x_1x_2'x_3' + x_1'x_2'x_3 + x_1'x_2'x_3'$$

e

$$x_1x_3 + x_2'$$

são expressões booleanas equivalentes.

É claro que a equivalência de expressões booleanas é uma relação de equivalência no conjunto de todas as expressões booleanas em n variáveis. As classes de equivalência estão associadas a funções booleanas distintas. Dada uma função booleana, o algoritmo *Soma-De-Produtos* produz um elemento particular da classe associada a essa função, a saber, a forma canônica como soma de produtos. No entanto, se estamos tentando projetar um circuito lógico associado a essa função, queremos encontrar um elemento dessa classe que seja o mais simples possível. Preferimos construir o circuito da Figura 8.12 do que o do Problema Prático 11(b).

Como podemos reduzir uma expressão booleana a outra equivalente mais simples? Podemos usar as propriedades de álgebra de Boole, já que elas expressam a equivalência de expressões booleanas. Se P é uma expressão booleana contendo um termo do tipo $(x_1 + x_2)(x_1 + x_3)$, por exemplo, e Q é a expressão obtida de P substituindo-se $(x_1 + x_2)(x_1 + x_3)$ pela expressão equivalente $x_1 + (x_2x_3)$, então P e Q são equivalentes e Q é mais simples do que P.

EXEMPLO 16 Usando as propriedades de álgebras de Boole, podemos reduzir

$$x_1x_2x_3 + x_1x_2'x_3 + x_1x_2'x_3' + x_1'x_2'x_3 + x_1'x_2'x_3'$$

a

$$x_1x_3 + x_2'$$

da seguinte maneira:

$$
\begin{aligned}
& x_1x_2x_3 + x_1x_2'x_3 + x_1x_2'x_3' + x_1'x_2'x_3 + x_1'x_2'x_3' \\
&= x_1x_2x_3 + x_1x_2'x_3 + x_1x_2'x_3 + x_1x_2'x_3' + x_1'x_2'x_3 + x_1'x_2'x_3' && \text{(idempotência)} \\
&= x_1x_3x_2 + x_1x_3x_2' + x_1x_2'x_3 + x_1x_2'x_3' + x_1'x_2'x_3 + x_1'x_2'x_3' && \text{(1b)} \\
&= x_1x_3(x_2 + x_2') + x_1x_2'(x_3 + x_3') + x_1'x_2'(x_3 + x_3') && \text{(3b)} \\
&= x_1x_3 \cdot 1 + x_1x_2' \cdot 1 + x_1'x_2' \cdot 1 && \text{(5a)} \\
&= x_1x_3 + x_1x_2' + x_1'x_2' && \text{(4b)} \\
&= x_1x_3 + x_2'x_1 + x_2'x_1' && \text{(1b)} \\
&= x_1x_3 + x_2'(x_1 + x_1') && \text{(3b)} \\
&= x_1x_3 + x_2' \cdot 1 && \text{(5a)} \\
&= x_1x_3 + x_2' && \text{(4b)}
\end{aligned}
$$

Infelizmente, é preciso ser razoavelmente esperto para se aplicar propriedades de álgebra de Boole para simplificar uma expressão. Discutiremos na Seção 8.3 outras abordagens mais sistemáticas para esse problema de minimização que necessita de menos criatividade. Por enquanto, vamos falar um pouco mais sobre por que queremos minimizar. Quando circuitos lógicos eram construídos de portas lógicas e inversores separados, o custo desses elementos era um fator importante no projeto, e desejava-se ter o menor número de elementos possíveis. Agora, no entanto, a maior parte dos circuitos é construída usando-se a tecnologia de circuitos integrados, um desenvolvimento que começou no início da década de 1960. Um circuito integrado é, ele mesmo, um circuito lógico que representa uma, ou mais de uma, função booleana, como se algumas portas lógicas e inversores tivessem sido arrumados de modo apropriado dentro de um pacote. Esses circuitos integrados são, então, combinados de forma a se obter o resultado desejado. Como os circuitos integrados são muito pequenos e relativamente baratos, pode parecer não ter sentido tentar minimizar um circuito. No entanto, a minimização ainda é relevante porque a confiabilidade de um circuito é inversamente proporcional ao número de conexões entre os pacotes de circuitos integrados.

Além disso, os projetistas de circuitos integrados estão muito interessados no problema de minimização. Os circuitos integrados estão imersos em um substrato de silício ou de outro material semicondutor. Os chips resultantes podem ser minúsculos, mas podem conter o equivalente a 3 bilhões de transistores para a implementação de funções booleanas. A distância entre duas portas pode ser tão pequena quanto 45 nanômetros (cerca de um milésimo da largura de um fio de cabelo humano). Minimizar o número de componentes e a quantidade de fiação necessária torna possível colocar mais funções em um único chip.

Dispositivos Lógicos Programáveis

Em vez de se projetar um circuito integrado especial para se implementar funções booleanas particulares, pode-se usar um **DLP** (*d*ispositivo *l*ógico *p*rogramável). Um DLP é um chip que já vem implantado com um arranjo de portas lógicas E e OU, junto com um reticulado retangular de canais de fiação e alguns inversores. Uma vez determinadas as expressões booleanas em forma canônica como soma de produtos para as funções booleanas dadas, ativam-se os componentes necessários no DLP. Embora esse chip não seja muito eficiente e seja prático apenas para circuitos lógicos de pequena escala, da ordem de centenas de portas, os DLPs podem ser produzidos em massa, e torna-se necessário apenas pouco tempo (ou seja, dinheiro) para se "programar" a função desejada. Um **APPC** (*a*rranjo de *p*ortas *p*rogramável por *c*ampos) é um irmão maior do DLP. O termo "programável por campos" sugere que, como um DLP, o usuário pode configurar o chip para um propósito específico. Basicamente, um APPC conecta diversos DLPs de modo que possa ser reconfigurado e pode trabalhar com milhares de portas. O APPC também contém, muitas vezes, componentes como multiplicadores ou até mesmo processadores e memória, produzindo assim um computador pequeno que pode ser reconfigurado e "programado" em hardware em vez de software.

EXEMPLO 17

A Figura 8.13a mostra um DLP para três entradas x_1, x_2 e x_3. Existem quatro linhas de saída, logo pode-se programar quatro funções nesse DLP. Ao se programar o DLP, as linhas horizontais entrando em uma porta lógica E pegam algumas variáveis, e a porta lógica E vai formar o produto dessas variáveis. As linhas verticais entrando em uma porta lógica OU, quando programadas, vão permitir a soma de certas variáveis. A Figura 8.13b mostra o mesmo DLP programado para produzir as funções booleanas f_1 do Exemplo 13 ($x_1x_2x_3 + x_1x_2'x_3 + x_1x_2'x_3' + x_1'x_2'x_3$) e f_2 do Problema Prático 11 ($x_1x_2x_3 + x_1x_2'x_3 + x_1x_2'x_3' + x_1'x_2'x_3 + x_1'x_2'x_3'$). Os pontos representam os pontos ativos.

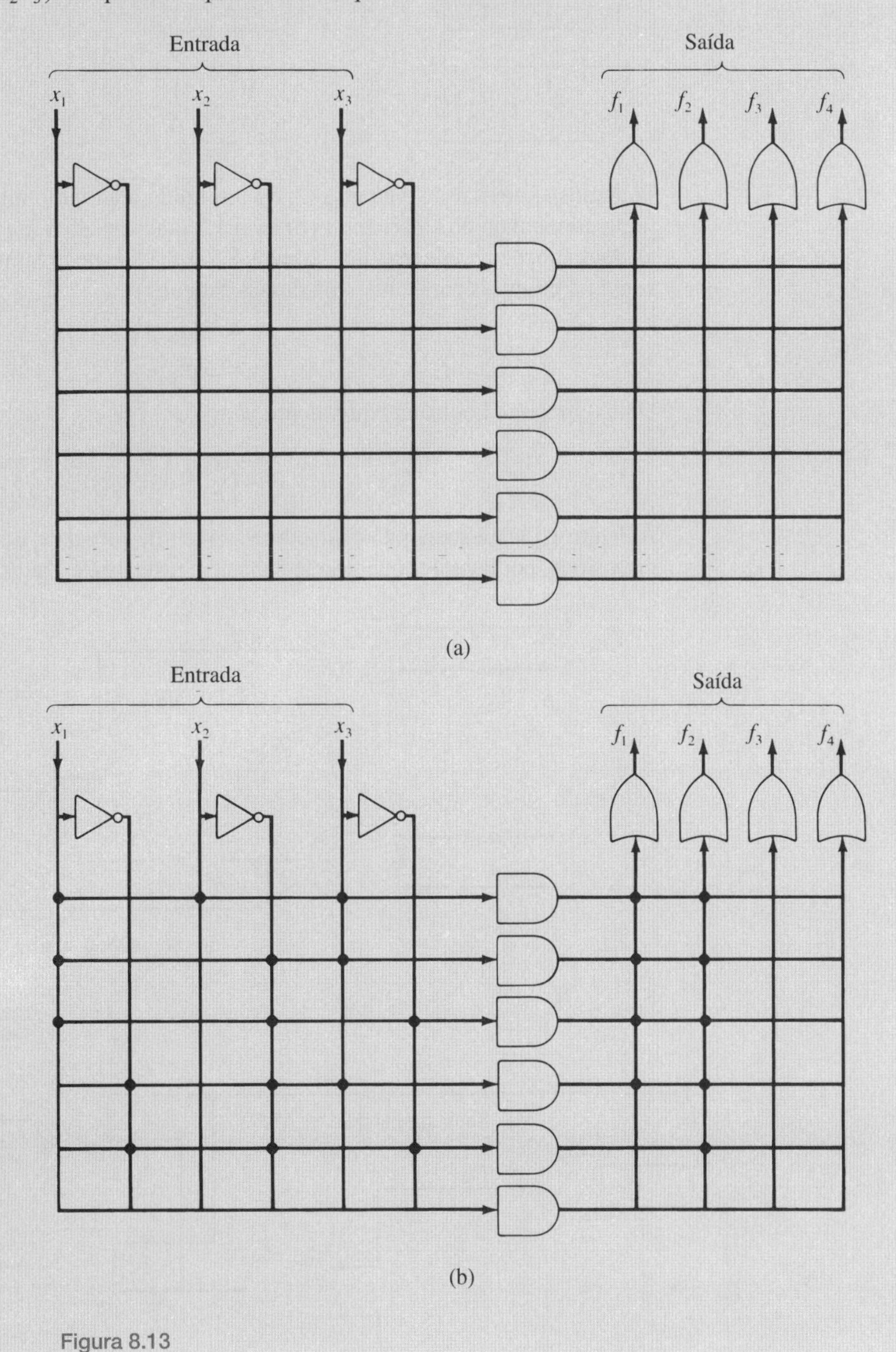

Figura 8.13

Um Circuito Útil

Podemos projetar um circuito que some números em representação binária, uma operação básica que um computador tem que ser capaz de efetuar. A Tabela 8.6 resume as regras para se somar dois algarismos binários.

TABELA 8.6

x_1	x_2	Soma
1	1	10
1	0	1
0	1	1
0	0	0

TABELA 8.7

x_1	x_2	s
1	1	0
1	0	1
0	1	1
0	0	0

TABELA 8.8

x_1	x_2	v
1	1	1
1	0	0
0	1	0
0	0	0

Podemos expressar a soma através de um único algarismo binário s (o algarismo à direita) junto com um único algarismo v (de "vai 1") que será adicionado à próxima casa; isso nos dá as duas funções booleanas das Tabelas 8.7 e 8.8, respectivamente. A forma canônica como soma de produtos para cada uma dessas funções é

$$s = x_1'x_2 + x_1x_2'$$
$$v = x_1x_2$$

Uma expressão booleana equivalente para s é

$$s = (x_1 + x_2)(x_1x_2)'$$

A Figura 8.14a mostra um circuito com variáveis de entrada x_1 e x_2 e funções de saída s e v. Esse dispositivo, por questões que ficarão claras em instantes, é chamado de um **somador parcial**.

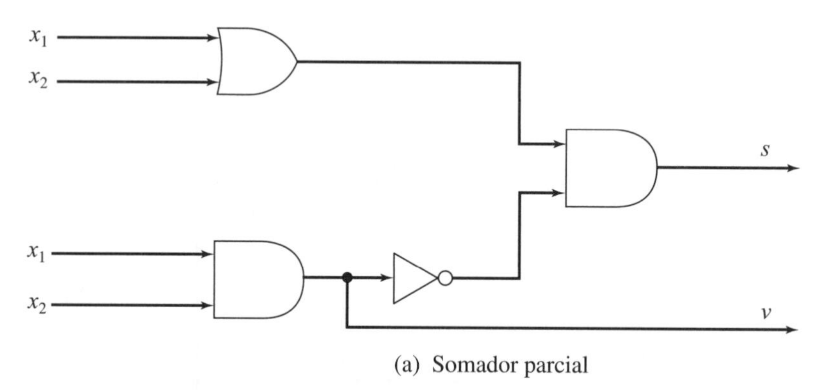

(a) Somador parcial

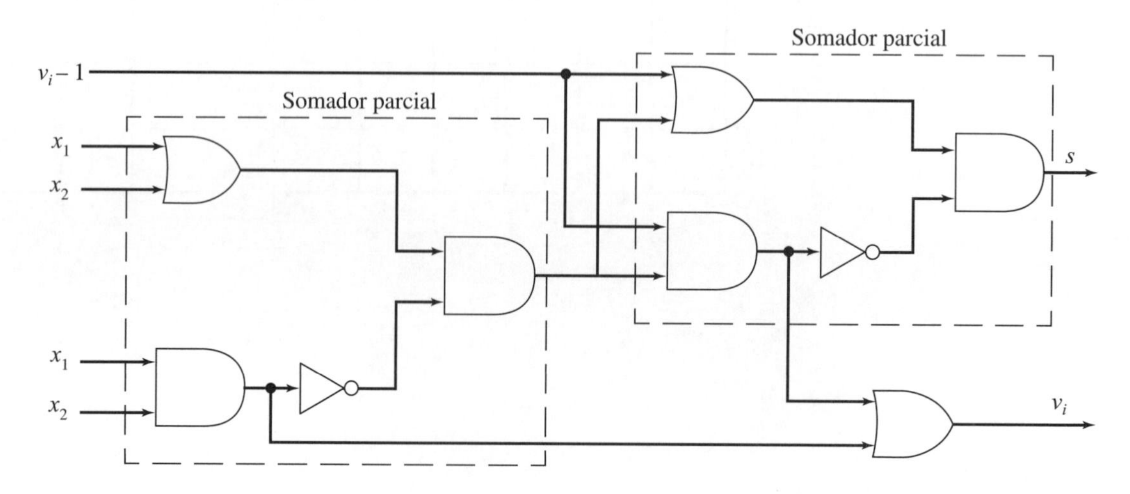

(b) Somador completo

Figura 8.14

Para somar dois números em notação binária com n bits (algarismos binários), somamos coluna a coluna das casas de menor valor até os bits de ordem mais alta. A i-ésima coluna (exceto a primeira, correspondente ao menor valor) tem como entrada dois *bits* x_1 e x_2 mais o bit (do "vai 1", se for o caso) que vem da soma da coluna $i - 1$ à sua direita. Precisamos, portanto, de um dispositivo que incorpore o bit que vem da coluna anterior como uma de suas entradas. Isso pode ser feito somando-se x_1 e x_2 com um somador parcial e depois somando-se o algarismo que vem da coluna anterior v_{i-1} (usando outro somador parcial) ao resultado. Novamente, um bit de soma s e um bit de "vai 1" v_i são as saídas, em que v_i é 1 se para algum dos somadores parciais vai 1. O **somador completo** está ilustrado na Figura 8.14b. O somador parcial é formado, então, por dois somadores parciais e uma porta lógica OU adicional.

Para adicionar dois números em notação binária, os dois bits de menor valor (correspondendo às unidades) podem ser somados com um somador parcial, já que só existem dois algarismos a serem somados (não existe "vai 1"). Os outros bits são somados com somadores completos. Todos estão ligados. A Figura 8.15 mostra os módulos necessários para se somar dois números binários de três bits, $z_1y_1x_1$ e $z_2y_2x_2$, resultando na resposta $a_3a_2a_1a_0$, em que o bit a_3 é o último bit de "vai 1" e pode ser 0 (em geral não se escreve o 0 na frente) ou 1.

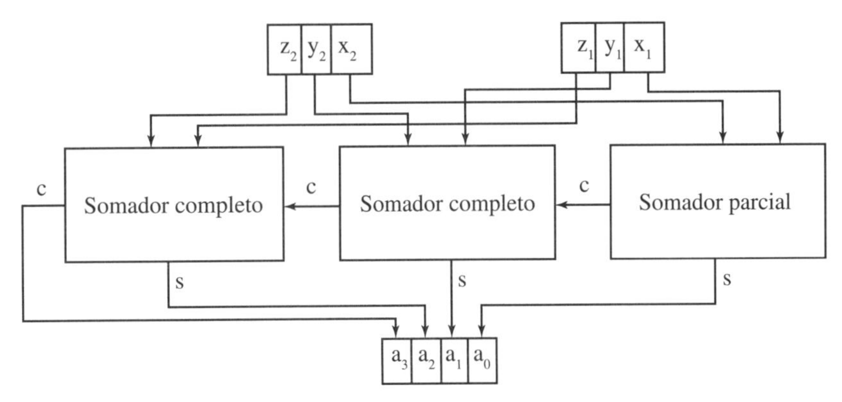

Figura 8.15

O circuito de soma ilustrado na Figura 8.15 é chamado de "carregador de 1" porque, se houver algum "vai 1", esse 1 terá que ser propagado da direita para a esquerda por cada somador. Embora tenhamos suposto que as saídas das portas lógicas são instantâneas, existe, de fato, um pequeno intervalo de tempo entre a entrada e a saída em um somador de n bits devido a esse efeito de "carregar o 1" que pode ser razoável para n grande. Variações no circuito básico para acelerar o processo de soma dependem de antecipação dos bits "vai 1" de ordem mais alta.

PROBLEMA PRÁTICO 12 Siga a operação do circuito na Figura 8.15 ao somar 101 e 111. ■

Outros Elementos Lógicos

Os elementos básicos usados em circuitos integrados não são, de fato, as portas lógicas E e OU e os inversores, mas sim as portas lógicas NE e NOU.* A Figura 8.16 mostra o símbolo padrão para a **porta lógica NE** (a negação de E, NÃO E) e sua função booleana. A porta lógica NE é suficiente para implementar, sozinha, qualquer função booleana, já que circuitos usando apenas a porta NE podem fazer o trabalho de inversores, de portas OU e de portas E. A Figura 8.17 mostra esses circuitos.

*Em inglês, NAND e NOR. (N.T.)

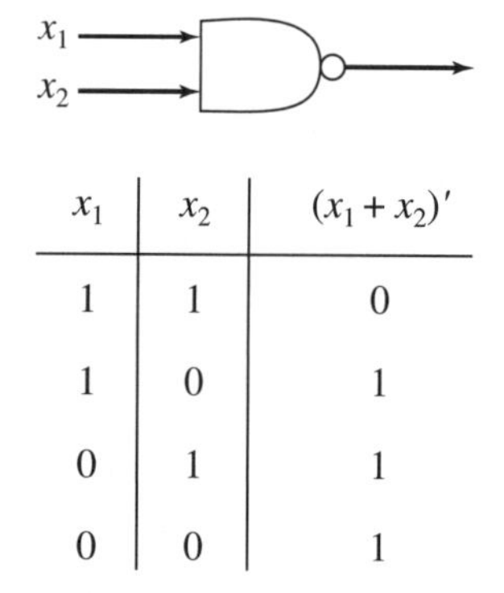

x_1	x_2	$(x_1 + x_2)'$
1	1	0
1	0	1
0	1	1
0	0	1

Figura 8.16

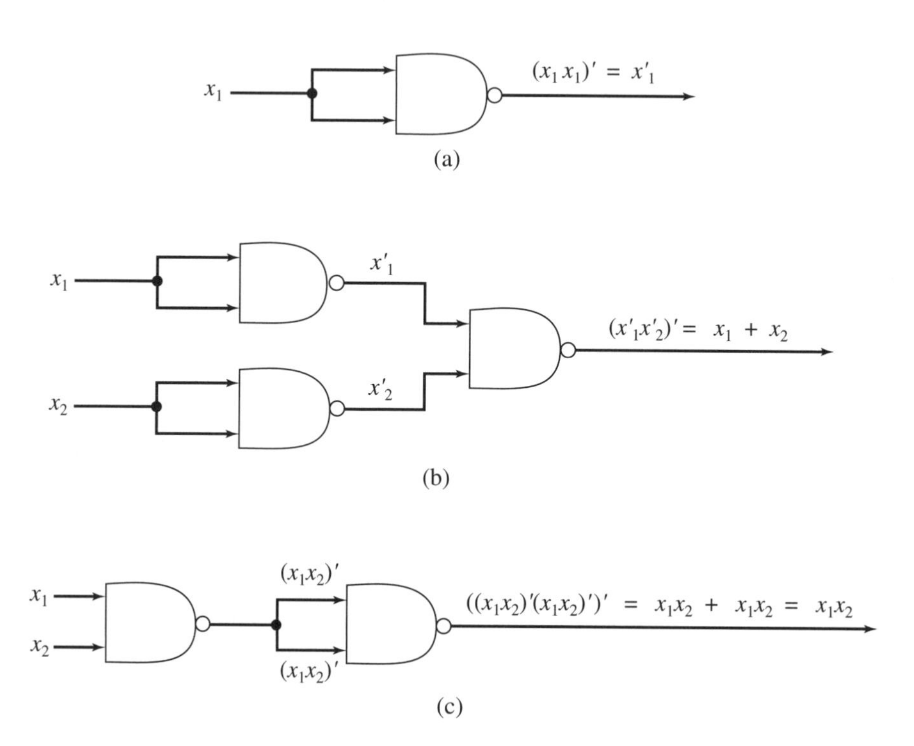

Figura 8.17

A **porta lógica NOU** (a negação de OU, NÃO OU) e sua função booleana aparecem na Figura 8.18. Um dos exercícios no final desta seção pede que você construa circuitos usando apenas portas lógicas NOU em vez de inversores e portas lógicas OU e E.[1]

Embora possamos construir um circuito NE para uma função booleana substituindo as portas lógicas E e OU e os inversores, na forma canônica ou em uma forma minimizada, com os circuitos NE apropriados, muitas vezes podemos obter um circuito mais simples usando, diretamente, as propriedades dos elementos NE.

[1]Os Exercícios 50 e 51 da Seção 1.2 fornecem tabelas-verdade para conectivos binários que coincidem com as funções booleanas de NE e de NOU. Lá foi pedido que você demonstrasse que basta qualquer um desses dois conectivos para escrever qualquer fbf proposicional; ou seja, você pode escrever $\vee$, $\wedge$ e $'$ em termos de um desses conectivos.

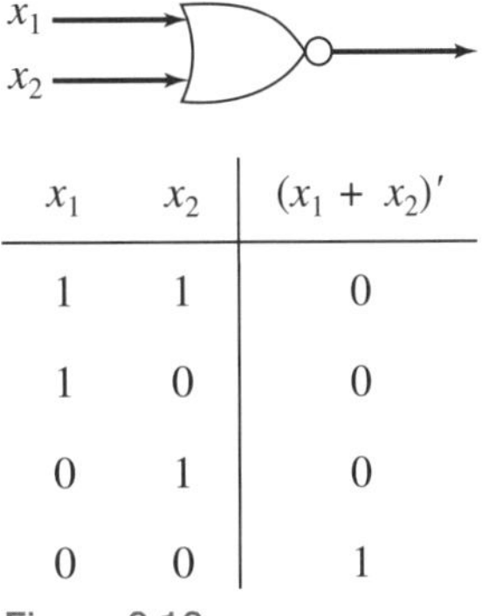

x_1	x_2	$(x_1 + x_2)'$
1	1	0
1	0	0
0	1	0
0	0	1

Figura 8.18

PROBLEMA PRÁTICO 13

a. Redesenhe o circuito da Figura 8.12 com elementos NE substituindo, diretamente, as portas lógicas E, OU e os inversores, como na Figura 8.17.
b. Escreva a expressão booleana $x_1x_3 + x_2'$ para a Figura 8.12 usando as leis de De Morgan e depois construa um circuito usando apenas dois elementos NE. ■

Construção de Funções Booleanas

Sabemos como escrever uma expressão booleana e construir um circuito a partir de uma função booleana dada. Muitas vezes, a própria função booleana tem que ser deduzida pela descrição do problema em questão.

EXEMPLO 18

Em uma firma que vende cosméticos pelo correio, um dispositivo de controle automático é usado para supervisionar o empacotamento dos pedidos. A firma vende batons, perfumes, produtos para maquiagem em geral e esmaltes para unhas. Como um bônus, é incluído um xampu em qualquer pedido que inclua um perfume, ou em qualquer pedido que inclua batom, produto de maquiagem e esmalte. Como projetar os circuitos lógicos que controlam se é colocado xampu no pacote de um pedido?

As variáveis de entrada do circuito representarão os quatro tipos de itens que podem ser pedidos. Podemos chamá-los de

x_1 = batom
x_2 = perfume
x_3 = maquiagem
x_4 = esmalte

O valor de x_i será 1 quando o pedido incluir esse item e 0 em caso contrário. A saída do circuito deverá ser 1 caso deva ser incluído um xampu e 0 em caso contrário. A Tabela 8.9 mostra a tabela-verdade para esse circuito. A forma canônica como soma de produtos para essa função booleana é comprida, mas a expressão $x_1x_3x_4 + x_2$ também representa essa função. A Figura 8.19 mostra o circuito lógico para essa expressão.

TABELA 8.9

x_1	x_2	x_3	x_4	$f(x_1, x_2, x_3, x_4)$
1	1	1	1	1
1	1	1	0	1
1	1	0	1	1
1	1	0	0	1
1	0	1	1	1
1	0	1	0	0
1	0	0	1	0
1	0	0	0	0
0	1	1	1	1
0	1	1	0	1
0	1	0	1	1
0	1	0	0	1
0	0	1	1	0
0	0	1	0	0
0	0	0	1	0
0	0	0	0	0

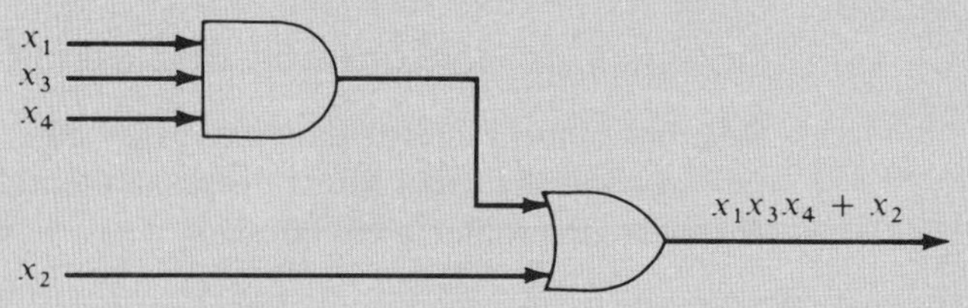

Figura 8.19

PROBLEMA PRÁTICO 14 A luz de uma sala é controlada por dois interruptores, um em cada extremidade. Encontre (a) uma função booleana, (b) uma expressão booleana e (c) um circuito lógico que permita que a luz seja acesa ou apagada em qualquer dos interruptores. ∎

Em alguns problemas, as funções booleanas correspondentes estão indefinidas para determinados valores das variáveis de entrada porque certas combinações dessas variáveis não podem ocorrer (veja o Exercício 35 ao final desta seção). Nessas condições, pode-se atribuir qualquer valor de saída.

Em uma linguagem de programação tendo os operadores booleanos E, OU e NÃO disponíveis, projetar a lógica de um programa de computador pode consistir, em parte, em escolher funções booleanas e suas expressões booleanas correspondentes apropriadamente (veja o Exercício 36 da Seção 1.1).

Podando *Chips* e Programas

Cálculos computacionais (fora erros de código) são vistos, em geral, como o sumo da precisão. A implementação de funções booleanas como circuitos para produzir respostas corretas para entradas dadas tem sido o tema deste capítulo. Mas algumas aplicações computacionais não precisam de 100% de precisão e toleram uma certa quantidade de erro. Processamento de imagens é uma dessas aplicações, já que variações pequenas em uma imagem são imperceptíveis ao olho humano. (Essa característica do olho humano é aproveitada em JPEG na compressão de imagem com perda, como discutido na Seção 6.4.)

Recentemente, pesquisadores interessados em aumentar a eficiência de projetos de *chips* "podaram" circuitos tradicionais, essencialmente retirando as partes usadas raramente. Circuitos integrados podados consumem menos energia, são menores e mais rápidos que os completos. Podemos agrupar esses três fatores — energia, espaço e tempo — sob o termo geral "eficiência". A poda experimental de um circuito de soma em um *chip* produziu um ganho de 7,5% na eficiência total. Mas é claro que há uma troca: é introduzido algum percentual de erro na operação do chip. O ganho de 7,5% em eficiência foi feito a um custo de 0,25% de aumento na taxa de erro. Para aplicações especializadas, como processamento de imagens, em que pequenos erros podem ser tolerados, a troca parece ser boa. Desenvolvedores dessa tecnologia estão considerando aplicações como aparelhos auditivos, câmeras ou até mesmo tablets que possam funcionar com energia solar.

A mesma abordagem tem sido tentada com programas. Por exemplo, "perfuração de laços" pula algumas iterações em um laço. Esse nome é bastante sugestivo — "perfurar um laço" soa como "podar um *chip*". Outras abordagens podem pular tarefas inteiras ou descartar aleatoriamente alguns valores de entrada. "Programa relaxado" é um título genérico para programas que incluem uma parte não determinista que pode podar (pular) dinamicamente algumas de suas instruções ou dados. A penalidade é uma porcentagem de resultados incorretos. E é claro que o truque é garantir — e verificar formalmente — que tais técnicas, enquanto aumentam a eficiência, mantêm a resposta dentro de uma margem de erro aceitável.

"Inexact Design—Beyond Fault Tolerance," Anthes, G., *Communications of the ACM*, April, 2013.

http://news.rice.edu/2012/05/17/computing-experts-unveil-superefficient-inexact-chip/

http://web.mit.edu/newsoffice/2010/fuzzy-logic-0103.html

"Proving Acceptability Properties of Relaxed Nondeterministic Approximate Programs," Carbin, M., Kim, D., Misailovic, S., Rinard, M., ACM Conference on Programming Language Design and Implementation, June 11–16, 2012, Beijing, China.

http://web.mit.edu/newsoffice/2012/loop-perforation-0522.html

SEÇÃO 8.2 REVISÃO

TÉCNICAS

- Encontrar a função booleana que corresponde a uma expressão booleana dada ou a um circuito lógico dado.
- Construir um circuito lógico que tenha a mesma função booleana que uma expressão booleana dada.
- Escrever uma expressão booleana que tenha a mesma função booleana que um circuito lógico dado.
- Escrever uma expressão booleana na forma canônica como soma de produtos para uma função booleana dada.
- Encontrar um circuito composto apenas por portas lógicas NE que tenha a mesma função booleana que um circuito lógico dado contendo portas lógicas E, OU e inversores.
- Encontrar uma função booleana que satisfaça a descrição de um problema particular.

IDEIAS PRINCIPAIS

- Podemos efetivamente converter informação dada em qualquer uma das três formas a seguir para qualquer outra forma:

$$\text{função booleana} \leftrightarrow \text{expressão booleana} \leftrightarrow \text{circuito lógico}$$

- Uma expressão booleana pode ser convertida, algumas vezes, em uma expressão equivalente mais simples usando-se as propriedades de álgebra de Boole, obtendo-se, assim, um circuito mais simples para uma função booleana dada.

EXERCÍCIOS 8.2

Nos Exercícios 1 a 4, escreva uma função booleana e construa um circuito lógico usando as portas E, OU e inversores para cada expressão booleana dada.

1. $(x_1' + x_2)x_3$
2. $(x_1 + x_2') + x_1'x_3$
3. $x_1'x_2 + (x_1x_2)'$
4. $(x_1 + x_2)'x_3 + x_3'$

Nos Exercícios 5 a 8, escreva uma expressão booleana e uma função booleana para o circuito lógico dado.

5.
6.
7.

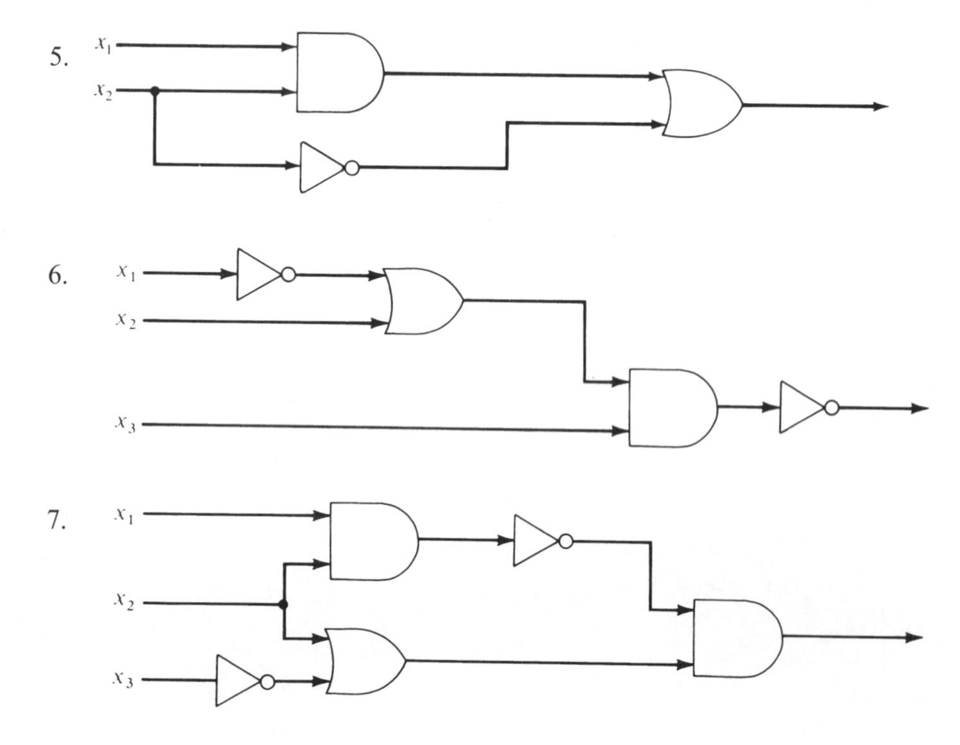

8.

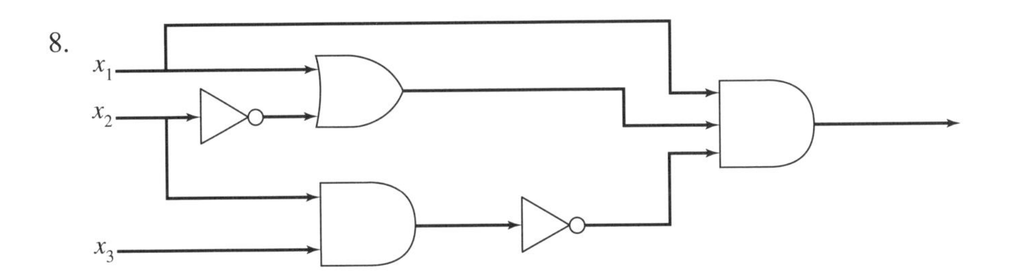

9. a. Escreva a função booleana para a operação booleana $x \oplus y = xy' + yx'$.
   b. Desenhe o circuito lógico para $x \oplus y$.
   c. Mostre que o circuito na figura a seguir também representa $x \oplus y$. Explique por que o circuito ilustrado mostra que $\oplus$ é a operação **OU exclusivo**. (Lembre-se de que foi usada uma operação de OU exclusivo sobre os bits na codificação DES, como discutido na Seção 5.6.)

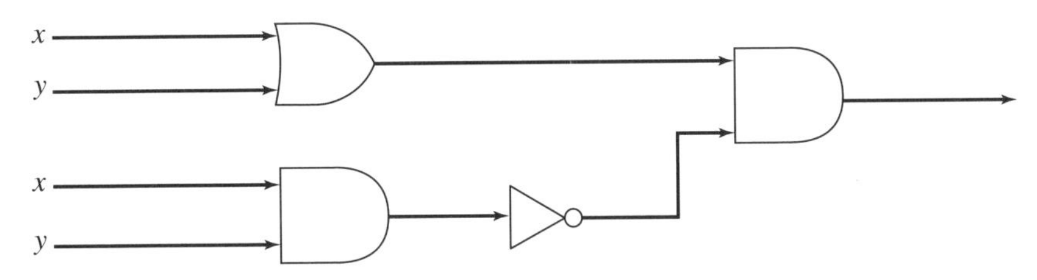

10. a. Escreva a função booleana para a expressão booleana

$$(xy')'(yx')'$$

   b. Desenhe o circuito lógico para essa expressão.
   c. Considerando a função booleana ou o circuito lógico, qual é o conectivo da lógica proposicional que essa expressão booleana representa?

Nos Exercícios 11 a 20, encontre a forma canônica com soma de produtos para as funções booleanas dadas pelas tabelas a seguir.

11.

x_1	x_2	$f(x_1, x_2)$
1	1	0
1	0	0
0	1	0
0	0	1

12.

x_1	x_2	$f(x_1, x_2)$
1	1	1
1	0	0
0	1	1
0	0	0

13.

x_1	x_2	x_3	$f(x_1, x_2, x_3)$
1	1	1	1
1	1	0	0
1	0	1	0
1	0	0	0
0	1	1	1
0	1	0	0
0	0	1	0
0	0	0	0

14.

x_1	x_2	x_3	$f(x_1, x_2, x_3)$
1	1	1	0
1	1	0	1
1	0	1	1
1	0	0	0
0	1	1	1
0	1	0	0
0	0	1	0
0	0	0	1

15.

x_1	x_2	x_3	$f(x_1, x_2, x_3)$
1	1	1	0
1	1	0	0
1	0	1	1
1	0	0	1
0	1	1	0
0	1	0	1
0	0	1	0
0	0	0	0

16.

x_1	x_2	x_3	$f(x_1, x_2, x_3)$
1	1	1	0
1	1	0	1
1	0	1	1
1	0	0	0
0	1	1	0
0	1	0	1
0	0	1	0
0	0	0	0

17.

x_1	x_2	x_3	x_4	$f(x_1, x_2, x_3, x_4)$
1	1	1	1	1
1	1	1	0	0
1	1	0	1	1
1	1	0	0	0
1	0	1	1	1
1	0	1	0	0
1	0	0	1	1
1	0	0	0	0
0	1	1	1	0
0	1	1	0	0
0	1	0	1	0
0	1	0	0	0
0	0	1	1	1
0	0	1	0	1
0	0	0	1	0
0	0	0	0	0

18.

x_1	x_2	x_3	x_4	$f(x_1, x_2, x_3, x_4)$
1	1	1	1	1
1	1	1	0	0
1	1	0	1	1
1	1	0	0	0
1	0	1	1	1
1	0	1	0	1
1	0	0	1	0
1	0	0	0	0
0	1	1	1	1
0	1	1	0	0
0	1	0	1	1
0	1	0	0	0
0	0	1	1	0
0	0	1	0	0
0	0	0	1	0
0	0	0	0	0

19.

x_1	x_2	x_3	x_4	$f(x_1, x_2, x_3, x_4)$
1	1	1	1	0
1	1	1	0	0
1	1	0	1	0
1	1	0	0	0
1	0	1	1	0
1	0	1	0	1
1	0	0	1	0
1	0	0	0	0
0	1	1	1	1
0	1	1	0	0
0	1	0	1	1
0	1	0	0	0
0	0	1	1	1
0	0	1	0	1
0	0	0	1	1
0	0	0	0	0

20.

x_1	x_2	x_3	x_4	$f(x_1, x_2, x_3, x_4)$
1	1	1	1	1
1	1	1	0	1
1	1	0	1	0
1	1	0	0	1
1	0	1	1	1
1	0	1	0	0
1	0	0	1	0
1	0	0	0	0
0	1	1	1	0
0	1	1	0	1
0	1	0	1	0
0	1	0	0	1
0	0	1	1	0
0	0	1	0	0
0	0	0	1	0
0	0	0	0	0

21. a. Encontre a forma canônica como soma de produtos para a função booleana dada pela tabela a seguir.
 b. Desenhe o circuito lógico correspondente à expressão encontrada em (a).
 c. Use as propriedades de álgebra de Boole para reduzir a expressão encontrada em (a) a uma expressão equivalente cujo circuito usa apenas dois elementos lógicos. Desenhe o circuito.

x_1	x_2	x_3	$f(x_1, x_2, x_3)$
1	1	1	0
1	1	0	1
1	0	1	0
1	0	0	1
0	1	1	0
0	1	0	0
0	0	1	0
0	0	0	0

22. a. Encontre a forma canônica como soma de produtos para a função booleana dada pela tabela a seguir.
 b. Desenhe o circuito lógico correspondente à expressão encontrada em (a).
 c. Use as propriedades de álgebra de Boole para reduzir a expressão encontrada em (a) a uma expressão equivalente cujo circuito usa apenas três elementos lógicos. Desenhe o circuito.

x_1	x_2	x_3	$f(x_1, x_2, x_3)$
1	1	1	1
1	1	0	0
1	0	1	0
1	0	0	0
0	1	1	1
0	1	0	1
0	0	1	0
0	0	0	0

23. a. Mostre que as expressões booleanas

$$(x_1 + x_2)(x_1' + x_3)(x_2 + x_3)$$

e

$$(x_1x_3) + (x_1'x_2)$$

são equivalentes escrevendo a tabela-verdade para cada uma delas.

b. Escreva a forma canônica como soma de produtos equivalente às duas expressões em (a).

c. Use as propriedades de álgebras de Boole para reduzir uma das expressões em (a) à outra.

24. A figura a seguir mostra um DLP não programado para três variáveis de entrada x_1, x_2 e x_3. Programe esse DLP para gerar as funções booleanas f_1 e f_2 representadas por

$$f_1\colon\ x_1x_2x_3 + x_1'x_2x_3' + x_1'x_2'x_3$$
$$f_3\colon\ x_1x_2'x_3' + x_1'x_2'x_3 + x_1'x_2'x_3'$$

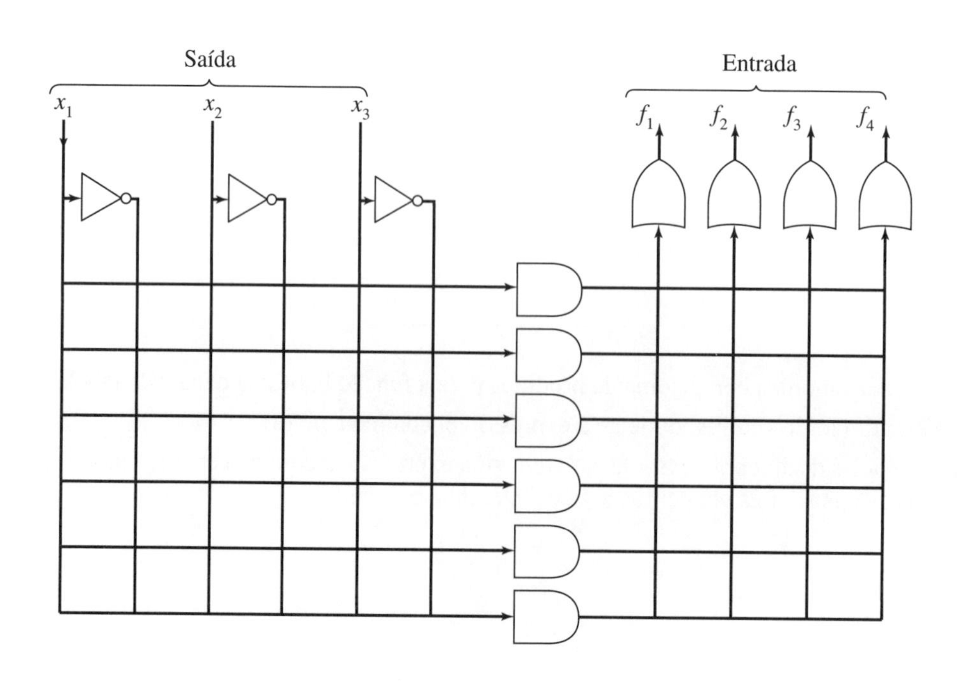

25. Existe, também, uma *forma canônica como produto de somas* (*forma normal conjuntiva*) associada a qualquer função booleana. Essa expressão tem a forma

$$( )( ) \cdots ( )$$

em que cada fator é uma soma da forma

$$\alpha + \beta + \cdots + \omega$$

em que $\alpha = x_1$ ou x_1', $\beta = x_2$ ou x_2' e assim por diante. Cada fator é construído de modo a ter valor 0 para os valores das variáveis de entrada em exatamente uma das linhas da tabela-verdade para a função booleana que tem valor 0. Dessa forma, a expressão inteira tem valor 0 para esses valores das variáveis de entrada e para nenhum outro. Encontre as formas canônicas como produtos de somas para as funções booleanas dos Exercícios 11 a 15.

26. Considere a função booleana dada aqui. Como há mais uns do que zeros, a forma canônica como soma de produtos pode dar trabalho para calcular. Em vez disso, crie uma expressão booleana como soma de produtos usando a mesma fórmula do que antes, mas nas linhas com zeros, em vez de nas linhas com uns. Essa expressão dará valor de saída 1 para essas linhas e nenhuma outra, exatamente o oposto do que você quer. Agora calcule o complementar dessa expressão (o que é equivalente a colocar um inversor no final do circuito).

x_1	x_2	x_3	$f(x_1, x_2, x_3)$
1	1	1	1
1	1	0	1
1	0	1	1
1	0	0	0
0	1	1	1
0	1	0	1
0	0	1	0
0	0	0	1

a. Use essa abordagem para criar uma expressão booleana para essa função booleana.

b. Prove que a expressão resultante é equivalente à forma canônica como produto de somas descrita no Exercício 25.

27. O *complemento de 2* de um número p representado em binário por n bits é um número q, também representado por n bits, tal que $p + q$ é igual à representação de 0 com n bits (qualquer 1 que vai para a coluna $n + 1$ é ignorado). Então, 01110 é o complemento de 2 de 10010, pois

$$\begin{array}{r} 10010 \\ +\ 01110 \\ \hline (1)00000 \end{array}$$

A ideia de complemento de 2 pode ser usada para se representar inteiros negativos em forma binária. Afinal de contas, o negativo de p é, por definição, um número que, ao ser somado a p, dá o valor 0.

Dado um número representado em binário por p, o complemento de 2 de p é encontrado analisando-se p dos algarismos de menor ordem para os de maior ordem (da direita para a esquerda). Enquanto o bit i de p for 0, o bit i de q será 0. Quando se encontrar o primeiro algarismo 1 de p, digamos na casa j, o algarismo na casa j de q será 1 mas, para o resto dos bits de $q, j < i \leq n$, $q_i = p_i'$. Para $p = 10010$, por exemplo, o bit mais à direita é 0 e o bit correspondente de q é 0; para o primeiro 1 em p, o bit correspondente em q é 1. Os bits restantes em q, no entanto, são os diferentes dos algarismos correspondentes em p.

Primeiro

$$
\begin{array}{rl}
p = 100 & \vdots\ 10 \\
q = \underbrace{011} & \vdots\ \underbrace{10} \\
q_i = p_i' & \vdots\ q_i = p_i
\end{array}
$$

Para cada número p representado em binário, encontre o complemento de 2 de p, a saber, q, e depois calcule $p + q$.

a. 1100 b. 1001 c. 001

28. Para qualquer bit x_i em um número representado em binário por p, seja r_i o bit correspondente em q, o complemento de 2 de p (veja o Exercício 27). O valor de r_i depende do valor de x_i e também da posição de x_i em relação ao primeiro bit igual a 1 em p. Para o i-ésimo bit, seja c_{i-1} igual a 0 se os algarismos p_j, $1 \leq j \leq i - 1$, forem iguais a 0, e igual a 1, caso contrário. É preciso calcular o valor de c_i antes de se mover para o próximo bit.
    a. Dê uma função booleana para r_i com variáveis de entrada x_i e c_{i-1}. Dê uma função booleana para c_i com variáveis de entrada x_i e c_{i-1}.
    b. Escreva expressões booleanas para as funções do item (a). Simplifique ao máximo.
    c. Desenhe um módulo de circuito que tenha saídas r_i e c_i a partir das entradas x_i e c_{i-1}.
    d. Usando os módulos do item (c), desenhe um circuito para encontrar o complemento de 2 de um número representado em binário por três bits zyx. Siga as operações do circuito ao calcular o complemento de 2 de 110.
29. a. Construa um circuito para a expressão a seguir usando apenas elementos NE. Substitua as portas lógicas E e OU e os inversores pelos elementos apropriados NE.

$$x_3'x_1 + x_2'x_1 + x_3'$$

    b. Use as propriedades de álgebras de Boole para simplificar a expressão no item (a) a uma expressão que use apenas três portas lógicas NE. Desenhe o circuito associado.
30. Substitua o circuito a seguir com um equivalente que usa apenas uma porta lógica E, uma porta lógica OU e um inversor.

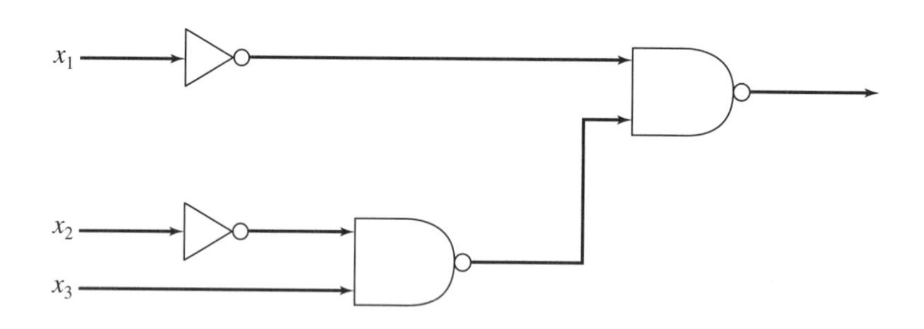

31. Usando apenas elementos NOU, construa circuitos que substituem (a) um inversor; (b) uma porta lógica OU; (c) uma porta lógica E.
32. Encontre um circuito equivalente ao do somador parcial que usa exatamente cinco portas lógicas NE. Desenhe o circuito.
33. Um termostato controla um sistema de refrigeração que deve diminuir a temperatura para 25 °C durante o expediente (entre as 7h e as 18h). Os valores de entrada são

$x_1 = 1$, quando a temperatura está acima de 25 °C
$x_1 = 0$, caso contrário
$x_2 = 1$, antes das 7h e depois das 18h
$x_2 = 0$, caso contrário

Encontre uma função booleana, uma expressão booleana e um circuito lógico para quando o sistema de refrigeração deve estar ligado (valor 1) ou desligado (valor 0).

34. O ônibus espacial é controlado por três computadores de bordo; os resultados em binário desses três computadores são comparados, e é necessário que a maioria dos computadores esteja de acordo para que determinadas ações sejam executadas. Encontre uma função booleana, uma expressão booleana e um circuito lógico que tem como saída a maioria dos três valores de entrada.

35. Você acabou de ser contratado pela Motores Mercenários. Seu trabalho é projetar um circuito lógico de modo que um carro hidramático só poderá ser ligado se a mudança estiver em neutro ou em estacionar e se o cinto de segurança do motorista estiver travado. Encontre uma função booleana, uma expressão booleana e um circuito lógico. (Existe um valor em que a função não precisa estar definida, já que o carro não pode estar, ao mesmo tempo, em neutro e em estacionar.)

36. A Motores Mercenários se expandiu, entrando no negócio de calculadoras. Você precisa projetar o circuito para a tela de uma nova calculadora. Esse projeto envolve um processo em duas etapas.
    a. Qualquer dígito 0, 1, ..., 9 colocado na calculadora é convertido, primeiro, em representação binária. A parte (a) da figura a seguir ilustra essa conversão, que envolve quatro circuitos separados, um para cada x_i, i variando de 1 a 4. Cada circuito tem 10 entradas, mas apenas 1 entrada pode estar ligada em um dado momento. Escreva uma expressão booleana e depois desenhe um circuito lógico para x_2.
    b. A representação binária do dígito é apresentada, então, em uma tela, ativando-se sete saídas, arrumadas como na parte (b) da figura. Para apresentar o dígito 3, por exemplo, y_1, y_2, y_3, y_5 e y_7 são ativados, como na parte (c) da figura. Dessa forma, a segunda etapa no processo pode ser representada pela parte (d) da figura, que envolve sete circuitos separados, um para cada y_j, j de 1 a 7, cada um com quatro entradas x_i, i de 1 a 4. Escreva uma função booleana, uma expressão booleana e um circuito para y_5 e para y_6.

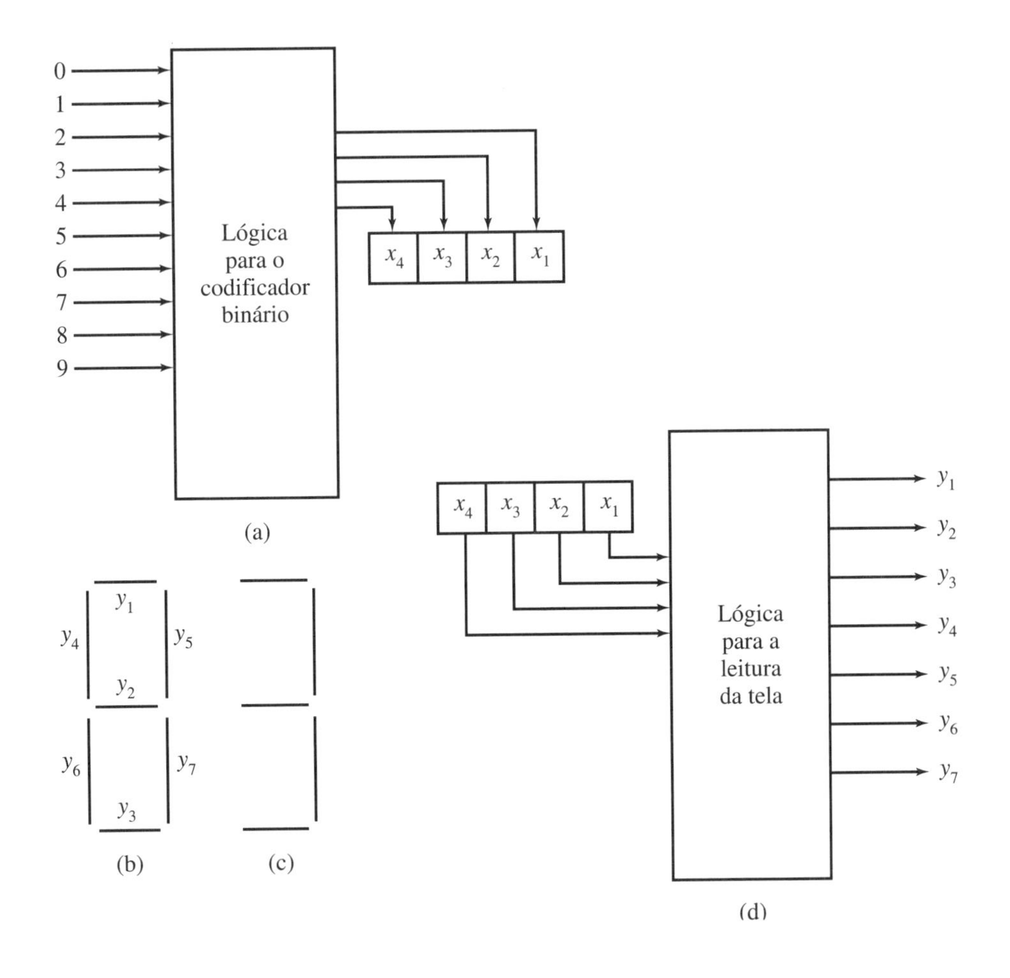

37. Um *multiplexador* é um circuito de controle com 2^n linhas de entrada (numeradas de 0 a $2^n - 1$), n linhas seletoras e exatamente uma linha de saída. O sinal na linha de saída deve ser igual ao sinal de uma das linhas de entrada; as linhas seletoras determinam qual das linhas de entrada será propagada para a linha de saída. Os sinais nas n linhas seletoras determinam um número binário com n bits, que pode variar de 0 até $2^n - 1$; logo, o valor numérico determinado pelas

linhas seletoras identifica exatamente uma linha de entrada. A unidade lógico-aritmética (ULA) de um processador computacional contém circuitos para diversas operações (soma, subtração, comparação e assim por diante) e, quando for necessário efetuar uma operação aritmética ou uma comparação, a ULA pode ativar todos esses circuitos. Um multiplexador então escolhe o resultado desejado.

a. Escreva uma função booleana para um multiplexador em que $n = 1$, ou seja, há 2 linhas de entrada, 1 linha seletora e, é claro, uma linha de saída.

b. Desenhe o circuito lógico (o mais simples possível).

38. Um *decodificador* é um circuito de controle com n linhas de entrada e 2^n linhas de saída (numeradas de 0 a $2^n - 1$). O padrão de n bits nas linhas de entrada representa um número binário entre 0 e $2^n - 1$. Um decodificador ativa a linha de saída com o número identificador correspondente colocando uma saída com valor 1 naquela linha e um valor 0 em todas as outras. Um decodificador em um computador pode, por exemplo, ler linhas de entrada que representam um endereço binário de memória e depois ativar a linha para aquela célula de memória para uma operação de leitura.

a. Escreva funções booleanas para um decodificador com $n = 2$, ou seja, com 2 linhas de entrada e $2^2 = 4$ linhas de saída (portanto, 4 funções booleanas).

b. Desenhe o circuito lógico que incorpora todas as quatro funções booleanas.

39. No início deste capítulo, você tinha sido

> ... contratado pela Ratos Somos Nós para construir os circuitos de controle para uma fábrica de produção de um novo composto químico anticancerígeno que está sendo testado em ratos. O circuito de controle tem que gerenciar a abertura e o fechamento de duas válvulas, A e B, após a saída do tonel de mistura. A válvula A é aberta sempre que a pressão no tonel excede 3,5 atm (atmosferas) e a salinidade da mistura excede 45 g/L (gramas por litro). A válvula B é aberta sempre que a válvula A está fechada, a temperatura excede 53 °C e a acidez está abaixo de pH 7 (valores mais baixos de pH indicam maior acidez).
>
> Quantas portas lógicas, e de que tipo, serão necessárias no circuito?

Responda essa pergunta encontrando a forma canônica como soma de produtos para os circuitos lógicos que controlam A e B.

SEÇÃO 8.3 MINIMIZAÇÃO

O Processo de Minimização

Lembre-se da Seção 8.2 que uma função booleana está associada a uma classe de equivalência de expressões booleanas. Se quisermos projetar um circuito lógico para a função, o ideal seria ter um procedimento que escolhesse a expressão booleana mais simples na classe. O que consideramos simples vai depender da tecnologia utilizada na construção do circuito, que espécie de elementos lógicos estão disponíveis e assim por diante. De qualquer jeito, provavelmente vamos querer minimizar o número total de conexões que precisam ser feitas e o número total de elementos lógicos. (Ao discutir processos de minimização, vamos manter em mente que outros fatores podem influenciar a questão econômica. Se o circuito deve ser construído apenas uma vez, o tempo gasto em minimização é maior do que a própria construção do circuito. Mas se o circuito vai ser produzido em massa, o custo do tempo gasto em minimização pode valer a pena.)

Já tivemos alguma experiência em simplificar expressões booleanas usando propriedades de álgebras de Boole. No entanto, não tínhamos nenhum procedimento para usar. Tínhamos que ir tentando, resolvendo cada problema individualmente. O que queremos agora é um procedimento mecânico que podemos usar sem termos que ser espertos ou engenhosos. Infelizmente, não vamos desenvolver o procedimento ideal. No entanto, já sabemos como selecionar a forma canônica como soma de produtos na classe de equivalência das expressões associadas a determinada função booleana. Nesta seção vamos discutir dois procedimentos para reduzir a forma canônica como soma de produtos a uma forma mínima como soma de produtos. Portanto, podemos minimizar dentro da estrutura de soma de produtos e reduzir, mesmo se não minimizar completamente, o número de elementos e conexões necessários.

EXEMPLO 19 A expressão booleana

$$x_1x_2x_3 + x_1'x_2x_3 + x_1'x_2x_3'$$

está como soma de produtos. Uma forma equivalente, como soma de produtos mínima, é

$$x_2x_3 + x_2x_1'$$

A implementação de um circuito nessa forma necessitaria de duas portas lógicas E, uma porta lógica OU e um inversor. Usando uma das leis distributivas de álgebras de Boole, essa expressão pode ser reduzida a

$$x_2(x_3 + x_1')$$

que necessita apenas de uma porta lógica E, uma porta lógica OU e um inversor, embora não esteja mais em forma de soma de produtos. Assim, a expressão mínima como soma de produtos pode não ser mínima em um sentido absoluto. ●

Existem duas equivalências extremamente úteis para se minimizar uma soma de produtos. Elas são

$$x_1x_2 + x_1'x_2 = x_2$$

e

$$x_1 + x_1'x_2 = x_1 + x_2$$

PROBLEMA PRÁTICO 15 Use as propriedades de álgebra de Boole para simplificar as seguintes expressões:

a. $x_1x_2 + x_1'x_2$ para x_2
b. $x_1 + x_1'x_2$ para $x_1 + x_2$ ■

A equivalência $x_1x_2 + x_1'x_2 = x_2$ significa, por exemplo, que a expressão $x_1'x_2x_3'x_4 + x_1'x_2'x_3'x_4$ pode ser reduzida a $x_1'x_3'x_4$. Dessa forma, quando tivermos uma soma de dois produtos que diferem em apenas um fator, podemos eliminar esse fator. No entanto, a forma canônica como soma de produtos de uma função booleana de quatro variáveis, por exemplo, pode ser muito longa e necessitar de uma extensa busca para se localizar dois termos que diferem apenas por um fator. Para nos ajudar nessa busca, podemos usar o *mapa de Karnaugh*. O mapa de Karnaugh é uma representação visual da função booleana de modo que termos que diferem por apenas um fator na forma canônica como soma de produtos possam ser encontrados rapidamente.

O Mapa de Karnaugh

Na forma canônica como soma de produtos de uma função booleana, estamos interessados em valores das variáveis de entrada que produzem saídas com valor 1. O mapa de Karnaugh grava os valores iguais a 1 de uma função em um arranjo retangular de modo que o produto de variáveis de entrada que diferem apenas por um fator seja adjacente. A Figura 8.20 mostra o arranjo para uma função com duas variáveis. Note que o quadrado correspondendo a x_1x_2, o quadrado no canto superior à esquerda, é adjacente aos quadrados $x_1'x_2$ e x_1x_2', que diferem de x_1x_2 por apenas um fator; no entanto, não é adjacente ao quadrado associado a $x_1'x_2'$, que difere de x_1x_2 por dois fatores.

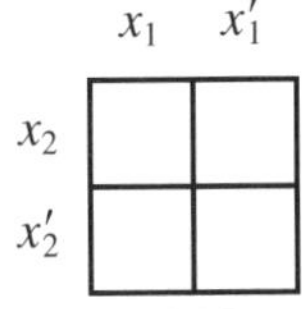

Figura 8.20

EXEMPLO 20 A função booleana da Tabela 8.10 é representada pelo mapa de Karnaugh da Figura 8.21. Podemos observar imediatamente os valores iguais a 1 em dois quadrados adjacentes, de modo que há dois termos na forma canônica como soma de produtos que diferem por apenas um fator; ainda pelo mapa, vemos que a variável que muda é x_1. Ela pode ser eliminada. Concluímos que a função pode ser representada por x_2. De fato, a forma canônica como soma de produtos da função é $x_1x_2 + x_1'x_2$, que, pela nossa regra básica de simplificação, pode ser reduzida a x_2. No entanto, não tivemos que escrever a forma canônica — tivemos apenas que olhar o mapa.

TABELA 8.10

x_1	x_2	$f(x_1, x_2)$
1	1	1
1	0	0
0	1	1
0	0	0

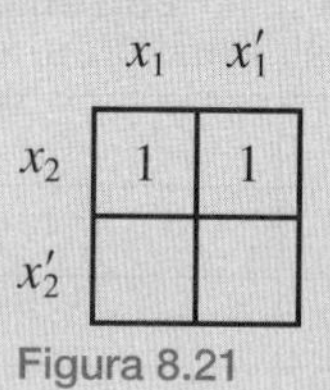

Figura 8.21

PROBLEMA PRÁTICO 16 Desenhe o mapa de Karnaugh e use-o para encontrar uma expressão reduzida para a função na Tabela 8.11.

TABELA 8.11

x_1	x_2	$f(x_1, x_2)$
1	1	0
1	0	0
0	1	1
0	0	1

Mapas para Três e Quatro Variáveis

Os arranjos retangulares para as funções de três e quatro variáveis estão ilustrados na Figura 8.22. Nesses arranjos, quadrados adjacentes também diferem por apenas uma variável. No entanto, na Figura 8.22a, os quadrados na extrema esquerda e na extrema direita de uma linha também diferem por apenas uma variável, de modo que os consideramos adjacentes. (Eles seriam, de fato, adjacentes se enrolássemos o mapa em um cilindro e colássemos essas extremidades.) Na Figura 8.22b, os quadrados na extrema esquerda e na extrema direita de uma linha são adjacentes (diferem por exatamente uma variável), e os quadrados mais alto e mais baixo em uma coluna também são adjacentes.

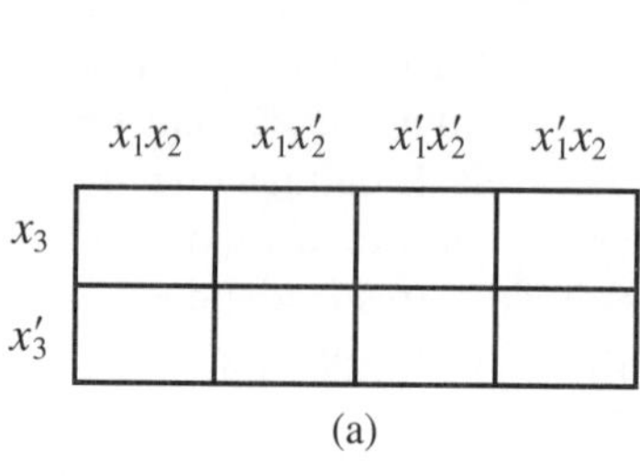

(a)

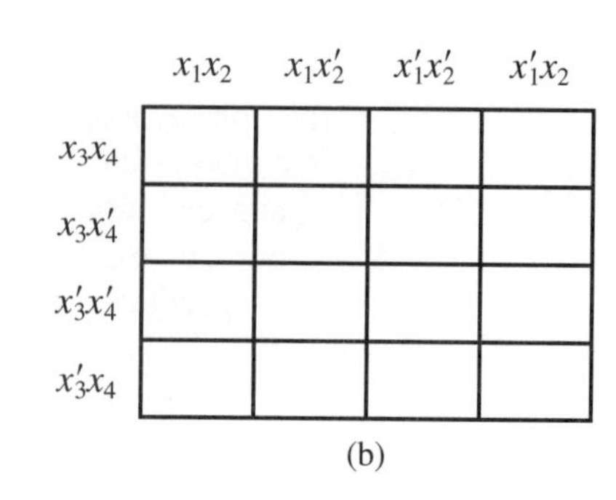

(b)

Figura 8.22

LEMBRETE

É crucial que se nomeiem os quadrados em um mapa de Karnaugh de modo que quadrados adjacentes difiram apenas por uma variável.

Em mapas com três variáveis, quando dois quadrados adjacentes contêm 1, uma das variáveis pode ser eliminada; quando quatro quadrados adjacentes contêm 1 (em uma única linha ou em um quadrado), duas das variáveis podem ser eliminadas.

As marcações das variáveis para duas, três e quatro variáveis podem ser feitas de diversas maneiras, mas têm que ser feitas de modo que quadrados adjacentes difiram por apenas uma variável. Provavelmente é melhor memorizar o esquema usado aqui.

EXEMPLO 21

No mapa da Figura 8.23, os quadrados que se combinam para uma simplificação são mostrados como um bloco. Esses quatro quadrados adjacentes reduzem a expressão a x_3 (eliminam as variáveis x_1 e x_2). Essa redução usa nossa regra básica de simplificação mais de uma vez:

$$\begin{aligned} x_1x_2x_3 + x_1x_2'x_3 + x_1'x_2'x_3 + x_1'x_2x_3 &= x_1x_3(x_2 + x_2') + x_1'x_3(x_2' + x_2) \\ &= x_1x_3 + x_1'x_3 \\ &= x_3(x_1 + x_1') \\ &= x_3 \end{aligned}$$

Mas, novamente, não há necessidade de usar esse processo, basta olhar o mapa de Karnaugh na Figura 8.23.

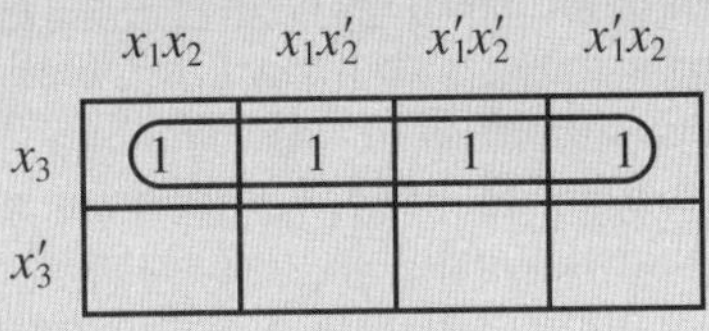

Figura 8.23

Em mapas com quatro variáveis, quando dois quadrados adjacentes contêm 1, uma das variáveis pode ser eliminada; quando quatro quadrados adjacentes contêm 1, duas das variáveis podem ser eliminadas; quando oito quadrados adjacentes contêm 1, três das variáveis podem ser eliminadas.

A Figura 8.24 ilustra alguns exemplos com dois quadrados adjacentes contendo 1. A Figura 8.25 mostra alguns exemplos com quatro quadrados adjacentes contendo 1, e a Figura 8.26 mostra exemplos com oito quadrados adjacentes.

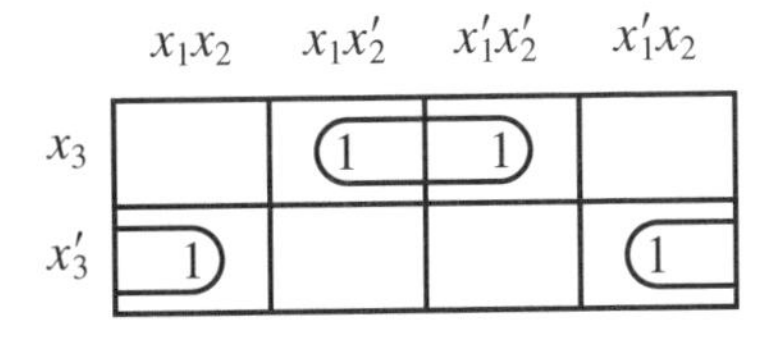

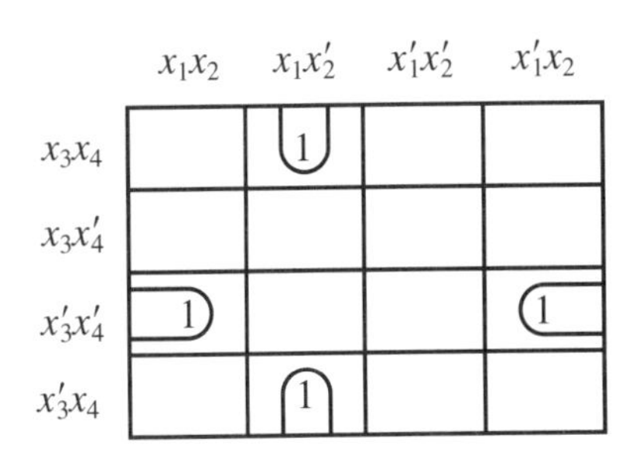

Figura 8.24

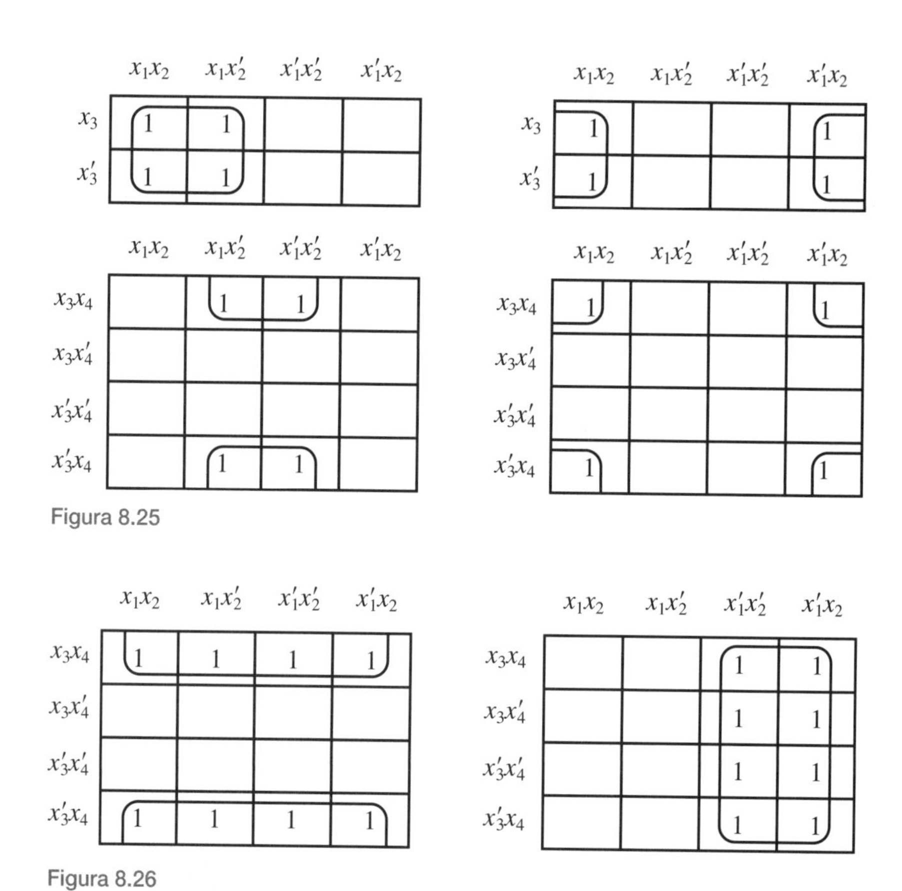

Figura 8.25

Figura 8.26

EXEMPLO 22 No mapa da Figura 8.27, os quatro cantos externos reduzem a x_2x_4 e o quadrado grande interno simplifica para $x_2'x_4'$.

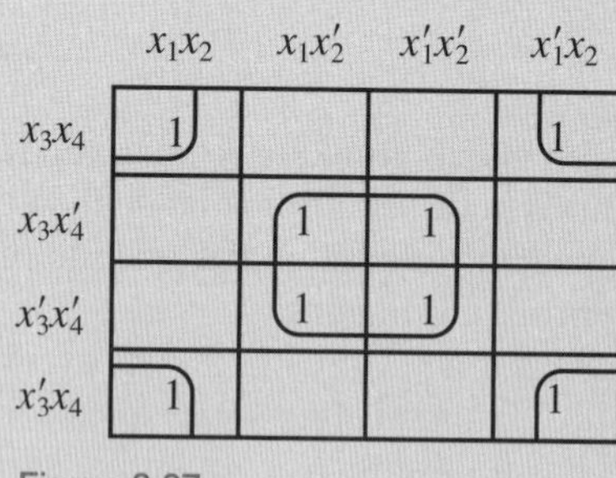

Figura 8.27

PROBLEMA PRÁTICO 17 Encontre os dois termos representados pelo mapa na Figura 8.28.

	x_1x_2	x_1x_2'	$x_1'x_2'$	$x_1'x_2$
x_3x_4	1	1		
x_3x_4'	1	1		
$x_3'x_4'$				1
$x_3'x_4$				1

Figura 8.28

Usando o Mapa de Karnaugh

Como encontrar uma expressão mínima em forma de soma de produtos a partir de um mapa de Karnaugh (ou de uma função booleana, ou de uma forma canônica como soma de produtos)? Precisamos usar todos os quadrados contendo 1 no mapa, e gostaríamos de incluir todos eles na maior combinação possível de quadrados contendo 1, já que, assim procedendo, reduziremos ao máximo a expressão. Entretanto, não podemos começar simplesmente procurando os maiores blocos de quadrados contendo 1 no mapa.

EXEMPLO 23 No mapa de Karnaugh da Figura 8.29, se simplesmente procurássemos o maior bloco de quadrados marcados, usaríamos a coluna com todos os quadrados contendo 1 e a reduziríamos a $x_1'x_2'$. No entanto, teríamos ainda quatro quadrados contendo 1 que não poderíamos simplificar. Esses quadrados podem ser combinados em blocos de dois de apenas um modo (veja a Figura 8.30), e cada um desses blocos tem que ser incluído. Mas quando isso é feito, todos os quadrados na coluna contendo os 1 são utilizados, e a parcela $x_1'x_2'$ torna-se supérflua. A forma mínima como soma de produtos para esse mapa fica

$$x_2'x_3x_4 + x_1'x_3x_4' + x_2'x_3'x_4' + x_1'x_3'x_4$$

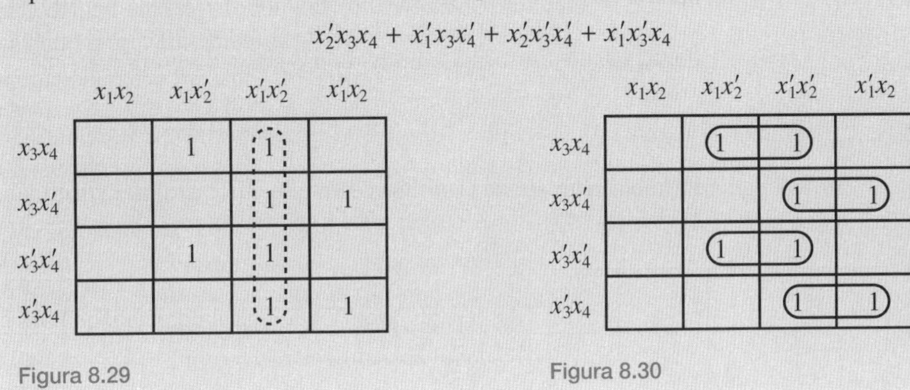

Figura 8.29 Figura 8.30

Para evitar a redundância ilustrada pelo Exemplo 23, vamos analisar o mapa da seguinte maneira. Primeiro, formamos as parcelas correspondentes aos quadrados contendo 1 que não podem ser combinados com nenhuma outra. Depois, usamos os quadrados restantes contendo 1 para encontrar os que podem ser combinados apenas em blocos de dois quadrados e de apenas um modo. Então, entre os quadrados ainda não usados que contêm 1 — ou seja, os que ainda não estão atribuídos a um bloco — procuramos os que podem ser combinados de um único modo e apenas em blocos de quatro; depois procuramos os que podem ser combinados de maneira única em blocos de oito. Em cada passo, se um quadrado ainda não utilizado contendo 1 pode ser associado a mais de um bloco, não fazemos nada com ele. Finalmente, usamos qualquer quadrado contendo 1 que ainda não foi usado (para os quais podíamos escolher blocos) e selecionamos os blocos que os incluam da maneira mais eficiente.

A Tabela 8.12 mostra os passos envolvidos. Observe, no entanto, que esse procedimento para se manipular mapas de Karnaugh não é, precisamente, um algoritmo, já que nem sempre produz o resultado correto. Se o mapa contiver muitos 1, permitindo, portanto, a construção de blocos diferentes, mesmo esse procedimento pode não conduzir à forma mínima (veja o Exemplo 28).

TABELA 8.12
Passos na Utilização de Mapas de Karnaugh
1. Desenhe o reticulado, usando corretamente a nomenclatura para o número de variáveis booleanas.
2. Coloque os uns (1s) na tabela para as parcelas na forma canônica como soma de produtos.
3. Forme a parcela correspondente aos quadrados isolados que contêm 1.

(Continua)

TABELA 8.12 (continuação)
4. Combine os quadrados que só podem ser associados de um único modo em blocos de dois quadrados, se possível.
5. Combine os quadrados que só podem ser associados de um único modo em blocos de quatro quadrados, se possível.
6. Combine os quadrados que só podem ser associados de um único modo em blocos de oito quadrados, se possível.
7. Combine os quadrados restantes contendo 1 em blocos da maneira mais eficiente possível.

EXEMPLO 24

Indicamos na Figura 8.31a o único quadrado que não pode ser combinado em um bloco maior. Na Figura 8.31b, formamos o único bloco de dois quadrados para o quadrado $x_1x_2'x_3'$ e o único bloco de dois para o quadrado $x_1'x_2'x_3$. Todos os quadrados marcados foram usados. A forma mínima como soma de produtos é

$$x_1x_2x_3 + x_2'x_3' + x_1'x_2'$$

Formalmente, as duas últimas parcelas são obtidas expandindo-se $x_1'x_2'x_3'$ em $x_1'x_2'x_3' + x_1'x_2'x_3'$ e depois combinando cada uma dessas parcelas com seu vizinho.

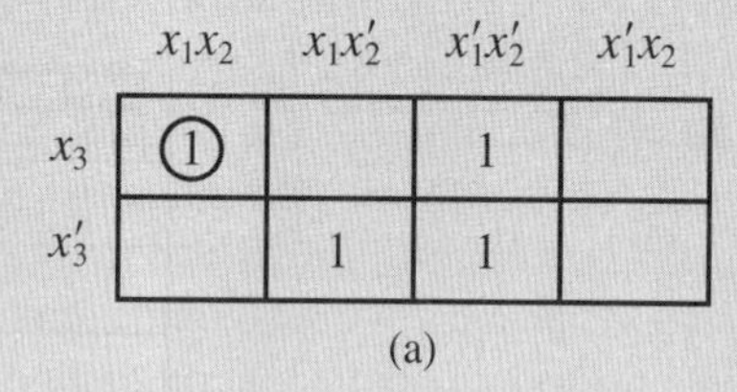

Figura 8.31

EXEMPLO 25

A Figura 8.32a mostra os únicos blocos de dois quadrados que podem ser formados com os quadrados $x_1'x_2'x_3x_4$ e $x_1x_2'x_3'x_4'$. Os dois quadrados ainda não usados foram combinados, na Figura 8.32b, para formar um único bloco com quatro quadrados. A expressão mínima como soma de produtos é

$$x_1x_3 + x_2'x_3x_4 + x_1x_2'x_4'$$

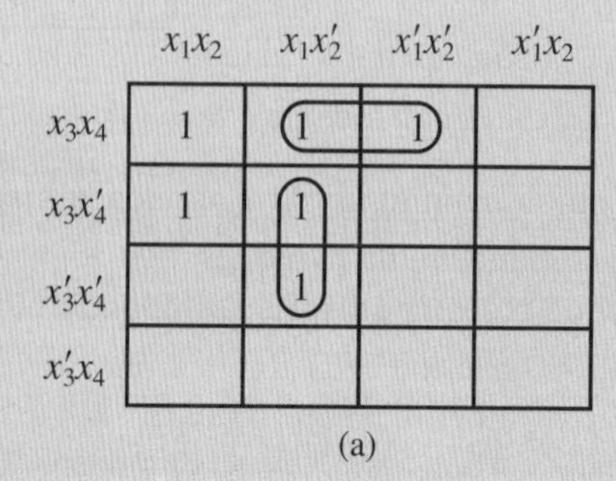

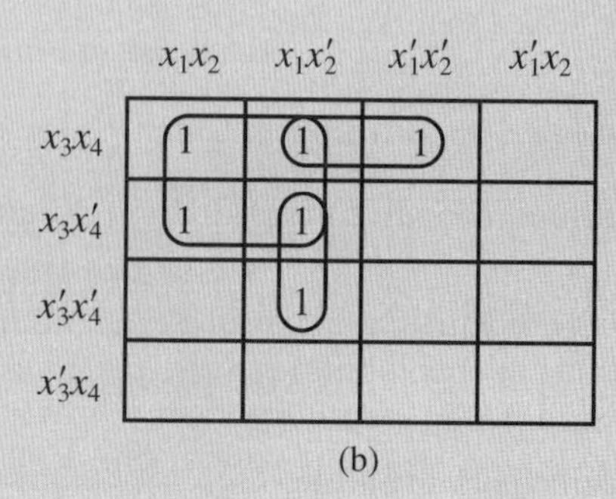

Figura 8.32

EXEMPLO 26 A Figura 8.33a mostra o único bloco com dois quadrados. Podemos combinar os quadrados restantes marcados ainda não usados em dois blocos diferentes de dois quadrados; esses blocos estão ilustrados na Figura 8.33b. Existem duas formas como soma de produtos mínimas,

$$x_1x_2'x_4' + x_1'x_2x_3 + x_2'x_3x_4'$$

e

$$x_1x_2'x_4' + x_1'x_2x_3 + x_1'x_3x_4'$$

Qualquer uma das duas pode ser usada, já que elas são igualmente eficientes.

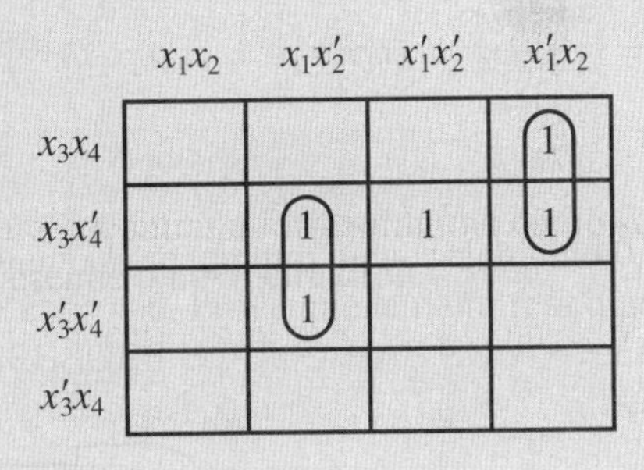

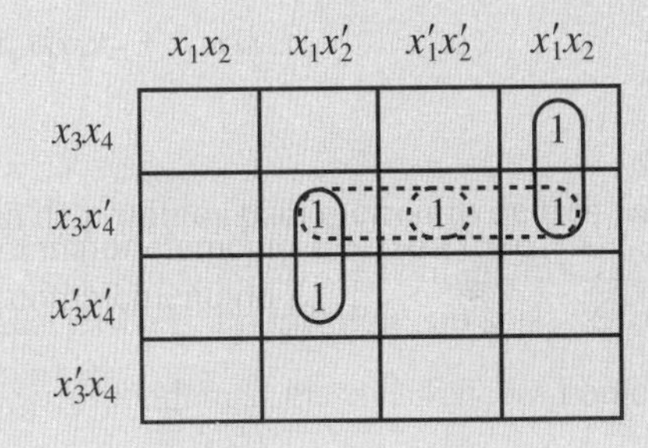

Figura 8.33

EXEMPLO 27 A Figura 8.34a mostra os únicos blocos de dois e de quatro quadrados que podem ser formados. Os dois quadrados restantes contendo 1 podem ser combinados em blocos de dois quadrados de duas maneiras diferentes, como ilustrado em (b) e (c). Colocar esses dois quadrados juntos em um bloco de dois quadrados é mais eficiente, já que produz uma forma como soma de produtos com três termos em vez de quatro. A forma mínima como soma de produtos é

$$x_1x_3 + x_1'x_2x_3' + x_2'x_3'x_4'$$

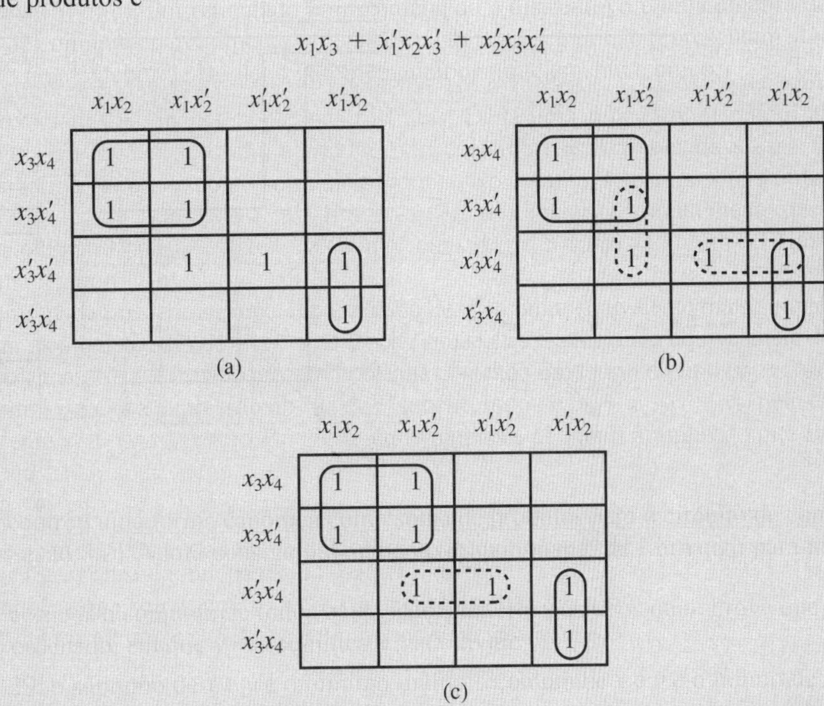

Figura 8.34

EXEMPLO 28 Considere o mapa da Figura 8.35a. Aqui, os dois únicos blocos de quatro determinados pelos quadrados marcados com * foram escolhidos. Os quadrados restantes contendo 1, para os quais havia uma escolha de blocos, estão combinados em blocos da maneira mais eficiente possível na Figura 8.35b. A forma como soma de produtos resultante é

$$x_1x_3 + x_1'x_3' + x_3x_4 + x_1'x_2 + x_1x_2'x_4'$$

Por outro lado, a escolha de um bloco diferente com quatro quadrados em cima, ilustrado na Figura 8.35c, leva a uma forma como soma de produtos mais simples,

$$x_2x_3 + x_1'x_3' + x_3x_4 + x_1x_2'x_4'$$

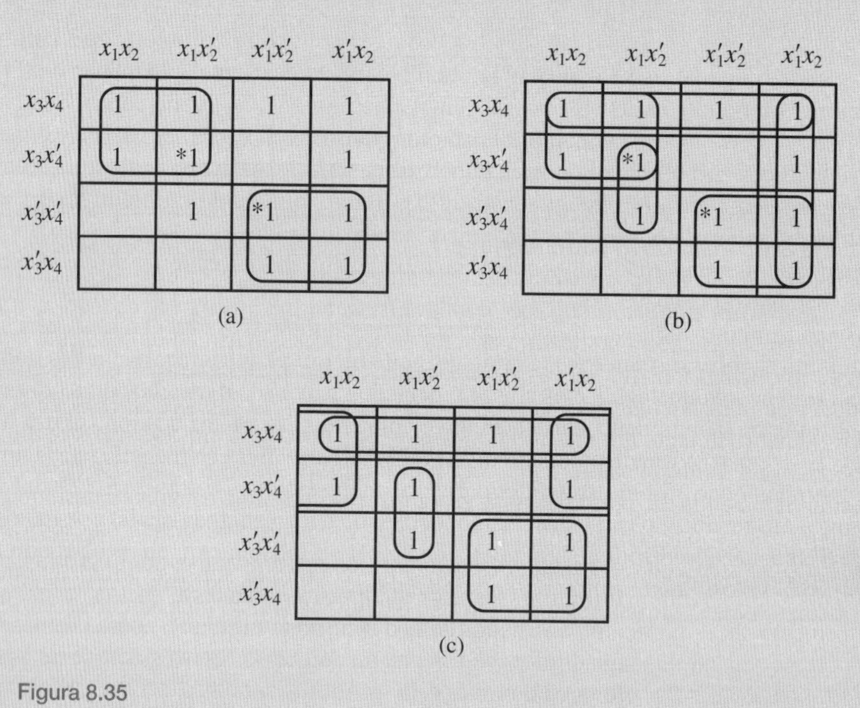

Figura 8.35

PROBLEMA PRÁTICO 18 Escreva a expressão mínima em forma de soma de produtos para o mapa ilustrado na Figura 8.36.

	x_1x_2	x_1x_2'	$x_1'x_2'$	$x_1'x_2$
x_3x_4		1		
x_3x_4'				
$x_3'x_4'$		1	1	
$x_3'x_4$	1	1	1	

Figura 8.36

Se o mapa de Karnaugh corresponder a uma função que pode assumir valores arbitrários em determinadas variáveis, os quadrados correspondentes no mapa poderão ser deixados em branco ou poderão ter o valor 1, o que for melhor para o processo de minimização.

Usamos o mapa de Karnaugh para funções com duas, três ou quatro variáveis. Usando desenhos tridimensionais ou sobrepondo transparências, podemos construir mapas de Karnaugh para funções de cinco, seis ou até mais variáveis, mas a visualização torna-se muito complicada para valer a pena. O procedimento a seguir funciona para qualquer número de variáveis.

Procedimento de Quine-McCluskey

Lembre-se de que o ponto-chave na simplificação de uma forma canônica como soma de produtos de uma função booleana é o reconhecimento de parcelas que diferem por apenas um fator. No mapa de Karnaugh, vemos onde ocorrem tais parcelas. Um segundo método de redução, conhecido como *procedimento de Quine-McCluskey*, organiza a informação contida em uma forma canônica como soma de produtos em forma de tabela para simplificar a busca por termos que diferem por apenas um fator.

O procedimento é um processo em duas etapas, semelhante à utilização de mapas de Karnaugh. Primeiro encontramos agrupamentos de parcelas (da mesma forma que combinamos quadrados no mapa de Karnaugh); depois eliminamos agrupamentos redundantes e fazemos escolhas para as parcelas que podem pertencer a diversos grupos.

EXEMPLO 29 Vamos ilustrar o procedimento de Quine-McCluskey usando a função booleana do Exemplo 23. Não escrevemos a tabela para a função booleana naquele exemplo, mas a informação está contida no mapa de Karnaugh. A Tabela 8.13 mostra a função booleana. As oito quádruplas formadas por 0 e 1 que produzem um valor 1 estão listadas na Tabela 8.14, que está separada em quatro grupos, conforme o número de valores das variáveis iguais a 1. Note que as parcelas que diferem por apenas um fator na forma canônica como soma de produtos têm que pertencer a grupos adjacentes, o que simplifica a busca por tais parcelas.

TABELA 8.13

x_1	x_2	x_3	x_4	$f(x_1, x_2, x_3, x_4)$
1	1	1	1	0
1	1	1	0	0
1	1	0	1	0
1	1	0	0	0
1	0	1	1	1
1	0	1	0	0
1	0	0	1	0
1	0	0	0	1
0	1	1	1	0
0	1	1	0	1
0	1	0	1	1
0	1	0	0	0
0	0	1	1	1
0	0	1	0	1
0	0	0	1	1
0	0	0	0	1

TABELA 8.14

Número de uns (1s)	x_1	x_2	x_3	x_4
Três	1	0	1	1
Dois	0	1	1	0
	0	1	0	1
	0	0	1	1
Um	1	0	0	0
	0	0	1	0
	0	0	0	1
Nenhum	0	0	0	0

Comparamos a primeira parcela, 1011, com cada uma das três parcelas no segundo grupo, 0110, 0101 e 0011, para localizar parcelas que diferem por apenas um fator. Uma dessas parcelas é 0011. A combinação de 1011 e 0011 simplifica para −011, com a eliminação da variável x_1. Escreveremos essa forma reduzida colocando um hífen na posição x_1 na primeira linha de uma nova tabela. A nova tabela é a Tabela 8.15b, onde acabamos de ver como obtivemos a primeira linha. Escrevemos a Tabela 8.14 original como Tabela 8.15a, mas marcamos aí as duas parcelas 1011 e 0011 com um índice 1. Esse índice é um ponteiro que indica o número da linha, na Tabela 8.15b, onde está a parcela simplificada correspondente a essas duas parcelas (a numeração das parcelas corresponde aos laços nos mapas de Karnaugh).

TABELA 8.15

Número de uns (1s)	x_1	x_2	x_3	x_4	
Três	1	0	1	1	1
Dois	0	1	1	0	2
	0	1	0	1	3
	0	0	1	1	1, 4, 5
Um	1	0	0	0	6
	0	0	1	0	2, 4, 7
	0	0	0	1	3, 5, 8
Nenhum	0	0	0	0	6, 7, 8

(a)

Número de uns (1s)	x_1	x_2	x_3	x_4
Dois	–	0	1	1
Um	0	–	1	0
	0	–	0	1
	0	0	1	–
	0	0	–	1
Nenhum	–	0	0	0
	0	0	–	0
	0	0	0	–

(b)

Continuamos esse processo com todas as parcelas contidas na Tabela 8.15a. Uma parcela numerada ainda pode ser usada em outros agrupamentos, da mesma forma que um quadrado contendo 1 em um mapa de Karnaugh pode estar em mais de um laço. Quando terminamos, o resultado é a Tabela 8.15b completa, com as parcelas arrumadas, novamente, pelo número de uns (1s).

Vamos construir, agora, outra tabela processando as parcelas na Tabela 8.15b. Aqui, além dos agrupamentos, os hifens também ajudam a organizar o processo de busca, pois parcelas que diferem por apenas uma variável têm que ter hifens no mesmo local. As Tabelas 8.16a e 8.16b são iguais às Tabelas 8.15a e 8.15b, e a Tabela 8.16c é a nova tabela. Mais

TABELA 8.16

Número de uns (1s)	x_1	x_2	x_3	x_4	
Três	1	0	1	1	1
Dois	0	1	1	0	2
	0	1	0	1	3
	0	0	1	1	1, 4, 5
Um	1	0	0	0	6
	0	0	1	0	2, 4, 7
	0	0	0	1	3, 5, 8
Nenhum	0	0	0	0	6, 7, 8

(a)

Número de uns (1s)	x_1	x_2	x_3	x_4	
Dois	–	0	1	1	
Um	0	–	1	0	
	0	–	0	1	
	0	0	1	–	1
	0	0	–	1	1
Nenhum	–	0	0	0	
	0	0	–	0	1
	0	0	0	–	1

(b)

Número de uns (1s)	x_1	x_2	x_3	x_4
Nenhum	0	0	–	–

(c)

uma vez, os índices na Tabela 8.16b colocados em parcelas que serão combinadas funcionam como ponteiros que indicam as parcelas simplificadas correspondentes na Tabela 8.16c. Após processar todas as parcelas na Tabela 8.16b, o processo de redução não pode continuar. As parcelas sem índices são todas irredutíveis, de modo que representam os laços de maior tamanho possível em um mapa de Karnaugh.

Para a segunda etapa do processo, comparamos as parcelas originais com as irredutíveis. Formamos uma tabela com as parcelas originais indicando as colunas e as parcelas irredutíveis (as parcelas sem índices na tabela simplificada que acabamos de construir) indicando as linhas. Uma marca na tabela de comparação (Tabela 8.17) indica que a parcela original contribuiu para a parcela irredutível na linha correspondente, o que pode ser determinado seguindo-se os ponteiros.

TABELA 8.17

	1011	0110	0101	0011	1000	0010	0001	0000
–011	✓			✓				
0–10		✓				✓		
0–01			✓				✓	
–000					✓			✓
00––				✓		✓	✓	✓

Se uma coluna na tabela de comparação tem uma marca em apenas uma linha, a parcela irredutível correspondente é a única que contém a parcela original, de modo que é uma parcela essencial e tem que aparecer na forma final como soma de produtos. Assim, vemos da Tabela 8.17 que as parcelas −011, 0−10, 0−01 e −000 são essenciais e têm que aparecer na expressão final. Observamos, também, que todas as colunas com uma marca na linha 5 também têm marcas em outras linhas, logo estão representadas por alguma parcela irredutível essencial já contida na expressão final. Portanto, 00−− é redundante. Como no Exemplo 23, a forma mínima como soma de produtos é

$$x_2'x_3x_4 + x_1'x_3x_4' + x_1'x_3'x_4 + x_2'x_3'x_4'$$ ●

Em situações em que existe mais de uma forma mínima como soma de produtos, a tabela de comparação conterá parcelas reduzidas que não são nem essenciais nem redundantes. É preciso escolher as parcelas que representam todas as colunas ainda não representadas pelas parcelas essenciais.

EXEMPLO 30 Usaremos o procedimento de Quine-McCluskey no problema apresentado no Exemplo 26. As tabelas de redução são apresentadas na Tabela 8.18, e a tabela de comparação é a Tabela 8.19.

TABELA 8.18

Número de uns (1s)	x_1	x_2	x_3	x_4	
Três	0	1	1	1	1
Dois	1	0	1	0	2, 3
	0	1	1	0	1, 4
Um	0	0	1	0	2, 4
	1	0	0	0	3

(a)

Número de uns (1s)	x_1	x_2	x_3	x_4
Dois	0	1	1	–
Um	–	0	1	0
	1	0	–	0
	0	–	1	0

(b)

TABELA 8.19					
	0111	1010	0110	0010	1000
011–	✓		✓		
–010		✓		✓	
10–0		✓			✓
0–10			✓	✓	

Vemos da tabela de comparação que 011– e 10–0 são parcelas reduzidas essenciais e que não existem parcelas redundantes. A única parcela original não coberta pelas parcelas essenciais é 0010, coluna 4, e podemos escolher a parcela correspondente pela linha 2 ou pela linha 4. Portanto, como anteriormente, a forma mínima como soma de produtos é

$$x_1'x_2x_3 + x_1x_2'x_4' + x_2'x_3x_4'$$

ou

$$x_1'x_2x_3 + x_1x_2'x_4' + x_1'x_3x_4'$$

PROBLEMA PRÁTICO 19 Use o procedimento de Quine-McCluskey para encontrar a forma mínima como soma de produtos para a função booleana da Tabela 8.20.

TABELA 8.20			
x_1	x_2	x_3	$f(x_1, x_2, x_3)$
1	1	1	1
1	1	0	1
1	0	1	0
1	0	0	1
0	1	1	0
0	1	0	0
0	0	1	1
0	0	0	1

O procedimento de Quine-McCluskey pode ser aplicado a funções booleanas com qualquer número de variáveis de entrada, mas, para um número grande de variáveis, o procedimento é extremamente tedioso para se fazer manualmente. No entanto, é exatamente o tipo de processo mecânico sistemático adequado a uma solução computacional. Por outro lado, os mapas de Karnaugh usam a habilidade humana para reconhecer rapidamente padrões visuais.

Se a função booleana *f* tem poucos valores iguais a 0 e muitos valores iguais a 1, pode ser mais simples implementar o procedimento de Quine-McCluskey para o complementar da função, f', que tem valores iguais a 1, em que *f* tem valores 0 e vice-versa. Uma vez obtida uma forma mínima como soma de produtos para f', ela pode ser complementada para se obter uma expressão para f, embora a nova expressão não seja na forma de soma de produtos. (De fato, pelas leis de De Morgan, ela será equivalente a uma forma como produto de somas.) Podemos obter o circuito para f do circuito obtido da forma como soma de produtos para f' colocando um inversor no final.

O objetivo em minimizar um circuito é simplificar a configuração interna preservando, ao mesmo tempo, o comportamento externo. Tentaremos, no Capítulo 9, o mesmo tipo de minimização em estruturas de máquinas de estado finito.

SEÇÃO 8.3 REVISÃO

TÉCNICAS

- Minimizar a forma canônica como soma de produtos de uma função booleana usando um mapa de Karnaugh.
- Minimizar a forma canônica como soma de produtos de uma função booleana usando o procedimento de Quine-McCluskey.

IDEIA PRINCIPAL

- Existem algoritmos para reduzir a forma canônica como soma de produtos a uma forma mínima como soma de produtos.

EXERCÍCIOS 8.3

Nos Exercícios 1 a 5, escreva a forma mínima como soma de produtos para os mapas de Karnaugh dados.

1.

	x_1x_2	x_1x_2'	$x_1'x_2'$	$x_1'x_2$
x_3			1	1
x_3'	1	1		1

2.

	x_1x_2	x_1x_2'	$x_1'x_2'$	$x_1'x_2$
x_3	1			1
x_3'		1		

3.

	x_1x_2	x_1x_2'	$x_1'x_2'$	$x_1'x_2$
x_3	1	1	1	1
x_3'	1			1

4.

	x_1x_2	x_1x_2'	$x_1'x_2'$	$x_1'x_2$
x_3				
x_3'	1		1	1

5.

	x_1x_2	x_1x_2'	$x_1'x_2'$	$x_1'x_2$
x_3x_4		1		
x_3x_4'		1	1	1
$x_3'x_4'$	1	1	1	
$x_3'x_4$		1		

6.

	x_1x_2	x_1x_2'	$x_1'x_2'$	$x_1'x_2$
x_3x_4				
x_3x_4'	1	1		1
$x_3'x_4'$	1			1
$x_3'x_4$				

7.

	x_1x_2	x_1x_2'	$x_1'x_2'$	$x_1'x_2$
x_3x_4		1		
x_3x_4'		1	1	1
$x_3'x_4'$				
$x_3'x_4$		1		

8.

	x_1x_2	x_1x_2'	$x_1'x_2'$	$x_1'x_2$
x_3x_4				1
x_3x_4'	1	1		
$x_3'x_4'$		1	1	
$x_3'x_4$			1	

Nos Exercícios 9 e 10, use um mapa de Karnaugh para encontrar a forma mínima como soma de produtos para a função booleana dada.

9.

x_1	x_2	x_3	$f(x_1, x_2, x_3)$
1	1	1	1
1	1	0	1
1	0	1	0
1	0	0	0
0	1	1	1
0	1	0	0
0	0	1	0
0	0	0	0

10.

x_1	x_2	x_3	x_4	$f(x_1, x_2, x_3, x_4)$
1	1	1	1	1
1	1	1	0	1
1	1	0	1	1
1	1	0	0	1
1	0	1	1	0
1	0	1	0	1
1	0	0	1	0
1	0	0	0	1
0	1	1	1	1
0	1	1	0	1
0	1	0	1	1
0	1	0	0	1
0	0	1	1	0
0	0	1	0	0
0	0	0	1	0
0	0	0	0	0

11. Use um mapa de Karnaugh para encontrar a forma mínima como soma de produtos para a função booleana do Exercício 17 na Seção 8.2.

12. Use um mapa de Karnaugh para encontrar a forma mínima como soma de produtos para a função booleana do Exercício 18 na Seção 8.2.

13. a. Use um mapa de Karnaugh para encontrar a forma mínima como soma de produtos para a função booleana do Exercício 19 na Seção 8.2.
    b. Desenhe o circuito lógico para a expressão reduzida do item (a).
14. a. Use um mapa de Karnaugh para encontrar a forma mínima como soma de produtos para a função booleana do Exercício 20 na Seção 8.2.
    b. Desenhe o circuito lógico para a expressão reduzida do item (a).
15. Use um mapa de Karnaugh para encontrar a forma mínima como soma de produtos para a expressão booleana a seguir.

$$x_1'x_2'x_3x_4 + x_1x_2x_3'x_4 + x_1'x_2'x_3'x_4 + x_1x_2'x_3x_4' + x_1'x_2x_3x_4 + x_1'x_2x_3'x_4 + x_1'x_2'x_3x_4'$$

16. Use um mapa de Karnaugh para encontrar a forma mínima como soma de produtos para a expressão booleana a seguir.

$$x_1'x_2'x_3'x_4' + x_1x_2x_3'x_4 + x_1'x_2'x_3'x_4 + x_1x_2x_3'x_4' + x_1'x_2x_3x_4 + x_1x_2'x_3'x_4'$$

17. Use um mapa de Karnaugh para encontrar a forma mínima como soma de produtos para o circuito de três variáveis ilustrado na figura a seguir. Desenhe o novo circuito.

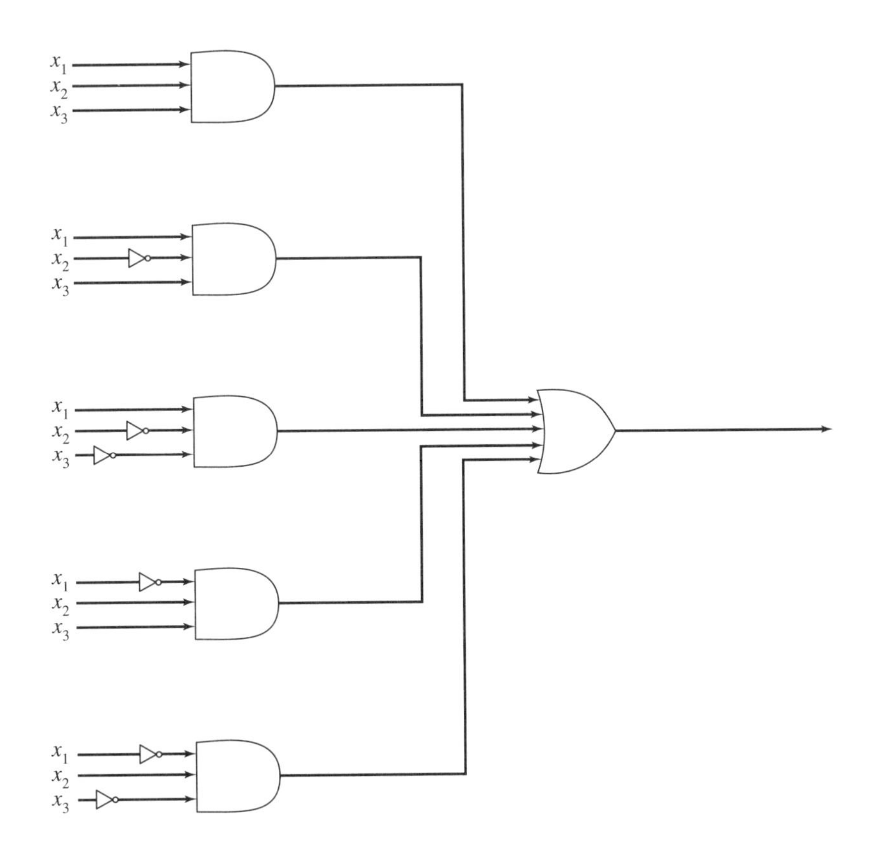

18. Na Ratos Somos Nós, você encontrou uma forma canônica como soma de produtos para o circuito de controle das válvulas A e B (Exercício 39, Seção 8.2). Agora consiga um aumento usando mapas de Karnaugh para minimizar essas expressões.

19. Use um mapa de Karnaugh para encontrar a forma mínima como soma de produtos para a função booleana dada pela tabela a seguir. Os valores das variáveis para os quais a função não precisa estar definida estão marcados com hifens.

x_1	x_2	x_3	x_4	$f(x_1, x_2, x_3, x_4)$
1	1	1	1	0
1	1	1	0	1
1	1	0	1	0
1	1	0	0	–
1	0	1	1	0
1	0	1	0	–
1	0	0	1	0
1	0	0	0	0
0	1	1	1	0
0	1	1	0	1
0	1	0	1	0
0	1	0	0	1
0	0	1	1	1
0	0	1	0	0
0	0	0	1	–
0	0	0	0	0

20. Use um mapa de Karnaugh para encontrar a forma mínima como soma de produtos para a função booleana dada pela tabela a seguir. Os valores das variáveis para os quais a função não precisa estar definida estão marcados com hifens.

x_1	x_2	x_3	x_4	$f(x_1, x_2, x_3, x_4)$
1	1	1	1	0
1	1	1	0	1
1	1	0	1	0
1	1	0	0	–
1	0	1	1	–
1	0	1	0	0
1	0	0	1	0
1	0	0	0	0
0	1	1	1	1
0	1	1	0	0
0	1	0	1	1
0	1	0	0	0
0	0	1	1	1
0	0	1	0	0
0	0	0	1	–
0	0	0	0	0

21. Use o procedimento de Quine-McCluskey para encontrar uma forma mínima como soma de produtos para a função booleana dada pelo mapa para o Exercício 3.

22. Use o procedimento de Quine-McCluskey para encontrar uma forma mínima como soma de produtos para o circuito na figura a seguir. Desenhe o novo circuito.

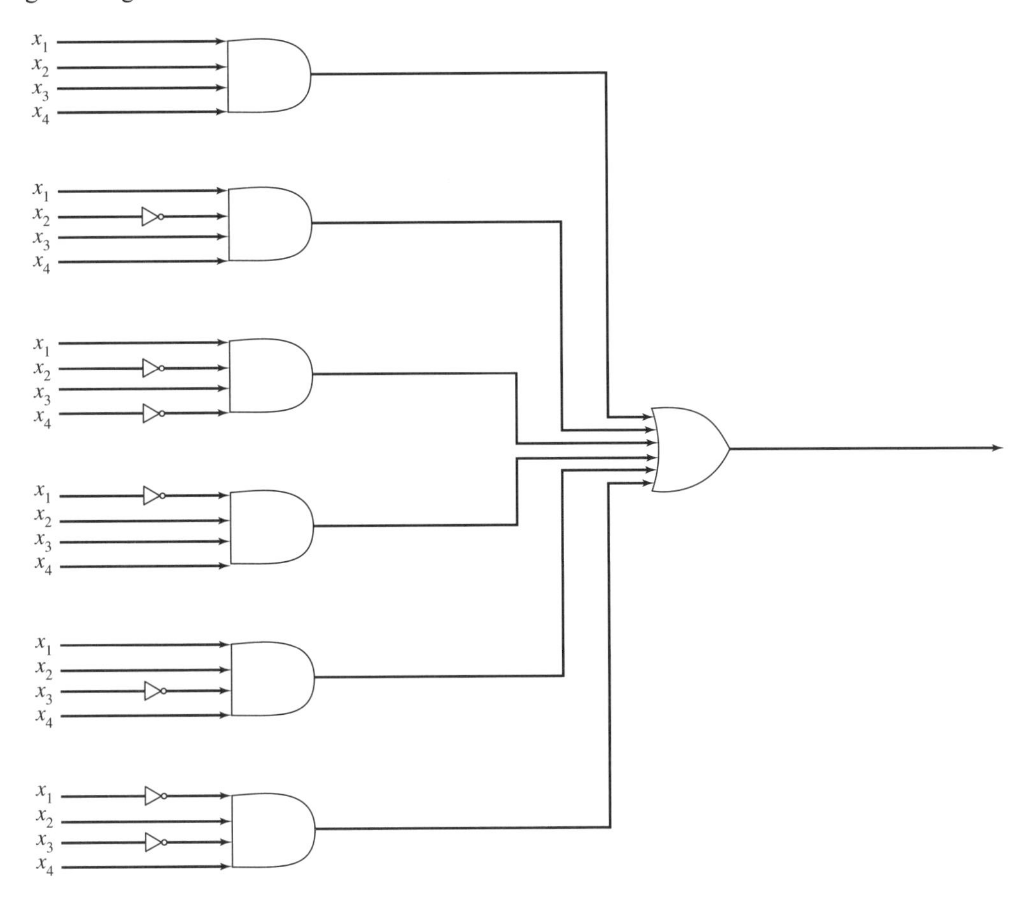

Para os Exercícios 23 e 24, use o procedimento de Quine-McCluskey para encontrar uma forma mínima como soma de produtos para a função booleana dada pelas tabelas correspondentes.

23.

x_1	x_2	x_3	x_4	$f(x_1, x_2, x_3, x_4)$
1	1	1	1	0
1	1	1	0	1
1	1	0	1	0
1	1	0	0	0
1	0	1	1	0
1	0	1	0	1
1	0	0	1	1
1	0	0	0	1
0	1	1	1	0
0	1	1	0	0
0	1	0	1	0
0	1	0	0	1
0	0	1	1	1
0	0	1	0	1
0	0	0	1	0
0	0	0	0	1

24.

x_1	x_2	x_3	x_4	$f(x_1, x_2, x_3, x_4)$
1	1	1	1	1
1	1	1	0	0
1	1	0	1	1
1	1	0	0	0
1	0	1	1	1
1	0	1	0	0
1	0	0	1	1
1	0	0	0	1
0	1	1	1	1
0	1	1	0	0
0	1	0	1	1
0	1	0	0	1
0	0	1	1	1
0	0	1	0	0
0	0	0	1	1
0	0	0	0	1

Nos Exercícios 25 a 28, use o procedimento de Quine-McCluskey para encontrar uma forma mínima como soma de produtos para as expressões booleanas.

25. $x_1x_2'x_3x_4' + x_1'x_2'x_3x_4 + x_1'x_2x_3x_4 + x_1'x_2'x_3'x_4' + x_1'x_2x_3'x_4' + x_1'x_2'x_3'x_4$
26. $x_1x_2x_3x_4 + x_1x_2'x_3x_4 + x_1x_2x_3x_4' + x_1x_2'x_3x_4' + x_1'x_2x_3x_4' +$ $x_1x_2x_3'x_4' + x_1'x_2x_3'x_4' + x_1x_2x_3'x_4 + x_1'x_2x_3'x_4$
27. $x_1x_2x_3x_4 + x_1x_2x_3x_4' + x_1'x_2x_3x_4' + x_1x_2x_3'x_4' + x_1'x_2'x_3'x_4' +$ $x_1'x_2x_3'x_4' + x_1x_2'x_3'x_4 + x_1'x_2'x_3'x_4 + x_1x_2x_3'x_4$
28. $x_1'x_2x_3'x_4x_5' + x_1'x_2x_3x_4'x_5 + x_1x_2x_3x_4x_5 + x_1'x_2'x_3x_4'x_5 +$ $x_1x_2'x_3x_4x_5 + x_1'x_2'x_3'x_4'x_5 + x_1x_2'x_3x_4'x_5 + x_1x_2x_3x_4'x_5' +$ $x_1x_2x_3'x_4x_5 + x_1'x_2'x_3'x_4x_5'$

29. Use o procedimento de Quine-McCluskey para encontrar uma forma mínima como soma de produtos para a função booleana dada pelo mapa na Figura 8.34.

CAPÍTULO 8 REVISÃO

TERMINOLOGIA

álgebra de Boole (Seção 8.1)
APPC (Seção 8.2)
circuito combinatório (Seção 8.2)
complementar (de um elemento em uma álgebra de Boole) (Seção 8.1)
DLP (Seção 8.2)
dual (de uma propriedade de uma álgebra de Boole) (Seção 8.1)
dupla negação (para uma álgebra de Boole) (Seção 8.1)
exemplos isomorfos de uma estrutura (Seção 8.1)
expressão booleana (Seção 8.2)
expressões booleanas equivalentes (Seção 8.2)
forma canônica em soma de produtos (Seção 8.2)
forma normal disjuntiva (Seção 8.2)
função booleana (Seção 8.2)
idempotência (em uma álgebra de Boole) (Seção 8.1)
inversor (Seção 8.2)
isomorfismo (Seção 8.1)
isomorfismo de álgebras de Boole (Seção 8.1)
leis de De Morgan (para uma álgebra de Boole) (Seção 8.1)
porta lógica E (Seção 8.2)
porta lógica NE (Seção 8.2)
porta lógica NOU (Seção 8.2)
porta lógica OU (Seção 8.2)
propriedade de limitação universal (de uma álgebra de Boole) (Seção 8.1)
somador completo (Seção 8.2)
somador parcial (Seção 8.2)

AUTOTESTE

Responda se as afirmações a seguir são verdadeiras ou falsas.

Seção 8.1

1. Em qualquer álgebra de Boole, $x + x' = 0$.
2. A teoria dos conjuntos é um exemplo de uma álgebra de Boole em que + é a união de conjuntos e · é a interseção de conjuntos.
3. Em qualquer álgebra de Boole, $x + (y + x \cdot z) = x + y$.
4. A equação dual da equação no item 3 acima é $x \cdot [y \cdot (x + z)] = x \cdot y$.
5. Duas álgebras de Boole quaisquer com 16 elementos são isomorfas.

Seção 8.2

1. Um circuito lógico para a expressão $(x + y)'$ poderia ser construído usando-se uma porta lógica E e dois inversores.
2. A forma canônica como soma de produtos para uma função booleana f: $\{0,1\}^n \to \{0,1\}$ tem n parcelas.
3. Dois números representados em notação binária por um único bit podem ser somados por um circuito que consiste em dois somadores parciais.
4. Os dois circuitos lógicos a seguir representam a mesma função booleana:

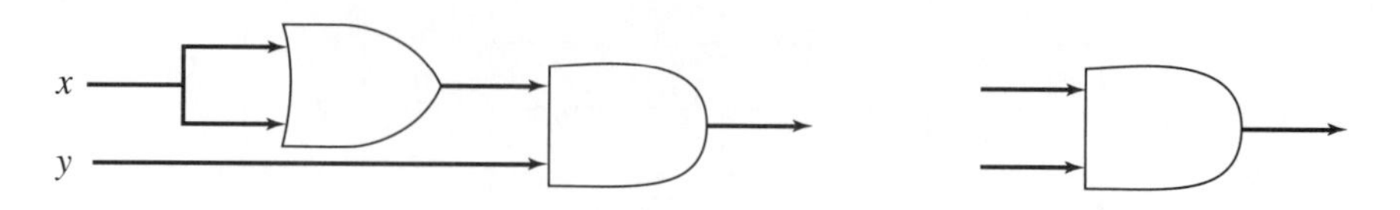

5. A maneira mais eficiente de se construir um circuito lógico para uma função booleana dada usando-se apenas portas lógicas NE é construir o circuito com portas lógicas E, OU e NÃO e depois substituir cada um desses elementos por sua forma equivalente em portas lógicas NE.

Seção 8.3

1. Um mapa de Karnaugh é um dispositivo que ajuda a mudar uma forma canônica como soma de produtos para uma forma reduzida como soma de produtos.
2. Os quadrados contendo 1 em um mapa de Karnaugh correspondem aos valores 1 da função booleana.
3. Ao usar um mapa de Karnaugh para simplificar uma expressão booleana, os blocos maiores possíveis devem ser determinados primeiro, já que eles fornecem a redução maior.
4. No procedimento de Quine-McCluskey, as parcelas a serem combinadas devem ter hifens nos mesmos locais.
5. No procedimento de Quine-McCluskey, uma marca em alguma linha da tabela de comparação indica que a parcela correspondente àquela linha é uma parcela essencial que tem que aparecer na expressão reduzida.

NO COMPUTADOR

Nos Exercícios 1 a 4, escreva um programa para computador que produza a resposta desejada a partir dos dados de entrada indicados.

1. *Dados de Entrada*: n e tabelas que definem duas operações binárias e uma operação unária em um conjunto de n objetos.
   Resposta: Indicação se a estrutura é a de uma álgebra de Boole.
   Algoritmo: Testa as 10 propriedades para todos os casos.

2. *Dados de Entrada*: n, tabelas definindo uma operação binária em cada um de dois conjuntos com n elementos e uma tabela definindo uma bijeção de um conjunto em outro.
   Resposta: Indicação se a função é um isomorfismo.
   Algoritmo: Testa todos os casos possíveis.

3. *Dados de Entrada*: n e uma tabela representando uma função booleana com n variáveis.
   Resposta: Expressão booleana em forma canônica como soma de produtos para a função booleana.

4. *Dados de Entrada*: n e uma tabela representando uma função booleana com n variáveis.
   Resposta: Expressão booleana em forma mínima como soma de produtos para a função booleana.
   Algoritmo: Usa o procedimento de Quine-McCluskey.

Capítulo 9

Modelagem Aritmética, Computação e Linguagens

OBJETIVOS DO CAPÍTULO

Depois de estudar este capítulo, você será capaz de:

- Ver como estruturas algébricas, máquinas de estado finito e máquinas de Turing são, todas, modelos computacionais de vários tipos, e como linguagens formais tentam modelar linguagens naturais.
- Reconhecer certas estruturas de grupos bem conhecidas.
- Demonstrar algumas propriedades de grupos.
- Compreender o significado de grupos isomorfos.
- Ser capaz de construir códigos de grupos para correção de um único erro em m-uplas binárias.
- Ser capaz de decodificar n-uplas recebidas para um código perfeito corrigindo um único erro.
- Seguir as operações efetuadas por uma máquina de estado finito dada em uma cadeia de entrada.
- Construir máquinas de estado finitas para reconhecer determinados conjuntos.
- Para uma máquina de estado finito dada, encontrar, se existir, uma máquina equivalente com menos estados.
- Construir um circuito para uma máquina de estado finito.
- Seguir as operações efetuadas por uma máquina de Turing dada em uma fita de entrada.
- Construir máquinas de Turing para executar certas tarefas de reconhecimento ou cálculo.
- Compreender a tese de Church-Turing e suas implicações para a máquina de Turing como modelo computacional.
- Conhecer o problema $P = NP$ em relação à complexidade computacional.
- Dada uma gramática G, construir a geração de cadeias em $L(G)$.
- Compreender a relação entre as diversas classes de linguagens formais e os diversos dispositivos computacionais.

O seu grupo em Babel Ltda. está escrevendo um compilador para uma nova linguagem de programação, atualmente com o codinome FigueiraAmpla, em honra a uma árvore em frente à janela do seu escritório. Durante a primeira fase de compilação (chamada de fase de análise léxica), o compilador tem que quebrar proposições em unidades individuais chamadas de fichas (tokens). Em particular, o compilador tem que ser capaz de reconhecer os identificadores na linguagem, que são cadeias de letras, e, também, de reconhecer as duas palavras-chave na linguagem, que são **se** e **em**.

Pergunta: **Como o compilador pode reconhecer as fichas individuais em uma proposição?**

Uma estrutura matemática, como discutido no Capítulo 8, é um modelo formal cuja intenção é capturar as propriedades ou comportamentos comuns encontrados em contextos variados.

Uma estrutura consiste em um conjunto abstrato de objetos, junto com operações ou relações entre esses objetos que obedecem a certas regras. A estrutura de álgebra de Boole que vimos no Capítulo 8 é um modelo das propriedades e comportamento comuns à lógica proposicional e à teoria dos conjuntos. Como modelo formal, é uma entidade abstrata, uma ideia; a lógica proposicional e a teoria dos conjuntos são dois exemplos concretos dessa ideia.

Estudaremos, neste capítulo, outras estruturas. Na Seção 9.1, definiremos estruturas algébricas que modelam diversos tipos de aritmética, como a adição de inteiros e a multiplicação de números reais positivos. Como um aparte, a Seção 9.2 considera a teoria de codificação, uma aplicação importante de uma dessas estruturas algébricas. Esse tipo de codificação (e decodificação) não é sobre sigilo, mas sobre a detecção, e talvez correção, de erros de bits na transmissão e armazenagem de dados.

As "aritméticas" da Seção 9.1 representam uma forma limitada de computação, mas veremos modelos computacionais bem mais gerais nas Seções 9.3 e 9.4. Nossa escolha inicial de um desses modelos, uma máquina de estado finito, é um dispositivo útil para determinadas tarefas, tais como a análise léxica que seu grupo tem que fazer para a Babel. Mas a máquina de estado finito é, em última análise, muito limitada como um modelo computacional em geral. Para um modelo que captura a noção de computação em toda a sua generalidade, vamos olhar a máquina de Turing. A utilização da máquina de Turing como modelo computacional vai revelar que algumas tarefas bem definidas não são computáveis.

Finalmente, a Seção 9.5 discute gramáticas e linguagens formais, que foram desenvolvidas como tentativas de modelar linguagens naturais como português. Embora não tenham tido sucesso total como tal, gramáticas e linguagens formais servem para modelar muitas construções em linguagens de programação e têm um papel importante na teoria dos compiladores.

SEÇÃO 9.1 ESTRUTURAS ALGÉBRICAS

Definições e Exemplos

Vamos começar analisando uma forma simples de aritmética, a saber, a soma de inteiros. Existem um conjunto $\mathbb{Z}$ de objetos (os inteiros) e uma operação binária nesses objetos (a soma). Lembre-se da Seção 4.1 de que uma operação binária definida em um conjunto tem que ser *bem definida* (dar uma única resposta sempre que for aplicada a dois elementos do conjunto) e que o conjunto tem que ser *fechado* em relação à operação (a resposta tem que ser um elemento do conjunto). A notação $[\mathbb{Z}, +]$ denotará o conjunto munido da operação binária.

Em $[\mathbb{Z}, +]$, uma equação do tipo

$$2 + (3 + 5) = (2 + 3) + 5$$

é válida. Em cada um dos lados separados pelo sinal de igualdade, os inteiros permanecem na mesma ordem, mas o agrupamento desses inteiros, que indica a ordem em que são efetuadas as somas, muda. A mudança desses agrupamentos não altera a resposta. Outro tipo de equação que é válida em $[\mathbb{Z}, +]$ é

$$2 + 3 = 3 + 2$$

A mudança da ordem em que os inteiros são somados não altera o resultado.

Equações do tipo

$$\begin{gathered} 2 + 0 = 2 \\ 0 + 3 = 3 \\ -125 + 0 = -125 \end{gathered}$$

também são válidas. Somar zero a qualquer inteiro não altera o valor desse inteiro.

Finalmente, equações como

$$2 + (-2) = 0$$
$$5 + (-5) = 0$$
$$-20 + 20 = 0$$

são válidas; somar o negativo de um inteiro a ele tem como resultado 0.

Essas equações representam quatro propriedades que ocorrem com tanta frequência que têm nomes.

DEFINIÇÕES PROPRIEDADES DE OPERAÇÕES BINÁRIAS

Seja S um conjunto e seja $\cdot$ uma operação binária em S. (Aqui $\cdot$ *não* representa a multiplicação, mas qualquer operação binária.)

1. A operação $\cdot$ é dita **associativa** quando

$$(\forall x)(\forall y)(\forall z)[x \cdot (y \cdot z) = (x \cdot y) \cdot z]$$

A associatividade nos permite escrever $x \cdot y \cdot z$ sem parênteses, já que o agrupamento não é relevante.

2. A operação $\cdot$ é dita **comutativa** quando

$$(\forall x)(\forall y)(x \cdot y = y \cdot x)$$

3. $[S, \cdot]$ tem um **elemento identidade** quando

$$(\exists i)(\forall x)(x \cdot i = i \cdot x = x)$$

4. Se $[S, \cdot]$ tiver um elemento identidade i, então cada elemento em S terá um **inverso** em relação a $\cdot$ se

$$(\forall x)(\exists x^{-1})(x \cdot x^{-1} = x^{-1} \cdot x = i)$$

Nos enunciados das propriedades, os quantificadores universais se aplicam a todo o conjunto S; se a associatividade é válida, a equação $x \cdot (y \cdot z) = (x \cdot y) \cdot z$ é válida quaisquer que sejam $x, y, z \in S$, e analogamente para a comutatividade. O quantificador existencial também se aplica a S, de modo que, se existir um elemento identidade i, ele tem que pertencer a S, e se existir um elemento inverso x^{-1} ele tem que ser um elemento de S. Observe a ordem dos quantificadores: na definição de uma identidade, o quantificador existencial vem primeiro — tem que existir um elemento identidade i que satisfaz a equação $x \cdot i = i \cdot x = x$ para todo x em S, como o inteiro 0 em $[\mathbb{Z}, +]$. Na definição de elemento inverso, o quantificador existencial vem em segundo lugar — para cada x existe um x^{-1}, e, se mudarmos x, x^{-1} também muda, da mesma forma que o elemento inverso de 2 em $[\mathbb{Z}, +]$ é -2 e o elemento inverso de 5 é -5. Se não existir elemento identidade, é claro que não fará sentido falar sobre elementos inversos.

DEFINIÇÕES GRUPO, GRUPO COMUTATIVO

$[S, \cdot]$ será um **grupo** quando S for um conjunto não vazio e $\cdot$ for uma operação binária em S satisfazendo as seguintes propriedades:

1. $\cdot$ é associativa;
2. existe um elemento identidade (em S);
3. cada elemento em S tem um inverso (em S) em relação a $\cdot$.

Um grupo em que a operação $\cdot$ é comutativa é chamado de um **grupo comutativo**.

Mais uma vez, o ponto (·) usado nas definições é um símbolo genérico que representa uma operação binária. Em qualquer caso particular, a operação binária específica tem que ser definida. Se a operação for a soma, por exemplo, então o sinal + substituirá o símbolo genérico, como em $[\mathbb{Z}, +]$. Fazendo uma analogia com programação, podemos pensar nesse símbolo genérico como um parâmetro formal que pode ser substituído por um argumento — a operação específica — quando seu valor se torna conhecido. Se for claro qual é a operação, podemos nos referir ao "grupo S", em vez de "grupo $[S, \cdot]$".

Dessa discussão, deve estar claro que $[\mathbb{Z}, +]$ é um grupo comutativo com elemento identidade 0. A ideia de grupo não seria útil se não existissem muitos outros exemplos. (Fazendo novamente uma analogia com programação, podemos pensar em um grupo como um tipo abstrato de dados — um padrão — com muitos exemplos específicos desse tipo de dados.)

EXEMPLO 1 Denote por $\mathbb{R}^+$ o conjunto dos números reais positivos e denote por · a multiplicação de números reais, que é uma operação binária em $\mathbb{R}^+$. Então $[\mathbb{R}^+, \cdot]$ é um grupo comutativo. A multiplicação é associativa e comutativa. O número real positivo 1 funciona como uma identidade, já que

$$x \cdot 1 = 1 \cdot x = x$$

para todo número real positivo x. Todo número real positivo x tem um inverso em relação à multiplicação, a saber, o número real positivo $1/x$, pois

$$x \cdot 1/x = 1/x \cdot x = 1$$

PROBLEMA PRÁTICO 1 O conjunto no Exemplo 1 é limitado aos números reais positivos. $[\mathbb{R}, \cdot]$ é um grupo comutativo? Por quê?

EXEMPLO 2 Seja $M_2(\mathbb{Z})$ o conjunto de todas as matrizes 2 × 2 com elementos inteiros, e denote por + a soma de matrizes. Então + é uma operação binária em $M_2(\mathbb{Z})$ (note que o conjunto é fechado sob a operação). Esse é um grupo comutativo, pois os inteiros formam um grupo comutativo, de modo que cada elemento da matriz se comporta apropriadamente. Por exemplo, a soma de matrizes é comutativa porque

$$\begin{aligned}\begin{bmatrix} a_{1,1} & a_{1,2} \\ a_{2,1} & a_{2,2} \end{bmatrix} + \begin{bmatrix} b_{1,1} & b_{1,2} \\ b_{2,1} & b_{2,2} \end{bmatrix} &= \begin{bmatrix} a_{1,1} + b_{1,1} & a_{1,2} + b_{1,2} \\ a_{2,1} + b_{2,1} & a_{2,2} + b_{2,2} \end{bmatrix} \\ &= \begin{bmatrix} b_{1,1} + a_{1,1} & b_{1,2} + a_{1,2} \\ b_{2,1} + a_{2,1} & b_{2,2} + a_{2,2} \end{bmatrix} \\ &= \begin{bmatrix} b_{1,1} & b_{1,2} \\ b_{2,1} & b_{2,2} \end{bmatrix} + \begin{bmatrix} a_{1,1} & a_{1,2} \\ a_{2,1} & a_{2,2} \end{bmatrix}\end{aligned}$$

A matriz

$$\begin{bmatrix} 0 & 0 \\ 0 & 0 \end{bmatrix}$$

é uma identidade. A matriz

$$\begin{bmatrix} 1 & -4 \\ 2 & 5 \end{bmatrix}$$

é a inversa da matriz

$$\begin{bmatrix} -1 & 4 \\ -2 & -5 \end{bmatrix}$$

LEMBRETE

É importante compreender toda essa nova terminologia. Você não vai poder provar que $P \to Q$ se não souber com o que está começando ou aonde quer chegar.

Se retirarmos a propriedade de existência de inverso da definição de grupo, teremos um **monoide**; assim, um monoide é um conjunto munido de uma operação associativa com elemento identidade, e em um monoide que não é um grupo pelo menos um elemento não tem inverso. Se retirarmos a existência de elemento identidade e a existência de inverso na definição de grupo, teremos um **semigrupo**; assim, um semigrupo é um conjunto munido de uma operação associativa, e em um semigrupo que não é monoide não existe elemento identidade. Muitas aritméticas conhecidas são exemplos de semigrupos, monoides e grupos.

EXEMPLO 3 Considere $[M_2(\mathbb{Z}), \cdot]$, em que $\cdot$ denota a multiplicação de matrizes. Essa operação é fechada em $M_2(\mathbb{Z})$. Pode-se mostrar (Exercício 2) que a multiplicação de matrizes é associativa. A matriz

$$\begin{bmatrix} 1 & 0 \\ 0 & 1 \end{bmatrix}$$

é um elemento identidade, já que

$$\begin{bmatrix} 1 & 0 \\ 0 & 1 \end{bmatrix} \cdot \begin{bmatrix} a & b \\ c & d \end{bmatrix} = \begin{bmatrix} a & b \\ c & d \end{bmatrix} \cdot \begin{bmatrix} 1 & 0 \\ 0 & 1 \end{bmatrix} = \begin{bmatrix} a & b \\ c & d \end{bmatrix}$$

Portanto, $[M_2(\mathbb{Z}), \cdot]$ é, pelo menos, um monoide. ●

PROBLEMA PRÁTICO 2 Prove que $[M_2(\mathbb{Z}), \cdot]$ não é um monoide comutativo. ■

PROBLEMA PRÁTICO 3 Prove que $[M_2(\mathbb{Z}), \cdot]$ não é um grupo. ■

Embora as condições para uma estrutura ser um semigrupo sejam relativamente fracas, nem toda estrutura aritmética satisfaz essas condições.

PROBLEMA PRÁTICO 4 Prove que $[\mathbb{Z}, -]$ não é um semigrupo, em que $-$ denota a subtração entre inteiros. ■

PROBLEMA PRÁTICO 5 Seja S o conjunto dos números racionais que não são inteiros e denote por $\cdot$ a multiplicação. $[S, \cdot]$ é um semigrupo? ■

EXEMPLO 4 Cada um dos conjuntos a seguir é um exemplo de semigrupo comutativo em relação à operação indicada. Você deve ser capaz de verificar, para cada um, que a operação é fechada no conjunto dado, associativa e comutativa.

$$[\mathbb{N}, +], [\mathbb{N}, \cdot], [\mathbb{Q}, \cdot], [\mathbb{R}^+, +], [\mathbb{R}, +]$$

●

EXEMPLO 5 Para qualquer álgebra booleana $[B, +, \cdot, ', 0, 1]$, $[B, +]$ e $[B, \cdot]$ são semigrupos comutativos. Portanto, para qualquer conjunto S, $[\wp(S), \cup]$ e $[\wp(S), \cap]$ são semigrupos comutativos. ●

Como as condições que precisam ser satisfeitas vão ficando mais fortes ao passarmos de semigrupo para monoide e para grupo, esperamos que alguns exemplos fiquem para trás, mas que os restantes tenham propriedades cada vez mais ricas e interessantes.

PROBLEMA PRÁTICO 6 Quais dos semigrupos a seguir são monoides? Diga quais são as identidades.

$$[\mathbb{N}, +], [\mathbb{N}, \cdot], [\mathbb{Q}, \cdot], [\mathbb{R}^+, +], [\mathbb{R}, +], [\wp(S), \cup], [\wp(S), \cap]$$ ■

PROBLEMA PRÁTICO 7 Quais dos monoides da lista do Problema Prático 6 são grupos? ■

Vamos considerar outro conjunto de exemplos de semigrupos, monoides e grupos cujos elementos não são simplesmente números ou em que as operações não são tão familiares.

EXEMPLO 6 Uma expressão da forma

$$a_n x^n + a_{n-1} x^{n-1} + \cdots + a_0$$

em que $a_i \in \mathbb{R}$, $i = 0, 1, \ldots, n$ e $n \in \mathbb{N}$ é um **polinômio em *x* com coeficientes reais** (ou **um polinômio em *x* sobre** $\mathbb{R}$). Para cada i, a_i é o **coeficiente** de x^i. Se i for o maior inteiro para o qual $a_i \neq 0$ e se i for maior do que 0, então o polinômio terá **grau** i; se não existir tal i, o polinômio terá **grau zero**. Parcelas com coeficientes nulos não são escritas, em geral. Assim, $\pi x^4 - (2/3)x^2 + 5$ é um polinômio de grau 4, e o polinômio constante 6 tem grau zero. O conjunto de todos os polinômios em x sobre $\mathbb{R}$ é denotado por $\mathbb{R}[x]$.

Vamos definir operações binárias $+$ e $\cdot$ em $\mathbb{R}[x]$ como as operações usuais de soma e multiplicação de polinômios. Se $f(x)$ e $g(x)$ são polinômios em $\mathbb{R}[x]$, então os produtos $f(x) \cdot g(x)$ e $g(x) \cdot f(x)$ são iguais, pois os coeficientes são reais, e podemos usar as propriedades dos números reais sob soma e multiplicação (como a comutatividade e a associatividade). Analogamente, se $f(x)$, $g(x)$ e $h(x)$ são polinômios em $\mathbb{R}[x]$, $(f(x) \cdot (g(x)) \cdot h(x) = f(x) \cdot (g(x) \cdot h(x))$. O polinômio constante 1 é a identidade, pois $1 \cdot f(x) = f(x) \cdot 1 = f(x)$ para todo $f(x) \in \mathbb{R}[x]$. Logo, $[\mathbb{R}[x], \cdot]$ é um monoide comutativo. Não é um grupo porque apenas os polinômios constantes não nulos têm inversos. Por exemplo, não existe polinômio $g(x)$ tal que $g(x) \cdot x = x \cdot g(x) = 1$, logo o polinômio x não tem inversa. (Note que, embora $x \cdot (1/x) = 1$, $1/x = x^{-1}$ não é um polinômio.) No entanto, $[\mathbb{R}[x], +]$ é um grupo comutativo. ●

PROBLEMA PRÁTICO 8

a. Para $f(x)$, $g(x)$, $h(x) \in \mathbb{R}[x]$, escreva as equações que dizem que a operação $+$ em $\mathbb{R}[x]$ é comutativa e associativa.
b. Qual é o elemento identidade em $[\mathbb{R}[x], +]$?
c. Qual é o inverso de $7x^4 - 2x^3 + 4$ em $[\mathbb{R}[x], +]$? ■

Os polinômios tiveram um papel especial na história da teoria dos grupos (o estudo de grupos), pois uma boa parte da pesquisa em teoria dos grupos foi motivada pelo problema, bastante prático, de resolver equações polinomiais da forma $f(x) = 0, f(x) \in \mathbb{R}[x]$. A fórmula para resolução de equações do segundo grau fornece um algoritmo para encontrar soluções para qualquer $f(x)$ de grau 2, e esse algoritmo usa apenas as operações algébricas de soma, subtração, multiplicação, divisão e extração de raízes. Existem algoritmos desse tipo para polinômios de graus 3 e 4. Um dos pontos interessantes da álgebra abstrata é a demonstração de que não existe tal algoritmo, usando apenas essas operações, para todo $f(x)$ de grau 5. (Note que essa proposição é mais forte do que dizer, simplesmente, que não se encontrou tal algoritmo; ela diz que podemos parar de procurar por um.)

O próximo exemplo usa aritmética modular. Lembre-se da Seção 5.1 (Exemplo 15 e discussão subsequente) que cada computador tem um limite sobre o tamanho dos inteiros que pode armazenar. Embora quiséssemos que um computador fosse capaz de exibir o comportamento de $[\mathbb{Z}, +]$, o melhor que conseguimos é uma aproximação finita. A aproximação é obtida efetuando-se as somas módulo n. A "resposta" do cálculo $x + y$ para $x, y \in \mathbb{Z}$ é, então, o valor real de $x + y$, caso esse valor esteja dentro do limite que pode ser armazenado, ou um resto obtido por aritmética modular, que é equivalente a $x + y$ sob a relação de equivalência congruência módulo n.

EXEMPLO 7 Seja $\mathbb{Z}_5 = \{0, 1, 2, 3, 4\}$ e defina a *soma módulo* 5 em $\mathbb{Z}_5$, denotada por $+_5$, por $x +_5 y = r$, em que r é o resto da divisão de $x + y$ por 5. Em outras palavras, $x +_5 y = (x + y) \bmod 5$. Por exemplo, $1 +_5 2 = 3$ e $3 +_5 4 = 2$. A *multiplicação módulo* 5 é definida por $x \cdot_5 y = (x \cdot y)$ *mod* 5. Logo, $2 \cdot_5 3 = 1$ e $3 \cdot_5 4 = 2$. Então $[\mathbb{Z}_5, +_5]$ é um grupo comutativo, e $[\mathbb{Z}_5, \cdot_5]$ é um monoide comutativo. ●

PROBLEMA PRÁTICO 9

a. Complete as tabelas a seguir que definem $+_5$ e $\cdot_5$ em $\mathbb{Z}_5$:

$+_5$	0	1	2	3	4
0					
1			3		
2					
3					
4					

$\cdot_5$	0	1	2	3	4
0					
1					
2				1	
3					2
4					

b. Qual é o elemento identidade em $[\mathbb{Z}_5, +_5]$? E em $[\mathbb{Z}_5, \cdot_5]$?
c. Qual é o inverso de 2 em $[\mathbb{Z}_5, +_5]$?
d. Quais os elementos em $[\mathbb{Z}_5, +_5]$ que têm inverso? ■

Como fizemos em $\mathbb{Z}_5$, podemos definir as operações **soma módulo *n*** e **multiplicação módulo *n*** no conjunto $\mathbb{Z}_n = \{0, 1, \ldots, n - 1\}$, em que n é qualquer inteiro positivo. Novamente, $[\mathbb{Z}_n, +_n]$ é um grupo comutativo e $[\mathbb{Z}_n, \cdot_n]$ é um monoide comutativo. (Veja o Exercício 47 para a relação entre o grupo $[\mathbb{Z}_n, +_n]$ e o conjunto das classes de equivalência da relação binária de congruência módulo n.)

PROBLEMA PRÁTICO 10

a. Construa a tabela para $\cdot_6$ em $\mathbb{Z}_6$.
b. Quais os elementos em $[\mathbb{Z}_6, \cdot_6]$ que têm inverso? ■

Observe que é fácil verificar a comutatividade quando usamos uma tabela para definir uma operação em um conjunto finito: basta verificar se existe simetria em relação à diagonal principal. Também é fácil encontrar um elemento identidade, já que a linha correspondente é igual à primeira linha da tabela e a coluna correspondente é igual à primeira coluna. E é fácil localizar o inverso de um elemento. Procure na linha correspondente até encontrar a coluna onde aparece a identidade; depois verifique para ver se a mudança de ordem ainda dá a identidade. No entanto, a associatividade (ou a falta dessa propriedade) não é fácil de ver na tabela.

EXEMPLO 8

Seja Z_2^n o conjunto de todas as n-uplas de números binários, em que $n \geq 1$. Em geral escrevemos 1101 em vez de (1, 1, 0, 1). Usando a soma módulo 2, $+_2$, componente a componente, é fácil ver que a soma é comutativa e associativa e que o elemento identidade é a n-upla com todos os elementos iguais a 0. Cada n-upla tem um inverso, logo $[Z_2^n, +_2]$ é um grupo comutativo. ●

LEMBRETE

No grupo $[\mathbb{Z}_2, +_2]$, o conjunto é {0, 1} e a operação é soma módulo 2. Para qualquer n, no grupo $[Z_2^n, +_2]$, o conjunto é formado por todas as n-uplas binárias e a operação é a soma módulo 2 componente a componente.

PROBLEMA PRÁTICO 11 No grupo $[Z_2^5, +_2]$, o que é

a. $01101 +_2 11011$?
b. -10100? ■

Nos dois exemplos a seguir temos estruturas algébricas em que os elementos são *funções*, aplicações de um domínio em um contradomínio.

EXEMPLO 9

Seja A um conjunto e seja S o conjunto de todas as funções f tais que $f: A \rightarrow A$. A operação binária é a composição de funções, denotada por $\circ$. Note que S é fechado sob $\circ$ e que a composição de funções é associativa (veja o Problema Prático 12). Logo, $[S, \circ]$ é um semigrupo, chamado o **semigrupo de transformações em A**. De fato, $[S, \circ]$ é um monoide, pois a função identidade i_A, que leva cada elemento de A em si mesmo, tem a propriedade de que, qualquer que seja $f \in S$,

$$f \circ i_A = i_A \circ f = f$$ ●

PROBLEMA PRÁTICO 12 Prove que a composição de funções no conjunto S que acabamos de definir é associativa. ■

EXEMPLO 10 Seja A um conjunto e seja S_A o conjunto de todas as bijeções $f: A \to A$ (permutações de A). A composição de funções preserva bijeções e é associativa, a função identidade i_A é uma permutação, e, qualquer que seja $f \in S_A$, a função inversa f^{-1} existe e é uma permutação. Além disso,

$$f \circ f^{-1} = f^{-1} \circ f = i_A$$

Portanto, $[S_A, \circ]$ é um grupo, denominado o **grupo de permutações** de A.

Se $A = \{1, 2, \ldots, n\}$ para algum inteiro positivo n, então S_A é chamado o **grupo simétrico de grau n** e denotado por S_n. Então, por exemplo, S_3 é o conjunto de todas as permutações de $\{1, 2, 3\}$. Existem $3! = 6$ permutações, que denotaremos da seguinte maneira (usando a notação de ciclos da Seção 5.4):

$$\alpha_1 = \mathrm{i} \qquad \alpha_2 = (1, 2) \qquad \alpha_3 = (1, 3)$$
$$\alpha_4 = (2, 3) \qquad \alpha_5 = (1, 2, 3) \qquad \alpha_6 = (1, 3, 2)$$

Lembre-se de que a notação (1, 2), por exemplo, significa que 1 vai em 2, 2 vai em 1 e os elementos que não aparecem permanecem fixos. A composição $(1, 2) \circ (1, 3)$ é executada da direita para a esquerda, de modo que

Por (1, 3)   Por (1, 2)

$$1 \to 3 \to 3$$
$$2 \to 2 \to 1$$
$$3 \to 1 \to 2$$

resulta em (1, 3, 2). Logo, $\alpha_2 \circ \alpha_3 = (1, 2) \circ (1, 3) = (1, 3, 2) = \alpha_6$.

PROBLEMA PRÁTICO 13

a. Complete a tabela para o grupo $[S_3, \circ]$.

$\circ$	α_1	α_2	α_3	α_4	α_5	α_6
α_1						
α_2			α_6			
α_3						
α_4						
α_5						
α_6						

b. $[S_3, \circ]$ é um grupo comutativo?

$[S_3, \circ]$ é nosso primeiro exemplo de um grupo não comutativo (embora tenhamos visto que $[M_2(\mathbb{Z}), \cdot]$ é um monoide não comutativo).

O próximo exemplo é muito simples, mas particularmente apropriado, pois aparece em diversas áreas de ciência da computação, inclusive na teoria de linguagens formais e na teoria de autômatos.

EXEMPLO 11 Seja A um conjunto finito; seus elementos são chamados de **símbolos** e A é chamado de um **alfabeto**. A^* denota o conjunto de todas as **cadeias** de comprimento finito, ou **palavras**, formadas por elementos de A. A^* pode ser definido por recorrência (como no Exemplo 6 do Capítulo 3), em que $\cdot$ denota a **concatenação** de cadeias:

a. A **cadeia vazia** λ (a cadeia sem nenhum símbolo) pertence a A^*.
b. Qualquer elemento de A pertence a A^*.
c. Se x e y são cadeias em A^*, então $x \cdot y$ também pertence a A^*.

Assim, se $A = \{a, b\}$, então *abbaa*, *bbbbba* e *a* são todas cadeias formadas por elementos em A, e *abbaa* $\cdot$ *a* é a cadeia *abbaaa*. Da definição por recorrência, qualquer cadeia formada por elementos em A contém apenas um número finito de símbolos. O número de símbolos em uma cadeia é chamado de seu **comprimento**. A cadeia vazia λ é a única cadeia de comprimento zero.

A cadeia vazia λ não deve ser confundida com o conjunto vazio $\varnothing$; mesmo que A seja o conjunto $\varnothing$, então $A^* = \{\lambda\}$. Se A não for vazio, então, qualquer que seja o tamanho de A, A^* é um conjunto enumerável (contável e infinito). Se A contiver apenas um elemento, por exemplo, $A = \{a\}$, então $\lambda, a, aa, aaa, \ldots$ é uma enumeração de A^*. Se A contiver mais de um elemento, será possível ordenar lexicograficamente (alfabeticamente) os elementos de A. Pode-se obter, então, uma enumeração de A^* contando-se, primeiro, a cadeia vazia, depois ordenando-se lexicograficamente todas as cadeias de comprimento 1 (existe um número finito dessas), depois todas as de comprimento 2 (existe um número finito) e assim por diante. Note, também, que, se A não for vazio, então existirão cadeias de comprimento arbitrário em A^*.

A concatenação é uma operação binária associativa em A^*. A cadeia vazia λ é uma identidade, pois, qualquer que seja a cadeia $x \in A^*$,

$$x \cdot \lambda = \lambda \cdot x = x$$

Portanto, $[A^*, \cdot]$ é um monoide, chamado o **monoide livre gerado por A**. ●

PROBLEMA PRÁTICO 14 Seja $A = \{a, b\}$.

a. $[A^*, \cdot]$ é um monoide comutativo?
b. $[A^*, \cdot]$ é um grupo? ■

Resultados Básicos sobre Grupos

Vamos provar alguns resultados básicos sobre grupos. Existem centenas de teoremas sobre grupos e muitos livros dedicados exclusivamente à teoria dos grupos, de modo que nosso tratamento será extremamente superficial. Os resultados que provaremos seguem quase imediatamente das definições.

Por definição, um grupo $[G, \cdot]$ (ou um monoide) tem um elemento identidade, e tentamos ser cuidadosos falando sempre sobre *um* elemento identidade ao invés de *o* elemento identidade. No entanto, podemos falar sobre *o* elemento identidade (ou *a* identidade), pois existe apenas um. Para provar que a identidade é única, suponha que i_1 e i_2 são, ambos, elementos identidade. Então

LEMBRETE
Para provar que alguma coisa é única ...

$$i_1 = i_1 \cdot i_2 = i_2$$

PROBLEMA PRÁTICO 15 Justifique os sinais de igualdade acima. ■

Como $i_1 = i_2$, o elemento identidade é único. Acabamos de provar o seguinte teorema:

TEOREMA SOBRE A UNICIDADE DA IDENTIDADE EM UM GRUPO
Em qualquer grupo (ou monoide) $[G, \cdot]$, o elemento identidade i é único.

Cada elemento x em um grupo $[G, \cdot]$ tem um elemento inverso x^{-1}. Portanto, G contém muitos elementos inversos diferentes, mas, para cada x, seu elemento inverso é único.

TEOREMA SOBRE A UNICIDADE DE INVERSOS EM UM GRUPO
Para cada elemento x em um grupo $[G, \cdot]$, x^{-1} é único.

PROBLEMA PRÁTICO 16 Prove o teorema precedente. (*Sugestão*: Suponha que x tem dois inversos y e z, e seja i a identidade; então, $y = y \cdot i = y \cdot (x \cdot z) = \cdots$.) ■

Se x e y pertencerem a um grupo $[G, \cdot]$, então $x \cdot y$ pertencerá a G e terá que ter um elemento inverso em G. É claro que esse inverso deve estar relacionado, de alguma forma, com x^{-1} e com y^{-1}, que, como sabemos, existem em G. Vamos mostrar que $(x \cdot y)^{-1} = y^{-1} \cdot x^{-1}$, de modo que o inverso de um produto é o produto dos inversos na ordem inversa.

TEOREMA SOBRE O INVERSO DE UM PRODUTO
Se x e y pertencerem a um grupo $[G, \cdot]$, então $(x \cdot y)^{-1} = y^{-1} \cdot x^{-1}$.

LEMBRETE
Se anda como um pato ...

Demonstração: Vamos provar que $y^{-1} \cdot x^{-1}$ tem as duas propriedades que $(x \cdot y)^{-1}$ tem que ter. Então, como o inverso é único, $(y^{-1} \cdot x^{-1})$ tem que ser $(x \cdot y)^{-1}$.

$$\begin{aligned}(x \cdot y) \cdot (y^{-1} \cdot x^{-1}) &= x \cdot (y \cdot y^{-1}) \cdot x^{-1} \\ &= x \cdot i \cdot x^{-1} \\ &= x \cdot x^{-1} \\ &= i\end{aligned}$$

Analogamente, $(y^{-1} \cdot x^{-1}) \cdot (x \cdot y) = i$. Observe como usamos, nessa demonstração, a associatividade e o significado de i e dos inversos. *Fim da Demonstração*.

PROBLEMA PRÁTICO 17 Escreva 10 como $7 +_{12} 3$ e use o teorema sobre o inverso de um produto para encontrar $(10)^{-1}$ no grupo $[\mathbb{Z}_{12}, +_{12}]$. ■

Sabemos que muitos sistemas numéricos familiares, como $[\mathbb{Z}, +]$ e $[\mathbb{R}, +]$, são grupos. Quando fazemos aritmética ou álgebra nesses sistemas, usamos as propriedades de grupos. Por exemplo, se encontrarmos a equação $x + 5 = y + 5$ em $[\mathbb{Z}, +]$, concluímos que $x = y$. Estamos usando a regra de cancelamento à direita, que, como veremos a seguir, é válida em qualquer grupo.

DEFINIÇÃO REGRAS DE CANCELAMENTO

Um conjunto S munido de uma operação binária · satisfaz a **regra de cancelamento à direita** se, quaisquer que sejam $x, y, z \in S$, $x \cdot z = y \cdot z$ implica $x = y$. Ele satisfaz a **regra de cancelamento à esquerda** se, quaisquer que sejam $x, y, z \in S$, $z \cdot x = z \cdot y$ implica $x = y$.

Suponha que x, y e z são elementos em um grupo $[G, \cdot]$ e que $x \cdot z = y \cdot z$. Para concluir que $x = y$, usamos z^{-1}. Então,

$$x \cdot z = y \cdot z$$

implica

$$\begin{aligned}(x \cdot z) \cdot z^{-1} &= (y \cdot z) \cdot z^{-1} \\ x \cdot (z \cdot z^{-1}) &= y \cdot (z \cdot z^{-1}) \\ x \cdot i &= y \cdot i \\ x &= y\end{aligned}$$

Logo, G satisfaz a regra de cancelamento à direita.

PROBLEMA PRÁTICO 18 Mostre que qualquer grupo $[G, \cdot]$ satisfaz a regra de cancelamento à esquerda. ■

Acabamos de provar o seguinte teorema:

TEOREMA SOBRE CANCELAMENTO EM UM GRUPO

Qualquer grupo $[G, \cdot]$ satisfaz as regras de cancelamento à esquerda e à direita.

EXEMPLO 12 Sabemos que $[\mathbb{Z}_6, \cdot_6]$ não é um grupo. A equação

$$4 \cdot_6 2 = 1 \cdot_6 2$$

é válida nesse grupo, mas é claro que $4 \neq 1$. ●

Trabalhando em $[\mathbb{Z}, +]$ mais uma vez, podemos resolver a equação $x + 6 = 13$ somando -6 aos dois lados; obtemos, então, uma única solução $x = (-6) + 13 = 7$. A propriedade de ser possível resolver equações lineares e se obter uma única solução é válida em qualquer grupo. Considere a equação $a \cdot x = b$ no grupo $[G, \cdot]$, em que a e b pertencem a G e queremos encontrar x. Então, $x = a^{-1} \cdot b$ é um elemento de G que satisfaz a equação. Se x_1 e x_2 fossem, ambos, soluções da equação $ax = b$, então $a \cdot x_1 = a \cdot x_2$ e, pela regra de cancelamento à esquerda, $x_1 = x_2$. Analogamente, a única solução de $x \cdot a = b$ é $x = b \cdot a^{-1}$.

TEOREMA SOBRE RESOLUÇÃO DE EQUAÇÕES LINEARES EM UM GRUPO

Sejam a e b elementos arbitrários em um grupo $[G, \cdot]$. Então, cada uma das equações lineares $a \cdot x = b$ e $x \cdot a = b$ tem uma única solução em G.

PROBLEMA PRÁTICO 19 Resolva a equação $x +_8 3 = 1$ em $[\mathbb{Z}_8, +_8]$. ■

O teorema sobre resolução de equações lineares nos diz alguma coisa sobre as tabelas dos grupos finitos. Ao percorrer a linha a da tabela que define a operação do grupo, o elemento b pode aparecer duas vezes? Se isso fosse possível, a tabela nos diria que existem dois elementos distintos x_1 e x_2 no grupo, tais que $a \cdot x_1 = a \cdot x_2$. Pelo teorema sobre resolução de equações lineares, essa ocorrência dupla não pode ocorrer. Logo, determinado elemento de um grupo finito pode aparecer no máximo uma vez em uma linha arbitrária da tabela que define a operação. Por outro lado, para completar a linha, cada elemento tem que aparecer pelo menos uma vez. Um resultado análogo é válido para colunas. Portanto, em uma tabela que define a operação de um grupo, cada elemento aparece exatamente uma vez em cada linha e em cada coluna. Só essa propriedade, no entanto, não é suficiente para garantir que uma tabela representa um grupo; a operação também tem que ser associativa (veja o Exercício 31).

PROBLEMA PRÁTICO 20 Suponha que $\circ$ é uma operação binária associativa em $\{1, a, b, c, d\}$. Complete a tabela a seguir de modo a definir um grupo com identidade 1:

$\circ$	1	a	b	c	d
1	1				
a			c	d	1
b		c	d		
c		d		a	
d				b	c

■

Se $[G, \cdot]$ for um grupo finito com n elementos, diremos que n é a **ordem do grupo**; n será denotado por $|G|$. Se G for um conjunto infinito, o grupo terá ordem infinita.

PROBLEMA PRÁTICO 21

a. Encontre um grupo comutativo de ordem 18.
b. Encontre um grupo não comutativo de ordem 6. ■

Os exercícios no final desta seção contêm mais propriedades de grupos.

Subgrupos

Sabemos o que são grupos e o que são subconjuntos, logo não deve ser difícil conjecturar o que devem ser subgrupos. Vamos, no entanto, considerar um exemplo antes de dar a definição. Sabemos que $[\mathbb{Z}, +]$ é um grupo. Seja A um subconjunto qualquer não vazio de $\mathbb{Z}$. Quaisquer que sejam x e y em A, x e y também estão em $\mathbb{Z}$, logo $x + y$ existe e é único. O conjunto A "herda" uma operação bem definida, $+$, de $[\mathbb{Z}, +]$. A associatividade também é herdada, já que, quaisquer que sejam $x, y, z \in A$, temos que $x, y, z \in \mathbb{Z}$ e a equação

$$(x + y) + z = x + (y + z)$$

é válida. Talvez A sob essa operação herdada tenha toda a estrutura de $[\mathbb{Z}, +]$ e seja um grupo. Isso depende de A.

Suponha que $A = P$, o conjunto dos números pares. P é fechado em relação à adição, contém 0 (o elemento identidade) e o inverso de qualquer inteiro par (seu negativo) é um inteiro par. Logo, $[P, +]$ é um grupo. Mas suponha que $A = I$, o conjunto dos inteiros ímpares. $[I, +]$ não é um grupo por várias razões. Em primeiro lugar, não é fechado em relação à soma — a soma de dois inteiros ímpares é par. (O fecho depende do conjunto, assim como da operação, logo não é uma propriedade herdada.) Em segundo lugar, um subgrupo tem que ter uma identidade para a soma; 0 é o único inteiro que serve e 0 não é ímpar.

DEFINIÇÃO SUBGRUPO

Sejam $[G, \cdot]$ um grupo e $A \subseteq G$. Então $[A, \cdot]$ é um **subgrupo** de $[G, \cdot]$ se $[A, \cdot]$ for um grupo.

Para que $[A, \cdot]$ seja um grupo, tem que ter um elemento identidade, que denotaremos por i_A. É claro que G também tem um elemento identidade, i_G. Vamos ver que $i_A = i_G$, só que essa igualdade não segue da unicidade do elemento identidade de um grupo, já que o elemento i_A poderia não ser uma identidade para G e ainda não sabemos se i_G pertence a A. No entanto, $i_A = i_A \cdot i_A$, já que i_A é o elemento identidade de $[A, \cdot]$, e $i_A = i_A \cdot i_G$, já que i_G é a identidade de $[G, \cdot]$. Como a regra de cancelamento à esquerda é válida no grupo $[G, \cdot]$, segue que $i_A = i_G$.

Para testar se $[A, \cdot]$ é ou não um subgrupo de $[G, \cdot]$, podemos supor as propriedades herdadas de que a operação está bem definida e é associativa, e verificar apenas as três propriedades restantes.

TEOREMA SOBRE SUBGRUPOS

Sejam $[G, \cdot]$ um grupo com identidade i e $A \subseteq G$. Então $[A, \cdot]$ será um subgrupo de $[G, \cdot]$ se satisfizer as seguintes condições:

1. A é fechado sob $\cdot$.
2. $i \in A$.
3. Todo $x \in A$ tem um inverso em A.

PROBLEMA PRÁTICO 22 A definição de grupo pressupõe que o conjunto não é vazio. Por que, no teorema sobre subgrupos, não há uma condição específica de que $A \neq \emptyset$? ■

EXEMPLO 13

a. $[\mathbb{Z}, +]$ é um subgrupo do grupo $[\mathbb{R}, +]$. $\mathbb{Z}$ é fechado em relação à soma, $0 \in \mathbb{Z}$, e o negativo de qualquer inteiro é um inteiro.
b. $[\{1, 4\}, \cdot_5]$ é um subgrupo do grupo $[\{1, 2, 3, 4\}, \cdot_5]$. O subconjunto é fechado em relação à soma:

$\cdot_5$	1	4
1	1	4
4	4	1

A identidade $1 \in \{1, 4\}$, $1^{-1} = 1$ e $4^{-1} = 4$. ●

PROBLEMA PRÁTICO 23

a. Mostre que $[\{0, 2, 4, 6\}, +_8]$ é um subgrupo do grupo $[\mathbb{Z}_8, +_8]$.
b. Mostre que $[\{1, 2, 4\}, \cdot_7]$ é um subgrupo do grupo $[\{1, 2, 3, 4, 5, 6\}, \cdot_7]$. ■

Se $[G, \cdot]$ for um grupo com identidade i, então $[\{i\}, \cdot]$ e $[G, \cdot]$ serão subgrupos de $[G, \cdot]$. Esses são chamados de **subgrupos triviais** de $[G, \cdot]$. Quaisquer outros subgrupos de $[G, \cdot]$ são chamados de **subgrupos próprios**.

PROBLEMA PRÁTICO 24 Encontre todos os subgrupos próprios de S_3, o grupo simétrico de grau 3. (Você pode encontrá-los analisando a tabela do grupo; veja o Problema Prático 13.) ■

Uma observação sobre terminologia confusa: o conjunto de *todas* as bijeções de A em si mesmo sob a composição de funções (como S_3) é chamado *o grupo de permutações de A,* e qualquer subgrupo dele (como no Problema Prático 24) é chamado um **grupo de permutações**. A distinção é que *o* grupo de permutações de um conjunto A inclui todas as bijeções de A em A, enquanto *um* grupo de permutações pode não incluir todas as bijeções. Grupos de permutações são particularmente importantes, não apenas por terem sido os primeiros a serem estudados, mas, também, por serem essencialmente os únicos grupos que existem, se considerarmos estruturas isomorfas como as mesmas. Veremos esse resultado em breve.

Existe um subgrupo interessante que sempre podemos encontrar no grupo simétrico S_n para $n > 1$. Sabemos que todo elemento de S_n pode ser escrito como uma composição de ciclos, mas também é verdade que todo ciclo pode ser escrito como composição de ciclos de comprimento 2, chamados de **transposições**. Em S_7, por exemplo, $(5, 1, 7, 2, 3, 6) = (5, 6) \circ (5, 3) \circ (5, 2) \circ (5, 7) \circ (5, 1)$. Podemos verificar isso calculando $(5, 6) \circ (5, 3) \circ (5, 2) \circ (5, 7) \circ (5, 1)$. Da direita para a esquerda, temos

$$1 \rightarrow 5 \rightarrow 7 \rightarrow 7 \rightarrow 7 \rightarrow 7$$

de modo que 1 vai em 7. Analogamente,

$$7 \rightarrow 7 \rightarrow 5 \rightarrow 2 \rightarrow 2 \rightarrow 2$$

de modo que 7 vai em 2, e assim por diante, resultando em $(5, 1, 7, 2, 3, 6)$. Temos, também, $(5, 1, 7, 2, 3, 6) = (1, 5) \circ (1, 6) \circ (1, 3) \circ (1, 2) \circ (2, 4) \circ (1, 7) \circ (4, 2)$.

Para qualquer $n > 1$, a permutação identidade i em S_n pode ser escrita como $i = (a, b) \circ (a, b)$ para dois elementos arbitrários a e b no conjunto $\{1, 2, \ldots, n\}$. Essa equação mostra, também, que o inverso da transposição (a, b) em S_n é (a, b). Vamos agora usar (sem demonstração) mais um fato: mesmo existindo diversas maneiras de escrever um ciclo como composição de transposições, para um ciclo dado, o número de transposições será sempre par ou sempre ímpar. Em consequência, podemos classificar qualquer permutação em S_n, $n > 1$, como **par** ou **ímpar**, dependendo do número de transposições em qualquer representação dessa permutação. Por exemplo, em S_7, $(5, 1, 7, 2, 3, 6)$ é ímpar. Se denotarmos por A_n o conjunto de todas as permutações pares em S_n, então A_n determina um subgrupo de $[S, \circ]$. A composição de permutações pares é uma permutação par e $i \in A_n$. Se $\alpha \in A_n$ e α, como produto de transposições, é $\alpha = \alpha_1 \circ \alpha_2 \circ \ldots \circ \alpha_k$, então $\alpha^{-1} = \alpha_k^{-1} \circ \alpha_{k-1}^{-1} \circ \ldots \circ \alpha_1^{-1}$. A inversa de cada transposição é uma transposição, de modo que α^{-1} também é par.

A ordem do grupo $[S_n, \circ]$ (o número de elementos) é $n!$. Qual é a ordem do subgrupo $[A_n, \circ]$? Poderíamos esperar que metade das permutações em S_n seja par e metade seja ímpar. É isso, de fato, que acontece. Se denotarmos por I_n o conjunto das permutações ímpares em S_n (que não é fechado sob a composição de funções), então a aplicação $f: A_n \rightarrow I_n$ definida por $f(\alpha) = \alpha \circ (1, 2)$ é uma bijeção.

PROBLEMA PRÁTICO 25 Prove que $f: A_n \rightarrow I_n$ definida por $f(\alpha) = \alpha \circ (1, 2)$ é injetora e sobrejetora. ■

Como existe uma bijeção de A_n em I_n, esses dois conjuntos têm o mesmo número de elementos. Mas $A_n \cap I_n = \emptyset$ e $A_n \cup I_n = S_n$, logo $|A_n| = |S_n|/2 = n!/2$.

TEOREMA SOBRE GRUPOS ALTERNADOS
Para $n \in \mathbb{N}$, $n > 1$, o conjunto A_n de permutações pares determina um subgrupo de $[S_n, \circ]$ de ordem $n!/2$, chamado de **grupo alternado de grau n**.

Já vimos diversos exemplos de subgrupos de grupos finitos. Vimos três desses exemplos no Exemplo 13b e no Problema Prático 23, e as ordens dos grupos e subgrupos eram:

Grupo de ordem 4, subgrupo de ordem 2
Grupo de ordem 8, subgrupo de ordem 4
Grupo de ordem 6, subgrupo de ordem 3

O teorema sobre grupos alternados diz que um grupo particular de ordem $n!$ tem um subgrupo de ordem $n!/2$.

Com base nesses exemplos, poderíamos pensar que subgrupos têm sempre a metade do tamanho dos grupos que os geraram. Isso nem sempre é verdade, mas existe uma relação entre a ordem de um grupo e a de um subgrupo. Essa relação está enunciada no teorema de Lagrange, demonstrado pelo grande matemático francês Joseph-Louis Lagrange em 1771 (omitiremos a demonstração).

TEOREMA TEOREMA DE LAGRANGE
A ordem de um subgrupo de um grupo finito divide a ordem do grupo.

O teorema de Lagrange nos permite diminuir as possibilidades de subgrupos para um grupo finito. Se $|G| = 12$, por exemplo, não procuraríamos um subgrupo de ordem 7, já que 7 não divide 12. Além disso, o fato de que 6 divide 12 não implica a existência de um subgrupo de ordem 6. De fato, A_4 é um grupo de ordem $4!/2 = 12$, e pode-se mostrar que A_4 não tem nenhum subgrupo de G de ordem 6. A recíproca do teorema de Lagrange não é válida em geral. Pode-se mostrar, em alguns casos, que a recíproca é verdadeira — por exemplo, no caso de grupos finitos comutativos (note que A_4 não é comutativo).

Finalmente, vamos considerar subgrupos do grupo $[\mathbb{Z}, +]$. Para qualquer elemento fixo n em $\mathbb{N}$, o conjunto $n\mathbb{Z}$ é definido como o conjunto de todos os inteiros múltiplos de n; $n\mathbb{Z} = \{nz \mid z \in \mathbb{Z}\}$. Então, por exemplo, $3\mathbb{Z} = \{0, \pm 3, \pm 6, \pm 9, \ldots\}$.

PROBLEMA PRÁTICO 26 Mostre que, qualquer que seja $n \in \mathbb{N}$, $[n\mathbb{Z}, +]$ é um subgrupo de $[\mathbb{Z}, +]$. ■

Além de $[n\mathbb{Z}, +]$ serem subgrupos de $[\mathbb{Z}, +]$ para qualquer n fixo, esses são, de fato, os únicos subgrupos de $[\mathbb{Z}, +]$. Para ver isso, suponha que $[S, +]$ é um subgrupo de $[\mathbb{Z}, +]$. Se $S = \{0\}$, então $S = 0\mathbb{Z}$. Se $S \neq \{0\}$, seja m um elemento de S, $m \neq 0$. Então ou m é positivo, ou, se m for negativo, $-m \in S$ e $-m$ é positivo. O subgrupo S, portanto, contém pelo menos um inteiro positivo. Seja n o menor inteiro positivo pertencente a S (que existe pelo princípio da boa ordenação). Vamos mostrar que $S = n\mathbb{Z}$.

Em primeiro lugar, como 0, n e $-n$ são elementos de S e S é fechado em relação a $+$, $n\mathbb{Z} \subseteq S$. Para obter a inclusão na outra direção, seja $s \in S$. Dividindo o inteiro s pelo inteiro n, obtemos um quociente inteiro q e um resto inteiro r com $0 \leq r < n$, de modo que $s = nq + r$. Resolvendo para r, obtemos $r = s + (-nq)$. Como $nq \in S$, $-nq \in S$; mas $s \in S$ e S é fechado em relação a +, logo, $r \in S$. Se r fosse positivo, teríamos uma contradição, já que n é o menor inteiro positivo pertencente a S. Portanto, $r = 0$ e $s = nq + r = nq$. Isso mostra que $S \subseteq n\mathbb{Z}$ e, então, $S = n\mathbb{Z}$, o que completa a demonstração do teorema a seguir.

TEOREMA SOBRE SUBGRUPOS DE $[\mathbb{Z}, +]$

Os subgrupos da forma $[n\mathbb{Z}, +]$ para $n \in N$ são os únicos subgrupos de $[\mathbb{Z}, +]$.

Grupos Isomorfos

Suponha que $[S, \cdot]$ e $[T, +]$ são grupos isomorfos; qual seria o significado disso? Da discussão sobre isomorfismo na Seção 8.1, estruturas isomorfas são essencialmente as mesmas, exceto por mudanças de nome. Tem que existir uma bijeção de S em T que implementa as mudanças de nome. Essa bijeção também tem que preservar os efeitos da operação binária, ou seja, efetuar primeiro a operação e depois aplicar a função tem que dar o mesmo resultado que aplicar primeiro a função e depois efetuar a operação. A definição a seguir torna essa afirmação mais precisa.

DEFINIÇÃO ISOMORFISMO DE GRUPOS

Sejam $[S, \cdot]$ e $[T, +]$ grupos. Uma aplicação $f: S \to T$ é um **isomorfismo** de $[S, \cdot]$ em $[T, +]$ se

1. a função f é uma bijeção,
2. quaisquer que sejam $x, y \in S, f(x \cdot y) = f(x) + f(y)$.

A propriedade (2) significa que f é um **homomorfismo**.

PROBLEMA PRÁTICO 27 Ilustre a propriedade de homomorfismo na definição de isomorfismo de grupos por meio de um diagrama comutativo. ■

Uma vez que grupos isomorfos são iguais exceto por mudanças de nome obtidas pela bijeção, esperaríamos que um isomorfismo levasse a identidade de um grupo na identidade do outro grupo, levasse inversas em inversas e que, se um dos grupos fosse comutativo, o outro também seria. De fato, podemos provar que essas suposições estão corretas. (As demonstrações não usam a injetividade do isomorfismo, de modo que um homomorfismo sobrejetor também leva a identidade na identidade, inversas em inversas, e preserva a comutatividade.)

Suponha, então, que f é um isomorfismo do grupo $[S, \cdot]$ no grupo $[T, +]$ e que i_S e i_T são suas respectivas identidades. A função f leva i_S em um elemento $f(i_S)$ em T. Seja t um elemento qualquer de T. Como f é sobrejetora, $t = f(s)$ para algum s em S. Então,

$$\begin{aligned} f(i_S) + t &= f(i_S) + f(s) \\ &= f(i_S \cdot s) && \text{(pois } f \text{ é um homomorfismo)} \\ &= f(s) && \text{(pois } i_S \text{ é a identidade em } S) \\ &= t \end{aligned}$$

Portanto,

$$f(i_S) + t = t$$

Analogamente,

$$t + f(i_S) = t$$

Logo, o elemento $f(i_S)$ age como a identidade em $[T, +]$; pela unicidade do elemento identidade, temos que $f(i_S) = i_T$.

PROBLEMA PRÁTICO 28 Prove que, se f for um isomorfismo do grupo $[S, \cdot]$ no grupo $[T, +]$, então, qualquer que seja $s \in S, f(s^{-1}) = -f(s)$ (f leva inversas em inversas). (*Sugestão*: Mostre que $f(s^{-1})$ age como a inversa de $f(s)$.) ■

PROBLEMA PRÁTICO 29 Prove que, se f é um isomorfismo do grupo comutativo $[S, \cdot]$ no grupo $[T, +]$, então $[T, +]$ é um grupo comutativo. ■

EXEMPLO 14 $[\mathbb{R}^+, \cdot]$ e $[\mathbb{R}, +]$ são grupos. Seja b um número real positivo, $b \neq 1$, e seja f a função de $\mathbb{R}^+$ em $\mathbb{R}$ definida por

$$f(x) = \log_b x$$

Então f é um isomorfismo. Para provar isso, temos que mostrar que f é uma bijeção (injetora e sobrejetora) e que f é um homomorfismo (preserva as operações). Vamos mostrar que f é sobrejetora: se $r \in \mathbb{R}$, $b^r \in \mathbb{R}^+$ e $f(b^r) = \log_b b^r = r$. Além disso, f é injetora: se $f(x_1) = f(x_2)$, então $\log_b x_1 = \log_b x_2$; seja $p = \log_b x_1 = \log_b x_2$; temos, $b^p = x_1$ e $b^p = x_2$, logo $x_1 = x_2$. Finalmente, f é um homomorfismo: se $x_1, x_2 \in \mathbb{R}^+, f(x_1 \cdot x_2) = \log_b(x_1 \cdot x_2) = \log_b x_1 + \log_b x_2 = f(x_1) + f(x_2)$. Note que $\log_b 1 = 0$, de modo que f leva 1, a identidade de $[\mathbb{R}^+, \cdot]$, em 0, a identidade de $[\mathbb{R}, +]$. Note, também, que

$$\log_b(1/x) = \log_b 1 - \log_b x = 0 - \log_b x = -\log_b x = -f(x)$$

de modo que f leva a inversa de x em $[\mathbb{R}^+, \cdot]$ na inversa de $f(x)$ em $[\mathbb{R}, +]$. Finalmente, ambos os grupos são comutativos. ●

Como os dois grupos no Exemplo 14 são isomorfos, eles são essencialmente iguais, e cada um deles pode ser usado para simular um cálculo no outro. Suponha, por exemplo, que $b = 2$. Então $[\mathbb{R}, +]$ pode ser usado para simular o cálculo $64 \cdot 512$ em $[\mathbb{R}^+, \cdot]$. Primeiro leve $\mathbb{R}^+$ em $\mathbb{R}$:

$$f(64) = \log_2 64 = 6$$
$$f(512) = \log_2 512 = 9$$

Agora, em $[\mathbb{R}, +]$, efetue o cálculo

$$6 + 9 = 15$$

Finalmente, use f^{-1} para voltar para $\mathbb{R}^+$:

$$f^{-1}(15) = 2^{15} = 32.768$$

(Na era a.C. — antes de calculadoras e computadores —, números grandes eram multiplicados usando-se tabelas de logaritmo em base $b = 10$ para se converter um problema envolvendo multiplicação em um envolvendo somas, já que a soma é menos propensa a erro humano.) Qualquer um dos dois grupos isomorfos pode simular cálculos no outro, como no Exemplo 14.

EXEMPLO 15 Considere os dois grupos $[S, \cdot]$ e $[T, +]$ definidos pelas tabelas a seguir:

·	2	5	9
2	9	2	5
5	2	5	9
9	5	9	2

+	0	1	4
0	0	1	4
1	1	4	0
4	4	0	1

Ambos são grupos de ordem 3, de modo que é possível que exista um isomorfismo. Se f for um isomorfismo, tem que levar i_S em i_T. Analisando as tabelas, vemos que $i_S = 5$ e $i_T = 0$, logo $f(5) = 0$. Como conjectura, sejam $f(2) = 1$ e $f(9) = 4$. Agora vamos reorganizar a tabela para $[T, +]$:

+	1	0	4
1	4	1	0
0	1	0	4
4	0	4	1

Essa tabela contém exatamente os mesmos dados que a tabela original para T; só houve uma mudança de ordem nas linhas e colunas. Escrita nessa forma, fica claro que a tabela para T é uma simples mudança de nomes (usando f) da tabela para S, de modo que f é, de fato, um isomorfismo. Note que leva inversas em inversas:

$$f(2^{-1}) = f(9) = 4 \quad \text{e} \quad -f(2) = -1 = 4$$
$$f(9^{-1}) = f(2) = 1 \quad \text{e} \quad -f(9) = -4 = 1$$

E podemos simular a operação $9 \cdot 2 = 5$ em S levando cada elemento para T, aplicando a operação $+$ e voltando para S:

$$f(9) = 4, f(2) = 1$$
$$4 + 1 = 0$$
$$f^{-1}(0) = 5, \text{ que é } 9 \cdot 2$$

EXEMPLO 16 Seja f: $M_2(\mathbb{Z}) \to M_2(\mathbb{Z})$ dada por

$$f\left(\begin{bmatrix} a & b \\ c & d \end{bmatrix}\right) = \begin{bmatrix} a & c \\ b & d \end{bmatrix}$$

Para mostrar que f é injetora, suponha que

$$f\left(\begin{bmatrix} a & b \\ c & d \end{bmatrix}\right) = f\left(\begin{bmatrix} e & f \\ g & h \end{bmatrix}\right)$$

Então

$$\begin{bmatrix} a & c \\ b & d \end{bmatrix} = \begin{bmatrix} e & g \\ f & h \end{bmatrix}$$

de modo que $a = e$, $c = g$, $b = f$ e $d = h$, ou seja,

$$\begin{bmatrix} a & b \\ c & d \end{bmatrix} = \begin{bmatrix} e & f \\ g & h \end{bmatrix}$$

Para mostrar que f é sobrejetora, seja

$$\begin{bmatrix} a & b \\ c & d \end{bmatrix} \in M_2(\mathbb{Z})$$

Então

$$\begin{bmatrix} a & c \\ b & d \end{bmatrix} \in M_2(\mathbb{Z}) \quad \text{e} \quad f\left(\begin{bmatrix} a & c \\ b & d \end{bmatrix}\right) = \begin{bmatrix} a & b \\ c & d \end{bmatrix}$$

Além disso, f é um homomorfismo de $[M_2(\mathbb{Z}), +]$ em $[M_2(\mathbb{Z}), +]$, pois

$$f\left(\begin{bmatrix} a & b \\ c & d \end{bmatrix} + \begin{bmatrix} e & f \\ g & h \end{bmatrix}\right) = f\left(\begin{bmatrix} a+e & b+f \\ c+g & d+h \end{bmatrix}\right) = \begin{bmatrix} a+e & c+g \\ b+f & d+h \end{bmatrix}$$

$$= \begin{bmatrix} a & c \\ b & d \end{bmatrix} + \begin{bmatrix} e & g \\ f & h \end{bmatrix} = f\left(\begin{bmatrix} a & b \\ c & d \end{bmatrix}\right) + f\left(\begin{bmatrix} e & f \\ g & h \end{bmatrix}\right)$$

Portanto, a função f é um isomorfismo de $[M_2(\mathbb{Z}), +]$ em $[M_2(\mathbb{Z}), +]$. ●

PROBLEMA PRÁTICO 30 Seja $5\mathbb{Z} = \{5z \mid z \in \mathbb{Z}\}$. Então $[5\mathbb{Z}, +]$ é um grupo. Mostre que $f: \mathbb{Z} \to 5\mathbb{Z}$, dada por $f(x) = 5x$, é um isomorfismo de $[\mathbb{Z}, +]$ em $[5\mathbb{Z}, +]$. ■

Se f for um isomorfismo de $[S, \cdot]$ em $[T, +]$, então f^{-1} existirá e será uma bijeção. Além disso, f^{-1} também será um homomorfismo, dessa vez de T em S. Para ver isso, sejam t_1 e t_2 elementos arbitrários em T e considere $f^{-1}(t_1 + t_2)$. Como $t_1, t_2 \in T$ e f é sobrejetora, existem s_1 e s_2 em S tais que $t_1 = f(s_1)$ e $t_2 = f(s_2)$. Temos, então,

$$\begin{aligned} f^{-1}(t_1 + t_2) &= f^{-1}(f(s_1) + f(s_2)) \\ &= f^{-1}(f(s_1 \cdot s_2)) \\ &= (f^{-1} \circ f)(s_1 \cdot s_2) \\ &= s_1 \cdot s_2 \\ &= f^{-1}(t_1) \cdot f^{-1}(t_2) \end{aligned}$$

Essa é a razão pela qual podemos falar, simplesmente, de S e T como isomorfos e escrever $S \simeq T$, sem explicitar se o isomorfismo é de S em T ou vice-versa.

Verificar se uma função dada é um isomorfismo de S em T, como no Problema Prático 30, não é difícil. Decidir se S e T são isomorfos pode ser mais difícil. Para provar que eles são isomorfos, precisamos encontrar uma função. Para provar que eles não são isomorfos, precisamos mostrar que não existe tal função. Como não podemos tentar todas as funções possíveis, usamos ideias do tipo: não existe nenhuma bijeção entre S e T, S é comutativo, mas T não é, e assim por diante.

Observamos que grupos isomorfos são essencialmente iguais, exceto por mudanças de nome, e que cada um deles pode ser usado para simular cálculos no outro. Isomorfismos de grupo são, de fato, relações de equivalência, como mostra o Problema Prático 31; então, grupos isomorfos pertencem à mesma classe de equivalência. Pensar em grupos isomorfos como "iguais exceto por mudanças de nome" é condizente com a ideia de que elementos em uma classe de equivalência correspondem a nomes diferentes para a mesma coisa.

PROBLEMA PRÁTICO 31

a. Seja $f: S \to T$ um isomorfismo do grupo $[S, \cdot]$ no grupo $[T, +]$ e seja g: $T \to U$ um isomorfismo de $[T, +]$ no grupo $[U, *]$. Mostre que $g \circ f$ é um isomorfismo de S em U.
b. Seja $\mathcal{T}$ uma coleção de grupos e defina uma relação ρ binária em $\mathcal{T}$ por $S \rho T \leftrightarrow S \simeq T$. Mostre que ρ é uma relação de equivalência em $\mathcal{T}$. ■

Vamos encerrar esta seção considerando algumas classes de equivalência de grupos sob isomorfismo. Muitas vezes escolhemos um elemento em uma classe de equivalência e observamos que ele é um elemento típico dessa classe e que todos os outros grupos na classe são essencialmente iguais a esse (com nomes diferentes).

Um resultado sobre a natureza de grupos muito pequenos segue imediatamente do Exercício 24 no final desta seção.

TEOREMA SOBRE GRUPOS PEQUENOS

Todo grupo de ordem 2 é isomorfo ao grupo cuja tabela é dada por

·	1	a
1	1	a
a	a	1

Todo grupo de ordem 3 é isomorfo ao grupo cuja tabela é dada por

·	1	a	b
1	1	a	b
a	a	b	1
b	b	1	a

Todo grupo de ordem 4 é isomorfo a um dos grupos cujas tabelas são

·	1	a	b	c
1	1	a	b	c
a	a	1	c	b
b	b	c	1	a
c	c	b	a	1

·	1	a	b	c
1	1	a	b	c
a	a	b	c	1
b	b	c	1	a
c	c	1	a	b

Podemos, também, provar que qualquer grupo é, essencialmente, um grupo de permutações. Suponha que $[G, \cdot]$ é um grupo. Queremos estabelecer um isomorfismo entre G e um grupo de permutações; cada elemento g de G tem que estar associado a uma permutação α_g em algum conjunto. De fato, o conjunto vai ser o próprio G; para qualquer $x \in G$, definimos $\alpha_g(x)$ como $g \cdot x$. Precisamos mostrar que $\{\alpha_g \mid g \in G\}$ forma um grupo de permutações e que esse grupo de permutações é isomorfo a G. Precisamos mostrar, primeiro, que, qualquer que seja $g \in G$, α_g é, de fato, uma permutação de G. Da definição $\alpha_g(x) = g \cdot x$, é claro que α_g: $G \to G$, mas precisamos mostrar que α_g é uma bijeção.

PROBLEMA PRÁTICO 32 Mostre que α_g definido acima é uma permutação (bijeção) de G. ■

Vamos considerar, agora, $P = \{\alpha_g \mid g \in G\}$ e mostrar que P é um grupo sob a composição de funções. P não é vazio, já que G não é vazio, e a associatividade é sempre válida para a composição de funções. Precisamos mostrar que P é fechado sob a composição, que tem uma identidade e que cada $\alpha_g \in P$ tem um inverso em P. Para mostrar que P é fechado sob a composição, sejam α_g e $\alpha_h \in P$. Para qualquer $x \in G$, $(\alpha_g \circ \alpha_h)(x) = \alpha_g(\alpha_h(x)) = \alpha_g(h \cdot x) = g \cdot (h \cdot x) = (g \cdot h) \cdot x$. Logo, $\alpha_g \circ \alpha_h = \alpha_{g \cdot h}$ e $\alpha_{g \cdot h} \in P$.

PROBLEMA PRÁTICO 33

a. Denote por 1 a identidade em G. Mostre que α_1 é uma identidade para P sob a composição de funções.
b. Para $\alpha_g \in P$, $\alpha_{g^{-1}} \in P$; mostre que $\alpha_{g^{-1}} = (\alpha_g)^{-1}$. ■

Já sabemos, então, que $[P, \circ]$ é um grupo de permutações; falta apenas provar que a função f: $G \to P$ definida por $f(g) = \alpha_g$ é um isomorfismo. É claro que f é sobrejetora.

PROBLEMA PRÁTICO 34 Mostre que f: $G \to P$ definida por $f(g) = \alpha_g$ é

a. injetora,
b. um homomorfismo. ■

Acabamos de provar o teorema a seguir, enunciado e demonstrado pela primeira vez pelo matemático inglês Arthur Cayley na metade do século XIX.

TEOREMA TEOREMA DE CAYLEY
Todo grupo é isomorfo a um grupo de permutações.

SEÇÃO 9.1 REVISÃO

TÉCNICAS

- Testar se determinado conjunto munido de uma operação satisfaz as propriedades necessárias para formar um semigrupo, um monoide ou um grupo.
- Testar se um subconjunto dado de um grupo é um subgrupo.
- Testar se uma função dada de um grupo em outro é um isomorfismo.
- Decidir se dois grupos são isomorfos.

IDEIAS PRINCIPAIS

- Muitos sistemas aritméticos elementares são exemplos de semigrupo, monoide ou grupo.
- Em qualquer grupo, a identidade e os inversos são únicos, as regras de cancelamento são válidas e as equações lineares são solúveis; essas e outras propriedades seguem das definições.
- Um subconjunto de um grupo pode formar um grupo sob a operação herdada.
- Em um grupo finito, a ordem de um subgrupo divide a ordem do grupo.
- Os únicos subgrupos do grupo $[\mathbb{Z}, +]$ são os da forma $[n\mathbb{Z}, +]$, em que $n\mathbb{Z}$ é o conjunto dos múltiplos inteiros de um $n \in \mathbb{N}$ fixo.
- Se f for um isomorfismo entre grupos, f levará a identidade na identidade, levará inversos em inversos e preservará a comutatividade.

- Se S e T forem grupos isomorfos, então eles serão idênticos, exceto por mudanças de nome, e cada um simulará qualquer cálculo no outro.
- Isomorfismo forma uma relação de equivalência nos grupos.
- A menos de isomorfismos, existem apenas um grupo de ordem 2, um grupo de ordem 3 e dois grupos de ordem 4.
- Todo grupo é, essencialmente, um grupo de permutações.

EXERCÍCIOS 9.1

1. a. É definida uma operação binária $\cdot$ no conjunto $\{a, b, c, d\}$ pela tabela à esquerda. Essa operação é comutativa? Ela é associativa?

   b. Seja $S = \{p, q, r, s\}$. Uma operação binária associativa está parcialmente definida em S na tabela à direita. Complete a tabela para preservar a associatividade. A operação $\cdot$ é comutativa?

·	a	b	c	d
a	a	c	d	a
b	b	c	a	d
c	c	a	b	d
d	d	b	a	c

·	p	q	r	s
p	p	q	r	s
q	q	r	s	p
r			p	
s	s		q	r

2. Mostre que a multiplicação de matrizes em $M_2(\mathbb{Z})$ é associativa.
3. Cada item a seguir define uma operação binária, denotada por $\cdot$, em um conjunto dado. Quais dentre elas são associativas? Quais são comutativas?

   a. Em $\mathbb{Z}$: $x \cdot y = \begin{cases} x \text{ se } x \text{ for par} \\ x + 1 \text{ se } x \text{ for ímpar} \end{cases}$

   b. Em $\mathbb{N}$: $x \cdot y = (x + y)^2$

   c. Em $\mathbb{R}^+$: $x \cdot y = x^4$

   d. Em $\mathbb{Q}$: $x \cdot y = xy/2$

   e. Em $\mathbb{R}^+$: $x \cdot y = 1/(x + y)$

4. Defina operações binárias em $\mathbb{N}$ que sejam

   a. comutativas mas não associativas;

   b. associativas mas não comutativas;

   c. nem associativas nem comutativas;

   d. associativas e comutativas.

Nos Exercícios 5 a 7, determine se as estruturas $[S, \cdot]$ a seguir formam semigrupos, monoides, grupos ou nenhum desses. Identifique o elemento identidade em qualquer monoide ou grupo.

5. a. $S = \mathbb{N}; x \cdot y = \text{mín}(x, y)$

   b. $S = \mathbb{R}; x \cdot y = (x + y)^2$

   c. $S = \{a\sqrt{2} \mid a \in \mathbb{N}\}; \cdot$ = multiplicação

   d. $S = \{a + b\sqrt{2} \mid a, b \in \mathbb{Z}\}: \cdot$ = multiplicação

   e. $S = \{a + b\sqrt{2} \mid a, b \in \mathbb{Q},\ a \text{ e } b \text{ ambos não } 0\}; .$ = multiplicação

   f. $S = \{1, -1, i, -i\}; \cdot$ = multiplicação (em que $i^2 = -1$)

6. a. $S = \{1, 2, 4\}; \cdot = \cdot_6$

   b. $S = \{1, 2, 3, 5, 6, 10, 15, 30\}; x \cdot y$ = mínimo múltiplo comum de x e y

   c. $S = \mathbb{N} \times \mathbb{N}; (x_1, y_1) \cdot (x_2, y_2) = (x_1, y_2)$

   d. $S = \mathbb{N} \times \mathbb{N}; (x_1, y_1) \cdot (x_2, y_2) = (x_1 + x_2, y_1y_2)$

   e. S = conjunto dos inteiros pares = soma

   f. S = conjunto dos inteiros ímpares = soma

7. a. S = conjunto de todos os polinômios em $\mathbb{R}[x]$ de grau ≤ 3; $\cdot$ = soma de polinômios
   b. S = conjunto de todos os polinômios em $\mathbb{R}[x]$ de grau ≤ 3; $\cdot$ = multiplicação de polinômios
   c. $S = \left\{ \begin{bmatrix} 1 & z \\ 0 & 1 \end{bmatrix} \middle| z \in \mathbb{Z} \right\}$; $\cdot$ = multiplicação de matrizes
   d. $S = \{1, 2, 3, 4\}$; $\cdot = \cdot_5$
   e. $S = \mathbb{R} - \{-1\}$; $x \cdot y = x + y + xy$
   f. $S = \{f \mid f: \mathbb{N} \to \mathbb{N}\}$; $\cdot$ = soma de funções, ou seja, $(f + g)(x) = f(x) + g(x)$

8. Seja $A = \{1, 2\}$.
   a. Descreva os elementos e faça uma tabela para o semigrupo de transformações de A.
   b. Descreva os elementos e faça uma tabela para o grupo de permutações de A.

9. Dado um triângulo equilátero, pode-se efetuar seis permutações no triângulo de modo a deixar fixa sua imagem no plano. Três dessas permutações correspondem a rotações, no sentido horário, de 120°, 240° e 360° em torno do centro do triângulo; essas permutações são denotadas, respectivamente, por R_1, R_2 e R_3. O triângulo também pode ser refletido em relação a qualquer um dos eixos 1, 2 e 3 (veja a figura a seguir); essas permutações são denotadas, respectivamente, por F_1, F_2 e F_3. Durante essas permutações, os eixos permanecem fixos no plano. A composição de permutações é uma operação binária no conjunto D_3 de todas as seis permutações. Por exemplo, $F_3 \circ R_2 = F_2$. O conjunto D_3 é um grupo sob a composição, chamado de *grupo de simetria de um triângulo equilátero*. Complete a tabela a seguir para $[D_3, \circ]$. Qual é o elemento identidade em $[D_3, \circ]$? Qual é o inverso de F_1? E o de R_2?

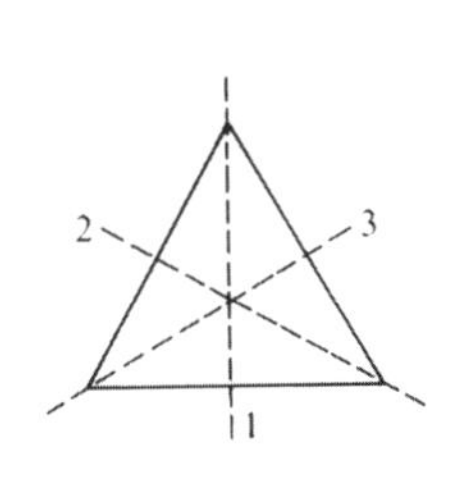

$\circ$	R_1	R_2	R_3	F_1	F_2	F_3
R_1						
R_2						
R_3						
F_1						
F_2						
F_3		F_2				

10. O conjunto S_3, o grupo simétrico de grau 3, é isomorfo a D_3, o grupo de simetria de um triângulo equilátero (veja o Exercício 9). Encontre uma bijeção de S_3 em D_3 que preserve a operação. (*Sugestão*: R_1 em D_3 pode ser considerado uma permutação em S_3 que leva 1 em 2, 2 em 3 e 3 em 1.)

11. Em cada um dos casos a seguir, decida se a estrutura à esquerda forma um subgrupo do grupo à direita. Se não, diga por quê. (Note que S^* denota $S - \{0\}$.)
    a. $[\mathbb{Z}_5^*, \cdot_5]$; $[\mathbb{Z}_5, +_5]$
    b. $[P, +]$; $[\mathbb{R}[x], +]$ em que P é o conjunto de todos os polinômios em x com coeficientes em $\mathbb{R}$ de grau ≥ 3
    c. $[\mathbb{Z}^*, \cdot]$; $[\mathbb{Q}^*, \cdot]$
    d. $[K, +]$; $[\mathbb{R}[x], +]$ em que K é o conjunto de todos os polinômios em x com coeficientes em $\mathbb{R}$ de grau $\leq k$ para algum k fixo

12. Em cada um dos casos a seguir, decida se a estrutura à esquerda forma um subgrupo do grupo à direita. Se não, diga por quê.
    a. $[A, \circ]$; $[S, \circ]$ em que S é o conjunto de todas as bijeções em $\mathbb{N}$ e A é o conjunto de todas as bijeções em $\mathbb{N}$ que levam 3 em 3
    b. $[\mathbb{Z}, +]$; $[M_2(\mathbb{Z}), +]$
    c. $[\{0, 3, 6\}, +_8]$; $[\mathbb{Z}_8, +_8]$
    d. $[A, +_2]$;$[Z_2^5, +_2]$ em que $A = \{00000, 01111, 10101, 11010\}$

13. Encontre todos os subgrupos distintos de $[\mathbb{Z}_{12}, +_{12}]$.

14. a. Mostre que o subconjunto

$$\alpha_l = i \qquad \alpha_3 = (1, 4) \circ (2, 3)$$
$$\alpha_2 = (1, 2) \circ (3, 4) \qquad \alpha_4 = (1, 3) \circ (2, 4)$$

forma um subgrupo do grupo simétrico S_4.

b. Mostre que o subconjunto

$$\begin{array}{ll} \alpha_1 = i & \alpha_5 = (1, 2) \circ (3, 4) \\ \alpha_2 = (1, 2, 3, 4) & \alpha_6 = (1, 4) \circ (2, 3) \\ \alpha_3 = (1, 3) \circ (2, 4) & \alpha_7 = (2, 4) \\ \alpha_4 = (1, 4, 3, 2) & \alpha_8 = (1, 3) \end{array}$$

forma um subgrupo do grupo simétrico S_4.

15. Encontre os elementos do grupo alternado A_4.
16. Seja $A = \{p, q, r\}$ e seja $[A^*, \cdot]$ o monoide livre gerado por A.
 a. O que é ppqrp · qprr?
 b. Seja B o conjunto de todas as cadeias formadas por elementos de A contendo um número par de elementos iguais a q. Então $B \subseteq A^*$. Prove que $[B, \cdot]$ também é um monoide.
17. Em cada item a seguir, decida se a função dada é um homomorfismo do grupo à esquerda no grupo à direita. Algum desses homomorfismos é também um isomorfismo?
 a. $[\mathbb{Z}, +], [\mathbb{Z}, +]; f(x) = 2$
 b. $[\mathbb{R}, +], [\mathbb{R}, +]; f(x) = |x|$
 c. $[\mathbb{R}^*, \cdot], [\mathbb{R}^*, \cdot]$ (em que $\mathbb{R}^*$ denota o conjunto dos números reais não nulos); $f(x) = |x|$
18. Em cada item a seguir, decida se a função dada é um homomorfismo do grupo à esquerda no grupo à direita. Algum desses homomorfismos é também um isomorfismo?
 a. $[\mathbb{R}[x], +], [\mathbb{R}, +]; f(a_n x^n + a_{n-1}x^{n-1} + \cdots + a_1 x + a_0) = a_n + a_{n-1} + \cdots + a_0$
 b. $[S_3, \circ], [\mathbb{Z}_2, +_2]; f(\alpha) = \begin{cases} 1 \text{ se } \alpha \text{ for uma permutação par} \\ 0 \text{ se } \alpha \text{ for uma permutação ímpar} \end{cases}$
 c. $[\mathbb{Z} \times \mathbb{Z}, +]$ em que + denota soma componente a componente $[\mathbb{Z}, +]; f(x, y) = x + 2y$
19. Em cada item a seguir, decida se os grupos dados são isomorfos. Em caso afirmativo, produza um isomorfismo. Em caso negativo, dê uma razão pela qual não são.
 a. $[\mathbb{Z}, +], [12\mathbb{Z}, +]$ (em que $12\mathbb{Z} = \{12z \mid z \in \mathbb{Z}\}$)
 b. $[\mathbb{Z}_5, +_5], [5\mathbb{Z}, +]$
 c. $[5\mathbb{Z}, +], [12\mathbb{Z}, +]$
 d. $[S_3, \circ], [\mathbb{Z}_6, +_6]$
20. Em cada item a seguir, decida se os grupos dados são isomorfos. Em caso afirmativo, produza um isomorfismo. Em caso negativo, dê uma razão pela qual não são.
 a. $[\{a_1 x + a_0 \mid a_1, a_0 \in \mathbb{R}\}, +], [\mathbb{C}, +]$
 b. $[\mathbb{Z}_6, +_6], [S_6, \circ]$
 c. $[\mathbb{Z}_2, +_2], [S_2, \circ]$
 d. $[Z_2^3, +_2], [\mathbb{Z}_8, +_8]$
21. Seja $M_2^0(\mathbb{Z})$ o conjunto de todas as matrizes 2×2 da forma

$$\begin{bmatrix} 1 & z \\ 0 & 1 \end{bmatrix}$$

em que $z \in \mathbb{Z}$.

 a. Mostre que $[M_2^0(\mathbb{Z}), \cdot]$ é um grupo, em que · denota a multiplicação de matrizes.
 b. Seja $f: M_2^0(\mathbb{Z}) \to \mathbb{Z}$ a função definida por

$$f\left(\begin{bmatrix} 1 & z \\ 0 & 1 \end{bmatrix}\right) = z$$

 Prove que f é um isomorfismo de $[M_2^0(\mathbb{Z}), \cdot]$ em $[\mathbb{Z}, +]$.

c. Use $[\mathbb{Z}, +]$ para simular o cálculo

$$\begin{bmatrix} 1 & 7 \\ 0 & 1 \end{bmatrix} \cdot \begin{bmatrix} 1 & -3 \\ 0 & 1 \end{bmatrix}$$

em $[M_2^0(\mathbb{Z}), \cdot]$.

d. Use $[M_2^0(\mathbb{Z}), \cdot]$ para simular o cálculo $2 + 3$ em $[\mathbb{Z}, +]$.

22. a. Seja $S = \{1, -1\}$. Mostre que $[S, \cdot]$ é um grupo, em que $\cdot$ é a multiplicação usual de inteiros.

b. Seja f a função do grupo $[S_n, \circ]$ no grupo $[S, \cdot]$ definida por

$$f(\alpha) = \begin{cases} 1 \text{ se } \alpha \text{ for par} \\ -1 \text{ se } \alpha \text{ for ímpar} \end{cases}$$

Prove que f é um homomorfismo.

23. Mostre que, em qualquer grupo $[G, \cdot]$,

a. $i^{-1} = i$

b. $(x^{-1})^{-1} = x$ para todo $x \in G$

24. a. Mostre que qualquer grupo de ordem 2 é comutativo construindo uma tabela de grupo para o conjunto $\{1, a\}$ com 1 sendo a identidade.

b. Mostre que qualquer grupo de ordem 3 é comutativo construindo uma tabela de grupo para o conjunto $\{1, a, b\}$ com 1 sendo a identidade. (Pode supor a associatividade.)

c. Mostre que qualquer grupo de ordem 4 é comutativo construindo uma tabela de grupo para o conjunto $\{1, a, b, c\}$ com 1 sendo a identidade. (Pode supor a associatividade.) Será possível construir quatro dessas tabelas, mas três delas serão isomorfas porque os elementos foram simplesmente renomeados de uma para a outra. Encontre esses três grupos e indique a função que implementa essa mudança de nomes. Portanto, existem dois grupos essencialmente diferentes de ordem 4, e ambos são comutativos.

25. Seja $[G, \cdot]$ um grupo e sejam $x, y \in G$. Defina uma relação ρ em G por $x \,\rho\, y \leftrightarrow g \cdot x \cdot g^{-1} = y$ para algum $g \in G$.

a. Prove que ρ é uma relação de equivalência em G.

b. Prove que $[x] = \{x\}$ para todo x em G se e somente se G for comutativo.

26. Para cada elemento x de um grupo $[G, \cdot]$, podemos definir x^n para qualquer inteiro positivo n por $x^1 = x$, $x^2 = x \cdot x$ e $x^n = x^{n-1} \cdot x$ para $n > 2$. Prove que, em qualquer grupo finito $[G, \cdot]$, para cada $x \in G$ existe um inteiro positivo k tal que $x^k = i$.

27. Seja $[S, \cdot]$ um semigrupo. Um elemento $i_E \in S$ é uma *identidade à esquerda* se para todo $x \in S$ $i_E \cdot x = x$. Um elemento $i_D \in S$ é uma *identidade à direita* se para todo $x \in S$ $x \cdot i_D = x$.

a. Mostre que, se um semigrupo $[S, \cdot]$ tiver uma identidade à esquerda e uma identidade à direita, então $[S, \cdot]$ será um monoide.

b. Dê um exemplo de um semigrupo finito com duas identidades à esquerda e nenhuma identidade à direita.

c. Dê um exemplo de um semigrupo finito com duas identidades à direita e nenhuma identidade à esquerda.

d. Dê um exemplo de um semigrupo finito que não tem nem identidade à esquerda nem identidade à direita.

28. Seja $[S, \cdot]$ um monoide com identidade i e seja $x \in S$. Um elemento x_E^{-1} em S é um *inverso à esquerda* de x se $x_E^{-1} \cdot x = i$. Um elemento x_D^{-1} é um *inverso à direita* de x se $x \cdot x_D^{-1} = i$.

a. Mostre que, se todo elemento em um monoide $[S, \cdot]$ tiver uma inversa à esquerda e uma inversa à direita, então $[S, \cdot]$ será um grupo.

b. Seja S o conjunto de todas as funções f tais que $f: \mathbb{N} \to \mathbb{N}$. Então S é um monoide sob a composição de funções. Defina uma função $f \in S$ por $f(x) = 2x$, $x \in \mathbb{N}$. Defina uma função $g \in S$ por

$$g(x) = \begin{cases} x/2 & \text{se } x \in \mathbb{N}, x \text{ par} \\ 1 & \text{se } x \in \mathbb{N}, x \text{ ímpar} \end{cases}$$

Mostre que g é uma inversa à esquerda para f. Mostre que f não tem inversa à direita.

29. Seja $[S, \cdot]$ um semigrupo com uma identidade à esquerda i_E (veja o Exercício 27) e a propriedade de que todo $x \in S$ tem uma inversa à esquerda y tal que $y \cdot x = i_E$. Prove que $[S, \cdot]$ é um grupo. (*Sugestão*: y também tem uma inversa à esquerda em S.)
30. Um elemento em um semigrupo $[S, \cdot]$ é idempotente se $x \cdot x = x$. Prove que um grupo contém exatamente um elemento idempotente.
31. Mostre que, se $[S, \cdot]$ for um semigrupo no qual é sempre possível resolver as equações lineares $a \cdot x = b$ e $x \cdot a = b$ quaisquer que sejam $a, b \in S$, então $[S, \cdot]$ será um grupo. (*Sugestão*: Use o Exercício 29.)
32. Prove que um semigrupo finito que satisfaz as regras de cancelamento à esquerda e à direita é um grupo. (*Sugestão*: Use o Exercício 29.)
33. Mostre que um grupo $[G, \cdot]$ é comutativo se e somente se $(x \cdot y)^2 = x^2 \cdot y^2$ quaisquer que sejam $x, y \in G$.
34. Mostre que um grupo $[G, \cdot]$ no qual $x \cdot x = i$ para todo $x \in G$ é comutativo.
35. Seja $[G, \cdot]$ um grupo comutativo com identidade i. Para cada inteiro positivo fixo k, seja $B_k = \{x \mid x \in G, x^k = i\}$. Mostre que $[B_k, \cdot]$ é um subgrupo de $[G, \cdot]$.
36. Seja $[G, \cdot]$ um grupo comutativo com subgrupos $[S, \cdot]$ e $[T, \cdot]$. Seja $ST = \{s \cdot t \mid s \in S, t \in T\}$. Mostre que $[ST, \cdot]$ é um subgrupo de $[G, \cdot]$.
37. a. Seja $[G, \cdot]$ um grupo e sejam $[S, \cdot]$ e $[T, \cdot]$ subgrupos de $[G, \cdot]$. Mostre que $[S \cap T, \cdot]$ é um subgrupo de G.
    b. $[S \cup T, \cdot]$ é um subgrupo de $[G, \cdot]$? Prove ou dê um contraexemplo.
38. Dado um grupo $[G, \cdot]$, seu *centro* é $A = \{x \in G \mid x \cdot g = g \cdot x \text{ para todo } g \in G\}$.
    a. Prove que $[A, \cdot]$ é um subgrupo de $[G, \cdot]$.
    b. Encontre o centro do grupo de simetria de um triângulo equilátero, $[D_3, \circ]$ (veja o Exercício 9).
    c. Mostre que G é comutativo se e somente se $G = A$.
    d. Sejam x e y elementos em G tais que $x \cdot y^{-1} \in A$. Prove que $x \cdot y = y \cdot x$.
39. a. Denote por S_A o grupo de permutações de um conjunto A e seja a um elemento fixo de A. Mostre que o conjunto H_a de todas as permutações em S_A que deixam a fixo forma um subgrupo de S_A.
    b. Se A tiver n elementos, qual será o valor de $|H_a|$?
40. a. Sejam $[G, \cdot]$ um grupo e $A \subseteq G, A \neq \emptyset$. Prove que $[A, \cdot]$ é um subgrupo de $[G, \cdot]$ se quaisquer que sejam $x, y \in A$, $x \cdot y^{-1} \in A$. Esse teste para subgrupos é, algumas vezes, mais conveniente de usar do que o teorema sobre subgrupos.
    b. Use o teste do item (a) para fazer o Exercício 35.
41. a. Seja $[G, \cdot]$ um grupo com identidade i. Para $a \in G$ fixo, a^0 denota i e a^{-n} denota $(a^n)^{-1}$. Seja $A = \{a^z \mid z \in \mathbb{Z}\}$. Prove que $[A, \cdot]$ é um subgrupo de G. (*Sugestão*: Use o Exercício 40.)
    b. O grupo $[G, \cdot]$ será dito um *grupo cíclico* se para algum $a \in G$ $A = \{a^z \mid z \in \mathbb{Z}\}$ é o grupo G todo. Nesse caso, a é um *gerador* de $[G, \cdot]$. Por exemplo, 1 é um gerador de $[\mathbb{Z}, +]$; lembre-se de que a operação é a soma. Então, $1^0 = 0$, $1^1 = 1$, $1^2 = 1 + 1 = 2$, $1^3 = 1 + 1 + 1 = 3, \ldots$; $1^{-1} = (1)^{-1} = -1$, $1^{-2} = (1^2)^{-1} = -2$, $1^{-3} = (1^3)^{-1} = -3, \ldots$. Todo inteiro pode ser escrito como uma "potência" inteira de 1, e $[\mathbb{Z}, +]$ é cíclico com gerador 1. Mostre que o grupo $[\mathbb{Z}_7, +_7]$ é cíclico com gerador 2.
    c. Mostre que 5 também é um gerador do grupo cíclico $[\mathbb{Z}_7, +_7]$.
    d. Mostre que 3 é um gerador do grupo cíclico $[\mathbb{Z}_4, +_4]$.
42. Seja $[G, \cdot]$ um grupo cíclico com gerador a (veja o Exercício 41). Mostre que G é comutativo.
43. a. Seja $[S, \cdot]$ um semigrupo. Um isomorfismo de S em S é chamado de um *automorfismo* de S. Seja Aut(S) o conjunto de todos os automorfismos de S. Mostre que Aut(S) é um grupo sob a composição de funções.
    b. Para o grupo $[\mathbb{Z}_4, +_4]$, encontre o conjunto de automorfismos e mostre a tabela do grupo sob $\circ$.
44. Seja $[G, \cdot]$ um grupo comutativo com identidade i. Prove que a função $f: G \to G$ dada por $f(x) = x^{-1}$ é um isomorfismo.
45. Seja f um homomorfismo de um grupo G em um grupo H. Mostre que f é um isomorfismo se e somente se o único elemento de G que vai na identidade de H é a identidade de G.
46. Seja $[G, \cdot]$ um grupo e seja g um elemento fixo de G. Defina $f: G \to G$ por $f(x) = g \cdot x \cdot g^{-1}$ para todo $x \in G$. Prove que f é um isomorfismo de G em G.
47. a. Considere a relação de equivalência congruência módulo n nos inteiros definida na Seção 5.1. Se $n = 5$, há cinco classes de equivalência:

$$[0] = \{\ldots, -10, -5, 0, 5, 10, \ldots\}$$
$$[1] = \{\ldots, -9, -4, 1, 6, 11, \ldots\}$$
$$[2] = \{\ldots, -8, -3, 2, 7, 12, \ldots\}$$
$$[3] = \{\ldots, -7, -2, 3, 8, 13, \ldots\}$$
$$[4] = \{\ldots, -6, -1, 4, 9, 14, \ldots\}$$

Seja $E_5 = \{[0], [1], [2], [3], [4]\}$. Defina uma operação $+$ em E_5 por

$$[x] + [y] = [x + y]$$

Por exemplo, $[2] + [4] = [2 + 4] = [6] = [1]$ (lembre-se de que uma classe de equivalência pode ser representada por qualquer um de seus elementos). Prove que $[E_5, +]$ é um grupo comutativo.

b. $[\mathbb{Z}_5, +_5]$ é um grupo comutativo com elementos $\{0, 1, 2, 3, 4\}$ (veja o Exemplo 7). Prove que $[\mathbb{Z}_5, +_5]$ é isomorfo ao grupo $[E, +]$.

c. Os resultados dos itens (a) e (b) são válidos para qualquer n. No grupo E_{14}, qual é o inverso de [10]? Qual é a imagem inversa de [21] sob o isomorfismo de $\mathbb{Z}_{14}$ para E_{14}?

SEÇÃO 9.2 TEORIA DA CODIFICAÇÃO

Introdução

Falamos sobre criptografia (codificação para manter segredos) no Capítulo 5. A codificação sobre a qual falaremos nesta seção não é projetada para manter dados secretos, mas para enfrentar a deterioração de dados. Os dados podem deteriorar com o tempo em um dispositivo de armazenagem ou podem ser corrompidos durante uma transmissão de um sítio para outro em algum meio. Bits podem mudar de 0 para 1 ou vice-versa através de interferência ("ruído"), falhas de hardware, mídia danificada etc. O objetivo é ser capaz de detectar, ou talvez até corrigir, tais erros.

Como analogia, considere a transmissão de voz através de um celular com uma conexão de baixa qualidade. Uma pessoa diz *um gato preto* e a outra entende *um pato preto.* Como a mensagem recebida faz sentido e poderia ser a mensagem enviada, não é possível detectar que ocorreu um erro. Uma alternativa é codificar a mensagem a ser transmitida repetindo-a. Assim, a codificação para *um gato preto* seria *um gato preto um gato preto,* e a codificação para *um pato preto* seria *um pato preto um pato preto.* Uma mensagem recebida como *um gato preto um pato preto* alertaria quem a recebesse que ocorreu um erro durante a transmissão. No entanto, a mensagem recebida está igualmente próxima a qualquer uma das duas codificações, de modo que não é possível saber qual seria a mensagem verdadeira. Note que dois erros ainda passariam despercebidos.

Vamos agora codificar uma mensagem repetindo-a três vezes: *um gato preto um gato preto um gato preto* e *um pato preto um pato preto um pato preto.* Uma mensagem recebida como *um gato preto um pato preto um gato preto* sinalizaria a ocorrência de um ou dois erros. Se supuséssemos mais provável a ocorrência de um único erro, usaríamos a codificação mais próxima, *um gato preto um gato preto um gato preto.* Esse processo é chamado de **decodificação pela semelhança máxima** e fornece a codificação correta para uma mensagem recebida em que não ocorreu mais de um erro. Como podemos detectar até dois erros e corrigir um deles, projetamos um **código de detecção de erro duplo e correção de erro único**.

Aqui vimos três ideias centrais na teoria da codificação: redundância na codificação, decodificação pela semelhança máxima e distância entre codificações. A redundância usa largura maior da banda ou armazenagem adicional, e também aumenta a exposição a erros. Ainda assim, como vimos no nosso exemplo simples, também aumenta a capacidade de detectar e talvez corrigir tais erros. Você provavelmente conhece a ideia de bit de paridade, em que se adiciona um bit no final de uma cadeia binária para que o número total de bits iguais a 1, incluindo o bit de paridade, seja par (um esquema par). Um único erro em um bit seria detectável, já que resultaria em um número ímpar de bits iguais a 1. Mas não é possível saber em que bit está o erro. Um número par de erros não é detectável, e qualquer número ímpar de erros não pode ser distinguido de um único erro. Essa codificação detecta um único erro.

As codificações que examinaremos são generalizações da codificação usando bit de paridade. Uma codificação com bit de paridade adicional um bit ao final de uma m-upla, a mensagem original, e a transforma em uma n-upla codificada, em que $n = m + 1$. Nossas codificações irão adicionar bits ao final de uma m-upla, a mensagem original, para transformá-la em uma n-upla codificada em que os $n - m$ bits adicionais são todos bits de paridade de tipo especial. Essas codificações dependem de resultados adicionais sobre teoria dos grupos (são chamadas, de fato, de *códigos usando grupos*), de modo que vamos precisar estudar um pouco mais sobre grupos.

Pano de Fundo: Homomorfismos e Classes Laterais

De acordo com a definição, para que f seja um isomorfismo, f tem que ser uma bijeção e um homomorfismo.

EXEMPLO 17 Considere as seguintes funções de $\mathbb{Z}$ em $\mathbb{Z}$:

$$f(x) = 0$$
$$g(x) = x + 1$$

A função f é um homomorfismo do grupo $[\mathbb{Z}, +]$ no grupo $[\mathbb{Z}, +]$, pois $f(x + y) = 0 = 0 + 0 = f(x) + f(y)$. No entanto, f não é uma bijeção, logo não é um isomorfismo. A função g é uma bijeção: de fato, g é injetora, já que $g(x) = g(y)$ implica que $x + 1 = y + 1$, ou $x = y$; g também é sobrejetora, pois, dado qualquer $z \in \mathbb{Z}$, $z - 1 \in \mathbb{Z}$ e $g(z - 1) = z$. Mas g não é um homomorfismo porque $g(x + y) = x + y + 1 \neq x + 1 + y + 1 = g(x) + g(y)$. Portanto, g não é um isomorfismo. ●

O que se pode dizer sobre funções de um grupo em outro que são homomorfismos, mas não são isomorfismos? Mais especificamente, sejam $[G, \cdot]$ um grupo com identidade i_G, $[H, +]$ um grupo com identidade i_H e $f: G \to H$ um homomorfismo. A imagem de f, $f(G)$, é um subconjunto de H (lembre-se de que f pode não ser uma função sobrejetora, logo a igualdade $f(G) = H$ pode ser falsa). A imagem $f(G)$ é, de fato, um subgrupo de H. É fácil demonstrar as três propriedades necessárias para $f(G)$ ser um subgrupo, e a demonstração irá mostrar que $f(i_G) = i_H$ e $-f(x) = f(x^{-1})$ (Exercício 1). Podemos definir uma relação binária ρ em G por

$$x \,\rho\, y \leftrightarrow f(x) = f(y)$$

e ρ é uma relação de equivalência.

PROBLEMA PRÁTICO 35 Prove que ρ é uma relação de equivalência em G. ■

Se f for uma função injetora, $x \,\rho\, y$ significaria que $f(x) = f(y)$ e, portanto, $x = y$. As classes de equivalência formadas por ρ seriam triviais, cada uma contendo um único elemento de G. Mas, em geral, como f não é uma bijeção, f pode não ser injetora. Seja $[i_G]$ a classe de equivalência determinada por ρ que contém a identidade de G. Como $f(i_G) = i_H$, $[i_G] = \{x \in G | f(x) = i_H\}$. Esse conjunto é chamado de **núcleo** do homomorfismo f.

O núcleo K é um subconjunto de G e, além disso, é um subgrupo de G. Precisamos provar as três propriedades necessárias para um subgrupo:

LEMBRETE

Dado um homomorfismo f de $[G, \cdot]$ em $[H, +]$, a imagem $f(G)$ é um subgrupo de $[H, +]$ e o núcleo K é um subgrupo de $[G, \cdot]$.

1. K é fechado: sejam x e y elementos de G; então $f(x) = f(y) = i_H$ e $f(x \cdot y) = f(x) + f(y) = i_H + i_H = i_H$, logo $x \cdot y$ pertence a K.
2. i_G pertence a K: isso é claro, já que $f(i_G) = i_H$.
3. Se x pertence a K, então x^{-1} pertence a K: de fato, $f(x) = i_H$, logo $f(x^{-1}) = -f(x) = -i_H = i_H$ e x^{-1} pertence a K.

EXEMPLO 18 Sejam $\mathbb{R}^* = \mathbb{R} - \{0\}$ e $\mathbb{R}^+$ o conjunto de todos os números reais positivos. Então a função f definida por $f(x) = |x|$ é um homomorfismo do grupo $[\mathbb{R}^*, \cdot]$ no grupo $[\mathbb{R}^+, \cdot]$. O núcleo K de f é $\{x \in \mathbb{R}^* | f(x) = |x| = 1\}$. Portanto, $K = \{1, -1\}$. ●

PROBLEMA PRÁTICO 36 A função f definida por $f(x) = x \cdot_3 1$ é um homomorfismo do grupo $[\mathbb{Z}, +]$ no grupo $[\mathbb{Z}_3, +_3]$. Encontre o núcleo K. ■

Para nossa discussão de classes laterais, começamos com uma definição.

DEFINIÇÃO CLASSES LATERAIS

Seja $[S, +]$ um subgrupo de um grupo $[G, +]$. Então, para $x \in G$, os conjuntos da forma $x + S = \{x + s | s \in S\}$ são chamados de **classes laterais à esquerda** de S em G e os conjuntos da forma $S + x = \{s + x | s \in S\}$ são chamados de **classes laterais à direita** de S em G.

É claro que, se G for comutativo, as classes laterais à esquerda e à direita serão idênticas.

EXEMPLO 19 Seja $S = \{0, 2, 4, 6\}$. Então $[S, +_8]$ é um subgrupo de $[\mathbb{Z}_8, +_8]$. A classe lateral à esquerda é $5 +_8 S = \{5 +_8 0, 5 +_8 2, 5 +_8 4, 5 +_8 6\} = \{5, 7, 1, 3\}$. ●

PROBLEMA PRÁTICO 37

a. Verifique que $5 +_8 S = 1 +_8 S = 3 +_8 S = 7 +_8 S$.
b. Calcule a classe lateral à esquerda $2 +_8 S$. Quais são seus outros representantes? ■

Para qualquer subgrupo $[S, +]$ de um grupo $[G, +]$, podemos definir uma relação binária por

$$x \rho y \leftrightarrow y \text{ pertence a } x + S, \text{ a classe lateral à esquerda de } S \text{ em } G \text{ definida por } x$$

Então $x \rho y$, que é equivalente a y pertencer a $x + S$, significa que y pode ser escrito como $x + s$ para algum elemento $s \in S$. Ocorre que ρ é uma relação de equivalência em G:

Reflexividade: $x \rho x$, já que $x = x + i_G$. (Como S é um subgrupo de G, a identidade i_G de G pertence a S.)

Simetria: se $x \rho y$, então $y = x + s$ para algum $s \in S$; como S é um subgrupo, $-s$ pertence a S e $x = y + (-s)$, o que coloca x na mesma classe lateral que y, ou seja, $y \rho x$.
Transitividade: se $x \rho y$ e $y \rho z$, então $y = x + s_1$ para algum $s_1 \in S$ e $z = y + s_2$ para algum $s_2 \in S$, logo $z = y + s_2 = (x + s_1) + s_2 = x + (s_1 + s_2)$, o que significa que z pertence à classe lateral de x, ou seja, $x \rho z$.

Demonstramos o seguinte resultado:

TEOREMA SOBRE PARTIÇÕES EM CLASSES LATERAIS

Seja $[S, +]$ um subgrupo de $[G, +]$. Então o conjunto das classes laterais de S em G forma uma partição de G. Uma dessas classes laterais é $i_G + S = S$.

Essa partição em classes laterais terá um papel importante na decodificação de nossos códigos usando grupos. Mas primeiro precisamos saber como criar, de fato, tais códigos usando grupos.

Gerando Códigos Usando Grupos

Suponha que sabemos como transformar qualquer mensagem binária com m bits em uma mensagem codificada com n bits, em que $m < n$, e que sabemos também como reverter esse processo. Então existe um conjunto de mensagens codificadas com n bits, uma para cada cadeia binária com m bits. Uma mensagem codificada com n bits é transmitida e a mensagem recebida também é uma n-upla binária. Podem ocorrer dois casos:

1. A n-upla recebida é idêntica a uma das mensagens codificadas. Nesse caso, a decodificação pela semelhança máxima irá supor que não ocorreram erros. Isso é, de fato, baseado em outra hipótese, a de que a probabilidade de ocorrer algum erro é muito pequena, de modo que a probabilidade de não ocorrer erro é muito grande. Portanto, a probabilidade de que a mensagem codificada recebida é a mesma que foi transmitida originalmente é bem maior do que a probabilidade de que a mensagem foi embaralhada, transformando-se em outra mensagem codificada.
2. A n-upla recebida não é igual a nenhuma das mensagens codificadas. A decodificação pela semelhança máxima sugere que a n-upla recebida seja decodificada como a mensagem codificada mais próxima, já que isso seria o resultado do menor número de erros nos bits, tendo, portanto, uma probabilidade alta de fornecer o resultado correto.

Mantenha em mente, ao longo desta seção, que decodificação pela semelhança máxima não garante resultados com 100% de precisão; garante apenas resultados com a probabilidade maior de serem precisos.

Para determinar a mensagem codificada "mais próxima", precisamos definir a distância entre n-uplas binárias. A distância de Hamming, definida aqui, recebe esse nome em homenagem a Richard W. Hamming, um matemático americano pioneiro no estudo de códigos de detecção e de correção de erros em 1950.

DEFINIÇÃO DISTÂNCIA DE HAMMING

Sejam X e Y n-uplas binárias. A **distância de Hamming** entre X e Y, $H(X, Y)$, é o número de componentes em que X e Y diferem. A **distância mínima** de uma codificação (ou de um código) é a distância de Hamming mínima entre todos os pares possíveis de mensagens codificadas diferentes.

PROBLEMA PRÁTICO 38 Para $X = 01011$ e $Y = 11001$, qual é a distância $H(Y, Y)$? ■

Cada erro que ocorre na transmissão de uma mensagem codificada adiciona uma unidade à distância de Hamming entre a mensagem codificada e a mensagem recebida. Suponha que imaginamos as mensagens codificadas como n-uplas binárias específicas no conjunto S de todas as n-uplas binárias, como na Figura 9.1. Suponha, também, que a distância mínima da codificação é, pelo menos, $d + 1$. Então, sempre que uma mensagem codificada X for corrompida por d ou menos erros, ela será transformada em uma n-upla X' que não é outra mensagem codificada, e a ocorrência de erros pode ser detectada. Reciprocamente, se qualquer combinação de d ou menos erros puder ser detectada, então as mensagens codificadas têm que estar a uma distância de pelo menos $d + 1$ umas das outras.

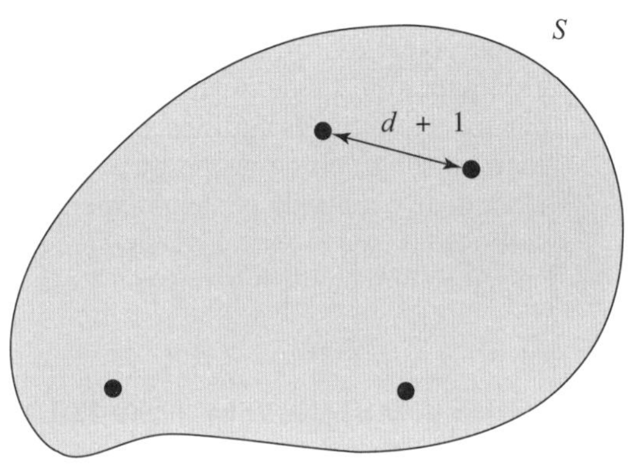

Figura 9.1

Agora suponha que a distância mínima da codificação é $2d + 1$. Então, sempre que uma mensagem codificada X for corrompida por d ou menos erros, a mensagem recebida X' será tal que $H(X, X') \leq d$, mas, para qualquer outra mensagem codificada Y, $H(X', Y) \geq d + 1$. Assim, X' será corretamente associada a X, a mensagem codificada mais próxima. Reciprocamente, para corrigir qualquer mensagem recebida com d ou menos erros, a distância mínima da codificação tem que ser pelo menos $2d + 1$, de modo que vizinhanças de raio d em torno de mensagens codificadas não se intersectem (Figura 9.2).

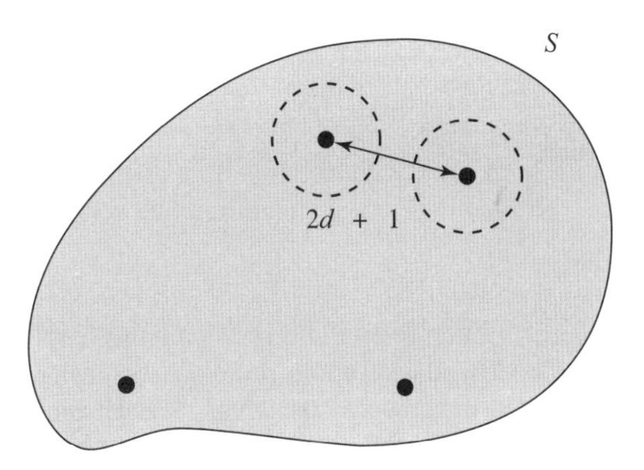

Figura 9.2

Como resultado, vemos que uma codificação detectará d erros ou menos se e somente se sua distância mínima for pelo menos $d + 1$, e uma codificação corrigirá d erros ou menos se e somente se sua distância mínima for pelo menos $2d + 1$. Como esperado, é necessária uma condição mais forte para corrigir erros do que para detectá-los.

EXEMPLO 20 Suponha que uma codificação tem uma distância mínima 6. Então ela pode detectar qualquer combinação com 5 ou menos erros e pode corrigir qualquer combinação com 2 ou menos erros. Se as mensagens codificadas X e Y forem tais que $H(X, Y) = 6$, existirá uma mensagem X' produzida por 4 erros em X que será associada incorretamente a Y e existirá uma mensagem X'' produzida por 3 erros em X que poderá ser decodificada arbitrariamente, corretamente como X ou incorretamente como Y. Essa codificação corrige 2 ou mais erros e detecta 5 ou mais erros. ●

O conjunto de mensagens codificadas será um subconjunto do conjunto de todas as n-uplas binárias, Z_2^n. Queremos que essas mensagens codificadas estejam suficientemente espalhadas em Z_2^n de modo que a distância mínima permita alguma correção de erros. A distância mínima da codificação será fácil de calcular se as mensagens codificadas formarem um subgrupo do grupo $[Z_2^n, +_2]$. Nesse caso temos um **código usando um grupo**; a identidade é a n-upla contendo apenas zeros (que denotaremos por 0_n), e cada mensagem codificada é sua própria inversa. Denote por $W(X)$ o **peso** de uma mensagem codificada X, ou seja, o número de bits iguais a 1 que ela contém.

TEOREMA SOBRE A DISTÂNCIA MÍNIMA DE UM CÓDIGO USANDO UM GRUPO

A distância mínima de um código usando um grupo é igual ao peso mínimo de todas as mensagens codificadas não nulas.

Para provar esse teorema, seja d a distância mínima de um código usando um grupo; então existem duas mensagens codificadas X e Y com $H(X, Y) = d$. Como esse é um código usando um grupo, o conjunto de mensagens codificadas é fechado, e $X +_2 Y = Z$ é uma mensagem codificada. $Z \neq 0$, já que X e Y são mensagens distintas. Z terá um bit igual a 1 exatamente nas componentes em que X e Y diferem, de modo que $W(Z) = H(X, Y) = d$. Logo, o peso mínimo do código é $\leq d$. Se o peso mínimo for $< d$, seja M uma mensagem codificada não nula tendo peso mínimo $W(M)$. Então (lembre-se de que 0_n é uma mensagem codificada) $H(M, 0_n) = W(M) < d$, o que contradiz o fato de que d é a distância mínima do código. Portanto, a distância mínima é igual ao peso mínimo.

EXEMPLO 21 O conjunto {00000, 01111, 10101, 11010} é um código usando um grupo (você pode verificar que é fechado, contém a identidade e seus inversos) em $[Z_2^5, +_2]$. A distância mínima é 3, de modo que é um código que corrige um único erro ($3 = 2 * 1 + 1$). ●

Tudo bem, mas como podemos produzir subgrupos de Z_2^n para usar como mensagens codificadas, e como podemos controlar a distância mínima do código? Ideias algébricas vêm novamente nos salvar. Seja **H** qualquer matriz binária $n \times r$ com $r < n$. Se $X \in Z_2^n$, podemos efetuar a multiplicação matricial $X \times \mathbf{H}$, em que as somas são efetuadas como soma módulo 2. O resultado dessa multiplicação é uma r-upla binária.

EXEMPLO 22 Sejam $r = 3$, $n = 5$ e

$$\mathbf{H} = \begin{bmatrix} 1 & 1 & 0 \\ 0 & 1 & 1 \\ 1 & 0 & 1 \\ 1 & 0 & 0 \\ 1 & 1 & 0 \end{bmatrix}$$

Então

$$(11101)\begin{bmatrix} 1 & 1 & 0 \\ 0 & 1 & 1 \\ 1 & 0 & 1 \\ 1 & 0 & 0 \\ 1 & 1 & 0 \end{bmatrix} = (110)$$

Podemos pensar na multiplicação por **H** como uma função do grupo $[Z_2^n, +_2]$ no grupo $[Z_2^r, +_2]$. Além disso, essa função é um homomorfismo (veja o Exercício 13 no final desta seção). Sabemos que o núcleo K desse homomorfismo é um subgrupo de $[Z_2^n, +_2]$ e consiste em todos os X em $Z^n{}_2$ tais que $X \cdot \mathbf{H} = 0_r$, o zero do grupo $[Z_2^r, +_2]$. Definiremos K como o conjunto das mensagens codificadas. Então podemos determinar facilmente o peso mínimo (a distância mínima) olhando **H**. Se **H** tiver d linhas distintas cuja soma em $[Z_2^r, +_2]$ é 0_r, digamos $i_1, \ldots, i_d$, podemos escolher X em Z_2^n tendo 1 exatamente nas componentes $i_1, \ldots, i_d$. Então $X \cdot \mathbf{H} = 0_r$, de modo que X é uma mensagem codificada, e $W(X) = d$. Por outro lado, se X for uma mensagem codificada com $W(X) = d$ e se X tiver bits iguais a 1 exatamente nas componentes $i_1, \ldots, i_d$, então a equação $X \cdot \mathbf{H} = 0_r$ forçará as linhas $i_1, \ldots, i_d$ de **H** a somarem 0_r. Portanto, o peso mínimo do código será igual ao número mínimo de linhas distintas de **H** cuja soma é 0_r. Em particular, para produzir um código que corrija um único erro, precisamos ter uma distância mínima de pelo menos 3, de modo que teríamos que escolher **H** sem linhas nulas e sem duas linhas iguais (a soma dessas duas seria 0_r).

EXEMPLO 23 As mensagens codificadas do Exemplo 21 foram geradas usando-se a matriz **H**, em que

$$\mathbf{H} = \begin{bmatrix} 1 & 0 & 1 \\ 1 & 1 & 1 \\ 1 & 0 & 0 \\ 0 & 1 & 0 \\ 0 & 0 & 1 \end{bmatrix}$$

H não tem linhas nulas nem duas linhas iguais, mas a soma das linhas 1, 2 e 4 é (0, 0, 0). Novamente, vemos que a distância mínima é 3.

PROBLEMA PRÁTICO 39 Para cada mensagem codificada X no Exemplo 21, verifique que $X \cdot \mathbf{H} = 0_3$, em que **H** é dada no Exemplo 23.

A partir de agora, vamos supor que a matriz **H** tem a forma

$$\mathbf{H} = \begin{bmatrix} \mathbf{B} \\ \hline \mathbf{I}_r \end{bmatrix} \tag{1}$$

em que $\mathbf{I}_r$ é a matriz identidade $r \times r$ e $\mathbf{B}$ é uma matriz binária arbitrária $(n - r) \times r$. Ao calcular o produto $X \cdot \mathbf{H}$ para algum $X \in Z_2^n$, multiplicamos os elementos em X pelos elementos correspondentes nas colunas de $\mathbf{H}$ e depois somamos módulo 2 esses produtos. Para cada coluna de $\mathbf{H}$, o padrão de elementos iguais a 1 determina que componentes de X irão contribuir para a soma. Se a soma for 0 (como no caso em que $X \cdot \mathbf{H} = 0_r$), então essas componentes selecionadas de X têm que somar 0 e, portanto, têm que ter um número par de elementos iguais a 1. A parte de $\mathbf{H}$ contendo $\mathbf{I}_r$ faz com que cada coluna de $\mathbf{H}$ selecione uma componente distinta entre as r últimas componentes de X. Logo, cada uma das últimas r componentes de X controla a verificação de paridade para uma das r multiplicações feitas. Uma matriz $\mathbf{H}$ da forma dada pela Equação (1) é chamada de uma **matriz de verificação de paridade canônica**.

Para que X seja uma mensagem codificada, as primeiras $n - r$ componentes de X podem ser arbitrárias, mas as últimas r componentes ficarão determinadas. Logo, o número máximo de mensagens codificadas é igual ao número de maneiras de selecionar $(n - r)$-uplas binárias, ou 2^{n-r}. Seja $m = n - r$. Podemos codificar todos os elementos de Z_2^m em Z_2^n mantendo as m primeiras componentes e depois escolhendo as r últimas componentes de modo que a verificação de paridade funcione para cada coluna de $\mathbf{H}$. Tal codificação é chamada de um código (m, n). As m primeiras componentes de uma mensagem codificada são os **bits de informação**, e as r últimas componentes correspondem aos **bits de verificação**.

EXEMPLO 24 A matriz $\mathbf{H}$ do Exemplo 23 é uma matriz de verificação de paridade canônica com $n = 5$, $r = 3$ e $m = n - r = 2$. $\mathbf{H}$ então pode gerar $2^m = 2^2 = 4$ mensagens codificadas. Os quatro elementos de Z_2^2 são 00, 01, 10 e 11. Cada um pode ser codificado como um elemento de Z_2^5 mantendo-se os dois primeiros algarismos e adicionando-se os algarismos apropriados de verificação. Para codificar 10, por exemplo, temos

$$(10C_1C_2C_3)\begin{bmatrix} 1 & 0 & 1 \\ 1 & 1 & 1 \\ 1 & 0 & 0 \\ 0 & 1 & 0 \\ 0 & 0 & 1 \end{bmatrix} = (000)$$

A multiplicação pela primeira coluna de $\mathbf{H}$ dá $1 \cdot 1 + 1 \cdot C_1$, de modo que C_1 tem que ser igual a 1 para a soma ser 0. Analogamente, $C_2 = 0$ e $C_3 = 1$. Codificamos 10 como 10101. ●

PROBLEMA PRÁTICO 40 Use o procedimento de codificação do Exemplo 24 para codificar 00, 01 e 11 em Z_2^5. Compare os resultados com o Exemplo 21. ■

Para uma matriz de verificação de paridade canônica dada $\mathbf{H}$ $n \times r$, sabemos como codificar todo o $Z_2^m = Z_2^{n-r}$ como um subgrupo de Z_2^n e também sabemos como determinar a distância mínima do código resultante a partir de $\mathbf{H}$. Agora vamos olhar o problema de outro ponto de vista. Suponha que queremos codificar Z_2^m para algum m com, digamos, um código que corrija um único erro. Qual deve ser o tamanho das mensagens codificadas (o valor de n) ou, equivalentemente, quantos bits de verificação precisam ser adicionados (o valor de r)? Uma vez conhecidas as dimensões de uma matriz de verificação de paridade $\mathbf{H}$, como encontrar a matriz canônica $\mathbf{H}$ que irá gerar o código? Sabemos que, para produzir um código que corrija um único erro, $\mathbf{H}$ não pode ter uma linha de zeros nem duas linhas iguais. Isso significa que, na forma canônica $\mathbf{H} = \left[\frac{\mathbf{B}}{\mathbf{I}_r}\right]$, $\mathbf{B}$ não pode conter uma linha de zeros nem pode conter uma linha contendo um único 1, já que isso faria com que essa linha fosse igual a uma linha de $\mathbf{I}_r$. As linhas são r-uplas, de modo que dentre as 2^r r-uplas possíveis temos que subtrair as que não podem ocorrer em **B**. **B** pode ter no máximo $2^r - 1 - r$ linhas, de modo que m, o número de linhas de **B**, tem que ser $\leq 2^r - 1 - r$. Se m e r forem tais que

$$m = 2^r - 1 - r$$

o código resultante é dito um **código perfeito**.

EXEMPLO 25 Um código (7, 4) é um código perfeito. Aqui $n = 7$, $m = 4$, $r = n - m = 3$ e $4 = 2^3 - 1 - 3$. A matriz **H** será uma matriz 7×3 da forma

$$\begin{bmatrix} \mathbf{B} \\ \hline \mathbf{I}_3 \end{bmatrix}$$

em que as $m = 4$ linhas de **B** são todas 3-uplas com pelo menos duas componentes iguais a 1. ●

PROBLEMA PRÁTICO 41

a. Escreva uma matriz **H** para o código perfeito (7, 4).
b. Um código perfeito (7, 4) pode codificar todo o Z_2^4 em Z_2^7. Usando a matriz **H** encontrada no item (a), escreva o conjunto de 4-uplas binárias que **H** pode codificar e a codificação de cada uma delas. ■

Decodificando Códigos Usando Grupos

Vamos supor agora que foi usado algum esquema de codificação para codificar todos os elementos de Z_2^m em Z_2^n. Haverá 2^m mensagens codificadas espalhadas entre as 2^n n-uplas binárias. Essas mensagens codificadas são conhecidas por nós (lembre-se de que o problema aqui não é o segredo). Ao receber uma n-upla X, temos o processo de decodificação: decodificamos X como a mensagem codificada mais próxima em termos da distância de Hamming, supondo que ocorreu o número mínimo de erros. Entretanto, esse processo não é realmente um algoritmo; pode não existir uma única mensagem codificada mais próxima, e, mesmo que haja, ainda podemos decodificar incorretamente se ocorreu um número suficiente de erros.

Apesar disso, vamos nos concentrar em como encontrar a mensagem codificada (ou mensagens) mais próxima de uma mensagem recebida X. Certamente existe uma abordagem usando força bruta; podemos criar um array com todas as 2^m mensagens codificadas e quando uma mensagem X for recebida basta comparar X com cada uma para encontrar a mensagem codificada mais próxima. Mas espere — isso requer armazenagem para um tamanho de array exponencial, assim como um processo de busca sequencial exponencial. Mesmo para um valor relativamente modesto de $m = 32$, 2^{32} é um número muito grande. Mas suponha que nosso código usa um grupo e é gerado por uma matriz de verificação de paridade canônica **H** $n \times r$. Então podemos ser capazes de decodificar fazendo uma busca em um array com apenas 2^r elementos. Para um código que corrija um único erro com $m = 32$, r pode ser tão pequeno quanto 6 ($m \leq 2^r - 1 - r$), e $2^6 = 64$ é um tamanho de array aceitável.

Eis como funciona a decodificação. Lembre-se de que o conjunto de mensagens codificadas é igual ao núcleo K do homomorfismo do grupo $[Z_2^n, +_2]$ no grupo $[Z_2^r, +_2]$ definido pela matriz **H**. Sabemos que K é um subgrupo de $[Z_2^n, +_2]$ e também sabemos que o conjunto de todas as classes laterais de K em $[Z_2^n, +_2]$ forma uma partição de Z_2^n. As classes laterais são da forma $X +_2 K$, em que $X \in Z_2^n$. Qualquer classe lateral

$$X +_2 K = \{X +_2 C_i | C_i \in K\}$$

K tem 2^m elementos, já que K tem 2^m elementos. Como o conjunto das classes laterais forma uma partição de Z_2^n, um conjunto com 2^n elementos, têm que existir $2^n/2^m = 2^{m-n} = 2^r$ classes laterais distintas.

Ao receber uma mensagem X, X pertence à classe $X +_2 K$. Como observamos, cada elemento E_i dessa classe tem a forma $X +_2 C_i$, em que C_i é uma mensagem codificada. Tanto E_i quanto C_i são n-uplas binárias, de modo que são seus próprios inversos ($-E_i = E_i$ e $-C_i = C_i$). Logo, a equação

$$E_i = X +_2 C_i \tag{2}$$

pode ser escrita como

$$X +_2 E_i = C_i \tag{3}$$

Da Equação (2), vemos que os elementos iguais a 1 em E_i ocorrem exatamente nas componentes em que X e C_i diferem. Logo, o peso de E_i é igual à distância entre X e C_i, e a mensagem codificada mais próxima de X é aquela cujo E_i correspondente tem peso mínimo. Para decodificar X, procure o elemento na classe lateral de X que tem o peso mínimo e, da Equação (3), some o elemento encontrado a X. O elemento na classe lateral que tem peso mínimo é chamado de **líder da classe lateral** e pode não ser único. Se existirem dois elementos de "peso mínimo" em uma dada classe lateral, um é escolhido arbitrariamente o líder da classe. Isso significa que nenhuma mensagem nessa classe particular pode ser decodificada precisamente porque tem muitos erros.

Resumo: Para decodificar uma n-upla recebida X, encontre a classe lateral a que X pertence e some o líder dessa classe a X.

EXEMPLO 26

Considere o código do Exemplo 21. Aqui $n = 5$ e $K = \{00000, 01111, 10101, 11010\}$. Suponha que é recebida a 5-upla $X = 11011$. Como o conjunto das mensagens codificadas é tão pequeno, podemos facilmente ver que a mensagem codificada mais próxima é 11010. Decodificaríamos X como 11010. (Do Exemplo 23, sabemos que a matriz canônica **H** para esse código é 5×3, logo $r = 3$. Retirando os três bits finais de verificação, os bits de informação originais são 11.)

Agora vamos tentar nosso procedimento de decodificação. Os elementos da classe lateral de X são

$$\begin{aligned} 11011 +_2 00000 &= 11011 \\ 11011 +_2 01111 &= 10100 \\ 11011 +_2 10101 &= 01110 \\ 11011 +_2 11010 &= 00001 \end{aligned}$$

O líder da classe lateral (o elemento com peso mínimo nessa classe) é claramente 00001.

Somando esse elemento a X, obtemos

$$11011 +_2 00001 = 11010$$

e decodificamos X como 11010, como antes.

Mas não resolvemos realmente o problema de eficiência. Para encontrar todos os elementos na mesma classe lateral que X precisaremos somar todas as mensagens codificadas a X, o que ainda requer conhecer todas as 2^m mensagens codificadas. Para uma abordagem melhor, precisamos de uma ideia nova.

DEFINIÇÃO SÍNDROME

No código usando um grupo e gerado por uma matriz de verificação de paridade canônica **H** $n \times r$, para qualquer $X \in Z_2^n$, a r-upla $X \cdot \mathbf{H}$ é a síndrome de X.

A síndrome é útil por causa do teorema a seguir.

TEOREMA SOBRE SÍNDROMES E CLASSES LATERAIS

Seja **H** uma matriz de verificação de paridade $n \times r$ que gera um código K que usa um grupo. Então, se $X, Y \in Z_2^n$, X e Y pertencem à mesma classe lateral de K em $[Z_2^n, +_2]$ se e somente se X e Y têm a mesma síndrome.

Demonstração: Suponha que X e Y pertencem à mesma classe lateral de K em $[Z_2^n, +_2]$. Então $Y = X +_2 C_i$ para algum C_i em K e $Y \cdot \mathbf{H} = (X +_2 C_i) \cdot \mathbf{H} = X \cdot \mathbf{H} + C_i \cdot \mathbf{H}$ (pois a multiplicação por **H** é um homomorfismo) $= X \cdot \mathbf{H} +_2 0_r$ (pois C_i pertence ao núcleo do homomorfismo) $= X \cdot \mathbf{H}$. Portanto, $Y \cdot \mathbf{H} = X \cdot \mathbf{H}$ e X e Y têm a mesma síndrome.

Agora suponha que $Y \cdot \mathbf{H} = X \cdot \mathbf{H}$. Então $Y \cdot \mathbf{H} +_2 X \cdot \mathbf{H} = 0_r$, ou $(Y +_2 X) \cdot \mathbf{H} = 0_r$, o que faz com que $Y +_2 X$ seja uma mensagem codificada C_i em K. Se $Y +_2 X = C_i$, então $Y = X +_2 C_i$ e X e Y pertencem à mesma classe lateral. *Fim da Demonstração.*

PROBLEMA PRÁTICO 42 O Exemplo 26 mostra 4 elementos de uma classe lateral. A matriz de verificação de paridade que gerou o código para este exemplo é

$$\mathbf{H} = \begin{bmatrix} 1 & 0 & 1 \\ 1 & 1 & 1 \\ 1 & 0 & 0 \\ 0 & 1 & 0 \\ 0 & 0 & 1 \end{bmatrix}$$

Calcule a síndrome para cada elemento da classe lateral. ■

Agora suponha que, de alguma forma, temos disponível uma lista dos 2^r líderes de classes laterais. Então é fácil encontrar o líder que corresponde à classe que contém X usando o fato do teorema anterior de que X e o líder da classe de X têm a mesma síndrome.

EXEMPLO 27 No código (5, 2) do Exemplo 26, $n = 5$, $m = 2$ e $r = 3$. O tamanho de cada classe lateral é $2^m = 4$, e existem $2^r = 8$ classes laterais distintas. Eis uma lista dos líderes das classes laterais e suas síndromes correspondentes. As síndromes foram calculadas usando-se a matriz **H** do Problema Prático 42, e os líderes das classes laterais foram encontrados por força bruta.

Líderes das classes laterais	Síndromes
00000	000
00001	001
00010	010
00011	011
00100	100
10000	101
00110	110
01000	111

Uma mensagem recebida como 10101 é decodificada calculando-se sua síndrome: $(10101)\mathbf{H} = 000$. O líder da classe que tem essa mesma síndrome é 00000. A mensagem recebida é decodificada como

$$10101 +_2 00000 = 10101$$

A mensagem recebida é uma mensagem codificada, logo supõe-se que não houve erro.

Uma mensagem recebida como 11000 é decodificada calculando-se sua síndrome: $(11000)\mathbf{H} = 010$. O líder da classe que tem essa mesma síndrome é 00010, de modo que a mensagem recebida é decodificada como

$$11000 +_2 00010 = 11010$$

supondo que ocorreu um único erro.

Uma mensagem recebida como 10011 tem síndrome 110, logo pode ser decodificada como

$$10011 +_2 00110 = 10101$$

Mas como o líder da classe lateral tem peso 2, em vez da decodificação poderíamos gerar um aviso notando que ocorreram pelo menos dois erros e que a decodificação não pode ser feita com certeza. ●

A essa altura, trocamos uma dificuldade por outra, ou seja, como encontrar a lista de todos os 2^r líderes? Isso nem sempre é fácil de fazer. No Exemplo 27, a "força bruta" envolveu escrever todas as $2^n = 32$ 5-uplas binárias, calcular as 32 síndromes para agrupar as 5-uplas em 8 classes laterais e depois rever os 4 elementos de cada classe lateral para encontrar o líder da classe. Em duas classes laterais houve um empate, e a escolha do líder foi feita arbitrariamente em cada caso.

Mas, se o código for um código perfeito que corrija um único erro, então os líderes das classes laterais são fáceis de encontrar. Lembre-se de que, em um código perfeito, $m = 2^r - 1 - r$ e, como $r = n - m$, também é verdade que $n = 2^r - 1$. As n linhas da matriz $\mathbf{H}$ são r-uplas que são representações binárias dos números $1, 2, \ldots, 2^r - 1$ (não há linha nula em $\mathbf{H}$). A mensagem codificada 0_n é o líder da classe lateral correspondente à síndrome 0_r. Qualquer outra síndrome é uma r-upla binária que representa um número d, $1 \leq d \leq 2^r - 1$. O valor d também está representado em uma linha de $\mathbf{H}$, digamos na linha q. O líder da classe lateral correspondente a essa síndrome é a n-upla binária que tem 1 na componente q e 0 em todas as outras. Nesse caso não há ambiguidade a respeito dos líderes das classes laterais, e toda mensagem recebida está a uma distância no máximo de 1 de uma mensagem codificada.

EXEMPLO 28 Um código (7, 4) é um código perfeito no qual $r = 3$. Uma matriz que gera tal código é

$$\mathbf{H} = \begin{bmatrix} 1 & 1 & 0 \\ 1 & 0 & 1 \\ 0 & 1 & 1 \\ 1 & 1 & 1 \\ 1 & 0 & 0 \\ 0 & 1 & 0 \\ 0 & 0 & 1 \end{bmatrix}$$

Dada a síndrome 101, a linha de **H** que representa esse número binário é a linha 2. Logo, o líder para a classe que representa essa síndrome é 0100000 (1 na segunda componente e 0 em todas as outras). Você pode verificar que (0100000)**H** = 101. A tabela contendo os líderes de classes laterais e as síndromes correspondentes está parcialmente preenchida a seguir.

Líderes das classes laterais	Síndromes
0000000	000
	001
	010
	011
	100
0100000	101
	110
	111

Uma mensagem recebida como 1001100 tem síndrome (1001100)**H** = 101, logo é decodificada como

$$1001100 +_2 0100000 = 1101100$$

SEÇÃO 9.2 REVISÃO

TÉCNICAS

- Encontrar o núcleo de um homomorfismo dado de um grupo $[G, \cdot]$ em um grupo $[H, +]$.
- Dada uma matriz de verificação de paridade canônica **H** $n \times r$, escrever o conjunto de m-uplas binárias codificadas por **H** e escrever a codificação de cada uma.
- Dado m tal que Z_2^n deve ser codificado como um código que corrija um único erro, encontrar uma matriz de verificação de paridade canônica para gerar o código.
- Dada uma matriz de verificação de paridade canônica **H** $n \times r$ para um código perfeito, ser capaz de decodificar uma n-upla recebida calculando sua síndrome e encontrando o líder de sua classe lateral.

IDEIAS PRINCIPAIS

- Se f for um homomorfismo de um grupo $[G, \cdot]$ em um grupo $[H, +]$, então $f(G)$ será um subgrupo de $[H, +]$ e o núcleo K (o conjunto de todos os elementos em G que são levados em i_H) é um subgrupo de $[G, \cdot]$.
- Se $[S, +]$ for um subgrupo do grupo $[G, +]$, então o conjunto das classes laterais de S em G forma uma partição de G.
- As capacidades de detecção e de correção de erros em um código binário são funções da distância mínima do código.
- Em um código que usa um grupo, a distância mínima é igual ao peso mínimo das mensagens codificadas não nulas.
- Uma matriz de verificação de paridade **H** pode ser usada para gerar um código que usa um grupo, caso em que a distância mínima do código pode ser determinada de **H**.
- Uma matriz de verificação de paridade canônica $n \times r$ fornece um procedimento fácil para codificar Z_2^m em Z_2^n, em que $m = n - r$.
- Para um código usando um grupo e gerado por uma matriz de verificação de paridade canônica **H** $n \times r$, cada mensagem X em Z_2^n é decodificada usando sua síndrome para localizar o líder da classe lateral em Z_2^n a que X pertence e somando o líder a X. Se o código for um código perfeito, o líder da classe lateral poderá ser determinado da matriz **H**.

EXERCÍCIOS 9.2

1. Seja f um homomorfismo do grupo $[G, \cdot]$ no grupo $[H, +]$. Prove que $[f(G), +]$ é um subgrupo de $[H, +]$.
2. Seja f o homomorfismo do grupo $[\mathbb{Z}, +]$ no grupo $[\mathbb{Z}, +]$ dado por $f(x) = 2x$.
   a. Verifique que f é um homomorfismo.
   b. f é um isomorfismo? Prove que sim ou que não.
   c. Identifique o subgrupo $[f(\mathbb{Z}), +]$ de $[\mathbb{Z}, +]$.

3. A função f definida por $f(x) = x \cdot_8 2$ é um homomorfismo de $[\mathbb{Z}, +]$ em $[\mathbb{Z}_8, +_8]$. Encontre seu núcleo K.
4. A função f definida por $f(x) = x \cdot_8 4$ é um homomorfismo de $[\mathbb{Z}_{12}, +_{12}]$ em $[\mathbb{Z}_8, +_8]$. Encontre seu núcleo K.
5. Uma função $f: \mathbb{Z} \times \mathbb{Z} \to \mathbb{Z}$ é definida por $f(x, y) = x + y$.
   a. Prove que f é um homomorfismo do grupo $[\mathbb{Z} \times \mathbb{Z}, +]$ (em que $+$ significa a soma componente a componente) no grupo $[\mathbb{Z}, +]$.
   b. Encontre o núcleo K.
6. Seja F o conjunto de todas as funções $f: \mathbb{R} \to \mathbb{R}$. Para $f, g \in F$, defina $f + g$ por $(f + g)(x) = f(x) + g(x)$ para $x \in \mathbb{R}$.
   a. Prove que $[F, +]$ é um grupo.
   b. Seja $a \in \mathbb{R}$. Defina uma função $\alpha: F \to \mathbb{R}$ por $\alpha(f) = f(\alpha)$. Prove que α é um homomorfismo de $[F, +]$ em $[\mathbb{R}, +]$.
   c. Encontre o núcleo K.
7. Seja $S = \{0, 4, 8\}$. Então $[S, +_{12}]$ é um subgrupo de $[\mathbb{Z}_{12}, +_{12}]$. Encontre os elementos da classe lateral à esquerda $7 +_{12} S$.
8. Seja $S = \{i, (2, 3)\}$. Então $[S, \circ]$ é um subgrupo do grupo simétrico $[S_3, \circ]$. Encontre os elementos da classe lateral à esquerda $(1, 2, 3) \circ S$ e os elementos da classe lateral à direita $S \circ (1, 2, 3)$. Explique esse resultado.
9. Considere a matriz de verificação de paridade canônica

$$\mathbf{H} = \begin{bmatrix} 1 & 1 & 1 \\ 0 & 1 & 1 \\ 1 & 0 & 1 \\ 1 & 0 & 0 \\ 0 & 1 & 0 \\ 0 & 0 & 1 \end{bmatrix}$$

   a. Prove que o código gerado por $\mathbf{H}$ é um código que corrige um único erro.
   b. Escreva o conjunto de m-uplas binárias que $\mathbf{H}$ codifica e escreva a mensagem codificada para cada uma delas.
10. Considere a matriz de verificação de paridade canônica

$$\mathbf{H} = \begin{bmatrix} 1 & 1 & 0 & 1 \\ 0 & 1 & 1 & 1 \\ 0 & 1 & 0 & 1 \\ 1 & 0 & 0 & 1 \\ 1 & 1 & 0 & 0 \\ 1 & 0 & 0 & 0 \\ 0 & 1 & 0 & 0 \\ 0 & 0 & 1 & 0 \\ 0 & 0 & 0 & 1 \end{bmatrix}$$

   a. Prove que o código gerado por $\mathbf{H}$ é um código que corrige um único erro.
   b. Escreva o conjunto de m-uplas binárias que $\mathbf{H}$ codifica e escreva a mensagem codificada para cada uma delas.
11. Dê um exemplo de uma matriz de verificação de paridade canônica que gera um código que corrige um único erro para o conjunto de mensagens em Z_2^6.
12. Forneça uma matriz de verificação de paridade canônica para um código (15, 11) que corrige um único erro.
13. Seja $\mathbf{H}$ uma matriz binária $n \times r$ e considere a função de $[Z_2^n, +_2]$ em $[Z_2^r, +_2]$ definida pela operação $X \cdot \mathbf{H}$ para X em $[Z_2^n, +_2]$. Prove que essa função é um homomorfismo mostrando que $(X +_2 Y) \cdot \mathbf{H} = X \cdot \mathbf{H} +_2 Y \cdot \mathbf{H}$ para todo X, Y em $[Z_2^n, +_2]$.
14. Quais dos códigos a seguir são códigos perfeitos? Quais corrigem um único erro?
   a. (5, 3) b. (12, 7) c. (15, 11)
15. Complete a tabela dos líderes de classes laterais e suas síndromes no Exemplo 28.
16. Use a tabela encontrada no Exercício 15 e a matriz $\mathbf{H}$ do Exemplo 28 para decodificar as seguintes mensagens recebidas.
   a. 1010011 b. 0001110 c. 0101101

Para os Exercícios 17 e 18, use uma matriz de verificação de paridade canônica para o código perfeito (15, 11) (veja o Exercício 12) para decodificar as mensagens recebidas. (*Sugestão*: Como esse é um código perfeito, você não precisa gerar a tabela completa dos líderes de classes laterais e suas síndromes para resolver esses problemas.)

17. 011000010111001
18. 110111001010011

SEÇÃO 9.3 MÁQUINAS DE ESTADO FINITO

As estruturas algébricas da Seção 9.1 serviram como modelos para diversos sistemas aritméticos simples. No entanto, certamente concordamos que computação deveria ir muito além de simples aritmética. Gostaríamos de um modelo que capturasse a natureza geral da computação. Talvez pudéssemos começar analisando uma versão simplificada de um computador digital moderno.

Um computador armazena a informação, internamente, em forma binária. Em cada instante, o computador contém determinada informação, de modo que sua armazenagem interna contém determinados padrões de algarismos binários, a que chamaremos o estado do computador naquele instante. Como o espaço de armazenamento do computador é finito, existe um número finito (embora grande) de estados diferentes possíveis para o computador. Um relógio interno sincroniza as ações do computador. Em um pulso do relógio, podem ser lidos dados de entrada que podem mudar algumas das alocações e, assim, mudar o estado da máquina para um novo estado. Esse novo estado vai depender dos dados de entrada e do estado anterior. Se esses dois fatores são conhecidos, a mudança será previsível e não aleatória. Como o conteúdo de determinadas células de armazenamento está disponível como saída, o estado da máquina determina os dados de saída. Dessa maneira, após uma sucessão de pulsos do relógio, a máquina produz uma série de saídas em resposta a uma série de dados de entrada.

Definição

A máquina de estado finito é um modelo que captura as características de um computador. Ao ler a definição, procure pelas propriedades seguintes no comportamento de nossa máquina abstrata:

1. As operações da máquina são *sincronizadas* por pulsos discretos do relógio.
2. O procedimento da máquina é *determinístico*, ou seja, suas ações em resposta a uma série de dados de entrada são inteiramente previsíveis.
3. A máquina responde a *dados de entrada* (*input*).
4. Existe um *número finito de estados* em que a máquina pode se encontrar. Em qualquer momento, a máquina está em exatamente um desses estados. Em qual estado ela estará a seguir depende tanto do estado atual quanto dos dados de entrada. O estado atual, no entanto, depende do estado e dos dados de entrada anteriores, enquanto o estado anterior depende de seu estado anterior e de seus dados de entrada anteriores e assim por diante, até a configuração inicial. Assim, o estado da máquina em qualquer instante serve como uma espécie de memória dos dados de entrada anteriores.
5. A máquina é capaz de gerar *dados de saída* (*output*). A natureza dos dados de saída é uma função do estado atual da máquina, o que significa que também depende dos dados de entrada anteriores.

DEFINIÇÃO MÁQUINA DE ESTADO FINITO

$M = [S, I, O, f_S, f_O]$ será chamada de uma **máquina de estado finito** se S for um conjunto finito de estados, I for um conjunto finito de símbolos de entrada (o **alfabeto de entrada**), O for um conjunto finito de símbolos de saída (o **alfabeto de saída**) e f_S e f_O forem funções em que $f_S: S \times I \rightarrow S$ e $f_O: S \rightarrow O$. A máquina sempre começa inicializada em um estado inicial fixo s_0.

A função f_S é a **função próximo estado**. Ela leva um par (estado, dados de entrada) em um estado. Assim, o estado no pulso t_{i+1}, estado(t_{i+1}), é obtido aplicando-se a função próximo estado no instante t_i e os dados de entrada no instante t_i:

$$\text{estado}(t_{i+1}) = f_S(\text{estado}(t_i), \text{entrada}(t_i)).$$

A função próximo estado é, de fato, uma função, de modo que, para qualquer par (estado, dados de entrada), existe um único próximo estado. A função f_O é a **função saída**. Quando f_O é aplicada a um estado no instante t_i, obtemos a saída no instante t_i:

$$\text{saída}(t_i) = f_O(\text{estado}(t_i)).$$

Note que o efeito da função f_O é imediato, mas o efeito da função f_S só fica disponível no próximo pulso do relógio.

Exemplos de Máquinas de Estado Finito

Para descrever uma máquina de estado finito particular, temos que definir os três conjuntos e as duas funções envolvidas.

EXEMPLO 29

Uma máquina de estado finito M é definida da seguinte maneira: $S = \{s_0, s_1, s_2\}$, $I = \{0, 1\}$, $O = \{0, 1\}$. Como as duas funções f_S e f_O agem em domínios finitos, elas podem ser definidas por meio de uma **tabela de estado**, como a Tabela 9.1. A máquina M começa no estado s_0, que tem saída 0. Se o primeiro símbolo de entrada for 0, o próximo estado da máquina é s_1, que tem saída 1.

TABELA 9.1

Estado atual	Próximo estado		Saída
	Entrada atual		
	0	1	
s_0	s_1	s_0	0
s_1	s_2	s_1	1
s_2	s_2	s_0	1

Se o próximo símbolo de entrada é 1, a máquina permanece no estado s_1 com saída 1. Continuando essa análise, vemos que a sequência de entradas com os caracteres 01101 (leia da esquerda para a direita) produziria o seguinte efeito:

Tempo	t_0	t_1	t_2	t_3	t_4	t_5
Entrada	0	1	1	0	1	–
Estado	s_0	s_1	s_1	s_1	s_2	s_0
Saída	0	1	1	1	1	0

O estado inicial 0 da cadeia de entrada é espúrio — reflete, simplesmente, o estado inicial, e não o resultado de qualquer dado de entrada. De maneira análoga, a sequência de entrada 1010 produz a cadeia de saída 00111.

Outra maneira de definir as funções f_S e f_O (na verdade, todo M) é através de um grafo direcionado chamado de **grafo de estado**. Cada estado de M, com sua saída correspondente, dá o nome a um nó no grafo. A função próximo estado é dada pelas arestas direcionadas do grafo, cada aresta mostrando o(s) símbolo(s) de entrada que produzem aquela mudança de estado particular. A Figura 9.3 mostra o grafo de estado para M.

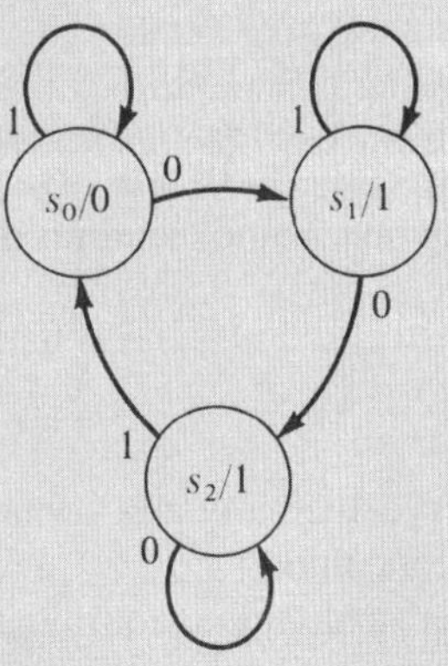

Figura 9.3

LEMBRETE
Cada símbolo de entrada tem que aparecer em um e apenas um arco de transição de cada estado.

PROBLEMA PRÁTICO 43 Para a máquina M do Exemplo 16, qual é a sequência de saída produzida pela sequência de entrada 11001?

PROBLEMA PRÁTICO 44 Uma máquina M é dada pelo grafo de estado da Figura 9.4. Faça a tabela de estado para M.

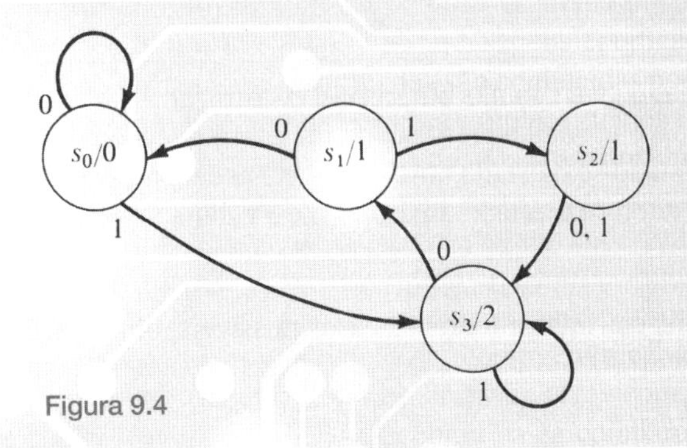

Figura 9.4

PROBLEMA PRÁTICO 45 Uma máquina M é descrita pela tabela de estado ilustrada na Tabela 9.2.

a. Desenhe o grafo de estado para M.
b. Qual é a sequência de saída que corresponde à sequência de entrada 2110?

TABELA 9.2

Estado atual	Próximo estado			Saída
	Entrada atual			
	0	1	2	
s_0	s_0	s_1	s_1	0
s_1	s_1	s_0	s_0	1

A máquina do Exemplo 29 não é particularmente interessante. Se máquinas de estado finito modelam computadores de verdade, elas deveriam ser capazes de fazer alguma coisa. Vamos tentar construir uma máquina de estado finito que soma dois números binários. A entrada vai consistir em uma sequência de pares de algarismos binários, cada um da forma 00, 01, 10 ou 11. Cada par representa uma coluna de algarismos dos dois números a serem somados, os algarismos menos significativos primeiro. Então, para somar os dois números

$$\begin{array}{c} 011 \\ 101 \end{array}$$

os pares são 11, 10 e 01. Na saída aparecem, primeiro, os algarismos menos significativos da resposta. Vamos lembrar dos fatos básicos da soma binária:

$$\begin{array}{cccc} 0 & 0 & 1 & 1 \\ \underline{0} & \underline{1} & \underline{0} & \underline{1} \\ 0 & 1 & 1 & 10 \end{array}$$

(Observe que na quarta soma temos um "vai 1", ou seja, um algarismo que será somado à próxima coluna.)

Pensando um pouquinho, vemos que podemos encontrar quatro casos ao somar os algarismos em qualquer coluna; usaremos os estados da máquina para representar esses casos.

- A saída poderia ser 0 sem "vai 1" — estado s_0.
- A saída poderia ser 0 com "vai 1" para a próxima coluna — estado s_1.
- A saída poderia ser 1 sem "vai 1" — estado s_2.
- A saída poderia ser 1 com "vai 1" para a próxima coluna — estado s_3.

O estado s_0, como sempre, é o estado inicial. Já indicamos o símbolo de saída para cada estado, mas precisamos determinar o próximo estado com base no estado atual e na cadeia de entrada. Por exemplo, suponha que estamos no estado s_1 e a cadeia de entrada é 11. O símbolo de saída para o estado atual é 0, mas temos um "vai 1", logo estaremos somando 1 + 1 + 1 na próxima coluna, que resulta em uma saída de 1 e um "vai 1". O próximo estado é s_3.

PROBLEMA PRÁTICO 46 Na máquina de somar binária em construção,

a. Qual será o próximo estado se o estado atual for s_2 e a cadeia de entrada for 11?
b. Qual será o próximo estado se o estado atual for s_3 e a cadeia de entrada for 10? ■

Após considerar todos os casos possíveis, obtemos o grafo de estado completo ilustrado na Figura 9.5.

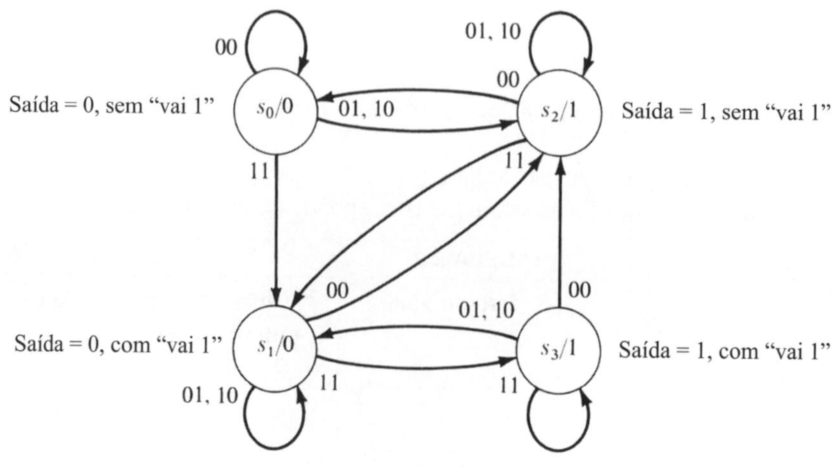

Figura 9.5

Podemos seguir a operação dessa máquina ao somar os números 011 e 101 (leia da direita para a esquerda, ou seja, algarismos menos significativos primeiro):

Tempo	t_0	t_1	t_2	t_3	t_4
Entrada	11	10	01	00	–
Estado	s_0	s_1	s_1	s_1	s_2
Saída	0	0	0	0	1

A cadeia de saída (escrita da direita para a esquerda) é 1000 se ignorarmos o 0 inicial, que não reflete a ação de nenhum símbolo de entrada. Colocando em forma decimal, calculamos $3 + 5 = 8$. Note a simetria dessa máquina em relação às cadeias de entrada 10 e 01, refletindo o fato de que a soma binária é comutativa.

PROBLEMA PRÁTICO 47 Calcule a soma de 01110110 com 01010101 usando a máquina de somar binária da Figura 9.5. ■

Reconhecimento

Já observamos que determinado sinal de entrada pode afetar o comportamento de uma máquina de estado finito por mais de um pulso do relógio. Devido à memória (limitada) dos dados de entrada anteriores representados pelos estados da máquina, podemos usar essas máquinas como *máquinas de reconhecimento*. Pode-se construir uma máquina para reconhecer quando os dados de entrada satisfazem uma condição dada, produzindo um símbolo de saída determinado, por exemplo, 1. Discutiremos com mais detalhes, em breve, a capacidade de máquinas de estado finito como máquinas de reconhecimento. Vamos construir, agora, alguns exemplos.

EXEMPLO 30 Quando dados binários são transmitidos (ou armazenados) como cadeias de bits, coloca-se muitas vezes um bit extra no final de cada cadeia como um bit de paridade. Sob um esquema de paridade par, o bit de paridade (0 ou 1) é escolhido de modo que o número de algarismos iguais a 1 na cadeia, incluindo o bit de paridade, seja par. Sob um esquema de paridade ímpar, o bit de paridade é escolhido de modo que o número de algarismos iguais a 1 na cadeia seja ímpar. Ao receber uma cadeia, sua paridade é verificada. Supondo um esquema de paridade par, se a paridade da cadeia recebida não é par, então ocorreu um erro na transmissão da cadeia e é feito um pedido para uma nova transmissão. Um bit de paridade funciona, portanto, como um mecanismo simples para detectar um único erro. (Note que um bit de paridade não detecta erro em 2 bits, embora detecte erro em 3 bits.) A máquina descrita na Figura 9.6 é uma máquina que verifica a paridade. Quando o dado de entrada recebido no instante t_i contém um número par de algarismos iguais a 1, o símbolo de saída no instante t_{i+1} é 1; caso contrário, o símbolo de saída é 0.

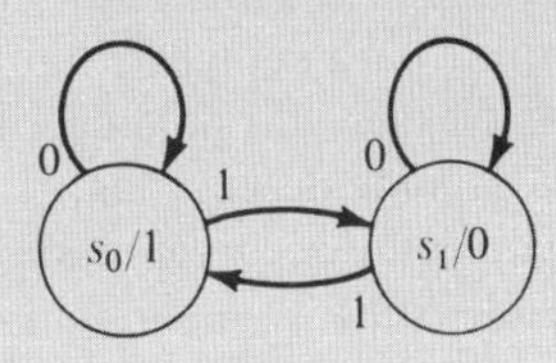

Figura 9.6 ●

EXEMPLO 31 Suponha que queremos projetar uma máquina que produza um símbolo de saída igual a 1 exatamente quando a cadeia de entrada recebida termina em 101. Como um caso particular, a sequência de entrada consistindo, simplesmente, em 101 poderia corresponder a uma passagem diretamente do estado s_0 para os estados s_1, s_2 e s_3, todos com símbolo de saída 0, exceto s_3, que tem símbolo de saída 1. Essa parte do projeto resulta na Figura 9.7a. Essa figura mostra que queremos estar no estado s_2 sempre que o símbolo de entrada é tal que mais um 1 nos leva a s_3 (com símbolo de saída 1); logo, deveríamos estar no estado s_2 sempre que os dois símbolos de entrada mais recentes forem 10, independentemente do que aconteceu antes. Em particular, a cadeia 1010 deveria nos colocar no estado s_2; logo, a função próximo estado para s_3 com símbolo de entrada 0 é s_2. Analogamente, poderíamos usar s_1 para "lembrar" que o último símbolo de entrada recebido foi 1 e que 01 deveria nos levar a s_3. Em particular, 1011 deveria nos colocar no estado s_1; portanto, a função próximo estado para s_3 com símbolo de entrada 1 é s_1. O resto da função próximo estado pode ser determinado do mesmo modo; a Figura 9.7b mostra o grafo de estado completo.

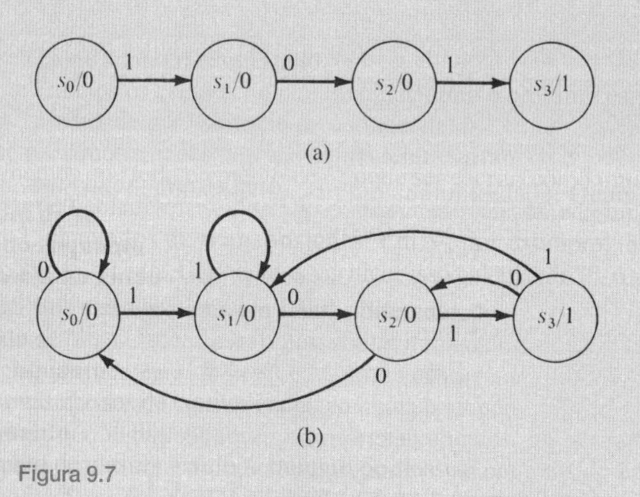

Figura 9.7

Note que a máquina está no estado s_2 ao final de uma cadeia de entrada 0110 e ao final de uma cadeia de entrada 011010 — de fato, ao final de qualquer sequência de dados de entrada terminando em 10; mas s_2 não pode distinguir entre essas cadeias de entrada. *Cada estado de M representa uma classe de histórias indistinguíveis de sequências de dados de entrada, com s_3 o estado representando todas as sequências de entrada que terminam em 101.* ●

PROBLEMA PRÁTICO 48 Desenhe o grafo de estado para uma máquina que produz o símbolo de saída 1 exatamente quando a cadeia de entrada recebida termina com 00. ■

Queremos agora ver exatamente quais os conjuntos que as máquinas de estado finito podem reconhecer. Lembre-se de que o reconhecimento é possível porque máquinas de estado finito têm memória limitada de dados de entrada anteriores. Embora a máquina seja finita, um sinal de entrada especial pode afetar o comportamento da máquina "para sempre". No entanto, nem todo sinal de entrada pode fazer isso, e algumas classes de sinais de entrada necessitam lembrar tanta informação que nenhuma máquina pode detectá-las.

Para evitar escrever os símbolos de saídas, vamos designar os estados de uma máquina de estado finito com símbolo de saída 1 como os **estados finais** e indicá-los no grafo de estado por um círculo duplo. Podemos dar, então, a definição formal de reconhecimento a seguir, em que I^* denota o conjunto de cadeias de comprimento finito formadas pelo alfabeto de entrada.

DEFINIÇÃO MÁQUINAS DE ESTADO FINITO DE RECONHECIMENTO

Uma máquina de estado finito M com alfabeto de entrada I **reconhece** um subconjunto S de I^* se M, começando em um estado s_0 e processando uma cadeia α de entrada, termina em um estado final se e somente se $\alpha \in S$.

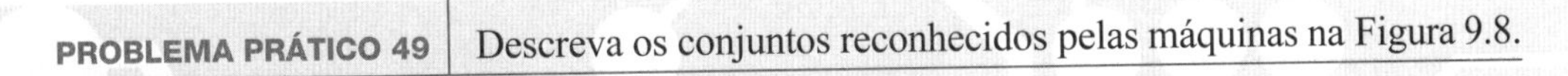

PROBLEMA PRÁTICO 49 Descreva os conjuntos reconhecidos pelas máquinas na Figura 9.8.

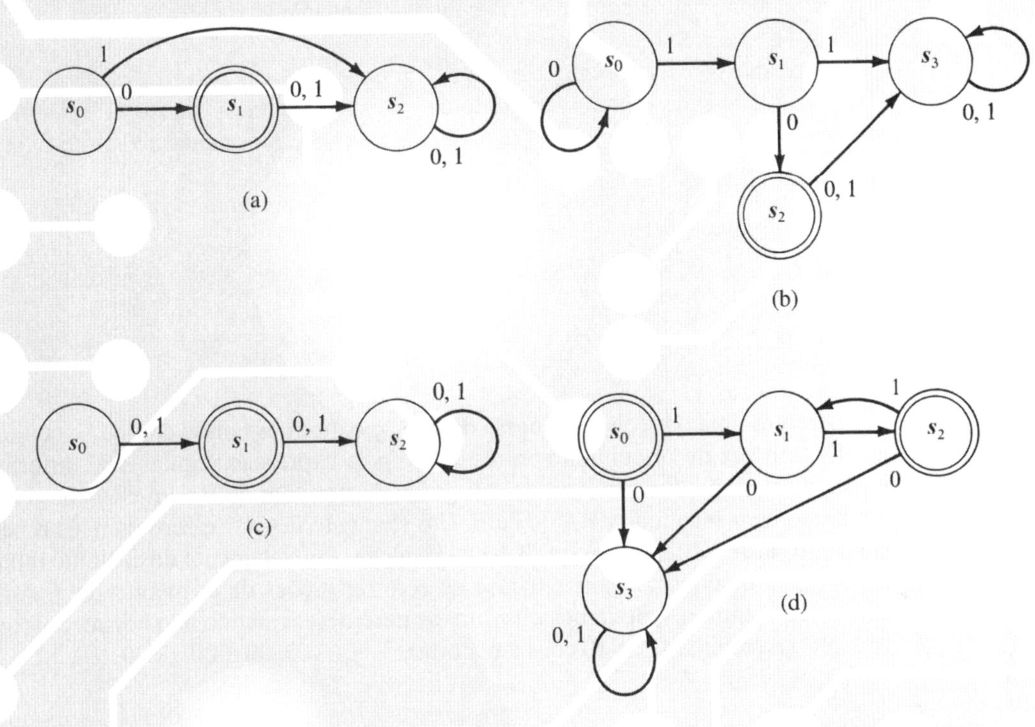

Figura 9.8

■

No Problema Prático 49d, o estado s_3 é um estado "morto", do qual não há recuperação. O aparecimento de um 0 nos estados s_0, s_1 ou s_2 arruína, irrevogavelmente, o padrão que a máquina é capaz de reconhecer. Por outro lado, a máquina do Exemplo 31 (ou qualquer máquina que reconheça cadeias com determinados finais) nunca vai ter um estado morto, porque haverá sempre a esperança de que uma entrada subsequente terá o padrão final que ela reconhece.

Conjuntos Regulares e Teorema de Kleene

Queremos um modo compacto e simbólico para descrever conjuntos como os que aparecem na resposta do Problema Prático 49. Vamos descrever tais conjuntos usando *expressões regulares*; cada expressão regular descreve um conjunto particular. Primeiro, vamos definir o que são expressões regulares; depois, veremos como uma expressão regular descreve um conjunto. Vamos supor que I é algum conjunto finito de símbolos; mais tarde, I será o alfabeto de entrada de uma máquina de estado finito.

DEFINIÇÃO EXPRESSÕES REGULARES FORMADAS POR I

São **expressões regulares formadas por I**

1. o símbolo $\emptyset$ e o símbolo λ;
2. o símbolo i para qualquer $i \in I$;
3. as expressões (AB), $(A \vee B)$ e $(A)^*$ se A e B forem expressões regulares.

(Essa definição de expressões regulares formadas por I é mais um exemplo de uma definição por recorrência.)

DEFINIÇÃO CONJUNTO REGULAR

Qualquer conjunto representado por uma expressão regular de acordo com as convenções a seguir é um conjunto regular:

1. $\emptyset$ representa o conjunto vazio.
2. λ representa o conjunto $\{\lambda\}$ contendo a cadeia vazia.
3. i representa o conjunto $\{i\}$.
4. Para expressões regulares A e B,
   a. (AB) representa o conjunto de todos os elementos da forma $\alpha\beta$, em que α pertence ao conjunto representado por A e β pertence ao conjunto representado por B;
   b. $(A \vee B)$ representa a união do conjunto representado por A com o representado por B;
   c. $(A)^*$ representa o conjunto de todas as concatenações dos elementos pertencentes ao conjunto representado por A.

Seremos pouco precisos na nossa discussão e diremos coisas do tipo "o conjunto regular AB" em vez de "o conjunto representado pela expressão regular AB". Informalmente, um elemento em AB é um item de A seguido de um item de B. Um elemento em $A \vee B$ é um único item escolhido de A ou de B. Um elemento de $(A)^*$ é zero ou mais repetições de elementos de A. Observamos que λ, a cadeia vazia, é um elemento do conjunto representado por A^* para qualquer A, pois é o caso de zero repetições de elementos de A. Ao escrever expressões regulares, podemos eliminar os parênteses quando não houver ambiguidades. A expressão regular $0^* \vee 10$ consiste, portanto, em λ, 0, 00, 000, 0000, . . ., 10.

EXEMPLO 32 Eis algumas expressões regulares e uma descrição de cada conjunto que cada uma delas representa.

a. $1^*0(01)^*$	Um número arbitrário (incluindo nenhum) de algarismos iguais a 1, seguido de um único 0, seguido de qualquer número (inclusive zero) de pares 01.
b. $0 \vee 1^*$	Um único 0 ou qualquer quantidade (inclusive nenhum) de algarismos iguais a 1.
c. $(0 \vee 1)^*$	Qualquer cadeia formada por 0 e 1, inclusive λ.
d. $11((10)^*11)^*(00^*)$	Uma cadeia não vazia de pares 11, misturada com qualquer número (inclusive zero) de pares 10, seguida de pelo menos um 0. Note como essa descrição verbal é inconveniente e aprecie a forma compacta de uma descrição como expressão regular.

PROBLEMA PRÁTICO 50 Quais as cadeias que pertencem ao conjunto descrito pela expressão regular dada?

a. 10100010; $(0^*10)^*$
b. 011100; $(0 \vee (11)^*)^*$
c. 000111100; $((011 \vee 11)^*(00)^*)^*$

PROBLEMA PRÁTICO 51 Escreva expressões regulares para os conjuntos reconhecidos pelas máquinas no Problema Prático 49. ■

Um conjunto regular pode ser descrito por mais de uma expressão regular. Por exemplo, o conjunto de todas as cadeias formadas por 0 e 1, que pode ser representado por (0 ∨ 1)*, como vimos no Exemplo 32(c), também pode ser representado pela expressão regular [(0 ∨ 1*)* ∨ (01)*]*. Podemos, portanto, escrever a equação

$$(0 \vee 1)^* = [(0 \vee 1^*)^* \vee (01)^*]^*$$

Embora não tenhamos problema em aceitar essa equação em particular, pode ser difícil decidir, em geral, se duas expressões regulares são iguais, ou seja, se representam o mesmo conjunto. Não foi encontrado um algoritmo eficiente que faça essa decisão para duas expressões regulares arbitrárias.

Definimos conjuntos regulares porque acontece que esses são exatamente os conjuntos que as máquinas de estado finito são capazes de reconhecer. Esse resultado foi demonstrado pela primeira vez pelo matemático americano Stephen Kleene em 1956. Enunciaremos, a seguir, esse teorema sem demonstração.

TEOREMA TEOREMA DE KLEENE

Qualquer conjunto reconhecido por uma máquina de estado finito é regular, e qualquer conjunto regular pode ser reconhecido por alguma máquina de estado finito.

O teorema de Kleene esboça as limitações, assim como a capacidade, de máquinas de estado finito, já que certamente existem muitos conjuntos que não são regulares. Considere, por exemplo, $S = \{0^n1^n \mid n \geq 0\}$, em que a^n representa uma cadeia de n cópias de a. As cadeias em S consistem em certo número de algarismos iguais a 0 seguidos do mesmo número de algarismos iguais a 1. S não é regular. (Note que 0*1* não representa S.) Pelo teorema de Kleene, não existe máquina de estado finito capaz de reconhecer S. No entanto, S parece um conjunto tão razoável; nós, humanos, certamente poderíamos contar o número de algarismos iguais a 0, depois contar o número de algarismos iguais a 1 e verificar se esses dois números são iguais. Esse lapso sugere alguma deficiência na nossa utilização de máquinas de estado finito como um modelo de computação. Investigaremos isso em mais detalhes na Seção 9.4.

Minimização de uma Máquina

Embora tenhamos tratado máquinas de estado finito como abstrações, pode-se construir circuitos que agem como máquinas de estado finito usando-se dispositivos eletrônicos como os elementos lógicos da Seção 8.2 e outros. Se quisermos construir fisicamente uma máquina, o número de estados internos é um fator no custo de construção. A minimização é o processo de encontrar, para uma máquina de estado finito M dada, uma máquina M' com duas propriedades:

1. Se M e M' começam, ambas, em seus respectivos estados iniciais e são dadas as mesmas sequências de dados de entrada, então elas produzem sequências idênticas de saída.
2. Se possível, M' tem menos estados do que M (se isso não for possível, então M já é uma máquina mínima e não pode ser ainda mais reduzida).

Estados Inacessíveis

Em primeiro lugar, note que podemos remover quaisquer **estados inacessíveis** de *M*, aqueles estados que não podem ser obtidos a partir do estado inicial, independentemente da sequência de dados de entrada recebida.

EXEMPLO 33 Seja *M* dada pela tabela de estado na Tabela 9.3. Embora a tabela de estado contenha a mesma informação que o grafo de estado (Figura 9.9), o grafo mostra imediatamente que o estado s_2 nunca pode ser obtido a partir do estado inicial s_0. Se removermos, simplesmente, o estado s_2 e suas arestas, teremos o grafo de estado ilustrado na Figura 9.10 para uma máquina *M'* com um estado a menos do que *M* e que se comporta exatamente como *M*, ou seja, produz a mesma cadeia de saída que *M* para qualquer cadeia de entrada.

TABELA 9.3

Estado atual	Próximo estado Entrada atual 0	 1	Saída
s_0	s_1	s_3	0
s_1	s_3	s_0	0
s_2	s_1	s_3	1
s_3	s_0	s_1	1

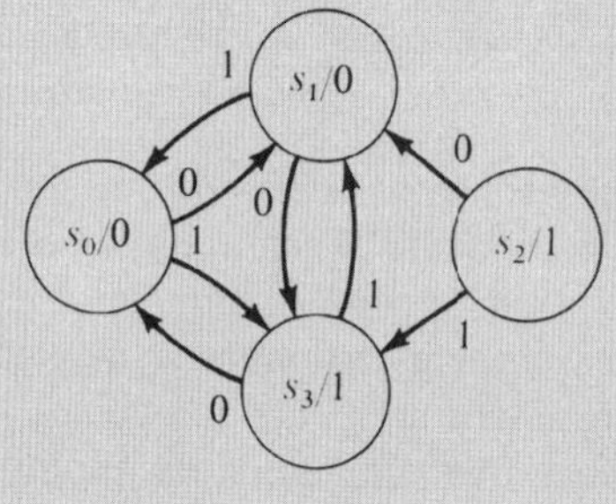

Figura 9.9

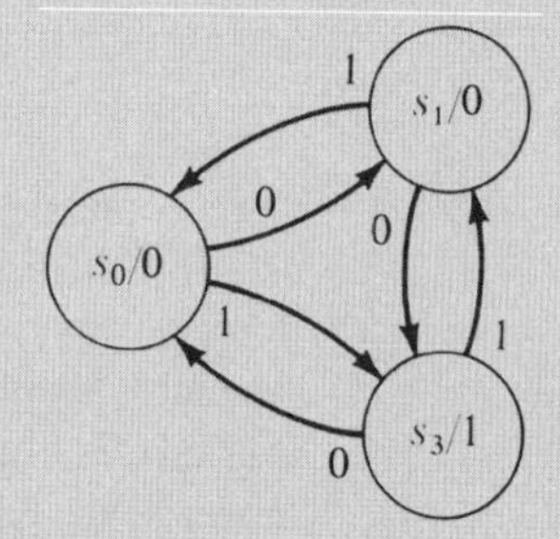

Figura 9.10

PROBLEMA PRÁTICO 52 Quais os estados que são inacessíveis a partir de s_0 na máquina da Tabela 9.4? Tente obter sua resposta diretamente da tabela de estado.

TABELA 9.4

Estado atual	Próximo estado Entrada atual 0	 1	Saída
s_0	s_1	s_4	0
s_1	s_4	s_1	1
s_2	s_2	s_2	1
s_3	s_3	s_1	0
s_4	s_0	s_0	1

Como o grafo de estado de uma máquina de estado finito é um grafo direcionado, ele tem uma matriz de adjacência associada. O algoritmo de Warshall (Seção 7.1) pode ser usado para se detectar estados inacessíveis.

Procedimento de Minimização

Suponha agora que todos os estados inacessíveis foram removidos de M e que continuamos a procurar por uma máquina reduzida M'. A chave para encontrar uma tal máquina, se existir, está no conceito de estados equivalentes.

DEFINIÇÃO ESTADOS EQUIVALENTES

Dois estados s_i e s_j de M são **equivalentes** se para todo $\alpha \in I^*$ $f_O(s_i, \alpha) = f_O(s_j, \alpha)$, em que, mais uma vez, I^* denota o conjunto das cadeias de comprimento finito formadas pelo alfabeto de entrada.

Nessa definição de estados equivalentes, a definição de função saída foi estendida para denotar a sequência de símbolos de saída obtida aplicando-se, repetidamente, f_O a uma sequência α de símbolos de entrada. Assim, estados equivalentes de uma máquina produzem cadeias de saída idênticas para qualquer cadeia de entrada.

PROBLEMA PRÁTICO 53 Prove que a equivalência de estados é uma relação de equivalência no conjunto de estados de uma máquina. ■

Vamos adiar, por enquanto, o problema de como identificar os estados equivalentes de uma máquina dada M. Vamos supor apenas que encontramos, de algum modo, os estados equivalentes e que obtivemos uma partição dos estados de M em suas classes de equivalência correspondentes. Essas classes têm duas propriedades: (1) todos os estados na mesma classe têm a mesma saída; (2) para cada símbolo de entrada, todos os estados na mesma classe geram, sob a função próximo estado, estados que pertencem à mesma classe.

PROBLEMA PRÁTICO 54 Mostre que as propriedades 1 e 2 são satisfeitas ao se obter uma partição dos estados de M em suas classes de equivalência. ■

Vamos definir uma máquina M' cujos estados são as classes de equivalência dos estados de M. M' tem os mesmos alfabetos de entrada e de saída que M, e seu estado inicial é a classe à qual pertence o estado inicial de M, s_0. A saída de uma classe é o símbolo de saída comum a todos os estados de M pertencentes àquela classe (propriedade 1). O próximo estado de uma classe X após um símbolo de entrada é a classe à qual pertencem os próximos estados de todos os estados de M pertencentes a X após esse símbolo de entrada (propriedade 2). M' é uma máquina bem definida. M' produz a mesma cadeia de saída que M ao processar uma cadeia de entrada dada. Além disso, o número de estados de M' (classes de equivalência dos estados de M) não pode ser maior do que o número de estados de M.

Reduzimos o problema de minimização de M, então, ao problema de encontrar os estados equivalentes de M. Em primeiro lugar, note que a abordagem óbvia de tentar aplicar diretamente a definição de estados equivalentes não vai funcionar. Dados dois estados s_i e s_j de M, não podemos comparar, de fato, as sequências de saída correspondentes a todas as cadeias de entrada possíveis. Felizmente, o problema não é tão infinito como parece; precisamos identificar apenas os estados que são equivalentes por cadeias de comprimento menor ou igual a k.

DEFINIÇÃO ESTADOS *K*-EQUIVALENTES

Dois estados s_i e s_j de *M* são **equivalentes por cadeias de comprimento menor ou igual a *k***, ou, de forma mais compacta, ***k*-equivalentes**, se, qualquer que seja a cadeia $\alpha \in I^*$ de comprimento menor ou igual a k, $f_O(s_i, \alpha) = f_O(s_j, \alpha)$.

Não é difícil ver que a *k*-equivalência é uma relação de equivalência no conjunto de estados de *M* (verifique a reflexividade, a simetria e a transitividade). É possível testar, diretamente, se dois estados de *M* são *k*-equivalentes, já que podemos produzir, de fato, o número finito de cadeias de entrada que não têm mais de *k* símbolos. No entanto, não precisamos fazer isso. Podemos começar encontrando os estados que são 0-equivalentes. Esses são os estados que produzem o mesmo símbolo de saída para cadeias de entrada de comprimento 0, ou seja, estados que têm o mesmo símbolo da saída. Podemos, então, identificar as classes de 0-equivalência diretamente da descrição de *M*.

EXEMPLO 34 Defina *M* pela tabela de estado na Tabela 9.5. (Começamos a denotar os estados por 0, 1, 2, ..., em vez de $s_0, s_1, s_2, \ldots$.) As classes de 0-equivalência dos estados de *M* são

$$\{0, 2, 5\} \text{ e } \{1, 3, 4, 6\}$$

TABELA 9.5

Estado atual	Próximo estado		Saída
	Entrada atual		
	0	1	
0	2	3	0
1	3	2	1
2	0	4	0
3	1	5	1
4	6	5	1
5	2	0	0
6	4	0	1

Usaremos um procedimento por recorrência para encontrar os estados *k*-equivalentes; sabemos como encontrar os estados 0-equivalentes e vamos ver como encontrar os estados *k*-equivalentes uma vez conhecidos os estados $(k - 1)$-equivalentes. Suponha, então, que já conhecemos todos os estados que são $(k - 1)$-equivalentes. Se os estados s_i e s_j forem *k*-equivalentes, eles terão que produzir a mesma cadeia de saída para qualquer cadeia de entrada com comprimento menor ou igual a *k* e, portanto, em particular, para qualquer cadeia de entrada com comprimento menor ou igual a $k - 1$. Assim, s_i e s_j têm que ser, pelo menos, $(k - 1)$-equivalentes. Mas, também, têm que produzir cadeias idênticas de saída para qualquer cadeia de entrada com comprimento *k*.

Uma cadeia de entrada arbitrária com comprimento *k* consiste em um único símbolo de entrada seguido de uma cadeia de entrada arbitrária com comprimento $k - 1$. Se aplicarmos tal cadeia de comprimento *k* aos estados s_i e s_j (que têm o mesmo símbolo da saída), o primeiro símbolo de entrada transforma s_i e s_j nos próximos estados s_i' e s_j'; então, s_i' e s_j' têm que produzir cadeias de saída idênticas para a cadeia arbitrária restante com $k - 1$ símbolos, o que acontecerá com certeza se s_i' e s_j' forem $(k - 1)$-equivalentes. Portanto, para encontrar estados *k*-equivalentes, procure estados $(k - 1)$-equivalentes cujos próximos estados, para qualquer símbolo de entrada, são $(k - 1)$-equivalentes.

EXEMPLO 35 Considere, novamente, a máquina M do Exemplo 34. Conhecemos seus estados 0-equivalentes. Para encontrar os estados 1-equivalentes, procuramos os estados 0-equivalentes que tenham próximos estados 0-equivalentes. Por exemplo, os estados 3 e 4 são 0-equivalentes; após o símbolo de entrada 0, eles produzem, respectivamente, os estados 1 e 6, que são 0-equivalentes, e, após o símbolo de entrada 1, ambos produzem o estado 5, que, é claro, é 0-equivalente a si mesmo. Portanto, os estados 3 e 4 são 1-equivalentes. Analogamente, os estados 1 e 3 são 1-equivalentes, e os estados 4 e 6 são 1-equivalentes. Portanto, a classe $\{1, 3, 4, 6\}$ de estados 1-equivalentes é a mesma que a classe de estados 0-equivalentes. Mas os estados 0 e 5, que são 0-equivalentes, produzem, após o símbolo de entrada 1, os estados 3 e 0, respectivamente, que não são 0-equivalentes. Logo, os estados 0 e 5 não são 1-equivalentes; a cadeia de entrada 1 produz uma cadeia de saída 01 a partir do estado 0 e uma cadeia de saída 00 a partir do estado 5. Os estados 0 e 2 são 1-equivalentes. Portanto, as classes de 1-equivalência dos estados de M são

$$\{0, 2\}, \{5\}, \{1, 3, 4, 6\}$$

Para encontrar os estados 2-equivalentes, procuramos estados 1-equivalentes com próximos estados 1-equivalentes. Os estados 1 e 3, embora 1-equivalentes, produzem, após o símbolo de entrada 1, os estados 2 e 5, respectivamente, que não são 1-equivalentes. Portanto, os estados 1 e 3 não são 2-equivalentes. Os estados 0 e 2, 1 e 6, 3 e 4, respectivamente, são 2-equivalentes. As classes de 2-equivalência dos estados de M são

$$\{0, 2\}, \{5\}, \{1, 6\}, \{3, 4\}$$

As classes de 3-equivalência são as mesmas que as de 2-equivalência. ●

DEFINIÇÃO REFINAMENTO DE UMA PARTIÇÃO

Dadas duas partições π_1 e π_2 de um conjunto S, π_1 é um **refinamento** de π_2 se cada bloco de π_1 é subconjunto de um bloco de π_2.

No Exemplo 35, cada partição sucessiva dos estados de M em classes de equivalência é um refinamento da partição anterior. Esse refinamento sempre vai acontecer; os estados k-equivalentes são, também, $(k - 1)$-equivalentes, de modo que os blocos da partição $k - 1$ só podem ser subdivididos. No entanto, o processo de subdivisão não pode continuar indefinidamente (no pior caso, ele continua até que cada bloco da partição tenha um único estado); vai chegar alguma hora em que os estados $(k - 1)$-equivalentes irão coincidir com os estados k-equivalentes. (No Exemplo 35, os estados 2-equivalentes coincidem com os 3-equivalentes.) Quando isso acontecer, todos os próximos estados para elementos de um dos blocos da partição, após qualquer símbolo de entrada, vão cair em um mesmo bloco da partição. Assim, estados k-equivalentes vão ser $(k + 1)$-equivalentes, $(k + 2)$-equivalentes e assim por diante. De fato, esses estados serão equivalentes.

O procedimento para encontrar estados equivalentes, portanto, é começar com estados 0-equivalentes, depois encontrar os 1-equivalentes e assim por diante até que a partição não se subdivida mais. Damos, a seguir, a descrição em pseudocódigo desse algoritmo. Não é tão complicado como parece, mas envolve a verificação de muitos pares de estados, como no Exemplo 35.

ALGORITMO *MINIMIZAR*

```
Minimizar(tabela para uma máquina de estado finito M)
// produz uma versão minimizada de M
Variáveis locais:
booleano marcador            //marca a saída do laço quando encontra
//estados não equivalentes

   encontre os estados 0-equivalentes de M
   repita
      enquanto restam classes de equivalência não testadas faça
         selecione classe de equivalência não testada
         enquanto restam pares não testados nesta classe faça
            selecione par não testado nesta classe
            marcador = falso
            enquanto restam símbolos de entrada não testados e não marcador faça
               selecione símbolo não testado
               para ambos os estados no par atual, encontre o próximo estado
                  produzido pelo símbolo de entrada atual
               se próximos estados não são equivalentes então
                  marcador = verdadeiro
               fim do se
            fim do enquanto
            se marcador então
               marque estados atuais em classes diferentes
            fim do se
         fim do enquanto
         forme novas classes de equivalência
      fim do enquanto
   até novo conjunto de classes = velho conjunto de classes
fim Minimizar
```

EXEMPLO 36 Para a máquina M dos Exemplos 34 e 35, a máquina reduzida M' terá estados

$$A = \{0, 2\}$$
$$B = \{5\}$$
$$C = \{1, 6\}$$
$$D = \{3, 4\}$$

A tabela de estado para M' (Tabela 9.6) é obtida da tabela para M. A máquina M' (com estado inicial A) reproduzirá a cadeia de saída de M para qualquer cadeia de entrada, mas tem quatro estados em vez de sete.

TABELA 9.6

Estado atual	Próximo estado		Saída
	Entrada atual		
	0	1	
A	*A*	*D*	0
B	*A*	*A*	0
C	*D*	*A*	1
D	*C*	*B*	1

EXEMPLO 37 Vamos minimizar M, em que a Tabela 9.7 é a tabela de estado de M.

TABELA 9.7

Estado atual	Próximo estado Entrada atual 0	 1	Saída
0	3	1	1
1	4	1	0
2	3	0	1
3	2	3	0
4	1	0	1

As classes de 0-equivalência dos estados de M são

$$\{0, 2, 4\}, \{1, 3\}$$

Os estados 0 e 2 produzem, após o símbolo de entrada 1, os estados 1 e 0, respectivamente, que não são 0-equivalentes As classes de 1-equivalência dos estados de M são

$$\{0\}, \{2, 4\}, \{1, 3\}$$

Não é possível refinar mais essa partição. Sejam

$$A = \{0\}$$
$$B = \{2, 4\}$$
$$C = \{1, 3\}$$

A Tabela 9.8 é a tabela de estado da máquina reduzida.

TABELA 9.8

Estado atual	Próximo estado Entrada atual 0	 1	Saída
A	C	C	1
B	C	A	1
C	B	C	0

PROBLEMA PRÁTICO 55 Minimize as máquinas cujas tabelas de estado constam das Tabelas 9.9 e 9.10.

TABELA 9.9

Estado atual	Próximo estado Entrada atual 0	 1	Saída
0	2	1	1
1	2	0	1
2	4	3	0
3	2	3	1
4	0	1	0

TABELA 9.10			
Estado atual	Próximo estado		Saída
	Entrada atual		
	0	1	
0	1	3	1
1	2	0	0
2	1	3	0
3	2	1	0

■

Circuitos Sequenciais e Máquinas de Estado Finito

A saída de uma máquina de estado finito é uma função de seu estado atual, e o estado atual da máquina é uma função de seus dados de entrada passados. Assim, os estados de uma máquina têm certa capacidade de memória. Nos circuitos combinatórios do Capítulo 8, que usam portas E, OU e inversores, a saída é praticamente instantânea e depende, apenas, da entrada atual. Para construir uma máquina de estado finito, precisamos de um elemento adicional que forneça a memória que falta em nossos circuitos anteriores.

Um **elemento de retardamento** é o mais simples de uma classe de elementos conhecidos como *relés*. É regulado por um relógio, tem um único bit binário de entrada, e sua saída no instante $t + 1$ é o símbolo de entrada recebido no instante t. O elemento de retardamento, portanto, é um "dispositivo de memória" que captura a entrada por um pulso de relógio. A Figura 9.11 representa o elemento de retardamento *no instante* $t + 1$, com o sinal se propagando da direita para a esquerda. Quando o elemento de retardamento está recebendo um dado de entrada $d(t + 1)$, a saída é o dado de entrada anterior, $d(t)$.

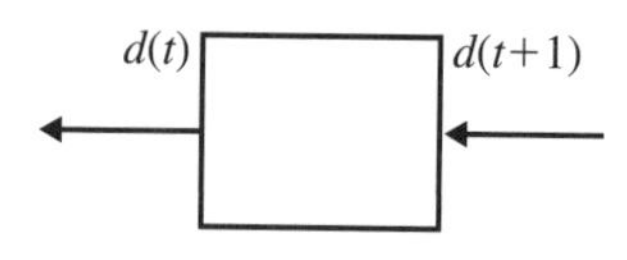

Figura 9.11

Quando um ou mais elementos de retardamento são introduzidos em um circuito combinatório, o circuito é conhecido como um **circuito sequencial**. Ao contrário de circuitos combinatórios, são permitidos laços (onde a saída de um circuito se torna parte de sua entrada), desde que seja incorporado pelo menos um elemento de retardamento ao laço. O elemento de retardamento impede a confusão que resulta quando um circuito tenta agir sobre sua saída atual. Sequências de entrada percorrem circuitos sequenciais (daí esse nome) desde que o pulso do relógio sincronize tanto os sinais de entrada quanto os elementos de retardamento.

EXEMPLO 38 O elemento de retardamento na Figura 9.12 alimenta a saída da porta terminal E do circuito de volta para a porta inicial OU no próximo pulso do relógio. Supõe-se que a saída inicial do elemento de retardamento é 0. As sequências de entrada $x_1 = 10010$ e $x_2 = 11000$ (lidas da esquerda para a direita) produzem o efeito mostrado na tabela.

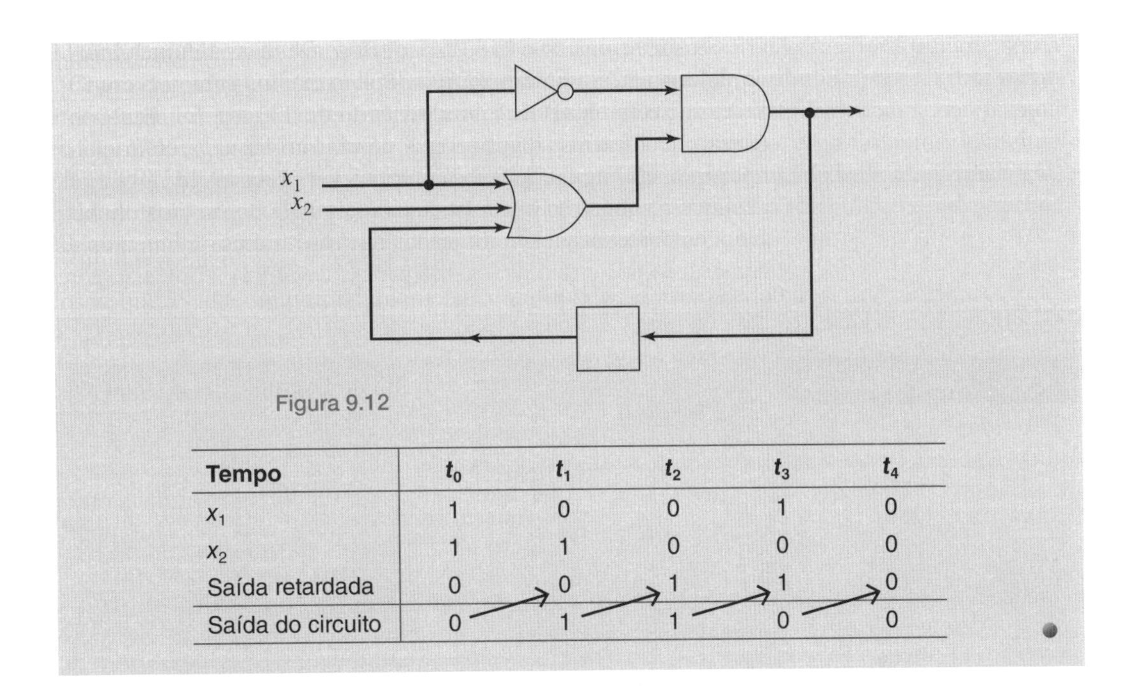

Figura 9.12

Tempo	t_0	t_1	t_2	t_3	t_4
x_1	1	0	0	1	0
x_2	1	1	0	0	0
Saída retardada	0	0	1	1	0
Saída do circuito	0	1	1	0	0

Qualquer máquina de estado finito pode ser construída usando-se um circuito sequencial. (Vamos supor que todos os valores de entrada e de saída são binários; senão, podem ser codificados em forma binária.) A estrutura geral de tal circuito está ilustrada na Figura 9.13. Ela consiste em duas partes: (1) um circuito combinatório (sem elementos de retardamento) e (2) alguns laços contendo elementos de retardamento.

Para construir o circuito para uma máquina de estado finito dada, representamos cada estado da máquina como um número binário, começando com zero (0000, 0001, 0010, 0011, 0100 etc.); a atribuição de estados a números é arbitrária. Em qualquer instante, cada elemento de retardamento no circuito tem um sinal 0 ou 1 na sua linha de saída, de modo que a coleção de símbolos de saída é um número binário e, portanto, representa um estado da máquina. À medida que esses sinais entram na rede combinatória, eles representam o estado atual; circuitos dentro da rede combinatória calculam o próximo estado, que é o padrão de 0 e 1 nas linhas de entrada dos elementos de retardamento.

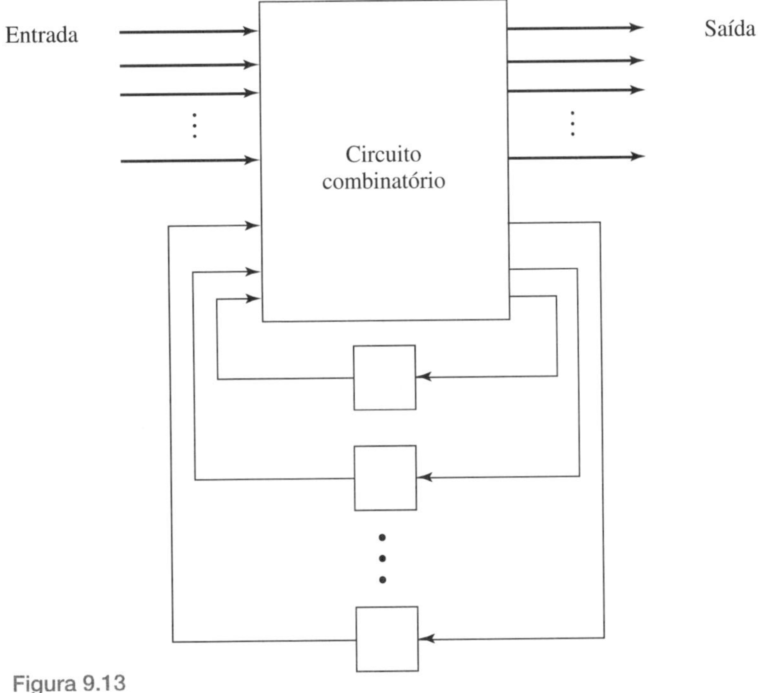

Figura 9.13

Se a máquina de estado finito tem q estados, a numeração binária dos estados precisa de determinado número de bits. Por exemplo, para representar 6 estados diferentes são necessários números de 3 bits variando de 000 até 101. Para representar q estados diferentes são necessários $\lceil \log_2 q \rceil$ bits. Cada bit no número binário é o sinal de um elemento de retardamento, de modo que o circuito vai precisar de $\lceil \log_2 q \rceil$ elementos de retardamento. A chave na construção é a tradução da tabela de estados da máquina de estado finito para funções booleanas a serem usadas nas saídas e nos elementos de retardamento, e depois a construção dos circuitos lógicos para cada função booleana, como fizemos no Capítulo 8.

EXEMPLO 39 Considere a máquina de estado finito do Exemplo 29, com tabela de estados como a ilustrada na Tabela 9.11.

TABELA 9.11

Estado atual	Próximo estado		Saída
	Entrada atual		
	0	1	
s_0	s_1	s_0	0
s_1	s_2	s_1	1
s_2	s_2	s_0	1

Como existem apenas dois símbolos de entrada e dois símbolos de saída, são necessárias apenas uma linha de entrada x (assumindo valores 0 ou 1) e uma linha de saída y para o circuito. A máquina tem três estados, de modo que precisamos de $\lceil \log_2 3 \rceil = 2$ elementos de retardamento. Vamos associar, arbitrariamente, estados com números binários representados como sinais nas entradas ou saídas dos elementos de retardamento (veja a Tabela 9.12).

TABELA 9.12

	d_1	d_2
s_0	0	0
s_1	0	1
s_2	1	0

Vamos agora usar a informação contida na tabela de estados para escrever três funções booleanas. Uma descreve o comportamento da saída $y(t)$; é uma função das duas variáveis $d_1(t)$ e $d_2(t)$ que representam o estado atual. As outras duas funções booleanas descrevem o comportamento de $d_1(t + 1)$ e $d_2(t + 1)$, que representam o próximo estado; essas são funções de $x(t)$, $d_1(t)$ e $d_2(t)$, que representam a entrada atual e o estado atual. A Tabela 9.13 mostra essas funções booleanas.

TABELA 9.13

$x(t)$	$d_1(t)$	$d_2(t)$	$y(t)$	$d_1(t+1)$	$d_2(t+1)$
0	0	0	0	0	1
1	0	0	0	0	0
0	0	1	1	1	0
1	0	1	1	0	1
0	1	0	1	1	0
1	1	0	1	0	0

Na construção da terceira linha da Tabela 9.13, por exemplo, $x(t) = 0$, $d_1(t) = 0$ e $d_2(t) = 1$, o que significa que a entrada atual é 0 e o estado atual é s_1. A saída associada ao estado s_1 é 1, de modo que $y(t) = 1$. O próximo estado associado à entrada 0 e estado atual s_1 é s_2, logo $d_1(t + 1) = 1$ e $d_2(t + 1) = 0$. Note que alguns valores dessas funções são irrelevantes, já que a configuração $d_1(t) = 1$ e $d_2(t) = 1$ não ocorre.

A forma canônica como soma de produtos para cada uma dessas funções booleanas é

$$y(t) = d_1'd_2 + d_1d_2' \qquad (y \text{ não é uma função de } x)$$

$$d_1(t + 1) = x'd_1'd_2 + x'd_1d_2'$$

$$d_2(t + 1) = x'd_1'd_2' + xd_1'd_2$$

Usando um mapa de Karnaugh e escolhas apropriadas para as condições que não importam, essas expressões podem ser simplificadas para

$$y(t) = d_1 + d_2$$

$$d_1(t + 1) = x'd_1 + x'd_2 = x'(d_1 + d_2)$$

$$d_2(t + 1) = xd_2 + x'd_1'd_2'$$

Os circuitos para essas expressões entram na caixa do "circuito combinatório" na Figura 9.13. Portanto, a Figura 9.14 é um diagrama para o circuito que representa a máquina de estado finito.

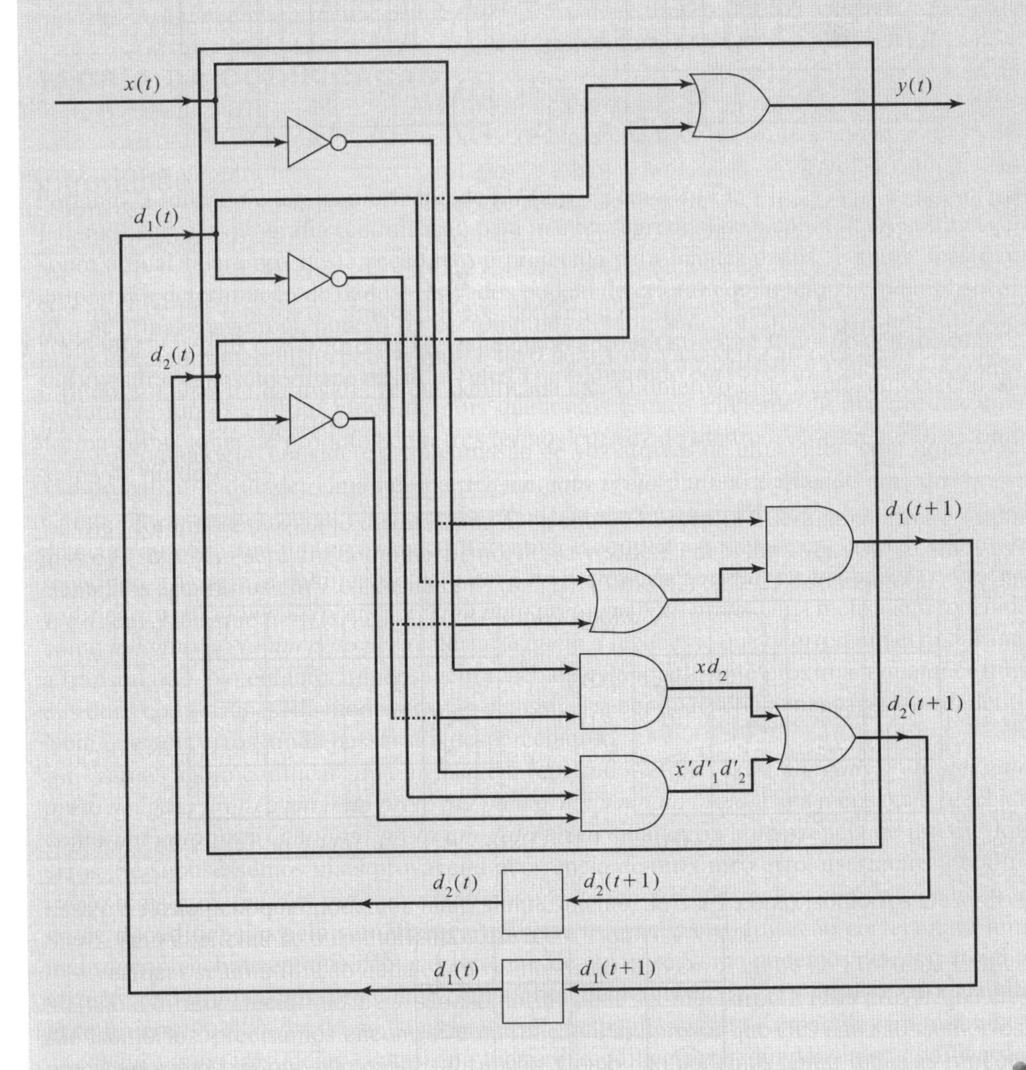

Figura 9.14

PROBLEMA PRÁTICO 56 Construa um circuito sequencial para a máquina de verificação de paridade do Exemplo 30.

Máquinas de Estado Finito por Trás dos Jogos

Todo mundo conhece o uso de storyboards no projeto de um filme. Storyboards são sequências de painéis ilustrados que colocam a cena, esboçam a ação e esquematizam o diálogo. Virar rapidamente as páginas de tais painéis cria uma animação primitiva do filme. Esses painéis, colocados lado a lado, formam um esboço unidimensional do filme.

O que diferencia um videogame de um filme? Um filme é estático no sentido de que sempre flui do mesmo modo; não há mudanças nas cenas ou no final. Um videogame incorpora a interação com o usuário, e, com base na ação (entrada) do usuário, diferentes resultados podem ocorrer em diversos pontos ao longo do jogo. O projeto de um videogame requer uma abordagem bidimensional.

Se você congelar um videogame em algum ponto em que ele está esperando pela ação do usuário, há determinada cena na tela com alguns personagens, e esses personagens podem ter certos atributos nesse instante. Podemos considerar isso como o "estado" do jogo no momento. O usuário faz alguma coisa (fornecendo uma entrada) e, com base nessa entrada e no estado atual, alguma coisa acontece para mover o jogo para um estado novo predefinido. Parece familiar? Pois é, isso é, essencialmente, uma máquina de estado finito. "Máquinas de estado finito são as ferramentas básicas da Inteligência Artificial dos jogos."[1]

Eis um esboço, em português, de um videogame simples. O usuário começa o jogo escolhendo o nível 1 ou o nível 2. Nesse jogo simples, a única entidade é o personagem do usuário, seu avatar; vamos chamá-lo de objeto *A*. Um usuário que escolha o nível 1 manda *A* para um quarto onde ele tem que pegar um entre três objetos: um livro, uma espada ou uma lanterna. Se o livro for escolhido, *A* entrará em um quarto onde deve procurar no livro uma senha secreta. Quando a senha for encontrada, *A* vai para a tela de abertura do nível 2. Se a espada for escolhida, *A* entrará em um quarto contendo um dragão assustador. Quando *A* matar o dragão, receberá o livro e entrará no quarto do livro para procurar a senha. Se a lanterna for escolhida, *A* entrará em um quarto para buscar um baú contendo um tesouro. Quando o baú do tesouro for aberto, *A* encontrará uma espada e irá para o quarto contendo o dragão assustador. No nível 2, *A* escolhe a porta 1 ou a porta 2. Se escolher a porta 1, o jogo acabará. Se escolher a porta 2, *A* entrará em um jardim onde terá que achar e plantar uma árvore lilás. Quando plantar a árvore lilás, o jogo terminará.

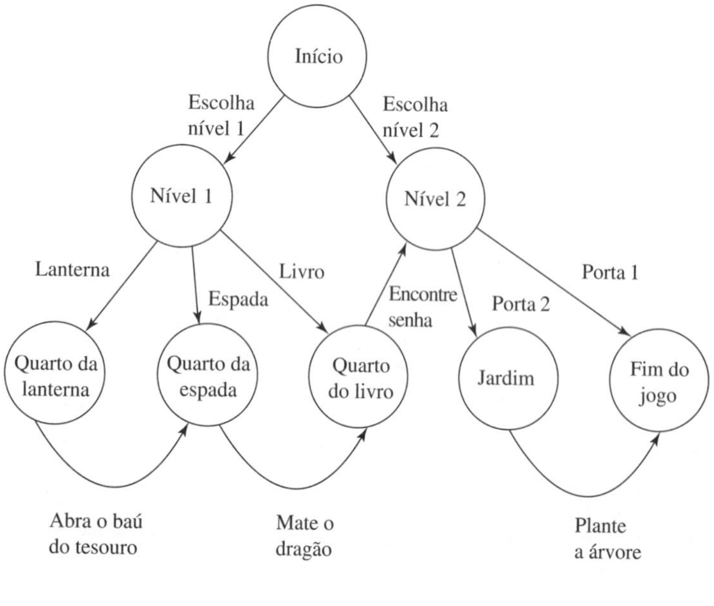

Um grafo de estado para uma máquina de estado finito que modele o comportamento do jogo descrito acima parece com o diagrama ilustrado.

Esse projeto tem que ser traduzido, finalmente, em um código computacional. É claro que os detalhes irão variar dependendo da linguagem de programação utilizada, mas, de qualquer jeito, tem que haver um modo de fazer escolhas múltiplas a partir de um estado dado dependendo da ação do usuário:

```
se (A.estado = nível1 e A.pega = lanterna)
      A.estado = QuartoDaLanterna
senão se (A.estado = nível1 e A.pega = espada)
      A.estado = QuartoDaEspada
senão se (A.estado = nível1 e A.pega = livro)
      A.estado = QuartoDoLivro
senão se (A.estado = nível2 e A.pega = Porta1)
      A.estado = FimDoJogo
```

e assim por diante.

Em um videogame mais complexo, haverá muitas entidades, e o código computacional deverá conter processos de decisão para cada uma para programar sua ação correta com base no estado atual e na entrada do usuário. O próprio ambiente pode ser uma entidade, necessitando de mudanças de cenas de fundo (do quarto da lanterna para o quarto da espada, por exemplo).

[1] *AI for Game Development*, David M. Bourg e Glenn Seemann, O'Reilly Media, Inc., 2004, ISBN-13: 978-0-596-00555-9.

SEÇÃO 9.3 REVISÃO

TÉCNICAS

- Calcular a cadeia de saída para uma máquina de estado finito e uma cadeia de entrada dadas.
- Desenhar um grafo de estado a partir de uma tabela de estado e vice-versa.
- Construir uma máquina de estado finito que funcione como máquina de reconhecimento de determinados tipos de cadeias de entrada.
- Encontrar uma expressão regular que represente um conjunto regular dado.
- Decidir se uma cadeia dada pertence a um conjunto regular dado.
- Minimizar máquinas de estado finito.
- Construir circuitos sequenciais para máquinas de estado finito.

IDEIAS PRINCIPAIS

- Máquinas de estado finito têm um modo sincronizado e determinístico de operação e capacidade de memória limitada.
- A classe de conjuntos que podem ser reconhecidos por máquinas de estado finito é a classe de todos os conjuntos regulares; portanto, a capacidade de reconhecimento dessas máquinas é limitada.
- Estados inacessíveis podem ser removidos de uma máquina.
- Após a remoção dos estados inacessíveis de uma máquina, pode-se encontrar uma versão minimizada dessa máquina que produz a mesma cadeia de saída qualquer que seja a cadeia de entrada.
- Pode-se construir qualquer máquina de estado finito usando um circuito de portas E, OU, inversores e elementos de retardamento.

EXERCÍCIOS 9.3

1. Para cada sequência de entrada e máquina dadas, calcule a cadeia de saída correspondente (o estado inicial é sempre s_0).

   a. 011011010

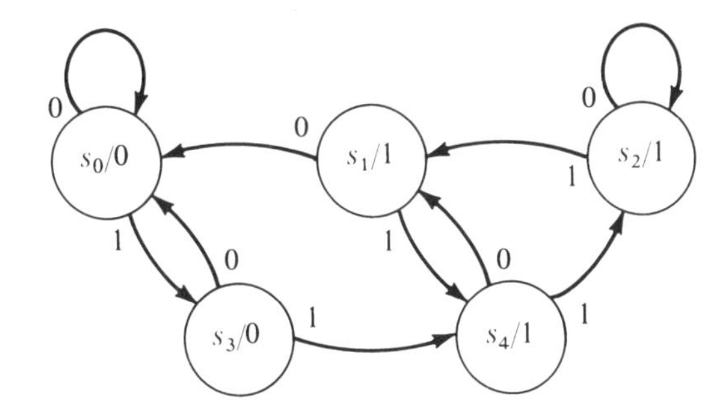

   b. *abccaab*

Estado atual	Próximo estado			Saída
	Entrada atual			
	a	*b*	*c*	
s_0	s_2	s_0	s_3	*a*
s_1	s_0	s_2	s_3	*b*
s_2	s_2	s_0	s_1	*a*
s_3	s_1	s_2	s_0	*c*

   c. 0100110

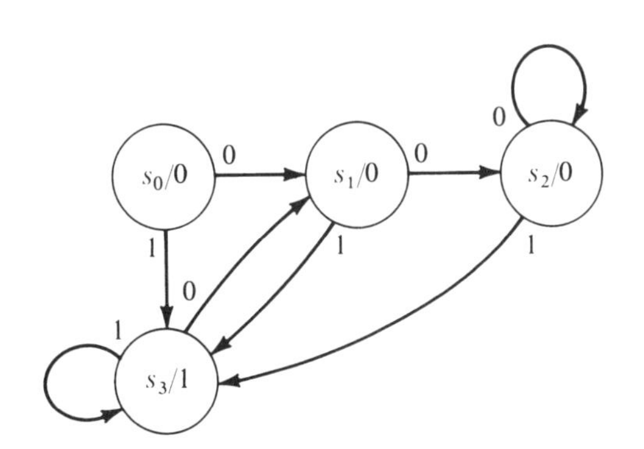

2. a. Para a máquina descrita no Exercício 1a, encontre todas as cadeias de entrada que geram a sequência de saída 0011110.
   b. Para a máquina descrita no Exercício 1b, encontre todas as cadeias de entrada que geram a sequência de saída *abaaca*.
   c. Para a máquina descrita no Exercício 1c, qual será a cadeia de saída para uma sequência de entrada $a_1a_2a_3a_4a_5$, em que $a_i \in \{0, 1\}$, $1 \leq i \leq 5$?

Nos Exercícios 3 a 6, escreva a tabela de estado para a máquina e calcule a cadeia de saída para a sequência de entrada dada.

3. 00110

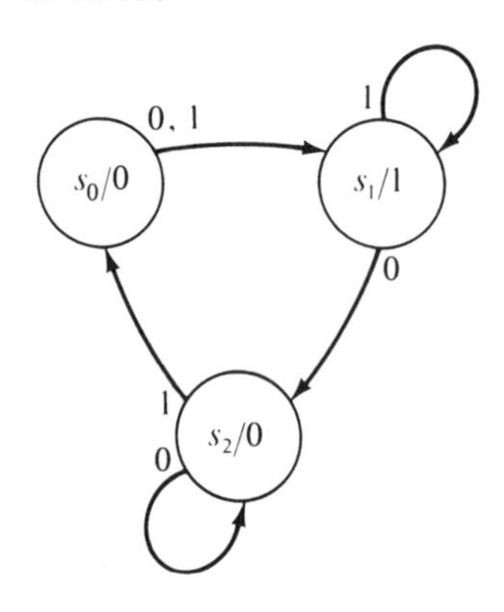

4. 1101100

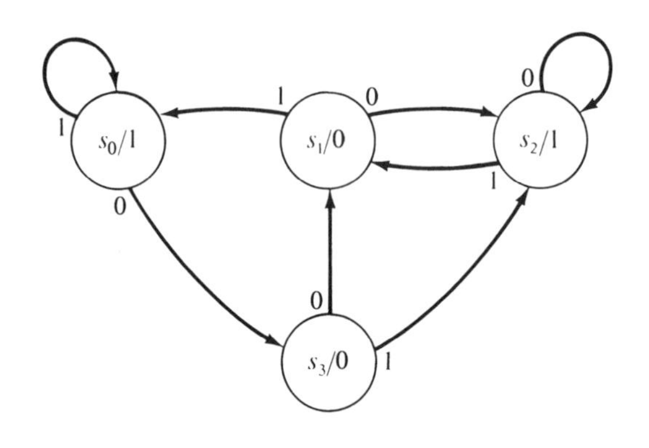

5. 01011

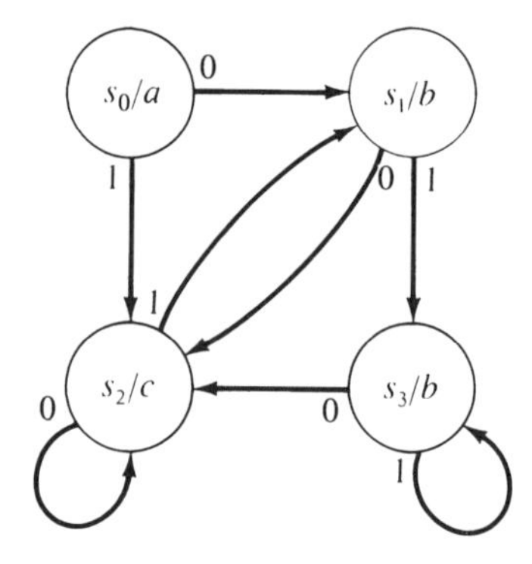

6. *acbabc*

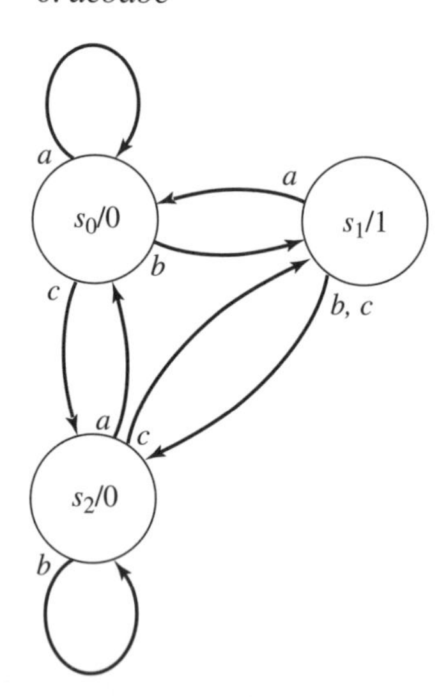

Nos Exercícios 7 a 10, desenhe o grafo de estado para a máquina e calcule a cadeia de saída para a sequência de entrada dada.

7. 10001

Estado atual	Próximo estado		Saída
	Entrada atual		
	0	1	
s_0	s_0	s_2	1
s_1	s_1	s_0	0
s_2	s_0	s_1	0

8. 0011

Estado atual	Próximo estado		Saída
	Entrada atual		
	0	1	
s_0	s_2	s_3	0
s_1	s_0	s_1	1
s_2	s_1	s_3	0
s_3	s_1	s_2	1

9. *acbbca*

Estado atual	Próximo estado			Saída
	Entrada atual			
	a	*b*	*c*	
s_0	s_1	s_1	s_1	0
s_1	s_2	s_2	s_1	0
s_2	s_0	s_2	s_1	1

10. 21021

Estado atual	Próximo estado			Saída
	Entrada atual			
	0	1	2	
s_0	s_3	s_1	s_2	1
s_1	s_3	s_0	s_1	2
s_2	s_2	s_1	s_1	0
s_3	s_1	s_4	s_0	0
s_4	s_1	s_4	s_2	2

11. a. Construa uma máquina de estado finito que complementa cada bit da cadeia de entrada binária (lida da esquerda para a direita).
    b. Escreva a saída para a sequência de entrada 01011.
12. a. Construa uma máquina de estado finito que calcula $x + 1$, em que a cadeia de entrada x é um número em forma binária, começando pelos algarismos menos significativos (neste caso, leia a entrada da direita para a esquerda). Você poderia usar o somador binário da Figura 9.5 escrevendo 1 como 00 ... 01 com o número correto de zeros à esquerda, mas isso é muito complicado.
    b. Escreva a sequência de saída para $x = 1101$.
13. a. Construa uma máquina de estado finito que calcula o E bit a bit de duas cadeias binárias de entrada.
    b. Escreva a saída para a sequência de entrada que consiste nas duas cadeias 11011 e 10010 (leia da esquerda para a direita).
14. a. Construa uma máquina de estado finito que calcula o OU bit a bit de duas cadeias binárias de entrada.
    b. Escreva a saída para a sequência de entrada que consiste nas duas cadeias 11011 e 10010 (leia da esquerda para a direita).
15. a. Construa uma máquina de retardamento com alfabetos de entrada e saída {0, 1} que produz, para qualquer cadeia de entrada $a_1a_2a_3\ldots$, a sequência de saída $00a_1a_2a_3\ldots$
    b. Explique (intuitivamente) por que não é possível construir uma máquina de estado finito que produza, para qualquer cadeia de entrada $a_1a_2a_3\ldots$, a sequência de saída $0a_10a_20a_3\ldots$
16. a. Construa uma máquina de estado finito que calcula o complemento de 2 de p, em que a cadeia de entrada p é um número binário, começando pelos algarismos menos significativos. (Veja o Exercício 27, Seção 8.2.) (Neste caso, leia a entrada da direita para a esquerda.)
    b. Use a máquina do item (a) para encontrar os complementos de 2 de 1100 e de 1011.
17. Você está fazendo um programa, baseado no Windows e acionado por eventos, para o cadastro de clientes de um pequeno negócio. Você projeta a interface do usuário com três telas. A tela de abertura contém um botão de saída para sair do programa e mostra uma lista de caixas contendo os nomes dos clientes. Se forem dados dois cliques rápidos em um dos nomes na lista de caixas, aparecerá uma segunda tela contendo todos os dados daquele cliente. Essa tela contém um botão que traz de volta a tela de abertura. A tela de abertura contém, também, um botão que abre um formulário para que se coloquem os dados de um cliente novo. Construa uma máquina de estado finito que descreva a interação de um usuário com o programa.
18. Sempre que um disco de vídeo for inserido em uma máquina de DVD, a máquina ligará automaticamente e tocará o vídeo. Ao final do disco, a máquina desliga. Para programar o DVD, você tem que ligá-lo manualmente e selecionar a função menu; ao terminar, você desliga a máquina, mas o relógio fica programado. No instante programado, a máquina liga e grava, e depois, no instante apropriado, ela se desliga completamente. Construa uma máquina de estado finito que descreve o comportamento do DVD.
19. Você tem uma conta no Primeiro Fundo Nacional de Agiotagem (PFNA) e um cartão para operar suas CAs (caixas automáticas). Uma vez inserido o cartão, a CA permite que você efetue uma transação só se você digitar corretamente seu código, que é 417. Desenhe um grafo de estado de uma máquina de estado finito projetada para reconhecer esse código. O alfabeto de saída deve ter três símbolos: "certo" (código correto), "espera" (código correto até agora) e "morto" (código incorreto). O alfabeto de entrada é {0, 1, 2, ..., 9}. Para simplificar a notação, você pode designar um arco por $I - \{3\}$, por exemplo, o que significa que a máquina escolhe esse caminho para qualquer símbolo de entrada que seja um dígito diferente de 3. (No PFNA, você só tem uma chance de digitar corretamente o seu código.)

20. Um elevador em um prédio com três andares serve os andares 1, 2 e 3. A entrada consiste em um sinal para que o elevador suba ou desça (*S* ou *D*) junto com o andar de onde foi dado o sinal. O elevador responde ao sinal de entrada movendo-se para o andar correto. Por exemplo, se o elevador estiver no andar 1 e receber um sinal D-3, ele se move para o andar 3. Desenhe o grafo de estado para uma máquina de estado finito que descreve o comportamento do elevador.

Nos Exercícios 21 a 24, determine se a máquina dada reconhece a cadeia de entrada dada.

21. 11010

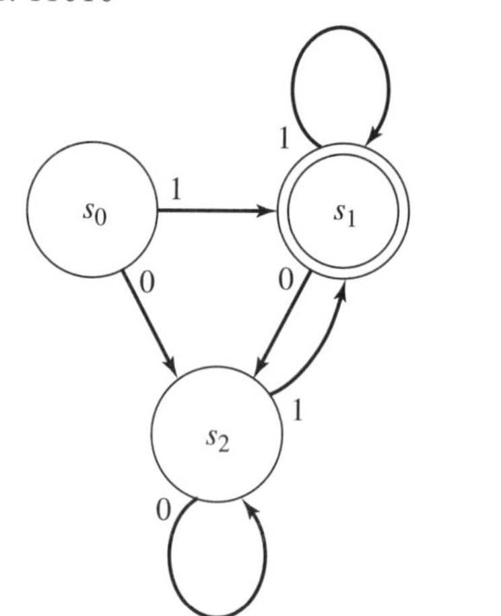

22. 01110111

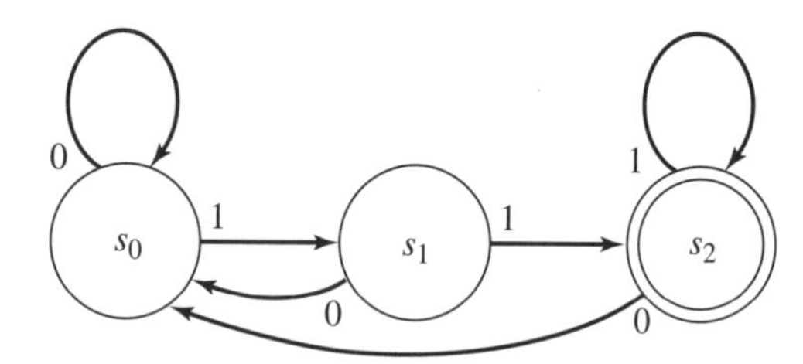

23. 0101

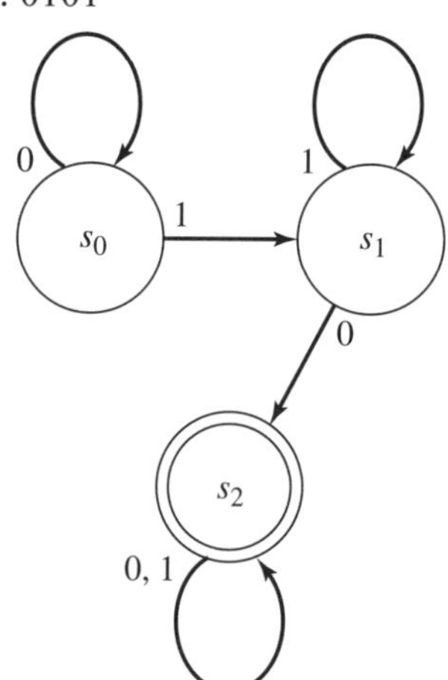

24. 01101

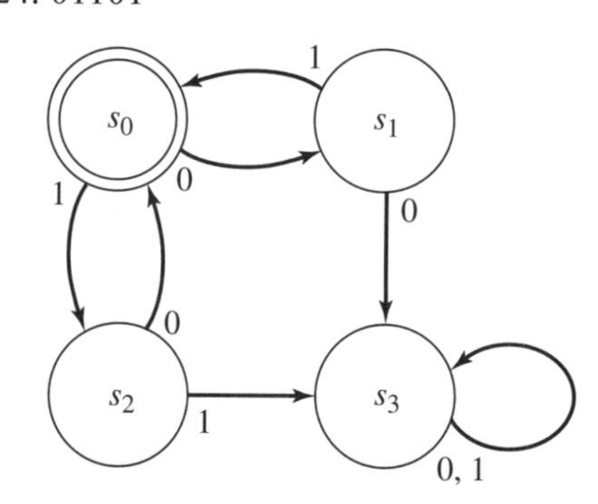

Para os Exercícios 25 a 28, construa máquinas de estado finito que atuem como máquinas de reconhecimento das cadeias de entrada descritas, produzindo o símbolo de saída 1 exatamente quando a cadeia de entrada satisfaz a descrição. Os alfabetos de entrada e de saída em cada caso são $\{0, 1\}$.

25. a. O conjunto de todas as cadeias com um número par de zeros.
    b. O conjunto de todas as cadeias com dois ou mais algarismos iguais a 1 seguidos de um 0.
    c. O conjunto de todas as cadeias contendo dois zeros consecutivos e tendo todos os outros algarismos iguais a 1.
26. a. O conjunto de todas as cadeias que terminam com um ou mais zeros.
    b. O conjunto de todas as cadeias em que o número de zeros é um múltiplo de 3.
    c. O conjunto de todas as cadeias contendo pelo menos quatro uns.
27. a. O conjunto de todas as cadeias contendo exatamente um algarismo igual a 1.
    b. O conjunto de todas as cadeias começando com 000.
    c. O conjunto de todas as cadeias com o segundo algarismo igual a 0 e o quarto igual a 1.
28. a. O conjunto de todas as cadeias compostas inteiramente de qualquer número (inclusive nenhum) de pares 01 ou consistindo inteiramente em dois algarismos iguais a 1 seguidos de qualquer número (inclusive nenhum) de algarismos iguais a 0.
    b. O conjunto de todas as cadeias terminando em 110.
    c. O conjunto de todas as cadeias contendo 00.

29. Deve-se digitalizar um texto em português e contar o número de palavras que começam com "con". Projete uma máquina de estado finito que gera um símbolo de saída 1 cada vez que encontra tal palavra. O alfabeto de saída é $\{0, 1\}$. O alfabeto de entrada é formado pelas 23 letras do alfabeto, um número finito de letras modificadas (vogais acentuadas e cedilha), um número finito de símbolos de pontuação (ponto, vírgula etc.) e um caractere especial β para os espaços em branco. Para simplificar sua descrição, pode usar $I - \{m\}$, por exemplo, para denotar qualquer símbolo de entrada diferente de m.

30. a. Em muitas linguagens computacionais, qualquer número decimal N pode ser representado em uma das formas a seguir:†

$$sd^* \qquad sd^*.d^* \qquad d^* \qquad d^*.d^* \tag{1}$$

em que s denota o sinal ($s \in \{+, -\}$), d é um dígito ($d \in \{0, 1, 2, \ldots, 9\}$) e d^* denota uma cadeia de dígitos na qual a cadeia pode ter qualquer comprimento, inclusive zero (a cadeia vazia). Assim, os exemplos a seguir seriam números decimais válidos:

$$+2.74 \qquad -.58 \qquad 129 \qquad +$$

Projete uma máquina de estado finito que reconheça números decimais válidos produzindo um símbolo de saída 1. Os símbolos de entrada são $+$, $-$, . e os 10 dígitos. Para simplificar a notação, você pode usar d para denotar qualquer símbolo de entrada que seja um dígito.

b. Modifique a máquina do item (a) para que reconheça qualquer sequência de números decimais, como definidos no item (a), separados por vírgulas. Por exemplo, tal máquina reconheceria

$$+2.74,-.58,129,+$$

O alfabeto de entrada deve ser o mesmo que para a máquina no item (a) com a adição do símbolo v para a vírgula.

c. Suponha que um número decimal tem que ser apresentado de forma semelhante à do item (a), exceto que qualquer ponto decimal que apareça tem que ter pelo menos um dígito antes dele e um dígito depois. Escreva uma expressão semelhante a (1) no item (a) para descrever a forma válida para um número decimal. Como você modificaria a máquina do item (a) para reconhecer tal número?

31. Seja M uma máquina de estado finito com n estados. O alfabeto de entrada é $\{0\}$. Mostre que, para qualquer sequência de entrada suficientemente longa, a sequência de saída de M tem que ser periódica. Qual é o número máximo de símbolos de entrada antes de os símbolos de saída começarem o segundo período? Qual é o comprimento máximo de um período?

32. No início deste capítulo, vimos que

O seu grupo na Babel Ltda. está escrevendo um compilador para uma nova linguagem de programação, com o codinome FigueiraAmpla, em honra a uma árvore em frente à sua janela. Durante a primeira fase de compilação (chamada de fase de análise léxica), o compilador tem que quebrar proposições em unidades individuais chamadas de fichas (tokens). Em particular, o compilador tem que ser capaz de reconhecer os identificadores na linguagem, que são cadeias de letras, e, também, de reconhecer duas palavras-chave na linguagem, que são **se** e **em**.

Como o compilador pode reconhecer as fichas individuais em uma proposição?

Construa uma máquina de estado finito que recebe um fluxo de caracteres e vai para um de dois estados finais, representando o fato de que uma palavra-chave foi processada ou o fato de que outro identificador legítimo foi processado. Use β para denotar um espaço em branco separando duas fichas.

†As linguagens de programação (assim como as calculadoras) costumam usar o ponto para separar a parte inteira da parte fracionária de um número, reservando as vírgulas para separar as unidades de milhar das centenas, as unidades de milhão das centenas de milhar e assim por diante. (N.T.)

Nos Exercícios 33 a 38, encontre uma expressão regular para o conjunto reconhecido por cada máquina de estado finito.

33.

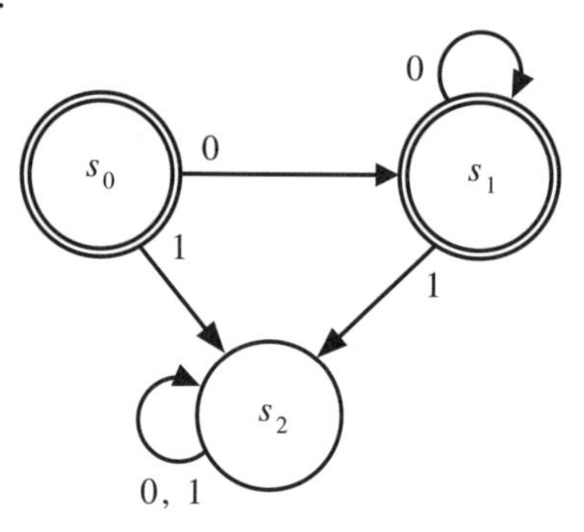

34.

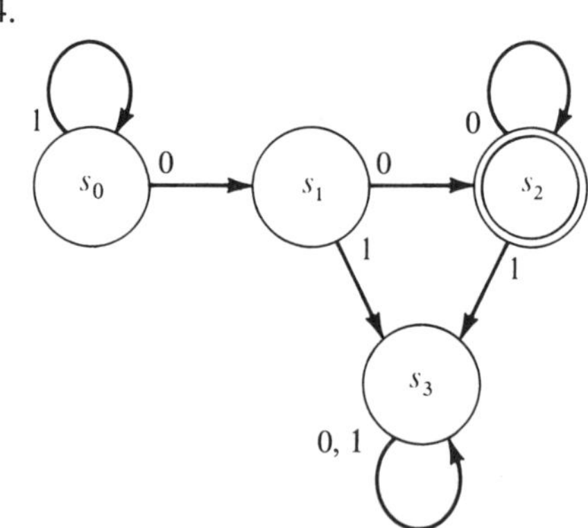

35.

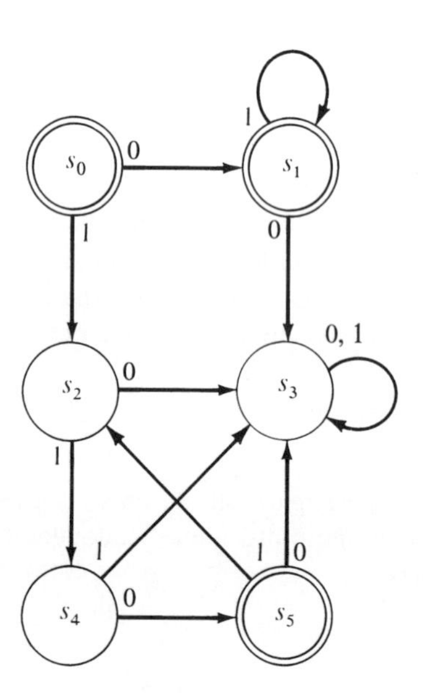

36.

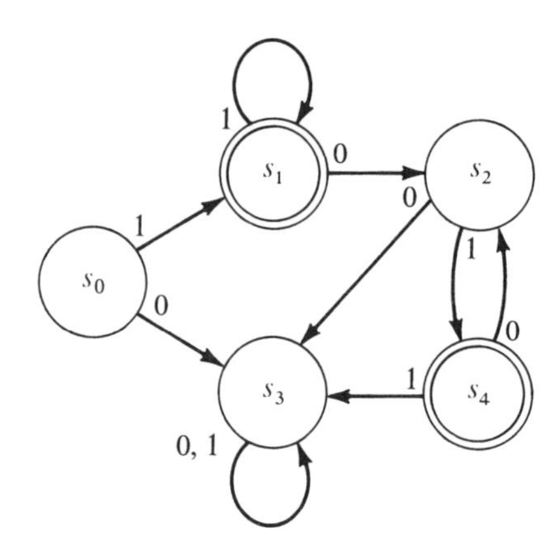

37.

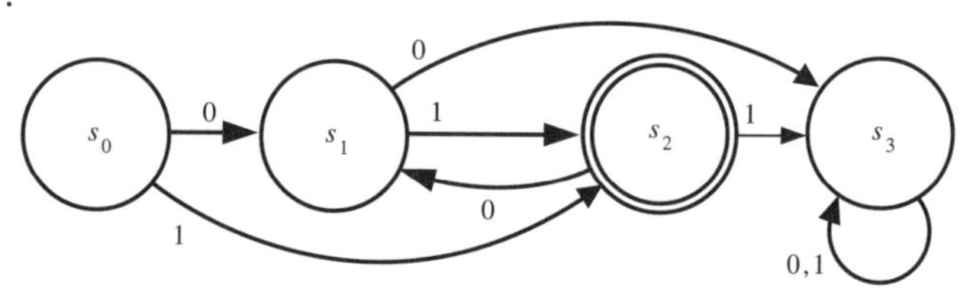

38.

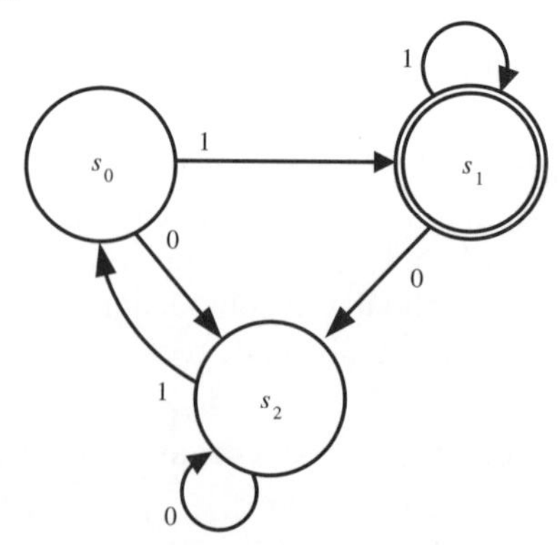

Nos Exercícios 39 a 42, encontre uma expressão regular para o conjunto reconhecido por cada máquina de estado finito nas tabelas.

39.

Estado atual	Próximo estado		Saída
	Entrada atual		
	0	1	
s_0	s_3	s_1	0
s_1	s_1	s_2	0
s_2	s_3	s_3	1
s_3	s_3	s_3	0

40.

Estado atual	Próximo estado		Saída
	Entrada atual		
	0	1	
s_0	s_3	s_1	1
s_1	s_1	s_2	1
s_2	s_2	s_2	0
s_3	s_0	s_2	0

41.

Estado atual	Próximo estado		Saída
	Entrada atual		
	0	1	
s_0	s_2	s_1	1
s_1	s_3	s_1	1
s_2	s_3	s_4	0
s_3	s_3	s_3	0
s_4	s_5	s_3	0
s_5	s_2	s_3	1

42.

Estado atual	Próximo estado		Saída
	Entrada atual		
	0	1	
s_0	s_4	s_1	1
s_1	s_4	s_2	0
s_2	s_4	s_3	0
s_3	s_3	s_1	1
s_4	s_4	s_4	0

43. Encontre uma expressão regular que represente cada um dos conjuntos a seguir.
   a. O conjunto de todas as cadeias formadas pelos algarismos 0 e 1 começando com 0 e terminando com 1.
   b. O conjunto de todas as cadeias formadas pelos algarismos 0 e 1 tendo um número ímpar de zeros.
   c. {101, 1001, 10001, 100001, …}
44. Encontre uma expressão regular que represente cada um dos conjuntos a seguir.
   a. O conjunto de todas as cadeias formadas pelos algarismos 0 e 1 contendo pelo menos um 0.
   b. O conjunto de todas as cadeias formadas pelas letras *a* e *b* em que cada *a* é seguido de dois *b*.
   c. O conjunto de todas as cadeias formadas pelos algarismos 0 e 1 contendo exatamente dois zeros.
45. A cadeia dada pertence ao conjunto regular dado?
   a. 01110111; (1*01)*(11 ∨ 0*)
   b. 11100111; [(1*0)* ∨ 0*11]*
   c. 011100101; 01*10*(11*0)*
46. A cadeia dada pertence ao conjunto regular dado?
   a. 1000011; (10* ∨ 11)*(0*1)*
   b. 011110; 0*11(1* ∨ 10)
   c. 101110; [(101)*10*]*
47. Escreva uma expressão regular que represente o conjunto de todas as expressões aritméticas que indicam a soma ou subtração de dois inteiros positivos.
48. Escreva uma expressão regular que represente o conjunto de todas as cadeias alfanuméricas que começam com uma letra, que é o conjunto de identificadores legítimos em algumas linguagens de programação.

49. Escreva uma expressão regular que represente cada um dos conjuntos de cadeias descritas no Exercício 25.
50. Escreva uma expressão regular que represente cada um dos conjuntos de cadeias descritas no Exercício 26.
51. Escreva uma expressão regular que represente cada um dos conjuntos de cadeias descritas no Exercício 27.
52. Escreva uma expressão regular que represente cada um dos conjuntos de cadeias descritas no Exercício 28.
53. a. Prove que, se A for um conjunto regular, então o conjunto A^R que consiste em todas as cadeias de A em ordem inversa também é regular
    b. Qualquer que seja a cadeia α, seja α^R a cadeia em ordem inversa. O conjunto $\{\alpha\alpha^R \mid \alpha \in I^*\}$ é regular?
54. Prove que, se A for um conjunto regular cujos símbolos vêm do alfabeto I, então $I^* - A$ será um conjunto regular.

Algumas linguagens de programação definem "expressões regulares" um pouco diferente do que fizemos neste capítulo. Nesses casos, deseja-se que a expressão regular descreva um padrão para um conjunto de cadeias, de modo que uma cadeia arbitrária possa ser comparada com o padrão para verificar se ela pertence ou não ao conjunto. Como exemplos, (a) pesquisar uma cadeia para verificar se ela tem o formato de um endereço de e-mail válido e (b) extrair todas as expressões da forma href= "..." de um documento HTML. Perl (*Practical Extraction and Report Language*, Linguagem Prática para Extração e Relatório) é uma linguagem própria para processamento de textos; são dadas a seguir algumas das regras de sintaxe para expressões regulares em Perl.

* repita o caractere ou grupo de caracteres precedente 0 ou mais vezes [essa é familiar]
? repita o caractere ou grupo de caracteres precedente 0 ou 1 vez
+ repita o caractere ou grupo de caracteres precedente 1 ou mais vezes
. (ponto) — pode ser qualquer caractere (um único)
.* (ponto asterisco) — pode ser qualquer cadeia arbitrária de qualquer comprimento
\s (barra invertida s minúsculo) — pode ser qualquer caractere de espaço em branco (espaço, tabulação, linha nova)
\S (barra invertida S maiúsculo) — pode ser qualquer caractere que não seja um espaço em branco

Nos Exercícios 55 a 62, decida quais das cadeias dadas pertencem ao conjunto associado à expressão regular dada.

55. Expressão regular: bet?er — Cadeias: beer, beter, better, bettter
56. Expressão regular: bet*er — Cadeias: beer, beter, better, bettter
57. Expressão regular: bet+er — Cadeias: beer, beter, better, bettter
58. Expressão regular: b.?t — Cadeias: bit, but, beet, bt
59. Expressão regular: b.+t — Cadeias: bit, but, beet, bt
60. Expressão regular: b\St — Cadeias: bit, but, beet, b t
61. Expressão regular: b\st — Cadeias: bit, but, beet, b t
62. Expressão regular: b\s*t — Cadeias: bit, bt, b t, b t

63. Identifique os estados inacessíveis de *M*.

Estado atual	Próximo estado		Saída
	Entrada atual		
	0	1	
s_0	s_2	s_0	0
s_1	s_2	s_1	1
s_2	s_2	s_0	1

64. Identifique os estados inacessíveis de *M*.

Estado atual	Próximo estado			Saída
	Entrada atual			
	a	b	c	
s_0	s_1	s_0	s_3	0
s_1	s_1	s_3	s_0	1
s_2	s_3	s_2	s_1	0
s_3	s_1	s_1	s_0	0

Nos Exercícios 65 a 74, minimize a máquina dada.

65.

Estado atual	Próximo estado		Saída
	Entrada atual		
	0	1	
0	3	6	1
1	4	2	0
2	4	1	0
3	2	0	1
4	5	0	1
5	3	5	0
6	4	2	1

66.

Estado atual	Próximo estado		Saída
	Entrada atual		
	0	1	
0	5	3	1
1	5	2	0
2	1	3	0
3	2	4	1
4	2	0	1
5	1	4	0

67.

Estado atual	Próximo estado		Saída
	Entrada atual		
	0	1	
0	1	2	0
1	2	3	1
2	3	4	0
3	2	1	1
4	5	4	1
5	6	7	0
6	5	6	1
7	8	1	0
8	7	3	0

68.

Estado atual	Próximo estado		Saída
	Entrada atual		
	0	1	
0	7	1	1
1	0	3	1
2	5	1	0
3	7	6	1
4	5	6	0
5	2	3	0
6	3	0	1
7	4	0	0

69.

Estado atual	Próximo estado		Saída
	Entrada atual		
	0	1	
0	1	3	0
1	2	4	1
2	5	4	0
3	1	2	2
4	2	1	1
5	4	0	2

70.

Estado atual	Próximo estado		Saída
	Entrada atual		
	0	1	
0	1	3	0
1	2	0	0
2	0	3	0
3	2	1	0

71.

Estado atual	Próximo estado			Saída
	Entrada atual			
	a	*b*	*c*	
0	1	4	0	1
1	4	2	3	0
2	3	4	2	1
3	4	0	1	0
4	1	0	2	0

72.

Estado atual	Próximo estado		Saída
	Entrada atual		
	0	1	
0	1	3	1
1	2	0	0
2	4	3	1
3	0	1	1
4	2	4	0

73.

Estado atual	Próximo estado		Saída
	Entrada atual		
	0	1	
0	3	0	0
1	4	3	1
2	1	4	0
3	0	4	1
4	5	2	0
5	2	3	1

74.

Estado atual	Próximo estado		Saída
	Entrada atual		
	0	1	
0	3	5	1
1	1	6	1
2	0	4	0
3	1	6	1
4	5	3	0
5	4	1	0
6	2	5	1

75. Construa um circuito sequencial para a máquina de estado finito do Exercício 8.

76. Construa um circuito sequencial para a máquina de estado finito do Exercício 1a. Use as condições irrelevantes para simplificar o circuito.

SEÇÃO 9.4 MÁQUINAS DE TURING

Observamos, na Seção 9.3, que, como $S = \{0^n1^n \mid n \geq 0\}$ não é um conjunto regular, o teorema de Kleene nos diz que ele não é reconhecido por nenhuma máquina de estado finito. No entanto, não provamos, de fato, que S não é regular; apenas notamos que não fomos capazes de encontrar uma expressão regular que o represente. Vamos usar, agora, uma abordagem ligeiramente diferente.

Suponha que S é reconhecido por uma máquina de estado finito M com m estados. Então todas as cadeias em S, e apenas essas, levam M de seu estado inicial a um estado final. Vamos fazer M funcionar diversas vezes, usando as cadeias de entrada sucessivas λ, $0, 0^2, 0^3, \ldots, 0^m$. Após processar cada uma dessas $m + 1$ cadeias, M estará em algum estado. Como M tem apenas m estados distintos, existem duas cadeias nessa lista, por exemplo, 0^v e 0^w, $v \neq w$, que levam M do estado inicial ao mesmo estado. (Esse é, de fato, um resultado do princípio das casas de pombo do Capítulo 4, em que os itens são as cadeias de entrada e as caixas nas quais queremos colocar os itens são os estados em que M está após processar as cadeias.) Como M reconhece S, a cadeia de entrada 0^v1^v faz com que M entre em um estado final. Mas, como M está no mesmo estado após processar 0^w ou 0^v, a cadeia 0^w1^v, que não pertence a S, faz com que M entre no mesmo estado final. Essa contradição prova que nenhuma máquina de estado finito pode reconhecer S.

Nós nos consideramos, provavelmente, máquinas de estado finito e imaginamos que nosso cérebro, por ser composto de um grande número de células, pode assumir apenas um número finito, embora muito grande, de configurações, ou estados. Temos certeza, no entanto, de que, se alguém nos apresentar uma cadeia arbitrariamente longa de zeros seguida de uma cadeia arbitrariamente longa de uns, poderíamos detectar se o número de zeros é igual ao número de uns. Vamos pensar em algumas técnicas que poderíamos usar.

Para cadeias pequenas formadas por 0s e 1s, poderíamos, simplesmente, olhar para a cadeia e decidir. Por exemplo, podemos decidir sem esforço que $000111 \in S$ e que $000110 \notin S$. No entanto, para a cadeia

$$00000000000000011111111111111$$

precisamos desenvolver outro método, que, provavelmente, deverá envolver contagem. Poderíamos contar o número de zeros e, ao encontrar o primeiro 1, escrever o número de zeros (ou guardar na memória) para quando precisarmos; começaríamos, então, a contar o número de uns. (Esse processo é o que usamos mentalmente para decidir no caso de cadeias pequenas.)

Usamos, no entanto, alguma memória extra, pois, ao terminar de contar os uns, teríamos que recuperar o número total de zeros para fazer uma comparação. Mas essa recuperação de informação é uma coisa que as máquinas de estado finito não podem fazer; sua única capacidade de recordação de dados de entrada é mandar um símbolo de entrada dado para determinado estado. Já vimos que nenhuma máquina de estado finito pode "lembrar" de 0^n para n arbitrariamente grande, pois acabam seus estados distintos. De fato, se tentarmos resolver esse problema em um computador de verdade, encontraremos a mesma dificuldade. Se ligarmos um contador ao ler os zeros, podemos estourar nosso contador, já que ele só pode ir até certo ponto. Para processar 0^n1^n para n arbitrariamente grande, precisamos de uma memória auxiliar ilimitada para armazenar o valor total de nosso contador, o que não existe na prática.

Outra maneira que nós, humanos, temos para atacar o problema de reconhecimento de S é esperar até a apresentação total da cadeia. Iríamos, então, cortar um 0 em uma das extremidades da cadeia, ir até o outro extremo e cortar um 1, e depois continuar essa operação de ir e voltar entre os extremos até acabarem os zeros ou os uns. A cadeia pertencerá a S se e somente se os dois acabarem ao mesmo tempo. Embora essa abordagem soe bem diferente da primeira, ainda é necessário lembrar dos dados de entrada, já que precisamos voltar para o início e lê-los, uma vez completada a cadeia. A máquina de estado finito, é claro, não pode ler de novo um dado de entrada.

Conseguimos dois procedimentos computacionais — algoritmos — para decidir, dada uma cadeia formada por algarismos iguais a 0 e 1, se essa cadeia pertence a $S = \{0^n1^n \mid n \geq 0\}$. Ambos necessitam de memória adicional, não disponível em uma máquina de estado finito. É evidente que a máquina de estado finito não é um modelo para a forma mais geral de procedimento computacional.

Definição

Para simular procedimentos computacionais mais gerais do que os que podem ser simulados por uma máquina de estado finito, usamos uma *máquina de Turing*, proposta, em 1936, pelo matemático britânico Alan M. Turing. Uma máquina de Turing é, essencialmente, uma máquina de estado finito com a habilidade adicional de reler seus dados de entrada e, também, de apagar e escrever por cima dos dados de entrada. Tem, também, memória auxiliar ilimitada. Assim, a máquina de Turing supera as deficiências que notamos na máquina de estado finito. Memória auxiliar ilimitada faz com que a máquina de Turing seja uma "máquina" hipotética — um modelo — e não um dispositivo de verdade.

Uma máquina de Turing consiste em uma máquina de estado finito e uma fita ilimitada dividida em células, cada célula contendo no máximo um símbolo pertencente a um alfabeto finito permitido. Em qualquer instante, há apenas um número finito de células na fita que não estão em branco. Usamos o símbolo especial b para denotar uma célula em branco. A unidade de estado finito, através de sua cabeça de leitura (que lê e escreve), lê uma célula da fita em qualquer instante dado (veja a Figura 9.15).

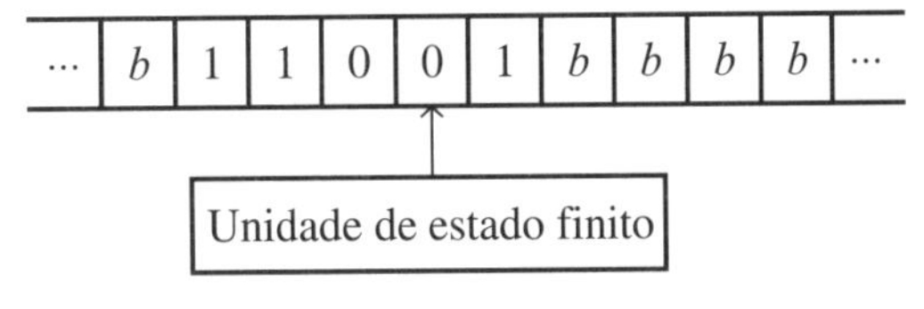

Figura 9.15

Ao final do próximo pulso do relógio, dependendo do estado atual da unidade e do símbolo lido, a unidade não faz nada (para) ou completa as três ações seguintes:

1. Imprime um símbolo do alfabeto na célula lida (pode ser o mesmo que já está lá).
2. Vai para o próximo estado (pode ser o mesmo estado).
3. Move a cabeça de leitura uma célula para a esquerda ou para a direita.

Podemos descrever as ações de uma máquina de Turing particular por meio de um conjunto de quíntuplas da forma (s, i, i', s', d), em que s e i indicam o estado atual e o símbolo que está sendo lido, i' denota o símbolo impresso, s' denota o estado novo e d denota o sentido de movimento da cabeça (D para a direita e E para a esquerda).

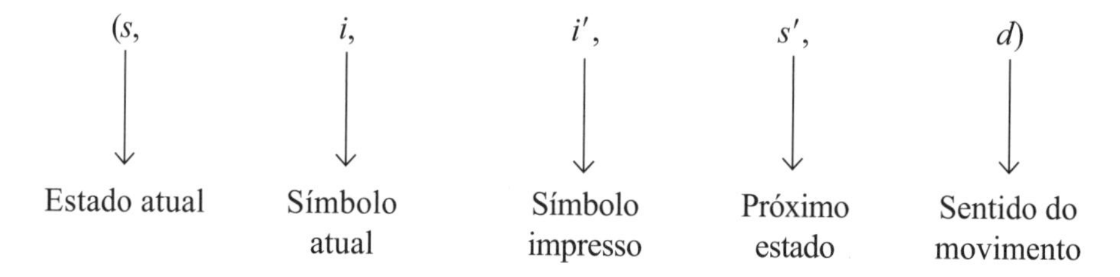

Assim, a máquina na configuração ilustrada pela Figura 9.16a, se agir de acordo com as instruções contidas na quíntupla $(2, 1, 0, 1, D)$, moveria para a configuração ilustrada na Figura 9.16b. O símbolo 1 lido na fita foi mudado para 0, o estado da unidade mudou de 2 para 1 e a cabeça foi movida uma célula para a direita.

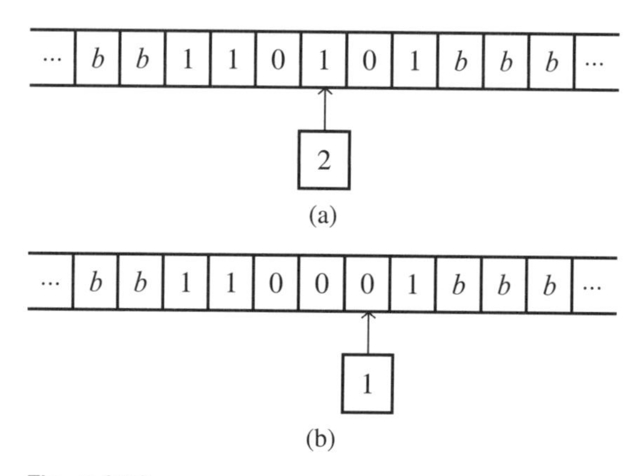

Figura 9.16

O termo "máquina de Turing" é usado tanto no sentido genérico quanto como a coleção de quíntuplas que descreve a ação de uma máquina particular. Isso é a mesma coisa que usar o mesmo nome para um conceito abstrato e para um exemplo específico desse conceito abstrato, como mencionamos no Capítulo 8 para as álgebras de Boole.

DEFINIÇÃO MÁQUINA DE TURING

Sejam S um conjunto finito de estados e I um conjunto finito de símbolos para a fita (o **alfabeto da fita**), incluindo um símbolo especial b. Uma **máquina de Turing** é um conjunto de quíntuplas da forma (s, i, i', s', d), em que $s, s' \in S$; $i, i' \in I$; $d \in \{D, E\}$ e duas quíntuplas distintas nunca começam com os mesmos símbolos s, i.

A restrição de que duas quíntuplas distintas nunca começam com os mesmos símbolos s, i garante que a ação da máquina de Turing é determinista e completamente especificada pelo seu estado atual e pelo símbolo lido. Se uma máquina de Turing está em uma configuração para a qual seu estado atual e símbolo lido não são os dois primeiros símbolos de uma quíntupla, a máquina para.

Como no caso de máquinas de estado finito usuais, especificamos um estado inicial, denotado por 0, no qual a máquina começa qualquer cálculo. Supomos, também, uma configuração inicial para a cabeça de leitura, a saber, uma posição além do símbolo diferente de b mais à esquerda de todos. (Se a fita estiver toda em branco, inicialmente a cabeça pode ser posicionada em qualquer lugar para começar.)

EXEMPLO 40 Uma máquina de Turing é definida pelo seguinte conjunto de quíntuplas:

$$(0, 0, 1, 0, D)$$
$$(0, 1, 0, 0, D)$$
$$(0, \text{b}, 1, 1, E)$$
$$(1, 0, 0, 1, D)$$
$$(1, 1, 0, 1, D)$$

A ação dessa máquina de Turing, ao processar uma fita inicial particular, é ilustrada pela sequência de configurações na Figura 9.17, que também mostra a quíntupla usada em cada etapa.

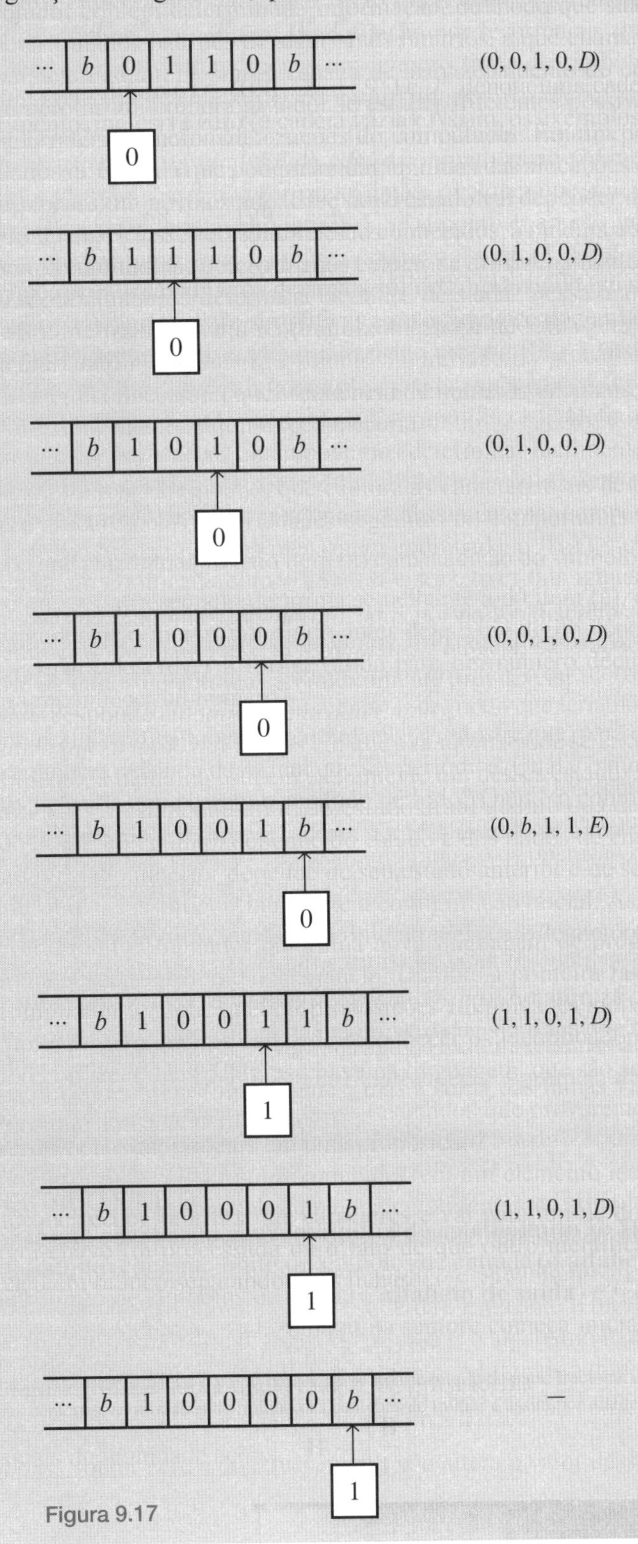

Figura 9.17

Novamente, a determinação de qual quíntupla usar é feita através do estado atual e do símbolo atual; em consequência, a ordem em que as quíntuplas são utilizadas não tem nada a ver com a ordem usada na definição da máquina, e cada quíntupla pode ser usada mais de uma vez ou pode nem ser usada.

Como não existe quíntupla definindo a ação a ser tomada quando lê b no estado 1, a máquina para com a última fita igual a

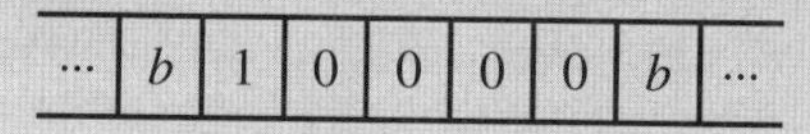

A fita serve como um meio para a memória de uma máquina de Turing, e, em geral, a máquina pode reler células na fita. Como a cabeça de leitura pode, também, escrever na fita, a porção da fita que não está em branco pode ser tão longa quanto quisermos, embora exista apenas um número finito de células que não estão em branco em qualquer momento. A máquina tem, portanto, uma quantidade ilimitada, embora finita, de células para armazenagem. Como as máquinas de Turing superam as limitações das máquinas de estado finito, elas deveriam ter capacidade consideravelmente maior. De fato, uma máquina de estado finito é um caso particular de uma máquina de Turing, uma que sempre imprime o símbolo velho na célula lida, sempre se move para a direita e sempre para ao encontrar o símbolo b.

PROBLEMA PRÁTICO 57 Considere a seguinte máquina de Turing:

$$(0, 0, 0, 1, D)$$
$$(0, 1, 0, 0, D)$$
$$(0, b, b, 0, D)$$
$$(1, 0, 1, 0, D)$$
$$(1, 1, 1, 0, E)$$

a. Descreva a última fita, se a fita inicial é

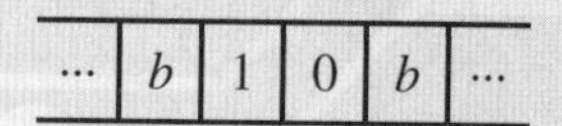

(Como é bastante tedioso desenhar todos esses quadradinhos, não há necessidade de fazer isso; escreva, simplesmente, o conteúdo da última fita.)

b. Descreva o comportamento da máquina quando começa na fita

c. Descreva o comportamento da máquina quando começa na fita

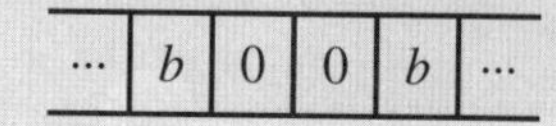

Os itens (b) e (c) do Problema Prático 57 ilustram duas maneiras que levam uma máquina de Turing a não parar: andar em ciclos ou mover-se toda a vida ao longo da fita.

Máquinas de Turing como Máquinas de Reconhecimento de Conjuntos

Embora os cálculos que fizemos até agora não sejam particularmente importantes, usaremos as máquinas de Turing para fazer dois tipos de trabalho. Primeiro, usaremos essas máquinas como máquinas de reconhecimento, da mesma forma que consideramos máquinas de estado finito como máquinas de reconhecimento na seção anterior. Podemos até dar uma definição bem parecida, desde que definamos, primeiro, um estado final para uma máquina de Turing. Um **estado final** de uma máquina de Turing é um estado que não é o primeiro símbolo de nenhuma quíntupla. Assim, ao entrar em um estado final, seja qual for o símbolo lido, a máquina de Turing para.

DEFINIÇÃO MÁQUINA DE RECONHECIMENTO (DE ACEITE) DE TURING

Uma máquina de Turing T com alfabeto de fita I **reconhece** (**aceita**) um subconjunto S de I^* se T, começando em uma configuração inicial padrão em uma fita contendo uma cadeia α de símbolos da fita, para em um estado final se e somente se $\alpha \in S$.

Note que nossa definição de aceite deixa em aberto dois comportamentos possíveis para T ao se usar uma cadeia de símbolos α que não esteja em S. T pode parar em um estado que não seja final, ou T pode não parar.

Podemos construir uma máquina de Turing para reconhecer nosso velho amigo $S = \{0^n 1^n \mid n \geq 0\}$. A máquina baseia-se na nossa segunda abordagem para esse problema, andando para a frente e para trás nos dados de entrada e cortando os pares 0-1.

EXEMPLO 41 Queremos construir uma máquina de Turing que reconhecerá $S = \{0^n 1^n \mid n \geq 0\}$. Usaremos um símbolo adicional especial, X, para marcar ("apagar") as células onde os zeros e os uns já foram examinados. Assim, o alfabeto da fita é $I = \{0, 1, b, X\}$. O estado 6 é o único estado final. As quíntuplas que definem T são dadas a seguir, junto com uma descrição de sua função. Da mesma forma que comentários bem-escritos em uma linguagem de programação, isso torna as instruções de Turing mais fáceis de compreender. Não deixe de incluir comentários na definição de qualquer máquina de Turing.

Quíntupla	Descrição
$(0, b, b, 6, D)$	Reconhece a fita vazia, que está em S.
$(0, 0, X, 1, D)$	Apaga o 0 mais à esquerda e começa a se mover para a direita.
$(1, 0, 0, 1, D)$ $(1, 1, 1, 1, D)$ $(1, b, b, 2, E)$ $(1, X, X, 2, E)$	Move-se para a direita no estado 1 até chegar ao final da cadeia binária; então, move-se para a esquerda no estado 2.
$(2, 1, X, 3, E)$	Apaga o 1 mais à direita e começa a se mover para a esquerda.
$(3, 1, 1, 3, E)$	Move-se para a esquerda, passando pelos uns.
$(3, 0, 0, 4, E)$	Vai para o estado 4 se ainda existirem zeros.
$(3, X, X, 5, D)$	Vai para o estado 5 se não existirem mais zeros na cadeia.
$(4, 0, 0, 4, E)$	Move-se para a esquerda, passando pelos zeros.
$(4, X, X, 0, D)$	Encontra a extremidade esquerda da cadeia binária e começa a varredura novamente.
$(5, X, X, 6, D)$	A cadeia não contém mais uns; a máquina aceita.

Lendo as colunas na Figura 9.18, podemos ver as configurações principais no comportamento da máquina quando usamos a fita

···	b	0	0	0	1	1	1	b	···

que, é claro, ela deve aceitar.

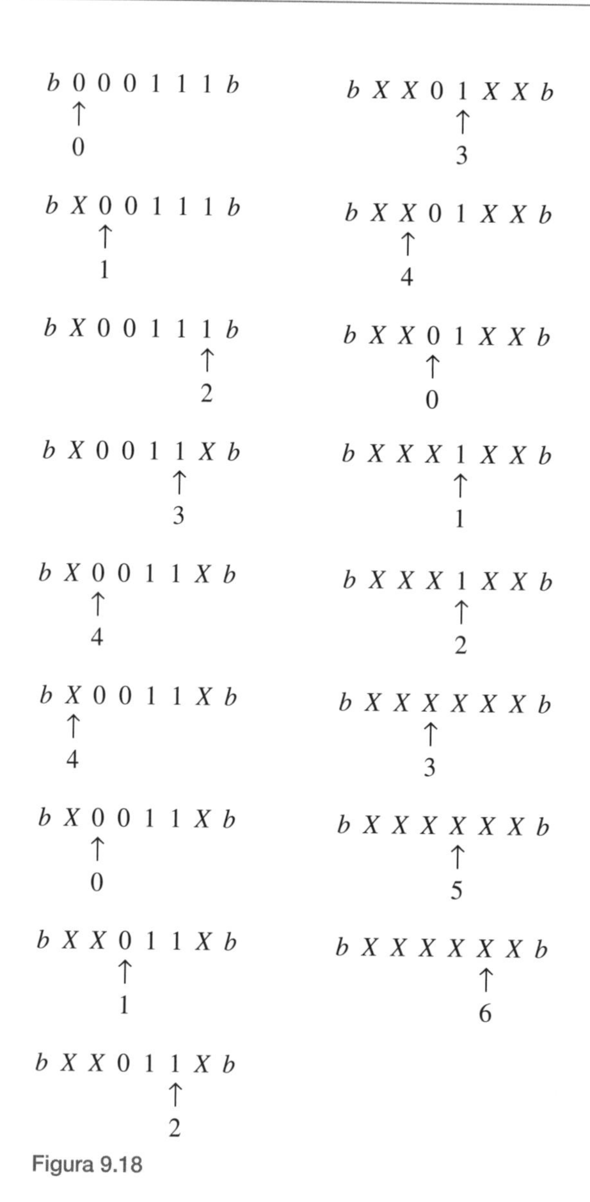

Figura 9.18

PROBLEMA PRÁTICO 58 Para a máquina de Turing do Exemplo 41, descreva a configuração final após processar as fitas a seguir:

a. | ··· | *b* | 0 | 0 | 1 | 1 | 1 | *b* | ··· |

b. | ··· | *b* | 0 | 0 | 0 | 1 | 1 | *b* | ··· |

c. | ··· | *b* | 0 | 0 | 0 | 0 | 1 | 1 | *b* | ··· |

■

Note como cada estado na máquina de Turing no Exemplo 41 é projetado para fazer uma tarefa determinada, como indicado pelos "comentários". A tarefa do estado 1, por exemplo, é mover a cabeça para a direita até encontrar o final da cadeia binária, marcado com um espaço em branco ou com um *X*, depois passar para o estado 2. Deve ocorrer uma

LEMBRETE

Dê trabalhos grandes o suficiente para os estados de sua máquina de Turing de modo que ela funcione em geral, não apenas em casos especiais. Teste usando uma variedade de fitas.

mudança de estado apenas quando acontecer algo significativo. Por exemplo, uma máquina de Turing não pode passar por um número indeterminado de células contendo 1 mudando o estado em cada movimento, já que seu comportamento estaria associado a uma fita específica contendo os dados de entrada. Por outro lado, se a máquina precisa contar um número fixo de algarismos iguais a 1, isso poderia ser feito mudando de estado em cada movimento.

PROBLEMA PRÁTICO 59 Projete uma máquina de Turing para reconhecer o conjunto de todas as cadeias formadas com os algarismos 0 e 1 que terminam em 00. (Esse conjunto pode ser descrito pela expressão regular $(0 \vee 1)^*00$, de modo que você deve ser capaz de usar uma máquina de Turing que não muda os símbolos na fita e sempre se move para a direita.) Não deixe de incluir comentários. ■

PROBLEMA PRÁTICO 60 Modifique a máquina de Turing do Exemplo 41 para que ela reconheça $\{0^n 1^{2n} \mid n \geq 0\}$. ■

Máquinas de Turing como Calculadoras de Funções

O segundo trabalho para o qual usaremos máquinas de Turing é para calcular funções. Dadas uma máquina de Turing particular T e uma cadeia de símbolos de entrada α, começamos T com a configuração inicial padrão em uma fita contendo α. Se T acaba parando com uma cadeia β na fita, vamos considerar β o valor de uma função calculada em α. Usando notação funcional, $T(\alpha) = \beta$. O domínio da função T consiste em todas as cadeias α para as quais T acaba parando. Podemos também pensar em T como calculando **funções de teoria dos números**, funções de um subconjunto $\mathbb{N}^k$ em $\mathbb{N}$ para qualquer $k \geq 1$. Consideraremos uma cadeia de comprimento $n + 1$ com todos os algarismos iguais a 1 como a representação unária do inteiro não negativo n; denotaremos essa codificação de n por $\overline{n}$. (O 1 extra nessa codificação nos permite distinguir 0 de uma fita em branco.) Então, pode-se considerar uma fita contendo a cadeia $\overline{n}_1 * \overline{n}_2 * \ldots * \overline{n}_k$ como a representação da k-upla $(n_1, n_2, \ldots, n_k)$ de inteiros não negativos. Se T começa na configuração inicial padrão com essa fita e acaba parando em uma fita final que é a representação $\overline{m}$ de um inteiro não negativo m, então T agiu como uma função de k variáveis T^k, em que $T^k(n_1, n_2, \ldots, n_k) = m$. Se T começa na configuração inicial padrão com essa fita e nunca para ou para com a fita final não sendo uma representação $\overline{m}$ de um número inteiro não negativo, então a função T^k não está definida em $(n_1, n_2, \ldots, n_k)$. Não há necessidade de identificar estados finais quando se usa uma máquina de Turing como calculadora de funções.

Existe, portanto, uma sequência infinita $T^1, T^2, \ldots, T^k, \ldots$ de funções de teoria dos números calculadas por T associadas a cada máquina de Turing T. Para cada k, a função T^k é uma **função parcial** em $\mathbb{N}^k$, o que significa que o domínio de T pode ser um subconjunto próprio de $\mathbb{N}^k$. Quando a função está definida em todas as k-uplas de inteiros não negativos, temos uma **função total** em $\mathbb{N}^k$.

EXEMPLO 42 Seja T uma máquina de Turing definida pelas quíntuplas

$$(0, 1, 1, 0, D)$$
$$(0, b, 1, 1, D)$$

Se T começa na configuração inicial padrão com a fita

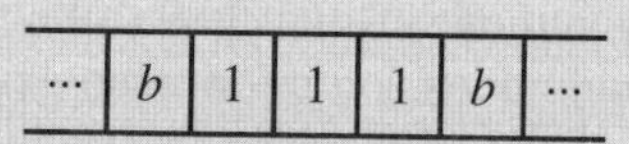

então T vai parar na configuração final

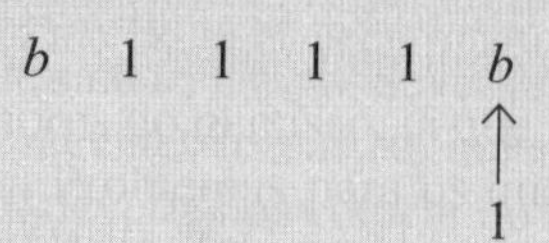

Portanto, T define uma função de uma variável T^1 que leva $\overline{2}$ *em* $\overline{3}$. Em geral, T leva $\overline{n}$ em $\overline{n+1}$, de modo que $T^1(n) = n + 1$, uma função total de uma variável.

Começamos, no Exemplo 42, com uma máquina de Turing e observamos uma função particular que ela calculou, mas podemos, também, começar com uma função de teoria dos números e tentar encontrar uma máquina de Turing que a calcule.

DEFINIÇÃO UMA FUNÇÃO COMPUTÁVEL POR TURING

Uma **função computável por Turing** é uma função de teoria dos números que pode ser calculada por alguma máquina de Turing.

Uma função f computável por Turing pode ser calculada, de fato, por um número infinito de máquinas de Turing. Uma vez encontrada uma máquina T para calcular f, podemos sempre incluir quíntuplas espúrias em T, produzindo outras máquinas que também calculam f.

EXEMPLO 43 Queremos encontrar uma máquina de Turing que calcula a seguinte função f:

$$f(n_1, n_2) = \begin{cases} n_2 - 1 & \text{se } n_2 \neq 0 \\ \text{indefinida} & \text{se } n_2 = 0 \end{cases}$$

f é, então, uma função parcial de duas variáveis. Vamos considerar a máquina de Turing dada pelo conjunto de quíntuplas a seguir.

Quíntupla	
$(0, 1, 1, 0, D)$ $(0, *, *, 1, D)$	Passa para a direita sobre $\overline{n}_1$ para $\overline{n}_2$
$(1, 1, 1, 2, D)$	Conta o primeiro 1 em $\overline{n}_2$.
$(2, b, b, 3, D)$	$n_2 = 0$; para.
$(2, 1, 1, 4, D)$ $(4, 1, 1, 4, D)$ $(4, b, b, 5, E)$	Encontra a extremidade direita de $\overline{n}_2$.
$(5, 1, b, 6, E)$	Apaga o último 1 em $\overline{n}_2$.
$(6, 1, 1, 6, E)$ $(6, *, b, 7, E)$	Passa para a esquerda para $\overline{n}_1$, apagando $*$.
$(7, 1, b, 7, E)$	Apaga $\overline{n}_1$.
$(7, b, b, 8, E)$	$\overline{n}_1$ está apagado; para com $\overline{n_2 - 1}$ na fita.

Se T começar com a fita

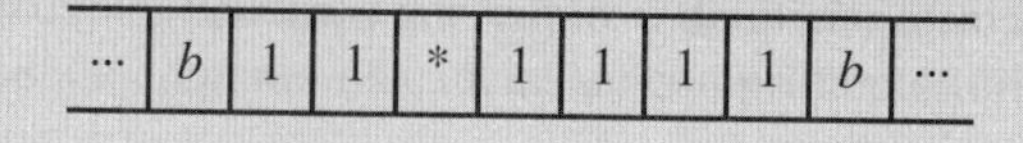

então T vai parar com a configuração final

$$\begin{array}{cccccccc} b & b & b & b & b & 1 & 1 & 1 & b \\ \uparrow \\ 8 \end{array}$$

Essa configuração está de acordo com o fato de que $f(1, 3) = 2$. Se T começar com a fita

...	b	1	1	*	1	b	...

então T vai parar com a configuração final

$$\begin{array}{ccccccc} b & 1 & 1 & * & 1 & b & b \\ & & & & & & \uparrow \\ & & & & & & 3 \end{array}$$

Como a fita final não é $\overline{m}$ para nenhum inteiro não negativo m, a função calculada por T não está definida em (1, 0) — como queremos. É fácil ver que essa máquina de Turing calcula f e, portanto, f é uma função computável por Turing. ●

PROBLEMA PRÁTICO 61 Projete uma máquina de Turing para calcular a função

$$f(n) = \begin{cases} n - 2 & \text{se } n \geq 2 \\ 1 & \text{se } n < 2 \end{cases}$$ ■

Tese de Church-Turing

Falamos, neste capítulo, sobre modelos de "computação" ou "procedimentos computacionais". Embora não tenhamos definido o termo, um procedimento computacional é um algoritmo. Falamos sobre algoritmos muitas vezes neste livro e discutimos vários algoritmos para diversas tarefas. Lembre-se de que nossa definição (um tanto intuitiva) de algoritmo diz que é um conjunto de instruções que podem ser executadas mecanicamente em tempo finito para resolver algum problema. Com dados de entrada apropriados à tarefa, o algoritmo tem que parar alguma hora e produzir a resposta correta, se existir uma resposta. (Se não existir uma resposta, vamos concordar que ou o algoritmo para e declara que não existe resposta ou continua indefinidamente procurando por uma resposta.)

Vamos perguntar agora: a máquina de Turing é um modelo melhor para um procedimento computacional do que a máquina de estado finito? Provavelmente vamos concordar que qualquer função f computável por Turing é uma função cujos valores podem ser encontrados por um procedimento computacional ou algoritmo. De fato, se f for calculada pela máquina de Turing T, então o conjunto de quíntuplas de T será, ele mesmo, o algoritmo; como uma lista de instruções que podem ser executadas mecanicamente, esse conjunto satisfaz as várias propriedades no nosso conceito de algoritmo. Portanto, estamos, provavelmente, dispostos a aceitar a proposta ilustrada na Figura 9.19. A figura mostra "computável por algoritmo" como uma ideia intuitiva "nebulosa" e "computável por Turing" como uma ideia bem definida, matematicamente precisa. A seta diz que qualquer função computável por Turing é computável por um algoritmo.

Dada a simplicidade da definição de uma máquina de Turing, é um tanto surpreendente contemplar a Figura 9.20, que afirma que qualquer função computável por qualquer coisa que consideremos um algoritmo é também computável por Turing. Combinando as Figuras 9.19 e 9.20, obtemos a tese de Church-Turing (Figura 9.21), cujo nome foi dado em honra a Turing e a um outro matemático bem conhecido, Alonzo Church.

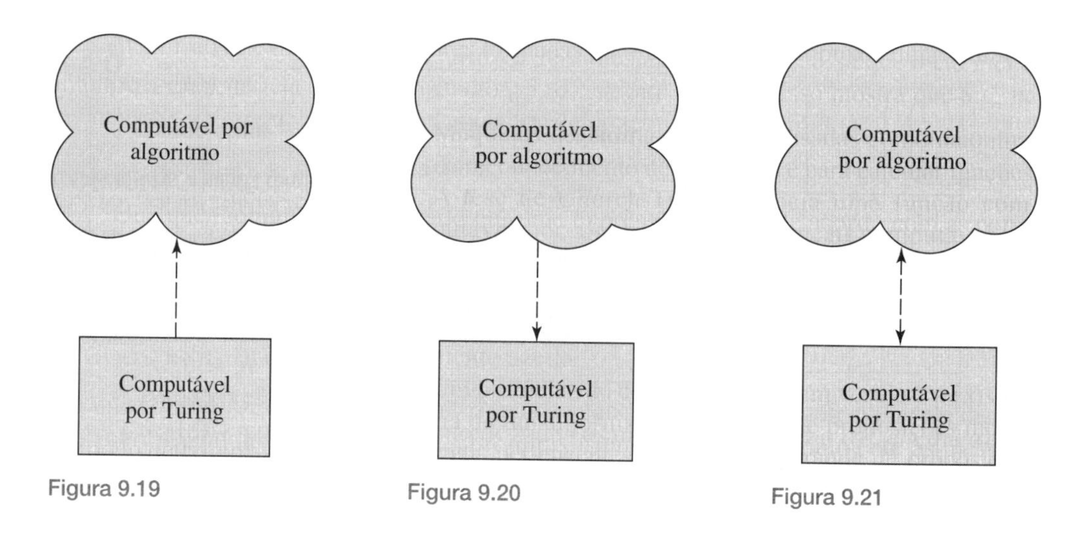

Figura 9.19 Figura 9.20 Figura 9.21

TESE

TESE DE CHURCH-TURING

Uma função de teoria dos números será computável por um algoritmo se e somente se for computável por Turing.

Como a tese de Church-Turing iguala uma ideia intuitiva com uma ideia matemática, ela nunca pode ser formalmente provada e tem que permanecer como uma tese, não um teorema. Qual, então, é sua justificativa?

Uma das razões é que sempre que se propõe um procedimento que as pessoas, em geral, concordam que é um algoritmo para calcular uma função, alguém é capaz de projetar uma máquina de Turing que calcula aquela função. (É claro, sempre existe aquele pensamento lá no fundo que diz que isso pode não acontecer algum dia.)

Outra razão é que outros matemáticos, muitos deles mais ou menos na mesma época em que Turing desenvolveu a máquina de Turing, propuseram outros modelos de procedimentos computacionais. Aparentemente, cada modelo proposto não está relacionado com nenhum dos outros. No entanto, como todos os modelos foram formalmente definidos, como a computabilidade por Turing, foi possível determinar em uma base formal matemática se dois quaisquer deles são equivalentes. Demonstrou-se que todos os modelos, inclusive a computabilidade por Turing, são equivalentes, ou seja, todos eles definem a mesma classe de funções, o que sugere que a computabilidade por Turing incorpora o conceito de algoritmo que todos têm. A Figura 9.22 ilustra o que foi feito; aqui, as linhas sólidas representam demonstrações matemáticas e as linhas tracejadas correspondem à tese de Church-Turing. As datas indicam quando os modelos foram propostos.

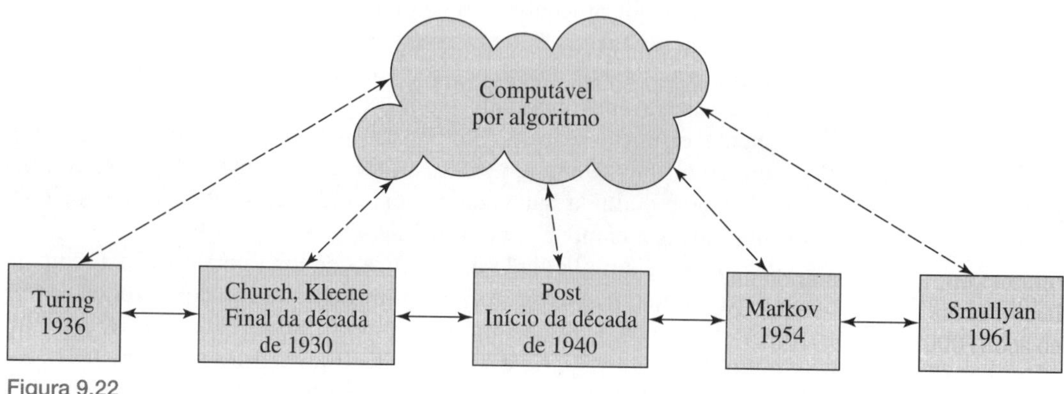

Figura 9.22

Hoje em dia, a tese de Church-Turing é amplamente aceita como uma ferramenta de trabalho por pesquisadores tratando de procedimentos computacionais. Se, em um artigo de pesquisa, propõe-se um método para calcular uma função e o método parece ser, intuitivamente, um algoritmo, então invoca-se a tese de Church-Turing e a função é dita computável por Turing (ou um dos nomes associados a uma das formulações equivalentes à computabilidade por Turing). Isso significa que o autor poderia, se necessário, produzir uma máquina de Turing que calcula a função, mas a tese de Church-Turing é tão universalmente aceita que ninguém se preocupa mais com esses detalhes.

Embora a tese de Church-Turing seja enunciada em termos de funções de teoria dos números, ela pode ser interpretada de modo mais amplo. Qualquer algoritmo no qual um conjunto finito de símbolos é manipulado pode ser traduzido em uma função de teoria dos números por meio de uma codificação conveniente dos símbolos como inteiros não negativos, de maneira semelhante aos dados de entrada de um computador de verdade, que são codificados e armazenados em forma binária. Assim, pela tese de Church-Turing, podemos dizer que, se existir um algoritmo que execute uma tarefa de manipulação de símbolos, existirá uma máquina de Turing que executa essa tarefa.

Aceitando a tese de Church-Turing, aceitamos a máquina de Turing como modelo definitivo de um procedimento computacional. A capacidade de uma máquina de Turing excede a de qualquer computador atual, que, afinal, ainda não tem a armazenagem ilimitada da fita de uma máquina de Turing. É surpreendente que Turing propôs esse conceito em 1936, muito antes do advento dos computadores modernos.

Problemas de Decisão e Incomputabilidade

Gastamos bastante tempo discutindo o que as máquinas de Turing podem fazer. Pela tese de Church-Turing, elas podem de fato fazer muitas coisas, embora não muito eficientemente. É mais importante, no entanto, considerar o que as máquinas de Turing *não podem* fazer. Como a capacidade de uma máquina de Turing de executar uma tarefa excede a dos computadores atuais, se encontrarmos alguma tarefa que nenhuma máquina de Turing pode fazer, então um computador de verdade também não poderá fazer. De fato, pela tese de Church-Turing, não existe algoritmo que possa executá-la e a tarefa é incomputável. O tipo de tarefa que estamos pensando, em geral, é determinar o valor lógico (verdadeiro ou falso) de cada um entre uma série de proposições relacionadas.

DEFINIÇÃO PROBLEMA DE DECISÃO

Um **problema de decisão** consiste em saber se existe algum algoritmo para decidir se proposições individuais, dentro de uma grande classe de proposições, são verdadeiras.

A solução de um problema de decisão responde à pergunta se existe um algoritmo. Uma **solução positiva** consiste na demonstração de existência de um algoritmo e, em geral, é feita produzindo-se, de fato, um algoritmo que funcione. Uma **solução negativa** consiste na demonstração de que não existe tal algoritmo. Note que essa afirmação é muito mais forte do que dizer, simplesmente, que muitas pessoas tentaram, mas nenhuma delas conseguiu construir um algoritmo — isso poderia significar apenas que o algoritmo é difícil. É preciso mostrar que é impossível alguém inventar um algoritmo. Quando se encontra uma solução negativa para um problema de decisão, o problema é dito **insolúvel** ou **incomputável**. Essa terminologia é um tanto confusa, uma vez que o próprio problema de decisão — a questão se existe um algoritmo que execute determinada tarefa — foi resolvido; o que tem que permanecer insolúvel para sempre é a tarefa.

Exemplos de Problemas de Decisão

Vamos considerar alguns problemas de decisão que já foram resolvidos.

EXEMPLO 44 Existe um algoritmo para decidir, dados inteiros a, b e c, se $a^2 = b^2 + c^2$? É claro que esse é um problema solúvel de decisão. O algoritmo consiste em multiplicar b por si mesmo, multiplicar c por si mesmo, somar esses dois resultados e comparar a soma com o resultado de multiplicar a por si mesmo. ●

O Exemplo 44 é, evidentemente, um problema trivial de decisão. Historicamente, a maior parte da matemática tem se preocupado, pelo menos indiretamente, em encontrar soluções positivas para problemas de decisão, ou seja, produzir algoritmos. Soluções negativas para problemas de decisão só apareceram no século XX.

EXEMPLO 45 Um dos mais antigos problemas de decisão foi formulado como o décimo problema de Hilbert, o décimo em uma lista de problemas que o matemático David Hilbert propôs no Congresso Internacional de Matemáticos em 1900. O problema é o seguinte: existe um algoritmo para decidir se determinada equação polinomial arbitrária $P(x_1, x_2, \ldots, x_n) = 0$, com coeficientes inteiros, tem soluções inteiras? Para equações polinomiais da forma $ax + by + c = 0$, em que a, b e c são inteiros, sabe-se que existem soluções inteiras se e somente se o máximo divisor comum de a e b também divide c. Assim, para subclasses particulares de equações polinomiais, podem existir algoritmos para decidir se existem soluções inteiras, mas o problema de decisão, como enunciado, aplica-se a toda a classe de equações polinomiais com coeficientes inteiros. Quando esse problema foi proposto, e durante algum tempo depois, acreditava-se, em geral, que certamente deveria existir tal algoritmo e que o fato de que ninguém ainda o tivesse encontrado implicava, simplesmente, que ele deveria ser difícil. Em meados da década de 1930, um resultado surpreendente de Kurt Gödel, descrito no próximo exemplo, começou a colocar dúvidas sobre isso. Só em 1970, no entanto, se provou, finalmente, que esse problema é insolúvel. ●

EXEMPLO 46 O problema de decisão para fbfs proposicionais pergunta se existe um algoritmo para decidir se qualquer fbf proposicional dada é uma tautologia. Esse é um problema de decisão solúvel; o algoritmo solução consiste na construção e no exame de uma tabela-verdade para a fbf. O problema de decisão para fbfs predicadas pergunta se existe um algoritmo para decidir a validade de qualquer fbf predicada. Esse é um problema de decisão insolúvel; não existe tal algoritmo, e é exatamente por essa razão que recorremos às regras formais de inferência da lógica de predicados para nos ajudar a estabelecer a validade de uma fbf predicada dada. Devido ao fato de a lógica de predicado ser completa e correta, uma fbf predicada será válida se e somente se for possível produzir uma sequência de demonstração para ela. No entanto, isso só transformou um problema de decisão em outro equivalente — não existe algoritmo para decidir se existe uma sequência de demonstração para qualquer fbf predicada, muito menos um modo mecânico de se saber que passos usar para produzir uma sequência de demonstração, caso exista.

Outra formulação possível para os sistemas lógicos discutidos no Capítulo 1 é identificar determinadas cadeias de símbolos como *axiomas* e fornecer *regras de inferência* que permitam obter novas cadeias a partir de cadeias já conhecidas. Qualquer cadeia que é a última em uma lista finita de cadeias que são axiomas ou que podem ser obtidas, por meio das regras de inferência, de cadeias anteriores na lista é um *teorema*. O problema de decisão para tal teoria formal é: existe algum algoritmo para decidir se uma cadeia dada na teoria formal é um teorema da teoria?

O trabalho de Church e do lógico famoso do século XX Kurt Gödel mostrou que qualquer teoria formal que transforma em axiomas as propriedades aritméticas (tornando a comutatividade da soma um axioma, por exemplo) e que não é completamente trivial (nem tudo é um teorema) é insolúvel. O trabalho deles pode ser considerado boas-novas para os matemáticos, já que significa que a habilidade em responder perguntas em teoria dos números nunca poderá ser substituída por um procedimento mecânico. ●

EXEMPLO 47 Uma máquina de Turing particular T que começa com uma fita contendo uma cadeia α ou acaba parando ou nunca para. O **problema de parada** para máquinas de Turing é um problema de decisão: existe um algoritmo que decide, dadas uma máquina de Turing e uma cadeia α, se T, começando com uma fita contendo α, vai parar? Turing provou que esse problema é insolúvel no final da década de 1930.

Problema de Parada

Vamos provar que o problema de parada é insolúvel após duas observações. Primeiro, poderia nos ocorrer que "fazer T funcionar com α" constituiria um algoritmo para ver se T para após o processamento de α. Se após 25 passos de computação T para, sabemos que T para após o processamento de α. Mas e se T não tiver parado depois de 25.000 passos, o que podemos concluir? T ainda pode parar. Até quando vamos ter que esperar? Isso que chamamos de algoritmo não vai responder nossa pergunta.

A segunda observação é que o problema de parada pede um algoritmo que deve ser aplicado a uma classe grande de proposições. O problema de parada é o seguinte: existe um algoritmo que decide, para um par (T, α) dado, se T vai parar ao se usar uma fita contendo α? O algoritmo vem primeiro, e esse algoritmo tem que dar a resposta correta para todos os pares (T, α). Na notação da lógica de predicados, o problema de parada é descobrir o valor lógico de uma proposição da forma

$$(\exists \text{ algoritmo})(\forall(T, \alpha))(\ldots)$$

Considere a seguinte proposição, que parece bem semelhante: dado um par particular (T, α), existe um algoritmo para decidir se T para após começar com uma fita contendo α? Aqui, o par (T, α) vem primeiro, e escolhe-se um algoritmo com base no par particular (T, α); para um par diferente (T, α), pode existir um algoritmo diferente. A proposição transformou-se em $(\forall(T, \alpha))(\exists \text{ algoritmo}) (\ldots)$. Esse problema é solúvel. Suponha que alguém nos dê (T, α). Dois algoritmos são (1) "diga sim" e (2) "diga não". Como T agindo em α para ou não, um desses dois algoritmos responde corretamente a pergunta. Essa solução pode parecer trivial ou mesmo trapaceira, mas considere, novamente, a proposição: dado um par particular (T, α), *existe um algoritmo* para decidir etc. Tal algoritmo *existe*; ele tem que dizer sim ou dizer não — não precisamos escolher qual dos dois é o correto!

Essa mudança de palavras transforma o problema insolúvel de parada em um problema trivialmente solúvel. Ela também torna mais claro o caráter de um problema de decisão, que é saber se existe um único algoritmo que resolva uma classe grande de problemas. Um problema insolúvel tem um lado bom e um ruim. O fato de que não existe um algoritmo que resolva uma classe grande de problemas garante o emprego de pensadores criativos que não podem ser substituídos por máquinas de Turing. Mas o fato de que a classe de problemas é tão grande pode tornar o resultado geral demais para ter interesse.

Vamos enunciar o problema de parada novamente e provar que é insolúvel.

DEFINIÇÃO O PROBLEMA DE PARADA

O **problema de parada** é o seguinte: existe um algoritmo para decidir, dadas qualquer máquina de Turing e qualquer cadeia α, se T, começando com uma fita contendo α, vai parar?

TEOREMA SOBRE O PROBLEMA DE PARADA

O problema de parada é insolúvel.

Demonstração: Queremos provar que alguma coisa *não existe*, uma situação ideal para uma demonstração por absurdo. Vamos supor, portanto, que o problema de parada é solúvel e que existe um único algoritmo que recebe qualquer par (T, α) como entrada e decide se T, agindo em α, para alguma hora. Estamos pedindo que esse algoritmo resolva uma tarefa de manipulação de símbolos, já que podemos codificar o conjunto de quíntuplas de T como uma única cadeia s_T de símbolos; denotaremos por (s_T, α) a cadeia s_T concatenada com a cadeia α. A tarefa, então, é transformar a cadeia (s_T, α) em uma cadeia representando sim (a máquina de Turing dada por s_T vai acabar parando se começar com uma fita contendo α) ou não (a máquina de Turing dada por s_T nunca para se começar com uma fita contendo α). Pela tese de Church-Turing, como supusemos a existência de um algoritmo que executa essa tarefa, podemos supor a existência de determinada máquina de Turing X que executa essa tarefa. Assim, X age em uma fita contendo (s_T, α), quaisquer que sejam T e α, e acaba parando, dizendo, ao mesmo tempo, se T agindo em α para. Para ser mais preciso, suponha que X, começando com (s_T, α), para com 1 na fita se e somente se T acaba parando se começar com α, e que X, começando com (s_T, α), para com 0 na fita se e somente se T nunca para se começar com α; essas são as duas únicas possibilidades. A Figura 9.23 ilustra a máquina de Turing X.

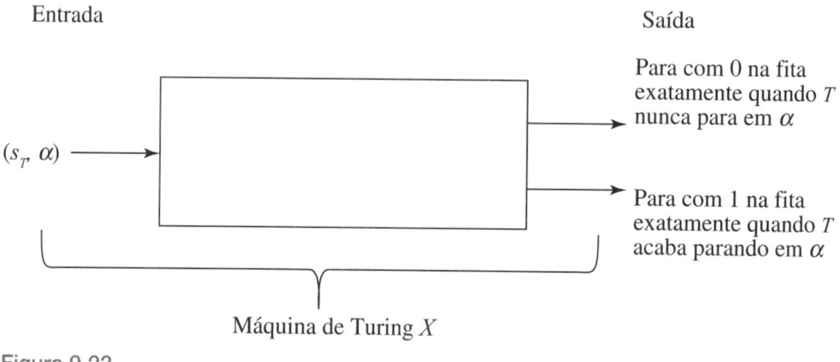

Figura 9.23

Adicionamos, agora, quíntuplas a X para formar uma nova máquina Y. A máquina Y modifica o comportamento de X de tal forma que, sempre que X para com 1 na fita, Y atinge um estado que faz com que Y se mova para a direita para sempre e nunca pare. Se X para com 0 na fita, Y faz o mesmo. A Figura 9.24 ilustra o comportamento de Y.

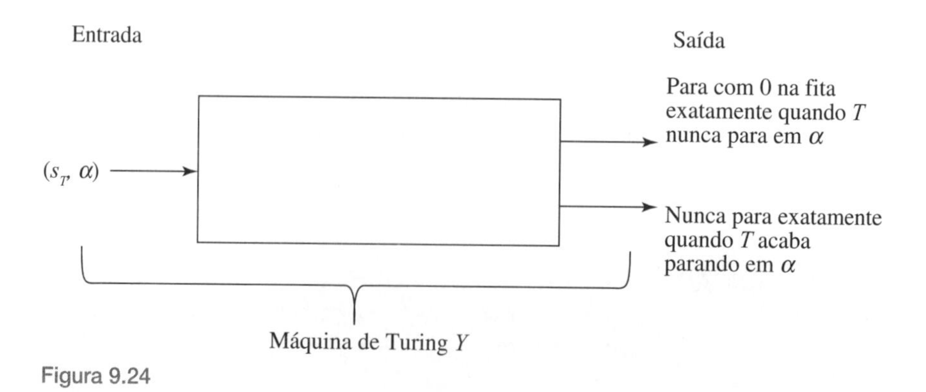

Figura 9.24

Finalmente, modificamos Y para obter uma nova máquina Z que age em qualquer cadeia de entrada β copiando, primeiro, β (veja, por exemplo, o Exercício 16) e depois passando o cálculo para Y, de modo que Y age em (β, β). O que acontecerá se rodarmos Z em sua própria descrição, s_Z? A situação está ilustrada na Figura 9.25.

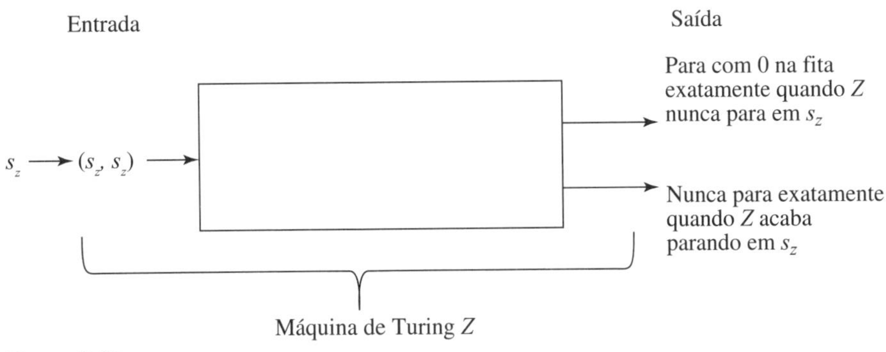

Figura 9.25

Do modo que construímos Z, se Z parar quando agir em s_Z será porque Y para quando age em (s_Z, s_Z), e isso acontecerá porque X irá parar com um 0 na fita agindo em (s_Z, s_Z), mas, se isso acontecer, Z nunca irá parar começando com s_Z! Portanto,

$$Z \text{ para em } s_Z \rightarrow Z \text{ nunca para em } s_Z \tag{1}$$

Essa implicação é muito estranha; vamos ver o que acontece se Z nunca parar em s_Z. Pela construção de Z, se Z nunca parar agindo em s_Z, então Y também nunca irá parar agindo em (s_Z, s_Z). Mas Y nunca para agindo em (s_Z, s_Z) exatamente quando X para com uma fita contendo 1 agindo em (s_Z, s_Z); mas esse resultado implica que Z, se começar com uma fita contendo s_Z, nunca para! Portanto,

$$Z \text{ em } s_Z \text{ nunca para} \rightarrow Z \text{ em } s_Z \text{ para} \tag{2}$$

As implicações (1) e (2), juntas, nos fornecem uma contradição, de modo que nossa hipótese de que o problema de parada é solúvel é incorreta. *Fim da Demonstração*

A demonstração da insolubilidade do problema de parada depende de duas ideias. Uma é a de codificar uma máquina de Turing em uma descrição como cadeia, e a outra é a de uma máquina ler e agir sobre sua própria descrição. Note que nenhuma das proposições, (1) ou (2), por si só, é suficiente para provar o resultado. Ambas são necessárias para se obter a contradição da hipótese original de solubilidade do problema de parada.

Encontramos, anteriormente, outra demonstração desse tipo, em que a observação que faz com que a demonstração funcione contradiz a si mesma. Você pode querer lembrar a demonstração do teorema de Cantor no Capítulo 5.

Complexidade Computacional

Como um modelo de computação, a máquina de Turing nos forneceu um modo de provar a existência de problemas insolúveis (incomputáveis). A máquina de Turing não só nos ajuda a encontrar os limites da computabilidade como, também, nos ajuda a classificar os problemas computáveis — os que têm um algoritmo que os resolve — pela quantidade de trabalho necessário para se executar o algoritmo.

Encontrar a quantidade de trabalho necessário para executar um algoritmo soa como análise de algoritmos. Analisamos uma série de algoritmos neste livro e os classificamos como $\Theta(\log n)$, $\Theta(n)$, $\Theta(n^2)$ etc. Pela tese de Church-Turing, qualquer algoritmo pode ser expresso em forma de uma máquina de Turing. Nessa forma, a quantidade de trabalho é o número de passos necessários executados pela máquina de Turing (um por pulso do relógio) antes de parar. (Estamos considerando, aqui, apenas tarefas que "têm resposta", de modo que a máquina de Turing para sempre que tiver uma cadeia de entrada apropriada.)

Os cálculos em uma máquina de Turing são bastante ineficientes. Portanto, se os algoritmos A e A' resolvem, ambos, o mesmo problema, mas se A for expresso como uma descrição de uma máquina de Turing e A' como pseudocódigo para instruções em uma linguagem de programação de alto nível, não faz muito sentido comparar o número de operações executadas por cada algoritmo. Vamos supor, portanto, que todos os algoritmos estão expressos como máquinas de Turing, de modo que possamos comparar com facilidade a eficiência de algoritmos diferentes.

Em vez de discutir se um algoritmo expresso como máquina de Turing é $\Theta(n)$ ou $\Theta(n^2)$, vamos notar, simplesmente, se é um algoritmo em tempo polinomial. (Apenas algoritmos bem simples são melhores do que isso, já que uma máquina de Turing executa n passos só para examinar a fita.) Problemas para os quais não existe um algoritmo em tempo polinomial são ditos **intratáveis**. Tais problemas podem ser solúveis, mas apenas por algoritmos ineficientes.

DEFINIÇÃO *P*

P é a coleção de todos os conjuntos reconhecíveis por máquinas de Turing em tempo polinomial.

A consideração de reconhecimento de conjuntos em nossa definição de P não é tão restritiva quanto pode parecer. Como a máquina de Turing para com todas as cadeias de entrada apropriadas, ela de fato decide, parando em um estado final ou não final, se a cadeia inicial era ou não um elemento do conjunto. Muitos problemas podem ser considerados problemas de decisão sobre conjuntos se os objetos envolvidos forem codificados apropriadamente.

Por exemplo, considere o problema do circuito hamiltoniano (Seção 7.2) de verificar se um grafo tem um ciclo que contém todos os nós do grafo. Podemos definir um processo de codificação para representar qualquer grafo como uma cadeia de símbolos. Cadeias que representam grafos tornam-se cadeias de entrada apropriadas, e queremos decidir, dada tal cadeia, se ela pertence ao conjunto de cadeias cujos grafos associados têm circuitos hamiltonianos. Se pudermos construir uma máquina de Turing que tome essa decisão em tempo polinomial, então o problema do circuito hamiltoniano pertence a P.

Observamos, na Seção 6.2, que o problema do circuito hamiltoniano é solúvel por uma abordagem de força bruta, percorrendo todos os caminhos possíveis, mas essa solução é exponencial devido ao número de caminhos. Dissemos que não se conhece um algoritmo eficiente (polinomial) para resolver o problema do circuito hamiltoniano, de modo que não temos prova de que esse problema pertence a P. Mas, também, não existe demonstração de que o problema não pertence a P. Será que, algum dia, poderia ser encontrado um algoritmo engenhoso e eficiente? Para ver por que isso não deve acontecer, vamos considerar um novo tipo de máquina de Turing.

As máquinas de Turing usuais agem de forma determinista, devido à nossa restrição de que duas quíntuplas diferentes não podem começar com o mesmo par estado/símbolo atuais. Relaxando essa propriedade, obtém-se uma **máquina de Turing não determinista**, que pode ter uma escolha de ações em cada passo. Uma máquina de Turing não determinista reconhece uma cadeia em sua fita se alguma sequência de ações faz com que ela pare em um estado final.

DEFINIÇÃO *NP*

NP é a coleção de todos os conjuntos reconhecíveis por máquinas de Turing não deterministas em tempo polinomial. (*NP* vem de *n*ão determinista em tempo *p*olinomial.)

Embora um conjunto em P precise que uma máquina de Turing determinista seja capaz de tomar a decisão (em tempo polinomial) sobre se alguma cadeia em sua fita pertence ou não ao conjunto, um conjunto em NP precisa apenas que uma máquina de Turing não determinista seja capaz de verificar (em tempo polinomial), por uma escolha apropriada de ações, que uma cadeia de entrada está no conjunto. Dado um grafo que tem um circuito hamiltoniano, por exemplo, esse fato pode ser confirmado em tempo polinomial por uma máquina de Turing não determinista que escolhe o caminho correto, de modo que o problema do circuito hamiltoniano pertence a NP. Outra maneira de pensar sobre máquinas de Turing não deterministas é imaginar um "processamento em paralelo". Em cada pulso do relógio quando há uma escolha de ação, são criadas versões novas da máquina, uma para cada ação possível. Para o problema do circuito hamiltoniano, pode haver um número exponencial de versões criadas, mas a versão que traça o circuito hamiltoniano pode completar seu caminho pelo grafo em tempo polinomial.

Se uma máquina de Turing puder decidir, em tempo polinomial, se uma cadeia arbitrária pertence a um conjunto, ela certamente poderá usar o mesmo processo para verificar um elemento do conjunto em tempo polinomial. Portanto, $P \subseteq NP$. Não se sabe, no entanto, se essa inclusão é própria, ou seja, se $P \subset NP$, de modo que poderiam existir problemas NP intratáveis — incluindo, talvez, o problema do circuito hamiltoniano.

O problema do circuito hamiltoniano pertence a uma terceira classe de problemas conhecida como **problemas *NP*-completos**, o que significa que eles não só estão em NP, mas que, se algum dia se encontrar um algoritmo de decisão em tempo polinomial para qualquer um deles, ou seja, se for descoberto que qualquer um deles pertence a P, então teríamos, de fato, $P = NP$. Desde a formulação dessa ideia em 1971, já foi encontrado um grande número de problemas em muitos campos diferentes que são NP-completos.

EXEMPLO 48 O problema de decidir, para uma fbf proposicional arbitrária, se ela é uma tautologia é NP-completo. Não se encontrou nenhum algoritmo eficiente para sua solução. Um algoritmo de força bruta exploraria cada uma das atribuições possíveis de valores lógicos para as letras de proposição. Como para o problema do circuito hamiltoniano, essa abordagem ineficiente tem natureza exponencial (não polinomial) — uma fbf proposicional com n letras de proposição tem tabela-verdade com 2^n linhas. Um problema relacionado é decidir se existe alguma atribuição de valores lógicos que "satisfaça" a fbf — que a torne verdadeira. Esse também é um problema NP-completo, e foi, de fato, o primeiro problema que se descobriu ser NP-completo. Sua solução por um algoritmo de força bruta também depende do teste de todas as atribuições possíveis de valores lógicos.

O problema de coloração de um grafo (dados um grafo arbitrário e um inteiro positivo k, colorir os nós do grafo usando k cores de modo que nós adjacentes fiquem com cores diferentes) é NP-completo. Novamente, não se encontrou um algoritmo eficiente; a abordagem por força bruta atribui cores a nós de modo que nós adjacentes tenham cores diferentes e, se chega a um lugar onde isso se torna impossível, volta para trás e modifica as atribuições de cores. Basicamente, isso significa tentar todas as atribuições possíveis de cor (semelhantemente a tentar todas as atribuições possíveis de valores lógicos, mas com k^n possibilidades).

O quebra-cabeça Sudoku geral consiste em um reticulado $n^2 \times n^2$ feito com blocos $n \times n$ em que cada linha, cada coluna e cada bloco têm que conter exatamente um dos números de 1 a n^2. (Veja o Exercício 53 na Seção 2.4 para um exemplo da versão popular com $n = 3$.) Esse é um problema NP-completo. Não se conhece um algoritmo eficiente; uma solução usando força bruta tenta todas as atribuições numéricas possíveis.

Mais uma vez, não se encontrou nenhum algoritmo de decisão em tempo polinomial para nenhum desses, nem para muitos outros problemas NP-completos, e, se for encontrado um procedimento eficiente para resolver qualquer um deles, tal procedimento existiria para todos os outros problemas em NP. Suspeita-se, portanto, que $P \subset NP$ e que todos esses problemas são intratáveis, mas a demonstração desse fato permanece um objetivo desafiador de pesquisa em ciência da computação. ●

SEÇÃO 9.4 REVISÃO

TÉCNICAS

- Descrever a ação de uma máquina de Turing dada com uma fita inicial determinada.
- Construir uma máquina de Turing para reconhecer um conjunto dado.
- Construir uma máquina de Turing para calcular uma função de teoria dos números dada.

IDEIAS PRINCIPAIS

- Máquinas de Turing têm um modo determinista de operar, a habilidade de reler e reescrever dados e uma memória auxiliar ilimitada.
- Uma máquina de estado finito é um caso particular de uma máquina de Turing.
- Máquinas de Turing podem ser usadas como máquinas de reconhecimento de conjuntos e para calcular funções.
- A tese de Church-Turing associa uma função computável por algoritmo a uma função computável por Turing. Como essa tese expressa uma relação entre uma ideia intuitiva e uma definida formalmente, ela nunca pôde ser provada, mas, ainda assim, é amplamente aceita.
- Um problema de decisão consiste em verificar a existência de um algoritmo para decidir se proposições individuais pertencentes a uma classe grande de proposições são verdadeiras; se não existir tal algoritmo, o problema de decisão será insolúvel.
- O problema de parada é insolúvel.
- $P \subseteq NP$, mas não se sabe se $P \subset NP$.

EXERCÍCIOS 9.4

Nos Exercícios 3 a 26, não deixe de incluir comentários na definição de qualquer máquina de Turing.

1. Considere a máquina de Turing

$$(0, 0, 0, 0, E)$$
$$(0, 1, 0, 1, D)$$
$$(0, b, b, 0, E)$$
$$(1, 0, 0, 1, D)$$
$$(1, 1, 0, 1, D)$$

a. Descreva seu comportamento ao começar com a fita

···	b	1	0	0	1	1	b	···

b. Descreva seu comportamento ao começar com a fita

···	b	0	0	1	1	1	b	···

2. Considere a máquina de Turing

$$(0, 1, 1, 0, D)$$
$$(0, 0, 0, 1, D)$$
$$(1, 1, 1, 1, D)$$
$$(1, b, 1, 2, E)$$
$$(2, 1, 1, 2, E)$$
$$(2, 0, 0, 2, E)$$
$$(2, b, 1, 0, D)$$

a. Descreva seu comportamento ao começar com a fita

···	b	1	0	1	0	b	···

b. Descreva seu comportamento ao começar com a fita

···	b	1	0	1	b	···

3. Encontre uma máquina de Turing que reconheça o conjunto de todas as cadeias unárias formadas por um número par de algarismos iguais a 1 (isso inclui a cadeia vazia).
4. Encontre uma máquina de Turing que reconheça o conjunto de todas as cadeias formadas por 0 e 1 contendo pelo menos um 1.
5. Encontre uma máquina de Turing que reconheça 0*10*1.
6. Encontre uma máquina de Turing que aceite o conjunto de todas as cadeias não vazias de parênteses bem balanceados. (Note que (()(())) é bem balanceado e (()(()) não é.)
7. Encontre uma máquina de Turing que reconheça $\{0^{2n}1^n2^{2n} \mid n \geq 0\}$.
8. Encontre uma máquina de Turing que reconheça $\{w * w^R \mid w \in \{0, 1\}^*$ e w^R é a cadeia obtida de w invertendo-se a ordem dos símbolos$\}$.
9. Encontre uma máquina de Turing que reconheça $\{w_1 * w_2 \mid w_1, w_2 \in \{0, 1\}^*$ e $w_1 \neq w_2\}$.
10. Encontre uma máquina de Turing que reconheça o conjunto de cadeias que são palíndromos em $\{0, 1\}^*$, ou seja, o conjunto de cadeias em $\{0, 1\}^*$ que são iguais se lidas normalmente ou de trás para a frente, como 101.
11. Encontre uma máquina de Turing que inverte os bits, ou seja, substitui, em todas as cadeias formadas por 0 e 1, todos os zeros por uns e todos os uns por zeros.
12. Encontre uma máquina de Turing que transforma uma cadeia unária em uma cadeia de mesmo comprimento com uns e zeros alternados.
13. Encontre uma máquina de Turing que não para, começa com um único 1 em sua fita e gera, sucessivamente, cadeias da forma 0^n10^n, $n \geq 1$, ou seja, tais cadeias aparecem de vez em quando na fita.
14. Encontre uma máquina de Turing que, dada uma fita inicial contendo uma cadeia (possivelmente vazia) de uns, adiciona um único 0 na extremidade esquerda da cadeia se o número de uns for par e adiciona dois zeros na extremidade esquerda da cadeia se o número de uns for ímpar.
15. Encontre uma máquina de Turing que converte uma cadeia de zeros e uns, representando um número binário diferente de zero, em uma cadeia com aquele número de algarismos iguais a 1. Como exemplo, a máquina deveria, se começar com uma fita contendo

···	b	1	0	0	b	···

parar com uma fita contendo

···	b	1	1	1	1	b	···

16. Encontre uma máquina de Turing que, dada uma fita inicial contendo uma cadeia não vazia de uns, marca a extremidade direita da cadeia com um * e coloca uma cópia da cadeia à direita do *. Como exemplo, a máquina deveria, se começar com uma fita contendo

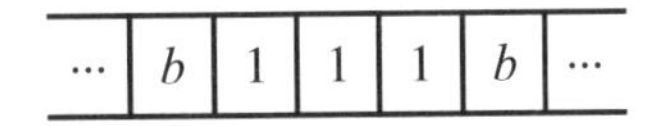

parar com uma fita contendo

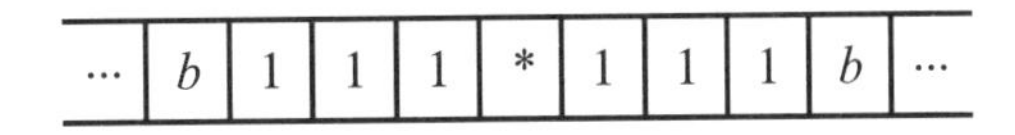

17. Qual é a função de teoria dos números com três variáveis que é calculada pela máquina de Turing a seguir?

$(0, 1, b, 0, D)$
$(0, *, b, 1, D)$
$(1, 1, 1, 2, D)$
$(2, *, *, 3, D)$
$(3, 1, 1, 2, E)$
$(2, 1, 1, 4, D)$
$(4, 1, 1, 4, D)$
$(4, *, 1, 5, D)$
$(5, 1, b, 5, D)$
$(5, b, b, 6, D)$

18. Qual é a função de teoria dos números de uma variável que é calculada pela máquina de Turing a seguir?

$(0, 1, 1, 1, D)$
$(1, b, b, 9, D)$
$(1, 1, 1, 2, D)$
$(2, b, b, 3, E)$
$(3, 1, b, 9, E)$
$(2, 1, 1, 4, D)$
$(4, b, b, 5, E)$
$(5, 1, b, 3, E)$
$(4, 1, 1, 6, E)$
$(6, 1, 1, 6, E)$
$(6, b, 1, 7, E)$
$(7, b, 1, 8, E)$
$(8, b, 1, 9, E)$

19. Encontre uma máquina de Turing para calcular a função

$$f(n) = \begin{cases} 1 & \text{se } n = 0 \\ 2 & \text{se } n \neq 0 \end{cases}$$

20. Encontre uma máquina de Turing para calcular a função

$$f(n) = \begin{cases} n & \text{se } n \text{ for par} \\ n + 1 & \text{se } n \text{ for ímpar} \end{cases}$$

21. Encontre uma máquina de Turing para calcular a função

$$f(n) = 2n$$

22. Encontre uma máquina de Turing para calcular a função

$$f(n) = \begin{cases} n/3 & \text{se 3 dividir } n \\ \text{indefinida} & \text{caso contrário} \end{cases}$$

23. Encontre uma máquina de Turing para calcular a função

$$f(n_1, n_2) = n_1 + n_2$$

24. Encontre uma máquina de Turing para calcular a função

$$f(n_1, n_2) = \begin{cases} n_1 & \text{se } n_1 \text{ for par} \\ n_2 & \text{se } n_1 \text{ for ímpar} \end{cases}$$

25. Encontre uma máquina de Turing para calcular a função

$$f(n_1, n_2) = \begin{cases} n_1 - n_2 & \text{se } n_1 \geq n_2 \\ 0 & \text{caso contrário} \end{cases}$$

26. Encontre uma máquina de Turing para calcular a função

$$f(n_1, n_2) = \text{máx}(n_1, n_2)$$

27. Faça o Exercício 21 novamente, dessa vez usando as máquinas T_1 e T_2 dos Exercícios 16 e 23, respectivamente, como “funções”. (Formalmente, os estados dessas máquinas teriam que ser numerados novamente à medida que as quíntuplas fossem inseridas no “programa principal”, mas você pode omitir esses detalhes cansativos e simplesmente “chamar T_1” ou “chamar T_2”.)

28. Descreva verbalmente as ações de uma máquina de Turing que calcula a função $f(n_1, n_2) = n_1 \times n_2$, ou seja, projete o algoritmo, mas não se preocupe em criar todas as quíntuplas necessárias. Você pode usar os Exercícios 16 e 23.

SEÇÃO 9.5 LINGUAGENS FORMAIS

Suponha que encontramos a seguinte sentença em português: "A vaca-marinha fala espalhafatosamente." Embora fiquemos surpresos com o significado, ou *semântica*, da sentença, aceitamos sua forma, ou *sintaxe*, como válida na linguagem, o que significa que as várias partes da frase (substantivo, verbo etc.) estão colocadas juntas de maneira razoável. Rejeitaríamos, por exemplo, "Espalhafatosamente vaca-marinha a fala" como uma combinação ilegal de elementos de linguagem, ou com sintaxe incorreta, não fazendo parte da linguagem. Precisamos nos preocupar sobre a sintaxe correta também em linguagens de programação, só que nessas, ao contrário das linguagens naturais (português, inglês, francês etc.), as combinações válidas de símbolos são especificadas detalhadamente. Vamos definir formalmente *linguagem*; a definição vai ser suficientemente geral de modo a incluir tanto as linguagens naturais quanto as linguagens de programação.

DEFINIÇÃO ALFABETO, VOCABULÁRIO, PALAVRA, LINGUAGEM

Um **alfabeto** ou **vocabulário** V é um conjunto finito e não vazio de símbolos. Uma **palavra** formada por V é uma cadeia de comprimento finito formada por símbolos em V. O conjunto V^* é o conjunto de todas as palavras formadas por V. (Veja o Exemplo 6 no Capítulo 3 para uma definição de V^* por recorrência.) Uma **linguagem** formada por V é qualquer subconjunto de V^*.

Olhando o português com sintaxe correta como um subconjunto L do conjunto de todas as cadeias formadas com o alfabeto usual, vemos que "A vaca-marinha fala espalhafatosamente" pertence a L, enquanto "Espalhafatosamente vaca-marinha a fala" não.

Para uma linguagem dada L, como podemos descrever L, ou seja, especificar exatamente quais as palavras que pertencem a L? Se L for finito, podemos, simplesmente, listar todos os seus elementos, mas se L for infinito, será que podemos encontrar uma descrição finita de L? Nem sempre — existem muito mais linguagens do que descrições finitas possíveis. Apesar do fato de que só consideraremos linguagens com descrições finitas, ainda podemos pensar em duas possibilidades. Podemos ser capazes de descrever um algoritmo que *decide* se uma palavra pertence ou não a L; ou seja, dada qualquer palavra em V^*, poderíamos aplicar nosso algoritmo e receber uma resposta, sim ou não, dependendo se a palavra pertence ou não a L. Ou podemos ser capazes de descrever um procedimento que apenas nos permita *gerar* elementos em L, ou seja, produzir uma lista com todos os elementos de L, um de cada vez. Escolheremos linguagens para as quais essa segunda opção é possível e descreveremos tal linguagem definindo seu processo gerador, ou dando uma *gramática* para a linguagem.

Antes de dar uma definição formal do que constitui uma gramática, vamos ver novamente por que "A vaca-marinha fala espalhafatosamente" parece ser uma frase aceitável considerando como ela poderia ser gerada. Começando com a noção de sentença, concordaríamos que uma forma legítima para uma sentença é uma frase-substantivo seguida por uma frase-verbo. Simbolicamente,

sentença $\rightarrow$ **frase-substantivo frase-verbo**

Uma forma legítima de uma frase-substantivo é um artigo seguido de um substantivo,

frase-substantivo $\rightarrow$ **artigo substantivo**

e uma forma legítima de uma frase-verbo é um verbo seguido de um advérbio,

frase-verbo $\rightarrow$ **verbo advérbio**

Concordaríamos, também, com as substituições

artigo $\rightarrow$ a
substantivo $\rightarrow$ vaca-marinha
verbo $\rightarrow$ fala
advérbio $\rightarrow$ espalhafatosamente

Assim, podemos gerar a sentença "A vaca-marinha fala espalhafatosamente" fazendo sucessivas substituições:

sentença $\Rightarrow$ **frase-substantivo frase-verbo**
$\Rightarrow$ **artigo substantivo frase-verbo**
$\Rightarrow$ a **substantivo frase-verbo**
$\Rightarrow$ a vaca-marinha **frase-verbo**
$\Rightarrow$ a vaca-marinha **verbo advérbio**
$\Rightarrow$ a vaca-marinha fala **advérbio**
$\Rightarrow$ a vaca-marinha fala espalhafatosamente

Os termos em negrito são aqueles que ainda podem ser substituídos. Os termos que não estão em negrito param o processo de substituição. Essas ideias estão incorporadas na próxima definição.

DEFINIÇÃO GRAMÁTICA (TIPO 0) DE ESTRUTURA DE FRASES

Uma **gramática de estrutura de frases (gramática de tipo 0)** G é uma 4-upla, $G = (V, V_T, S, P)$, em que

V = vocabulário
V_T = subconjunto não vazio de V, chamado o conjunto de **terminais**
S = elemento de $V - V_T$, chamado de **símbolo inicial**
P = um conjunto finito de **produções** da forma $\alpha \rightarrow \beta$, em que α é uma palavra formada por V contendo pelo menos um símbolo não terminal e β é uma palavra formada por V.

EXEMPLO 49 Eis uma gramática bem simples: $G = (V, V_T, S, P)$, em que $V = \{0, 1, S\}$, $V_T = \{0, 1\}$ e $P = \{S \rightarrow 0S, S \rightarrow 1\}$

As produções de uma gramática permitem que transformemos algumas palavras formadas por V em outras; as produções podem ser chamadas de regras para se reescrever.

DEFINIÇÃO GERAÇÕES (DERIVAÇÕES) EM UMA LINGUAGEM

Seja G uma gramática, $G = (V, V_T, S, P)$, e sejam w_1 e w_2 palavras formadas por V. Dizemos que w_1 **gera diretamente (deriva diretamente)** w_2, e denotamos por $w_1 \Rightarrow w_2$, se $\alpha \rightarrow \beta$ é uma produção de G, w_1 contém um exemplo de α e w_2 é obtida de w_1 substituindo-se α por β. Se $w_1, w_2, \ldots, w_n$ são palavras formadas por V e se $w_1 \Rightarrow w_2, w_2 \Rightarrow w_3, \ldots, w_{n-1} \Rightarrow w_n$, dizemos que w_1 **gera (deriva)** w_n, e denotamos por $w_1 \overset{*}{\Rightarrow} w_n$. (Por convenção, $w_1 \overset{*}{\Rightarrow} w_1$.)

EXEMPLO 50 Na gramática do Exemplo 49, $00S \Rightarrow 000S$, pois a produção $S \rightarrow 0S$ foi usada para substituir o S em $00S$ por $0S$. Temos, também, $00S \overset{*}{\Rightarrow} 00000S$.

PROBLEMA PRÁTICO 62 Mostre que, na gramática do Exemplo 49, $0S \overset{*}{\Rightarrow} 00001$. ■

DEFINIÇÃO LINGUAGEM GERADA POR UMA GRAMÁTICA

Dada uma gramática G, a **linguagem L gerada por G**, algumas vezes denotada por $L(G)$, é o conjunto

$$L = \{w \in V_T^* | S \overset{*}{\Rightarrow} w\}$$

Em outras palavras, L é o conjunto de todas as cadeias de terminais geradas pelo símbolo inicial.

Note que, uma vez obtida uma cadeia w de terminais, não se pode aplicar mais nenhuma produção a w, e w não pode gerar mais palavras.

Os procedimentos a seguir geram uma lista de elementos em L: comece com o símbolo inicial S e aplique, sistematicamente, alguma sequência de produções até obter uma cadeia w_1 de terminais; então $w_1 \in L$. Volte para S e repita esse procedimento usando uma sequência diferente de produções para gerar outra palavra $w_2 \in L$, e assim por diante. De fato, esse procedimento não funciona, já que poderíamos começar com uma sequência infinita de derivações diretas que nunca levam a uma cadeia de terminais e, assim, nunca contribuem com uma palavra na nossa lista. Em vez disso, precisamos fazer uma série de derivações simultâneas a partir de S (processamento em paralelo), verificando cada uma após cada passo e adicionando, sempre que alguma termina, a palavra final à lista de elementos de L. Desse modo não ficamos esperando indefinidamente, incapazes de fazer outra coisa qualquer.

LEMBRETE

Produções podem ser usadas em qualquer ordem. Só é preciso que o lado esquerdo da produção apareça na cadeia que está sendo processada.

PROBLEMA PRÁTICO 63 Descreva a linguagem gerada pela gramática G do Exemplo 49. ■

Linguagens derivadas de gramáticas como definimos são chamadas de **linguagens formais**. Se a gramática for definida primeiro, a linguagem segue como consequência da definição. Por outro lado, a linguagem, como um conjunto bem definido de cadeias, pode ser dada primeiro, e, então, procuramos uma gramática que a gere.

EXEMPLO 51 Seja L o conjunto de todas as cadeias não vazias consistindo em um número par de algarismos iguais a 1. Então L é gerada pela gramática $G = (V, V_T, S, P)$, em que $V = \{1, S\}$, $V_T = \{1\}$ e $P = \{S \to SS, S \to 11\}$. Uma linguagem pode ser gerada por mais de uma gramática. L também é gerada pela gramática $G' = (V', V_T', S, P')$, em que $V' = \{1, S\}$, $V_T' = \{1\}$ e $P' = \{S \to 1S1, S \to 11\}$. ●

PROBLEMA PRÁTICO 64

a. Encontre uma gramática que gere a linguagem $L = \{0^n10^n \mid n \geq 0\}$.
b. Encontre uma gramática que gere a linguagem $L = \{0^n10^n \mid n \geq 1\}$. ■

Pode ser bastante difícil tanto tentar descrever de modo conciso uma linguagem gerada por uma gramática dada como definir uma gramática que gere uma linguagem dada. Vamos considerar outro exemplo em que a gramática é um pouco mais complicada do que vimos até agora. Não se preocupe em como você inventaria essa gramática; basta se convencer que ela funciona.

EXEMPLO 52 Seja $L = \{a^n b^n c^n \mid n \geq 1\}$. Uma gramática que gera L é $G = (V, V_T, S, P)$, em que $V = \{a, b, c, S, B, C\}$, $V_T = \{a, b, c\}$ e P consiste nas seguintes produções:

1. $S \to aSBC$
2. $S \to aBC$
3. $CB \to BC$
4. $aB \to ab$
5. $bB \to bb$
6. $bC \to bc$
7. $cC \to cc$

É razoavelmente fácil ver como gerar qualquer elemento particular de L usando essas produções. Por exemplo, uma derivação da cadeia $a^2b^2c^2$ é

$$\begin{aligned} S &\Rightarrow aSBC \\ &\Rightarrow aaBCBC \\ &\Rightarrow aaBBCC \\ &\Rightarrow aabBCC \\ &\Rightarrow aabbCC \\ &\Rightarrow aabbcC \\ &\Rightarrow aabbcc \end{aligned}$$

Em geral, $L \subseteq L(G)$, e o esboço de uma derivação de qualquer $a^n b^n c^n$ é dado a seguir; os números correspondem às produções usadas.

$$\begin{aligned} S &\overset{*}{\underset{1}{\Rightarrow}} a^{n-1}S(BC)^{n-1} \\ &\underset{2}{\Rightarrow} a^n(BC)^n \\ &\overset{*}{\underset{3}{\Rightarrow}} a^nB^nC^n \\ &\underset{4}{\Rightarrow} a^nbB^{n-1}C^n \\ &\overset{*}{\underset{5}{\Rightarrow}} a^nb^nC^n \\ &\underset{6}{\Rightarrow} a^nb^ncC^{n-1} \\ &\overset{*}{\underset{7}{\Rightarrow}} a^nb^nc^n \end{aligned}$$

Precisamos, também, mostrar que $L(G) \subseteq L$, o que envolve a argumentação de que algumas produções têm que ser usadas antes de outras e que a derivação geral ilustrada acima é a única que leva a uma cadeia de terminais. ●

LEMBRETE

"Jogar" produções para obter a linguagem L que você quer significa, muitas vezes, que você vai gerar mais do que L. As produções têm que gerar exatamente as cadeias em L.

Ao tentar inventar uma gramática para gerar L no Exemplo 52, poderíamos tentar, primeiro, usar produções da forma $B \to b$ e $C \to c$, em vez das produções de 4 a 7. Teríamos, então, $L \subseteq L(G)$, mas $L(G)$ incluiria palavras como $a^n(bc)^n$.

As linguagens formais foram desenvolvidas na década de 1950 pelo linguista Noam Chomsky em uma tentativa de modelar linguagens naturais, como o português, com o objetivo de fazer traduções automáticas. No entanto, como as linguagens naturais já existem e são bastante complexas, definir uma gramática formal para gerar uma linguagem natural é muito difícil. Tentativas para fazer isso para o inglês tiveram sucesso apenas parcial.

EXEMPLO 53 Podemos descrever uma linguagem formal que vai gerar uma classe bastante restrita de sentenças em português. Os terminais da gramática vão ser as palavras "a", "um", "rio", "vaca-marinha", "fala", "flui", "espalhafatosamente" e "rapidamente", e os não terminais são as palavras **sentença**, **frase-substantivo**, **frase-verbo**, **artigo**, **substantivo**, **verbo** e **advérbio**. O símbolo inicial é sentença e as produções são

sentença → **frase-substantivo frase-verbo**
frase-substantivo → **artigo substantivo**
frase-verbo → **verbo advérbio**
artigo → a
artigo → uma
substantivo → rio
substantivo → vaca-marinha
verbo → fala
verbo → flui
advérbio → espalhafatosamente
advérbio → rapidamente

Sabemos como derivar "A vaca-marinha fala espalhafatosamente" nessa gramática. Eis uma derivação de "Um rio flui rapidamente":

sentença ⇒ **frase-substantivo frase-verbo**
⇒ **artigo substantivo frase-verbo**
⇒ um **substantivo frase-verbo**
⇒ um rio **frase-verbo**
⇒ um rio **verbo advérbio**
⇒ um rio flui **advérbio**
⇒ um rio flui rapidamente

Algumas outras sentenças, não fazendo muito sentido, também fazem parte da linguagem definida por essa gramática, como "a vaca-marinha flui espalhafatosamente". A dificuldade de especificar uma gramática para português como um todo torna-se mais evidente quando consideramos que uma frase como "saia rodada" pode ser um exemplo de um substantivo seguido de um verbo (ou de um adjetivo) ou pode ser um verbo seguido de um substantivo! Essa situação é "ambígua" (veja os Exercícios 35 e 36 nesta seção). ●

Linguagens de programação são menos complexas do que linguagens naturais, e suas sintaxes podem ser descritas, muitas vezes, usando-se a notação de linguagem formal.

EXEMPLO 54 Uma parte de uma gramática formal que gere identificadores em alguma linguagem de programação poderia ser apresentada da seguinte maneira:

identificador → **letra**
identificador → **identificador letra**
identificador → **identificador dígito**
letra → a
letra → b
⋮
letra → z
dígito → 0
dígito → 1
⋮
dígito → 9

O conjunto de terminais aqui é $\{a, b, \ldots, z, 0, 1, \ldots, 9\}$ e **identificador** é o símbolo inicial. ●

EXEMPLO 55 Uma abreviatura que pode evitar uma longa lista de produções é a **forma de Backus-Naur** (FBN). As produções do Exemplo 54 podem ser dadas em FBN por três linhas (como no Exemplo 7 do Capítulo 3):

<identificador> ::= <letra> | <identificador> <letra> | <identificador> <dígito>
<letra> ::= *a* | *b* | *c* | ··· | *z*
<dígito> ::= 0 | 1 | ··· | 9

Na FBN, não terminais são identificados por < >, a seta de produção torna-se ::= e | denota "ou", identificando diversas produções que têm o mesmo símbolo do lado esquerdo.

No século passado, a notação FBN foi usada, originalmente, para definir a linguagem de programação Algol (de *Algo*rithmic *L*anguage, que significa Linguagem Algorítmica) no início da década de 1960. No entanto, aparentemente uma notação semelhante foi usada entre 400 a.C. e 200 a.C. para descrever as regras da gramática do sânscrito.[2] ●

EXEMPLO 56 A linguagem HTML (*Hypertext Markup Language*, que significa Linguagem de Marcação de Hipertextos) é uma linguagem específica para se escrever documentos que serão transmitidos por uma rede e apresentados em algum navegador na Internet. O navegador analisa e interpreta as diversas marcações (tags) que identificam elementos corretos de um documento HTML e mostra esses elementos apropriadamente. A estrutura de cada elemento HTML, tal como TABLE (tabela), é fixa; alguém escrevendo um documento HTML que usa elementos TABLE tem que seguir a estrutura de um elemento TABLE como definido em HTML. XML (*Extensible Markup Language*, que significa Linguagem de Marcação Estendida) é uma linguagem generalizada para se definir linguagens de marcação específicas, ou seja, é uma linguagem para se definir linguagens. Os elementos de um documento XML podem ter qualquer estrutura escolhida pelo usuário; o usuário define esses elementos em um DTD (*Document Type Definition*, Definição dos Tipos de Documento) associado. O DTD pode ser parte do documento XML ou pode estar em um arquivo separado referenciado pelo documento XML (e como tal, disponível para ser usado por diversos documentos XML). O DTD a seguir fornece uma gramática para um documento XML sobre partes manufaturadas e define a estrutura de um elemento "LISTADEPARTES", um elemento "ITEM" e assim por diante.

```
<!DOCTYPE LISTADEPARTES {
   <!ELEMENT LISTADEPARTES (ITEM+)>
   <!ELEMENT ITEM (NUMERODAPARTE, USADAEMLISTA)>
   <!ELEMENT NUMERODAPARTE (#PCDATA)>
   <!ELEMENT USADAEMLISTA (USADAEM*)
   <!ELEMENT USADAEM (MARCA, MODELO)>
   <!ELEMENT MARCA (#PCDATA)>
   <!ELEMENT MODELO (#PCDATA)>
}>
```

O DTD usa notações semelhantes às utilizadas para expressões regulares, em que * significa zero ou mais elementos, + significa um ou mais elementos e ? significa zero ou um elemento. Logo, no DTD acima, uma LISTADEPARTES consiste em um ou mais elementos ITEM e um USADAEMLISTA consiste em zero ou mais elementos USADAEM. A notação #PCDATA significa "cadeia analisada de caracteres" (*parsed character string*). Na notação FBN, a gramática fica:

[2]Ingerman. P. Z., *Communications of the ACM*, "Panini-Backus Form Suggested", vol. 10, no. 3, 1967.

<LISTADEPARTES> ::= <ITEM> | <ITEM> <LISTADEPARTES>
<ITEM> ::= <NUMERODAPARTE> <USADAEMLISTA>
<NUMERODAPARTE> ::= <identificador>
<USADAEMLISTA> ::= λ | <USADAEM> | <USADAEM> <USADAEMLISTA>
<USADAEM> ::= <MARCA> <MODELO>
<MARCA> ::= <identificador>
<MODELO> ::= <identificador>
<identificador> ::= [como definido no Exemplo 55]

Um navegador na Internet analisa o documento XML para determinar se é um caso particular válido da linguagem definida pelo seu DTD associado, e, nesse caso, mostra o documento. ●

Classes de Gramáticas

Antes de identificar alguns tipos de gramáticas, vamos ver mais um exemplo.

EXEMPLO 57 Seja L o conjunto contendo a cadeia vazia λ e todas as cadeias com um número ímpar n de zeros, $n \geq 3$. A gramática $G = (V, V_T, S, P)$ gera L, em que $V = \{0, A, B, E, F, W, X, Y, Z, S\}$, $V_T = \{0\}$, e as produções são

$$
\begin{array}{lll}
S \to FA & 0X \to X0 & 0Z \to Z0 \\
S \to FBA & Y0 \to 0Y & WBZ \to EB \\
FB \to F0EB0 & FX \to F0W & F \to \lambda \\
EB \to 0 & YA \to Z0A & A \to \lambda \\
EB \to XBY & W0 \to 0W &
\end{array}
$$

A derivação $S \Rightarrow FA \stackrel{*}{\Rightarrow} \lambda\lambda = \lambda$ produz λ. A derivação

$$
\begin{aligned}
S &\Rightarrow FBA \\
&\Rightarrow F0EB0A \\
&\Rightarrow F0XBY0A \\
&\stackrel{*}{\Rightarrow} FX0B0YA \\
&\stackrel{*}{\Rightarrow} F0W0B0Z0A \\
&\stackrel{*}{\Rightarrow} F00WBZ00A \\
&\Rightarrow F00EB00A \\
&\Rightarrow F00000A \\
&\stackrel{*}{\Rightarrow} 00000
\end{aligned}
$$

produz cinco zeros. Note como X e Y, assim como W e Z, andam para a frente e para trás das cadeias de zeros, adicionando mais um 0 em cada lado. Essa atividade lembra bastante a cabeça de leitura de uma máquina de Turing indo para a frente e para trás em sua fita e aumentando a parte impressa. ●

LEMBRETE
A convenção de eliminação diz como eliminar SE algo vai ser eliminado. Não há necessidade de a produção $S \to \lambda$ estar em todas as gramáticas.

A gramática precedente nos permite as produções de eliminação $F \to \lambda$ e $A \to \lambda$. Para gerar qualquer linguagem contendo λ, temos que ser capazes de eliminar em algum lugar. Nos tipos de gramáticas a seguir, limitaremos a eliminação, se ela ocorrer, a uma única produção da forma $S \to \lambda$, em que S é o símbolo inicial; se essa produção aparecer, não permitiremos que S apareça do lado direito de nenhuma outra produção. Essa restrição nos permite obter λ de S como um caso especial e depois continuar com as outras derivações, nenhuma das quais permite eliminação. Vamos chamar isso de **convenção de eliminação**. A definição a seguir define três tipos especiais de gramáticas restringindo ainda mais as produções permitidas.

DEFINIÇÕES SENSÍVEL A CONTEXTO, LIVRE DE CONTEXTO E GRAMÁTICAS REGULARES; HIERARQUIA DE CHOMSKY

Uma gramática G será dita **sensível a contexto** (**tipo 1**) se obedecer à convenção de eliminação e se, para toda produção $\alpha \rightarrow \beta$ (exceto $S \rightarrow \lambda$), a palavra β for pelo menos tão longa quanto a palavra α. Uma gramática G será dita **livre de contexto** (**tipo 2**) se obedecer à convenção de eliminação e se, para toda produção $\alpha \rightarrow \beta$, α for um único símbolo não terminal. Uma gramática G será dita **regular** (**tipo 3**) se obedecer à convenção de eliminação e se, para toda produção $\alpha \rightarrow \beta$ (exceto $S \rightarrow \lambda$), α for um único símbolo não terminal e β for da forma t ou tW, em que t é um símbolo terminal e W é um símbolo não terminal. Essa hierarquia de gramáticas, de tipo 0 até tipo 3, é chamada de **hierarquia de Chomsky**.

Em uma gramática livre de contexto, um único símbolo não terminal do lado esquerdo em uma produção pode ser substituído sempre que aparecer do lado direito em outra produção. Em uma gramática sensível a contexto, determinado símbolo não terminal talvez possa ser substituído apenas se for parte de uma cadeia particular (contexto) — daí os nomes *livre de contexto* e *sensível a contexto*. É claro que qualquer gramática regular também é livre de contexto e que qualquer gramática livre de contexto também é sensível a contexto. A gramática do Exemplo 49 é regular (as duas produções têm o mesmo símbolo não terminal S do lado esquerdo e têm, do lado direito, 1 — um terminal — ou $0S$ — um terminal seguido de um não terminal). Ambas as gramáticas do Exemplo 51 são livres de contexto, mas não são regulares (mais uma vez o símbolo não terminal S aparece do lado esquerdo em todas as produções, mas o lado direito consiste em três símbolos ou dois não terminais ou dois terminais, respectivamente). A gramática do Exemplo 52 é sensível a contexto, mas não livre de contexto (as produções não diminuem nenhuma cadeia, mas algumas cadeias do lado esquerdo têm símbolos múltiplos). As gramáticas nos Exemplos 53 e 54 são livres de contexto, mas não regulares (por exemplo, as três primeiras produções do Exemplo 54 não satisfazem as condições necessárias para uma gramática regular). Finalmente, a gramática do Exemplo 57 é uma gramática de tipo 0, mas não é sensível a contexto (por exemplo, a produção $EB \rightarrow 0$ é uma produção "encolhedora"; além disso, a convenção de eliminação não é satisfeita).

DEFINIÇÃO TIPOS DE LINGUAGEM

Uma linguagem é de **tipo 0** (respectivamente, **sensível a contexto, livre de contexto** ou **regular**) se puder ser gerada por uma gramática de tipo 0 (respectivamente, sensível a contexto, livre de contexto ou regular).

Devido à relação entre os quatro tipos de gramáticas, podemos classificar as linguagens como ilustrado na Figura 9.26. Assim, qualquer linguagem regular é, também, livre de contexto, já que qualquer gramática regular também é livre de contexto, e assim por diante. No entanto, embora seja verdade, não podemos deduzir pelo que acabamos de ver que esses conjuntos estão propriamente contidos uns nos outros. Por exemplo, a linguagem L descrita no Exemplo 57 foi gerada, ali, por uma gramática de tipo 0 que não era sensível a contexto, mas isso não significa que L cai nessa mesma categoria. Gramáticas diferentes podem gerar a mesma linguagem.

Hierarquia de Linguagens Formais

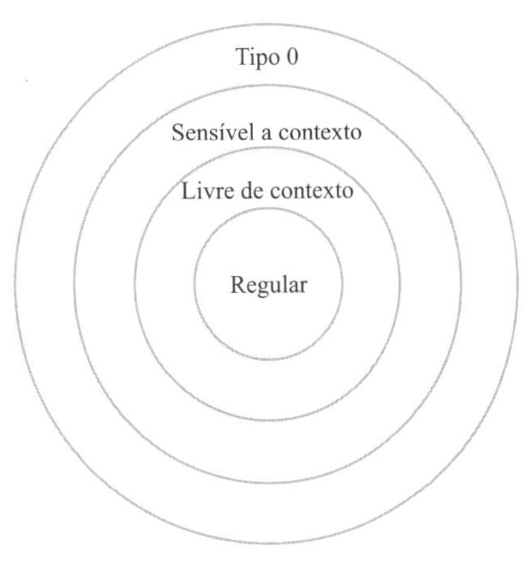

Figura 9.26

DEFINIÇÃO GRAMÁTICAS EQUIVALENTES

Duas gramáticas serão ditas **equivalentes** se gerarem a mesma linguagem.

EXEMPLO 58

Vimos, no Exemplo 57, uma gramática G que gera uma linguagem L, em que L é o conjunto que contém λ e todas as cadeias de comprimento ímpar contendo apenas zeros e com comprimento pelo menos 3. Vamos agora ver mais três gramáticas equivalentes a G. (Veja se você concorda que cada uma dessas gramáticas também gera L.)

$G_1 = (V, V_T, S, P)$, em que $V = \{0, A, B, S\}$, $V_T = \{0\}$, e as produções são

$$\begin{array}{ll} S \to \lambda & AB \to 00 \\ S \to ABA & 0A \to 000A \\ & A \to 0 \end{array}$$

G_1 é sensível a contexto, mas não é livre de contexto.

$G_2 = (V, V_T, S, P)$, em que $V = \{0, A, S\}$, $V_T = \{0\}$, e as produções são

$$\begin{array}{ll} S \to \lambda & A \to 00A \\ S \to 00A & A \to 0 \end{array}$$

G_2 é livre de contexto, mas não é regular.

$G_3 = (V, V_T, S, P)$, em que $V = \{0, A, B, C, S\}$, $V_T = \{0\}$, e as produções são

$$\begin{array}{ll} S \to \lambda & B \to 0 \\ S \to 0A & B \to 0C \\ A \to 0B & C \to 0B \end{array}$$

G_3 é regular.

Logo, no final das contas, L é uma linguagem regular.

PROBLEMA PRÁTICO 65 Encontre a derivação de 00000 em G_1, G_2 e G_3.

Esse é um ponto um pouco confuso, e vale a pena repetir. Como uma linguagem dada pode ser gerada por diversas gramáticas, se você encontrar uma gramática G para uma linguagem L que é do tipo x, mas não é do tipo y, isso não torna, necessariamente, a linguagem L uma linguagem do tipo x que não é do tipo y. Pode existir uma gramática diferente que também gera a linguagem L que seja do tipo y.

Linguagens Formais e Dispositivos Computacionais

A linguagem L do Exemplo 57 pode ser descrita pela expressão regular $\lambda \vee (000)(00)^*$, de modo que L é um conjunto regular. Pelo Exemplo 58, L também é uma linguagem regular. Não é coincidência que um conjunto regular é uma linguagem regular. Pode-se mostrar que, para qualquer máquina de estado finito, o conjunto que ela reconhece é uma linguagem regular. Pode-se mostrar, também, que, dada qualquer linguagem regular, existe uma máquina de estado finito que reconhece exatamente essa linguagem. (Nas demonstrações desses resultados, as produções de uma gramática regular correspondem às transições de estado de uma máquina de estado finito.) Portanto, os conjuntos reconhecidos pelas máquinas de estado finito — os conjuntos regulares — correspondem às linguagens regulares. Logo, a classe de conjuntos reconhecidos por um dispositivo computacional de capacidade limitada coincide com a classe mais restrita de linguagens.

Do outro lado do espectro, o dispositivo computacional mais geral é a máquina de Turing, e a linguagem mais geral é a de tipo 0. E acontece que os conjuntos reconhecidos pelas máquinas de Turing correspondem às linguagens de tipo 0.

Existem dispositivos computacionais com capacidade média, entre as máquinas de estado finito e as máquinas de Turing. Esses dispositivos reconhecem exatamente as linguagens livres de contexto e as sensitivas a contexto, respectivamente.

O tipo de dispositivo que reconhece as linguagens livres de contexto é chamado de **autômato que empurra para baixo** ou **pda** (do inglês *pushdown automaton*). Um pda consiste em uma unidade de estado finito que lê dados de entrada em uma fita e controla a atividade em uma pilha. Símbolos de algum alfabeto podem ser colocados na pilha, empurrando outros para baixo, ou retirados do topo da pilha. A unidade de estado finito em um pda, como função do símbolo de entrada lido, do estado atual e do símbolo no topo da pilha, tem um número finito de próximos movimentos possíveis. Os movimentos são dos seguintes tipos:

1. Vá para um estado novo, retire o símbolo do topo da pilha e leia o próximo símbolo de entrada.
2. Vá para um estado novo, retire o símbolo do topo da pilha, coloque um número finito de símbolos na pilha e leia o próximo símbolo de entrada.
3. Ignore o símbolo de entrada que está sendo lido, manipule a pilha como acima, mas não leia o próximo símbolo de entrada.

Um pda tem uma escolha para os próximos movimentos e reconhece o conjunto de cadeias de entrada para as quais existe uma sequência de movimentos que faz com que esvazie a pilha. Pode-se mostrar que qualquer conjunto reconhecido por um pda é uma linguagem livre de contexto e vice-versa.

O tipo de dispositivo que reconhece as linguagens sensitivas a contexto é chamado um **autômato linear limitado** ou **lba** (do inglês *linear bounded automaton*). Um lba é uma máquina de Turing cuja cabeça de leitura fica restrita a uma parte da fita que não é maior do que um múltiplo constante do comprimento da cadeia de entrada original; além disso, em cada passo ele tem uma escolha de movimentos possíveis. Um lba reconhece o conjunto de cadeias de entrada para as quais existe uma sequência de movimentos que faz com que ele pare em um estado final. Pode-se mostrar que qualquer conjunto reconhecido por um lba é uma linguagem sensível a contexto e vice-versa.

A Figura 9.27 mostra a relação entre a hierarquia de linguagens e a hierarquia de dispositivos computacionais.

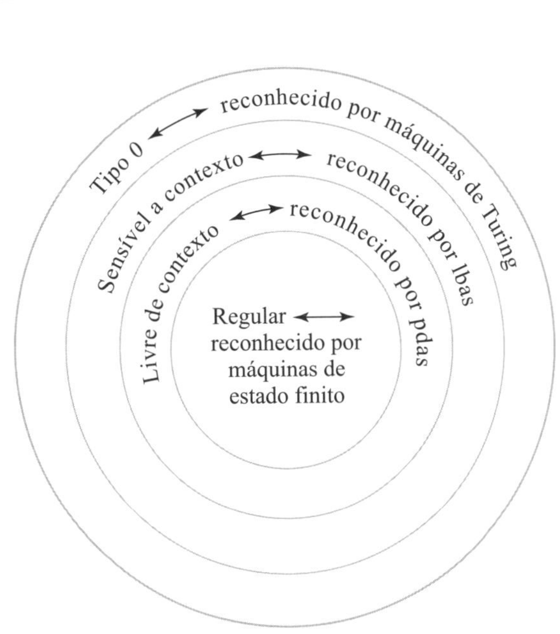

Figura 9.27

Gramáticas Livres de Contexto

Gramáticas livres de contexto são importantes por três razões. Elas parecem ser as mais fáceis com que trabalhar, já que permitem apenas a substituição de um símbolo de cada vez. Além disso, muitas linguagens de programação são definidas de modo que seções de sintaxe, se não toda a linguagem, podem ser descritas por gramáticas livres de contexto. Finalmente, uma derivação em uma linguagem livre de contexto tem uma representação gráfica muito conveniente chamada de uma **árvore de análise**.

EXEMPLO 59 A gramática do Exemplo 54 é livre de contexto. A palavra *d2q* pode ser derivada da seguinte maneira: **identificador** ⇒ **identificador letra** ⇒ **identificador dígito letra** ⇒ **letra dígito letra** ⇒ *d* **dígito letra** ⇒ *d*2 **letra** ⇒ *d*2*q*. Podemos representar essa derivação como uma árvore tendo o símbolo inicial como raiz. Quando uma produção é aplicada a um nó, esse nó é ligado no próximo nível mais baixo da árvore aos nós correspondentes aos símbolos do lado direito da produção usada. A Figura 9.28 mostra uma árvore para a derivação.

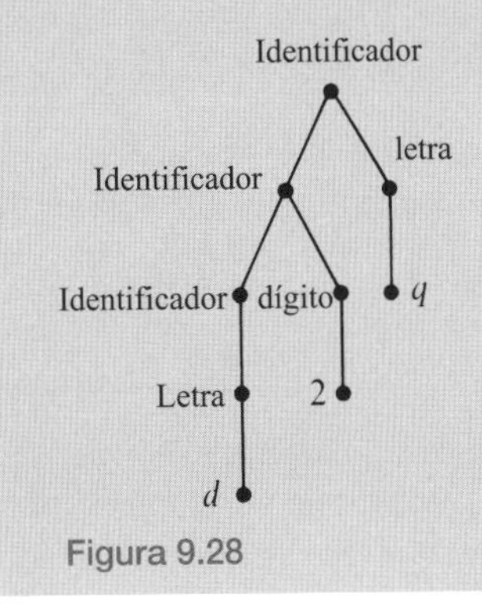

Figura 9.28

PROBLEMA PRÁTICO 66 Desenhe uma árvore de análise para a palavra *m*34*s* na gramática do Exemplo 54. ■

Suponha que uma gramática livre de contexto *G* descreve uma linguagem de programação. O programador usa as regras de *G* para gerar cadeias legítimas de símbolos, ou seja, palavras na linguagem. Podemos pensar em uma palavra como correspondendo a uma instrução do programa. Assim, uma palavra consiste em diversas "subpalavras", por exemplo, identificadores, operadores e palavras-chave da linguagem. As instruções do programa são alimentadas no compilador para a linguagem, de modo que o programa possa ser colocado em código de linguagem de máquina para o computador. O compilador tem que decidir se cada instrução do programa pertence à linguagem. De certo modo, o compilador tem que desfazer o processo que o programador usou para construir o comando, ou seja, o compilador tem que começar com o comando e decompô-lo para ver se segue as regras da linguagem. Isso, de fato, nos leva a duas questões: As subpalavras são cadeias legítimas? A instrução do programa é um modo legítimo de agrupar subpalavras?

Em geral, o conjunto de subpalavras legítimas de uma linguagem pode ser descrito por uma expressão regular, e então uma máquina de estado finito pode ser usada para detectar as subpalavras; a análise léxica ou parte digitalizadora do compilador é responsável por essa fase da compilação. (Veja o Exercício 32 da Seção 9.3 para a análise léxica de Figueira-Ampla.) Se tudo for bem, o digitalizador então passa a instrução do programa, na forma de uma cadeia de subpalavras legítimas, para o analisador de sintaxe. O analisador de sintaxe determina se a cadeia está correta tentando analisá-la (construir sua árvore de análise).

Foram desenvolvidas diversas técnicas de análise, que não discutiremos aqui. Dada uma cadeia a ser testada, uma abordagem é construir uma árvore começando com o símbolo inicial, aplicando produções (mantendo sempre em vista o "objetivo", ou seja, a cadeia dada) e terminando com a cadeia dada. Esse procedimento é chamado de **análise de cima para baixo** (em inglês, *top-down parsing*). Outra abordagem é começar com a cadeia, ver que produções foram usadas para criá-la, aplicar as produções "de trás para a frente" e terminar com o símbolo inicial. Esse processo é chamado de **análise de baixo para cima** (em inglês, *bottom-up parsing*). O truque em qualquer uma dessas abordagens é decidir exatamente quais as produções que devem ser usadas.

EXEMPLO 60 Considere a gramática livre de contexto $G = (V, V_T, S, P)$, em que $V = \{a, b, c, A, B, C, S\}$, $V_T = \{a, b, c\}$, e as produções são

$$S \to B \qquad B \to C \qquad A \to abc$$
$$S \to A \qquad B \to ab \qquad C \to c$$

Suponha que queremos testar a cadeia *abc*. Uma derivação para *abc* é $S \Rightarrow A \Rightarrow abc$. Se tentarmos uma análise de cima para baixo, poderíamos começar com

Temos, então, que ver que isso não vai funcionar e tentar outra coisa. Se tentarmos uma análise de baixo para cima, poderíamos começar com

Temos, então, que ver que isso não vai funcionar e tentar outra coisa. As técnicas de análise automatizam esse processo e tentam minimizar a quantidade de inícios errados e voltas necessários. ●

Note a diferença entre *gerar* os elementos de um conjunto, que o programador faz, e *decidir* se um elemento pertence a um conjunto, que o compilador faz. Como queremos que o compilador decida a pertinência em um conjunto, é preciso que exista um algoritmo de decisão para o conjunto. Acontece que existem algoritmos de decisão para linguagens livres de contexto, outro ponto em seu favor.

SEÇÃO 9.5 REVISÃO

TÉCNICAS

- Descrever $L(G)$ para uma gramática dada G.
- Definir uma gramática que gera uma linguagem dada L.
- Construir árvores de análise em uma gramática livre de contexto.

IDEIAS PRINCIPAIS

- Uma gramática G é um mecanismo gerador para sua linguagem $L(G)$.
- Linguagens formais foram desenvolvidas como uma tentativa de descrever a sintaxe correta para linguagens naturais; embora essa tentativa tenha falhado devido à complexidade das linguagens naturais, funcionou muito bem para as linguagens de programação de alto nível.
- Definem-se classes especiais de gramáticas restringindo as produções permitidas.
- Os vários tipos de linguagens formais correspondem aos conjuntos reconhecidos por vários autômatos; em particular, (1) linguagens regulares correspondem a conjuntos reconhecidos por máquinas de estado finito, (2) linguagens livres de contexto correspondem a conjuntos reconhecidos por autômatos que empurram para baixo, (3) linguagens sensíveis a contextos correspondem a conjuntos reconhecidos por autômatos lineares limitados, e (4) linguagens de tipo 0 são conjuntos reconhecidos por máquinas de Turing.
- As derivações em uma linguagem livre de contexto podem ser ilustradas por árvores de análise.
- Um compilador para uma linguagem de programação livre de contexto verifica a correção de sintaxe por análise.

EXERCÍCIOS 9.5

1. Descreva $L(G)$ para a gramática $G = (V, V_T, S, P)$, em que $V = \{a, A, B, C, S\}$, $V_T = \{a\}$ e P consiste em

$$S \to A \qquad B \to A$$
$$A \to BC \qquad aC \to \lambda$$
$$A \to a$$

Que tipo de gramática é essa?

2. Descreva $L(G)$ para a gramática $G = (V, V_T, S, P)$, em que $V = \{0, 1, A, B, S\}$, $V_T = \{0, 1\}$ e P consiste em

$$S \to 0A \qquad A \to 1BB \qquad B \to 01$$
$$S \to 1A \qquad\qquad\qquad B \to 11$$

Que tipo de gramática é essa?

3. Descreva $L(G)$ para a gramática $G = (V, V_T, S, P)$, em que $V = \{0, 1, A, B, S\}$, $V_T = \{0, 1\}$ e P consiste em

$$S \to 0 \qquad A \to 1B \qquad B \to 0A$$
$$S \to 0A \qquad\qquad\qquad B \to 0$$

Que tipo de gramática é essa?

4. Descreva $L(G)$ para a gramática $G = (V, V_T, S, P)$, em que $V = \{0, 1, A, S\}$, $V_T = \{0, 1\}$ e P consiste em

$$S \to 0S \qquad A \to 1A$$
$$S \to 11A \qquad A \to 1$$

Que tipo de gramática é essa?

5. Encontre uma gramática regular que gera a linguagem do Exercício 1.
6. Encontre uma gramática regular que gera a linguagem do Exercício 2.
7. Encontre uma gramática regular que gera a linguagem do Exercício 3.
8. Encontre uma gramática regular que gera a linguagem do Exercício 4.
9. Descreva $L(G)$ para a gramática $G = (V, V_T, S, P)$, em que $V = \{a, b, A, B, S\}$, $V_T = \{a, b\}$ e P consiste em

$$S \to aA$$
$$S \to \lambda$$
$$A \to bS$$

10. Descreva $L(G)$ para a gramática $G = (V, V_T, S, P)$, em que $V = \{0, 1, A, S\}$, $V_T = \{0, 1\}$ e P consiste em

$$S \rightarrow 0$$
$$S \rightarrow ASA$$
$$A \rightarrow 1$$

11. Descreva $L(G)$ para a gramática $G = (V, V_T, S, P)$, em que $V = \{a, b, A, B, S\}$, $V_T = \{a, b\}$ e P consiste em

$$S \rightarrow AB \qquad AB \rightarrow AAB$$
$$A \rightarrow a \qquad AB \rightarrow ABB$$
$$B \rightarrow b$$

G é de que tipo de gramática? Encontre uma gramática regular G' que gere $L(G)$.

12. Descreva $L(G)$ para a gramática $G = (V, V_T, S, P)$, em que $V = \{a, b, c, A, B, C, R, T, S\}$, $V_T = \{a, b, c\}$ e P consiste em

$$S \rightarrow ARBT \qquad T \rightarrow cT$$
$$R \rightarrow ARB \qquad T \rightarrow c$$
$$RB \rightarrow ACBB \qquad A \rightarrow a$$
$$CB \rightarrow BC \qquad B \rightarrow b$$
$$CT \rightarrow cT$$

G é de que tipo de gramática? Encontre uma gramática livre de contexto G' que gere $L(G)$. Explique por que não é possível encontrar uma gramática regular que gere $L(G)$.

13. Escreva as produções das gramáticas a seguir em FBN:
    a. G no Exercício 2.
    b. G no Exercício 3.
    c. G no Exercício 4.

14. Escreva as produções das gramáticas a seguir em FBN:
    a. G no Exercício 10.
    b. G no Exemplo 58.

15. Uma gramática G é descrita em FBN como

$$<S> ::= 1 | 1<S> | <S>\ 00$$

    a. Encontre uma expressão regular para $L(G)$.
    b. Encontre uma gramática regular para $L(G)$.

16. Uma gramática G é descrita em FBN como

$$<S> ::= 01 | 0<S> | <S>\ 1$$

    a. Encontre uma expressão regular para $L(G)$.
    b. Encontre uma gramática regular para $L(G)$.

17. Encontre uma gramática que gere o conjunto de todas as cadeias de parênteses bem balanceados.

18. Palavras em português são traduzidas para "latim corrompido" pelas duas regras a seguir:
    1. Se uma palavra começa com uma vogal, adicione o sufixo "iei".
    2. Se uma palavra começa com uma sequência de uma ou mais consoantes, mova a cadeia de consoantes para o final e adicione o sufixo "ei".
    a. Qual é a tradução para o latim corrompido da palavra "abacate"?
    b. Qual é a tradução para o latim corrompido da palavra "macaco"?
    c. Qual é a tradução para o latim corrompido da palavra "brinquedo"?
    d. Encontre uma gramática que gere todas as palavras corretas em latim corrompido.
    e. Usando a gramática encontrada no item d, gere a palavra em latim corrompido que foi sua resposta no item c.

19. Uma palavra w em V^* é um palíndromo se $w = w^R$, em que w^R é a cadeia formada pelos símbolos de w em ordem inversa. Uma linguagem L é uma linguagem palíndroma se L consiste inteiramente em cadeias palíndromas. Encontre uma gramática que gere o conjunto de todos os palíndromos formados pelo alfabeto $\{a, b\}$.

20. a. Seja L uma linguagem palíndroma (veja o Exercício 19). Prove que $L^R = \{w^R | w \in L\}$ é uma linguagem palíndroma.
    b. Seja w um palíndromo. Prove que a linguagem descrita pela expressão regular w^* é uma linguagem palíndroma.
21. Encontre uma gramática regular que gere a linguagem $L = 11(0 \vee 1)^*$.
22. Encontre uma gramática que gere a linguagem $L = (0 \vee 1)^*01$.
23. Encontre uma gramática que gere a linguagem $L = \{1^{2n} \mid n \geq 0\}$.
24. Encontre uma expressão regular para a linguagem do Exercício 23. A gramática encontrada por você no Exercício 23 é regular? Se não for, descreva uma gramática regular que gere L.
25. Encontre uma gramática livre de contexto que gere a linguagem $L = \{0^n1^n \mid n \geq 0\}$.
26. Encontre uma gramática livre de contexto que gere a linguagem $L = \{ww^R | w \in \{0, 1\}^*$ e w^R é a cadeia formada pelos símbolos de w em ordem inversa$\}$.
27. Encontre uma gramática livre de contexto que gere a linguagem L, em que L é o conjunto de todas as cadeias não vazias formadas por 0 e 1 que têm o mesmo número de zeros e de uns.
28. Encontre uma gramática livre de contexto que gere a linguagem L, em que L é o conjunto de todas as cadeias não vazias formadas por 0 e 1 com duas vezes mais zeros do que uns.
29. Encontre uma gramática que gere a linguagem $L = \{0^{2^i} \mid i \geq 0\}$.
30. Encontre uma gramática que gere a linguagem $L = \{0^n 1^{2n} 0^n | n \geq 0\}$.
31. Encontre uma gramática que gere a linguagem $L = \{ww \mid w \in \{0, 1\}^*\}$.
32. Encontre uma gramática que gere a linguagem $L = \{a^{n^2} \mid n \geq 1\}$. (Pelo Exercício 38, L não é uma linguagem livre de contexto, logo sua gramática não pode ser muito simples.)
33. Desenhe árvores de análise para as seguintes palavras:
    a. 111111 na gramática G do Exemplo 51.
    b. 111111 na gramática G' do Exemplo 51.
34. Desenhe árvores de análise para as seguintes palavras:
    a. 011101 na gramática G do Exercício 2.
    b. 00111111 na gramática G do Exercício 4.
35. Considere a gramática livre de contexto $G = (V, V_T, S, P)$, em que $V = \{0, 1, A, S\}$, $V_T = \{0, 1\}$ e P consiste em

$$S \rightarrow A1A$$
$$A \rightarrow 0$$
$$A \rightarrow A1A$$

    Desenhe duas árvores de análise distintas para a palavra 01010 em G. Uma gramática na qual uma palavra tem mais de uma árvore de análise é dita *ambígua*.
36. Ambiguidade em uma gramática (veja o Exercício 35) que descreve uma linguagem de programação é uma característica indesejável porque o compilador é incapaz de analisar de maneira única a instrução de programação. Ambiguidade em uma linguagem natural também pode levar a confusão. As duas instruções a seguir foram colocadas do lado de fora de um elevador.

    "Sapatos têm que ser usados."

    "Cachorros têm que ser carregados."

    Dê duas interpretações possíveis para cada instrução.
37. Mostre que, para qualquer gramática livre de contexto G, existe uma gramática livre de contexto G' na qual, qualquer que seja a produção $\alpha \rightarrow \beta$, β é uma cadeia mais longa do que α, $L(G') \subseteq L(G)$ e $L(G) - L(G')$ é um conjunto finito.
38. O resultado a seguir é conhecido como o *lema de bombeação* para linguagens livres de contexto. Seja L uma linguagem arbitrária livre de contexto. Então, existe alguma constante k tal que, para toda palavra w em L com $|w| \geq k$, w pode ser escrita como uma cadeia $w_1w_2w_3w_4w_5$ com $|w_2w_3w_4| \leq k$ e $|w_2w_4| \geq 1$. Além disso, a palavra $w_iw_2^i w_3w_4^i w_5 \in L$ para todo $i \geq 0$.
    a. Use o lema de bombeação para mostrar que $L = \{a^nb^nc^n \mid n \geq 1\}$ não é livre de contexto.
    b. Use o lema de bombeação para mostrar que $L = \{a^{n^2} \mid n \geq 1\}$ não é livre de contexto.

CAPÍTULO 9 REVISÃO

TERMINOLOGIA

alfabeto (Seções 9.1 e 9.5)
alfabeto da fita (Seção 9.4)
alfabeto de entrada (Seção 9.3)
alfabeto de saída (Seção 9.3)
análise de baixo para cima (Seção 9.5)
análise de cima para baixo (Seção 9.5)
árvore de análise (Seção 9.5)
autômato linear limitado (lba) (Seção 9.5)
autômato que empurra para baixo (pda) (Seção 9.5)
bits de informação em uma mensagem codificada (Seção 9.2)
bits de verificação em uma mensagem codificada (Seção 9.2)
cadeia (Seção 9.1)
cadeia vazia (Seção 9.1)
circuito sequencial (Seção 9.3)
classes laterais à direita (Seção 9.2)
classes laterais à esquerda (Seção 9.2)
classes laterais de um subgrupo em um grupo (Seção 9.2)
código de correção de erro único (Seção 9.2)
código de detecção de erro duplo (Seção 9.2)
código perfeito (Seção 9.2)
código usando grupos (Seção 9.2)
coeficiente (Seção 9.1)
comprimento de uma cadeia (Seção 9.1)
concatenação (Seção 9.1)
conjunto regular (Seção 9.3)
convenção de eliminação (Seção 9.5)
decodificação pela semelhança máxima (Seção 9.2)
distância de Hamming (Seção 9.2)
distância mínima de um código (Seção 9.2)
elemento de retardamento (Seção 9.3)
elemento identidade (Seção 9.1)
elemento inverso (Seção 9.1)
estado final (Seções 9.3 e 9.4)
estado inacessível (Seção 9.3)
estados equivalentes (Seção 9.3)
estados k-equivalentes (Seção 9.3)
expressão regular (Seção 9.3)
forma de Backus-Naur (FBN) (Seção 9.5)
função computável por Turing (Seção 9.4)
função de teoria dos números (Seção 9.4)
função parcial (Seção 9.4)
função próximo estado (Seção 9.3)
função saída (Seção 9.3)
função total (Seção 9.4)
geração (derivação) de uma palavra (Seção 9.5)
geração (derivação) direta de uma palavra (Seção 9.5)
grafo de estado (Seção 9.3)
gramática de estrutura de frases (tipo 0) (Seção 9.5)
gramática livre de contexto (tipo 2) (Seção 9.5)
gramática regular (tipo 3) (Seção 9.5)
gramática sensível a contexto (tipo 1) (Seção 9.5)
gramáticas equivalentes (Seção 9.5)
grau de um polinômio (Seção 9.1)
grupo (Seção 9.1)
grupo alternado (Seção 9.1)
grupo comutativo (Seção 9.1)
grupo de permutações (Seção 9.1)
grupo de permutações de um conjunto A (Seção 9.1)
grupo simétrico de grau n (Seção 9.1)
hierarquia de Chomsky (Seção 9.5)
homomorfismo (Seção 9.1)
isomorfismo (Seção 9.1)
líder de uma classe lateral (Seção 9.2)
linguagem (Seção 9.5)
linguagem de tipo 0 (Seção 9.5)
linguagem formal (Seção 9.5)
linguagem gerada por uma gramática G (Seção 9.5)
linguagem livre de contexto (Seção 9.5)
linguagem regular (Seção 9.5)
linguagem sensível a contexto (Seção 9.5)
máquina de estado finito (Seção 9.3)
máquina de Turing (Seção 9.4)
máquina de Turing não determinista (Seção 9.4)
matriz de verificação de paridade canônica (Seção 9.2)
monoide (Seção 9.1)
monoide livre gerado por um conjunto A (Seção 9.1)
multiplicação módulo n (Seção 9.1)
NP (Seção 9.4)
núcleo de um homomorfismo (Seção 9.2)
operação binária associativa (Seção 9.1)
operação binária comutativa (Seção 9.1)
ordem de um grupo (Seção 9.1)
P (Seção 9.4)
palavra (Seções 9.1 e 9.5)
permutações pares e ímpares (Seção 9.1)
peso de uma mensagem codificada (Seção 9.2)
polinômio de grau zero (Seção 9.1)
polinômio em x com coeficientes reais (polinômio em x sobre $\mathbb{R}$) (Seção 9.1)
problema de decisão (Seção 9.4)
problema de decisão insolúvel (incomputável) (Seção 9.4)
problema de parada (Seção 9.4)
problema intratável (Seção 9.4)
problema NP-completo (Seção 9.4)
produção (Seção 9.5)
reconhecimento (aceitação) por uma máquina de Turing (Seção 9.4)
reconhecimento por uma máquina de estado finito (Seção 9.3)
refinamento (Seção 9.3)
refinamento de uma partição (Seção 9.3)
regra de cancelamento à direita (Seção 9.1)
regra de cancelamento à esquerda (Seção 9.1)
regras de cancelamento (Seção 9.1)
semigrupo (Seção 9.1)
semigrupo de transformações em um conjunto A (Seção 9.1)
símbolo (Seção 9.1)
símbolo inicial (Seção 9.5)

síndrome de uma n-upla binária em um código usando grupo (Seção 9.2)
solução negativa para um problema de decisão (Seção 9.4)
solução positiva para um problema de decisão (Seção 9.4)
soma módulo n (Seção 9.1)
subgrupo (Seção 9.1)
subgrupo próprio (Seção 9.1)
subgrupo trivial (Seção 9.1)
tabela de estado (Seção 9.3)
terminal (Seção 9.5)
transposição (Seção 9.1)
vocabulário (Seção 9.5)

AUTOTESTE

Responda se as afirmações a seguir são verdadeiras ou falsas.

Seção 9.1

1. Uma operação binária será associativa se a ordem dos elementos na operação não for relevante.
2. A identidade i em um grupo $[G, \cdot]$ tem a propriedade de que $x^{-1} \cdot i = i \cdot x^{-1} = x^{-1}$ para todo $x \in G$.
3. Todo grupo também é um monoide.
4. Um grupo de ordem 10 não pode ter um subgrupo de ordem 6.
5. Se $[S, \cdot]$ e $[T, +]$ são dois grupos, então uma função f: $S \to T$ tal que $f(x \cdot y) = f(x) + f(y)$ é um isomorfismo.

Seção 9.2

1. Um código que corrige um único erro binário tem que ter uma distância mínima de 3.
2. Em uma matriz de verificação de paridade canônica **H** $n \times r$, as r linhas inferiores formam a matriz identidade $r \times r$.
3. Uma matriz de verificação de paridade canônica **H** $n \times r$ leva todo o Z_2^m em mensagens em código em Z_2^n.
4. Se a síndrome de uma mensagem recebida X em Z_2^n é $0r$, então X é suposta de ser uma mensagem codificada.
5. Um código perfeito é "perfeito" porque não ocorre erro nos bits durante a transmissão.

Seção 9.3

1. O próximo estado de uma máquina de estado finito é determinado pelo estado atual e pelo símbolo de entrada atual.
2. O conjunto de todas as cadeias binárias que terminam com dois zeros é regular.
3. Uma máquina de estado finito não pode chegar a um estado do qual não pode sair.
4. De acordo com o teorema de Kleene, um conjunto que não puder ser descrito por uma expressão regular não poderá ser reconhecido por uma máquina de estado finito.
5. Em uma máquina de estado finito, os estados k-equivalentes são também $(k + 1)$-equivalentes.

Seção 9.4

1. Uma máquina de Turing para se e somente se entra em um estado final.
2. Uma máquina de Turing que calcula a função $f(n) = n + 1$, se começar com uma fita contendo n, vai parar com $(n + 1)$ algarismos iguais a 1 em sua fita.
3. A tese de Church diz que o problema de parada é insolúvel.
4. O problema de parada diz que, dados uma máquina de Turing e seus dados de entrada, não existe algoritmo que decida se a máquina de Turing para após processar esses dados de entrada.
5. Um conjunto em P pode ser reconhecido por uma máquina de Turing em um número no máximo polinomial de passos.

Seção 9.5

1. A linguagem gerada por uma gramática G de tipo 0 é o conjunto de todas as cadeias formadas por símbolos terminais e geradas a partir do símbolo inicial aplicando-se as produções de G um número finito de vezes.
2. Começar com o símbolo inicial e aplicar as produções de uma gramática G acabam nos levando a uma cadeia formada por terminais.
3. Uma linguagem gerada por uma gramática que é sensível a contexto mas não livre de contexto é uma linguagem sensível a contexto mas não livre de contexto.
4. Qualquer conjunto regular é uma linguagem regular.
5. Uma árvore de análise terá tantas folhas quantos forem os símbolos terminais na palavra que está sendo derivada.

NO COMPUTADOR

Nos Exercícios 1 a 11, escreva um programa de computador que dê a resposta desejada a partir dos dados de entrada indicados.

1. *Dados de Entrada*: Duas palavras formadas por um alfabeto A.
   Resposta: A concatenação dessas palavras.
2. *Dados de Entrada*: Um inteiro positivo n e um alfabeto finito A.
   Resposta: Todas as palavras formadas por A de comprimento $\leq n$.
3. *Dados de Entrada*: Um inteiro positivo n.
   Resposta: Tabelas para a soma e a multiplicação módulo n.

4. *Dados de Entrada*: Um inteiro positivo n.
Resposta: Os $n!$ elementos de S_n expressos tanto em forma de arranjo como em notação de ciclos, a tabela para o grupo $[S_n, \circ]$ e a tabela para o grupo $[A_n, \circ]$.

5. *Dados de Entrada*: Arranjo $n \times n$, $n \leq 10$, representando, supostamente, uma operação binária no conjunto finito dos inteiros de 1 a n.
Resposta: Determinação se o conjunto é um grupo comutativo sob essa operação.

6. *Dados de Entrada*: Dois arranjos $n \times n$, $n \leq 10$, representando dois grupos, e um arranjo que representa uma função do primeiro no segundo grupo.
Resposta: Determinação se essa função é um isomorfismo.

7. *Dados de Entrada*: Uma matriz de verificação de paridade canônica **H** $n \times r$ para um código que corrige um único erro com $r \leq 4$ e $n \leq 2r - 1$.
Resposta: O conjunto das m-uplas binárias codificadas por **H** e a mensagem codificada para cada uma dessas m-uplas.

8. *Dados de Entrada*: Uma matriz de verificação de paridade canônica para um código perfeito que corrige um único erro com $r \leq 5$ e qualquer n-upla binária X.
Resposta: A n-upla binária que decodifica X.

9. *Dados de Entrada*: Um inteiro positivo n, $n \leq 50$, representando o número de estados de uma máquina de estado finito com alfabeto de entrada = alfabeto de saída = $\{0, 1\}$ e um arranjo $n \times 3$ representando a descrição da tabela de estado de tal máquina.
Resposta: Lista dos estados inacessíveis a partir do estado inicial s_0.

10. *Dados de Entrada*: Um inteiro positivo n, $n \leq 50$, representando o número de estados de uma máquina de estado finito M com alfabeto de entrada = alfabeto de saída = $\{0, 1\}$ e um arranjo $n \times 3$ representando a descrição da tabela de estado de tal máquina.
Resposta: Um arranjo $m \times 3$ representando a tabela de estado para uma versão minimizada da máquina M.

11. *Dados de Entrada*: Conjunto de terminais em uma gramática e uma descrição das produções da gramática; o usuário determina o número máximo de passos para qualquer derivação.
Resposta: Lista de palavras que podem ser derivadas dentro desse máximo.

12. Escreva uma máquina de estado finito que seja um simulador, ou seja, dados

    - um inteiro positivo n, $n \leq 50$, representando o número de estados de uma máquina de estado finito com alfabeto de entrada = alfabeto de saída = $\{0, 1\}$,
    - um arranjo $n \times 3$ representando a descrição de uma tabela de estado de tal máquina,

    seu programa deve pedir cadeias de entrada e escrever a cadeia de saída correspondente enquanto o usuário quiser.

13. Escreva uma máquina de Turing que seja um simulador, ou seja, dado um conjunto de quíntuplas descrevendo a máquina de Turing, seu programa deve pedir o conteúdo da fita inicial e escrever uma sequência de configurações sucessivas de fita. Suponha que existem, no máximo, 100 quíntuplas e que o número de células utilizadas na fita é, no máximo, 70, e permita que o usuário determine o número máximo de passos em caso de os cálculos não pararem até então.

Regras de Dedução para a Lógica Proposicional e para a Lógica de Predicados

REGRAS DE EQUIVALÊNCIA		
Expressão	**Equivalente a**	**Nome/Abreviatura para a Regra**
$P \vee Q$ $P \wedge Q$	$Q \vee P$ $Q \wedge P$	Comutatividade — com
$(P \vee Q) \vee R$ $(P \wedge Q) \wedge R$	$P \vee (Q \vee R)$ $P \wedge (Q \wedge R)$	Associatividade — ass
$(P \vee Q)'$ $(P \wedge Q)'$	$P' \wedge Q'$ $P' \vee Q'$	Leis de De Morgan — De Morgan
$(P \to Q)$	$P' \vee Q$	Condicional — cond
P	$(P')'$	Dupla negação — dn
$[(\exists x)A(x)]'$	$[(\forall x)A(x)]'$	Negação — neg

REGRAS DE INFERÊNCIA		
De	**Podemos Deduzir**	**Nome/Abreviatura para a Regra**
$P, P \to Q$	Q	*Modus ponens* — mp
$P \to Q, Q'$	P'	*Modus tollens* — mt
P, Q	$P \wedge Q$	Conjunção — conj
$P \wedge Q$	P, Q	Simplificação — simp
P	$P \vee Q$	Adição — ad
$P \to Q, Q \to R$	$P \to R$	Silogismo hipotético — sh
$P \vee Q, P'$	Q	Silogismo disjuntivo — sd
$P \to Q$	$Q' \to P'$	Contraposição — cont
$Q' \to P'$	$P \to Q$	Contraposição — cont
P	$P \wedge P$	Autorreferência — auto
$P \vee P$	P	Autorreferência — auto
$(P \wedge Q) \to R$	$P \to (Q \to R)$	Exportação — exp
P, P'	Q	Inconsistência — inc
$P \wedge (Q \vee R)$	$(P \wedge Q) \vee (P \wedge R)$	Distributividade — dist
$P \vee (Q \wedge R)$	$(P \vee Q) \wedge (P \vee R)$	Distributividade — dist

REGRAS DE INFERÊNCIA (*CONTINUAÇÃO*)			
De	**Podemos Deduzir**	**Nome/Abreviatura para a Regra**	**Restrições sobre o Uso**
$(\forall x)P(x)$	$P(t)$, em que t é uma variável ou um símbolo constante	Particularização universal — pu	Se t for uma variável, não deve estar dentro do escopo de um quantificador para t.
$(\exists x)P(x)$	$P(a)$ em que a é um símbolo constante não utilizado anteriormente na sequência de demonstração	Particularização existencial — pe	É necessário que seja a primeira regra a usar a.
$P(x)$	$(\forall x)P(x)$	Generalização universal — gu	$P(x)$ não pode ter sido deduzida de nenhuma hipótese na qual x é uma variável livre, nem pode ter sido deduzida, através de pe, de uma fbf na qual x é uma variável livre.
$P(x)$ ou $P(a)$ em que a é um símbolo constante	$(\exists x)P(x)$	Generalização existencial — ge	Para ir de $P(a)$ a $(\exists x)P(x)$, x não pode aparecer em $P(a)$.

Apêndice

Notações de Somatório e de Produtório

A notação de somatório fornece um modo mais curto de escrever determinadas somas de parcelas. Como exemplo, considere a soma dos inteiros de 1 a 5:

$$1 + 2 + 3 + 4 + 5$$

Pode-se pensar nessa soma da seguinte maneira: suponha que temos alguma quantidade i que tem, inicialmente, o valor 1 e que assume, sucessivamente, os valores 2, 3, 4 e 5. A expressão acima é a soma de todos os valores de i. A notação de somatório é

$$\sum_{i=1}^{5} i$$

A letra grega maiúscula sigma, Σ, denota o somatório. O número 1 é o *limite inferior do somatório,* e o número 5 é o *limite superior do somatório*. A variável i é chamada de *índice do somatório*. O índice do somatório assume, inicialmente, o valor do limite inferior e depois vai crescendo, de um em um, até atingir o limite superior. Todos os valores do índice do somatório são somados. Assim,

$$\sum_{i=1}^{5} i = 1 + 2 + 3 + 4 + 5 = 15$$

Analogamente

$$\sum_{i=1}^{3} i = 1 + 2 + 3 = 6$$

e

$$\sum_{i=4}^{8} i = 4 + 5 + 6 + 7 + 8 = 30$$

Nesses exemplos, a expressão após o símbolo de somatório é, simplesmente, i, o índice do somatório. No entanto, o que aparece após o símbolo de somatório pode ser qualquer expressão, e os valores sucessivos do índice são substituídos na expressão. Assim,

$$\sum_{i=1}^{5} i^2 = 1^2 + 2^2 + 3^2 + 4^2 + 5^2 = 55$$

Um modo de simbolizar somatórios em geral é

$$\sum_{i=p}^{q} a_i$$

Não especificamos, aqui, o limite inferior, o limite superior nem a expressão após o símbolo de somatório; colocamos, apenas, símbolos para cada um deles. A notação a_i significa que a expressão será calculada para os diferentes valores de i, do limite inferior até o superior.

Temos três casos especiais para considerar:

1. $\sum_{i=p}^{q} 0 = 0$

A expressão aqui após o sinal de somatório é a constante 0, que tem o valor 0 independentemente do valor do índice do somatório. A soma de qualquer número de algarismos iguais a 0 é 0.

2. $\sum_{i=1}^{n} 1 = n$

Novamente, a expressão após o símbolo de somatório é uma constante, e o somatório diz que temos que somar n cópias de 1, o que é igual a n.

3. $\sum_{i=1}^{0} a_i = 0$

Nesse somatório o limite superior é menor do que o inferior; a interpretação usual de somatório não se aplica, mas convencionamos que, nesse caso, o somatório é igual a 0.

O índice do somatório é uma *variável muda*, ou seja, ela simplesmente marca o lugar do número que está sendo mudado e poderíamos usar qualquer outra variável sem mudar o valor do somatório. Assim,

$$\sum_{i=1}^{3} i = \sum_{j=1}^{3} j = 6$$

Pode ser conveniente mudar os limites em um somatório, o que é permitido desde que o valor do somatório permaneça o mesmo. Por exemplo,

$$\sum_{i=1}^{3} i = \sum_{i=0}^{2} (i + 1)$$

já que ambos têm o valor

$$1 + 2 + 3 = 6$$

Finalmente, as três regras a seguir são válidas, como veremos em breve.

Regras para Somatórios

1. $\sum_{i=p}^{q} (a_i + b_i) = \sum_{i=p}^{q} a_i + \sum_{i=p}^{q} b_i$

2. $\sum_{i=p}^{q} (a_i - b_i) = \sum_{i=p}^{q} a_i - \sum_{i=p}^{q} b_i$

3. $\sum_{i=p}^{q} ca_i = c\sum_{i=p}^{q} a_i$ em que c é uma constante

Para provar a regra 1, note que

$$a_p + b_p + a_{p+1} + b_{p+1} + \cdots + a_q + b_q$$
$$= a_p + a_{p+1} + \cdots + a_q + b_p + b_{p+1} + \cdots + b_q$$

pela comutatividade da soma. A demonstração da regra 2 é semelhante.

Para provar a regra 3, note que

$$ca_p + ca_{p+1} + \cdots + ca_q = c(a_p + a_{p+1} + \cdots + a_q)$$

pela distributividade. Essa regra permite que uma constante "saia" de dentro de um somatório.

Algumas vezes um somatório pode ser representado por uma expressão ainda mais curta, que não envolve a soma de parcelas separadas. Por exemplo, de acordo com o Exercício 7 da Seção 2.2,

$$\sum_{i=1}^{n} i^2 = \frac{n(n+1)(2n+1)}{6} \tag{1}$$

de modo que o valor de $\sum_{i=1}^{n} i^2$ pode ser encontrado substituindo o limite superior, 5, na expressão à direita do sinal de igualdade em (1), obtendo-se

$$\frac{5(5+1)(2*5+1)}{6} = 55$$

como antes. A Seção 2.2 e seus exercícios contêm diversas outras expressões em "forma fechada" para determinados somatórios, todas demonstráveis por indução matemática.

A notação de produtório fornece um modo mais curto de escrever determinados produtos de fatores. Ela é semelhante à notação de somatório, exceto que usa a letra grega maiúscula pi, Π, e os itens são multiplicados em vez de somados. Há um índice de multiplicação, um limite inferior e um limite superior. Por exemplo

$$\prod_{i=3}^{7} i = (3)(4)(5)(6)(7) = 2520$$

e

$$\prod_{i=1}^{2} (2i + 5) = (2*1 + 5)(2*2 + 5) = (7)(9) = 63$$

A notação de produtório é usada com menos frequência que a de somatório, mas ainda assim temos dois casos particulares para considerar:

1. $\prod_{i=p}^{q} 0 = 0$ (o produto de qualquer número de zeros é igual a 0)
2. $\prod_{i=p}^{q} 1 = 1$ (o produto de qualquer número de uns é igual a 1)

Apêndice

A Função Logaritmo

A função logaritmo está intimamente ligada à *função exponencial*

$$y = b^x$$

em que b, a *base*, é uma constante maior do que 1. (De fato, b pode ser qualquer número positivo, mas os casos interessantes ocorrem apenas quando $b > 1$.) Lembre-se das seguintes regras para os expoentes:

1. $b^n b^m = b^{n+m}$ (ao multiplicar, some os expoentes)
2. $b^n / b^m = b^{n-m}$ (ao dividir, subtraia os expoentes)
3. $(b^n)^m = b^{nm}$ (ao elevar uma potência a uma potência, multiplique os expoentes)

Se selecionarmos uma base específica, $b = 2$, por exemplo, podemos fazer o gráfico de $y = 2^x$ para diversos valores de x e depois ligar esses valores para obter o gráfico

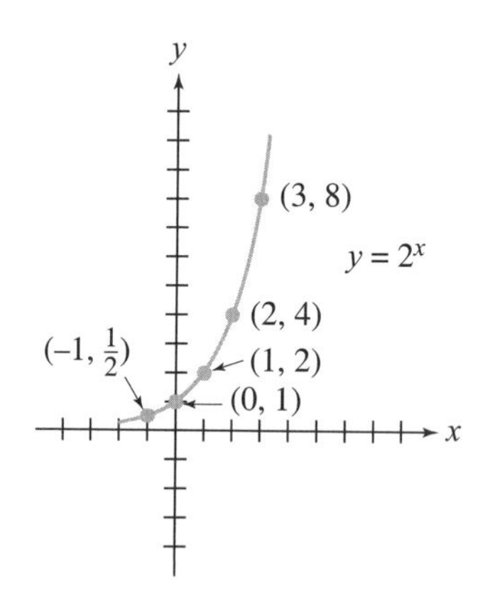

Nessa função, x pode assumir qualquer valor real, e y sempre será positivo. Outro modo de expressar isso é dizer que o domínio da função é o conjunto $\mathbb{R}$ de todos os números reais e que a imagem é o conjunto $\mathbb{R}^+$ de todos os números reais positivos.

Uma função relacionada (a função inversa, de fato) é a *função logaritmo*, definida por

$$y = \log_b x \quad \text{significa que} \quad b^y = x$$

Então $\log_2 16 = 4$, por exemplo, já que $2^4 = 16$. Essas duas equações são a forma logarítmica e a forma exponencial do mesmo fato. Analogamente, $\log_2 8 = 3$ e $\log_2 2 = 1$.

A figura a seguir mostra o gráfico de $y = \log_2 x$.

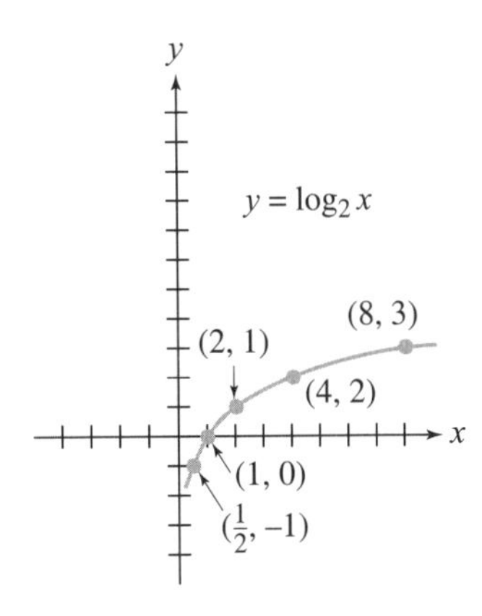

Como a função logaritmo $y = \log_b x$ é a inversa da função exponencial, seu domínio (os valores que x pode assumir) é o conjunto $\mathbb{R}^+$ dos números reais positivos e sua imagem (os valores que y pode assumir) é o conjunto $\mathbb{R}$ de todos os números reais. A função logaritmo para qualquer base $b > 1$ tem domínio, imagem e gráfico semelhante ao caso $b = 2$.

Certas propriedades da função logaritmo são verdadeiras devido à definição ou devido a propriedades correspondentes da função exponencial. Vamos listar todas as propriedades da função logaritmo e depois demonstrá-las.

Propriedades da função logaritmo $y = \log_b x$

1. Se $p < q$ então $\log_b p < \log_b q$ (a função log é estritamente crescente)
2. Se $\log_b p = \log_b q$ então $p = q$ (a função log é injetora)
3. $\log_b 1 = 0$
4. $\log_b b = 1$
5. $\log_b (b^p) = p$
6. $b^{\log_b p} = p$
7. $\log_b (pq) = \log_b p + \log_b q$ (o log de um produto é igual à soma dos logs)
8. $\log_b (p/q) = \log_b p - \log_b q$ (o log de um quociente é igual à diferença dos logs)
9. $\log_b (p^q) = q(\log_b p)$ (o log de um número elevado a uma potência é igual à potência vezes o log)
10. $\log_a p = \log_b p / \log_b a$ (fórmula de mudança de base)
11. $p^{\log_b q} = q^{\log_b p}$

Ao provar as propriedades da função logaritmo, observamos, primeiro, que muitas das propriedades envolvem $\log_b p$ e $\log_b q$. Vamos denotar essas quantidades por r e s, respectivamente, ou seja,

$$\log_b p = r \quad \text{e} \quad \log_b q = s$$

O que significa que

$$b^r = p \quad \text{e} \quad b^s = q$$

1. Como $b > 1$, quanto maior a potência à qual b está elevado, maior será o resultado. Assim, se $p < q$, então $b^r < b^s$, de modo que $r < s$, portanto $\log_b p < \log_b q$.
2. Se $\log_b p = \log_b q$, então $r = s$, de modo que $b^r = b^s$ e $p = q$.
3. $\log_b 1 = 0$ porque $b^0 = 1$.

4. $\log_b b = 1$ porque $b^1 = b$.
5. $\log_b(b^p) = p$ porque (colocando essa equação em sua forma exponencial) $b^p = b^p$.
6. $b^{\log_b p} = p$ porque (colocando essa equação em sua forma exponencial) $\log_b p = \log_b p$.
7. $\log_b(pq) = \log_b p + \log_b q = r + s$ porque é verdade que $b^{r+s} = b^r b^s = pq$, que é a forma exponencial da equação que estamos tentando provar.
8. $\log_b(p/q) = \log_b p - \log_b q = r - s$ porque é verdade que $b^{r-s} = b^r/b^s = p/q$, que é a forma exponencial da equação que estamos tentando provar.
9. $\log_b(p^q) = q\log_b p = qr$ porque é verdade que $b^{qr} = (b^r)^q = p^q$, que é a forma exponencial da equação que estamos tentando provar.
10. $\log_a p = \log_b p/\log_b a$

Seja $\log_a p = w$. Então $a^w = p$. Agora aplique o logaritmo em base b aos dois lados desta equação:

$$\log_b(a^w) = w(\log_b a) = \log_b p$$

ou

$$w = \log_b p/\log_b a$$

que é o resultado desejado.

11.
$$\begin{aligned} p^{\log_b q} &= q^{\log_b p} \\ \log_b(p^{\log_b q}) &= (\log_b q)(\log_b p) \text{ pela Propriedade 9} \\ &= (\log_b p)(\log_b q) \\ &= \log_b (q^{\log_b p}) \text{ pela Propriedade 9} \end{aligned}$$

Portanto, $p^{\log_b q} = q^{\log_b p}$ pela Propriedade 2.

As três bases mais úteis de logaritmos são

$b = 10$ (logaritmo usual)
$b = e$, $e \sim 2{,}7183$ (logaritmo neperiano)
$b = 2$ (o que usamos ao longo deste livro)

O logaritmo em base 10 era usado como auxílio computacional antes da disseminação de calculadoras e computadores. A Propriedade 7 da função logaritmo diz que, para multiplicar dois números, pode-se calcular o logaritmo de cada um deles, somar os resultados e depois encontrar o número que tem aquele valor de logaritmo. Somar era mais fácil do que multiplicar, e as tabelas de logaritmo permitiam encontrar o logaritmo de um número ou vice-versa.

O logaritmo neperiano é útil em cálculo e é denotado muitas vezes por "ln p" em vez de "$\log_e p$". O logaritmo em base 2 é denotado algumas vezes por "lg p" em vez de "$\log_2 p$". Neste livro, todos os logaritmos são em base 2, de modo que usamos log p para denotar $\log_2 p$.

Uma desigualdade final envolvendo logaritmo em base 2 (usada na Seção 3.3) é

$$1 + \log n < n \text{ para } n \geq 3$$

Para prová-la, note que

$$n < 2^{n-1} \text{ para } n \geq 3$$

de modo que, pela Propriedade 1 dos logaritmos,

$$\log n < \log 2^{n-1}$$

Pela Propriedade 5 dos logaritmos, $\log 2^{n-1} = n - 1$. Portanto,

$$\log n < n - 1$$

ou

$$1 + \log n < n \quad \text{para} \quad n \geq 3$$

Respostas dos Problemas Práticos

Nota para o estudante: termine todas as partes de um problema prático antes de olhar as respostas.

CAPÍTULO 1

1. Falso, falso, falso.

2.

A	B	$A \vee B$
V	V	V
V	F	V
F	V	V
F	F	F

3.

A	B	$A \to B$
V	V	V
V	F	F
F	V	V
F	F	V

4.

A	A'
V	F
F	V

5. a. Antecedente: a chuva continuar
 Consequente: o rio vai transbordar
 b. Antecedente: a chave central desligar
 Consequente: a falha de uma rede elétrica
 c. Antecedente: os abacates estão maduros
 Consequente: estão escuros e macios
 d. Antecedente: um gato saudável
 Consequente: uma boa dieta
6. Resposta (d). Essa é a negação de $A \wedge B$, análoga à negação de "Pedro é alto e magro".

7. a.

A	B	$A \to B$	$B \to A$	$(A \to B) \leftrightarrow (B \to A)$
V	V	V	V	V
V	F	F	V	F
F	V	V	F	F
F	F	V	V	V

b.

A	B	A'	B'	$A \vee A'$	$B \wedge B'$	$(A \vee A') \to (B \wedge B')$
V	V	F	F	V	F	F
V	F	F	V	V	F	F
F	V	V	F	V	F	F
F	F	V	V	V	F	F

c.

A	B	C	B'	$A \vee B'$	C'	$(A \wedge B') \to C'$	$[(A \wedge B') \to C']'$
V	V	V	F	F	F	V	F
V	V	F	F	F	V	V	F
V	F	V	V	V	F	F	V
V	F	F	V	V	V	V	F
F	V	V	F	F	F	V	F
F	V	F	F	F	V	V	F
F	F	V	V	F	F	V	F
F	F	F	V	F	V	V	F

d.

A	B	A'	B'	$A \to B$	$B' \to A'$	$(A \to B) \leftrightarrow (B' \to A')$
V	V	F	F	V	V	V
V	F	F	V	F	F	V
F	V	V	F	V	V	V
F	F	V	V	V	V	V

8.

A	1	A'	$A \vee A$	$A \wedge A' \leftrightarrow 1$
V	V	F	V	V
F	V	V	V	V

9. Para provar que $(P \to Q) \leftrightarrow (P' \vee Q)$, basta construir uma tabela-verdade:

P	Q	$P \to Q$	P'	$P' \vee Q$	$(P \to Q) \leftrightarrow (P' \vee Q)$
V	V	V	F	V	V
V	F	F	F	F	V
F	V	V	V	V	V
F	F	V	V	V	V

10. $(A \wedge B')'$ 1, 2, mt

11. $[(A \vee B') \to C] \wedge (C \to D) \wedge A \to D$

1. $(A \vee B') \to C$ hip
2. $C \to D$ hip
3. A hip
4. $A \vee B'$ 3, ad
5. C 1, 4, mp
6. D 2, 5, mp

12. $(A \to B) \wedge (B \to C) \to (A \to C)$

1. $A \to B$ hip
2. $B \to C$ hip
3. A hip
4. B 1, 3, mp
5. C 2, 4, mp

13. $(A \to B) \wedge (C' \vee A) \wedge C \to B$

1. $A \to B$ hip
2. $C' \vee A$ hip
3. C hip
4. $C \to A$ 2, cond
5. $C \to B$ 1, 4, sh
6. B 3, 5, mp

14. O argumento é $(S \to R) \wedge (S' \to B) \to (R' \to B)$. Uma sequência de demonstração é

1. $S \to R$ hip
2. $S' \to B$ hip
3. R' hip
4. S' 1, 3, mt
5. B 2, 4, mp

15. a. Verdade (todos os botões-de-ouro são amarelos)

b. Falso (nem todas as flores são amarelas)

c. Verdade (todas as flores são plantas)

d. Falso (zero não é positivo nem negativo)

16. Por exemplo:

a. O conjunto universo é a coleção de todos os motoristas com carteira de habilitação válida no Brasil; $P(x)$ é a propriedade que x tem mais de 14 anos.

b. O conjunto universo é a coleção de todos os peixes; $P(x)$ é a propriedade de que x pesa mais de um quilo e meio.

c. Não; se todos os objetos no conjunto universo satisfazem a propriedade P, então (como o conjunto universo tem que conter algum objeto) existe um objeto no conjunto universo com a propriedade P.

d. O conjunto universo é o conjunto de todas as pessoas que vivem no Rio de Janeiro; $P(x)$ é a propriedade de que x é do sexo masculino. (Nem todo mundo que vive no Rio de Janeiro é do sexo masculino, mas existe alguém que é.)

17. Seja $x = 1$; então, x é positivo e qualquer inteiro menor do que x é ≤ 0, de modo que o valor lógico da proposição é verdadeiro. Para a segunda interpretação, suponha que $A(x)$ significa que "x é par", $B(x, y)$ que "$x < y$" e $C(y)$ que y é "ímpar"; a afirmação é falsa porque não existe um inteiro par com a propriedade de que todos os inteiros maiores são ímpares.

18. a. $(\forall x)[S(x) \to I(x)]$

b. $(\exists x)[I(x) \wedge S(x) \wedge M(x)]$

c. $(\forall x)(M(x) \to S(x) \wedge [I(x)]')$

d. $(\forall x)(M(x) \to S(x) \wedge I(x))$

19. a. $(\exists x)[V(x) \wedge (\forall y)(F(y) \to S(x, y))]$

b. $(\forall x)[F(x) \to (\forall y)(V(y) \to S(x, y))]$

c. $(\forall x)[F(x) \to (\exists y)(V(y) \wedge S(x, y))]$

d. $(\forall x)(\forall y)[V(y) \wedge S(x, y) \to F(x)]$

20. Resposta (d). Se $A(x, y, t)$ significa que "x ama y no instante t", a proposição original é

$$(\forall x)(\exists y)(\exists t)A(x, y, t)$$

e a negação é

$$\begin{aligned}[(\forall x)(\exists y)(\exists t)A(x, y, t)]' &\leftrightarrow (\exists x)[(\exists y)(\exists t)A(x, y, t)]' \\ &\leftrightarrow (\exists x)(\forall y)[(\exists t)A(x, y, t)]' \\ &\leftrightarrow (\exists x)(\forall y)(\forall t)[A(x, y, t)]'\end{aligned}$$

ou "Existe uma pessoa que, para todas as pessoas, em todos os instantes, não gosta dessas pessoas nesses instantes", ou "Alguém odeia todo o mundo o tempo todo". As respostas (a) e (c) podem ser eliminadas porque começam com um quantificador universal em vez de um quantificador existencial; a resposta (b) está errada porque a palavra "ama" não foi negada.

21. Não é válida. Na interpretação em que o conjunto universo é o conjunto dos inteiros, $P(x)$ significa que "x é ímpar" e $Q(x)$ significa que "x é par", o antecedente é verdadeiro (todo inteiro é par ou ímpar), mas o consequente é falso (não é verdade que todo inteiro é par ou todo inteiro é ímpar).

22. $(\forall x)[P(x) \to R(x)] \wedge [R(y)]' \to [P(y)]'$

1. $(\forall x)[P(x) \to R(x)]$ hip
2. $[R(y)]'$ hip
3. $P(y) \to R(y)$ 1, pu
4. $[P(y)]'$ 2, 3, mt

23. $(\forall x)[P(x) \wedge Q(x)] \to (\forall x)[Q(x) \wedge P(x)]$

1. $(\forall x)[P(x) \wedge Q(x)]$ hip
2. $P(x) \wedge Q(x)$ 1, pu
3. $Q(x) \wedge P(x)$ 2, com
4. $(\forall x)[Q(x) \wedge P(x)]$ 3, gu

24. $(\forall y)[P(x) \to Q(x, y)] \to [P(x) \to (\forall y)Q(x, y)]$

1. $(\forall y)[P(x) \to Q(x, y)]$ hip
2. $P(x)$ hip
3. $P(x) \to Q(x, y)$ 1, pu
4. $Q(x, y)$ 2, 3, mp
5. $(\forall y)Q(x, y)$ 4, gu

25. $(\forall x)[(B(x) \vee C(x)) \to A(x)] \to (\forall x)[B(x) \to A(x)]$

1. $(\forall x)[(B(x) \vee C(x)) \to A(x)]$ hip
2. $(B(x) \vee C(x)) \to A(x)$ 1, pu
3. $B(x)$ hip temporária
    4. $B(x) \vee C(x)$ 3, ad
    5. $A(x)$ 2, 4, mp
6. $B(x) \to A(x)$ retirada da hip temporária
7. $(\forall x)[B(x) \to A(x)]$ 6, gu

26. $(\exists x)R(x) \wedge [(\exists x)[R(x) \wedge S(x)]]' \to (\exists x)[S(x)]'$

O argumento é válido. Se alguma coisa tem a propriedade R, mas nada tem ambas as propriedades R e S, então alguma coisa não tem a propriedade S. Uma sequência de demonstração é

1. $(\exists x)R(x)$ hip
2. $[(\exists x)[R(x) \wedge S(x)]]'$ hip
3. $(\forall x)[R(x) \wedge S(x)]'$ 2, neg
4. $R(a)$ 1, ei
5. $[R(a) \wedge S(a)]'$ 3, ui
6. $[R(a)]' \vee [S(a)]'$ 5, De Morgan
7. $[[R(a)]']'$ 4, dn
8. $[S(a)]'$ 6, 7, ds
9. $(\exists x)[S(x)]'$ 8, ge

27. O argumento é $(\forall x)[R(x) \to A(x)] \wedge (\exists x)R(x) \to (\exists x)A(x)$.

1. $(\forall x)[R(x) \to A(x)]$	hip
2. $(\exists x)R(x)$	hip
3. $R(a)$	2, pe
4. $R(a) \to A(a)$	1, pu
5. $A(a)$	3, 4, mp
6. $(\exists x)A(x)$	5, ge

28. veado (veado come grama e grama é uma planta)

29. a. *predador*(X) <= *come*(X, Y) **and** *animal*(Y)

b. urso
peixe
guaxinim
urso
urso
raposa
urso
lince

30. As respostas de 7 a 9 resultam de *nacadeiaalimentar*(guaxinim, Y); as respostas 10 e 11 resultam de *nacadeiaalimentar* (raposa, Y); a resposta 12 resulta de *nacadeiaalimentar*(veado, Y).

31. $x - 2 = y$ **ou** $x = y + 2$.

32. Trabalhando de trás para a frente a partir da pós-condição e usando o axioma de atribuição, temos

$$\begin{array}{l} \{x + 4 = 7\} \\ \quad y = 4 \\ \{x + y = 7\} \\ \quad z = x + y \\ \{z = 7\} \end{array}$$

A primeira atribuição, $x + 4 = 7$, é equivalente à precondição $x = 3$. O axioma de atribuição, aplicado duas vezes, prova que o segmento de programa está correto.

33. Os dois condicionais a serem demonstrados são

$$\{x = 4 \text{ e } x < 5\}\, y = x - 1\, \{y = 3\}$$
$$\{x = 4 \text{ e } x \geq 5\}\, y = 7\, \{y = 3\}$$

O primeiro condicional é verdade pelo axioma de atribuição. Trabalhando de trás para a frente a partir da pós-condição,

$$\begin{array}{l} \{x - 1 = 3\} \\ \quad y = x - 1 \\ \{y = 3\} \end{array}$$
$$x - 1 = 3 \leftrightarrow x = 4 \leftrightarrow x = 4 \text{ e } x < 5$$

O segundo condicional é verdadeiro porque o antecedente é falso. O segmento de programa está correto pela regra condicional de inferência.

CAPÍTULO 2

1. Respostas possíveis:
   a. Uma baleia.
   b. O inteiro 4. Quatro é menor do que 10, mas não é maior do que 5.
2. a. Demonstração de que a conjectura é verdadeira em todos os casos:

n	n^2	$10 + 5n$
1	1	15
2	4	20
3	9	25
4	16	30
5	25	35

   b. Para $n = 7$, $n^2 = 49$, mas $10 + 5n$ é apenas 45.
3. Suponha que x é divisível por 6. Então, $x = 6k$ para algum inteiro k e $2x = 2(6k) = 12k = 4(3k)$. Como $3k$ é inteiro, $2x$ é divisível por 4.
4. a. Se o rio não vai transbordar, então a chuva não vai continuar.
   b. Se não houver falha na rede elétrica, então a chave central não desliga.
   c. Se os abacates não estiverem escuros ou não estiverem macios, então não estão maduros.
   d. Se a dieta não for boa, o gato não fica saudável.
5. a. Se o rio transbordar, então a chuva vai continuar.
   b. Se houver falha na rede elétrica, então a chave central desligará.
   c. Se os abacates estiverem escuros e macios, então estarão maduros.
   d. Se a dieta for boa, então o gato ficará saudável.
6. Sejam $x = 2m + 1$ e $y = 2n + 1$, em que m e n são inteiros, e suponha que xy é par. Então,

$$xy = 2k \text{ para algum inteiro } k$$

ou

$$(2m + 1)(2n + 1) = 2k$$

Expandindo a expressão à esquerda do sinal de igualdade, obtemos

$$4mn + 2m + 2n + 1 = 2k$$

Rearrumando as parcelas na equação,

$$1 = 2k - 4mn - 2m - 2n$$

Colocando 2 em evidência à direita do sinal de igualdade,

$$1 = 2(k - 2mn - m - n) \qquad \text{em que } k - 2mn - m - n \text{ é inteiro}$$

Isso é uma contradição, já que 1 não é par.

7. $P(1)$: $1 = 1(1 + 1)/2$, verdade.

   Suponha que $P(k)$ é verdade: $1 + 2 + \cdots + k = k(k + 1)/2$

   Mostre que $P(k + 1)$ é verdade: $1 + 2 + \cdots + (k + 1) \stackrel{?}{=} \dfrac{(k + 1)[(k + 1) + 1]}{2}$

$$
\begin{aligned}
1 + 2 + \cdots + (k+1) &= 1 + 2 + \cdots + k + (k+1) \\
&= \frac{k(k+1)}{2} + (k+1) = (k+1)\left(\frac{k}{2} + 1\right) \\
&= (k+1)\left(\frac{k+2}{2}\right) = \frac{(k+1)[(k+1)+1]}{2}
\end{aligned}
$$

8. O caso básico é $n = 2$.

$P(2)$: $2^{2+1} < 3^2$, ou $8 < 9$, verdade

Suponha que $P(k)$ é verdade: $2^{k+1} < 3^k$ e $k > 1$

Mostre que $P(k+1)$ é verdade: $2^{k+2} \overset{?}{<} 3^{k+1}$

$$
\begin{aligned}
2^{k+2} &= 2(2^{k+1}) \\
&< 2(3^k) && \text{(pela hipótese de indução)} \\
&< 3(3^k) && \text{(pois } 2 < 3\text{)} \\
&= 3^{k+1}
\end{aligned}
$$

9. a. Para verificar $P(k+1)$ no condicional 2′, subtraímos 3 de $k+1$. Para que a hipótese de indução seja válida, temos que ter $(k+1) - 3 \geq 8$, de modo que $k+1$ tem que ser ≥ 11. Portanto, o condicional 2′ não pode ser usado para verificar $P(9)$ nem $P(10)$.

b. A verdade de $P(k+1)$ não pode ser verificada a partir da verdade de $P(k)$. Por exemplo, ao tentar expressar 11 como uma soma de números iguais a 3 e números iguais a 5, saber que $10 = 5 + 5$ não adianta. No entanto, ajuda saber que $8 = 3 + 5$, já que basta somar um 3 para se obter $11 = 2 * 3 + 5$.

10. $Q(0)$: $j_0 = x + i_0$ é verdade, já que $j = x$ e $i = 0$ antes da entrada no laço.

Suponha que $Q(k)$ é verdade: $j_k = x + i_k$

Mostre que $Q(k+1)$ é verdade: $j_{k+1} \overset{?}{=} x + i_{k+1}$

$$
\begin{aligned}
j_{k+1} &= j_k + 1 && \text{(pela atribuição } j = j + 1\text{)} \\
&= (x + i_k) + 1 && \text{(pela hipótese de indução)} \\
&= x + (i_k + 1) \\
&= x + i_{k+1} && \text{(pela atribuição } i = i + 1\text{)}
\end{aligned}
$$

Quando o laço termina, $i = y$ e $j = x + y$.

11. a. Se $d \mid a$, então $a = n_1 d$, em que n_1 é um inteiro positivo. Se $d \mid b$, então $b = n_2 d$, em que n_2 é um inteiro positivo. Logo,

$$c = ia + jb = i(n_1 d) + j(n_2 d) = (in_1 + jn_2)d$$

em que $in_1 + jn_2$ é um inteiro e $d \mid c$.

b. Se $d \mid c$, então $c = nd$, em que $n \geq 1$ já que tanto c quanto d são positivos, logo $c \geq d$.

12. Usando o algoritmo de Euclides para encontrar mdc(21, 16), temos

$$
\begin{aligned}
1 &= 16 - 3 \cdot 5 \\
5 &= 21 - 1 \cdot 16
\end{aligned}
$$

donde

$$1 = 16 - 3 \cdot (21 - 1 \cdot 16) = 4 \cdot 16 - 3 \cdot 21$$

de modo que $i = -3$, $j = 4$.

13. Faça uma demonstração por indução matemática.

Passo básico ($k = 1$): Se $p \mid a_1$, então $p \mid a_1$.

Suponha que, se $p \mid a_1a_2 \ldots a_k$, então $p \mid a_j$ para algum j, $1 \leq j \leq k$.

Suponha que $p \mid a_1a_2 \ldots a_ka_{k+1} = (a_1a_2 \ldots a_k)a_{k+1}$. Usando o teorema sobre a divisão por números primos, temos que $p \mid a_1a_2 \ldots a_k$ ou $p \mid a_{k+1}$. Se $p \mid a_1a_2 \ldots a_k$, pela hipótese de indução, $p \mid a_j$ para algum j, $1 \leq j \leq k$. Então $p \mid a_j$ para algum j, $1 \leq j \leq k + 1$.

14. $1176 = 2^3 \cdot 3 \cdot 7^2$

15. $420 = 2^2 \cdot 3 \cdot 5 \cdot 7$ e $66 = 2 \cdot 3 \cdot 11$, logo $\text{mdc}(420, 66) = 2 \cdot 3 = 6$

16. Como p é um número primo, não tem fatores além dele mesmo e de 1. Então todo inteiro positivo n menor do que p só tem o fator 1 em comum com p, logo n e p são primos entre si. Portanto, $\varphi(p) = p - 1$.

17. $\varphi(n) = 3^3 \cdot 7[\varphi(3)\varphi(5)\varphi(7)] = 27 \cdot 7 \cdot 2 \cdot 4 \cdot 6 = 9072$

CAPÍTULO 3

1. 1, 4, 7, 10, 13
2. 1, 1, 2, 3, 5, 8, 13, 21
3. Ao provar o caso $k + 1$, os termos $F(k - 1)$ e $F(k)$ são usados. Se $k + 1 = 2$, então o valor 2 posições atrás, $F(k - 1)$, está indefinido. Portanto, no passo indutivo, temos que ter $k + 1 \geq 3$ e o caso $n = 2$ tem que ser demonstrado separadamente. Em outras palavras, o passo indutivo não demonstra a veracidade do caso $n = 2$ a partir do caso $n = 1$.
4. A, B e C são fbfs pela regra 1. Pela regra 2, (B') é uma fbf, logo $(A \vee (B'))$ e $((A \vee (B')) \rightarrow C)$ também são. Essa última proposição pode ser escrita como $(A \vee B') \rightarrow C$.
5. Os pais de um ancestral de João são ancestrais de João.
6. 1011001, 0011011, 00110111011
7. 1. λ, 0 e 1 são cadeias binárias palíndromas.

   2. Se x for uma cadeia binária palíndroma, então $0x0$ e $1x1$ também o são.
8. 1. $x^1 = x$

   2. $x^n = x^{n-1}x$ para $n > 1$
9.
```
se n = 1 então
      retorne 1
senão
      retorne T(n − 1) + 3
fim do se
```
10. 10, 7, 8
11. $T(n) = T(n - 1) + 3$

    $= [T(n - 2) + 3] + 3 = T(n - 2) + 2 * 3$

    $= [T(n - 3) + 3] + 2 * 3 = T(n - 3) + 3 * 3$

    $\vdots$

    Em geral, conjecturamos que

    $$T(n) = T(n - k) + k * 3$$

    Quando $n - k = 1$, ou seja, $k = n - 1$,

    $$T(n) = T(1) + (n - 1) * 3 = 1 + (n - 1) * 3$$

    Vamos provar por indução que $T(n) = 1 + (n - 1) * 3$.

$T(1)$: $T(1) = 1 + (1 - 1) * 3 = 1$, verdade

Suponha que $T(k)$ é verdade: $T(k) = 1 + (k - 1) * 3$

Mostre que $T(k + 1)$ é verdade: $T(k + 1) \stackrel{?}{=} 1 + k * 3$

$$
\begin{aligned}
T(k + 1) &= T(k) + 3 && \text{(pela relação de recorrência)} \\
&= 1 + (k - 1) * 3 + 3 && \text{(pela hipótese de indução)} \\
&= 1 + k * 3
\end{aligned}
$$

12. A relação de recorrência coincide com a Equação (6) com $c = 1$ e $g(n) = 3$. Da Equação (8), a solução em forma fechada é

$$
\begin{aligned}
T(n) &= 1^{n-1}(1) + \sum_{i=2}^{n} 1^{n-i}(3) \\
&= 1 + \sum_{i=2}^{n} 3 \\
&= 1 + (n - 1)3
\end{aligned}
$$

13. a. Do passo básico e da relação de recorrência, os cinco primeiros termos da sequência são

$$
S(1) = 3,\ S(2) = 1,\ S(3) = 2S(2) + 3S(1) = 11,
$$
$$
S(4) = 2S(3) + 3S(2) = 25,\ S(5) = 2S(4) + 3S(3) = 83
$$

b. A fórmula $S(n) = 3^{n-1} + 2(-1)^{n-1}$ gera 3, 1, 11, 25, 83 para $n = 1, 2, 3, 4, 5$.

14. $c_1 = 6$ e $c_2 = -5$, de modo que a equação característica é

$$
t^2 - 6t + 5 = 0
$$

que tem raízes $r_1 = 1$, $r_2 = 5$. A solução é da forma

$$
T(n) = p + q(5)^{n-1}
$$

em que

$$
p + q = 5
$$
$$
p + q(5) = 13
$$

Resolvendo esse sistema de equações, obtemos $p = 3$, $q = 2$, e a fórmula da solução é

$$
T(n) = 3 + 2(5)^{n-1}
$$

15. Isso está na forma da Equação (1) com $c = 2$ e $g(n) = 1$. Pela Equação (6), a solução é

$$
\begin{aligned}
2^{\log n}(1) + \sum_{i=1}^{\log n} 2^{(\log n) - i}(1) &= 2^{\log n} + 2^{(\log n) - 1} + 2^{(\log n) - 2} + \cdots + 2^0 \\
&= 2^{(\log n) + 1} - 1 \\
&= (2)2^{\log n} - 1 = 2n - 1
\end{aligned}
$$

16.

n	**Busca Sequencial**	**Busca Binária**
64	64	7
1024	1024	11
32768	32768	16

CAPÍTULO 4

1. a. $\{4, 5, 6, 7\}$.
   b. {abril, junho, setembro, novembro}.
   c. {Brasília, D. F.}.
2. a. $\{x \mid x$ é um dos quatro primeiros quadrados perfeitos$\}$.
   b. $\{x \mid x$ é um dos Três Homens em uma Banheira na canção infantil$\}$.
   c. $\{x \mid x$ é um número primo$\}$.
3. a. $A = \{x | x \in \mathbb{N} \text{ e } x \geq 5\}$
   b. $B = \{3, 4, 5\}$
4. $x \in B$
5. $A \subset B$ significa $(\forall x)(x \in A \rightarrow x \in B) \wedge (\exists y)[\, y \in B \wedge (\, y \in A)'\,]$
6. a, b, d, e, h, i, l
7. Seja $x \in A$. Então $x \in \mathbb{R}$ e $x^2 - 4x + 3 = 0$ ou $(x - 1)(x - 3) = 0$, o que nos dá $x = 1$ ou $x = 3$. Em qualquer dos casos, $x \in \mathbb{N}$ e $1 \leq x \leq 4$, de modo que $x \in B$. Portanto, $A \subseteq B$. O número 4 pertence a B, mas não pertence a A, logo $A \subset B$.
8. $\wp(A) = \{\emptyset, \{1\}, \{2\}, \{3\}, \{1, 2\}, \{1, 3\}, \{2, 3\}, \{1, 2, 3\}\}$.
9. 2^n
10. Pela definição da igualdade de pares ordenados,

$$2x - y = 7 \text{ e } x + y = -1$$

Resolvendo o sistema de equações, obtemos

$$x = 2, y = -3$$

11. (3, 3), (3, 4), (4, 3), (4, 4)
12. a. S não é fechado em relação à divisão. ($3 \div 4$ não é um inteiro positivo.)
    c. 0^0 não está definido.
    f. $x^\#$ não é único para $x = 4$, por exemplo ($2^2 = 4$ e $(-2)^2 = 4$).
13. Sim; se $x \in A \cap B$, então $x \in A$ (e $x \in B$, mas não precisamos desse fato), logo $x \in A \cup B$.
14. $A' = \{x | \, x \in S \text{ e } x \notin A\}$.

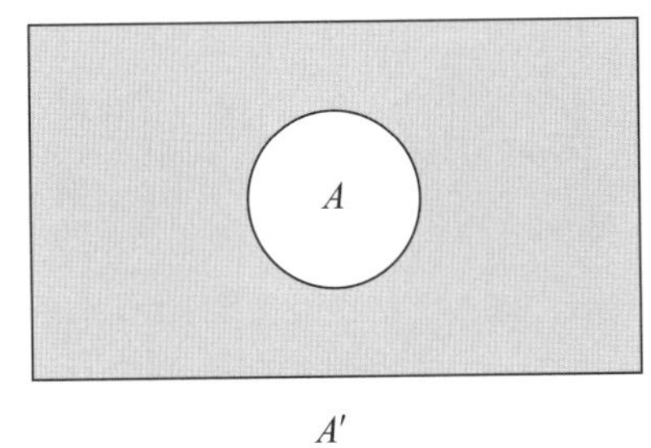

A'

15. $A - B = \{x | \, x \in A \text{ e } x \notin B\}$.

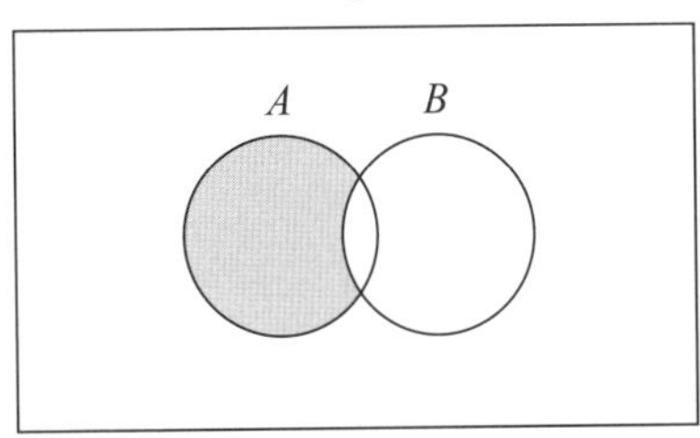

$A - B$

16. a. $\{1, 2, 3, 4, 5, 7, 8, 9, 10\}$
    b. $\{1, 2, 3\}$
    c. $\{1, 3, 5, 10\}$
17. a. $A \times B = \{(1, 3), (1, 4), (2, 3), (2, 4)\}$
    b. $B \times A = \{(3, 1), (3, 2), (4, 1), (4, 2)\}$
    c. $A^2 = \{(1, 1), (1, 2), (2, 1), (2, 2)\}$
    d. $A^3 = \{(1, 1, 1), (1, 1, 2), (1, 2, 1), (1, 2, 2), (2, 1, 1), (2, 1, 2), (2, 2, 1), (2, 2, 2)\}$

18. Temos que mostrar a inclusão de conjuntos nas duas direções. Para mostrar que $A \cup \varnothing \subseteq A$, seja $x \in A \cup \varnothing$. Então $x \in A$ ou $x \in \varnothing$, mas, como $\varnothing$ não tem elementos, $x \in A$. Para mostrar que $A \subseteq A \cup \varnothing$, seja $x \in A$. Então $x \in A$ ou $x \in \varnothing$, logo $x \in A \cup \varnothing$.

19. a. $[C \cap (A \cup B)] \cup [(A \cup B) \cap C']$

$$
\begin{aligned}
&= [(A \cup B) \cap C] \cup [(A \cup B) \cap C'] && \text{(lb)}\\
&= (A \cup B) \cap (C \cup C') && \text{(3b)}\\
&= (A \cup B) \cap S && \text{(5a)}\\
&= A \cup B && \text{(4b)}
\end{aligned}
$$

b. $[C \cup (A \cap B)] \cap [(A \cap B) \cup C'] = A \cap B$

20. Uma enumeração dos inteiros positivos pares é 2, 4, 6, 8, 10, 12, ...

21. 1/5, 5/1

22. $4(8)(5) = 160$

23. $7(5) + 9 = 44$

24. Embora o problema consista em eventos sucessivos — as cinco jogadas —, o número de resultados possíveis de cada evento não é constante, mas varia entre um e dois dependendo do resultado do evento anterior.

25.

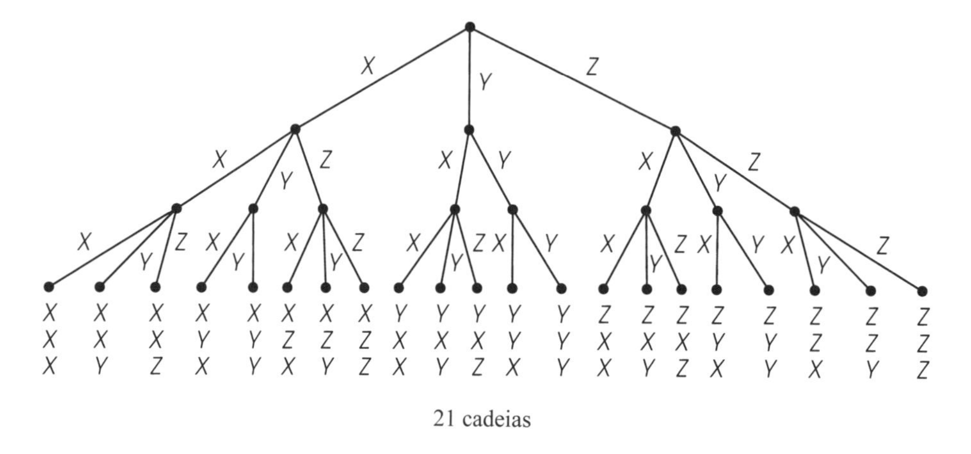

21 cadeias

26. $A \cup B$

27. A Equação (2) dá o resultado do Exemplo 31 porque, se A e B forem disjuntos, então $|A \cap B| = 0$.

28. As justificativas para as igualdades são:

a união de conjuntos é associativa
Equação (2)
Equação (2) e a identidade 3b (distributividade)
Equação (2)
mudança da ordem dos termos

29. 7 (As caixas são os 6 valores possíveis.)

30. $P(20, 2) = \dfrac{20!}{18!} = 380$

31. $6! = 720$

32. $C(12, 3) = \dfrac{12!}{3!9!} = 220$

33. a. 18 b. 24

34. $\dfrac{9!}{3!2!}$

35. Aqui $r = 6$ e $n = 3$, com repetições. $C(r + n - 1, r) = C(8, 6) = \dfrac{8!}{6!2!} = 28$

36. esmdo, medos, medso, mesod, sdoem, sdome

37. Aqui estão sendo permutados cinco algarismos, logo $n = 5$. Nesse ponto

$$d_1 = 5, d_2 = 1, d_3 = 4, d_4 = 3, d_5 = 2$$

No laço de para que gera todas as permutações depois da primeira, faça $i = 4, j = 5$. Considere pares de valores adjacentes da direita para a esquerda enquanto $d_i > d_j$:

$d_4 > d_5$ 3 > 2 verdadeiro

$d_3 > d_4$ 4 > 3 verdadeiro

$d_2 > d$ 1 > 4 falso

O valor de i nesse ponto é 2, e $d_i = d_2 = 1$. Faça $j = 5$; considere os valores de d_j da direita para a esquerda enquanto $d_i > d_j$.

$d_2 > d_5$ 1 > 2 falso

O valor de j nesse ponto é 5. Troque d_2 e d_5, obtendo 52431. Considere a sequência decrescente à direita de d_2, 431, e troque pares de valores de fora para inverter a sequência. Troque 4 e 1, obtendo 52134. Os índices i da esquerda e j da direita se encontram no meio, ponto em que a inversão — e a nova permutação — está completa.

38. O elemento mais à direita que não é máximo é 5, que é incrementado para 6. Os dois algarismos à sua direita são redefinidos para seus valores mínimos de 78. Logo, a próxima combinação é 24678.

39. $(a + b)^3 = a^3 + 3a^2b + 3ab^2 + b^3$

Coeficientes: 1 3 3 1, que é a linha $n = 3$ no triângulo de Pascal

$$(a + b)^4 = a^4 + 4a^3b + 6a^2b^2 + 4ab^3 + b^4$$

Coeficientes: 1 4 6 4 1, que é a linha $n = 4$ no triângulo de Pascal

40. $(x + 1)^5 = C(5, 0)x^5 + C(5, 1)x^4 + C(5, 2)x^3 + C(5, 3)x^2 + C(5, 4)x + C(5, 5)$

$= x^5 + 5x^4 + 10x^3 + 10x^2 + 5x + 1$

41. $C(7, 4)x^3y^4$

42. O espaço amostral consiste em todas as cartas no baralho, de modo que $|S| = 52$. O evento de interesse é o conjunto dos ases, logo $|E| = 4$. $P(E) = 4/52 = 1/13$.

43. $16/42 = 8/21$; $28/42 = 14/21$

44. a. $p(c) = 1 - (p(a) + p(b)) = 1 - (0{,}2 + 0{,}3) = 0{,}5$

b. $p(a) + p(c) = 0{,}2 + 0{,}5 = 0{,}7$

45. $E_1 = \{HH, HT, TH\}$, $E_2 = \{HH\}$, $E_1 \cap E_2 = \{HH\}$

$$P(E2|E1) = \frac{P(E_1 \cap E_2)}{P(E_1)} = \frac{1/4}{3/4} = 1/3$$

46. Sejam

E_1 o evento de que o engradado veio do fornecedor A

E_2 o evento de que o engradado veio do fornecedor B

F o evento de que o engradado era de couve

Pelo teorema de Bayes,

$$P(E_1|F) = \frac{P(F|E_1)P(E_1)}{P(F|E_1)P(E_1) + P(F|E_2)P(E_2)} = \frac{(57/100)(1/2)}{(57/100)(1/2) + (39/100)(1/2)} \cong 0{,}594$$

47. $E(X) = 5(2/8) + 2(3/8) + 3(2/8) + 7(1/8) = 29/8 = 3{,}625$

48. Esse ainda é um experimento de Bernoulli com $n = 200$ e $p = ½$. Da distribuição binomial, a probabilidade de se obter 100 caras é $C(200, 100)(1/2)^{100}(1/2)^{100} \cong 0{,}056$.

CAPÍTULO 5

1. a. $(3, 2) \in \rho$
   b. $(2, 4), (2, 6) \in \rho$
   c. $(3, 4), (5, 6) \in \rho$
   d. $(2, 1), (5, 2) \in \rho$
2. a. Muitos para um.
   b. Um para um.
   c. Muitos para muitos.
3. a. $x(\rho \cup \sigma)\, y \leftrightarrow x \leq y$
   b. $x\, \rho'\, y \leftrightarrow x \neq y$
   c. $x\, \sigma'\, y \leftrightarrow x \geq y$
   d. $\rho \cap \sigma = \varnothing$
4. a. (1, 1), (2, 2), (3, 3)
   b. Saber que uma relação é simétrica, só por si, não dá nenhuma informação sobre qualquer par ordenado que possa pertencer a ρ. Se soubermos que uma relação é simétrica e se conhecermos alguns pares ordenados que pertencem à relação, então saberemos que outros pares ordenados determinados também têm que pertencer à relação (veja o item (c)).
   c. (b, a)
   d. $a = b$
   e. A transitividade diz que $(x, y) \in \rho \wedge (y, z) \in \rho \rightarrow (x, z) \in \rho$. Nesse caso $(1, 2)$ é o único elemento de ρ e $(2, z) \notin \rho$ para todo z em S. Portanto, o antecedente do condicional é sempre falso, e o condicional é verdadeiro; ρ é transitiva.
5. a. Reflexiva, simétrica e transitiva.
   b. Reflexiva, antissimétrica e transitiva.
   c. Reflexiva, simétrica e transitiva.
   d. Antissimétrica.
   e. Reflexiva, simétrica, antissimétrica e transitiva.
   f. Antissimétrica (lembre-se da tabela-verdade para o condicional) e transitiva.
   g. Reflexiva, simétrica e transitiva.
   h. Reflexiva, simétrica e transitiva.
6. Não. Se a relação for antissimétrica, ela será seu próprio fecho antissimétrico. Se a relação não for antissimétrica, então existem dois pares ordenados (x, y) e (y, x) na relação com $x \neq y$. Estender a relação adicionando mais pares ordenados não vai mudar essa situação, logo nenhuma extensão será antissimétrica.
7. Fecho reflexivo: $\{(a, a), (b, b), (c, c), (a, c), (a, d), (b, d), (c, a), (d, a), (d, d)\}$
   Fecho simétrico: $\{(a, a), (b, b), (c, c), (a, c), (a, d), (b, d), (c, a), (d, a), (d, b)\}$
   Fecho transitivo: $\{(a, a), (b, b), (c, c), (a, c), (a, d), (b, d), (c, a), (d, a), (d, d), (d, c), (b, a), (b, c), (c, d)\}$
8. a. (1, 1), (1, 2), (2, 2), (1, 3), (3, 3), (1, 6), (6, 6), (1, 12), (12, 12), (1, 18), (18, 18), (2, 6), (2, 12), (2, 18), (3, 6), (3, 12), (3, 18), (6, 12), (6, 18)
   b. 1, 2, 3
   c. 2, 3
9. 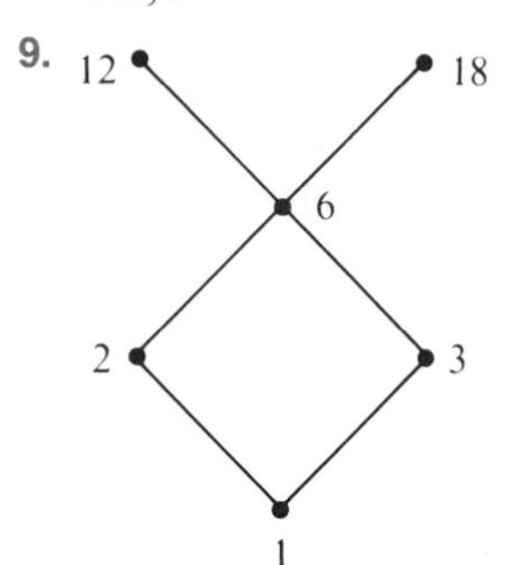

10. $y \in S$ é um elemento máximo se $x \preccurlyeq y$ para todo $x \in S$. $y \in S$ é um elemento maximal se não existe $x \in S$ tal que $y \prec x$.

11.

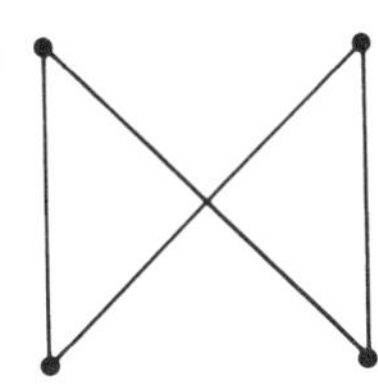

12. Seja $q \in [x]$. Então $x \rho q$. Como $x \rho z$, por simetria $z \rho x$. Pela transitividade, $z \rho x$ junto com $x \rho q$ nos dá $z \rho q$. Logo, $q \in [z]$.

13. Reflexividade: para qualquer $x \in S$, x pertence ao mesmo subconjunto que ele mesmo, logo $x \rho x$.

Simetria: se $x \rho y$, então x pertence ao mesmo subconjunto que y, logo y pertence ao mesmo subconjunto que x, ou $y \rho x$ e ρ é simétrica.

Transitividade: se $x \rho y$ e $y \rho z$, então x pertence ao mesmo subconjunto que y e y pertence ao mesmo subconjunto que z, logo x pertence ao mesmo subconjunto que z e $x \rho z$.

Portanto, ρ é uma relação de equivalência.

14. a. As classes de equivalência são conjuntos de retas no plano com o mesmo coeficiente angular.

b. $[n] = \{n\}$; as classes de equivalência são todos os conjuntos contendo um único elemento de $\mathbb{N}$.

c. $[1] = [2] = \{1, 2\}$, $[3] = \{3\}$

15. $[0] = \{\ldots, -15, -10, -5, 0, 5, 10, 15, \ldots\}$
$[1] = \{\ldots, -14, -9, -4, 1, 6, 11, 16, \ldots\}$
$[2] = \{\ldots, -13, -8, -3, 2, 7, 12, 17, \ldots\}$
$[3] = \{\ldots, -12, -7, -2, 3, 8, 13, 18, \ldots\}$
$[4] = \{\ldots, -11, -6, -1, 4, 9, 14, 19, \ldots\}$

16. 2

17.

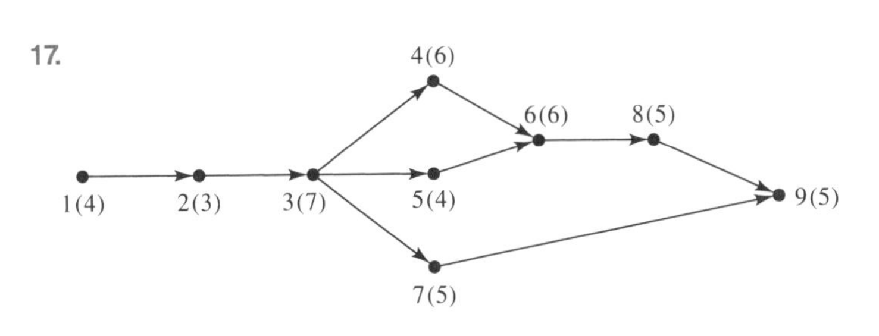

18. O tempo mínimo para se completar o projeto é 36 dias. Os nós do caminho crítico são 1, 2, 3, 4, 6, 8, 9.

19. Por exemplo: 1, 3, 2, 6, 7, 5, 4, 8, 9, 10, 11, 12.

20. Por exemplo: 1, 2, 3, 7, 5, 4, 6, 8, 9.

21.

Local	
Nome	Estado
Tomás Pereira	PB
Maria Silva	RJ
João Costa	RJ
Kátia Souza	SP
Roberto Silva	MG
Janete Valadares	PR
Maria Garcia	ES

22. a. **projeção(junção(restrição** AnimalProprietário **em que** TipoDeAnimal = "Cachorro") **e** Pessoa **sobre** Nome) **sobre** Cidade **fornecendo** Resultado

b. **SELECT** Cidade
FROM Pessoa, AnimalProprietário
WHERE Pessoa.Nome = AnimalProprietário.Nome
AND AnimalProprietário.TipoDeAnimal = "Cachorro"

c. O conjunto de valores de x é Pessoa.
O conjunto de valores de y é AnimalProprietário.
$\{x$.Cidade | existe $y(y$.Nome = x.Nome e y.TipoDeAnimal = "Cachorro")$\}$.

23. a. Não é função; existem dois valores associados a $2 \in S$.

b. É função.

c. Não é função; para os valores 0, 1, 2, 3 do domínio, os valores correspondentes $h(x)$ não pertencem ao contradomínio.

d. Não é função; nem todo elemento de S tem carro.

e. É função (não é necessário usar todos os valores do contradomínio).

f. É função.

g. É função.

h. Não é função; existem dois valores associados a $5 \in \mathbb{N}$.

24. a. 16 b. ±3

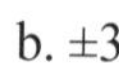

25. a. V, F

26.

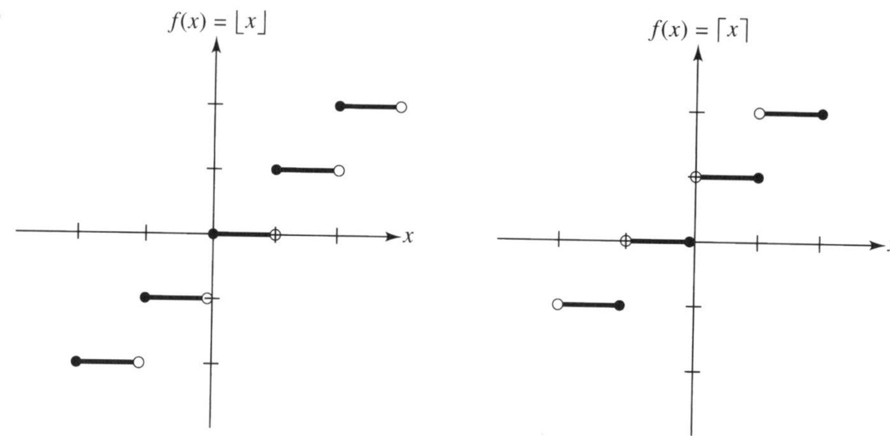

27. Como f e g têm o mesmo domínio e contradomínio, basta mostrar que cada função tem o mesmo efeito em todos os elementos do domínio.

$$f(1) = 1 \qquad g(1) = \frac{\sum_{k=1}^{1}(4k-2)}{2} = \frac{4 \cdot 1 - 2}{2} = \frac{2}{2} = 1$$

$$f(2) = 4 \qquad g(2) = \frac{\sum_{k=1}^{2}(4k-2)}{2} = \frac{(4 \cdot 1 - 2) + (4 \cdot 2 - 2)}{2} = \frac{2+6}{2} = 4$$

$$f(3) = 9 \qquad g(3) = \frac{\sum_{k=1}^{3}(4k-2)}{2} = \frac{(4 \cdot 1 - 2) + (4 \cdot 2 - 2) + (4 \cdot 3 - 2)}{2}$$

$$= \frac{2+6+10}{2} = 9$$

Portanto, $f = g$.

28. b, f, g.

29. Se P for uma tautologia ou uma contradição.

30. e, g

31. $(g \circ f)(2{,}3) = g(f(2{,}3)) = g((2{,}3)^2) = g(5{,}29) = \lfloor 5{,}29 \rfloor = 5$

$(f \circ g)(2{,}3) = f(g(2{,}3)) = f(\lfloor 2{,}3 \rfloor) = f(2) = 2^2 = 4$

32. Sejam $(g \circ f)(s_1) = (g \circ f)(s_2)$. Então $g(f(s_1)) = g(f(s_2))$ e, como g é injetora, $f(s_1) = f(s_2)$. Como f é injetora, $s_1 = s_2$.

33. Seja $t \in T$. Então $(f \circ g)(t) = f(g(t)) = f(s) = t$.

34. $f^{-1}: \mathbb{R} \to \mathbb{R}, f^{-1}(x) = (x - 4)/3$

35. a. $(1, 4, 5) = (4, 5, 1) = (5, 1, 4)$

b. $\begin{pmatrix} 1 & 2 & 3 & 4 & 5 \\ 1 & 4 & 2 & 5 & 3 \end{pmatrix}$

36. a. $g \circ f = (1, 3, 5, 2, 4) = (3, 5, 2, 4, 1) = \ldots$

$f \circ g = (1, 5, 2, 3, 4) = (5, 2, 3, 4, 1) = \ldots$

b. $g \circ f = \begin{pmatrix} 1 & 2 & 3 & 4 & 5 \\ 4 & 2 & 5 & 1 & 3 \end{pmatrix}$

$$f \circ g = \begin{pmatrix} 1 & 2 & 3 & 4 & 5 \\ 2 & 1 & 3 & 5 & 4 \end{pmatrix}$$

c. $g \circ f = f \circ g = \begin{pmatrix} 1 & 2 & 3 & 4 & 5 \\ 3 & 5 & 1 & 4 & 2 \end{pmatrix}$

37. (1, 2, 4) ∘ (3, 5) ou (3, 5) ∘ (1, 2, 4)

38.

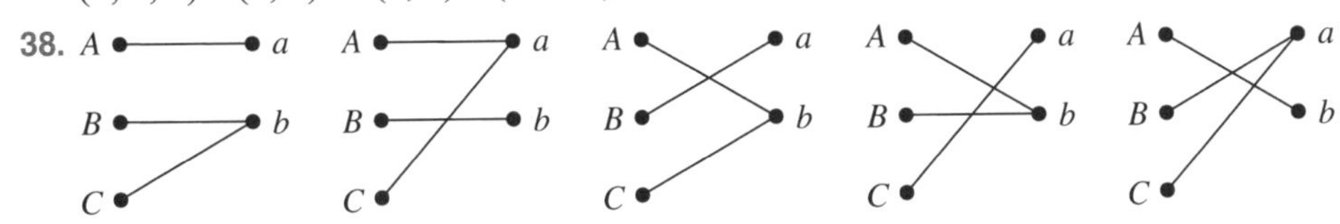

39. Uma possibilidade: $\{(0, 0), (1, 1), (-1, 2), (2, 3), (-2, 4), (3, 5), (-3, 6), \ldots\}$

40. a. $10{,}87 \leq 12 \leq 1087$
$22{,}27 \leq 27 \leq 2227$
$37{,}67 \leq 48 \leq 3767$
$57{,}07 \leq 75 \leq 5707$

b. Não

c. $n_0 = 1, c_1 = 1/200, c_2 = 1$

41. a. Suponha que $f \rho g$. Então, existem constantes positivas n_0, c_1 e c_2 tais que $c_1 g(x) \leq f(x) \leq c_2 g(x)$ para $x \geq n_0$. Logo, para $x \geq n_0$, $(1/c_2)f(x) \leq g(x) \leq (1/c_1)f(x)$, de modo que $g \rho f$.

b. Suponha que $f \rho g$ e $g \rho h$. Então, existem constantes positivas n_0, n_1, c_1, c_2, d_1 e d_2 tais que $c_1 g(x) \leq f(x) \leq c_2 g(x)$ para $x \geq n_0$ e $d_1 h(x) \leq g(x) \leq d_2 h(x)$ para $x \geq n_1$. Logo, para $x \geq \text{máx}(n_0, n_1)$, $c_1 d_1 h(x) \leq f(x) \leq c_2 d_2 h(x)$, de modo que $f \rho h$.

42. $3x^2 = \Theta(x^2)$ usando as constantes $n_0 = 1$, $c_1 = c_2 = 3$.
$200x^2 + 140x + 7 = \Theta(x^2)$ usando as constantes $n_0 = 2$, $c_1 = 1$, $c_2 = 300$.

43. a. Se $x \equiv y \pmod n$, então $x - y = kn$ para algum inteiro k, de modo que $x - y = kn + 0$ e $(x - y) \bmod n = 0$. Reciprocamente, se $(x - y) \bmod n = 0$, então $x - y = kn + 0$ para algum inteiro k, ou seja, $x - y = kn$, de modo que $x \equiv y \pmod n$.

b. Sejam $x = q_1 n + r_1, 0 \leq r_1 < n$ e $y = q_2 n + r_2, 0 \leq r_2 < n$, de modo que $x \bmod n = r_1$ e $y \bmod n = r_2$. Então $x - y = (q_1 n + r_1) - (q_2 n + r_2) = (q_1 - q_2)n + (r_1 - r_2)$ com $-n < r_1 - r_2 < n$.

Se $x \bmod n = y \bmod n$, então $r_1 = r_2$, de modo que $r_1 - r_2 = 0$ e $x - y = (q_1 - q_2)n$ em que $q_1 - q_2$ é um inteiro, logo $x \equiv y \pmod n$.

Reciprocamente, se $x \equiv y \pmod n$, então $x - y = kn$ para algum inteiro k. Como $x - y = (q_1 - q_2)n + (r_1 - r_2)$ com $-n < r_1 - r_2 < n$, $r_1 - r_2 = 0$ e $x \bmod n = y \bmod n$.

44.

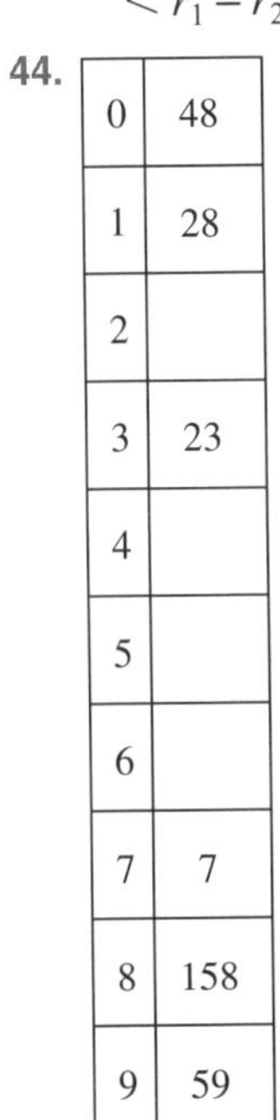

0	48
1	28
2	
3	23
4	
5	
6	
7	7
8	158
9	59

(a)

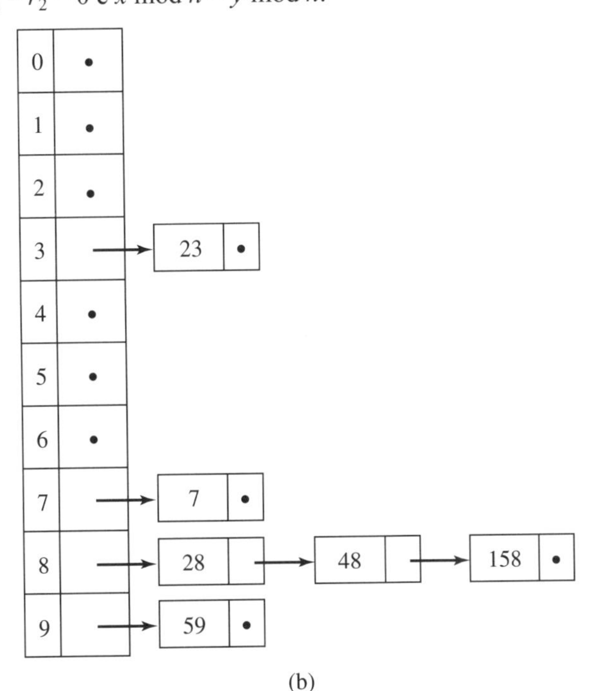

(b)

45. O GATO NO CHAPÉU

46. $x = 1011$, $p = x \bmod 2^3 = 0011$, $q = p \cdot 2 = 0110$, $s = x \oplus p = 1000$, $t = s \cdot 2^{-3} = 0001$, $y = q + t = 0111$

47. $(166)^{35} \bmod 221 = (166^2)^{17} \cdot 166 \bmod 221 = (27556)^{17} \cdot 166 \bmod 221$
$= (152)^{17} \cdot 166 \bmod 221 = (152^2)^8 \cdot 152 \cdot 166 \bmod 221 = (23104)^8 \cdot 152 \cdot 166 \bmod 221$
$= (120)^8 \cdot 152 \cdot 166 \bmod 221 = (120^2)^4 \cdot 152 \cdot 166 \bmod 221$
$= (14400)^4 \cdot 152 \cdot 166 \bmod 221 = (35)^4 \cdot 152 \cdot 166 \bmod 221$
$= 35^2 \cdot 35^2 \cdot 152 \cdot 166 \bmod 221 = 120 \cdot 120 \cdot 152 \cdot 166 \bmod 221$
$= 14400 \cdot 25232 \bmod 221 = 35 \cdot 38 \bmod 221 = 4$

48. a. 3 b. X

49. temp = 375
unidades = temp mod 10 = 5
temp = (375 − 5)/10 = 370/10 = 37
dezenas = temp mod 10 = 37 mod 10 = 7
temp = (37 − 7)/10 = 30/10 = 3
centenas = temp = 3

50. $a_{23} = 1$, $a_{24} = -7$, $a_{13} = -6$

51.
$$2\mathbf{A} + \mathbf{B} = \begin{bmatrix} 6 & 14 \\ 3 & 10 \\ 9 & 16 \end{bmatrix}$$

52.
$$\mathbf{A} \cdot \mathbf{B} = \begin{bmatrix} 15 & 22 \\ 12 & 28 \end{bmatrix}$$
$$\mathbf{B} \cdot \mathbf{A} = \begin{bmatrix} 39 & 0 \\ 27 & 4 \end{bmatrix}$$

53.
$$\mathbf{I} \cdot \mathbf{A} = \begin{bmatrix} 1(a_{11}) + 0(a_{21}) & 1(a_{12}) + 0(a_{22}) \\ 0(a_{11}) + 1(a_{21}) & 0(a_{12}) + 1(a_{22}) \end{bmatrix} = \begin{bmatrix} a_{11} & a_{12} \\ a_{21} & a_{22} \end{bmatrix} = \mathbf{A}$$

Analogamente, $\mathbf{A} \cdot \mathbf{I} = \mathbf{A}$.

54.
$$\mathbf{A} \cdot \mathbf{B} = \begin{bmatrix} -1 & 2 & -3 \\ 2 & 1 & 0 \\ 4 & -2 & 5 \end{bmatrix} \begin{bmatrix} -5 & 4 & -3 \\ 10 & -7 & 6 \\ 8 & -6 & 5 \end{bmatrix} = \begin{bmatrix} 1 & 0 & 0 \\ 0 & 1 & 0 \\ 0 & 0 & 1 \end{bmatrix}$$
$$\mathbf{B} \cdot \mathbf{A} = \begin{bmatrix} -5 & 4 & -3 \\ 10 & -7 & 6 \\ 8 & -6 & 5 \end{bmatrix} \begin{bmatrix} -1 & 2 & -3 \\ 2 & 1 & 0 \\ 4 & -2 & 5 \end{bmatrix} = \begin{bmatrix} 1 & 0 & 0 \\ 0 & 1 & 0 \\ 0 & 0 & 1 \end{bmatrix}$$

55. A matriz aumentada é

$$\begin{bmatrix} 3 & -5 & 5 \\ 7 & 1 & 37 \end{bmatrix}$$

Multiplique a linha 1 por 1/3:

$$1/3\begin{bmatrix} 3 & -5 & 5 \\ 7 & 1 & 37 \end{bmatrix}$$

Agora multiplique a linha 1 por –7 e some à linha 2:

$$-7 \begin{bmatrix} 1 & -5/3 & 5/3 \\ 7 & 1 & 37 \end{bmatrix} \text{ resultando em } \begin{bmatrix} 1 & -5/3 & 5/3 \\ 0 & 38/3 & 76/3 \end{bmatrix}$$

Usando a segunda linha,

$$(38/3)y = 76/3 \text{ ou } y = 2$$

Usando a primeira linha,

$$x - (5/3)y = 5/3 \text{ ou } x - (5/3)(2) = 5/3 \text{ ou } x = 5.$$

A solução é $x = 5$, $y = 2$.

56.

x	y	$x \wedge y$
1	1	1
1	0	0
0	1	0
0	0	0

x	y	$x \vee y$
1	1	1
1	0	1
0	1	1
0	0	0

57.

$$\text{Não, } \mathbf{A} \cdot \mathbf{B} = \begin{bmatrix} 2 & 1 & 1 \\ 1 & 1 & 1 \\ 0 & 0 & 1 \end{bmatrix}$$

58.

$$\mathbf{B} \times \mathbf{A} = \begin{bmatrix} 1 & 1 & 0 \\ 1 & 1 & 1 \\ 0 & 0 & 1 \end{bmatrix}$$

CAPÍTULO 6

1. Um grafo possível:

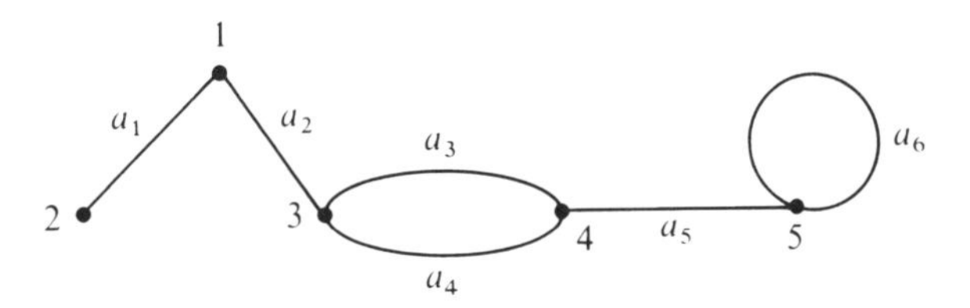

2. a.

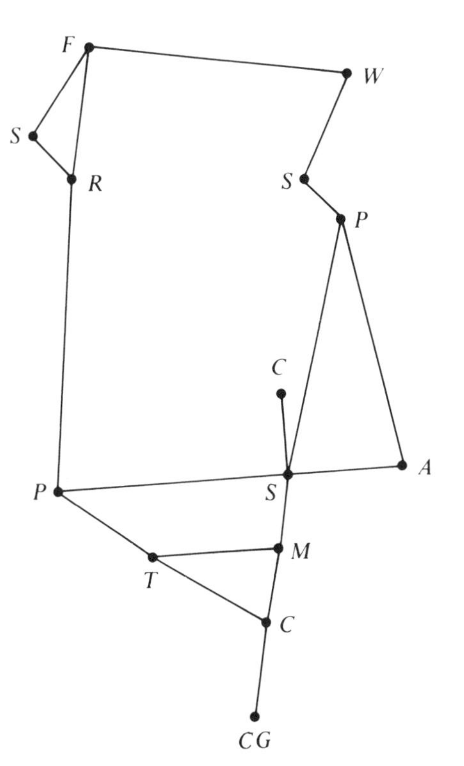

b.

3. Respostas possíveis:

a. 2 e 3
b. 5
c. a_6
d. a_3 e a_4
e. 3
f. 2, a_1, 1, a_2, 3, a_3, 4, a_4, 3, a_3, 4
g. 3, a_3, 4, a_4, 3
h. não
i. sim

4.

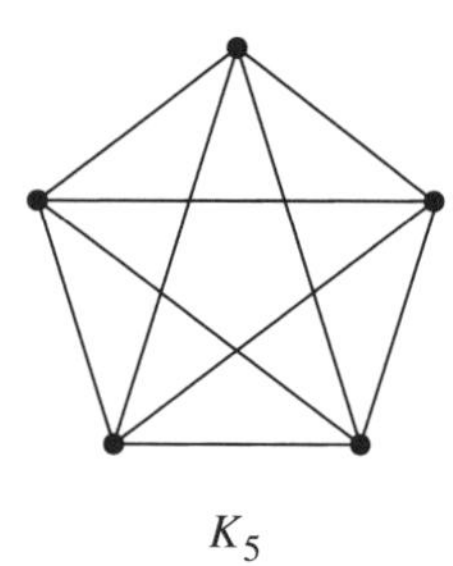

K_5

5.

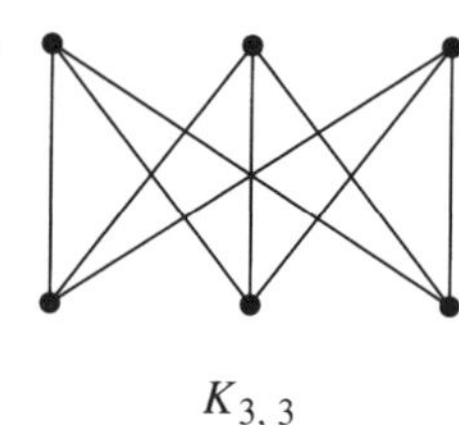

$K_{3,3}$

6. a. Em um grafo completo, dois nós distintos quaisquer são adjacentes, de modo que existe um caminho de comprimento 1 de um nó qualquer para qualquer outro; portanto, o grafo é conexo.

b. Por exemplo, o grafo da Figura 6.10b.

7. f_2: $a_4 \to e_3$
$a_5 \to e_8$
$a_6 \to e_7$
$a_7 \to e_5$ (ou e_6)
$a_8 \to e_6$ (ou e_5)

8. f: $1 \to d$
$2 \to e$
$3 \to f$
$4 \to c$
$5 \to b$
$6 \to a$

9. O grafo à esquerda na Figura 6.19 tem dois nós de grau 2, mas o grafo à direita não; ou o grafo à esquerda tem arcos paralelos, mas o grafo à direita não.

10. K_4 pode ser representado por

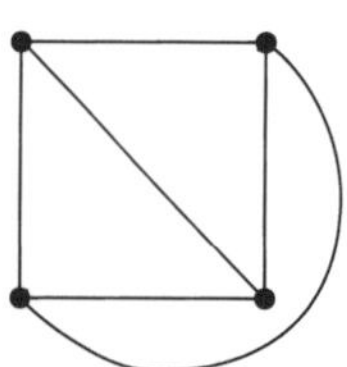

11. Colocar arcos exteriores 1-3 e 1-4 nos leva ao grafo a seguir, onde ainda é impossível tornar 3 e 5 adjacentes preservando a planaridade.

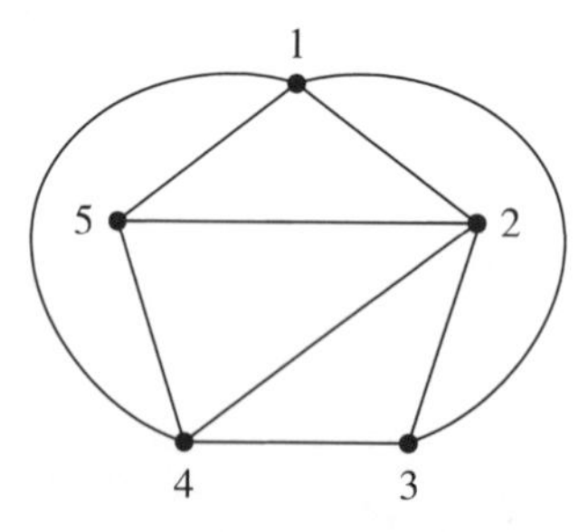

12. Uma tentativa de construir $K_{3,3}$ como um grafo planar nos leva ao grafo a seguir; não há maneira de conectar os nós 3 e 5. Qualquer outra construção esbarra em uma dificuldade análoga.

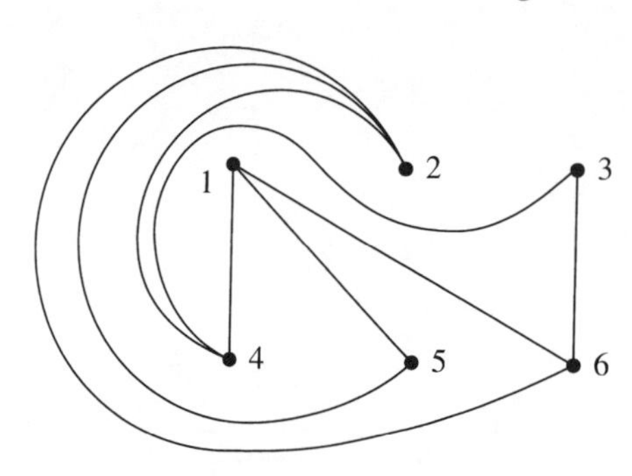

13. $n = 6, a = 7, r = 3$ e $6 - 7 + 3 = 2$.

14. Sem essa condição sobre o arco, poderíamos obter uma figura como a que segue. Então o grafo seria quebrado em dois subgrafos desconexos e a hipótese de indução não se aplicaria. Além disso, o número de regiões não mudaria.

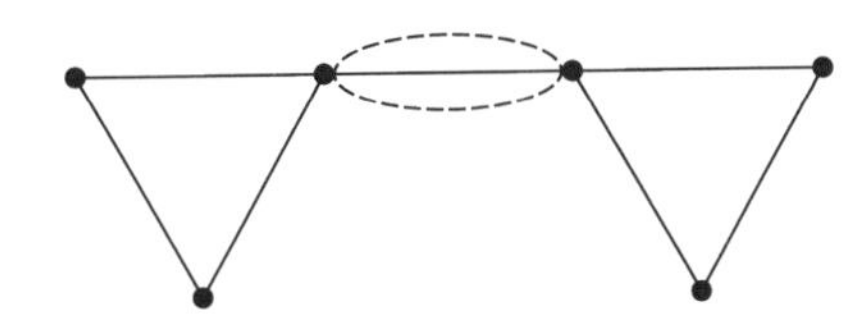

15. Em $K_{3,3}$, $a = 9$, $n = 6$ e $9 \leq 3(6) - 6$.

16.

$$\mathbf{A} = \begin{bmatrix} 1 & 1 & 0 & 1 \\ 1 & 0 & 1 & 0 \\ 0 & 1 & 0 & 2 \\ 1 & 0 & 2 & 0 \end{bmatrix}$$

17.

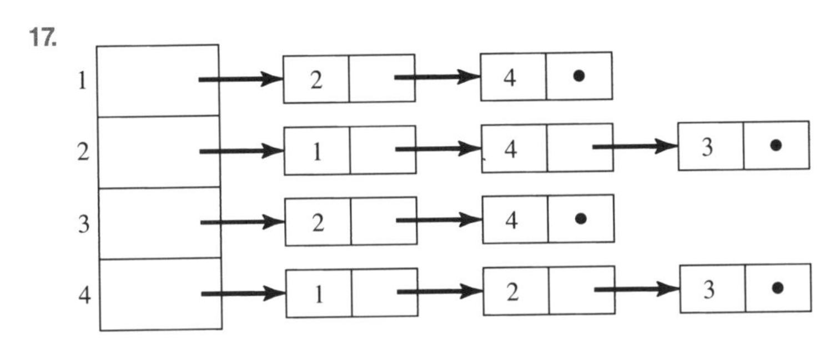

18. a. 2 b. 4 c. 2

19.

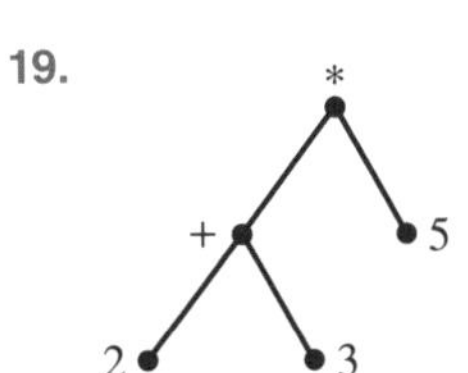

20. a.

	Filho esquerdo	Filho direito
1	0	2
2	3	4
3	0	5
4	0	0
5	0	0

b.

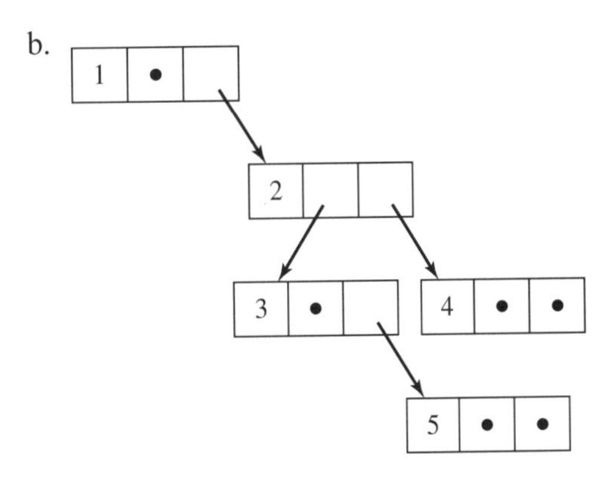

21. $a, b, e, f, c, d, g, i, h$
$e, b, f, a, c, i, g, d, h$
$e, f, b, c, i, g, h, d, a$

22.

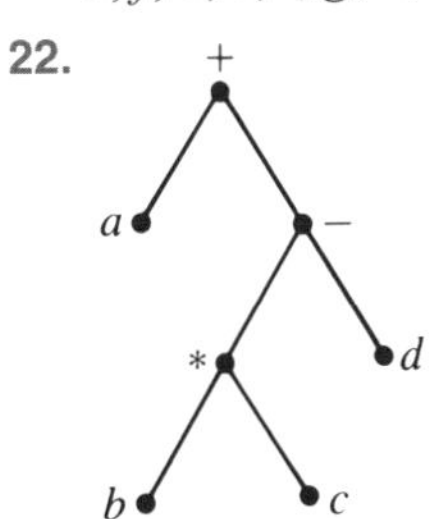

Notação infixa: $+ a - * bcd$

Notação pós-fixa: $abc * d - +$

23. No caso básico, $n = 1$, a árvore consiste em um único nó e nenhum arco; portanto, nenhum arco termina. O número de extremidades de arco é $0 = 2(1) - 2$. Suponha que qualquer árvore com k nós tem um número total de extremidades de arco igual a $2k - 2$. Vamos considerar uma árvore com $k + 1$ nós e mostrar que ela tem $2(k + 1) - 2$ extremidades de arco. Nessa árvore, remova uma folha e o arco que a liga ao seu nó pai. Isso nos leva a uma árvore com k nós e, pela hipótese de indução, com $2k - 2$ extremidades de arco. Como a árvore original tinha um arco e duas extremidades de arco a mais, ela tinha $2k - 2 + 2 = 2k = 2(k + 1) - 2$ extremidades de arco.

24. O caso básico é o mesmo que no Problema Prático 23. Suponha que a árvore T é construída de subárvores $T_1, \ldots, T_t$ e que qualquer subárvore T_i com n_i nós tem $(2n_i - 2)$ extremidades de arco. Seja n o número de nós em T. Então, como no Exemplo 30,

$$n = 1 + \sum_{i=1}^{t} n_i \quad \text{logo} \quad 2n = 2 + 2\sum_{i=1}^{t} n_i$$

O número N de extremidades de arcos em T é $2t + \sum_{i=1}^{t}$ (número de extremidades de arcos em T_i). (O $2t$ extra conta o número de extremidades de arcos da raiz de T às t subárvores.) Então

$$N = 2t + \sum_{i=1}^{t}(2n_i - 2) = 2t + 2\sum_{i=1}^{t} n_i - 2t = 2\sum_{i=1}^{t} n_i = 2n - 2$$

25. a.

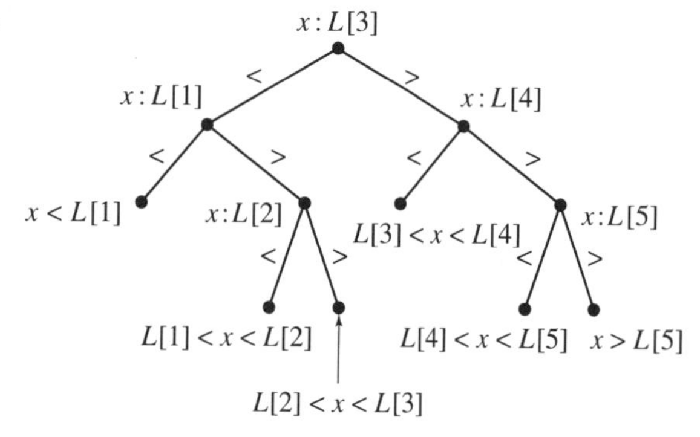

b. Altura da árvore = $3 = 1 + \lfloor \log 5 \rfloor$.

26. a.

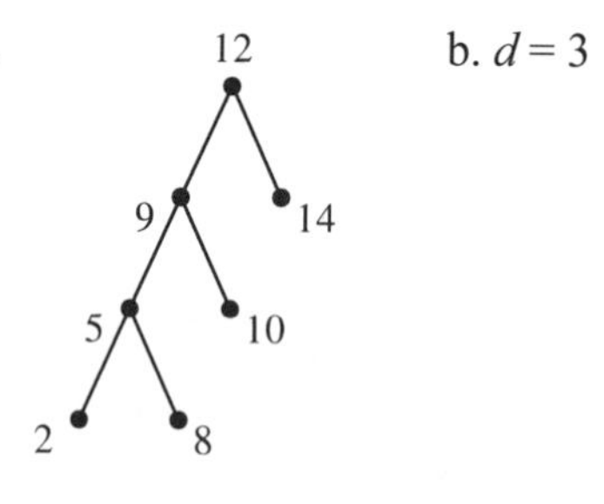

b. $d = 3$

27. a.

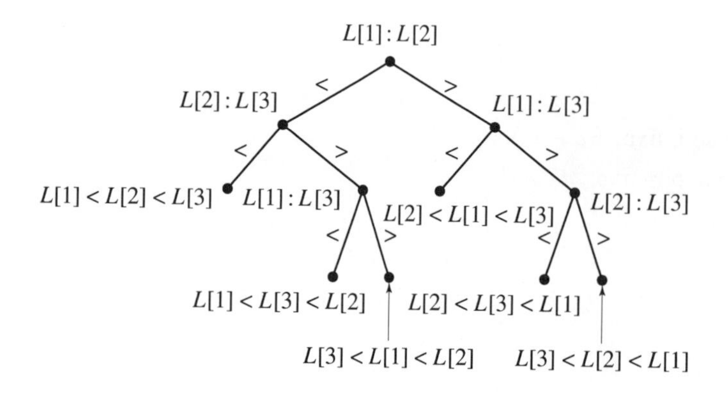

28. a. *ppca?* b. *cagak?* c. *?kac?*

29.

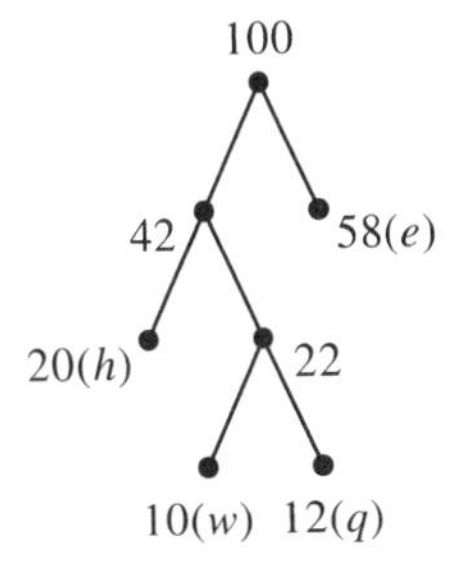

30. w: 010
q: 011
h: 00
e: 1

CAPÍTULO 7

1. $\{(2, 1),(2, 2),(3, 1),(3, 4)\}$

2. Existem dois nós distintos, 3 e 4, com $3\ \rho\ 4$ e $4\ \rho\ 3$.

3.

$$\mathbf{A} = \begin{bmatrix} 0 & 0 & 0 & 1 \\ 0 & 0 & 1 & 1 \\ 0 & 0 & 0 & 0 \\ 1 & 0 & 0 & 0 \end{bmatrix} \quad \mathbf{A}^{(2)} = \begin{bmatrix} 1 & 0 & 0 & 0 \\ 1 & 0 & 0 & 0 \\ 0 & 0 & 0 & 0 \\ 0 & 0 & 0 & 1 \end{bmatrix}$$

$A^{(2)}[2, 1] = 1$ porque existe um caminho do nó 2 para o 1 de comprimento 2 (2–4–1).

4. Existe um caminho de comprimento 4 de 2 para 1 (2–4–1–4–1), logo $A^{(4)}[2, 1]$ deve ser 1.

$$\mathbf{A} = \begin{bmatrix} 0 & 0 & 0 & 1 \\ 0 & 0 & 1 & 1 \\ 0 & 0 & 0 & 0 \\ 1 & 0 & 0 & 0 \end{bmatrix} \quad \mathbf{A}^{(2)} = \begin{bmatrix} 1 & 0 & 0 & 0 \\ 1 & 0 & 0 & 0 \\ 0 & 0 & 0 & 0 \\ 0 & 0 & 0 & 1 \end{bmatrix}$$

$$\mathbf{A}^{(3)} = \begin{bmatrix} 0 & 0 & 0 & 1 \\ 0 & 0 & 0 & 1 \\ 0 & 0 & 0 & 0 \\ 1 & 0 & 0 & 0 \end{bmatrix} \quad \mathbf{A}^{(4)} = \begin{bmatrix} 1 & 0 & 0 & 0 \\ 1 & 0 & 0 & 0 \\ 0 & 0 & 0 & 0 \\ 0 & 0 & 0 & 1 \end{bmatrix}$$

5. $\mathbf{R} = \mathbf{A} \vee \mathbf{A}^{(2)} \vee \mathbf{A}^{(3)} \vee \mathbf{A}^{(4)}$, de modo que aplicar o **ou** booleano nas quatro matrizes do Problema Prático 4 nos dá

$$\mathbf{R} = \begin{bmatrix} 1 & 0 & 0 & 1 \\ 1 & 0 & 1 & 1 \\ 0 & 0 & 0 & 0 \\ 1 & 0 & 0 & 1 \end{bmatrix}$$

A coluna 2 só contém elementos iguais a 0, logo 2 não é acessível de nenhum outro nó.

6.

$$\mathbf{M}_0 = \begin{bmatrix} 0 & 0 & 0 & 1 \\ 0 & 0 & 1 & 1 \\ 0 & 0 & 0 & 0 \\ 1 & 0 & 0 & 0 \end{bmatrix} \quad \mathbf{M}_1 = \begin{bmatrix} 0 & 0 & 0 & 1 \\ 0 & 0 & 1 & 1 \\ 0 & 0 & 0 & 0 \\ 1 & 0 & 0 & 1 \end{bmatrix} \quad \mathbf{M}_2 = \begin{bmatrix} 0 & 0 & 0 & 1 \\ 0 & 0 & 1 & 1 \\ 0 & 0 & 0 & 0 \\ 1 & 0 & 0 & 1 \end{bmatrix}$$

$$\mathbf{M}_3 = \begin{bmatrix} 0 & 0 & 0 & 1 \\ 0 & 0 & 1 & 1 \\ 0 & 0 & 0 & 0 \\ 1 & 0 & 0 & 1 \end{bmatrix} \quad \mathbf{M}_4 = \mathbf{R} = \begin{bmatrix} 1 & 0 & 0 & 1 \\ 1 & 0 & 1 & 1 \\ 0 & 0 & 0 & 0 \\ 1 & 0 & 0 & 1 \end{bmatrix}$$

7. a. Não b. Sim
8. a. Não, quatro nós ímpares. b. Sim, não tem nós ímpares.
9. Não, todos os quatro nós são ímpares.
10.

$$\begin{array}{c} \\ A \\ B \\ C \\ D \end{array} \begin{array}{c} \begin{array}{cccc} A & B & C & D \end{array} \\ \begin{bmatrix} 0 & 2 & 2 & 1 \\ 2 & 0 & 0 & 1 \\ 2 & 0 & 0 & 1 \\ 1 & 1 & 1 & 0 \end{bmatrix} \end{array}$$

Após a linha C, $total = 3$, o laço termina e não existe caminho.

11. a. Não. b. Sim
12.

$IN = \{x\}$

	x	1	2	3	y
d	0	1	∞	4	∞
s	–	x	x	x	x

$p = 1$
$IN = \{x, 1\}$

	x	1	2	3	y
d	0	1	4	2	6
s	–	x	1	1	1

$p = 3$
$IN = \{x, 1, 3\}$

	x	1	2	3	y
d	0	1	4	2	5
s	–	x	1	1	3

$p = 2$
$IN = \{x, 1, 3, 2\}$

	x	1	2	3	y
d	0	1	4	2	5
s	–	x	1	1	3

$p = y$
$IN = \{x, 1, 3, 2, y\}$

	x	1	2	3	y
d	0	1	4	2	5
s	–	x	1	1	3

Caminho: x, 1, 3, y. Distância = 5.

13.

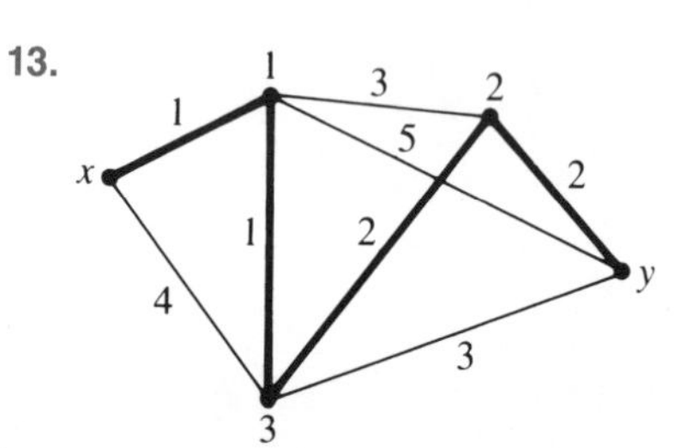

14. $a, e, d, b, c, i, f, g, h, l, k, m, j$
15. $a, e, f, d, i, b, c, g, h, j, k, m, l$

16. a.

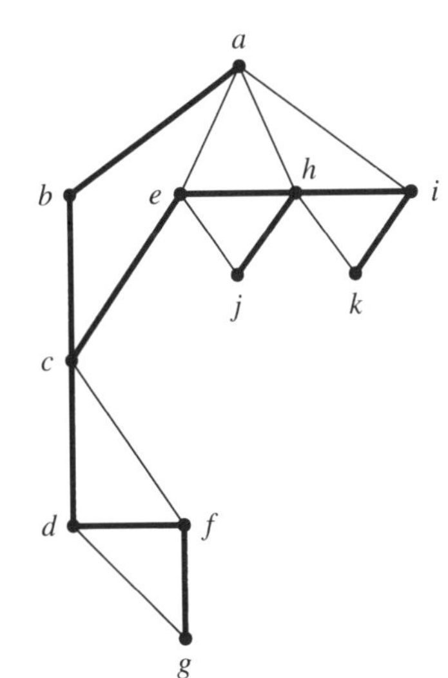

b.

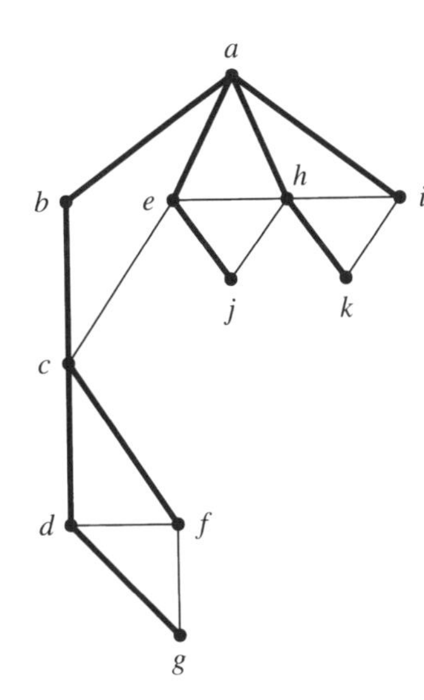

17. Escolhendo o nó c (arbitrariamente) como o nó inicial, visitamos e, depois temos que voltar para c. Não há nenhum outro nó para visitar, logo começamos novamente do nó a (mais uma vez, uma escolha arbitrária entre os nós não visitados). Indo de a para b, para d e depois voltando obtém-se o resto dos nós.

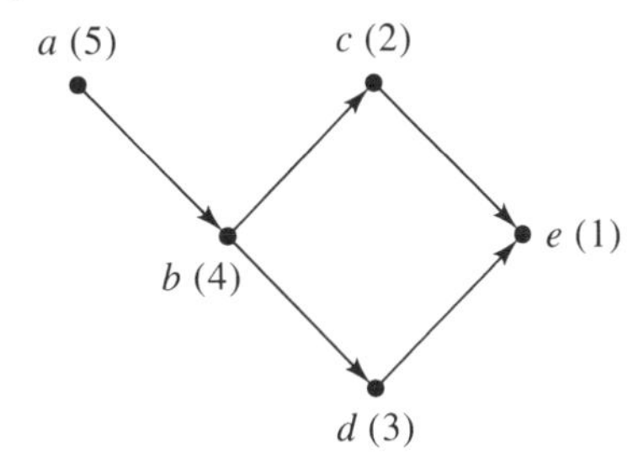

Ordenação topológica: a, b, d, c, e.

18. A busca em profundidade vai do nó a para o b e depois para o c, com os *NúmerosDeÁrvores* e *NúmerosDeTrás* atribuídos em sequência. No nó c, o arco de trás para o nó a faz com que o *NúmeroDeTrás* de c seja mudado para o *NúmeroDeÁrvore* de a. A busca continua para d, que tem atribuído em sequência um *NúmeroDeÁrvore* e um *NúmeroDeTrás*. A busca então volta para o nó c. Como *NúmeroDeTrás*(d) > *NúmeroDeÁrvore*(c), c é reconhecido como um ponto de articulação. A busca volta para o nó b e o *NúmeroDeTrás* de b é reduzido ao de c. A busca volta para a, mas a não é um ponto de articulação porque é o nó inicial com apenas um arco da árvore.

CAPÍTULO 8

1. $0 \cdot 1 = 0$
$1 \cdot 1 = 1$

2. a. $A \vee A = A$
b. $A \cup A = A$

3. a.
$$\begin{aligned} x + 1 &= x + (x + x') && \text{(5a, propriedade do complementar)}\\ &= (x + x) + x' && \text{(2a, associativa)}\\ &= x + x' && \text{(idempotência)}\\ &= 1 && \text{(5a, propriedade do complementar)} \end{aligned}$$

b. $x \cdot 0 = 0$

4. Para provar que $0' = 1$, mostre que 1 tem as duas propriedades do complementar de 0.

$$\begin{aligned} 0 + 1 &= 1 && \text{(limitação universal)}\\ 0 \cdot 1 &= 1 \cdot 0 && \text{(1b)}\\ &= 0 && \text{(dual da limitação universal)} \end{aligned}$$

Portanto, $1 = 0'$ pelo teorema sobre a unicidade dos complementares.

5. a. $f(x \cdot y) = f(x) * f(y)$
   b. $f(x') = [f(x)]''$

6. Propriedade 2:

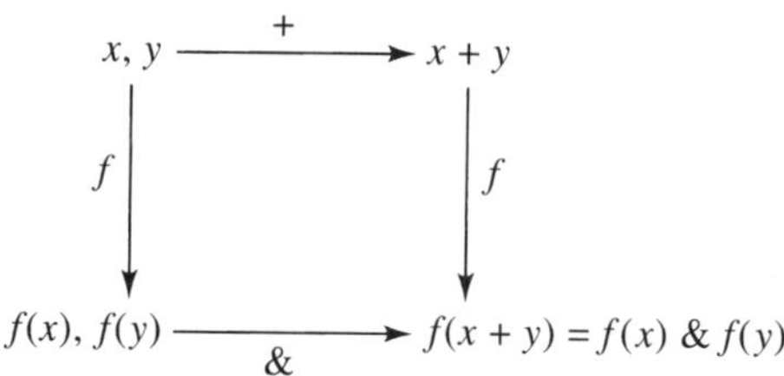

Propriedade 3:

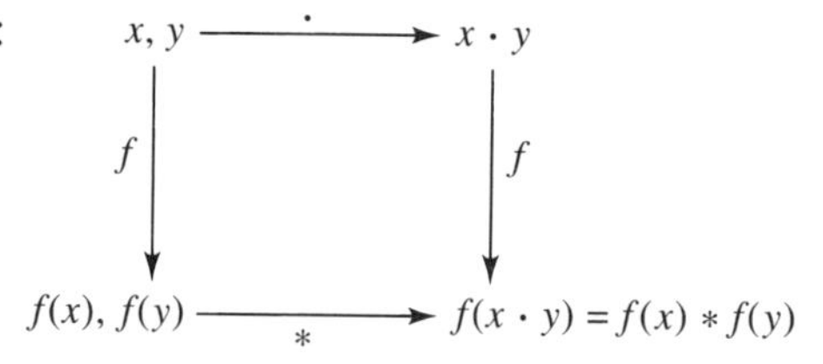

Propriedade 4:

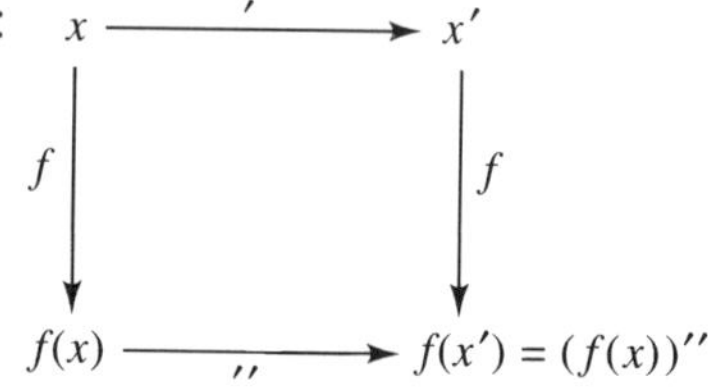

7. a. $f(0 + a) = f(a) = \{1\} = \varnothing \cup \{1\} = f(0) \cup f(a)$
   b. $f(a + a') = f(1) = \{1, 2\} = \{1\} \cup \{2\} = f(a) \cup f(a')$
   c. $f(a \cdot a') = f(0) = \varnothing = \{1\} \cap \{2\} = f(a) \cap f(a')$
   d. $f(1') = f(0) = \varnothing = \{1, 2\}' = (f(1))'$

8. a. Uma única função booleana em $\{0, 1\}^n$ tem que levar os elementos do domínio em 0 ou 1, e existem 2^n n-uplas no domínio $\{0, 1\}^n$. Portanto, a tabela-verdade para a função terá 2^n linhas.
   b. Qualquer função booleana tem que preencher 4 "caixinhas" (correspondendo aos $2^2 = 4$ elementos do domínio) com um dos valores 0 ou 1. Existem $2^4 = 16$ maneiras diferentes de fazer isso.
   c. Qualquer função booleana tem que preencher 2^n "caixinhas" (correspondendo aos 2^n elementos do domínio) com um dos valores 0 ou 1. Existem 2^{2^n} maneiras diferentes de fazer isso.

9. a.

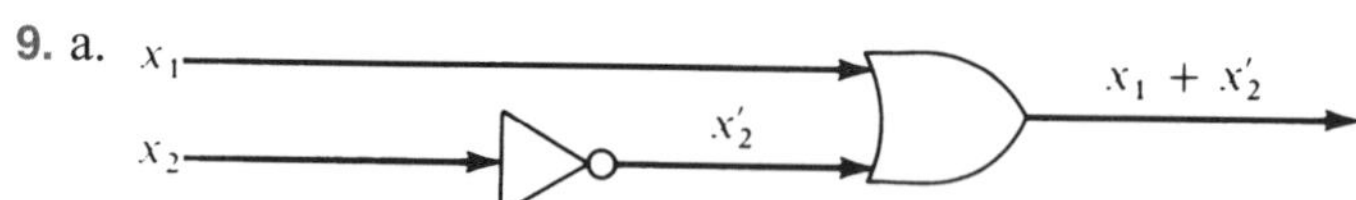

   b.

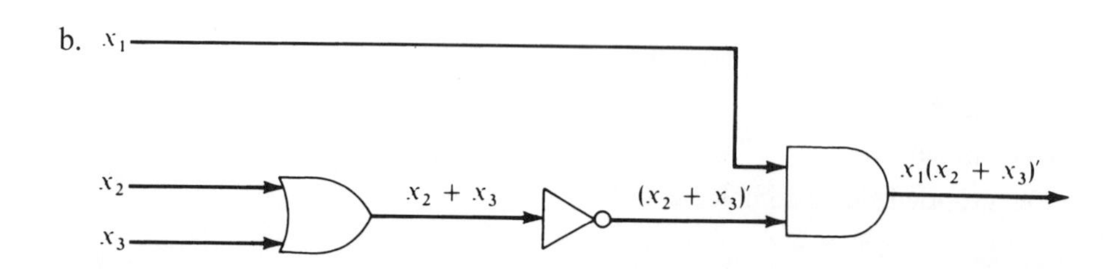

10. a. $(x_1' + x_2)x_3'$

b.

x_1	x_2	x_3	$(x_1' + x_2)x_3'$
1	1	1	0
1	1	0	1
1	0	1	0
1	0	0	0
0	1	1	0
0	1	0	1
0	0	1	0
0	0	0	1

11. a. $x_1x_2x_3 + x_1x_2'x_3 + x_1x_2'x_3' + x_1'x_2'x_3 + x_1'x_2'x_3'$

b.

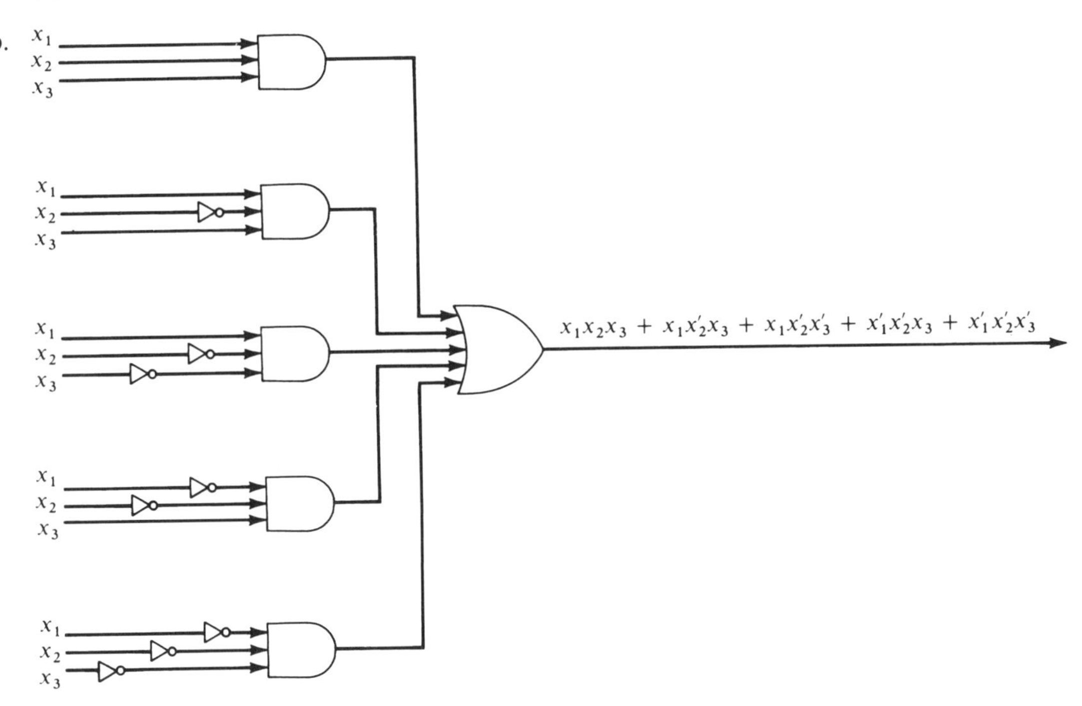

12.

$$\begin{array}{r} 101 \\ \underline{111} \\ (1)100 \end{array}$$

13. a.

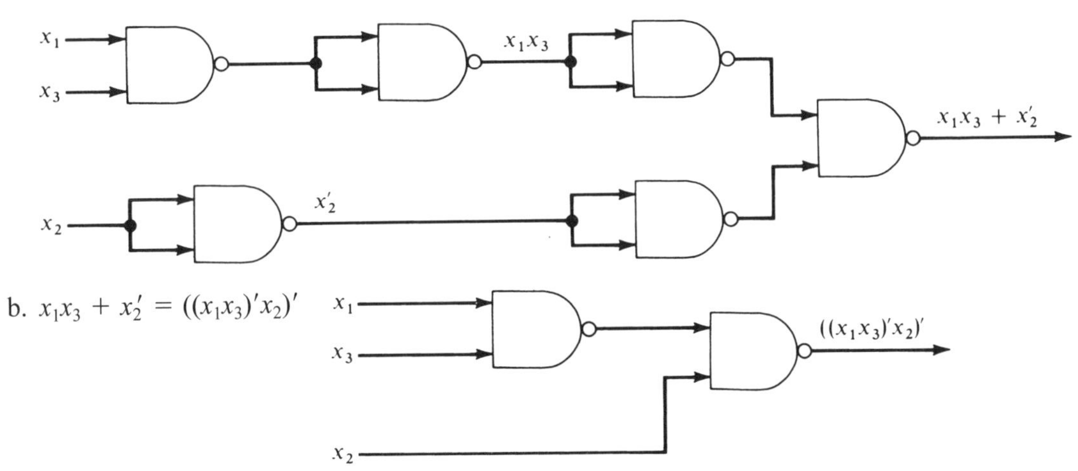

14. a.

x_1	x_2	$f(x_1, x_2)$
1	1	0
1	0	1
0	1	1
0	0	0

Aqui $x_i = 0$ quando o interruptor está na posição "desligado" e $f(x_1, x_2) = 0$ quando a luz está apagada. A última linha da tabela-verdade diz que quando os dois interruptores estão desligados a luz está apagada. As linhas 2 e 3 dizem que quando se liga um interruptor ou o outro a luz acende. Mas a linha do topo diz que, se a luz está acesa (porque um dos interruptores foi ligado), mexer na posição do segundo interruptor faz com que a luz apague.

b. Uma possibilidade é a forma normal disjuntiva, $x_1x_2' + x_1'x_2$.

c.

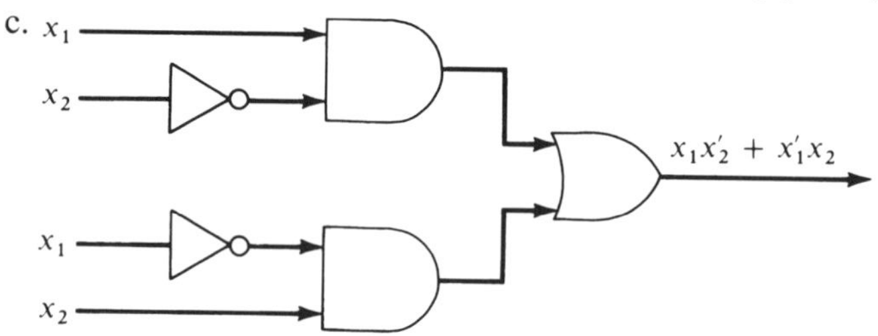

15. a. $x_1x_2 + x_1'x_2 = x_2x_1 + x_2x_1'$
$= x_2(x_1 + x_1')$
$= x_2 \cdot 1$
$= x_2$

b. $x_1 + x_1'x_2 = x_1 \cdot 1 + x_1'x_2$
$= x_1(1 + x_2) + x_1'x_2$ (limitação universal)
$= x_1 + x_1x_2 + x_1'x_2$
$= x_1 + x_2(x_1 + x_1')$
$= x_1 + x_2 \cdot 1$
$= x_1 + x_2$

16.

	x_1	x_1'
x_2		1
x_2'		1

A expressão reduzida é x_1'.

17. x_1x_3 (4 quadrados) e $x_1'x_2x_3'$ (2 quadrados).

18. $x_1x_2'x_4 + x_1x_3'x_4 + x_2'x_3'$

	x_1x_2	x_1x_2'	$x_1'x_2'$	$x_1'x_2$
x_3x_4		1		
x_3x_4'				
$x_3'x_4'$		1	1	
$x_3'x_4$	1	1	1	

19. A tabela reduzida é mostrada a seguir.

Número de uns (1s)	x_1	x_2	x_3	
Três	1	1	1	1
Dois	1	1	0	1,2
Um	1	0	0	2,3
	0	0	1	4
Nenhum	0	0	0	3,4

Número de uns (1s)	x_1	x_2	x_3
Dois	1	1	–
Um	1	–	0
Nenhum	–	0	0
	0	0	–

A tabela de comparação é mostrada a seguir.

	111	110	100	001	000
11–	✓	✓			
1–0		✓	✓		
–00			✓		✓
00–				✓	✓

As parcelas essenciais são 11– e 00–. Podemos usar 1–0 ou –00 como a terceira parcela reduzida. A forma disjuntiva mínima é

$$x_1x_2 + x_1'x_2' + x_1x_3' \qquad \text{ou} \qquad x_1x_2 + x_1'x_2' + x_2'x_3'$$

CAPÍTULO 9

1. A multiplicação em $\mathbb{R}$ é associativa e comutativa, e 1 é um elemento neutro. Mas $[\mathbb{R}, \cdot]$ não é um grupo comutativo porque $0 \in \mathbb{R}$ não tem inversa em relação à multiplicação: não existe número real y tal que $0 \cdot y = y \cdot 0 = 1$.
2. Veja o Problema Prático 52 do Capítulo 5.
3. Muitos elementos de $M_2(\mathbb{Z})$ não têm inverso sob a multiplicação de matrizes. Por exemplo, se
$$\begin{bmatrix} 2 & 0 \\ 0 & 2 \end{bmatrix}$$
tiver uma matriz inversa
$$\begin{bmatrix} a & b \\ c & d \end{bmatrix}$$
sob a multiplicação, então
$$\begin{bmatrix} 2 & 0 \\ 0 & 2 \end{bmatrix} \cdot \begin{bmatrix} a & b \\ c & d \end{bmatrix} = \begin{bmatrix} a & b \\ c & d \end{bmatrix} \cdot \begin{bmatrix} 2 & 0 \\ 0 & 2 \end{bmatrix} = \begin{bmatrix} 1 & 0 \\ 0 & 1 \end{bmatrix}$$
Pela definição de multiplicação de matrizes, a única matriz que satisfaz essa equação tem $2a = 1$, ou $a = \frac{1}{2}$, logo não é um elemento de $M_2(\mathbb{Z})$.
4. A subtração não é associativa; por exemplo, $5 - (3 - 1) = 3$, mas $(5 - 3) - 1 = 1$.
5. Não, S não é fechado em relação à multiplicação; por exemplo, $\frac{2}{3} \cdot \frac{3}{2} = 1$.
6. Com exceção de $[\mathbb{R}^+, +]$ (que não tem identidade), todos os outros são monoides; as identidades são, respectivamente, 0, 1, 1, 0, $\varnothing$, S.
7. $[\mathbb{R}^+, +]$
8. a. $f(x) + g(x) = g(x) + f(x)$
   $[f(x) + g(x)] + h(x) = f(x) + [g(x) + h(x)]$
   b. O polinômio nulo, 0.
   c. $-7x^4 + 2x^3 - 4$
9. a.

$+_5$	0	1	2	3	4
0	0	1	2	3	4
1	1	2	3	4	0
2	2	3	4	0	1
3	3	4	0	1	2
4	4	0	1	2	3

$\cdot_5$	0	1	2	3	4
0	0	0	0	0	0
1	0	1	2	3	4
2	0	2	4	1	3
3	0	3	1	4	2
4	0	4	3	2	1

   b. 0; 1
   c. 3
   d. todos exceto 0

10. a.

$\cdot_6$	0	1	2	3	4	5
0	0	0	0	0	0	0
1	0	1	2	3	4	5
2	0	2	4	0	2	4
3	0	3	0	3	0	3
4	0	4	2	0	4	2
5	0	5	4	3	2	1

b. 1 e 5

11. a. $01101 +_2 11011 = 10110$

b. $-10100 = 10100$ pois $10100 +_2 10100 = 00000$

12. Sejam $f, g, h \in S$. Então para qualquer $x \in A$, $[(f \circ g) \circ h](x) = (f \circ g)(h(x)) = f(g[h(x)])$ e $[f \circ (g \circ h)](x) = f[(g \circ h)(x)] = f(g[h(x)])$. Portanto, $(f \circ g) \circ h = f + (g + h)$.

13. a.

$\circ$	α_1	α_2	α_3	α_4	α_5	α_6
α_1	α_1	α_2	α_3	α_4	α_5	α_6
α_2	α_2	α_1	α_6	α_5	α_4	α_3
α_3	α_3	α_5	α_1	α_6	α_2	α_4
α_4	α_4	α_6	α_5	α_1	α_3	α_2
α_5	α_5	α_3	α_4	α_2	α_6	α_1
α_6	α_6	α_4	α_2	α_3	α_1	α_5

b. Não, porque $\alpha_2 \circ \alpha_3 = \alpha_6$, mas $\alpha_3 \circ \alpha_2 = \alpha_5$.

14. a. Não, porque $ab \cdot a = aba$, mas $a \cdot ab = aab$.

b. Não, porque nenhuma cadeia não vazia tem inversa; por exemplo, não existe cadeia que possa ser concatenada com a para obter λ.

15. $i_1 = i_1 \cdot i_2$ porque i_2 é uma identidade; $i_1 \cdot i_2 = i_2$ porque i_1 é uma identidade.

16. Suponha que y e z são, ambos, inversos de x. Seja i a identidade. Então $y = y \cdot i = y \cdot (x \cdot z) = (y \cdot x) \cdot z = i \cdot z = z$.

17. $7^{-1} = 5$, $3^{-1} = 9$; logo $10^{-1} = (7 +_{12} 3)^{-1} = 3^{-1} +_{12} 7^{-1} = 9 +_{12} 5 = 2$

18.

$$\begin{aligned} z \cdot x &= z \cdot y \quad \text{implica} \\ z^{-1} \cdot (z \cdot x) &= z^{-1} \cdot (z \cdot y) \\ (z^{-1} \cdot z) \cdot x &= (z^{-1} \cdot z) \cdot y \\ i \cdot x &= i \cdot y \\ x &= y \end{aligned}$$

19. $x = 1 +_8 (3)^{-1} = 1 +_8 5 = 6$

20.

*	1	a	b	c	d
1	1	a	b	c	d
a	a	b	c	d	1
b	b	c	d	1	a
c	c	d	1	a	b
d	d	1	A	b	c

21. a. $[\mathbb{Z}_{18}, +_{18}]$

b. $[S_3, \circ]$

22. A propriedade 2, $i \in A$, garante que $A \neq \varnothing$.

23. a. O conjunto é fechado em relação à operação:

$+_8$	0	2	4	6
0	0	2	4	6
2	2	4	6	0
4	4	6	0	2
6	6	0	2	4

$0 \in \{0, 2, 4, 6\}$; $0^{-1} = 0$, $4^{-1} = 4$, e 2 e 6 são um o inverso do outro.

b. O conjunto é fechado em relação à operação:

$+_7$	1	2	4
1	1	2	4
2	2	4	1
4	4	1	2

$1 \in \{1, 2, 4\}$; $1^{-1} = 1$ e 2 e 4 são um o inverso do outro.

24. $[\{\alpha_l, \alpha_5, \alpha_6\}, \circ]$ $[\{\alpha_1, \alpha_2\}, \circ]$ $[\{\alpha_1, \alpha_3\}, \circ]$ $[\{\alpha_1, \alpha_4\}, \circ]$

25. Para mostrar que f é injetora, sejam α e β elementos de A_n e suponha que $f(\alpha) = f(\beta)$. Então $\alpha \circ (1, 2) = \beta \circ (1, 2)$. Pela regra de cancelamento, que é válida no grupo S_n, $\alpha = \beta$. Para mostrar que f é sobrejetora, seja $\gamma \in O_n$. Então, $\gamma \circ (1, 2) \in A_n$ e $f(\gamma \circ (1, 2)) = \gamma \circ (1, 2) \circ (1, 2) = \gamma \circ i = \gamma$.

26. Para $nz_1, nz_2 \in n\mathbb{Z}$, $nz_1 + nz_2 = n(z_1 + z_2) \in n\mathbb{Z}$, logo $n\mathbb{Z}$ é fechado em relação à soma; $0 = n \cdot 0 \in n\mathbb{Z}$; para $nz \in n\mathbb{Z}$, $-nz = n(-z) \in n\mathbb{Z}$.

27.

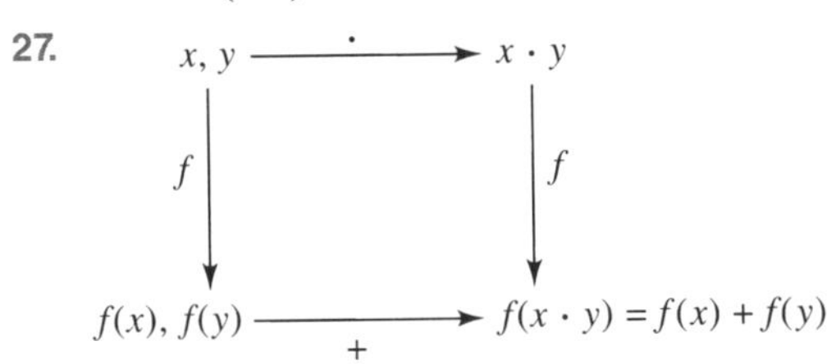

28. $f(s) + f(s^{-1}) = f(s \cdot s^{-1}) = f(i_S) = i_T$. Analogamente, $f(s^{-1}) + f(s) = i_T$. Portanto, $f(s^{-1})$ age como o inverso de $f(s)$ em T. Pela unicidade do inverso, $f(s^{-1}) = -f(s)$.

29. Sejam t_1 e t_2 elementos de T. Como f é sobrejetora, existem $s_1, s_2 \in S$ tais que $t_1 = f(s_1)$ e $t_2 = f(s_2)$. Então,

$$t_1 + t_2 = f(s_1) + f(s_2) = f(s_1 \cdot s_2) = f(s_2 \cdot s_1) \quad \text{(porque } [S, \cdot] \text{ é comutativo)}$$
$$= f(s_2) + f(s_1) = t_2 + t_1$$

logo, $[T, +]$ é comutativo.

30. É claro que f é sobrejetora. f também é injetora: se $f(x) = f(y)$, então $5x = 5y$ e $x = y$. f é um homomorfismo: se $x, y \in \mathbb{Z}$, $f(x + y) = 5(x + y) = 5x + 5y = f(x) + f(y)$.

31. a. A composição de bijeções é uma bijeção, e, se $x, y \in S$, $(g \circ f)(x \cdot y) = g(f(x \cdot y)) = g(f(x) + f(y)) = g(f(x)) * g(f(y))$ $= (g \circ f)(x) * (g \circ f)(y)$.

b. $S \simeq S$ pela aplicação identidade. Se f for um isomorfismo de S em T, então f^{-1} será um isomorfismo de T em S. Se $S \simeq T$ e $T \simeq V$, então, pelo item (a), $S \simeq V$.

32. Para mostrar que α_g é uma função sobrejetora, seja $y \in G$. Então $g^{-1} \cdot y$ pertence a G e $\alpha_g(g^{-1} \cdot y) = g(g^{-1} \cdot y) = (g \cdot g^{-1}) \cdot y = y$. Para mostrar que α_g é injetora, suponha que $\alpha_g(x) = \alpha_g(y)$. Então $g \cdot x = g \cdot y$ e, pela regra de cancelamento, $x = y$.

33. a. Para $\alpha_g \in P$, $\alpha_g \circ \alpha_1 = \alpha_{g \cdot 1} = \alpha_g$ e $\alpha_1 \circ \alpha_g = \alpha_{1 \cdot g} = \alpha_g$

b. $\alpha_g \circ \alpha_{g^{-1}} = \alpha_{g \cdot g^{-1}} = \alpha_1$ e $\alpha_{g^{-1}} \circ \alpha_g = \alpha_{g^{-1} \cdot g} = \alpha_1$

34. a. Suponha que $f(g) = f(h)$. Então, $\alpha_g = \alpha_h$ e, em particular, $\alpha_g(1) = \alpha_h(1)$, ou $g \cdot 1 = h \cdot 1$ e $g = h$.

b. Para $g, h \in G, f(g \cdot h) = \alpha_{g \cdot h} = \alpha_g \circ \alpha_h = f(g) \circ f(h)$.

35. $x \rho x$ porque $f(x) = f(x)$.

$x \rho y \to y \rho x$ porque se $f(x) = f(y)$, então $f(y) = f(x)$.

$x \rho y$ e $y \rho z \to x \rho z$ porque se $f(x) = f(y)$ e $f(y) = f(z)$, então $f(x) = f(z)$.

36. $K = \{x \in \mathbb{Z} | f(x) = x \cdot_3 1 = 0\}$. Logo $K = \{0, \pm 3, \pm 6, \pm 9, \ldots\} = 3\mathbb{Z}$.

37. a. $1 +_8 S = \{1 +_8 0, 1 +_8 2, 1 +_8 4, 1 +_8 6\} = \{1, 3, 5, 7\}$

$3 +_8 S = \{3 +_8 0, 3 +_8 2, 3 +_8 4, 3 +_8 6\} = \{3, 5, 7, 1\}$

$7 +_8 S = \{7 +_8 0, 7 +_8 2, 7 +_8 4, 7 +_8 6\} = \{7, 1, 3, 5\}$

b. $2 +_8 S = \{2 +_8 0, 2 +_8 2, 2 +_8 4, 2 +_8 6\} = \{2, 4, 6, 0\}$

$2 +_8 S = 0 +_8 S = 4 +_8 S = 6 +_8 S$

38. $H(X, Y) = 2$

39. Faça multiplicação matricial direta usando a soma módulo 2. Por exemplo,

$$(01111)\begin{bmatrix} 1 & 0 & 1 \\ 1 & 1 & 1 \\ 1 & 0 & 0 \\ 0 & 1 & 0 \\ 0 & 0 & 1 \end{bmatrix} = (000)$$

40. 00 → 00000
01 → 01111
11 → 11010
Junto com 10 → 10101, essas são as quatro mensagens codificadas dadas no Exemplo 21.

41. a. Por exemplo,

$$\mathbf{H} = \begin{bmatrix} 1 & 0 & 1 \\ 1 & 1 & 1 \\ 0 & 1 & 1 \\ 1 & 1 & 0 \\ 1 & 0 & 0 \\ 0 & 1 & 0 \\ 0 & 0 & 1 \end{bmatrix}$$

(Existem outras possibilidades, pois a ordem das linhas em B não faz diferença.)

b. 0000 → 0000000 1000 → 1000101
0001 → 0001110 1001 → 1001011
0010 → 0010011 1010 → 1010110
0011 → 0011101 1011 → 1011000
0100 → 0100111 1100 → 1100010
0101 → 0101001 1101 → 1101100
0110 → 0110100 1110 → 1110001
0111 → 0111010 1111 → 1111111

42. (11011)**H** = 001
(10100)**H** = 001
(01110)**H** = 001
(00001)**H** = 001

43. 000110

44.

Estado atual	Próximo estado		Saída
	Entrada atual		
	0	1	
s_0	s_0	s_3	0
s_1	s_0	s_2	1
s_2	s_3	s_3	1
s_3	s_1	s_3	2

45. a.

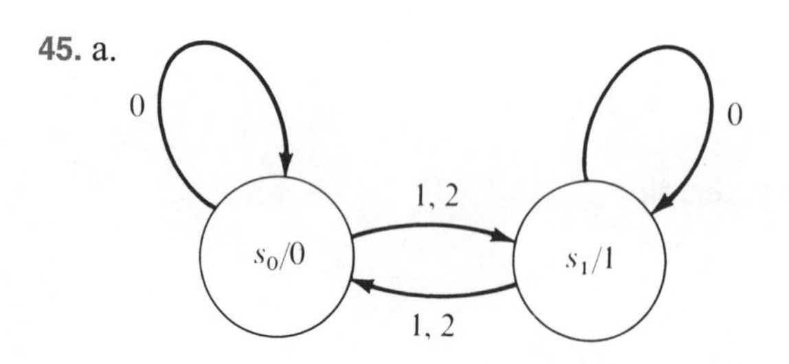

b. 01011

46. a. s_1 b. s_1

47. 11001011

48.

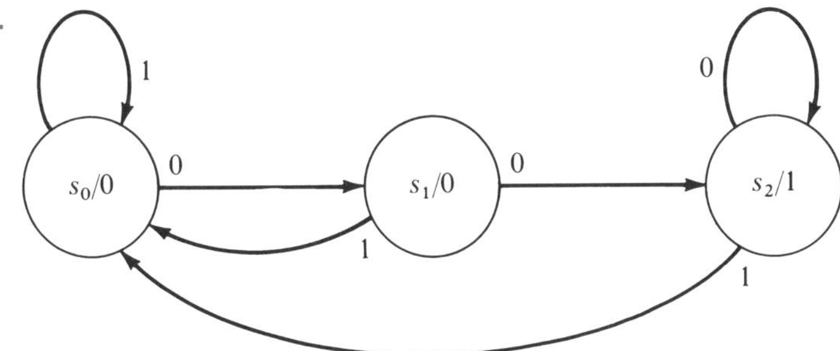

49. a. Conjunto consistindo em um único 0.

b. Conjunto de cadeias contendo um número qualquer de algarismos iguais a 0 (inclusive nenhum) seguido de 10.

c. Conjunto consistindo em um único 0 ou um único 1.

d. Conjunto de cadeias consistindo em um número qualquer (inclusive nenhum) de pares de algarismos iguais a 1.

50. A cadeia no item (b) não pertence ao conjunto.

51. a. 0 b. 0*10 c. $0 \vee 1$ d. (11)*

52. a. s_2, s_3

53. Um estado s produz a mesma cadeia de saída que ele mesmo para qualquer cadeia de entrada. Se s_i produz a mesma cadeia de saída que s_j, então s_j produz a mesma cadeia de saída que s_i. A transitividade é igualmente clara.

54. A propriedade 1 é satisfeita porque todos os estados na mesma classe produzem a mesma cadeia de saída para qualquer cadeia de entrada, inclusive a cadeia vazia. Para ver que a propriedade 2 é satisfeita, suponha que s_i e s_j são estados equivalentes cujos próximos estados, sob o símbolo de entrada i, s_i' e s_j', não são equivalentes. Então, existe uma cadeia de entrada α tal que $f_O(s_i', \alpha) \neq f_O(s_j', \alpha)$. Logo, para a cadeia de entrada $i\alpha$, s_i e s_j produzem cadeias de saída diferentes, o que contradiz a equivalência de s_i e s_j.

55. As classes de equivalência dos estados de M na Tabela 9.9 são $A = \{0, 1, 3\}$, $B = \{2\}$ e $C = \{4\}$. A máquina reduzida é

Estado atual	**Próximo estado**		**Saída**
	Entrada atual		
	0	**1**	
A	*B*	*A*	1
B	*C*	*A*	0
C	*A*	*A*	0

As classes de equivalência dos estados de M na Tabela 9.10 são $\{0\}$, $\{1\}$, $\{2\}$ e $\{3\}$. M já é mínima.

56. Escreva primeiro a tabela de estado:

Estado atual	**Próximo estado**		**Saída**
	Entrada atual		
	0	**1**	
s_0	s_0	s_1	1
s_1	s_1	s_0	0

Os estados podem ser codificados por um único elemento de retardamento, como ilustrado:

	d
s_0	0
s_1	1

As funções booleanas são

$x(t)$	$d(t)$	$y(t)$	$d(t+1)$
0	0	1	0
1	0	1	1
0	1	0	1
1	1	0	0

As formas canônicas como somas de produtos são

$$y(t) = d'$$
$$d(t+1) = xd' + x'd$$

e o circuito sequencial é

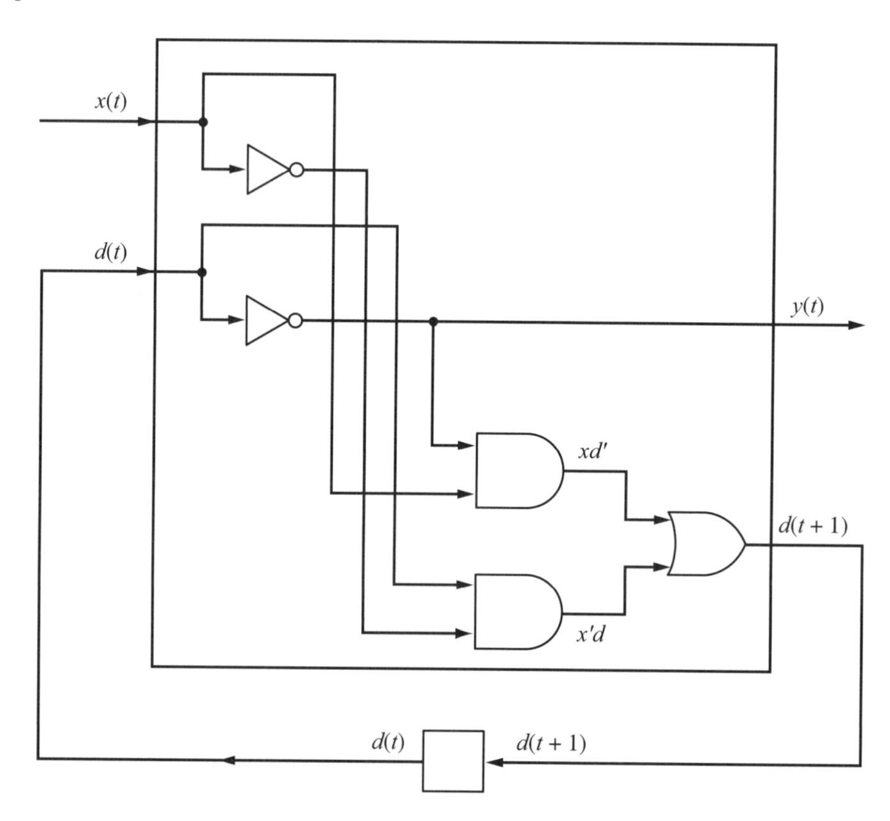

57. a. ...b 0 0 b...

b. A máquina fica se movendo sem parar entre os dois quadrados da fita que não estão em branco.

c. A máquina muda os dois quadrados que não estão em branco para 0 1 e depois se move para a direita indefinidamente.

58. a. $b\,X\,X\,1\,X\,X\,b$ para sem aceitar

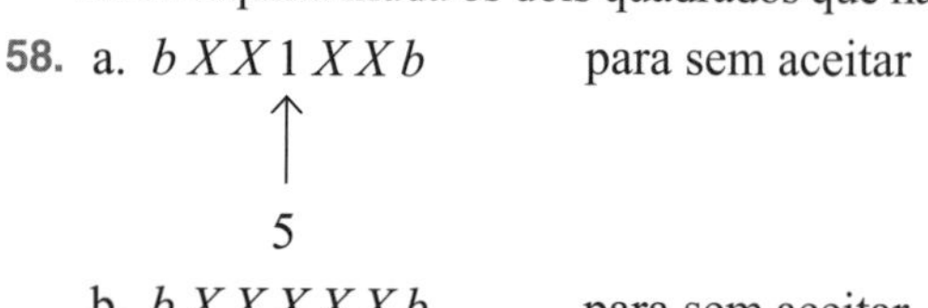

b. $b\,X\,X\,X\,X\,X\,b$ para sem aceitar

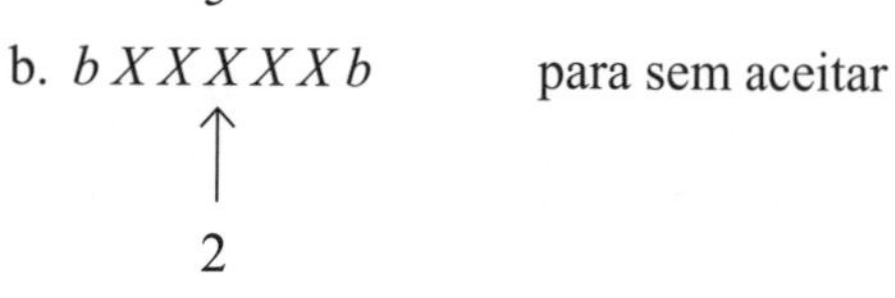

c. $b\,X\,X\,X\,0\,X\,X\,b$ para sem aceitar

↑

2

59. O estado 3 é o único estado final.

$(0, 1, 1, 0, D)$	move-se para a direita, ignorando os 1s
$(0, 0, 0, 1, D)$	um 0 foi lido, muda o estado
$(1, 0, 0, 2, D)$	foi lido um segundo 0 sucessivo
$(1, 1, 1, 0, D)$	sem segundo 0, comece novamente
$(2, 0, 0, 2, D)$	continue lendo os zeros
$(2, 1, 1, 0, D)$	cadeia de zeros quebrada antes do final da entrada, comece de novo
$(2, \text{b}, \text{b}, 3, D)$	final da entrada depois de uma cadeia com pelo menos dois zeros, aceita

Se não estivéssemos limitados a mover apenas para a direita, poderíamos usar a máquina a seguir, em que o estado 4 é o único estado final.

$(0, 0, 0, 1, D)$ $(0, 1, 1, 1, D)$	0 lê o primeiro símbolo, logo a fita não está vazia
$(1, 1, 1, 1, D)$ $(1, 0, 0, 1, D)$ $(1, b, b, 2, E)$	estado 1 lê até o final da entrada, move-se para a esquerda
$(2, 0, 0, 3, E)$	lê um zero
$(3, 0, 0, 4, E)$	lê o segundo 0, aceita

60. Mude $(2, 1, X, 3, E)$ para $(2, 1, X, 7, E)$ e adicione $(7, 1, X, 3, E)$.

61. Uma máquina que funciona, junto com a descrição de suas ações:

$(0, 1, 1, 1, D)$	lê o primeiro 1
$(1, b, 1, 6, D)$	$n = 0$, muda para 1 e para
$(1, 1, 1, 2, D)$	lê o segundo 1
$(2, b, b, 6, D)$	$n = 1$, para
$(2, 1, 1, 3, D)$	$n \geq 2$
$(3, 1, 1, 3, D)$ $(3, b, b, 4, E)$	encontra a extremidade direita de $\overline{n}$
$(4, 1, b, 5, E)$ $(5, 1, b, 6, E)$	apaga dois algoritmos iguais a 1 de $\overline{n}$ e para

62. $0S \Rightarrow 00S \Rightarrow 000S \Rightarrow 0000S \Rightarrow 00001$

63. $L = \{0^n1 \mid n \geq 0\}$

64. Por exemplo:

a. $G(V, V_T, S, P)$ em que $V = \{0, 1, S\}$, $V_T = \{0, 1\}$, e $P = \{S \to 1, S \to 0S0\}$

b. $G = (V, V_T, S, P)$ em que $V = \{0, 1, S, M\}$, $V_T = \{0, 1\}$, e $P = \{S \to 0M0, M \to 0M0, M \to 1\}$

65. Em G_1: $S \Rightarrow ABA \Rightarrow 00A \Rightarrow 0000A \Rightarrow 00000$

Em G_2: $S \Rightarrow 00A \Rightarrow 0000A \Rightarrow 00000$

Em G_3: $S \Rightarrow 0A \Rightarrow 00B \Rightarrow 000C \Rightarrow 0000B \Rightarrow 00000$

66.

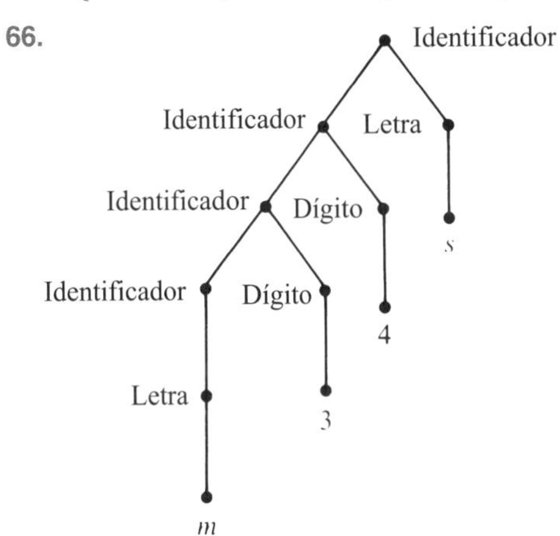

Respostas dos Exercícios Ímpares

(Note que estas são respostas, não necessariamente soluções completas; seu professor pode exigir mais explicações ou justificativas, assim como um formato diferente, para alguns destes exercícios.)

CAPÍTULO 1

EXERCÍCIOS 1.1

1. a, c, d, e, f

3. **a.** V **b.** V **c.** V **d.** F

5. **a.** Se houver água suficiente, então haverá um crescimento sadio de plantas.
   b. Se houver um maior desenvolvimento tecnológico, então haverá um aumento na disponibilidade de informação.
   c. Se foram introduzidos erros, então foram feitas modificações no programa.
   d. Se há economia de energia, então há bom isolamento ou vedação de todas as janelas.

7. **a.** $A \vee B$ **b.** $A' \wedge B'$

9. **a.** 1 e 3 **b.** 2 **c.** 4

11. **a.** A comida é boa, mas o serviço é ruim.
    b. A comida é ruim e o serviço também.
    c. A comida é ruim ou o serviço é ruim, mas é barato.
    d. A comida é boa ou o serviço é excelente.
    e. É caro, mas a comida é ruim ou o serviço é ruim.

13. **a.** $[A \to B \wedge C] \wedge (C' \to B)$
    b. $[(A \vee B) \to C] \wedge (C \to B)'$
    c. $(A \vee B) \wedge (A \wedge B)'$
    d. $(A \vee B) \to C$
    e. $A \vee (B \to C)$

15. **a.** $A \wedge B$
    b. $A \wedge (B \vee C)$
    c. $B \to (A \wedge C)$
    d. $A \to (B' \vee C')$
    e. $A \wedge [C' \to (B' \vee C)]$

17. **a.** Violetas são azuis ou o açúcar é azedo.
    b. Violetas não são azuis ou, se as rosas forem vermelhas, então o açúcar será doce.
    c. O açúcar será doce e as rosas não serão vermelhas se e somente se violetas forem azuis.
    d. O açúcar será doce e as rosas não serão vermelhas se e somente se violetas forem azuis.
    e. Se for falso que as violetas são azuis e o açúcar é azedo, então as rosas são vermelhas.
    f. Rosas são vermelhas, ou violetas são azuis e o açúcar é azedo.
    g. Rosas são vermelhas ou violetas são azuis, e o açúcar é azedo.

19. a. $D \to C$ **b.** $C \to (D \wedge A)$ **c.** $C \to D$ **d.** $C \leftrightarrow A$ **e.** $(A \vee D) \to C$

21. a. $P \to U$ **b.** $U \to P$ **c.** $U' \to (P' \wedge N)$ **d.** $N \to U'$ **e.** $N \leftrightarrow P'$

23. a.

A	B	$A \to B$	A'	$A' \vee B$	$(A \to B) \leftrightarrow A' \vee B$
V	V	V	F	V	V
V	F	F	F	F	V
F	V	V	V	V	V
F	F	V	V	V	V

Tautologia

b.

A	B	C	$A \wedge B$	$(A \wedge B) \vee C$	$B \vee C$	$A \wedge (B \vee C)$	$(A \wedge B) \vee C \to A \wedge (B \vee C)$
V	V	V	V	V	V	V	V
V	V	F	V	V	V	V	V
V	F	V	F	V	V	V	V
V	F	F	F	F	F	F	V
F	V	V	F	V	V	F	F
F	V	F	F	F	V	F	V
F	F	V	F	V	V	F	F
F	F	F	F	F	F	F	V

c.

A	B	A'	B'	$A' \vee B'$	$(A' \vee B')'$	$A \wedge (A' \vee B')'$
V	V	F	F	F	V	V
V	F	F	V	V	F	F
F	V	V	F	V	F	F
F	F	V	V	V	F	F

d.

A	B	A'	$A \wedge B$	$A \wedge B \to A'$
V	V	F	V	F
V	F	F	F	V
F	V	V	F	V
F	F	V	F	V

e.

A	B	C	$A \to B$	$A \vee C$	$B \vee C$	$(A \vee C) \to (B \vee C)$	$(A \to B) \to [(A \vee C) \to (B \vee C)]$
V	V	V	V	V	V	V	V
V	V	F	V	V	V	V	V
V	F	V	F	V	V	V	V
V	F	F	F	V	F	F	V
F	V	V	V	V	V	V	V
F	V	F	V	F	V	V	V
F	F	V	V	V	V	V	V
F	F	F	V	F	F	V	V

Tautologia

25. 1b.

A	B	$A \wedge B$	$B \wedge A$	$A \wedge B \leftrightarrow B \wedge A$
V	V	V	V	V
V	F	F	F	V
F	V	F	F	V
F	F	F	F	V

2a.

A	B	C	$A \vee B$	$(A \vee B) \vee C$	$B \vee C$	$A \vee (B \vee C)$	$(A \vee B) \vee C \leftrightarrow A \vee (B \vee C)$
V	V	V	V	V	V	V	V
V	V	F	V	V	V	V	V
V	F	V	V	V	V	V	V
V	F	F	V	V	F	V	V
F	V	V	V	V	V	V	V
F	V	F	V	V	V	V	V
F	F	V	F	V	V	V	V
F	F	F	F	F	F	F	V

2b.

A	B	C	$A \wedge B$	$(A \wedge B) \wedge C$	$B \wedge C$	$A \wedge (B \wedge C)$	$(A \wedge B) \wedge C \leftrightarrow A \wedge (B \wedge C)$
V	V	V	V	V	V	V	V
V	V	F	V	F	F	F	V
V	F	V	F	F	F	F	V
V	F	F	F	F	F	F	V
F	V	V	F	F	V	F	V
F	V	F	F	F	F	F	V
F	F	V	F	F	F	F	V
F	F	F	F	F	F	F	V

3a.

A	B	C	$B \wedge C$	$A \vee (B \wedge C)$	$A \vee B$	$A \vee C$	$(A \vee B) \wedge (A \vee C)$	$A \vee (B \wedge C) \leftrightarrow (A \vee B) \wedge (A \vee C)$
V	V	V	V	V	V	V	V	V
V	V	F	F	V	V	V	V	V
V	F	V	F	V	V	V	V	V
V	F	F	F	V	V	V	V	V
F	V	V	V	V	V	V	V	V
F	V	F	F	F	V	F	F	V
F	F	V	F	F	F	V	F	V
F	F	F	F	F	F	F	F	V

3b.

A	B	C	$B \vee C$	$A \wedge (B \vee C)$	$A \wedge B$	$A \wedge C$	$(A \wedge B) \vee (A \wedge C)$	$A \wedge (B \vee C) \leftrightarrow (A \wedge B) \vee (A \wedge C)$
V	V	V	V	V	V	V	V	V
V	V	F	V	V	V	F	V	V
V	F	V	V	V	F	V	V	V
V	F	F	F	F	F	F	F	V
F	V	V	V	F	F	F	F	V
F	V	F	V	F	F	F	F	V
F	F	V	V	F	F	F	F	V
F	F	F	F	F	F	F	F	V

4a.

A	0	$A \vee 0$	$A \vee 0 \leftrightarrow A$
V	F	V	V
F	F	F	V

5b.

A	A'	$A \wedge A'$	0	$A \wedge A' \leftrightarrow 0$
V	F	F	F	V
F	V	F	F	V

27. **a.** $(A \wedge B') \wedge C \Leftrightarrow A \wedge (B' \wedge C)$ por $2b \Leftrightarrow A \wedge (C \wedge B')$ por $1b \Leftrightarrow (A \wedge C) \wedge B'$ por $2b$
    b. $(A \vee B) \wedge (A \vee B') \Leftrightarrow A \vee (B \wedge B')$ por $3a \Leftrightarrow A \vee 0$ por $5b \Leftrightarrow A$ por $4a$
    c. $A \vee (B \wedge A') \Leftrightarrow (A \vee B) \wedge (A \vee A')$ por $3a \Leftrightarrow (A \vee B) \wedge 1$ por $5a \Leftrightarrow A \vee B$ por $4b$

29. Se A for F e ambos B e C forem V, então $(A \wedge B) \vee C$ será V, mas $A \wedge (B \vee C)$ será F. Essas duas fbfs não são equivalentes.

31. cachorro E NÃO de caça

33. (romances ou peças) E AIDS

35. 1,0; 2,4; 7,2; 5,3.

37. **se não** (*Valor1* < *Valor2*) **então** proposição1 **senão** proposição2 **fim do se**

39.

A	B	$A \to B$	A'	$A' \vee B$	$A \to B \leftrightarrow A' \vee B$
V	V	V	F	V	V
V	F	F	F	F	V
F	V	V	V	V	V
F	F	V	V	V	V

41. **a.** Atribua a $B' \wedge (A \to B)$ verdadeiro e a A' falso. Da segunda atribuição, A é verdadeiro. Da primeira atribuição, B' é verdadeiro (de modo que B é falso) e $A \to B$ é verdadeiro. Se $A \to B$ for verdadeiro e A for verdadeiro, então B será verdadeiro. Logo, B é, ao mesmo tempo, verdadeiro e falso, e $[B' \wedge (A \to B)] \to A'$ é uma tautologia.
    b. Atribua a $(A \to B) \wedge A$ verdadeiro e a B falso. Da primeira atribuição, A é verdadeiro e $A \to B$ é verdadeiro. Se $A \to B$ for verdadeiro e A for verdadeiro, então B será verdadeiro. Logo, B é, ao mesmo tempo, verdadeiro e falso, e $[(A \to B) \wedge A] \to B$ é uma tautologia.
    c. Atribua a $(A \vee B) \wedge A'$ verdadeiro e a B falso. Da primeira atribuição, A' é verdadeiro (e A é falso) e $A \vee B$ é verdadeiro. Se $A \vee B$ for verdadeiro e A for falso, então B será verdadeiro. Logo, B é, ao mesmo tempo, verdadeiro e falso, e $(A \vee B) \wedge A' \to B$ é uma tautologia.

43. $2^{2^5} = 2^{32}$

45.

A	B	$A \oplus B$
V	V	F
V	F	V
F	V	V
F	F	F

47. **a.**

A	B	$A \vee B$	A'	B'	$A' \wedge B'$	$(A' \wedge B')'$	$A \vee B \leftrightarrow (A' \wedge B')'$
V	V	V	F	F	F	V	V
V	F	V	F	V	F	V	V
F	V	V	V	F	F	V	V
F	F	F	V	V	V	F	V

b.

A	B	B'	$A \wedge B'$	$(A \wedge B')'$	$A \to B$	$A \to B \leftrightarrow (A \wedge B')'$
V	V	F	F	V	V	V
V	F	V	V	F	F	V
F	V	F	F	V	V	V
F	F	V	F	V	V	V

49. $(A \wedge B)$ é equivalente a $(A \to B')'$

A	B	$A \wedge B$	B'	$A \to B'$	$(A \to B')'$	$A \wedge B \leftrightarrow (A \to B')'$
V	V	V	F	F	V	V
V	F	F	V	V	F	V
F	V	F	F	V	F	V
F	F	F	V	V	F	V

$(A \vee B)$ é equivalente a $A' \to B$

A	B	$A \vee B$	A'	$A' \to B$	$A \vee B \leftrightarrow A' \to B$
V	V	V	F	V	V
V	F	V	F	V	V
F	V	V	V	V	V
F	F	F	V	F	V

51. $(A \wedge B)$ é equivalente a $(A|B)|(A|B)$

A	B	$A \wedge B$	$A|B$	$(A|B)|(A|B)$	$A \wedge B \leftrightarrow (A|B)|(A|B)$
V	V	V	F	V	V
V	F	F	V	F	V
F	V	F	V	F	V
F	F	F	V	F	V

A' é equivalente a $A|A$

A	A'	$A|A$	$A' \leftrightarrow A|A$
V	F	F	V
F	V	V	V

53. **a.** Para que $A \wedge B$ seja verdadeiro, ambas as partes têm que ser verdadeiras; se uma das partes tiver um valor lógico desconhecido, então não saberemos se a proposição é verdadeira. Para que $A \vee B$ seja verdadeiro, pelo menos uma das partes tem que ser verdadeira; se uma das partes for falsa e a outra tiver um valor lógico desconhecido, então não saberemos se a proposição é verdadeira. Finalmente, se o valor lógico de A for desconhecido, então o valor lógico de A' também será desconhecido.

b. N **c.** F **d.** V

55. 3^n

57. A máquina D está limpa ou está infectada. Em qualquer dos casos, pelas afirmações 3 e 1, respectivamente, C está infectada. Como C está infectada, então A está infectada pela afirmação 2. Pela afirmação 4, B está infectada (porque C não está limpa). Pela afirmação 3, como B está infectada, D não está limpa. A conclusão é que todas as quatro máquinas estão infectadas.

59. Isso poderia incluir todo mundo, já que sócios são bem-vindos e não sócios são bem-vindos. Ou poderia não incluir pessoa alguma, já que ninguém é, ao mesmo tempo, sócio e não sócio.

61. Se Parcival fosse mentiroso, então sua afirmação seria falsa. Portanto, seria falso que pelo menos um deles é mentiroso e ambos, Parcival e Levelim, só falariam a verdade. Mas isso é impossível, já que supusemos que Parcival era mentiroso. Portanto, Parcival nunca mente e sua afirmação é verdadeira. Como ele disse "Pelo menos um de nós é mentiroso", Levelim tem que ser mentiroso. Logo, Parcival sempre fala a verdade e Levelim sempre mente.

63. A afirmação de Rotvalde é da forma $A \vee B$, em que A representa "eu sou mentiroso" e B representa "Gremilim sempre diz a verdade". Se Rotvalde fosse um mentiroso, a afirmação $A \vee B$ seria falsa e a afirmação $(A \vee B)'$ teria que ser verdadeira. Pelas leis de De Morgan, isso significa que tanto A' quanto B' são verdadeiras. Mas A' representa a afirmação de que Rotvalde só fala a verdade, o que supusemos falso. Portanto, Rotvalde sempre diz a verdade, e sua afirmação $A \vee B$ é verdadeira. A proposição A, no entanto, é falsa, pois diz que Rotvalde é um mentiroso. Então a afirmação B tem que ser verdadeira e Gremilim sempre diz a verdade. Ambos sempre dizem a verdade.

EXERCÍCIOS 1.2

1. mt
3. simp
5. Por mt, a conclusão é que o carro não estava envolvido no acidente em que o motorista fugiu.
7. Pela simplificação, a conclusão é que você será pago amanhã.
9. 1. hip
   2. hip
   3. hip (método dedutivo)
   4. 2, 3, mp
   5. 1, 4, conj
11. 1. hip
    2. hip
    3. hip
    4. 2, 3, conj
    5. 4, De Morgan
    6. 1, 5, mt

13.

1.	$(A \vee B')'$	hip
2.	$(B \rightarrow C)$	hip
3.	$A' \wedge (B')'$	1, De Morgan
4.	$A' \wedge B$	3, dn
5.	A'	4, simp
6.	B	4, simp
7.	C	2, 6 mp
8.	$A' \wedge C$	5, 7, conj

15.

1.	$A \rightarrow B$	hip
2.	$A \rightarrow (B \rightarrow C)$	hip
3.	A	hip
4.	B	1, 3, mp
5.	$B \rightarrow C$	2, 3, mp
6.	C	4, 5, mp

17.

1.	A'	hip
2.	$A \vee B$	hip
3.	$(A')' \vee B$	2, dn
4.	$A' \rightarrow B$	3, cond
5.	B	1, 4, mp

19.

1.	$A' \rightarrow B'$	hip
2.	B	hip
3.	$A \rightarrow C$	hip
4.	$(B')'$	2, dn
5.	$(A')'$	1, 4, mt
6.	A	5, dn
7.	C	3, 6, mp

21.

1.	$A \rightarrow (B \rightarrow C)$	hip
2.	B	hip
3.	A	hip (usando o método dedutivo novamente)
4.	$B \rightarrow C$	1, 3, mp
5.	C	2, 4, mp

23.

1.	$A \rightarrow C$	hip
2.	$C \rightarrow B'$	hip
3.	B	hip
4.	$(B')'$	3, dn
5.	C'	2, 4, mt
6.	A'	1, 5, mt

ou

1.	$A \rightarrow C$	hip
2.	$C \rightarrow B'$	hip
3.	B	hip
4.	$A \rightarrow B'$	1, 2, sh
5.	$(B')'$	3, dn
6.	A'	4, 5, mt

25.

1.	$P \vee Q$	hip
2.	P'	hip
3.	$(P')' \vee Q$	1, dn
4.	$P' \rightarrow Q$	3, cond
5.	Q	2, 4, mp

27.

1.	$Q' \rightarrow P'$	hip
2.	P	hip
3.	$(P')'$	2, dn
4.	$(Q')'$	1, 3, mt
5.	Q	4, dn

29.

1.	$P' \rightarrow P' \wedge P'$	Exercício 28
2.	$P' \rightarrow (P \vee P)'$	1, De Morgan
3.	$[P' \rightarrow (P \vee P)'] \rightarrow [(P \vee P) \rightarrow P]$	Exercício 27
4.	$P \vee P \rightarrow P$	2, 3, mp

31.

1. P	hip	5. $(Q')' \vee P$	4, dn
2. P'	hip	6. $Q' \to P$	5, cond
3. $P \vee Q$	1, ad	7. $(Q')'$	2, 6, mt
4. $Q \vee P$	3, com	8. Q	7, dn

33. Prove

$$P \vee (Q \wedge R) \to (P \vee Q)$$

Reescrevendo a conclusão, o argumento é

$$P \vee (Q \wedge R) \to ((P')' \vee Q) \text{ pela dn}$$

ou

$$P \vee (Q \wedge R) \to (P' \to Q) \text{ pelo cond}$$

1. $P \vee (Q \wedge R)$	hip
2. P'	hip
3. $(P')' \vee (Q \wedge R)$	1, dn
4. $P' \to (Q \wedge R)$	3, cond
5. $Q \wedge R$	2, 4, mp
6. Q	5, simp

A demonstração de

$$P \vee (Q \wedge R) \to (P \vee R)$$

é semelhante.

35.

1. $P \to Q$	hip	5. $(Q')' \vee Q$	cond
2. $P' \to Q$	hip	6. $Q \vee Q$	5, dn
3. $Q' \to P'$	1, cont	7. Q	6, auto
4. $Q' \to Q$	2, 3, sh		

37.

1. $A' \to B$	hip	4. $A' \to C$	1, 2, sh
2. $B \to C$	hip	5. $A' \to D$	3, 4, sh
3. $C \to D$	hip		

39.

1. $Y \to Z'$	hip	4. Z'	1, 3, mp
2. $Y \to Z$	hip	5. Z	2, 3, mp
3. Y	hip	6. W	4, 5, inc

41.

1. $(A \wedge B)'$	hip	8. $C' \to A'$	7, cond
2. $(C' \wedge A)'$	hip	9. $C' \vee (B')'$	3, De Morgan
3. $(C \wedge B')'$	hip	10. $(B')' \vee C'$	9, com
4. $A' \vee B'$	1, De Morgan	11. $B' \to C'$	10, cond
5. $B' \vee A'$	4, com	12. $B' \to A'$	8, 11, sh
6. $B \to A'$	5, cond	13. $(B \to A') \wedge (B' \to A')$	6, 12, conj
7. $(C')' \vee A'$	2, De Morgan	14. A'	Exercício 35

43. O argumento é $(E \to Q) \wedge (E \vee B) \wedge Q' \to B$.
Uma sequência de demonstração é

1. $E \to R$	hip	5. E'	3, 4, mp
2. $E \vee B$	hip	6. $(E')' \vee B$	2, dn
3. R'	hip	7. $E' \to B$	6, cond
4. $R' \to E'$	1, cont	8. B	5, 7, mp

45. O argumento é

$$(C \to F') \wedge (F \vee S) \to (C \to S)$$

Uma sequência de demonstração é

1. $C \to F'$ hip
2. $F \vee S$ hip
3. C hip
4. F' 1, 3, mp
5. S 2, 4, sd

47. O argumento é

$$[(A \to S) \wedge (A \vee C) \wedge S'] \to C$$

Uma sequência de demonstração é

1. $A \to S$ hip
2. $A \vee C$ hip
3. S' hip
4. A' 1, 3, mt
5. C 2, 4, sd

49. O argumento é

$$[(R \wedge (F' \vee N)) \wedge N' \wedge (A' \to F)] \to (A \wedge R)$$

Uma sequência de demonstração é

1. $R \wedge (F' \vee N)$ hip
2. N' hip
3. $A' \to F$ hip
4. R 1, simp
5. $F' \vee N$ 1, simp
6. $N \vee F'$ 5, com
7. F' 2, 6, sd
8. $F' \to (A')'$ 3, cont
9. $(A')'$ 7, 8, mp
10. A 9, dn
11. $A \wedge R$ 4, 10, conj

51. O argumento é

$$[((J \vee L) \to C) \wedge T' \wedge (C \to T)] \to J'$$

Uma sequência de demonstração é

1. $(J \vee L) \to C$ hip
2. T' hip
3. $C \to T$ hip
4. $T' \to C'$ 3, cont
5. C' 2, 4, mp
6. $C' \to (J \vee L)'$ 1, cont
7. $(J \vee L)'$ 5, 6, mp
8. $J' \wedge L'$ 7, De Morgan
9. J' 8, simp

ou

1. $(J \vee L) \to C$ hip
2. T' hip
3. $C \to T$ hip
4. C' 2, 3, mt
5. $(J \vee L)'$ 1, 4, mt
6. $J' \wedge L'$ 5, De Morgan
7. J' 6, simp

53. O argumento é

$$(D \to T) \wedge (D \vee B) \to (T' \to B)$$

Uma sequência de demonstração é

1. $D \to T$ hip
2. $D \vee B$ hip
3. T' hip
4. D' 1, 3, mt
5. B 2, 4, sd

55. a.

A	B	C	$B \to C$	$A \to (B \to C)$	$A \wedge B$	$(A \wedge B) \to C$	$A \to (B \to C) \leftrightarrow (A \wedge B) \to C$
V	V	V	V	V	V	V	V
V	V	F	F	F	V	F	V
V	F	V	V	V	F	V	V
V	F	F	V	V	F	V	V
F	V	V	V	V	F	V	V
F	V	F	F	V	F	V	V
F	F	V	V	V	F	V	V
F	F	F	V	V	F	V	V

b. $A \to (B \to C) \Leftrightarrow A \to (B' \vee C) \Leftrightarrow A' \vee (B' \vee C) \Leftrightarrow (A' \vee B') \vee C \Leftrightarrow (A \wedge B)' \vee C \Leftrightarrow (A \wedge B) \to C$

c. Pelo item (a) (ou (b)), $[P_1 \wedge P_2 \wedge \cdots \wedge P_n] \to (R \to S) \Leftrightarrow (P_1 \wedge P_2 \wedge \cdots \wedge P_n \wedge R) \to S$, o que nos diz para tomar cada uma das proposições $P_1, P_2, ..., P_n$, R como hipóteses e deduzir S.

EXERCÍCIOS 1.3

1. **a.** V **b.** F **c.** F **d.** V

3. **a.** V **b.** V **c.** V **d.** F **e.** F **f.** V **g.** V **h.** F

5. **a.** F **b.** V **c.** V **d.** F **e.** V **f.** V

7. **a.** Verdadeira: o domínio é o conjunto dos inteiros, $A(x)$ é "x é par" e $B(x)$ é "x é ímpar". Falsa: o domínio é o conjunto dos inteiros positivos, $A(x)$ é "$x > 0$" e $B(x)$ é "$x \geq 1$".
   b. Verdadeira: o domínio é a coleção de retas no plano, $P(x, y)$ é "x é paralela a y". Falsa: o domínio é o conjunto dos inteiros, $P(x, y)$ é "$x < y$".
   c. Verdadeira: o domínio é o conjunto dos inteiros, $P(x)$ é "x é par", $Q(x, y)$ é "$y \mid x$" (y divide x). Falsa: o domínio é a coleção de todas as pessoas, $P(x)$ é "x é do sexo masculino", $Q(x, y)$ é "x é irmão de y".

9. **a.** O escopo de $(\forall x)$ é $P(x) \to Q(x)$; y é uma variável livre.
   b. O escopo de $(\exists x)$ é $A(x) \wedge (\forall y)B(y)$; o escopo de $(\forall y)$ é $B(y)$; não há variáveis livres.
   c. O escopo de $(\exists x)$ é $(\forall y)P(x, y) \wedge Q(x, y)$; o escopo de $(\forall y)$ é $P(x, y)$; y é uma variável livre.
   d. O escopo de $(\exists x)$ é $(\exists y)[A(x, y) \wedge B(y, z) \to A(a, z)]$; o escopo de $(\exists y)$ é $A(x, y) \wedge B(y, z) \to A(a, z)$; z é uma variável livre.

11. b e c

Muitos itens nos Exercícios 13 a 24 têm muitas respostas equivalentes, algumas das quais estão mostradas aqui.

13. **a.** $(\forall x)(D(x) \to S(x))$
   b. $(\exists x)[D(x) \wedge (R(x))']$ ou $[(\forall x)(D(x) \to R(x))]'$
   c. $(\forall x)[D(x) \wedge S(x) \to (R(x))']$
   d. $(\exists x)[D(x) \wedge S(x) \wedge R(x)]$
   e. $(\forall x)[D(x) \to (S(x) \wedge R(x))']$
   f. $(\forall x)[D(x) \wedge S(x) \to D(x) \wedge R(x)]$
   g. $(\forall x)[D(x) \to (S(x))']$
   h. $S(M) \to (\forall x)(D(x) \to S(x))$
   i. $R(M) \wedge R(T)$
   j. $(\exists x)(D(x) \wedge R(x)) \to (\forall x)(D(x) \to S(x))$

15. **a.** $(\forall x)(M(x) \to T(x))$
   b. $(\exists x)(W(x) \wedge T(x))$
   c. $(\forall x)(M(x) \to T(x)) \wedge (\forall x)(W(x) \to [T(x)]')$
   d. $(\forall x)(T(x) \to W(x))$
   e. $(\forall x)[M(x) \to (T(x))']$
   f. $(\forall x)(M(x) \to T(x)) \to (\forall x)(W(x) \to T(x))$
   g. $(\exists x)[W(x) \wedge (T(x))']$
   h. $(\forall x)[M(x) \to (T(x))'] \to (\exists x)[W(x) \wedge (T(x))']$

17. **a.** $(\exists x)[P(x) \wedge (\forall y)(T(y) \to F(x, y))]$
   b. $(\forall x)[P(x) \to (\exists y)(T(y) \wedge F(x, y))]$
   c. $(\exists x)(\exists y)(P(x) \wedge T(y) \wedge (F(x, y)')$

19. **a.** $(\forall x)(\forall y)(M(x) \wedge G(y) \to F(x, y))$
   b. $[(\exists x)(G(x) \wedge (\forall y)(M(y) \to F(x, y)))]'$ ou $(\forall x)(G(x) \to (\exists y)(M(y) \wedge [F(x, y)]'))$
   c. $(\forall x)(\forall y)(M(y) \wedge F(x, y) \to G(x))$
   d. $(\forall x)(G(x) \to (\exists y)(M(y) \wedge F(x, y)))$ ou $(\forall x)(\exists y)(G(x) \to (M(y) \wedge F(x, y)))$

21. **a.** $(\exists x)(W(x) \wedge L(x) \wedge C(x))$
   b. $(\forall x)[W(x) \to (L(x) \wedge C(x))']$
   c. $(\exists x)[L(x) \wedge (\forall y)(A(x, y) \to J(y))]$ ou $(\exists x)(\forall y)[L(x) \wedge (A(x, y) \to J(y))]$

d. $(\forall x)[J(x) \to (\forall y)(A(x, y) \to J(y))]$ ou $(\forall x)(\forall y)[J(x) \to (A(x, y) \to J(y))]$ ou $(\forall x)(\forall y)[J(x) \wedge A(x, y) \to J(y)]$
e. $(\forall x)(\forall y)[(J(y) \wedge A(x, y)) \to J(x)]$
f. $(\forall x)([W(x) \wedge L(x)] \to (\exists y)[J(y) \wedge A(x, y)])$ ou $(\forall x)(\exists y)([W(x) \wedge L(x)] \to [J(y) \wedge A(x, y)])$
g. $(\exists x)(W(x) \wedge (\forall y)[L(y) \to (A(x, y))'])$ ou $(\exists x)(W(x) \wedge (\forall y)[A(x, y) \to (L(y))'])$ ou $(\exists x)(\forall y)(W(x) \wedge [L(y) \to (A(x, y))'])$

23. **a.** $(\forall x)[B(x) \to (\forall y)(F(y) \to L(x, y))]$ ou $(\forall x)(\forall y)[(B(x) \wedge F(y)) \to L(x, y)]$
b. $(\exists x)[B(x) \wedge (\forall y)(F(y) \to L(x, y))]$
c. $(\forall x)[B(x) \to (\exists y)(F(y) \wedge L(x, y))]$
d. $(\forall x)[B(x) \to (\forall y)((L(x, y))' \to F(y))]$
e. $(\forall y)[F(y) \to (\forall x)(L(x, y) \to B(x))]$ ou $(\forall y)(\forall x)[(F(y) \wedge L(x, y)) \to B(x)]$
f. $(\forall x)[B(x) \to (\forall y)(L(x, y) \to F(y))]$
g. $[(\exists x)[B(x) \wedge (\forall y)(L(x, y) \to F(y))]]'$ ou $(\forall x)[B(x) \to (\exists y)(L(x, y) \wedge (F(y))')]$
h. $(\exists x)[B(x) \wedge (\exists y)(F(y) \wedge L(x, y))]$ ou $(\exists x)(\exists y)[B(x) \wedge F(y) \wedge L(x, y)]$
i. $((\exists x)[B(x) \wedge (\forall y)(L(x, y) \to F(y))]$
j. $(\forall x)[B(x) \to (\exists y)(F(y) \wedge (L(x, y))']$
k. $(\forall x)[B(x) \to (\forall y)(F(y) \to (L(x, y))')]$ ou $(\forall x)(\forall y)[(B(x) \wedge F(y)) \to (L(x, y))']$
l. $[(\exists x)[B(x) \wedge (\forall y)(F(y) \to (L(x, y))')]]'$ ou $(\forall x)[B(x) \to (\exists y)(F(y) \wedge L(x, y))]$

25. **a.** João é vistoso e Kátia ama João.
b. Todos os homens são vistosos.
c. Todas as mulheres amam apenas homens vistosos.
d. Um homem vistoso ama Kátia.
e. Algumas mulheres bonitas amam apenas homens vistosos.
f. João ama todas as mulheres bonitas.

27. **a.** 2 **b.** 3 **c.** 3 **d.** 1

29. **a.** Nenhuma página na Internet tem som.
b. Algumas páginas na Internet não têm som ou não têm vídeo.
c. Algumas páginas na Internet não têm som nem vídeo.
d. Toda página na Internet tem som ou vídeo.
e. Algumas páginas na Internet não têm texto e, além disso, não têm som ou não têm vídeo.

31. **a.** Todos os fazendeiros produzem alguma coisa além de milho.
b. Alguns fazendeiros não produzem milho.
c. Alguém que não é fazendeiro produz milho.

33. **a.** Os dois lados são verdadeiros exatamente quando $A(x, y)$ é válida para todos os pares x, y.
b. Os dois lados são verdadeiros exatamente quando algum par x, y satisfaz a propriedade $A(x, y)$.
c. Se existir um único x para o qual $P(x, y)$ é verdadeira para todo y, então, para todo y, existirá um x (esse mesmo x) tal que $P(x, y)$ é verdadeira.
d. Se a tiver a propriedade A, então alguma coisa no domínio terá a propriedade A.
e. Se qualquer elemento do domínio que tiver a propriedade A também tiver a propriedade B, então, se todos os elementos do domínio tiverem a propriedade A, todos terão a propriedade B.

35. **a.** Válida: existir um x no domínio que satisfaz a propriedade A significa que é falso que todos os elementos no domínio não têm a propriedade A.
b. Não é válida: o domínio é o conjunto dos inteiros, $P(x)$ é "x é par" e $Q(x)$ é "x é primo". Como existem inteiros primos, $(\exists x)Q(x)$, e, portanto, $(\forall x)P(x) \vee (\exists x)Q(x)$ é verdadeira. Mas é falso que todo inteiro é par ou primo, logo o condicional é falso.

37. Se alguma coisa no domínio tiver a propriedade P ou a propriedade Q, então alguma coisa tem a propriedade P ou alguma coisa tem a propriedade Q, e vice-versa.

EXERCÍCIOS 1.4

1. A conclusão é que amores-perfeitos são plantas. As hipóteses têm a forma $(\forall x)[F(x) \to P(x)] \wedge F(a)$. Pela particularização universal, $F(a) \to P(a)$, logo, por *modus ponens*, $P(a)$.
3. A conclusão é que amores-perfeitos são vermelhos. As hipóteses têm a forma $(\forall x)[F(x) \to (V(x) \vee R(x))] \wedge F(a) \wedge [R(a)]'$. Pela particularização universal, $F(a) \to (V(a) \vee R(a))$, logo, por *modus ponens*, $V(a) \vee R(a)$, e, finalmente, pelo silogismo disjuntivo, $V(a)$.

5. Não é possível chegar a uma conclusão. Só porque amores-perfeitos são plantas não significa que são vermelhos ou roxos. As hipóteses têm a forma $(\exists x)[F(x) \wedge V(x)]$, $(\exists x)[F(x) \wedge R(x)]$, $F(a)$. Mas a particularização existencial não nos permite usar a para remover os quantificadores universais, de modo que nada mais podemos afirmar sobre amores-perfeitos.

7. 1. hip
2. 1, pe
3. hip
4. 3, pu
5. 2, 4, mp
6. 5, ge

9. **a.** O domínio é o conjunto dos inteiros, $P(x, y)$ é "$x < y$" e $Q(x, y)$ é "$x > y$". Para todo inteiro x, existe algum inteiro maior do que ele e existe algum inteiro menor do que ele. Mas é falso que para todo inteiro x exista algum inteiro que seja, ao mesmo tempo, maior e menor do que x.

b. Para se chegar ao passo 2, foi feita uma pe em dois quantificadores existenciais diferentes, nenhum dos quais estava na frente de uma fbf inteira que é seu escopo. Além disso, ambos os quantificadores existenciais foram removidos ao mesmo tempo e as variáveis nos dois casos foram substituídas pela mesma constante a; isso deveria ser feito em duas etapas e, na segunda etapa, teria que ser introduzida uma constante nova, não utilizada até então na demonstração. E o quantificador existencial no passo 3 não foi inserido na frente da fbf.

11.

1. $(\forall x)P(x)$	hip
2. $P(x)$	1, pu
3. $P(x) \vee Q(x)$	2, ad
4. $(\forall x)(P(x) \vee Q(x))$	3, gu (note que $P(x) \vee Q(x)$ foi deduzido de $\forall(x)P(x)$ na qual x não é livre

13.

1. $(\exists x)(\exists y)P(x, y)$	hip
2. $(\exists y)P(a, y)$	1, pe
3. $P(a, b)$	2, pe
4. $(\exists x)P(x, b)$	3, ge
5. $(\exists y)(\exists x)P(x, y)$	4, ge

15.

1. $(\forall x)P(x)$	hip
2. $(\exists x)[P(x)]'$	hip
3. $[P(a)]'$	2, pe
4. $P(a)$	1, pu
5. $Q(a)$	3, 4, inc
6. $(\exists x)Q(x)$	5, ge

17.

1. $(\exists x)(A(x) \wedge B(x))$	hip
2. $A(a) \wedge B(a)$	1, pe
3. $A(a)$	2, simp
4. $B(a)$	2, simp
5. $(\exists x)A(x)$	3, ge
6. $(\exists x)B(x)$	4, ge
7. $(\exists x)A(x) \wedge (\exists x)B(x)$	5, 6, conj

19. O domínio é o conjunto dos inteiros, $P(x)$ é "x é par", $Q(x, y)$ é "$x = 2y + 1$" (o que significa que x é ímpar). Então $(\exists x)P(x)$ é verdade ($x = 2$) e $(\exists x)(\exists y)Q(x, y)$ é verdade ($3 = 2 * 1 + 1$), mas $(\exists x)(\exists y)[P(x) \wedge Q(x, y)]$ é falso (não existe x que seja ao mesmo tempo par e ímpar).

21.

1. $(\forall x)(P(x))'$	hip
2. $(P(x))'$	1, pu
3. $P(x)$	hip temporária
4. $Q(x)$	2, 3, inc
5. $P(x) \rightarrow Q(x)$	retirada da hip temporária
6. $(\forall x)(P(x) \rightarrow Q(x))$	5, gu

23.

1. $(\exists x)(\forall y)Q(x, y)$	hip
2. $(\forall y)Q(a, y)$	1, pe
3. $Q(a, y)$	2, pu
4. $(\exists x)Q(x, y)$	3, ge
5. $(\forall y)(\exists x)Q(x, y)$	4, gu

25.

1. $(\forall x)(A(x) \rightarrow B(x))$	hip
2. $(\exists x)A(x)$	hip
3. $A(a)$	2, pe
4. $A(a) \rightarrow B(a)$	1, pu
5. $B(a)$	3,4, mp
6. $(\exists x)B(x)$	5, ge

27.

1. $P(x) \rightarrow (\exists y)Q(x, y)$	hip
2. $P(x)$	hipótese temporária
3. $(\exists y)Q(x, y)$	1, 2, mp
4. $Q(x, a)$	3, pe
5. $P(x) \rightarrow Q(x, a)$	retirada da hip temporária
6. $(\exists y)(P(x) \rightarrow Q(x, y))$	5, ge

29.

1. $(\exists x)[P(x) \wedge Q(x)]$ hip
2. $(\forall y)[Q(y) \rightarrow R(y)]$ hip
3. $P(a) \wedge Q(a)$ 1, pe
4. $P(a)$ 3, simp
5. $Q(a)$ 3, simp
6. $Q(a) \rightarrow R(a)$ 2, pu
7. $R(a)$ 5, 6, mp
8. $P(a) \wedge R(a)$ 4, 7, conj
9. $(\exists x)[P(x) \wedge R(x)]$ 8, ge

31. a. $(\forall x)(M(x) \rightarrow P(x)) \wedge (\forall x)(S(x) \rightarrow M(x)) \rightarrow (\forall x)(S(x) \rightarrow P(x))$

1. $(\forall x)(M(x) \rightarrow P(x))$ hip
2. $(\forall x)(S(x) \rightarrow M(x))$ hip
3. $M(x) \rightarrow P(x)$ 1, pu
4. $S(x) \rightarrow M(x)$ 2, pu
5. $S(x) \rightarrow P(x)$ 3, 4 sh
6. $(\forall x)(S(x) \rightarrow P(x))$ 5, gu

b. $(\forall x)(M(x) \rightarrow [P(x)]') \wedge (\forall x)(S(x) \rightarrow M(x)) \rightarrow (\forall x)(S(x) \rightarrow [P(x)]')$

1. $(\forall x)(M(x) \rightarrow [P(x)]')$ hip
2. $(\forall x)(S(x) \rightarrow M(x))$ hip
3. $M(x) \rightarrow [P(x)]'$ 1, pu
4. $S(x) \rightarrow M(x)$ 2, pu
5. $S(x) \rightarrow [P(x)]'$ 3, 4, sh
6. $(\forall x)(S(x) \rightarrow [P(x)]')$ 5, gu

c. $(\forall x)(M(x) \rightarrow P(x)) \wedge (\exists x)(S(x) \wedge M(x)) \rightarrow (\exists x)(S(x) \wedge P(x))$

1. $(\forall x)(M(x) \rightarrow P(x))$ hip
2. $(\exists x)(S(x) \wedge M(x))$ hip
3. $S(a) \wedge M(a)$ 2, pe
4. $M(a)$ 3, simp
5. $M(a) \rightarrow P(a)$ 1, pu
6. $P(a)$ 4, 5, mp
7. $S(a)$ 3, simp
8. $S(a) \wedge P(a)$ 6, 7, conj
9. $(\exists x)(S(x) \wedge P(x))$ 8, ge

d. $(\forall x)(M(x) \rightarrow [P(x)]') \rightarrow (\exists x)(S(x) \wedge M(x)) \rightarrow (\exists x)(S(x) \wedge [P(x)]')$

1. $(\forall x)(M(x) \rightarrow [P(x)]')$ hip
2. $(\exists x)(S(x) \wedge M(x))$ hip
3. $S(a) \wedge M(a)$ 2, pe
4. $M(a) \rightarrow [P(a)]'$ 1, pu
5. $M(a)$ 3, simp
6. $[P(a)]'$ 4, 5, mp
7. $S(a)$ 3, simp
8. $S(a) \wedge [P(a)]'$ 6, 7, conj
9. $(\exists x)(S(x) \wedge [P(x)]')$ 8, ge

33. O argumento é

$$(\forall x)(\forall y)[C(x) \wedge A(y) \rightarrow B(x, y)] \wedge C(s) \wedge (\exists x)(S(x) \wedge [B(s, x)]') \rightarrow (\exists x)[A(x)]'$$

Uma sequência de demonstração é

1. $(\forall x)(\forall y)[C(x) \wedge A(y) \rightarrow B(x, y)]$ hip
2. $C(s)$ hip
3. $(\forall y)[C(s) \wedge A(y) \rightarrow B(s, y)]$ 1, pu
4. $(\exists x)(S(x) \wedge [B(s, x)]')$ hip
5. $S(a) \wedge [B(s, a)]'$ 4, pe
6. $C(s) \wedge A(a) \rightarrow B(s, a)$ 3, pu
7. $[B(s, a)]'$ 5, simp
8. $[C(s) \wedge A(a)]'$ 6, 7, mt
9. $[C(s)]' \vee [A(a)]'$ 8, De Morgan
10. $[[C(s)]']'$ 2, dn
11. $[A(a)]'$ 9, 10, sd
12. $(\exists x)[A(x)]'$ 11, ge

35. O argumento é

$$(\forall x)(M(x) \rightarrow I(x) \vee G(x)) \wedge (\forall x)(G(x) \wedge L(x) \rightarrow F(x)) \wedge (I(j))' \wedge L(j) \rightarrow [(M(j) \rightarrow F(j))]$$

Uma sequência de demonstração é

1. $(\forall x)(M(x) \rightarrow I(x) \vee G(x))$ hip
2. $(\forall x)(G(x) \wedge L(x) \rightarrow F(x))$ hip
3. $M(j) \rightarrow I(j) \vee G(j)$ 1, pu
4. $G(j) \wedge L(j) \rightarrow F(j)$ 2, pu
5. $M(j)$ hip
6. $I(j) \vee G(j)$ 3, 5, mp
7. $(I(j))'$ hip
8. $G(j)$ 6, 7, sd
9. $L(j)$ hip
10. $G(j) \wedge L(j)$ 8, 9, conj
11. $F(j)$ 4,10, mp

37. O argumento é

$$(\forall x)(R(x) \to F(x)) \wedge (\exists x)(R(x) \wedge B(x)) \wedge (\forall x)(G(x)' \to B(x)') \to (\exists x)(G(x) \wedge F(x))$$

Uma sequência de demonstração é

1. $(\forall x)(R(x) \to F(x))$ hip
2. $(\exists x)(R(x) \wedge B(x))$ hip
3. $(\forall x)(G(x)' \to B(x)')$ hip
4. $R(a) \wedge B(a)$ 2, pe
5. $R(a) \to F(a)$ 1, pu
6. $R(a)$ 4, simp
7. $B(a)$ 4, simp
8. $F(a)$ 5, 6, mp
9. $G(a)' \to B(a)'$ 3, pu
10. $B(a) \to G(a)$ 9, cont
11. $G(a)$ 7, 10, mp
12. $G(a) \wedge F(a)$ 8, 11, conj
13. $(\exists x)(G(x) \wedge F(x))$ 12, ge

39. O argumento é

$$(\forall x)(C(x) \to (\exists y)W(x, y)) \wedge (\forall x)(\forall y)(W(x, y) \to S(x, y)) \wedge C(m) \to (\exists y)S(m. y)$$

Uma sequência de demonstração é

1. $(\forall x)(C(x) \to (\exists y)W(x, y))$ hip
2. $C(m) \to (\exists y)W(m, y)$ 1, pu
3. $C(m)$ hip
4. $(\exists y)W(m, y)$ 2, 3, mp
5. $(\forall x)(\forall y)(W(x, y) \to S(x, y))$ hip
6. $(\forall y)(W(m, y) \to S(m, y))$ 5, pu
7. $W(m, a)$ 4, pe
8. $W(m, a) \to S(m, a)$ 6, pu
9. $S(m, a)$ 7, 8, mp
10. $(\exists y)S(m, y)$ 9, ge

41. O argumento é

$$(\exists x)(E(x) \wedge (\forall y)(M(y) \to A(x, y))) \wedge (\exists x)(M(x) \wedge S(x)) \to (\exists x)(E(x) \wedge (\exists y)(S(y) \wedge A(x, y)))$$

Uma sequência de demonstração é

1. $(\exists x)(E(x) \wedge (\forall y)(M(y) \to A(x, y)))$ hip
2. $(\exists x)(M(x) \wedge S(x))$ hip
3. $E(a) \wedge (\forall y)(M(y) \to A(a, y))$ 1, pe
4. $(\forall y)(M(y) \to A(a, y))$ 3, simp
5. $M(b) \wedge S(b)$ 2, pe
6. $M(b) \to A(a, b)$ 4, pu
7. $M(b)$ 5, simp
8. $A(a, b)$ 6, 7, mp
9. $S(b)$ 5, simp
10. $S(b) \wedge A(a, b)$ 8, 9, conj
11. $(\exists y)(S(y) \wedge A(a, y))$ 10, ge
12. $E(a)$ 3, simp
13. $E(a) \wedge (\exists y)(S(y) \wedge A(a, y))$ 11, 12 conj
14. $(\exists x)(E(x) \wedge (\exists y)(S(y) \wedge A(x, y)))$ 13, ge

43. $[(\exists x)[A(x)]']' \leftrightarrow (\forall x)[[A(x)]']'$ neg, usando $[A(x)']$ no lugar de $A(x)$

$[(\exists x)[A(x)]']' \leftrightarrow (\forall x)A(x)$ dn

$[(\forall x)A(x)]' \leftrightarrow ([(\exists x)[A(x)]']')'$ cont (em cada direção)

$[(\forall x)A(x)]' \leftrightarrow (\exists x)[A(x)]'$ dn

EXERCÍCIOS 1.5

1. sim

3. não

5. peixe

7. raposa, veado

9. *herbívoro*(X) <= *come*(X, Y) e *planta*(Y)

11. raposa

13. **a.** anita
b. miguel, kim
c. judite, samuel, miguel, kim, joana, hamal, henrique, jeferson
15. **a.** ?(*autorde*(marktwain, ocãodosbaskervilles))
b. ?(*autorde*(williamfaulkner, *X*))
c. *autordenãoficção*(*X*) <= *autorde*(*X*, *Y*) e não (*ficção*(*Y*))
d. ?(*autordenãoficção*(*X*))
17. **a.** *paide*(*X*, *Y*) <= *genitorde*(*X*, *Y*) e *homem*(*X*)
b. *filhade*(*X*, *Y*) <= *genitorde*(*Y*, *X*) e *mulher*(*X*)
c. *ancestralde*(*X*, *Y*) <= *genitorde*(*X*, *Y*), *ancestralde*(*X*, *Y*) <= *genitorde*(*X*, *Z*) e *ancestralde*(*Z*, *Y*)
19. **a.** ?*seco*(*X*) e *ingredientesde*(*X*, *Y*)
b. ?*perecível*(*Y*) e *ingredientesde*(*X*, *Y*) e *líquido*(*X*)
c. *encontradoem*(*X*, *Y*) <= *ingredientesde*(*X*, *Y*), *encontradoem*(*X*, *Y*) <= *ingredientesde*(*X*, *Z*) e *encontradoem*(*Z*, *Y*)
21. Os resultados devem estar de acordo com os resultados dos Exercícios 13 e 14.

EXERCÍCIOS 1.6

1. $x + 1 = y - 1 \leftrightarrow x = y - 2$
3. $3x - 1 = 2y - 1 \leftrightarrow 3x = 2y$
5. Trabalhando de trás para a frente a partir da pós-condição, usando o axioma de atribuição, obtemos
$\{x + 3 = 4\} \leftrightarrow x = 1$
$y = x + 3$
$\{2y = 8 \text{ ou } y = 4\}$
$y = 2 * y$
$\{y = 8\}$
7. Trabalhando de trás para a frente a partir da pós-condição, usando o axioma de atribuição, obtemos
$\{2x + 1 = 1\} \leftrightarrow x = 0$
$z = 2x + 1$
$\{z - 1 = 0 \text{ ou } z = 1\}$
$\{y = 0\}$
9. Trabalhando de trás para a frente a partir da pós-condição, usando o axioma de atribuição, obtemos
$\{x(x - 1) = x(x - 1)\}$
$y = x - 1$
$\{xy = x(x - 1)\}$
$y = x * y$
$\{y = x(x - 1)\}$
Como a precondição é sempre verdadeira, cada proposição subsequente também será, incluindo a pós-condição.
11. Usando a regra do condicional, os dois condicionais a serem demonstrados são

$$\{y = 0 \text{ e } y < 5\}\ y = y + 1\{y = 1\} \text{ e } \{y = 0 \text{ e } y \geq 5\}\ y = 5\ \{y = 1\}$$

O primeiro é verdadeiro pelo axioma de atribuição. Trabalhando de trás para a frente a partir da pós-condição, obtemos
$\{y + 1 = 1\} \leftrightarrow y = 0$
$y = y + 1$
$\{y = 1\}$
O segundo é verdadeiro porque o antecedente é falso.
13. Usando a regra do condicional, os dois condicionais a serem demonstrados são

$$\{x \neq 0 \text{ e } x > 0\}\ y = 2 * x\{y > 0\} \text{ e } \{x \neq 0 \text{ e } x \leq 0\}\ y = (-2) * x\ \{y > 0\}$$

O primeiro é verdadeiro pelo axioma de atribuição. Trabalhando de trás para a frente a partir da pós-condição, obtemos

$\{2*x > 0\} \leftrightarrow x > 0 \leftrightarrow x \neq 0 \text{ e } x > 0$
$\quad y = 2 * x$
$\{y > 0\}$

O segundo é verdadeiro pelo axioma de atribuição. Trabalhando de trás para a frente a partir da pós-condição, obtemos

$\{(-2) * x > 0\} \leftrightarrow x < 0 \leftrightarrow x \neq 0 \text{ e } x \leq 0$
$\quad y = (-2) * x$
$\{y > 0\}$

15. Usando a regra do condicional e a definição do valor absoluto de um número não nulo, os dois condicionais a serem demonstrados são

$$\{x \neq 0 \text{ e } x \geq 0\}\ abs = x\ \{(x > 0 \text{ e } abs = x) \text{ ou } (x < 0 \text{ e } abs = -x)\}$$
$$\{x \neq 0 \text{ e } x < 0\}\ abs = -x\ \{(x > 0 \text{ e } abs = x) \text{ ou } (x < 0 \text{ e } abs = -x)\}$$

Usando o axioma de atribuição no primeiro condicional, obtemos a precondição

$$(x > 0 \text{ e } x = x) \text{ ou } (x < 0 \text{ e } x = -x) \leftrightarrow (x > 0 \text{ e } x = x) \leftrightarrow (x \neq 0 \text{ e } x \geq 0).$$

Usando o axioma de atribuição no segundo condicional, obtemos a precondição

$$(x > 0 \text{ e } -x = x) \text{ ou } (x < 0 \text{ e } -x = -x) \leftrightarrow (x < 0 \text{ e } -x = -x) \leftrightarrow (x \neq 0 \text{ e } x < 0)$$

CAPÍTULO 2

EXERCÍCIOS 2.1

1. **a.** Se o crescimento de plantas não for sadio, não haverá uma quantidade suficiente de água.
   b. Se não houver um aumento da disponibilidade de informação, não haverá um maior desenvolvimento tecnológico.
   c. Se não forem feitas modificações no programa, não serão introduzidos erros.
   d. Isolamento ruim e falta de vedação de algumas janelas implicam que não haverá economia de energia.

3. Por exemplo:
   a. um retângulo não quadrado
   b. 0
   c. uma pessoa baixa com cabelos ruivos e olhos azuis
   d. uma pessoa baixa com cabelos ruivos

5. Metade dessa afirmação é verdadeira. Se n for um inteiro ímpar, então $3n + 5$ será um inteiro par. No entanto, a recíproca é falsa. Considere o inteiro par 6. Se $3n + 5 = 6$, então $3n = 1$ e $n = 1/3$, que nem é inteiro, muito menos um inteiro ímpar. Veja o Exercício 25.

7. **a.** $4 + 6 = 10$; 4 e 6 são pares, mas 10 não é múltiplo de 4.
   b. O erro está na escolha de tanto x quanto y serem iguais a $2m$. Isso faz com que eles sejam dois números iguais, que é um caso particular.

9. $25 = 5^2 = 9 + 16 = 3^2 + 4^2, 100 = (10)^2 = 36 + 64 = 6^2 + 8^2, 169 = (13)^2 = 25 + 144 = 5^2 + (12)^2$

11. $n = 1, n! = 1, 2^n = 2; n = 2, n! = 2, 2^n = 4; n = 3, n! = 6, 2^n = 8$

13. Sejam $x = 2m$ e $y = 2n$, em que m e n são inteiros. Então $x + y = 2m + 2n = 2(m + n)$, em que $m + n$ é um inteiro, logo $x + y$ é par.

15. Sejam $x = 2m + 1$ e $y = 2n + 1$, em que m e n são inteiros. Então $x + y = (2m + 1) + (2n + 1) = 2m + 2n + 2 = 2(m + n + 1)$, em que $m + n + 1$ é um inteiro, logo $x + y$ é par.

17. Sejam $x = 2m + 1$ e $y = 2n$, em que m e n são inteiros. Então $x - y = 2m + 1 - 2n = 2(m - n) + 1$, em que $m - n$ é um inteiro, logo $x - y$ é ímpar.

19. Dados dois inteiros consecutivos, um é par e o outro é ímpar. O produto de um inteiro par com um inteiro ímpar é par pela demonstração no Exemplo 9.

21. Seja $x = 2m$, em que m é um inteiro. Então, $x^2 = (2m)^2 = 4m^2$, em que m^2 é um inteiro, logo x^2 é divisível por 4.

23. A contrapositiva é: se $x + 1 \leq 0$, então $x \leq 0$. Se $x + 1 \leq 0$, então $x \leq -1 < 0$, logo $x < 0$ e, portanto, $x \leq 0$.

25. Se n for ímpar, então $n = 2k + 1$ para algum inteiro k. Então $3n + 5 = 3(2k + 1) + 5 = 6k + 8$. Para a recíproca, se $3n + 5 = 6k + 8$ para algum inteiro k, então $3n = 6k + 3$ ou $3n = 3(2k + 1)$ e $n = 2k + 1$ para algum inteiro k, logo n é um inteiro ímpar.

27. Se $x < y$, multiplicando ambos os lados da desigualdade pelos números positivos x e y, um de cada vez, obtemos, respectivamente, $x^2 < xy$ e $xy < y^2$; portanto, $x^2 < xy < y^2$, ou seja, $x^2 < y^2$. Por outro lado, se $x^2 < y^2$, então $y^2 - x^2 > 0$ pela definição de $<$ e, fatorando, $(y + x)(y - x) > 0$, logo $(y + x) < 0$ e $(y - x) < 0$, ou $(y + x) > 0$ e $(y - x) > 0$, já que um número positivo é o produto de dois negativos ou de dois positivos. Mas não podemos ter $(y + x) < 0$, já que tanto x quanto y são positivos; portanto, $y + x > 0$ e $y - x > 0$, logo $y > x$.

29. Seja n um número primo com $n = 2k$, em que k é um inteiro. Então 2 e k dividem n. Mas n é primo, logo é divisível somente por ele mesmo e por 1, de modo que $n = 2$ e $k = 1$. Portanto, $n = 2$.

31. Suponha que p e q são divisíveis por n. Então $p = k_1 n$ e $q = k_2 n$, em que k_1 e k_2 são inteiros, logo $p + q = k_1 n + k_2 n = (k_1 + k_2)n$, em que $k_1 + k_2$ é um inteiro. Portanto, $p + q$ é divisível por n.

33. Como $n \mid m$, $m = k_1 n$ para algum inteiro k_1. Como $m \mid p$, $p = k_2 m$ para algum inteiro k_2. Então $p = k_2 m = k_2(k_1 n) = (k_2 k_1)n$, em que $k_2 k_1$ é um inteiro, logo $n \mid p$.

35. Seja $x = 2n + 1$. Então $x^2 = (2n + 1)^2 = 4n^2 + 4n + 1 = 4n(n + 1) + 1$. Mas $n(n + 1)$ é par (Exercício 19), logo $n(n + 1) = 2k$ para algum inteiro k. Portanto, $x^2 = 4(2k) + 1 = 8k + 1$.

37. $m^2 n^2 = (mn)^2$.

39. A demonstração é por casos, dependendo se x e y são negativos. Caso 1: $x \geq 0$ e $y \geq 0$. Então $|x| = x$, $|y| = y$. Além disso, $x + y \geq 0$ e $|x + y| = x + y$. Logo $|x + y| = x + y = |x| + |y|$. Caso 2: $x \geq 0$, $y < 0$. Então $|x| = x$, $|y| = -y$. Subcaso a: $x + y \geq 0$. Então $|x + y| = x + y$. Portanto, $|x + y| = x + y < x + (-y)$ (lembre-se de que y é negativo, de modo que $-y$ é positivo) $= |x| + |y|$, Subcaso b: $x + y < 0$. Então $|x + y| = -(x + y) = (-x) + (-y) \leq x + (-y)$ (lembre-se de que $x \geq 0$, de modo que $-x \leq 0$) $= |x| + |y|$. Caso 3: $x < 0$, $y \geq 0$. Semelhante ao Caso 2 trocando x com y. Caso 4: $x < 0$, $y < 0$. Então $|x| = -x$, $|y| = -y$. Além disso, $x + y < 0$ e $|x + y| = -(x + y)$. Portanto, $|x + y| = -(x + y) = (-x) + (-y) = |x| + |y|$.

41. A demonstração é por absurdo. Se $x_1 < A, x_2 < A, \cdots, x_n < A$, então $x_1 + x_2 + \cdots + x_n < A + A + \cdots + A = nA$ e $(x_1 + x_2 + \cdots + x_n)/n < A$, o que contradiz a definição de A como a média de $x_1, ..., x_n$.

43. Suponha que $\sqrt{3}$ é racional. Então $\sqrt{3} = p/q$, em que p e q são inteiros, $q \neq 0$ e p e q não têm fatores comuns (além de ± 1). Se $\sqrt{3} = p/q$, então $3 = p^2/q^2$, ou seja, $3q^2 = p^2$. Então 3 divide p^2, logo 3 divide p. Portanto 3 é um fator de p, donde 9 é um fator de p^2, e a equação $3q^2 = p^2$ pode ser escrita como $3q^2 = 9x$, ou seja, $q^2 = 3x$. Então 3 divide q^2, logo 3 divide q. Portanto 3 é um fator comum de p e q, uma contradição.

45. Suponha que $\sqrt[3]{2}$ é racional. Então $\sqrt[3]{2} = p/q$, em que p e q são inteiros, $q \neq 0$ e p e q não têm fatores comuns (além de ± 1). Se $\sqrt[3]{2} = p/q$, então $2 = p^3/q^3$, ou seja, $2q^3 = p^3$. Então 2 divide p^3, logo 2 divide p. Portanto 2 é um fator de p, donde 8 é um fator de p^3, e a equação $2q^3 = p^3$ pode ser escrita como $2q^3 = 8x$, ou seja, $q^3 = 4x$. Como 2 divide $4x$, 2 divide q^3, logo 2 divide q. Portanto 2 é um fator comum de p e q, uma contradição.

47. $0 = (0)2$, que é um múltiplo inteiro de 2.

49. 297 é um número composto: $297 = 3 * 3 * 3 * 11$

51. Contraexemplo: $9 - 7 = 2$

53. Demonstração: Se x for par, então $x = 2n$ e $x(x + 1)(x + 2) = (2n)(2n + 1)(2n + 2) = 2[(n)(2n + 1)(2n + 2)]$, que é par. Se x for ímpar, então $x = 2n + 1$ e $x(x + 1)(x + 2) = (2n + 1)(2n + 2)(2n + 3) = 2[(2n + 1)(n + 1)(2n + 3)]$, que é par.

55. Demonstração: Se x for par, então $x = 2n$ e $2n + (2n)^3 = 2n + 8n^3 = 2(n + 4n^3)$, que é par. Se x for ímpar, então $x = 2n + 1$ e $(2n + 1) + (2n + 1)^3 = (2n + 1) + (8n^3 + 12n^2 + 6n + 1) = 8n^3 + 12n^2 + 8n + 2 = 2(4n^3 + 6n^2 + 4n + 1)$, que é par.

57. Contraexemplo: $3 \times 9 = 27$

59. Sejam n ímpar e m par. Então n^2 é ímpar pelo Exemplo 9 e m^2 é par pelo Exemplo 5. Logo $n^2 + m^2$ é a soma de um número ímpar com um par e portanto, pelo Exercício 16, é ímpar.

61. Para $n = 1$, $n + \frac{1}{n} = 1 + \frac{1}{1} = 2$. Para $n \geq 2$, $n + \frac{1}{n} \geq 2 + \frac{1}{n} > 2$, já que $1/n$ é um número positivo.

63. Contraexemplo: 5 é primo, mas $5 + 4 = 9$ não é primo.

65. Demonstração: $n^2 - 1 = (n + 1)(n - 1)$, em que $n - 1 > 1$ (já que $n > 2$), o que é uma fatoração não trivial, logo o número não é primo.

67. Contraexemplo: $4^2 + 4 + 1 = 21 = 3\ (7)$, não é primo.

69. Demonstração: Sejam x e y números racionais, $x = p/q$, $y = r/s$ com p, q, r, s inteiros e $q, s \neq 0$. Então, $x + y = p/q + r/s = (ps + rq)/qs$, em que $ps + rq$ e qs são inteiros com $qs \neq 0$, e quaisquer fatores comuns entre q e s podem ser removidos. Portanto $x + y$ é racional.

71. Contraexemplo: $\sqrt{2}$ é irracional, mas $\sqrt{2} \times \sqrt{2} = 2$ é racional.

73. A soma do Ângulo 6 com o Ângulo 5 e com o ângulo reto é 180° pelo primeiro fato. O ângulo reto é 90° pelo quarto fato. Então a soma do Ângulo 6 com o Ângulo 5 é 90°. O Ângulo 6 tem a mesma medida que o Ângulo 3 pelo segundo fato. Portanto, a soma do Ângulo 5 com o Ângulo 3 é 90°.

75. Suponha que o Ângulo 1 e o Ângulo 5 são do mesmo tamanho. Como no Exercício 73, a soma do Ângulo 3 com o Ângulo 5 é 90º. Como o Ângulo 1 e o Ângulo 5 são do mesmo tamanho, a soma do Ângulo 3 com o Ângulo 1 é 90º. Além disso, a soma do Ângulo 3 com o Ângulo 1 com o Ângulo 2 é 180º pelo primeiro fato. Então 90º mais o Ângulo 2 é igual a 180º, logo o Ângulo 2 é igual a 90º. O Ângulo 2 é um ângulo reto pelo quarto fato.

EXERCÍCIOS 2.2

1. **a.** $P(1)$: $4(1) - 2 = 2(1)^2$ ou $2 = 2$, (verdade)
b. $P(k)$: $2 + 6 + 10 + \cdots + (4k - 2) = 2k^2$
c. $P(k + 1)$: $2 + 6 + 10 + \cdots + [4(k + 1) - 2] = 2(k + 1)^2$
d. Lado esquerdo de $P(k + 1) = 2 + 6 + 10 + \cdots + [4(k + 1) - 2] = 2 + 6 + 10 + \cdots + (4k - 2) + [4(k + 1) - 2]$ (escreva o penúltimo termo) $= 2k^2 + 4(k + 1) - 2$ (usando $P(k)$) $= 2k^2 + 4k + 2 = 2(k^2 + 2k + 1) => 2(k + 1)^2$ que é o lado direito de $P(k + 1)$.

3. Passo básico: $P(1)$: $1 = 1(2(1) - 1)$, (verdade). Suponha $P(k)$: $1 + 5 + 9 + \cdots + (4k - 3) = k(2k - 1)$. Mostre $P(k + 1)$: $1 + 5 + 9 + \cdots + [4(k + 1) - 3] = (k + 1)\,[2(k + 1) - 1]$. Lado esquerdo de $P(k + 1) = 1 + 5 + 9 + \cdots + [4(k + 1) - 3] = 1 + 5 + 9 + \cdots + (4k - 3) + [4(k + 1) - 3] = k(2k - 1) + 4(k + 1) - 3$ (usando $P(k)$) $= 2k^2 - k + 4k + 1 = 2k^2 + 3k + 1 = (k + 1)(2k + 1) = (k + 1)\,[2(k + 1) - 1]$ que é o lado direito de $P(k + 1)$.

5. Passo básico: $P(1)$: $6 - 2 = 1\,[3(1) + 1]$, (verdade). Suponha $P(k)$: $4 + 10 + 16 + \cdots + (6k - 2) = k(3k + 1)$. Mostre $P(k + 1)$: $4 + 10 + 16 + \cdots + [6(k + 1) - 2] = (k + 1)\,[3(k + 1) + 1]$. $4 + 10 + 16 + \cdots + [6(k + 1) - 2] = 4 + 10 + 16 + \cdots + (6k - 2) + [6(k + 1) - 2] = k(3k + 1) + 6(k + 1) - 2$ (usando $P(k)$) $= 3k^2 + k + 6k + 4 = 3k^2 + 7k + 4 = (k + 1)(3k + 4) = (k + 1)\,[3(k + 1), + 1]$ que é o lado direito de $P(k + 1)$.

7. Passo básico: $P(1)$: $1^2 = 1(1 + 1)(2 + 1)/6$, (verdade). Suponha $P(k)$: $1^2 + 2^2 + \cdots + k^2 = k(k + 1)(2k + 1)/6$. Mostre $P(k + 1)$: $1^2 + 2^2 + \cdots + (k + 1)^2 = (k + 1)(k + 2)(2(k + 1) + 1)/6$. Lado esquerdo de $P(k + 1) = 1^2 + 2^2 + \cdots + (k + 1)^2 = 1^2 + 2^2 + \cdots + k^2 + (k + 1)^2 = k(k + 1)(2k + 1)/6 + (k + 1)^2$ (usando $P(k)$) $= (k + 1)\,[k(2k + 1)/6 + k + 1] = (k + 1)\,[(2k^2 + k + 6k + 6)/6] = (k + 1)(2k^2 + 7k + 6)/6 = (k + 1)(k + 2)(2k + 3)/6 = (k + 1)(k + 2)(2(k + 1) + 1)/6$ que é o lado direito de $P(k + 1)$.

9. Passo básico: $P(1)$: $1^2 = 1(2 - 1)(2 + 1)/3$, (verdade). Suponha $P(k)$: $1^2 + 3^2 + \cdots + (2k - 1)^2 = 2\ k(2k - 1)(2k + 1)/3$. Mostre $P(k + 1)$: $1^2 + 3^2 + \cdots + [2(k + 1) - 1]^2 = (k + 1)(2(k + 1) - 1)\ (2(k + 1) + 1)/3$. Lado esquerdo de $P(k + 1) = 1^2 + 3^2 + \cdots + [2(k + 1) - 1]^2 = 1^2 + 3^2 + \cdots + (2k - 1)^2 + [2(k + 1) - 1]^2 = k(2k - 1)(2k + 1)/3 + [2(k + 1) - 1]^2$ (usando $P(k)$) $= k(2k - 1)\,(2k + 1)/3 + (2k + 1)^2 = (2k + 1)\,[k(2k - 1)/3 + 2k + 1] = (2k + 1)(2k^2 - k + 6k + 3)/3) = (2k + 1)(2k^2 + 5k + 3)/3 = (2k + 1)(k + 1)(2k + 3)/3 = (k + 1)(2(k + 1) - 1)\ (2(k + 1) + 1)\cdot 3$ que é o lado direito de $P(k + 1)$.

11. Passo básico: $P(1)$: $1 \cdot 3 = 1(2)(9)/6$, (verdade). Suponha $P(k)$: $1 \cdot 3 + 2 \cdot 4 + \cdots + k(k + 2) = k(k + 1)\,(2k + 7)/6$. Mostre $P(k + 1)$: $1 \cdot 3 + 2 \cdot 4 + \cdots + (k + 1)(k + 3) = (k + 1)(k + 2)(2(k + 1) + 7)/6$. Lado esquerdo de $P(k + 1) = 1 \cdot 3 + 2 \cdot 4 + \cdots + (k + 1)(k + 3) = 1 \cdot 3 + 2 \cdot 4 + \cdots + k(k + 2) + (k + 1)(k + 3) = k(k + 1)(2k + 7)/6 + (k + 1)(k + 3)$ (usando $P(k)$) $= (k + 1)\,[k(2k + 7) + 6(k + 3)]/6 = (k + 1)(2k^2 + 13k + 18)/6 = (k + 1)(k + 2)(2k + 9)/6 = (k + 1)(k + 2)(2(k + 1) + 7)/6$ que é o lado direito de $P(k + 1)$.

13. Passo básico: $P(1)$: $1/(1 \cdot 2) = 1/(1 + 1)$, (verdade). Suponha $P(k)$: $1/(1 \cdot 2) + 1/(2 \cdot 3) + \cdots + 1/k(k + 1) = k/(k + 1)$. Mostre $P(k + 1)$: $1/(1 \cdot 2) + 1/(2 \cdot 3) + \cdots + 1/(k + 1)(k + 2) = (k + 1)/(k + 2)$. Lado esquerdo de $P(k + 1) = 1/(1 \cdot 2) + 1/(2 \cdot 3) + \cdots + 1/(k + 1)(k + 2) = 1/(1 \cdot 2) + 1/(2 \cdot 3) + \cdots + 1/k(k + 1) + 1/(k + 1)(k + 2) = k/(k + 1) + 1/(k + 1)(k + 2)$ (usando $P(k)$) $= [k(k + 2) + 1]/(k + 1)(k + 2) = (k^2 + 2k + 1)/(k + 1)(k + 2) = (k + 1)^2/(k + 1)(k + 2) = (k + 1)/(k + 2)$ que é o lado direito de $P(k + 1)$.

15. Passo básico: $P(1)$: $1^2 = (-1)^2(1)(2)/2$, (verdade). Suponha $P(k)$: $1^2 - 2^2 + \cdots + (-1)^{k+1}k^2 = (-1)^{k+1}(k)(k+1)/2$. Suponha $P(k+1)$: $1^2 - 2^2 + \cdots + (-1)^{k+2}(k+1)^2 = (-1)^{k+2}(k+1)(k+2)/2$. Lado esquerdo de $P(k+1) = 1^2 - 2^2 + \cdots + (-1)^{k+2}(k+1)^2 = 1^2 - 2^2 + \cdots + (-1)^{k+1}k^2 + (-1)^{k+2}(k+1)^2 = (-1)^{k+1}(k)(k+1)/2 + (-1)^{k+2}(k+1)^2$ (usando $P(k)$) $= [(-1)^{k+1}(k)(k+1) + 2(-1)^{k+2}(k+1)^2]/2 = (-1)^{k+2}(k+1)[k(-1)^{-1} + 2(k+1)]/2 = (-1)^{k+2}(k+1)[-k + 2k + 2]/2 = (-1)^{k+2}(k+1)(k+2)/2$ que é o lado direito de $P(k+1)$.

17. Passo básico: $P(1)$: $2^2 = (2)(1)(2)(2+1)/3$ ou $4 = (2)(6)/3$, (verdade). Suponha $P(k)$: $2^2 + 4^2 + \cdots + (2k)^2 = 2k(k+1)(2k+1)/3$. Suponha $P(k+1)$: $2^2 + 4^2 + \cdots + [2(k+1)]^2 = 2(k+1)(k+2)[2(k+1)2+1]/3$. Lado esquerdo de $P(k+1) = 2^2 + 4^2 + \cdots + [2(k+1)]^2 = 2^2 + 4^2 + \cdots + (2k)^2 + [2(k+1)]^2 = 2k(k+1)(2k+1)/3 + [2(k+1)]^2$ (usando $P(k)$) $= 2(k+1)[k(2k+1)/3 + 2(k+1)] = 2(k+1)[k(2k+1) + 6(k+1)]/3 = 2(k+1)[2k^2 + 7k + 6]/3 = 2(k+1)(k+2)(2k+3)/3 = 2(k+1)(k+2)[2(k+1)+1]/3$ que é o lado direito de $P(k+1)$.

19. Passo básico: $P(1)$: $1 \cdot 2 = (1)(2)(3)/3$, (verdade). Suponha $P(k)$: $1 \cdot 2 + 2 \cdot 3 + 3 \cdot 4 + \cdots + k(k+1) = k(k+1)(k+2)/3$. Mostre $P(k+1)$: $1 \cdot 2 + 2 \cdot 3 + 3 \cdot 4 + \cdots + (k+1)(k+2) = (k+1)(k+2)(k+3)/3$. Lado esquerdo de $P(k+1) = 1 \cdot 2 + 2 \cdot 3 + 3 \cdot 4 + \cdots + (k+1)(k+2) = 1 \cdot 2 + 2 \cdot 3 + 3 \cdot 4 + \cdots + k(k+1) + (k+1)(k+2) = k(k+1)(k+2)/3 + (k+1)(k+2)$(usando $P(k)$) $= (k+1)(k+2)[k/3 + 1] = (k+1)(k+2)(k+3)/3$ que é o lado direito de $P(k+1)$.

21. Passo básico: $P(1)$: $1/(1 \cdot 4) = 1/(3 \cdot 1 + 1)$, (verdade). Suponha $P(k)$: $1/(1 \cdot 4) + 1/(4 \cdot 7) + 1/(7 \cdot 10) + \cdots + 1/(3k-2)(3k+1) = k/(3k+1)$. Mostre $P(k+1)$: $1/(1 \cdot 4) + 1/(4 \cdot 7) + 1/(7 \cdot 10) + \cdots + 1/(3(k+1)-2)(3(k+1)+1) = (k+1)/3[(k+1)+1]$. Lado esquerdo de $P(k+1) = 1/(1 \cdot 4) + 1/(4 \cdot 7) + 1/(7 \cdot 10) + \cdots + 1/(3(k+1)-2)(3(k+1)+1) = 1/(1 \cdot 4) + 1/(4 \cdot 7) + 1/(7 \cdot 10) + \cdots + 1/(3k-2)(3k+1) + 1/(3(k+1)-2)(3(k+1)+1) = k/(3k+1) + 1/(3(k+1)-2)(3(k+1)+1)$ (usando $P(k)$) $= k/(3k+1) + 1/(3k+1)(3k+4) = [k(3k+4)+1]/(3k+1)(3k+4) = (3k^2 + 4k + 1)/(3k+1)(3k+4) = (3k+1)(k+1)/(3k+1)(3k+4) = (k+1)/[3(k+1)+1]$ que é o lado direito de $P(k+1)$.

23. Passo básico: $P(1)$: $1 + 4 = (4^2 - 1)/3$ ou $5 = 15/3$, (verdade). Suponha $P(k)$: $1 + 4 + 4^2 + \cdots + 4^k = (4^{k+1} - 1)/3$. Mostre $P(k+1)$: $1 + 4 + 4^2 + \cdots + 4^{k+1} = (4^{k+2} - 1)/3$. Lado esquerdo de $P(k+1) = 1 + 4 + 4^2 + \cdots + 4^{k+1} = 1 + 4 + 4^2 + \cdots + 4^k + 4^{k+1} = (4^{k+1} - 1)/3 + 4^{k+1}$ (usando $P(k)$) $= (4^{k+1} - 1 + 3 \cdot 4^{k+1})/3 = (4 \cdot 4^{k+1} - 1)/3 = (4^{k+2} - 1)/3$ que é o lado direito de $P(k+1)$.

25. Passo básico: $P(1)$: $1 = (3-1)/2$, (verdade). Suponha $P(k)$: $1 + 4 + 7 + 10 + \cdots + (3k-2) = k(3k-1)/2$. Mostre $P(k+1)$: $1 + 4 + 7 + 10 + \cdots + (3(k+1)-2) = (k+1)(3(k+1)-1)/2$. Lado esquerdo de $P(k+1) = 1 + 4 + 7 + 10 + \cdots + (3(k+1)-2) = 1 + 4 + 7 + 10 + \cdots + (3k-2) + (3(k+1)-2) = k(3k-1)/2 + (3(k+1)-2)$ (usando $P(k)$) $= [k(3k-1) + 2(3(k+1)-2)]/2 = (3k^2 - k + 6k + 6 - 4)/2 = (3k^2 + 5k + 2)/2 = (k+1)(3k+2)/2 = (k+1)(3(k+1)-1)/2$ que é o lado direito de $P(k+1)$.

27. Passo básico: $P(1)$: $a = (a - ar)/(1-r) = a(1-r)/(1-r)$, (verdade). Suponha $P(k)$: $a + ar + \cdots + ar^{k-1} = (a - ar^k)/(1-r)$. Mostre $P(k+1)$: $a + ar + \cdots + ar^k = (a - ar^{k+1})/(1-r)$. Lado esquerdo de $P(k+1) = a + ar + \cdots + ar^k = a + ar + \cdots + ar^{k-1} + ar^k = (a - ar^k)/(1-r) + ar^k$ (usando $P(k)$) $= [a - ar^k + ar^k(1-r)]/(1-r) = (a - ar^{k+1})/(1-r)$ que é o lado direito de $P(k+1)$.

29. **a.** 4.882.812
b. 64.592.673.600
c. 225
d. 884

31. Passo básico: $P(2)$: $2^2 > 2 + 1$, (verdade). Suponha $P(k)$: $k^2 > k + 1$. Mostre $P(k+1)$: $(k+1)^2 > k + 2$. Lado esquerdo de $P(k+1) = (k+1)^2 = k^2 + 2k + 1 > (k+1) + 2k + 1$ (usando $P(k)$) $= 3k + 2 > k + 2$ que é o lado direito de $P(k+1)$.

33. Passo básico: $P(7)$: $7^2 > 5 \cdot 7 + 10$ ou $49 > 45$, (verdade). Suponha $P(k)$: $k^2 > 5k + 10$. Mostre $P(k+1)$: $(k+1)^2 > 5(k+1) + 10 = 5k + 15$. Lado esquerdo de $P(k+1) = (k+1)^2 = k^2 + 2k + 1 > (5k + 10) + 2k + 1$ (usando $P(k)$) $= 5k + 2k + 11 > 5k + 12 + 11$ (já que $k > 6$) $= 5k + 23 > 5k + 15$ que é o lado direito de $P(k+1)$.

35. Passo básico: $P(4)$: $4! > 4^2$ ou $1 \cdot 2 \cdot 3 \cdot 4 = 24 > 16$ (verdade). Suponha $P(k)$: $k! > k^2$. Mostre $P(k+1)$: $(k+1)! > (k+1)^2$. Lado esquerdo de $P(k+1) = (k+1)! = k!(k+1) > k^2(k+1)$ (usando $P(k)$) $> (k+1)(k+1)$ (pelo Exercício 31, já que $k \geq 4$) $= (k+1)^2$ que é o lado direito de $P(k+1)$.

37. Passo básico: $P(4)$: $4! > 2^4$ ou $24 > 16$, (verdade). Suponha $P(k)$: $k! > 2^k$. Mostre $P(k+1)$: $(k+1)! > 2^{k+1}$. Lado esquerdo de $P(k+1) = (k+1)! = k!(k+1) > 2^k(k+1)$ (usando $P(k)$) $> 2^k(2)$ (já que $k \geq 4$) $= 2^{k+1}$ que é o lado direito de $P(k+1)$.

39. Passo básico: $P(1)$: $1! \geq 2^0$, (verdade). Suponha $P(k)$: $k! \geq 2^{k-1}$. Mostre $P(k+1)$: $(k+1)! \geq 2^k$. Lado esquerdo de $P(k+1) = (k+1)! = k!(k+1) \geq 2^{k-1}(k+1)$ (usando $P(k)$) $\geq 2^{k-1}(2)$ (já que $k \geq 1$, de modo que $k + 1 \geq 2$) $= 2^k$ que é o lado direito de $P(k+1)$.

41. Passo básico: $P(2)$: $(1 + x)^2 > 1 + x^2$ ou $1 + 2x + x^2 > 1 + x^2$ (verdade, pois $x > 0$ implica $2x > 0$). Suponha $P(k)$: $P(k)$: $(1 + x)^k > 1 + x^k$. Mostre $P(k + 1)$: $(1 + x)^{k+1} > 1 + x^{k+1}$. Lado esquerdo de $P(k + 1) = (1 + x)^{k+1} = (1 + x)^k (1 + x) > (1 + x^k)(1 + x)$ (usando $P(k)$) $= 1 + x^k + x + x^{k+1} > 1 + x^{k+1}$ que é o lado direito de $P(k + 1)$.

43. Passo básico: $P(2)$: $1 + 2 < 2^2$ ou $3 < 4$, (verdade). Suponha $P(k)$: $1 + 2 + \cdots + k < k^2$. Mostre $P(k + 1)$: $1 + 2 + \cdots + (k + 1) < (k + 1)^2$. Lado esquerdo de $P(k + 1) = 1 + 2 + \cdots + (k + 1) = 1 + 2 + \cdots + k + (k + 1) < k^2 + k + 1$ (usando $P(k)$) $< k^2 + 2k + 1 = (k + 1)^2$ que é o lado direito de $P(k + 1)$.

45. a. Passo básico: $P(1)$: $1 + (1/2) < 2$, (verdade). Suponha $P(k)$: $1 + (1/2) + \cdots + (1/2^k) < 2$. Mostre $P(k + 1)$: $1 + (1/2) + \cdots + (1/2^{k+1}) < 2$. Lado esquerdo de $P(k + 1) = 1 + (1/2) + \cdots + (1/2^{k+1}) = 1 + (1/2) + \cdots + (1/2^k) + (1/2^{k+1}) < 2 + (1/2^{k+1})$(usando $P(k)$), mas $2 + (1/2^{k+1})$ não é menor do que 2.

b. Passo básico: $P(1)$: $1 + (1/2) = 2 - (1/2)$, (verdade). Suponha $P(k)$: $1 + (1/2) + \cdots + (1/2^k) = 2 - (1/2^k)$. Mostre $P(k + 1)$: $1 + (1/2) + \cdots + (1/2^{k+1}) = 2 - (1/2^{k+1})$. Lado esquerdo de $P(k + 1) = 1 + (1/2) + \cdots + (1/2^{k+1}) = 1 + (1/2) + \cdots + (1/2^k) + (1/2^{k+1}) = 2 - (1/2^k) + (1/2^{k+1})$(usando $P(k)$) $= 2 - (2/2^{k+1}) + (1/2^{k+1}) = 2 - (1/2^{k+1})$ que é o lado direito de $P(k + 1)$.

47. Passo básico: $P(1)$: $2^3 - 1 = 8 - 1 = 7$ e $7|7$. Suponha $P(k)$: $7|2^{3k} - 1$, logo $2^{3k} - 1 = 7m$ ou $2^{3k} = 7m + 1$ para algum inteiro m. Mostre $P(k + 1)$: $7|2^{3(k+1)} - 1$. $2^{3(k+1)} - 1 = 2^{3k+3} - 1 = 2^{3k} \cdot 2^3 - 1 = (7m + 1)2^3 - 1 = 7(2^3m) + 8 - 1 = 7(2^3m + 1)$ em que $2^3m + 1$ é inteiro, logo $7|2^{3(k+1)} - 1$.

49. Passo básico: $P(1)$: $7 - 2 = 5$ e $5|5$. Suponha $P(k)$: $5|7^k - 2^k$, logo $7^k - 2^k = 5m$ ou $7^k = 5m + 2^k$ para algum inteiro m. Mostre $P(k + 1)$: $5|7^{k+1} - 2^{k+1}$. $7^{k+1} - 2^{k+1} = 7 \cdot 7^k - 2^{k+1} = 7(5m + 2^k) - 2^{k+1} = 5(7m) + 2^k(7 - 2) = 5(7m + 2^k)$ em que $7m + 2^k$ é inteiro, logo $5|7^{k+1} - 2^{k+1}$.

51. Passo básico: $P(1)$: $2 + (-1)^2 = 2 + 1 = 3$ e $3|3$. Suponha $P(k)$: $3|2^k + (-1)^{k+1}$, logo $2^k + (-1)^{k+1} = 3m$ ou $2^k = 3m - (-1)^{k+1}$ para algum inteiro m. Mostre $P(k + 1)$: $3|2^{k+1} + (-1)^{k+2}$. $2^{k+1} + (-1)^{k+2} = 2 \cdot 2^k + (-1)^{k+2} = 2(3m - (-1)^{k+1}) + (-1)^{k+2} = 3(2m) - 2(-1)^{k+1} + (-1)^{k+2} = 3(2m) + (-1)^{k+1}(-2 + (-1)) = 3(2m + (-1)^{k+1}(-3) = 3(2m - (-1)^{k+1})$ em que $2m - (-1)^{k+1}$ é um inteiro, logo $3|2^{k+1} + (-1)^{k+2}$.

53. Passo básico: $P(1)$: $3^{4+2} + 5^{2+1} = 3^6 + 5^3 = 729 + 125 = 854 = 61 \cdot 14$ e $14|61 \cdot 14$. Suponha $P(k)$: $14|3^{4k+2} + 5^{2k+1}$, logo $3^{4k+2} + 5^{2k+1} = 14m$ ou $3^{4k+2} = 14m - 5^{2k+1}$ para algum inteiro m. Mostre $P(k + 1)$: $14|3^{4(k+1)+2} + 5^{2(k+1)+1}$. $3^{4(k+1)+2} + 5^{2(k+1)+1} = 3^{4k+2} \cdot 3^4 + 5^{2k+3} = (14m - 5^{2k+1})3^4 + 5^{2k+3} = 14(m3^4) - 5^{2k+1} \cdot 3^4 + 5^{2k+1} \cdot 5^2 = 14(m3^4) - 5^{2k+1}(3^4 - 5^2) = 14(m3^4) - 5^{2k+1}(81 - 25) = 14(m3^4) - 5^{2k+1}(56) = 14(m3^4 - 4 \cdot 5^{2k+1})$ em que $m3^4 - 4 \cdot 5^{2k+1}$ é um inteiro, logo $14|3^{4(k+1)+2} + 5^{2(k+1)+1}$.

55. Passo básico: $P(1)$: $10 + 3 \cdot 4^3 + 5 = 10 + 192 + 5 = 207 = 9 \cdot 23$ e $9|9 \cdot 23$. Suponha $P(k)$: $9|10^k + 3 \cdot 4^{k+2} + 5$, logo $10^k + 3 \cdot 4^{k+2} + 5 = 9m$ ou $10^k = 9m - 3 \cdot 4^{k+2} - 5$ para algum inteiro m. Mostre $P(k + 1)$: $9|10^{k+1} + 3 \cdot 4^{k+3} + 5$. $10^{k+1} + 3 \cdot 4^{k+3} + 5 = 10 \cdot 10^k + 3 \cdot 4^{k+3} + 5 = 10(9m - 3 \cdot 4^{k+2} - 5) + 3 \cdot 4^{k+3} + 5 = 9(10m) - 30 \cdot 4^{k+2} - 50 + 3 \cdot 4^{k+2} \cdot 4 + 5 = 9(10m) - 45 - 3 \cdot 4^{k+2}(10 - 4) = 9(10m - 5) - 18 \cdot 4^{k+2} = 9(10m - 5 - 2 \cdot 4^{k+2})$ em que $10m - 5 - 2 \cdot 4^{k+2}$ é um inteiro, logo $9|10^{k+1} + 3 \cdot 4^{k+3} + 5$.

57. Passo básico: $P(1)$: $1^3 + 2(1) = 3$ e $3|3$. Suponha $P(k)$: $3|k^3 + 2k$ logo $k^3 + 2k = 3m$ para algum inteiro m. Mostre $P(k + 1)$: $3|(k + 1)^3 + 2(k + 1)$. $(k + 1)^3 + 2(k + 1) = k^3 + 3k^2 + 3k + 1 + 2k + 2 = k^3 + 2k + 3(k^2 + k + 1) = 3m + 3(k^2 + k + 1) = 3(m + k^2 + k + 1)$ em que $m + k^2 + k + 1$ é um inteiro, logo $3|(k + 1)^3 + 2(k + 1)$. Este resultado também segue diretamente do Exercício 56: $n^3 + 2n = n^3 - n + 3n = 3m + 3n$ (pelo Exercício 56) $= 3(m + n)$.

59. Passo básico: $P(1)$: $\cos\theta + i \operatorname{sen}\theta = \cos\theta + i \operatorname{sen}\theta$. Suponha $P(k)$: $(\cos\theta + i \operatorname{sen}\theta)^k = \cos k\theta + i \operatorname{sen} k\theta$. Mostre $P(k + 1)$: $(\cos\theta + i \operatorname{sen}\theta)^{k+1} = \cos(k + 1)\theta + i \operatorname{sen}(k + 1)\theta$. $(\cos\theta + i \operatorname{sen}\theta)^{k+1} = (\cos\theta + i \operatorname{sen}\theta)^k(\cos\theta + i \operatorname{sen}\theta) = (\cos k\theta + i \operatorname{sen} k\theta)(\cos\theta + i \operatorname{sen}\theta) = \cos k\theta\cos\theta + i \operatorname{sen} k\theta\cos\theta + i\cos k\theta \operatorname{sen}\theta + i^2 \operatorname{sen} k\theta \operatorname{sen}\theta = \cos k\theta\cos\theta - \operatorname{sen} k\theta \operatorname{sen}\theta + i(\operatorname{sen} k\theta\cos\theta + \cos k\theta \operatorname{sen}\theta) = \cos(k\theta + \theta) + i \operatorname{sen}(k\theta + \theta) = \cos(k + 1)\theta + i\operatorname{sen}(k + 1)\theta$.

61. A afirmação a ser provada é que $n(n + 1)(n + 2)$ é divisível por 3 para $n \geq 1$. Passo básico: $P(1)$: $1(1 + 1)(1 + 2) = 6$ é divisível por 3, (verdade). Suponha $P(k)$: $k(k + 1)(k + 2) = 3m$ para algum inteiro m. Mostre $P(k + 1)$: $(k + 1)(k + 2)(k + 3)$ é divisível por 3. $(k + 1)(k + 2)(k + 3) = (k + 1)(k + 2)k + (k + 1)(k + 2)3 = 3m + (k + 1)(k + 2)3 = 3[m + (k + 1)(k + 2)]$.

63.

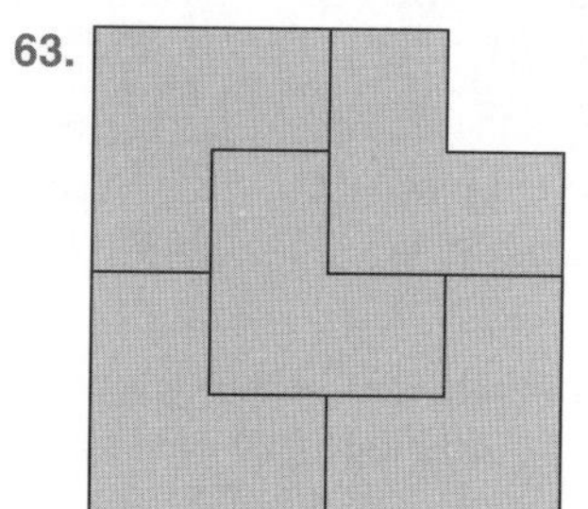

65.

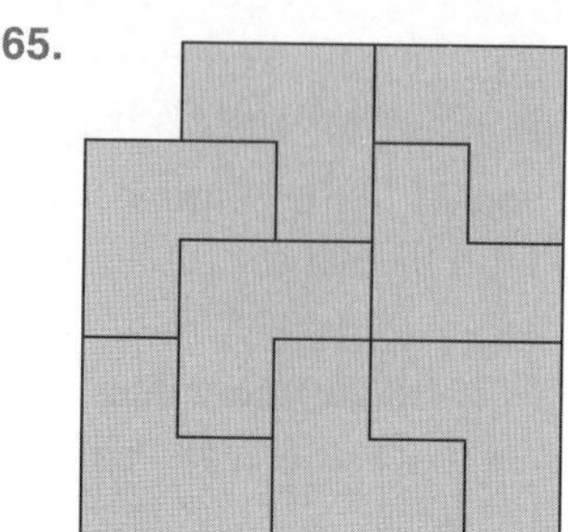

67. A demonstração é por indução em n. $P(1)$ é verdade porque 1 reta divide o plano em 2 regiões e $(1^2 + 1 + 2)/2 = 2$. Suponha que $P(k)$ é verdade: k retas dividem o plano em $(k^2 + k + 2)/2$ regiões. Mostre $P(k + 1)$: $k + 1$ retas dividem o plano em $[(k + 1)^2 + (k + 1) + 2]/2$ regiões. Uma nova reta cria uma região a mais do que o número de retas que ela cruza. Quando a linha $k + 1$ for acrescentada, ela irá cruzar k retas (porque duas retas nunca são paralelas e três retas nunca têm um ponto comum de interseção). Portanto, serão criadas $k + 1$ regiões e o número total de regiões será o número de regiões com k retas somado a $k + 1$, ou seja, $(k^2 + k + 2)/2 + (k + 1) = (k^2 + k + 2 + 2(k + 1))/2 = (k^2 + 3k + 4)/2 = ((k + 1)^2 + (k + 1) + 2)/2$.

69. $P(1)$ é $1 = 1 + 1$, que não é verdadeiro.

71. **a.** Seja $P(n)$ a propriedade de que qualquer palavra composta como justaposição de n subpalavras tem um número par de letras iguais a *o*. Então $P(1)$ é verdade, já que as únicas palavras que têm apenas 1 subpalavra são *mono*, *nono* e *sono*, todas tendo 2 letras iguais a *o*. Suponha que $P(k)$ é verdade e considere $P(k + 1)$. Para qualquer palavra composta com $k + 1$ subpalavras, quebre a palavra em duas partes, uma com k subpalavras, outra com 1 subpalavra. Pela hipótese de indução, a parte com k subpalavras tem um número par m de letras iguais a *o*. A parte com 1 subpalavra tem duas letras iguais a *o*. Logo, o número total de letras iguais a *o* é $m + 2$, um número par. Isso mostra que $P(k + 1)$ é verdade e completa a demonstração.

b. Seja $P(n)$ a propriedade de que qualquer palavra composta como justaposição de n subpalavras tem um número par de letras iguais a *o*. Então $P(1)$ é verdade, já que as únicas palavras que têm apenas 1 subpalavra são *mono*, *nono* e *sono*, todas tendo 2 letras iguais a *o*. Suponha que $P(r)$ é verdade para todo r, $1 \leq r \leq k$ e considere $P(k + 1)$. Para qualquer palavra composta com $k + 1$ subpalavras, quebre a palavra em duas partes, uma com r_1 subpalavras, outra com r_2 subpalavras, em que $1 \leq r_1 \leq k$, $1 \leq r_2 \leq k$, $r_1 + r_2 = k + 1$. Pela hipótese de indução, a parte com r_1 subpalavras tem um número par m_1 de letras iguais a *o* e a parte com r_2 subpalavras tem um número par m_2 de letras iguais a *o*. Logo, o número total de letras iguais a *o* na palavra original é $m_1 + m_2$, um número par. Isso mostra que $P(k + 1)$ é verdade e completa a demonstração.

73. Para o passo básico, um quebra-cabeça com 1 peça requer 0 passo para ser completado. Suponha que qualquer bloco com r peças, $1 \leq r \leq k$, precisa de $r - 1$ passos para ser completado. Considere um quebra-cabeça com $k + 1$ peças. O último passo para completar o quebra-cabeça consiste em juntar dois blocos com r_1 e r_2 peças, respectivamente, em que $1 \leq r_1 \leq k$, $1 \leq r_2 \leq k$, $r_1 + r_2 = k + 1$. Pela hipótese de indução, esses blocos precisaram de $r_1 - 1$ e $r_2 - 1$ passos para serem completados, respectivamente, de modo que, com o passo final, o número total de passos necessários para completar o quebra-cabeça é $(r_1 - 1) + (r_2 - 1) + 1 = (r_1 + r_2) - 1 = k$.

75. Para o passo básico, a fbf mais simples desse tipo consiste em uma única letra de proposição, que tem 1 símbolo; 1 é ímpar. Suponha que, para qualquer fbf desse tipo com r símbolos, $1 \leq r \leq k$, r é ímpar. Considere uma fbf desse tipo com $k + 1$ símbolos. Ela tem que ter uma das formas $(P) \wedge (Q)$, $(P) \vee (Q)$, $(P) \rightarrow (Q)$, em que P tem r_1 símbolos, $1 \leq r_1 < k$ e Q tem r_2 símbolos, $1 \leq r_2 < k$. Pela hipótese de indução, tanto r_1 quanto r_2 são ímpares. O número de símbolos na fbf é, então, $r_1 + r_2 + 5$ (quatro parênteses mais um conectivo), que é ímpar.

77. $P(2)$ e $P(3)$ são verdadeiros por causa das equações $2 = 2$ e $3 = 3$. Suponha que $P(r)$ é verdadeiro para qualquer r com $2 \leq r \leq k$ e considere $P(k + 1)$. Podemos supor que $k + 1 \geq 4$, de modo que $(k + 1) - 2 \geq 2$ e, pela hipótese de indução, pode ser escrito como uma soma de algarismos iguais a 2 ou 3. Somando um 2 adicional, obtemos $k + 1$ como uma soma de algarismos iguais a 2 ou 3.

79. $P(14)$, $P(15)$ e $P(16)$ são verdadeiras pelas equações $14 = 2(3) + 8$, $15 = 5(3)$, $16 = 2(8)$. Suponha que $P(r)$ é verdade para qualquer r tal que $14 \leq r \leq k$, e considere $P(k + 1)$. Podemos supor que $k + 1 \geq 17$, de modo que $(k + 1) - 3 \geq 14$ e, pela hipótese de indução, pode ser escrito como uma soma de números iguais a 3 ou 8. Somando um 3 adicional, obtemos $k + 1$ como uma soma de números iguais a 3 ou 8.

81. As proposições $P(64)$, $P(65)$, $P(66)$, $P(67)$ e $P(68)$ são todas verdadeiras, por causa das equações $64 = 6(5) + 2(17)$, $65 = 13(5)$, $66 = 3(5) + 3(17)$, $67 = 10(5) + 17$ e $68 = 4(17)$. Suponha $P(r)$ verdadeira para todo r com $64 \leq r \leq k$, e considere $P(k + 1)$. Podemos supor que $k + 1 \geq 69$, de modo que $(k + 1) - 5 \geq 64$, e, pela hipótese de indução, pode ser escrito como uma soma de números iguais a 5 ou 17. Somando um 5 adicional, obtemos $k + 1$ como uma soma de números iguais a 5 ou 17.

83. Do Exercício 2,

$$\sum_{m=1}^{n} 2m = n(n + 1) = n^2 + n. \text{ Além disso, } \int_0^n 2x\,dx = \left.\frac{2x^2}{2}\right|_0^n = n^2$$

e

$$\int_1^{n+1} 2x\,dx = \left.\frac{2x^2}{2}\right|_1^{n+1} = (n + 1)^2 - 1 = n^2 + 2n. \text{ É verdade que } n^2 \leq n^2 + n \leq n^2 + 2n.$$

EXERCÍCIOS 2.3

1. Suponha que $x_k^2 > x_k + 1$. Então $x_{k+1}^2 = (x_k + 1)^2 = x_k^2 + 2x_k + 1 > x_k^2 + 1 > (x_k + 1) + 1 = x_{k+1} + 1$.
3. $Q(0)$: $j_0 = (i_0 - 1)!$ pois $j = 1$, $i = 2$ antes de se entrar no laço. Suponha $Q(k)$: $j_k = (i_k - 1)!$ Então $Q(k + 1)$: $j_{k+1} = j_k \cdot i_k = (i_k - 1)! i_k = (i_k)! = (i_{k+1} - 1)!$ Ao final do laço, $j = (i - 1)!$ e $i = x + 1$, logo $j = x!$
5. $Q(0)$: $j_0 = x^{i_0}$ pois $j = x$, $i = 1$ antes de se entrar no laço. Suponha $Q(k)$: $j_k = x^{i_k}$. Então $Q(k + 1)$: $j_{k+1} = j_k \cdot x = x^{i_k} \cdot x = x^{i_k + 1} = x^{i_{k+1}}$. Ao final do laço, $j = x^i$ e $i = y$, logo $j = x^y$.
7. mdc(308, 165) = 11
9. mdc(735, 90) = 15
11. mdc(1326, 252) = 6
13. Você quer dividir as 792 barras de sabão igualmente em x pacotes, logo x tem que ser um divisor de 792. Analogamente, você quer dividir os 400 potes de xampus igualmente em x pacotes, de modo que x tem que ser um divisor de 400. O número de pacotes é o maior valor de x que divide tanto 792 quanto 400, o que é a definição de mdc(792, 400).
15. Q: $j = x * y^i$. $Q(0)$: $j_0 = x * y^{i_0}$, pois $j = x$, $i = 0$ antes de entrar no laço. Suponha $Q(k)$: $j_k = x * y^{i_k}$. Então $Q(k + 1)$: $j_{k+1} = j_k * y = x * y^{i_k} * y = x * \ = x * y^{i_{k+1}}$. Ao final do laço, $j = x * y^i$ e $i = n$, logo $j = x * y^n$.
17. Q: $j = (i + 1)^2$. $Q(0)$: $j_0 = (i_0 + 1)^2$, pois $j = 4$ e $i = 1$ antes de entrar no laço. Suponha $Q(k)$: $j_k = (i_k + 1)^2$. Então $Q(k + 1)$: $j_{k+1} = j_k + 2i_k + 3 = (i_k + 1)^2 + 2i_k + 3 = i_k^2 + 2i_k + 1 + 2i_k + 3 = i_k^2 + 4i_k + 4 = (i_k + 2)^2 = (i_k + 1 + 1)^2 = (i_{k+1} + 1)^2$. Ao final do laço, $j = (i + 1)^2$ e $i = x$, logo $j = (x + 1)^2$.
19. Q: $j = x * i!$. $Q(0)$: $j_0 = x * i_0!$, pois $j = x$, $i = 1$ antes de entrar no laço. Suponha $Q(k)$: $j_k = x * (i_k)!$ Então $Q(k + 1)$: $j_{k+1} = j_k * (i_k + 1) = x * (i_k)!(i_k + 1) = x * (i_k + 1)! = x * (i_{k+1})!$ Ao final do laço, $j = x * i!$ e $i = n$, logo $j = x * n!$
21. Q: $j = \text{máx}(a[1], ..., a[i])$. $Q(0)$: $j_0 = \text{máx}(a[1], ..., a[i_0])$ pois $i_0 = 1$, de modo que a expressão à direita do sinal de igualdade é máx($a[1]$) e $j_0 = a[1]$. Suponha $Q(k)$: $j_k = \text{máx}(a[1], ..., a[i_k])$. Então $Q(k + 1)$; $j_{k+1} = \text{máx}(j_k, a[i_k + 1]) = \text{máx}(\text{máx}(a[1], ..., a[i_k]), a[i_k + 1]) = \text{máx}(a[1], ..., a[i_k + 1]) = \text{máx}(a[1], ..., a[i_{k+1}])$. Ao final do laço, $j = \text{máx}(a[1], ..., a[i])$ e $i = n$, logo $j = \text{máx}(a[1], ..., a[n])$.
23. Suponha que existe um inteiro d tal que $d \mid a/2$, $d \mid b/2$ e $d > c$, de modo que $2d > 2c$. Então $a/2 = k_1 d$ e $b/2 = k_2 d$, em que k_1 e k_2 são inteiros. Logo $a = k_1(2d)$ e $b = k_2(2d)$, o que significa que $2d$ divide tanto a quanto b, mas é maior do que $2c$ = mdc(a, b), o que é uma contradição.
25. Se a e b forem ambos ímpares, então $a - b$ será par e nesse caso, pelo fato 2, mdc($a - b$, b) = mdc(($a - b$)/2, b)
27.

308	165	Fato 2
154	165	Fato 2
77	165	Fato 3
77	44	Fato 2
77	22	Fato 2
77	11	Fato 3
33	11	Fato 3
11	11	Fato 3
0	11	

mdc(308, 165) = 11

EXERCÍCIOS 2.4

1. $11 = 7 \cdot 308 - 13 \cdot 165$
3. $15 = 1 \cdot 735 - 8 \cdot 90$
5. $6 = 100 \cdot 252 - 19 \cdot 1326$
7. $1729 = 7 \cdot 13 \cdot 19$
9. Como $\sqrt{1171} \cong 34$, tentamos os primos 2, 3, 5, 7, 11, 13, 17, 23, 31. Nenhum deles divide n, logo é primo.
11. $8712 = 2^3 \cdot 3^2 \cdot 11^2$
13. $308 = 2^2 * 7 * 11$ e $165 = 3 * 5 * 11$, logo mdc(308, 165) = 11

15. $735 = 3 * 5 * 7^2$ e $90 = 2 * 3^2 * 5$ logo mdc(735, 90) $= 3 * 5 = 15$

17. $1326 = 2 * 3 * 13 * 17$ e $252 = 2^2 * 3^2 * 7$, logo mdc(1326, 252) $= 2 * 3 = 6$

19. O mdc(a, b) é o produto dos primos que aparecem em ambas as decomposições de a e de b elevado à menor potência em que aparece. O mmc(a, b) é o produto dos primos que aparecem na decomposição de a ou na de b elevado à maior potência em que aparece.

21. mcd $= 2 \cdot 3 \cdot 11$, mmc $= 2^2 \cdot 3 \cdot 11^2 \cdot 13$.

23. mcd $= 3 \cdot 5 \cdot 11$, mmc $= 3^2 \cdot 5^3 \cdot 11^2 \cdot 17$.

25. Sejam mdc(a, b) $= c$ e mdc(a, $a + b$) $= d$. Como mdc(a, b) $= c$, $c \mid a$ e $c \mid b$, existem inteiros m e n tais que $a = mc$ e $b = nc$. Então $a + b = mc + nc = (m + n)c$, de modo que $c \mid (a + b)$. Logo c é um divisor de a e de $a + b$ e tem que ser menor ou igual ao máximo divisor comum de a e $a + b$, a saber d. Como mdc(a, $a + b$) $= d$, $d \mid a$ e $d \mid a + b$, logo existem inteiros i e j tais que $a = id$ e $a + b = jd$. Então $b = jd - a = jd - id = (j - i)d$, de modo que $d \mid b$. Logo d é um divisor de a e de b e tem que ser menor ou igual ao máximo divisor comum de a e b, a saber c. Então $c \leq d$ e $d \leq c$, logo $c = d$.

27. Por exemplo, $8 \mid 24$ e $24 = 12 \cdot 2$, mas $8 \nmid 12$ e $8 \nmid 2$. Isso não é uma violação do teorema sobre a divisão por números primos porque 8 não é primo.

29. 3, 5, 7

31. $\varphi(8) = 4$ (os números 1, 3, 5, 7)

33. $\varphi(10) = 4$ (os números 1, 3, 7, 9)

35. Seja $\varphi(n) = n - 1$. Como n e n nunca são primos entre si, os números sendo contados em $\varphi(n)$ são $(1, 2, ..., n - 1)$. Então cada um dos números entre 1 e $n - 1$, e n são primos entre si, de modo que só 1 e n dividem n, portanto n é primo.

37. $\varphi(2^4) = 2^3\varphi(2) = 8 \cdot 1 = 8$. Os números são: 1, 3, 5, 7, 9, 11, 13, 15

39. 35640

41. 1248000

43. Para calcular $\varphi(pq)$, conte o número de inteiros positivos menores ou iguais a pq, que é pq, e elimine os números com a propriedade que ele e pq não são primos entre si. Um inteiro positivo m menor ou igual a pq tal que m e pq não são primos entre si tem que conter pelo menos um fator p ou um fator q. Vamos contar quantos múltiplos inteiros de p (p, $2p$, $3p$, ..., pq) são menores ou iguais a pq. Esse número é $pq/p = q$. Analogamente, existem $pq/q = p$ múltiplos inteiros de q (q, $2q$, $3q$, ..., pq) menores ou iguais a pq. Múltiplos de p e múltiplos de q são distintos, exceto por pq, que foi contado duas vezes; para compensar, somamos 1 ao final. A expressão correta é $\varphi(pq) = pq - q - p + 1 = (p - 1)(q - 1) = \varphi(p)\varphi(q)$.

45. Usando o teorema fundamental da aritmética, seja $n = p_1^{n_1} p_2^{n_2} \cdots p_k^{n_k}$ de modo que $n^m = p_1^{n_1 m} p_2^{n_2 m} \cdots p_k^{n_k m}$ e, pela Equação 2,

$$\phi(n) = p_1^{n_1 - 1} p_2^{n_2 - 1} \cdots p_k^{n_k - 1}[\phi(p_1)\phi(p_2)\cdots\phi(p_k)]$$

Então, novamente pela Equação 2,

$$\begin{aligned}
\varphi(n^m) &= p_1^{n_1 m - 1} p_2^{n_2 m - 1} \cdots p_k^{n_k m - 1} \varphi(p_1)\varphi(p_2)\cdots\varphi(p_k) = \frac{p_1^{n_1 m} p_2^{n_2 m} \cdots p_k^{n_k m}}{p_1 p_2 \cdots p_k}\varphi(p_1)\varphi(p_2)\cdots\varphi(p_k) \\
&= \frac{p_1^{n_1 m} p_2^{n_2 m} \cdots p_k^{n_k m}}{p_1 p_2 \cdots p_k}\left(\frac{\varphi(n)}{p_1^{n_1 - 1} p_2^{n_2 - 1} \cdots p_k^{n_k - 1}}\right) = \frac{p_1^{n_1 m} p_2^{n_2 m} \cdots p_k^{n_k m}}{p_1^{n_1} p_2^{n_2} \cdots p_k^{n_k}}\varphi(n) \\
&= \frac{n^m}{n}\varphi(n) = n^{m-1}\varphi(n)
\end{aligned}$$

47. 5, 7, 31, 127

49. **a.** $28 = 1 + 2 + 4 + 7 + 14$

b. $28 = 2^2(2^3 - 1)$

51. A lista original é

1	2	3	4	5	6	7	8	9	10
11	12	13	14	15	16	17	18	19	20
21	22	23	24	25	26	27	28	29	30
31	32	33	34	35	36	37	38	39	40
41	42	43	44	45	46	47	48	49	50
51	52	53	54	55	56	57	58	59	60
61	62	63	64	65	66	67	68	69	70
71	72	73	74	75	76	77	78	79	80
81	82	83	84	85	86	87	88	89	90
91	92	93	94	95	96	97	98	99	

Depois do primeiro passo (cortar os múltiplos de 2):

1	2	3	5	7	9
11		13	15	17	19
21		23	25	27	29
31		33	35	37	39
41		43	45	47	49
51		53	55	57	59
61		63	65	67	69
71		73	75	77	79
81		83	85	87	89
91		93	95	97	99

Depois do segundo passo (cortar os múltiplos de 3):

1	2	3	5	7	
11		13		17	19
		23	25		29
31			35	37	
41		43		47	49
		53	55		59
61			65	67	
71		73		77	79
		83	85		89
91			95	97	

Depois do terceiro passo (cortar os múltiplos de 5):

1	2	3	5	7	
11		13		17	19
		23			29
31				37	
41		43		47	49
		53			59
61				67	
71		73		77	79
		83			89
91				97	

Depois do quarto passo (cortar os múltiplos de 7):

1	2	3	5	7	
11		13		17	19
		23			29
31				37	
41		43		47	
		53			59
61				67	
71		73			79
		83			89
				97	

Como 7 é o maior primo maior do que $\sqrt{100}$, o processo termina. Os números que permaneceram (excluindo 1) são os primos menores do que 100.

53.

8	9	5	2	1	7	6	4	3
6	4	7	5	8	3	9	1	2
2	3	1	6	9	4	5	8	7
9	2	4	1	3	5	8	7	6
1	5	8	7	2	6	4	3	9
7	6	3	9	4	8	1	2	5
4	8	2	3	5	9	7	6	1
3	7	9	4	6	1	2	5	8
5	1	6	8	7	2	3	9	4

CAPÍTULO 3

EXERCÍCIOS 3.1

1. 10, 20, 30, 40, 50

3. 2, 1/2, 2, 1/2, 2

5. $1, 1 + \frac{1}{2}, 1 + \frac{1}{2} + \frac{1}{3}, 1 + \frac{1}{2} + \frac{1}{3} + \frac{1}{4}, \ 1 + \frac{1}{2} + \frac{1}{3} + \frac{1}{4} + \frac{1}{5}$

7. 1, 5, 47, 755, 18879

9. 2, 2, 6, 14, 34

11. 2, 3, 6, 18, 108

13. $F(n + 1) + F(n - 2) = F(n - 1) + F(n) + F(n - 2) = [F(n - 2) + F(n - 1)] + F(n) = F(n) + F(n) = 2F(n)$.

15. $F(n) = F(n - 2) + F(n - 1) = [F(n - 4) + F(n - 3)] + [F(n - 3) + F(n - 2)] = F(n - 4) + 2F(n - 3) + F(n - 2) = F(n - 4) + 2F(n - 3) + [F(n - 4) + F(n - 3)] = 3F(n - 3) + 2F(n - 4)$.

17. $F(n + 3) = F(n + 2) + F(n + 1) = F(n + 1) + F(n) + F(n + 1) = 2F(n + 1) + F(n)$.

19. $n = 1$: $F(1) = F(3) - 1$ ou $1 = 2 - 1$, verdade. Suponha verdade para $n = k$: $F(1) + \cdots + F(k) = F(k + 2) - 1$. Então $F(1) + \cdots + F(k + 1) = F(1) + \cdots + F(k) + F(k + 1) = F(k + 2) - 1 + F(k + 1) = F(k + 3) - 1$.

21. $n = 1$: $F(1) = F(2)$ ou $1 = 1$, verdade. Suponha verdade para $n = k$: $F(1) + F(3) + \cdots + F(2k - 1) = F(2k)$. Então $F(1) + F(3) + \cdots + F(2(k + 1) - 1) = F(1) + F(3) + \cdots + F(2k - 1) + F(2(k + 1) - 1) = F(2k) + F(2(k + 1) - 1) = F(2k) + F(2k + 1) = F(2k + 2) = F(2(k + 1))$.

23. $n = 1$: $F(4) = 2F(2) + F(1)$ ou $3 = 2(1) + 1$, verdade. $n = 2$: $F(5) = 2F(3) + F(2)$ ou $5 = 2(2) + 1$, verdade. Suponha que, para todo r tal que $1 \le r \le k$, $F(r + 3) = 2F(r + 1) + F(r)$. Então $F(k + 4) = F(k + 2) + F(k + 3) = 2F(k) + F(k - 1) + 2F(k + 1) + F(k) = 2[F(k) + F(k + 1)] + [F(k - 1) + F(k)] = 2F(k + 2) + F(k + 1)$.

25. $n = 1$: $F(1) < 2$ ou $1 < 2$, verdade. $n = 2$: $F(2) < 2^2$ ou $1 < 4$, verdade. Suponha que, para todo r tal que $1 \le r \le k$, $F(r) < 2^r$. Então $F(k + 1) = F(k - 1) + F(k) < 2^{k-1} + 2^k = 2^{k-1}(1 + 2) = 3(2^{k-1}) < 4(2^{k-1}) = 2^2(2^{k-1}) = 2^{k+1}$.

27. F(inteiro positivo n)
//função que calcula recursivamente o valor do
//n-ésimo número de Fibonacci
  se $n = 1$ **então**
    retorne 1
  senão
    se $n = 2$ **então**
      retorne 1
    senão
      retorne $F(n - 2) + F(n - 1)$
    fim do se
  fim do se
fim da função F

29. **a.** $i = n$
b. $p = F(n - 1)$

31. **a.** $p^2 = \dfrac{(1 + \sqrt{5})^2}{2^2} = \dfrac{1 + 2\sqrt{5} + 5}{2} = \dfrac{6 + 2\sqrt{5}}{4} = \dfrac{3 + \sqrt{5}}{2} = \dfrac{2}{2} + \dfrac{1 + \sqrt{5}}{2} = 1 + p$

A demonstração de que $1 + q = q^2$ é semelhante.

b. $n = 1$: $F(1) = \dfrac{p - q}{p - q} = 1$, verdade.

$$n = 2: F(2) = \frac{p^2 - q^2}{p - q} = \frac{(p - q)(p + q)}{p - q} = p + q = \frac{1 + \sqrt{5}}{2} + \frac{1 - \sqrt{5}}{2} = \frac{2}{2} = 1, \text{ verdade.}$$

Suponha que, para todo r tal que $1 \le r \le k$, $F(r) = \dfrac{p^r - q^r}{p - q}$. Então

$$F(k + 1) = F(k - 1) + F(k) = \frac{p^{k-1} - q^{k-1}}{p - q} + \frac{p^k - q^k}{p - q} = \frac{p^{k-1}(1 + p) - q^{k-1}(1 + q)}{p - q}$$

$$= \frac{p^{k-1}p^2 - q^{k-1}q^2}{p - q} = \frac{p^{k+1} - q^{k+1}}{p - q}$$

c. Do item (b),

$$F(n) = \frac{p^n - q^n}{p - q} = \frac{\left(\frac{1 + \sqrt{5}}{2}\right)^n - \left(\frac{1 - \sqrt{5}}{2}\right)^n}{\left(\frac{1 + \sqrt{5}}{2}\right) - \left(\frac{1 - \sqrt{5}}{2}\right)} = \frac{2(1 + \sqrt{5})^n}{2^n(2\sqrt{5})} - \frac{2(1 - \sqrt{5})^n}{2^n(2\sqrt{5})}$$

$$= \frac{1}{\sqrt{5}}\left(\frac{1 + \sqrt{5}}{2}\right)^n - \frac{1}{\sqrt{5}}\left(\frac{1 - \sqrt{5}}{2}\right)^n = \frac{\sqrt{5}}{5}\left(\frac{1 + \sqrt{5}}{2}\right)^n - \frac{\sqrt{5}}{5}\left(\frac{1 - \sqrt{5}}{2}\right)^n$$

33. Sim.

35. Não.

37. **a.** $F(1) = F(2) = 1$ porque os coelhos não cruzam antes de 2 meses de idade. $F(n)$ = o número de pares ao final de n meses = (o número de pares ao final de $n - 1$ meses) + (o número de pares de filhotes produzidos durante o mês n nascido de pares existentes no mês $n - 2$) = $F(n - 1) + F(n - 2)$.

b. $27 = 1 + 5 + 21$, $62 = 2 + 5 + 55$

39. Passos básicos: $S(1)$, $S(2)$, $S(3)$ são pares. Suponha que para todo r tal que $1 \leq r \leq k$, $S(r)$ é par. Então $S(k + 1) = 3S(k - 2) = 3(\text{par}) = \text{par}$.

41. **a.** $n = 0$: $S(0) = 1$ é ímpar, $n = 1$: $S(1) = 1$ é ímpar. Suponha que, para todo r tal que $0 \leq r \leq k$, $S(r)$ é ímpar. Então $S(k + 1) = 2S(k) + S(k - 1) = 2(\text{ímpar}) + \text{ímpar} = \text{par} + \text{ímpar} = \text{ímpar}$

b. $n = 4$: $S(4) < 6S(2)$ ou $17 < 6(3) = 18$, verdade. $n = 5$: $S(5) < 6S(3)$ ou $41 < 6(7) = 42$, verdade. Suponha para todo r, tal que $4 \leq r \leq k$, $S(r) < 6S(r - 2)$. Então $S(k + 1) = 2S(k) + S(k - 1) < 2\,[6S(k - 2)] + 6S(k - 3) = 6[2S(k - 2) + S(k - 3)] = 6S(k - 1)$.

43. $S(1) = a$, $S(n) = rS(n - 1)$ para $n \geq 2$

45. **a.** $A(1) = 50.000$, $A(n) = 3A(n - 1)$ para $n \geq 2$

b. 4.

47. b e c

49. a, b e e

51. Os elementos básicos são 0 e 3, que são múltiplos de 3. Suponha que x e y são inteiros múltiplos de 3, de modo que $x = (n)3$ e $y = (k)3$. Então $x + y = (n)3 + (k)3 = (n + k)3$, que é um múltiplo de 3.

53. 1. Qualquer predicado unário em x é uma fbf. 2. Se P e Q são fbfs predicadas unárias em x, então $(P \wedge Q)$, $(P \vee Q)$, $(P \rightarrow Q)$, (P'), $(P \leftrightarrow Q)$, $(\forall x)P$ e $(\exists x)P$ também o são.

55. (1) O inteiro 1 pertence ao conjunto. (2) Se x for um inteiro ímpar, então $x + 2$ e $x - 2$ também serão.

57. (1) A cadeia 0 pertence ao conjunto. (2) Se x for uma cadeia binária com um número ímpar de zeros, então $1x$, $x1$ e $0x0$ também terão um número ímpar de zeros.

59. (1) A cadeia 0 pertence ao conjunto. (2) Se x for uma cadeia binária que termina em 0, então $1x$, $0x$ e $x0$ também terminarão em 0.

61. <algarismo positivo> ::= 1|2|3|4|5|6|7|8|9, <algarismo> ::= 0|<algarismo positivo>, <algarismo positivo> ::= <algarismo positivo>|<inteiro positivo><algarismo>

63. (1) $\lambda^R = \lambda$. (2) Se x for uma cadeia contendo um único caractere, então $x^R = x$. (3) Se $x = yz$, então $x^R = z^R y^R$.

65. $1! = 1$, $n! = n(n - 1)!$ para $n \geq 2$

67. **a.** $\text{máx}\,(a_1, a_2) = \begin{cases} a_1 \text{ se } a_1 \geq a_2 \\ a_2 \text{ se } a_1 < a_2 \end{cases}$ $\quad \text{máx}(a_1, ..., a_n) = \text{máx}(\text{máx}\,(a_1, ..., a_{n-1}), a_n)$ para $n > 2$

b. $\text{mín}\,(a_1, a_2) = \begin{cases} a_1 \text{ se } a_1 \leq a_2 \\ a_2 \text{ se } a_1 > a_2 \end{cases}$ $\quad \text{mín}(a_1, ..., a_n) = \text{mín}(\text{mín}\,(a_1, ..., a_{n-1}), a_n)$ para $n > 2$

69. $A \vee (B_1 \wedge B_2) \Leftrightarrow (A \vee B_1) \wedge (A \vee B_2)$ por equivalência 3a. Suponha que $A \vee (B_1 \wedge \cdots \wedge B_k) \Leftrightarrow (A \vee B_1) \wedge \cdots \wedge (A \vee B_k)$. Então $A \vee (B_1 \wedge \cdots \wedge B_{k+1}) = A \vee [(B_1 \wedge \cdots \wedge B_k) \wedge B_{k+1}]$ pelo Exercício 68 $\Leftrightarrow (A \vee (B_1 \wedge \cdots \wedge B_k)) \wedge (A \vee B_{k+1})$ $\Leftrightarrow [(A \vee B_1) \wedge \cdots \wedge (A \vee B_k)] \wedge (A \vee B_{k+1}) \Leftrightarrow (A \vee B_1) \wedge \cdots \wedge (A \vee B_{k+1})$ pelo Exercício 68. A demonstração da outra proposição é semelhante.

71.
```
se n = 1 então
    retorne 1
senão
    retorne 3 * S(n – 1)
fim do se
```

73.
```
se n = 1 então
    retorne 1
senão
    retorne S(n – 2) + (n – 1)
fim do se
```

75. **se** $n = 1$ **então**
    retorne a
    senão
    se $n = 2$ **então**
    retorne b
    senão
    retorne $S(n - 2) + S(n - 1)$
    fim do se
    fim do se

77. Mistério(n) = n

79. Se a lista tiver 1 ou nenhum elemento, não há o que fazer; caso contrário, permute o primeiro com o último elemento na lista e chame o algoritmo na lista retirando o primeiro e o último elementos.

81. Divida a por b. Se o resto r for 0, então mdc(a, b) = b; caso contrário, chame o algoritmo em b e r, em vez de a e b.

83. 4, 10, –6, 2, 5; 4, 5, –6, 2, 10; 4, 2, –6, 5, 10; –6, 2, 4, 5, 10

85. Nova Friburgo, Campos, Itapemirim

87. Q; $ValorAtual = 2^{i-1}$. $Q(0)$: $ValorAtual_0 = 2^{i_0-1}$, pois $ValorAtual_0 = 2$, $i_0 = 2$ e $2 = 2^{2-1}$. Suponha $Q(k)$: $ValorAtual_k = 2^{i_k-1}$. Então $ValorAtual_{k+1} = 2 * ValorAtual_k = 2(2^{i_k-1}) = 2^{i_k} = 2^{i_{k+1}-1}$. No final, $ValorAtual = 2^{i-1}$ e $i = n + 1$, logo $ValorAtual = 2^{n+1-1} = 2^n$.

EXERCÍCIOS 3.2

1. $S(n) = n(5)$

3. $F(n) = n2^n$

5. $A(n) = n(n + 1)/2$

7. $T(n) = \dfrac{n(n + 1)(2n + 1)}{6}$

9. A fórmula dada no texto não é aplicável. Usando expandir, conjecturar, verificar, $F(n) = n!$

11. A fórmula dada no texto não é aplicável. Usando expandir, conjecturar, verificar, $A(n) = 2^{n-1}(n - 1)!$

13. **a.** A relação de recorrência é $T(n) = 0{,}95T(n - 1)$, com a base da indução sendo $T(1) = X$.
    b. $T(n) = (0{,}95)^{n-1}(X)$.
    c. $T(21) = 0{,}358(X)$, que é ligeiramente maior do que um terço do material ativo original X.

15. **a.** A relação de recorrência é $S(n) = 10S(n - 1)$ com $S(1) = 1000$.
    b. $S(n) = 10^{n+2}$
    c. Ao final de 20 segundos (no início do vigésimo primeiro segundo), $S(21) = 10^{23}$ mensagens de e-mail são enviadas.

17. **a.** A relação de recorrência é $A(n) = (1{,}01)A(n - 1) - 80$ com $A(1) = 5000$.
    b. $A(n) = (1{,}01)^{n-1}(5000) - 80\,[1 - (1{,}01)^{n-1}]/[1 - 1{,}01]$
    c. $A(19)$ = R$4.411,56

19. **a.** A relação de recorrência é $S(n) = 0{,}98S(n - 1) - 10.000$ com $S(1) = 1.000.000$.
    b. $S(n) = (0{,}98)^{n-1}(1.000.000) - 10.000\,[1 - (0{,}98)^{n-1}]/(1 - 0{,}98)$
    c. $S(10) = 750622$

21. **a.** A relação de recorrência para o número total de máquinas infectadas cada dia é $T(n) = 6T(n - 1) - 6^{n-2}$ com $T(1) = 3$.
    b. $T(n) = 6^{n-2}[6 * 3 - (n - 1)]$.
    c. O vírus desaparece depois de 19 dias.

23. A relação de recorrência é $P(n) = P(n - 1) + n$ com $P(1) = 1$. A solução é $P(n) = n(n + 1)/2$.

25. A relação de recorrência é $P(n) = P(n - 1) + 3n - 2$ com $P(1) = 1$. A solução é $P(n) = (n/2)(3n - 1)$.

27. $T(n) = 4(2)^{n-1} + (3)^{n-1}$

29. $S(n) = 2 + 2(-2)^{n-1}$

31. $F(n) = 6 + 2(5)^{n-1}$

33. $B(n) = 3(2)^{n-1} + 4(n - 1)(2)^{n-1}$

35. $A(n) = 4(1 + i)^{n-1} + 4(1 - i)^{n-1}$

37. A equação característica é $t^2 - t - 1 = 0$ com raízes

$$r_1 = \frac{1 + \sqrt{5}}{2},\ r_2 = \frac{1 - \sqrt{5}}{2}$$

A solução é

$$F(n) = \frac{\sqrt{5}}{5}\left(\frac{1 + \sqrt{5}}{2}\right)^n - \frac{\sqrt{5}}{5}\left(\frac{1 - \sqrt{5}}{2}\right)^n$$

o que está de acordo com a expressão dada no Exercício 31(c) da Seção 3.1.

39. **a.** A relação de recorrência é $M(n) - M(n-1) = (1/2)[M(n-1) - M(n-2)]$ para $n \geq 3$, com $M(1) = 200.000$ e $M(2) = 250.000$. A solução é $M(n) = 300.000 + (-100.000)(1/2)^{n-1}$.

b. $M(7) = 298.437$, que está entre R\$2.000,00 e R\$300.000,00.

41. Seja $S(n)$ o número de cadeias binárias de comprimento n sem dois zeros consecutivos. Tais cadeias podem ser geradas de duas maneiras: (i) Coloque um 1 no final de uma cadeia de comprimento $n - 1$ sem dois zeros consecutivos. Existem $S(n - 1)$ de tais cadeias. (ii) Coloque 10 no final de uma cadeia de comprimento $n - 2$ sem dois zeros consecutivos. Existem $S(n - 2)$ dessas cadeias. Portanto, $S(n) = S(n - 1) + S(n - 2)$, que é a relação de recorrência para a sequência de Fibonacci. Além disso, $S(1) = 2$ (0 e 1 são cadeias binárias de comprimento 1 sem dois zeros consecutivos) e $S(2) = 3$ (01, 10, 11 são cadeias binárias de comprimento 2 sem dois zeros consecutivos). Logo $S(1) = 2 = F(3)$, $S(2) = 3 = F(4)$, $S(3) = S(2) + S(1) = 5 = F(5)$ etc.

43. Aqui $c_2 = 0$, de modo que a equação característica é $t^2 - c_1 t = 0$, que tem raízes $r_1 = 0$, $r_2 = c_1$. A solução é $S(n) = p(0)^{n-1} + q(c_1)^{n-1} = q(c_1)^{n-1}$, em que $p + q = S(1)$ e $q(c_1) = S(2)$, de modo que $q = S(2)/c_1$. Pela relação de recorrência, $S(n) = c_1 S(n-1)$, $S(2)/c_1 = S(1)$, logo $q = S(1)$. A solução é $S(n) = S(1)(c_1)^{n-1}$, que é a solução dada pela Equação 8, pois $g(n) = 0$.

45. $P(n) = 4n - 3$

47. $S(n) = (1 + \log n)n$

EXERCÍCIOS 3.3

1.
```
para i = 1 até n faça
    menor = lista[i].teste[1]
    maior  = lista[i].teste[1]
    soma = lista[i].teste[1]

    para j = 2 até m faça
        soma = soma + lista [i].teste[j]          //A
        se lista[i].teste[j] < menor então
            menor = lista[i].teste[j]
        fim do se
        se lista[i].teste[j] > maior então
            maior = lista[i].teste[j]
        fim do se
    fim do para
    soma = soma – menor            //S
    soma = soma + maior            //A
    escreva("Total para o aluno", i, "é", soma)
fim do para
```

3. São executadas um total de n^2 somas.

5. O número total de proposições de saída é $n(\log n)$.

7. **a.**
```
fatorial(inteiro n)
  inteiro i
  fatorial = 1
  se n = 1 então
     retorne 1
  senão
     para i = 1 até n – 1 faça
        fatorial = fatorial *(i + 1)
```

fim do para
retorne *fatorial*
fim do se

b. São executadas $n - 1$ multiplicações.

9. **a.** c tem o valor 4. Quando $i = 1$, produto $= 1 * 4 = 4$, soma $= -14 + 5 * 4 = 6$. Quando $i = 2$, produto $= 4 * 4 = 16$, soma $= 6 + (-7) * 16 = -106$. Quando $i = 3$, produto $= 16 * 4 = 64$, soma $= -106 + 2 * 64 = 22$, logo 22 é a resposta final, que está correta.
   b. O trabalho total é $3n$.

11. O melhor caso ocorre quando a nota do primeiro teste é a menor nota de teste para cada aluno. Então a condição do **se** nunca é verdade e a atribuição no laço do **se** é executada 0 vezes. O pior caso ocorre quando as notas dos testes vão diminuindo do início ao fim para cada aluno. Então cada nota nova é menor do que a anterior, de modo que a atribuição no laço do **se** executa todas as vezes, ou $n(m - 1)$ vezes. O número total de atribuições e comparações no melhor caso é $3n + 2n(m - 1)$ e no pior caso é $3n + 3n(m - 1)$.

13. **a.** Depois da passagem 1, a lista é 5, 3, 4, 6, 2, 8. Depois da passagem 2, a lista é 3, 4, 5, 2, 6, 8. Depois da passagem 3, a lista é 3, 4, 2, 5, 6, 8. Depois da passagem 4, a lista é 3, 2, 4, 5, 6, 8. Depois da passagem 5, a lista é 2, 3, 4, 5, 6, 8.
   b. $B(1) = 0$, $B(n) = (n - 1) + B(n - 1)$ para $n \geq 2$
   c. $B(n) = (n - 1)n/2$

15. Sempre são necessárias $n - 1$ comparações — todo elemento após o primeiro pode ser um novo máximo em potencial.

17. $S(n) = (n - 1)n/2$

19. **a.** A lista obtida por fusão é 1, 4, 5, 6, 8, 9; 3 comparações.
   b. A lista obtida por fusão é 1, 2, 3, 4, 5, 8; 4 comparações.
   c. A lista obtida por fusão é 0, 1, 2, 3, 4, 7, 8, 9, 10; 8 comparações.

21. $M(1) = 0$, $M(n) = 2M(n/2) + (n - 1)$ para $n = 2^m$, $n \geq 2$

23.

	ordenação por seleção	ordenação por função
$n = 4$	9	5
$n = 8$	35	17
$n = 16$	135	49
$n = 32$	527	129

25. Lista original: 9, 8, 3, 13. Depois da 1ª passagem: 8, 3, [9], 13. Depois da 2ª passagem: 3, [8], [9], 13 — ordenada

27. 6

29. $Q(1) = 0$, $Q(n) = (n - 1) + 2Q(n/2)$ para $n \geq 2$

31. $Q(1) = 0$, $Q(n) = (n - 1) + Q(n - 1)$ para $n \geq 2$

33. Se a lista original estiver ordenada em ordem crescente, então o primeiro elemento de cada sublista é o menor elemento, logo na próxima passagem a lista de elementos menores do que o pivô será vazia e a lista dos elementos maiores do que o pivô só terá um elemento a menos do que a sublista.

35.

Posição em que ocorre o x	Número de comparações
1	1
2	2
3	3
...	...
n	n

37. Para $m = 1$, $F(m + 2) = F(3) = 2$ e $F(m + 1) = F(2) = 1$. Precisamos mostrar que, se for necessária 1 divisão para encontrar mdc(a, b), então $a \geq 2$ e $b \geq 1$. Como o algoritmo de Euclides se aplica a inteiros positivos, $b \geq 1$. Como $a > b$, $a \geq 2$. Suponha que, se forem necessárias k divisões, então $a \geq F(k + 2)$ e $b \geq F(k + 1)$. Mostre que, se forem necessárias $k + 1$ divisões, então $a \geq F(k + 3)$ e $b \geq F(k + 2)$. O primeiro passo do algoritmo ao calcular mdc(a, b) é dividir a por b, logo $a = qb + r$, $0 \leq r < b$. Essa é uma divisão. O algoritmo termina o cálculo encontrando mdc(b, r), que irá necessitar de k divisões. Pela hipótese de indução, $b \geq F(k + 2)$ e $r \geq F(k + 1)$. Então $a = qb + r \geq b + r$ ($q \geq 1$ porque $a > b$) $\geq F(k + 2) + F(k + 1) = F(k + 3)$.

39. Do Exercício 38, $\left(\frac{3}{2}\right)^{m+1}$, logo, aplicando o logaritmo em base 3/2 à desigualdade, $m + 1 < \log_{1,5} a$, ou $m < \log_{1,5} a - 1$.

CAPÍTULO 4

EXERCÍCIOS 4.1

1. **a.** V **b.** F **c.** F **d.** F

3. Quatro: $\{2, 3, 4\} = \{x|x \in N \text{ e } 2 \leq x \leq 4\} = \{3, 4, 2\}$, $\{a, b, c\} = \{x|x$ é a primeira letra de casa, batom ou abacaxi$\}$, $\emptyset = \{x|x$ é a primeira letra de casa, batom e abacaxi$\}$, $\{2, a, 3, b, 4, c\}$.

5. **a.** $\{0, 1, 2, 3, 4\}$

   b. $\{4, 6, 8, 10\}$

   c. {Deodoro da Fonseca, Floriano Peixoto, Prudente de Morais}

   d. $\emptyset$

   e. {São Paulo, Minas Gerais, Rio de Janeiro, Espírito Santo}

   f. $\{-3, -2, -1, 0, 1, 2, 3\}$

7. **a.** $\{x|x \in \mathbb{N} \text{ e } 1 \leq x \leq 5\}$

   b. $\{x|x \in \mathbb{N}$ e x é ímpar$\}$

   c. $\{x|x$ é um dos Três Reis Magos$\}$

   d. $\{x|x$ é um inteiro não negativo escrito em forma binária$\}$

9. Se $A = \{x \mid x = 2^n$ para algum inteiro positivo $n\}$, então $16 \in A$. Mas se $A = \{x \mid x = 2 + n(n-1)$ para algum inteiro positivo $n\}$, então $16 \notin A$. Em outras palavras, não existe informação suficiente para responder à pergunta.

11. **a.** F **b.** V **c.** F **d.** V **e.** V **f.** V

13. b, e, g são verdadeiras; a é falsa porque $\{1\} \in S$, mas $\{1\} \notin R$; c é falsa porque $\{1\} \in S$, mas $1 \notin S$; d é falsa porque 1 não é um conjunto (a afirmação correta é $\{1\} \subseteq U$); f é falsa porque $1 \notin S$.

15. a, b, d, e, g, i são verdadeiras; c é falsa porque nenhum dos dois elementos de C pertence a A; f é falsa porque esse conjunto com dois elementos não é um elemento de A; h é falsa porque $a \notin C$.

17. Seja $(x, y) \in A$. Então, (x, y) dista 3 ou menos unidades do ponto $(1, 4)$, logo, pela fórmula da distância, $\sqrt{(x-1)^2 + (y-4)^2} \leq 3$, ou $(x-1)^2 + (y-4)^2 \leq 9$, o que implica que $(x-1)^2 + (y-4)^2 \leq 25$, de modo que $(x, y) \in B$. O ponto $(6, 4)$ satisfaz a desigualdade $(x-1)^2 + (y-4)^2 \leq 25$, de modo que $(6, 4) \in B$, mas $(6, 4)$ não dista 3 ou menos unidades do ponto $(1, 4)$, de modo que $(6, 4)$ não pertence a A.

19. **a.** Para $a = 1, b = -2, c = -24$, a equação do segundo grau é $x^2 - 2x - 24 = 0$, ou $(x+4)(x-6) = 0$, com soluções -4 e 6. Cada um desses números é um inteiro par entre -100 e 100, logo os dois números pertencem a P.

    b. Aqui $Q = \{6, -4\}$, mas $P = \{-4, -2, 0, 2, 4\}$ e $Q \nsubseteq P$.

21. a, d, e

23. Seja $x \in A$. Então, como $A \subseteq B$, $x \in B$. Como $B \subseteq C$, $x \in C$. Logo $A \subseteq C$.

25. A demonstração usa indução matemática. Para $n = 2$: um conjunto com 2 elementos tem exatamente 1 subconjunto com 2 elementos, que é o próprio conjunto. Fazendo $n = 2$ na fórmula $n(n-1)/2$ obtemos o valor 1. Isso prova o passo básico. Suponha que qualquer conjunto com k elementos tem $k(k-1)/2$ subconjuntos com exatamente 2 elementos. Vamos mostrar que qualquer conjunto com $k+1$ elementos tem $(k+1)k/2$ subconjuntos com exatamente 2 elementos. Seja x um elemento de um conjunto com $k+1$ elementos. Temporariamente removendo x, temos um conjunto com k elementos, que, pela hipótese de indução, tem $k(k-1)/2$ subconjuntos com exatamente 2 elementos. Esses são todos os subconjuntos com 2 elementos do conjunto original que não incluem x. Todos os subconjuntos com 2 elementos do conjunto original que incluem x podem ser encontrados formando o par de x com cada um dos k elementos restantes, o que nos dá k subconjuntos. Portanto, o número total de subconjuntos com 2 elementos é $\dfrac{k(k-1)}{2} + k = \dfrac{(k+1)k}{2}$.

27. $\wp(S) = \{\emptyset, \{a\}\}$

29. Para este conjunto com quatro elementos, o conjunto das partes deveria ter $2^4 = 16$ elementos.
    $\wp(S) = \{\emptyset, \{1\}, \{2\}, \{3\}, \{4\}, \{1, 2\}, \{1, 3\}, \{1, 4\}, \{2, 3\}, \{2, 4\}, \{3, 4\}, \{1, 2, 3\}, \{1, 2, 4\}, \{1, 3, 4\}, \{2, 3, 4\}, \{1, 2, 3, 4\}\}$

31. $\wp(S) = \{\emptyset, \{\emptyset\}, \{\{\emptyset\}\}, \{\{\emptyset, \{\emptyset\}\}\}, \{\emptyset, \{\emptyset\}\}, \{\emptyset, \{\emptyset, \{\emptyset\}\}\}, \{\{\emptyset\}, \{\emptyset, \{\emptyset\}\}\}, \{\emptyset, \{\emptyset\}, \{\emptyset, \{\emptyset\}\}\}\}$

33. $A = \{x, y\}$

35. Seja $x \in A$. Então $\{x\} \in \wp(A)$, logo $\{x\} \in \wp(B)$ e $x \in B$. Portanto, $A \subseteq B$. Um argumento análogo mostra que $B \subseteq A$, logo $A = B$.

37. **a.** $x = 1, y = 5$ **b.** $x = 8, y = 7$ **c.** $x = 1, y = 4$

39. **a.** operação binária
b. não; $0 \circ 0 \in \mathbb{N}$, logo o conjunto não é fechado
c. operação binária
d. não; a função $\ln x$ não está definida para $x \leq 0$

41. **a.** não; a operação não está definida para $x = 0$
b. operação binária
c. operação unária
d. operação binária

43. n^n

45. **a.** $AB + CD - *$ **b.** $AB ** CD * -$ **c.** $AC * BCDB * +/+$

47. **a.** $\{t\}$ **b.** $\{p, q, r, s, t, u\}$ **c.** $\{q, r, v, w)$ **d.** $\varnothing$

49. **a.** $\{1, 2, 4, 5, 6, 8, 9\}$
b. $\{4, 5\}$
c. $\{2, 4\}$
d. $\{1, 2, 3, 4, 5, 9\}$
e. $\{2, 6, 8\}$
f. $\{0, 1, 3, 7, 9\}$
g. $\varnothing$

51. **a.** $\{a\}$
b. $\{\varnothing, \{a\}, \{a, \{a\}\}\}$
c. $\{\varnothing, a, \{a\}, \{\{a\}\}, \{a, \{a\}\}\} = S$
d. $\varnothing$
e. $\{a, \{a\}\}$
f. $\{\varnothing, \{a, \{a\}\}\}$
g. $\{\varnothing\}$

53. c, e e f

55. **a.** B'
b. $B \cap C$
c. $A \cap B$
d. $B' \cap C$
e. $B' \cap C'$ ou $(B \cup C)'$ ou $B' - C$

57. **a.** C' **b.** $B \cap D$ **c.** $A \cap B$ **d.** $A \cap D'$

59. $D \cap R'$

61. $(R \cup P) \cap A$

63. a, b, d e f

65. b e c

67. **a.** $B \subseteq A$. **b.** $A \subseteq B$. **c.** $A \subseteq \varnothing$. **d.** $B \subseteq A$. **e.** $A = B$. **f.** $A = B$.

69. Seja $x \in A \cap B$. Então $x \in A$ e $x \in B$, logo $x \in A$.

71. Seja $C \in \wp(A) \cap \wp(B)$. Então $C \in \wp(A)$ e $C \in \wp(B)$, logo $C \subseteq A$ e $C \subseteq B$, de modo que $C \subseteq A \cap B$, ou $C \in \wp(A \cap B)$. Portanto, $\wp(A) \cap \wp(B) \subseteq \wp(A \cap B)$. O mesmo argumento funciona para o outro lado.

73. Suponha que $B \neq \varnothing$. Seja $x \in B$. Então $x \in A \cup B$, mas $x \in A - B$, o que contradiz a igualdade de $A \cup B$ e $A - B$.

75. Seja $x \in C$. Então $x \in B - A = B \cap A'$. Logo $x \in A'$ e nenhum elemento em C pode pertencer também a A, de modo que $A \cap C = \varnothing$.

77. **i.** Suponha que $A \subseteq B$ e seja $x \in A$. Então $x \in B$, logo $x \notin B'$ e nenhum elemento em A pode pertencer também a B'. Portanto, $A \cap B' = \varnothing$. **ii.** Suponha que $A \cap B' = \varnothing$ e seja $x \in A$. Como $A \cap B' = \varnothing$, $x \notin B'$, logo $x \in B$. Portanto, qualquer elemento em A pertence a B, ou seja, $A \subseteq B$.

79. **a.**

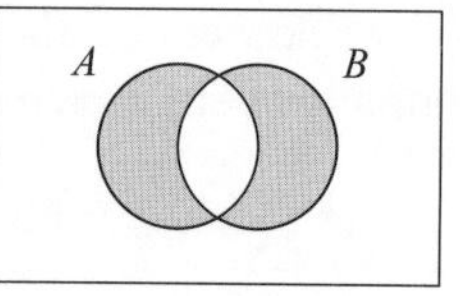

b. $\{2, 4, 6, 7, 9\}$

c. $x \in (A \cup B) - (A \cap B) \leftrightarrow x \in (A \cup B)$ e $x \in (A \cap B)' \leftrightarrow (x \in A$ ou $x \in B)$ e $x \notin A \cap B \leftrightarrow (x \in A$ e $x \notin A \cap B)$ ou $(x \in B$ e $x \notin A \cap B) \leftrightarrow (x \in A$ e $x \notin B)$ ou $(x \in B$ e $x \notin A) \leftrightarrow x \in (A - B) \cup (B - A)$

81. **(1a)** $x \in A \cup B \leftrightarrow x \in A$ ou $x \in B \leftrightarrow x \in B$ ou $x \in A \leftrightarrow x \in B \cup A$ **(1b)** $x \in A \cap B \leftrightarrow x \in A$ e $x \in B \leftrightarrow x \in B$ e $x \in A$ $\leftrightarrow x \in B \cap A$ **(2a)** $x \in (A \cup B) \cup C \leftrightarrow x \in (A \cup B)$ ou $x \in C \leftrightarrow (x \in A$ ou $x \in B)$ ou $x \in C \leftrightarrow$ $x \in A$ ou $x \in B$ ou $x \in C \leftrightarrow x \in A$ ou $(x \in B$ ou $x \in C) \leftrightarrow x \in A$ ou $x \in (B \cup C) \leftrightarrow x \in A \cup (B \cup C)$ **(2b)** $x \in (A \cap B \cap C) \leftrightarrow x \in$ $(A \cap B)$ e $x \in C \leftrightarrow (x \in A$ e $x \in B)$ e $x \in C \leftrightarrow x \in A$ e $x \in B$ e $x \in C \leftrightarrow x \in A$ e $(x \in B$ e $x \in C) \leftrightarrow x \in A$ e $x \in$ $(B \cap C) \leftrightarrow x \in A \cap (B \cap C)$ **(3b)** $x \in A \cap (B \cup C) \leftrightarrow x \in A$ e $x \in (B \cup C) \leftrightarrow x \in A$ e $(x \in B$ ou $x \in C) \leftrightarrow (x \in A$ e $x \in B)$ ou $(x \in A$ e $x \in C) \leftrightarrow x \in (A \cap B)$ ou $x \in (A \cap C) \leftrightarrow x \in (A \cap B) \cup (A \cap C)$ **(4b)** $x \in A \cap S \rightarrow x \in A$ e $x \in S \rightarrow x \in A$. Além disso $x \in A \rightarrow x \in A$ e $x \in S$ pois $A \subseteq S \rightarrow x \in A \cap S$ **(5a)** $x \in A \cup A' \rightarrow x \in A$ ou $x \in A'$ $\rightarrow$ $x \in S$ ou $x \in S$ pois $A \subseteq S$, $A' \subseteq S \rightarrow x \in S$. Além disso $x \in S \rightarrow (x \in S$ e $x \in A)$ ou $(x \in S$ e $x \notin A) \rightarrow x \in A$ ou $x \in A' \rightarrow x \in A \cup A'$ **(5b)** Para qualquer x tal que $x \in A \cap A'$, segue que $x \in A$ e $x \in A'$, ou x pertence a A e x não pertence a A. Isso é uma contradição; nenhum x pertence a $A \cap A'$ e $A \cap A' = \varnothing$.

83. **a.**
$$\begin{aligned}
((A \cup B) \cap (A \cup B') &= A \cup (B \cap B') && (3a)\\
&= A \cup \varnothing && (5b)\\
&= A && (4a)
\end{aligned}$$

O dual é $(A \cap B) \cup (A \cap B') = A$.

b. $[((A \cap C) \cap B) \cup ((A \cap C) \cap B')] \cup (A \cap C)'$
$$\begin{aligned}
&= [(A \cap C) \cap (B \cup B')] \cup (A \cap C)' && (3b)\\
&= [(A \cap C) \cap S] \cup (A \cap C)' && (5b)\\
&= (A \cap C) \cup (A \cap C)' && (4b)\\
&= S && (5b)
\end{aligned}$$

O dual é $[((A \cup C) \cup B) \cap ((A \cup C) \cup B')] \cap (A \cup C)' = \varnothing$.

c. $(A \cup C) \cap [(A \cap B) \cup (C' \cap B)]$
$$\begin{aligned}
&= (A \cup C) \cap [(B \cap A) \cup (B \cap C')] && (1b)\\
&= (A \cup C) \cap [B \cap (A \cup C')] && (3b)\\
&= (A \cup C) \cap [(A \cup C') \cap B] && (1b)\\
&= [(A \cup C) \cap (A \cup C')] \cap B && (2b)\\
&= [A \cup (C \cap C')] \cap B && (3a)\\
&= (A \cup \varnothing) \cap B && (5b)\\
&= A \cap B && (4b)
\end{aligned}$$

O dual é $(A \cap C) \cup [(A \cup B) \cap (C' \cup B)] = A \cup B$.

85. **a.**
$$\begin{aligned}
A \cap (B \cup A') &= (A \cap B) \cup (A \cap A') && (3b)\\
&= (A \cap B) \cup \varnothing && (5b)\\
&= A \cap B && (4a)\\
&= B \cap A && (1b)
\end{aligned}$$

b.
$$\begin{aligned}
(A \cup B) - C &= (A \cup B) \cap C' && \text{(def. dif. conj.)}\\
&= C' \cap (A \cup B) && (1b)\\
&= (C' \cap A) \cup (C' \cap B) && (3b)\\
&= (A \cap C') \cup (B \cap C') && (1b)\\
&= (A - C) \cup (B - C) && \text{(def. dif. conj.)}
\end{aligned}$$

c.
$$\begin{aligned}
(A - B) - C &= (A - B) \cap C' && \text{(def. dif. conj.)}\\
&= (A \cap B') \cap C' && \text{(def. dif. conj.)}\\
&= C' \cap (A \cap B') && (1b)\\
&= (C' \cap A) \cap B' && (2b)\\
&= (A \cap C') \cap B' && (1b)\\
&= (A - C) \cap B' && \text{(def. dif. conj.)}\\
&= (A - C) - B && \text{(def. dif. conj.)}
\end{aligned}$$

87. **a.** $A_1 \cup A_2 \cup \cdots \cup A_n = \{x|x$ pertence a algum A_i para $1 \leq i \leq n\}$

b. $A_1 \cup A_2 = \{x|x \in A_1$ ou $x \in A_2\}$ para $n = 2$, $A_1 \cup A_2 \cup \cdots \cup A_n = (A_1 \cup \cdots \cup A_{n-1}) \cup A_n$ para $n > 2$

89. **a.** $A_1 \cap A_2 \cap \cdots \cap A_n = \{x|x$ pertencem a todo A_i para $1 \leq i \leq n\}$

b. $A_1 \cap A_2 = \{x|x \in A_1$ e $x \in A_2\}$ para $n = 2$, $A_1 \cap A_2 \cap \cdots \cap A_n = (A_1 \cap \cdots \cap A_{n-1}) \cap A_n$ para $n > 2$

91. **a.** A demonstração é por indução em n. Para $n = 2$, $B \cup (A_1 \cap A_2) = (B \cup A_1) \cap (B \cup A_2)$ pela identidade $3a$. Suponha que $B \cup (A_1 \cap \cdots \cap A_k) = (B \cup A_1) \cap \cdots \cap (B \cup A_k)$. Então $B \cup (A_1 \cap \cdots \cap A_{k+1}) = B \cup ((A_1 \cap \cdots \cap A_k) \cap A_{k+1})$ pelo Exercício $89b$ $= (B \cup (A_1 \cap \cdots \cap A_k)) \cap (B \cup A_{k+1})$ pela identidade $3a$ $= ((B \cup A_1) \cap \cdots \cap (B \cup A_k)) \cap (B \cup A_{k+1})$ pela hipótese de indução $= (B \cup A_1) \cap \cdots \cap (B \cup A_{k+1})$ pelo Exercício $89b$.

b. A demonstração é por indução em n. Para $n = 2$, $B \cap (A_1 \cup A_2) = (B \cap A_1) \cup (B \cap A_2)$ pela identidade $3b$. Suponha que $B \cap (A_1 \cup \cdots \cup A_k) = (B \cap A_1) \cup \cdots \cup (B \cap A_k)$. Então $B \cap (A_1 \cup \cdots \cup A_{k+1}) = B \cap ((A_1 \cup \cdots \cup A_k) \cup A_{k+1})$ pelo Exercício $87b$ $= (B \cap (A_1 \cup \cdots \cup A_k)) \cup (B \cap A_{k+1})$ pela identidade $3b$. $((B \cap A_1) \cup \cdots \cup (B \cap A_k)) \cup (B \cap A_{k+1})$ pela hipótese de indução $= (B \cap A_1) \cup \cdots \cup (B \cap A_{k+1})$ pelo Exercício $87b$.

93. **a.** $\bigcup_{i \in I} A_i = \{x|x \in (-1,1)\}; \ \bigcap_{i \in I} A_i = \{0\}$

b. $\bigcup_{i \in I} A_i = \{x|x \in [-1,1]\}; \ \bigcap_{i \in I} A_i = \{0\}$

95. $P(1)$ é verdade — todo elemento de T é maior do que 1; caso contrário, 1 seria o menor elemento de T. Suponha que $P(k)$ é verdade, ou seja, todo elemento de T é maior do que k. Considere $P(k+1)$, todo elemento de T é maior do que $k+1$. Se a proposição $P(k+1)$ fosse falsa, existiria um elemento de T menor ou igual a $k+1$. Pela hipótese de indução, todo elemento de T é maior do que k; então algum elemento de T teria que ser igual a $k+1$, e esse seria o menor elemento de T. Isso é uma contradição, já que supusemos que T não tem um menor elemento. Logo, $P(k+1)$ é verdade. Pelo primeiro princípio de indução, $P(n)$ é verdade para todo n e T tem que ser vazio. Isso contradiz o fato de que T é um conjunto não vazio.

97. Uma enumeração do conjunto é 1, 3, 5, 7, 9, 11, ...

99. Uma enumeração do conjunto é *a*, *aa*, *aaa*, *aaaa*, ...

101. Uma enumeração do conjunto está ilustrada pela seta que percorre o arranjo

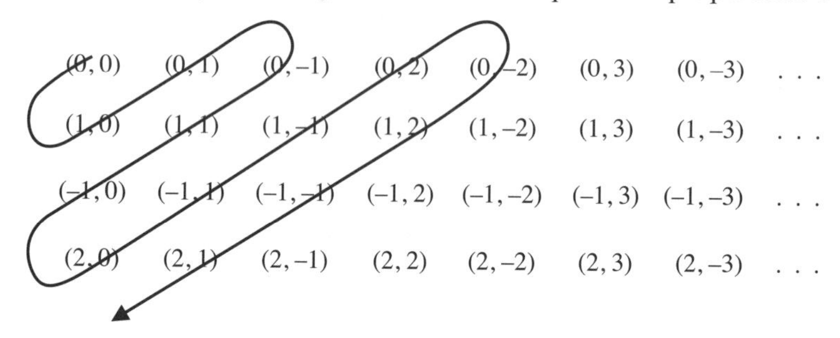

103. Suponha que o conjunto tem uma enumeração

$$z_{11}, z_{12}, z_{13}, z_{14}, \ldots$$
$$z_{21}, z_{22}, z_{23}, z_{24}, \ldots$$
$$z_{31}, z_{32}, z_{33}, z_{34}, \ldots$$
$$\vdots$$

Agora construa uma sequência infinita Z de inteiros positivos $z_1, z_2, z_3, \ldots$ tal que $z_i \neq z_{ii}$ para todo i. Então Z é diferente de todas as sequências na enumeração, mas é um elemento do conjunto. Isso é uma contradição, de modo que o conjunto é não enumerável.

105. Sejam A e B conjuntos enumeráveis, com enumerações $a_1, a_2, a_3, \ldots$ para A e $b_1, b_2, b_3, \ldots$ para B. Use a lista $a_1, b_1, a_2, b_2, a_3, b_3, \ldots$ e elimine as duplicatas. Isso nos dá uma enumeração de $A \cup B$, que é, portanto, enumerável.

107. $B = \{S| \ S$ é um conjunto e $S \notin S\}$. Então $B \in B$ ou $B \notin B$. Se $B \in B$, B teria a propriedade de todos os elementos de B, ou seja, $B \notin B$. Portanto, as proposições $B \in B$ e $B \notin B$ são ambas verdadeiras. Se $B \notin B$, B teria a propriedade que caracteriza os elementos de B, ou seja, $B \in B$. Portanto, ambas as proposições $B \notin B$ e $B \in B$ são verdadeiras.

EXERCÍCIOS 4.2

1. 30
3. 92
5. $26^3 \cdot 10^2$
7. 585
9. 10^9
11. 17.576
13. 16
15. 286
17. 180
19. 1680
21. 25.974.000
23. 917
25. 15
27. 180
29. 720
31. 45
33. 256
35. 192
37. 32
39. 160
41. 8
43. 36
45. 6
47. 25
49. 648
51. 72
53. 36
55. 60.466.176
57. 3.515.625
59. 2704
61. 144
63. 208
65. 96
67. 1104

69.

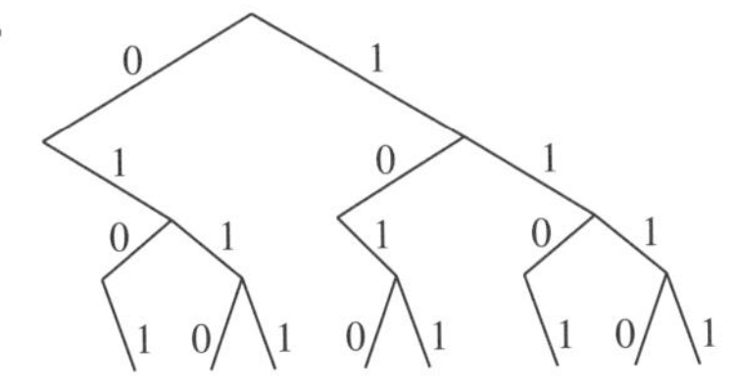

8 resultados, que é igual a $F(6)$

71.

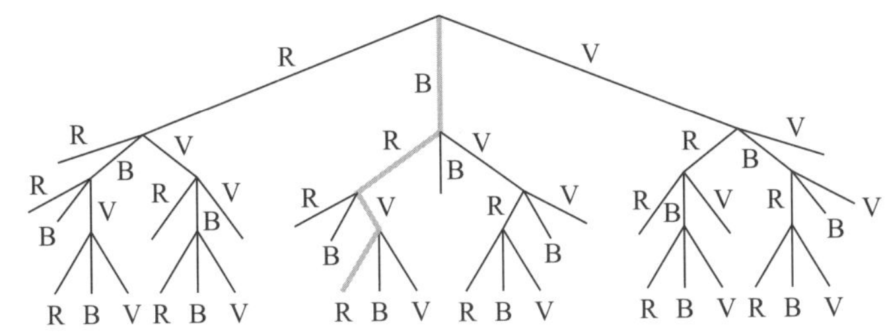

33 maneiras; a votação destacada corresponde a BRVR

73. Para $m = 2$, o resultado segue do princípio da multiplicação. Suponha que, para $m = k$, existem $n_1 \cdots n_k$ resultados possíveis para a sequência de eventos de 1 a k. Seja $m = k + 1$. Então a sequência de eventos de 1 a $k + 1$ consiste na sequência de eventos de 1 a k seguida pelo evento $k + 1$. A sequência de eventos de 1 a k tem $n_1 \cdots n_k$ resultados possíveis pela hipótese de indução. A sequência de 1 a k seguida pelo evento $k + 1$ tem $(n_1 \cdots n_k)n_{k+1}$ resultados possíveis pelo princípio de multiplicação, que é igual a $n_1 \cdots n_{k+1}$.

75. **a.** $P(1) = 1$ (caso trivial), $P(2) = 1$ (uma única maneira de multiplicar dois fatores). Para $n > 2$, suponha que a última multiplicação ocorre na posição k, $1 \leq k \leq n - 1$. O produto então é dividido em dois produtos de k e de $(n - k)$ fatores, respectivamente, onde podem ser colocados parênteses de $P(k)$ e de $P(n - k)$ maneiras, respectivamente. Pelo princípio da multiplicação, há $P(k)P(n - k)$ maneiras de colocar parênteses para um k fixo. Cada valor de k fornece um conjunto diferente de parênteses, logo, pelo princípio da adição, $P(n) = P(1)P(n - 1) + P(2)P(n - 2) + \cdots + P(n - 1)P(1) = \sum_{k=1}^{n-1} P(k)P(n - k)$.

b. A demonstração usará o Segundo Princípio de Indução. $P(1) = 1 = C(0)$, $P(2) = 1 = C(1)$. Suponha que $P(r) = C(r - 1)$ para $1 \leq r \leq m$. Então $P(m + 1) = \sum_{k=1}^{m} P(k)P(m + 1 - k) = \sum_{k=1}^{m} C(k - 1)C(m - k) = C(m)$.

EXERCÍCIO 4.3

1. 19
3. 60
5. 5 partes têm todas os três tipos de defeito.
7. **a.** 2 **b.** 6
9. **a.** 39 **b.** 14
11. 8
13. **a.** 60 **b.** 40
15. **a.** $|A| + |B| + |C| + |D| - |A \cap B| - |A \cap C| - |A \cap D| - |B \cap C| - |B \cap D| - |C \cap D| + |A \cap B \cap C| + |A \cap B \cap D| + |A \cap C \cap D| + |B \cap C \cap D| - |A \cap B \cap C \cap D|$
b. $2^n - 1$

17. 5 **19.** Não **21.** 51 **23.** 367

25. Existem 3 pares — 1 e 6, 2 e 5, 3 e 4 — que somam 7. Cada elemento do conjunto pertence a um desses pares. Aplique o princípio das casas de pombo, onde os pares correspondem às caixas e os números, aos itens.

27. Isso segue do princípio das casas de pombo, em que os n restos possíveis (os números de 0 a $n - 1$) são as caixas.

EXERCÍCIOS 4.4

1. **a.** 42 **b.** 6720

3. 362.880

5. 3.628.800

7. 40.320; 15.120

9. 2730

11. 19!

13. (2!)(11!)(8!) = 2(39.916.800)(40.320)

15. 18!

17. **a.** 120 **b.** 36 **c.** 28

19. $C(300, 25)$

21. $C(17, 5)C(23, 7)$

23. 11.760

25. 427.518

27. 48

29. 22308

31. 792

33. 4

35. 624

37. 5.108

39. 54.912

41. 1.098.240

43. 482.320.623.240

45. 11.662.691.040

47. 902.720

49. 495

51. 40

53. 1770

55. 341.149.446

57. 220

59. 115

61. 14.307.150

63. 4.412.826

65. 8.586.820

67. 3003

69. 2508

71. 19.481

73. 36

75. 20

77. **a.** 672 **b.** 840

79. 27.720

81. 21

83. $C(81, 48)$ = um número muito grande

85. **a.** 28 **b.** 7 **c.** 10

87. **a.** 8008 **b.** 84

89. 286

91. $P(n, n) = \dfrac{n!}{(n-n)!} = \dfrac{n!}{0!} = n!$ e $P(n, n-1) = \dfrac{n!}{(n-(n-1))!} = \dfrac{n!}{1!} = n!$

93. $C(n,r) = \dfrac{n!}{r!(n-r)!} = \dfrac{n!}{(n-r)!(n-(n-r))!} = C(n,n-r)$

Sempre que r objetos forem escolhidos entre n, $n - r$ objetos não serão escolhidos. Logo, o número de maneiras de escolher r objetos entre n é o mesmo que o número de maneiras de escolher $n - r$ objetos entre n.

95. Considere selecionar r elementos em um conjunto de n e colocá-los na caixa A, depois selecionar k desses r elementos e colocá-los na caixa B. A expressão à esquerda do sinal de igualdade multiplica o número de resultados possíveis dessas duas tarefas sequenciais. De maneira alternativa, você poderia selecionar k elementos entre os n, colocá-los na caixa B e depois selecionar $r - k$ elementos dos $n - k$ restantes e colocá-los na caixa A. A expressão à direita do sinal de igualdade multiplica o número de resultados possíveis dessas duas tarefas sequenciais.

97. $C(2) = \frac{1}{3}C(4,2) = \frac{1}{3}\frac{4!}{2! \cdot 2!} = \frac{4 \cdot 3}{3 \cdot 2} = 2$

$C(3) = \frac{1}{4}C(6,3) = \frac{1}{4}\frac{6!}{3! \cdot 3!} = \frac{6 \cdot 5 \cdot 4}{4 \cdot 2 \cdot 3} = 5$

$C(4) = \frac{1}{5}C(8,4) = \frac{1}{5}\frac{8!}{4! \cdot 4!} = \frac{8 \cdot 7 \cdot 6 \cdot 5}{5 \cdot 2 \cdot 3 \cdot 4} = 14$

Esses resultados estão de acordo com os resultados da relação de recorrência.

99. 163452, 163542, 345621, 356421, 634521, 643125

101. 7431652; lendo da direita para a esquerda, o primeiro valor menor do que o anterior é 1. Novamente lendo da direita para a esquerda, o primeiro valor maior do que 1 é 2, logo troque 1 e 2, obtendo 7432651. À direita do valor 2, os algarismos diminuem; troque 6 e 1, obtendo 7432156.

103. 3675421; lendo da direita para a esquerda, o primeiro valor menor do que o anterior é 6. Novamente lendo da direita para a esquerda, o primeiro valor maior do que 6 é 7, logo troque 6 e 7, obtendo 3765421. À direita do valor 7, os algarismos diminuem; troque 6 e 1, depois troque 5 e 2, obtendo 3712456.

105. 24589, 24678, 24679, 24689, 24789

107. Escolha a permutação inicial como a maior permutação, n ... 321. Depois basta inverter todas as desigualdades no corpo do algoritmo gerador das permutações.

EXERCÍCIOS 4.5

1. **a.** $a^5 + 5a^4b + 10a^3b^2 + 10a^2b^3 + 5ab^4 + b^5$
   b. $x^6 + 6x^5y + 15x^4y^2 + 20x^3y^3 + 15x^2y^4 + 6xy^5 + y^6$
   c. $a^5 + 10a^4 + 40a^3 + 80a^2 + 80a + 32$
   d. $a^4 - 16a^3 + 96a^2 - 256a + 256$

3. $120a^7b^3$

5. $-489.888x^4$

7. $6561y^8$

9. $2560x^3y^2$

11. Pense em $(a + b + c)^3$ como $((a + b) + c)^3$. Então $((a + b) + c)^3 = C(3, 0)(a + b)^3 + C(3, 1)(a + b)^2c + C(3, 2)(a + b)c^2 + C(3, 3)c^3 = a^3 + 3a^2b + 3ab^2 + b^3 + 3a^2c + 6abc + 3b^2c + 3ac^2 + 3bc^2 + c^3$

13. 11.200

15. $C(n + 2, r) = C(n + 1, r - 1) + C(n + 1, r)$ (fórmula de Pascal) $= C(n, r - 2) + C(n, r - 1) + C(n, r - 1) + C(n, r)$ (fórmula de Pascal novamente) $= C(n, r) + 2C(n, r - 1) + C(n, r - 2)$

17. De teorema binomial com $a = 1$, $b = (-1)$: $C(n, 0) - C(n,1) + C(n,2) - \cdots + (-1)^nC(n,n) = (1 + (-1))^n = 0n = 0$

19. Do teorema binomial com $a = 1$, $b = 2^{-1}$:

$$C(n, 0) + C(n, 1)2^{-1} + C(n, 2)2^{-2} + \cdots + C(n, n)2^{-n} = (1 + 2^{-1})^n$$

logo, multiplicando por 2^n,

$$C(n, 0)2^n + C(n, 1)2^{n-1} + C(n, 2)2^{n-2} + \cdots + C(n, n)2^{n-n} = 2^n(1 + 2^{-1})^n$$

ou

$$C(n, 0)2^n + C(n, 1)2^{n-1} + C(n, 2)2^{n-2} + \cdots + C(n, n) =$$

$$2^n\left(1 + \frac{1}{2}\right)^n = 2^n\left(\frac{2 + 1}{2}\right)^n = 2^n\left(\frac{3^n}{2^n}\right) = 3^n$$

21. **a.** $(1 + x)n = C(n, 0) + C(n, 1)x + C(n, 2)x^2 + C(n, 3)x^3 + \cdots + C(n, n)x^n$
b. Diferenciar ambos os lados da equação em (a) fornece $n(1 + x)^{n-1} = C(n, 1) + 2C(n, 2)x + 3C(n, 3)x^2 + \cdots + nC(n, n)x^{n-1}$. **c.** segue de (b) com $x = 1$. **d.** segue de (b) com $x = -1$.

23. **a.** Entre todas as interseções de m conjuntos, $1 \leq m \leq k$, queremos as que escolhem todos os m conjuntos entre os k conjuntos em B. Existem $C(k, m)$ maneiras de fazer isso.
b. Para qualquer valor de m com $1 \leq m \leq k$, existem $C(k, m)$ interseções de m conjuntos que incluem apenas conjuntos em B. Contando as interseções na expressão à direita do sinal de igualdade na Equação (1) que contêm x (interseções de um único conjunto, de dois conjuntos etc.), obtemos $C(k, 1) - C(k, 2) + C(k, 3) - \cdots + (-1)^{k+1}C(k, k)$.
c. Do Exercício 17, $C(k, 0) - C(k, 1) + C(k, 2) - \cdots + (-1)^k C(k, k) = 0$, ou $C(k, 1) - C(k, 2) + \cdots + (-1)^{k+1}C(k, k) = C(k, 0)$, mas $C(k, 0) = 1$, logo x é contado apenas uma vez na expressão à direita do sinal de igualdade na Equação (1).

EXERCÍCIOS 4.6

Algumas respostas decimais nesta seção são aproximações.

1. 8
3. 1/8
5. 1/4
7. 36
9. 1/6
11. 1/6
13. 1/12
15. 8
17. 1/8
19. 1/4
21. 1/52
23. 1/2
25. 1326
27. $\cong$ 0,5588
29. $\cong$ 0,3824
31. $\cong$ 0,0498
33. $\cong$ 0,0023
35. A resposta do Exercício 30 deve ser a soma das respostas dos Exercícios 28 e 29, pois "pelo menos uma carta de espadas" significa exatamente uma carta de espadas (Exercício 29) ou duas cartas de espadas (Exercício 28). Usando as probabilidades obtidas, essa aritmética está correta.
37. **a.** 1000 **b.** 0,001 **c.** 0,006 **d.** 0,003
39. **a.** 69.090.840 **b.** $\cong$ 0,0000017 **c.** $\cong$ 0,000295 **d.** $\cong$ 0,0097
41. $\cong$ 0,0000015
43. $\cong$ 0,0002
45. $\cong$ 0,002
47. $\cong$ 0,021
49. $\cong$ 0,423
51. 365^n
53. $B = E'$, logo, do Exercício 52, $P(B) = 1 - P(E) = 1 - P(365, n)/365^n$.
55. B tem probabilidade maior porque B consiste em exatamente duas + exatamente três + $\cdots$ + exatamente n pessoas terem o mesmo dia de aniversário, enquanto C consiste em exatamente duas tendo o mesmo dia de aniversário.
57. 38
59. $\cong$ 0,026
61. $\cong$ 0,105
63. $\cong$ 0,00000751
65. 6.29908E-12
67. **a.** 0,55 **b.** 0,68 **c.** 0,32
69. **a.** 0,6 **b.** 0,25 **c.** 0,65 **d.** 0,15 **e.** 0,95
71. $\cong$ 0,93
73. $\cong$ 0,24 **b.** 0,43 **c.** 0,57
75. 0,25
77. 0,3125
79. 0,5
81. 0,5
83. 0,375
85. 0,875
87. 0,5

89. **a.**
$$P(E_i \mid F) = \frac{P(E_i \cap F)}{P(F)} \qquad (1)$$

$$P(F \mid E_i) = \frac{P(F \cap E_i)}{P(E_i)} \text{ ou } P(F \cap E_i) = P(F \mid E_i)P(E_i) \qquad (2)$$

Como $P(F \cap E_i) = P(E_i \cap F)$, a substituição da Equação (2) na Equação (1) fornece

$$P(E_i|F) = \frac{P(F \mid E_i)\,P(E_i)}{P(F)}$$

b. Os eventos E_i, $1 \leq i \leq n$, são todos disjuntos; logo os eventos $F \cap E_i$, $1 \leq i \leq n$, também são todos disjuntos. $F = F \cap S = F \cap (E_1 \cup E_2 \cup \cdots \cup E_n) = (F \cap E_1) \cup (F \cap E_2) \cup \cdots \cup (F \cap E_n)$. Como a probabilidade da união de eventos disjuntos é a soma das probabilidades de cada evento,

$$P(F) = \sum_{k=1}^{n} P(F \cap E_k).$$

c. Da Equação (2) no item (a), $P(F \cap E_i) = P(F \mid E_i)P(E_i)$. A substituição no resultado do item (b) fornece

$$P(F) = \sum_{k=1}^{n} P(F \mid E_k)\,P(E_k)$$

d. A substituição do resultado do item (c) no resultado do item (a) fornece

$$P(E_i|F) = \frac{P(F \mid E_i)\,P(E_i)}{\sum_{k=1}^{n} P(F \mid E_k)\,P(E_k)}$$

91. $\cong 0{,}40$

93. **a.** 3,5
b. $\cong 3{,}29$
c. Menor (verdade, pois $3{,}29 < 3{,}5$). A razão é que o dado está agora pendendo para um valor menor do que o valor esperado anterior, logo esse valor menor tem mais probabilidade de ocorrer e irá puxar para baixo a média ponderada.

95. $\cong 4{,}75$

97. **a.** $\cong 0{,}904$ **b.** $\cong 0{,}999$ **c.** $\cong 0{,}096$

99. $\cong 0{,}547$

101. $\dfrac{n^2 + 3n}{2(n + 1)}$

CAPÍTULO 5

EXERCÍCIOS 5.1

1. **a.** (1, 3),(3, 3)
b. (4, 2),(5, 3)
c. (5, 0),(2, 2)
d. (1, 1),(3, 9)

3. **a.** (1, −1),(−3, 3)
b. (19, 7),(41, 16)
c. (−3, −5),(−4, 1/2),(1/2, 1/3)
d. ((1, 2),(3, 2))

5. **a.**

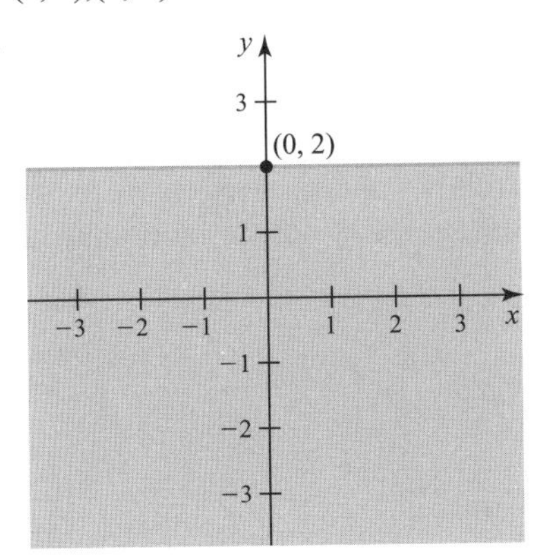

b.

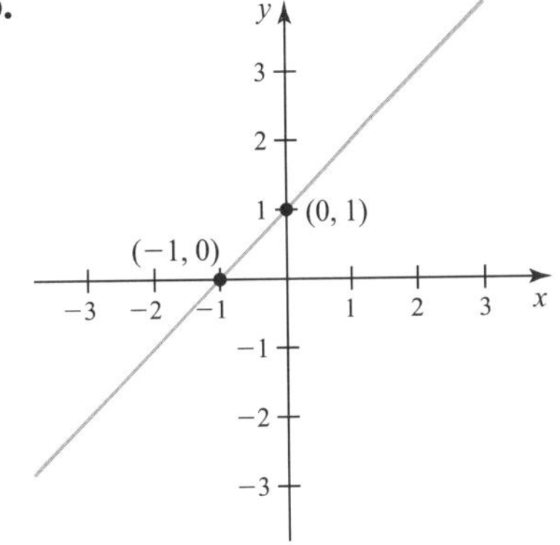

c.

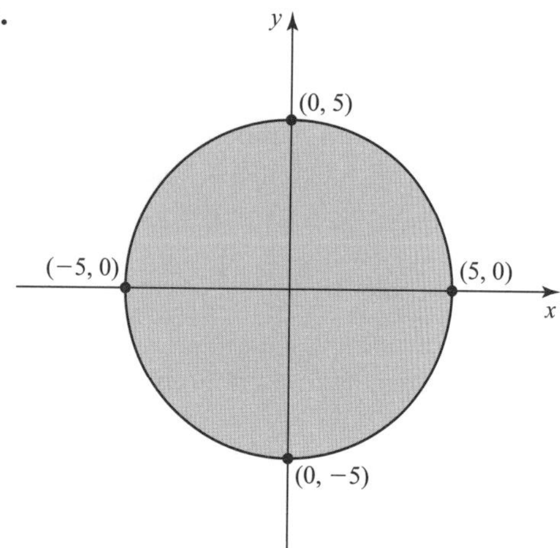

d.

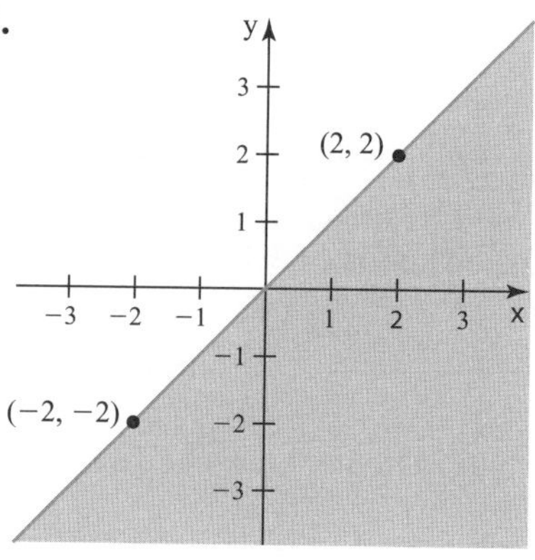

7. **a.** muitos para muitos.
   b. muitos para um.
   c. um para um (injetora).
   d. um para muitos.

9. **a.** (2, 6),(3, 17),(0, 0)
   b. (2, 12)
   c. nenhum
   d. (1, 1),(4, 8)

11. **a.** reflexiva
    b. reflexiva, simétrica, antissimétrica e transitiva
    c. nenhum
    d. antissimétrica e transitiva

13. **a.** reflexiva e transitiva.
    b. reflexiva, simétrica e transitiva.
    c. simétrica
    d. transitiva
    e. reflexiva, simétrica e transitiva

15. (b); as classes de equivalência são $[0] = \{..., -9, -6, -3, 0, 3, 6, 9, ...\}$, $[1] = \{..., -8, -5, -2, 1, 4, 7, 10, ...\}$ e $[2] = \{..., -7, -4, -1, 2, 5, 8, 11, ...\}$.
    (e); as classes de equivalência são conjuntos que consistem em quadrados com os mesmos comprimentos dos lados.

17. **a.** simétrica
    b. antissimétrica e transitiva
    c. reflexiva, antissimétrica e transitiva
    d. reflexiva, simétrica e transitiva

19. **a.** reflexiva e transitiva
    b. antissimétrica e transitiva
    c. reflexiva, simétrica e transitiva
    d. antissimétrica

21. Por exemplo:
    a. S = conjunto de todas as retas no plano, $x \rho y \leftrightarrow x$ coincide com y ou x é perpendicular a y
    b. S = conjunto dos inteiros, $x \rho y \leftrightarrow x^2 \leq y^2$
    c. S = conjunto dos inteiros não negativos, $x \rho y \leftrightarrow x < y$
    d. S = conjunto dos inteiros, $x \rho y \leftrightarrow x \leq |y|$

23. **a.** fecho reflexivo = a própria ρ; fecho simétrico — acrescente (2, 1), (3, 2); fecho transitivo — acrescente (2, 1), (3, 2)
    b. fecho reflexivo = fecho simétrico = fecho transitivo = a própria ρ
    c. fecho reflexivo — acrescente (2, 2), (3, 3); fecho simétrico — acrescente (2, 1), (3, 2); fecho transitivo — acrescente (2, 1), (2, 2), (3, 2), (3, 3)
    d. fecho reflexivo — acrescente (2, 2), (3, 3); fecho simétrico — acrescente (2, 1), (3, 2), (3, 1); fecho transitivo = a própria ρ

25. $x \rho^* y \leftrightarrow$ é possível voar de x para y (talvez através de diversas escalas) na Companhia Aérea Tente Sua Sorte.

27. Não — se a relação for irreflexiva, ela é seu próprio fecho irreflexivo. Se a relação não for irreflexiva, existe algum $x \in S$ tal que (x, x) pertence à relação; nenhuma extensão da relação irá remover esse par, de modo que nenhuma extensão será irreflexiva.

29. 2^{n^2}

31. **a.**

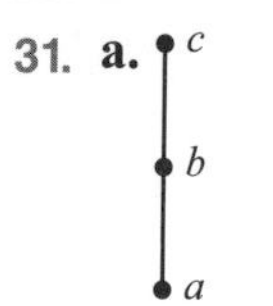

b.

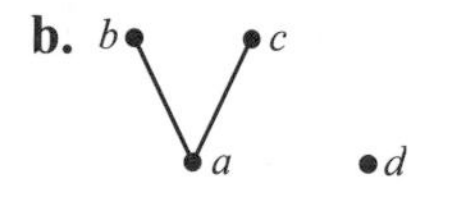

c.

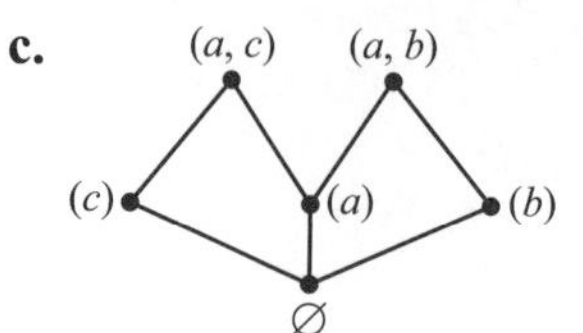

33. Reflexividade: se $x \in A$, então $x \in S$, logo $x \preccurlyeq x$, já que $\preccurlyeq$ é uma relação reflexiva em S. Antissimetria: se $x, y \in A$, $x \preccurlyeq y$ e $y \preccurlyeq x$, então $x, y \in S$, $x \preccurlyeq y$ e $y \preccurlyeq x$, logo $x = y$, já que $\preccurlyeq$ é antissimétrica em S. Transitividade: se $x, y, z \in A$, $x \preccurlyeq y$ e $y \preccurlyeq z$, então $x, y, z \in S$, $x \preccurlyeq y$ e $y \preccurlyeq z$, logo $x \preccurlyeq z$, já que $\preccurlyeq$ é transitiva em S.

35.

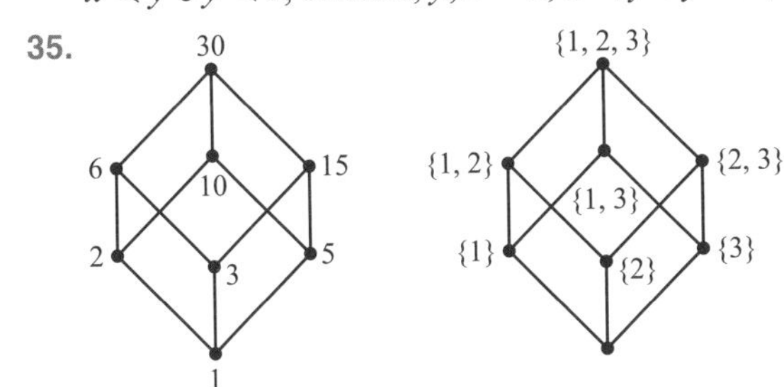

Os dois grafos têm estruturas idênticas.

37. Reflexiva: $(s_1, t_1)\ \mu\ (s_1, t_1)$, já que $s_1\ \rho\ s_1$ e $t_1\ \sigma\ t_1$ pela reflexividade de ρ e de σ. Antissimétrica: $(s_1, t_1)\ \mu\ (s_2, t_2)$ e $(s_2, t_2)\ \mu\ (s_1, t_1) \rightarrow s_1\ \rho\ s_2$ e $s_2\ \rho\ s_1$, $t_1\ \sigma\ t_2$ e $t_2\ \sigma\ t_1 \rightarrow s_1 = s_2$ e $t_1 = t_2$ pela antissimetria de ρ e de $\sigma \rightarrow (s_1, t_1) = (s_2, t_2)$. Transitiva: $(s_1, t_1)\ \mu\ (s_2, t_2)$ e $(s_2, t_2)\ \mu\ (s_3, t_3) \rightarrow s_1\ \rho\ s_2$ e $s_2\ \rho\ s_3$, $t_1\ \sigma\ t_2$ e $t_2\ \sigma\ t_3 \rightarrow s_1\ \rho\ s_3$ e $t_1\ \sigma\ t_3$ pela transitividade de ρ e de $\sigma \rightarrow (s_1, t_1)\ \mu\ (s_3, t_3)$.

39. Suponha que ρ é uma relação reflexiva e transitiva em S. Então, para todo $x \in S$, $(x, x) \in \rho$, o que significa que $(x, x) \in \rho^{-1}$, logo $(x, x) \in \rho \cap \rho^{-1}$ e $\rho \cap \rho^{-1}$ é reflexiva. Seja $(x, y) \in \rho \cap \rho^{-1}$. Então $(x, y) \in \rho$ e $(x, y) \in \rho^{-1}$, o que significa que $(x, y) \in \rho$ e $(y, x) \in \rho$. Isso implica que $(y, x) \in \rho^{-1}$ e $(y, x) \in \rho$, logo $(y, x) \in \rho \cap \rho^{-1}$ e $\rho \cap \rho^{-1}$ é simétrica. Sejam $(x, y) \in \rho \cap \rho^{-1}$ e $(y, z) \in \rho \cap \rho^{-1}$. Então, $(x, y) \in \rho$, $(x, y) \in \rho^{-1}$, $(y, z) \in \rho$ e $(y, z) \in \rho^{-1}$, de modo que $(x, y) \cap \rho$, $(y, x) \in \rho$, $(y, z) \in \rho$ e $(z, y) \in \rho$. Como ρ é transitiva, isso significa que $(x, z) \in \rho$ e $(z, x) \in \rho$, ou seja, $(x, z) \in \rho$ e $(x, z) \in \rho^{-1}$, logo $(x, z) \in \rho \cap \rho^{-1}$ e $\rho \cap \rho^{-1}$ é transitiva.

41. Reflexiva: $X \preccurlyeq X$, já que $x_i = x_i$, $1 \leq i \leq k$. Antissimétrica: suponha que $X \preccurlyeq Y$ e $Y \preccurlyeq X$. Se $X \neq Y$, seja $m + 1$ o primeiro índice em que $x_{m+1} \neq y_{m+1}$. Então $x_{m+1} \preccurlyeq y_{m+1}$ e $y_{m+1} \preccurlyeq x_{m+1} \rightarrow x_{m+1} = y_{m+1}$, uma contradição. Transitiva: suponha que $X \preccurlyeq Y$ e $Y \preccurlyeq Z$. Então $x_p \preccurlyeq y_p$ para algum $p \leq k$ e $y_q \preccurlyeq z_q$ para algum $q \leq k$. Seja $m = \text{mín}(p, q)$. Então $x_m \preccurlyeq z_m$ e $X \preccurlyeq Z$. Portanto, $\preccurlyeq$ é uma ordem parcial. A ordem é total pelo "caso contrário".

43. **a.** "vamos"; não; todos menos o último.

b.

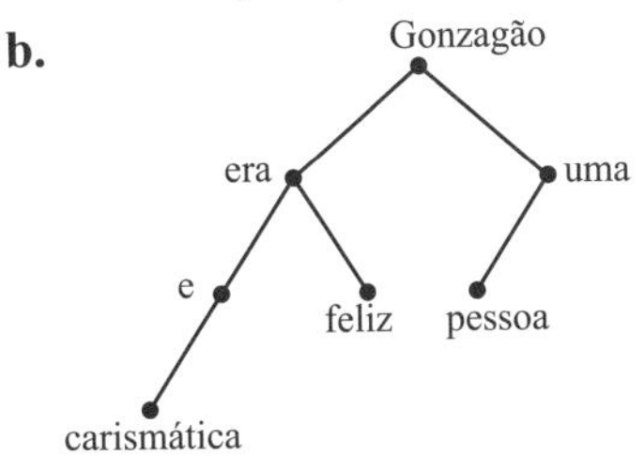

Elementos maximais: "carismática", "feliz", "pessoa".

45. **a.** $[a] = \{a, c\} = [c]$

b. $[3] = \{1, 2, 3\}$, $[4] = \{4, 5\}$

47. $[1] = \{\ldots, -5, -3, -1, 1, 3, 5, \ldots\}$

49. Se $x \equiv y \pmod{n}$ então $x - y = k_1 n$ para algum inteiro k_1, ou $x = k_1 n + y$. Se $z \equiv w \pmod{n}$ então $z - w = k_2 n$ para algum inteiro k_2, ou $z = k_2 n + w$.

a. $x + z = (k_1 n + y) + (k_2 n + w) = y + w + (k_1 + k_2)n$, logo $x + z - (y + w) = (k_1 + k_2)n$ em que $k_1 + k_2$ é um inteiro, e $x + z \equiv y + w \pmod{n}$.

b. $x - z = (k_1 n + y) - (k_2 n + w) = y - w + (k_1 - k_2)n$, logo $x - z - (y - w) = (k_1 - k_2)n$ em que $k_1 - k_2$ é um inteiro, e $x - z \equiv y - w \pmod{n}$.

c. $xz = (k_1 n + y)(k_2 n + w) = k_1 k_2 n^2 + y k_2 n + w k_1 n + yw = (k_1 k_2 n + y k_2 + w k_1)n + yw$ então $xz - yw = (k_1 k_2 n + y k_2 + w k_1)n$ em que $k_1 k_2 n + y k_2 + w k_1$ é um inteiro e $xz \equiv yw \pmod{n}$.

d.
$$x^s - y^s = (k_1 n + y)^s - y^s = \left[\sum_{k=0}^{s} C(s, k)(k_1 n)^{s-k} y^k\right] - y^s$$
$$= \left[\sum_{k=0}^{s-1} C(s, k)(k_1 n)^{s-k} y^k\right] + y^s - y^s = n \sum_{k=0}^{s-1} C(s, k) k_1^{s-k} n^{s-k-1} y^k = n k_2$$

em que k_2 é um inteiro e $x^s \equiv y^s \pmod{n}$.

51. **a.** $\{(1, 1), (2, 2), (3, 3), (4, 4), (1, 2), (2, 1), (3, 4), (4, 3)\}$
b. $\{(a, a), (b, b), (c, c), (d, d), (e, e), (a, b), (b, a), (a, c), (c, a), (b, c), (c, b), (d, e), (e, d)\}$

53. Reflexiva: $x^2 - x^2 = 0$, que é par. Simétrica: se $x^2 - y^2 = 2n$, então $y^2 - x^2 = -2n$, que é par. Transitiva: se $x^2 - y^2 = 2n$ e $y^2 - z^2 = 2m$, então $x^2 - z^2 = x^2 - y^2 + y^2 - z^2 = 2n + 2m = 2(n + m)$, que é par. As classes de equivalência são o conjunto dos inteiros pares e o conjunto dos inteiros ímpares.

55. Reflexiva: $(x, y)\ \rho\ (x, y)$, já que $y = y$. Simétrica: se $(x, y)\ \rho\ (z, w)$, então $y = w$, logo $w = y$ e $(z, w)\ \rho\ (x, y)$. Transitiva: se $(x, y)\ \rho\ (z, w)$ e $(z, w)\ \rho\ (s, t)$, então $y = w$ e $w = t$, logo $y = t$ e $(x, y)\ \rho\ (s, t)$. As classes de equivalência são os conjuntos dos pares ordenados com as segundas coordenadas iguais.

57. **a.** Reflexiva: $x\ \rho\ x$ porque x e x começam e terminam com o mesmo bit. Simétrica: se $x\ \rho\ y$, então y começa e termina com o mesmo bit que x, logo x começa e termina com o mesmo bit que y, ou seja, $y\ \rho\ x$. Transitiva: se $x\ \rho\ y$ e $y\ \rho\ z$, então y começa e termina com o mesmo bit que x e z começa e termina com o mesmo bit que y, logo z começa e termina com o mesmo bit que x, portanto $x\ \rho\ z$.
b. 256.
c. 4; existem 4 combinações de bit inicial e bit final: 0...0, 1...0, 0...1 e 1...1.
d. 2^6

59. É claro que $P \leftrightarrow P$ é uma tautologia. Se $P \leftrightarrow Q$ é uma tautologia, então P e Q têm os mesmos valores lógicos em todos os lugares, de modo que $Q \leftrightarrow P$ é uma tautologia. Se $P \leftrightarrow Q$ e $Q \leftrightarrow R$ são tautologias, então P, Q e R têm os mesmos valores lógicos em todos os lugares e $P \leftrightarrow R$ é uma tautologia. As classes de equivalência são conjuntos de fbfs que têm os mesmos valores lógicos em todos os lugares.

61. **a.** 1 **b.** 2 **c.** 5 **d.** 15

63. As respostas estão de acordo com o Exercício 61.

65. **a.** 3 **b.** 7

67. As respostas estão de acordo com o Exercício 65.

69. O número de blocos em uma partição pode variar de 1 (o conjunto inteiro) até n (um único elemento em cada bloco). O resultado segue pela definição de $S(n, k)$ e pelo princípio da adição.

71. 6

73. **a.** 25, 49 **b.** (3, 4, 5), (0, 5, 5), (8, 6, 10) **c.** (−4, 4, 2, 0), (−6, 6, 0, −2)

75. 6

EXERCÍCIOS 5.2

1. Sim; por exemplo: 1, 2, 3, 8, 4, 5, 6, 7, 9

3.

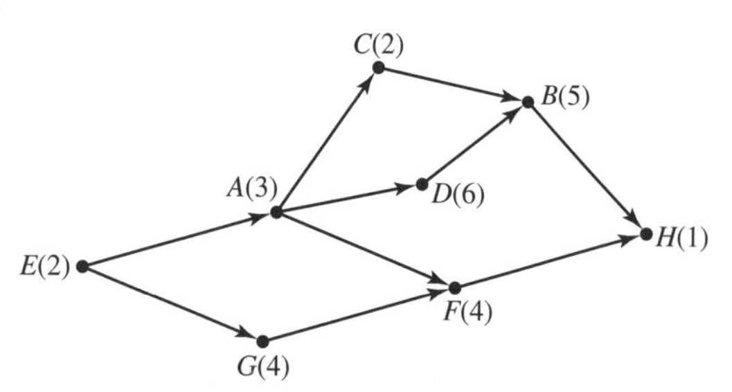

5. O tempo mínimo é 17 unidades de tempo. Caminho crítico: E, A, D, B, H.

7. O tempo mínimo é 13 unidades de tempo. Caminho crítico: E, A, C, B, H.

9. Por exemplo: G, H, F, D, E, C, A, B

11. Por exemplo: E, A, C, D, G, F, B, H

13. Por exemplo: 6, 9, 1, 7, 8, 11, 2, 3, 5, 10, 4

15. Por exemplo: 5, 6, 4, 1, 2, 3, 7, 10, 8, 11, 9

EXERCÍCIOS 5.3

1. **a.** Dê o nome, o tipo e a raça de todos os animais de estimação que são gatos.
   b. 2
   c. **SELECT** *NomeDoAnimal*, *TipoDeAnimal*, *Raça* **FROM** Animal **WHERE** *TipoDeAnimal* = "Gato";

3. **OQueSou**

NomeDoAnimal	*Raça*
Pintado	Galgo
Tilica	Siamês
Lad	Collie
Lassie	Collie
Moicano	Dourado
Piu-piu	Canário
Tigre	Pelo curto brasileiro

5.

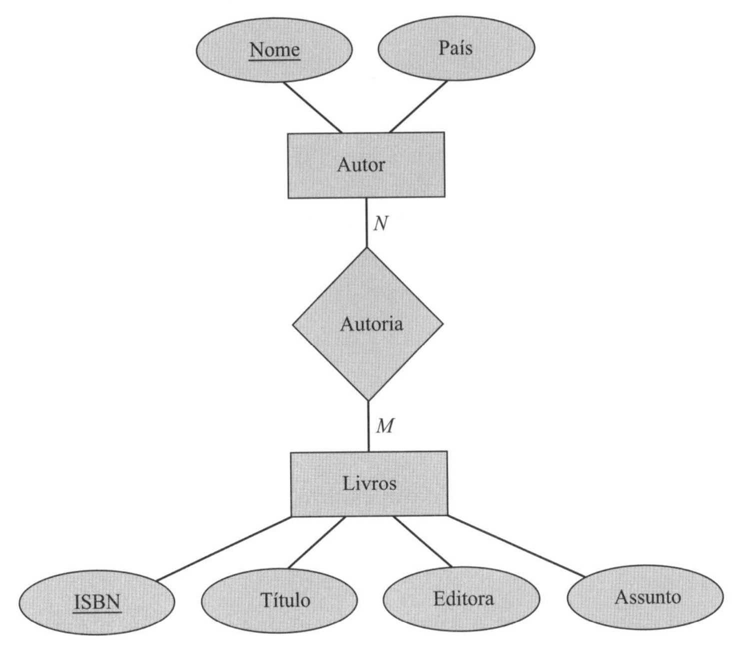

A relação "autoria" é de muitos para muitos, ou seja, um autor pode escrever muitos livros e um livro pode ter mais de um autor.

7. **Resultados7**

Nome	*País*
East, Jane	E.U.A.
Kovalsco, Bert	E.U.A.

9. **Resultados9**

ISBN	*Título*	*Editora*	*Assunto*
0-364-87547-X	Early Tang Paintings	Bellman	Arte
0-56-000142-8	Springtime Gardening	Swift-Key	Natureza

11. **Resultados11**

Nome
Chan, Jimmy
East, Jane
King, Dorothy
Kovalsco, Bert
Lau, Won
Nkoma, Jon
Quercos, Tom

13. **Resultados13**

Editora	*Assunto*
Bellman	Arte
Harding	Arte
Harding	Natureza
Loraine	Natureza
Swift-Key	Natureza

Em alguns sistemas de bancos de dados você precisa especificar, através de uma cláusula "DISTINTOS" ou uma propriedade "Valores Únicos", que tuplas duplicadas devem ser eliminadas. Caso contrário, neste exemplo, (Harding, Natureza) seria listado duas vezes.

15.

Resultados15

ISBN	*Nome*	*Título*	*Editora*	*Assunto*
0-115-01214-1	Nkoma, Jon	Birds of Africa	Loraine	Natureza
0-364-87547-X	Lau, Won	Early Tang Paintings	Bellman	Arte
0-364-87547-X	Chan, Jimmy	Early Tang Paintings	Bellman	Arte
0-56-000142-8	East, Jane	Springtime Gardening	Swift-Key	Natureza
0-816-35421-9	King, Dorothy	Springtime Gardening	Harding	Natureza
0-816-53705-4	Kovalsco, Bert	Baskets for Today	Harding	Arte
0-816-88506-0	King, Dorothy	Autumn Annuals	Harding	Natureza

17. **a.** **projeção (restrição** Livro **onde** Assunto = "Arte") **sobre** Título **fornecendo** Resultados17
b. **SELECT** Título **FROM** Livro **WHERE** Assunto = "Arte";
c. Conjunto dos valores de *x* é Livro, {*x*.Título | *x*.Assunto = "Arte"}
d. **Resultados17**

Título
Baskets for Today
Early Tang Paintings

19. **a.** **projeção(junção(restrição** Livro **onde** Editora = "Harding") **e** Autoria **sobre** ISBN) **sobre** Nome **fornecendo** Resultados19
b. **SELECT** Nome **FROM** Autoria, Livro **WHERE** Livro.ISBN = Autoria.ISBN **AND** Editora = "Harding";
c. Conjunto dos valores de *x* é Autoria, conjunto dos valores de *y* é Livro, {*x*.Nome | existe *y*(*y*.Editora = "Harding" e *y*.ISBN = *x*.ISBN)}
d. **Resultados19**

Nome
King, Dorothy
Kovalsco, Bert

21. **a.** **projeção(junção(junção(restrição** Autor **onde** País = "E.U.A.") **e** Autoria **sobre** Nome) **e** Livro **sobre** ISBN) **sobre** Título **fornecendo** Resultados21
b. **SELECT** Título **FROM** Autor, Livro, Autoria **WHERE** Autor.Nome = Autoria.Nome **AND** Autoria.ISBN = Livro.ISBN **AND** País = "E.U.A.";
c. Conjunto dos valores de *x* é Livro, conjunto dos valores de *y* é Autor, conjunto dos valores de *z* é Autoria, {*x*.Título | **existe** *y*, *z* (*y*.País = "E.U.A." **e** *y*.Nome = *z*.Nome e *z*.ISBN = *x*.ISBN}
d. **Resultados21**

Título
Baskets for Today
Springtime Gardening

23. **a.** **projeção(junção(junção(restrição** Autor **onde** País = "Inglaterra") **e** Autoria sobre Nome) **e** (**restrição** Livro **onde** Assunto = "Arte") **sobre** ISBN) **sobre** Nome, Título **fornecendo** Resultados23
b. **SELECT** Autor.Nome, Título **FROM** Livro, Autor, Autoria **WHERE** Autor.Nome = Autoria.Nome **AND** Autoria.ISBN = Livro.ISBN **AND** País = "Inglaterra" **AND** Assunto = "Arte";
c. Conjunto dos valores de *x* é Autor, conjunto dos valores de *y* é Livro, conjunto dos valores de *z* é Autoria, {*x*.Nome **e** *y*.Título | *x*.País = "Inglaterra" **e** *y*.Assunto = "Arte" **e existe** *z* | *z*.Nome = *x*.Nome **e** *y*.ISBN = *z*.ISBN}
d. O conjunto vazio; não há resultado que satisfaça as condições desta pesquisa.

25. **a.** $p * q$.
b. Se o atributo comum está ordenado em cada tabela, então a junção pode ser feita por meio de um procedimento semelhante à ordenação por fusão (veja o Exercício 19 na Seção 3.3) no atributo comum, o que significa que será necessário examinar no máximo $(p + q)$ linhas.
c. 14
d. 42

27. a. **SELECT** Autor.Nome, Título, Livro.ISBN, DireitosAutorais **FROM** Autor, Livro, Autoria **WHERE** Autor.Nome = Autoria.Nome **AND** Autoria.ISBN = Livro.ISBN **AND** DireitosAutorais < 100;

b.

DIREITOS AUTORAIS MENORES DO QUE 100

Nome	*Título*	*ISBN*	*DireitosAutorais*
Chan, Jimmy	Early Tang Paintings	0-364-87547-X	20
Lau, Won	Early Tang Paintings	0-364-87547-X	80

29. a. Sim — todos os atributos descritos para Funcionário, Contribuição e Pagamento foram listados e nenhum atributo não mencionado foi incluído.

b. A chave primária para Funcionários é *IDFuncionário*, presumivelmente um identificador único para cada funcionário. Analogamente, a chave primária para Contribuição é *IDContribuição*. A chave primária para Pagamento é a chave composta *IDContribuição / DataPagamento*. Nenhum dos três atributos sozinho identifica unicamente um pagamento, nem *IDContribuição / QuantiaDoPagamento* [determinada contribuição pode resultar na mesma quantia de pagamento em diversas datas diferentes], nem *DataPagamento / QuantiaDoPagamento* [contribuições múltiplas podem pagar a mesma quantia na mesma data de pagamento]. Mas determinada contribuição não tem quantias diferentes de pagamento na mesma data.

31. a. As três tabelas relacionais são:

FUNCIONÁRIO

IDFuncionário	*PrimeiroNome*	*ÚltimoNome*	*Departamento*
1	Mary	Black	Contabilidade
2	June	Brown	Pessoal
3	Kevin	White	Contabilidade
4	Kelly	Chen	Pessoal
6	Conner	Smith	Vendas

CONTRIBUIÇÃO

IDContribuição	*IDFuncionário*	*DataContribuição*	*QuantiaTotal*	*NúmeroDePagamentos*
101	1	1/1/2013	R$300,00	3
102	3	1/1/2013	R$500,00	2
103	6	1/1/2013	R$150,00	2
104	4	15/4/2013	R$100,00	1
105	1	1/6/2013	R$210,00	3
107	2	1/6/2013	R$300,00	2
108	2	1/1/2014	R$600,00	12
109	3	1/1/2014	R$500,00	2

PAGAMENTO

IDContribuição	*DataPagamento*	*QuantiaDoPagamento*
101	15/1/2013	R$100,00
101	31/1/2013	R$100,00
101	15/2/2013	R$100,00
102	15/1/2013	R$250,00
102	31/1/2013	R$250,00
103	15/1/2013	R$75,00
103	31/1/2013	R$75,00
104	30/4/2013	R$100,00
105	15/6/2013	R$70,00

PAGAMENTO (continuação)

IDContribuição	*DataPagamento*	*QuantiaDoPagamento*
105	30/6/2013	R$70,00
105	15/7/2013	R$70,00
107	15/6/2013	R$150,00
107	30/6/2013	R$150,00
108	15/1/2014	R$50,00
109	15/1/2014	R$250,00

b. *IDFuncionário* na tabela Contribuição é uma chave estrangeira na tabela Funcionário. *IDContribuição* na tabela Pagamento é uma chave estrangeira na tabela Contribuição.

c. Como *IDFuncionário* é, simplesmente, uma sequência de valores inteiros que não deve ter nenhum significado fora do banco de dados, essa chave é, provavelmente, uma chave invisível gerada automaticamente pelo sistema do banco de dados.

33. **SELECT** Funcionário.IDFuncionário, DataPagamento, QuantiaDoPagamento **FROM** Funcionário, Contribuição, Pagamento **WHERE** Funcionário.IDFuncionário = Contribuição.IDFuncionário **AND** Contribuição.IDContribuição = Pagamento.IDContribuição **AND** QuantiaDoPagamento > 100; O resultado é

IDFuncionário	*DataPagamento*	*QuantiaDoPagamento*
2	15/6/2013	R$150,00
2	30/6/2013	R$150,00
3	15/1/2013	R$250,00
3	31/1/2013	R$250,00
3	15/1/2014	R$250,00

35. **SELECT** PrimeiroNome, ÚltimoNome, QuantiaDoPagamento, DataPagamento **FROM** Funcionário, Contribuição, Pagamento **WHERE** Funcionário.IDFuncionário = Contribuição.IDFuncionário **AND** Contribuição.IDContribuição = Pagamento.IDContribuição **AND** DataPagamento = "15/1/2013"; (A última igualdade irá precisar, provavelmente, de uma função adicional que depende do sistema para converter 15/1/2013 em um tipo verdadeiro de data para que o teste de igualdade funcione.) O resultado é

PrimeiroNome	*ÚltimoNome*	*QuantiaDoPagamento*	*DataPagamento*
Mary	Black	R$100,00	15/1/2013
Kevin	White	R$250,00	15/1/2013
Conner	Smith	R$75,00	15/1/2013

EXERCÍCIOS 5.4

1. **a.** Domínio = $\{4, 5, 6, 7, 8\}$, contradomínio = $\{8, 9, 10, 11\}$, imagem = $\{8, 9, 10\}$.
   b. 8, 10
   c. 6, 7
   d. não, não

3. **a.** $\{(0, -1), (1, 1), (2, 3)\}$
   b. $\{(1, 1), (2, 3), (4, 7), (5, 9)\}$
   c. $\{(\sqrt{7}, 2\sqrt{7}-1), (1{,}5, 2)\}$

5. **a.** $f(A) = \{3, 9, 15\}$ **b.** $f(A)$ = todos os múltiplos inteiros de 6

7. **a.** $f(S) = \{3, 4, 6\}$ **b.** $f(S) = \{1, 2\}$ **c.** $f(S) = \{2, 1, 0\}$

9. **a.** F **b.** F **c.** V **d.** F

11. **a.** não é função **b.** função **c.** função; injetora e sobrejetora
    d. não é função **e.** não é função

13. **a.** não é função **b.** função, sobrejetora, não é injetora **c.** função, injetora, não é sobrejetora

15. **a.** função
b. não é função
c. função; sobrejetora
d. bijeção; f^{-1}: $\{p, q, r\} \to \{1, 2, 3\}$, em que $f^{-1} = \{(q, 1), (r, 2), (p, 3)\}$
e. função; injetora
f. bijeção; h^{-1}: $\mathbb{R}^2 \to \mathbb{R}^2$ em que $h^{-1}(x, y) = (y - 1, x - 1)$.

17. Qualquer valor ímpar de n produzirá uma bijeção, já que o gráfico da função será semelhante ao da Figura 5.12. Para valores pares de n, a função não será injetora, já que valores negativos e positivos fornecem o mesmo resultado.

19. f não é injetora nem sobrejetora. Por exemplo, $f(xxy) = f(yyy) = 3$, logo f não é injetora. Para qualquer cadeia s, $f(s) \geq 0$; não existe cadeia em A^* cuja imagem seja um inteiro negativo, de modo que f não é sobrejetora.

21. f é injetora e sobrejetora. Se $f(s_1) = f(s_2)$, então $s_1 = s_2$ (basta inverter a ordem dos caracteres novamente e você voltará para onde começou), de modo que f é injetora. Dada qualquer cadeia s em A^*, seja y a cadeia obtida de s invertendo-se a ordem dos caracteres. Então y está em A^* e $f(y) = s$, logo f é sobrejetora.

23. f não é injetora nem sobrejetora. Por exemplo, $f(\{a, b\}) = f(\{b, c\}) = 2$, de modo que f não é injetora. A imagem de f é o conjunto de todos os tamanhos dos subconjuntos de $\{a, b, c\}$, que é $\{0, 1, 2, 3\}$, logo é claramente diferente de $\mathbb{Z}$ e f não é sobrejetora.

25. Por exemplo, $f(x) = 1/x$. Para $x \geq 1$, o valor $1/x$ é maior do que 0, mas é menor ou igual a 1, logo $f: S \to T$. Se $f(x_1) = f(x_2)$, então $1/x_1 = 1/x_2$ e $x_1 = x_2$, logo f é injetora. Dado qualquer y em T, ou seja, $0 < y \leq 1$, o valor $1/y$ pertence a S e $f(1/y) = 1/(1/y) = y$, logo f é sobrejetora.

27. **a.** 3 **b.** 0 **c.** 0

29. O maior inteiro $\leq x$ é igual ao menor inteiro $\geq x$; logo x é inteiro.

31. Seja $k \leq x < k + 1$, em que k é um inteiro. Então k é o maior inteiro menor ou igual a x, logo $\lfloor x \rfloor = k$. Além disso, a multiplicação da desigualdade por -1, que inverte o sinal da desigualdade, fornece $-k \geq -x > -k - 1$, o que significa que $-k$ é o menor inteiro maior ou igual a $-x$, logo $\lceil -x \rceil = -k$. A multiplicação dessa última equação por -1 fornece $-\lceil -x \rceil = k$.

33. **a.** Falsa. Seja $x = 3{,}6$. Então $\lceil \lfloor x \rfloor \rceil = \lceil 3 \rceil = 3 \neq x$.
b. Falsa. Seja $x = 4{,}8$. Então $\lfloor 2x \rfloor = \lfloor 9{,}6 \rfloor = 9$, mas $2\lfloor x \rfloor = 2(4) = 8$.

35. Se $2^k < n < 2^{k+1}$, então $\log(2^k) < \log n < \log(2^{k+1})$, logo $k < \log n < k + 1$, ou seja, $\lfloor \log n \rfloor = k$ e $\lceil \log n \rceil = k + 1$.

37. **a.** 9 **b.** 0 **c.** 4 **d.** 2

39. Falsa. Por exemplo, sejam $x = 7$ e $y = 9$. Então $x \bmod 10 + y \bmod 10 = 7 + 9 = 16$, mas $(x + y) \bmod 10 = 16 \bmod 10 = 6$.

41. **a.** (1, 1), (2, 0), (3, 1), (4, 0), (5, 1)
b. $c_{A\cap B}(x) = 1 \leftrightarrow x \in A$ e $x \in B \leftrightarrow c_A(x) = 1$ e $c_B(x) = 1 \leftrightarrow c_A(x) \cdot c_B(x) = 1$
c. Se $c_{A'}(x) = 1$, então $x \in A'$ e $x \notin A$, logo $c_A(x) = 0 = 1 - c_{A'}(x)$. Se $c_{A'}(x) = 0$, então $x \notin A'$ e $x \in A$ logo $c_A(x) = 1 = 1 - c_{A'}(x)$
d. Não. Sejam $S = 51, 2, 36$, $A = 51, 26$, $B = 52, 36$. Então $c_{A\cup B}(2) = 1$, mas $c_A(2) + c_B(2) = 1 + 1$.

43. **a.** $S(0, n) > A(0, n)$ para $n > 1$ porque $n^n > n + 1$.
b. $S(1, n) = S(0, S(0, n)) = S(0, n^n) = n^{n^{n^n}}$
c. O googolplex é $10^{10^{100}} = 10^{10^{10^{10}}} = S(1,10)$

45. $g \circ f = [(1, 6), (2, 7), (3, 9), (4, 9)]$

47. **a.** 18 **b.** 16 **c.** $3x + 3$
d. $3x + 1$ **e.** $x + 2$ **f.** $9x$

49. **a.** Se $f(s_1) = f(s_2)$, então $g(f(s_1)) = g(f(s_2))$, logo $(g \circ f)(s_1) = (g \circ f)(s_2)$. Como $g \circ f$ é injetora, $s_1 = s_2$ e, portanto, f é injetora.
b. Para $u \in U$, existe $s \in S$ tal que $(g \circ f)(s) = u$, já que $g \circ f$ é sobrejetora. Então $g(f(s)) = u$ e $f(s)$ é um elemento de T que é levado em u por g, logo g é sobrejetora.
c. Sejam $S = \{1, 2, 3\}$, $T = \{1, 2, 3, 4\}$, $U = \{1, 2, 3\}$, $f = \{(1, 1), (2, 2), (3, 3)\}$, $g = \{(1, 2), (2, 2), (3, 3), (4, 3)\}$. Então $f: S \to T$, $g: T \to U$, g não é injetora, mas $(g \circ f) = \{(1, 1), (2, 2), (3, 3)\}$ é injetora.
d. Mesmo exemplo que no item (c).

51. **a.** $f^{-1}(x) = x/2$ **b.** $f^{-1}(x) = \sqrt[3]{x}$ **c.** $f^{-1}(x) = 3x - 4$

53. **a.** (1, 3, 5, 2) **b.** (1, 4, 3, 2, 5)

55. Tanto $h \circ (g \circ f)$ quanto $(h \circ g) \circ f$ têm domínio e contradomínio A. Para $x \in A$, $(h \circ (g \circ f))(x) = h((g \circ f)(x)) = h(g(f(x))) = (h \circ g)(f(x)) = ((h \circ g) \circ f)(x)$.

57. **a.** (1, 2, 5, 3, 4)
b. $(1, 7, 8) \circ (2, 4, 6)$
c. $(1, 5, 2, 4) \circ (3, 6)$
d. $(2, 3) \circ (4, 8) \circ (5, 7)$

59. **a.** (a, d, e, b) **b.** (d, e) **c.** $(a, d) + (c, e)$

61. $f^{-1} = (2, 4, 3, 8)$

63. **a.** 3^4 **b.** 36

65. **a.** Para $|S = 2$, $2!/0! = 2$ e $2^2 - C(2, 1)(1)^2 = 4 - 2 = 2$. Para $|S| = 3$, $3!/0! = 6$ e $3^3 - C(3,1)(2)^3 + C(3, 2)(1)^3 = 27 - 3 \cdot 8 + 3 = 6$. Para $|S| = 4$, $4!/0! = 24$ e $4^4 - C(4, 1)(3)^4 + C(4, 2)(2)^4 - C(4, 3)(1)^4 = 256 - 4 \cdot 81 + 6 \cdot 16 - 4 = 24$.
b. Suponha que f é sobrejetora. Se dois elementos distintos de S forem levados no mesmo elemento de S, então sobrarão $n - 2$ elementos para serem levados em $n - 1$ elementos de forma sobrejetora, o que é impossível. Logo f é injetora. Agora suponha que f é injetora. Então os n elementos de S são levados em n elementos distintos de S; logo todos os elementos de S pertencem à imagem de f, e f é sobrejetora.
c. Por exemplo, $S = \mathbb{N}$, $f: \mathbb{N} \to \mathbb{N}$ dada por $f(x) = 2x$.
d. Por exemplo, $S = \mathbb{N}$, $f: \mathbb{N} \to \mathbb{N}$ dada por $f(0) = 0$, $f(x) = x - 1$ para $x \geq 1$.

67. **a.** n^n
b. $n!$
c. $n!$
d. $n!$
e. $n!\left[\frac{1}{2!} - \frac{1}{3!} + \cdots + (-1)^n\frac{1}{n!}\right]$
f. O número de desarrumações totais (resposta *d*) é $< n!\left[\frac{1}{2!}\right] = n! \cdot \frac{1}{2} < n!$ e $n! < n^n$. O número total de funções, sem restrição alguma, é o máximo. Apenas algumas dessas funções são injetoras e sobrejetoras, mas isso é também a definição de uma permutação. Nem todas as permutações são desarrumações totais, logo o número de desarrumações totais é ainda menor.

69. 1854.

71. **a.** Para $x \in S$, $f(x) = f(x)$, logo $x \rho x$ e ρ é reflexiva. Para $x, y \in S$, se $x \rho y$, então $f(x) = f(y)$ e $f(y) = f(x)$, logo $y \rho x$ e ρ é simétrica. Para $x, y, z \in S$, se $x \rho y$ e $y \rho z$, então $f(x) = f(y)$ e $f(y) = f(z)$, logo $f(x) = f(z)$ e $x \rho z$, logo ρ é transitiva.
b. Se f for uma função injetora, então dois elementos de S nunca são levados no mesmo elemento, de modo que cada classe de equivalência contém um único elemento.
c. $[4] = \{4, -4\}$, já que $f(4) = f(-4)$.

73. **a.** $\{m, n, o, p\}$ **b.** $\{n, o, p\}$; $\{o\}$

75. Reflexiva: $S \rho S$ pela função identidade. Simétrica: se $S \rho T$ e f for uma bijeção de S em T, então $f^{-1}: T \to S$ será uma bijeção, logo $T \rho S$. Transitiva: se $S \rho T$ e $T \rho U$, $f: S \to T$, $g: T \to U$, f e g bijeções, então $g \circ f: S \to U$ será uma bijeção, logo $S \rho U$.

77. **a.** (define (quadrado *x*)
(* *xx*))
b. 18

EXERCÍCIOS 5.5

1. Por exemplo, $n_0 = 1$, $c_1 = 1/34$, $c_2 = 1$. Para $x \geq 1$, $(1/34)(17x + 1) \leq x \leq 1(17x + 1)$

3. Por exemplo, $n_0 = 2$, $c_1 = 1$, $c_2 = 2$. Para $x \geq 2$, $1(15x^2 + x) \leq 29x^2 - 4x - 15 \leq 2(15x^2 + x)$

5. Por exemplo, $n_0 = 1$, $c_1 = 1$, $c_2 = 2$. Para $x \geq 1$, $1(x^3) \leq x^3 + \log x \leq 2x^3$.

7. Sim. Por exemplo, poderíamos usar as constantes $n_0 = 1$, $c_1 = 1/34$, $c_2 = 1/10$. Então o envelope estaria inteiramente abaixo do gráfico de $g(x)$, mas ainda seguiria a "forma" geral do gráfico de $g(x)$.

9. 2

11. $\lim_{x\to\infty} \frac{x}{17x + 1} = \lim_{x\to\infty} \frac{1}{17} = \frac{1}{17}$

13. $\lim_{x\to\infty} \frac{x}{x^2} = \lim_{x\to\infty} \frac{1}{2x} = 0$

15. $\lim_{x\to\infty} \frac{\log x}{x} = \lim_{x\to\infty} \frac{\frac{1}{x}\log e}{1} = 0$

17. $[200 \log x] = [41 \ln x^2] < [\sqrt[4]{x}] < [420\, x] < [17\, x \log x] < [10x^2 - 3x + 5] < [2^x x^2]$

19. O algoritmo ser $O(n^3)$ significa apenas que a taxa de crescimento é menor ou igual a n^3; poderia ser n^3, n^2, $n \log n$ etc. Ele ser $o(n^3)$ significa que a taxa de crescimento é menor do que n^3, mas, novamente, poderia ser n^2, $n \log n$ etc. A informação mais útil é que a taxa de crescimento é $\Theta(n^2)$, que significa que, essencialmente, ele cresce como uma constante vezes uma parábola.

21. $S(n) = \Theta(n^2)$

23. $S(n) = \Theta(n \log n)$

25. $S(n) = \Theta(n^{\log_3 3}) = \Theta(n)$

27. **a.** $C'(n) = \Theta(n \log n)$.
b. A solução exata para $C(n)$ é $C(n) = n(\log n) - n + 1$, que também é $\Theta(n \log n)$.

EXERCÍCIOS 5.6

1. 25 mod 6 = 1, 11 mod 6 = 5, 14 mod 6 = 2 e (5 + 2) mod 6 = 1

3. 262 mod 13 = 2, 74 mod 13 = 9,188 mod 13 = 6 e (9 + 6) mod 13 = 2

5. 486 mod 5 = 1, 18 mod 5 = 3, 27 mod 5 = 2 e (3 · 2) mod 5 = 1

7. Seja $x = q_1 n + r_1$, $0 \le r_1 < n$ e $y = q_2 n + r_2$, $0 \le r_2 < n$, de modo que x mod $n = r_1$ e y mod $n = r_2$. Então $x \cdot y = (q_1 q_2 n + q_2 r_1 + q_1 r_2)n + (r_1 \cdot r_2)$, $0 \le r_1 \cdot r_2 < n_2$. Seja $r_1 \cdot r_2 = k_n + r$ com $0 \le r < n$. Então $x \cdot y = (q_1 q_2 n + q_2 r_1 + q_1 r_2 + k)n + r$ com $0 \le r < n$, logo $(x \cdot y)$ mod $n = r$. Além disso, x mod $n \cdot y$ mod $n = r_1 \cdot r_2 = k_n + r$ com $0 \le r < n$, logo (x mod $n \cdot y$ mod n) mod $n = r$.

9. A resposta correta é a *c*.

11.

0	33
1	1
2	13
3	12
4	34
5	38
6	27
7	22
8	
9	
10	

13. **a.** Os valores estão armazenados nas posições 6, 14, 1, 7, 8, 2, 16, 9, 0.

0	50
1	52
2	18
3	
4	
5	
6	23
7	40
8	24
9	58
10	
11	
12	
13	
14	14
15	
16	33

b. A função de dispersão direciona 58 para a posição 7, que contém outro elemento (40), logo, seguindo o esquema de resolução de colisões para armazenar 58, procura a próxima posição na tabela, que é 8 e contém 24, depois procura a próxima posição, que é 9 e contém 58. 41 também é direcionado para a posição 7 na tabela; procedendo como anteriormente, as posições 8 e 9 são verificadas, mas não contêm 41. A próxima posição a ser verificada é 10, que está vazia. Portanto, 41 não está na tabela.

15. **a.** $1/t$ **b.** $2/t$ **c.** $3/t$

17. **a.** TUDO ESTA BEM QUANDO ACABA BEM
b. ERA BRILUZ E AS LESMOLISAS TOUVAS ROLDAVAM E REVIAM NOS GRAMILVOS*
c. CEL MOSTARDA COM A FACA NA BIBLIOTECA

19. $k = 9$, VA DORMIR ATACAREMOS ROMA AMANHA

21. **a.** $x = 10011$ (cadeia de 5-bit), $p = x \bmod 2^4 = 00011$, $q = p \cdot 2 = 00110$, $s = x \oplus p = 10000$, $t = s \cdot 2^{-4} = 00001$, $y = q + t = 00111$
b. $x = 0011$ (cadeia de 4-bit), $p = x \bmod 2^3 = 0011$, $q = p \cdot 2 = 0110$, $s = x \oplus p = 0000$, $t = s \cdot 2^{-4} = 0000$, $y = q + t = 0110$

23. 1010001111101010

25. **a.** $d = 3$
b. $8^3 \bmod 15 = 8^2 \cdot 8 \bmod 15 = 64 \cdot 8 \bmod 15 = 4 \cdot 8 \bmod 15 = 32 \bmod 15 = 2$
c. $2^3 \bmod 15 = 8$

27. **a.** $d = 23$ **b.** $12^7 \bmod 55 = 23$ **c.** $23^{23} \bmod 55 = 12$

29. **a.** $n(n - 1)/2$ **b.** n

31. **a.** X **b.** 7

33. algarismo verificador = 8

35. **a.** temp = número
unidades = temp mod 10
temp = (temp – unidades)/10
dezenas = temp mod 10
temp = (temp – dezenas)/10
centenas = temp mod 10
temp = (temp – centenas)/10
milhares = temp

b. temp = 7426
unidades = 6
temp = 742
dezenas = 2
temp = 74
centenas = 4
temp = 7
milhares = 7

37. Se $x \equiv y \pmod n$, então $x - y = kn$, em que k é um inteiro. Logo $xc - yc = kcn$, em que kc é um inteiro, portanto $xc \equiv yc \pmod n$.

39. **a.** $f(ka) = (ka) \bmod p$ leva cada elemento de S em um único valor em T. Para mostrar que f é injetora, suponha que $f(k_1a) = f(k_2a)$ para k_1 e k_2 tais que $0 \leq k_1, k_2 \leq p - 1$. Então $k_1a \bmod p = k_2a \bmod p$. Pelo Problema Prático 43b, $k_1a \equiv k_2a \pmod p$. Como p é um número primo e a não é divisível por p, mdc$(a, p) = 1$, logo, pelo Exercício 38 (cancelamento sob a congruência módulo n), $k_1 \equiv k_2 \pmod p$, ou seja, $k_1 - k_2 = mp$ para algum inteiro m. Mas $-p < k_1 - k_2 < p$, de modo que $m = 0$, $k_1 = k_2$ e f é injetora.
b. $|S| = |T| = p$ e f é uma função injetora. Logo os p elementos distintos de S são levados em elementos distintos de T e, portanto, cada um dos p elementos de T é a imagem de um elemento em S.
c. $[a \cdot 2a \cdots (p - 1)a] \bmod p = [(a \bmod p) \cdot (2a \bmod p) \cdots ((p - 1)a \bmod p)] \bmod p$ pela Equação (1) desta seção. Como f é uma função sobrejetora, o conjunto T é o conjunto de todos os resíduos módulo p dos elementos de S. Como $0 \bmod p = 0$, o conjunto $\{1, 2, \cdots, (p - 1)\}$ é o conjunto de todos os resíduos módulo p dos elementos $\{a, 2a, \cdots, (p - 1)a\}$. Portanto, $[(a \bmod p) \cdot (2a \bmod p) \cdots ((p - 1)a \bmod p)] \bmod p = [1 \cdot 2 \cdots (p - 1)] \bmod p = (p - 1)! \bmod p$.
d. Do item (c), $[a^{p-1}(p - 1)!] \bmod p = (p - 1)! \bmod p$ ou, pelo Problema Prático 43b, $a^{p-1}(p - 1)! \equiv (p - 1)! \bmod p$. Como p é primo, $mdc((p - 1)!, p) = 1$, logo, pelo Exercício 38 (cancelamento sob a congruência módulo n), $a^{p-1} \equiv 1 \pmod p$.
e. $\{1, 2, 3, 4, 5, 6\}$
f. $4^6 \bmod 7 = (4^3 \cdot 4^3) \bmod 7 = 64 \cdot 64 \bmod 7 = 1 \cdot 1 \bmod 7 = 1$

41. **a.** $d \cdot e \equiv 1 \bmod \varphi(n)$ significa que $d \cdot e \equiv 1 \bmod (p - 1)(q - 1)$, logo $d \cdot e = 1 + k(p - 1)(q - 1)$ para algum inteiro k. Então $T^{ed} = T^{1 + k(p-1)(q-1)} = T(T^{k(p-1)(q-1)}) = T(T^{p-1})^{k(q-1)}$ ou $T(T^{q-1})^{k(p-1)}$.
b. Se T não for divisível por p, então $T^{p-1} \equiv 1 \pmod p$ pelo pequeno teorema de Fermat (Exercício 39). $T^{ed} \bmod p = T(T^{p-1})^{k(q-1)} \bmod p = [T(T^{p-1})(T^{p-1}) \cdots (T^{p-1})] \bmod p = [(T \bmod p) \cdot 1 \cdot 1 \cdots 1] \bmod p$ pela Equação (1) e pelo Problema Prático 43b = $T \bmod p$, logo $T^{ed} \equiv T \bmod p$ pelo Problema Prático 43b. Analogamente, se T não for divisível por q, então $T^{q-1} \equiv 1 \pmod q$. $T^{ed} \bmod q = T(T^{q-1})^{k(p-1)} \bmod q$ e $T^{ed} \equiv T \pmod q$.

*Tradução (de *Jabberwocky* de Lewis Carroll) de autoria de Augusto de Campos. Veja www.albertomesquita.net/am/moleskine/EraBriluz.html.

c. Se $p \mid T$, então $T = kp$ para algum inteiro k e $T^{ed} - T = (kp)^{ed} - kp = p(p^{ed-1}k^{ed} - k)$, em que $p^{ed-1}k^{ed} - k$ é um inteiro, logo $T^{ed} \equiv T \pmod{p}$. Se $p \mid T$ e $q \mid T$, então T é um múltiplo de p e T é um múltiplo de q. Como p e q são primos, $T = cpq$ para algum inteiro c, o que é uma contradição, já que $T < pq = n$.

d. A demonstração é muito semelhante à demonstração no item (c).

e. $T^{ed} \equiv T \pmod{p}$, $T^{ed} \equiv T \bmod q$, p e q são primos entre si. Essas propriedades correspondem ao enunciado do teorema do resto chinês com $a_1 = a_2 = T$ e $x = T^{ed}$. Além disso, $T \equiv T \pmod{p}$ e $T \equiv T \pmod{q}$. Pelo teorema do resto chinês, $T^{ed} \equiv T \pmod{pq}$ ou $T^{ed} \equiv T \pmod{n}$. Pelo Problema Prático 43b, $T^{ed} \bmod n = T \bmod n = T$, já que $T < n$.

EXERCÍCIOS 5.7

1. 2, −4

3. $x = 1, y = 3, z = -2, w = 4$

5. **a.** $\begin{bmatrix} 6 & -5 \\ 0 & 3 \\ 5 & 3 \end{bmatrix}$

   b. $\begin{bmatrix} -2 & 7 \\ -2 & -3 \\ 1 & 5 \end{bmatrix}$

   c. $\begin{bmatrix} 12 & 3 & 6 \\ 18 & -3 & 15 \\ 3 & 9 & 6 \end{bmatrix}$

   d. $\begin{bmatrix} -4 & -8 \\ -12 & 2 \end{bmatrix}$

   e. $\begin{bmatrix} 14 & -17 \\ 2 & 9 \\ 9 & 1 \end{bmatrix}$

7. **a.** $\begin{bmatrix} 10 & 7 \\ -2 & -4 \\ 30 & 8 \end{bmatrix}$

   b. não é possível

   c. $\begin{bmatrix} 21 & -23 \\ 33 & -44 \\ 11 & 1 \end{bmatrix}$

   d. $\begin{bmatrix} 28 & 4 \\ 6 & 25 \end{bmatrix}$

9. **a.** $\mathbf{A} \cdot \mathbf{B} = \begin{bmatrix} 10 & 4 \\ 18 & -3 \end{bmatrix}$ $\mathbf{B} \cdot \mathbf{A} = \begin{bmatrix} 14 & 1 \\ 4 & -7 \end{bmatrix}$

   b. $\mathbf{A}(\mathbf{B} \cdot \mathbf{C}) = (\mathbf{A} \cdot \mathbf{B})\mathbf{C} = \begin{bmatrix} 68 & -58 \\ 102 & -84 \end{bmatrix}$

   c. $\mathbf{A}(\mathbf{B} + \mathbf{C}) = \mathbf{A} \cdot \mathbf{B} + \mathbf{A} \cdot \mathbf{C} = \begin{bmatrix} 26 & -9 \\ 40 & -23 \end{bmatrix}$

   d. $(\mathbf{A} + \mathbf{B})\mathbf{C} = \mathbf{A} \cdot \mathbf{C} + \mathbf{B} \cdot \mathbf{C} = \begin{bmatrix} 42 & -35 \\ 32 & -28 \end{bmatrix}$

11. Tanto $\mathbf{A} \cdot (\mathbf{B} \cdot \mathbf{C})$ quanto $(\mathbf{A} \cdot \mathbf{B}) \cdot \mathbf{C}$ podem ser calculados e resultarão em uma matriz $n \times m$. O elemento i, j de $\mathbf{A} \cdot (\mathbf{B} \cdot \mathbf{C})$ é

$$\sum_{s=1}^{p} a_{is}(\mathbf{B} \cdot \mathbf{C})_{sj} = \sum_{s=1}^{p} a_{is}\left(\sum_{k=1}^{r} b_{sk}c_{kj}\right) = a_{i1}(b_{11}c_{1j} + b_{12}c_{2j} + \cdots + b_{1r}c_{rj}) + \cdots +$$
$$a_{ip}(b_{p1}c_{1j} + b_{p2}c_{2j} + \cdots + b_{pr}c_{rj}) = (a_{i1}b_{11} + a_{i2}b_{21} + \cdots + a_{ip}b_{p1})c_{1j} + \cdots +$$
$$(a_{i1}b_{1r} + a_{i2}b_{2r} + \cdots + a_{ip}b_{pr})c_{rj} = \sum_{k=1}^{r}\left(\sum_{s=1}^{p} a_{is}b_{sk}\right)c_{kj} = \sum_{k=1}^{r}(\mathbf{A} \cdot \mathbf{B})_{ik}c_{kj}$$

que é o elemento i, j de $(\mathbf{A} \cdot \mathbf{B}) \cdot \mathbf{C}$.

13. **a.** Suponha que a linha i de **A** seja toda nula. Então, para todo j, o elemento na linha i, coluna j de $\mathbf{A} \cdot \mathbf{B}$ é dado por $\sum_{k=1}^{n} a_{ik}b_{kj}$. Essa soma é 0 porque $a_{ik} = 0$ para todos os valores de k.

b. Suponha que a coluna j de **B** seja toda nula. Então, para todo i, o elemento na linha i, coluna j de $\mathbf{A} \cdot \mathbf{B}$ é dado por $\sum_{k=1}^{n} a_{ik}b_{kj}$. Esta soma é 0 porque $b_{kj} = 0$ para todos os valores de k.

15. **a.** $\mathbf{A}^T = \begin{bmatrix} 1 & 6 \\ 3 & -2 \\ 4 & 1 \end{bmatrix}$

b. Se **A** for simétrica, então $a_{ij} = a_{ji}$ e $\mathbf{A}^T(i,j) = \mathbf{A}(j, i) = \mathbf{A}(i,j)$. Logo $\mathbf{A}^T = \mathbf{A}$. Se $\mathbf{A}^T = \mathbf{A}$, então $\mathbf{A}(i,j) = \mathbf{A}^T(i,j) = \mathbf{A}(j, i)$ e **A** é simétrica.

c. $(\mathbf{A}^T)^T = \mathbf{A}$ segue da definição — depois de duas trocas de linhas por colunas volta-se à matriz original.

d. Suponha que $\mathbf{A} + \mathbf{B} = \mathbf{C}$. Então $\mathbf{C}^T(i,j) = \mathbf{C}(j, i) = \mathbf{A}(j, i) + \mathbf{B}(j, i) = \mathbf{A}^T(i,j) + \mathbf{B}^T(i,j)$ e $\mathbf{C}^T = \mathbf{A}^T + \mathbf{B}^T$.

e. Sejam **A** uma matriz $n \times m$ e **B** uma matriz $m \times p$; então $\mathbf{A}^T$ é $m \times n$ e $\mathbf{B}^T$ é $p \times m$. Seja $\mathbf{A} \cdot \mathbf{B} = \mathbf{C}$. Então $\mathbf{C}^T(i,j) = \mathbf{C}(j, i) = \sum_{k=1}^{m} a_{jk}b_{ki} = \sum_{k=1}^{m} \mathbf{A}^T(k,j)\mathbf{B}^T(i, k) = \sum_{k=1}^{m} \mathbf{B}^T(i, k)\mathbf{A}^T(k,j) = (\mathbf{B}^T \cdot \mathbf{A}^T)(i,j)$ e $\mathbf{C}^T = \mathbf{B}^T \cdot \mathbf{A}^T$.

17. Por exemplo, $\begin{bmatrix} 1 & 1 \\ -1 & -1 \end{bmatrix}\begin{bmatrix} 1 & 1 \\ -1 & -1 \end{bmatrix} = \begin{bmatrix} 0 & 0 \\ 0 & 0 \end{bmatrix}$

19. Isso nem sempre é verdade (use, por exemplo, **A** e **B** do Problema Prático 52). É verdade se $\mathbf{A} = \mathbf{B} = \mathbf{I}$, por exemplo.

21. O elemento i, j de $\mathbf{A}^2$ é $\sum_{k=1}^{n} a_{ik}a_{kj}$. O elemento j, i de $\mathbf{A}^2$ é $\sum_{k=1}^{n} a_{jk}a_{ki}$. Mas eles são iguais, pois $a_{ik} = a_{ki}$ e $a_{kj} = a_{jk}$ (**A** é simétrica).

23. Para $n = 1$, $\mathbf{A} = \begin{bmatrix} 1 & 1 \\ 1 & 0 \end{bmatrix} = \begin{bmatrix} F(2) & F(1) \\ F(1) & F(0) \end{bmatrix}$. Suponha que $\mathbf{A}^k = \begin{bmatrix} F(k+1) & F(k) \\ F(k) & F(k-1) \end{bmatrix}$. Então

$$\mathbf{A}^{k+1} = \mathbf{A}^k \cdot \mathbf{A} = \begin{bmatrix} F(k+1) & F(k) \\ F(k) & F(k-1) \end{bmatrix}\begin{bmatrix} 1 & 1 \\ 1 & 0 \end{bmatrix} = \begin{bmatrix} F(k+1) + F(k) & F(k+1) \\ F(k) + F(k-1) & F(k) \end{bmatrix} =$$

$$\begin{bmatrix} F(k+2) & F(k+1) \\ F(k+1) & F(k) \end{bmatrix}.$$

25. $(r\mathbf{A})(1/r)\mathbf{A}^{-1} = r(1/r)(\mathbf{A} \cdot \mathbf{A}^{-1}) = 1\mathbf{I} = \mathbf{I}$ e $(1/r)\mathbf{A}^{-1}(r\mathbf{A}) = (1/r)(r)(\mathbf{A}^{-1} \cdot \mathbf{A}) = 1\mathbf{I} = \mathbf{I}$.

27. $x = 6, y = -1$

29. $x = 11, y = 6, z = -2$

31. $x = 9/14, y = 2/7, z = 31/14$

33. $x = 5, y = -3, z = 4, w = 2$.

35. Por exemplo,
$x + 2y = 3$
$4x + y = 19$
$3x - y = 16$

A matriz aumentada é $\begin{bmatrix} 1 & 2 & 3 \\ 4 & 1 & 19 \\ 3 & -1 & 16 \end{bmatrix}$. As operações elementares a seguir

$$\begin{bmatrix} 1 & 2 & 3 \\ 4 & 1 & 19 \\ 3 & -1 & 16 \end{bmatrix}$$
(-4 vezes a linha 1 somada à linha 2; -3 vezes a linha 1 somada à linha 3)

resultam em

$$\begin{bmatrix} 1 & 2 & 3 \\ 0 & -7 & 7 \\ 0 & -7 & 7 \end{bmatrix}$$

Como a linha 2 da matriz aumentada é a soma das linhas 1 e 2, as novas linhas 2 e 3 representam a mesma equação, logo esse é um sistema, de fato, com 2 equações e 2 incógnitas. A equação $-7y = 7$ fornece $y = -1$; substituindo em $x + 2y = 3$, obtém-se $x + 2(-1) = 3$ ou $x = 5$.

37. Sejam g = quantidade de ouro em centímetros cúbicos e c = quantidade de cobre em centímetros cúbicos. Então $c + g = 52$ e $9c + 19{,}3g = 859{,}4$. A solução é $g = 38$ cm^3 e $c = 14$ cm^3. O percentual de cobre por volume é 14/52 = 26,9%.

39. $\mathbf{A}^{-1} = \begin{bmatrix} -1/2 & 3/4 \\ 1/2 & -1/4 \end{bmatrix}$

41. $\mathbf{A}^{-1} = \begin{bmatrix} -14/10 & 1/10 \\ 24/10 & -1/10 \end{bmatrix}$ $\quad \mathbf{A}^{-1} \cdot \mathbf{B} = \begin{bmatrix} 20 \\ 50 \end{bmatrix} = \begin{bmatrix} x \\ y \end{bmatrix}$

logo, $x = 20$, $y = 50$.

43. $x = 6$, $y = -1$

45. $x = 11$, $y = 6$, $z = -2$

47. $\mathbf{A} \wedge \mathbf{B} = \begin{bmatrix} 1 & 0 & 0 \\ 0 & 1 & 0 \\ 0 & 1 & 1 \end{bmatrix}$ $\mathbf{A} \vee \mathbf{B} = \begin{bmatrix} 1 & 0 & 1 \\ 1 & 1 & 1 \\ 1 & 1 & 1 \end{bmatrix}$ $\quad \mathbf{A} \times \mathbf{B} = \begin{bmatrix} 1 & 0 & 1 \\ 1 & 1 & 1 \\ 1 & 1 & 1 \end{bmatrix}$ $\mathbf{B} \times \mathbf{A} = \begin{bmatrix} 1 & 1 & 1 \\ 1 & 1 & 1 \\ 1 & 1 & 1 \end{bmatrix}$

49. $\mathbf{A} \wedge \mathbf{B} = \begin{bmatrix} 0 & 1 & 0 \\ 0 & 0 & 1 \\ 0 & 0 & 0 \end{bmatrix}$ $\mathbf{A} \vee \mathbf{B} = \begin{bmatrix} 0 & 1 & 1 \\ 1 & 0 & 1 \\ 1 & 0 & 1 \end{bmatrix}$ $\quad \mathbf{A} \times \mathbf{B} = \begin{bmatrix} 0 & 0 & 1 \\ 1 & 1 & 1 \\ 1 & 0 & 0 \end{bmatrix}$ $\mathbf{B} \times \mathbf{A} = \begin{bmatrix} 1 & 0 & 1 \\ 0 & 0 & 1 \\ 0 & 1 & 0 \end{bmatrix}$

51. Para que $\mathbf{A} \vee \mathbf{B} = \mathbf{A} \wedge \mathbf{B}$, é necessário que $a_{ij} \vee b_{ij} = a_{ij} \wedge b_{ij}$ para todo i, j. Isso é verdade se $a_{ij} = b_{ij} = 1$ ou $a_{ij} = b_{ij} = 0$, logo quando $\mathbf{A} = \mathbf{B}$.

53. $2^{\frac{n(n+1)}{2}}$

55. **a.** As linhas da matriz aumentada, ao serem transformadas, têm comprimento $n + 1, n, n - 1, \ldots, 3$. (A matriz aumentada é $n \times (n + 1)$, e a penúltima linha é a última para a qual é necessária uma multiplicação para zerar o elemento $n, n - 1$ na última linha.) Cada elemento não nulo em cada linha tem que ser multiplicado pelo valor escalar, necessitando de um total de $(n + 1) + n + (n - 1) + \cdots + 3 = (n + 1) + n + (n - 1) + \cdots + 3 + 2 + 1 - (2 + 1) = \dfrac{(n + 1)(n + 2)}{2} - 3$ multiplicações.

b. Para zerar a primeira coluna, um múltiplo da primeira linha (comprimento $n + 1$) tem que ser somado a cada linha abaixo, o que requer $(n + 1)$ multiplicações e $(n + 1)$ somas para $n - 1$ linhas. Para zerar a segunda coluna, um múltiplo da segunda linha (comprimento n) tem que ser somado a cada linha abaixo, o que requer (n) multiplicações e n somas para $n - 2$ linhas. A última transformação soma um múltiplo da penúltima linha (comprimento 3) à última linha, o que requer 3 multiplicações e 3 somas para 1 linha. Os totais são $(n + 1)(n - 1) + (n)(n - 2) + \cdots + (3)(1)$ multiplicações e o mesmo número de somas. Pelo Exercício 11 na Seção 2.2, esse número é igual a $\dfrac{(n - 1)(n)(2(n - 1) + 7)}{6} = \dfrac{2n^3 + 3n^2 - 5n}{6}$.

c. Para resolver as equações de baixo para cima são necessárias:

Linha n: $c_{nn}x_n = d_n$ 1 multiplicação

Linha $n - 1$: $c_{(n-1)(n-1)}x_{n-1} + c_{(n-1)n}x_n = d_{n-1}$ 1 multiplicação, 1 soma, 1 multiplicação

Linha $n - 2$: $c_{(n-2)(n-2)}x_{n-2} + c_{(n-2)(n-1)}x_{n-1} + c_{(n-2)n}x_n = d_{n-2}$ 2 multiplicações, 2 somas, 1 multiplicação

⋮

Linha 1: $c_{11}x_1 + c_{12}x_2 + \cdots + c_{1n}x_n = d_1$ $(n - 1)$ multiplicações, $(n - 1)$ somas, 1 multiplicação

Total $1 + 2 + 3 + \cdots + n = \dfrac{n(n + 1)}{2}$ multiplicações e $1 + 2 + 3 + \cdots + (n - 1) = \dfrac{(n - 1)n}{2}$ somas.

d. A transformação requer $\Theta(n^2) + 2\Theta(n^3)$ operações, e a resolução das equações resultantes requer $2\Theta(n^2)$ operações, logo a ordem de grandeza total é $\Theta(n^3)$.

CAPÍTULO 6

EXERCÍCIOS 6.1

1. $g(a) = (1,2)$, $g(b) = (1,3)$, $g(c) = (2,3)$, $g(d) = (2,2)$

3. **a.**

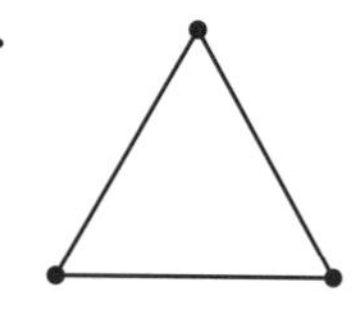

b. Por exemplo,

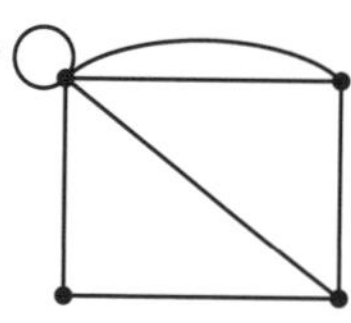

c.

5.

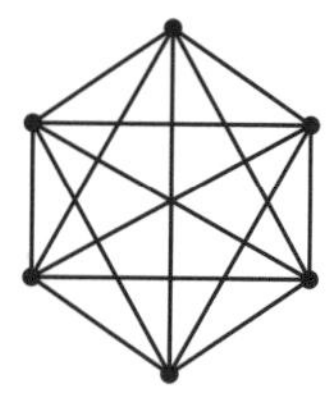

7. **a.** Por exemplo,

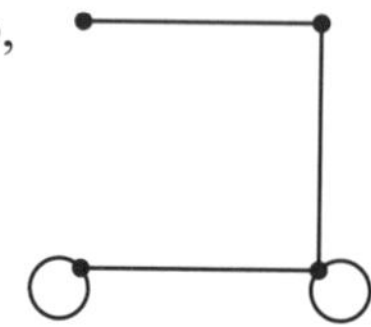

b. Não existe; o nó de grau 4 teria que ter arcos ligando-o a outros 4 nós distintos, já que não são permitidos laços nem arcos paralelos, mas não há outros 4 nós distintos.

c.

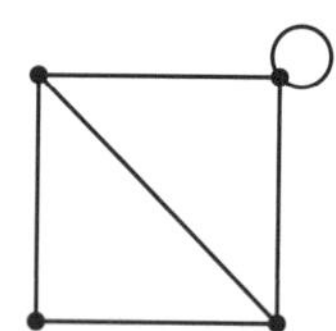

d. Não existe; em tal grafo, a soma de todos os graus seria 11, mas a soma de todos os graus é o número total de extremidade de arco, que tem que ser igual ao dobro do número de arcos, ou seja, um número par.

9. **a.** Como todos em um departamento supostamente conhecem alguém no mesmo departamento, isso significaria que ninguém no departamento de TI conhece alguém no departamento de marketing (e vice-versa).
   b. Carl e Fletcher não se conhecem. Siu Yin só conhece Carl.
   c. 2

11. Por exemplo: **a.** estrela → ídolo → estátua → escultura
   b. fardo → carga → peso → influência
   c. piano → liso → direito → honrado

13. (b), porque não tem nó de grau 0.

15. f_1: $1 \to a, 2 \to b, 3 \to c, 4 \to d, f_2$: $a_1 \to e_2, a_2 \to e_7, a_3 \to e_6, a_4 \to e_1, a_5 \to e_3, a_6 \to e_4, a_7 \to e_5$

17. f: $1 \to a, 2 \to d, 3 \to b, 4 \to e, 5 \to c$

19. Não isomorfos; o grafo em (b) tem um nó de grau 5, o grafo em (a) não tem.

21. **a.** Não pode haver uma bijeção entre dois conjuntos de nós se eles não são do mesmo tamanho.
   b. Para grafos isomorfos, existe uma bijeção entre os conjuntos de arcos explicitamente ou, no caso de grafos simples, implicitamente através das extremidades; isso não pode acontecer se os dois conjuntos de arcos não são do mesmo tamanho.
   c. Se os grafos forem isomorfos e os arcos a_1 e a_2 em um dos grafos tiverem as mesmas extremidades x–y, então os arcos imagens no segundo grafo terão que ter as mesmas extremidades, o que não pode acontecer se o segundo arco não tiver arcos paralelos.
   d. Se os grafos forem isomorfos e um arco em um dos grafos tiver extremidades x–x, então o arco imagem no segundo grafo terá que ter extremidades $f(x)$–$f(x)$, o que não pode ocorrer se o segundo grafo não tiver laços.

e. Se os grafos forem isomorfos e um nó de grau k em um dos grafos for extremidade de k arcos, sua imagem no segundo grafo terá que ser extremidade das imagens desses k arcos, o que implica que também terá grau k.

f. Se os grafos forem isomorfos e se existir um caminho $n_1, a_1, n_2, a_2, \ldots, n_k$ entre dois nós em um dos grafos, então $f(n_1), f(a_1), f(n_2), f(a_2), \ldots, f(n_k)$ será um caminho no segundo grafo. Dois nós no segundo grafo são imagens de dois nós no primeiro; se o primeiro grafo for conexo, existirá um caminho entre esses dois nós e, portanto, existirá um caminho entre os dois nós do segundo grafo.

g. Pela resposta no item f, em grafos isomorfos, caminhos são levados em caminhos e ciclos são levados em ciclos.

23. 4 grafos:

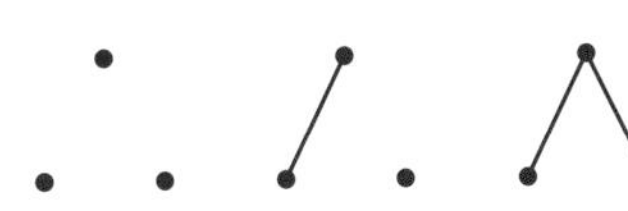

25. $\dfrac{n(n-1)}{2} = C(n,2)$

27. Se pudermos desenhar o grafo com arcos que só se intersectam nos nós, então será um grafo planar.

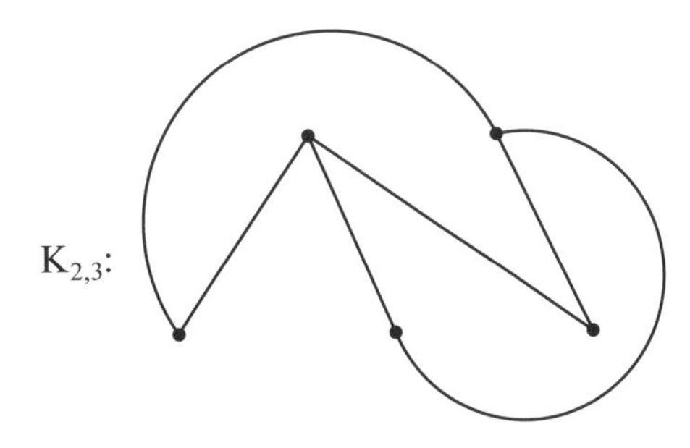

29. 5

31. A demonstração para a fórmula de Euler não depende de o grafo ser simples, de modo que o resultado ainda é válido para grafos que não são simples, mas isso não é verdade para as desigualdades (2) e (3).

33. Planar:

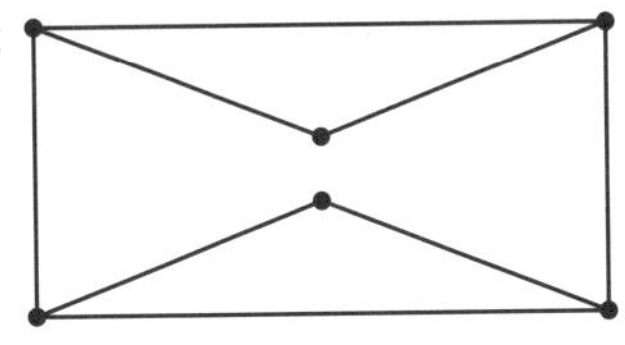

35. Não planar — o subgrafo a seguir pode ser obtido de $K_{3,3}$ por subdivisões elementares.

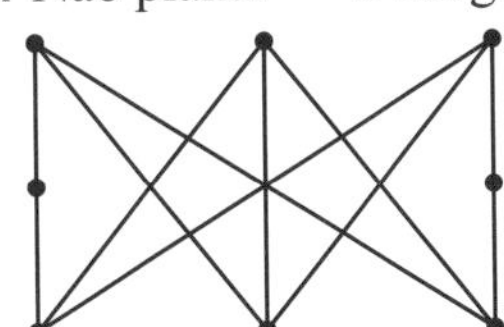

37. $\begin{bmatrix} 1 & 1 & 0 & 0 & 2 \\ 1 & 1 & 1 & 1 & 1 \\ 0 & 1 & 0 & 1 & 0 \\ 0 & 1 & 1 & 0 & 0 \\ 2 & 1 & 0 & 0 & 0 \end{bmatrix}$

39. $\begin{bmatrix} 0 & 1 & 1 & 0 & 0 & 0 & 0 \\ 1 & 0 & 0 & 1 & 0 & 1 & 1 \\ 1 & 0 & 0 & 0 & 1 & 1 & 1 \\ 0 & 1 & 0 & 0 & 0 & 1 & 0 \\ 0 & 0 & 1 & 0 & 0 & 0 & 1 \\ 0 & 1 & 1 & 1 & 0 & 0 & 1 \\ 0 & 1 & 1 & 0 & 1 & 1 & 0 \end{bmatrix}$

41. $\begin{bmatrix} 0 & 1 & 0 & 0 \\ 0 & 0 & 1 & 1 \\ 0 & 0 & 0 & 1 \\ 0 & 0 & 1 & 0 \end{bmatrix}$

43.

45.

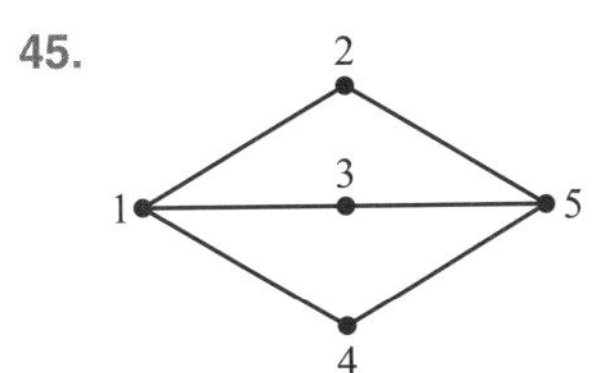

47.

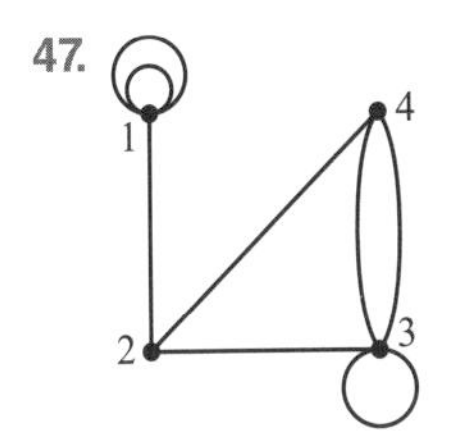

49. O grafo consiste em n nós desconexos com um laço em cada nó.

51. A matriz $n \times n$ com 0 ao longo de toda a diagonal principal e 1 em todos os outros lugares.

53.

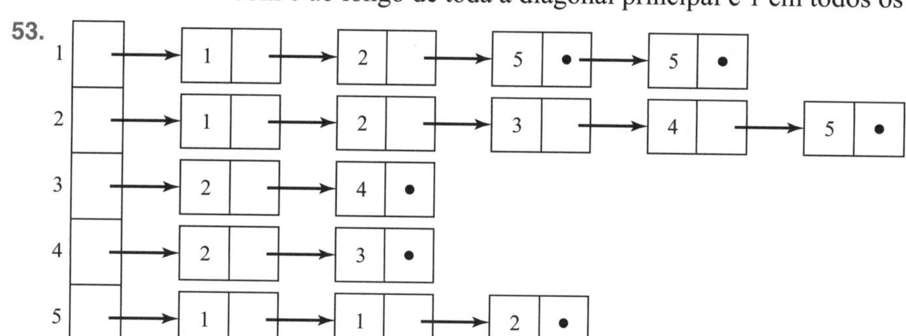

55.

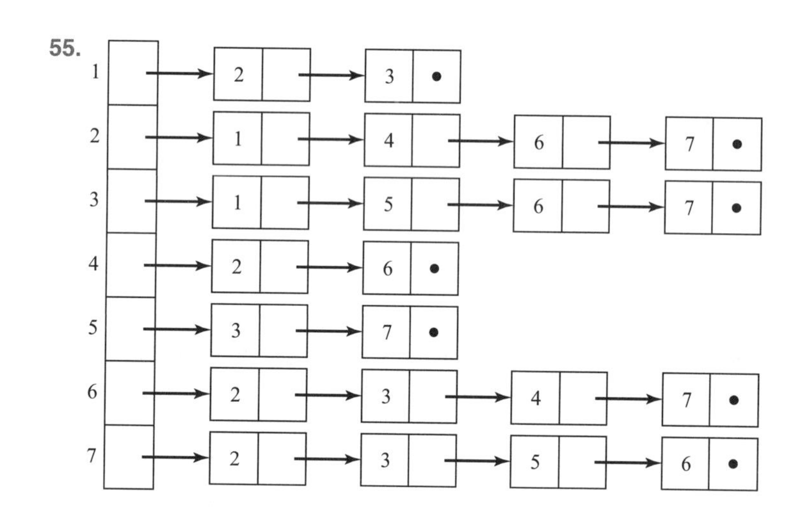

57.

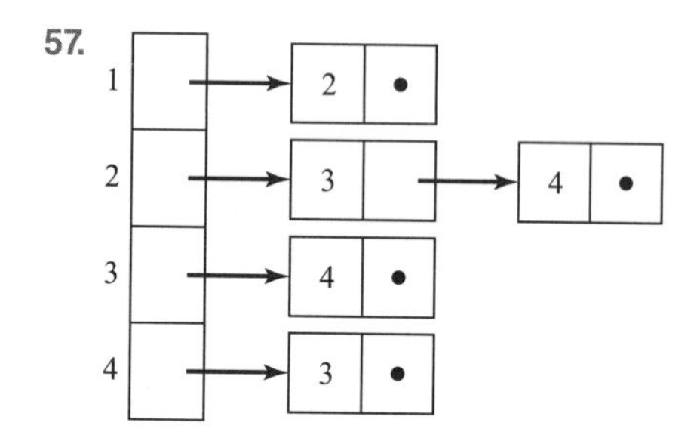

59. a.

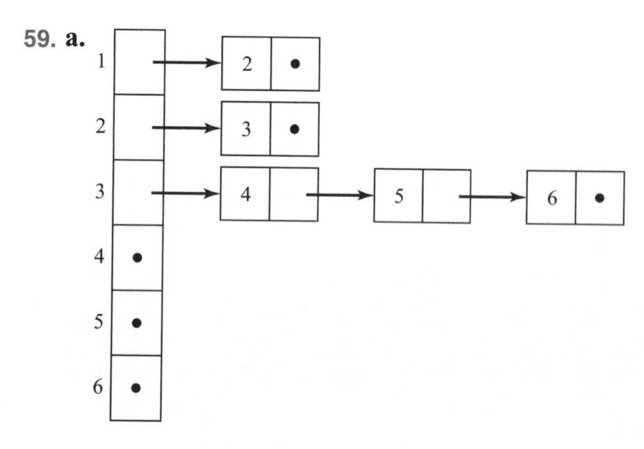

b. 16 **c.** 36

61.

	Nó	Ponteiro
1		5
2		7
3		11
4		0
5	2	6
6	3	0
7	1	8
8	2	9
9	3	10
10	4	0
11	4	0

63.

65.

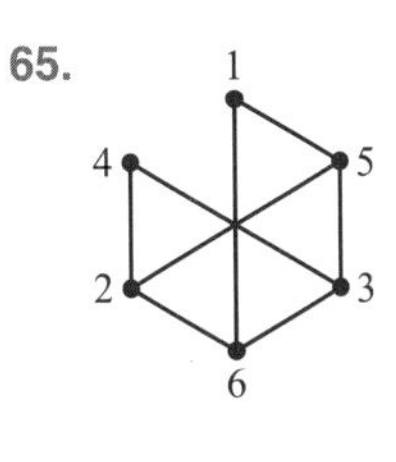

67. Pela definição de grafos isomorfos, os nós x–y serão adjacentes em G_1 se e somente se suas imagens forem adjacentes em G_2. Logo nós não serão adjacentes em G_1 (e, portanto, serão adjacentes em G_1') se e somente se suas imagens não forem adjacentes em G_2 (e, portanto, forem adjacentes em G_2'). Então a mesma função f implementa o isomorfismo dos grafos complementares.

69. Se G não for conexo, então G consistirá em dois ou mais subgrafos conexos sem caminhos entre eles. Sejam x e y nós distintos. Se x e y estiverem em subgrafos diferentes, não existirá um arco x–y em G; logo, existirá um arco x–y em G' e existirá um caminho de x para y em G'. Se x e y estiverem no mesmo subgrafo, escolha um nó z em um subgrafo diferente. Então existirão um arco x–z em G' e um arco z–y em G', logo existirá um caminho de x para y em G'.

71. Com exceção da diagonal principal, que permanecerá com todos os elementos nulos, os elementos da matriz de G' serão 1 onde os elementos de A são iguais a 0 e serão 0 onde os elementos de A são iguais a 1.

73. O número máximo de arcos ocorre em um grafo completo; o máximo é $C(n, 2) = n(n-1)/2$, logo $a \leq n(n-1)/2$ ou $2a \leq n^2 - n$.

75. Seja G um grafo simples com n nós, $n \geq 2$, e m arcos, $m > C(n-1,2) = (n-1)(n-2)/2$, e suponha que G não é conexo. Pelo Exercício 69, G' é conexo. Pelo Exercício 74, o número de arcos em G' é pelo menos $n - 1$. Logo o número m de arcos em G é (o número de arcos em um grafo completo) – (o número de arcos em G') $\leq n(n-1)/2 - (n-1) = (n-1)(n/2-1) = (n-1)(n-2)/2$, o que é uma contradição.

77. Pelo menos três cores são necessárias devido às fronteiras em comum. Uma vez feita a atribuição a seguir, o país marcado A tem que ter uma terceira cor.

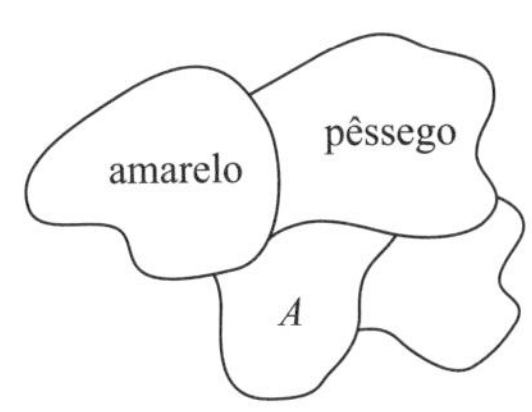

Bastam três cores:

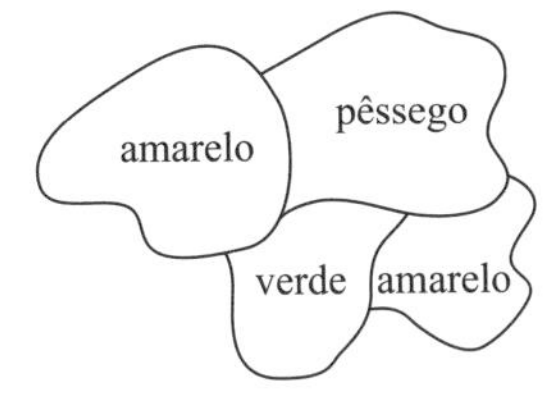

79. a.

b.

c.

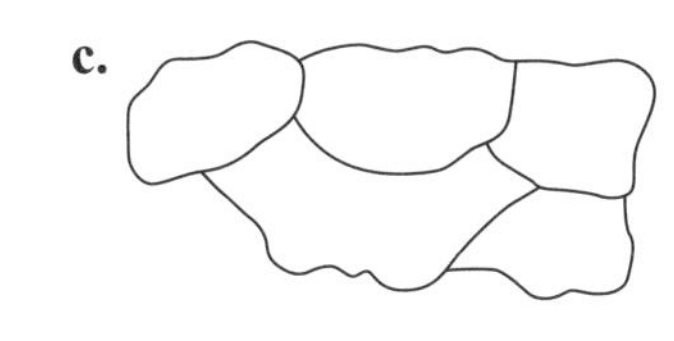

81. A conjectura das quatro cores é equivalente à afirmação de que o número cromático de qualquer grafo planar simples e conexo é no máximo 4.

83. A demonstração é por indução no número de nós no grafo. Para a base do processo de indução, é claro que 5 cores são suficientes se o número de nós for menor ou igual a 5. Agora suponha que qualquer grafo planar simples e conexo com número de nós $\leq k$ pode ser colorido com cinco cores e considere um grafo do mesmo tipo com $k + 1$ nós. Podemos supor que $k + 1$ é pelo menos 6, já que já mostramos o resultado para um grafo com 5 ou menos nós. Pelo Exercício 82, pelo menos um nó no grafo tem grau menor ou igual a 5; removendo temporariamente n (e seus arcos adjacentes) do grafo, restará uma coleção de um ou mais grafos planares simples e conexos, cada um com menos de $k + 1$ nós (Figuras a e b). Pela hipótese de indução, cada subgrafo pode ser colorido com cinco cores ou menos (use o mesmo conjunto de cinco cores em cada subgrafo). Considere novamente o grafo original. Se n tiver grau menor do que 5 ou se os 5 nós adjacentes a n não usarem cinco cores diferentes, sobrará uma quinta cor para usar para n. Suponha, então, que n tem 5 nós adjacentes, n_1, n_2, n_3, n_4 e n_5, arrumados no sentido horário e coloridos, respectivamente, com as cores 1, 2, 3, 4 e 5 (Figura c).

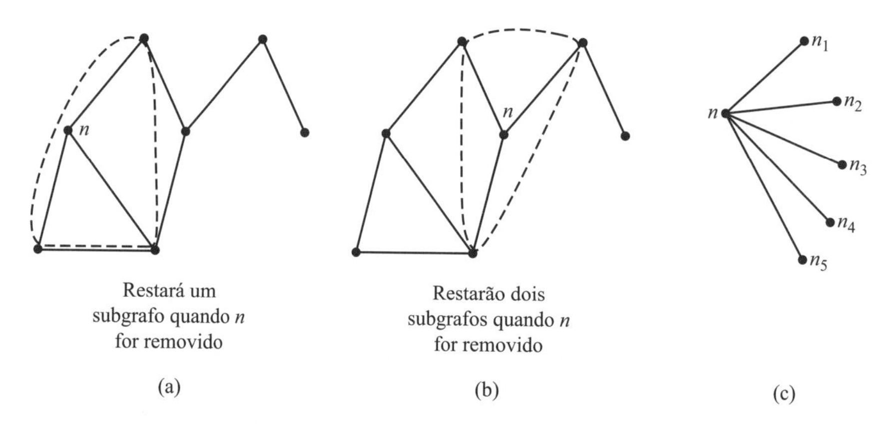

Restará um subgrafo quando n for removido

(a)

Restarão dois subgrafos quando n for removido

(b)

(c)

Agora considere todos os nós no grafo coloridos com as cores 1 e 3. Suponha que não existe um caminho, usando apenas esses nós, entre n_1 e n_3. Então, para os nós coloridos 1 e 3, é como se existissem duas seções separadas do grafo, uma contendo n_1 e outra contendo n_3. Na seção contendo n_1, troque as cores 1 e 3 em todos os nós. Essa coloração continua sendo uma coloração correta, e o nó n_1 fica com a cor 3, deixando a cor 1 livre para n. Agora suponha que existe um caminho entre n_1 e n_3 usando apenas os nós coloridos com as cores 1 e 3. Nesse caso, vamos considerar todos os nós no grafo original coloridos com 2 e 4. Existe um caminho, usando apenas esses nós, entre n_2 e n_4? Não, não existe. Devido à arrumação dos nós n_1, n_2, n_3, n_4 e n_5, tal caminho teria que cruzar o caminho que liga n_1 e n_3. Como o grafo é planar, esses dois caminhos se encontrariam em um nó que teria a cor 1 ou 3 do caminho n_1–n_3 e a cor 2 ou 4 do caminho n_2–n_4, o que é impossível. Logo, não existe um caminho entre n_2 e n_4 usando apenas nós coloridos com 2 ou 4, e podemos rearrumar as cores como no caso anterior. Isso completa a demonstração.

85. quatro; três

EXERCÍCIOS 6.2

1. **a.** Sim, é uma árvore. Coloque a raiz no topo.

b. Não é uma árvore porque há um ciclo.

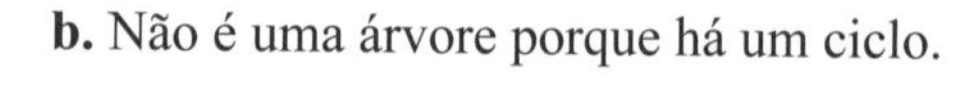

c. Sim, é uma árvore. Coloque a raiz no topo e desça todos os ramos.

d. Sim, é uma árvore. "Balance" os ramos inferiores.

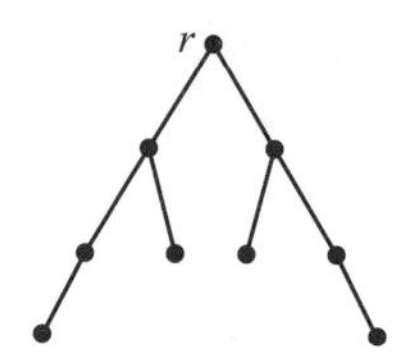

3. a.

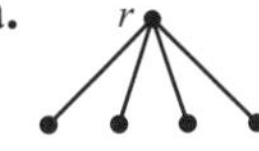

b.

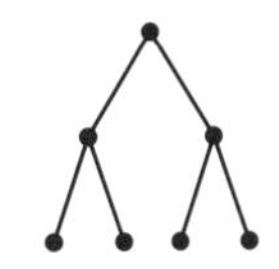

c.

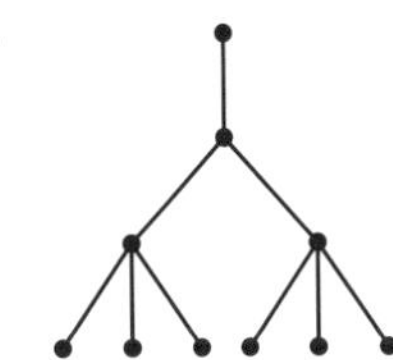

5.

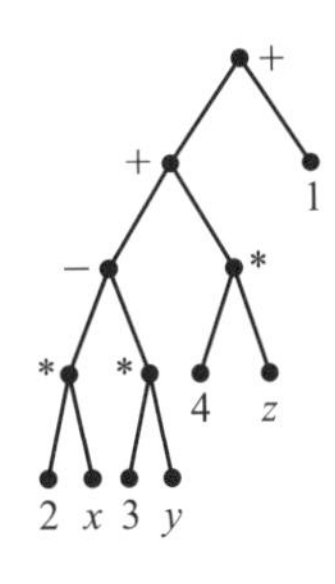

7.

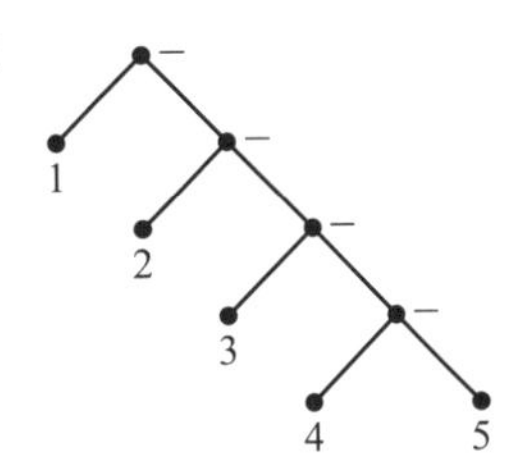

9.

	Filho esquerdo	*Filho direito*
1	2	3
2	0	4
3	5	6
4	7	0
5	0	0
6	0	0
7	0	0

11.

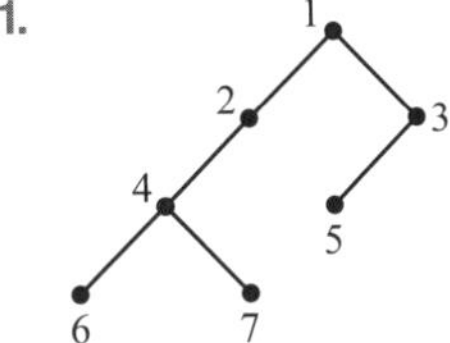

13.

	Nome	*Filho esquerdo*	*Filho direito*
1	Toda	2	6
2	a Gália	3	7
3	está	4	5
4	dividida	0	0
5	em	0	0
6	três	0	0
7	partes	0	0

15.

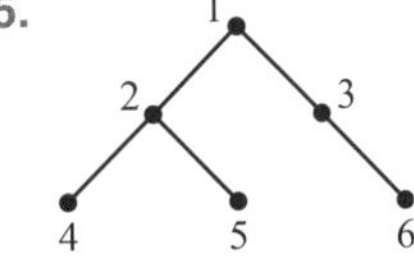

17. a.

	Filho esquerdo	*Irmão à direita*
1	2	0
2	5	3
3	8	4
4	9	0
5	0	6
6	0	7
7	0	0
8	0	0
9	0	10
10	0	11
11	0	0

b.

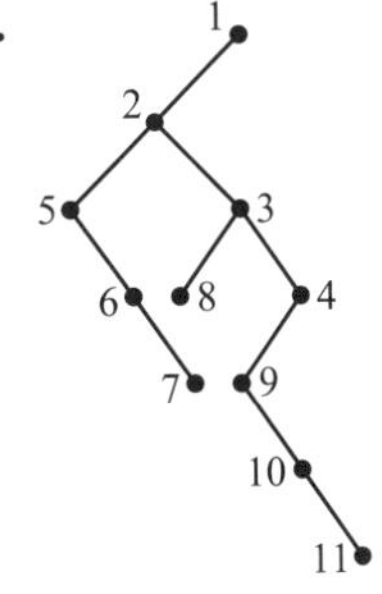

19. pré-ordem: *a b d e h f c g*, ordem simétrica: *d b h e f a g c*, pós-ordem: *d h e f b g c a*

21. pré-ordem: *a b e c f j g d h i*, ordem simétrica: *e b a j f c g h d i*, pós-ordem: *e b j f g c h i d a*

23. pré-ordem: *a b c e f d g h*, ordem simétrica: *e c f b g d h a*, pós-ordem: *e f c g h d b a*

25. polonesa: + / 3 4 – 2 *y*, polonesa reversa: 3 4 / 2 *y* – +

27. infixa: $((2 + 3) * (6 * x)) - 7$, polonesa reversa: 2 3 + 6 *x* * * 7 –

29. polonesa: + * 4 – 7 *x z*, infixa: $(4 * (7 - x)) + z$

31. 10

33.

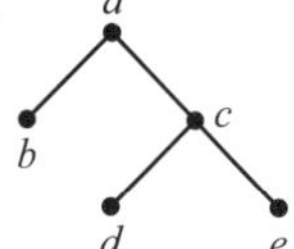

35.

37. Se a raiz não tiver filho esquerdo nem filho direito, retorne 0 como altura, caso contrário, chame o algoritmo no filho esquerdo, se existir, retorne o máximo desses dois valores mais 1.

39. Considere um grafo simples que é uma árvore sem raiz. Uma árvore é um grafo acíclico e conexo, logo, dados dois nós *x* e *y* arbitrários, existe um caminho de *x* para *y*. Se o caminho não fosse único, então os dois caminhos divergiriam em algum nó n_1 e convergiriam em algum nó n_2, logo existiria um ciclo de n_1 para n_2 e de volta para n_1, uma contradição. Considere, agora, um grafo simples que tem um único caminho entre quaisquer dois de seus nós. É claro que o grafo é conexo. Além disso, não existem ciclos, já que a presença de um ciclo produz dois caminhos diferentes entre dois nós no ciclo. Portanto, o grafo é acíclico e conexo, logo é uma árvore sem raiz.

41. Se *G* for uma árvore sem raiz, então *G* será conexo. Suponha que removemos um arco *a* entre n_1 e n_2 e *G* permanece conexo. Então existe um caminho de n_1 para n_2. A inclusão de *a* nesse caminho resulta em um ciclo de n_1 para n_1, o que contradiz a definição de uma árvore. Por outro lado, suponha que *G* é conexo e que a remoção de qualquer arco torna *G* desconexo. Se *G* não fosse uma árvore, conteria um ciclo. Se fosse removido um único arco do ciclo, *G* continuaria conexo, já que qualquer caminho que usasse o arco removido poderia usar o resto do ciclo em seu lugar. Isso é uma contradição, logo *G* é uma árvore sem raiz.

43. A demonstração é por indução em *d*. Para $d = 0$, o único nó é a raiz e $2^0 = 1$. Suponha que existem, no máximo, 2^d nós na profundidade *d* e considere a profundidade $d + 1$. Existem, no máximo, dois filhos para cada nó na profundidade *d*, logo o número máximo de nós na profundidade $d + 1$ é $2 \cdot 2^d = 2^{d+1}$.

45. a. 7 nós **b.** 15 nós **c.** $2^{k+1} - 1$

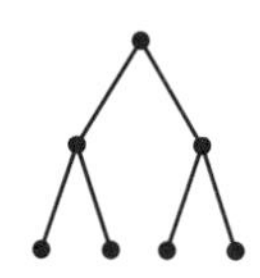

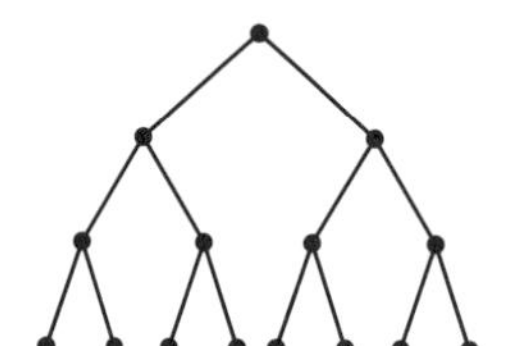

47. a. Em uma árvore binária cheia, todos os nós internos têm dois filhos, de modo que o número total de "nós filhos" é $2x$; o único nó "não filho" é a raiz, de modo que há um total de $2x + 1$ nós.

b. Do item (a), existem $2x + 1$ nós ao todo, dos quais *x* são internos, deixando $2x + 1 - x = x + 1$ folhas.

c. Considere uma árvore binária cheia com *n* nós; seja *x* o número de nós internos. Do item (a), $n = 2x + 1$. Logo $x = (n - 1)/2$. Do item (b), o número de folhas é $x + 1 = (n - 1)/2 + 1 = (n + 1)/2$.

49. Pelo Exercício 45, uma árvore cheia de altura $h - 1$ tem $2^h - 1$ nós. Quando $n = 2^h$, esse é o início do nível *h*. A altura *h* permanece a mesma até $n = 2^{h+1}$, quando é aumentada de 1. Portanto, para $2^h \le n < 2^{h+1}$, a altura da árvore permanece a mesma e é dada por $h = \lfloor \log n \rfloor$.

51. 2

53. a. Só existe uma árvore binária com um nó, logo $B(1) = 1$. Para uma árvore binária com *n* nós, $n > 1$, a "forma" da árvore é determinada pela "forma" das subárvores esquerda e direita; as duas subárvores têm um total de $n - 1$ nós. Suponha que a subárvore esquerda tem *k* nós; então a subárvore direita tem $n - 1 - k$ nós; *k* pode variar de 0 a $n - 1$. Para cada valor de *k*, existem $B(k)$ maneiras de formar a subárvore esquerda e $B(n - 1 - k)$ maneiras de formar a subárvore direita, logo, pelo princípio da multiplicação, existem $B(k)B(n - 1 - k)$ árvores diferentes.

b. $B(0) = 1, B(1) = 1, B(n) = \sum_{k=0}^{n-1} B(k)B(n - 1 - k), = \sum_{k=1}^{n} B(k - 1)B(n - k)$

que é igual à sequência de Catalan, logo, pelo Exercício 97 da Seção 4.4,

$$B(n) = \frac{1}{n + 1} C(2n, n)$$

c. $B(3) = 5$. As 5 árvores binárias distintas são

d. $B(6) = 132$

55.

57. **a.**

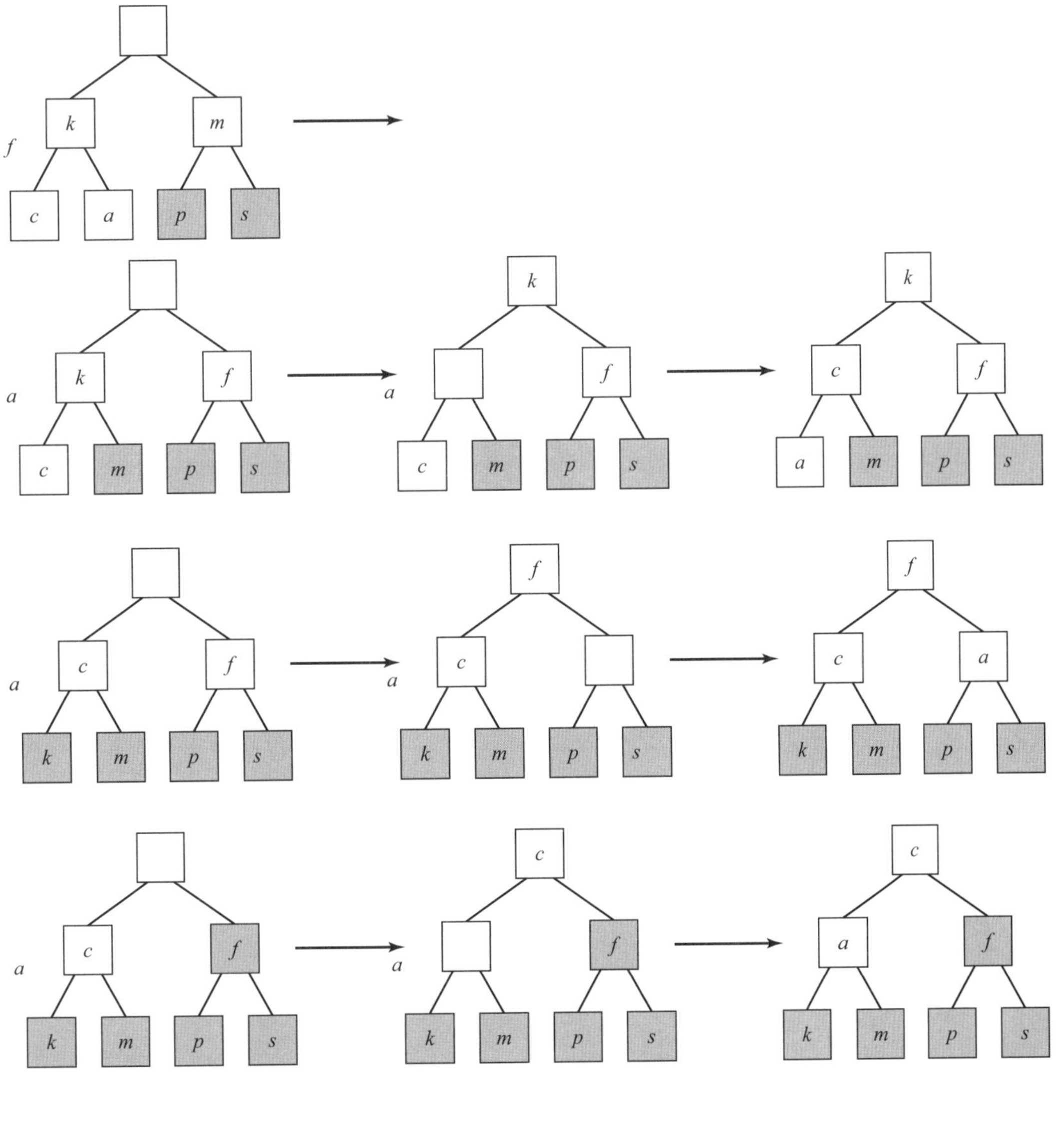

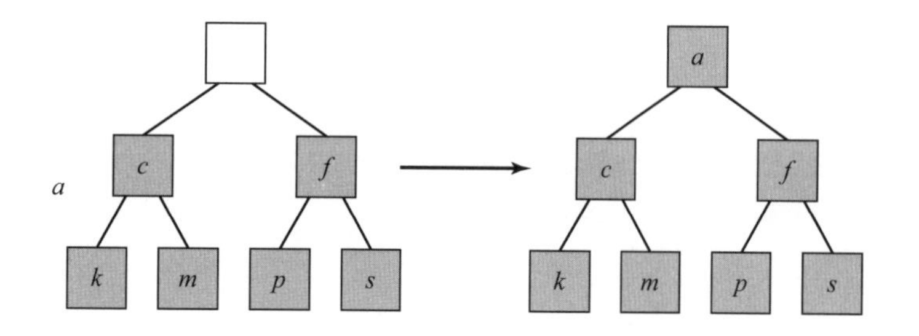

b. O array, quando arrumado em lote (mas ainda não ordenado), seria

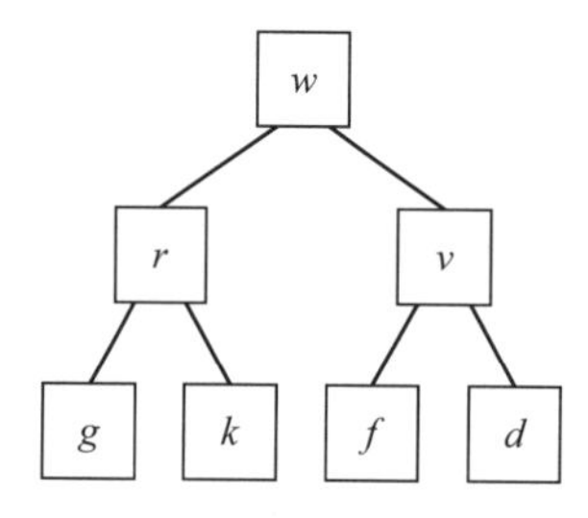

EXERCÍCIOS 6.3

1.

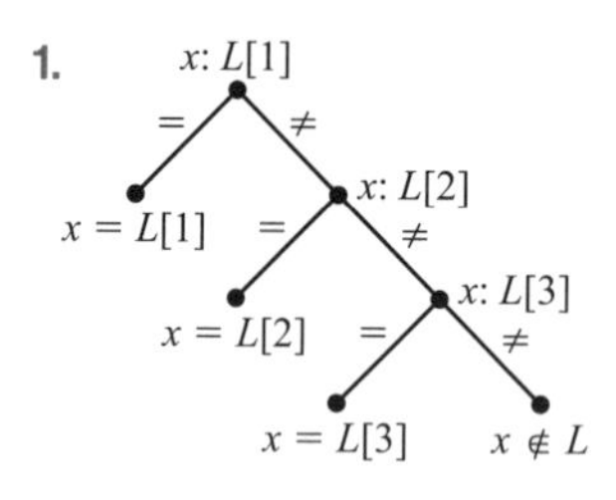

3.

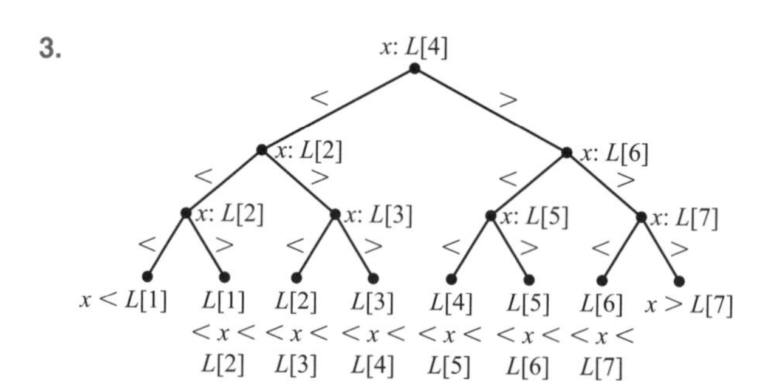

5.

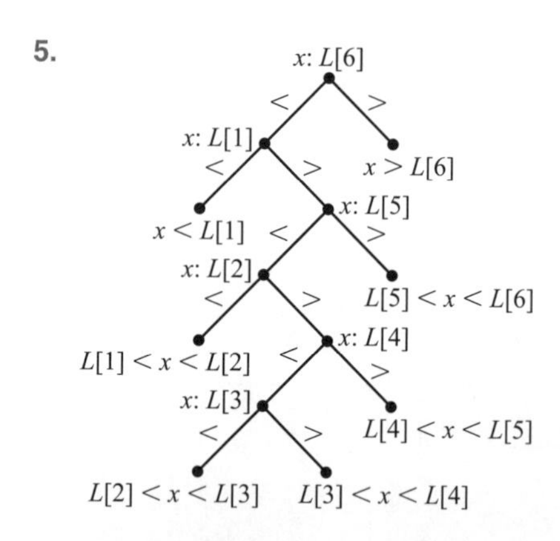

profundidade = 6; o algoritmo não é ótimo porque $6 > 1 + \lfloor \log 6 \rfloor = 3$

7. **a.**

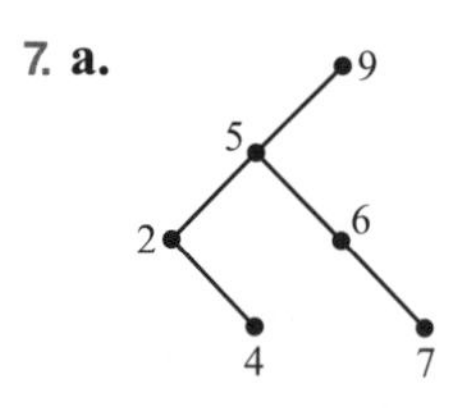

profundidade = $3 = 1 + \lfloor \log 7 \rfloor$

b. média $\cong 2{,}83$

9. **a.** 3 **b.** Por exemplo: g, d, a, k, i, s

11.

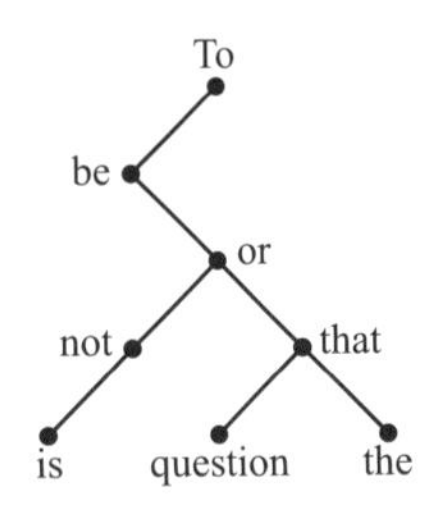

be is not or question that the To

13. **a.** 5 **b.** 16 **c.** 45

15. **a.** 5 **b.** 2 **c.** 1*L* ou 2*L* 1, 2:4, 5 4*L* ou 5*L*

1:2 3 4:5

1 *X* 2 4 *X* 5

17. **a.** 4 **b.** 2 **c.**

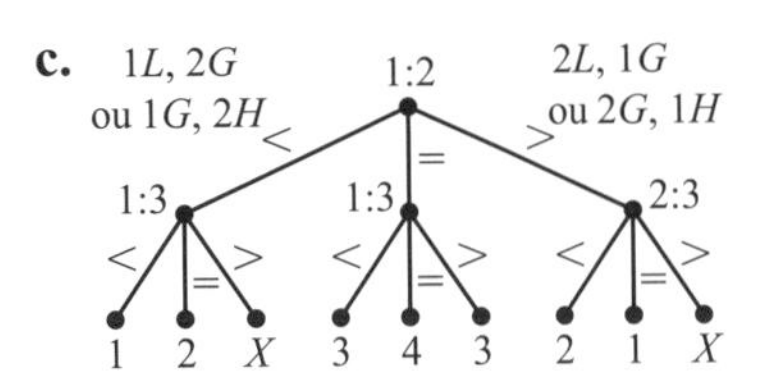

Este problema (já que não precisamos decidir se a moeda falsa é pesada demais ou leve demais) também pode ser feito com uma árvore binária de profundidade 2:

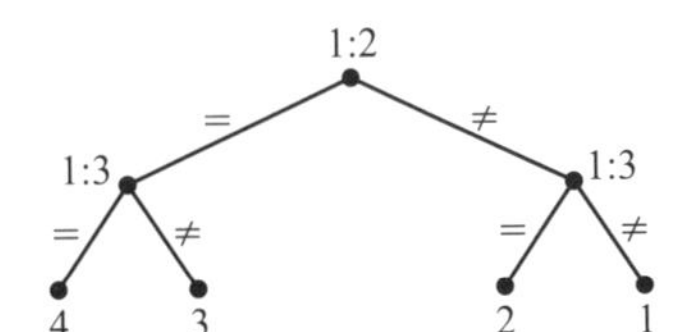

19.

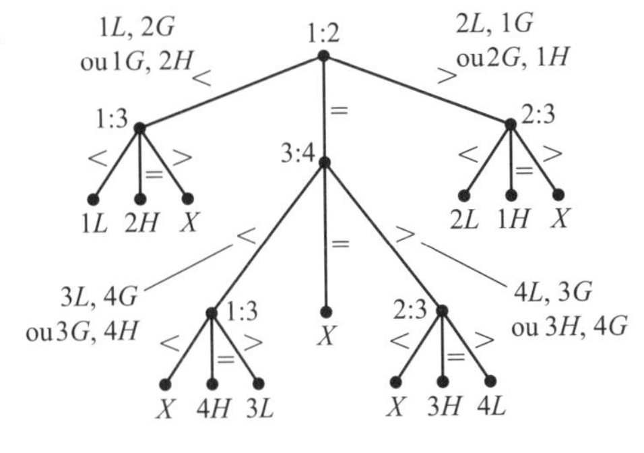

21. $2 * (1 + \lfloor \log n \rfloor)$.

23. **a.** $\log n! = \log[(n)(n-1)(n-2)\cdots(2)(1)] = \log n + \log(n-1) + \log(n-2) + \cdots + \log 2$
$\log 1 \leq \log n + \log n + \log n + \cdots + \log n$ para $n \geq 1 = n \log n$

b. $\log n! = \log[(n)(n-1)(n-2)\cdots(2)(1)] = \log n + \log(n-1) + \log(n-2) + \cdots + \log 2 +$
$\log 1 \geq \log n + \log(n-1) + \cdots + \log\lceil n/2 \rceil \geq \log\lceil n/2 \rceil + \log\lceil n/2 \rceil + \cdots + \log\lceil n/2 \rceil \geq \lceil n/2 \rceil$
$\log\lceil n/2 \rceil \geq \left(\frac{n}{2}\right)\log\left(\frac{n}{2}\right) = \left(\frac{n}{2}\right)(\log n - \log 2) = \left(\frac{n}{2}\right)(\log n - 1) = \left(\frac{n}{2}\right)\log n - \left(\frac{n}{2}\right) =$
$\left(\frac{n}{4}\right)\log n + \left(\frac{n}{4}\right)\log n - \left(\frac{n}{2}\right) = \left(\frac{n}{4}\right)\log n + \left(\frac{n}{4}\right)(\log n - 2) \geq \left(\frac{n}{4}\right)\log n$, pois
$\log n \geq 2$ para $n \geq 4$

EXERCÍCIOS 6.4

1. Não, pois o código para m, 01, é um prefixo do código para d, 011.

3. **a.** ooue **b.** iaou **c.** eee

5. **a.** (pw)a **b.** paw **c.** ((a))

7. a-0101, b-011, c-10, d-11

9. **a.**

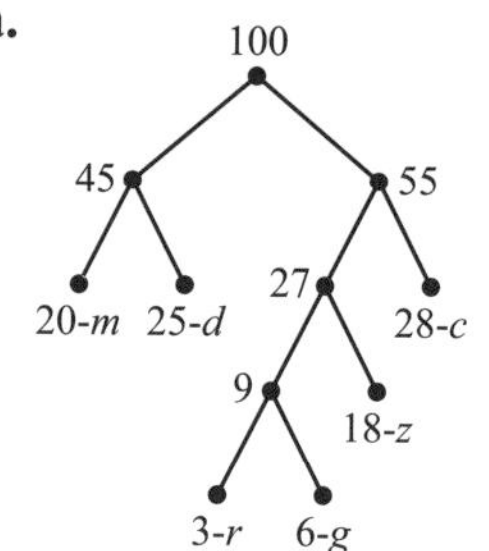

b. c-11, d-01, g-1001, m-00, r-1000, z-101

11. **a.**

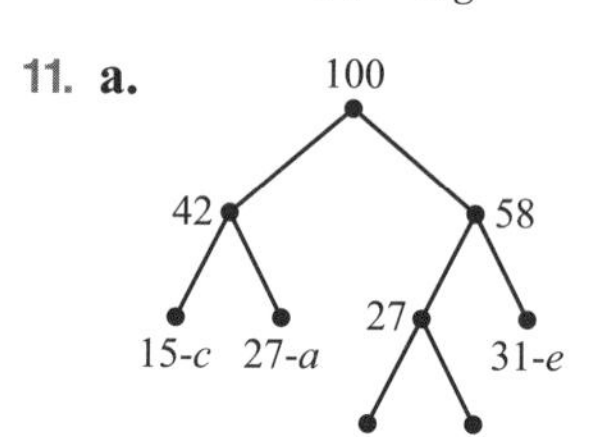

ou

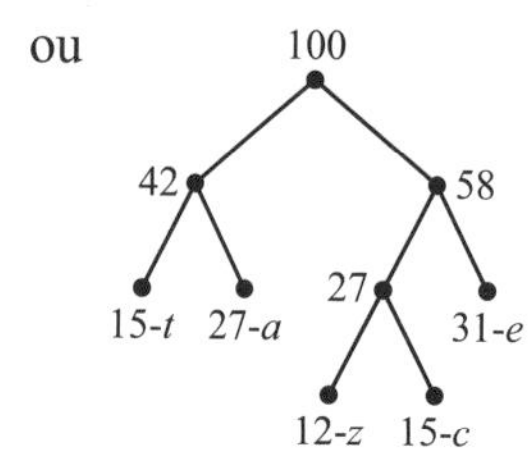

b.

a-01		a-01
z-100		z-100
t-101	ou	t-00
e-11		e-11
c-00		c-101

13. **a.**

b. 82-01
664-0001
327-001
349-11
423-10
389-0000

15. **a.** 85.000 bytes **b.** 34.000 bytes

17. Uma entre diversas possibilidades: s-000, h-001, a-01, t-100, c-101, e-11

19. **a.** Um código de Huffman possível é

B-110100	0-01	5-1000
C-11101	1-101	6-010
G-1101100	2-1001	7-1100
R-110101	3-011	8-110111
S-1101101	4-1111	9-11100

b. O novo arquivo usa cerca de 44% do espaço do arquivo original.

CAPÍTULO 7

EXERCÍCIOS 7.1

1. $\mathbf{A} = \begin{bmatrix} 1 & 0 & 0 \\ 1 & 0 & 1 \\ 0 & 1 & 0 \end{bmatrix}$

$\rho = \{(1, 1), (2, 1), (2, 3), (3, 2)\}$

3.

$\rho = \{(1, 4), (2, 5), (4, 2), (5, 3), (5, 4)\}$

5.

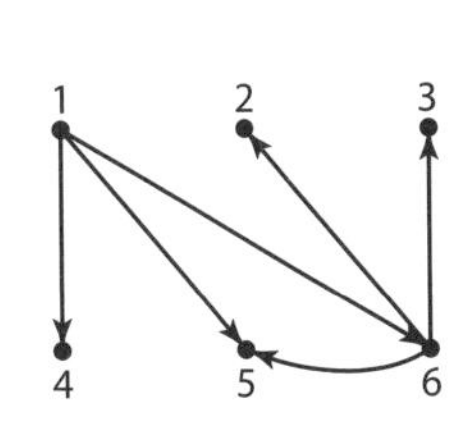

$$\mathbf{A} = \begin{bmatrix} 0 & 0 & 0 & 1 & 1 & 1 \\ 0 & 0 & 0 & 0 & 0 & 0 \\ 0 & 0 & 0 & 0 & 0 & 0 \\ 0 & 0 & 0 & 0 & 0 & 0 \\ 0 & 0 & 0 & 0 & 0 & 0 \\ 0 & 1 & 1 & 0 & 1 & 0 \end{bmatrix}$$

7.

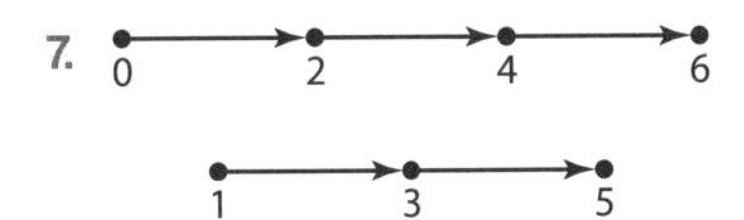

9. Para cada par de nós a e b, se existir um arco de a para b, então existirá um arco de b para a.

11. O grafo pode ser desenhado como uma “estrela” com o nó 1 no centro, ou seja, 1 é adjacente a todos os nós e todos os nós são adjacentes a 1, mas não existem outros nós adjacentes. Por exemplo, com $n = 5$:

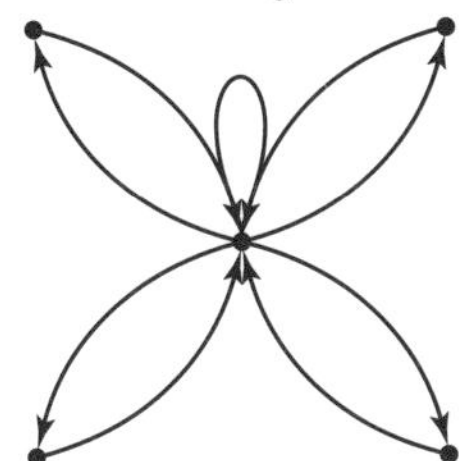

13. Nenhum nó tem um laço.

15. $\rho \cup \sigma: \begin{bmatrix} 1 & 0 & 1 \\ 1 & 1 & 1 \\ 0 & 0 & 1 \end{bmatrix}$ $\rho \cap \sigma: \begin{bmatrix} 1 & 0 & 0 \\ 1 & 0 & 0 \\ 0 & 0 & 1 \end{bmatrix}$

17.

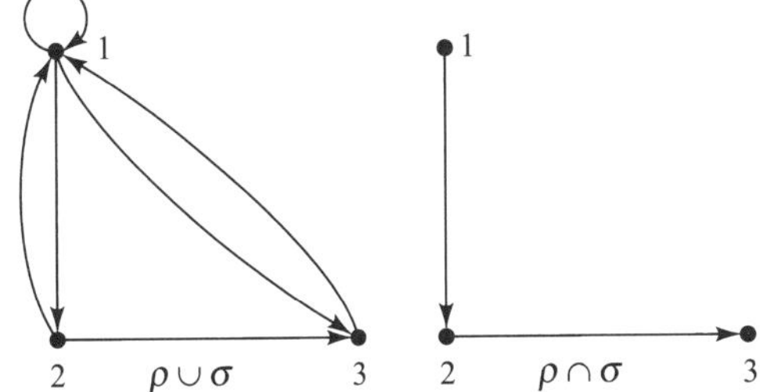

19. $\mathbf{A}^2 = \begin{bmatrix} 1 & 1 & 2 \\ 1 & 2 & 3 \\ 0 & 0 & 1 \end{bmatrix}$ $\mathbf{A}^{(2)} = \begin{bmatrix} 1 & 1 & 1 \\ 1 & 1 & 1 \\ 0 & 0 & 1 \end{bmatrix}$

21. **R** terá todos os elementos iguais a 1.

23. $\mathbf{R} = \begin{bmatrix} 1 & 1 & 1 & 1 \\ 1 & 1 & 1 & 1 \\ 1 & 1 & 1 & 1 \\ 0 & 0 & 0 & 0 \end{bmatrix}$

25. $\mathbf{R} = \begin{bmatrix} 1 & 0 & 0 \\ 1 & 1 & 1 \\ 1 & 1 & 1 \end{bmatrix}$

27. $\mathbf{R} = \begin{bmatrix} 0 & 1 & 1 & 1 & 1 \\ 0 & 1 & 1 & 1 & 1 \\ 0 & 0 & 0 & 0 & 0 \\ 0 & 1 & 1 & 1 & 1 \\ 0 & 1 & 1 & 1 & 1 \end{bmatrix}$

29. $\mathbf{R} = \begin{bmatrix} 0 & 1 & 1 & 1 & 1 & 1 \\ 0 & 0 & 0 & 0 & 0 & 0 \\ 0 & 0 & 0 & 0 & 0 & 0 \\ 0 & 0 & 0 & 0 & 0 & 0 \\ 0 & 0 & 0 & 0 & 0 & 0 \\ 0 & 1 & 1 & 0 & 1 & 0 \end{bmatrix}$

31. $\mathbf{R} = \begin{bmatrix} 1 & 0 & 0 \\ 1 & 1 & 1 \\ 1 & 1 & 1 \end{bmatrix}$

33. $\mathbf{R} = \begin{bmatrix} 0 & 1 & 1 & 1 & 1 \\ 0 & 1 & 1 & 1 & 1 \\ 0 & 0 & 0 & 0 & 0 \\ 0 & 1 & 1 & 1 & 1 \\ 0 & 1 & 1 & 1 & 1 \end{bmatrix}$

35. $\mathbf{R} = \begin{bmatrix} 0 & 1 & 1 & 1 & 1 & 1 \\ 0 & 0 & 0 & 0 & 0 & 0 \\ 0 & 0 & 0 & 0 & 0 & 0 \\ 0 & 0 & 0 & 0 & 0 & 0 \\ 0 & 0 & 0 & 0 & 0 & 0 \\ 0 & 1 & 1 & 0 & 1 & 0 \end{bmatrix}$

37. Fecho transitivo = {(1, 2), (1, 3), (2, 2), (2, 3), (3, 2), (3, 3)}

39. **a.** Acrescente (2, 1) e (3, 2) a ρ para obter o fecho transitivo.
b. ρ é seu próprio fecho transitivo.
c. Acrescente (1, 1), (2, 1), (2, 2), (3, 3) a ρ para obter o fecho transitivo.
d. ρ é seu próprio fecho transitivo.

41.

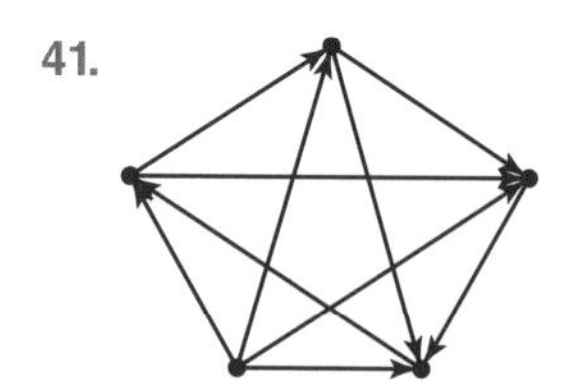

43. $\mathbf{A}^2[i,j] = \sum_{k=1}^{n} a_{ik}a_{kj}$. Se uma parcela nessa soma, como $a_{i2}a_{2j}$, for nula, então $a_{i2} = 0$ ou $a_{2j} = 0$ (ou ambos) e ou não existirá um caminho de comprimento 1 de n_i para n_2 ou não existirá um caminho de comprimento 1 de n_2 para n_j (ou ambos). Portanto, não existirá caminho de comprimento 2 de n_i para n_j passando por n_2. Se $a_{i2}a_{2j} \neq 0$, então $a_{i2} = p$ e $a_{2j} = q$, em que p e q são inteiros positivos. Então existirão p caminhos de comprimento 1 de n_i para n_2 e existirão q caminhos de comprimento 1 de n_2 para n_j. Pelo princípio da multiplicação, existirão pq caminhos de comprimento 2 de n_i para n_j passando por n_2. Pelo princípio da adição, a soma de todos esses termos fornece todos os caminhos possíveis de comprimento 2 de n_i para n_j.

45. 3; $\mathbf{A}^2 = \begin{bmatrix} 0 & 0 & 3 & 0 \\ 0 & 0 & 0 & 0 \\ 0 & 0 & 0 & 0 \\ 0 & 0 & 0 & 0 \end{bmatrix}$

EXERCÍCIOS 7.2

1. Não, quatro nós de grau 3
3. Não tem nós de grau ímpar, logo sim; tal caminho pode começar em qualquer nó e terminará lá. Por exemplo, 1-2-6-3-1-4-6-5-1
5. Não, quatro nós de grau ímpar
7. Dois nós de grau ímpar, 1 e 3, logo sim; tal caminho tem que começar em um desses nós e terminar no outro. Por exemplo, 1-4-5-1-2-5-6-2-3-6-7-3
9. Não, seis nós de grau ímpar
11. Não, quatro nós de grau ímpar

13. $\begin{bmatrix} 0 & 1 & 1 & 1 & 1 & 0 \\ 1 & 0 & 0 & 0 & 0 & 1 \\ 1 & 0 & 0 & 0 & 0 & 1 \\ 1 & 0 & 0 & 0 & 0 & 1 \\ 1 & 0 & 0 & 0 & 0 & 1 \\ 0 & 1 & 1 & 1 & 1 & 0 \end{bmatrix}$

O *total* depois da linha 2 é 0

15. $\begin{bmatrix} 0 & 1 & 0 & 1 & 1 & 0 & 0 \\ 1 & 0 & 1 & 0 & 1 & 1 & 0 \\ 0 & 1 & 0 & 0 & 0 & 1 & 1 \\ 1 & 0 & 0 & 0 & 1 & 0 & 0 \\ 1 & 1 & 0 & 1 & 0 & 1 & 0 \\ 0 & 1 & 1 & 0 & 1 & 0 & 1 \\ 0 & 0 & 1 & 0 & 0 & 1 & 0 \end{bmatrix}$

$i = 8$

17. Um grafo direcionado conexo terá um caminho de Euler se e somente se (a) todos os nós tiverem grau de saída igual ao grau de entrada ou (b) um nó, n_p, tiver grau de saída igual ao grau de entrada mais um e outro nó, n_q, tiver grau de entrada igual ao grau de saída mais um.
19. Todos os nós têm grau de entrada igual ao grau de saída, logo existe um caminho de um nó arbitrário para ele mesmo. Por exemplo, 2-4-2-3-1-2.
21. Não
23. Sim; por exemplo 1-4-2-6-3-5-1
25. Sim; por exemplo 1-2-3-7-6-5-4-1
27. Sim; por exemplo 6-5-8-7-3-4-1-2-6
29. Dois nós quaisquer têm que pertencer ao circuito hamiltoniano; portanto, existe um caminho entre eles, a saber, a parte do circuito entre eles.
31. **a.** $(n-1)^n$ **b.** $(n-1)(n-2)^{n-1}$ **c.** $(n-1)!$ **d.** 14! segundos ou aproximadamente 24,22 horas
33. **a.** $n = 2$ ou n = qualquer número ímpar. **b.** $n > 2$.
35. Tal grafo é uma cadeia, logo basta escolher um nó e caminhar ao longo da cadeia de volta para o nó inicial.
37. **a.** Considere cada nó de G, um de cada vez. Em cada nó, acrescente o maior número de arcos novos possíveis sem criar um circuito. Esse processo termina porque o grafo completo com n nós conteria um circuito.
    b. H não é um grafo completo, ou conteria um circuito hamiltoniano. Logo devem existir dois nós p e q que não são adjacentes em H, mas acrescentar um arco p-q completaria um circuito hamiltoniano. Portanto, existe um caminho hamiltoniano que começa no nó p e termina no nó q.
    c. Se ambos esses arcos existirem em H, então H terá um circuito hamiltoniano: $x_i, p, x_2, x_3, \ldots, x_{i-1}, q, x_{n-1}, x_{n-2}, \ldots, x_i$
    d. Os nós p e q não são adjacentes (caso contrário, existiria um circuito hamiltoniano), logo os únicos nós que podem ser adjacentes a p ou q (com um arco no máximo) são os $n-2$ nós x_i, $2 \leq i \leq n-1$. Do item (c), para cada um dos nós x_i, se p for adjacente a x_i, então q não será adjacente a x_{i-1}, logo a soma dos graus dos dois nós não pode ser maior do que $n-2$.
    e. H foi construído adicionando-se arcos a G, logo, para qualquer nó, seu grau em G é $\leq$ seu grau em H. Usando esse fato junto com o resultado do item (d), segue que grau(p) + grau(q) $< n$ em G.
    f. Os nós p e q não são adjacentes, mas grau(p) + grau(q) $< n$. Isso contradiz a condição (2), logo a hipótese de que G não tem um circuito hamiltoniano é falsa.

EXERCÍCIOS 7.3

1. $IN = \{2\}$

	1	2	3	4	5	6	7	8
d	3	0	2	∞	∞	∞	1	∞
s	2	–	2	2	2	2	2	2

$p = 7$, $IN = \{2, 7\}$

	1	2	3	4	5	6	7	8
d	3	0	2	∞	∞	6	1	2
s	2	–	2	2	2	7	2	7

$p = 3$, $IN = \{2, 7, 3\}$

	1	2	3	4	5	6	7	8
d	3	0	2	3	∞	6	1	2
s	2	–	2	3	2	7	2	7

$p = 8$, $IN = \{2, 7, 3, 8\}$

	1	2	3	4	5	6	7	8
d	3	0	2	3	3	6	1	2
s	2	–	2	3	8	7	2	7

$p = 5$, $IN = \{2, 7, 3, 8, 5\}$

	1	2	3	4	5	6	7	8
d	3	0	2	3	3	6	1	2
s	2	–	2	3	8	7	2	7

caminho: 2, 7, 8, 5 distância = 3

3. $IN = \{1\}$

	1	2	3	4	5	6	7	8
d	0	3	5	∞	8	1	∞	∞
s	–	1	1	1	1	1	1	1

$p = 3$, $IN = \{1, 6, 2, 7, 3\}$

	1	2	3	4	5	6	7	8
d	0	3	5	6	7	1	4	5
s	–	1	1	3	6	1	2	7

$p = 6, IN = \{1, 6\}$

	1	2	3	4	5	6	7	8
d	0	3	5	∞	7	1	6	∞
s	–	1	1	1	6	1	6	1

$p = 2, IN = \{1, 6, 2\}$

	1	2	3	4	5	6	7	8
d	0	3	5	∞	7	1	4	∞
s	–	1	1	1	6	1	2	1

$p = 7, IN = \{1, 6, 2, 7\}$

	1	2	3	4	5	6	7	8
d	0	3	5	∞	7	1	4	5
s	–	1	1	1	6	1	2	7

$p = 8, IN = \{1, 6, 2, 7, 3, 8\}$

	1	2	3	4	5	6	7	8
d	0	3	5	6	6	1	4	5
s	–	1	1	3	8	1	2	7

$p = 5, IN = \{1, 6, 2, 7, 3, 8, 5\}$

	1	2	3	4	5	6	7	8
d	0	3	5	6	6	1	4	5
s	–	1	1	3	8	1	2	7

caminho: 1, 2, 7, 8, 5 distância = 6

5. $IN = \{a\}$

	a	*b*	*c*	*d*	*e*	*f*
d	0	1	3	∞	∞	∞
s	–	a	a	a	a	a

$p = b, IN = \{a, b\}$

	a	*b*	*c*	*d*	*e*	*f*
d	0	1	2	∞	∞	2
s	–	a	b	a	a	b

$p = c, IN = \{a, b, c\}$

	a	*b*	*c*	*d*	*e*	*f*
d	0	1	2	4	6	2
s	–	a	b	c	c	b

$p = f, IN = \{a, b, c, f\}$

	a	*b*	*c*	*d*	*e*	*f*
d	0	1	2	4	3	2
s	–	a	b	c	f	b

$p = e, IN = \{a, b, c, f, e\}$

	a	*b*	*c*	*d*	*e*	*f*
d	0	1	2	4	3	2
s	–	a	b	c	f	b

caminho: a, b, f, e distância = 3

7. $IN = \{1\}$

	1	2	3	4	5	6	7
d	0	2	∞	∞	3	2	∞
s	–	1	1	1	1	1	1

$p = 2, IN = \{1, 2\}$

	1	2	3	4	5	6	7
d	0	2	3	∞	3	2	∞
s	–	1	2	1	1	1	1

$p = 6, IN = \{1, 2, 6\}$

	1	2	3	4	5	6	7
d	0	2	3	∞	3	2	5
s	–	1	2	1	1	1	6

$p = 3, IN = \{1, 2, 6, 3\}$

	1	2	3	4	5	6	7
d	0	2	3	4	3	2	5
s	–	1	2	3	1	1	6

$p = 5, IN = \{1, 2, 6, 3, 5\}$

	1	2	3	4	5	6	7
d	0	2	3	4	3	2	5
s	–	1	2	3	1	1	6

$p = 4, IN = \{1, 2, 6, 3, 5, 4\}$

	1	2	3	4	5	6	7
d	0	2	3	4	3	2	5
s	–	1	2	3	1	1	6

$p = 7, IN = \{1, 2, 6, 3, 5, 4, 7\}$

	1	2	3	4	5	6	7
d	0	2	3	4	3	2	5
s	–	1	2	3	1	1	6

caminho: 1, 6, 7 distância = 5

9. **a.** Mude a condição no laço de enquanto para continuar até todos os nós estarem em IN. Além disso, em vez de escrever um caminho mais curto particular, torne d e s parâmetros de saída contendo a informação sobre caminhos mais curtos e suas distâncias.

b. Não

11.

	1	**2**	**3**	**4**	**5**	**6**	**7**	**8**
d	3	0	2	∞	∞	∞	1	∞
s	2	–	2	2	2	2	2	2

(1)

	1	**2**	**3**	**4**	**5**	**6**	**7**	**8**
d	3	0	2	3	11	4	1	2
s	2	–	2	3	1	1	2	7

(2)

	1	**2**	**3**	**4**	**5**	**6**	**7**	**8**
d	3	0	2	3	3	4	1	2
s	2	–	2	3	8	1	2	7

(3)

Não há outras mudanças em d ou s. Está de acordo com o Exercício 1 para o caminho de 2 para 5.

13.

	1	**2**	**3**	**4**	**5**	**6**	**7**
d	0	2	∞	∞	3	2	∞
s	–	1	1	1	1	1	1

(1)

	1	**2**	**3**	**4**	**5**	**6**	**7**
d	0	2	3	∞	3	2	5
s	–	1	2	1	1	1	6

(2)

	1	**2**	**3**	**4**	**5**	**6**	**7**
d	0	2	3	4	3	2	5
s	–	1	2	3	1	1	6

(3)

Não há outras mudanças em d ou s. Está de acordo com o Exercício 7 para o caminho de 1 a 7.

15. **A** inicial e depois de $k = x$:

	x	1	2	3	y
x	0	1	∞	4	∞
1	1	0	3	1	5
2	∞	3	0	2	2
3	4	1	2	0	3
y	∞	5	2	3	0

depois de $k = 1$ e $k = 2$:

	x	1	2	3	y
x	0	1	4	2	6
1	1	0	3	1	5
2	4	3	0	2	2
3	2	1	2	0	3
y	6	5	2	3	0

depois de $k = 3$ e $k = y$:

	x	1	2	3	y
x	0	1	4	2	5
1	1	0	3	1	4
2	4	3	0	2	2
3	2	1	2	0	3
y	5	4	2	3	0

17. IN = {1, 6, 2, 7, 8, 5, 3, 4}

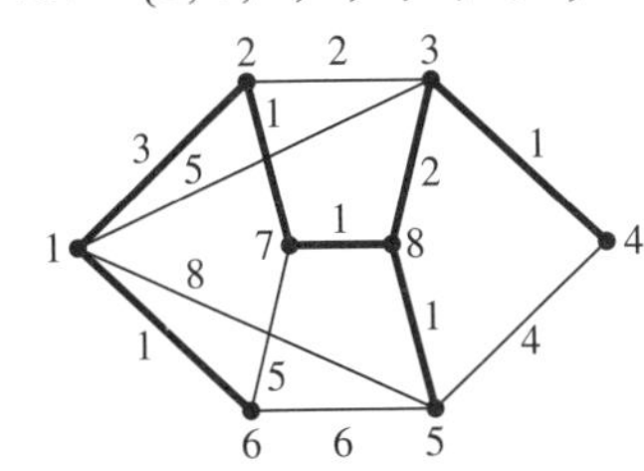

19. IN = {1, 4, 7, 3, 6, 5, 2, 8}

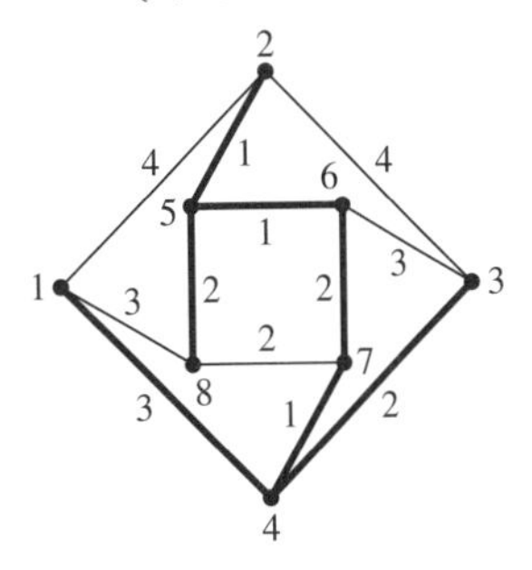

21. Por exemplo,

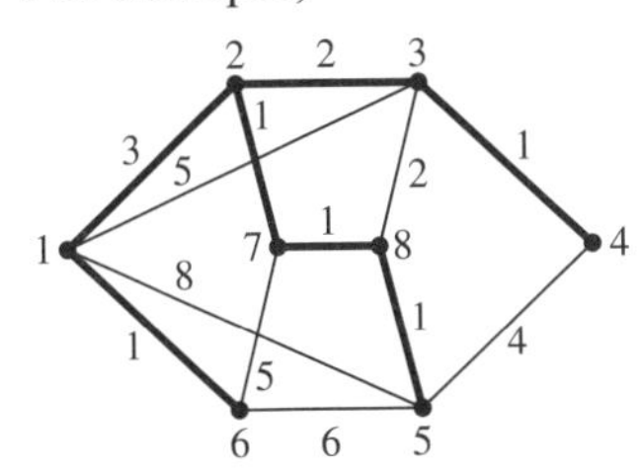

23. Por exemplo,

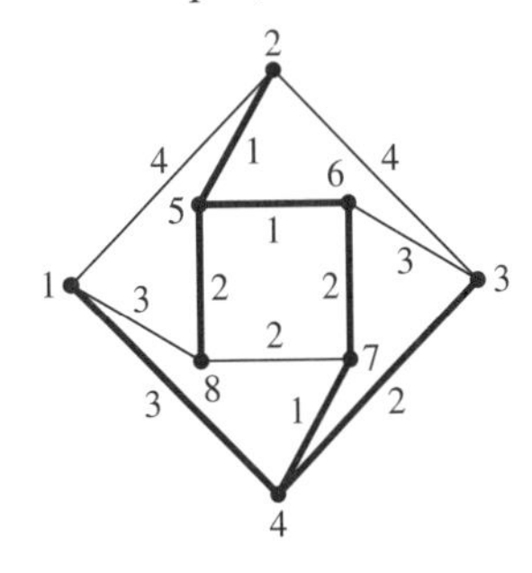

25.

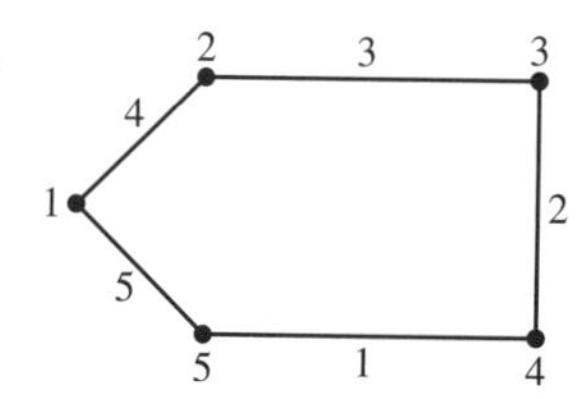

O caminho mais curto de 1 para 5 é 1-5 com distância 5. Se o algoritmo adicionasse o nó mais próximo a IN em cada passo, escolheria o caminho 1-2-3-4-5 com distância 10.

27.

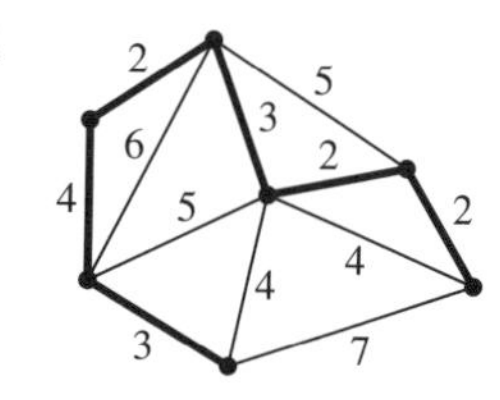

A solução é encontrar uma árvore geradora mínima para o grafo, como ilustrado aqui.

29. O algoritmo de Dijkstra é $\Theta(n^2)$ no pior caso, que é quando todos os nós são colocados em IN. Isso ocorre para encontrar a distância do nó inicial a qualquer outro nó. Repetir esse processo com todos os n nós como nó inicial, um de cada vez, resultaria em um algoritmo de ordem $n\Theta(n^2) = \Theta(n^3)$. O algoritmo de Floyd é claramente $\Theta(n^3)$ por causa dos laços encaixados de **para**. Logo, os algoritmos têm a mesma ordem de grandeza. Embora o algoritmo de Floyd tenha a vantagem da simplicidade de código, tem a grande desvantagem de que não fornece os caminhos mais curtos.

EXERCÍCIOS 7.4

1. *a b c e f d h g j i*

3. *d a b c e f h g j i*

5. *e b a c f d h g j i*

7. *a b c f j g d e h k i*

9. *f c a b d e h k i g j*

11. *a b c d e g f h j i*

13. *d a f b c e h g i j*

15. *e b c f g a d h j i*

17. *a b c d e f g h i j k*

19. *f c j a b g d e h i k*

21. *a b c e g d f h*

23. *f b*

25. *a b c d e g h f*

27. *f b*

29.

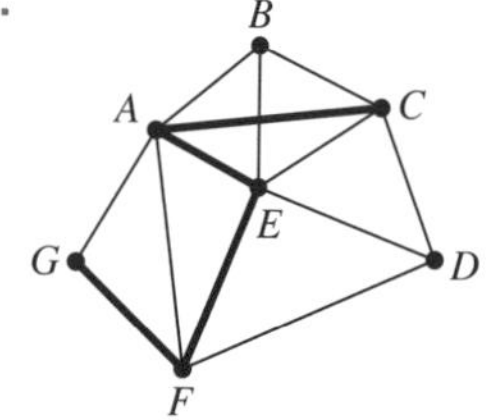

31. Comece uma busca em profundidade no nó *a*: *a c f g e b d*

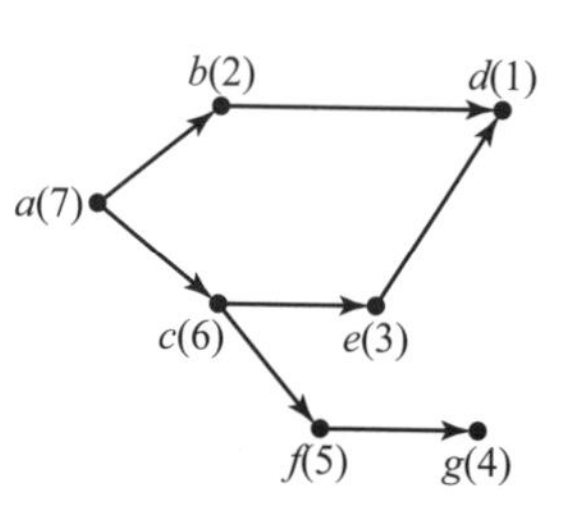

33. Uma pilha seria uma boa estrutura de dados por causa da recorrência.

35. Suponha que a busca em profundidade visitou o nó *x* e se moveu para visitar o nó *y*. O algoritmo procura nós adjacentes a *y* que ainda não tenham sido visitados. Se um nó já visitado (diferente de *x*, o "pai" de *y*) está na lista de adjacência de *y*, então o grafo contém um ciclo. Por exemplo, na Figura 7.13, quando o algoritmo recursivo é chamado de nó *g*, o nó *d* já foi visitado anteriormente, é adjacente a *g* mas não é o nó pai de *g* (que é *f*). Dessa forma, o ciclo *d-g-f-d* é detectado.

EXERCÍCIOS 7.5

1.

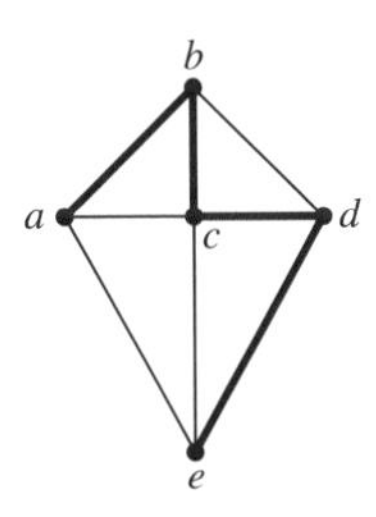

arcos de trás: a–c, a–e, b–d, c–e

3.

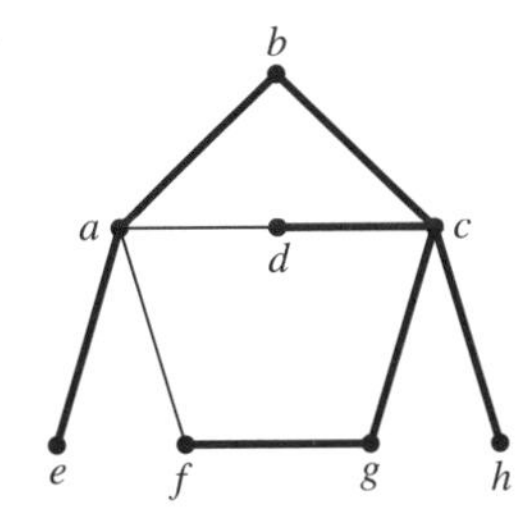

arcos de trás: a–d, a–f

5.

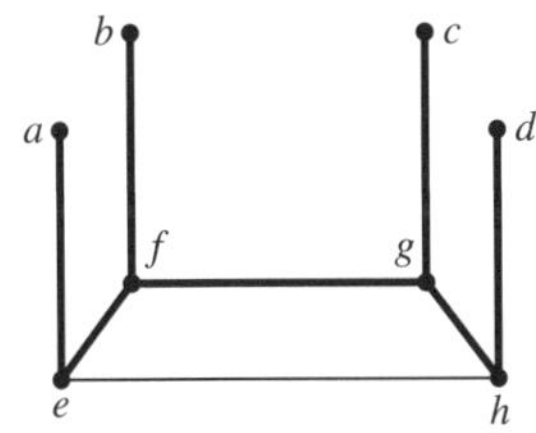

arcos de trás: e–h

7.

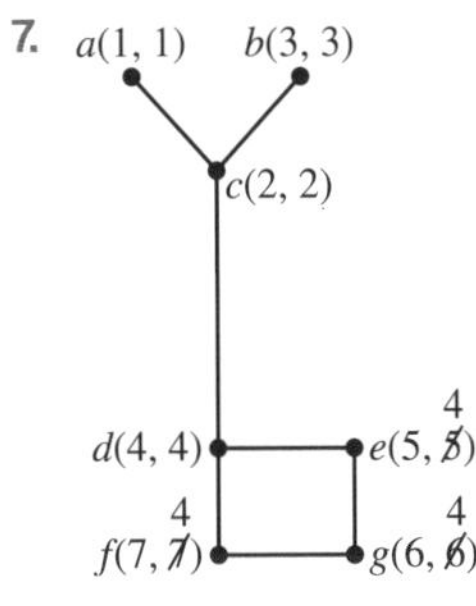

pontos de articulação: c, d

componentes biconexas

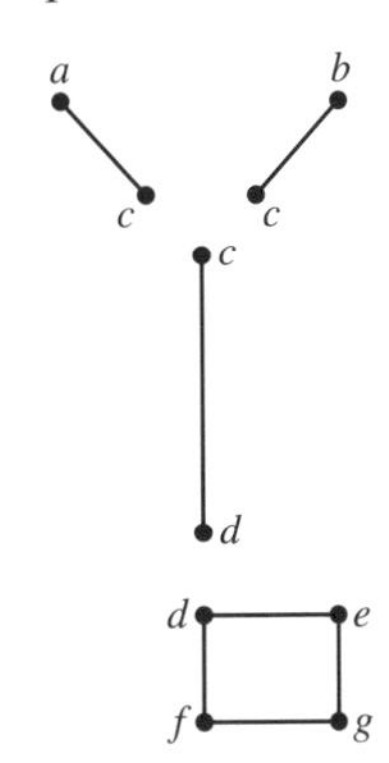

9.

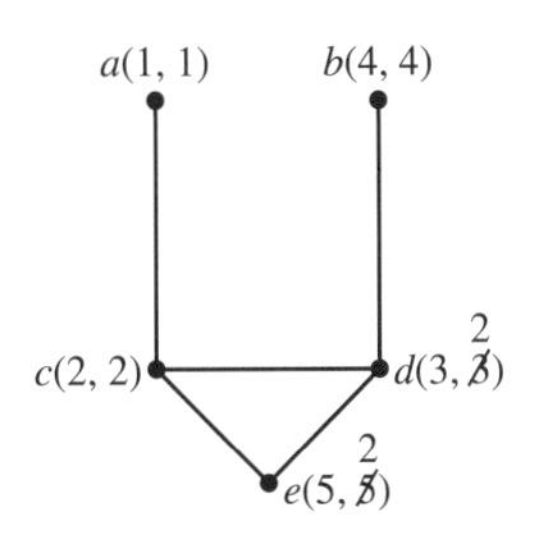

pontos de articulação: c, d

componentes biconexas

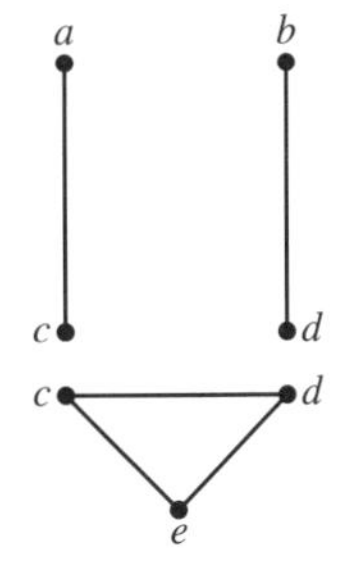

11.

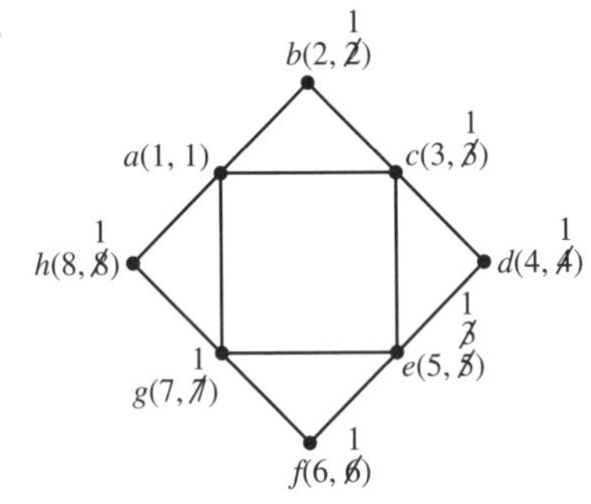

pontos de articulação: nenhum

componentes biconexas

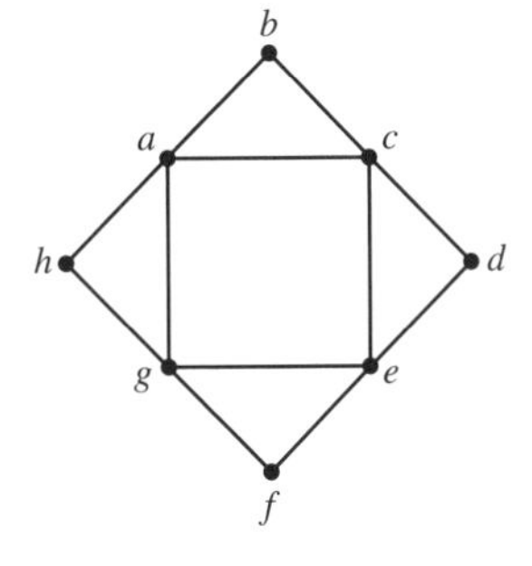

CAPÍTULO 8

EXERCÍCIOS 8.1

1.

+	0	1	a	a′
0	0	1	a	a′
1	1	1	1	1
a	a	1	a	1
a′	a′	1	1	a′

·	0	1	a	a′
0	0	0	0	0
1	0	1	a	a′
a	0	a	a	0
a′	0	a′	0	a′

3. **a.** máx(x, y) = máx(y, x), mín(x, y) = mín(y, x), máx(máx$(x, y), z)$ = máx$(x$, máx$(y, z))$ = máx(x, y, z), mín(mín$(x, y), z)$ = mín$(x$, mín$(y, z))$ = mín(x, y, z), máx$(x$, mín$(y, z))$ = mín(máx(x, y), máx$(x, z))$, mín$(x$, máx$(y, z))$ = máx(mín(x, y), mín$(x, z))$. As duas últimas igualdades podem ser demonstradas separando-se em casos: $x < y < z$, $y < x < z$, etc.
   b. Seja m o elemento 0. Então temos que ter máx$(x, m) = x$ para todo $x \in \mathbb{Z}$. Mas, para $x = m - 1$, máx$(x, m) = m$.

5. **a.** 16
   b.

$(f_1 + f_2)(0, 0) = 1$ $\quad(f_1 \cdot f_2)(0, 0) = 1$ $\quad f_1'(0, 0) = 0$
$(f_1 + f_2)(0, 1) = 1$ $\quad(f_1 \cdot f_2)(0, 1) = 0$ $\quad f_1'(0, 1) = 1$
$(f_1 + f_2)(1, 0) = 1$ $\quad(f_1 \cdot f_2)(1, 0) = 0$ $\quad f_1'(1, 0) = 0$
$(f_1 + f_2)(1, 1) = 0$ $\quad(f_1 \cdot f_2)(1, 1) = 0$ $\quad f_1'(1, 1) = 1$

   c. + e · são operações binárias em B, ′ é uma operação unária em B. Máx e mín são operações comutativas e associativas; a distributividade segue considerando casos diferentes para os valores de $f_1(x, y)$, $f_2(x, y)$ e $f_3(x, y)$ para $(x, y) \in S^2$ fixo. Para qualquer f em B e (x, y) em S^2, $(f + 0)(x, y)$ = máx$(f(x, y), 0(x, y))$ = máx$(f(x, y), 0) = f(x, y)$ e $(f \cdot 1)(x, y)$ = mín$(f(x, y), 1(x, y))$ = mín$(f(x, y), 1) = f(x, y)$. Além disso, $(f + f')(x, y)$ = máx$(f(x, y), f'(x, y))$ = 1 e $(f \cdot f')(x, y)$ = mín$(f(x, y), f'(x, y)) = 0$, já que um valor do par $(f(x, y), f'(x, y))$ é 1 e o outro é 0.

7. Mostre que x age como o complementar de x', ou seja, que satisfaz as propriedades 5a e 5b em relação a x'.

$x' + x = x + x'$ (1a)
$\quad = 1$ (5a)

e

$x' \cdot x = x \cdot x'$ (1b)
$\quad = 0$ (5b)

Portanto, $x = (x')'$ pelo teorema sobre a unicidade do complementar.

9. **a.** $x + (x \cdot y)$
$= x \cdot 1 + x \cdot y$ (4b)
$= x(1 + y)$ (3b)
$= x(y + 1)$ (1a)
$= x \cdot 1$ (limitação universal)
$= x$ (4b)

$x \cdot (x + y) = x$ por dualidade

   b. $x \cdot [y + (x \cdot z)]$
$= x \cdot y + x \cdot (x \cdot z)$ (3b)
$= x \cdot y + (x \cdot x) \cdot z$ (2b)
$= x \cdot y + x \cdot z$ (dual de idempotência)

$x + [y \cdot (x + z)] = (x + y) \cdot (x + z)$ por dualidade

   c. $(x + y) \cdot (x' + y)$
$= (y + x) \cdot (y + x')$ (1a)
$= y + (x \cdot x')$ (3a)
$= y + 0$ (5b)
$= y$ (4a)

$(x \cdot y) + (x' \cdot y) = y$ por dualidade

d. $(x + (y \cdot z))'$

$= x' \cdot (y \cdot z)'$	(Lei de De Morgan)
$= x' \cdot (y' + z')$	(Lei de De Morgan)
$= x' \cdot y' + x' \cdot z'$	(3b)

$(x \cdot (y + z))' = (x' + y') \cdot (x' + z')$ por dualidade

e. $(x + y) \cdot (x + 1)$

$= (x + y) \cdot x + (x + y) \cdot 1$	(3b)
$= x \cdot (x + y) + (x + y) \cdot 1$	(1b)
$= (x \cdot x) + (x \cdot y) + (x + y) \cdot 1$	(3b)
$= x + (x \cdot y) + (x + y) \cdot 1$	(dual de idempotência)
$= x + (x \cdot y) + (x + y)$	(4b)
$= (x \cdot y) + x + (x + y)$	(1a)
$= (x \cdot y) + (x + x) + y$	(2a)
$= (x \cdot y) + x + y$	(idempotência)
$= x + (x \cdot y) + y$	(1a)

$(x \cdot y) + (x \cdot 0) = x \cdot (x + y) \cdot y$ por dualidade

11. a. $x + (x' \cdot y + x \cdot y)'$

$= x + (y \cdot x' + y \cdot x)'$	(1b)
$= x + (y \cdot (x' + x))'$	(3b)
$= x + (y \cdot (x + x'))'$	(1a)
$= x + (y \cdot 1)'$	(5a)
$= x + y'$	(4b)

b. $((x \cdot y) \cdot z) + (y \cdot z)$

$= (x \cdot (y \cdot z)) + (y \cdot z)$	(2b)
$= ((y \cdot z) \cdot x) + y \cdot z$	(1b)
$= ((y \cdot z) \cdot x) + (y \cdot z) \cdot 1$	(4b)
$= (y \cdot z) \cdot (x + 1)$	(3b)
$= (y \cdot z) \cdot 1$	(limitação universal)
$= y \cdot z$	(4b)

c. $x \cdot y + y \cdot x'$

$= y \cdot x + y \cdot x'$	(1b)
$= y \cdot (x + x')$	(3b)
$= y \cdot 1$	(5a)
$= y \cdot (x + 1)$	(limitação universal)
$= y \cdot x + y \cdot 1$	(3b)
$= y \cdot x + y$	(4b)
$= x \cdot y + y$	(1b)

d. $(x + y)' \cdot z + x' \cdot z \cdot y$

$= x' \cdot y' \cdot z + x' \cdot z \cdot y$	(Lei de De Morgan)
$= x' \cdot z \cdot y' + x' \cdot z \cdot y$	(1b)
$= x' \cdot z \cdot (y' + y)$	(3b)
$= x' \cdot z \cdot (y + y')$	(1a)
$= x' \cdot z \cdot 1$	(5a)
$= x' \cdot z$	(4b)

e.

$(x \cdot y') + (y \cdot z') + (x' \cdot z) = (x \cdot y') \cdot 1 + (y \cdot z') \cdot 1 + (x' \cdot z) \cdot 1$	(4b)
$= (x \cdot y') \cdot (z + z') + (y \cdot z') \cdot (x + x') + (x' \cdot z) \cdot (y + y')$	(5a)
$= x \cdot y' \cdot z + x \cdot y' \cdot z' + y \cdot z' \cdot x + y \cdot z' \cdot x' + x' \cdot z \cdot y + x' \cdot z \cdot y'$	(3b)
$= x \cdot y' \cdot z + x' \cdot z \cdot y' + y \cdot z' \cdot x + x \cdot y' \cdot z' + x' \cdot z \cdot y + y \cdot z' \cdot x'$	(1a)
$= y' \cdot z \cdot x + y' \cdot z \cdot x' + x \cdot z' \cdot y + x \cdot z' \cdot y' + x' \cdot y \cdot z + x' \cdot y \cdot z'$	(1b)
$= (y' \cdot z) \cdot (x + x') + (x \cdot z') \cdot (y + y') + (x' \cdot y) \cdot (z + z')$	(3b)
$= (y' \cdot z) \cdot 1 + (x \cdot z') \cdot 1 + (x' \cdot y) \cdot 1$	(5a)
$= (y' \cdot z) + (x \cdot z') + (x' \cdot y)$	(4b)
$= (x' \cdot y) + (y' \cdot z) + (x \cdot z')$	(1a)

13. Este é um problema do tipo “se e somente se”, logo há duas coisas a serem demonstradas.

a. Seja $x = 0$. Então

$$
\begin{aligned}
x \cdot y' + x' \cdot y &= 0 \cdot y' + x' \cdot y && (x = 0)\\
&= y' \cdot 0 + x' \cdot y && \text{(1b)}\\
&= 0 + x' \cdot y && \text{(dual da limitação universal)}\\
&= x' \cdot y + 0 && \text{(1a)}\\
&= x' \cdot y && \text{(4a)}\\
&= 1 \cdot y && \text{(Problema Prático 4)}\\
&= y \cdot 1 && \text{(1b)}\\
&= y && \text{(4b)}
\end{aligned}
$$

b. Seja $x \cdot y' + x' \cdot y = y$. Então

$$
\begin{aligned}
x \cdot x' + x' \cdot x &= x && \text{(fazendo } y \text{ na hipótese assumir o valor } x\text{)}\\
x \cdot x' + x \cdot x' &= x && \text{(1b)}\\
0 + 0 &= x && \text{(5b)}\\
0 &= x && \text{(4a)}
\end{aligned}
$$

15. a. $x \oplus y$

$$
\begin{aligned}
&= x \cdot y' + y \cdot x' && \text{(definição de } \oplus\text{)}\\
&= y \cdot x' + x \cdot y' && \text{(1a)}\\
&= y \oplus x && \text{(definição de } \oplus\text{)}
\end{aligned}
$$

b. $x \oplus x$

$$
\begin{aligned}
&= x \cdot x' + x \cdot x' && \text{(definição de } \oplus\text{)}\\
&= 0 + 0 && \text{(5b)}\\
&= 0 && \text{(4a)}
\end{aligned}
$$

c. $0 \oplus x$

$$
\begin{aligned}
&= 0 \cdot x' + x \cdot 0' && \text{(definição de } \oplus\text{)}\\
&= x' \cdot 0 + x \cdot 0' && \text{(1b)}\\
&= 0 + x \cdot 0' && \text{(dual da limitação universal)}\\
&= 0 + x \cdot 1 && \text{(Problema Prático 4)}\\
&= 0 + x && \text{(4b)}\\
&= x + 0 && \text{(1a)}\\
&= x && \text{(4a)}
\end{aligned}
$$

d. $1 \oplus x$

$$
\begin{aligned}
&= 1 \cdot x' + x \cdot 1' && \text{(definição de } \oplus\text{)}\\
&= x' \cdot 1 + x \cdot 1' && \text{(1b)}\\
&= x' + x \cdot 1' && \text{(4b)}\\
&= x' + x \cdot 0 && \text{(Problema Prático 4)}\\
&= x' + 0 && \text{(dual da limitação universal)}\\
&= x' && \text{(4a)}
\end{aligned}
$$

17. Suponha que $x + 0_1 = x$ para todo $x \in B$. Então $0 + 0_1 = 0$ e $0_1 + 0 = 0_1$, logo $0_1 = 0_1 + 0 = 0 + 0_1 = 0$ e $0_1 = 0$. Então $1 = 0'$, logo 1 é único pela unicidade do complementar.

19. a. **b.** 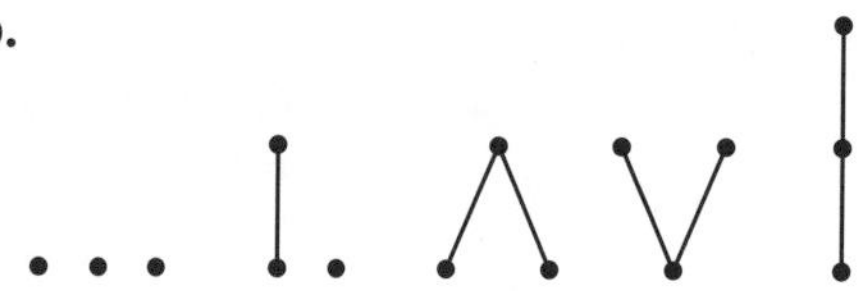 **c.** 16

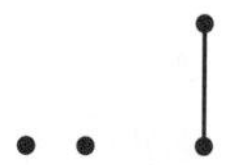

21. a. (i) bijeção; (ii) para $x, y \in S, f(x \cdot y) = f(x) + f(y)$

b. Seja $f(0) = 5, f(1) = 7$. Então $f(0 \cdot 0) = f(1) = 7 = 5 + 5 = f(0) + f(0)$, $f(0 \cdot 1) = f(0) = 5 = 5 + 7 = f(0) + f(1)$, $f(1 \cdot 0) = f(0) = 5 = 7 + 5 = f(1) + f(0)$, $f(1 \cdot 1) = f(1) = 7 = 7 + 7 = f(1) + f(1)$

23. **a.** $f: \mathbb{R} \to \mathbb{R}^+$. f é sobrejetora: dado $y \in \mathbb{R}^+$, seja $x = \log y$; então, $x \in \mathbb{R}$ e $f(x) = 2^x = 2^{\log y} = y$. f é injetora: se $f(x) = f(w)$, então $2^x = 2^w$ e (tomando o log da equação) $x = w$.
b. Para $x, y \in \mathbb{R}$, $g(x + y) = g(x) \cdot g(y)$.
c. f é uma bijeção de $\mathbb{R}$ em $\mathbb{R}^+$ e, se $x, y \in \mathbb{R}$, $f(x + y) = 2^{x+y} = 2^x \cdot 2^y = f(x) \cdot f(y)$.
d. $f^{-1}(y) = \log y$.
e. f^{-1} é uma bijeção de $\mathbb{R}^+$ em $\mathbb{R}$, e, quaisquer que sejam $x, y \in \mathbb{R}^+$, $f^{-1}(x \cdot y) = \log(x \cdot y) = \log x + \log y = f^{-1}(x) + f^{-1}(y)$.

25. $f_1 \to \{1, 3\}, f_2 \to \{1, 2\}, f_3 \to \{1, 2, 3\}, f_5 \to \{1, 2, 4\}, f_6 \to \{1, 3, 4\}, f_7 \to \{2, 3, 4\}, f_8 \to \{2, 3\}$, $f_9 \to \{2, 4\}, f_{10} \to \{1, 4\}, f_{11} \to \{3, 4\}$

27. **a.** Para qualquer $y \in b$, $y = f(x)$ para algum $x \in B$. Então, $y \,\&\, f(0) = f(x) \,\&\, f(0) = f(x + 0) = f(x) = y$ e $f(0) = \phi$, já que o elemento nulo em qualquer álgebra de Boole é único (veja o Exercício 17).
b. Para $f(1) = f(0') = [f(0)]'' = \phi'' = +$

29. **a.** **i.** Se $x \leqslant y$, então $x \leqslant y$ e $x \leqslant x$, de modo que x é uma cota inferior para x e y. Se $w^* \leqslant x$ e $w^* \leqslant y$, então $w^* \leqslant x$, logo x é um ínfimo e $x = x \cdot y$. Se $x = x \cdot y$, então x é um ínfimo para x e y, logo $x \leqslant y$.
ii. Semelhante a i.
b. **i.** Suponha que $x + y = z$. Então z é um supremo de x e y, que é um supremo de y e x, logo $z = y + x$. **ii.** Semelhante a **i.** **iii.** Suponha que $(x + y) + z = p$ e que $x + (y + z) = q$. Então $y \leqslant x + y \leqslant p$ e $z \leqslant p$, logo p é uma cota superior para y e z; como $y + z$ é o supremo de y e z, $y + z \leqslant p$. Além disso, $x \leqslant x + y \leqslant p$. Portanto p é uma cota superior para x e $y + z$ e $q \leqslant p$, já que q é o supremo de x e $y + z$. Analogamente, $p \leqslant q$, logo $p = q$. **iv.** Semelhante a iii.
c. $x + 0 = x \leftrightarrow 0 \leqslant x$, o que é verdade porque 0 é um elemento mínimo. $x \cdot 1 = x \leftrightarrow x \leqslant 1$, o que é verdade porque 1 é um elemento máximo.
d. (a) não — não tem elemento mínimo, (b) sim, (c) sim, (d) não — não é distributivo: $2 + (3 \cdot 4) = 2 + 1 = 2$ e $(2 + 3) \cdot (2 + 4) = 5 \cdot 5 = 5$. Além disso, tanto 3 quanto 4 são complementares de 2, logo o complementar não é único.

EXERCÍCIOS 8.2

1.

x_1	x_2	x_3	$(x_1' + x_2)x_3$
1	1	1	1
1	1	0	0
1	0	1	0
1	0	0	0
0	1	1	1
0	1	0	0
0	0	1	1
0	0	0	0

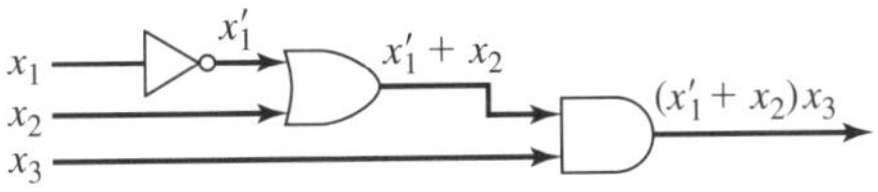

3.

x_1	x_2	$x_1'x_2 + (x_1x_2)'$
1	1	0
1	0	1
0	1	1
0	0	1

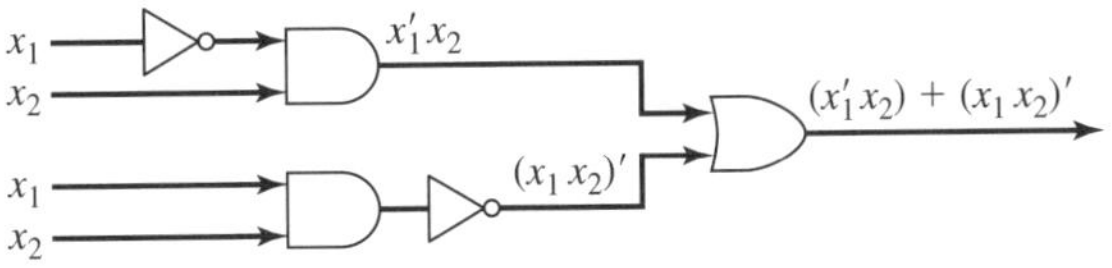

5. $x_1x_2 + x_2'$

x_1	x_2	$f(x_1, x_2)$
1	1	1
1	0	1
0	1	0
0	0	1

7. $(x_1x_2)'(x_2 + x_3')$

x_1	x_2	x_3	$f(x_1, x_2, x_3)$
1	1	1	0
1	1	0	0
1	0	1	0
1	0	0	1
0	1	1	1
0	1	0	1
0	0	1	0
0	0	0	1

9. a.

x	y	$f(x, y)$
1	1	0
1	0	1
0	1	1
0	0	0

b.

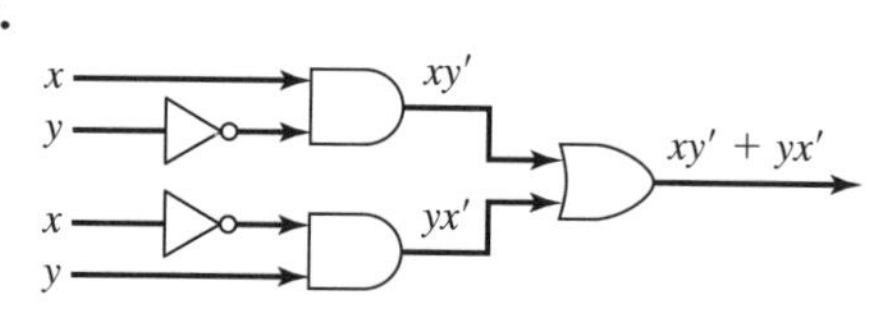

c. A função booleana para o circuito é a mesma que no item (a). O circuito ilustra "x OU y" e "NÃO ambos x E y"

11. $x_1'x_2'$

13. $x_1x_2x_3 + x_1'x_2x_3$

15. $x_1x_2'x_3 + x_1x_2'x_3' + x_1'x_2x_3'$

17. $x_1x_2x_3x_4 + x_1x_2x_3'x_4 + x_1x_2'x_3x_4 + x_1x_2'x_3'x_4 + x_1'x_2'x_3x_4 + x_1'x_2'x_3x_4'$

19. $x_1x_2'x_3x_4' + x_1'x_2x_3x_4 + x_1'x_2x_3'x_4 + x_1'x_2'x_3x_4 + x_1'x_2'x_3x_4' + x_1'x_2'x_3'x_4$

21. a. $x_1x_2x_3' + x_1x_2'x_3'$

b.

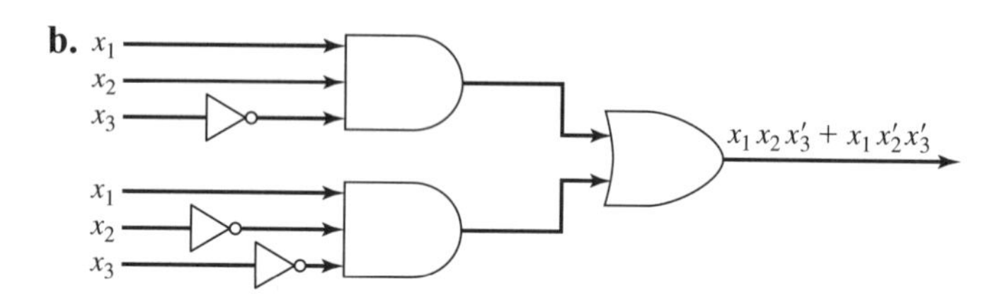

c. $x_1x_2x_3' + x_1x_2'x_3' = x_1x_3'x_2 + x_1x_3'x_2' = x_1x_3'(x_2 + x_2') = x_1x_3' \cdot 1 = x_1x_3'$

23. a.

x_1	x_2	x_3	$f(x_1, x_2, x_3)$
1	1	1	1
1	1	0	0
1	0	1	1
1	0	0	0
0	1	1	1
0	1	0	1
0	0	1	0
0	0	0	0

b. $x_1x_2x_3 + x_1x_2'x_3 + x_1'x_2x_3 + x_1'x_2x_3'$

c. $x_1x_3 + x_1'x_2 = (x_1x_3 + x_1')(x_1x_3 + x_2) = (x_1' + x_1x_3)(x_2 + x_1x_3) =$
$(x_1' + x_1)(x_1' + x_3)(x_2 + x_1)(x_2 + x_3) = (x_1 + x_1')(x_1' + x_3)(x_1 + x_2)(x_2 + x_3) =$
$(x_1' + x_3)(x_1 + x_2)(x_2 + x_3) = (x_1 + x_2)(x_1' + x_3)(x_2 + x_3)$

25. a. $(x_1' + x_2')(x_1' + x_2)(x_1 + x_2')$
b. $(x_1' + x_2)(x_1 + x_2)$
c. $(x_1' + x_2' + x_3)(x_1' + x_2 + x_3')(x_1' + x_2 + x_3)(x_1 + x_2' + x_3)(x_1 + x_2 + x_3')(x_1 + x_2 + x_3)$
d. $(x_1' + x_2' + x_3')(x_1' + x_2 + x_3)(x_1 + x_2' + x_3)(x_1 + x_2 + x_3')$
e. $(x_1' + x_2' + x_3')(x_1' + x_2' + x_3)(x_1 + x_2' + x_3')(x_1 + x_2 + x_3')(x_1 + x_2 + x_3)$

27. a.
```
   1100
   0100
(1)0000
```
b.
```
   1001
   0111
(1)0000
```
c.
```
   001
   111
(1)000
```

29. a.

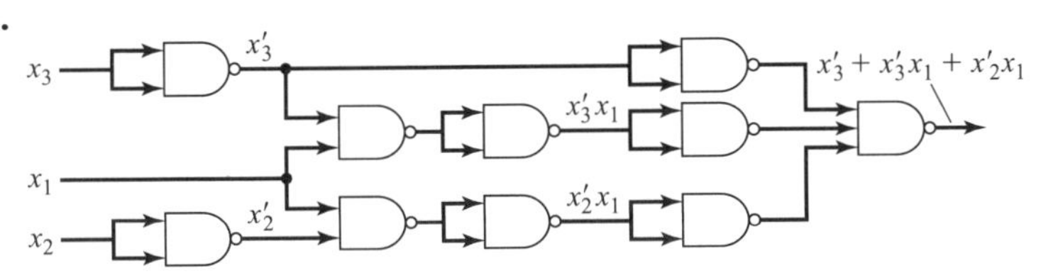

b. $x_3'x_1 + x_2'x_1 + x_3' = x_1x_3' + x_1x_2' + x_3' = x_1(x_3' + x_2') + x_3' = (x_3x_2)'x_1 + x_3' = (((x_3x_2)'x_1)')x_3)'$

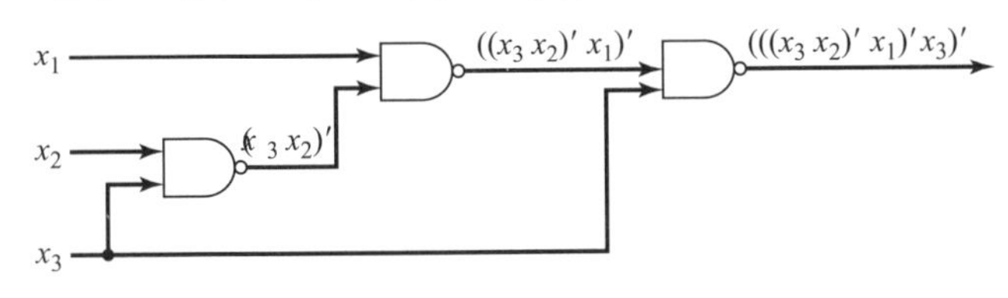

ou, de modo alternativo, $x_3'x_1 + x_2'x_1 + x_3' = x_3'x_1 + x_3' + x_2'x_1 = x_3'x_1 + x_3' \cdot 1 + x_2'x_1 = x_3'(x_1 + 1) + x_2'x_1 = x_3' \cdot 1 + x_2'x_1 = x_3' + x_2'x_1 = (x_3(x_2'x_1)')'$

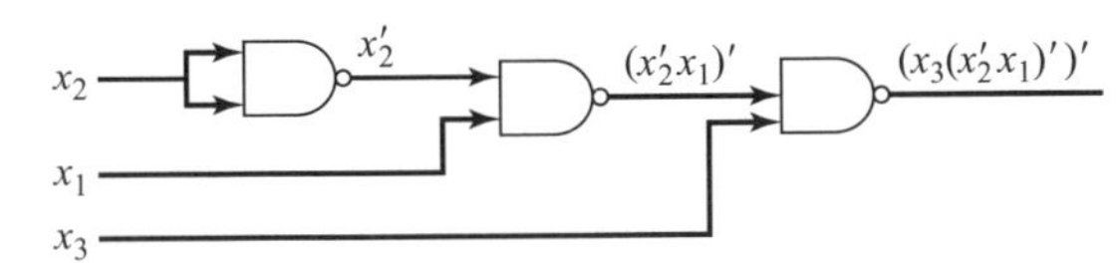

31. a. x_1 — $(x_1 + x_1)' = x_1'x_1' = x_1'$

b. x_1, x_2 — $(x_1 + x_2)' = x_1'x_2'$ — $(x_1'x_2')' = x_1 + x_2$

c. x_1 — x_1'; x_2 — x_2' — $(x_1' + x_2')' = x_1x_2$

33.

X_1	X_2	$f(x_1, x_2)$
1	1	0
1	0	1
0	1	0
0	0	0

x_1x_2'

x_1, x_2 — x_1x_2'

35. x_1 = neutro, x_2 = estacionar, x_3 = cinto de segurança

X_1	X_2	X_3	$f(x_1, x_2, x_3)$
1	1	1	–
1	1	0	–
1	0	1	1
1	0	0	0
0	1	1	1
0	1	0	0
0	0	1	0
0	0	0	0

$(x_1 + x_2)x_3$

x_1, x_2, x_3 — $(x_1 + x_2)x_3$

37. **a.** Denote as duas linhas de entrada por x_0 e x_1, e a linha seletora por s. A função booleana é

x_0	x_1	s	$f(x_0, x_1, s)$
1	1	1	1
1	1	0	1
1	0	1	0
1	0	0	1
0	1	1	1
0	1	0	0
0	0	1	0
0	0	0	0

b.

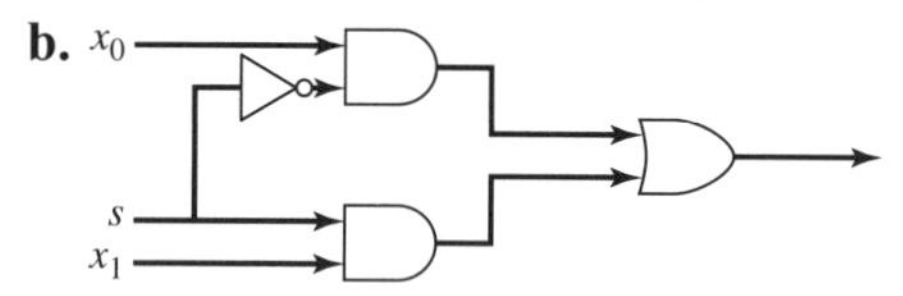

39. x_1 = pressão (1 quando pressão > 3,5 atm, 0 caso contrário)
x_2 = salinidade (1 quando salinidade > 45 g/L, 0 caso contrário)
x_3 = temperatura (1 quando temperatura > 53 °C, 0 caso contrário)
x_4 = acidez (1 quando acidez < 7,0 pH, 0 caso contrário)

A saída de cada válvula deve ser 1 quando a válvula estiver aberta e 0 caso contrário. As formas canônicas como soma de produtos são

$A = x_1x_2x_3x_4 + x_1x_2x_3x_4' + x_1x_2x_3'x_4 + x_1x_2x_3'x_4'$
$B = x_1x_2'x_3x_4 + x_1'x_2x_3x_4 + x_1'x_2'x_3x_4$

Usando essas formas, o circuito para A precisaria de 2 inversores (um para x_3 e um para x_4, supondo que dividimos a saída de um inversor em mais de uma porta), 4 portas E e 1 porta OU; B precisaria de 2 inversores, 3 portas E e 1 porta OU. É possível escrever expressões equivalentes mais simples.

EXERCÍCIOS 8.3

1. $x_1'x_3 + x_1x_3' + x_1'x_2$ ou $x_1'x_3 + x_1x_3' + x_2x_3'$
3. $x_3 + x_2$
5. $x_1x_3'x_4' + x_1'x_3x_4' + x_2'x_4' + x_1x_2'$
7. $x_1x_2'x_4 + x_1'x_3x_4' + x_2'x_3x_4'$ ou $x_1x_2'x_4 + x_1'x_3x_4' + x_1x_2'x_3$
9. $x_1x_2 + x_2x_3$
11. $x_1x_4 + x_1'x_2'x_3$
13. **a.** $x_1'x_4 + x_2'x_3x_4'$ **b.**

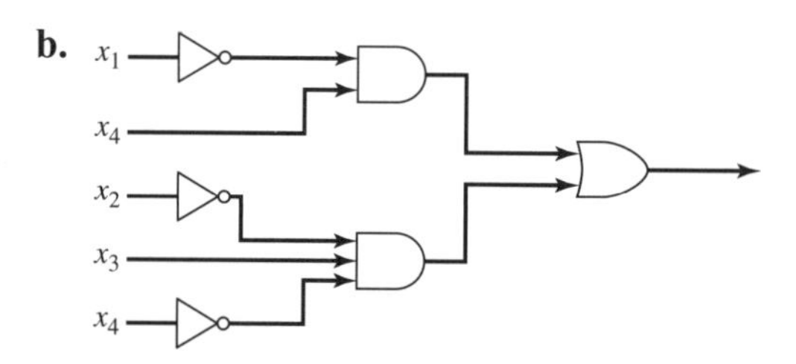

15. $x_2x_3'x_4 + x_2'x_3x_4' + x_1'x_4$
17. $x_1x_3 + x_1x_2' + x_1'x_2$ ou $x_2x_3 + x_1x_2' + x_1'x_2$

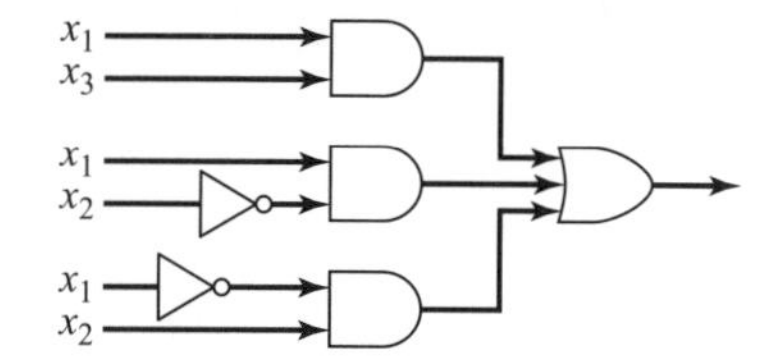

ou

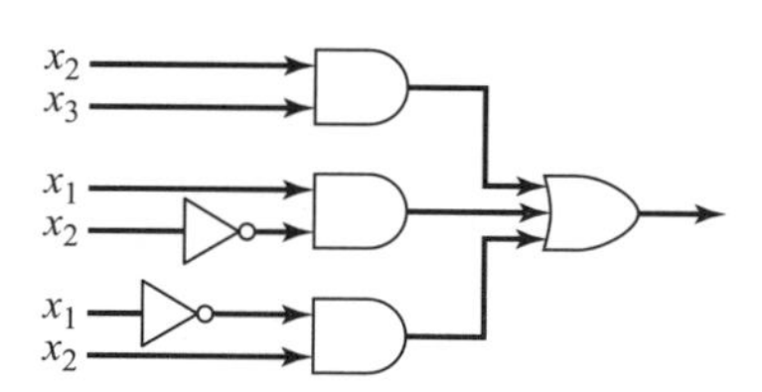

19. $x_2x_4' + x_1'x_2'x_4$. Aqui o valor irrelevante de $x_1x_2x_3'x_4'$ foi tratado como 1, assim como $x_1'x_2'x_3'x_4$; $x_1x_2'x_3x_4'$ foi ignorado.

21. $x_3 + x_2$

23. $x_1x_3x_4' + x_1x_2'x_3' + x_1'x_2'x_3 + x_1'x_3'x_4'$

25. $x_1x_2'x_3x_4' + x_1'x_3x_4 + x_1'x_3'x_4' + x_1'x_2'x_4$

ou

$x_1x_2'x_3x_4' + x_1'x_3x_4 + x_1'x_3'x_4' + x_1'x_2'x_3'$

27. $x_1x_2 + x_2x_4' + x_1x_3'x_4 + x_1'x_2'x_3'$

ou

$x_1x_2 + x_2x_4' + x_2'x_3'x_4 + x_1'x_3'x_4'$

ou

$x_1x_2 + x_2x_4' + x_2'x_3'x_4 + x_1'x_2'x_3'$

29. $x_1x_3 + x_1'x_2x_3' + x_2'x_3'x_4'$

CAPÍTULO 9

EXERCÍCIOS 9.1

1. **a.** Não é comutativa, nem associativa
b. A tabela completa é

·	p	q	r	s
p	p	q	r	s
q	q	r	s	p
r	r	s	p	q
s	s	p	q	r

comutativa

3. **a.** associativa, não é comutativa **b.** comutativa, não é associativa **c.** nenhuma das duas
d. ambas **e.** comutativa, não é associativa

5. **a.** semigrupo **b.** nenhum **c.** nenhum
d. monoide; $i = 1 + 0\sqrt{2}$ **e.** grupo; $i = 1 + 0\sqrt{2}$ **f.** grupo; $i = 1$

7. **a.** grupo; i = polinômio nulo
b. nenhum
c. grupo; $i = \begin{bmatrix} 1 & 0 \\ 0 & 1 \end{bmatrix}$
d. grupo; $i = 1$
e. grupo; $i = 0$
f. monoide; i = função que leva todo x em 0

9.

∘	R_1	R_2	R_3	F_1	F_2	F_3
R_1	R_2	R_3	R_1	F_3	F_1	F_2
R_2	R_3	R_1	R_2	F_2	F_3	F_1
R_3	R_1	R_2	R_3	F_1	F_2	F_3
F_1	F_2	F_3	F_1	R_3	R_1	R_2
F_2	F_3	F_1	F_2	R_2	R_3	R_1
F_3	F_1	F_2	F_3	R_1	R_2	R_3

O elemento identidade é R_3; o inverso de F_1 é F_1; o inverso de R_2 é R_1.

11. **a.** Não — não é a mesma operação
b. Não — o polinômio nulo (a identidade) não pertence a P; além disso, P não é fechado em relação à operação.
c. Não — nem todo elemento de $\mathbb{Z}^*$ tem inverso em $\mathbb{Z}^*$.
d. Sim

13. $[\{0\}, +_{12}], [Z_{12}, +_{12}], [\{0, 2, 4, 6, 8, 10\}, +_{12}], [\{0, 4, 8\}, +_{12}], [\{0, 3, 6, 9\}, +_{12}], [\{0, 6\}, +_{12}]$

15. $\alpha_1 = i, \alpha_2 = (1, 2) \circ (3, 4), \alpha_3 = (1, 3) \circ (2, 4), \alpha_4 = (1, 4) \circ (2, 3), \alpha_5 = (1, 3) \circ (1, 2),$
$\alpha_6 = (1, 2) \circ (1, 3), \alpha_7 = (1, 3) \circ (1, 4), \alpha_8 = (1, 4) \circ (1, 2), \alpha_9 = (1, 4) \circ (1, 3), \alpha_{10} = (1, 2) \circ (1, 4),$
$\alpha_{11} = (2, 4) \circ (2, 3), \alpha_{12} = (2,3) \circ (2,4)$

17. **a.** Não **b.** Não **c.** Sim, mas não é um isomorfismo

19. **a.** Sim; $f: \mathbb{Z} \to 12\mathbb{Z}, f(x) = 12x$

b. Não; $\mathbb{Z}_5$ é finito, mas $5\mathbb{Z}$ é infinito

c. Sim; $f: 5\mathbb{Z} \to 12\mathbb{Z},\ f(x) = \frac{12}{5}x$

d. Não; ambos têm 6 elementos, mas $[S, \circ]$ não é comutativo e $[\mathbb{Z}_6, +_6]$ é comutativo.

21. **a.** Fecho: $\begin{bmatrix} 1 & z \\ 0 & 1 \end{bmatrix} \cdot \begin{bmatrix} 1 & w \\ 0 & 1 \end{bmatrix} = \begin{bmatrix} 1 & w + z \\ 0 & 1 \end{bmatrix} \in M_2^0(\mathbb{Z})$. A multiplicação de matrizes é associativa.

$\begin{bmatrix} 1 & 0 \\ 0 & 1 \end{bmatrix} \in M_2^0(\mathbb{Z})$. A inversa de $\begin{bmatrix} 1 & z \\ 0 & 1 \end{bmatrix}$ é $\begin{bmatrix} 1 & -z \\ 0 & 1 \end{bmatrix}$, que pertence a $M_2^0(\mathbb{Z})$.

b. f é uma bijeção e

$$f\left(\begin{bmatrix} 1 & z \\ 0 & 1 \end{bmatrix} \cdot \begin{bmatrix} 1 & w \\ 0 & 1 \end{bmatrix}\right) = f\left(\begin{bmatrix} 1 & w + z \\ 0 & 1 \end{bmatrix}\right) = w + z = z + w = f\left(\begin{bmatrix} 1 & z \\ 0 & 1 \end{bmatrix}\right) + f\left(\begin{bmatrix} 1 & w \\ 0 & 1 \end{bmatrix}\right)$$

c. $f\left(\begin{bmatrix} 1 & 7 \\ 0 & 1 \end{bmatrix}\right) = 7$ e $f\left(\begin{bmatrix} 1 & -3 \\ 0 & 1 \end{bmatrix}\right) = -3, 7 + (-3) = 4, f^{-1}(4) = \begin{bmatrix} 1 & 4 \\ 0 & 1 \end{bmatrix}$

d. $f^{-1}(2) = \begin{bmatrix} 1 & 2 \\ 0 & 1 \end{bmatrix}$ e $f^{-1}(3)\begin{bmatrix} 1 & 3 \\ 0 & 1 \end{bmatrix}, \begin{bmatrix} 1 & 2 \\ 0 & 1 \end{bmatrix} \cdot \begin{bmatrix} 1 & 3 \\ 0 & 1 \end{bmatrix} = \begin{bmatrix} 1 & 5 \\ 0 & 1 \end{bmatrix}$ e $f\left(\begin{bmatrix} 1 & 5 \\ 0 & 1 \end{bmatrix}\right) = 5$

23. **a.** $i \cdot i = i$, logo $i = i^{-1}$ **b.** $x^{-1} \cdot x = x \cdot x^{-1} = i$, logo $x = (x^{-1})^{-1}$

25. **a.** $x \rho x$, pois $i \cdot x \cdot i^{-1} = x \cdot i^{-1} = x \cdot i = x$. Se $x \rho y$, então, para algum $g \in G$, $g \cdot x \cdot g^{-1} = y$ ou $g \cdot x = y \cdot g$ ou $x = g^{-1} \cdot y \cdot g = (g^{-1}) \cdot y \cdot (g^{-1})^{-1}$, logo $y \rho x$. Se $x \rho y$ e $y \rho z$, então existem $g_1, g_2 \in G$ tais que $g_1 \cdot x \cdot g_1^{-1} = y$ e $g_2 \cdot y \cdot g_2^{-1} = z$, logo $g_2 \cdot g_1 \cdot x \cdot g_1^{-1} \cdot g_2^{-1} = z$, ou seja, $(g_2 \cdot g_1) \cdot x \cdot (g_2 \cdot g_1)^{-1} = z$ e $x \rho z$.

b. Suponha que G é comutativo e $y \in [x]$. Então, para algum $g \in G$, $y = g \cdot x \cdot g^{-1} = x \cdot g \cdot g^{-1} = x \cdot i = x$. Logo, $[x] = \{x\}$. Reciprocamente, suponha que $[x] = \{x\}$ para todo $x \in G$, sejam $x, y \in G$ e denote por z o elemento $y \cdot x \cdot y^{-1}$. Então $x \rho z$, logo $z = x$ e $y \cdot x \cdot y^{-1} = x$, ou seja, $y \cdot x = x \cdot y$.

27. **a.** $i_E = i_E \cdot i_D = i_D$, logo $i_E = i_D$ e esse elemento é uma identidade em $[S, \cdot]$.

b. Por exemplo,

·	a	b
a	a	b
b	a	b

c. Por exemplo,

·	a	b
a	a	a
b	b	b

d. Por exemplo, $[\mathbb{R}^+, +]$.

29. Seja $x \in S$ com inversa à esquerda y. Então $y \in S$, logo seja z a inversa à esquerda de y. Temos: $x \cdot y = i_L \cdot (x \cdot y) = (z \cdot y) \cdot (x \cdot y) = z \cdot (y \cdot x) \cdot y = z \cdot i_L \cdot y = z \cdot y = i_L$, de modo que y também é inversa à direita de x. Além disso, $x \cdot i_L = x \cdot (y \cdot x) = (x \cdot y) \cdot x = i_L \cdot x = x$, de modo que i_L também é uma identidade à direita em S e, portanto, uma identidade.

31. Para algum $a \in S$ fixo, seja x_1 a solução de $x \cdot a = a$. Seja b qualquer elemento de S. Então $a \cdot x = b$ para algum $x \in S$ e $x_1 \cdot b = x_1 \cdot (a \cdot x) = (x_1 \cdot a) \cdot x = a \cdot x = b$. Logo x_1 é uma identidade à esquerda em S. Além disso, para qualquer $b \in S$, existe um x tal que $x \cdot b = x_1$; logo todo elemento de S tem uma inversa à esquerda. O resultado segue do Exercício 29.

33. Se G for comutativo, então $(x \cdot y)^2 = (x \cdot y) \cdot (x \cdot y) = x \cdot (y \cdot x) \cdot y = x \cdot (x \cdot y) \cdot y = (x \cdot x) \cdot (y \cdot y) = x^2 \cdot y^2$. Para a recíproca, sejam $x, y \in G$; $x \cdot y \cdot x \cdot y = x \cdot x \cdot y \cdot y$ e, pelas regras de cancelamento à esquerda e à direita, $y \cdot x = x \cdot y$, logo G é comutativo.

35. Fecho: sejam $x, y \in B_k$. Então $(x \cdot y)^k = x^k \cdot y^k$ (por causa da comutatividade) $= i \cdot i = i$, logo $x \cdot y \in B_k$. Identidade: $i^k = i$, logo $i \in B_k$. Inversos: se $x \in B_k$, $(x^{-1})^k = (x^k)^{-1} = i^{-1} = i$, logo $x^{-1} \in B_k$.

37. **a.** $S \cap T \subseteq G$. Fecho: se $x, y \in S \cap T$, $x \cdot y \in S$, pois S é fechado, e $x \cdot y \in T$, já que T também é fechado, logo $x \cdot y \in S \cap T$. Identidade: $i \in S$ e $i \in T$, logo $i \in S \cap T$. Inversos: se $x \in S \cap T$, $x^{-1} \in S$ e $x^{-1} \in T$, logo $x^{-1} \in S \cap T$.

b. Não. Por exemplo, $[\{0, 4, 8\}, +_{12}]$ e $[\{0, 6\}, +_{12}]$ são subgrupos de $[\mathbb{Z}_{12}, +_{12}]$, mas $[\{0, 4, 6, 8\}, +_{12}]$ não é um subgrupo de $[\mathbb{Z}_{12}, +_{12}]$ (não é fechado).

39. **a.** Fecho: sejam $f, g \in H_a$. Então $(f \circ g)(a) = f(g(a)) = f(a) = a$, logo $f \circ g \in H_a$. Identidade: a aplicação identidade leva a em a. Inversos: seja $f \in H_a$. Então, $f(a) = a$, logo $f^{-1}(a) = a$ e $f^{-1} \in H_a$.

b. $(n - 1)!$

41. **a.** Sejam $x = a^z, y = a^w \in A$. Então $x \cdot y^{-1} = a^z \cdot (a^w)^{-1} = a^z \cdot (a^{-1})^w = a^{z-w} \in A$. Pelo Exercício 40, A é um subgrupo.

b. $2^0 = 0, 2^1 = 2, 2^2 = 2 +_7 2 = 4, 2^3 = 6, 2^4 = 1, 2^5 = 3, 2^6 = 5$

c. $5^0 = 0, 5^1 = 5, 5^2 = 5 +_7 5 = 3, 5^3 = 1, 5^4 = 6, 5^5 = 4, 5^6 = 2$

d. $3^0 = 0, 3^1 = 3, 3^2 = 3 +_4 3 = 2, 3^3 = 1$

43. **a.** [Auto(S), $\circ$] é fechado porque a composição de isomorfismos é um isomorfismo (Problema Prático 31). A associatividade é sempre válida para a composição de funções. A função identidade i_S é um automorfismo de S. Finalmente, se f for um automorfismo de S, então f^{-1} também o será.

b.

i: $0 \to 0$, $1 \to 1$, $2 \to 2$, $3 \to 3$

f: $0 \to 0$, $1 \to 3$, $2 \to 2$, $3 \to 1$

$\circ$	i	f
i	i	f
f	f	i

45. Denote as identidades de G e H por i_G e i_H, respectivamente. Seja f: $G \to H$ um isomorfismo. Então $f(i_G) = i_H$ e, como f é injetora, i_G é o único elemento que vai em i_H. Suponha agora que f: $G \to H$ é um homomorfismo sobrejetor; então $f(i_G) = i_H$. Suponha que i_G é o único elemento que vai em i_H, e sejam $g_1, g_2 \in G$ tais que $f(g_1) = f(g_2)$. Então $f(g_1 \cdot g_2^{-1}) = f(g_1) \cdot f(g_2^{-1}) = f(g_1) \cdot (f(g_2))^{-1} = f(g_1) \cdot (f(g_1))^{-1} = i_H$. Logo $g_1 \cdot g_2^{-1} = i_G$ e $g_1 = i_G \cdot g_2 = g_2$. Logo f é injetora; como f já era um homomorfismo sobrejetor, f é um isomorfismo.

47. **a.** A operação $+$ é uma operação binária em E_s (bem definida e fechada). A associatividade é válida porque $([x] + [y]) + [z] = [x + y] + [z] = [(x + y) + z] = [x + (y + z)] = [x] + [y + z] = [x] + ([y] + [z])$. $[0]$ é a identidade porque $[x] + [0] = [x + 0] = [x]$ e $[0] + [x] = [0 + x] = [x]$. Todo elemento tem inverso: $[x] + [-x] = [x + (-x)] = 0 = [-x] + [x]$. A comutatividade é válida porque $[x] + [y] = [x + y] = [y + x] = [y] + [x]$.

b. A função f: $\mathbb{Z}_5 \to E_5$ dada por $f(0) = [0], f(1) = [1], f(2) = [2], f(3) = [3], f(4) = [4]$ é uma bijeção. Também é um homomorfismo: para x, y em $\mathbb{Z}_5, f(x + y) = [x + y] = [x] + [y] = f(x) + f(y)$.

c. O inverso de $[10]$ é $[-10] = [4]$. A imagem inversa de $[21]$ é 7.

EXERCÍCIOS 9.2

1. $f(G)$ é fechado: sejam $f(x)$ e $f(y)$ elementos em $f(G)$; como f é um homomorfismo, $f(x) + f(y) = f(x \cdot y)$; mas x, y pertencem a G, logo $x \cdot y$ também pertence a G e $f(x \cdot y)$ é um elemento de $f(G)$. i_H pertence a $f(G)$: seja $f(x)$ um elemento de $f(G)$; então $f(x) + f(i_G) = f(x \cdot i_G) = f(x)$ e $f(i_G) + f(x) = f(i_G \cdot x) = f(x)$, logo $f(i_G)$ é uma identidade para o subconjunto $f(G)$ e, portanto, $f(i_G) = i_H$. Elementos em $f(G)$ têm inversas em $f(G)$: seja $f(x)$ um elemento de $f(G)$; então x pertence a G e x^{-1} existe em G; logo $f(x^{-1}) + f(x) = f(x^{-1} \cdot x) = f(i_G) = i_H$; analogamente, $f(x) + f(x^{-1}) = f(x \cdot x^{-1}) = f(i_G) = i_H$; portanto $f(x^{-1}) = -f(x)$ e $f(x)$ tem inversa em $f(G)$.

3. $K = 4\mathbb{Z}$

5. **a.** $f((x, y) + (r, s)) = f(x + r, y + s) = (x + r) + (y + s) = (x + y) + (r + s) = f(x, y) + f(r, s)$.

b. $K = \{(x, -x) | \, x \in \mathbb{Z}\}$

7. $7 +_{12} S = \{7, 11, 3\}$

9. **a.** **H** não tem linha toda nula, nem duas de suas linhas são iguais, logo a distância mínima é 3 e o código é de correção de erro único.

b. **H** pode codificar todo o $\mathbb{Z}_2^3$: $000 \to 000000$, $001 \to 001101$, $010 \to 010011$, $011 \to 011110$, $100 \to 100111$, $101 \to 101010$, $110 \to 110100$, $111 \to 111001$

11. Por exemplo, $\mathbf{H} = \begin{bmatrix} 1 & 1 & 0 & 0 \\ 1 & 0 & 1 & 0 \\ 1 & 0 & 0 & 1 \\ 0 & 1 & 1 & 0 \\ 0 & 1 & 0 & 1 \\ 0 & 0 & 1 & 1 \\ 1 & 0 & 0 & 0 \\ 0 & 1 & 0 & 0 \\ 0 & 0 & 1 & 0 \\ 0 & 0 & 0 & 1 \end{bmatrix}$

13. Sejam $X = (x_1, \ldots, x_n)$ e $Y = (y_1, \ldots, y_n)$ elementos de $\mathbb{Z}_2^n$. A i-ésima componente de $(X +_2 Y) \cdot \mathbf{H}$ é dada por $(x_1 +_2 y_1) \cdot \mathbf{H}_{1i} +_2 (x_2 +_2 y_2) \cdot \mathbf{H}_{2i} +_2 \cdots +_2 (x_n +_2 y_n) \cdot \mathbf{H}_{ni}$. Pela distributividade e o fato de que a soma módulo 2 é comutativa, essa expressão é igual a $(x_1\mathbf{H}_{1i} +_2 x_2\mathbf{H}_{2i} +_2 \cdots +_2 x_n\mathbf{H}_{ni}) +_2 (y_1\mathbf{H}_{1i} +_2 y_2\mathbf{H}_{2i} +_2 \cdots +_2 y_n\mathbf{H}_{ni})$, que é a i-ésima componente de $X \cdot \mathbf{H} +_2 Y \cdot \mathbf{H}$.

15.

Líderes das classes laterais	Síndromes
0000000	000
0000001	001
0000010	010
0010000	011
0000100	100
0100000	101
1000000	110
0001000	111

17. A palavra decodificada é 011000010101001.

EXERCÍCIOS 9.3

1. **a.** 0001111110 **b.** aaacaaaa **c.** 00100110

3.

Estado atual	Próximo estado — Entrada atual 0	1	Saída
s_0	s_1	s_1	0
s_1	s_2	s_1	1
s_2	s_2	s_0	0

A saída é 010010

5.

Estado atual	Próximo estado — Entrada atual 0	1	Saída
s_0	s_1	s_2	a
s_1	s_2	s_3	b
s_2	s_2	s_1	c
s_3	s_2	s_3	b

A saída é abbcbb

7.

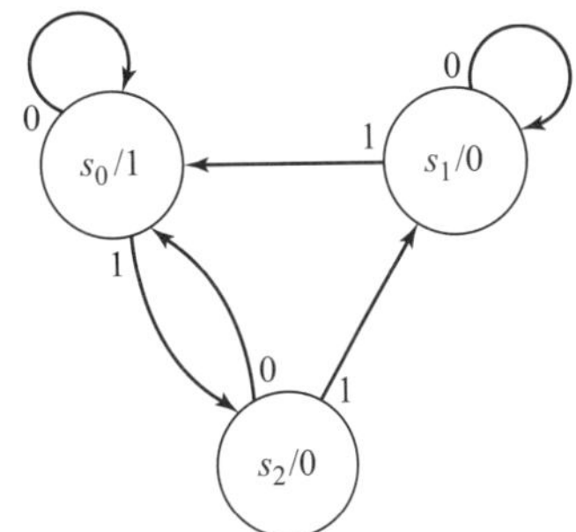

A saída é 101110

9.

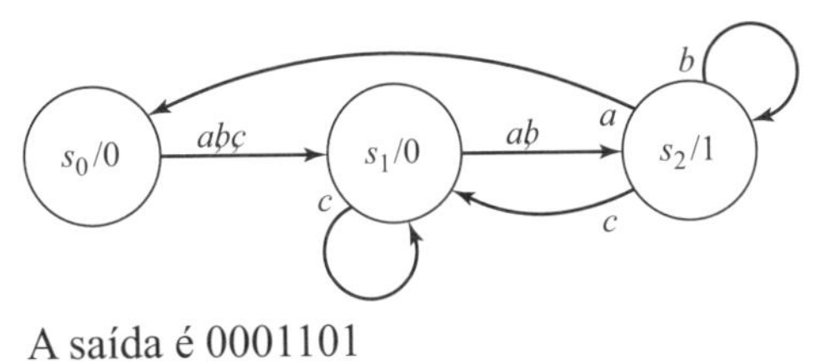

A saída é 0001101

11. **a.**

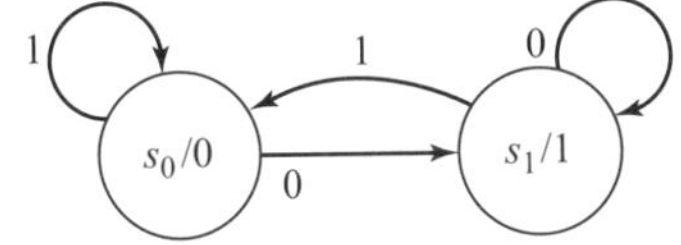

b. 010100

13. **a.**

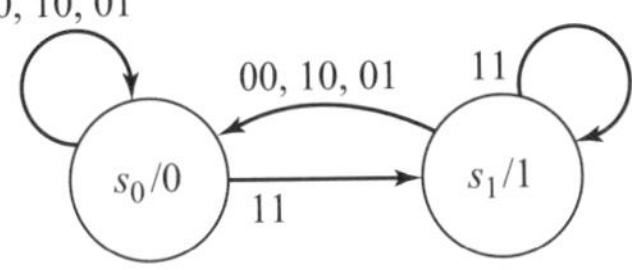

b. 010010

15. **a.** Nomeie cada estado com a sequência dos dois últimos bits de entrada lidos.

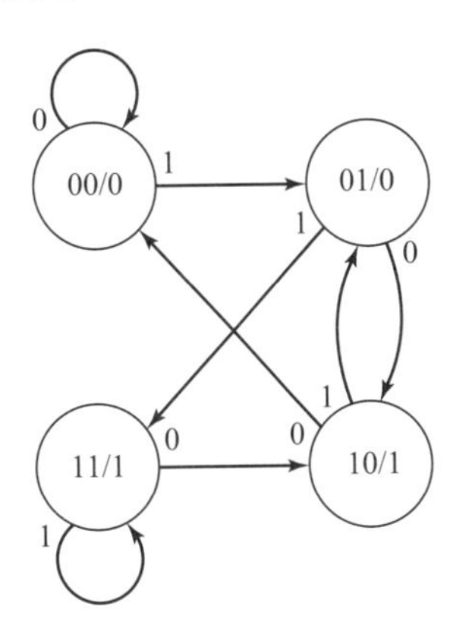

b. O intervalo de tempo necessário para lembrar determinada sequência de entrada cresce sem limites e acabaria excedendo o número de estados.

17.

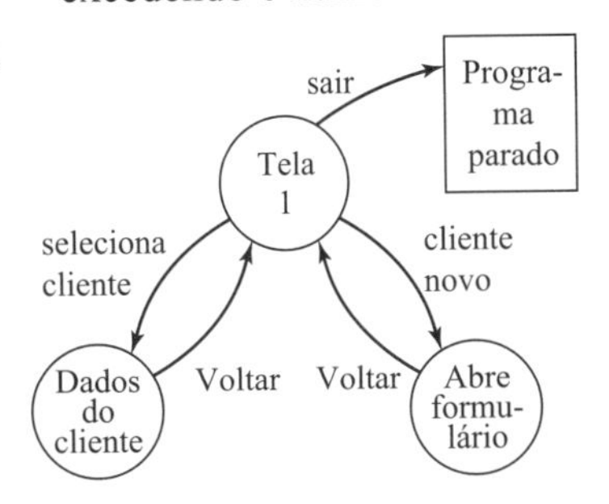

19.

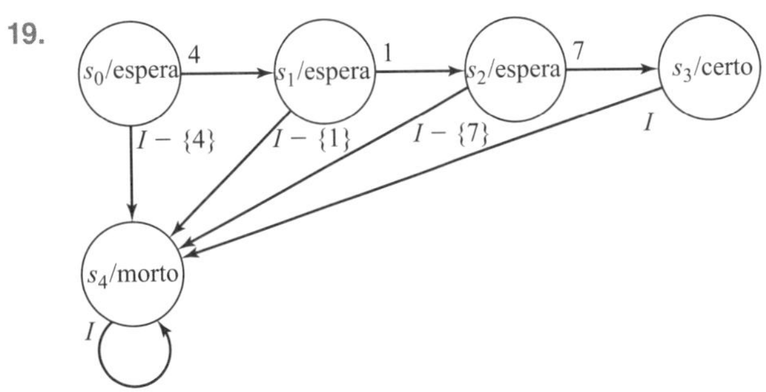

21. Não

23. Sim

25. **a.**

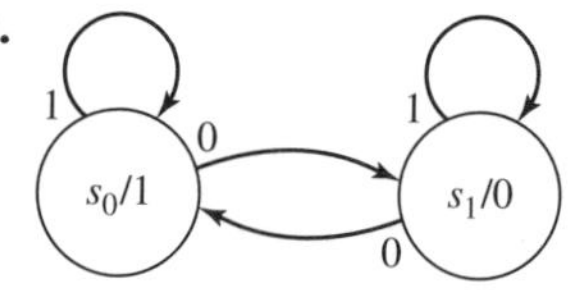

b.

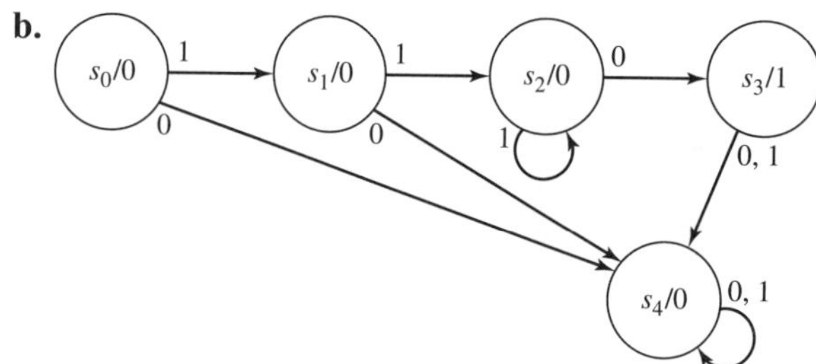

c.

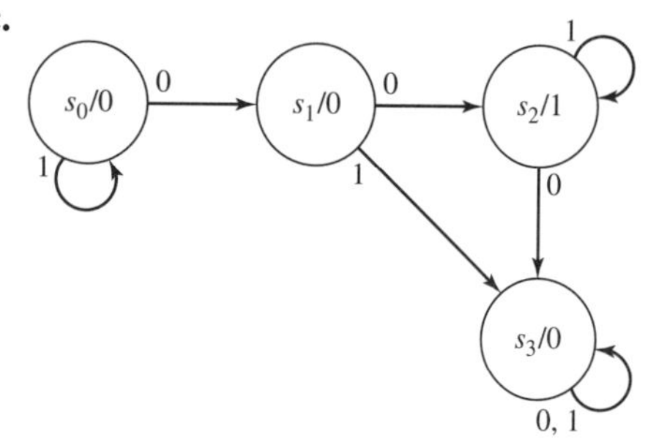

27. **a.**

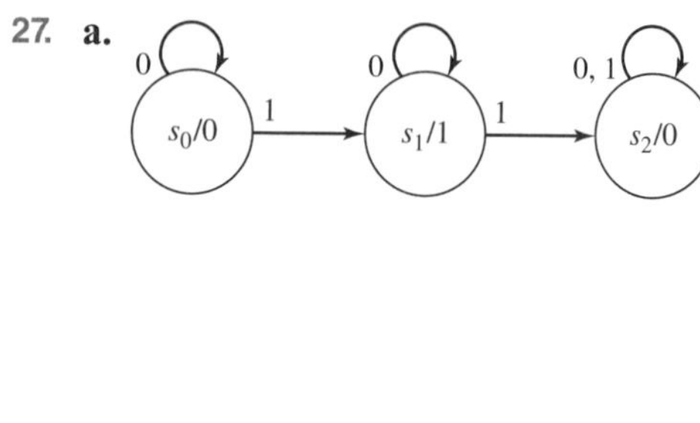

b.

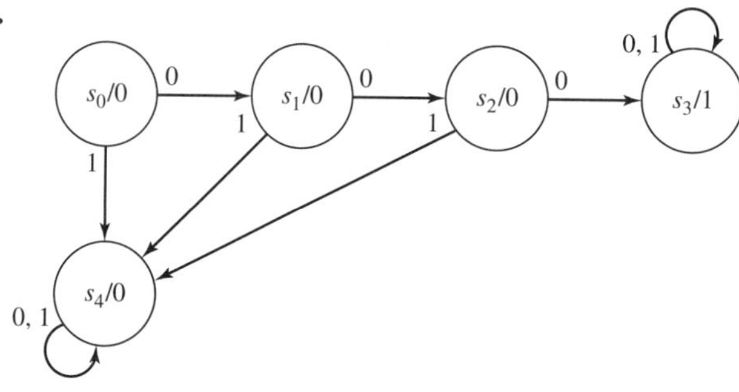

c.

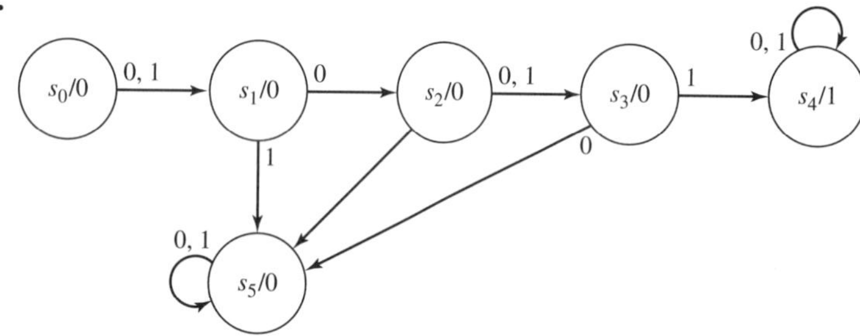

29. O objetivo é reconhecer a subcadeia βcon.

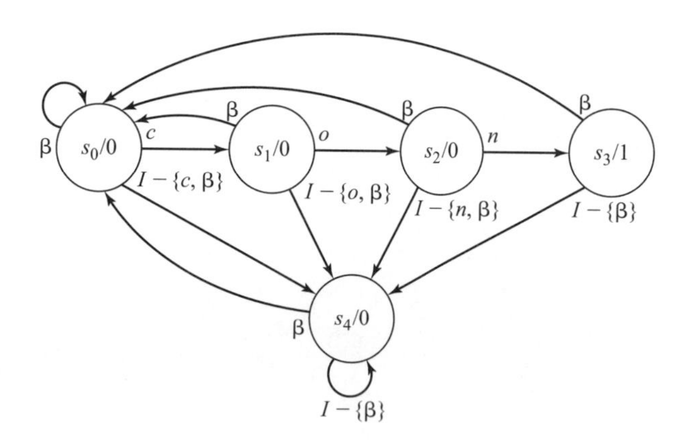

31. Quando um estado é visitado novamente, o comportamento será periódico, já que a entrada é sempre 0 e não existe escolha de caminhos a partir de um estado. O número máximo de símbolos de entrada que pode ocorrer antes de isso acontecer é $n - 1$ (visitando todos os n estados antes de começar a repetir). O comprimento máximo de um período é n (símbolos de saída de todos os n estados, com o último estado voltando a s_0).

33. 0*

35. $01^* \vee (110)^*$

37. $(1 \vee 01)(01)^*$

39. 10*1

41. $1^* \vee (010)^*$

43. **a.** $0(0 \vee 1)^*1$ **b.** 1*01*(01*0)*1* **c.** 100*1

45. **a.** Sim **b.** Não **c.** Não

47. $dd^*(+ \vee -)dd^*$ em que d pode ser qualquer algarismo

49. **a.** (00)* **b.** 111*0 **c.** 1*001*

51. **a.** 0*10* **b.** $000(1 \vee 0)^*$ **c.** $(1 \vee 0)0(1 \vee 0)1(1 \vee 0)^*$

53. **a.** A demonstração é por indução no comprimento da expressão regular. Para a base, se $A = \varnothing$, λ ou i, então $A^R = \varnothing$, λ ou i. Suponha que, para todas as expressões de comprimento $\leq k$, A regular $\rightarrow A^R$ regular. Seja A uma expressão regular de comprimento $k + 1$. Se $A = BC$, em que B e C são regulares, então B^R e C^R são regulares pela hipótese de indução e $A^R = C^R B^R$, logo A^R é regular. Analogamente, se $A = B \vee C$, então $A^R = B^R \vee C^R$ (regular), e se $A = B^*$, então $A^R = (B^R)^*$ (regular).
b. Não — nenhuma expressão regular descreve esse conjunto.

55. beer, beter

57. beter, better, bettter

59. bit, but, beet

61. $b\ t$

63. s_1

65. $A = \{0\}, B = \{1, 2, 5\}, C = \{3, 4\}, D = \{6\}$

Estado atual	Próximo estado		Saída
	Entrada atual		
	0	1	
A	C	D	1
B	C	B	0
C	B	A	1
D	C	B	1

67. $A = \{0\}, B = \{5\}, C = \{2\}, D = \{7, 8\}, E = \{1, 3\}, F = \{4, 6\}$

Estado atual	Próximo estado		Saída
	Entrada atual		
	0	1	
A	E	C	0
B	F	D	0
C	E	F	0
D	D	E	0
E	C	E	1
F	B	F	1

69. $A = \{0\}, B = \{2\}, C = \{1, 4\}, D = \{3\}, E = \{5\}$

Estado atual	Próximo estado		Saída
	Entrada atual		
	0	1	
A	C	D	0
B	E	C	0
C	B	C	1
D	C	B	2
E	C	A	2

71. $A = \{0, 2\}, B = \{1, 3\}, C = \{4\}$

Estado atual	Próximo estado			Saída
	Entrada atual			
	a	b	c	
A	B	C	A	1
B	C	A	B	0
C	B	A	A	0

73. $A = \{0\}, B = \{2, 4\}, C = \{1, 5\}, D = \{3\}$

Estado atual	Próximo estado		Saída
	Entrada atual		
	0	1	
A	D	A	0
B	C	B	0
C	B	D	1
D	A	B	1

75. Uma resposta possível:

	d_1	d_2
s_0	0	0
s_1	0	1
s_2	1	0
s_3	1	1

$x(t)$	$d_1(t)$	$d_2(t)$	$y(t)$	$d_1(t+1)$	$d_2(t+1)$
0	0	0	0	1	0
1	0	0	0	1	1
0	0	1	1	0	0
1	0	1	1	0	1
0	1	0	0	0	1
1	1	0	0	1	1
0	1	1	1	0	1
1	1	1	1	1	0

$$y(t) = d_1'd_2 + d_1d_2 = d_2$$

$$d_1(t + 1) = x'd_1'd_2' + xd_1'd_2' + xd_1d_2' + xd_1d_2 = d_1'd_2' + xd_1$$

$$d_2(t + 1) = xd_1'd_2' + xd_1'd_2 + x'd_1d_2' + xd_1d_2' + x'd_1d_2 = x(d_1' + d_2') + x'd_1$$

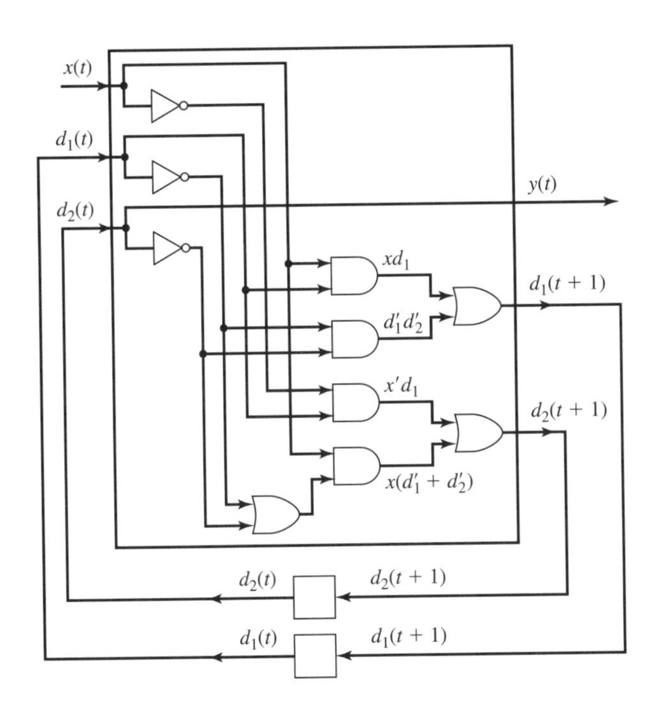

EXERCÍCIOS 9.4

1. **a.** Para com a fita

···	*b*	0	0	0	0	0	*b*	···

b. Não muda a fita e se move toda a vida para a esquerda.

3. Uma resposta: o estado 2 é um estado final.

$(0, b, b, 2, D)$	fita em branco ou não tem mais uns, vá para o estado final
$(0, 1, 1, 1, D)$	leu um número ímpar de uns
$(1, 1, 1, 0, D)$	leu um número par de uns

5. Uma resposta: o estado 3 é um estado final.

$(0, 0, 0, 0, D)$ $(0, 1, 1, 1, D)$	passa sobre os zeros até o primeiro 1
$(1, 0, 0, 1, D)$ $(1, 1, 1, 2, D)$	passa sobre os zeros até o segundo 1
$(2, b, b, 3, D)$	final da cadeia, para e aceita

7. Uma resposta: o estado 9 é um estado final.

$(0, b, b, 9, D)$	aceita fita em branco
$(0, 0, 0, 0, D)$ $(0, 1, X, 1, D)$	encontra o primeiro 1, marca com X
$(1, 1, 1, 1, D)$ $(1, Y, Y, 1, D)$	procura à direita por 2
$(1, 2, Y, 3, D)$ $(3, 2, Y, 4, E)$	par de 2, marca com dois Y
$(4, Y, Y, 4, E)$ $(4, X, X, 4, E)$ $(4, 1, 1, 4, E)$ $(4, Z, Z, 4, E)$	procura à esquerda por zeros
$(4, 0, Z, 5, E)$ $(5, 0, Z, 6, D)$	par de zeros, marca com dois Z

$(6, Z, Z, 6, D)$ $(6, X, X, 6, D)$ $(6, 1, X, 1, D)$	vai para a direita até o próximo 1
$(6, Y, Y, 7, D)$	não tem mais uns
$(7, Y, Y, 7, D)$ $(7, b, b, 8, E)$	não tem mais dois
$(8, Y, Y, 8, E)$ $(8, X, X, 8, E)$ $(8, Z, Z, 8, E)$ $(8, b, b, 9, E)$	não tem mais zeros, para e aceita

9. Uma resposta: o estado 8 é um estado final.

$(0, 0, b, 1, D)$	0 lido à esquerda de w_1
$(1, 0, 0, 1, D)$ $(1, 1, 1, 1, D)$ $(1, *, *, 2, D)$	move-se para a direita até *
$(2, X, X, 2, D)$	passa sobre os X
$(2, 1, 1, 8, D)$ $(2, b, b, 8, D)$	elemento não nulo à esquerda de w_2, para e aceita
$(2, 0, X, 3, E)$	símbolos à esquerda são iguais
$(3, X, X, 3, E)$ $(3, *, *, 4, E)$	move-se para a esquerda até *
$(4, 1, 1, 4, E)$ $(4, 0, 0, 4, E)$ $(4, b, b, 0, D)$	encontra símbolo na extrema esquerda
$(0, 1, b, 5, D)$	1 lido à esquerda de w_1
$(5, 0, 0, 5, D)$ $(5, 1, 1, 5, D)$ $(5, *, *, 6, D)$	diferente de um à esquerda de w_2, para e aceita
$(6, X, X, 6, D)$	palavra à esquerda de * está vazia
$(6, 0, 0, 8, D)$ $(6, b, b, 8, D)$	palavra à direita de * está vazia, para e aceita
$(6, 1, X, 3, E)$	w_1 inicialmente vazio
$(0, *, *, 7, D)$	muda de 0 para 1
$(7, X, X, 7, D)$ $(7, 0, 0, 8, D)$ $(7, 1, 1, 8, D)$	palavra à direita de * está vazia, para e aceita
$(0, b, b, 0, D)$	w_1 inicialmente vazio

11.

$(0, 0, 1, 0, D)$	muda de 0 para 1
$(0, 1, 0, 0, D)$	muda de 1 para 0

13.

$(0, 1, 1, 1, D)$	passa do ponto central
$(1, 0, 0, 1, D)$ $(1, b, 0, 2, E)$	coloca 0 na extremidade direita
$(2, 0, 0, 2, E)$ $(2, 1, 1, 2, E)$ $(2, b, 0, 0, D)$	coloca 0 na extremidade esquerda
$(0, 0, 0, 0, D)$	retorna ao ponto central

15. A ideia geral e decrementar o número binário de 1; com cada decremento, acrescente um 1 à cadeia de uns que está sendo construída.[1]

$(0, 1, 1, 0, D)$ $(0, 0, 0, 0, D)$ $(0, b, b, 1, E)$	encontra algarismo menos significativo

[1] Agradeço a Alicia Kime, do Fairmont State College, e a seu aluno Tim Holmes essa solução.

$(1, 1, 0, 2, D)$	se algarismo menos significativo = 1, então decremente
$(2, 0, 0, 2, D)$ $(2, 1, 1, 2, D)$ $(2, b, b, 3, D)$	encontra o final da cadeia original
$(3, 1, 1, 3, D)$	encontra a extremidade direita da cadeia nova
$(3, b, 1, 4, E)$	escreve 1 ao final da cadeia nova
$(4, 1, 1, 4, E)$ $(4, b, b, 1, E)$	volta para a cadeia original
$(1, 0, 1, 5, E)$	se algarismo menos significativo = 0, mude para 1 e procure à esquerda outro 1 para decrementar
$(5, 0, 1, 5, E)$	incrementar os zeros à esquerda
$(5, b, b, 8, D)$	acabou de incrementar o último 0, limpe
$(5, 1, 0, 6, E)$	encontrou um 1 para decrementar
$(6, 1, 1, 2, D)$ $(6, 0, 0, 2, D)$	preparar-se para mover até o final da cadeia original
$(6, b, b, 7, D)$	o 1 que acabou de ser decrementado era o algarismo mais significativo
$(7, 0, b, 2, D)$	coloque branco no 0 líder
$(8, 1, b, 9, E)$	limpe e pare

17. $f(n_1, n_2, n_3) = \begin{cases} n_2 + 1 & \text{se } n_2 > 0 \\ \text{indefinido} & \text{se } n_2 = 0 \end{cases}$

19.

$(0, 1, 1, 1, D)$ $(1, b, 1, 4, D)$	$n = 0$, some 1 e pare
$(1, 1, 1, 2, D)$ $(2, b, 1, 4, D)$	$n = 1$, some mais 1 e pare
$(2, 1, 1, 3, D)$ $(3, 1, b, 3, D)$ $(3, b, b, 4, D)$	$n > 2$, apague os uns extras e pare

21. Uma resposta:

$(0, 1, 1, 1, D)$ $(1, b, b, 8, D)$	$n = 0, 2 \cdot 0 = 0$
$(1, 1, 1, 2, D)$ $(2, 1, 1, 2, D)$ $(2, b, b, 3, E)$	$n > 0$, encontre o final de $\overline{n}$
$(3, 1, X, 4, D)$ $(4, X, X, 4, D)$ $(4, 1, 1, 4, D)$ $(4, b, 1, 5, E)$	mude 1 para X, some 1 na extremidade direita da cadeia
$(5, 1, 1, 5, E)$ $(5, X, X, 6, E)$ $(6, X, X, 6, E)$ $(6, 1, X, 4, D)$	vai para a esquerda até o próximo 1 de $\overline{n}$
$(6, b, b, 7, D)$ $(7, X, 1, 7, D)$	$\overline{n}$ foi dobrado, mude os X para uns
$(7, 1, 1, 7, D)$ $(7, b, b, 8, E)$ $(8, 1, b, 9, E)$	encontre extremidade direita, apague 1 extra, pare

23. Uma resposta:

$(0, 1, b, 1, D)$	apague um extra 1
$(1, *, b, 3, D)$	$n_1 = 0$
$(1, 1, b, 2, D)$ $(2, 1, 1, 2, D)$ $(2, *, 1, 3, D)$	$n_1 > 0$, substitua $*$ pelo 1 de $\overline{n}_1$ mais à esquerda, pare

25. Uma resposta:

$(0, 1, 1, 0, D)$ $(0, *, *, 0, D)$ $(0, b, b, 1, E)$ $(0, X, X, 1, E)$	mova-se para a extremidade direita de uns para n_2
$(1, 1, X, 2, E)$	coloque X no 1 mais à direita de n_2
$(2, 1, 1, 2, E)$ $(2, *, *, 2, E)$ $(2, b, b, 3, D)$ $(2, X, X, 3, D)$ $(3, 1, X, 0, D)$	mova-se para a extremidade esquerda de uns para n_1, coloque X no 1 mais à esquerda
$(3, *, X, 4, E)$	$n_1 < n_2$
$(4, X, X, 4, E)$ $(4, b, 1, 5, D)$ $(5, X, b, 5, D)$ $(5, 1, b, 5, D)$ $(5, b, b, 9, D)$	escreva 0 na fita e pare
$(1, *, *, 6, D)$	todo n_2 foi usado, escreva agora $n_1 - n_2$ na fita
$(6, X, X, 6, D)$ $(6, b, b, 7, E)$ $(7, X, b, 7, E)$	apague n_2
$(7, *, 1, 8, E)$ $(8, 1, 1, 8, E)$ $(8, X, b, 8, E)$ $(8, b, b, 9, D)$	limpe $n_1 - n_2$ e pare

27. chame T_1, chame T

EXERCÍCIOS 9.5

1. $L(G) = \{\lambda, a\}$; a gramática é de tipo 0.

3. $L(G) = 0(10)^*$; a gramática é regular.

5. $G = (V, V_T, S, P)$, em que $V = \{a, S\}$, $V_T = \{a\}$ e $P = \{S \to \lambda, S \to a\}$

7. A gramática do Exercício 3 já é regular.

9. $L(G) = (ab)^*$

11. $L(G) = aa^*bb^*$. G é sensível a contexto. Um exemplo de uma gramática regular que gera $L(G)$ é $G' = (V, V_T, S, P)$, em que $V = \{a, b, A, B, S\}$, $V_T = \{a, b\}$ e $P = \{S \to aA, S \to aB, A \to aA, A \to aB, B \to bB, B \to b\}$

13. **a.** <*S*> ::= 0<*A*> | 1<*A*>, <*A*> ::= 1<*B*><*B*>, <*B*> ::= 01 | 11
b. <*S*> ::= 0 | 0<*A*>, <*A*> ::= 1<*B*>, <*B*> ::= 0<*A*> | 0
c. <*S*> ::= 0 <*S*> | 11<*A*>, <*A*> ::= 1<*A*> | 1

15. **a.** $1^*1(00)^*$
b. $S \to 1, S \to 1S, S \to 0A, A \to 0, A \to 0B, B \to 0A$

17. Por exemplo, $G = (V, V_T, S, P)$ em que $V = \{(,), S\}$, $V_T = \{(,)\}$ e $P = \{S \to \lambda, S \to (S)S\}$

19. Por exemplo, $G = (V, V_T, S, P)$ em que $V = \{a, b, A, B, S\}$, $V_T = \{a, b\}$ e $P = \{S \to \lambda, S \to aSa, S \to bSb, S \to a, S \to b\}$

21. Por exemplo, $G = (V, V_T, S, P)$ em que $V = \{0, 1, A, B, S\}$, $V_T = \{0, 1\}$ e $P = \{S \to 1A, A \to 1, A \to 1B, B \to 0, B \to 1, B \to 0B, B \to 1B\}$

23. Por exemplo, $G = (V, V_T, S, P)$ em que $V = \{1, S\}$, $V_T = \{1\}$ e $P = \{S \to \lambda, S \to 11S\}$

25. Por exemplo, $G = (V, V_T, S, P)$ em que $V = \{0, 1, S\}$, $V_T = \{0, 1\}$ e $P = \{S \to \lambda, S \to A, A \to 01, A \to 0S1\}$

27. Por exemplo, $G = (V, V_T, S, P)$ em que $V = \{0, 1, S\}$, $V_T = \{0, 1\}$ e $P = \{S \to SS, S \to 01, S \to 10, S \to 0S1, S \to 1S0\}$

29. Por exemplo, $G = (V, V_T, S, P)$ em que $V = \{0, S, A, B, X\}$, $V_T = \{0\}$ e $P = \{S \rightarrow A0B, A0 \rightarrow A00X, X0 \rightarrow 00X, XB \rightarrow B, A \rightarrow \lambda, B \rightarrow \lambda\}$

31. Por exemplo, $G = (V, V_T, S, P)$ em que $V = \{0, 1, S, S_1, A, B, M\}$, $V_T = \{0, 1\}$ e $P = \{S \rightarrow \lambda, S \rightarrow 0S_1A, S \rightarrow 1S_1B, S_1 \rightarrow 0S_1A, S_1 \rightarrow 1S_1B, S_1 \rightarrow M, MA \rightarrow M0, MB \rightarrow M1, M \rightarrow \lambda, 0A \rightarrow A0, 0B \rightarrow B0, 1A \rightarrow A1, 1B \rightarrow B1\}$

33. a.

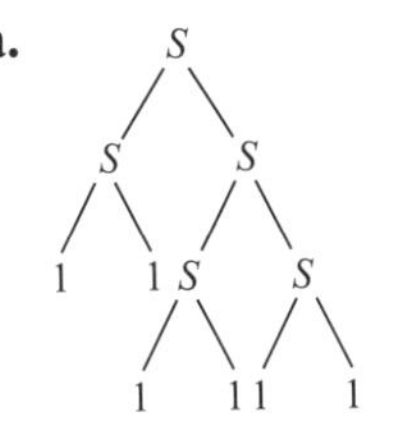

b.

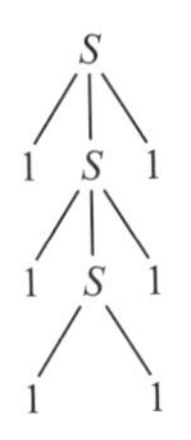

35.

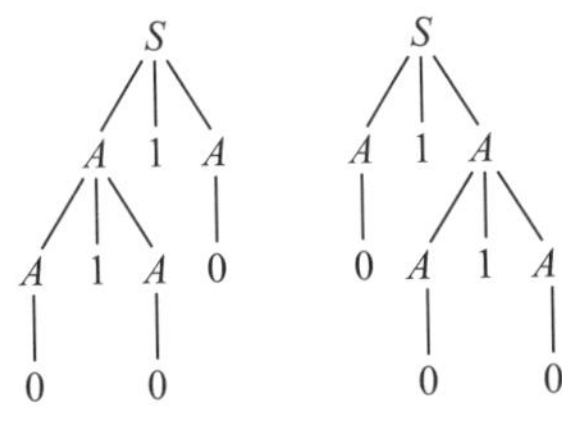

37. O conjunto das produções para G' é formado a partir do conjunto das produções para G da seguinte maneira: para A e B não terminais, sempre que $\overset{*}{\Rightarrow}$ em G e $B \rightarrow$ for uma produção em G com $|\alpha| \geq 2$, adicione a produção $A \rightarrow \alpha$ ao conjunto, depois elimine todas as produções da forma $A \rightarrow B$. Para quaisquer produções da forma $A \rightarrow a$, $a \in V_T$, adicione ao conjunto de produções aquelas obtidas substituindo qualquer A à direita de uma produção existente por a, depois elimine todas as produções da forma $A \rightarrow \alpha$. Elimine $S \rightarrow \lambda$. Todas as produções que restam têm seus lados direitos com comprimento ≥ 2 e $L(G') \subseteq L(G)$. Só λ e um número finito de palavras de comprimento um podem ter sido eliminados, logo $L(G) - L(G')$ é um conjunto finito.

Respostas dos Autotestes

CAPÍTULO 1

SEÇÃO 1.1

1. F Se uma proposição não for uma tautologia, não terá todos os valores lógicos iguais a verdadeiro, mas isso não significa que todos os valores sejam falsos.
2. V Já que a tabela-verdade para a disjunção ( ) $\vee$ V e V.
3. F A proposição tem que ter um condicional como conectivo principal.
4. V
5. F A negação de uma disjunção é a *conjunção* das negações.

SEÇÃO 1.2

1. V
2. F
3. V
4. F É um no qual hipótese $\rightarrow$ conclusão é sempre verdade.
5. V

SEÇÃO 1.3

1. F De fato, $(\forall x)(P(x) \wedge [P(x)]')$ é falso em todas as interpretações.
2. V
3. V
4. F Não existe uma fbf predicada definida em uma interpretação, nem o domínio é determinado pelos valores lógicos.
5. V

SEÇÃO 1.4

1. V
2. F A particularização existencial deve ser usada mais cedo.
3. F A particularização universal apenas retiraria o quantificador universal da frente.
4. F Fbfs na lógica proposicional nem são fbfs na lógica de predicados.
5. V A lógica de predicados está correta — só fbfs válidas são demonstráveis.

SEÇÃO 1.5

1. V
2. F Um único predicado negado é apenas um tipo de cláusula de Horn.
3. V
4. F Uma regra recursiva em Prolog não é uma regra de inferência.
5. V

SEÇÃO 1.6

1. F Garante apenas que a saída satisfaz certas condições, dado que a entrada satisfaz determinadas condições.
2. F Não se pode falar muito sobre a precondição sem se conhecer a atribuição, mas, de qualquer jeito, a desigualdade estrita não desaparecerá.
3. F Testar um programa não envolve testar conjuntos de dados.
4. V
5. V

CAPÍTULO 2

SEÇÃO 2.1

1. F Uma conjectura que apenas afirme alguma coisa sobre um número finito de casos pode ser demonstrada provando-se todos os casos.
2. V
3. F Está subtendido um quantificador universal, pois o enunciado formal do teorema é $(\forall x)(x \text{ ímpar} \rightarrow 2 * x \text{ é par})$.
4. F A segunda afirmação é a recíproca da primeira, não sua contrapositiva.
5. V

SEÇÃO 2.2

1. V
2. F O passo básico não precisa ser $n = 1$.
3. V
4. V
5. F A igualdade está omitindo os $k - 1$ primeiros termos da série.

SEÇÃO 2.3

1. F Um invariante do laço permanece verdadeiro depois do término do laço.
2. F Significa que a correção foi demonstrada apenas no caso em que o laço termina.
3. F O primeiro princípio de indução é usado porque os valores no passo $k + 1$ do laço dependem apenas dos valores no passo k.
4. F Mas Q deve dar o resultado desejado quando B' for verdadeira.
5. V (12 é o resto da divisão de 42 por 30.)

SEÇÃO 2.4

1. V
2. F A combinação linear tem que ser igual a 1.
3. F Por exemplo, $36 = 2^2 \times 3^2$, logo os fatores primos são 2 e 3, nenhum dos quais $> 6 = \sqrt{36}$.
4. F Por exemplo, $\varphi(5) = 4$, que não é primo.
5. V

CAPÍTULO 3

SEÇÃO 3.1

1. V
2. F 18, 20, 22, 24 podem ser gerados, mas 26, por exemplo, não pode.
3. F Eles são valiosos porque representam maneiras naturais de se pensar sobre determinados problemas, mas, tipicamente, usam mais espaço para armazenagem e executam mais operações do que um programa iterativo correspondente.
4. V
5. V

SEÇÃO 3.2

1. F A indução pode ser usada para verificar se uma solução proposta em forma fechada está correta, mas não para encontrar tal solução a partir da relação de recorrência.
2. F Não é linear devido à presença do termo $S(n-2)$.
3. F É um padrão para a solução geral, mas não está em forma fechada por causa do somatório; em qualquer caso específico, tem que haver uma forma fechada para se calcular o somatório.
4. V
5. V

SEÇÃO 3.3

1. V
2. F São necessárias $m(n - m + 1)$ comparações.
3. V
4. F A versão recursiva olha o primeiro item da lista e, se não for o alvo, procura no resto da lista. O "tamanho da entrada" diminui apenas de 1 cada vez que o algoritmo é chamado.
5. V

CAPÍTULO 4

SEÇÃO 4.1

1. F Não é um subconjunto próprio de si mesmo.
2. V
3. V
4. F Esta é a propriedade de ser fechado.
5. F É um modo de provar que determinados conjuntos são não enumeráveis.

SEÇÃO 4.2

1. V
2. F
3. V
4. V
5. F

SEÇÃO 4.3

1. F
2. F O número de elementos na união mais o número de elementos na interseção é a soma do número de elementos em cada conjunto.
3. F Todos têm que ser finitos
4. F
5. V

SEÇÃO 4.4

1. V
2. V
3. F Use C(n, r).
4. F É $n!/(n_1!n_2!n_3!)$.
5. V

SEÇÃO 4.5

1. F Combinações, não arranjos.
2. V
3. F Todos os termos são encontrados na linha n.
4. V
5. V

SEÇÃO 4.6

1. V
2. V
3. F Isso só irá funcionar se os eventos forem independentes.
4. F Uma variável aleatória não é uma variável; é uma função que associa valores numéricos a elementos de um espaço amostral, e esses valores, em geral, não são escolhidos aleatoriamente.
5. V

CAPÍTULO 5

SEÇÃO 5.1

1. V
2. F (x, x) pode pertencer.
3. V
4. F A relação de igualdade é uma ordem parcial e uma relação de equivalência.
5. F Uma relação de equivalência é que faz isso.

SEÇÃO 5.2

1. F
2. V
3. F A recíproca é verdadeira.
4. F É usado o valor máximo.
5. F Veja o Exemplo 18 e o Problema Prático 19.

SEÇÃO 5.3

1. V
2. V
3. F
4. V
5. F Se os dados satisfizerem a integridade de dados no início, então a integridade de dados ainda será válida após a exclusão. A integridade referencial é que pode ser perdida.

SEÇÃO 5.4

1. F Pode não haver uma imagem para todos os elementos do domínio.
2. F Todo elemento na imagem tem uma imagem inversa; comece com um elemento no contradomínio.
3. V
4. V
5. F A função original tem que ser uma bijeção.

SEÇÃO 5.5

1. F Outras constantes podem funcionar onde essas não funcionam.
2. F $f = \Theta(g)$ ou $f = o(g)$.
3. V
4. F
5. V

SEÇÃO 5.6

1. V
2. F Se o elemento na tabela de dispersão não for igual ao elemento alvo, então o algoritmo de resolução de colisões tem que ser seguido antes de se considerar que a busca falhou.
3. V
4. F Ela é consequência da dificuldade em se achar os fatores primos de n.
5. V

SEÇÃO 5.7

1. V
2. F Os dois produtos não são necessariamente iguais.
3. V
4. F
5. F Veja o Problema Prático 58.

CAPÍTULO 6

SEÇÃO 6.1

1. F Um grafo *completo* tem um arco entre dois nós quaisquer.
2. V
3. F Um grafo planar poderia ser desenhado com arcos que se cruzam.
4. F Significa que os nós 2, 3 e 4 são todos adjacentes a um mesmo nó.
5. F Pode ser simétrica, só não precisa ser obrigatoriamente.

SEÇÃO 6.2

1. V
2. F Uma árvore (binária) completa não tem nada a ver com um grafo completo.
3. V
4. V
5. V

SEÇÃO 6.3

1. V
2. F Este é o pior caso; outros casos precisariam de menos comparações.
3. V
4. F A árvore de busca binária depende da ordem na qual os elementos são inseridos.
5. F Tem que ter pelo menos $n!$ folhas.

SEÇÃO 6.4

1. V
2. F Em um código de prefixo, *nenhuma* palavra de código é o prefixo de outra palavra.
3. F Caracteres que ocorrem com mais frequência têm as cadeias mais curtas e a frequência não afeta o número de zeros em comparação com o número de uns.
4. V
5. F O arquivo contendo a tabela do código (que fornece o código para cada caractere) tem que ser armazenada junto com o arquivo codificado.

CAPÍTULO 7

SEÇÃO 7.1

1. V
2. V
3. F $\mathbf{R} = \mathbf{A} \vee \mathbf{A}^{(2)} \vee \cdots \vee \mathbf{A}^{(n)}$
4. F Isso é o que $R = \mathbf{A} \vee \mathbf{A}^{(2)} \vee \cdots \vee \mathbf{A}^{(n)}$ faz; o algoritmo de Warshall expande o conjunto de nós disponíveis para serem usados em um caminho.
5. F O algoritmo de Warshall calcula o fecho transitivo.

SEÇÃO 7.2

1. V
2. F O grafo pode ter, no máximo, dois nós ímpares.
3. V
4. F Alguns arcos podem não ser usados.
5. F Não se conhece um algoritmo eficiente, mas o problema pode ser resolvido por tentativa e erro.

SEÇÃO 7.3

1. F Isso é como o algoritmo de Prim funciona.
2. F Um algoritmo guloso não divide, necessariamente, um problema em subproblemas menores, mas escolhe a "melhor" ação baseado no conhecimento limitado em cada passo.
3. V
4. V
5. F Não formará uma árvore em geral.

SEÇÃO 7.4

1. F O nó inicial para uma busca em profundidade pode ser qualquer nó no grafo.
2. V
3. V
4. F É equivalente à busca *em profundidade*, supondo que os nós irmãos estejam marcados em ordem da esquerda para a direita.
5. F Use uma sucessão de buscas *em profundidade*.

SEÇÃO 7.5

1. F Qualquer caminho entre alguns conjuntos de dois nós tem que passar por ele.
2. V
3. V
4. V
5. F A raiz é um caso particular.

CAPÍTULO 8

SEÇÃO 8.1

1. F $x + x' = 1$
2. V
3. V $$\begin{aligned} x + (y + x \cdot z) &= x + (x \cdot z + y) \\ &= x \cdot 1 + (x \cdot z + y) \\ &= (x \cdot 1 + x \cdot z) + y \\ &= x \cdot (1 + z) + y \\ &= x \cdot (z + 1) + y \\ &= x \cdot 1 + y \\ &= x + y \end{aligned}$$
4. V
5. V

SEÇÃO 8.2

1. V $(x + y)' = x' \times y'$
2. F Tem tantas parcelas quanto forem os valores lógicos iguais a 1 da função (ou uma única parcela se a função só tiver valores nulos).
3. F Basta um único somador parcial (veja a Figura 8.14a).
4. V Porque $x + x = x$
5. F Isso resulta, em geral, em um número desnecessariamente grande de dispositivos; comece novamente a partir da função booleana.

SEÇÃO 8.3

1. V
2. V
3. F Procure primeiro um bloco com dois quadrados e trabalhe a partir dele.
4. V
5. F O termo será essencial se a marca para aquela linha é a única em alguma coluna.

CAPÍTULO 9

SEÇÃO 9.1

1. F Isso descreve uma operação comutativa.
2. V Embora essa não seja a definição da identidade.
3. V
4. V Pelo teorema de Lagrange.
5. F f também tem que ser uma bijeção.

SEÇÃO 9.2

1. V
2. V
3. F **H** leva Z_2^n em Z_2^r.
4. V Se a síndrome de X for igual a 0_r, então X pertence ao núcleo do homomorfismo gerado por **H** e é uma palavra de código; supõe-se que não ocorreram erros.
5. F Nenhum esquema de codificação pode garantir zero erros nos bits.

SEÇÃO 9.3

1. V
2. V $(0 \vee 1)^*00$
3. F Veja a Figura 9.8a.
4. V
5. F

SEÇÃO 9.4

1. F A entrada em um estado final faz com que a máquina de Turing pare, mas ela também pode parar em um estado não final se não houver instruções para o par atual estado-entrada.
2. F Serão $n + 2$ uns na fita.
3. F
4. F Essa é a versão com os quantificadores trocados que é trivialmente verdade.
5. V

SEÇÃO 9.5

1. V
2. F Dependendo das produções selecionadas, símbolos não terminais podem nunca ser removidos.
3. F Pode haver uma gramática equivalente para a linguagem que seja livre de contexto.
4. V
5. V

Índice

B

C

D

E

F

G

H

I

N

O

P

Q

R

S

T

U

V

W

X

2022/3